D1689851

Alberto Dines *Tod im Paradies*

Alberto Dines Tod im Paradies
Die Tragödie des Stefan Zweig

Aus dem Portugiesischen
von Marlen Eckl

Büchergilde Gutenberg

Veröffentlicht mit Unterstützung des brasilianischen
Kulturministeriums und der Fundação Biblioteca Nacional
(Stiftung der brasilianischen Nationalbibliothek)

MINISTÉRIO DA CULTURA
Fundação BIBLIOTECA NACIONAL

Die brasilianische Originalausgabe erschien erstmals 1981
bei Editora Nova Fronteira, Rio de Janeiro, Brasilien unter dem Titel
»Morte no Paraíso – A Tragédia de Stefan Zweig«.
Die dritte überarbeitete und erweiterte Fassung des Titels erschien 2004 bei
Editora Rocco Ltda., Rio de Janeiro, Brasilien. Copyright © 2004 by Alberto Dines.
Die deutsche Übersetzung ist eine überarbeitete
und erweiterte Fassung der Originalausgabe von 2004.
Von Alberto Dines autorisierte Übersetzung von Marlen Eckl
unter Mitwirkung von Marita Buderus-Joisten.

Alle deutschen Rechte vorbehalten.
Copyright © 2006 Büchergilde Gutenberg,
Frankfurt am Main, Wien und Zürich
Lektorat: Petra Wägenbaur, Tübingen
Herstellung: Katrin Jacobsen, Frankfurt am Main
Satz und Lithoarbeiten: Dörlemann Satz, Lemförde
Gesetzt aus der New Baskerville
Druck und Bindung: Offizin Andersen Nexo, Zwenkau
Printed in Germany 2006
ISBN-10: 3-7632-5697-0
ISBN-13: 978-3-7632-5697-6

www.buechergilde.de

Meiner Tante Michla, die sich mit 17 Jahren aus Liebe umbrachte;
Oswaldo Waddington, Cuca, dem lieben Freund, der nicht zu warten wusste.

Meiner Mutter und meinem Vater, Rachel und Israel,
die den Weg bis zum Ende gingen.

Inhalt

Prolog	Der, der zurückkehrt	11
Kapitel 1	Amok, eine Leidenschaft	37
Kapitel 2	Die Welt von Gestern	85
Kapitel 3	Das goldene Zeitalter der Sicherheit	115
Kapitel 4	Verwirrung der Gefühle	173
Kapitel 5	Die Geschichte als Dichterin	263
Kapitel 6	Sternstunden	321
Kapitel 7	Schlaflose Welt	393
Kapitel 8	Im Land der Zukunft	425
Kapitel 9	Eine Schachpartie	501
Kapitel 10	Der begrabene Leuchter	583
Epilog	»Armer Stefan ...«	621
	Gedenken und Danken	667
	Bibliografie	687
	Namensverzeichnis	699
	Ortsregister	717
	Werkregister	721
	Bildnachweis	725

DECLARAÇÃO

Ehe ich aus freiem Willen und mit klaren Sinnen
aus dem Leben scheide,
drängt es mich eine letzte Pflicht zu erfüllen: …

Der, der zurückkehrt

»(J)e schlimmer eines Menschen Ruf war, um so
begehrlicher mein Interesse, seinen Träger
persönlich kennenzulernen. [...]
und vielleicht merkt man in meinen Romanen
und Novellen diese Vorliebe für alle intensiven
und unbändigen Naturen. Dazu kam noch der
Reiz des Exotischen, des Ausländischen.«

»In meinen Novellen ist es immer der dem
Schicksal Unterliegende, der mich anzieht,
in den Biographien die Gestalt eines, der nicht
im realen Raume des Erfolgs, sondern einzig im
moralischen Sinne recht behält.«
    Die Welt von Gestern, S. 141–142/199

»Tragische Spannung, sie ergibt sich nicht nur aus dem
Übermaß einer Gestalt, sondern jederzeit aus dem
Mißverhältnis eines Menschen zu seinem Schicksal.
[...] so sucht sich das Schicksal von Zeit zu Zeit den
unbedeutenden Helden, um darzutun, daß es auch aus
brüchigem Stoff die höchste Spannung, aus einer schwachen
und unwilligen Seele eine große Tragödie zu entwickeln vermag.«
    Marie Antoinette, S. 8/10–11

Prolog

Einmal habe ich ihn gesehen. Damals war ich acht Jahre alt. Während seiner zweiten Brasilienreise, als er begann, das Material für *Brasilien. Ein Land der Zukunft* zu sammeln. Er besuchte 1940 meine kleine Schule in Rio de Janeiro. Es war ein Tag ohne Unterricht. Aus vielerlei Gründen unvergesslich, einschließlich diesem.
 Es entstand ein Getümmel, eine Rennerei. Und mittendrin brüllte der Fotograf Wolf Reich, auch ein österreichischer Flüchtling, auf einem Zigarrenstummel kauend, cholerisch wie immer herum. Etwa hundert Kinder, wegen des hohen Besuches aufgeregt, waren zu bändigen. Der Schriftsteller jedoch schien über diesem Durcheinander zu schweben, wie er es immer vorgab zu tun, und lächelte verzückt. Seine Ehefrau erfreute sich an der Verzückung ihres Gatten.
 Dem Direktor der *Jidische-Brazilianer Folkschule Scholem Aleichem*, Professor Tabak, gestand der Gast, dass er, nachdem er diese kleine, saubere und lebendige Schule gesehen hatte, Lust bekäme, noch einmal von vorne anzufangen.[1] Ich reagierte nicht auf den tyrannischen Reich, der wünschte, dass alle Kinder zu der riesigen Kamera schauten. Und so erkennt man mich auf dem Bild mit dem Kopf zur Seite gedreht, meinen Blick auf Stefan Zweig gerichtet.

Das Verfassen einer Biografie bedingt eine Grenzüberschreitung. Denn mehr als jede andere literarische Gattung ist die Biografie respektlos, sie missachtet den Tod, hält am Leben fest, erinnert an Verstorbene und bereits Vergessenes. In diesem Buch gibt es daher zwei Rebellen: Der eine, Stefan Zweig, weigert sich, zu verschwinden, und der andere, sein Biograf, ignoriert den Schlusspunkt, den er bereits vor zwei Jahrzehnten gesetzt hat.
 Aufrührerisch ist zudem die Vorstellung, von Zweig selbst angeregt, dass Nostalgie wohltuend sein könnte. Im Übermaß – wie in seinem

[1] Peissach Tabak, Aussage gegenüber dem Autor, 15.5.1980.

Fall – tötet sie; in der richtigen Dosis allerdings wirkt sie stimulierend. Dies beweist der Marxist Eric Hobsbawm, Wiener und Brite, für den alle Zeiten interessant sind.

Nostalgie kann inspirierend, aber auch revolutionär sein. Die gute alte Zeit ist nicht nur eine Floskel, sondern auch eine Art, die Vergangenheit zu verstehen, um der Absurdität der Avantgardisten zu begegnen.

Jede Generation, die sich sorgt, blickt zurück und malt sich ihre »goldenen Jahre« aus. Dabei scheint die glühende Asche vergangener Schwierigkeiten in sepia- oder violettfarbenen Tönen durch (wie die Tinte des Füllers von Zweig). Zweigs »goldenes Zeitalter der Sicherheit« wurde in seinem letzten Buch verbrannt; es sind Lebenserinnerungen, aufgezeichnet im Augenblick des Niedergangs.[2] Der sarkastische Wiener Kritiker Karl Kraus hieß am Anfang des 20. Jahrhunderts das Chaos willkommen, weil die Ordnung gescheitert war; ganz im Gegensatz zu Zweig, der, als das Chaos sich behauptete, kapitulierte.

Er bleibt derselbe: Leben, Werk und Tod haben sich nicht geändert. Dem Leser von heute gelingt es jedoch, ihn besser zu verstehen; so taucht Stefan Zweig wieder auf, gestärkt durch die Umstände – die seinen und die unseren. Wir sind heute besser gerüstet, ihm wieder zu begegnen.

Und morgen werden wir es noch mehr sein. Es gibt gewisse Biografien, »die von jeder Generation neu erzählt werden müssen«, rechtfertigte sich Virginia Woolf, als sie sich nochmals auf ein Porträt von Shelley einließ.[3] Die völlig überarbeitete und erweiterte Neuauflage von *Morte no paraíso*, die sich jetzt an den deutschsprachigen Leser richtet, schließt sich dieser Aussage an. Ein Leben, jedes Leben geht über seine Biografie hinaus: Es ist unabdingbar, diese fortzusetzen.

In der Zwischenzeit hat sich die Welt weiter gedreht und ist doch wieder an denselben Platz zurückgekehrt, und mit Hilfe des Szenenwechsels vermischt sich die Biografie mit den historischen Vorgängen, die sie zurückgeholt haben. Mittels der Zeit und ihrer kapriziösen Wiederholungen werden am Anfang des 21. Jahrhunderts die Figuren aus dem 19. Jahrhundert zu Zeitgenossen. Die Ängste, die diese zu Beginn der vierziger Jahre des vergangenen Jahrhunderts haben unmodern werden

---

[2] Frühere Werke, die mit einem ähnlichen sehnsüchtigen Blick zurück Bilanz ziehen, sind: *The Gay Ninties* von Thomas Beer (1932); *Cavalcade* von Noel Coward (1933) und *Those Were The Days* von Osbert Sitwell (1938).
[3] Virginia Woolf zit. nach: Lee, Hermione: *Virginia Woolf. Ein Leben.* S. Fischer Verlag. Frankfurt am Main 1999, S. 27.

lassen, erscheinen heutzutage plötzlich verständlich. Mehr als dies: nachvollziehbar.

Die humanistischen, pazifistischen und internationalistischen Überzeugungen von politischer Toleranz und dem Zusammenleben verschiedener Rassen, die mit Zweig in Petrópolis begraben wurden, haben sich in Buttons, T-Shirts, Poster, Spruchbänder und Fahnen verwandelt, die besonders von Jugendlichen hochgehalten werden. Einige seiner Vorstellungen, unter anderem der Gedanke der »geistigen Einheit der Welt«, (eine These, die er 1936 in einem Vortrag in Rio de Janeiro ausführte, zu jener Zeit also, als Fremdenfeindlichkeit und Diskriminierungen überhand nahmen) haben sich als berechtigt erwiesen.

Zweigs absoluter, unabhängiger und kompromissloser Pazifismus hebt sich von den relativen, gespaltenen und untereinander zerstrittenen Antikriegshaltungen der heutigen Welt ab. Er widersetzte sich dem Nationalsozialismus, weigerte sich aufgrund seiner Prinzipien jedoch zugleich, sich den Kriegsgegnern der Nazis anzuschließen. Blutbäder werden generell verurteilt, im vermeintlichen Kampf gegen den Terror werden sie gebilligt.

Die erträumte europäische Integration, zu deren ersten Verfechtern Zweig gehörte, ist Realität geworden; aus dem Schatten getreten sind die Sehnsüchte, die ihn von anderen unterschieden und an den Rand der Gesellschaft drängten. Im Jahre 1981, seinem 100. Geburtstag, war Zweig vor allem ein philologischer Untersuchungsgegenstand. Heute sind es seine Ideen, die lebendig sind. Die Zweigsche Mentalität ist die pathetische Kombination aus Vehemenz und Feingefühl, aus Verpflichtung und Unentschlossenheit, aus Überzeugung und Schwäche, die ihn so kennzeichnete.

Zerbrochen am Zweiten Weltkrieg, kehrt er in eine Zeit der allgemeinen Verunsicherung zurück. Angesichts des aktuellen Durcheinanders der *Ismen* steht er mit einer in ihm verwurzelten Liebe zur Freiheit, die die letzten Konsequenzen gezogen hat, wieder auf. Parteilos, aber nicht neutral, bestärkt sein solidarischer, wahrhaft fortschrittlicher Humanismus jene, die sich als Antwort auf dem *homo politicus* oder *oeconomicus* der Wiederherstellung des *homo moralis* verpflichtet fühlen. Zweig war ein glühender Idealist, der sein Leben zur Verteidigung seiner Überzeugungen zu opfern bereit war, der jedoch unfähig war, zu hassen.

Sein *Brasilien. Ein Land der Zukunft* – der einzige Fall, in dem ein Buch zum nationalen Epitheton wurde – wurde im Ausland wie eine Offenbarung aufgenommen, in Brasilien selbst allerdings mit Unverständnis. Orson Welles, damaliges Wunderkind Hollywoods, kam sechs

Monate nach der Veröffentlichung dieses Werkes in den USA nach Brasilien, um das Land kennen zu lernen und zu filmen, während man gerade den Autor dort heftig attackierte.

Heute, 65 Jahre danach, wird deutlich, dass sich Zweig, abgesehen von der lyrischen Überschwänglichkeit, nicht geirrt hat: Der Misserfolg war auf Seiten seiner Verleumder und deren Nachfolger, die seine Gutmütigkeit verabscheuten und den Weg der Konfrontation, der Gewalt und der Wortbrüchigkeit vorzogen. Der herzliche Brasilianer war zumindest erfunden worden, und Zweig setzte darauf.

Wishful thinking, das sich nicht sehr von Utopien unterscheidet und, wie all diese, infolge des Leidens an einer grausamen Realität entstanden ist. Ohne das Gespenst des nationalsozialistischen Hakenkreuzes hätte es Stefan Zweig nicht unternommen, jenes Paradies als Harfe zu beschreiben. Und mit dieser Harfe komponierte er eine Ode an das riesige, unbekannte Land, ein Land, das in diesem Weltbrand als einziges in der Lage zu sein schien, Unterschiede auszugleichen und Extreme zu mildern.

Der Lebensweg vom Wien des Fin de Siècle bis zum imperialen Petrópolis, der Weg des europäischen Pazifisten, der sich tötete, als sich Brasilien auf den Kriegseintritt vorbereitete, die seltsame Anpassung des ethischen Sozialisten an die korporativistische Diktatur des *Estado Novo*[4], der Diktatur also, die das Land beherrschte, das ihm als Zuflucht diente, und die Verwirrung des Freudianers der ersten Stunde, dem es nicht gelang, seinen Kummer zu bewältigen, erscheinen heute in einem neuen Licht.

Zweig präsentiert sich deutlicher: Denn in der Zwischenzeit sind zuvor unveröffentlichte Arbeiten, seine Tagebücher, eine Unmenge von Briefen und Essays, kleine und größere Biografien dazugekommen. Das Spiel der Spiegel hat sich vervielfacht, die Summe von verschiedenen Blickwinkeln hat ihm eine neue, weder kleinere noch größere Dimension gegeben. Heute wäre Zweig noch aktueller. Er beabsichtigte mit sei-

---

[4] Zu Deutsch: Neuer Staat. Der portugiesische *Estado Novo*, Folge eines Militärputsches faschistischer Ausrichtung, der 44 Jahre unter der Führung des ehemaligen Finanzministers Salazar Bestand hatte, war die Grundlage für den brasilianischen *Estado Novo*. Dieser stand dem politischen Modell Mussolinis noch näher als sein portugiesisches Vorbild. Sowohl in Portugal als auch in Brasilien wurde das Regime ohne Blutvergießen errichtet. 1937 rief der (nicht gewählte) Präsident Getúlio Vargas mit Unterstützung der Generäle den *Estado Novo* aus, der sich bis 1945 halten konnte. Zu den Ähnlichkeiten und der Zusammenarbeit zwischen den beiden *Estado Novos* vgl. Paulo, Heloísa: *Estado Novo e propaganda em Portugal e no Brasil* (Der *Estado Novo* und die Propaganda in Portugal und Brasilien). Livraria Minerva. Coimbra 1994.

nen Biografien eine Typologie des Geistes, eine Sammlung von Archetypen, zusammenzustellen. Aber für ihn gilt noch mehr Shakespeares: »Sein Leben lang spielt einer manche Rollen«.[5] Dokumente sprechen nicht, aber dieser enorme Stapel an gedruckten und handgeschriebenen Papieren fügte weitere Nuancen und vor allem neue Stimmen im Chor der Erzähler hinzu, der wenige Stunden nach der Verbreitung der Nachricht von seinem Tod einsetzte. Das Netz von Gefährten und Gleichgesinnten, das er mit so viel Eifer gewoben und von dem er mit so viel Freude profitiert hat, lässt sich wiederherstellen. Zweig, der Biograf, ist der Beweis dafür, dass jede Biografie in Wirklichkeit eine Multibiografie ist, breit gefächert und vielschichtig.

Wenn zuvor bekannt war, dass Romain Rolland und Sigmund Freud wichtige Mentoren Zweigs waren, macht der zwischenzeitliche Informationszuwachs zu ihrer Person ihren Schüler nur noch deutlicher. Joseph Roth tauchte nur als der Freund auf, der seinen Selbstmord vorwegnahm. Wieder entdeckt, bringt er heute eine kontrastierende, dramatische Komponente hinein. Arnold Zweig, kurioserweise fast ein Homonym, wird zum Rivalen in einem Kampf um die Gunst Freuds und in der Debatte über die Gültigkeit von Biografien.

Es handelt sich nicht um eine Rehabilitierung oder einen Freikauf, Zweig ist derselbe geblieben – liebenswert oder verabscheuungswürdig –, aber in Anbetracht der Auferstehung seiner Fantasmen können wir ihn besser hören und sehen. Deutschland hat seinen alten Idealismus wieder entdeckt. Das Böse schlechthin, das zwischen 1933 und 1945 lebendig wurde, hat nur die Adresse gewechselt. Abgeschwächt durch Bindestriche oder durch das Präfix »neo« erscheinen die Schreckgespenster Stefan Zweigs zeitgemäß: Fanatismus, Sektierertum, Fremdenfeindlichkeit, Calvinismus, Puritanismus, Arroganz, Brutalität, Vorurteil.

Die neuen, scheinbar vernünftigen Vereinfachungen geben der Irrationalität neue Nahrung. Die unablässige Herstellung von Sicherheit hat eine neue beunruhigende Ära der Unsicherheit geschaffen, die sich nicht sehr von der unterscheidet, die Zweig den Tod brachte. In dieser Atmosphäre voller Ressentiments taucht der veränderliche und opportunistische Virus des Antisemitismus ganz unbeschadet wieder auf.

---

[5] Shakespeare, William: *Wie es euch gefällt* in: idem: *Sämtliche Dramen Bd. 1 Komödien*. Artemis & Winkler Verlag. München 2001, S. 671–749, S. 702.

Der überraschende Todespakt, vier Tage nach dem Karneval in Rio de Janeiro, gewinnt angesichts der Banalisierung des Suizids eine andere Bedeutung. Die Armeen von menschlichen Bomben disqualifizieren das höchste Opfer, entziehen ihm die edelmütige Komponente, um ihn in einen bloßen politischen Mord zu verwandeln. In jener entscheidenden Stunde und jenem Paradies war der Selbstmord Zweigs jedoch eine seiner emphatischsten Botschaften, die vielleicht erst heute wirklich verstanden werden.

Zweig kehrt zurück, um dem Glauben an den Antihelden und die Größe der Unterlegenen Nachdruck zu verleihen und weiter zu behaupten, dass es keine auserwählten oder besonderen Menschen gibt: Die gleichen Eigenschaften, die den einen zum Genie werden lassen, können aus dem anderen einen Narren machen. Das Wunder der Differenzierung ereignet sich in Grenzsituationen, an Schicksalskreuzungen, an denen nur die moralischen Werte entscheiden – wie die seinen.

Er war keine Literaturgröße wie einige seiner Freunde und Korrespondenzpartner, aber was das literarische Überdauern angeht, ist er ein einzigartiges Phänomen. Einige seiner Bücher wurden verachtet und werden unterdessen heute wieder entdeckt. Ein Mysterium der Kunst: Die Größe und Lebensdauer gewisser Autoren und Werke gehorchen unlogischen, den Kriterien der Hüter des Olymps unbekannten Regeln.

Romain Rolland ist im heutigen Frankreich trotz des Nobelpreises von 1915 fast unbedeutend, aber das Werk des Freundes und Schülers wird weiterhin in seinem Land ständig neu aufgelegt, untersucht, zitiert und verehrt. Neue Biografien werden geschrieben. In einem Deutschland, das versucht, an seine idealistische Vergangenheit anzuknüpfen, bezaubert Zweig die Enkel und die Urenkel seiner ersten Leser mit der gleichen Intensität. Im modernen Spanien, das sich als europäisch, sogar mitteleuropäisch begreift, wurden seine Lebenserinnerungen mehr als 60 Jahre, nachdem sie publiziert wurden, in die Liste der Bücher des Jahres aufgenommen.[6] In Brasilien und Portugal ist er Bestseller in den Buchantiquariaten; aus den Nachlässen kommt er in die Regale in einem lebendigen Recycling, das den Austausch der Generationen anregt.

Als »Größen« angesehene Schriftsteller halten einer erneuten Lektüre nicht immer stand; Zweig, der bei manchen als »kleiner« Autor gilt, wächst mit jedem Wiederlesen. Er hat durch die im Mittelpunkt seiner

---

[6] *El País*, Madrid, 30.6.2001; 29.12.2001.

Biografien stehenden Personen, die mit Behutsamkeit aus dem Kreis der von ihm Verehrten ausgewählt wurden, immer etwas Neues zu sagen. Zum Wissen des Historikers[7] kam der Wille hinzu, die Vergangenheit nicht zu verschwenden. Zweig beabsichtigte eine von den Grenzen der Zeit und des Raumes befreite Bruderschaft; nicht umsonst bezeichnete ihn Rolland als einen »Seelenjäger«. In der Tat war er zeit seines Lebens auf der Suche nach Seelenverwandten, Duplikaten und Doppelgängern, um sich in ihnen widerzuspiegeln. Eine Form, sich selbst zu verewigen und zu sich zurückzukehren. Als Fidel Castro zwischen 1953 und 1954 auf der Isla de los Pinos gefangen war, schrieb er Liebesbriefe an Naty Revuelta, in denen er erzählte, dass er die Biografien von Zweig, allen voran die des Erasmus von Rotterdam, verschlänge. Während des Aufstandes, in dessen Verlauf der Diktator Fulgencio Bastista gestürzt wurde, benutzte 1958 einer der Doktrinäre der revolutionären Jugendlichen Zweigs *Joseph Fouché* für den Politikunterricht.[8] Auf der anderen Seite der Welt suchte Yukio Mishima, einer der bedeutendsten japanischen Autoren der Moderne, 1949 in Zweigs Werken eine Erklärung für das, was das Unbehagen sei.[9] Gilberto Gil, der brasilianische Sänger und Komponist und derzeitige Kulturminister Brasiliens, erwähnt ihn neben Walt Whitman und Wladimir Majakovsky in einem seiner jüngsten Lieder.

Die Veröffentlichung der Briefe von Marie Antoinette in Frankreich und der neue Hollywood-Film über ihr Leben widersprechen sieben Jahrzehnte später jenen, die Zweig wegen seiner Beschäftigung mit einer der unbedeutenderen historischen Figuren kritisiert hatten.[10]

Die Rolle des Vermittlers macht den Zauber Stefan Zweigs aus. Er wollte verstehen und bildete sich fort. So wie sich ein Kolibri anschickt, die entfernten Blüten zu bestäuben, fühlte sich Zweig berufen, Wesentliches weiterzugeben und Unterschiede zu überwinden. Dies erklärt sei-

---

[7] Zweig promovierte in Philosophie und schrieb seine Dissertation über Hippolyte Taine (1828–1893), von dem er offensichtlich eher den Blickwinkel eines Historikers als den eines Kritikers oder Philosophen übernahm.
[8] Die Briefe Fidel Castros an Naty Revuelta, mit der er eine Tochter, Alina Fernandez, hat, wurden in der spanischen Tageszeitung *ABC* am 21.2.1997 publiziert. Die Episode von Sierra Maestra wurde vom brasilianischen Journalisten Carlos Alberto Tenório erzählt, dem es geglückt war, in die Festung der Rebellen zu gelangen. Tenório, Carlos Alberto: *O Senhor de todas as armas* (Der Herr aller Waffen). Mauad. Rio de Janeiro 1996, S. 198.
[9] Mishima, Yukio: *Geständnis einer Maske*. Rowohlt Verlag. Reinbek bei Hamburg 1994, S. 67.
[10] Vgl. Lever, Évelyne: *Marie Antoinette. Correspondance 1770–1793*. Editions Tallendier. Paris 2005. Die neue Hollywood-Superproduktion entstand unter der Regie von Sophia Coppola mit Kirsten Dunst in der Hauptrolle.

nen Erfolg bei jenen, die etwas erfahren möchten, und den Unwillen derer, die alles zu wissen vorgeben.[11]

Er bewahrte sich eine Sanftheit, die den temperamentvolleren Gemütern missfiel. Eine kannte ihn besser als alle anderen: Friderike Maria Zweig, geborene Burger, später von Winternitz, seine erste Frau, eine starke Persönlichkeit und trotz der Scheidung Zweigs Vertraute und Stütze bis zum letzten Moment. Sie sagte voraus, »daß einmal die hohlsten, blödsinnigsten Sachen über Dich geschrieben sein werden. [...] Dein Schrifttum ist ja nur ein Drittel Deines Selbst und auch das Wesentliche daraus für die Bedeutung der anderen, also der zwei Drittel, hat niemand erfaßt.«[12]

Friderike hat Recht behalten: Mehr als eine bloße Dummheit, ja wahre Scharlatanerie war die Behauptung, die von Teilen der brasilianischen Presse am Ende der 90er Jahre aufgestellt wurde, dass sich Zweig nicht selbst getötet hat, sondern von Gestapo-Agenten umgebracht wurde. Obwohl es dafür keine Beweise gibt und mehr noch die handgeschriebene und unterzeichnete »*Declaração*«, so die Überschrift von Zweigs Abschiedserklärung, sowie die 20 Abschiedsbriefe dagegen sprechen, wurde dieser Unsinn von den akademischen Kreisen in São Paulo aufgegriffen und vertreten. Es war ein Versuch, den wahren Zweig zu töten und ihn des Schmerzes, des Kampfes, der Feigheit und der letzten schwierigen Entscheidung zu berauben. Man vergaß das Fläschchen Morphium, das er schon acht Monate nach Freuds Tod und einundzwanzig Monate vor seinem eigenen bereitgestellt hatte.[13]

Er starb aus Ungeduld, wie er selbst erklärte, aber ihretwegen überlebte er auch. Nervös, kreativ, zerstreut, aber doch bestimmt, war er im Gegensatz zu den großen literarischen Ausschweifungen der Gebrüder Mann oder den französischen Freunden Romain Rolland, Roger Martin

---

[11] Der Exilant Anatol Rosenfeld war der Erste, der in Stefan Zweig auch einen Vermittler zwischen den Generationen und Kulturen sah. Rosenfeld, Anatol: »Stefan Zweig« in: idem: *Letras germânicas*. Perspectiva/Edusp/Unicamp. São Paulo 1995, S. 135–142. Mehr als zehn Jahre später vertrat der amerikanische Germanist Harry Zohn die gleiche Ansicht, als er diese Vermittlerfunktion unter dem Gesichtspunkt einer jüdischen Eigenschaft untersuchte. Zohn, Harry: »Stefan Zweig's Cultural Mediatorship – A Jewish Trait?« in: *The Jewish Advocate*, Boston, 16.9.1982.
[12] *Briefe SZ-FZ*, Juli 1930.
[13] Über den Selbstmord in den Werken von Stefan Zweig vgl. die Bibliografie. Die Anzahl seiner Figuren, die den Freitod wählten, erregte bereits kurz nach der Tragödie die Aufmerksamkeit von Leopold Stern, einer von Zweigs Gefährten im brasilianischen Exil.

du Gard und Jules Romains sparsam in seiner Ausdrucksweise. Er ahnte die Forderung des breiten Publikums nach direkten und eindringlichen Texten voraus – was die große Anzahl von Verfilmungen erklärt, die von seinen Werken vorhanden sind.

In den drei Leben, die er gelebt hat (wie in seinen Erinnerungen schematisch dargestellt), versuchte er der mondänen und urbanen Unruhe zu entfliehen, indem er sich auf einer Anhöhe, einem Hügel oder Berg (in Österreich Salzburg, in England Bath und in Brasilien Petrópolis) abkapselte. Die Zeitumstände jedoch verlangten ihm Aufgaben ab, die er zunächst erfüllte und anschließend hasste. Er kannte sich zu wenig: Er wollte sich abseits halten, und als er zu weit ins Abseits rückte, ging er zugrunde.

In seinem letzten Refugium, inmitten des üppigen atlantischen Urwaldes, verwandelte sich jene Sensibilität für die Welt in einen nicht auszuhaltenden Weltschmerz. Die aus Unwissenheit hoch gelobte Isolation in Petrópolis erwies sich als unerträglich. Zum ersten Mal entledigte er sich der lästigen Feinfühligkeit und duldete Gewalt – gegen sich selbst. Einen Tag vor seinem Selbstmord erklärte er seinem Freund, dem ebenfalls geflohenen Ernst Feder, den Grund seiner Niedergeschlagenheit: die Melancholie, die schwarze Leber, wie er sie nannte, hätte Besitz von ihm ergriffen. In Wahrheit hatte er sich mit der Krankheit angesteckt, die die Poeten als gebrochenes Herz zu bezeichnen pflegen.

Von einem Wanderer erwartet man, dass er mit der Heimatlosigkeit, mit dem Gefühl, frei von Wurzeln, Verpflichtungen und Besitztümern zu leben, umzugehen weiß. Aber Zweig war kein Wanderer, sondern ein Europäer, der es gewohnt gewesen war, diesen Kontinent ungehindert zu bereisen, in dem nun plötzlich unüberbrückbare Grenzen aus Hass gezogen waren.

Das Exil ist immer trostlos, selbst im schönsten Winkel. Die kraftstrotzenden Tropen verscheuchen nicht alle Schatten; die Sonne reicht nie aus, um die durchnässten Schiffbrüchigen zu trocknen. Bei einem Selbstmord zählt alles, fällt alles ins Gewicht: zu viel oder zu wenig Liebe, grelles Scheinwerferlicht oder gar keine Anerkennung, Regen auf der Glasscheibe, blauer Himmel, Kälte in der Seele, Schweiß auf dem Gesicht. Oder das Asthma der Gefährtin.

Das Leiden am Verlust wird mit Schöpferkraft kompensiert, die unzähligen Werke der Exilliteratur legen Zeugnis davon ab. Vaterlands- und staatenlos schufen Exilanten, einschließlich derer, die formal im Geburtsland verblieben, außergewöhnliche Kunstwerke – nicht notwendigerweise melancholische. Die Juden, Exilanten par excellence, verstanden es, sich zu schützen, weil sie die Verbannung akzeptierten und verinnerlichten, bis sie über diese lachen konnten. Zweig jedoch erlag ihr.

Er erwähnte den Holocaust nicht, da der Genozid, dessen organisatorische Umsetzung, zum Zeitpunkt, als Zweig sich umbrachte, gerade erst besprochen worden war. Aber jetzt, da man den Völkermord zu verharmlosen, zu negieren, ja zu rechtfertigen versucht, fungiert Zweig wie ein Gegengift für die Rückfallgefährdeten. Er ist einer der Gefallenen des Zweiten Weltkrieges, ein Verweis auf das furchtbare Geschehen, das die Welt und die *conditio humana* selbst änderte. Er erkannte den Faschismus mit all seinen psychischen, sozialen, moralischen, intellektuellen und die Umwelt betreffenden Auswirkungen, und das Ausmaß dieser Erkenntnis erschütterte ihn.

Und dennoch flüchtete er in den brasilianischen *Estado Novo*, der in vielem dem portugiesischen *Estado Novo* glich, der sich wiederum nicht sehr von der Diktatur Francos in Spanien unterschied. Eine Laune des Schicksals, eine typische Zweigsche Ironie der Geschichte, eine von der Angst geschaffene Falle: Er nahm die Fähigkeit der tropischen Natur, so viele und so verschiedenartige Variationen derselben Spezies hervorzubringen, nicht wahr. Von den offiziellen Kreisen angezogen, wurde er derart von ihnen vereinnahmt, bis er unfähig war, sich von ihnen zu lösen. Aufgrund der Entfernung zu seiner gewohnten Umgebung verlor Zweig verunsichert die Kontrolle über die Umgangsform, die er zuvor mit so viel Geschicklichkeit einzusetzen gewusst hatte. Die Neue Welt, die ihm Vitalität hätte einhauchen müssen, verschlimmerte seine Fragilität noch. Er floh vor der Katastrophe, und als der Krieg vor den Toren Brasiliens stand, sah er sich im Inneren dieses zweideutigen Heiligtums damit konfrontiert.

Viele Intellektuelle und Künstler hat das Schicksal nach Brasilien verschlagen, als die Nacht über die Alte Welt hereinbrach. Einige blieben dauerhaft, wie dieser andere Wiener, der aus härterem Holz geschnitzt war, ein Anhänger des Austrofaschismus, Katholik jüdischer Herkunft, Otto Maria Karpfen, der sich später Carpeaux nannte, wie die Polen Zbigniew Ziembinski und Mark Turkow, der Rumäne Emeric Marcier, der Ungar Paulo Rónai, die Deutschen Anatol Rosenfeld und Herbert Caro und der Tscheche Vilém Flusser. Andere suchten nur eine vorübergehende Zuflucht, um bald wieder zurückzukehren – die Schriftsteller Georges Bernanos, Ulrich Becher, Richard Katz, der Graveur Axl Leskoschek, der Schauspieler und Theaterdirektor Louis Jouvet, der Professor Fortunat Strowski und der Städtebauer Alfred Agache.

Brasilien war eine besondere Station auf der Reiseroute von Zweig, diesem zwanghaften Reisenden: die Endstation. Es ist sein tragischstes Missverständnis. Die Verherrlichung des brasilianischen Lebens war der Grund für die späteren Fehleinschätzungen: Als er 1936 erstmals brasilianischen Boden betrat, nahm er, verleitet durch die vielen Ehrerbietungen, lediglich eine offene und sanftmütige Gesellschaft wahr. Er dachte, es handele sich um eine nationale Berufung, und beharrte darauf, wiederzukommen und später zu bleiben.[14] Fasziniert von der üppigen tropischen Landschaft, weigerte er sich, die Unvereinbarkeit der brasilianischen Gegebenheiten mit seinem eigenen Wesen und seiner Lebensart zur Kenntnis zu nehmen.

In sechseinhalb Jahren, vom 21. August 1936 bis zum 22. Februar 1942, in denen er insgesamt nur 315 Tage in Brasilien verbrachte, erstarkte eine Liebe und ließ allmählich wieder nach, in der die Liebenden einander nie schlecht behandelten und sich dennoch auf schreckliche Weise Schaden zufügten.[15] *Ein Land der Zukunft*, der wohlmeinende Titel, wurde zum Stigma. Und in ihm tötete sich der verunsicherte Autor. Er wusste, dass man ihn beschuldigte, von der Propagandamaschine des Diktators Getúlio Vargas gekauft worden zu sein. Aber die Ankläger wussten nicht, dass der Preis eine Aufenthaltsgenehmigung war zu einer Zeit, in der sich die europäischen Konzentrationslager mit denjenigen füllten, die es nicht geschafft hatten, Pässe und nötige Dokumente für ein neutrales Land zu erhalten.

Aus solchen Komponenten entwickelte sich eine mehrdeutige Romanze, eine heillose Verkettung von Missverständnissen. Aber nicht alles unterhalb des Äquators ist ein Delirium. Es gibt auch Tragödien leiserer, gedämpfter Tonart, ironische Tragödien. Am Scheitelpunkt des Unverständnisses befindet sich das Brasilienbuch, *the Brazilbook* (wie Zweig es in den Briefen, die er aus Angst vor der Zensur in Englisch geschrieben hat, zu bezeichnen pflegte).

1941 gleichzeitig in sechs verschiedenen Sprachen veröffentlicht, katapultierte es Brasilien auf die internationale Bildfläche und war mit verantwortlich für eine Veränderung in der Strategie des *US-State Department*. Man erkannte nämlich, dass Brasilien trotz der herrschenden Dik-

---

[14] Candido, Antonio: »Um equívoco sobre o paraíso« (Ein Missverständnis über das Paradies) in: *O Escritor* (São Paulo) Nr. 17, Juli 1982, S. 8.
[15] In seinen letzten sechs Lebensjahren verbrachte Zweig 315 Tage in Brasilien: 12 Tage auf seiner ersten Reise (vom 21.8. bis 3.9.1936); 153 Tage auf seiner zweiten Reise (vom 21.8.1940 bis 21.1.1941 einschließlich eines Monats in Argentinien) und 180 Tage während seines letzten Aufenthalts (vom 27.8.1941 bis 22.2.1942).

tatur eine größere Affinität für die demokratische Sache besaß als das reichere Argentinien, das ebenfalls autoritär regiert wurde und sich jedoch als germanophil und rassistisch erwies.

Zweig erkannte die Diktatur des *Estado Novo* und vermittelte dies auch auf diskrete Art, aber Objekt seiner Faszination war nicht das widersprüchliche Regime, sondern das großzügige und demütige Volk. Die schlecht verborgene Traurigkeit des Beobachters zog die tief empfundene Traurigkeit des Beobachteten an, und aus der Verbindung heraus entstand eine Vorstellung der Zivilisation, die fähig war, sich derjenigen entgegenzustellen, die Hitler mit Feuer und Eisen zu schaffen versuchte. Zweig war kein Anthropologe, Soziologe oder Politologe, vielmehr ein Verjagter auf der Suche nach Frieden – ein *brazilianista*[16] *avant la lettre*, der erste der neuen Generation.

Von der katholischen und reaktionären Rechten verabscheut, von den hochmütigen Nationalisten angegriffen, von den Militärs missachtet, von den sich damals im Untergrund befindlichen Linken als Agent der Propagandamaschine von Präsident Vargas identifiziert und von den Anspruchsvollen als kommerzieller Schriftsteller verachtet, war Zweig praktisch völlig isoliert – trotz der hunderttausend brasilianischen Leser, die seine Gesammelten Werke kauften und auf diese Weise das Unbehagen aufgrund seines Erfolges noch erhöhten.

Mit seiner sorgfältigen Wahl des Titels unterschied er sich nicht sehr von Thomas More, der seine Utopie ins »nirgendwo« verlegte; Zweig schuf eine Uchronik[17] im »nirgendwann«, in der Zukunft, ein sich im Aufbau befindliches Projekt, ein anzustrebendes Ideal. Deshalb fängt das Buch nach 65 Jahren an, nun Sinn zu machen. Wenn nicht als Antwort, so zumindest als Frage: Was ist schief gelaufen? Wann hat sich die Herzlichkeit in Wildheit verwandelt? Warum lässt sich das *despertar da montanha* (das Erwachen des Berges) so lange Zeit? Prophezeiung ist auch das, was geschehen *kann* – Willensfreiheit inbegriffen.

---

[16] Dies ist in Brasilien bis heute die Bezeichnung eines ausländischen Wissenschaftlers, der sich auf die Untersuchung brasilianischer Themen spezialisiert hat. Eingeführt wurde dieser Begriff 1964 am Anfang der Militärdiktatur, als es einzig Wissenschaftlern aus dem Ausland, vorwiegend aus den Vereinigten Staaten, erlaubt war, lokale Probleme aufzuzeigen. Ihren brasilianischen Kollegen wurde dies damals verwehrt.

[17] Nach Charles Renouvier (1815–1903), dem französischen Philosophen, der mit der Verwendung des Begriffs im Titel seines Werkes *Uchronie, l'utopie dans l'histoire* (1876) ein zeitliches Pendant zur Utopie schuf, die sich lediglich auf den Ort bezieht.

Als ich 1980 mit den ersten Zeitzeugeninterviews begann, befragte ich mit Afonso Arinos de Melo Franco einen wertvollen Zeitzeugen, der Zweig bei jeder seiner Brasilienreisen getroffen hatte. Da er selbst Schriftsteller und daher an meinem Projekt interessiert war, fragte er mich nach dem Titel und ich sagte: »Tod im Paradies.« Auf seinem Katholizismus beharrend, erwiderte er sehr nachdrücklich: »Im Paradies stirbt man nicht.«[18]

»Tod im Eldorado« – in Atlantis, Oz, Liliput oder in Shangri-La – verletzt nicht die Theologie. Was für ein Toponym es auch sei, es ist unmöglich, diesem Gleichnis vom tragischen Irrtum des Akrobaten, der, von Panik befallen, das falsche Trapez ergreift, oder dem vom Läufer, der sich aus Erschöpfung zu der imaginären Oase schleppt, zu entkommen.

Indessen bewirkte Zweigs Selbstmord in Brasilien, eine noch immer mit dem Faschismus liebäugelnde Gesellschaft in die entgegengesetzte Richtung zu bringen. Von einem Zuschauer verwandelte sich das Land in einen Teilnehmer am großen Geschehen. Als sich das Ehepaar Zweig umbrachte, brach Brasilien die Beziehungen zu den Achsenmächten ab und begann, infolge der öffentlichen Erregung über die Aussicht, an der großen Schlacht zwischen dem Guten und dem Bösen schlechthin – die letzte dieser Dimension – teilzunehmen, verrückt zu spielen. Das edelmütige, schmerzliche und unbegründete Ende in Petrópolis verlieh dem patriotischen Gefühl, das die Straßen eroberte, eine größere Tiefe und lieferte einen Hauch universeller Solidarität. Der tragische Sinn des Lebens, den Zweig zeit seines Lebens zu erfassen und dem er seine Reverenz zu erweisen wusste, drang mit seinem Suizid in die extrovertierte und ausschweifende Realität des Landes ein.

Von den Biografen hat sich nur Donald Prater die Mühe gemacht, nach Brasilien zu kommen. Trotzdem vermochte er nicht, die Fehldeutungen in dieser tückischen Beziehung zu erahnen, weil er nicht lange genug blieb. Und dies ist eine weitere Tragik Stefan Zweigs; er beging Selbstmord, ohne verstanden zu werden. Oder nur zur Hälfte. Biografen, die sich der Lebensgeschichte zuwenden, ohne die Ortsverhältnisse zu kennen, begreifen die Subtilität nicht. Serge Niémetz ergänzte die Arbeit Praters um den Bestand französischer Materialien, vor allem hinsichtlich Romain Rollands, aber auch er vergaß Brasilien.

---

[18] Afonso Arinos de Melo Franco (1905–1999), Jurist, Historiker, Essayist, Mitglied der *Academia Brasileira de Letras,* Abgeordneter, Senator und Außenminister. Auf ihn geht das Gesetz *Afonso Arinos* zurück, das jegliche rassistische oder antisemitische Bekundung als Straftat auffasst.

Die Exilantin Susan (oder Susanne) Bach hat einen Großteil ihres Lebens hier verbracht und wurde eine Zweig-Spezialistin. Als sie einem deutschen Verlag die Übersetzung der ersten Ausgabe von *Morte no paraíso* anbot, fragte man sie, um die Ablehnung zu rechtfertigen, was ein brasilianisches Buch den vorhandenen Publikationen über diesen berühmten österreichischen Schriftsteller hinzufügen könnte. In der Nähe des Grabes versteht man jenen besser, der dort begraben ist.[19]

Brasilien trägt keine Schuld an der letzten Entscheidung – der Abschiedsbrief ist verschwenderisch an liebevollen Erwähnungen über das Gastgeberland –, die Wahrheit ist aber, dass der wunderschöne Schlupfwinkel letztlich auch nicht in der Lage war, diese zu verhindern. Er hat sie vielleicht sogar beschleunigt. Missverständnisse zwischen Gast und Gastgeber sind keine Seltenheit. Orson Welles betrachtete *It's All True* (das tumultuarische, unvollendete und in Brasilien gefilmte Werk) als »die eine entscheidende Katastrophe in meiner Geschichte«. Beide hatten gemeinsame Freunde in Hollywood, beide waren in Rio de Janeiro während des Karnevals 1942, dennoch haben sie sich nicht getroffen. Weitere Missverständnisse wären verhindert worden.[20]

Wäre Zweig in den Vereinigten Staaten geblieben, wohin so viele Freunde und Gefährten (einschließlich seiner ersten Frau) geflohen waren, hätte er sich nicht über die Einsamkeit und den Mangel an Büchern beklagt. Aber er hätte so enden können wie sein junger Schützling Klaus Mann, ein Linker, der in seiner Liebe zu Amerika so weit ging, dass er in dessen Armee diente, der jedoch nach dem Krieg Selbstmord beging. Wäre Zweig in England geblieben, hätten ihm die Bombardements, die Virginia Woolf dazu brachten, mit schweren Steinen in den Jackentaschen in einen eisigen Fluss zu laufen, die *causa mortis* liefern können.

Der berühmte Satz von Albert Camus, mit dem er den *Mythos von Sisyphos* beginnt: »Es gibt nur ein wirklich ernstes philosophisches Problem: den Selbstmord«[21], hätte in diesem Krieg ohne Grenzen und Beschränkungen wie eine Belanglosigkeit geklungen. Der Suizid ist kein Philosoph, er ist ein Ankläger. Er zwingt die Überlebenden, auf der Anklagebank Platz zu nehmen.

---

[19] Bach, Susanne: *Karussell. Von München nach München.* Frauen in der einen Welt. Nürnberg 1991, S. 141/142. Brief an den Autor, 1980/1981.
[20] Bogdanovich, Peter; Welles, Orson: *Hier spricht Orson Welles.* Quadriga Verlag. Weinheim/Berlin 1994, S. 258.
[21] Camus, Albert: *Der Mythos des Sisyphos.* Rowohlt Verlag. Reinbek b. Hamburg 2003, S. 11.

Und dies ist die Ecke, in die Stefan Zweig seine Gefährtin gedrängt hat. Denn indem Charlotte Elisabeth Zweig, geborene Altmann, sich dem Todespakt unterwarf, garantierte sie ihm einen Teil des Erfolgs. Hätte sie sich geweigert, hätte sie damit vielleicht die Ehe aufs Spiel gesetzt. Aber auf diese Weise hätte sie Zweig retten können.[22]

Der Selbstmord des Schriftstellers, der damals überraschend war, lässt sich heute erklären: Der Autor des Essays über den Tod von Kleist war dazu berufen, der Wahl dieses Poeten zu folgen.[23] Lottes Selbstmord widerlegt nicht nur Camus, er verstört vielmehr. Ihre Entscheidung hat nicht die Gelehrten und Künstler sensibilisiert. Lotte hätte sich nicht umbringen müssen, aber dennoch tat sie es, um eine Inszenierung zu gestalten, die an Dimension verloren hätte, wäre sie am Leben geblieben.

Verewigt durch die Leichenstarre und Fotos aus dem Polizeibericht, ist diese letzte Umarmung auf dem improvisierten, aus zwei Einzelbetten bestehenden Ehebett genau vierunddreißig Tage nach der Wannsee-Konferenz in Berlin, auf der Fragen zur Organisation des Massenmordes an Juden besprochen worden waren, eines der eindringlichsten Bilder jenes Kriegsbeginns in Brasilien.

Die Zeitspanne, die Lotte bis zum Eintritt des Todes ihres Gefährten allein verbrachte, Herrin über das eigene Schicksal – der einzige Moment ihres Lebens also, in dem sie die Hauptperson sein konnte –, wurde nicht festgehalten. Dies wurde mir bewusst, als ich zu der Schlussfolgerung kam, dass sie ihr Gift erst Stunden später eingenommen hatte. Dieser Moment an Größe, unterwürfig und überlegen zugleich, beschäftigt mich schon mehr als zwei Jahrzehnte und ist einer der Beweggründe meiner Rückkehr zu Stefan Zweig.

Was bringt einen Biografen dazu, sich nach Jahrzehnten noch einmal derselben Person zuzuwenden, nachdem sich zwischenzeitlich schon andere Figuren in sein Leben gedrängt haben? Zweig befasste sich fast dreißig Jahre lang mit Balzac und war niemals zufrieden. Vor dem Ersten Weltkrieg fing er mit der Nachforschung an, ahnte die Dimension der Persönlichkeit voraus, als er Balzac in das Werk *Drei Meister* (1920)

---

[22] Dies war der Tenor verschiedener Aussagen von Friderike Zweig, die Lotte beschuldigte, nicht stark genug gewesen zu sein, um Zweig vor dem Selbstmord zu bewahren.

[23] Heinrich von Kleists (1777–1811) Leben war kurz und unstet und von der Suche nach einem Halt bestimmt, den er nicht fand. Nachdem er seine unheilbar kranke Geliebte getötet hatte, beging er Selbstmord. Zweigs Essay über Kleist befindet sich in *Der Kampf mit dem Dämon* (1925).

aufnahm, und gab sich deshalb mit dem Ergebnis nicht zufrieden. So griff er in den 20er und 30er Jahren die Forschungen zu Balzac von neuem auf. Am Vorabend des Zweiten Weltkrieges begann er in England mit dem Redigieren der neuen Version und versuchte, diese Arbeit Ende 1941 in Petrópolis fortzuführen, hielt aber dann inne: Ein anderes Vorhaben stand auf seinem Terminkalender.[24]

Als Michelangelo seinen Moses – eine Biografie in Marmor – beendet hatte, schlug er ihm mit dem Meißel auf das Knie, damit er spräche. Er wollte den Dialog mit seiner Schöpfung fortsetzen. Die Veröffentlichung einer Biografie bedeutet nicht, dass sie damit auch abgeschlossen wäre. Die Sache weiterzuverfolgen – ist Pflicht. Jede Biografie ist ein *work in progress*. Denn sonst kann sie sich in eine »Biophagie«[25] verwandeln.

Ich fragte Michael Holroyd, der als Vater der zeitgenössischen Biografie (Autor des monumentalen Porträts von Lytton Strachey, dem Erneuerer der Biografie in England) angesehen wird[26], aus welchem Grund er sich im Anschluss an eine Biografie von George Bernard Shaw nochmals einem Text widmete, den er bereits ein Vierteljahrhundert zuvor beendet hatte:

> Es gibt Vor- und Nachteile, wenn man Biografien neu schreibt. Ich würde dies nicht allen Biografen empfehlen […] ich würde nachprüfen, wie sich die Person, über die ich die Biografie schreiben möchte, (und ich mich selbst) in der Zwischenzeit verändert haben. In meiner ersten Version erschien Strachey als eine Figur der 60er Jahre, ein Apostel des *flower power* und des *let's make love, not war*. In den 90ern änderte er die Position, und ich begann, ihn als Historiker der viktorianischen Zeit zu sehen, der abweichende Verhaltensweisen in das britische Nationalerbe schmuggelte und diese dank seines unwiderstehlichen Stils attraktiv machte.[27]

---

[24] *Balzac* wurde posthum 1946 auf der Grundlage des unveröffentlichten Manuskripts veröffentlicht.
[25] Griech. für lebende Substanzen fressend [Anm. d. Ü.].
[26] *The Guardian*, 18.3.2005.
[27] Brief an den Autor, 21.1.1997. Der englische Kritiker und Biograf Lytton Strachey (1880–1932) revolutionierte das Genre mit einer Reihe von Porträts in *Eminent Victorians* (1918). Er war der Bruder von James Strachey, einem Psychoanalytiker, der Freud in der angelsächsischen Welt bekannt machte. Das Werk von Holroyd erschien zunächst in zwei Bänden unter dem Namen *Lytton Strachey. A Critical Biography*, (Heinemann, London 1967–1968); später in einem Band namens *Lytton Strachey. A Biography* (Penguin. London 1971) und in der Neufassung unter dem Titel *Lytton Strachey* (Chatto and Windus. London 1994). In der Einführung informiert der Autor seine Leser darüber, dass die neue Version »mehr als hunderttausend neue Wör-

In der Neufassung, erläuterte Holroyd, war es möglich gewesen, gewisse Fragen in einer weniger verhüllenden Weise zu erörtern, weil die betreffenden Personen »schon verstorben waren und durch die Enthüllungen nicht mehr verletzt werden konnten«.[28] Im Fall des Verlegers Abrahão Koogan, Urheber der Verbindung Zweigs zu Brasilien und devoter Gastgeber, der nun in einem anderen Licht erscheint, trifft dies zwar nur teilweise zu. Zu Lebzeiten vor jeglichem Einwand geschützt, ist es erst jetzt möglich, seine gut gemeinte Absicht, den Gast in die Nähe der Mächtigen zu bringen, vollständig offen zu legen.

Der junge und wagemutige Buchhändler und Verleger Koogan war sowohl bezüglich des Inhaltes der Bücher, die er publizierte, als auch in seiner Verkaufsstrategie innovativ. Aber seine Faszination für die Galaabende der *Academia Brasileira de Letras* trug viel zur Isolation des berühmten Schriftstellers bei. Koogan hatte Recht, wenn er versuchte, den jüdischen Flüchtling zu schützen und aufzuwerten, machte sich jedoch nicht die nachteiligen Folgen bewusst.[29] Auch Zweig hatte Recht: Er tauschte ein Buch über Brasilien für eine Aufenthaltsgenehmigung, um einem Krieg zu entfliehen, der ihn in Angst und Schrecken versetzte. Alle hatten Recht, dies ist die Tragödie eines Dichters, der unfähig war, »nein« zu sagen.

Der Jude erscheint in seiner Autobiografie unversehrt, aber jetzt tauchen Risse, Nuancen, Brüche auf. Hervorgehoben in der Rekonstruktion seines Lebens und der näheren Betrachtung der Werke, verstärkte sich die Wahrnehmung des Judentums als eine Sammlung ungelöster Konflikte – mit Gott, mit den Menschen, mit anderen Juden. Tatsächlich rieb sich Zweig in endlosen Streitfragen auf und kam zu keinen Antworten. Sich wegen Hitler für die Sprache schämend, vermochte er es nicht, den Text in ein Vaterland, »ein portatives Vaterland«, wie

---

ter« enthalte. Der Kritiker des *Times Literary Supplement* vom 26.8.1994 stellte fest, dass der Text in wesentlichen Zügen neu geschrieben und organisiert worden war, jedoch ohne Hinzufügung neuen informativen Materials. Holroyd ist ferner der Autor von Biografien von George Bernard Shaw und Augustus John, einem englischen Porträtmaler.

[28] Michael Holroyd, a.a.O.

[29] Die *Academia Brasileira de Letras*, gegründet 1897 nach dem Vorbild der *Académie Française*, hat 40 Mitglieder, die auf Lebenszeit gewählt werden und deshalb den Titel *imortal* (Unsterblicher) verliehen bekommen. Eine ihrer herausragendsten Persönlichkeiten (und ihr erster Präsident) war Machado de Assis, der als der Patriarch der brasilianischen Literatur gilt. Aber nicht alle Mitglieder genießen ein solch uneingeschränktes Ansehen.

es der nonkonformistische Exilant Heinrich Heine vorschlug, zu verwandeln.[30]

Theodor Herzl lancierte ihn als Dichter und wollte aus ihm einen zionistischen Führer machen, doch Zweig schreckte zurück. Mit dem Philosophen des Dialogs Martin Buber teilte er die Idee eines »ästhetischen Zionismus« und ging während des Ersten Weltkrieges mittels des pazifistischen Dramas *Jeremias* dazu über, ein moralisches, universelles und gegen den Nationalismus (für ihn die schädlichste politische Krankheit) gefeites Judentum zu verteidigen.

Trotz seiner Zweifel wählte Zweig, als er Salzburg verließ, die Hebräische Universität in Jerusalem als Aufbewahrungsort seiner wertvollen Korrespondenz, um sie endgültig in sicheren Händen zu wissen. Er war nicht der Einzige, der sich über die zionistische Lösung Gedanken machte, dennoch unterwarf er sich ihrer Unumkehrbarkeit.[31] Im Londoner Exil schloss er sich, besorgt über die Flüchtlingsmassen, die infolge der nationalsozialistischen Verfolgung entstanden waren, auf der Suche nach einer humanen und schnellen Lösung des jüdischen Problems – egal, in welchem Teil der Welt – den Territorialisten an. Die Dringlichkeit des Problems brachte ihn bis nach Lissabon, wo er den Kontakt zu Salazar suchte, damit dieser die Ansiedlung der Flüchtlinge in der zentralen Hochebene von Angola erlaubte. Das unglückselige *Brasilien. Ein Land der Zukunft* verlangt eine erneute Lektüre im Licht der sich wiederholenden Anspielungen auf die Notwendigkeit, die Türen des Landes für die Immigration zu öffnen.

Die Streitigkeiten hörten mit Zweigs Tod keineswegs auf, sondern gingen weiter bis hin zum Begräbnis. Dabei trat der Rabbiner Mordechai Tzekinovsky, religiöser Leiter der jüdischen Gemeinde von Rio de Janeiro, als Protagonist auf. Er fuhr damals nach Petrópolis hinauf, wo

---

[30] Heine, Heinrich: *Memoiren und Geständnisse*. Artemis & Winkler Verlag. Düsseldorf/Zürich 1997, S. 145.

[31] Bekannt ist der Traum von Sigmund Freud, den er nach dem Besuch der Aufführung von Theodor Herzls Theaterstück *Das neue Ghetto* 1898 träumte, und die Sympathie, die er beim Aufkommen der zionistischen Bewegung dafür hegte. Freud entschuldigte sich in einem Brief an Albert Einstein (26.2.1930), dass er sich nicht mit Enthusiasmus für die Sache aussprechen könne, aber »auf ›unsere‹ Universität in Jerusalem stolz sei und sich über das Gedeihen ›unserer‹ Siedlungen in Palästina freue«. Vgl. *Freud 2*, S. 672. Einstein begleitete 1921 Chaim Weizmann, den renommierten Wissenschaftler und späteren ersten Präsidenten Israels, auf eine Reise in die USA, um Geldmittel für die Kolonisierung Palästinas zu sammeln, und verärgerte seinen Reisegefährten mit seinen Kommentaren über die militanten Zionisten und die Notwendigkeit, mit den arabischen Nachbarn Frieden zu schließen. Die öffentliche Haltung Einsteins war jedoch unmissverständlich pro-zionistisch. Vgl. *Elon*, S. 346.

sich Getúlio Vargas zu diesem Zeitpunkt in der Sommerfrische befand, um für die Verstorbenen eine jüdische Bestattung zu fordern. Die implizite Drohung in der Erwiderung der Verantwortlichen auf die Bitte des Rabbiners offenbart das autoritäre Klima, das in jenen Jahren im Land herrschte, und die Angst, in der die kleine jüdische Gemeinde lebte. Zweig sah alles voraus, stellte sich jedoch nicht vor, dass der Schlussakt einen solch besonnenen, gewissenhaften und verstörenden Erzähler haben würde.

Ich sah ihn an jenem Tag zum einzigen Mal. Doch ich begegnete ihm mindestens dreißig Jahre lang jeden Tag. Sein Foto – der Schnurrbart unterschied sich nicht sehr von dem Hitlers, aber der Blick war sanft und gütig – hing im Arbeitszimmer meines Vaters. Es war mit einer Widmung in jener ausgereiften Handschrift versehen, wie immer mit violettfarbener Tinte geschrieben.

Sein Selbstmord war einer der ersten Kontakte, die ich mit dem Tod und den Zeitungen hatte. Ich las sie alle, um zu verstehen, warum mein Vater am vorhergehenden Tag nach Petrópolis gefahren und so bedrückt zurückgekommen war. Es gelang mir nicht, jene magische Idiotie, die im Aufgeben des eigenen Lebens liegt, zu begreifen. Ich hatte ihn zwei Jahre zuvor in der Schule gesehen – groß, stattlich, redegewandt, elegant – und nun war er auf den Fotos starr, tot. Das Ereignis kam Hals über Kopf in mein Leben und brachte eine Vorahnung des Krieges ganz ohne Uniform und Marschmusik.

Monate später kamen allmählich die Nachrichten über die Vernichtung der Juden in Osteuropa und mit ihnen die Sicherheit darüber, dass die Familien meiner Mutter und meines Vaters in Rovno (damals Polen) dieser nicht entkommen waren. Dank Zweig jedoch wusste der brasilianische Junge, der wie so viele andere auf der Straße Fußball spielte, was der nationalsozialistische Terror war.

Zum zwölften Geburtstag bekam ich von meinen Eltern die letzten zwei Bände der Gesammelten Werke von Stefan Zweig, in die sie mir mit Bedacht gewählte und sich auf den jeweiligen Titel beziehende Widmungen geschrieben hatten. In *Brasil. País do futuro* wünschte mir mein Vater Glück und Zufriedenheit in meiner Heimat. In *Os caminhos da verdade* (Die Wege der Wahrheit)[32] fand ich die Aufforderung meiner Mut-

---

[32] Dieses Werk ist in dieser Form nicht in Deutschland erschienen. Es handelt sich dabei um einen Sammelband, der die beiden Werke *Triumph und Tragik des Erasmus von Rotterdam* und *Amerigo. Die Geschichte eines historischen Irrtums* umfasst.

ter, diese niemals zu verlassen. Ich verdanke Zweig also wichtige Teile meines Bildungsromans.

Diese deutsche Ausgabe von *Morte no paraíso* ist eine Überarbeitung und Erweiterung der dritten brasilianischen Auflage, deren Ausarbeitung unverzüglich nach Veröffentlichung der beiden ersten Editionen (im November 1981 und Januar 1982) begann und die schließlich 2004 herauskam. Anlässlich des Erscheinens erhielt ich so viele wertvolle Beiträge von Lesern, die viele Persönlichkeiten kannten, dass ich zunächst an eine neue Auflage mit zusätzlichen Fußnoten dachte. Die Publikation der Tagebücher und später der zwei bis dahin unveröffentlichten Werke überzeugten mich, dass eine neue Fassung einen Anhang erforderlich machen würde, der sich aber bald als nicht ausreichend erwies, als ich, damals in Lissabon wohnend, ein Jahrzehnt nach der Erstveröffentlichung zu einem Kongress nach Salzburg eingeladen wurde, um des 50. Todestages von Stefan Zweig zu gedenken. Ich beschloss, die Ferien, die Zweig 1938 in Estoril verbracht hatte und die schon in den ersten Auflagen eine kurze Erwähnung gefunden hatten, genauer zu erforschen. Dabei fand ich mehr, als ich erwartet hatte, und nach dem erneuten Eintauchen in die Zweigsche Welt kehrte ich zurück, überzeugt davon, dass Biografien keine Beschränkungen haben, sondern aufsässig und widersetzlich sind. Eine »endgültige Biografie« existiert nicht, alle sind unzureichend. Ein Leben – in Wahrheit das Leben – ist nicht in all seinen Dimensionen wiederzugeben.

Da ich im Gegensatz zu Holroyd, der die Zahl der hinzugefügten Worte errechnete, den Text vollständig überarbeitet habe, zeigen sich die Änderungen in einer anderen Proportion. Wenn die erste Version als Aquarell angesehen werden kann, so ist diese neue eine Radierung. Das gleiche Bild, die gleiche Geschichte, die gleichen Reisen, Landschaften, Wahrnehmungen und Schlussfolgerungen, und doch sind die Konturen andere, schärfere. Eine Arbeit der Zeit, ausgereift.

Eine letzte Stichelei bezüglich *Brasilien. Ein Land der Zukunft* war vierzig Tage vor dem Selbstmord auf der Titelseite der literarischen Beilage des *Diário de Notícias*, einer der wichtigsten Zeitungen der damaligen Hauptstadt Rio de Janeiro, veröffentlicht worden. Der heitere Text, im besten Stil der brasilianischen Kolumne, war trotz des darin enthaltenen fundierten Lobes durchdrungen von unbegründeter Bosheit, die von dem Gerede über die angebliche Unterstützung des Werkes von Seiten der Vargas-Regierung inspiriert worden war.

Im letzten Absatz äußerte der Kritiker Osório Borba versöhnlich den Wunsch, Zweig möge im Land bleiben, so groß sei sein Verständnis für

Brasilien und die Brasilianer. Und mit dem ihm eigenen Humor schlug er vor, dass Zweig seinen Namen ins Portugiesische übersetzen und sich Estêvão Ramos nennen solle.

Stefan blieb Zweig. Er blieb in Brasilien, vergrub sich hier, aber beharrt darauf, zurückzukehren.[33]

Rio de Janeiro, September 1980 – São Paulo, September 2005

---

[33] Borba, Osório: »Dekobra e Zweig« (Dekobra und Zweig) in: *Diário de Notícias*, 11. 1. 1942. Der Vorschlag Borbas bezüglich einer Übersetzung des Namens war schon dreiundzwanzig Jahre zuvor von einem amerikanischen Verleger vorweg genommen worden, der eine Raubkopie von *Brennendes Geheimnis* auf den Markt brachte, auf der als Autor ein Unbekannter namens Stephen Branch (die engl. Übersetzung von Stefan Zweig) angegeben war. Vgl. Zohn, Harry: »The Burning Secret of Stephen Branch« in: *Sonnenfeld*, S. 302–313.

DECLARAÇÃO

… diesem wundervollen Lande Brasilien innig zu danken, …

Amok, eine Leidenschaft

»[...] das irdische Paradies, wenn es irgendwo existiere,
nicht weit von hier sein könne«.
    Amerigo Vespucci in: idem: Mundus Novus (1504)
    zit. nach: Zweig, Stefan: »Amerigo.
    Die Geschichte eines historischen Irrtums«
    in: Zeiten und Schicksale, S. 387–467, S. 403

*»Immer fühlt sich der Künstler dort am wohlsten
und zugleich am angeregtesten,
wo er geschätzt und sogar überschätzt wird.
Immer erreicht Kunst dort ihren Gipfel,
wo sie Lebensangelegenheit eines ganzen Volkes wird.«*
                        Die Welt von Gestern, S. 33

1. Kapitel

Starker Wind, die *Alcântara* lässt sich beim Anlegen neben der Lagerhalle 1 des Hafens von Rio de Janeiro an der Praça Mauá mehr Zeit als sonst. Als die Treppen schließlich am Schiff anliegen, stehen die Reporter und Fotografen bereits dicht gedrängt auf dem Königlich-Britischen Postdampfer – ein Prominenter ist an Bord.

Jetzt erst erkennen die anderen Passagiere den berühmten Schriftsteller, der während der 15-tägigen Überfahrt anonym geblieben ist. Der Autor der Novelle *Der Amokläufer*, einer Verwirrung der Gefühle, ist die Sanftmut in Person.

Der August ist in Rio ein Monat mit extremen Klimaschwankungen. Strahlender Sonnenschein wechselt sich mit den noch immer aus dem Süden kommenden Kaltfronten ab. In den vergangenen Wochen ist es heiß gewesen, und die Zeitungen berichteten über den schwindenden Wasservorrat der Stadt. An diesem Freitag, dem 21. August 1936, kommt aus Südwesten Wind auf – ein Hinweis auf eine mögliche Wetteränderung.

Stefan Zweig empfängt die Journalisten im Gang der ersten Klasse. Der Reporter des *Correio da Manhã* wundert sich, dass der Schriftsteller nicht die Ausstrahlung eines Träumers besitzt: »Er wirkt wie ein Geschäftsmann und Industrieller.« Als internationale Berühmtheit und Jude muss er den Eindruck eines Kapitalisten erwecken. Dem Kollegen der *Noite* erscheint Zweig »jung und agil«. Sein Pass bescheinigt ihm die stattliche Größe von 1,78 m.

Mit 54 Jahren ist er der Inbegriff des erfolgreichen Mannes. Kurz vor der Abreise nach Brasilien hat er die Sommerfrische mit Freunden im Badeort Ostende verbracht (die Sekretärin/Geliebte wohnte dabei diskret in einem anderen Hotel). Irmgard Keun beschreibt ihn mit der Ironie der Klatschspalten als »elegant, gepflegt, mit sanfter Melancholie im dunklen Blick. [...] ein Schloss in Salzburg und eine damenhafte Sekretärin.« Sie meint es nicht böse; von ihrem

Gefährten Joseph Roth hat sie gelernt, gegen Stefan Zweig zu sticheln.[34]

Der Journalist Múcio Leão, Mitglied der *Academia Brasileira de Letras*, beschreibt ihn am nächsten Tag in seinem Artikel als »groß, agil, robust, rosig [...] ein gesundes Aussehen [...] man hat den Eindruck, dass er Sport treibt. [...] Aber in seinem Blick liegt Müdigkeit. Sind es die Strapazen der Reise? Ist es Ernüchterung? Melancholie?« Es ist schwer, dieser eingehenden Prüfung standzuhalten.[35]

Der hoch gelobte Dichter Guilherme de Almeida fühlt sich verpflichtet, den Besucher in seiner Kolumne als »ein(en) starke(n) Mann mit leicht ergrautem, blondem Haar, kräftigem, kurz geschnittenem Schnurrbart und einer feinen Nase von ausgeprägter intelligenter Form zwischen zwei Augen, die mit schmeichelnder Lebendigkeit im rosigen, glatt rasierten Gesicht sanft leuchten«, darzustellen. Dichterische Freiheit, denn der Besucher ist keineswegs blond. Die lebendigen Augen sind aber in der Tat ein markantes Charakteristikum.[36]

Fotoaufnahmen, Begrüßungen, Statements und immer wieder Menschen, die sich dem Prominenten nähern möchten. Keiner ahnt jedoch, was seine Seele bewegt: die nach fast zwei Jahrzehnten gescheiterte Ehe; die Aufgabe des so geliebten Domizils, in dem er den größten Teil seiner Werke verfasst hat; die neue, von den Freunden noch nicht akzeptierte Gefährtin; das provisorische Apartment in London; die kranke Mutter in Wien; das von Hass zerfressene Europa und die eigene, innere Zerrissenheit aufgrund der Unfähigkeit zu reagieren. Gerade hat er sich seinem Freund und Meister Romain Rolland gegenüber für ein stärkeres Engagement im Kampf gegen den Dogmatismus ausgesprochen. »Man müßte einen Fanatismus des Antifanatismus schaffen.« Doch er weiß,

---

[34] Keun, Irmgard: »Stefan Zweig, der Emigrant« in: *Arens*, S. 160/161, S. 160. Um seinen engen Freund Joseph Roth vom Alkohol abzubringen, nahm Zweig ihn mit auf die Sommerfrische nach Ostende. Seit 1936 lebte Roth mit der Schauspielerin und Schriftstellerin Irmgard Keun zusammen. Seine Frau Friedl (Friderike) konnte Roth nicht ins Exil nach Frankreich mitnehmen, da sie, unter Wahnvorstellungen leidend, seit 1933 in einem Sanatorium in der Nähe von Wien lebte, wo sie 1941 im Rahmen des Euthanasie-Programms von den Nationalsozialisten ermordet wurde.

[35] *Jornal do Brasil*, 22.8.1936. Múcio Andrade de Leão (1898–1969) traf Zweig am Nachmittag des 21.8.1936.

[36] *O Estado de São Paulo*, 6.9.1936. Guilherme de Almeida (1890–1969), Autor eines umfassenden poetischen Werkes, wurde 1959 von der Zeitung *Correio de Manhã* zum *Principe dos Poetas* (Dichterfürst) gekürt. Er arbeitete als Kinokritiker und Kolumnist für Zeitungen. Der hervorragende Sonettschreiber schloss sich zunächst mit Begeisterung der modernistischen Bewegung von 1922 an, kehrte jedoch bald danach wieder zum klassischen Stil zurück.

dass ihm das nicht gelingen wird. Gewohnt, immer auf der richtigen Seite zu sein, hüllt er sich plötzlich in Schweigen, für ihn peinigend und peinlich zugleich.[37]

Der elegante Mann mit dem Bogart-Hut, der so sicher die Treppen der *Alcântara* herunterschreitet, ist einer der weltweit erfolgreichsten Schriftsteller seiner Zeit. Unlängst hat er sich indessen beklagt, dass er »die Literatur [...] so unbeschreiblich satt« habe.[38] Er besitzt einen Pass, aber österreichisch ist keine Nationalität angesichts des Niemandslandes zwischen Faschismus und Nationalsozialismus. Er flieht, aber ist kein Flüchtling. Er muss höflich sein und fühlt doch das Verlangen, zu schreien. Nur die lebendigen Augen sprechen – dies ist nichts Neues.

Am Kai bilden Guimarães Gomes zusammen mit dem Diplomaten, der dem Schriftsteller als Betreuer zur Verfügung stehen wird, dem Sekretär Jaime (Jimmy) Chermont, das diplomatische Empfangskomitee des *Itamaraty,* des nach seinem Amtssitz benannten Außenministeriums. Ferner warten Professor Antônio Austregésilo, das Mitglied der *Academia de Letras* Claudio de Souza, Gründer und Präsident des brasilianischen PEN-Clubs, und der junge 22-jährige Verleger Abrahão Koogan, einer der Inhaber der *Livraria* und *Editora Guanabara,* die für die letzten Veröffentlichungen seiner Werke in Brasilien verantwortlich ist, und Initiator des gerade beginnenden Besuchs, darauf, den Gast willkommen zu heißen. Der österreichische Geschäftsträger in Brasilien, Faccioli Grimani, ahnt nicht, dass der berühmte Landsmann schon kein Landsmann mehr ist, sondern ein Exilant.

Der tatsächliche Gastgeber, der Außenminister José Carlos de Macedo Soares, der Zweig die Einladung zu einem Brasilienbesuch gesandt hatte, ist ebenfalls gekommen; jedoch nicht, um den Gast zu empfangen, der ihn nach dem Protokoll im *Palácio do Itamaraty* aufsuchen muss. Gemeinsam mit seinem Bruder, dem einflussreichen Journalisten José Eduardo, ist er dort, um Horácio de Carvalho, den Besitzer des *Diário Carioca,* zu begrüßen.

»Ich bin glücklich, die Ungewissheit, Unruhe und Unsicherheit in Europa verlassen zu haben«, erklärt Zweig einem Reporter. »Ich möchte ein Buch über Brasilien schreiben«, verkündet er einem anderen.

---

[37] *Briefe SZ-Rolland,* 4.7.1936 [Poststempel], etwa ein Monat vor seiner Abreise nach Brasilien.
[38] Brief an Lotte Altmann, seine Geliebte und spätere Frau, 20.6.1936 zit. nach: *Prater,* S. 345.

Kaum angekommen, zeichnen sich neue Projekte ab, als ob die Pläne für die nächsten Jahre bereits entworfen sind. Vor eineinhalb Jahren, während der Rückkehr nach London von einem turbulenten Aufenthalt in New York, hatte er sich vorgenommen, nur noch das zu schreiben, was wirklich wichtig ist. Jetzt ist dies vergessen.

Das Einreiseformular versieht die Hafenbehörde mit dem Hinweis: »Gast der brasilianischen Regierung, Ziel: Copacabana Palace.«[39]

Er wird mit allen Ehren empfangen, andere haben weniger Glück gehabt. Am Vortag ist eine Gruppe von sieben jüdischen Flüchtlingen aus der Tschechoslowakei an Bord der *Alsina* in Rio eingetroffen. Sie erwartete ein anderer Empfang: Da ihre Dokumente unvollständig waren, gab ihnen die Polizei eine Frist von 30 Tagen, um ihre Papiere in Ordnung zu bringen. Anderenfalls würden sie in die Herkunftsländer zurückgeschickt. Zweig ist seit seinem Umzug nach London in das Problem der Flüchtlinge des Nationalsozialismus involviert. Über die restriktive, brasilianische Immigrationspolitik hat man ihm nichts erzählt. Die *Alsina* befindet sich noch im Hafen, sie wird später als schwimmendes Konzentrationslager in die Geschichte eingehen.[40]

In aufeinander folgenden Auflagen berichten die Abendzeitungen mit großen Lettern und riesigen Fotos über die Entwicklung im Spanischen Bürgerkrieg. Die telegrafischen Nachrichten sprechen von »marxistischen Massakern«, Orgien der »Rotspanienkämpfer« und Bildern getöteter Katholiken, die von militanten Republikanern erschossen worden waren. Die Rebellen Francos erscheinen wie Helden, Hüter der Ordnung und Tradition.

In Moskau geht der stalinistische Wahnsinn mit der Verurteilung von Trotzki, Sinowjew und Kamenew weiter; die einstigen Patriarchen des Staates sitzen jetzt als Umstürzler auf der Anklagebank.

Kurz zuvor sind die Olympischen Spiele in Berlin zu Ende gegangen, ein politischer Marathon, in dem die Propagandamaschinerie der Nazis ihre Macht an der Seite der Muskelkraft der Athleten zur Schau gestellt hat. Die »arische« Rasse errang 33 Goldmedaillen, gefolgt von der amerikanischen Mannschaft mit 24; in der brasilianischen Auswahl, die an diesem Tag zurückkommt, bringt die junge Piedade Coutinho zwar keine Medaille mit; aber der fünfte Platz im 400-m-Freistil-Schwimmen

---

[39] Das Original des Einreiseformulars überließ Koogan einem Journalisten. Heute befindet es sich in einer Privatsammlung.
[40] Die tragische Geschichte der *Alsina*, des letzten Schiffs, das am 18.9.1940 Marseille in Richtung Südamerika verließ, wird ausführlich in *Koifman* behandelt. Unter französischer Flagge fuhr sie seit den 30er Jahren die Route Frankreich–Argentinien.

macht aus ihr eine Heldin. Die deutschen Juden versetzt das Ende der Olympischen Spiele in Angst: Nach der Abreise der letzten Touristen werden die Übergriffe, Boykotts und Ausgrenzungen von neuem beginnen.

Die Theaterwelt feiert die Diva Bidu Saião, die zum Auftakt der Opernsaison des *Teatro Municipal* die Ceci aus *O Guarany* gibt – eine Hommage zum 100. Geburtstag des berühmten Komponisten Carlos Gomes. Das Pferd Mossoró gewinnt Preise in England und die Zeitungen widmen ihm die Titelseite. Es herrscht ein Klima der Glorifizierung und des gesteigerten Nationalismus.

Die weltweit angespannte Lage erhöht die Teuerungsrate und erinnert die Brasilianer daran, dass sie Teil der Welt sind. Die Regierung schafft eine Preisüberwachungskommission und warnt, dass Missbräuche strengstens untersagt seien. Die Aufrüstung führt zu einem starken Anstieg des Nickelbedarfs. Die Kurse steigen, die Groschen verschwinden, weil die Nickelhütten die Lager an Münzen aufkaufen. Die Behörden antworten mit der Prägung von kleineren und daher leichteren Münzen – alles lässt sich lösen, für alles gibt es einen *jeito*.[41]

Der Mann, der den Untergang der Alten Welt fühlt, ist entspannt in der heiteren Neuen Welt eingetroffen. Er kann sich nicht vorstellen, dass die Oase der Ruhe fast genauso aufgewühlt ist wie das Europa, das er gerade verlassen hat.

Sechs Jahre nach der liberalen Revolution von 1930, die die Alte Republik und Oligarchie gestürzt hat, erlebt das Land eine Zunahme nationalistischer und autoritärer Kräfte. Intellektuelle, Politiker, Unternehmer, Priester und Militärs rufen nach einer starken Regierung, frei von fremden Einflüssen und Korruption.

Vor ungefähr einem Jahr, im November 1935, hat die Regierung den Versuch eines kommunistischen Aufstands niedergeschlagen. An Stelle eines Aufstandes der Massen von Armen zog die rote Führung die gewohnte Rebellion in den Kasernen vor. Jetzt befindet sich der Anführer Hauptmann Luís Carlos Prestes, der legendäre »Ritter der Hoffnung«, zusammen mit seiner Frau und Mitstreiterin Olga Benario, einer deutschen Jüdin, die sich im Auftrag der Sowjetischen Kommunistischen Partei um seine Sicherheit kümmern sollte, in Haft. Sie ist schwanger, er wird angeklagt und in einer öffentlichen Verhandlung misshandelt.

---

[41] Für das Wort *jeito* gibt es keine adäquate deutsche Übersetzung. Es besagt im weitesten Sinne, einen Ausweg, eine Lösung für ein Problem zu finden, wobei die Erfindungsgabe und die Auslegung von Gesetzen und Vorschriften fast keine Grenzen kennen. In dieser Funktion stellt es ein Zauberwort im brasilianischen Alltag dar. [Anm. d. Ü.]

Es ist einer der vielen Prozesse, die die Behörden anstrengen, um ihm das Leben schwer zu machen, und die von Gesetzesverstößen geprägt sind.

Die Zeitungen sprechen sich mit großem Eifer für eine Liquidierung der Zellen von »Agitatoren, Subversiven und Ausländern« aus. Diese Geschehnisse erregen keine Aufmerksamkeit, auch nicht bei jemand mit einem so lebendigen und aufmerksamen Blick.

Auf ihrem Weg von Southampton nach Rio hat die *Alcântara* drei Wochen nach Beginn der Rebellion des General Franco in Vigo halt gemacht. Zweig gehört zu den drei Passagieren, die an einem Landgang interessiert sind, die beiden anderen sind Portugiesen, mit denen er sich auf Spanisch unterhält. Er macht Fotos und bemerkt wie jeder Tourist, dass alles »ungemein interessant« erscheint. Er stellt die Rebellen als Faschisten dar, registriert aber die »prächtigen Uniformen, geradezu deutsch disciplinirt [sic] [...] sie sehen ebenso wenig wild aus wie unsere Heimwehren« – vielleicht ist es Ironie.

Der Zweite Weltkrieg beginnt bereits in diesem Moment und sein Opfer nimmt die Gefahr nicht wahr. »(D)azwischen ging das herrlich pittoreske Leben ungestört weiter.« Während des Anlegens in Lissabon ist er noch immer der Tourist, der schreibt: »Angenehme Enttäuschung. [...] Glanz im Elend, Elend im Glanz.«[42] Das Tagebuch füllt sich mit portugiesischen und spanischen Wörtern; Zweig macht sich mit den Sprachen vertraut, die er in wenigen Tagen in Brasilien und Argentinien benutzen wird. Die jüdischen Flüchtlinge der dritten Klasse scheinen ihn mehr zu interessieren als die Stadt und die politische Lage des Landes. Ein im Unterdeck des Schiffes einquartierter Passagier erkennt Zweig und grüßt ihn in holprigem Deutsch, fast Jiddisch als »gressten Dichter«, der ihn im Unterdeck besuchen kommt.

Der Alltag auf dem Luxusschiff lässt die Gäste die Reise vergessen. Es ist Sommerende, das Meer ist ruhig; Zweig nutzt die Zeit, um zu arbeiten. Er nimmt das Tagebuchschreiben wieder auf; in der Vorahnung der vielen Eindrücke, die es wert sind, schriftlich festgehalten zu werden.[43]

---

[42] *Tagebücher*, 10.8./11.8.1936; *Briefe SZ-FZ*, 11.8.1936. Die Ungerührtheit angesichts der Vorgänge in Spanien spiegelt sich in den Tagebüchern und den Briefen an Friderike wider. Aber in den fünf Jahre später verfassten Erinnerungen bekommt das Bild der Soldaten Francos durch die Schrecken des gerade stattfindenden Weltkrieges schärfere Konturen. Vgl. *Die Welt von Gestern*, S. 449–452.

[43] Die von Zweig 1912 begonnenen Tagebücher sind mehrmals unterbrochen worden. Sie lassen sich in zwölf Abschnitte unterteilen. In der Zeit des Ersten Weltkrieges führte Zweig trotz vorhandener Pausen am kontinuierlichsten Tagebuch.

Er beginnt, sich mit Fernão de Magalhães zu beschäftigen, und erstellt eine Liste von Büchern, die er *Fritzi* (Friderike, von der er schon getrennt lebt, an die er jedoch weiterhin die Aufgaben delegiert) bittet, für ihn nach London zu schicken. Der Seefahrer wird die nächste Figur in seiner Galerie der Persönlichkeiten neben Erasmus, Castellio und dem Propheten Jeremias sein. Sie alle haben durch ihn gesprochen, der erste Weltumsegler wird auch etwas zu sagen haben. Versunken in die Lektüre über die frühe Seefahrt, ist Zweig fünf Tage später mitten auf dem Ozean erstaunt über den Mut jener Verrückten, die in Nussschalen die Weltmeere überquerten.

Der angefangene Roman schreitet nur mühsam voran. Es ist sein erster Versuch in diesem Genre. Er klagt, dass neue Ideen ausbleiben und er nicht daran weitergeschrieben hat, als ihm noch eine Sekretärin zur Verfügung stand. »(N)un man wird ja sehen, was wird«, stellt er entmutigt fest.

Zweig macht Gymnastik, hält Diät und steigt Treppen, um Gewicht zu verlieren. »(D)ie schwüle Luft zehrt sicher Fett auf oder preßt den Wasserüberfluß aus dem Leib.« Schlanker wirkt er weniger bürgerlich.[44]

Er ist kein zufälliger Tourist; seit Mai hat er von den Reiseplänen gesprochen. Für diese Reise macht er sogar eine Ausnahme und nimmt die Einladung zum Internationalen Kongress des PEN-Clubs in Buenos Aires an (es ist der erste und einzige, an dem er teilnimmt), weil »mich Brasilien sehr interessiert«. Aber es ist nicht nur Interesse und Neugier, es ist auch das Bedürfnis nach Entspannung: »Eine Welt im Chaos! Ich träume sehr von der südamerikanischen Reise.« Eine weitere Ausnahme: Er akzeptiert die Einladung, Gast der brasilianischen Regierung zu sein. Das Chaos ist in der Welt und in seinem Inneren. Er muss sich von der politischen Anspannung und den persönlichen Problemen erholen. Er kann sich diese Gelegenheit nicht entgehen lassen.[45]

»Das Schiff war groß und luxuriös. Ich erinnere mich nicht, ihn gesehen zu haben«, erzählt Horácio de Carvalho.[46] Es ist Zweig gelungen, seinen Namen nicht in die Passagierliste eintragen zu lassen und auf diese Weise relativ anonym zu bleiben. Er amüsiert sich über zwei brasilianische Damen, die seine Bücher in Französisch verschlingen, ohne

---

[44] *Tagebücher*, 14.8./15.8./16.8.1936. Es handelt sich um den Roman *Ungeduld des Herzens*, den er erst drei Jahre später beenden würde.
[45] *Briefe SZ-FZ*, 28.5.1936; Juni 1936.
[46] Horácio de Carvalho, Aussage gegenüber dem Autor, 20.9.1980.

den Autor an ihrer Seite zu erkennen. Lediglich zu einigen Tischgenossen sucht er Kontakt: zu Cecil Mandsley »nett englisch«, einem hohen Beamten des englischen Außenministeriums und vornehmen Komponisten, zu der Frau eines Breslauer Gynäkologen, eine geschwätzige Wienerin und Literaturkennerin, »unmöglich, weil sie verlangt, ich müsste mich ihrem Manne ›vorstellen‹ weil ich der Jüngere sei, was ich natürlich nicht tue«, und zu dem katholischen Schiffsgeistlichen.[47]

Professor Brieger, ein sehr kultivierter deutscher Jude auf der Flucht vor dem Nationalsozialismus, der nach São Paulo berufen worden ist, um dort Vererbungslehre zu unterrichten, und der ihm die Geschichte Gregor Mendels, des Vaters der Genetik, nahe bringt, interessiert ihn mehr.

Auch von dem Amerikaner Montagne, einem Mineningenieur chinesischer und vermutlich jüdischer Abstammung, ein verwegener athletischer Typ, polyglott, weit gereist und ein profunder Kenner Brasiliens und seiner Wälder, ist Zweig fasziniert. Montagne äußert sich pessimistisch, was die Natur des Landes anbelangt, und behauptet, dass die Termiten das Holz zerstören. Europäer könnten es dort nicht lange aushalten; alles verschwöre sich, um dem Menschen Energie zu entziehen. Dies bestätigt auch der mitreisende Cesareo Bernaldo de Quiroz, der zu dieser Zeit als der wichtigste argentinische Maler gilt. Zweig indessen zeigt sich davon unbeeindruckt; er ist überzeugt, dass er Brasilien lieben wird – Wunschvorstellungen sind so.[48]

Während der letzten Nacht auf See sucht Zweig am Himmel das Kreuz des Südens. Trotz des frischen Windes ist der Sonnenaufgang an der Küste von Rio de Janeiro ein unvergessliches Erlebnis. Vom Meer aus ist die Sicht auf die Stadt bei jedem Wetter, zu jeder Jahreszeit überwältigend. Seine Beschreibung des Bergmassivs ist nicht rhetorisch. Es erinnert wirklich an einen im blauen Meer schlafenden Riesen. Der

---

[47] *Tagebücher,* 14.8./15.8./16.8.1936. Die Eintragung gibt den Wortlaut des am Vorabend der Ankunft in Rio geschriebenen Briefes an Friderike wieder. Vgl. *Briefe SZ-FZ,* 21.8.1936.

[48] Der Biologieprofessor Friederich Gustav Brieger (1900–1984) floh bald nach Hitlers Machtübernahme aus Deutschland. Er wurde nach Brasilien eingeladen, um dort den Lehrstuhl für Zytologie und Genetik an der *Escola Superior de Agricultura Luiz de Queiroz* (Hochschule für Landwirtschaft) (Piracicaba, SP) zu gründen. Später war er bei der Gründung der Universitäten von Brasilia und Campinas, beides Vorzeigeuniversitäten, beteiligt. Er ging nie wieder nach Deutschland zurück. Sowohl in seinem Fall als auch in dem des Amerikaners hielt Zweig lediglich die Nachnamen fest. Cesareo Bernaldo de Quiroz (1881–1968), naturalistischer Maler, bevorzugte, fasziniert von der Figur des Gauchos, folkloristische Motive.

Anblick der gewaltigen Landschaft weckt ein Gefühl der Allmacht. Nur wenige der begeisterten Reisenden widerstehen der Herausforderung, jenen ruhenden Titan zu erobern.

Die letzte Eintragung, die Zweig vor einem Jahr in Paris vor der Unterbrechung in das Tagebuch geschrieben hat, offenbart eine andere Stimmung: düster, voll Vorahnungen. Jetzt, angesichts des herannahenden Krieges, gibt er sich einer befremdlich anmutenden Lebensfreude hin: »(D)iese ondulierenden Linien haben etwas von der Gestalt einer Frau die den Wellen entsteigt [...] Diese Stadt hat wirklich Magie.«

Am eleganten Pier an der Praça Mauá erwartet ihn schon der offizielle Wagen, der während seines gesamten Aufenthaltes in der Stadt zu seiner Verfügung stehen wird, eine Ehrerbietung, die ihn ebenfalls beeindruckt. Er wird direkt ins aristokratische Copacabana Palace gefahren – das Hotel der Könige und Mächtigen, in dem vor kurzem, am 12. Juni, noch Igor Stravinsky und seine Ehefrau genächtigt haben. Zweig bezieht eine großzügige Suite mit vier Zimmern, einem riesigen Balkon und einer atemberaubenden Sicht auf das Meer. Er könnte stundenlang den schönsten Strand der Welt betrachten, aber der Außenminister, sein Gastgeber, erwartet ihn zur protokollarischen Begrüßung.

Auf dem Weg zum Amtssitz beginnt für den jungen Diplomaten Jimmy Chermont (»aus einer der ältesten Familien, vermögend, ungemein cultiviert [sic], ganz aristokratische Atmosphäre«) die Rolle, die er in den nächsten zehn Tagen einnehmen wird: jenem unstillbaren Geist alle Schlüsselinformationen zu liefern über die bezaubernde Stadt, eine Mischung aus Lissabon und Paris, in eine Sanftmut eingehüllt, die von einem einfachen und zugleich kultivierten Land ausgeht.[49]

Der frische Tag, die heitere Metropole und die warmherzige Gastfreundschaft besiegeln die Verbundenheit zwischen Zweig und Brasilien. Im Hotel wird er gewahr, dass seine Gastgeber eine wahre Flut an Terminen anberaumt haben, um allen Anfragen nachzukommen.

Niemals hat er sich als wichtig empfunden, aber die Bedeutung, die man ihm hier zuteil werden lässt, siegt über seine Bescheidenheit, sie macht ihn trunken. Durch die Korrespondenz mit Koogan, die er seit 1932 führt, weiß er um seinen Erfolg im Land. Mehrere Raubdrucke waren schon vergriffen, als er mit der Übertragung der Rechte auf die *Edi-*

---

[49] *Tagebücher,* 21.8.1936. Jaime Chermont, Aussage gegenüber dem Autor, 10.6.1980. Er stammte nicht nur aus einer großbürgerlichen Familie, sondern war zudem der Schwager der Brüder Melo Franco, einem Clan von Politikern und Diplomaten.

tora Guanabara (die kurz vor seiner Ankunft das Gesamtwerk Freuds veröffentlicht hat) in das gleiche Verhältnis trat, das bereits mit europäischen und amerikanischen Verlegern bestand.[50]

Die Novellen verkaufen sich in mehreren Auflagen, nicht zuletzt dank des psychologischen Aspekts, den Zweig aufgrund seiner Bekanntschaft mit Freud aufgegriffen hat. Seine Freud-Biografie war der erste Kontakt eines größeren brasilianischen Publikums mit den Geheimnissen der Psyche. Das gleiche gilt für die biografischen und historischen Essays, die, zu Wissens- und Bildungslektüre geworden, den reinen Unterhaltungswert überschreiten. Die behutsame Enthüllung der weiblichen Seele begeistert die Frauen genau zu dem Zeitpunkt, als diese anfangen, in der Gesellschaft eine eigenständige Rolle einzunehmen. In den Häusern der belesenen Mittelklasse gibt es kein Regal ohne Werke von Stefan Zweig. Seine Rolle als Vermittler zeigt sich besonders in Brasilien aufgrund der enormen Distanz zwischen der winzigen intellektuellen Elite und den übrigen Schichten.

›Ist es Zweig? Dann lese ich es.‹ Es war 1934 [erzählt der als einer der wichtigsten Kritiker Brasiliens angesehene Antonio Candido]. Am Gymnasium von Poços de Caldas in Minas Gerais hatten wir eine kleine Literaturzeitung namens Ariel. Ein Freund, derselbe, der mich zu Zweigs Büchern bringen und mir den Weg zur zeitgenössischen brasilianischen Literatur öffnen sollte, dachte sich eine literarische Kolumne aus. Im ersten Artikel, an den ich mich erinnere, hieß es: ›Ist es Zweig? Dann lese ich es.‹ Und dies war genau der Gemütszustand meiner Generation in jenen Jahren [...] mit 18 Jahren las ich seine Biografie von Romain Rolland und verstand dadurch die Wichtigkeit des pazifistischen, länderübergreifenden, offenen Humanismus, dem sich

---

[50] Briefe von Zweig an Abrahão Koogan, 28.3.1935, 30.9.1935 in: *Briefe SZ-Koogan*. Der erste Brief von Koogan an Zweig stammt aus dem Jahr 1932 (11.6.1932). Von 1934 an jedoch mischte sich der Literaturagent, der Jugoslawe Zoran Ninitich (1896–1958) ein. Eine merkwürdige Figur: Bekannt als kundiger Philatelist, ließ er sich mit Dr. anreden. Er war Besitzer einer Druckerei und Teilhaber verschiedener kleiner Verlage. Außerdem übersetzte und veröffentlichte er einen Text von Freud (anscheinend ohne rechtliche Genehmigung). Er brachte einige Werke von Zweig heraus, verkaufte die Rechte an andere Verlage und behielt das dem Autor zustehende Geld für sich. Die brasilianischen Exklusivrechte bekam der Verlag der beiden Schwager Waissman und Koogan im Rahmen der Vorbereitungen des Brasilienbesuches. 1936 veröffentlichte die *Editora Guanabara* 14 Titel von Zweig, Biografien und Novellen im erschwinglichen Paperbackformat. Bis zu diesem Zeitpunkt waren die Werke einzeln, jeweils von verschiedenen Verlagen herausgebracht worden, von denen der der Gebrüder Pongetti der engagierteste und renommierteste war.

Zweig im Versuch, die egoistischen Machenschaften der europäischen Bourgeoisie abzuwenden, die mit dem Nationalsozialismus endeten, großmütig anschloss.[51]

Kaum hat Zweig die Koffer ausgepackt, wird er also an diesem Nachmittag zum eleganten rosafarbenen *Palácio do Itamaraty* gebracht. Dem ihn empfangenden Außenminister Macedo Soares (»sehr nett und weltmännisch«) kann er endlich formal für die Einladung nach Brasilien danken. Im stillen Wasser des Sees vor dem Amtssitz schwimmen die berühmten Schwäne, während sich im großen Salon der Gastgeber und sein Gast, auf den goldverzierten Sesseln der Paläste der armen Länder sitzend, bedächtig auf Französisch unterhalten, umringt von Journalisten, Bewunderern und Ministeriumsangestellten.

»(U)nmöglich zu erzählen, wieviel ich an Büchern zu unterschreiben hatte [...] meine Stellung in diesem Land ist ja tatsächlich unwahrscheinlich«: Brasilien lässt ihn den zuvor geäußerten Überdruss an der Literatur vergessen.[52]

Noblesse oblige, er muss sich den vielen ihm entgegengebrachten Höflichkeiten erkenntlich zeigen. So treibt ihn die Eile: In der *Academia Brasileira de Letras*, dem erlauchten Zirkel der Kultur, erwarten ihn nur vier der *imortais* zum traditionellen Tee am Donnerstagnachmittag. Ihnen verrät er seinen Wunsch, das mysteriöse Flussmeer, den Amazonas, kennen zu lernen. Anschließend nimmt er an einem Cocktailempfang im Haus von Claudio de Souza, in gewisser Weise ebenfalls ein Gastgeber, teil. Auch hier kann er sich nicht lange aufhalten, er darf den richtigen Zeitpunkt für den Besuch des Zuckerhuts nicht verpassen, um dort den legendären Sonnenuntergang zu erleben, »wenn die Stadt ihre

---

[51] Antonio Candido de Mello e Souza, schriftlicher Bericht an den Autor, 16.7.1980. Antonio Candido de Mello e Souza (1918-), Rechtsanwalt, Journalist, Literaturkritiker und Soziologe, unterrichtete an den Universitäten von São Paulo, Yale und Paris und ist Autor des Klassikers *Formação da literatura brasileira* (Die Entstehung der brasilianischen Literatur) von 1959.
[52] *Tagebücher*, 21.8.1936. Der Rechtsanwalt und Unternehmer José Carlos de Macedo Soares (1883-1968, Außenminister von 1934-1937) war ebenso wie die restliche brasilianische Elite von den Ideen von Oliveira Viana, dessen Mentoren (Le Bon, Gobineau und Chamberlain) und deren antisemitischen, rassistischen und japanerfeindlichen Äußerungen beeinflusst. Dennoch war er einer der wenigen in der Regierung des Präsidenten/Diktators Vargas, die sich gegenüber dem Plan des Völkerbundes bezüglich der Aufnahme der Flüchtlinge aus Deutschland zugänglich zeigten. Auf den Verwaltungsapparat seines Ministeriums, in dem eine ablehnende Haltung gegenüber der Aufnahme von jüdischen Flüchtlingen vorherrschte, übte er jedoch wenig Einfluss aus. Vgl. *Lesser 1*, S. 54-74.

Lichter-Toilette macht und sich für den Abend schmückt«.⁵³ De Souza, der zu einem ausschweifenden Stil neigt, schildert den Besuch: »Der Christus auf dem Corcovado wurde angestrahlt. [...] Zweig verharrte im Anblick dessen [...] die Tränen schossen ihm reichlich in die Augen.«

Im Morgengrauen hat der Reisende das Bild des schlafenden Riesen erstmals gesehen und einige Stunden später, als er auf dem Giganten steht, rührt ihn das außergewöhnliche Panorama. Die Tränen sind eher der Vorstellungskraft des neuen Freundes zuzuschreiben. Der treue Claudio de Souza wird in den nächsten sechs Jahren eine Art Page sein, einem Tollpatsch gleich.⁵⁴

Nach dem Abendessen mit dem Ehepaar Koogan erwartet Zweig noch die übliche Dosis an Erotik: ein Besuch des *Mangue*, des Rotlichtviertels hinter der Praça Onze, nicht weit vom jüdischen Viertel entfernt. Tief beeindruckt von der unglaublichen Zurschaustellung der Sinnlichkeit ergeht sich Zweig in seinem Tagebuch: »(I)ch habe selten in meinem Leben etwas so Fascinierendes [sic] gesehen, wie diese funkeln[d]en vier Straßen, die in den verwirrenden Mauern einem Zwecke dienen.«

Es ist schwer, die ersten Impressionen zu vergessen. Mit anderen Worten und gezügelter Erotik werden diese auf unbedarfte Weise in *Brasilien. Ein Land der Zukunft* aufgenommen werden und scharfe Kritik von Seiten der Patrioten hervorrufen, die sich wegen des mit so viel Arglosigkeit dargestellten Makels schämen.⁵⁵

Die erste Bilanz des erlebnisreichen Tages ist in einem Brief an Friderike (die sich in Salzburg befindet) festgehalten. »Magie« ist das Wort, das Zweig verwendet, um die Einfahrt nach Rio zu beschreiben; er zeigt sich beeindruckt von der Zwanglosigkeit der Hotelgäste, die im Badeanzug direkt ins Meer gehen. Vor allem fühlt er sich durch die von der Re-

---

⁵³ *Tagebücher*, 21.8.1936. *Jornal do Brasil*, 22.8.1936. Einer der bei dem Tee in der *Academia* anwesenden Mitglieder war Afrânio Peixoto, der Jahre später das Vorwort für die brasilianische Ausgabe von *Brasilien. Ein Land der Zukunft* schreiben sollte.
⁵⁴ *Souza*, S. 11. Claudio de Souza (1876–1954) war ein aufstrebender und einflussreicher Arzt, Journalist, Dramatiker, Reisender, Mitglied und Präsident der *Academia Brasileira de Letras* und Gründer des brasilianischen PEN-Clubs, dem er seinen Nachlass vermachte. Sein Werk umfasst 39 Bücher unterschiedlicher Genres und Thematik, einschließlich der Medizin.
⁵⁵ *Tagebücher*, 21.8.1936. Mit dem Abriss der Praça Onze (de Junho) und dem Wachsen des Viertels Copacabana in der Nachkriegszeit verließ die Prostitution das *Mangue* (Mangrovensümpfe) und breitete sich in der Stadt aus. Der abschätzige Name stammt von dem schlammigen Kanal, der dort versteckt von einer Allee sehr hoher Palmen entlang läuft. Auch das jüdische Viertel löste sich auf.

gierung offerierten Gefälligkeiten geschmeichelt: Er erzählt von »›meinem‹ Auto und ›meinem‹ Attaché«. »(D)as phantastische und anstrengendste Märchen [...] Ich habe nie eine bezauberndere Gegend gesehen, man könnte lyrisch werden.«

So ist es: Die Lyra, seit der nationalsozialistischen Machtübernahme unter Verschluss gehalten, ist jetzt befreit, gelöst, verzaubert und bereit zu spielen. Das ermüdende Programm, das ihn unter normalen Bedingungen wütend gemacht hätte, scheint eine mit Leichtigkeit zu überwindende Herausforderung; er ist wie ausgewechselt.[56]

Am nächsten Tag, einem Samstag, macht er gemeinsam mit dem jungen Anwalt Samuel Malamud, einem engen Freund Koogans (und Zweigs späterer Testamentsvollstrecker), den unvergesslichen Ausflug nach Petrópolis. Ein weiterer Pakt wird besiegelt, diesmal mit dem in das tropische Gebirge eingebetteten europäischen Städtchen. Das Mittagessen dort mit dem österreichischen Geschäftsträger Faccioli Grimani ist von Gesprächen über Brasilien geprägt: »Alle empfinden, das [sic] hier eine große Zukunft sich vorbereitet, wenn nur genug Menschen und genug Capital [sic] in das Land kommen.«[57]

Mehr Menschen bedeutet: die Türen des Landes für die Flüchtlinge des Nationalsozialismus zu öffnen. Die neue Sache, derer er sich in London angenommen hat, ist die einzige Möglichkeit, seinem Humanismus und den internationalistischen Überzeugungen angesichts des von Hitler verbreiteten Schreckens Ausdruck zu verleihen. Kurz vor der Abfahrt hat er die ersten Exemplare des Buches *What Will Happen to the Jews?* erhalten, zu dem er für seinen neuen Freund, den Journalisten und Dichter Joseph Leftwich, das Vorwort geschrieben hat.[58] Leftwich, ein Anhänger der *Freeland League* (jidd. *Frajland Ligue*), hat Zweig, der dem Nationalismus stets misstraut hat, für diese Bewegung gewonnen. Ohne den Zionisten zu widersprechen, legten sich die Territorialisten auf der Suche nach einer Zufluchtsstätte für die Massen der vom Nationalsozialismus verfolgten Juden nicht auf Palästina und eine unabhän-

---

[56] *Briefe SZ-FZ*, 21.8.1936. Außer in diesem Brief an seine erste Frau schrieb Zweig auch in seinem Tagebuch ausführlich über den ersten Tag (*Tagebücher*, 21.8.1936). Es gibt keine Wiederholungen. Der Brief erinnert eher an eine Beichte (obgleich er sich an die Ehefrau richtet, von der sich Zweig getrennt hatte), wohingegen der Tagebucheintrag sein erzählerisches Talent sichtbar werden lässt.
[57] *Tagebücher*, 22.8.1936.
[58] Joseph Leftwich (1892–1983), geboren in Holland, aber britischer Staatsbürger, war Schriftsteller, Literaturkritiker, Übersetzer und Förderer der jiddischen Sprache und der Kultur der Diaspora, wie übrigens auch der Schriftsteller Israel Zangwill (1864–1926), über den Leftwich eine Biografie schrieb.

gige nationale Heimstatt fest, sondern zogen jedes Land der Welt in Betracht.[59]

»Genug Menschen und genug Capital«: Zweig hat kaum einen Tag im Land verbracht und erkennt schon, dass die Lösung des Flüchtlingsproblems über Brasilien und die Weiträumigkeit seiner unbesiedelten Gebiete führt.

Es ist Sonntag, der bedeckte Himmel und das kalte Wasser laden Zweig nicht zum Baden im Meer ein, dies gilt umso mehr, da der Außenminister Macedo Soares ihm zu Ehren ein festliches Mittagessen in den aristokratischen Salons des Jockey Clubs in Gávea gibt.

Die Damen in Seide, mit Juwelen und Hüten, die Herren in dunklen formellen Anzügen. Zweig *comme il faut* immer gemäß dem Protokoll – in gestreifter Hose, schwarzem eleganten Jackett und Smokinghemd, eine Perle in der Krawatte und einen breiten Diamantring am rechten kleinen Finger. Eine Atmosphäre der Vornehmheit herrscht überall.

Ein riesiger Tisch für 60 Personen, »darunter bezaubernd schöne Frauen«. Aus der *grand monde* sticht Alzira Vargas heraus, die Lieblingstochter, Vertraute und Beraterin des Präsidenten, die von ihrer Schwester Jandira begleitet wird. Der Minister Macedo Soares sitzt dem großen ovalen Tisch vor, an dem Bankiers, Unternehmer, bekannte Rechtsanwälte, Mitglieder der *Academia Brasileira de Letras*, Zeitungsbesitzer, Politiker und Diplomaten Platz genommen haben – die c*rème de la crème* – das Beste, was die Schicht der Reichen und Gebildeten zu bieten hat. Der einheimische Faschismus ist durch Rosalina Coelho Lisboa, Dichterin, Journalistin, Feministin und eiserne Antikommunistin, vertreten. Sie ist eine der führenden Persönlichkeiten in der integralistischen Bewegung faschistisch-antisemitischer Ausrichtung.[60]

---

[59] Der offizielle Name der *Freeland League – Jewish Territorialist Organization* – offenbart schon ihre Absicht: Es geht um ein territoriales Refugium und nicht um ein politisches. Ihr Gründer war der Schriftsteller und Aktivist Israel Zangwill (1864–1926), der als Sohn russischer Juden in London geboren wurde. Trotz unterschiedlicher Standpunkte arbeitete Zangwill mit Herzl bis zu dessen Tod 1904 zusammen. Im darauf folgenden Jahr führte Zangwill eine Gruppe an, die sich, ohne die Basis des Zionismus in Frage zu stellen, abspaltete und parallel zu agieren begann. Mit dem Tod Zangwills und der größer werdenden jüdischen Gemeinde in Palästina löste sich die *JTO* auf. Angesichts der Judenverfolgung in Deutschland wieder ins Leben gerufen, löste sie sich schließlich nach dem Holocaust und der Entstehung des Staates Israel auf.

[60] Rosalina Coelho Lisboa Larragoiti (1900–1975) war eine der herausragenden Figuren der *Ação Integralista Brasileira,* der Brasilianischen Integralisten-Aktion (gegründet 1932). Sie diente als Vermittlerin zwischen dem Integralisten-Führer Plínio Sal-

Ruhm, Macht und Finesse, eine angenehme Mischung, vor allem, wenn das Ganze mit der brasilianischen Herzlichkeit gewürzt ist, die es vermag, Reaktionäre und Liberale, Modernisierer und Konservative mit einem diskreten Schuss Judaismus – die kleine Entourage von Zweig (die Ehepaare Abrahão Koogan, und Samuel Malamud), der Abgeordnete und Industrielle Horácio Lafer, der Zeitungsverleger Herbert Moses und der Ökonom Roberto Simonsen; die beiden Letzteren wurden nur von Antisemiten als Juden angesehen – zusammenzubringen und die vorhandenen Gegensätze auszugleichen. In den Salons des Jockey Clubs herrscht gute Erziehung, es kommt zu keinen Zusammenstößen. »Das Diner ausgezeichnet und glücklicherweise ohne Toaste und Reden.« Dies ist das Land, in dem alles gut ausgeht.

»Seine distanzierte und melancholische Ausstrahlung beeindruckte mich«, erzählt Alzira Vargas, »er schenkte mir ein signiertes Buch, wir unterhielten uns und posierten für die Kameras.«[61]

Nach dem Festessen wartet ein Wettrennen im großzügigen Hippodrom, das Zweig von der Ehrentribüne aus verfolgt. Im Anschluss folgt der obligatorische Abstecher mit dem Wagen in den Wald von Tijuca. Gegen Abend auf der Rückfahrt gibt es noch einen kurzen Empfang in einer hochmodernen Villa, umgeben von einem chinesischen Garten. »Dort im Haus von Madame Tulutes, ich habe nie ein Schöneres gesehen.« Tropenwald und Kultiviertheit, dazu feine, gebildete Menschen – 48 Stunden Brasilien lassen bereits einige Konturen des Landes der Zukunft erahnen.

Zurück im Hotel beginnt er, den Vortrag und die Antwort auf die Grußworte der *Academia de Letras* (das Original hat er in London vergessen) vorzubereiten. Vor dem Schlafengehen das neue Ritual: Tagebuch schreiben. Es sind Notizen für ein zukünftiges Buch, aber es ist auch eine Art, die Erregung infolge der ihm entgegengebrachten großen Zuneigung zu verarbeiten: »Bei diesen oberen Kreisen ist eine Gepflegtheit des Tones und des Benehmens, wie sie uns seit Jahren abhanden gekommen ist.«[62]

---

gado und dem Präsidenten Vargas. Ihr dritter Ehemann Antonio Sanchez Larragoiti, der Begründer der mächtigen Finanzgruppe *Sul América*, war einer der Financiers des Generals Franco während des Spanischen Bürgerkrieges.
[61] Alzira Vargas, Aussage gegenüber dem Autor, 10.9.1980. Vargas, S. 221.
[62] *Tagebücher*, 23.8.1936. Des Weiteren fällt ihm auf, welch »außerordentliche Kultur hier in den vornehmen Kreisen herrscht«, und er erwähnt die »geradezu romantische Auffassung« des Volkes bezüglich des Erotischen. Auch Claude Lévi-Strauss schildert in seinen *Traurigen Tropen* das Benehmen der vornehmen Elite, der *gräfinos*, der Feinsten der Feinen. Vgl. *Lévi-Strauss*, S. 13; 41.

Montag, der 24. August, steht ihm zur freien Verfügung. Er kümmert sich um die Schiffspassage nach Buenos Aires, sucht die *Livraria Guanabara* in der eleganten Rua do Ouvidor auf, in der in jenen Jahren die wichtigsten Buchhandlungen und Verlage des Landes angesiedelt waren, und regelt die geschäftlichen Angelegenheiten mit seinem Verleger. Natürlich empfängt er auch heute die Presse, und gegenüber dem Reporter des regierungstreuen Abendblattes *A Noite* verkündet Zweig prophetisch: »Ich werde der Unterhändler Brasiliens in Europa werden.«

Der Satz wird zur Schlagzeile. Er entwirft einen höchst erstaunlichen Reiseplan im Stil derer, die erst vor Ort begreifen, wie viel man hier entdecken kann.

Feijoada, dazu *cachaça* in einem kleinen Restaurant, ein köstlicher Kaffee (»so heiß, daß ein Hund, wenn man ihn damit anspuckt, heulend davon läuft«), eine Zigarre zum Abschluss. Die Seele ist zufrieden, der Körper auch, das Leben verdient, gelebt zu werden.

Nach einem Spaziergang durch das elegante Zentrum (»die Stadt, die mir immer mehr gefällt«) stehen am Nachmittag um 16 Uhr Verpflichtungen an: Eskortiert vom aristokratischen Jimmy Chermont besucht Zweig die Redaktion der mondänen *Illustração Brasileira*, in der die *imortais* der *Academia de Letras* und die Schreiber der Elite tätig sind.[63]

Die Hauptattraktion der Zeitschrift ist die Eingangskolumne, geschrieben vom Mitglied der *Academia* Graf Afonso Celso, dem gefeierten Autor von *Porque me ufano de meu país* (Weshalb ich mich meines Landes rühme), ein Buch, das zu einem kommerziellen Erfolg in der Euphorie der Gedenkfeiern zur 400-jährigen Entdeckung Brasiliens und zum offiziellen Handbuch des Patriotismus und der staatsbürgerlichen Gesinnung wurde.[64] Claudio de Souza führt ihn in seiner Eigenschaft als Herausgeber dieser Zeitschrift durch die Räumlichkeiten. Sie posieren für die Kameras, dann kommt der Höhepunkt: der Eintrag ins Goldene

---

[63] *Tagebücher*, 24.8.1936. *Feijoada* von *feijão* (Bohnen). Dies ist ein Eintopf aus schwarzen Bohnen mit oder ohne Fleisch und Reis und gehört zu den Nationalgerichten Brasiliens. *Cachaça* ist der Zuckerrohrschnaps, der die Grundlage des berühmt gewordenen brasilianischen Nationalgetränks *Caipirinha* bildet. [Anm. d. Ü.]

[64] Graf Afonso Celso (1860–1938), Rechtsanwalt, Journalist, Vertreter des brasilianischen Parnassyamus und Rektor der *Universidade do Rio de Janeiro*, war in der Zeit des Kaiserreichs Republikaner. Als Brasilien eine Republik wurde, wandelte er sich zu einem Monarchisten. Stets verteidigte er die einheimischen und antiportugiesischen Positionen. Sein berühmtestes Werk *Porque me ufano de meu país* (1901), eine übertriebene Liebeserklärung an Brasilien, stellt den Ausspruch »Right or wrong, my country« ostentativ zur Schau.

Buch, angemessen formuliert und doch nichts sagend – Alle wissen, dass die Rituale belanglos sind, und dennoch praktizieren sie sie alle.[65]

Der förmliche Zweig würde niemals von seinen Gastgebern verlangen, anderen Intellektuellen und Künstlern vorgestellt zu werden. Er glaubt, sie müssten die authentischsten Vertreter der einheimischen Intelligenz sein. Dies war einer seiner ersten Fehler, für die er bis zum Ende bezahlen sollte.

Am Abend im Hotel gibt er ein weiteres Interview, diesmal dem Reporter des *Globo*. In der Ausgabe des nächsten Tages wird der Gast gleich mehrfach erwähnt, darunter einmal mit einer Prise Bosheit: »Alle sind schon aufgebrochen und Zweig möchte noch eine Runde durch die Stadt machen. Durch die Hotelhalle geht eine Mulattin, typisch brasilianisch. Stefan Zweig folgt dem grazilen Gang mit einem diskreten Blick und meint anschließend: ›Der Kaffee hat auch andere Vorzüge.‹« Der knappe Kommentar in einer sehr kurzen Nachricht ließ den Eindruck entstehen, dass sich der Schriftsteller unsterblich in die Mulattinnen verliebt hatte.[66]

In den drei Tagen nimmt er viele Bilder in sich auf, auch die Sinnlichkeit, die ihm hilft, die innere Auswegslosigkeit zu vergessen, nicht jedoch die politische. Die Weigerung, sich über die Vorgänge in Deutschland zu äußern, empört den Literaturkolumnisten Elói Pontes, von dem er dafür gegeißelt wird: »Ein dilettantischer, oberflächlicher Literaturenthusiast.« Für ihn ist Zweig ein kommerzieller Schriftsteller, der sich nicht mit der Lage in der Welt belasten möchte. Er zieht die unglückliche, noch auf dem Schiff gemachte Aussage ins Lächerliche: »Der wahre Intellektuelle sollte sich von den politischen Parteien fernhalten und einer einzigen Vereinigung angehören – der menschlichen Partei.«

Schon in New York, vor ein bisschen mehr als einem Jahr, hat sich Zweig ebenfalls nicht zu der Situation in Deutschland äußern wollen. Die amerikanischen Reporter – darunter einige Juden – waren damals noch aufgebrachter. Dort unterlief ihm nicht das Missgeschick der unbefangenen Bemerkung, Hitler und Goebbels sagten die Wahrheit, wenn sie behaupteten, dass die »Lügen« über den Nationalsozialismus, die die

---

[65] Die 1876 von Kaiser Dom Pedro II. gegründete *Illustração Brasileira* folgte dem Vorbild der *Illustração Portuguesa*, die sich wiederum an der *Illustration Française* orientierte – alle besaßen eine konservative Ausrichtung und beschäftigten sich mit mondänen Themen. Die *Illustração Brasileira* lebte vor allem von bezahlten Reportagen über vornehme Residenzen, eitle Persönlichkeiten und festliche Ereignisse.

[66] *O Globo*, 25.8.1936, 6. Aufl.

Juden im Ausland verbreiteten, für das Schicksal der Juden in Deutschland verantwortlich waren.[67]

Die *Jidische Presse*, die in Rio erscheinende jiddische Zeitung, registriert ebenfalls Zweigs Besuch, und kritisiert die Haltung der Boulevardpresse, die sein Programm lächerlich macht und den Schriftsteller persönlich zu verletzen sucht.[68]

Zweig entkommt auch nicht dem Angriff der hitzigen *Revista Acadêmica*, einem Sprachrohr der jungen linken Intellektuellen. Diese scharen sich um die charismatische Figur des Nationalisten Mario de Andrade. Einige Tage nach seinem Aufenthalt ehrt die Zeitschrift Romain Rolland (damals eine der Ikonen der literarischen französischen Linken) mit einem Text von Zweig und im Kommentar folgt ein Seitenhieb:

> Stefan Zweigs Zwischenstation in Rio aufgreifend, möchten wir etwas über ihn und Romain Rolland sagen. Beide waren während des Ersten Weltkrieges zwei Stimmen, die sich gegen die Bombardierung der Schützengräben, die aufstachelnde Presse und die käuflichen Schriftsteller erhoben. Danach schwieg Zweig, wurde reich und schrieb seine Bücher am laufenden Band, wie Ford Autos produziert. Kann es sein, dass die Kriegsgefahr für diesen Pazifisten bereits vorüber ist? [...] Während Zweig grübelt und psychologische Überlegungen anstellt, bietet sein Freund und Kamerad den Gefahren eines neuen Krieges die Stirn [...] [Rolland] gehört zur Familie der Geistesgrößen, und der, der ihn als Erster so nannte, war Zweig selbst in jener Zeit, als beide für den Frieden kämpften [...] Seine »Hommage« auf dieser Seite ist ein Moment der Aufrichtigkeit. Ein Moment.[69]

Zu dieser Gruppe zählt auch der hoch gelobte Carlos Lacerda, der zu dieser Zeit weder schreiben noch publizieren kann: Aufgrund seiner Sympathien für die Kommunisten hält er sich auf der Flucht vor der Polizei im Haus einer Tante versteckt. Um sich die Zeit zu vertreiben, füllt er im Hinblick auf einen autobiografischen Roman ganze Stapel von Heften mit Aufzeichnungen über das, was er denkt und liest. Sechs Monate vor Zweigs Ankunft hat er die Lektüre von *Marie Antoinette* be-

---

[67] *O Globo*, a.a.O. Die Erklärung, die den Kommentar hervorruft, erschien in: *O Jornal*, Rio de Janeiro, 22.8.1936, also am Tag nach seiner Ankunft in Rio.

[68] *Jidische Presse*, 28.8.1936. Dies war eine von Aron Bergman geleitete Wochenzeitung mit sozialistisch-zionistischer Tendenz, bei der der Anwalt Samuel Malamud als Redakteur tätig war.

[69] *Revista Acadêmica*, September 1936, S. 3–22. Zwei Jahre später fiel die Zeitschrift im September 1938 Zweig anlässlich der 2. Auflage seines Werkes *Romain Rolland* erneut in den Rücken. In dem vom Herausgeber der Zeitung selbst verfassten Artikel lobte man Rolland, während sein Biograf mit Verachtung behandelt wurde.

endet, ein Werk, das für gleich viel Furore sorgte wie 20 Jahre später dasjenige, mit dem Lacerda als Demonteur des Präsidenten Vargas bekannt werden wird:

> Marie Antoinette ist ein gutes Buch und wäre auch ein offenes Buch, fehlte es ihm nicht an Schöpfergeist [...] es ist eine reine Kompilation und ein Arrangement [...] Sollte dies ein Verdienst sein, dann ist es sein Verdienst, nämlich dass Zweig, eine vom Reichtum der anderen geblendete Seele eines Lakai, unterwürfig in das Innerste der Figuren eindringt, die er studiert [...] eine abstoßende Verblendung [...] verwundert über die Ehre, sich der respektvollen Vertrautheit mit den Großen dieser Welt zu erfreuen.[70]

Zweig hat eine Entschuldigung für die Neutralität: Er ist Gast der Regierung, er kann sich nicht zu Regimen oder Ländern äußern, mit denen Brasilien Beziehungen unterhält (und im Fall Deutschlands sind es ausgezeichnete).

Bis 1935, sogar bei dem Verbot und der Verbrennung seiner Bücher, hat sich Zweig von der Politik ferngehalten, unter anderem auch, weil er die Zusammenarbeit mit Richard Strauss nicht erschweren wollte. Mit dieser Kooperation beabsichtigte er zu zeigen, dass der größte deutsche zeitgenössische, von Hitler und Goebbels so bewunderte Komponist auf einen jüdischen Librettisten zurückgreifen muss, um seine neue Oper komponieren zu können. In Brasilien weiß man nicht, dass die Gestapo nach der Premiere von *Die schweigsame Frau* einen Brief von Strauss an Zweig abgefangen hatte und der Komponist aufgrund dessen gezwungen war, als Präsident der Reichsmusikkammer zurückzutreten.

Die standhaft apolitische Haltung hat politische Gründe: Viele antifaschistische Organisationen in Europa stehen unter dem Einfluss der stalinistischen Maschinerie, und Zweig ist tief enttäuscht von den Vorgängen in Russland. In Zeiten der Polarisation sind Trommeln erforderlich, und Zweig spielt in leisen Tönen.

Darüber hinaus ist er sehr schlecht über Brasilien und die dortige gegenwärtige Situation informiert. Das Abgeordnetenhaus arbeitet an

---

[70] Lacerda, Claúdio: »Lacerda, uma vida de lutas« (Lacerda, ein Leben voller Kämpfe) in: *Fatos & Fotos* (Rio de Janeiro), 14. 11. 1983. Carlos Lacerda (1914–1977), ein brillanter Journalist und Politiker, dominierte zwischen 1945–1968 die politische Szene. Ein Jahrzehnt nach diesen Aufzeichnungen wechselte er zur extremen Rechten. Obwohl ein herausragender Volksvertreter und Journalist, blieb sein übriges literarisches Werk hinter seinem Talent zurück. Der Verlag, den er gegründet hat (Editora Nova Fronteira), war der erste, der Zweigs Werk aus Anlass seines 100. Geburtstages 1981 neu auflegte.

einer uneingeschränkten Gesetzgebung zur Verteidigung der nationalen Sicherheit, mehrere Kongressmitglieder, deren Mandate aufgehoben wurden, sind inhaftiert worden. Sogar der Bürgermeister der *cidade maravilhosa*, der Traumstadt Rio de Janeiro, Pedro Ernesto, ist im Gefängnis, und seine Amtsgeschäfte werden von dem Domherrn Olímpio de Melo geführt. Schriftsteller wie Garciliano Ramos, ebenfalls ein wichtiger Vertreter des Modernismus, hat man in schmutzige Kerker auf eine abgelegene Insel, der Ilha Grande vor der Küste Rio de Janeiros, verlegt; Universitätsprofessoren in großer Anzahl von ihren Lehrstühlen entfernt. Äußerlich wirkt Brasilien wie eine Demokratie, tatsächlich aber ist ein Kriegszustand in Kraft, der seit dem kommunistischen Putschversuch 1935 mehrmals verlängert worden ist.

Das nationalistische Fieber zusammen mit der aus Europa importierten totalitären Stimmung hat unlängst eine von Mussolini finanzierte Studentenunruhe gegen die britischen Unternehmen hervorgerufen. Auslöser war die Veröffentlichung einer kritischen Studie über den brasilianischen Präsidentialismus in London, die als beleidigend empfunden wurde.[71]

Zweig liest die Zeitungen; aber diese schreiben, obwohl noch nicht unter Zensur stehend, regierungskonform und spiegeln selbst die antikommunistische Hysterie und Fremdenfeindlichkeit wider. Die 6-tägige Verhaftung des Direktors der *Jidischen Presse* ist vor einem Monat keine Nachricht wert gewesen. Nun ist er wieder frei. Er hat zwar keinen Schaden genommen, aber jemand hätte den gefeierten Gast darauf aufmerksam machen können, um große Lobreden auf die Regierung zu verhindern, vor allem weil seine jüdischen Freunde, der Verleger Koogan und der Rechtsanwalt Malamud, dem verhafteten Journalisten nahe stehen.[72]

---

[71] Vgl. Hambloch, Ernest: *His Majesty the President. A Study of Constitutional Brazil*. Methuen. London 1935. Der Karrierediplomat Hambloch lebte 25 Jahre in Brasilien, in denen er teilweise als Korrespondent für die Londoner *Times* arbeitete. Seine Studie wurde als Affront gegen das brasilianische Regime betrachtet. Als überzeugter Parlamentarist befürwortete der Autor nur einen Wechsel in der Regierungsform. Die Reaktion auf das Buch wurde von den profaschistischen, antibritischen Kreisen, den Integralisten und Verteidigern einer »starken Demokratie«, hochgespielt. Vgl. Rodrigues, José Honório: »Prefácio« in: Hambloch, Ernest: *Sua Majestade o Presidente do Brasil. Um estudo do Brasil constitucional* (Seine Majestät, der Präsident von Brasilien. Eine Studie über das konstitutionelle Brasilien). Editora da Universidade de Brasília, Brasilia 1981.

[72] Aron Bergman wurde am 25. 7. 1936 in seiner Eigenschaft als Präsident der *Confederação Geral dos Trabalhadores Israelitas* (Allgemeiner Jüdischer Arbeiterverband) und der *Partido Socialista Israelita »Poalei Sion«* (Sozialistisch-zionistische Partei »Arbeiter Zions«) verhaftet. Beides waren Vereinigungen, die unter dem Vorwand der Hilfe für

Ein Thema, das seit Oktober des Jahres 1935 für viele Schlagzeilen in Rio de Janeiro und São Paulo sorgt, sind die Übergriffe der politischen Polizei auf die jüdischen Arbeiterzentren in Rio. An der Praça Onze wurde das Kulturzentrum der Arbeiter gestürmt, in dem die Redaktion der jüdischen kommunistischen Wochenzeitung *Unhojb*, die Gemeinschaftsküche der nichtzionistischen Organisation *Brasker, Brazilianer Tsentral Komitet far die jidische Iberwonderer in Rotfarband* (Brasilianisches Zentralkomitee für die Übersiedlung in die UdSSR) sowie eine kleine Schule für die Kinder der Arbeiter untergebracht waren. 23 Aktivisten, 15 von ihnen wegen unvollständiger Papiere, wurden nach Deutschland deportiert und nie mehr wieder gesehen; unter ihnen Motel Gleizer, Redakteur der Wochenzeitung. Die Polizei war durch die Verhaftung seiner Tochter Genny Gleizer (oder Schendla) auf ihn aufmerksam geworden. Sie wurde beschuldigt, den ersten Kongress der Arbeiter- und Studentenjugend in São Paulo zu organisieren.

Eine dramatische Geschichte: Ein Reporter machte die junge Frau in einem Gefängnis der Stadt ausfindig, während der Ruf nach ihrer Befreiung durch die Presse ging. Genny wurde im Oktober 1935 gemeinsam mit anderen jüdischen Aktivisten heimlich nach Santos auf den französischen Frachter *Aurigny* gebracht, um dem faschistischen Regime Rumäniens übergeben zu werden. In Absprache mit dem Schiffskapitän befreiten Stauer und Hafenarbeiter die junge Frau in Frankreich. Genny entkam den Nationalsozialisten, einige ihrer Kameraden kämpften im Spanischen Bürgerkrieg, doch der Vater blieb verschollen. Es ist unwahrscheinlich, dass der Verleger Koogan Gennys Fall nicht zur Kenntnis genommen hat, der während des ganzen Oktobers die Schlagzeilen des Abendblattes *A Noite* bestimmte und viele Menschen, Juden wie Nichtjuden, bewegte.[73]

arbeitslose Juden kommunistische Propaganda machten. Die Polizei unterschied nicht zwischen sozialistisch-zionistischen und internationalistischen Kommunisten. Es waren subversive Juden, dies genügte.

[73] Der Kongress sollte im Juli 1935 stattfinden. Über die Vorkommnisse wurde in jenen Monaten ausführlich in der Presse São Paulos und Rio de Janeiros berichtet. Zur Geschichte von Genny Gleizer vgl. Carone, Edgar: *Movimento operário no Brasil 1887–1944* (Die Arbeiterbewegung in Brasilien 1887–1944). Difel. São Paulo 1979, S. 460–462. Tucci Carneiro, Maria Luiza: »Trilogia dos estigmas« (Trilogie der Stigmen) in: Prestes, Anita Leocádia: *Não olhe nos olhos do inimigo: Olga Benario, Anne Frank* (Schau nicht in die Augen des Feindes: Olga Benario, Anne Frank). Paz e Terra. São Paulo 1995, S. 39–50. Nach dem Krieg gelang es Genny Gleizer, in die USA zu emigrieren, wo sie heiratete, eine Tochter bekam und Psychologie studierte. In New York, wo sie bis 1995 lebte, erzählte sie 1982 der Soziologin Eva Blay ihre Geschichte. Vgl. *Tempo Social. Revista de Sociologia da USP* (Soziale Zeit. Zeitschrift für Soziologie der *Universidade de São Paulo*), 1989.

Für Zweig steht am Dienstag, den 25. August, der wichtigste Termin an. Morgens schickt er Friderike per Zeppelin der Lufthansa einen Brief, in dem er ihr berichtet, dass er bei der wunderbaren Hetzerei täglich ein Kilo verliert. Abzunehmen scheint äußerst wichtig zu sein und nicht nur der Verjüngung wegen. Brasilien ist unglaublich. Ebenso wie die Höflichkeit, die Herzlichkeit, die Offenheit der Menschen, die Schönheit der Frauen. Hofiert und 18-mal fotografiert, fühlt er sich wie Charlie Chaplin »wenn ich ihnen [den Organisatoren des Kongresses in Buenos Aires] nur das Geld zurückgeben und hier in Rio bleiben könnte!«[74]

Ein dicht gedrängter und intensiver Tag: Er beginnt mit der Audienz beim Präsidenten Getúlio Vargas im *Palácio de despachos do Catete*. Vargas empfängt ihn zwischen zwei Terminen um 16 Uhr. Es ist der erste *Dia do Soldado* (Tag des Soldaten) nach dem fehlgeschlagenen kommunistischen Aufstand, deshalb wird des denkwürdigen Ereignisses mit besonderen Galas gedacht – die Unterstützung der bewaffneten Kräfte ist entscheidend für Vargas' politische Pläne.

In ständiger Begleitung von Chermont, empfindet Zweig den *Palácio* als »einfach und geschmackvoll, die Behandlung herrlich unceremoniös [sic] [...] es geht alles ohne Formalität«. Nicht so er: Wie bei der anderen Zeremonie erscheint er so, wie es das Protokoll für Empfänge bei Tage vorsieht: in dunklem Anzug und Smokinghemd. Er ist in Rio, aber Wien hat er verinnerlicht.

Auf dem Foto an der Seite von Vargas (leger in einem Jackett) wirkt der Schriftsteller aufgrund des Anzugs und seiner Haltung wie ein steifer Staatschef. Macedo Soares, der Außenminister, trägt einen informellen *taille de ville*, einen hellen Stadtanzug, Weste und die übliche Fliege. Alzira, die Tochter des Präsidenten, ist trotz ihres großen Wunsches eines zweiten Treffens mit dem Schriftsteller nicht eingeladen worden. Am Gespräch nehmen ferner der unvermeidliche österreichische Geschäftsträger und der Diplomat Mauro de Freitas teil, der am Sitz des Präsidenten tätig ist.

> Vargas, ein kleiner untersetzter Mann mit scharfen wachen Augen, sehr behend und und beweglich, mehr als sein französisch [sic]. Er sagt mir die freundlichsten Dinge über die Popularität meiner Arbeiten, erzählt von den Möglichkeiten Brasiliens, erkundigt sich sehr nach Wien und Lehar [...].

---

[74] *Briefe SZ-FZ*, 25.8.1936.

Nach der Verabschiedung nach einer Stunde erzählt Zweig den wartenden Reportern von seinen Eindrücken: »Er wirkt nicht wie ein Präsident, sondern wie ein Kollege aus der Literatur!« Die Klassifizierung »Diktator« behält er sich für den Tagebucheintrag vor; im Bericht an Friderike bezeichnet er ihn als »sehr interessant«.[75]

Vargas ist eigentlich kein Intellektueller, gehört jedoch zu einem Politikerclan, dessen kultureller Hintergrund sich auf den Positivismus Auguste Comtes beruft. Er fördert die Intelligenz, lässt sich von ihr nicht einschüchtern und holt sich bei Größen der intellektuellen Welt Unterstützung.[76]

Der Revolutionär, der mit Hilfe der feurigen *Tenentes* (Leutnante), die von dem Sturz der Oligarchien geträumt hatten, Präsident wurde, ist am Ende von der Macht gefesselt und schafft sein eigenes Mandarinat. Der Widerhall der neuen europäischen Ideologien, vor allem des italienischen, spanischen und portugiesischen Faschismus, inspiriert viele Politiker. Der vage sozialistische Korporativismus und der auf einen Führer zugeschnittene Populismus treffen hier auf offene Sympathien. Außenminister Macedo Soares und Präsident Vargas, ebenso wie Kriegsminister Eurico Dutra und der Chef des Generalstabs Góis Monteiro sind der politischen Kultur, die Mussolini der lateinischen Welt offeriert, nicht abgeneigt. So hat Brasilien nach der Invasion Äthiopiens durch Italien beim Völkerbund gegen Sanktionen gegen das faschistische Regime gestimmt, und die nationale militärische Luftwaffe wird gerade mit italienischen Kampfflugzeugen ausgerüstet – es herrscht Pragmatismus.

Vargas' Gründe, Zweig Ansehen zu verleihen, gehören zu einem seiner üblichen Manöver, sich mit allen gut zu stellen, bis sich ein Sieger abzeichnet. Obwohl auf politischem Gebiet zurückhaltend, repräsentiert der Schriftsteller den pazifistischen Humanismus, der nicht die bevorzugte Option der brasilianischen Elite ist. Sich um die großen Augenblicke der Geschichte sorgend, ist Zweig kein *zoon politicon*, das imstande ist, die auf dem Weg versteckten Fallen auszumachen. Hitler benutzt keine Ausreden, die Nazis tragen schwarze oder braune Kleidung, und die Gewalt ist ostentativ, alles ist lärmend. In diesem heiteren Land nun ist alles liebenswert durcheinander, da fällt es schwer, herauszufinden,

---

[75] *A Noite*, 26.8.1936. *Tagebücher*, 25.8.1936. *Briefe SZ-FZ*, 26.8.1936.
[76] Der berühmte Abschiedsbrief, den Vargas, nach einer Überarbeitung durch einen seiner Berater, bei seinem Selbstmord im August 1954 hinterließ, ist einer der schönsten politischen Texte in der Geschichte Brasiliens.

wer wer ist. Aber es mangelt Zweig nicht an dem Wiener Schmäh. Hat bei der Zusammenarbeit mit Strauss der Nationalsozialismus den größten Schaden davon getragen, so ermöglicht jetzt das elegante Foto an der Seite von Vargas verschiedene Lesarten. Es als eine öffentliche Ehrung der so sehr diffamierten Juden anzusehen, ist eine davon.

Der nächste Termin ist fast nebenan: Vom »Landesvater« in der Rua do Catete geht es zum Herrn des Patriotismus im Viertel von Lapa. Im *Instituto Histórico e Geográfico Brasileiro* (Brasilianisches Historisches und Geographisches Institut) wird Zweig von Graf Afonso Celso begrüßt, dem Präsidenten auf Lebenszeit dieser Einrichtung, dem Intellektuellen, der das Verb *ufanar-se,* sich rühmen, in eine Manifestation des Nationalstolzes, den *ufanismo,* verwandelt hat. Zweig wird bald Opfer dieses Gefühls werden, zunächst aber hält er in Französisch einen Vortrag über die Faszination der Geschichte.

Um 17 Uhr – Zweig ist noch immer in formeller Kleidung – findet eine öffentliche Sitzung im *salão nobre* der in der Nähe gelegenen *Academia Brasileira de Letras* statt. Die Räumlichkeiten sind beschränkt, nicht alle Leute finden darin Platz, und so drängeln sich viele an der Tür in der Hoffnung, an jenem Fest des Geistes teilnehmen zu können:

> Elegantes Ambiente, Geplauder unter den einheimischen Intellektuellen, eine große Anzahl Akademiemitglieder war erfreut, einen Schriftsteller von der Größe zu empfangen, die fast alle zu besitzen glauben [...] Stefan Zweig sprach die ersten Worte aus: Kälte und Verzweiflung. Sie waren in Deutsch! Nie zuvor war in unserem kleinen nationalen Trianon eine ausländische Sprache, Französisch ausgenommen, gehört worden [...].[77]

In Wahrheit fängt Zweig französisch an und geht dann zum Deutschen über – in diesem Haus, dem höchsten Ausdruck der Kultur des Landes, hätte er keine andere als seine eigene Sprache benutzen können. »Dank an Brasilien« lautet der Titel der kleinen Rede, sie ist der erste einer Serie von kurzen Aufsätzen einer sentimentalen Geopolitik, die im utopischen *Land der Zukunft* kulminieren wird:

> Was wissen wir von Euch? Was haben wir für Euch getan? [...] Noch immer ist bei uns der alte europäische Hochmut nicht abgetan, der alle außereuropäischen Länder gewissermaßen als geistige Kolonie betrachtet [...] noch immer kann und will man nicht begreifen, daß die Weltuhr nicht im achtzehnten Jahrhundert stehen geblieben ist [...].

---

[77] *Correio da Manhã* (Rio de Janeiro), 26.8.1936.

Er gesteht, dass er schon als Kind beim Einkleben der schönen Briefmarken des Landes von Brasilien fasziniert war, und offenbart, ohne es zu merken, die Erklärung für seine Begeisterung:

> Brasilien war für mich von je eine magische Ferne. [...] Endlich war ich da – und nun erlebte ich das Wunder: ein Teil von mir, lebendige abgesprengte Partikel meines Wesens waren schon *vor* mir hier [...].

Bis 19 Uhr signiert er Bücher, bis ihn der taktvolle Chermont schließlich von den gierigen Bewunderern losreißt, indem er ihn sanft antippt und durch den Hinterausgang wegbringt.[78]

»(I)ch gehe dann mit zerschwitztem [sic] Kragen nach Hause«, er hat jedoch keine Zeit zu verlieren, denn er muss den großen Vortrag für das *Instituto Nacional de Música* (Nationales Musikinstitut), der für die Öffentlichkeit zugänglich sein wird, fertig schreiben. Er hat Wichtiges zu sagen: Nicht als Jeremias oder Erasmus, sondern als Stefan Zweig.[79]

Während der die geistige Freiheit Liebende von den höheren Kreisen gefeiert wird, schiebt die Regierung Olga Benario, die Ehefrau von Luís Carlos Prestes, auch als Maria Berger, Olga Meirelles, Frieda Wolff Behren oder Olga Benarus bekannt, ab. Weil sie Deutsche ist, wird sie trotz ihrer Schwangerschaft an Deutschland ausgeliefert. Als Jüdin und Kommunistin wird sie der Gestapo übergeben. Wie so viele andere wird sie im Konzentrationslager enden.

Tage später, Zweig hält sich noch immer in Rio auf, ist Machla Lencyncki oder Elise Ewert, für Eingeweihte »Sabo«, ebenfalls deutsche Jüdin und Kommunistin, die Gattin des deutschen Delegierten Arthur Ernst Ewert (auch als der Amerikaner Harry Berger bekannt), an der Reihe. Sie und ihr Ehemann waren von Vargas' Polizei kurz nach dem kommunistischen Aufstand von 1935 verhaftet worden. Machla wurde gefoltert und vergewaltigt; Harry war infolge der Folterung verrückt geworden. Zweig ist ihnen persönlich nicht begegnet, aber sie sind da, in Reichweite seiner Aufmerksamkeit, besonders im Hinblick auf das Ende ihres Lebens als Opfer des Nationalsozialismus.[80]

---

[78] Zweig, Stefan: »Dank an Brasilien« in: idem: *Länder, Städte, Landschaften*, S. 185–189, S. 186/187. Jaime Chermont, a.a.O.
[79] *Tagebücher*, 25.8.1936.
[80] Olga Benario wurde im Februar 1942 in den kurz zuvor eingerichteten Gaskammern der Euthanasie-Anstalt Bernburg ermordet. Elise Ewert war schon Ende 1939 im KZ Ravensbrück an Tuberkulose gestorben. Ihr Mann Arthur Ernst starb nach dem Krieg 1949 in einer Anstalt in Ostdeutschland, ohne den Verstand wiedererlangt zu haben. Vgl. Werner, Ruth, *Olga. Die Geschichte eines tapferen Lebens*. Verlag Neues

Der Vollbringer dieser »Heldentaten« ist der Polizeichef des Bundesdistrikts, Major Filinto Müller, erklärter Sympathisant des Nazifaschismus. Die internationale Presse schätzt die Zahl der politischen Gefangenen zwischen 7.000 und 17.000; Zahlen, die nicht in brasilianischen Zeitungen stehen. Den Juden jedoch, weil sie die ersten Opfer waren, sind einige dieser Fälle bekannt.[81]

Nach dem Terminmarathon folgt ein Ruhetag: Ein Ausflug »mit eigenen Booten der Regierung« durch die Guanabara-Bucht steht an. Zweig ist beeindruckt von dem Bergmassiv rings um die Bucht, der kleinen Insel Paquetá und mehr noch von Brocoió, einer winzigen Insel, die zu einem Privatparadies der Familie Guinle wurde. Ein herrliches Mittagessen auf dem Anwesen der Familie, »in dem fast übercultivierten [sic] Hause«. Ausgeruht von dem Programm und den Superlativen kehrt er nach Rio zurück.

Abends liest er »intim« in der jüdischen Gemeinde. »Intim« heißt in diesem Fall ohne Anwesenheit der Reporter.[82]

Ziel der Veranstaltung ist es, Geld für die Flüchtlinge des Nationalsozialismus zu sammeln, und als ob er sich vor neugierigen Blicken fürchtete, erwähnt er selbst im Tagebuch nicht, dass die Lesung ausschließlich einem jüdischen Publikum vorbehalten ist. (Nur in einem Brief an Friderike schreibt er ausführlich darüber.) Die Stimmungslage im Land lässt keine öffentlichen Versammlungen der jüdischen Gemeinde zu – noch weniger, wenn sie dazu gedacht sind, Geld für die Opfer der Verfolgung in Europa zu spenden. Zwar werden Juden auf der Straße nicht verfolgt, aber es ist besser, seinen Platz in der Gesellschaft zu kennen und keine Grenze zu überschreiten. Darüber hinaus ist Zweig offizieller Gast der Regierung – Geld zu sammeln, um den Opfern der nationalsozialistischen Politik zu helfen, kommt einer Brüskierung der Gastgeber gleich.

Leben. Berlin 1961. (Werner erwähnt nicht, dass Olga Benario Jüdin war.) Morais, Fernando: *Olga*. Rowohlt Verlag. Reinbek bei Hamburg 1992. (2004 wurde die Geschichte Olga Benarios auf der Grundlage dieser Biografie verfilmt.)

[81] Filinto Strubling Müller (1900–1973) wurde vom Polizeichef in einer Diktatur zum Senator in einer anderen. Er nahm an der Bewegung der *Tenentes* der 20er Jahre teil. Bei den Vorbereitungen zum Militärputsch, aus dem 1937 der Estado Novo hervorgehen sollte, war er aktiv beteiligt. Seine erste Handlung als Polizeichef war die Stürmung der oppositionellen Zeitung *A Pátria*, in der Folge wirkte er bei der Unterdrückung von Kommunisten mit und schickte ferner Hilfskräfte zum Training ins nationalsozialistische Deutschland. Er starb bei einem Flugzeugunfall in der Umgebung von Paris und wurde mit allen Ehren vom Militärregime während der Diktatur von 1964–1985 beerdigt.

[82] *Briefe SZ-FZ*, 26.8.1936. *Tagebücher*, 26.8.1936.

Die Intimität der Veranstaltung bezieht sich nicht auf die Anzahl der Anwesenden – 1.200 Personen sind im *Centro Israelita Brasileiro* (Brasilianisch-israelitisches Zentrum) erschienen, die Hälfte davon muss stehen. Für das gerührte Publikum liest er eine gekürzte Version des *begrabenen Leuchters*, einer Legende, die er kürzlich geschrieben hat und sein jüdischstes Werk darstellt. (Im *Jeremias* dient der biblische Kontext allein der Vermittlung einer universellen Botschaft.)[83]

Die Hörerschaft hätte es vorgezogen, wenn Zweig jiddisch gesprochen hätte, aber man versteht ihn auch in Deutsch sehr gut. Er ist ergriffen von der Rührung des Publikums und jubelt, als die Organisatoren ihm mitteilen, dass sechs contos de reis zu Gunsten der Flüchtlinge zusammengekommen wären.[84]

Zweig bekennt sich zum Judentum – eine politische Haltung, die seine brasilianischen Kritiker nicht wahrzunehmen vermögen. Vor dem Hintergrund des Nationalsozialismus reiht er sich in die Reihen der Verjagten ein. Von einem antinationalsozialistischen Protest sieht er ab; es ist genug, sich als ein Opfer des Nationalsozialismus zu präsentieren.

Ein bisschen Ablenkung: Im Clube Elite, dem berühmten Tanzlokal, ein paar Blocks weiter, hört er sich ein Konzert der besten Interpreten der *música popular brasileira* an und schaut den Samba-Tänzern zu. Er zeigt sich begeistert von dem ungestümen Rhythmus und vor allem von der angeborenen Eleganz der einfachen Leute:

> Großartig der Flötist [...] Die Negerinnen (Arbeiterinnen oder Dienstmädchen) stehen wie Comtessen still an der Wand, bis ein Tänzer sie holt; aber wie sie dann tanzen! Mit welcher Biegsamkeit, welcher rytmischen [sic] Kraft! Nur im Cotton Club in Newyork [sic] habe ich ähnliches gesehen.

Laut der Zeitung *A Noite* vom folgenden Tag hat der Schriftsteller dort gesprochen und getanzt.[85]

---

[83] Die Legende *Der begrabene Leuchter* wurde in Teilen im Januar 1937 inmitten des nationalsozialistischen Siegeszuges in Berlin in der *Jüdische Rundschau* Jg. 42, Nr. 1 veröffentlicht. Vgl. *Klawiter 1*, S. 95.
[84] *Tagebücher*, 26.8.1936. Zweig hielt irrtümlicherweise die Summe von »sechstausend Milreis« fest. Aber er sprach weder die Sprache noch kannte er die Währung. Die eingenommene Summe entsprach tausend Schweizer Franken, der härtesten Währung zu diesem Zeitpunkt. Vgl. Samuel Malamud, Aussage in der *Jidischen Presse*, 28.8.1936.
[85] *Tagebücher*, 27.8.1936. *A Noite*, 28.8.1936. Für viele Jahre hing ein Porträt von Stefan Zweig an der Wand des Club Elite. Der Besuch im Cotton Club in New York fand ein Jahr zuvor im Januar 1935 statt.

Vor dem Schlafen schreibt er im Hotel noch ein paar Zeilen ins Tagebuch und einen weiteren Brief an Friderike – den dritten in fünf Tagen. Hätte er Zeit und Ruhe gehabt, um Bilanz zu ziehen und sich ein Urteil zu bilden, hätte er bemerkt, dass die Ex-Ehefrau plötzlich zur regelmäßigen Gesprächspartnerin avanciert ist; an seine neue Lebensgefährtin erinnert er sich nicht einmal. Friderike, die Ehemalige, ist ihm plötzlich sehr nahe, während Lotte, die Bevorzugte, sich in der Ferne verliert. Der Porträtist der menschlichen Seele hätte interessante Schlussfolgerungen aus seinem inneren Konflikt ziehen können; in diesem Trubel jedoch ist es unmöglich, Eile ist geboten. Innehalten, um nachzudenken, hieße auf halbem Weg stehen zu bleiben. Schuld ist das unglaubliche Land:

> (I)ch habe nie solche Paradiese gesehen. [...] der einzige Ort, wo es keine Rassenfragen gibt, Neger und Weiße und Indianer, Dreiviertel, Achtel, die herrlichen Mulatinnen [sic] und Kreolinnen, Juden und Christen leben in einem Frieden zusammen, den man nicht schildern kann. Die jüdischen Immigranten sind selig, haben alle Stellungen und fühlen sich wohl.

Irrtum: Die jüdischen Immigranten sind nicht glücklich, sie werden diskriminiert und diejenigen, die die Barrieren überwunden haben, fühlen sich unsicher. Sie sind lediglich etwas weniger besorgt als ihre Glaubensbrüder in Europa.

In dieser Zeit werden gerade zwei Bücher zur Verteidigung der Juden veröffentlicht und zwei weitere sind in Vorbereitung. Hätte Zweig Recht gehabt, wären ihre Autoren (einer davon ist der Journalist Samuel Wainer) nicht so sehr bemüht gewesen, sie zu publizieren.[86]

Die *Ação Integralista Brasileira* von Plínio Salgado in São Paulo gegründet, besteht bereits aus 170.000 Aktivisten, die so genannten »*camisas verdes*«, die Grünhemden. Ihr Geheimdienst besitzt eine Abteilung, die sich ausschließlich der Nachforschung der Aktivitäten von Juden

---

[86] *Briefe SZ-FZ*, 26.8.1936. In jenem Jahr spiegelte sich das offen antijüdische Klima in der Veröffentlichung der ersten brasilianischen Ausgaben der *Protokolle der Weisen von Zion* in der Übersetzung von Gustavo Barroso wider. Als Reaktion darauf erschienen 1936 und 1937 jene vier oben genannten Bücher zugunsten der Juden: *Almack israelita – Israel no passado e no presente*, (Israelitischer Almanach – Israel in der Vergangenheit und der Gegenwart), herausgegeben von Samuel Wainer und Inácio de Azevedo Amaral; *Israel no Brasil* (Israel in Brasilien) des Rechtsanwalts Fernando Levitsky; *Os judeus na história do Brasil* (Die Juden in der Geschichte Brasiliens) des Buchhändlers Uri Zwerling und *Em legítima defesa* (In Notwehr) von Bernardo Schulman, dem Patriarchen der jüdischen Gemeinde von Curitiba.

und ihren prominentesten Vertretern (den Familien Klabin und Simonsen, letztere hatte keine Verbindung zum Judentum) widmet. Gustavo Barroso, Historiker und ehemaliger Präsident der *Academia Brasileira de Letras*, ist Autor des Klassikers des brasilianischen Antisemitismus *Brasil, colônia de banqueiros* (Brasilien, Kolonie der Bankiers) (1934), des Weiteren *Sinagoga Paulista* (Synagoge von São Paulo) (1937), *Judaísmo, maçonaria e comunismo* (Judentum, Freimaurerei und Kommunismus) (1937), *Roosevelt é judeu* (Roosevelt ist Jude) (1938) und *História secreta do Brasil* (Heimliche Geschichte Brasiliens) (1939), in der er versucht, alles Schlechte der portugiesischen Kolonisation den getauften Juden zuzuschreiben. Die integralistische Zeitung *A Ofensiva* aus Rio de Janeiro publiziert eine tägliche Kolumne mit dem Titel »Das internationale Judentum«.[87]

Das fremdenfeindliche Klima richtet sich hauptsächlich gegen Juden, obgleich die Gemeinde klein und arm ist (42.000 Personen). Die Verfassung von 1934 schreibt formal eine Quote für Immigranten vor – im Fall der Syro-Libanesen, Italiener und Portugiesen wird sie niemals eingehalten, bezüglich der Juden ist man jedoch streng in der Handhabung. Der revolutionäre *Tenente* und Held João Alberto Lins e Barros kritisiert den Präsidenten Vargas offen dafür, dass er nicht mit dem internationalen Judentum gebrochen hat, und die Liberalen klagen die amerikanischen Juden an, den *New Deal* von Roosevelt in die Nähe des Kommunismus zu bringen.

Zweig hat für politische Analysen keine Zeit. Das süße Parfüm des Erfolges lässt es nicht zu. Der Mensch klammert sich aus tausend verschiedenen Gründen an das schicksalhafte Glück, selbst wenn gar keine offensichtlichen Gründe vorhanden sind. Zweig ist die erste internationale literarische Berühmtheit, die das große Publikum in einem Land erreicht, in dem Ruhm üblicherweise nur posthum verliehen wird.

---

[87] Plínio Salgado (1895–1975), Schriftsteller und Journalist, war die emblematische Figur des Integralismus. Er verteidigte stets nationalistische Positionen in einem Agrarland. Nach einem Treffen mit Mussolini im Jahre 1930 schloss er sich dem Faschismus an. Seit dem Manifest von 1931, das im *O Jornal* von Assis Chateaubriand (der aus seiner Sympathie für den Salazarismus nie einen Hehl gemacht hat) abgedruckt wurde, organisierte sich die integralistische Bewegung in einer neuen Partei. Salgados Erfolg als Dichter beruht auf seinem epischen Stil. Der Journalist und Literat Gustavo Barroso (1888–1959) war am Ende schließlich mit Salgado zerstritten, da dieser ihn aufgrund seiner Freundschaft mit Horácio Lafer als zu milde gegenüber den Juden betrachtete. Dennoch zogen die Nationalsozialisten in Deutschland Barroso Salgado gegenüber vor.

In einem der Briefe an Friderike hält er fest, dass er täglich 500 Autogramme gäbe. Eine Übertreibung: Aber als er im *Palácio do Catete* auf den Präsidenten gewartet hat, hat er sich von Angestellten belagert gesehen, die eine Erinnerung haben wollten.

In die Autogrammalben (damals sehr beliebt bei Jugendlichen und jungen Damen) pflegt er gewöhnlich einen kleinen Vers in Deutsch zu schreiben. Bei den öffentlichen Auftritten fordern die Bewunderer ein besonderes Andenken.[88] Aus diesem Grund hat Koogan zuvor den Fotografen der Gemeinde, den beleibten und nervösen Wolf Reich, beauftragt, einige Dutzend Abzüge eines Fotos anzufertigen, das als Autogrammkarte verwendet werden sollte.[89] Zweig als süßes Idol und intellektuelle Labsal in einer Zeit der charismatischen Persönlichkeiten und der Überschwänglichkeit. Seine Dankbarkeit gegenüber Brasilien ist die Frucht eines Irrtums der Glückseligkeit, in der er seine weniger gequälte Seite genießen kann. Er ist kein Eroberer, eher ein Verführer: Bis jetzt, bis zu seinem 55. Lebensjahr, hat er kein außergewöhnlich schwärmerisches Liebesabenteuer gehabt (abgesehen von der heißen Affäre mit einer Französin in Paris kurz vor der Ehe mit Friderike). Aber er hat es schon immer gemocht, sich mit hübschen Frauen zu umgeben, bevorzugt mit hingebungsvollen Bewunderinnen. Hier liegen sie ihm zu Dutzenden zu Füßen. Mehr als alles andere nährt die Nähe zur Lust die Euphorie und die Gewissheit, dass

---

[88] »Die Schrift zeigt die Hand, das Wort den Verstand, doch nur im Werk wird das Wesen erkannt.«
Die Besitzerin des Albums hatte eine Seite für Emil Ludwig vorbereitet, der in jenen Tagen erwartet wurde. Aber sie scheint sich geirrt zu haben oder hatte keine freie Seite mehr für Zweig, der den Vers hineinschrieb, ohne sich daran zu stören. Er ist mit violettfarbener Tinte und klarer Handschrift geschrieben und auf den 26.8.1936 datiert. Vgl. Privatsammlung, São Paulo. In europäischen Autografen-Katalogen sind andere Versionen des gleichen Verses in der Handschrift Zweigs zu finden, die älteste stammt aus dem Jahr 1923. Auf dem Schiff widmet er am 10.8.1936 diesen Vers einer anderen Verehrerin.

[89] Vgl. das Foto im Bildteil Abb. 1. Die Urheberschaft dieses Fotos ist ungeklärt, obwohl sich deutlich erkennbar auf den von Zweig in Rio de Janeiro unterschriebenen Abzügen der unverwechselbare Stempel von Wolf Reich befindet. In *Renoldner* (S. 145) ist die gleiche Fotografie mit der Angabe, dass sie aus London stamme, abgebildet. Wolf Reich (1892–1950) wurde in Stanislawow, Galizien geboren. 1912 kam er nach Brasilien, wo er, in Rio de Janeiro ansässig geworden, zunächst, als Zeichner und Fotograf für die großbürgerlichen, brasilianischen Kreise tätig war. Sein Temperament und zunehmender Alkoholgenuss brachten ihn zur kleinen jüdischen Gemeinde, für die er eine Art »offizieller Fotograf« wurde. Er starb schließlich in einem Heim für psychisch Kranke.

(e)in Land für mich [ist]: göttlicher Kaffee (die Tasse etwa 5 Groschen), die herrlichsten Zigarren, die bezauberndsten Frauen, die schönste Landschaft. Wenn ich nur photographieren könnte, aber ich bin ja hier eine Art Charlie Chaplin.[90]

Donnerstag, der 27. August, beginnt mit der Korrektur der überaus misslungenen französischen Übersetzung der Rede, die man für ihn gemacht hat und die er wenig später im *Instituto Nacional de Música* halten wird. Er kommt bereits erschöpft dort an, aber dies ist unwichtig; schließlich ist es sein letzter offizieller Termin und es soll ein krönender Abschluss werden. Die Einladungen sind heiß begehrt, die Anzahl der Plätze begrenzt und die Schlange der Interessenten reicht bis fast zur nächsten Straßenecke. Ein riesiger Menschenauflauf hat sich gebildet. Dies verunsichert ihn nicht; im Gegenteil, es spornt ihn an.[91] Am Podiumstisch ist die Elite der offiziellen Intelligenz versammelt: der Graf Afonso Celso, der nicht fehlen dürfende Claudio de Souza und der Außenminister Macedo Soares, der den Vortragenden begrüßt. (»2.000 Personen erheben sich mir zu Ehren, der ich mich furchtbar schäme und schwitze.«)

Als erfahrener Redner spricht Zweig über die »geistige Einheit der Welt«, die Vision, die zerstrittene Welt über alle Meinungsverschiedenheiten hinweg zu vereinen:

> Es ist uns nicht erlaubt, weil die gegenwärtige Zeit gegen die Gesetze der Vernunft handelt, an der Kraft der Vernunft zu zweifeln. Es ist uns nicht erlaubt, selbst wenn wir selbst Angst empfinden für das Schicksal dieser Generation, diese Angst zu verraten. […] So möchte ich heute für meinen Teil versuchen, Ihnen, meine Damen und Herren, aus meiner ehrlichsten Überzeugung darzutun, daß […] im Laufe der Geschichte den Tendenzen der Zerstörung immer auch ein Wille zur moralischen Einheit der Welt entgegengestanden ist. […] Immer hat einer oder der andere in den Zeiten einen neuen Stein gefügt zu dem unsichtbaren Turm von Babel, den die Menschen im Zwiste verliessen [sic]. […] nie wird die geistige Arbeit nur durch Emporarbeit der Menschheit gänzlich unterbrochen – immer sind andere Länder, wenn ein Land versagt […] vielleicht wird unsere Hoffnung auf eine geistige und poli-

---

[90] *Briefe SZ-FZ*, 26. 8. 1936.
[91] Der Journalist Tetrá de Teffé bezeichnete Tage später die Veranstaltung als »Desaster«: Der Saal war klein und veraltet »und es herrschte das größte Chaos bei der Suche nach den Plätzen, viel zu wenige für die Massen, die dem Vortrag beiwohnen wollten«. Vgl. Teffé, Tetrá de: *Palco Giratório* (Drehbühne). Alba Oficinas Gráficas. Rio de Janeiro 1937, S. 113/114.

tische Versöhnung sogar noch ein zweitesmal [sic] auf eine blutige Probe gestellt. Seien wir also entschlossen und geduldig zugleich; lassen wir uns nicht beirren in der innersten Seele durch alle Unvernunft und Unhumanität der Zeit [...] Eine wirkliche Befriedung der Welt kann darum im gegenwärtigen Augenblicke nicht mehr von Europa ausgehen und am wenigsten von Europa allein. Ein anderer Idealismus, ein weiterer, der nicht wie hypnotisiert auf die Landesgrenzen starrt, ein Idealismus, der nicht mit alten Rancunen [franz. Groll, Rachsucht] und sentimentalen Erinnerungen belastet ist – nur er kann wieder aufbauen helfen an dem alten Turm von Babel, an der Gemeinsamkeit der Menschheit, und unsere ganze Hoffnung geht nun Euch entgegen, den jungen, den unverbrauchten Völkern, die der Zukunft leben und nicht der Vergangenheit und ihren abgebrauchten [sic] Ideen.

Während das Publikum, das die Sprache ohnehin besser versteht als die Kritiker, ihm mit Ovationen Anerkennung zollt, sind Letztere nicht gewillt, dem emotionalen Aufruf zum Frieden zu folgen. Für die Zeitungen wird das Ereignis als solches im Vordergrund stehen, zwei jedoch werden den vollständigen Vortrag veröffentlichen. Ohne es zu wissen, hat Zweig gerade den Samen für das *Land der Zukunft* gesät.[92]

Nach der Rede folgt als Spektakel am Rande der Kampf um Autogramme, Widmungen, Hände schütteln, Küsschen und Umarmungen. Es hat sich gelohnt, die Leute haben seine Botschaft verstanden. Unter den Anwesenden ist eine Gruppe junger Leute, die ihn einladen, die *Ação Universitária*, die Studentenvereinigung, zu besuchen. Laut eines Reporters »erklärte er sich bereit, ihnen zum fest ausgemachten Termin einen Besuch abzustatten«.[93]

Am letzten Abend in Rio laden der sternklare Himmel und der Mondschein zu einem Ausflug ein. So fahren die Ehepaare Malamud und Koogan mit Zweig zur Lagune Rodrigo de Freitas – »man meint in einer Schweizer Gebirgslandschaft zu sein. Mondlicht über den Höhen.« Danach betrachten sie von der Corniche Avenida Oskar Niemeyer aus das silbern schimmernde Meer.[94]

Freitag, der 28. August, ist ein weiterer freier Tag für Zweig, um das zu unternehmen, was er möchte: Er verabschiedet sich von der Stadt, fla-

[92] Originalmanuskript des Vortrags, Privatsammlung, São Paulo. Die portugiesische Übersetzung erschien im *Jornal do Commercio*, 13.9.1936 und *O Estado de São Paulo*, 5.9./8.9.1936. Nach seinem Tod wurde der Text in der literarischen Beilage der *A Manhã* vom 1.3.1942 noch einmal veröffentlicht.
[93] *Correio da Manhã*, 28.8.1936.
[94] *Tagebücher*, 27.8.1936. Über diesen nächtlichen Ausflug spricht Anita Malamud in *Back*.

niert durch die Straßen, macht Einkäufe, isst eine letzte »Feichouda [sic]« und gewährt der *Agência Nacional* (Nationalagentur) noch ein Interview.

In seiner Begeisterung muss Zweig versprochen haben, sich für die Verbreitung der wichtigsten Werke der brasilianischen Literatur einzusetzen, denn der aufmerksame Karikaturist Alfredo Storni macht sich in der satirischen Wochenzeitung *Careta* über dieses neue Versprechen lustig: »Unsere Aufnahme war so liebevoll. Er hat gesehen, dass unsere Sprache das Grab des unbekannten Literaten ist.«[95]

Am Nachmittag letztendlich die Kehrseite des Paradieses, der Besuch einer *favela*. Doch selbst dort zeigt er sich fasziniert, obgleich ihn ein Polizeibeamter begleiten muss,

> denn geheuer sind diese Gegenden nicht – jeden Augenblick geschieht dort ein Mord und der Präfect [sic] gesteht offen ein, daß es nur selten möglich ist, den Schuldigen zu fassen [...] über den noblen Teilen. [...] diese Armutshütten; aber die Leute scheinen gar nicht bedrückt, die Kinder sind verhältnismäßig sauber und man versteht, daß sie lieber [...] unter sich in diesen immerhin eigenen Häusern wohnen als in den dumpfen Mietswohnungen. Zu den blinkenden Avenuen bildet diese[s] Viertel [...] einen Contrast [sic] wie man ihn sich romantischer nicht erfinden könnte. Von diesen troglodytischen Höhlen – auch ich liebe die Contraste [sic] – direct [sic] in das Ministerium des Äußeren, Abschied zu nehmen vom Staatssecretär [sic]: hier wieder die nobelste Pracht – welche Stadt, welche Stadt![96]

Nicht weit davon entfernt liegt der *Palácio do Itamaraty*, wo er sich von seinem Gastgeber, dem Außenminister Macedo Soares, verabschieden wird. Er wird ihm freilich in São Paulo nochmals begegnen, aber das Protokoll sieht es so vor. Der Schriftsteller hält eine Kostbarkeit für ihn bereit: eine Skizze des Originals des Vortrags »Die geistige Einheit der Welt« in Deutsch mit einigen französischen Passagen. Macedo Soares ist gerührt. Stets eskortiert von Chermont steigt Zweig in den *Cruzeiro do Sul* (Kreuz des Südens), den eleganten Nachtzug nach São Paulo.

Die Millionenstadt ist zwar noch nicht derart unübersichtlich wie heute, dennoch bringen die Zeitungen an diesem 29. August eine Reportage,

---

[95] *Careta*, 10.10.1936, S. 19.
[96] *Tagebücher*, 29.8.1936. Die *favela* müsste die am morro da Providência in der Nähe des *Palácio do Itamaraty* und an der Centralstation Brasil sein, an der der Schriftsteller ausgestiegen war.

in der sie als die lauteste Stadt der Welt geschildert wird. Dies ist der Anfang einer sich über mehrere Tage hinziehenden Serie, in der es um die Verringerung des »durch Karren, Pferde, Hunde, Ambulanzen und Fabriken« verursachten Geräuschpegels geht.

Es nieselt in São Paulo, als der Zug aus Rio an diesem Samstag im Nordbahnhof eintrifft. Dort wird Zweig von Queiroz Matoso, dem Repräsentanten des *interventor*, des vom Staat ernannten Gouverneurs, Armando de Sales Oliveira, und Cantídio Moura Campos, dem Bildungssekretär, erwartet. Auf dem in der letzten Ausgabe der *Folha da Noite* abgebildeten Foto haben alle Regenmäntel und -umhänge an.

> San Paolo [sic] ist häßlich, eine ungeordnete unfertige Stadt, die sich erst Form und Gestalt sucht, ein Aggregat aus allen Menschen und Stilen. Amerikanische Wolkenkratzer, 24 Stock hoch neben den monotonen Kleinhäusern, schöne Villen und überfüllte Straßen, ein Birmingham, ein Manchester, keine Frau auf der Straße, nur Männer, nur Arbeit. Aber phantastisch das Wachstum [...] hier allein wird man an Nordamerica [sic] gemahnt. Ungeheure, aber auch unsympathische [sic] Dynamik.[97]

Im gewissenhaften Stil Prousts beschreibt der Kolumnist Alfredo Mesquita, wie die bessere Gesellschaft São Paulos am vergangenen Wochenende nach Rio de Janeiro gefahren ist, um sich in den Casinos und den großen Villen der dortigen Oberschicht zu vergnügen. São Paulo blickt verzückt auf die Metropole, die gleich auf doppelte Weise fasziniert – zum einen wegen ihrer Wichtigkeit als Entscheidungszentrum des Landes und zum anderen wegen ihrer Kultiviertheit. Das Programm des Schriftstellers in São Paulo gehorcht jedoch dem Rhythmus der friedlichen Provinz.

Obligatorisch ist der Besuch im *Instituto Butantã*, dem berühmtesten Schlangeninstitut der Welt: Während der Führung mit den Wissenschaftlern Professor Slota und Dr. Niesser beeindruckt den Schriftsteller am meisten der Glastiegel mit dem kristallisierten Gift von 80.000 Schlangen. Das Mittagessen mit dem Bürgermeister: »lächerlich italienische Pracht« – dies ist ungerecht, der Bürgermeister Fábéo da Silva Prado stammt aus einer Familie mit einer 400-jährigen Tradition. Am Nachmittag findet ein Besuch der Viertel der einzelnen Volksgruppen statt: Der aristokratische Jimmy Chermont nimmt an, dass der Gast gerne sehen möchte, wie in Brasilien Völker und Rassen miteinander verschmelzen. (Im Tagebuch finden sich keine Ausführungen darüber.)

[97] *Tagebücher*, 29.8.1936.

Guilherme de Almeida holt Zweig zum Abendessen im Hotel ab. Er ist im besten Hotel der Stadt, dem Esplanade, untergebracht, wo er in einer Suite mit »nur« drei Zimmern wohnt, was ihn eitel macht. Im Innenhof verteilt er Autogramme an die jungen Leute; dann gehen die beiden Schriftsteller in ein italienisches Restaurant in der Rua Anhangabaú, wo sie ein Risotto essen.[98]

Sie verstehen sich ausgezeichnet – die Dichtung und die Distinguiertheit tragen ein Übriges dazu bei –, so wird man sich wieder treffen. Das Essen braucht etwas Zeit, und Zweig unterhält sich mit den Kellnern und dem Besitzer des Restaurants auf Italienisch, das er fehlerfrei beherrscht. Er vermittelt dem Dichter seine Bewunderung für Brasilien, dem einzigen Land, dem es gelungen ist, Zweig, der stets vor Ehrungen und Formalien floh, in einen »offiziellen Gast« zu verwandeln. Er zeigt sich verblüfft »von der hinreißenden Figur der Brasilianerin«.[99]

Anders als in Österreich erträgt er hier die Banalitäten. Friderike berichtet, dass er in Salzburg bei den Konzerten manchmal so ungeduldig wurde, dass er vor dem Endapplaus den Saal verließ, um den anschließenden Gesprächen im Foyer zu entfliehen.

Es folgt ein Sonntag auf dem Lande: Begleitet vom Erzbischof, mit dem Zweig Italienisch spricht, geht es in einem Sonderabteil mit dem Zug nach Campinas. Sie schauen sich die Stadt an, die ihm nicht gefällt. Er ist jedoch entzückt von der *fazenda* von Taquaral, einem riesigen herrschaftlichen Haus mit Veranda (»nur die Sclaven [sic] fehlen«), und vor allem von der Gastfreundschaft, die ihm die Gastgeberin, die aristokratische Helena Alvez, eine Freundin von Macedo Soares, erweist. Am Nachmittag besuchen sie eine Prozession (der Grund für die Anwesenheit des Erzbischofs). Auf der Rückfahrt begleitet ihn der Minister.[100]

Einige Tage später wird der Minister seiner Freundin als Dank die von Zweig überreichten Originale des Vortrags von Rio schenken. Der kleine Brief, der der Gabe beiliegt, lässt seine Bewunderung für den Gast erahnen:

---

[98] Das Hotel Esplanade, das eleganteste der Stadt, wurde von denselben Architekten (Viret & Mamorat) entworfen, die auch für die Planung des Copacabana Palace verantwortlich waren. Es befand sich im vornehmen Viertel der Stadt, eine Visitenkarte im europäischen Stil.

[99] *O Estado de São Paulo*, 6.9.1936. Die zuvor erwähnte liebenswürdige Beschreibung der physischen Erscheinung Zweigs von Guilherme de Almeida ging aus diesem Treffen hervor.

[100] *Tagebücher*, 30.8.1936. In der Eintragung nannte Zweig irrtümlich den Erzbischof Prado (dies ist der Name des Bürgermeisters). Tatsächlich handelte es sich dabei um Dom Duarte Leopoldo e Silva.

Die so distinguierte und intelligente Art, mit der Du den großen jüdischen Schriftsteller in Taquaral empfangen hast, macht Dich, geschätzte Freundin, des hier beiliegenden Autografen würdig, das aufgrund der Vermischung zweier Sprachen, die der Autor auf der ersten Seite macht, bemerkenswert ist. Die »geistige Einheit der Welt« lautete das Thema des Vortrags, der übrigens auf Französisch gehalten wurde. Und darin stellte Zweig die Frage: »Ist sie jemals realisierbar?« Im Sinne dieses Autografen könnten wir antworten: »Wenn die Schriftsteller in Europa ganz selbstverständlich das Französische und das Deutsche auf der gleichen Seite benutzen, werden wir wahrhaftig die geistige Einheit der Welt erlangt haben.«[101]

Der Höhepunkt des Besuchs findet am Montagvormittag, dem 31. August, statt. Zweig besucht weder eine Fabrik, ein Museum oder einen *Palácio*, noch trifft er mit italienischen Millionären oder Erben der Aristokratie zusammen. Vielmehr findet er, umgeben von Mördern, Dieben und Verbrechern, bei diesem Termin einen weiteren Grund, an die Menschlichkeit Brasiliens und seine Fähigkeit, Lösungen zu finden, zu glauben.

Das Gefängnis (der »penitencioro«, Strafanstalt, wie es Zweig nennt) gehört zu den Einrichtungen, auf die São Paulo stolz ist. 1920 erbaut, um als Modell für den Kontinent zu dienen, ist daher ein Besuch dort Pflicht. Zweig ist von der menschlichen Behandlung der Häftlinge so beeindruckt, dass er den Besuch nicht nur im Tagebuch und in einem Brief an Friderike erwähnt, sondern sogar mit in *Brasilien. Ein Land der Zukunft* aufnimmt: »Nichts Musterhafteres kann man sich erdenken als diese Anstalt, die für sich allein schon den europäischen Hochmut korrigieren könnte, bei uns seien alle Einrichtungen die perfektioniertesten der Welt«.

Die Besichtigung endet mit einer aus Gefangenen zusammengesetzten Militärkapelle, die die österreichische Nationalhymne spielt (die Hymne, die Zweig behauptet, nie in seiner Heimat gehört haben). Der Besuch wird durch den Fotografen des Gefängnisses festgehalten. Auch dieser sitzt eine Strafe ab – wegen Mordes.[102]

---

[101] Brief vom 4.9.1936, auf Papier des Außenministeriums geschrieben, Privatsammlung, São Paulo. Interessant ist die Bezeichnung »großer, jüdischer Schriftsteller«.
[102] *Brasilien*, S. 248. Fast 60 Jahre später, am 9.10.1992, wurde die Musteranstalt, die in den großen Gefängniskomplex von Carandiru eingegliedert worden war, zum Schauplatz einer Revolte, die in einem Massaker mit 110 getöteten Häftlingen endete. Das Symbol der Menschlichkeit hatte sich zu einem Symbol der Gewalt verwandelt. Die Überbelegung und die inhumanen Bedingungen riefen in der Folge weitere Rebellionen hervor, die die Behörden zehn Jahre später letztlich dazu ver-

Zweigs Programm sieht keine Gelegenheit vor, bei der er die interessantesten Figuren der Kulturszene São Paulos hätte kennen lernen können, wie z. B. Paulo Prado (Kaffeehersteller und Verfasser des Klassikers *Retrato do Brasil. Ensaio sobre a tristeza brasileira* [Porträt Brasiliens, ein Aufsatz über die brasilianische Traurigkeit]), den sehr rührigen Mario de Andrade, den Leiter des städtischen Kulturamtes und Guru des Modernismus[103], oder die kürzlich eingetroffenen französischen Professoren, die eingeladen worden sind, um die *Universidade de São Paulo* zu gründen, unter ihnen Claude Lévi-Strauss, ein damals unbekannter Ethnologe von nur 28 Jahren, der nicht in die Liste der aufzusuchenden Berühmtheiten gepasst hätte. Wenn es in Rio de Janeiro den Koogan nahe stehenden Mitgliedern der *Academia* zugeschrieben werden kann, dass keine Annäherung zwischen den jüngeren Schriftstellern und Zweig stattfand, war die Distanzierung in São Paulo das Werk der Ignoranz seitens seiner Gastgeber. Die einzige Ausnahme war der Besuch des Ateliers des modernistischen Malers Lasar Segall, eines Juden, den Zweig im Tagebuch als »schlechten Maler« bezeichnet. Später wird er seine Meinung ändern.

Im Rahmen eines Interviews mit Nelson Vainer offenbart Zweig mit leiser Stimme seine Bedrücktheit: »Die Juden sollten nicht so sehr auffallen, dies wäre sicherer [für sie].«[104]

Mit dem Ende des Triumphzuges kehren die Schreckgespenster zurück. Mit dem Auto fährt er zum Hafen nach Santos hinab. Er besichtigt noch den Orchideengarten (mit seinen 4.000 verschiedenen Arten) und isst sehr gut in der Villa des Besitzers zu Mittag. Er schaut sich auch den Röstungsprozess der Kaffeebohnen an, und am Hafen zwingt ihn seine Liebe zum Kaffee, dessen Verschiffung ins Ausland beizuwohnen. Dabei nutzt er gleich die Gelegenheit und gibt die erhaltenen Geschenke (eine Kaffeemaschine, vom brasilianischen Institut für Kaffee

---

anlassten, die Haftanstalt zu schließen. In den Tagebüchern erwähnt Zweig, dass das Projekt von den Ideen des deutschen Psychiaters Ernst Kretschmer (1888–1964) inspiriert worden war. Vgl. *Tagebücher,* 31.8.1936.

[103] Mario de Andrade (1893–1945), Dichter, Romancier, Ethnologe, Kunstkritiker und Musikologe, wird als einer der Patriarchen des brasilianischen Modernismus und des kulturellen Nationalismus (obwohl er kein Linker war) angesehen. Er gehörte zu den Organisatoren der historischen *Semana da Arte Moderna* (Woche der modernen Kunst) (São Paulo 1922). Um ihn herum scharte sich eine bedeutende Gruppe junger Dichter und Schriftsteller. Das Hauptwerk seiner erzählenden Prosa heißt *Macunaima, o herói sem nenhum caráter* (*Macunaima, der Held ohne jeden Charakter*) von 1928.

[104] Nelson Vainer, Aussage gegenüber dem Autor, 1.10.1980.

überreichte Säcke mit Kaffeebohnen und eine riesige Schachtel Zigarren, ein Geschenk des Gouverneurs) nach London auf.

Erschöpft bricht Zweig in der Kabine der *Highland Brigade* zusammen. Im letzten Brief an Friderike aus Brasilien schreibt er: »Aus dem schönsten Tollhaus der Erde viele Grüße. [...] Das Ganze hat einen traumhaften und unwahrscheinlichen Charakter, wie dieses unbeschreibliche Land.«[105]

Auf dem Schiff findet ein Wiedersehen mit der Alten Welt statt: mit 18 Schriftstellern, die ebenfalls auf dem Weg zum Kongress des PEN-Clubs nach Buenos Aires sind, darunter einige ihm nahe stehende. Die letzten Zeilen des an Bord geführten Tagebuches (wie immer unvollständig) sind Emil Ludwig gewidmet: einem »Phänomen von Vitalität, ständig gespannt, neugierig«.[106]

Ein weiterer Mitreisender ist der Franzose Georges Duhamel, ein Pazifist wie er, dem er großen Respekt zollt.[107] »Ich verstehe mich mit Duhamel so *unerhört* [...]. Auch mit Ludwig.« Die kurze Reise kommt genau richtig, um sich von der Aufregung zu erholen und zugleich ihm die vergessenen Sorgen wieder vor Augen zu führen: »(N)ur der politische Pessimismus *entsetzlich.*« Tage zuvor hat ihn die Herumraserei nicht an die Lage der Welt denken lassen. Jetzt erst vermag er, sie wieder wahrzunehmen.[108]

Der Kongress in Buenos Aires hat Brasilien zu einem Zwischenstopp für Intellektuelle aus aller Welt werden lassen. Vor der *Highland Brigade* und ihren Passagieren machten die Franzosen Jules Romains und An-

---

[105] *Briefe SZ-FZ*, 3.9.1936. An diesem 1. September war Zweig in Santos dem französischen Ingenieur und Maler Paul Garfunkel (1900–1981) begegnet, der von ihm eine auf den 1.9.1936 datierte Karikatur anfertigte. Vgl. Rischbieter, Karlos (Hg.): *Paul Garfunkel, um français no Brasil* (Paul Garfunkel, ein Franzose in Brasilien). Posigraf. Curitiba 1992.

[106] *Tagebücher*, 1.9.1936. Emil Ludwig (ursprünglich Cohn, 1881–1948) war ebenfalls sehr populär in Brasilien, wo seine Bücher seit 1932 veröffentlicht wurden. Der Sohn eines bekannten deutsch-jüdischen Augenarztes verfasste neben Dramen unwissenschaftliche Romanbiografien (u.a. von Goethe, Napoleon, Bismarck, Stalin, Freud). 1936 schrieb er die dramatische Geschichte des jungen Juden David Frankfurter, der den Nazi Wilhelm Gustloff in Davos tötete, um den jüdischen Widerstand gegen die antijüdische Politik Hitlers zu mobilisieren.

[107] Georges Duhamel (1884–1966), Pazifist und Humanist, verfasste Romane, Erzählungen, Dramen, Gedichte, Essays und Kritiken. Zu seinen bekannten Werken zählen die beiden Romanzyklen *Vie et aventures de Salavins* und *Chronique des Pasquiers.*

[108] *Briefe SZ-FZ*, 5.9.1936. Der Brief wurde in Montevideo/Uruguay aufgegeben.

dré Lichtenberger, der Spanier José Ortega y Gasset, der jiddische Dichter Halpern Leivick (mit der *Alcântara* reiste sein Kollege der hebräischen Sprache Saul Tchernichovsky an), ebenso wie Japaner, Chinesen, Skandinavier und Inder Station in Rio de Janeiro. Die Journalisten sprechen von einem »Ostern der universalen Intelligenz«.

Die intensive Geschäftigkeit dieser Intellektuellen und die Aussicht auf Diskussionen über die Fragen der Freiheit und Unterdrückung missfallen den konservativen Kreisen. Der Journalist Macedo Soares, der Bruder des Außenministers, klagt in einem leidenschaftlichen Artikel im *Diário Carioca* den PEN-Club offen an, eine kommunistische Vereinigung zu sein. Der *Globo* holt eine Stellungnahme beim Präsidenten der brasilianischen Vertretung, Claudio de Souza, ein, der sich auf unbeholfene Weise verteidigt – niemals könnte er einer revolutionären Vereinigung vorstehen. Zum Beweis fährt er an der Spitze einer offenkundig reaktionären Delegation (zu der Afrânio Peixoto und Leonídio Ribeiro gehören) nach Buenos Aires. Die Anschuldigung ist vergessen.

In der argentinischen Hauptstadt ist die Herausforderung eine andere, denn sie ist eng verbunden mit dem, was Zweig am meisten verabscheut – mit der Politik. Er versucht, das Rampenlicht zu meiden. Aber während des Eröffnungsvortrags zitiert ihn sein Freund Jules Romains großherzig. Er lehnt es ab, die Präsidentschaft der Sitzung zu übernehmen, und ergreift nur einmal das Wort, und dies nur auf Drängen und Bitten der anderen Teilnehmer.

Vom Podium aus hört er am Tag des Vortrags an Ludwigs Seite dessen emotionaler Rede über die Situation der deutschen Schriftsteller im Exil zu. Aus Langeweile oder Widerwillen angesichts der Übertreibung stützt Zweig für einen kurzen Augenblick den Kopf in die Hände – die Fotografen verlieren keine Zeit, und so bringt die Presse der Hauptstadt das Foto am nächsten Tag mit der Überschrift: Zweig »weinend während der Rede von Ludwig«.[109]

Wie vorhergesehen, wird der Kongress zum Kampfplatz zwischen Linken und Rechten. Zweig, plötzlich pragmatisch, versucht zu vermitteln. Es gelingt ihm jedoch nicht, den Konkurrenzkampf zwischen den lieben Freunden und Rivalen Jules Romains und Georges Duhamel zu schlichten, die sich um die Präsidentschaft des internationalen PEN-Clubs streiten.

---

[109] Zit. nach: *Prater*, S. 352. Friderike schrieb er ausführlich davon. Vgl. *Briefe SZ-FZ*, 12.9.1936.

Um sich nicht aufzuregen, überträgt er die sozialen und politischen Verpflichtungen Emil Ludwig, der diesen gerne nachkommt, und nutzt die freie Zeit, um seinen langjährigen Freund Paul Zech und seinen Literaturagenten und Übersetzer Alfredo Cahn wiederzusehen. Dank ihnen entflieht er den zermürbenden Diners und Cocktailempfängen und entdeckt die kleinen authentischen Restaurants. Obwohl er mit Cahn seit 1928 in Briefkontakt steht, ist es das erste Mal, dass die beiden sich persönlich begegnen.[110]

> Ludwig vertritt stets die Haltung der Schriftsteller des freien Deutschland. Es ist ihm wichtig, diesen Eindruck zu vermitteln und dies ist ihm auch gelungen [...] Jedes Mal, wenn er sich erhebt, um etwas zu sagen, bekommt er tosenden Applaus, selbst wenn seine Aussagen uninteressant sind. Zweig dagegen strahlt Traurigkeit und Leutseligkeit zugleich aus [...] Immer sehe ich ihn Notizen machen, ich glaube nicht, dass er den Debatten folgt, vielmehr scheint er eine neue Heldin zu entwerfen [...] Während eines Ausflugs auf dem Fluss Tigre treten junge Frauen an ihn heran. Eine hält ein Exemplar von *Marie Antoinette* in der Hand und fragt Ludwig (in der Annahme, er sei Zweig), ob er gerade an einer weiteren Biografie einer Frau schreibe. »Ich schreibe nur Biografien von Männern. Die Frauen überlasse ich Zweig [...]« Der reizbare Ludwig geht hastig [...] hat kleine leicht schielende Augen [...] ist kräftig und besitzt breite Schultern. Er kleidet sich sportlich. Er spricht mit einer Fistelstimme, die einem nicht sehr gefallen dürfte [...] Zweig hat sich geweigert, in irgendeiner Sitzung zu sprechen. Er wirkt abwesend und vermittelt den Eindruck eines schüchternen Mannes [...] eine Seite aus Zweigs Werken enthält immer etwas Unerwartetes [...] Ludwig hat weniger künstlerisches Talent. [...] Ich glaube, dass Zweig der Rummel, den die Frauen um seine Person machen, unangenehm ist [...] Sie verfolgen ihn [...] Sie suchen ihn mit ihren Blicken im überfüllten Raum oder erwarten ihn im Innenhof des City Hotels [...] diese Schweigsamkeit spiegelt sich in seinem Gesicht, in

---

[110] Alfredo Cahn (1902–1975), Schweizer jüdischer Herkunft, ging zum Studium nach Spanien und wanderte von dort 1924 mit seiner spanischen Verlobten nach Argentinien aus, wo er als Übersetzer, Kritiker, Literaturagent und -wissenschaftler tätig war. Er übertrug zwanzig Werke Zweigs ins Spanische und führte ihn in die spanischsprachige Welt ein. Der expressionistische Schriftsteller Paul Zech (1881–1946), suchte 1934 in Argentinien Zuflucht, nachdem ihn die Nazis ein Jahr zuvor verhaftet hatten. Dort wurde er zu einem der profiliertesten Exilautoren des Landes, lebte jedoch immer am Rande des Existenzminimums. Beide gehörten zu Zweigs engsten Vertrauten. Zu Paul Zech vgl. Spitta, Arnold: *Paul Zech im südamerikanischen Exil – Ein Beitrag zur Geschichte der deutschen Emigration nach Argentinien.* Bibliotheca Ibero-Americana. Colloquium Verlag. Berlin 1978.

dem lediglich die Augen mit außergewöhnlicher Vitalität leuchten [...] sie lassen einen Mann mit einem reichen Innenleben erkennen.[111]

Erneut sind es die lebendigen Augen, die Aufmerksamkeit hervorrufen, der Rest wirkt steif und verschlossen. Mit Emil Ludwig hat Zweig in Argentinien ein Erlebnis, das sich Jahre später in Brasilien wiederholen sollte; es ist das Los aller Biografen, Journalisten, Fotografen, Maler, Bildhauer, die Berühmtheiten porträtieren. Der argentinische Präsident General Augustín Justo hat Alfredo Cahn die Bitte ausrichten lassen, Zweig möge eine Biografie über General San Martín, den Helden der hispanoamerikanischen Unabhängigkeit, schreiben.

Zweig dankt für die Ehre, gibt die Aufgabe aber an Ludwig weiter, der sie bereitwillig annimmt. Anmaßend lässt er wissen, dass er San Martín mit seiner Biografie weltberühmt zu machen gedenke.[112]

Der General Justo macht daraufhin sein Angebot rückgängig. Aber Ludwig wird später eine Biografie über Simón Bolívar schreiben. Auf der Rückreise nach Europa machte der tollkühne Ludwig einen Stopp in Rio de Janeiro und bat um eine Unterredung mit Vargas. Laut dessen Tochter Alzira

> erhielt [der Schriftsteller] eine Audienz mit der Möglichkeit, Fragen zu stellen, obwohl Vater nicht gerne persönliche Interviews gab. Später gestand Ludwig, dass er bei Getúlio Vargas dieselbe Ausstrahlung von Macht wahrnahm, wie er sie beim Treffen mit Roosevelt gespürt hatte. Für eine gewisse Zeit wurde behauptet, dass Ludwig eine Biografie über den Präsidenten Brasiliens schreiben werde, aber Vater weigerte sich, zu Lebzeiten Gegenstand einer Biografie zu sein.

Als der Schriftsteller den Präsidenten fragte, ob er viele Feinde habe, antwortete Getúlio scharfzüngig:»Sie sind nicht so sehr Feind, als dass sie nicht zu meinen Freunden werden könnten.«[113]

Von der Begegnung zwischen Getúlio Vargas und Emil Ludwig und dessen kurzer Station in Brasilien ist nur dieser berühmt gewordene brillante Ausspruch des Staatsmannes geblieben. Chermont, der damit beauftragt war, sich auch um diesen zweiten Gast zu kümmern, gesteht,

---

[111] Melfi, Domingo: *El congresso de escriptores de Buenos Aires – Notas y imagenes.* (Der Schriftstellerkongress von Buenos Aires – Anmerkungen und Bilder) Santiago de Chile/Nascimento 1936.
[112] *Cahn*, S. 116.
[113] *Vargas*, S. 221. 1943 autorisierte Getúlio Vargas eine von Paul Frischauer verfasste Biografie.

dass er es nicht mit derselben Freude machte, mit der er Zweig begleitet hatte.

Warum lehnt Zweig eine Biografie über San Martín ab? »Meine Figuren sind im allgemeinen die Besiegten«, erklärt er Alfredo Cahn, »die Tatsache, dass Napoléon Bonaparte in der Verbannung auf Elba [sic] gestorben ist, nimmt ihm nicht die Aura eines Triumphators. [...] Dasselbe gilt für San Martín. Sein Tod in der Verbannung nimmt seinem Leben nicht die Größe, überschattet nicht seinen Ruhm, löscht seine Triumphe nicht aus. [...] Er ist keine Figur, die Mitleid hervorruft.«[114] Ein seltsamer Magnetismus zieht Zweig derart in die Nähe der Unterlegenen, dass er manchmal wie einer von ihnen wirkt.

Die Termine mit der jüdischen Gemeinde von Buenos Aires vernachlässigt er nicht. Er hat versprochen, die Lesung aus dem *begrabenen Leuchter* zu wiederholen, wieder mit dem Zweck, Gelder für die Flüchtlinge des Nationalsozialismus zu sammeln. Es wäre besser gewesen, er hätte darauf verzichtet: Die Anwesenden erhalten eine Dosis Pessimismus und Defätismus, die sie einerseits ermuntert, großzügig zu spenden, andererseits aber hinsichtlich der eigenen Zukunft auch tief entmutigt haben muss.

Zweig führt bei dieser Gelegenheit die bereits an anderer Stelle vorgebrachte These weiter aus: Die Juden müssten sich diskret verhalten, um keine Vorurteile zu schüren, sie müssten sich verstecken. Er nimmt an, dass der antisemitische Groll eine Reaktion auf die Zurschaustellung der »Absonderung des Judentums« sei, und schlägt »eine neue Gemeinsamkeit« vor, die auf der moralischen Stärke beruht – sie soll innerlich sein, frei von äußeren Einflüssen.

Jener, dem es in seiner Jugendzeit in Wien gelungen ist, als Erbe Herzls gehandelt zu werden, vermag nun lediglich zu sagen, dass die Entwicklung in Palästina positiv sei, »aber es ist kein allgültiges, kein für jeden gültiges Ideal. [...] Aber zu eng ist diese Erde, um die ganze jüdische Nation zu erfassen, und zu fern sind viele von uns dieser Urheimat geworden, zu sehr eingeboren in andere Länder und Sprachen, als daß wir sie wieder verlassen wollten.«

Er diagnostiziert eine neue Gefahr für die jüdische Seele, das in übersteigerten Stolz verwandelte Minderwertigkeitsgefühl. In der Idee des Rückzugs, der Distanzierung und der Bescheidenheit ist höchste Weisheit enthalten. »(N)ichts ist in der Geschichte von Tausenden Jahren dem Judentum so verhängnisvoll gewesen als seine Liebe zum Sichtba-

---

[114] *Cahn*, S. 115.

ren, zum Prunk und zur Pracht, zum lauten, zum fühlbaren Erfolg. [...]
Wir müssen uns gleichsam jeder selbst in die Hand nehmen, selbst
durchforschen und die reinsten Kräfte zur uneigennützigen Leistung in
uns zu finden und zu steigern suchen. Aber gerade wer so im Unsichtbaren dient, der dient besser als alle dem Sinn und der Sendung unseres
Volkes, nur er erfüllt ganz in sich den Gedanken des unsichtbaren Gottes.«[115] Dieselbe Ansicht hat er Tage zuvor gegenüber dem Reporter
Nelson Vainer in São Paulo geäußert. Zweig sucht nicht den Kontakt zu
den jüdischen Teilnehmern des Kongresses. Obwohl er in London wieder mit Jiddisch in Berührung gekommen ist, misst er dem Dichter Leivick keine Bedeutung bei, der am Anfang seiner Rede sagt, dass er in Jiddisch sprechen werde, um jeden daran zu erinnern, dass diese Sprache
vom Aussterben bedroht sei. Der Lebensmut ist verbraucht, die Angst ist
zurückgekommen.

Hat er sich in Brasilien noch zur Schau stellen lassen, gilt es dagegen
in Argentinien, sich rar zu machen, bedeckt zu halten und zurückzunehmen – genau so, wie seine Feinde ihn haben möchten. Weder Friderike
noch seinen Freunden in Buenos Aires erzählt er von dem Vortrag. Zech
findet den Freund sehr melancholisch. Zweig entschuldigt sich: Die Luft
in Buenos Aires bekäme ihm nicht – trotz des Straußes roter Rosen, den
ihm eine Leserin der Novelle *Brief einer Unbekannten* jeden Tag ins Hotel
schickt. Weder bewegt ihn Argentinien, noch beflügelt es seine Fantasie.
Das kürzlich verlassene Paradies hat all seine Energien aufgezehrt. Eine
unterbrochene Entzückung, zurück bleibt der Abgrund – er ist bereit
für die Alte Welt.

Er wählt das englische Passagierschiff *Almanzora*, weil es in anderen
Häfen hält als die *Alcântara*. Der erste von ihnen ist Recife. Am 24. September empfängt Zweig dort die Reporter »ruhig, lächelnd, gutgelaunt,
was man ihm auf den ersten Blick ansieht«. Die Schriftstellerin Beaumont Croiset begleitet ihn. Als sie bei den Reportern nachfragt, wo das
Negerviertel sei, kommt Zweig mit der Antwort zuvor: »Es gibt keine
Negerviertel, hier ist alles vermischt, Leute, Farben und Gerüche.«

---

[115] Zweig, Stefan: »Eine Ansprache« in: *Die schlaflose Welt*, S. 211–226, S. 211; 217–219;
225/226. Dieses Verständnis von Unsichtbarkeit und Zurückgezogenheit unterscheidet sich nicht sehr von jenem, das bald nach dem Krieg von der exzentrischen
Gertrude Stein (1874–1946) geäußert wurde: »Der jüdische Instinkt für Öffentlichkeit ist der wahre Grund für die Verfolgung des auserwählten Volkes.« Gertrude
Stein verfolgte obsessiv der Ruf, Jüdin zu sein, aber sie verbarg ihr Jüdischsein. Mit
ihrer ebenfalls jüdischen Lebensgefährtin Alice Toklas entkam sie unversehrt der
deutschen Besetzung Frankreichs. Vgl. Gertrude Stein zit. nach: Malcolm, Janet:
»Gertrude Stein's War« in: *The New Yorker*, 2.6.2003.

Im Markt von São José erfreuen sie sich an dem Duft, der Saftigkeit und dem Geschmack der regionalen Früchte, vor allem der schleimigen Jaca. Am nächsten Tag veröffentlicht die lokale Zeitung das Faksimile einer schriftlichen Erklärung: »Very sorry to leave already Brazil, but quite sure to come again in [sic] this wonderful country.«[116] Das Land tut ihm gut.

In Vigo findet er einen von London aus abgeschickten Brief von Friderike mit den neuesten Neuigkeiten vor: Das Apartment in der Hallam Street sei fertig und die Bibliothek katalogisiert (von ihr und Lotte). Die beiden Frauen sind einander gleichgestellt: Friderike teilt mit, dass sie ihn erwarten werde, um die Einzelheiten der wundervollen Reise zu hören. Während der zwölf Reisetage hat er elf Briefe an seine erste Frau und nicht einen an Lotte geschrieben.

»(I)ch könnte heulen wie ein Schloßhund, daß ich hier weg soll […] Und eines ist sicher, daß ich nicht das letzte Mal hier war.«[117]

Friderikes erstes Geschenk an Stefan ist ein brasilianischer Aschenbecher mit einem hübschen blauen getrockneten Schmetterling gewesen. Zwei Jahrzehnte später nach der Rückkehr aus Brasilien wirkt er in Southampton wie ein Schmetterling – frei und glücklich. Amok ist ein Wahn. Manchmal tut er gut.

---

[116] Murilo Marroquim in: *Diário de Pernambuco*, 25.9.1936. Cleantho Paiva Leite, Brief an den Autor, 1.2.1980. Zweig wurde von diesen beiden Reportern interviewt, die für die Berichterstattung vom Hafen verantwortlich waren.

[117] *Briefe SZ-FZ*, 25.8.1936, 26.8.1936.

DECLARAÇÃO

… das mir und meiner Arbeit so gute und gastliche Rast gegeben. Mit jedem Tag habe ich dies Land mehr lieben gelernt …

Die Welt von Gestern

»(M)an war kein wirklicher Wiener ohne diese Liebe zur Kultur, ohne diesen gleichzeitig genießenden und prüfenden Sinn für diese heiligste Überflüssigkeit des Lebens.«

»Unsere Zeit erlebt zu rasch und zuviel, um sich ein gutes Gedächtnis zu bewahren.«

»(N)eun Zehntel von dem, was die Welt als Wiener Kultur des neunzehnten Jahrhunderts feierte, war eine vom Wiener Judentum geförderte, genährte, oder sogar schon selbstgeschaffene Kultur.«

»Aber in dieser ungesund stickigen, mit parfümierter Schwüle durchsättigten Luft sind wir aufgewachsen.«

»[...] der Mann forsch, ritterlich und aggressiv, die Frau scheu, schüchtern und defensiv, Jäger und Beute, statt gleich und gleich.«
                            Die Welt von Gestern, S. 35; 145; 37/38; 90; 93

Kapitel 2

»Ich verabscheue Reisen und Forschungsreisende. Trotzdem stehe ich im Begriff, über meine Expeditionen zu berichten.« Claude Lévi-Strauss suchte sich Brasilien nicht aus, es wurde ihm angetragen und er verfasste den Klassiker *Traurige Tropen*. Die Reiseliteratur vermittelt eine realistischere Erfahrung, die über den reinen Szeneriewechsel während einer Reise hinausgeht. Ohne den Ort zu verlassen, reist man zu bereits Erlebtem und Erfahrenem. Der Wanderer, in zahlreichen Liedern von Schubert besungen, ist unterwegs zu sich selbst. Der zu einem Flüchtling gewordene Reisende aber hat keine Wahl, und so schilderte auch Alfred Döblin die Flucht vor den Nazis als eine Schicksalsreise.[118]

Zweig hat etwas von einem Reisenden, Überläufer, Verbannten, Bummler, Erzähler, Entdecker und Vermittler. Er rührt und bewegt sich, um zu suchen und zu sammeln – ein Leben im Vogelflug. Und wenn Vögel auf der Stelle verharren, fallen sie.

Als junger Mann folgte er 1908 dem Rat seines Freundes Walther Rathenau (des späteren Außenministers), nahm ein Schiff und fuhr nach Indien, Malaya, Ceylon und Indochina. Er wandelte auf den Spuren der deutschen Romantik, die den Fernen Osten neu erfand, während die Engländer ihn kolonisierten.

Schon 1822 sehnte sich Heinrich Heine nach dem östlichen Zauber. Nach ihm erlebten oder erträumten Graf Keyserling, Fritz Mauthner, Waldemar Bonsels, Hermann Hesse, Thomas Mann und Romain Rolland (der deutscheste Franzose der europäischen Literatur) intensive, fernöstliche Erfahrungen. Karl May, Volksschullehrer und Betrüger, faszinierte Generationen von Jugendlichen in aller Welt mit seinen Aben-

---

[118] *Lévi-Strauss*, S. 9. Franz Schubert griff in seinen Liedern immer wieder die romantische Figur des Wanderers auf. Er schrieb mindestens fünf Lieder über den Wanderer, und zwei seiner Zyklen – »Winterreise« und »Die schöne Müllerin« – beziehen sich auf die existenzielle Wanderschaft. Döblins autobiografisches Werk *Schicksalsreise* wurde 1949 verfasst. Vgl. Döblin, Alfred: *Schicksalsreise*. Walter Verlag. Solothurn/Düsseldorf 1993.

teuerbüchern und verkörperte die deutsche Leidenschaft, das Unbekannte zu idealisieren, ohne je das Haus oder Gefängnis zu verlassen. Der Psychoanalytiker Carl Jung fand in China einige Anregungen für die Erläuterung seiner Vorstellung der Symbole und des kollektiven Unbewussten.

Die europäische Zivilisation sehnte sich nach etwas, was sie nicht kannte, sich jedoch ausmalte. Während der Renaissance suchte die Alte Welt im Osten neue Geschmäcker und stieß auf unbekannte Gewürze; von der Romantik an fand sie im allerletzten Winkel der Welt die Einfachheit.

Der Dichterkreis Jung-Wien, zu dem Arthur Schnitzler, Richard Beer-Hofmann, Hermann Bahr, Peter Altenberg, Hugo von Hofmannsthal gehörten und dessen jüngster Anhänger Stefan Zweig war, hegte Bewunderung für Lafcadio Hearn, den amerikanischen Reisenden und Schriftsteller, der in der zweiten Hälfte des 19. Jahrhunderts mit seinen Büchern über Japan eine Brücke zwischen Orient und Okzident geschlagen hatte. In mehreren von Hofmannsthals Werken ist eine Idealisierung des Ostens zu erkennen. 1911, sieben Jahre nach Hearns Tod, wurde Stefan Zweig damit beauftragt, eine Anthologie über diesen neuen Marco Polo zusammenzustellen.[119]

Zweig nutzte seine erste Reise ins ferne Ausland zunächst nicht für seine Arbeit, er beschränkte sich, unsensibel gegenüber der exotischen Umgebung, in der er sich aufgehalten hatte, auf Anmerkungen. Sie war ihm zu fremd, um die alten Meister und Muster aufzugeben. Jahre später jedoch würden die Nachwehen dieser Reise die Inspiration zu einem seiner größten Erfolge, die Novelle über den leidenschaftlichen Amoklauf namens *Der Amokläufer* liefern. Die Geschichte eines Deliriums, die kranke Seite des Ostens. Auch die Handlung seiner 1921 verfassten Legende *Die Augen des ewigen Bruders* wurde nach Indien versetzt.

Der fernöstlichen Erfahrung entkam Zweig unversehrt, und im darauf folgenden Jahr überquerte er den Ozean erneut, diesmal im entgegengesetzten Sinne, um das Amerika von Kolumbus zu entdecken: die Karibik, Bahamas, die Vereinigten Staaten und Kanada. Von dieser zweiten Reise blieb noch weniger zurück. Er teilte nie den Enthusiasmus

---

[119] *Das Japanbuch* wird erwähnt in: Liptzin, Sol: »Lafcadio Hearn, Hugo von Hofmannsthal and Stefan Zweig« in: Rosa, Alfred (Hg.): *The Old Century and the New. Essays in Honor of Charles Angoff*. Associated University Presses. New Jersey 1978, S. 186–191.

für jenen Teil der Neuen Welt. Amerika diente ihm nur als Handlungshintergrund der Tragödie *Das Haus am Meer*. (Der Ehemann kämpft als Söldner im amerikanischen Unabhängigkeitskrieg, und als er nach Hause zurückkommt, hat ein anderer seinen Platz eingenommen.)[120]

Erst mit 54 Jahren, gereift, entwurzelt, sollte Stefan Zweig das Gelobte Land entdecken. Seine Begeisterung für Brasilien wurde noch auf dem Schiffsdeck entfacht, als er den Reportern verkündete, ein Buch über das Land schreiben zu wollen. Er war schon da, als er ankam.

Die Liebe erklärt sich den Verliebten nicht. Deprimiert über die Lage in Europa, benötigte Zweig einen Wunschtraum – ganz gleich welchen, sofern er keine Kontroversen hervorriefe. Beruhigung, dies war das Eden, das er suchte.

Das große sanfte Österreich, das am Ende des Ersten Weltkrieges klein gemacht und nun im Spannungsfeld Hitlers und Mussolinis aufgerieben wurde, musste ersetzt werden. Zweig konnte es nicht verlieren, sich nicht verlieren. Er erlangte den alten Lyrismus wieder und prophezeite: »(W)er das Brasilien von heute erlebt, hat einen Blick in die Zukunft getan.« Dies ist das Motto des kleinen Essays, den er 1936 nach der Rückkehr aus Südamerika geschrieben und in verschiedenen internationalen Zeitungen veröffentlicht hatte. Angesichts einer Vergangenheit in Trümmern und einer Gegenwart im Argen hieß die Lösung, ein in die Zukunft projiziertes Eldorado zu erfinden.[121]

Die ersten 38 Jahre seines Lebens hatte Stefan Zweig bereits im altehrwürdigen österreich-ungarischen Kaiserreich gelebt, als er 12 Tage im üppigen Brasilien verbrachte. Dies genügte, um die Nostalgie aufleben zu lassen und sie in Fantasie zu verwandeln. Im Gegensatz zu seinem Freund Joseph Roth, der im Pariser Exil noch immer davon träumte, die Monarchie in Österreich wiederherzustellen, glaubte Zweig, die Welt von Gestern auf das Land des Morgen übertragen zu können.

Wien als Garten – so sah Carl Schorske die österreichische Kultur um die Jahrhundertwende. Ein Territorium der geordneten Schönheit, in dem

---

[120] Die Tragödie *Das Haus am Meer* hatte am 26.10.1912 in Wien Premiere.
[121] Zweig, Stefan: »Kleine Reise nach Brasilien« in: idem: *Länder, Städte, Landschaften*. S. 153–184, S. 158. Dieser Essay enthält große Passagen aus den Tagebuchaufzeichnungen und wurde in verschiedenen europäischen und amerikanischen Zeitungen zwischen dem 17.10. und 8.11.1936 abgedruckt.

der Mensch eine Natur erfindet, um sie zu genießen, eine natürliche Szenerie, um Utopien hervorzubringen.[122]

Das österreichische Ideal konzentrierte sich auf die Mäßigung und, obgleich dies übermäßig viel aufbürdete, die Versöhnung der Gegensätze. Ein System von Zurückhaltung und Arrangements ermöglichte das erzwungene Zusammenleben verschiedener Völker. Tor nach Asien, Epizentrum Europas, Obdach der Nomaden, Erzeuger von Exilanten, Herz des Kontinents, ein Kontinent. Die riesige, gezähmte Donau ist nur für die Dichter und Musiker blau, ihre fast 3.000 Kilometer mildern die Gegensätze und fungieren als eine offene Grenze, ein Leitfaden und Zerstäuber. Entlang dieser Achse sind schwungvolle Walzer, Militärmärsche, süße Lieder, Zigeunerweisen, verrückte Tänze, fröhliche Klezmer zu hören; Dissonanzen, die im Allgemeinen vom Paternalismus niedergehalten wurden.

Brasilien würde nicht an Österreich heranreichen, aber es vermittelte den gleichen Eindruck von Zusammenhalt, Gutmütigkeit und Herzlichkeit. Das Bild des »goldenen Zeitalters der Sicherheit« ist in Zweigs Memoiren ebenso allgegenwärtig wie in den Briefen und Gesprächen der letzten Wochen. Ohne die goldenen, vielmehr wegen seiner rustikalen Verschnörkelungen war Brasilien eine Oase der Ruhe.

In ihrem Aufsatz über Zweig übernahm Hannah Arendt, die den österreichischen Schriftsteller nicht mochte, sarkastisch die Metapher des »goldenen Zeitalters der Sicherheit«, um die Falschheit der Zeit vor 1914 aufzuzeigen. Barbara Tuchman gab ihrer Aufsatzsammlung über die Zeit von 1890–1918 den Titel *Der stolze Turm*.

Obwohl der Garten des imperialen Österreichs auf dem geographischen und politischen Plan existierte, war er allen voran ein Geisteszustand. Seine Umrisse waren auf den Karten, die vor April 1919 entworfen wurden. Er umfasste 17 Nationalitäten und seine Hymne wurde in 13 Sprachen angestimmt. Ein sorgsam zusammengesetzter Flickenteppich einer erfahrenen Dynastie, die auf Bürokratie, Hochzeiten und einem vagen Liberalismus beruhte; man war nicht überzeugt, nur pragmatisch.

Mit der Auflösung der Habsburger Nahtstellen am Ende des Ersten Weltkrieges erwies sich das Kaiserreich als Pulverfass – bis heute explo-

---

[122] Carl E. Schorskes Buch *Wien, Geist und Gesellschaft im Fin de Siècle (Schorske 1)* besteht aus sieben kulturhistorischen Aufsätzen und greift auf das Symbol des Gartens zurück, um die Verwandlung und spätere »Explosion« der Wiener Harmonie aufzuzeigen.

siv, selbst nach zwei Weltkriegen und einer Folge von lokalen Konflikten, die nicht weniger widersinnig und blutig waren.

Mitteleuropa, das war Österreich-Ungarn (wie der Nahe Osten bis 1918 mit dem Osmanischen Reich gleichzusetzen war). Es erstreckte sich über den größten Teil Mittel- und Osteuropas, Norditalien und den Balkan. 20 Nationen, für die es 16 verschiedene geopolitische Lösungen hätte geben können. Nur die Pfeiler des alten Kaiserreiches tauchen in allen Möglichkeiten auf: Österreich, Böhmen, Mähren und Ungarn.

Im 19. Jahrhundert umfasste Mitteleuropa den Wirtschaftsraum der Donau, allmählich verwandelte es sich in ein Gebiet der deutschsprachigen Literatur. Hitler machte daraus den Kern des nationalsozialistischen Expansionismus. Der Eiserne Vorhang versuchte dasselbe im entgegengesetzten Sinn. Aber der Widerstand gegen die sowjetische Herrschaft machte es dank Persönlichkeiten wie Milan Kundera, Vaclav Havel, György Konrad, Jaroslav Seifert, Josef Škorecký und Imre Kertész erneut zu einer intellektuellen Festung.[123]

»Nirgends war es leichter, Europäer zu sein«, erinnert Zweig, der gerade deshalb Europäer sein konnte, als Europa zusammenbrach. Die österreichische Stabilität war von je her untrennbar mit der Herrscherfamilie, den Habsburgern, verbunden, die seit 1273 den Thron innehatte – sie waren Experten in der ehrwürdigen Wissenschaft des Herrschens und Überlebens. Man bediente sich der Gewalt, aber auch der Diplomatie oder ihrer vollendetsten Form, der Allianzen durch Heirat.[124]

---

[123] Die einzige Grenze, über die es keine Zweifel mehr gibt, ist die westliche Grenze Mitteleuropas ohne Deutschland, obwohl dieses in verschiedenen Institutionen Zentraleuropas vertreten ist. Die Erweiterung der EU und der NATO hat neue Möglichkeiten geschaffen. Eine davon verschiebt Zentraleuropa nach Osten, indem sie Polen, Litauen, Weißrussland, die Ukraine und Moldawien aufnimmt. Vgl. Sinnhuber, Karl: »Central Europe – Mitteleuropa – Europe Centrale: An Analysis of a Geographical Term« in: *Transactions of the Institute of British Geographers*. London 1954, S. 15–39.

[124] *Die Welt von Gestern*, S. 39. Das imperiale Motto der Habsburger war kennzeichnend: *Bella gerant alii, tu, felix Austria, nube* (Andere mögen Kriege führen, du glückliches Österreich, heirate!). Jedes Kind kennt das A.E.I.O.U., *Austria erit in orbe ultima* (Österreich wird bis zum Ende der Welt dauern), es kann aber auch für ein anderes Motto stehen: *Austriae est imperare orbi universo* (Österreich steht es zu, über den ganzen Erdkreis zu herrschen). Europa war die Welt und Österreich seine Mitte. In seiner Ausdehnung kam das Habsburger Reich während der Jahrhunderte dem Römischen Reich gleich und umfasste zur Zeit der Regentschaft Karl V. (1500–1558) große Teile der zivilisierten Welt – die Iberische Halbinsel, Niederlande, Zentraleuropa, Teile Italiens, Ozeanien, weite Gebiete Lateinamerikas, einschließlich Brasilien.

Kaiserin Maria Theresia (1740–1780), die kluge Mutter Marie Antoinettes, kann als Sinnbild der Dynastie, als Königsmutter von nationalem Geist, Schöpferin des aufgeklärten Despotismus, einem Mittelweg zwischen dem sterbenden Absolutismus und erwachendem Liberalismus, angesehen werden. Kurz zuvor hatte der Marquis von Pombal, der als Gesandter in Wien gedient hatte, einen identischen Stil des Regierens begonnen, mit großer Wirkung auf das brasilianische Leben. Als aufgeklärter Tyrann war der lateinamerikanische *caudillo*, dessen ursprüngliche Vorbilder aus dem alten Österreich-Ungarn stammen, eine schillernde Figur zwischen Schuft und Engel, Vater und Herr. Habsburger Sprösslinge bestiegen mehrfach iberische Throne und ergriffen zweimal das brasilianische Zepter: Die Großnichte der geköpften Marie Antoinette, Marie Leopoldina, heiratete Dom Pedro I., Kaiser von Brasilien. Aus dieser Ehe ging Dom Pedro II.[125] hervor, den Zweig so sehr bewunderte.

Der Erbe Maria Theresias, Kaiser Joseph II. (1780–1790) war ein schneller Reformer – Mutter und Sohn leiteten gemeinsam den Josephismus, die Mischung aus Bürokratie, Antiklerikalismus und Reformen, in die Wege.

In dieser Zeit lebten Haydn, Mozart und Beethoven, das Musikertrio, das den Übergang von der Klassik zur Romantik vollzog. Während der darauf folgenden Herrschaft von Franz I. (1804–1835) erlangte ein Fürst deutscher Abstammung, Klemens von Metternich, eine führende Stellung. Er war ein brillanter Unterhändler auf dem internationalen Parkett, der innenpolitisch jedoch zum Despotismus neigte: Er führte die Zensur, die politische Polizei und die Repression von Gegnern ein.

Die Kombination aus konzilianter Außenpolitik und repressiver Innenpolitik erzeugte eine Stabilität, die auf intellektuellem Gebiet als Biedermeierkultur bekannt wurde. Das 1850 von einem Satiriker geschaffene Epitheton zur Bezeichnung des apolitischen Bürgers, der die Gesetze einhält und kulturversessen ist, wurde sowohl in Österreich als auch in Deutschland zur Bezeichnung der Verbindung von politischer Resignation und ästhetischer Lust. Es ermutigte die Mittelklasse,

---

[125] Dom Pedro de Alcântara (1825–1891) wurde drei Jahre nach der 1822 durch seinen Vater, den Kaiser Dom Pedro I. von Brasilien und späteren König Dom Pedro V. von Portugal, erklärten Unabhängigkeit Brasiliens in Rio de Janeiro geboren. Der polyglotte Regent Dom Pedro II. beherrschte mehrere Sprachen, darunter auch Hebräisch, interessierte sich für Philosophie und technische Fortschritte und war ein Förderer von Kunst und Wissenschaft. Im Alter von 15 Jahren trat er die Nachfolge seines Vaters an. Während seiner 49-jährigen Regentschaft schuf er die Grundlagen für den Aufstieg Brasiliens zur einflussreichsten Macht Südamerikas, bis 1889 Generäle die Republik ausriefen. Dom Pedro II. starb 1891 im Exil in Paris.

sich der Verfeinerung des Geistes zuzuwenden, die bis dahin der Aristokratie vorbehalten war. Die Literatur des Biedermeiers schuf einen Helden, den kleinen Mann, den unterworfenen Staatsbürger, der sich an seinem bescheidenen Quäntchen Glück erfreute.

Kaiser Franz Joseph I., dessen Herrschaft von 1848–1916 die längste der europäischen Geschichte war, kann als Symbol der Biedermeier-Tradition erachtet werden. Königin Victoria (1837–1901) herrschte vier Jahre weniger, aber hinterließ ebenfalls eine Kultur, die Viktorianische.

Inspiriert von der englischen Königin und dem Erfolg Dom Pedros II., versuchte Kaiser Franz Joseph I., in der Neuen Welt Fuß zu fassen, indem er seinen Bruder Maximilian als Kaiser von Mexiko einsetzte. 1867 wurde dieser jedoch entmachtet, von einem Kriegsgericht abgeurteilt und standrechtlich erschossen.

In 68 Jahren Stabilität, Bürokratie, Strenge, Tradition, Arbeit, Protokoll und mildem Despotismus verfestigten sich ein Verhalten und eine Widerspenstigkeit, die die österreichische Kultur und Politik bis zum Zweiten Weltkrieg prägten und auf diese Weise in die europäische Kultur selbst eindrangen. Seine Herrschaft brachte die Wiener Gemütswallung hervor und kann für die zwei Seiten der österreichischen Mentalität verantwortlich sein – die Anpassung und das unbezähmbare Bedürfnis nach Nichtanpassung, den sanften Impressionismus und den maßlosen Expressionismus, die literarische Innerlichkeit und die Offenlegung des Seelenmechanismus durch die Psychoanalyse, die Toleranz gegenüber Juden und die antisemitische Wut.

Der alte Kaiser vermachte eine Überlebensstrategie, aber auch den Bazillus der Unzufriedenheit und des Suizids. Sein Sohn, der vom Liberalismus der englischen Aristokratie beeinflusste Erzherzog Rudolf, fühlte sich angesichts eines Vaters, der ihn unverhohlen gering schätzte, überflüssig: Er wählte eine seiner Geliebten, die Baronesse Mary Vetsera, aus und tötete im Jagdschlösschen Mayerling zunächst sie und danach sich selbst. »Mein Sohn ist gestorben wie ein Schneider«, kommentierte der Vater. Die Baronesse wurde fast in aller Heimlichkeit begraben.

Kaiser Franz Joseph I. liebte Kaiserin Elisabeth, die sehr viel jünger als er war, als die schönste Frau Europas galt und deren Manien später als hysterisch, narzisstisch und anorektisch erkannt wurden – sie hungerte in übertriebenen Diäten, reiste quer durch Europa, und, befragt vom Kaiser, was sie sich zum Geburtstag wünsche, antwortete sie einmal: »Am allerliebsten wäre mir ein vollständig eingerichtetes Narrenhaus.« Sie fühlte sich zum Tod und der Verrücktheit hingezogen, sie besuchte Irrenhäuser, in die sie eigentlich hineingehörte, und wurde schließlich neun Jahre nach der Tragödie des Sohnes in Genf von einem Anarchisten erstochen.[126]

Bei dem Versuch, den persönlichen Kummer zu vergessen, wurde der kaiserliche Arbeitseifer zur Neurose: Als wäre er ein subalterner Angestellter, führte er 16 Stunden täglich die Amtsgeschäfte und verabscheute die Nachlässigkeit so sehr, dass er den Arzt, als dieser schlecht gekleidet ans kaiserliche Sterbebett eilte, zurechtwies: »Gehen Sie nach Hause und kleiden Sie sich korrekt.«

Zweig trug bei seinem Selbstmord eine Krawatte.[127]

Als ein strenger und großzügiger Herrscher war Dom Pedro II., sein entfernter Verwandter, ein tropisches Abbild des Kaisers Franz Joseph I.: eine lange Herrschaft, paternalistische Haltung, großherzige Gesten inmitten von autoritären Ausbrüchen. Die österreichischen Liberalen unterstützten ihren Herrscher gegenüber den radikalen Rechten, ebenso wie die brasilianischen Liberalen sich bei der Ausrufung der Republik auf die Seite Dom Pedros II. gegen die republikanischen Soldaten stellten.

Als der alte österreichische Souverän mitten im Ersten Weltkrieg starb, wurde die Dynastie und die politische Form, die er geschaffen hatte, die Mischung aus Trägheit und Reform, Anstand und Angst, zu Grabe getragen. Auch die Welt von Gestern wurde mit begraben. So viel Anpassung ließ der stolze Turm schon nicht mehr zu.

Habsburg, Österreich, Wien – verschiedene Bezeichnungen für dieselbe Brutstätte von Schizophrenien.

»(I)ch weiß, daß ich es zum Teil dieser Stadt [Wien] zu danken habe, […] daß ich frühzeitig gelernt, die Idee der Gemeinschaft als die höchste meines Herzens zu lieben«, sagt Zweig in seinen Erinnerungen. Die von Freud ins Leben gerufene Psychoanalytische Vereinigung war in gewisser Form eine Reproduktion des gemeinschaftlichen und selektiven Ideals, in dem alle sich kennen, geschätzt werden und sich verstehen.[128]

---

[126] *Bettelheim*, S. 21. Bruno Bettelheim (1903–1990), Wiener Psychoanalytiker, wurde nach dem Anschluss Österreichs in die Konzentrationslager Dachau und Buchenwald deportiert. Nach seiner Entlassung flüchtete er 1939 in die Vereinigten Staaten, wo er sich mit Arbeiten auf dem Gebiet der Erziehung und Kinderpsychologie einen Namen machte.

[127] Kaiser Franz Joseph I. zit. nach: *Johnston*, S. 49.

[128] *Die Welt von Gestern*, S. 39. Das Bild von Wien, das Zweig in den Kapiteln 1–4 (S.14–157) Mitte des 20. Jahrhunderts zeichnete, schuf schließlich am Ende des Jahrhunderts ein Paradigma, das die Literatur, Kunst, Psychoanalyse, Presse und Politik

Ferdinand Tönnies unterteilte 1887 die Organisation des menschlichen Zusammenlebens in Gemeinschaft und Gesellschaft. Die Gemeinschaft, ein kleiner, heiterer, sozial enger Verband des dörflichen Lebens, stellt sich der Gesellschaft entgegen, einem Modell des anonymen, industriellen, kollektiven und städtischen Zusammenlebens. Während die Gesellschaft Kontraste und Konflikte hervorbringt, reproduzieren sich in der Gemeinschaft vielfach die Doppelgänger.

Um die Stabilität im Kaiserreich zu gewährleisten, schuf man strenge Regelungen und, um diese zu umgehen, zugleich das *Hintertürl* der Korruption und Protektion. Die bürokratischen Mühlen und der autoritäre Arm des Gesetzes durchziehen das gesamte Werk Kafkas – eines aufsässigen Untertans des österreich-ungarischen Kaiserreiches, der sich aus Verzweiflung über die Eintracht hinwegsetzte.

Unter dem Deckmantel von Recht und Ordnung herrschte Bestechlichkeit und Irreführung. Die Presse wurde fast täglich zensiert, wie man an den weißen Stellen und dem Wort – »konfisziert« – erkennen konnte. Eine augenscheinliche, von Lesern und Journalisten akzeptierte Kontrolle.

Der bürgerliche Grundsatz »Bildung macht frei« brachte die Öffnung des Geistes, erhaben in einem Sinne, erdrückend in einem anderen. Von der Stabilität der Monarchie zurückgehalten, verschlimmerte der Wiener Ästhetizismus die politische Trägheit und untergrub Impulse des Nonkonformismus.

In dieser Atmosphäre des letzten Jahrzehnts des 19. Jahrhunderts trat Karl Lueger hervor, der Begründer der Christlichsozialen Partei, der zunächst von den Zentrumskräften aufgehetzt die Linke bekämpfte, dann zu einem Liberalen wurde, um sich letztlich zu einem wahren Vorgänger und Inspirator Hitlers zu entwickeln. Der glühende Antisemit und fanatische Chauvinist Lueger ließ sich zum Bürgermeister von Wien wählen, aber der Kaiser verweigerte sehr zur Freude der Liberalen und der Intelligenz die Bestätigung der Wahl. Freud rauchte zur Feier dieses freudigen Anlasses eine Zigarre.

Für Arthur Koestler besaßen die Wiener »die höfliche Fröhlichkeit, die amüsierte Selbstironie, die verbindliche Boshaftigkeit«. Hanns Sachs, einer der Pioniere der Psychoanalyse, sprach von einer »allgemeinen Unaufrichtigkeit mit vergleichsweise wenig Heuchelei«. Arthur Schnitzler ging noch weiter und nannte das Habsburger Reich einen

umfasst. Allerdings gibt es wenige Autoren, die ihm zubilligen, in dieser Art der Wahrnehmung der Vorreiter zu sein.

Hort sozialer Unaufrichtigkeit: »Hier wie nirgends anderswo gebe es wüsten Streit ohne Spur von Haß und eine Art von zärtlicher Liebe, ohne das Bedürfnis der Treue.«[129]

1902 wurde der französische Bildhauer Auguste Rodin zu einer Beethoven gewidmeten Ausstellung eingeladen, in der Gustav Klimt, die Ikone der Jugendstilmalerei, ein Fresko des Komponisten zeigte. Während eines Gartenfestes im Prater – das Klima ist mild, die Frauen faszinierend, jemand spielt ein Stück von Schubert auf dem Klavier – vertraute Rodin Klimt an: »Nie zuvor habe ich etwas ähnliches erlebt [...] Ihre Ausstellung unvergeßlich [...] und nun dieser Garten, die Frauen, die Musik und schließlich Sie selbst, umgeben und durchdrungen von dieser heiteren Naivität [...] Ich bin überwältigt.« Klimt antwortete lakonisch: »*Österreich!*«[130]

»Leute, die damals noch nicht gelebt haben, werden es nicht glauben wollen, aber schon damals bewegte sich die Zeit so schnell wie ein Reitkamel«, schrieb Robert Musil über das Wiener Fin de Siècle.[131]

Die kultivierte Unterhaltung als Kunst mündete in einem literarisch-journalistischen Genre französischer Herkunft, entsprechend den Wiener Verhältnissen angepasst, dem Feuilleton. Eine Mischung aus Beobachtung und Enthüllung, Fakten und Introspektive, Poesie und Kritik, Reflexionen und Mondänität. Das Feuilleton hatte seinen Platz im unteren Teil der ersten Seite und wurde auf der folgenden fortgesetzt, eine Art »Zeitung in der Zeitung« mit kleinen Aufsätzen, Kommentaren, Illustrationen, Kritiken, Buchbesprechungen, Erzählungen, Fortsetzungsromanen und kurzen Reportagen, in denen wichtige Fragen diskutiert wurden. Das ideale Medium für die Verve und den Kult um das Innenleben, die in Freuds Jugend so en vogue waren – die Identitätskrise war Mode.

Theodor Herzl, Journalist und Dramatiker ungarischer Herkunft, Begründer des politischen Zionismus und einstiger Paris-Korrespondent der *Neuen Freien Presse* während des Dreyfus-Prozesses, wurde später zum Feuilletonredakteur derselben Zeitung. Er erkannte den Kern des Genres: die Bewunderung des Ichs. Er selbst entkam diesem Narzissmus und

---

[129] Arthur Koestler und Hanns Sachs zit. nach: *Johnston*, S. 128. Schnitzler, Arthur: »Der Weg ins Freie« in: idem: *Gesammelte Werke. Die Erzählenden Schriften*. S. Fischer Verlag. Frankfurt am Main 1981, S. 635–957, S. 925.
[130] *Mahler 2*, S. 13.
[131] Musil, Robert: *Gesammelte Werke Bd. 1. Der Mann ohne Eigenschaften*. Herausgegeben von Adolf Frisé. Rowohlt Verlag. Reinbek bei Hamburg 1981, S. 13.

wurde zu einem der expressivsten Schöpfer der Utopien, die Wien hervorbrachte.

Mit nur 20 Jahren fasste sich Stefan Zweig ein Herz und reichte bei Theodor Herzl einen Artikel über die Dichtkunst ein, der später im Feuilleton der *Neuen Freien Presse* erschien. Im darauf folgenden Jahr veröffentlichte er darin eine Erzählung und einen Essay. Ein leicht erzielter Erfolg, eine Wiener Besonderheit, die einigen Auserwählten zuteil wurde.

Kaffeehäuser (aller Arten und Preisklassen) fungierten als Dreh- und Angelpunkt zwischen den Beiträgen in den Feuilletons und den Gesprächen, die daraus resultierten, oder vice-versa. Orte des Beisammenseins und des Austauschs; offene Akademien, die neben Wissen gutes Essen und Trinken und gute Gesellschaft boten. Der Dichterkreis Jung-Wien traf sich im Café Griensteidl und später im Central, in dem Trotzki vor der bolschewistischen Revolution einen Stammplatz hatte und, wie alle Stammgäste, die Zeitungen las, Briefe erhielt und schrieb, Ideen entwarf, diskutierte, Anhänger gewann und sich Gegner machte.

Im Café war der Wiener Geist mit einem hohen Anteil an »Schmäh« zu Hause. Man sagte, sie wären so gut besucht, weil die Abwesenden unausweichlich zur Zielscheibe der üblen Nachrede würden. Keiner widersteht der Versuchung eines Witzes.

»Fröhliche Apokalypse« war die von Hermann Broch ein halbes Jahrhundert später geprägte Bezeichnung zur Charakterisierung des Wiens des Fin de Siècle. Broch, der selbst den Untergang erlebte, sah dessen Ursprung in der sterilen Avantgarde und der Ästhetik ohne Ethik. Der jüdische Romancier mit Ingenieurstudium leitete bis zum Alter von 42 Jahren die große Textilfabrik der Familie und entschied sich erst mit 45 Jahren ganz für die Literatur, da er schließlich des Doppellebens überdrüssig geworden war. Aber gerade weil er sich nicht nur mit der Literatur beschäftigte, hatte er den kritischen Blick, um das Entstehen der Tragödie zu erfassen. Er sah sie voraus und unterlag ihr doch.[132] Der

---

[132] Broch, Hermann: »Die fröhliche Apokalypse Wiens um 1880« in: idem: *Dichten und Erkennen. Essays*. Bd. 1. Rhein-Verlag. Zürich 1955, S. 76–84. Während seiner Flucht vor den Nationalsozialisten traf Broch (1886–1951) Zweig in London und in New York wieder. Als Zweig 1940 die Vereinigten Staaten besuchte, versuchte er, Broch bei der Suche nach einem Verleger und Übersetzer für sein bekanntestes Werk *Der Tod des Vergil*, das er teilweise in der Nazihaft und unter finanziellen Schwierigkeiten verfasst hatte, zu helfen. Beide hatten einen intensiven Briefkontakt. Einige von Brochs Freunden glaubten, dass er den Tod erzwungen hat, es ein verdeckter Selbstmord war: Der herzkranke Broch, dem physische Anstrengungen verboten waren, trug eine Kiste drei Stockwerke hoch und erlag einem Herzschlag. Vgl. *Heilbut*, S. 285.

jüngere und nicht weniger temperamentvolle, brasilianische Wiener, Otto Maria Carpeaux, schrieb: »In Berlin ist die Lage ernst, aber nicht verzweifelt, in Wien ist sie verzweifelt, aber nicht ernst.«[133]

Um der verfeinerten und jovialen Sterilität zu entfliehen, gaben sich nicht wenige der Verzweiflung hin und zogen den freiwilligen Tod vor. Wien und der Suizid waren immer schon eng miteinander verknüpft und nicht nur im Umfeld der kaiserlichen Familie. Der Wiener Psychoanalytiker Bruno Bettelheim erzählt, dass der letzte österreich-ungarische Außenminister um 1912 vor dem Pessimismus kapitulierte: »Wir müssen uns selber umbringen, bevor es die anderen tun.« Bettelheim selbst beging im Alter von 87 Jahren Selbstmord.[134]

In seiner Studie über den Suizid setzte Durkheim in einer Statistik der Länder, in denen die Selbstmordrate bezogen auf eine Million Einwohner die geringste war, Österreich an die fünfte Stelle.[135] Dennoch kam der Suizid im Wiener Großbürgertum so häufig vor, dass die Psychoanalytische Vereinigung, damals unter Leitung von Alfred Adler, 1910 diesem Thema ein Symposium widmete. Als Vorsitzender der Versammlung brachte Freud seine Enttäuschung über das Fehlen einer stichhaltigen Erklärung für diesen Selbstzerstörungstrieb der Elite zum Ausdruck.

Der Tod faszinierte die Österreicher. So schrieb der 31-jährige Mozart vier Jahre vor seinem Tod seinem Vater Leopold:

> »Da der Tod (genau zu nehmen) der wahre Endzweck unsres Leben [sic] ist, so habe ich mich seit ein paar Jahren mit diesem wahren, besten Freunde des Menschen so bekannt gemacht, daß sein Bild nicht alleine nichts Schreckendes mehr für mich hat, sondern recht viel Beruhigendes und Tröstendes! – Und ich danke Gott, daß er mir das Glück gegönnt hat, […] ihn als den Schlüssel zu unserer wahren Glückseligkeit kennen zu lernen.«

Kein Wiener jedoch übertraf Franz Schubert in der Faszination für Thanatos, und nur wenige lebten so intensiv und über so lange Zeit mit dem Tod. Die Lieder über ihn, die er, ohne von seiner Syphiliserkrankung zu wissen, komponierte, waren Teil der Kultur dieser Epoche. Es sind aufklärerische Ideen in einem romantischen Grundton; eine pantheistische und über den pessimistischen Katholizismus erhabene Reaktion. *Der Tod und das Mädchen* – zunächst ein Lied, später 1824 in ein Streich-

---

[133] *Carpeaux 1*, S. 628–633.
[134] *Bettelheim*, S. 23.
[135] Durkheim, Émile: *Der Selbstmord*. Suhrkamp Verlag. Frankfurt am Main 1995, S. 105.

quartett umgeschrieben – steht für den Wiener Flirt mit dem Tod. Als die Krankheit bestätigt und ihr Verlauf nicht aufzuhalten war, machte Schubert aus dem Tod eine Art Gefährten. In den folgenden vier Jahren schuf er ein umfangreiches Werk, geprägt von Milde und Melancholie. Er starb ruhig: »Hier, hier ist mein Ende!«[136]

In seinen Memoiren ruft Zweig die prunkvollen Begräbnisse und pompösen Leichname in Erinnerung. Ästhetizismus und Nekrophilie – eine weitere Wiener Vorliebe. Hugo von Hofmannsthal, Albert Einstein, Richard Beer-Hofmann und Joseph Roth waren infolge des dominanten Hedonismus ergebene Anhänger des Todes. Einer der berühmtesten Dichter, die dem Tod huldigten, war Arthur Schnitzler, jüdischer Psychiater, unverbesserlicher Eroberer und bewundernswerter Erzähler. Obgleich sie beide nur einen distanzierten Umgang pflegten, war er für Freud ein »Doppelgänger«, der mittels der Literatur einige seiner wissenschaftlichen Erkenntnisse vorwegnahm.

Mitte des 19. Jahrhunderts entwarf Adalbert Stifter, Privatlehrer mit Inspiration, das idyllische Programm »Bildung macht frei«, die Verfeinerung des Geistes als Weg zur Freiheit. Er verband Kultur und Natur, eine geistige und ländliche Utopie. Sein Roman *Der Nachsommer* beschreibt in langwierige Dilemmata verwickelte Figuren, schildert deren Reifeprozesse und macht glühende Vorschläge zur Erlösung der Menschheit inmitten von Rosen: »Wer sittlich frei ist, kann es staatlich sein, ja ist es immer; den andern können alle Mächte der Erde nicht dazu machen. Es gibt nur eine Macht, die es kann: Bildung.«[137] Als Bildungsroman ging dieses Werk der *Éducation sentimentale* von Gustave Flaubert voraus. Der Garten als Ausdruck der Schönheit, die Kunst als Mittel, die Menschheit zu befrieden, konnte nicht verhindern, dass sich der heitere Stifter 1868 mit dem Rasiermesser die Kehle durchschnitt. Sein Schüler Ferdinand Saar, noch pessimistischer als sein Lehrer, begriff, dass die Massen das geistige Vergnügen der Elite nicht erlangen konnten, da ihre Unterdrückung zu groß war. Wie Schnitzler brachte er sich 22 Jahre nach dem Selbstmord seiner Frau mit einem Schuss um. 1906 folgte ihm der Physiker Ludwig Boltzmann nach, nachdem er Jahre zuvor festgestellt hatte:

---

[136] Brief vom 4.4.1787 in: Mozart, Wolfgang Amadeus: *Briefe*. Herausgegeben von Willi Reich. Manesse Verlag. Zürich 1991. Franz Schubert zit. nach: Brown, Maurice J. E.: *Schubert, eine kritische Biographie*. Breitkopf & Härtel Verlag. Wiesbaden 1969, S. 301. Der 11. Teil der *Hyperion Schubert Edition* namens *Schubert and Death* ist allein dieser Thematik gewidmet.
[137] Adalbert Stifter zit. nach: *Schorske 1*, S. 268.

»Nur eine Person, die nicht bei Sinnen ist, kann sich selbst das Leben nehmen.«[138]

Tragische Symbole für das verfeinerte und entmutigte Wien sind die Kinder seiner größten künstlerischen Vertreter. Lili Schnitzler und Franz von Hofmannsthal töteten sich 1928 und 1929. Der Schmerz über den Tod des Sohnes war so groß, dass Hugo von Hofmannsthal bald darauf einem Herzanfall erlag und Arthur Schnitzler drei Jahre nach dem Suizidtod der Tochter starb.

Trotz ihrer unterschiedlichen Sichtweisen und Ästhetiken ahnten beide, Schnitzler und von Hofmannsthal, den Ausbruch des Irrationalen und Instinktiven voraus. In ihrem eigenen Leben machten sie infolge des Verlusts ihrer Kinder die eindringlichste Erfahrung der Verschwendung von Kultur. Von den Wiener Komponisten suchten Hugo Wolf (1903) und Alban Berg (1935) ebenfalls die extremste Lösung.

Einige Selbstmorde waren besonders schmerzlich für Stefan Zweig. Da sie sich in seinem Freundeskreis und Umfeld zutrugen, machten sie ihn mit dieser düsteren Wahl vertraut. Das erste Opfer des »grausamen Gottes« war Egon Friedell bald nach dem Einmarsch der Nationalsozialisten in Wien. Der nächste war der Vertraute, Gefährte, das Super-Ego Joseph Roth, der Erfolgsautor und berühmte Journalist, der nach Hitlers Machtübernahme in Paris Zuflucht gesucht hatte, sich bald gänzlich dem Alkohol hingab und auf diese Weise sein Leben beendete. Gefolgt von Ernst Weiss, einem Schüler Freuds und ebenfalls Flüchtling in Paris, der den Fall der Stadt nicht ertrug. Der von Zweig am meisten kommentierte Selbstmord war der von Erwin Rieger, seinem Freund und Biografen, im Jahre 1940.[139]

Otto Weininger, zum Protestantismus konvertierter Jude und philosophisches Wunderkind der Jahrhundertwende, beging 1903, im selben Jahr, in dem er seine außergewöhnliche Dissertation unter dem Titel

---

[138] Ludwig Bolzmann zit. nach: *Johnston*, S. 185. Boltzmann (1844–1906) gilt als der Begründer der klassischen statischen Physik und leistete wichtige Beiträge zur Thermodynamik und statischen Mechanik.

[139] Zur Bezeichnung »grausamer Gott« vgl. Alvarez, Alfred: *Der grausame Gott. Eine Studie über den Selbstmord*. Hoffmann und Campe Verlag. Hamburg 1999. Mindestens sechs Freunde und Bekannte Zweigs – alle jüdisch – wählten den Freitod: der Dramatiker und Kulturphilosoph Egon Friedell (ursprünglich Friedmann 1878–1938); der expressionistische Dramatiker und revolutionäre Sozialist Ernst Toller (1893–1939); der Schriftsteller und Journalist Joseph Roth (1894–1939); der tschechische Arzt und Schriftsteller Ernst Weiss (1884–1940), der Journalist und Zweigs Übersetzer ins Tschechische Otto Pick (1887–1940) und Erwin Rieger, ebenfalls Schriftsteller und Journalist (1889–1940).

Geschlecht und Charakter veröffentlichte, der vom Erfolg zum Pamphlet wurde, 23-jährig Selbstmord. Weininger gab sich Mühe bei der Inszenierung: Er mietete ein Zimmer in dem Haus, in dem Beethoven gestorben war, und beendete sein kurzes Leben mit einem Schuss. Dies war der Schlusspunkt einer vielschichtigen Identitätskrise als Jude und Macho. Der eiserne Antisemit, Reaktionär in Kunstfragen, gehässige Antifeminist wurde von verschiedenen Generationen beweint. Zu seinem Begräbnis erschienen Intellektuelle aller Richtungen und Gruppierungen: Stefan Zweig, Karl Kraus und der junge Ludwig Wittgenstein, August Strindberg, Robert Musil, Italo Svevo erwiesen ihm die letzte Ehre – und zwei Jahrzehnte später verehrten ihn Mussolini und Hitler: Letzterer sah ihn gerade wegen seiner antijüdischen Hetze als den einzig achtenswerten Juden an.[140]

Gezügelte Empörung, fingierte Toleranz, erstickte Leidenschaften, unterdrückte Instinkte, deprimierte Aristokraten, tyrannische Eltern, frigide Ehefrauen, impotente Ehemänner, hysterische Jugendliche; von herrischen Müttern faszinierte Knaben, von verführerischen Vätern faszinierte Mädchen, verborgene Kontrollen, versteckte Sexualität – Wien bedurfte der Psychoanalyse.[141]

Der österreichische Bourgeois wurde zur Dualität im Liebesleben erzogen. Er pflegte intensiven Intimverkehr mit tschechischen oder ungarischen Geliebten (ethnischen Minoritäten, denen der soziale Aufstieg

---

[140] Die zentrale Vorstellung Weiningers beruht auf dem unversöhnlichen Konflikt zwischen dem Prinzip des Männlichen, das das geistige, schöpferische »Arische« repräsentiert, und dem des Weiblichen, das für das triebhafte, unschöpferische, unmoralische »Jüdische« steht. »Unsere Zeit ist nicht nur die jüdischste, sondern auch die weibischste aller Zeiten.« Er kritisierte die moderne Kunst und die Wissenschaft als typisch jüdisch und populär. Er war ein ergebener Anhänger des Inspirators des deutschen Rassismus und Antisemitismus Houston Stewart Chamberlain. Er war nicht homosexuell, er verteidigte die sexuelle Abstinenz und die erhabene Liebe wie die von Tristan und Isolde. Sein grundsätzlicher Antijudaismus und sein verwurzelter Antisemitismus konnten nur seine Persönlichkeit wie die Hitlers faszinieren. Zu Weininger und Hitler vgl. *Hamann*, S. 325–329. *Wistrich 2*, S. 405–435.

[141] Die zentrale Rolle Wiens als Grundlage der Psychoanalyse wurde schon 1913 von dem französischen Psychiater Pierre Janet diskutiert, der in der Hauptstadt des österreich-ungarischen Kaiserreichs das Ambiente sah, das Repressionen und Neurosen förderte. Ein Determinismus, der von Freud selbst negiert wurde, denn er widersprach seinen Theorien über die Überlieferung und Universalität der Phänomene des Unbewussten. Freuds Ablehnung hatte auch persönliche Gründe: Wien nahm die Psychoanalyse ebenso feindlich auf wie ihren Patriarchen. Auch in Bezug auf die damals in Wien herrschende Repression und deren Einfluss auf Freud lassen sen Zweigs *Die Welt von Gestern* im 3. Kapitel »Eros Matutinus« eine völlig neuartige Sichtweise erkennen.

nicht gestattet war) und hatte zugleich eine Ehefrau, die seine Libido niemals befriedigen konnte. Eine ähnliche Konstellation gab es während der Kolonialzeit in Brasilien zwischen den Mulattinnen und den weißen Frauen, eine in zwei Klassen geteilte Gesellschaft; die eine für den Sex, die andere für die Heirat, die einander unversöhnlich gegenüberstanden.

Im ersten Jahrzehnt des 20. Jahrhunderts begann sich der Narzissmus zu erschöpfen. Die Verfeinerung erreichte nicht die breiten, schnell verstädterten Massen. Die Modernität der künstlerischen Salons gelangte nicht bis auf die Straße. Dort regierten Ideen aus zweiter Hand und Demagogie. Im bürgerlichen Olymp diskutierte man über Fragen von großer Bedeutung, die dem Volk nicht dienten oder falsch verstanden wurden. Zwischen den Gebildeten und den Unwissenden tat sich ein Abgrund auf – den Hitler mit seiner vernichtenden Simplifizierung zu nutzen wusste.

1908 hätte der erfolgreiche Stefan Zweig jenem jungen Mann, einem durchschnittlichen, von der Kunstakademie abgelehnten Aquarellmaler, der in öffentlichen Männerheimen wohnte, nicht über den Weg laufen können. Schwer vorstellbar, dass die beiden die gleichen Veranstaltungen und Orte besuchten, obwohl der junge Adolf Hitler zu den Aufführungen von Richard Wagner, seinem musikalischen Idol, ins Burgtheater ging, das auch Zweig so oft aufsuchte.

Während Zweig Paul Verlaine übersetzte und den lyrischen Modernismus von Émile Verhaeren entdeckte, vertiefte sich Hitler in die Schmöker über Magie, Okkultismus, Astrologie und Esoterik der öffentlichen Bibliothek von Wien. Als 1914 der Erste Weltkrieg begann, war Zweig gegen die patriotische Bewegung, während Hitler dem kollektiven Wahnsinn folgte. Aus der Katastrophe des Krieges ging der Schriftsteller mit dem pazifistischen Drama *Jeremias*, einer Huldigung der Unterlegenen, hervor; der zukünftige Führer indessen mit zwei nichts sagenden Kriegsorden und der Idee der Vergeltung im Kopf.

Der vornehme Zweig pflegte sich die populistischen und antijüdischen Reden der Erben von Karl Lueger und Georg von Schönerer im Parlament nicht anzuhören. Hätte er es getan, hätte er vielleicht den frustrierten Hitler getroffen. Beide besuchten Kaffeehäuser – aber es waren nicht dieselben –: Zweig, um sich und andere zu inspirieren, Hitler, um vereinfachende, antisozialistische und antiliberale Ressentiments zu verinnerlichen.

Zweig und seine Freunde kannten Weininger und hörten die krankhaften Ideen von ihm persönlich. Der junge, in Linz aufgewachsene

Hinterwäldler aus Braunau jedoch begeisterte sich für Weininger allein anhand dessen, was andere ihm erzählten, er zitierte Schopenhauer, ohne ihn jemals gelesen zu haben.

Zweig las die großen Zeitungen, er arbeitete für sie, gehörte zu einem Kreis, der Ideen hervorbrachte und die Debatten bestimmte. Er verkehrte bequem zwischen dem Liberalismus und dem Sozialismus. Hitler, sein Antipode, verschlang die Boulevardblätter der extremen Rechten, die von kurzen, eindimensionalen Texten geprägt waren. Während sich der eine darauf vorbereitete, ein großer Vermittler zu werden, verleibte sich der andere mediale Vereinfachungen ein.

Der Idealist verlor alle Rennen zugunsten des cholerischen Träumers, der direkt für Zweigs Unglück verantwortlich war. Ungeduldig sind diese Österreicher: Zweig und Hitler brachten sich in einem Abstand von drei Jahren um. Nur Wien war in der Lage, beide an zwei Enden desselben Prozesses festzumachen.

Es ist unmöglich, Wien zu beschreiben, ohne die Juden zu erwähnen. Inmitten so vieler Identitätskrisen blieb die der Juden nicht unberührt. Am Anfang des 20. Jahrhunderts machten die Juden neun Prozent der österreichischen Stadtbevölkerung aus; auf intellektuellem Gebiet waren sogar, laut Zweig, neun von zehn Österreichern jüdischer Herkunft. Ein Volk in einem Vielvölkerstaat, Kosmopoliten in einem multinationalen Kaiserreich, hervorragende Pollenbestäuber im zentraleuropäischen Bienenstock.[142]

Für die Ostjuden war es nicht so leicht, Wien zu erobern. Aber einige schafften es, wie Zweigs Freunde Joseph Roth, Soma Morgenstern und Marek Scherlag.[143] Das Wiener jüdische Vaudeville schuf unzählige Lieder über die merkwürdigen Übereinstimmungen zwischen denjenigen, die nur Judendeutsch konnten, und denen, die Hochdeutsch sprachen.

---

[142] Von den neun emblematischen Personen, die in *Schorske 1* näher betrachtet werden, sind vier bekennende Juden (Schnitzler, Herzl, Freud und Schönberg) und einer (von Hofmannsthal) jüdischer Abstammung, deren er sich schämte.

[143] Marek Scherlag (1878–1962), Jurist und Schriftsteller aus Galizien, der in Wien lebte, wo er Herzl kennen lernte. Dort nahm er auch an den ersten kulturzionistischen Bewegungen teil, wie Jung Jüdisch, deren Treffen auch Zweig besuchte. Beide trugen mit literarischen Arbeiten zu dem *Jüdischen Almanach* bei, der von Jung Jüdisch herausgegeben wurde. Der Briefwechsel der beiden war nicht regelmäßig, aber in einem von Zweig an Scherlag geschriebenen Brief werden auf die nachdrücklichste Weise die Gründe für seine Distanzierung zum zionistischen Ideal als nationale Bewegung dargelegt. 1939 emigrierte Scherlag nach Palästina. Vgl. *Briefe 1920–1931*, 22.7.1920.

Das jüdische Viertel mit dem aristokratischen Namen Leopoldstadt konnte auch mit einem boshaften Augenzwinkern als *Mazzesinsel* bezeichnet werden. Der Fiaker, der die eleganten Alleen Wiens entlang fuhr, wurde von einem armen *Galizianer* Juden gelenkt, und der Fahrgast war der wohlhabende jüdische Arzt, Industrielle, Journalist und Financier. Für Hitler waren beide gleich.[144]

Die Juden besaßen einen Vorteil gegenüber den anderen Völkern im Kaiserreich – sie sprachen Deutsch und gelangten dank der Sprache in die Nähe der Macht. Zum Ausgleich dafür konnten sie aus dieser Macht keinen Nutzen tragen. »Grenzjud« nannte man denjenigen, der sein Ziel fast, jedoch nie wirklich erreichte.

Mit Hilfe von Talent und Erfindungsgabe, aus Ehrgeiz oder Frustration versuchten die Juden, angetrieben von der Unfähigkeit, wirkliche Anerkennung zu finden und vom Eifer der »unendlichen Aufgabe« – ein Thema Kants, das den Juden Walter Benjamin so faszinierte –, die Barrieren aus Vorurteilen und religiösen Ressentiments zu überwinden. Auch Freud wurde von einem unwägbaren Pflichtgefühl geleitet. Schon Goethe wies darauf hin, dass »(k)einer, auch nur der kleinste geringste Jude, der nicht entschiedenes Bestreben verriethe [sic], und zwar ein irdisches, zeitliches, Augenblickliches [sic]«.[145] Freud hob den »kreativen Skeptizismus« der Juden hervor, und Mahler erklärte einem Freund den jüdischen Drang vorwärts zu kommen auf diese Weise: »Wie wenn ein Mensch mit einem zu kurzen Arm auf die Welt kommt: da muß der andere Arm desto mehr vollbringen lernen.«[146]

Die innere Konzilianz gestattete Mehrdeutigkeiten solcher Art, dass Mahler einerseits als Komponist gepriesen wurde und ihm andererseits gleichzeitig die Übernahme der Leitung der Wiener Oper untersagt wurde, falls er nicht zum Katholizismus konvertieren würde. Dies war für Mahler kein Opfer gewesen – er fühlte sich vom christlichen Mystizismus angezogen.

---

[144] Genannt nach Matzen (hebr.) dem ungesäuerten Brot, das in der Pessachzeit als Erinnerung an den Auszug aus Ägypten den Juden zu essen vorgeschrieben ist. Einen musikalischen Überblick über das jüdische Leben Wiens gibt *Dancing Under the Vulcano – Jewish Cabaret, Popular and Political Songs 1900–1945*. New Budapest Orpheum Society. Cedille Records. Chicago 2002.

[145] Goethe, Johann Wolfgang: *Sprüche in Prosa. Sämtliche Maximen und Reflexionen.* Herausgegeben von Harald Fricke. Deutscher Klassiker Verlag. Frankfurt am Main 1994, S. 273.

[146] Gustav Mahler zit. nach: Roller, Alfred: *Die Bildnisse von Gustav Mahler* zit. nach: *Hamann*, S. 471.

»(E)r mußte sich, um eine so hohe Stellung im K. u. K. Hofärar [sic] bekleiden zu dürfen, taufen lassen«, bestätigt auch Alma Mahler, die katholisch erzogene Freidenkerin. Selbst die Konversion und Akzeptanz änderten nichts an der offenen Ablehnung durch Cosima Wagner, der Tochter von Franz Liszt, die sich ihrem Ehemann Richard hinsichtlich des Rassendünkels angepasst hatte. »Ich bin dreifach heimatlos: *als Böhme unter den Österreichern, als Österreicher unter den Deutschen und als Jude in der ganzen Welt*. Überall ist man Eindringling, nirgends ›erwünscht‹«, gestand Mahler seiner Frau.[147]

Die zweideutige Toleranz vermochte gewisse Zugehörigkeitsgefühle so sehr abzuschwächen, dass viele »liberale« und berühmte Juden zu überzeugten Judengegnern wurden. Voller Selbsthass und ebenso eifernd wie die einstigen Feinde symbolisieren Otto Weininger und Karl Kraus auf eindringliche Weise die Abscheu ihrer Selbst. Ebenso wie einige führende Persönlichkeiten der österreichischen Sozialdemokratie, die von Anfang an von der Elite der jüdischen Intelligenz unterstützt wurde.

Dem kritischen Wiener Geist konnten diejenigen, die sich in Wien hervortaten, nicht entgehen. Kraus, der oberste Ikonoklast, kritisierte eigentlich sich selbst, als er schrieb, dass der Antisemitismus in Wien keine ernste Angelegenheit sei – die Juden selbst hatten sich ihn angeeignet.[148]

Der Antijudaismus des »Ex-Juden« und der Antiliberalismus des Ex-Bürgers brachten Kraus dazu, sich während der Dreyfus-Affäre unter die einzureihen, die die rückständigste Haltung in Frankreich vertraten. In seiner Zeitschrift geißelte er den Kreuzzug für den jüdischen Hauptmann, in dem er eine »Verschwörung der liberalen Presse« sah.[149]

---

[147] Mahler-Werfel, Alma: *Erinnerungen an Gustav Mahler.* Ullstein Verlag. Berlin 1978, S. 129; 137. Zu Gustav Mahler vgl. auch *Wistrich 2*, S. 510–512.
[148] »Der jüdische Selbsthass« ist ein Ausdruck, den der deutsche Philosoph und Schriftsteller Theodor Lessing (1872–1933) mit dem gleichnamigen Werk von 1930 geprägt hat. Die Wut von Kraus auf die Juden war einer seiner Beweggründe dafür. Kurz vor dem Ersten Weltkrieg schrieb Lessing einen heftigen Brief an Freud, in dem er die Psychoanalyse eine »Ausgeburt« des jüdischen Geistes nannte. Er schloss sich dem sozialistischen Zionismus an und war einer der ersten, der die Nationalsozialisten noch vor ihrer Machtübernahme bekämpfte. Deshalb wurde er auch schon 1933 von der Gestapo ermordet. Diese Art von Ressentiment hat nichts mit dem Konzept »Jude – Nichtjude« zu tun, mit dem Isaac Deutscher diejenigen bezeichnet, die sich von der Tradition abwandten und für ein säkulares Leben entschieden. Vgl. Lessing, Theodor: *Der jüdische Selbsthass.* Matthes & Seitz. Berlin 2004. Gay, Peter: *Freud, Juden und andere Deutsche. Herren und Opfer in der modernen Kultur.* Hoffmann u. Campe Verlag. Hamburg 1986.
[149] *Roth 1*, S. 161. Soma Morgenstern hatte das Verhalten von Kraus beobachtet und die Manifestationen gegen Dreyfus in der *Fackel*, Nr. 18, Ende September 1899 und der *Fackel* Nr. 19, Ende Oktober 1899 entdeckt.

Kraus war einer der schärfsten Wiener Kritiker alles Wienerischen, einschließlich der Presse. Pessimist aus Neigung, einsam und gehässig, Skeptiker aus Instinkt und von Sarkasmus und Empörung geleiteter Rebell, für den der Effekt manchmal wichtiger war als die Zugehörigkeit, achtete er besonders auf Sprache und Ausdruck. Mit Hilfe der Analyse der Wörter und deren Hülsen verriss er die Elite und ihre Wertvorstellungen. Sein größter Zorn richtete sich gegen die Zeitungen und Journalisten – der Spiegel der Gesellschaft – und deren bestes Produkt, das Feuilleton.

Die Aufforderung, Feuilletonredakteur der *Neuen Freien Presse* zu werden, zögerte Kraus nicht abzulehnen: »Es gibt zwei schöne Dinge auf der Welt: der ›Neuen Freien Presse‹ angehören oder sie verachten.« Das Feuilleton war die Quintessenz des liberalen Journalismus und Kraus verabscheute beides mit der gleichen Intensität. Schon Joseph Roth, der andere rebellische und anarchistische Geist, sah im Feuilleton die Möglichkeit, den literarischen Journalismus zu entwickeln, der ihn feierte: »Das Feuilleton ist für die Zeitung ebenso wichtig wie die Politik und für den Leser *noch* wichtiger.«[150]

Den Posten des Herausgebers übernahm schließlich Theodor Herzl. Beide hatten gewonnen – Herzl einen Grund und Kraus eine Zielscheibe für seinen Verriss. Jener intellektuelle Aufruhr nährte die messianische Berufung Herzls, und mit ihr leitete er die wichtigste Wende in der jüdischen Geschichte seit der Zerstörung des zweiten Tempels im Jahre 70 n. Chr. ein. Kraus, der antijüdische Jude, tat Herzl auf diese Weise einen Gefallen. Obwohl er die künstlerische Begabung des Patriarchen des Zionismus bewunderte, verurteilte er jedoch dessen Ideen, gegen die er ein gnadenloses Pamphlet namens *Eine Krone für Zion* schrieb.[151] Bis zum Schluss, noch 1936, als schon viele die Stadt verlassen hatten, machte er sich über Wien lustig.

---

[150] *Die Fackel*, Nr. 5, Mai 1899. Brief an den Verleger Benno Reifenberg, 22.4.1926 in: *Roth-Briefe*.

[151] Die wienerisch-jüdische Bourgeoisie hieß den Zionismus nicht unbedingt gut, zum einen, weil er mit dem Massenzustrom der armen Juden aus Galizien, Rumänien und Russland verbunden war, zum anderen, weil er die unangenehme Erinnerung an die »Judenfrage« (das, was Zweig in Buenos Aires die »Absonderung des Judentums« genannt hatte) wachrief. Moritz Benedikt, Herausgeber der *Neuen Freien Presse*, gestattete nicht einmal den Gebrauch des Wortes »Zionist« in der Zeitung. Die verschiedenen religiösen jüdischen Richtungen – Orthodoxe, Mystiker, Liberale – lehnten ihn ebenfalls ab, da sie ihn als »säkularen Nationalismus« ansahen. Für sie konnte die Erlösung nur mit der Rückkehr des Messias eintreten.

Selbst vermögend genug, konnte Kraus 1899 mit 25 Jahren seine eigene Zeitschrift *Die Fackel* gründen. Zwei Jahrzehnte lang war er ihr alleiniger Autor, Herausgeber und Verleger. Er, der (neben G.K. Chesterton und später J. F. Stone) als Wegbereiter der Medienkritik angesehen werden kann, wiederholte die Odyssee all derer, die es wagen, die Presse zu kritisieren – er wurde zu einem einsamen und individuellen Journalismus verdammt. Seine Ablehnung, Mitarbeiter zu akzeptieren, eine Folge seines eigenen Neides, erklärte er so: »Sie stoßen mir die Leser ab, die ich selbst verlieren will.«[152]

Auch Schnitzler zeigte mit dem Finger auf die allmächtige Presse. Eines seiner ironischen Dramen, *Fink und Fliederbusch*, spielt in einer Zeitungsredaktion zu Beginn des 20. Jahrhunderts. Der Wegbereiter der antijournalistischen Haltung in der deutschen Sprache war Gustav Freytag, der bereits 1854 die Komödie *Die Journalisten* geschrieben hatte, deren Hauptfigur Schmock ein flatterhafter, prinzipienloser und chamäleonartiger Journalist war. Kraus gebrauchte und missbrauchte diesen Namen (und schuf Ableitungen, wie das Subjekt *Schmockerei* und das Adjektiv *verschmockt*). Im New Yorker Slang bekam *Schmock* die Bedeutung von Narr oder Hänschen Müller. Der Wiener Zwang, die Presse zu veralbern, gelangte durch den Österreicher Billy (Samuel) Wilder, einem Krausianer, der in Wien als Journalist gearbeitet hatte und zwei Meisterwerke über die Verderbtheit der Presse drehte, bis nach Hollywood.[153]

Kraus verschonte auch die Klassiker u.a. Heine nicht: Weil er Jude war, weil er sich als Feuilletonist einen Namen gemacht und vor allem weil er die Schönheit der deutschen Sprache allen Gesellschaftsschichten, einschließlich der der kleinen Händler, vermittelt hatte. All dies war unverzeihlich. Die heiligen Kühe der zeitgenössischen deutschen Philosophie wie Martin Heidegger entkamen seinem Spott ebenso wenig.[154]

Es verwundert daher kaum, dass Kraus auch Zweig gegenüber unerbittlich war (der sich in kleinem Kreis, niemals in der Öffentlichkeit, da-

---

[152] Kraus, Karl: *Beim Wort genommen*, Bd. 3 der Werke. Herausgegeben von Heinrich Fischer. Kösel Verlag. München 1955, S. 284.

[153] In Frankreich hieß Schnitzlers Komödie *Les journalistes, Merle et Mimosa*. Kraus schrieb Text und Musik eines satirischen Liedes, das von einer beliebten Bildergeschichte über die Presse inspiriert worden war und mit dem er viel Erfolg hatte, wenn er es bei seinen häufigen öffentlichen Auftritten zum Besten gab. Vgl. Bouveresse, Jacques: *Schmock ou Le triomphe du journalisme. La grande bataille de Karl Kraus*. Seuil. Paris 2001. Billy Wilder (1905–2002) drehte zu diesem Thema 1951 das Drama *Reporter des Satans* und 1974 die Komödie *Extrablatt*.

[154] Vgl. Stieg, Gerald: »Karl Kraus gegen Martin Heidegger« in: *Festschrift Zohn*, S. 159–183.

für revanchierte).[155] Die psychoanalytischen Theorien zog Kraus ebenfalls ins Lächerliche, obwohl er ihren Begründer respektierte. Als die neue Wissenschaft sich zu einer Mode entwickelte, gab Kraus, der den Erfolg anderer nicht aushielt, zum Besten: »Die Psychoanalyse – dieses neueste Judenleiden, die älteren haben noch Zucker.« Des Weiteren spottete er: »Psychoanalyse ist jene Geisteskrankheit, für deren Therapie sie sich hält.« Sein Hohn kannte keine Grenzen, war schon fast ordinär; so nannte Kraus die Psychoanalytiker »Psychoanalen«.[156] Dem Freund Ferenczi vertraute Freud an, Kraus sei »ein toller Schwachsinniger mit großer schauspielerischer Begabung«.[157] Teilweise hatte er Recht: Der Erfolg von Kraus bei der Mittelklasse wurde durch seine literarisch-musikalischen Darbietungen verstärkt, seine Schriften wurden von den Literaten gelesen. Es war einer der gelungensten, von Wien hervorgebrachten Widersprüche und Unvorhersehbarkeiten.[158]

Dem Antifaschisten Kraus war nicht bewusst, dass er, indem er Stück für Stück unerbittlich die Werte der liberalen Bourgeoisie demontierte, den Weg für den Faschismus ebnete. Nach der Machtübernahme Hitlers ließ er 1934 zweideutig verlauten: »Mir fällt zu Hitler nichts ein.« Es war die Wahrheit: Vieles, was er im Spott als Witz gesagt und geschrieben hatte, wiederholte der Führer nun im Ernst als Doktrin. Kraus wollte die Menschen, Verhaltensweisen, Manien und Moden lächerlich machen;

---

[155] Kraus übte einige Male in der *Fackel* direkte Kritik an Zweig: »Herr Stefan Zweig, heute einer der repräsentativen Schmuser der europäischen Kultur […] Die Bourgeoisie zwischen Berlin und Wien sieht sich durch die Emil Ludwig und Stefan Zweig mit der denkbar größten Zeitersparnis in die Weltliteratur eingeführt.« Vgl. *Die Fackel*, Nr. 726/729, Mai 1926. »So ein Zweig hat sich auch schon in mich vertieft, ich weiß, er verehrt mich, wäre ich in Brügge, er würde mich übersetzen, ich würde es verbieten.« Vgl. *Die Fackel*, Nr. 366/367, Januar 1913. »Als Novellist großen Formats hat Stefan Zweig sich alle Sprachen der Welt erobert. Bis auf eine.« Vgl. *Die Fackel*, Nr. 864/867, Dezember 1931. Zweig erwähnt Kraus in seinen Erinnerungen nur einmal, als er ihn als »Thersites [sic] [der Antiheld] der Wiener Literatur« bezeichnet, den »Meister des giftigen Spotts«. Zweig erzählt, dass man Herzl aufgrund der von Kraus geschriebenen Broschüre *Eine Krone für Zion* als »König der Juden« verspottete, und immer wenn Herzl das Theater betrat, »seine Majestät ist erschienen« murmelte. Vgl. *Die Welt von Gestern*, S. 127. In Zweigs Tagebüchern erscheint Kraus ebenfalls nur einmal. Während seines Aufenthaltes in St. Moritz spricht Zweig von den »widerlichen Leuten« und fügt hinzu »heute zum Überfluss Karl Kraus«. Vgl. *Tagebücher*, 14.1.1918.
[156] *Die Fackel*, Nr. 387–388, November 1913. *Die Fackel*, Nr. 376/377, Juni 1913.
[157] Sigmund Freud zit. nach: *Freud 2*, S. 246.
[158] Bevor Kraus sich für den Journalismus entschied, versuchte er es beim Theater. Seine Rezitationen deklarierte er als »Theater der Dichtung«. Sein wichtigstes Werk ist *Die letzten Tage der Menschheit,* das er am Beginn des Ersten Weltkrieges geschrieben hatte.

Hitler beabsichtigte, Institutionen zu zerstören. Der oberste Ikonoklast, fast ein Titan, ging von der Bühne, um dem kleinen Hass-Schürer Platz zu machen. Kraus starb zwei Jahre später an einem Herz- und Gehirnschlag. Den schändlichen Anschluss seines Landes mit anzusehen, blieb ihm erspart.[159]

In seinem Hauptwerk *Mein Kampf* sah Hitler die Wiener Zeit für seine Entwicklung als prägend an. Die fünf Jahre von 1908–1913 (seinem 20.–25. Lebensjahr), in denen er in dieser Stadt gelebt hatte, waren maßgeblich für seine persönliche und politische Lehrzeit. Vom ehemaligen Bürgermeister Lueger lernte er, wie man die Massen begeistert; der Aristokrat der Rechten Schönerer lieferte ihm die Ideen des Pangermanismus und des arischen Mythos sowie den Gruß »Sieg Heil!«; und der Arbeiterführer Franz Stein lehrte ihn, die Frustration der Arbeiter mit einem fremdenfeindlichen und antiinternationalistischen Diskurs zu steuern. Mit Guido von List, einem Schriftsteller und Forscher der germanischen Geschichte und Kultur, von dem das offizielle Symbol des Terrors, das Hakenkreuz, kam, schloss er seine »Lehre« ab.

Gut gekleidet, aufrecht und sicher, dass er die Stadt erobern würde, sei es in der Malerei, Musik oder Architektur, kam Hitler in Wien an. Er verließ sie abgerissen und zerlumpt. 1938 kehrte er als Eroberer zurück.

Der Antisemitismus als Begriff und Theorie ist eine junge Schöpfung, die Erfindung des deutschen Journalisten Wilhelm Marr, der das Pamphlet »Der Sieg des Judentums über das Germanentum« veröffentlichte. Die deutschsprachige Welt war die toleranteste in Europa (im Vergleich zu Russland oder vorher der Iberischen Halbinsel). Dennoch hielten sich die alten religiösen und ethnischen Vorurteile so sehr, dass dem Philosophen Moses Mendelssohn am Ende des 18. Jahrhunderts während der Aufklärung trotz seiner Qualifikationen die Mitgliedschaft in der Preußischen Akademie der Wissenschaften versagt wurde. Einer seiner Fürsprecher, kein geringerer als der Präsident der Institution selbst, der französische Mathematiker Pierre-Louis Maupertuis, bemerkte »dass Mendelssohn zur Aufnahme in die Akademie nur eines fehle – eine Vorhaut«.[160]

---

[159] Kraus, Karl: *Die dritte Walpurgisnacht*. Herausgegeben von Heinrich Fischer. Kösel Verlag. München 1952, S. 9. Obwohl einige, vor allem französische, Forscher Kraus als Linken darzustellen versuchen, hatte er in Wirklichkeit eine gewisse Verachtung gegen den Sozialismus. Diese ging soweit, dass er Dollfuß, den pro-faschistischen Kanzler und Gegner der Nationalsozialisten in Deutschland und der österreichischen Sozialdemokraten, unterstützte.
[160] Pierre-Louis Maupertuis zit. nach: *Elon;* S. 46.

Der Beitrag Marrs war politischer, »wissenschaftlicher« Art, eine Reaktion auf die bürgerliche Emanzipation der Juden in Deutschland und Österreich. Denn da sie jetzt vor dem Gesetz gleich gestellt waren, wurden die Juden nicht mehr als Fremde behandelt. Die Krise auf dem deutschen Finanzmarkt 1873 fügte einen weiteren Beweggrund hinzu: die jüdische Dominanz in der Wirtschaft.

Die fremdenfeindlichen und antijüdischen Predigten der Österreicher Georg von Schönerer und Karl Lueger spiegelten sich zunächst nicht in der Ideenwelt des jungen Adolf Hitler wider, der sich nur bemühte, einen Platz in der Kunstwelt Wiens zu erobern. Noch sah er kein Problem darin, sich in einem Obdachlosenasyl einzuquartieren, das von der Familie Rothschild unterstützt wurde. Auch Juden wie den religiösen Joseph Neumann oder den assimilierten Siegfried Löffner, seine Mitbewohner in der Herberge, die ihm halfen, ein paar Aquarelle und Zeichnungen zu verkaufen, wies er nicht zurück. Sein einziger Ausflug in die Welt des Wiener Großbürgertums war ein Hausmusikabend in der Villa der Familie Jahoda, gebildete assimilierte Juden, unter denen sich Hitler sehr wohl fühlte.

Wenn er etwas Geld hatte, ging er zum zweiten Frühstück ins kleine Café von Jakob Wasserberg und nahm einen Tee mit einem »Laberl«. Nachts las er, vor allem Pamphlete, und diese weckten sein Interesse an der »Judenfrage«, einem Thema, das von der zionistischen Bewegung mit einer Intensität hervorgerufen wurde, die keiner erwartet hatte.

Die Juden fühlten sich unbehaglich, wenn man sie daran erinnerte, und die, die die Juden nicht mochten, benutzten den Zionismus, um das Vorurteil der Fremden im eigenen Land zu rechtfertigen. Hermann Bahr, Jude, Zionist und ein Freund von Schnitzler und Zweig, stellte fest: »Die Reichen halten sich an Morphium und Haschisch. Wer sich das nicht leisten kann, wird Antisemit.«[161]

Erst in den späteren Reden von Hitler nach dem Ersten Weltkrieg – als die Juden trotz ihres Patriotismus und ihrer Bereitschaft, dem Vaterland auf dem Schlachtfeld zu dienen, für die Niederlage verantwortlich gemacht wurden – traten die in Wien aus den Pamphleten aufgesogenen Vorurteile zutage. Sie kamen zur Fibel des Antikommunismus hinzu, aus der er während der politischen Agitation des Heeres bald nach Kriegsende gelernt hatte: Die Juden sind die Vertreter des deutschen Bolschewismus.

---

[161] Bahr, Hermann: *Der Antisemitismus. Ein internationales Interview.* Herausgegeben von Hermann Greive. Jüdischer Verlag im Athenäum Verlag. Königstein/Ts. 1979, S. 15.

Die Bekannten aus der Wiener Zeit waren später erstaunt über die plötzliche Wut; keiner von ihnen hatte erwartet, dass jene Argumentation, der sie nie viel Aufmerksamkeit geschenkt hatten, sich in die tragende Säule seines politischen Planes verwandeln könnte. Wien, süß und dekadent, war die Geburtsstätte eines der größten Gewaltausbrüche der Menschheitsgeschichte.

Den Wienern, sagt man, wäre es nicht möglich, »nein« zu sagen. Sie ergaben sich Hitler ohne Widerstand, akzeptierten den schändlichen Anschluss und organisierten während der sieben Jahre der Naziherrschaft keinerlei Widerstand wie etwa die *Partisans, partigiani* und *maquis*. Die sich hinziehende fröhliche Apokalypse offenbarte das »Jüngste Gericht«.

In dem Bild von Versöhnung und Verzweiflung eines Fin de Siècle, das bis zur Mitte des darauf folgenden Jahrhunderts anhielt, brachte Wien die Elemente hervor, die die nächsten 100 Jahre prägen sollten. »Das 20. Jahrhundert, wie wir es im Westen erlebt haben, ist in seinen wesentlichen Zügen ein österreich-ungarisches Produkt [...] Wien war die Hauptstadt der Ära der Sehnsucht, die Achse des jüdischen Genius und die Stadt, von der aus der Holocaust sich ausbreitete.«[162]

Mit seinen Extremen und Widersprüchen schuf und zerstörte der österreich-ungarische Geist den Garten und produzierte einfallsreiche Synthesen: Er vermischte Dekadenz und Kreativität, Luxus und Spiritualität, Tragödie und Respektlosigkeit, Sarkasmus und Verehrung. Klimt und Kokoschka in der Malerei, Mahler, Bartók, Webern, Schönberg und Berg in der Musik, Schnitzler, Musil und Broch in der Literatur.

Freud verknüpfte die Medizin und Philosophie, Wittgenstein verband die Philosophie und Sprache, Popper prüfte die Wissenschaften und befasste sich mit allem, von der Kunst bis zum Marxismus, Buber schlug die Brücke zwischen Philosophie und Mystizismus, Husserl verwandte die Philosophie als eine Form der Introspektion und Lukacs vereinte die Soziologie und Ästhetik.

In diesem Hochofen der Ideen entstand der Austromarxismus, zu dessen führenden Vertretern Victor und Max Adler sowie Otto Bauer, einer der Pfeiler der europäischen Sozialdemokratie, zählten. Antonio Gramsci, der Vater des *aggiornamento* und Kommunist, lebte als Exilant in Österreich.

Eric Hobsbawm erinnert sich, dass er auf einem internationalen Treffen zu den lateinamerikanischen Bauernbewegungen in Mexiko-Stadt

---

[162] Steiner, George: »Wien, Wien, nur du allein« in: *The New Yorker*, 25.6.1979.

in den 70er Jahren plötzlich gewahr wurde, dass von fünf Mitgliedern am Tisch vier Wiener waren wie er.[163]

Wien war kein Ort, sondern ein Augenblick, eine Eigenschaft und ein Fluch. In dieser Stadt wurde jener, der sie besingen und sich dafür töten würde, geboren und dort wuchs er auf und gelangte zu Ruhm. Eine große Gestalt – nur zur Hälfte. Innerlich zerrissen wie die mehrdeutige Stadt, dazu bestimmt, perfekt und zugleich verlogen zu sein. Ein Exilant, der das Exil verabscheute, ein Historiker, der von der Geschichte betäubt war, ein orientierungsloser Kolibri, ein Reisender, der seinen Ausgangspunkt nie verlassen hatte – ein Mann auf der Suche nach dem Paradies.

---

[163] *Hobsbawm*, S. 468.

DECLARAÇÃO

… und nirgends hätte ich mir mein Leben lieber vom Grunde aus neu aufgebaut, …

Das goldene Zeitalter der Sicherheit

»Nun ist es erfahrungsgemäß tausendmal leichter, die Fakten einer Zeit zu rekonstruieren als ihre seelische Atmosphäre.«

»Aber nur in ersten Jugendjahren scheint Zufall noch mit Schicksal identisch. Später weiß man, daß die eigentliche Bahn des Lebens von innen bestimmt war; wie kraus und sinnlos unser Weg von unseren Wünschen abzuweichen scheint, immer führt er uns doch schließlich zu unserem unsichtbaren Ziel.«
           Die Welt von Gestern, S. 239; 208/209

»Die verfrühten Gaben der Götter flößen mir eine geheime Furcht ein!«
    Brief von Zweig an Margarita Wallmann, 19.9.1936
    in: Wallmann, S. 219

Kapitel 3

Stefan Zweig und die Kriege: Der erste offenbart ihn, der zweite bringt ihn um. Und in den Jahren dazwischen kein Frieden: Erfolg und Angst, Euphorie und Depression, klare Überzeugungen und nebulöse Taten.
Die Biografie dieses Biografen versteckt sich kapriziöserweise in seinen Werken, vielleicht aus Schutz vor zukünftigen Untersuchungen. Die Macht des Seins. Viele sehen ihn als zurückhaltend an, andere als extrovertiert. Er macht den Eindruck eines verlorenen Träumers, aber er weiß, was er träumt. Für einige ist er ein Dilettant, für andere ein unermüdlicher Arbeiter. Idealistisch, lyrisch, arglos, großzügig – dies sind lobenswerte Eigenschaften. Doch in diesen Zeiten dienten sie dazu, ihn herabzusetzen. Tiefgründig oder oberflächlich, vermittelnd oder nur nachahmend – seine genauen Konturen verlieren sich in dem umfangreichen Werk. Unbestritten aber ist: er ist ein feinfühliger Mensch. Und gerade aufgrund dieses Feingefühls verlor er sein Leben.
Das Porträt, das Zweig von sich schuf, unterscheidet sich von den fast 40 Porträts, die er von anderen (in Charakterbildern, Essays und Biografien im eigentlichen Sinne) gezeichnet hatte. In seinen Erinnerungen entpersönlichte er sich und gab dem Zeitalter, das er durchlebte, den Vorrang. In der Wahl der dabei von ihm in den Mittelpunkt gestellten Persönlichkeiten spiegelte er sich jedoch vollständig wider. Seine Faszination gehörte den Unterlegenen, und indem er über sich selbst schrieb, hielt er den Untergang seiner Welt fest. In der Darstellung seiner persönlichen Sternstunden gelangte die Abstraktion fast zur Vollkommenheit, obwohl er in den historischen Miniaturen durch die Verbindung der *grande histoire* mit der *petite histoire* persönliche Episoden hervorgehoben hatte.
Mit seinen Porträts beabsichtigte er, eine Typologie des Geistes, eine Sammlung bestimmter, anerzogener, menschlicher Verhaltensweisen zu schaffen. So wie die Griechen, die das Repertoire der tragischen Themen zusammenstellten, und Jung, der das Modell des psychologischen Archetypen entwickelte. Mit seinen vergleichbaren psychologischen

Mustern wandelte Zweig auf den Spuren der *Parallelbiographien* von Plutarch.

»(D)ie Zeit gibt die Bilder, ich spreche nur die Worte dazu«, schrieb er im Vorwort zu den Erinnerungen. Im trüben Spiegel jener Zeiten waren die Fakten vielleicht zu sehr durcheinander gebracht worden; der Wille, sich zu entziehen, überwog, und dies tat er wenige Wochen nach der Vollendung dieses Werkes.

»Von den unzähligen unlösbaren Rätseln der Welt bleibt das tiefste und geheimnisvollste doch das Geheimnis der Schöpfung«, behauptete er in den Erinnerungen. 1930 hatte Friderike ihm diesbezüglich widersprochen: »Dein Schrifttum ist ja nur ein Drittel Deines Selbst und auch das Wesentliche daraus für die Deutung der anderen, also der zwei Drittel, hat niemand erfaßt.«[164]

Die Geschichte von Stefan Zweig schließt in Petrópolis mit einem jähen Ende. Zuvor aber hatte sich die Geschichte seiner Familie zwei Jahrhunderte lang in mitteleuropäischen Gefilden abgespielt. Mit dem Ur-Ur-Urgroßvater väterlicherseits, Moses Josef Petrowitz oder Petrowicz (1750–1840), taucht im 18. Jahrhundert der erste greifbare Anhaltspunkt in der Genealogie Zweigs auf. Dieser ist ein fliegender Händler für gebrauchte Kleidung, der im Ghetto des kleinen Prossnitz (heute Prostejov), in Mähren im heutigen Tschechien gelegen, geboren wurde. Ihm ging ein Moses ohne bekannten Zunamen, ebenfalls ein fliegender Händler, voraus. Dessen Sohn Josef wird von der jüdischen Gemeinde zum Judenrichter gewählt und in dieser Eigenschaft von den örtlichen Mächtigen bestätigt.[165]

Woher die beiden kamen, weiß man nicht: Der Familienname Petrowitz ist als Herkunftsangabe unbrauchbar, da es in Böhmen, Mähren und dem benachbarten Schlesien mehr als zehn Orte gleichen Namens gegeben hat.

Als die Juden 1787 gezwungen wurden, den Familiennamen einzudeutschen, nennt sich Moses Josef Petrowicz unerklärlicherweise Zweig. Zwei seiner Brüder nehmen den Namen Löwinau an. Das Toleranzpatent von 1781 gibt ihnen neue Rechte und erstmals ein Gefühl der Zugehörigkeit. Die religiösen Minderheiten bekommen die gleichen bürgerlichen Rechte übertragen und die katholische Kirche steht nun

---

[164] *Die Welt von Gestern*, S. 7; S. 398. *Briefe SZ-FZ*, Juli 1930.
[165] Vgl. *Spitzer*, S. 73–100. Der Historiker Leo Spitzer, selbst ein Nachkomme dieser Familie, hat die Familiengeschichte und Genealogie erforscht.

unter der Kontrolle der Krone. Aus dieser Zeit stammt auch eine Geste der Loyalität von einem von Zweigs Vorfahren, der einen freiwilligen Beitrag anbietet, um die Habsburger Truppen im Kampf gegen das revolutionäre Frankreich finanziell zu unterstützen. Die örtlichen Rabbiner fügen dem Schreiben noch ein Morgengebet für die Gesundheit von Kaiser Joseph II. hinzu. Andere berufliche Aktivitäten, keineswegs mehr fliegender Handel und Geldverleih, werden aufgenommen. Man spricht Judendeutsch, sucht die Nähe der Synagoge und der *Chewra Kaddischa*[166], die zwei Kennzeichen der Diaspora – mit dem einen identifiziert man sich durch Studium und Gebet, mit dem anderen durch die aktive Teilnahme an den Beerdigungsriten.

Moses Josef heiratet zweimal, hat jedoch nur mit Lelka Spitzer (1757–1817) Nachkommen. Sein Enkel Elkan (später Eduard) Zweig, der als Rechtsanwalt arbeitet, ist der erste der Familie, der einen freien Beruf wählt. In der folgenden Generation finden sich schon Ärzte, Ingenieure und ein Schauspieler.

Die Geschichte der Brettauers, der Familie mütterlicherseits, verläuft nicht viel anders, obwohl sie aus Hohenems in Vorarlberg stammt. Diese prosperierende Region, geringfügig toleranter, gestattet dem Ur-Ur-Urgroßvater Herz Lämle Brettauer (1742–1802) am Ende des 19. Jahrhunderts etwas wirtschaftliche Mobilität. Er steigt auf der sozialen Leiter auf und baut den Handel des Vaters – ein Pferde- und Viehhandel – aus, der an die nächste Generation weitergegeben wird. Die Nachkommen wenden sich dem Textilgewerbe als Hersteller, Händler und Importeure zu.

Sie nutzen die Ausdehnungen des Kaiserreiches und die 1848 erlangten politischen Errungenschaften, um die Grenzen, denen sie unterworfen gewesen sind, zu überschreiten und sich damit einhergehend von den Fesseln der religiösen Tradition zu befreien. Die große Mehrheit der beiden Familienzweige praktiziert schon ein reformiertes (oder liberales) Judentum, das während der Aufklärung begonnen hat.

Ein Teil der Brettauers lässt sich in Ancona nieder – darunter auch Zweigs Großvater mütterlicherseits, der aus Deutschland stammende Joseph Brettauer. Mit 30 Jahren baut er ein Textilunternehmen auf, das bald zu einem der blühendsten Erzeuger von Tuchwaren in Zentraleuropa und dem Balkan werden sollte. Zur gleichen Zeit verlassen die

---

[166] Hebr. wörtl. heilige Vereinigung. Die *Chewra Kaddischa* ist eine in allen jüdischen Gemeinden vorhandene Beerdigungsbrüderschaft, die sich um die Fürsorge in Krankheitsfällen und um die Bestattung von Toten kümmert.

Vornamen die Sphäre des Alten Testaments und werden eingedeutscht oder italianisiert (Venturina, Francisca etc.). Man beginnt sich für die Medizin zu interessieren, ebenso wie für das Finanzgeschäft sowohl auf nationaler als auch auf internationaler Ebene.

Die liberale Umgestaltung des Staates beginnt 1860 und endet 1867 mit der Emanzipation der Juden. Es kommt zu Verfassungsreformen, die aus dem Kaiserreich einen Staat liberaler Ausrichtung machen, obgleich er im Wesen absolutistisch bleibt.

Der neue Wind bringt Ida Brettauer von Ancona und Moritz Zweig von Mähren nach Wien. Sie heiraten 1878 nach liberalem Ritus der Israelischen Allianz, der säkularen und bürgerlichen Instanz, die Geburts-, Heirats- und Sterbeurkunden ausstellt. Einmal im Jahr, an den hohen Feiertagen Rosch ha-Schana und Jom Kippur, gehen beide in die Synagoge, die restliche Zeit führen sie den Lebensstil des Wiener Großbürgertums.

Als Stefan Zweig am 28. 11. 1881 auf die Welt kommt, wird Österreich gerade von den ersten Wellen der von Georg von Schönerer geschürten Judenfeindlichkeit erschüttert, die später, als der Schriftsteller schon erwachsen ist, in einem extremeren, nämlich dem von Karl Lueger provozierten Antisemitismus münden werden. Trotz ihrer unterschiedlichen politischen Überzeugungen – der eine ist Nationalist, Anhänger des Pangermanismus, antisozialistisch und antikatholisch; der andere christlich-sozial, gleichen sie sich in der harten Judenfeindlichkeit. Beide inspirieren den Nationalsozialismus Hitlers. Diese Ausschreitungen erregen zwar Besorgnis, erschüttern jedoch nicht in den Grundfesten – man wiegt sich weiterhin in Sicherheit.[167]

Moritz spricht Englisch und Französisch. Nie leiht er sich Geld, nie verleiht er es oder spekuliert damit. Seine fließend Italienisch sprechende Frau Ida bringt aufgrund der mediterranen Kindheit Lebhaftigkeit, Ungestümheit, Eleganz und Umtriebigkeit in die Ehe mit. Die Eheleute wohnen in einem weiträumigen Apartment im wohlhabenden Viertel (Schottenring 14), stellen aber ihren Reichtum nicht zur Schau.

Auf der einen Seite die väterliche Ausgeglichenheit, auf der anderen die mütterliche Lebendigkeit – in der Mitte Alfred und später Stefan. Mit der Geburt ihres Jüngsten, Stefan, verliert Ida die Fruchtbarkeit – eine frühzeitige Menopause. Friderike, die sich mehr um die Schwiegermutter kümmerte als Zweig selbst, schrieb diesem Umstand eine große

---

[167] Vgl. *Schorske 1*, S. 111–168.

Bedeutung zu – mit dem Verlust der Fortpflanzungsfähigkeit hört die junge Frau auf, Mutter zu sein. Von der Natur im Stich gelassen, lässt sie ihre Kinder im Stich. Vater Moritz übernimmt die Mutterrolle, eine Kompensation, die jedoch grundlegende Mängel nicht verhindern kann. Darüber hinaus verschlimmert eine verfrühte Schwerhörigkeit die Unruhe der schönen Mutter. Das schlechte Gehör steigert das Bedürfnis, sich die kleine Welt nach ihren Vorstellungen zu gestalten. Die Söhne sind die erste Zielscheibe dieses sanften Despotismus.

Die willenlose und »schweigsame Frau«, das Gegenteil der Mutter, kommt im Libretto der Oper, die Zweig zusammen mit Richard Strauss verfasste, und auf tragische Weise in der Wahl Lottes, der unterwürfigen Gefährtin im Tod, zum Vorschein.[168]

Alles, was Zweig als Erwachsener macht, lässt einen Antagonismus zu seinen Kindheitserlebnissen, eine verspätete und verkehrte Rebellion erkennen. Vielleicht bleibt er deshalb ein ewiges Kind, verwöhnt und süchtig nach Anerkennung. Zu Hause hat er unter der von der herrschsüchtigen Mutter verbreiteten Unrast gelitten; in den Wohnstätten, die er sich selbst errichtet, verlangt er absolute Ruhe. Der Überfluss der Familie, vor allem der Luxus der Mutter, die immer mit der Tante hinsichtlich Juwelen und Kleidern konkurriert, ruft eine Askese bei ihm hervor. Dies führt wiederum dazu, dass er sich wirklich arm vorkommt. Fasziniert von der Armut, ist er überrascht über das Geld, das ihm zur Verfügung steht.

Wenig Liebe, viele Menschen (später zieht die Familie in eine noch größere Wohnung in der Rathausstraße 17, in der sie mit der verwitweten Großmutter mütterlicherseits, einer ebenfalls schwerhörigen Schwester der Mutter und deren gleichaltrigem Sohn zusammenlebt); in dieser Umgebung entwickelt der junge Stefan eine Aversion gegen die Großfamilie. Aus seiner innigsten Liebesbeziehung und seiner Ehe gingen keine Kinder hervor; Marcelle, mit der er in Paris eine kurze heftige Affäre hat, nahm eine Abtreibung vor. Auch den zwei Töchtern aus Friderikes erster Ehe, Alix Elisabeth und Susanne Benedictine, war er nicht sehr zugeneigt (eine seiner Selbstmorddrohungen sprach Zweig aus, als Friderike die Absicht äußerte, schwanger werden zu wollen).

Der familiäre Trubel, der durch die ständige Anwesenheit von Dienstmädchen und Gouvernanten noch verstärkt wird, ebenso wie die aufregenden Sommerfrischen mit einem riesigen Gefolge in den Bäder-

---

[168] *Friderike 1*, S. 8.

städten, die damals gerade *en vogue* waren, erzeugen in ihm eine Art Abneigung gegen die Eile. Dennoch bleibt er zeit seines Lebens ein Gehetzter.

Friderike schildert den ersten Auftritt des kleinen Stefan in den Kolonnaden von Marienbad: Dort löste er einen Skandal aus, weil die Mutter ihm das Konfekt aus der Konditorei vorzeitig abgenommen hatte. Während dieses ersten Kontaktes mit der Öffentlichkeit weinte er verzweifelt, erst später würde er lernen, das Publikum zu beherrschen. Auf den Fotografien im Alter von vier oder fünf Jahren erscheint er mit einem verschmitzten Grübchen und funkelnden Augen, die eine versteckte Lebendigkeit widerspiegeln.[169]

Überfluss, Bildung, Sicherheit, Unterdrückung, keinerlei Privatsphäre – dies sind die prägenden Faktoren. Alfred, der ältere Bruder, möchte als Arzt arbeiten und wird schließlich Geschäftsmann. Er ist nicht brillant, bleibt aber vom Unglücklichsein verschont. Für ihren Jüngsten, der schon als Schüler in die Welt der Literatur eintaucht, haben Ida und Moritz ein Universitätsstudium vorgesehen. Er wird als berühmter Künstler, als ein Mann von Welt enden, mit einer Falltür in der Seele, die er letztlich hinunterstürzt.

Alles fließt gemächlich im Wiener Fluss, und doch ist alles so schwer. Stets sieht der ewige Schuldner sich gezwungen, zu bezahlen, zu vergelten, zu begleichen und zu leiden. In der Gemeinschaft fühlt er sich wohl, im Hort der Freundschaft sucht er Zuflucht. Auf dem Maximilian-Gymnasium werden die nachmittäglichen Schulstunden gegen Theaternachmittage eingetauscht. Während der Lehrer über Schiller spricht, liest Zweig Nietzsche und Strindberg; Rilke (der Poet des Augenblicks) ist im Umschlag der lateinischen Grammatik eingeschlagen. Als Kind hat er ein Buch über die Eroberung Mexikos gelesen, an dessen Autor wird er sich später nicht mehr erinnern können. Auch über die iberischen Seefahrer hat er alles verschlungen, was ihm dazu in die Hände fiel.[170]

In der Autobiografie (zu einer Zeit geschrieben, als Sport, Körper- und Naturkult einen mit der Politik vergleichbaren Stellenwert hatten) negiert er jegliche Gedanken an das Aussehen und das Leben im Freien. Aber einer seiner Jugendfreunde erinnert an die Ausflüge nach Grinzing und in andere pittoreske Winkel, wo Zweig die Pflanzen und Blumen sogar mit lateinischem Namen zu benennen weiß, so groß ist seine

---

[169] *Friderike 1*, S. 9.
[170] *Steiman*, S. 23/24.

Leidenschaft für die Botanik. Unvermeidlich ist daher die spätere Begegnung mit dem riesigen Garten, dem tropischen Paradies.[171]
Mit 15 Jahren beginnt er, beeinflusst von Freunden, mit der Sammlung von Autografen und Manuskripten, ein Hobby und eine Vorliebe für den Kult um große Persönlichkeiten, die ihn zu einem der größten Sammler Europas machen wird. Hierin zeigt sich der zukünftige Biograf.
Noch während der Gymnasialzeit werden seine Gedichte von verschiedenen Zeitschriften angenommen und gedruckt. Als Student an der Universität von Wien stellt er eine Auswahl zusammen und bietet diese einem großen Verlag an, der zu seiner Verwunderung bald bereit ist, sie zu veröffentlichen. So bringt Zweig mit 20 Jahren sein Erstlingswerk *Silberne Saiten* (zwei Gedichte aus diesem Band werden später von dem berühmten Komponisten Max Reger vertont) heraus, das von der Kritik gut aufgenommen wird, ein Umstand, der den Verleger dazu bringt, auch für seine folgenden Werke eine Option abzugeben.[172] Wenig originell hallt in diesen frühen Arbeiten die pessimistische Melancholie der Gruppe Jung-Wien wider, die er so vergöttert. Einige Zeitgenossen stellten indessen fest, dass die äußere Erscheinung des jungen Dichters nichts Melancholisches hatte.

> Ich habe es immer als besondere Auszeichnung empfunden, daß es ein Mann von der überragenden Bedeutung Theodor Herzls war, der als erster für mich öffentlich an einer weithin sichtbaren und darum verantwortungsvollen Stelle eingetreten ist, und es war für mich ein schwerer Entschluß, mich – scheinbar in Undank – nicht, wie er es gewünscht hätte, tätig und sogar mitführend seiner zionistischen Bewegung anschließen zu können.[173]

Zweig fühlt sich befremdet angesichts des endlosen Zwistes und Mangels an Respekt, den die ersten Zionisten Herzl entgegenbringen. Dies kann auch auf den Einfluss von Karl Kraus zurückgehen, dem unerbittlichen Satiriker, der Herzl den Beinamen »König von Zion« gibt und die Stadt vergessen lässt, dass sie diesen zuvor als Theaterschriftsteller gefeiert hat.

---

[171] Müller-Einigen, Hans: *Jugend in Wien. Erinnerungen an die schönste Stadt Europas.* A. Francke Verlag. Bern 1945, S. 73–102; 237. Hans Müller-Einigen (1882–1950), österreichischer Schriftsteller, arbeitete zeitweise auch als Drehbuchschreiber in Hollywood.
[172] *Steiman,* S. 33. Zweigs zweiter Gedichtband hieß *Die frühen Kränze* und erschien 1906.
[173] *Die Welt von Gestern,* S. 130.

1931, Jahre später, als Zweig sich schon mit der internationalistischen Idee identifiziert, erklärt er: »Wenn alle Juden in einem einzigen Land vereinigt wären, würden sie ihre Überlegenheit als Künstler und Denker verlieren.«[174]

Zweigs letzte Begegnung mit Herzl ist deprimierend und schmerzhaft. Verbunden mit Schuldgefühlen brennt sie sich in sein Gedächtnis ein, so sehr sogar, dass er sie gleich zweimal erwähnt. Nach der Rückkehr von einer seiner Auslandsreisen kreuzen sich die Wege der beiden im Stadtpark. Nachdem er die einst majestätische, jetzt gebeugte Gestalt begrüßt hat, möchte er weitergehen, aber der »Prophet« richtet sich auf und kommt auf ihn zu: »Warum verstecken Sie sich? Sie haben das gar nicht nötig.«

Zweig begleitet ihn bis zu seinem Haus, Herzl möchte ihn noch mal sehen: »Telefonieren Sie vorher an, ich mache mich schon frei.« Wenige Monate danach, Anfang Juli 1904, stirbt Herzl.

> (A)lle Ordnung war zerbrochen durch eine Art elementarer und ekstatischer Trauer, wie ich sie niemals vordem und nachher bei einem Begräbnis gesehen. Und an diesem ungeheuren, aus der Tiefe eines ganzen Millionenvolkes stoßhaft aufstürmenden Schmerz konnte ich zum erstenmal [sic] ermessen, wieviel Leidenschaft und Hoffnung dieser einzelne und einsame Mensch durch die Gewalt seines Gedankens in die Welt geworfen.[175]

In Anbetracht des literarischen Erfolges ihres Sohnes sind Moritz und Ida Zweig einverstanden, Stefan nach zwei Jahren an der Wiener Universität in Berlin weiterstudieren zu lassen.

Die deutsche Hauptstadt ist das genaue Gegenteil Wiens. In der Habsburger Metropole hält man die Verehrung und die Tradition hoch. Mit einem hochbetagten, scheinbar unsterblichen Kaiser feiert die Nation die Seniorität. Die Zeitungen preisen Medikamente zur Förderung des Bartwuchses an. – Es gilt, Erfahrung und Reife vorzutäuschen.

Berlin dagegen erhebt die Jugend, das Moderne, das Neue, das Brandneue auf den Thron. Eine andere, faszinierende Welt, in der sich arme Schriftsteller, geniale Bohemiens, Exilanten, Außenseiter, Morphiumsüchtige, Homosexuelle, Revolutionäre, orthodoxe Juden und Rauschversessene vermischen. Der kultivierte Wiener entdeckt in den verbor-

---

[174] Ein Interview mit dem Journalisten David Ewen in: *Bnei Brith Magazine*, November 1931. Es ist ein glühendes Bekenntnis zur jüdischen Kultur und die humanistische Mission der Juden in aller Welt, jedoch mit versteckten Vorbehalten gegenüber dem Zionismus.
[175] *Die Welt von Gestern*, S. 130–133.

genen Winkeln der Stadt seine Leidenschaft für die Heruntergekommenen und Verlorenen. Die heile Welt zieht ihn zur Unsicherheit hin und dies gefällt ihm.

Der sehr viel ältere Freund, der Dichter und Übersetzer Richard Dehmel, erkennt die Schwächen des jungen Mannes und empfiehlt ihm, englische und französische Dichter ins Deutsche zu übertragen, »*pour me faire la main*« (Dehmel hat auch dem jungen Thomas Mann Hilfe angeboten).

(E)ntsprechend, nützte ich meine Zeit, um aus fremden Sprachen zu übersetzen, was ich noch heute für die beste Möglichkeit für einen jungen Dichter halte, den Geist der eigenen Sprache tiefer und schöpferischer zu begreifen. [...] und dieser Kampf, der fremden Sprache zäh das Eigenste abzuzwingen und der eigenen Sprache ebenso plastisch einzuzwingen, hat für mich immer eine besondere Art künstlerischer Lust bedeutet.[176]

Im Frühling 1902 immatrikuliert sich Zweig für ein Semester an der Universität von Berlin und erscheint dort jedoch, wie er gesteht, nur zweimal. Am Anfang, um die Vorlesungen zu belegen, und am Ende, um die Anwesenheitsbescheinigung abzuholen. Er freundet sich mit Walther Rathenau an und wird sich im Berliner Vulkan der Unbrauchbarkeit seiner Dichtung bewusst. Die *Silbernen Saiten* machen keinen Sinn mehr – sie werden zu Zweigs Lebenszeit nicht mehr neu aufgelegt. Der pessimistische Lyrismus der Romantik bröckelt angesichts der pulsierenden Welt, die er bei den französischen, englischen und belgischen Dichtern entdeckt. Unter der Glasglocke Wiens malt Klimt noch seine goldenen Metaphern, in Berlin aber sind die Farben schon greller, aggressiver.

1904 reicht Zweig an der Wiener Universität seine Dissertation über die Philosophie von Hippolyte Taine ein. Forschung, Betrachtung und Text der Arbeit sind ohne Ausdruckskraft. Sie offenbaren vielmehr die instinktive Antipathie gegen formale Strukturen und systematisches Denken. Spärliche Fußnoten, unvollständige bibliografische Angaben, wenig Dichte. »(E)r war dem ›Philosophieren‹, dem Denken um des Denkens willen, dem Beweisenwollen, nicht geneigt. [...] Starre Lehren waren nicht seine Sache [...]. Menschenbetrachtung durch die Zeiten war das eigentliche Ziel seiner Studien.«[177]

---

[176] *Die Welt von Gestern*, S. 143/144. Richard Dehmel (1863–1920), bedeutender revolutionärer naturalistischer Dichter, führte neue inhaltliche und formale Elemente in die Lyrik ein. Er übersetzte französische Autoren und machte sie so in Deutschland bekannt.
[177] *Friderike 1*, S. 27.

Das Thema muss ein Vorschlag seines Professors gewesen sein. Taine hatte ihn zuvor nie interessiert und würde ihn auch später wenig begeistern, obgleich er auf subtile Weise in Zweigs Denken eindrang. Der französische Kritiker, Historiker und Denker war allen voran ein Vermittler der europäischen Literatur, ein unabhängiger und freier Geist. Der Stoiker im Privatleben sah in der Kunst ein Zeugnis der Evolution der Gesellschaft. Als Konservativer auf politischem Gebiet glaubte Taine an den historischen Determinismus – Geschichte als angewandte Psychologie, als Wissenschaft der Ursachen und menschlichen Gesetze. Damit hinterließ er Spuren in der Zweigschen Konzeption der Geschichte als poetische Größe und der Nationen als Wesen. »Ohne eine Philosophie ist der Gelehrte nur ein Handwerker und der Künstler nur ein Spaßmacher«, gibt Zweig einen Aphorismus von Taine wieder und fügt hinzu: »Man muß [...] alle vergleichenden Klassifizierungen [...] vergessen und sich besinnen, daß die Philosophie in innerster Wesenheit nichts anderes bedeutet als einen überfliegenden vereinheitlichenden Blick über das Leben.«[178] Dank des Philosophen widmet er sich auch der Geschichte. Im mündlichen Examen ziehen es die Prüfer, die ihn von seinen Gedichten und Übersetzungen her kennen, vor, den jungen Prominenten nicht zu quälen. Sie bedrängen ihn nicht. Vielmehr bitten sie ihn um einen Überblick über die aktuelle Literatur. Mit dem Doktortitel in der Tasche und keinem bestimmten Projekt im Kopf ist er äußerlich frei, doch er spürt den Willen, »innerlich ebenso frei zu bleiben«.[179]

In der Hoffnung, dass etwas geschieht, ist er sich sicher, dass bald etwas geschehen wird. Von Taine hat er sich nicht mitreißen lassen, aber er ist bereit, sich von anderen in Bann ziehen zu lassen. Er fühlt eine Berufung zur Annäherung und Vermittlung; aber Karl Kraus' Verachtung der Presse hat ihn vielleicht angesteckt: »Journalismus [...] ist mir verhaßt.«[180]

Höhepunkt der Begegnungen in diesen Jahren ist Émile Verhaeren, der kräftige belgische Dichter und Sozialist, mit dem er seit Sommer 1902 nach dem in Berlin verbrachten Semester in Verbindung steht. Als

---

[178] Stefan Zweig zit. nach: Lilien, E.M.: *Sein Werk*. Mit einer Einführung von Stefan Zweig, Verlag Schuster & Loeffler. Berlin/Leipzig 1903, S. 11.
[179] *Die Welt von Gestern*, S. 151. Er gebrauchte den Doktortitel selten, meist protokollarisch. Auch Otto Weininger könnte sein Ratgeber bezüglich der Professoren- und Themenwahl gewesen sein. Vgl. *Prater*, S. 48.
[180] Brief an Karl Emil Franzos (1848–1904), Schriftsteller, Journalist und Herausgeber literarischer Zeitschriften, vom 10.12.1901 in: *Briefe 1897–1914*.

sie sich kennen lernen – es ist einer der bemerkenswerten Zufälle, die Zweig so sehr beeindrucken –, ist er 21 Jahre alt und der Dichter 47. Verhaeren wird ihm ein künstlerischer Vater, der erste der drei großen von ihm Bewunderten, die ihn unauslöschlich prägen werden: Romain Rolland und Sigmund Freud werden die anderen sein.

Das Zusammenleben mit Verhaeren, in dessen Haus er mehrere Sommer verbringt, hilft ihm, die nunmehr hinfällig gewordenen Wiener Unarten und den vagen, untröstlichen Weltschmerz von seinen Versen abzuschütteln. Dank des belgischen Dichters erahnt Zweig allmählich die moralische Bedeutung des Kunstwerks. Die Energie von Verhaerens Versen vermittelt eine Botschaft der Bejahung, der Bekräftigung und des Glaubens. Von dem Tonfall des Belgiers beeinflusst, gibt er den Ästhetizismus des »*L'art pour l'art*« auf, der ihn seit Berlin gestört hat. Durch Verhaerens Anregung findet er einen Sinn in der Literatur. Und im Leben.

> Verhaeren hatte als erster von allen französischen Dichtern versucht, Europa das zu geben, was Walt Whitman Amerika: das Bekenntnis zur Zeit, das Bekenntnis zur Zukunft. Er hatte die moderne Welt zu lieben begonnen und wollte sie für die Dichtung erobern. […] hatte er für jede neue Erfindung, jede technische Leistung Begeisterung […] ›Admirez-vous les uns les autres‹, war seine Parole an die Völker Europas. Der ganze Optimismus unserer Generation […] fand bei ihm den ersten dichterischen Ausdruck […].[181]

Der erste Schritt, der ihn dazu bringen wird, sich mit großen Gestalten der literarischen Welt zu befassen, ist die Biografie von Verlaine (1904), in der er eine Erörterung Freudscher Art versucht, um die Kindheit des Dichters zu untersuchen und die Traumata zu entdecken, die diesen so sehr geprägt hatten.[182] Danach folgt der Essay über Rimbaud (beide Dichter waren kurz zuvor gestorben). Die warmherzige Biografie Ver-

---

[181] *Die Welt von Gestern*, S. 145. Schon während der Schulzeit lernte Zweig zufällig Verhaerens Gedichte kennen, von denen er einige zu übersetzen versuchte. Nach der Abreise aus Berlin fuhr er nach Belgien, um den Dichter zu besuchen. In Brüssel sagte man ihm, dass Verhaeren nicht anzutreffen sei. Enttäuscht suchte er das Atelier des Bildhauers Charles-Pierre van der Stappen auf und traf dort Verhaeren, der für eine Büste Modell saß.

[182] Zweig hat niemals das genaue Datum der ersten Begegnung mit Freud genannt. Vor dem Ersten Weltkrieg besuchte er mehrere von Freuds Vorträgen, und vielleicht hat er ihn auf der Suche nach Rat für seine biografische Arbeit in seiner Praxis aufgesucht. Vgl. *Steiman*, S. 39.

haerens erscheint 1910, acht Jahre nach der ersten Begegnung der beiden – eine offene und bekennende Verehrung.[183]

Im Fall des Belgiers beweist er erstmals sein Talent als Vermittler. Zweig ist der erste, der Verhaeren dem deutschsprachigen Publikum vorstellt, indem er dessen Arbeiten übersetzt und interpretiert. Er empfindet eine tiefe Bewunderung für ihn und übernimmt während dessen Besuch in Deutschland und Österreich die Rolle des Fremdenführers.

Vorläufig versteht sich Zweig noch als Dichter, die Biografien sind lediglich eine Erweiterung der Poesie, eine Übung der Anbetung. Noch vor Abschluss seines Doktorats hat er sich, offensichtlich nicht zur eigenen Zufriedenheit, an einer Sammlung von Novellen versucht – *Die Liebe der Erika Ewald* (1904), die in der düsteren Atmosphäre der von Schnitzler (den er bald darauf aufsuchen sollte) porträtierten Wiener Bourgeoisie gehalten sind.

Er unternimmt kurze, zaghafte Reisen. Er weiß noch nicht, wie er aus dem Kokon schlüpfen soll. Als die akademischen Verpflichtungen abgeschlossen sind, fühlt Zweig sich frei für eine längere Rundreise ohne Reiseroute, ohne Termin für eine Rückkehr. Erste Übungen des zukünftigen »Seelenfängers«. Durch die Vermittlung Verhaerens lernt er die schwedische Erzieherin Ellen Key kennen, eine Wegbereiterin des Feminismus und eine der Ersten, die die Wichtigkeit von pädagogischen Untersuchungen über Kinder erkannten. Er freundet sich mit ihr an, und die beiden bleiben in Briefkontakt. Verhaeren ist es wiederum, der ihn in Paris zu Auguste Rodin (dessen Sekretär Rainer Maria Rilke ist), den neoimpressionistischen Schriftstellern Paul Valéry und Léon Bazalgette und dem Maler Auguste Renoir bringt. Während dieser Zeit besucht Zweig auch Hermann Hesse in dessen bescheidenem Haus am Bodensee.

In England taucht er in die Welt der Museen ein und stößt auf einen Seelenverwandten: den Dichter, Propheten, Maler und Graveur William Blake (1757–1827), einen vollendeten Künstler, der es vermochte, Miniaturen von gewaltiger innerer Kraft zu erschaffen. Zweig erwirbt daraufhin eine Bleistiftzeichnung, den *King John,* eines der *visionary por-*

---

[183] Émile Verhaeren (1855–1916) feierte die robuste Gesundheit und die mythische Frömmigkeit. Beeinflusst von Victor Hugo, Walt Whitman und Friedrich Nietzsche, brachte er einen weltlichen Glauben an die Wunderkräfte des Menschen zum Ausdruck. Auf den Symbolismus reagierte er mit einer sprachlichen Intensität und einer sozialistischen Ideenwelt von ethischer Ausrichtung. In *Begegnungen* nahm Zweig nach dem tragischen Tod des Dichters eine gekürzte, 1916 geschriebene Fassung seiner Verhaeren-Biografie auf.

traits von Blake, von dem er sich zeit seines Lebens nicht mehr trennen wird. Blake hat etwas Saturnisches; Zweig auch.

Während der Wanderschaft durch Europa und Nordafrika, der Abstecher in die Bibliotheken, Museen und Cafés und der Besuche literarischer Gruppen baut Zweig ein Netzwerk an Freundschaften auf, das sich mit denen aus Wien und Berlin verbindet. Stets auf der Suche nach Energiequellen wird Zweig zu einer Person, die unermüdlich versucht, Menschen einander näher zu bringen und enge Bindungen entstehen zu lassen – dies ist einer seiner größten Verdienste und Ausgangspunkt der literarischen Arbeit.

Das Europa von 1914 genießt seine letzten ruhigen Monate, bevor es von einem Wirbelsturm, der mindestens 35 Jahre anhalten wird, erfasst werden sollte. Noch vor dem Wind geschützt, spinnt Zweig sein Netz wie eine Spinne. Nicht allein, kein einsamer, wilder, aber wehrloser Wolf zu sein, macht sein Gefühl der Sicherheit aus – unbeschreiblich, unbegreiflich, mächtig. Die von Goethe vorgestellte »Wahlverwandtschaft« erlangt eine sogar für den Dichter unvorstellbare Dimension. Um diese zu zerstören und zunichte zu machen, benötigt es die dämonische Kraft des Nationalsozialismus und all dessen Hass auf die Kultur.

Mit der von Verhaeren gewonnenen Energie möchte der junge Künstler etwas Eindringliches schaffen. Der Belgier, ein Dichter durch und durch, widmet sich neben den Cantos und Hymnen auch der szenischen Dichtung, in der sich sein großer Geist in allen Dimensionen zeigen kann. Er hat dramatische Gedichte verschiedener Thematik und die Liebestragödie *Hélène de Sparte* über Helena, die Schönheit, verfasst, die der Leidenschaft, die sie selbst hervorgerufen hatte, zum Opfer fiel.[184]

Dieser dramatische Funke des Meisters springt auch auf die Vorstellungskraft des Schülers über und bringt ihn zu einer Herausforderung, die während des nächsten Jahrzehnts in seinem ersten internationalen Erfolg kulminieren wird. Das erst kürzlich erfundene Kino kann zu dieser Zeit lediglich auf dokumentarischem Gebiet beeindrucken, noch ist es nur ein großes mechanisches Kasperletheater. Theater dagegen ist Kunst total, die Kunst der Künste, ein visuelles lebendiges Spektakel der Massen. Es bedient alle Gesellschaftsschichten, angefangen bei den Volkskomödien in den Vororten, über das Vaudeville des Kleinbürgertums bis hin zu den klassischen Dramen, die sich bei dem Großbürger-

---

[184] Neben diesem Werk gehören *Les Aubes* von 1898, *Le Cloitre* von 1900 und *Philippe II* von 1904 zu seinen bekanntesten Dramen.

tum großer Beliebtheit erfreuen. Auf der Bühne spürt man die Intensität, in Aktion und Emotion verwandelte Worte.

Verhaeren bringt ihn zum Drama, aber letztlich ist ganz Wien eine große Theaterinszenierung. Angeregt von Persönlichkeiten, wie seinem Förderer Theodor Herzl, dem bewunderten und unerreichbaren Hugo von Hofmannsthal, dem gefeierten Autor von *Electra,* und dem produktiven Arthur Schnitzler (Autor von ca. 50 Theaterstücken), beginnt Zweig, sich diesem für ihn neuen Genre zuzuwenden (selbst Karl Kraus unterwirft sich mit seinen musikalisch untermalten, szenischen Lesungen dem Schauspiel).

Das von Verhaeren in *Hélène de Sparte* dargestellte homerische Universum bewegt ihn 1906 dazu, sich in die *Ilias* zu vertiefen und das Versdrama *Tersites,* eine Art Fortsetzung, Parallele, zu schreiben.

Der Freikauf der Besiegten und die Faszination für die Unterlegenen nehmen hier ihren Anfang: Der Superheld Achill wird vom hässlichen und entstellten Antihelden ausgestochen.[185] Freud ist voll des Lobes – es könnte auch nicht anders sein: Das dramatische Gedicht ist Psychoanalyse pur, eine Kombination aus einer unterdrückten Libido und einer feministischen Behauptung im Stile einer pessimistischen Ästhetik – all das, was momentan das Gemüt der Wiener Elite bewegt.[186]

Das Werk wird veröffentlicht und vom Königlichen Schauspielhaus in Berlin angenommen. Der berühmte Adalbert Matkowsky wird den Achill spielen. Es beginnen die Vorbereitungen, der Schlafwagenplatz nach Berlin zur Hauptprobe ist reserviert. Und dann verkehrt sich alles rasend schnell ins Gegenteil: Der Hauptdarsteller wird krank, die Premiere wird verschoben und kurz darauf stirbt Matkowsky. Die Vorstellung fällt aus.

Monate später bietet ihm das Burgtheater in Wien eine Aufführung mit einem noch besseren Schauspieler, Joseph Kainz, an, den Zweig dem mittlerweile verstorbenen Matkowsky vorzieht. Erneuter Enthusiasmus, erneute Enttäuschung – die Kosten sind zu hoch, die Aufführungen werden abgesagt. Die Vorstellung fällt aus.

---

[185] In seinen Memoiren sagt Zweig dazu: »Immerhin kündigte dieses Drama schon einen gewissen persönlichen Zug meiner inneren Einstellung an, die unweigerlich nie die Partei der sogenannten ›Helden‹ nimmt, sondern Tragik immer nur im Besiegten sieht.« Vgl. *Die Welt von Gestern,* S. 199.

[186] *Briefe SZ-Freud; Schnitzler,* 3.5.1908. Es ist der erste Brief zwischen beiden. Darin schreibt Freud: »Ich ahne den Zusammenhang u [sic] merke daß Sie so erbarmungsvoll sind den Mann sterben zu laßen [sic], der nach der alten Dichter Kunde heil von Troya heimgekehrt ist.« (Er bezieht sich auf den Tod des Tersites durch Achill.)

Noch lähmt ihn der Aberglaube nicht, noch bleibt er beim Theater, Theater ist Leben. Er möchte die Grenzen der Privatsphäre überschreiten und auf die großen Bühnen gelangen.[187] *Der verwandelte Komödiant* und *Das Haus am Meer*, beide in Versen verfasst, aber in verschiedenen Stilen, zeigen einen Autor, der es vermag, Handlungsstränge zu erfinden und aufrecht zu erhalten, Figuren zu entwickeln und deren Mit- und Gegeneinander darzustellen.

Die Skizze der Komödie über den Komödianten im Rokokostil des 18. Jahrhunderts begeistert Kainz, der ihn zur Fertigstellung drängt und es für die nächste Saison des Burgtheaters einplant. Wochen, nachdem der Text fertig ist, wird bei Kainz eine Krebserkrankung festgestellt. Die Vorstellung fällt aus.

Zweig lässt sich nicht entmutigen: Jetzt ist es Alfred Berger, der künstlerische Direktor des Burgtheaters, der seine naturalistische Tragödie *Das Haus am Meer* inszenieren möchte. Alles ist besprochen, das Ensemble zusammengestellt, da stirbt Berger. Die Vorstellung fällt aus.

Der zurückhaltende junge Mann mit dem verträumten Blick wirkt zerbrechlich, aber nicht niedergeschlagen. Vor der Verkettung unglücklicher Umstände hat er 1911 die Novellensammlung *Erstes Erlebnis* herausgebracht. Zu dieser Zeit ist er auch auf eine weitere Quelle der Lebenskraft gestoßen: den Franzosen Romain Rolland, mit dem er einen Briefwechsel beginnt, der sich über fast drei Jahrzehnte erstrecken und sich zu einer Geschichte der edlen Gefühle und bittern Enttäuschungen entwickeln sollte.

Zweig hält sich fern von Parteien und Militanz, er versteht sich als ein solidarischer, von den überzeugten Sozialisten Verhaeren und Bazalgette inspirierter Sozialist. Der Wechsel von Ästhetik zu Ethik ist eine politische Veränderung. Als er die Arbeit von Verhaeren in einem Programm für Arbeiterbildung kennen lernt, beschreibt er sie als die »schönste Vision seines dichterischen Werkes«.[188]

Zweig ist kein *dreyfusard*. Als die politische Welt sich wegen des Hauptmanns Alfred Dreyfus überwarf, jenes französisch-jüdischen Offiziers, der beschuldigt wurde, Militärgeheimnisse an die Deutschen verkauft zu haben, war Zweig ein Heranwachsender von 14 Jahren.

Die erniedrigende Degradierung in aller Öffentlichkeit, die Verbannung in die Hölle der Teufelsinsel, die Rückkehr, die Prozesse, die Re-

---

[187] *Tersites* wurde schließlich am 26.11.1908 in Dresden uraufgeführt.
[188] *Emile Verhaeren*, S. 99.

aktion der Intellektuellen, die historische Schlagzeile *J'accuse* von Émile Zola und der Beginn der Rehabilitation des Angeklagten waren Teil einer politischen Fibel, die die Welt im sinnbildlichen Fin de Siècle in ihren Bann zog. Die Affäre um die vergangene Jahrhundertwende war ein abrupter und präziser ideologischer Einschnitt, der den Nationalsozialismus, Autoritarismus, Militarismus, Monarchismus, Klerikalismus und Antisemitismus auf der einen Seite von den Republikanern, Anarchisten, Sozialisten, Liberalen, Suffragetten und Verteidigern der Menschenrechte und des Pazifismus auf der anderen Seite trennte. Einige dieser Gruppierungen gewannen an Format und existierten erst dank der Teilnahme an diesem Kreuzzug. Andere, wie der Zionismus, waren direkte Erben dieser dramatischen Episode.

Der schüchterne Dreyfus, der in seinem Willen, seine Unschuld zu beweisen und die militärische Ehre wiederzuerlangen, gewachsen war, bewirkte, dass sich eine Gruppe von politischen und intellektuellen Führern herausbildete, die die europäische Geschichte in den nächsten Jahrzehnten mit bestimmen sollten: Auf Seiten von Dreyfus standen Jean Jaurès, Émile Zola, Georges Clemenceau. Gegen ihn waren Maurice Barrès, Léon Daudet und Charles Maurras. Theodor Herzl, der die Affäre anfänglich distanziert mit einem gewissen Erstaunen verfolgt hatte, ließ sich im Verlauf davon mitreißen, und als die zionistische Bewegung schon in Gang gesetzt war, hätte er sagen können: »Dreyfus machte mich zum Zionisten«.[189]

Als die Dreyfus-Affäre mit dem Freispruch und der Rehabilitation 1906 zu einem Ende kommt, ist Zweig schon erwachsen und völlig in sich selbst und seine Kunst versunken. Der Hauptmann ist nun nicht mehr Gesprächsthema, sondern Mensch. Er wird zum Major befördert, doch zwei seiner glühendsten Verteidiger – Bernard Lazare und Émile Zola – sind schon gestorben. Aber Zweig hat ihn nicht vergessen und die Entwicklung begleitet. All seine Förderer und Meister sind ehemalige *dreyfusards*: Freud, Verhaeren, Rolland und Herzl. Die Affäre bestimmt auch seine literarischen Vorlieben (Marcel Proust) und persönlichen Abneigungen (Karl Kraus).[190]

---

[189] Herzl verfolgte den Fall Dreyfus aus beruflichen Gründen in seiner Funktion als Pariser Korrespondent der *Neuen Freien Presse*. Vgl. Nicault, Catherine: »Theodor Herzl et le sionisme« in: Drouin, Michel (Hg.): *L'affaire Dreyfus de A à Z*. Flammarion. Paris 1994, S. 505–507.
[190] In seinen Erinnerungen erwähnt Zweig Dreyfus nur ein einziges Mal. Vgl. *Die Welt von Gestern*, S. 125–126. Während einer Unterhaltung mit Joseph Roth in den 30er Jahren zeigte er jedoch, dass er alle Details kannte, einschließlich der Meinung von

Mit 25 Jahren ist Zweig nun gerüstet, die Welt zu entdecken, in ihr zu experimentieren und sie in sich aufzunehmen, ein zum Aufsaugen bereiter Schwamm. In seinen ersten Schritten spiegelt sich das Wissen wider, dass die Lehrjahre das Beste am menschlichen Abenteuer sind.

Eine geschäftige Phase beginnt, die erste in einem Leben, das von Reisefieber gekennzeichnet war. Noch als Student hat er das Elternhaus gegen ein *pied-à-terre* in der Kochgasse in Wien getauscht, eine Einzimmerwohnung, in der die Bücher bis in die Küche verstreut liegen. Nach dem Promotionsexamen ist er selten in der Stadt. Als der Wienerischste aller Wiener Schriftsteller außerhalb Österreichs angesehen, fühlt sich Zweig hier nicht wohl, weil er zu sehr oder zu wenig Wiener ist. In der Stadt wird ihm all das aufgedrängt, was er früher verabscheut hat. Jetzt, da er den moralischen Grund zu leben und schöpferisch tätig zu sein gefunden hat, stört er sich an dem sterilen Ästhetizismus, den dogmatischen Rivalitäten und der intellektuellen Nichtigkeit. »Für Satiriker, für einen Karl Kraus wird es [Wien] ein Boden sein, für einen Dichter reinen Ranges nicht«, sagt er.[191] Und dieser wiederum lässt über Zweig mit einem hohen Maß Ironie in der *Fackel* schreiben: »(E)s wäre ganz gut für Stefan Zweig, wenn diese kilometerfressende Energie ein bisschen ruhiger würde. […] Denn es wäre ein Verlust für uns alle, wenn er an seinen schönsten Möglichkeiten vorbeiliefe.«[192]

Rollands Einfluss war für Zweigs Distanzierung von Wien entscheidend. Der Zufall brachte die beiden zusammen. Bis zu diesem Zeitpunkt hatte Zweig von dem fast 50-jährigen Musikologen und Schriftsteller, dem Autor eines beachtlichen Werkes, noch nie etwas gehört. Der Schauplatz der ersten Begegnung ist Florenz, wo eine russische Bildhauerin Zweig zum Tee einlädt. Doch sie kommt Stunden zu spät ins Atelier. Während der Gast wartet, blättert er in den Zeitschriften, die auf dem Boden verteilt herumliegen. Darunter finden sich die *Cahiers de la Quinzaine* mit dem Text »L'Aube«, dessen erste Seiten er in einem Zug durchliest.

»Wer ist dieser Romain Rolland?«, fragt er die Gastgeberin. Nach Zweigs Ansicht ist es »der erste bewußt europäische Roman, der hier sich

Karl Kraus. Vgl. *Roth 1*, S. 161/162. Die Unruhe, die Zweig während der Niederschrift der Memoiren 1941 fühlte, und die Entscheidung, diese nicht zu politisieren, hinderten ihn, im Fall Dreyfus den Vorläufer der 1939 begonnenen Entwicklung zu sehen.

[191] Brief an Franz Karl Ginzkey, 9.12.1909 zit. nach: *Steiman*, S. 90.
[192] *Die Fackel*, Nr. 366/367, Januar 1913.

vollendete, der erste entscheidende Appell zur Verbrüderung, wirksamer, weil breitere Massen erreichend, als die Hymnen Verhaerens«.

In Europa beginnt es zu knistern, es bilden sich Blöcke und Allianzen und in Agadir finden Truppenübungen statt. Einige Intellektuelle wittern den Umsturz. Rolland greift vor und präsentiert eine Lösung: den supranationalen Humanismus.

Die Pariser Freunde kennen ihn nicht. Verhaeren als Dramatiker erinnert sich an das historische Stück *Les loups,* das im sozialistischen Theater inmitten der dreyfusardischen Kampagne gespielt worden sei. Bazalgette bringt Rolland mit der klassischen Musik in Verbindung.

> Wenn jemand einmal eine redliche Geschichte der französischen Literatur im zwanzigsten Jahrhundert zu schreiben unternimmt, wird er das erstaunliche Phänomen nicht außer acht lassen dürfen, daß man allen denkbaren Dichtern und Namen damals in den Pariser Zeitungen lobhudelte, gerade aber die der drei Wesentlichsten nicht kannte oder in falschem Zusammenhang nannte. Von 1900 bis 1914 habe ich den Namen Paul Valérys als eines Dichters nie im ›Figaro‹, nie im ›Matin‹ erwähnt gelesen, Marcel Proust galt als Geck der Salons, Romain Rolland als kenntnisreicher Musikgelehrter; sie waren fast fünfzig Jahre alt, ehe der erste schüchterne Strahl von Ruhm ihren Namen erreichte [...].[193]

In der *Bibliothèque National* in Paris sucht Zweig nach Spuren des unbekannten Autors (an der Universität hat er Geschmack an der Forschung gefunden) und stößt auf ein Dutzend Werke über die Musik, daneben einige Dramen, alle bei kleinen Verlagen erschienen. Das Theater wird der Berührungspunkt der beiden, vor allem ein Projekt, mit dem sich Rolland befasst: *Le Théâtre de la Révolution,* »einen höhern Schauplatz [...] Nicht unwert des erhabenen Moments«.[194]

Zweig findet Rollands Adresse heraus und schickt ihm einen Brief mit einem seiner Bücher. Bald darauf erhält er eine Einladung zu einem persönlichen Treffen.

---

[193] *Die Welt von Gestern,* S. 235; 233/234.
[194] Schiller, Friedrich von: *Wallenstein. Ein dramatisches Gedicht.* Herausgegeben von Herbert Kraft. Insel Verlag. Frankfurt am Main 1984, S. 12. Sich auf Schiller stützend und vor allem von den Griechen inspiriert, sah dieser germanophile Franzose das Theater als eine moralische Anstalt an. Das *Théâtre de la Révolution* besteht aus *Les loups* von 1898; *Danton* von 1899; *Le quartorze juillet* von 1902. Darin vertrat Rolland eine soziale Ästhetik.

Merktage des Lebens haben stärkere Leuchtkraft in sich als die gewöhnlichen. [...] Fünf schmalgewundene Treppen eines unscheinbaren Hauses nahe beim Boulevard Montparnasse empor, und schon vor der Tür fühlte ich eine besondere Stille [...]. Rolland tat mir auf und führte mich in sein kleines, mit Büchern bis zur Decke vollgeräumtes Gemach; zum erstenmal [sic] sah ich in seine merkwürdig leuchtenden blauen Augen, die klarsten und zugleich gütigsten Augen, die ich je an einem Menschen gesehen [...]. Ich beobachtete etwas ängstlich seine Gestalt. Sehr hoch und schlank, ging er ein wenig gebückt [...] er sah eher kränklich aus mit seinen scharfgeschnittenen Zügen bleichester Farbe. Er sprach sehr leise, wie er überhaupt seinen Körper auf das äußerste schonte; er ging fast nie spazieren; aß wenig, trank und rauchte nicht [...] aber mit Bewunderung mußte ich später erkennen, welche ungeheure Ausdauer diesem asketischen Leibe innewohnte [...] als einzige Entspannung erlaubte er sich die Musik; er spielte wunderbar Klavier mit einem mir unvergeßlich zarten Anschlag [...] Sein Wissen war beschämend vielfältig [...] dabei nahm er leidenschaftlich teil an jedem Geschehen der Gegenwart. [...] Er hatte menschlich die Vertrautheit der Großen seiner Zeit genossen, war Schüler Renans gewesen, Gast im Hause Wagners, Freund von Jaurès; Tolstoi hatte an ihn jenen berühmten Brief gerichtet [...]. Hier spüre ich – und das löst immer für mich ein Glücksgefühl aus – menschliche, moralische Überlegenheit, eine innere Freiheit ohne Stolz [...] Rolland erklärte mir [...] Wir müßten jetzt jeder wirken, jeder von seiner Stelle aus, jeder von seinem Land, jeder in seiner Sprache. [...] Die Kräfte, die zum Haß drängten, seien ihrer niederen Natur gemäß vehementer und aggressiver als die versöhnlichen; auch stünden hinter ihnen materielle Interessen [...]. Der Widersinn sei sichtbar am Werke und Kampf gegen ihn wichtiger sogar als unsere Kunst.[195]

Der neue »Geistesheld« entfacht ein Feuer in Zweigs leicht entflammbarer Seele. Sie werden auf Anhieb Freunde und mit charakteristischem Eifer wird er Rolland *maître* nennen. In der ersten Zeit sprechen sie viel

---

[195] *Die Welt von Gestern*, S. 235–238. Das genaue Datum der ersten Begegnung zwischen Zweig und Rolland ist unbekannt. In seinen Erinnerungen legt er sie in das Jahr 1913, aber er verfaßte sie, von Friderikes Informationen abgesehen, ohne Hilfe von Aufzeichnungen. Vermutlich fand sie vorher statt. Dumont vertritt die These, dass sich die beiden im Februar 1911 erstmals begegnet sein könnten; für Prater hat die erste Begegnung im Februar 1910 stattgefunden. Vgl. *Dumont 1*, S. 123. *Prater*, S. 81. In einem Brief an Zweig vom 1.5.1910 erwähnt Rolland einen Gedichtband, den er von seinem Freund erhalten habe. Steiman zitiert einen offenen, am 22.12.1912 im *Berliner Tagblatt* veröffentlichten Brief von Zweig an Rolland bezüglich seines *Jean Christophe*. Vgl. *Steiman*, S. 111.

über *Jean Christophe*, den ersten großen Zyklenroman), den Rolland gerade veröffentlicht hat, um einer Pflicht in dreierlei Hinsicht nachzukommen: seiner Hingabe an die Musik Ausdruck zu verleihen, seinen Glauben an die europäische Einheit zu bekunden und an das moralische Bewusstsein der Völker zu appellieren.

In diesem Klima der Vergeistigung, das in Kontrast zur Hysterie um ihn herum steht, entdeckt Zweig, ein gestandener Mann um die 30 Jahre, schließlich die Zuneigung. Von der Zuneigung zur Liebe ist es nur ein Schritt.

Hier tritt Friderike Maria von Winternitz, geb. Burger, später Zweig (sie wird diesen Namen trotz der Scheidung mit Stefan Zweigs Erlaubnis bis zu ihrem Tode tragen) in sein Leben. Die starke Figur in einer Geschichte, die Gefahr läuft, schwach zu sein.[196]

Das erste Treffen ereignet sich 1908 auf dem Abschiedsfest von Alexander Girardi, einem der bekanntesten Schauspieler und Volkssänger der damaligen Zeit. Zweig ist mit einer Gruppe junger Dichter und Schriftsteller dort. Sie lachen, trinken, singen, stellen sich zur Schau, flirten. Am Nachbartisch sitzt in Gesellschaft eines Freundes eine junge Frau von robuster Gestalt, mit kastanienbraunen Haaren, schwarzen Augen, sinnlichen Lippen in einem zarten und sanften Gesicht. Sie beobachtete ihn und auch er hat sie bemerkt. Ihre Blicke kreuzen sich, sie lächeln. Der Freund erklärt Friderike, wer der junge Träumer am Nebentisch ist. Dabei bleibt es für die nächsten vier Jahre.

Friderike, eine Katholikin jüdischer Herkunft und ausgebildete Lehrerin, hat 1906 Felix von Winternitz geheiratet, einen jungen, im Staatsdienst tätigen Mann aus guter Familie, aber ohne Ehrgeiz. Aus der Ehe geht Alix Elisabeth (geb. 1907) hervor, ansonsten ist die Ehe eher unglücklich. Aufgrund finanzieller Probleme schreibt Friderike regelmäßig für die Feuilletons in Wien und Berlin. Daneben gibt sie Französischunterricht.

Vor Friderike hat Zweig schon einige Liebeserfahrungen gesammelt – eher von Erotik bestimmt, weniger von Liebe –, ohne sich ganz hinzugeben. Sie erreichten nicht die geistige Ebene, die Liebhaberinnen oder Geliebten teilten mit ihm nicht die Sorgen um die Lage in der Welt, be-

---

[196] Die Tagebücher von Stefan Zweig wurden erst 42 Jahre nach seinem Tod und dem Erscheinen seiner Memoiren veröffentlicht. Davor waren die Bücher von Friderike (*Friderike 1* und *Friderike 2*) und ihre späteren Aussagen dem Zweig-Biografen (*Prater*) gegenüber die einzigen Quellen bezüglich Zweigs Privatlebens.

suchten nicht die Cafés, in denen er mit den Freunden die existenziellen Probleme diskutiert. Sie teilten mit ihm das Bett oder die Wiese – wie in jener Nacht, die er bis zum Morgengrauen mit einer Baronesse im Prater verbracht hatte. Sein Innenleben bewahrte er für sich, wie die »Ballade von einem Traum« zeigt: »Man kennt mich nicht! Man kennt mich nicht!/Mein Urgeheim, mein letztes Sein/Bleibt mir allein, bleibt mir allein.«[197]

1910, zwei Jahre nach dem ersten Blickkontakt mit Zweig, bekommt Friderike eine weitere Tochter, Susanne Benedictine, die sehr früh in Folge einer Ruhrerkrankung an einem fast chronischen Stoffwechselversagen zu leiden beginnt, das die Mutter bis zu deren Adoleszenz in Anspruch nehmen wird. Friderike kümmert sich um die Kinder, arbeitet und muss darüber hinaus die Schwäche des Ehemanns ausgleichen, der sich an sie klammert wie an eine zweite Mutter. Einzig bei ihrem Schwiegervater, einem Regierungsrat im Ruhestand und überlegenen, verständnisvollen Mann, findet sie Halt.

Die junge Frau lebt ein hektisches Leben, rührig, aktiv, präsent und beansprucht von der literarisch-journalistischen Arbeit und den Kindern. Da sie diese der Gesundheit wegen regelmäßig an Orte mit gesundem Klima bringt, ist sie kaum in Wien. Bei einer der raren Gelegenheiten in der Hauptstadt, an einem Sommerabend im Juli 1912, isst Friderike mit ihrem Mann und einem Freund (demselben, der ihr Jahre zuvor auf dem Fest von Girardi erklärt hat, wer Zweig ist) zu Abend. Anstelle von Blumen überreicht ihr der Freund die *Hymnen an das Leben* von Émile Verhaeren – übersetzt von Stefan Zweig.

Und der Übersetzer ist auch da, er sitzt mit Freunden in dem fast leeren Garten des Restaurants. »Das war kein blutjunger Bohemien mehr, sondern ein gepflegter, gut aussehender Mann – gewohnt, wie es schien, einer Frau mit einem Blick das zu sagen, was Worte überflüssig machte.« Zweig erkennt sie nicht, wohl aber das Buch in ihrer Hand.[198]

Friderike kehrt nach Gars in Niederösterreich zurück, wo sie eine verlassene Mühle gemietet hat, um dort mit den Töchtern den Sommer zu verbringen. Die *Hymnen* von Verhaeren, übertragen von Zweig, die sie in einem Zug durchliest, geben ihr Kraft inmitten so vieler Sorgen.

---

[197] *Silberne Saiten*, S. 230. Diese Begebenheit trug sich im Mai 1909 zu und wurde erst 1991 durch einen ersteigerten Brief bekannt. Vgl. Prater, Donald: »Stefan Zweig and the Vienna of Yesterday« in: *Festschrift Daviau*, S. 317–336, S. 330.
[198] *Friderike 1*, S. 42. *Friderike 2*, S. 30.

Am Sonntag danach kommt ein anderer Freund, dessen Kinder in ihrer Obhut sind, sie besuchen und erzählt, dass er zu einem Ausflug mit dem Auto in die benachbarten Wälder eingeladen worden sei. Unter den Gästen hätte sich auch eine Berühmtheit befunden: Stefan Zweig. Aber in der letzten Minute sei der Ausflug abgesagt worden.

Was soll eine junge Frau angesichts dieser Flut an Zufällen machen? Handeln, einen weiteren Zufall herbeiführen. Obwohl sie noch nie einen Brief an einen Unbekannten geschrieben hat, überwindet sie mit Hilfe der Zufälle ihre Schüchternheit. Zweig erhält unzählige Briefe von unbekannten Leserinnen, aber dieser ist durchdrungen von einer besonderen Kraft. Seine Antwort kommt postwendend – Ja, er erinnere sich an das Abschiedsfest von Girardi, an den Abend im Restaurant, an sein Buch in ihren Händen, an den im letzten Moment abgesagten Ausflug. Auch er wundere sich über diese Fülle von Zufällen.

Zum ersten Mal wird Friderike mit der ausgereiften Handschrift, der violettfarbenen Tinte, der schlichten Eleganz der Botschaft und dem Monogramm im Stil der *Art nouveau*, das von einer Trommel spielenden Frau gekrönt wird, konfrontiert. Der *Brief einer Unbekannten* kann in diesem Moment entworfen worden sein.

Zweig schickt ihr seine Bücher und sie ihm ihre Arbeiten, sie sprechen sich am Telefon. Er verbringt einige Wochen im Haus von Verhaeren, wie er es jeden Sommer zu tun pflegt, seit sich die beiden Schriftsteller kennen, und schreibt ihr aus Belgien.

Etwas Wichtiges geschieht während dieser Zeit, denn bestrebt, sich zu öffnen und jemandem anzuvertrauen, nimmt Zweig das Tagebuchschreiben wieder auf. Die erste Eintragung ist vom 10. September 1912: Snobistisch, nonchalant, angeödet schildert er die Vorbereitung für die Premiere der Tragödie *Das Haus am Meer* im Burgtheater und gibt zu, keine Erregung darüber empfinden zu können. »(E)in einziges jener sexuellen Abenteuer ist mir mehr und die sind doch nur wertvoll durch ihre Gefahr.« Eine als Gefahr empfundene Liebe ist noch keine Liebe.[199]

In den folgenden Wochen offenbart er ein Hochgefühl auf sexuellem Gebiet, eine verspätete Adoleszenz eines gestandenen Mannes: »Ich weiß, daß ich in Frauen aber auch Männern oft etwas befreie. Nur hüte ich mich, dies erotisch auszunützen, vielmehr ich erzeuge diese Freiheit

---

[199] *Tagebücher*, 10.9.1912. Zu Beginn dieser ersten Eintragung des Tagebuchs schreibt er, dass er es »zum wievielten Male« wieder begänne. Von den früheren Heften sind keine erhalten geblieben.

erst durch eine unausgesprochene erotische Ablehnung.« Ein Narziss, ein Verführer, verführt von seiner Verführungskraft.[200]

Friderike ist die erste weibliche Person, die in dem kürzlich begonnenen Tagebuch genau beschrieben wird, vielleicht ist sie der Auslöser der Aufzeichnungen. Von sich selbst vermittelt Zweig einen Überdruss, einen gewissen Zynismus, Verschwendung. Sie wird diskret erwähnt, wie es die Regeln der Kunst des Tagebuchschreibens gebieten: F., Mme. F. oder F.v.W. Allmählich entwickelt der Tagebuchschreiber eine Figur, einen Charakter und eine Zärtlichkeit. Das Zweigsche Merkmal, seine Sensibilität für die weibliche Seele – sein literarisches Markenzeichen –, wird in diesen Heften geübt: bereit, in Novellen verwandelt zu werden.

Am 23. September 1912, an dem Zweig Friderike in der Mühle, in der sie mit den Töchtern auf Sommerfrische ist, besucht, findet sich die erste Erwähnung über sie.

> Das nun ein gutes Gespräch mit einer wahrhaft sensiblen Frau, die wohl das Zarteste ist was man sich denken kann aber mit einer Energie der seelischen Aufrichtigkeit [...] die aber doch rührend, unsäglich rührend war wie sie das blasse kranke Kind im Arm hielt und sich zu ihm niederbeugte. In diesen Bewegungen liegt eine wundervolle Zartheit und ich spüre sie wie Musik. [Die Begegnung wird durch das Erscheinen ihres Mannes unterbrochen, der kommt, um die Tochter zu sehen, und bald wieder abreist.] Sie scheint in einem Zwischenzustand zwischen dieser noch mädchenhaften Schönheitssehnsucht und ihrer mütterlichen Ruhe zu sein [...].

Nach der Premiere von *Das Haus am Meer* (am 26. Oktober 1912 in Anwesenheit von Friderike) zeigt sich der Überdruss: »Für Frauen keine Zeit, nur eine eilige Gelegenheitsepisode.« Jetzt ist es sie, die ihn besucht: »Dann Frau von Win. bei mir, die in ihrer stillen scheuen Art mich unendlich anzieht. Sie ist so fest in ihrer Hilflosigkeit, so gütig in ihrer Stille, so weiblich in ihrer Klugheit. Ich wage mich gar nicht erotisch heran: hier wäre nur zu zerstören, nichts zu schenken, als die Illusion einer Stunde und dieser Unterton des Verhaltenseins in unsern Beziehungen ist sehr reizvoll.«[201]

---

[200] *Tagebücher,* 24.[23.]9.1912. Der Andeutung einer vorhandenen Homosexualität wird im nächsten Satz widersprochen, in dem er bekräftigt, nichts ausprobieren zu wollen, das »in Frauen aber auch Männern« etwas befreie. Auch in der »Ballade von einem Traum« erwähnt er »Geheimstes Laster, dunkles Tun«, aber der Titel und Wortlaut des Gedichtes suggerieren eine Traumsituation, keine Wirklichkeit. Vgl. *Silberne Saiten,* S. 227.

[201] *Tagebücher,* 24. [23.] 9./7.11./12.11.1912.

Die Deutschlandpremiere in Hamburg, unweit der Ostsee gelegen, an deren Küste das Stück spielt, ist ein riesiger Erfolg: Friderike muss nach Berlin kommen, um die Pressetermine wahrzunehmen. Sie verabreden sich am Premierenabend, aber er bittet sie inständig, die Aufführung nicht zu besuchen, wahrscheinlich um ihn nicht in Verlegenheit zu bringen. Danach fahren sie nach Travemünde, um Zweigs Geburtstag zusammen zu feiern. Dort sieht Friderike zum ersten Mal das Meer, in einer holzgetäfelten Ecke des alten Ratskellers essen sie zu Abend. »Es bedurfte nicht des perlenden Getränks, um die Geburtstagsfeier freudig zu gestalten.« Es war ihr erster gemeinsamer Abend »mit seiner bei aller Gewißheit der Neigung noch zögernden Vertrautheit«.[202]

Vier Jahre nach dem ersten Blickwechsel, fünf Monate nach der Begegnung in dem Wiener Restaurant finden die beiden – sich der Folgen bewusst – zueinander. Er ist fast 31 und sie 30 Jahre alt. (Zweig gesteht später, dass sein Geburtstag nur ein Vorwand für die Einladung gewesen sei, doch es stört sie nicht, sie hätte sie in jedem Fall angenommen.)[203]

Gemeinsam kehren sie nach Wien zurück, die Briefe verlieren die Förmlichkeit, und anstelle des formellen »Mein verehrter Herr Doktor« wird Zweig mit »Lieber« angeredet, sie duzen einander in enger Vertrautheit. In den Tagebüchern ist Friderike jetzt eine feste Größe und wird mit jeder Erwähnung bedeutsamer.

> Abends mit F.v.W. Es ist wieder sehr schön und ich muß nur verhüten, daß es ganz ins Sexuelle niederstürze, was wirklich droht. Die Spaziergänge sind sehr schön und wir sprechen wirklich gut miteinander: vielleicht die ganze Kunst die eines Begreiflichmachens. Frauen vermögen alles zu verstehen, alles sich klar machen zu lassen, die Frage ist nur die der Dauerhaftigkeit, ob dieses Verstehen sich nicht sofort wieder verschattet und trübt. Sie ist so zart, daß man fürchten müßte, sie zu erdrücken mit Zärtlichkeit [...] Merkwürdig und grundlegend fiel es mir jüngst ein, dies Problem der Frau- und Mannheit.

Das Tagebuch, das er nach einer Unterbrechung von ein paar Tagen mit ausführlichen Stichworten bald aktualisiert hat, wirkt plötzlich wie eine Geschichte, die er für außen stehende Leser oder Leserinnen schreibt. Es legt Zeugnis ab über kleine Reisen, neue Projekte und die starke Präsenz von Friderike. »Dazwischen hell: Diese Briefe aus der Ferne, die mir F. schreibt. Sie sind so ganz Güte, Hingebung, daß ich nicht weiß, wa-

---

[202] *Friderike 1*, S. 52. *Friderike 2*, S. 31/32.
[203] Das Treffen fand am 24.11. statt, Zweig hat erst am 28.11. Geburtstag.

rum Gott gerade mir dies geschenkt hat, der ich mich unwürdig weiß, durch die Kälte des Empfindens, Verschleuderung des Lebens, eine entsetzliche Stagnation des Ehrgeizes. Dies, wenn ich nicht ganz verloren sein soll, muß mir helfen.«

Die »Episoden« und die »Erlebnisse« gibt er jedoch nicht auf, sei es mit einer Dichterin, Lily Rosen, sei es mit einer Bildhauerin: »Die Erotik, sie entsetzt mich [...]. Ich schauere vor meiner eigenen Virtuosität.«[204]

Er sieht sich vor, er weiß, dass so viel Hochstimmung zu nichts führt. Er muss nachdenken, und dies gelingt ihm nur, wenn er verreist. Seine Wahl fällt auf Paris, wo er die Gefühle der ersten Begegnung mit Rolland auffrischt. Da er die Entdeckung mit jemandem teilen möchte, schenkt er Friderike den kompletten *Jean Christophe*, ein romantisches Souvenir – ein Brauch, den Liebende in den nächsten 50 Jahren, bedacht mit Liebesschwüren und Versprechen, eine bessere Welt aufzubauen, wiederholen werden.

Er hat nicht mit Marcelle gerechnet. In der Metro lernt er sie kennen: eine Näherin, verheiratet mit einem Grossisten, einem Verkäufer in *Les Halles*, der sie regelmäßig zu verprügeln pflegt, da sie ihm ihren Verdienst nicht gibt. Die beiden gehen ins Kino, in Tanzlokale, sehen sich die Stadt an, essen in Bistros und nutzen vor allem jede Gelegenheit, der Begierde nachzugeben, die sich mit jeder Nacht steigert. »(A)ffamiert«, beschreibt er sie im Tagebuch und fügt zum Ausgleich hinzu: »(I)ch habe volle Triumpfe [sic].«

Während sie sich im Bett des Hotelzimmers ausruht, arbeitet er am Tisch oder im Bett an ihrer Seite. Eine Nacht der Ekstase, und schon entsteht die Handlung einer Erzählung über die Gefühle einer verlassenen Frau:

> (I)ch habe unendliche Achtung vor solchen Menschen. Wir gehen in ein Varieté diese allzu ernsten Dinge zu zerstreuen, dann nach Hause, wo wir zum ersten Mal, mit festem Wille[n] keine Vorsichten gebrauchen. Sie zuckt wie in Empfängnis und glüht und schwört, sicher zu sein, sie wird ganz selig bei dem Gedanken, ich bin auch merkwürdig mitgerissen und [=im] ekstatischen. Am Morgen freilich kühler, weil ich denke, wie fern ich bin und wie grausam es für eine solche Frau in solchen Secunden [sic] ist, einsam zu sein.

Sie denken sich sogar einen Namen für ein Kind aus: Octave. Später, als Marcelle wirklich schwanger wird, sucht sie einen befreundeten Arzt

---

[204] *Tagebücher*, 21.12.1912; Ende Februar 1913.

auf. In der Zeit, die er nicht mit Marcelle verbringt, trifft er sich mit Rolland, Rilke (mehrere Male), Verhaeren, Dehmel, Bazalgette. Es sind sechs Wochen intensiver Gemeinschaft, nie zuvor hat er so lange mit einer Frau zusammengelebt. Mehr als nur ein Zeitvertreib. Die Lust zu leben.

> Was für ähnliche Figuren [...] Sie [Marcelle] und Fri [derike] sind die Frauen in meinem Leben, bei denen ich Durst zu leiden am stärksten gefunden habe. Sie möchten den Menschen den sie lieben krank sehen um ihm helfen zu können [...] Noch wage ich nicht Bilanz zu ziehen. Geschrieben habe ich hier nicht viel, aber dies Buch bezeugt, daß ich die sechs Wochen gelebt habe, voll und tief.[205]

Friderike, mit der er weiterhin liebevoll korrespondiert, ist in aller Aufrichtigkeit darüber informiert: »[...] [ich] hier die gute Ruhe haben werde, Dich auch so froh zu wissen«, schreibt sie.[206]

Marcelle fühlt, dass sie lediglich eine Episode in Zweigs Leben bleibt und sie ihn verlieren wird. Sie verabschieden sich mit der gleichen Begierde wie immer, in ein paar Augenblicken wird der Wagen kommen, der ihn zum Bahnhof bringen soll. Aber Zweig muss berichten, eine Abschlussbemerkung für diese wunderschönen Wochen finden: »Ich bin froh und leicht: ich danke Paris!!« Eine seltsame Härte tritt bei Künstlern zutage, selbst bei den sensibelsten. Vielleicht ist dies der Grund ihrer Unsterblichkeit.

Lehrjahre des Gefühls, absolviert bei zwei unterschiedlichen und starken Frauen: ein Postgraduierten-Studium in einer der Disziplinen, die ihn als Schriftsteller berühmt machen werden – der weiblichen Seele.

Entschlossen kommt Zweig in Wien an: Fern der Freundesclique wird er viel arbeiten. Friderike besucht ihn, sie verbringen die Nacht gemeinsam, süß und hingebungsvoll. »Ich wünschte mir das Sinnliche aus ihr fort. Es stört, gerade bei ihr mir das reine Empfinden ihrer wunderbaren Welt. [...] ich bin sehr froh an ihr und werde selber wieder klar.« Er möchte Friderike, aber er möchte sie nicht so sinnlich und verwirrend. Marcelle hat alle Freiheit, um ihm den Kopf zu verdrehen. Eines Tages wird er, da ist er sicher, über die Verwirrung der Gefühle schreiben.

Friderike verbringt den Winter 1913/1914 rastlos auf der Suche nach einem geeigneten Aufenthaltsort für die kranke Susanne. Zugleich beendet sie ihren ersten Roman *Der Ruf der Heimat*. Das Zusammenle-

---

[205] *Tagebücher*, 11.3./29.3./22.4./23.4.1913.
[206] *Briefe SZ-FZ*, 31.3.1913.

ben verstärkt ihre literarischen Pläne. Er liest das Original, »in dem ich mich selbst erkennen muß, wie beschämt aber, so verschönt zu sein«.

Ein schmerzlicher Brief von Marcelle: »Ein Brief ohne Vorwurf und darum siebenfach ergreifend.« Zweig bleibt nicht standhaft, im Mai 1914 fährt er erneut nach Paris. Der nächste Morgen mit Marcelle: »Sie zittert vor Freude mich zu sehn. Sie ist hübscher geworden, rundlicher und noch so einfach hingebungsvoll wie früher. [...] eine stürmische und heiße Nacht.«[207]

Mit der üblichen Gelassenheit teilt Friderike ihm per Brief mit, dass sie die zivile Scheidung von ihrem Mann durchgebracht hat, und bittet um die Beendigung der Beziehung zu Marcelle. Der Geliebte schwankt nicht, Affären sind Affären; sie zögert nicht, nimmt den Expresszug nach Paris und bringt ihm einen hübschen blauen, in Glas eingelassenen Schmetterling mit – eine Vorschau auf das Paradies, *made in Brazil*.

Sie wohnten im gleichen Hotel Beaujolais, aber mit Friderike ist es anders: Er stellt sie seinen Freunden vor und beendet eine Lebensphase, die »Studentenjahre«, die er später verzweifelt wiederherzustellen versuchen wird. Friderike erzählt, dass Zweig geweint hätte. Wegen Marcelle, wegen ihr oder wegen des zunichte gemachten Dreiecksverhältnisses.

Rolland sieht etwas Besonderes in der Gefährtin des Freundes, Friderike behandelt ihn mit der gleichen Verehrung und der Extradosis an Zuneigung, wie nur Frauen sie zu geben vermögen. Über Zweig schreibt Rolland bei gleicher Gelegenheit »sehr müde und schrecklich jüdisch. [...] Ich darf ihn nicht kritisieren [...] er war so gut zu mir gewesen.«[208]

---

[207] *Tagebücher;* 23.4./1.5./6.5./5.5./21.5.1914. Dank der Tagebücher, die bis zur Scheidung von Friderike aufbewahrt und später nach Bath gebracht wurden, offenbart Zweig erstmals 42 Jahre nach seinem Tod sein Innenleben. Das Bild des gefühlsbestimmten und offenherzigen Künstlers, der in den Tagebüchern zum Vorschein kommt, hat nichts mit dem des schmerzerfüllten, zurückhaltend angedeuteten Intellektuellen in den Erinnerungen gemein.

[208] *Friderike 2*, S. 36. Tagebucheintragung vom 23.4.1914 in: *Rolland 5*, S. 11. Zweig setzte Rolland auf die Liste der Schriftsteller, denen er in der einen oder anderen Form geholfen hat. Der Franzose hatte Juden gegenüber ambivalente Gefühle. Nach der Scheidung von Clotilde (Tochter des Michel Bréal, eines berühmten Philologen aus einer wohlhabenden Familie von kultivierten und assimilierten Juden) tat er bei verschiedenen Gelegenheiten eine negative Meinung über reiche Juden kund, so auch in *Jean Christophe*. Seine unmissverständliche Haltung in der Dreyfus-Affäre kam einem Protest gegen die Justiz gleich, sie hatte nichts mit der Person Dreyfus zu tun. Vgl. Drouin, Michel, a.a.O.

Paris präsentiert sich in englischem Pomp, um König Georg V. zu empfangen. Frankreich und England bestätigen die *Entente cordiale*, den zur Überwindung des Ärmelkanals und der säkularen Konflikte bestimmten Pakt – in Wirklichkeit ist es das erste Bollwerk gegen den pangermanischen Expansionismus.

Friderike und Zweig wohnen der prunkvollen Zeremonie bei, Europa ist schon in eine unerklärliche Unruhe versetzt. Selbst die Sensibelsten, wie Rolland und seine Gruppe, glauben, dass das nationalistische Beben nur eine vorübergehende Erscheinung ist.

Die *années éléctriques* ersticken die Belle Époque, die Massengesellschaft setzt sich über die der Mittelklasse vorbehaltene Vornehmheit hinweg. Die von der Dreyfus-Affäre hervorgerufene Empörung hat eine neue Aristokratie von Geistesgrößen, Intellektuelle bar jeglicher politischer oder wirtschaftlicher Macht, die jedoch in der Lage sind, große Bewegungen zu mobilisieren, entstehen lassen. Während der Affäre haben sie sich Gehör gegen einen schreienden Justizirrtum verschafft, nun wünschen sie mit den Appellen zu dem Schicksal der Menschheit wahrgenommen zu werden.

Die komplexe bürgerliche Welt steht solide über den Zeitläuften; Veränderungen und Erschütterungen prallen an ihr ab. Es bedarf eines stärkeren, einem Erdbeben ähnlichen Anstoßes, um sie zu erschüttern.[209] Einige nehmen dies wahr: Thomas Mann beginnt 1913 mit dem *Zauberberg* (den er erst elf Jahre später beenden wird), ein ironisches Porträt des Vorabends des großen Niederganges. Für Zweig bringt die sich ankündigende Veränderung das erste Dilemma in seiner biografischen Arbeit mit sich – in Wirklichkeit ist es die erste existenzielle Entscheidung. Balzac und Dostojewski streiten nicht nur um sein intellektuelles Interesse, sondern bieten sich auch als Alternativen an. Der gefeierte Autor der *Comédie humaine* fasziniert ihn seit seiner Studienzeit (Taine könnte aufgrund seiner Bewunderung für den Romancier als Dissertationsthema gewählt worden sein). Der Russe Dostojewski öffnet die russische Schatzkiste, in der Mysterien der *conditio humana* aufbe-

---

[209] Die Belle Époque und das Fin de Siècle werden gewöhnlich nebeneinander gestellt und miteinander verwechselt. Beide sind Teil der *années éléctriques*, die von der Verbreitung der Elektrizität, der Beschleunigung des Transports und der Einführung neuer Kommunikationstechnologien bestimmt waren. Höhepunkt war die Weltausstellung in Paris, im Jahre 1900, mit der gleißenden Illumination des Eiffelturms. Vgl. Lejeune, Dominique: *La France de la Belle Époque 1896–1914*. Armand Colin. Paris 1991. Prochasson, Christophe: *Les années éléctriques 1880–1910*. La Decouverte. Paris 1991.

wahrt werden, die Welt der Idioten und Gedemütigten, der Verbrechen und Strafen, des Paroxysmus und Messianismus.

»Der Meteorologe der sozialen Strömungen«, als den ihn einige Kritiker ansahen, Balzac, verachtete die bürgerlichen Werte, obschon er leidenschaftlich alle von ihnen hervorgebrachten Vorzüge genoss. Dostojewski, der Mystiker und Nihilist, verabscheute das falsche Glück und sah nur in der Läuterung durch Leiden einen Ausweg.

Die Romanfabrik des Franzosen und die Qualen des Russen entwerfen ein Bild des hartnäckigen und nicht enden wollenden 19. Jahrhunderts. In der Vereinigung der beiden, die in die Ausschreitungen von 1848 involviert waren, im Werk *Drei Meister* zeigt Zweig die Anzeichen des Zerfalls der Stabilität auf, die das Bürgertum erfunden hat, um sich den Anschein zu geben, glücklich zu sein. Wie ein Journalist auf das Tagesgeschehen reagiert, so erlebt Zweig die Gegenwart durch die geistige Stimmung der Vergangenheit. Am Vorabend einer noch namenlosen Ära bereitet er sich für die Beerdigung der vergangenen vor. Einstweilen macht Dostojewski das Rennen, weil er Mysterien und Zweifel präsentiert. Balzac, unzweideutig und vital, bleibt für später.

Das Jahrhundert verläuft außerhalb der Norm, niemand wagt, die Veränderung zu beschleunigen, die Sicherheiten aufzugeben. Am Höhepunkt der bürgerlichen oder viktorianischen Ära stürzen die Balken ein, jedoch nicht aufgrund ihres morschen Zustandes, sondern vielmehr, weil sie dem Gewicht der neuen Kräfte nicht standhalten.

> Wenn man heute ruhig überlegend sich fragt, warum Europa 1914 in den Krieg ging, findet man keinen einzigen Grund vernünftiger Art und nicht einmal einen Anlaß. Es ging um keine Ideen, es ging kaum um die kleinen Grenzbezirke; ich weiß es nicht anders zu erklären als mit diesem Überschuß an Kraft, als tragische Folge jenes inneren Dynamismus, der sich in diesen vierzig Jahren Frieden aufgehäuft hatte und sich gewaltsam entladen wollte. Jeder Staat hatte plötzlich das Gefühl, stark zu sein und vergaß, daß der andere genauso empfand, jeder wollte noch mehr und jeder etwas von dem andern. Und das Schlimmste war, daß gerade jenes Gefühl uns betrog, das wir am meisten liebten: unser gemeinsamer Optimismus.[210]

Eine Sache ist sicher: Während die *Entente* einen europäischen und auf die Mittelmächte begrenzten Krieg möchte, tut sie doch alles, den Konflikt über die Grenze Mitteleuropas hinaus, mit Vorliebe nach Afrika, den Nahen Osten und Asien, zu tragen – die Teilnahme des Osmani-

---

[210] *Die Welt von Gestern*, S. 230/231.

schen Reiches ist für die Ausdehnung des Konflikts bis ins Innerste des Britischen Empires verantwortlich.

Große Illusion, tragischer Irrtum: Im kultivierten Europa glaubt man noch immer, dass Nationen ihre Reichtümer mittels territorialer Expansion vermehren könnten. In der Kartografie läge der Schlüssel zur Glückseligkeit und Prosperität der Nationen. Man stellt sich vor, dass man, bis zu den Zähnen bewaffnet, dem Frieden nahe sei.[211]

Er steht bevor, der große Krieg von 1914–1918, der ein Jahrhundert abschließen, ein neues anfangen und ein drittes erreichen wird, ohne dass Historiker, Kriegstheoretiker und Strategen imstande sein werden, die Ursachen, Beweggründe und offensichtlichen Vorwände genau zu ermitteln.

Gleichwertige Gegner, sowohl in der Dreier-Allianz (der Mittelmächte, vor allem Österreich und Deutschland) als auch in der *Entente cordiale* (dem russisch-französisch-englischen Pakt) rasseln die bürgerlichen Kräfte mit den gleichen Säbeln. Politisch unterscheiden sich sowohl der Kaiser und der Zar als auch der österreichische Cäsarismus und der osmanische Absolutismus nicht. Demgegenüber stehen die französische Republik und die liberale englische Monarchie für das Modell einer repräsentativen Demokratie. Auf beiden Seiten ist der kleine Mann bereit, sich massenhaft zu vervielfältigen. Die Stunde der Eile, die Ära der Ungeduld ist da.

1910 bemerkt Zweig in der Biografie über Verhaeren: »Groß kann ein Dichter in unserer Zeit nur werden, wenn er sie in seinen Gefühlen als groß begreift.« Die zentrale Idee der *Baumeister der Welt* ist geboren. Für den Dichter ist es wichtig, »selbst wieder alles in dieser Zeit als notwendig und darum schön« zu empfinden.[212] Die den Versen des Meisters entnommene Idee wird vom Schüler als Bejahung, Bestätigung und Akzeptanz bezeichnet. Bald jedoch wird Zweig »nein« sagen müssen.

---

[211] Vgl. Angell, Norman: *Die große Täuschung. Eine Studie über das Verhältnis zwischen Militärmacht und Wohlstand der Völker.* Dieterich. Leipzig 1910. Dieses vier Jahre vor Kriegsbeginn geschriebene Werk des englischen Journalisten Angell (1872–1967) war ein Bestseller gegen den Krieg. Angell war kein Pazifist oder *Pazifizist* (wie er es ausdrücken würde). Im Gegenteil, er glaubte, dass diese subjektive Argumente benützten, die die Erregung förderten. Der Rationalist sprach sich mit einer Argumentation gegen den Krieg aus, die sich auf die gleiche Realpolitik stützte, die den Konflikt rechtfertigte.

[212] Zweig, Stefan: *Emile Verhaeren.* Insel Verlag. Leipzig 1910, S. 6/7.

Sie kehren gemeinsam, glücklich und verlobt nach Wien zurück. Als Katholikin kann Friderike in Österreich keine neue Ehe schließen. Aber dies wird kein Hindernis sein, sie werden zusammen bleiben, es ist das Einzige, was zählt: »(D)as gleichsam bräutliche Verhältnis war nun in eine beglückte Gemeinschaft übergegangen.«

Den Sommer 1914 verbringen sie in Baden bei Wien, dem von Beethoven geliebten Städtchen, wo sie in den Arbeitspausen in den Wäldern der Umgebung spazieren gehen. »Denn selten habe ich einen erlebt, der üppiger, schöner [...] heute noch, wenn ich das Wort Sommer ausspreche, muß ich unwillkürlich an jene strahlenden Julitage denken.«[213]

Arbeit bedeutet forschen, Material sammeln, auswerten, verstehen, den verwirrenden russischen Romancier porträtieren. Dostojewski ist nicht nur eine Figur, er ist auch jemand, der seinem Biografen etwas zu sagen versucht. Durch ihn nimmt sich Zweig als Bourgeois wahr, er ahnt Auswege, aber jetzt mit der Gefährtin kann er es weder wagen noch die Ordnung zerstören. Er stellt den Russen dar, aber spricht nicht dessen Sprache. Er ist die einzige seiner porträtierten Figuren, die aus einer Welt kommt, die nicht die seine ist.[214]

Es ist keine Hochzeitsreise, vielmehr eine vorzügliche Eheprobe. Neben der Kindererziehung fährt Friderike mit der eigenen literarischen Arbeit fort. Ein zweckmäßiges und bequemes Arrangement: Eine Frau ohne Kinder und Beruf würde mehr Ansprüche an ihn gestellt haben.

Der Sommer vergeht immer schnell, und seit dem Frühling stehen die Pläne fest: In Baden wird er das Buch über Dostojewski beenden und im August nach Belgien fahren, um dort Verhaeren wieder zu sehen; im Anschluss stehen Ferien mit Friderike in der Schweiz an und zu Beginn des Winters der lang ersehnte Besuch des Landes, das die geheimnisvolle und ungestüme russische Seele hervorbringt. Mit Hilfe von Gorki, der ihn in die intellektuellen Kreise einführen wird, möchte Zweig in Moskau versuchen, einen »Ableger« der Gruppe von Humanisten aufzubauen. Wenn es ihm gelänge, könnte er den Verlauf der Geschichte ändern.

---

[213] *Friderike 1*, S. 57. *Die Welt von Gestern*, S. 248.
[214] Die Verehrung von Dostojewski mündete nie in einer wirklich zufrieden stellenden Arbeit. Die ursprünglich 1000 Seiten wurden schließlich in 120 zusammengefasst, immer fehlte etwas. Im Mai 1910 entworfen, wurde der Essay unterbrochen und mehrmals wieder aufgegriffen, erst 1920 erhielt er die endgültige Form. Der Roman *Vierundzwanzig Stunden aus dem Leben einer Frau* über die Spielleidenschaft wurde indessen von Freud in dessen berühmtem Text »Dostojewski und die Vatertötung« positiv beurteilt, was Theodor Reik missfiel. Vgl. Freud, Sigmund: »Dostojewski und die Vatertötung« in: *Freud 5* Bd. 14, S. 397–418.

Zwei Schüsse eines automatischen Browning machen seine Vorhaben zunichte, zerstören die goldene Sicherheit und verändern das Gesicht der Welt. Am 28. Juni 1914 arbeitet Zweig an seinem Dostojewski, während in der Kurhalle das Orchester eine leichte und heitere Melodie spielt. Plötzlich Stille. Zweig schaut sich um, ein Kurpark-Angestellter verliest mit lauter Stimme eine Depesche: In Sarajewo habe der serbische Student Gavrilo Princip, der Verbindung zu einer terroristischen und separatistischen Gruppe unterhalte, gerade den Thronfolger, den Erzherzog Franz Ferdinand und seine Gemahlin, die Herzogin von Hohenburg, erschossen. Es herrscht Entsetzen, Erschütterung, tiefe Trauer – der Sommer aber ist stärker und die Sonne vertreibt die dunklen Vorahnungen.

Nicht jedoch die von Karl Kraus. Kaum hat der Krieg angefangen, da veröffentlicht er im Dezember in der *Fackel* seinen ausdrucksstärksten Text, den programmatischen Essay »In dieser großen Zeit«. Und bald darauf beginnt er, sein monumentales Antikriegsdrama *Die letzten Tage der Menschheit* zu schreiben. Die erste Szene zeigt ein jüdisches Ehepaar die Ringstraße entlang flanierend, als es einen Zeitungsausrufer hört: »Extraausgabee –! Ermordung des Thronfolgers! Da Täta vahaftet!« »Gottlob kein Jud«, sagt der Mann zu seiner Frau. Sie zieht ihn weg. »Komm nach Haus.« Schon den Blick auf den nächsten Krieg gerichtet, sieht der Antisemit Kraus die furchtbare Brandmarkung der Juden als Sündenbock voraus, die in der Folge geschehen würde. Er schert sich nicht um die Zensur, denn »Satiren, die der Zensor versteht, werden mit Recht verboten«.[215]

Tage vor den Schüssen hat ein Winzer in Baden Zweig gegenüber geäußert, dass jener Sommer einen außergewöhnlichen Wein hervorbringen würde. »An den Sommer werden die Leut' noch denken«, versicherte er. Die überwältigende Mehrheit der Leute, die von dem Attentat Notiz nehmen, glaubt, dass es nichts Ernstes sei, nur eine politische Angelegenheit. Auch Zweig gehört dazu.

Trotz des Geruchs von Kanonenpulver wird an den Plänen festgehalten: Nach dem Badener Aufenthalt und vor dem Besuch bei Verhaeren verbringt er zwei Wochen in Le Coq, dem kleinen Seebad nahe Ost-

---

[215] *Kraus*, Vorspiel 1. Szene, S. 45. Karl Kraus selbst muss an der Aufführbarkeit des Werkes gezweifelt haben, das vorwiegend nur in Auszügen inszeniert wurde: Es sind 209 Szenen, unterteilt in fünf Akte. Das Werk umfasst ca. 800 Seiten, Kraus fing es 1915 an und schloss es erst 1917 ab (die Buchausgabe erschien 1922). Teile des Stückes waren zuvor in der *Fackel* veröffentlicht worden, andere hatte er in seinen Rezitationen vorgestellt. *Die Fackel*, Nr. 309/310, Oktober 1910.

ende. In den intensiv ausgetauschten Briefen unterschreibt Friderike mit »Lamm« und nennt ihn »Brüderchen« – Liebesangelegenheiten. Zweig befindet sich noch in Ostende, als Österreich nach Verständigung mit Deutschland am 28. Juli Serbien, das Unterstützung von dem französisch-englischen Block und von Russland erhält, den Krieg erklärt. Eine schnelle Abfolge von Ultimaten, die Politik hört auf, Politik zu sein, und wendet nun andere, viel schlimmere Mittel an.

In einer Runde mit belgischen Freunden verkündet Zweig, von der Unmöglichkeit einer deutschen Invasion überzeugt: »Hier an dieser Laterne könnt ihr mich aufhängen, wenn die Deutschen in Belgien einmarschieren!« Er wird von den Freunden nicht erhängt, mit dem letzten Zug fährt er nach Hause.

Wie Tausende von anderen Touristen bricht er die Sommerferien einen Monat früher ab. Schon am 14. August überqueren die kaiserlichen Truppen die belgische Grenze. Durch die Zugfenster vermag er, Soldaten und Kanonen, Kanonen und Soldaten zu erkennen: »(I)ch fuhr in den Krieg.«[216]

Franz Kafka schreibt am Sonntag, den 2. August, in sein Tagebuch: »Deutschland hat Rußland den Krieg erklärt. – Nachmittag Schwimmschule.«[217]

Am nächsten Tag meldet sich der von seinen Erlebnissen in Wien desillusionierte Österreicher Adolf Hitler freiwillig für das kaiserlich-deutsche Heer. Vor wenigen Monaten ist er der Rekrutierung in seinem Land entgangen, weil er nicht daran interessiert war, die Habsburger und ihre verachtenswerten, slawischen Verbündeten in Galizien und auf dem Balkan zu verteidigen. Nun aber er ist gewillt, sein Leben für den »rein deutschen« Geist zu geben. Dies macht Sinn.[218]

In der Menschenmenge auf dem Münchner Odeonsplatz steht ein blasser und ein bisschen zerzauster junger Mann von 25 Jahren, der wenige Jahre später gestehen würde, »daß ich […] dem Himmel aus übervollem Herzen dankte, daß er mir das Glück geschenkt, in dieser Zeit leben zu dürfen«. Der Fotograf von damals konnte nicht ahnen, dass er eine der ersten Aufnahmen des erwachsenen Adolf Hitler gemacht und die menschliche Bombe, die in den nächsten Jahrzehnten in Europa detonieren würde, erwischt hatte.[219]

---

[216] *Die Welt von Gestern*, S. 253; 256/257.
[217] Franz Kafka zit. nach: *Elon*, S. 289.
[218] *Hamann*, S. 572–575.
[219] Adolf Hitler zit. nach: *Elon;* S. 295.

Zweig sorgt sich nicht um seine Heimat, sondern um sein kulturelles Vaterland. Das Ergebnis ist das Gleiche: Auch er gibt sich der patriotischen deutsch-österreichischen Euphorie hin und weist in einem zweideutigen Text, weder für den Krieg noch gegen ihn, die Landsleute auf die »Schwertbruderschaft« hin, die Österreich nun mit Deutschland bilde.[220]

Die Sozialistische Internationale setzt um des Friedens willen alle revolutionären Aktionen aus. Die von der Überlegenheit der parlamentarischen Demokratie überzeugten Engländer und Franzosen verurteilen die Autokratie und den pangermanischen Militarismus, während sich die deutschen und österreichischen Sozialdemokraten bei der Unterstützung ihrer Regierungen gegen den russischen Despotismus und den kosakischen Terror im Recht fühlen. Alle haben ihre Gründe, nur der einzige, der sie alle zu einen imstande wäre, wird vergessen – die Ablehnung des Kriegs.

Zweigs Tagebuch offenbart eine anfängliche Kriegsbegeisterung, die sich nicht sehr von der Stimmung der Leute auf der Straße unterscheidet. Er ärgert sich über die Amerikaner, die Deutschland als »enemy« bezeichnen, beneidet die Größe Frankreichs, dem es trotz einiger Niederlagen gelingt, von allen geliebt zu werden. Er nimmt die eigene Entwicklung wahr, weiß, dass er er selbst bleiben muss, und lehnt das Geschrei der Massen, die durch die Wiederholungen banalisierte Empörung ab. Er regt sich über die Wiener Leichtlebigkeit auf, die deutsche Ernsthaftigkeit behagt ihm mehr:

> Wann wird dies frivole Volk Ernst lernen? [...] Von der Tragik keine Ahnung in der wohllebigen Stadt. [...] Ich kann mit den Leuten nicht reden: sie sind alle vernagelt in einem idiotischen und gar nicht echten Patriotismus. Dazu die Censur [sic], das Erbübel! [...] Ich sehe, wie die meisten Menschen jetzt von Phrasen chloroformiert sind: aber ich lehne jeden Patriotismus ab, der sich nicht betätigt mit Geld oder Einsetzung persönlicher Gefahr, mit ›Gut und Blut‹.[221]

Das intime Tagebuch, in einen Kriegsbericht verwandelt, wird beherrscht von dem Wunsch nach Siegen, die nicht eintreten, und wenn doch, hinter den Erwartungen zurückbleiben. Zweig begeistert sich an

---

[220] Vgl. »Heimfahrt nach Österreich« und »Ein Wort zu Deutschland« in: *Die schlaflose Welt*, S. 25–33. Erstmals erschienen diese Texte am 1. und 6.8.1914 in der *Neuen Freien Presse*.
[221] *Tagebücher*, 15.8./19.8./12.9./22.10.1914.

strategischen Überlegungen, als spräche er von einem Spiel, aber er erkennt den deutschen Wahnsinn, der Österreich mit der Idee ansteckt, die Welt zu erobern: »Italien ist jetzt unsere Sorge, wäre es mit uns gewesen, so stünden wir unbesieglich da. [...] jetzt nur schlafen können, sechs Monate, nichts mehr wissen, diesen Untergang nur nicht erleben, dieses letzte Grauen. [...] ein Glück daß F wieder hier ist, sie hat die Macht der Beruhigung über mich.«[222]

Tatsächlich, Friderike beruhigt ihn. Darin ist sie an der Seite ihres Mannes zur Spezialistin geworden. Nun kommt erstmals ihre starke, liebevolle und geduldige Persönlichkeit zum Tragen, die es trotz seiner Verzweiflung versteht, ihn hoffen zu lehren. Erschrocken über einen Brief, in dem Zweig in einem Anfall von Patriotismus schreibt, dass er bald einrücken werde, lässt sie die Mädchen in Baden und eilt zum Geliebten nach Wien. Sie treffen sich in einem der Cafés. Zweig, mit Bart, zerzaust und kampfbereit, schildert die Sorgen, die er der Mutter mit seiner Entscheidung bereiten werde, und verkündet, dass er als einfacher Infanterist in Polen dienen werde (Da er nie Militärdienst geleistet hat, kann er sich nicht als Offizier melden.) Friderike weiß, dass er nicht für den Militärdienst geschaffen ist, schon gar nicht in Kriegszeiten. (Der Ex-Mann, aus einer Familie von Militärs stammend, ist schon an der Front), und so versucht sie, Zweig zu überzeugen, dem Vaterland auf geistigem Gebiet zu dienen.

Die europäische Idee vergessend, werden die Intellektuellen Teil des nationalistischen Rausches. Auf beiden Seiten versteht es die Intelligenz, sich zusammenzuschließen und bald den Legionen von Narren, die sich freiwillig melden, zu folgen. Thomas Mann, Rainer Maria Rilke, Hugo von Hofmannsthal, Franz Werfel, Jakob Wassermann, Émile Verhaeren, Richard Dehmel und Anatole France lassen sich von dem patriotischen und kriegerischen Fluidum mitreißen. Dehmel wird zu »Leutnant« Dehmel; Thomas Mann schreibt »Gedanken im Kriege«, eine intellektuelle Bekräftigung der Kriegsidee, eine Verehrung des Dienstprinzips, das Soldat und Künstler gleichstellt.

---

[222] *Tagebücher,* 7.8./4.8.1914. Nach der Unterbrechung im März 1914 nahm Zweig am 30. Juli zu Beginn des Ersten Weltkrieges das Tagebuchschreiben wieder auf, als er das belgische Seebad verließ und nach Wien zurückkehrte. Er ahnte die Bedeutsamkeit der Lage voraus. Trotz der Irrtümer und Unterbrechungen gelang es ihm, die »Sternstunden« seines gereiften Lebens (1912–1940) festzuhalten. Der anfängliche Ton ist offen kriegerisch, die deutschen Siege sind »unsere«, und die Wiener Apathie wird lediglich als den Kriegsanstrengungen unzuträglich kritisiert.

Zweig ist weder der Erste, noch sollte er der Letzte der Intellektuellen bleiben, die sich dem Aufruf zum gerechten Krieg beugen. Das alte Sprichwort vom Zweck, der Mittel heilige, und der Glaube, dass dem Blutvergießen der Frieden folge, sind die Köder, um Künstler und Gelehrte, Gebildete und Sensible zu locken. Patriotische Hymnen werden von Dichtern geschrieben. Gäbe es da nicht die verführerische Aussicht, in Heldenepen besungen zu werden, würden die Soldaten und Despoten niemals zu ihren Abenteuern aufbrechen. Die poetische Ader der Erben von Goethe, Schiller und Heine bleibt nicht ohne Wirkung: Allein im Monat August erhalten die deutschen Zeitungen 50.000 Einsendungen von Kriegsgedichten.

Der Erste Weltkrieg, der erste Medienkrieg: »Papier brennt und hat die Welt entzündet. Zeitungsblätter haben zum Unterzünden des Weltbrands gedient. [...] wäre ohne sie der Krieg überhaupt möglich geworden, möglich in seinen Entstehungsursachen, möglich auch in seiner Durchführung?« Kraus sieht die Gegenwart und denkt an die Zukunft: »Tanks und Gase werden, nachdem sich die Gegner darin einander unaufhörlich übertroffen haben, den Bakterien das Feld räumen und man wird dem erlösenden Gedanken nicht mehr wehren, die Seuchen statt wie bisher nur als Folgeerscheinungen des Kriegs gleich als Kriegsmittel zu verwenden.« Nicht zufällig beginnt sein Antikriegsdrama mit der Stimme eines Zeitungsverkäufers: Kraus war nicht nur der Wiener Protopazifist, er war auch der Erste, der die Presse als Urheber des Hurrapatriotismus anklagt.[223]

Im fernen Indien verkündet Mahatma Gandhi, der spätere Vater der Emanzipation und Guru der Gewaltlosigkeit: »Unsere Pflicht ist klar: den Engländern alle erdenkliche Unterstützung zu geben, mit unserem Leben und Besitz zu kämpfen.«[224]

Der kleine Postbeamte, der Schreiber, der Schuster, sie alle sehen im Krieg die Chance ihres Lebens: Sie können Helden werden. Lediglich die Arbeiter ziehen die Arbeit dem Tod in den Schützengräben vor.

Zweigs Freund Walther Rathenau, der einflussreiche und mächtige intellektuelle Unternehmer, hat bis zum letzten Moment versucht, den Reichskanzler des Kaisers zu überzeugen, nicht in den Krieg einzutreten. Als er von der Kriegserklärung erfährt, wird er ganz bleich: »Dieses fürchterliche Unglück, das zu vermeiden gewesen wäre.« Dessen unge-

---

[223] *Kraus*, II. Akt, 10. Szene, S. 257. IV. Akt, 20. Szene, S. 459. III. Akt, 14. Szene, S. 352.
[224] Mahatma Gandhi zit. nach: *Ferguson, Niall:* »The Jihad of 1914« in: *The New York Review of Books*, 13.2.2003, S. 21–23.

achtet unterbreitet Rathenau dem Reichskanzler ein Memorandum zu den Reparationsleistungen der besiegten Gegner, vor allem Frankreich. Ferner schlägt er die Errichtung eines europäischen Wirtschaftsraumes vor. Zur Belohnung wird Rathenau zum Chef der neuen Kriegsrohstoffabteilung ernannt. Nach dem Krieg wird er 1922 von antisemitischen, rechtsradikalen Offizieren erschossen werden, weil er die hohen Reparationsforderungen der Alliierten akzeptierte.[225]

Aus der blinden Menge, die in beiden Lagern gegen den Feind wüten, ragen fünf große Pazifisten heraus: Der Sozialistenführer Jean Jaurès, einer der Wortführer im Fall Dreyfus, proklamiert die Vereinigung der europäischen Arbeiter gegen den Krieg (Deswegen wird er kurz vor Ausbruch des Ersten Weltkrieges von einem nationalistischen Fanatiker umgebracht); die Revolutionäre Lenin und Trotzki benötigen den Frieden, um die zaristischen Strukturen niederzureißen; Romain Rolland erkennt, dass Europa das große Opfer des Wahnsinns sein wird, und Hermann Hesse appelliert an die Dichter, sich nicht dem blinden Hass hinzugeben. Die beiden Letzten predigen absolute Gewaltlosigkeit, ein Krieg gegen alle Kriegführenden ohne den Relativismus des »Aber« und »Jedoch«.

Im September 1914 verfasst Rolland eine Reihe von Essays, die 1915 in der Sammlung *Au-dessus de la mêlée* zusammengefasst werden. Wie sein *Jean Christophe* sind sie ein emotionaler Aufruf an die europäische Jugend, sich aus den Auseinandersetzungen herauszuhalten. Andere, die rationaler sind, wie der Pariser Mediziner und Universitätsprofessor Charles Richet (der 1913 den Nobelpreis für Medizin erhielt), möchten zeigen, dass die internationalen Gerichte und ein weltweites System von Schiedssprüchen die Kriege ersetzen können.

In einem weiteren Artikel für die *Neue Freie Presse* ändert Zweig den Ton, versucht nun, sich von dem Kriegschor zu lösen und eine humanistischere Haltung einzunehmen. Er möchte auf die Nachkriegszeit blicken – nach einem deutschen Sieg, versteht sich.[226]

---

[225] Walther Rathenau zit. nach: *Elon*, S. 304.
[226] Vgl. »Die schlaflose Welt« in: *Die schlaflose Welt*, S. 34–41. Dieser Artikel erschien am 18.8.1914 in der *Neuen Freien Presse*. Die Artikelserie von Rolland aus dem *Journal de Genève* erschien 1915 mit weiteren zusätzlichen Texten unter dem Titel *Au-dessus de la mêleé* als Buchform. Trotz des französischen Patriotismus hatte das antipatriotische Buch im Jahr der Erstveröffentlichung 92 Auflagen. In einer Fußnote macht Rolland eine Anspielung auf einen »Wiener Schriftsteller« (Zweig). Wochen vor dem Ausbruch des Krieges hätte er diesem gesagt, dass ein Unglück in Frankreich auch ein Unglück für die freien Denker in Deutschland sein würde. Vgl. *Rolland 1*, S. 79.

Unter großen Emotionen haben sich 1912 der Belgier Verhaeren und der Deutsche Dehmel in aller Öffentlichkeit umarmt, um Europa zu beweisen, dass sie über dem Chauvinismus stehen. Jetzt, zwei Jahre später, sind sie die glühendsten Kriegsdichter, ein jeder auf seiner Seite.[227]

»Um der Wahrheit die Ehre zu geben, muß ich bekennen, daß in diesem ersten Aufbruch der Massen etwas Großartiges, Hinreißendes und sogar Verführerisches lag, dem man sich schwer entziehen konnte. Und trotz allem Haß und Abscheu gegen den Krieg möchte ich die Erinnerung an diese ersten Tage in meinem Leben nicht missen.«[228] Zweig nicht und alle anderen nicht.

> Die Deutschen stellten den Russen als unheilbaren Barbaren dar, den Engländer als heuchlerischen Krämer, den Franzosen als niedrigen Sklaven der Sinnlichkeit. Engländer und Franzosen ihrerseits entdeckten im Deutschen plötzlich eine übelriechende Mischung aus gemeinem Bürokraten, verschwommenem Metaphysiker und sadistischem Hunnen. Die europäische Familie der Hochkultur wurde zerrissen, als Professoren Ehrentitel zurückgaben, die ihnen von nunmehr feindlichen Ländern verliehen worden waren, und zu beweisen suchten, daß die Ansprüche der Gegner auf Kultiviertheit nur Masken waren, die Gier oder Machtverlust verbargen.[229]

Die Mahnrufe von Romain Rolland erregen sofort nach ihrer Veröffentlichung im *Journal de Genève* den Zorn der französischen Patrioten. Unglücklicher Zufall: Zur selben Zeit, am 19. September, veröffentlicht Zweig im *Berliner Tageblatt* einen offenen Brief »An die Freunde im Fremdland«, in dem er ankündigt, die Freundschaft mit den anderen Lagern aufzuheben, bis der Krieg vorbei sei und alle am Frieden mitwirken könnten.

»Wir sind die Gleichen nicht mehr wie vor diesem Krieg, und zwischen unserm Gefühl steht das Geschick unserer Heimat. [...] Meine eigene Sache ist jetzt nicht mehr [...] meine Liebe und mein Haß gehören mir nicht mehr zu. [...] Ich muß vergessen, was ich von euch empfing, um besser fühlen zu können, was alle anderen deutschen Leute empfinden.« Er bekräftigt seine Hoffnung auf ein Wiedersehen – »(e)inerlei, wer Sieger bleibt« (dieser Satz wurde von der Zensur gestrichen) – für den gemeinsamen Aufbau einer überlegenen europäischen Kultur.

---

[227] *Steiman*, S. 109; 117.
[228] *Die Welt von Gestern*, S. 258.
[229] *Freud 2*, S. 393.

Aus Mangel an Zustimmung sendet er den Text an Rolland, der dem irregeleiteten Schüler daraufhin ein Exemplar von *Au-dessus de la mêlée* mit der ironischen Bemerkung: »Ich bin unserm Europa treuer als Sie, lieber Stefan Zweig, und ich verleugne keinen meiner Freunde« zurückschickt.

Trotz des feierlichen Tons von Zweigs Text schwingt darin auch Zuneigung zu den Freunden der gegnerischen Seite mit, sehr zum Missfallen der deutschen und österreichischen Patrioten, die ihn deswegen angreifen. Er wollte gerecht sein und ruft doch bei allen nur Anstoß hervor.[230]

In einem Brief an seinen Freund und Verleger Anton Kippenberg fantasiert er über seinen Tod in der Schlacht und benennt ihn zum literarischen Nachlassverwalter. Er lässt sich einen Bart wachsen und hält sich von den Cafés fern, in denen die Intellektuellen heroische Hymnen verfassen. Der unerbittliche Karl Kraus sagt dazu, dass die Schriftsteller sich in diesen kriegerischen Appellen ergehen, um der Rekrutierung zu entgehen.

Die deutsche Invasion Belgiens macht den sozialistischen Verhaeren zu einem kriegerischen Pamphletisten. »La Belgique sanglante« ist eines der Hasslieder des Ersten Weltkrieges. Damit ist der Meister zu weit gegangen und erschreckt seinen Schüler, die Beziehung zwischen den beiden kühlt allmählich ab. Als der Dichter jedoch mitten im Krieg von einem Zug überfahren wird, fühlt sich Zweig schuldig – der erste große Verlust.

Als Ausgleich zur Distanzierung von Verhaeren leitet der Brief von Rolland die intensive Korrespondenz der beiden wieder ein. Behutsam fängt der erfahrene Hirte das verirrte Schäfchen wieder ein.

Der alte *dreyfusard* erinnert sich an die damalige Kampagne der Intellektuellen und versucht, in Genf führende Köpfe aus ganz Europa zu versammeln, um eine Art moralisches Parlament Europas zu gründen: Gerhart Hauptmann für Deutschland; Hermann Bahr für Österreich; Ellen Key für Schweden; Maxim Gorki für Russland; Benedetto Croce für Italien; Émile Verhaeren für Belgien; Henryk Sienkiewicz für Polen; George Bernard Shaw oder H.G. Wells für England.

Zweig schließt sich diesem Vorhaben an und sucht vergeblich, Bahr, Hauptmann und Rathenau dafür zu gewinnen. Bei dieser Gelegenheit wird er über den Tod des französischen Dichters Charles Péguy und des

---

[230] »An die Freunde im Fremdland« in: *Die schlaflose Welt*, S. 42–47; S. 42–44. *Briefe SZ-Rolland*, 28.9.1914.

Deutschen Ernst Stadler, dem Übersetzer Péguys, unterrichtet; beide sind auf dem Schachtfeld gefallen (nach einem Gerücht, das von Zweig übernommen und von Rolland dementiert wird, hätten sie sich gegrüßt, bevor sie starben).

Die Nachrichten von den Kriegsgräueln entziehen den glühenden Kriegsbefürwortern den Boden und mobilisieren die humanistischen Kräfte. Die Folge ist ein Abrücken von den vulgären Ausbrüchen des Kriegsgeschreis.

Der Briefwechsel mit Rolland beseitigt jeden Zweifel. Dies zeigt der Brief, in dem sich der französische Schriftsteller bitter über die Zusendung von »Gedanken im Kriege« von Thomas Mann beklagt: »Lieber Freund, welches war Ihre Absicht, als Sie mir dieses Heft sandten? [...] Was Thomas Mann über Frankreich sagt, ist eine Schande.«[231]

Zweig schlägt vor, dass die Intellektuellen nach dem Krieg eine zweisprachige Publikation *Reconciliation/Versöhnung* herausbringen sollten. Und schon im November 1914, drei Monate nach den ersten Schüssen, legt er den vom militärischen Heroismus geprägten Tonfall ab: »Wieviel, oh, wieviel Güte und Selbstverleugnung werden wir alle ja nötig haben nach diesem Kriege!«[232]

Dank der Beziehung des Ex-Schwiegervaters, des Hofrats von Winternitz, gelingt es Friderike, den Gefährten vor der bevorstehenden Einberufung zu bewahren. Man denkt sogar daran, ihn einzuladen, an einer militärischen Akademie zu dozieren. Von der Notwendigkeit einer Teilnahme überzeugt, meldet sich Zweig als Freiwilliger beim Schwarzgelben Kreuz in der Statthalterei, einer philanthropischen Organisation der Wiener Stadtverwaltung zur Unterstützung von Hilfsbedürftigen und Flüchtlingen. Die Flüchtlingsfrage wird ihn bis zu seinem Tod beschäftigen.

Friderike und er wohnen nicht zusammen, aber sie sehen sich täglich. Sie lebt ihr eigenes Leben und engagiert sich auf Anregung einer Freundin Rollands beim Aufbau des Internationalen Komitees für dauernden Frieden. Nun sind es zwei, die dem Helden beistehen.

Am Ostermontag 1915 schreibt Rolland Friderike (die beiden führen einen separaten Briefwechsel) und versichert ihr, dass er sowohl ihr als auch Stefans Leiden verstehe und teile: »Die Stunde ist hart, aber groß [...] Es gibt Augenblicke der Menschlichkeit, in denen selbst die

---

[231] *Briefe SZ-Rolland*, 22.11.1914. An anderer Stelle bezeichnet Rolland den Artikel Thomas Manns als »ungeheuerlich«. Vgl. *Rolland 1*, S. 70.
[232] *Briefe SZ-Rolland*, 30.11.1914.

Tränen fruchtbar sind.« Darauf antwortet Friderike am 22. April 1915:
»Kaum weiß es jemand so wie ich, was Sie ihm [Stefan Zweig] bedeuten,
wie sehr er höchsten Zuspruchs würdig und leider auch bedürftig ist.
Seine Seele ist wie die eines Kindes.«
Das »Kind« selbst:

> Ein namenlos schöner Brief von Romain Rolland hebt mich über alles Traurige hinweg. [...] Er spricht mir Trost zu und mahnt zum Märtyrertum des Weltgedankens. [...] Die Tränen waren mir nah als ich seine Zeilen las, ich schien mir klein [...] ich fühle seine Existenz gleichsam als eine Anfeuerung alles Wertvollen in mir. Er und F. könnten mich vielleicht von mir selbst erlösen. Sie sagte es mir auch mit ihrem hellseherischen Instinct [sic], sie, die mich am besten von allen kennt.

Vorankündigung einer Kehrtwende:

> Ein wenig Eigenes überdacht. Ich bin jetzt so seltsam ausgestoßen, wirklich ich habe kein Recht mit den Deutschen zu sein, weil ich kein ganzer Deutscher bin. Ich empfinde je länger in [= ich] mich prüfe, umso weniger [sic] das [= die] aufrechte gerade Zustimmung, selbst zu dem heroischen [sic] nicht, weil etwas Knechtisches dabei ist. Die Kaiservergötterung z.B. ist mir unerträglich sowie die Fürstendienerei, der Mangel an Democratie [sic], der selbst jetzt so furchtbar zum Durchbruch kommt, sehr im Gegensatz zu Frankreich und England. Darüber kann ich mit den Wenigsten sprechen [...].[233]

Ohne Gesprächspartner fühlt sich Zweig in Wien verloren. Im Frühjahr 1916 lässt er sich deshalb in Kalksburg bei Rodaun nieder, wo Friderike und er zwei kleine Rokokopavillons mieten, die auf einem ehemaligen Landsitz gelegen und nur durch ein kleines Wäldchen voneinander getrennt sind. Er zieht mit seinem Diener, dem alten Joseph, ein, der sich um den Haushalt (einschließlich Friderikes Töchter) kümmert. Ganz langsam tastet er sich an das Familienleben heran.

In dieser ersten schwierigen Zeit offenbart sich die Stärke dieser Frau: Sie erzieht die Kinder, arbeitet in der pazifistischen Bewegung, schreibt seine Texte, hilft ihm die Dostojewski-Biografie zum Abschluss zu bringen und findet noch die Kraft, ihm Hoffnung einzugeben. Eine Mutter in vielerlei Hinsicht.

---

[233] Brief von Rolland an Friderike, Ostermontag 1915 in: *Briefe SZ-FZ*. Brief von Friderike an Rolland, 22.4.1915 in: *Briefe SZ-Rolland. Tagebücher,* 22.11./26.12.1914.

»Stefan Zweig, simpler Rekrut und Dichter a. D.«, so unterzeichnet er einen Brief an seinen Freund Franz Servaes.[234]

Die rasche Meinungsänderung hat ihren Preis. Das Spannungsverhältnis zwischen der Kriegsbegeisterung und der Erkenntnis von der Grausamkeit des Krieges verursacht eine tiefe Zerrissenheit. Zweig kommt ins Grübeln, denkt nach, beginnt zu leiden.

Niedergeschlagenheit ist das Erste, von dem man Notiz nimmt in einem Leben, das bis dahin von Lebhaftigkeit beherrscht war. Der Kriegseintritt des geliebten Italien gegen Österreich steigert seine Mutlosigkeit: Hat er zuvor Frankreich, die geistige Heimat, verloren, wird er nun von dem Herkunftsland seiner Mutter getrennt. Von den Ländern, die er am meisten liebt, zum Feind gemacht; über die Frivolität seiner Landsleute verärgert; mit der deutschen Kultur solidarisch und unfähig, die gegensätzlichen Empfindungen zu steuern, verliert er das seelische Gleichgewicht. Sowohl seine erste als auch seine letzte Depression werden von Kriegen ausgelöst: Beim ersten Mal rettet ihn der Kampf für Frieden, beim zweiten aber wird er ihn umbringen.

Auch Rolland tauchte in den ersten Kriegsmonaten unter. Kurz vor dem Beginn der Feindseligkeiten vertraute er seinem Tagebuch am 3. August an: »Ich möchte tot sein. Es ist furchtbar, inmitten dieser wahnsinnigen Menschheit zu leben und ohnmächtig dem Bankrott der Zivilisation beizuwohnen. Dieser europäische Krieg ist die größte Katastrophe der Geschichte seit Jahrhunderten, der Zusammenbruch unserer heiligsten Hoffnungen.«

Jahre später nannte er die Gründe für diese Reaktion. »Ich brauchte Zeit, um meinen Weg in dieser Finsternis zu finden. Und ich dachte kaum daran, andere zu führen. Dies war nicht meine Aufgabe. Wer war ich denn? Ein musikalischer Dichter, den zuweilen Zukunftsahnungen heimsuchten.« Hinsichtlich eines sozialen Handelns verlässt er sich auf die mit ihm befreundeten Intellektuellen, Universitätslehrer und Sozialisten. »Nichts kam […] Alle hatten abgedankt und Jaurès war umgebracht. Völlige Einsamkeit.«[235]

Im November 1914 wird Zweig dem Kriegsarchiv des österreichischen Heers zugeteilt. Trotz der bereits vorhandenen Antikriegshaltung kann er dem nicht entgehen. Aber es tröstet ihn, dort Albert Ehrenstein, Hermann Bahr und später Franz Werfel und dem erhabe-

---

[234] Brief vom 10.12.1914 zit. nach *Prater*, S. 120.
[235] Tagebucheintragung vom 3.8.1914 in: *Rolland 4* Bd. 1. *Rolland 1*, S. 16/17.

nen Rainer Maria Rilke, der in Uniform eine traurige Figur abgibt, zu begegnen.

Sie geben Zeitungen für die Soldaten an der Front heraus und ordnen und sichten die zur Archivierung bestimmten Materialien. Eine schwierige Situation: Er braucht Frieden und unterwirft sich doch dem sich im Krieg befindenden Staat. Trotz allem folgen mehrfache Beförderungen: Im Dezember 1914 ist Zweig schon Gefreiter, im April 1915 wird er zum Unteroffizier und im Juli zum Feldwebel befördert.

Ihm gefällt die Abteilung nicht, die Gruppenarbeit und die Atmosphäre befremden ihn: Die Untergebenen schimpfen auf den Oberstleutnant, der auf den Generalstab schimpft, der auf den ...[236] Dazu kommen die Probleme, mit denen sein Bruder Alfred im familiären Textilunternehmen konfrontiert ist. Es ist gerade die Summe aller großen und kleinen Kümmernisse, die eine Depression ausmachen.[237] Die Lösung wäre, sich einem fesselnden Projekt zu widmen. Aber den Deprimierten kann kein Projekt fesseln.

Weiterhin schreiben sich Friderike und er lange Briefe:

> Könnt ich Dir jetzt Arbeitsruhe schaffen. Diese herrliche Arbeit, die Du vorhast, oh machtest Du doch den Anfang, wer weiß ob sie nicht so stark wird in Dir, daß sie alles besiegt. [...] Steife Dich nicht gegen das Mögliche, selbst gegen das Wunder darf man nicht mißtrauisch sein.[238]

Eine »herrliche Arbeit« – Anfang 1915 bewegt sich etwas. Friderike nimmt in den Briefen Bezug auf das neue Projekt des Gefährten, ohne jedoch in die Details zu gehen. Auch Zweig lässt es in seinem Tagebuch unerwähnt. Erneut macht er mit Dostojewski eine Pause: Er muss bemerkt haben, dass er, hätte er sich weiter dieser Figur unterworfen, in den Abgrund mitgerissen worden wäre.

> Der Stoff lag in mir bereit [...]. Ich hatte den Gegner erkannt, gegen den ich zu kämpfen hatte – das falsche Heldentum, das lieber die andern vorausschickt in Leiden und Tod, den billigen Optimismus der gewissenlosen Propheten, der politischen wie der militärischen, die, skrupellos den Sieg versprechend, die Schlächterei verlängern [...] ließ mich oft zweifeln, ob ich selbst wahnsinnig sei unter all diesen Klugen oder vielmehr allein grauenhaft wach inmitten ihrer Trunkenheit. So wurde es nur natürlich für mich, die

---

[236] *Tagebücher*, 8.1.1915.
[237] Alfred Zweig hatte einige ernste finanzielle Probleme mit den Behörden. Vielleicht vermied es Zweig aus Scham, Einzelheiten darüber preiszugeben. Aber während des Januar 1915 finden sich im Tagebuch einige Andeutungen.
[238] *Briefe SZ-FZ*, März 1915.

eigene, die tragische Situation des ›Defaitisten‹ [...] in dramatischer Form zu schildern.

Um der Hochnäsigkeit der Gewinner entgegenzutreten, möchte Zweig zeigen, dass es auch Verlierer gibt; eine Tatsache, die die Staatsmänner, Generäle und deren Anhänger in der Siegesgewissheit und im Glauben an die Unfehlbarkeit der eigenen Motive beharrlich ignorieren.

> Ich wählte als Symbol die Gestalt des Jeremias, des vergeblichen Warners. Aber es ging mir keineswegs darum, ein ›pazifistisches‹ Stück zu schreiben, die Binsenwahrheit in Wort und Verse zu setzen, daß Frieden besser sei als Krieg, sondern darzustellen, daß derjenige, der als der Schwache, der Ängstliche in der Zeit der Begeisterung verachtet wird, in der Stunde der Niederlage sich meist als der einzige erweist, der sie nicht nur erträgt, sondern sie bemeistert. [...] Mitten im Kriege, indes die andern sich noch, voreilig triumphierend, gegenseitig den unfehlbaren Sieg bewiesen, warf ich mich schon in den untersten Abgrund der Katastrophe und suchte den Aufstieg. Aber unbewußt hatte ich, indem ich ein Thema der Bibel wählte, an etwas gerührt, das in mir bisher ungenützt gelegen: an die im Blut oder in der Tradition dunkel begründete Gemeinschaft mit dem jüdischen Schicksal.[239]

Die Erzählung *Im Schnee* von 1901 ist bis zu diesem Zeitpunkt seine einzige Arbeit mit jüdischer Thematik gewesen. Nach dieser hat er nur noch ein Gedicht über Spinoza, der nicht nur im jüdischen Kontext verhaftet war, geschrieben. In den Tagebüchern offenbart er, dass er immer schon über den großen Propheten, der warnt und tröstet, schreiben wollte. Obwohl kein *homo judaicus* und damit nicht gewohnt, auf die Heilige Schrift zurückzugreifen, findet er plötzlich in ihr seine Quelle.[240]

Zum ersten Mal versetzt er sich in eine Figur in einem Identifikationsprozess, wie er so nur unter großen Emotionen möglich ist. Zweig, ein Neuling in der Kunst des sich Spiegelns, erahnt nicht, wie belastend dies sein kann. »Jetzt zum erstenmal [sic] hatte ich das Gefühl, gleichzeitig

---

[239] *Die Welt von Gestern*, S. 289-291. *Jeremias* erscheint erstmals am 17.5.1915 im Tagebuch, etwa zwei Monate nach Beginn der Ausarbeitung. Am 9.7. sagte er dazu: »Der dritte Akt muß noch diese Woche fertig werden.« Am 30.7. vollendete er den Entwurf; im November einen weiteren. Es gibt weitere, stets kurze Anmerkungen bezüglich des Arbeitsprozesses. *Dostojewski* wurde im Januar (letzte Erwähnung am 25.1.) zur Seite gelegt. Am 3.3.1915 hielt Zweig fest, dass er Tolstois *Krieg und Frieden*, »ein Evangelium für unsere Zeit«, lese. Der Krieg beherrschte die Szene, der Kleinkrieg während seiner literarischen Arbeit blieb verborgen.
[240] In dieser Zeit schrieb er auch *Die Legende der dritten Taube*, die sich auf die biblische Geschichte der Arche Noah bezieht, ohne jedoch Verbindungen zum Judentum herzustellen.

Abb. 1 Den Anstoß für das Buch gab dieses Foto mit einer Widmung von Stefan Zweig für Israel Dines, das einige Jahrzehnte im Büro meines Vaters an der Wand hing. Es wurde während Zweigs erster Brasilienreise (August 1936) verteilt und ist mit dem Stempel von Wolf Reich (auf dem rechten Arm) versehen.

Abb. 2 Pazifist in Uniform im Kriegsarchiv um 1916, in dem auch Rainer Maria Rilke, Alfred Polgar, Albert Ehrenstein und Franz Werfel dienten.

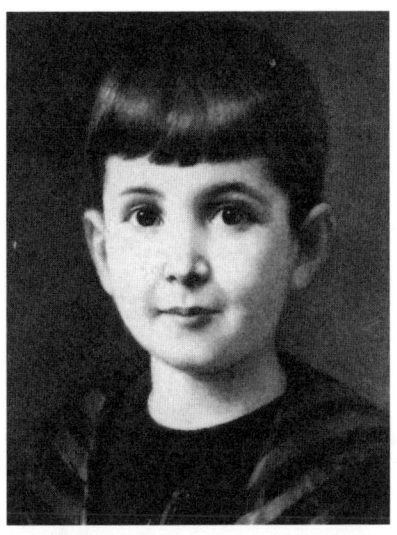

Abb. 3 Zweig im Alter von vier Jahren. Auffallendes Merkmal: die strahlenden und lebendigen Augen (Wien, 1885).

Abb. 4 Zweig, Mitte 20 als Student in Wien.

Abb. 6 Ein Holzschnitt des Freundes und pazifistischen Mitstreiters Frans Masereel für die zehnbändige russische mit einem Vorwort von Maxim Gorki versehene Ausgabe der Gesammelten Werke Zweigs (1927).

Abb. 5 Zweig als Schriftsteller auf dem Höhepunkt seiner Karriere in den 20er Jahren.

Abb. 7 Friderike Maria von Winternitz, geborene Burger; 1912 lernte sie Stefan Zweig in Wien kennen (1920).

Abb. 8 (I) *Fritzi* und *Stefzi*, eine Romanze in den 20er Jahren zu Beginn der literarischen Erfolge.

Abb. 8 (II) Die beiden 1935, die Zeit hat erste Spuren hinterlassen.

Abb. 9 Familienalbum: das Paar mit Friderikes Töchtern Susanne und Alix im Garten des Hauses am Kapuzinerberg in Salzburg, mit Spaniel Kaspar.

Freunde, Meister, Mentoren

Abb. 10 Theodor Herzl, der Zweig 1901 in den Literaturkreisen bekannt machte.

Abb. 11 Der künstlerische »Vater«: der belgische Dichter Émile Verhaeren

Abb. 12 Der zweite »Meister«: der französische Humanist Romain Rolland

Abb. 13 Sigmund Freud, der Zweig den Weg zur menschlichen Psyche zeigte.

Abb. 14 Richard Strauss, sein Partner bei der Opera Buffa *Die schweigsame Frau* (1935)

Abb. 15 Zweig mit Joseph Roth, seinem Schützling und unerbittlichen Kritiker (Ostende, Juli 1936)

Abb. 16 Zweig mit Roger Martin du Gard (in der Mitte) und Jules Romains, seine Stützen in den letzten Lebensmonaten (Nizza, Januar 1935).

Abb. 17 Zweig mit Victor Fleischer, dem Freund und Vertrauten (Bath, 1939).

Au dessus de la mêlée, über dem Getümmel

Abb. 18 Das Jagdschlösschen auf dem Kapuzinerberg in Salzburg, in dem Zweig von 1919 bis 1934 lebte und seine erfolgreichen Bücher schrieb.

Abb. 19 Sein Haus *Rosemount* in Bath diente ihm nur kurz als Zuflucht (von September 1939 bis Juni 1940).

Abb. 20 Charlotte Elisabeth Altmann, genannt Lotte, von Friderike in London als Sekretärin ausgewählt. Mit ihr fuhr Zweig 1934 nach Schottland, um Material für seine Biografie *Maria Stuart* zu sammeln.

Abb. 21 Zweig mit dem Schriftsteller Scholem Asch (Nizza, Januar 1935). In diesen Tagen, kurz vor der Abreise nach New York, entdeckte Friderike (stehend) die Affäre ihres Ehemannes mit der Sekretärin.

Abb. 22 Zweig in Estoril nahe Lissabon (Januar 1938). Während dieser Portugalreise mit der Absicht, die dortige Regierung von Angola als möglichen Zufluchtsort für jüdische Flüchtlinge zu überzeugen, hatte er eigentlich unerkannt bleiben wollen.

Abb. 23 Im Garten des Hotels Atlântico, Monte Estoril, bei der Revision des Romans *Ungeduld des Herzens*.

aus mir selbst zu sprechen und aus der Zeit. Indem ich versuchte, den andern zu helfen, habe ich damals mir selbst geholfen.«[241] Der Prophet der Niederlage bringt ihn Martin Buber, dem Philosophen des Dialogs, von dem er sich durch Distanzierung vom Zionismus entfernt hat, wieder näher. Jetzt wendet er sich mit »Lieber verehrter Herr Buber« an ihn und zollt ihm trotz der Meinungsverschiedenheit großen Respekt. Jeremias kann als Brücke gedient haben: Im Briefwechsel während der Kriegszeit ist neben den aufrichtigsten – und vielleicht arglosesten – Enthüllungen über seine Gedanken zum Judentum auch von »einer großen [...] jüdischen Tragödie« die Rede.[242] Er sendet Buber Teile des Werkes, fühlt, dass der Philosoph es besser verstehen könnte als Rolland. Das Ziel seines Projektes ist klar: das Bild der Propheten, die selbst Gott gegenüber aufbegehrten, wieder zu beleben; dem Pazifismus eine historische Dimension zu geben und zugleich das Judentum aus dem Ghetto zu holen.[243]

> (D)er Hymnus des jüdischen Volkes als des auserwählten – aber nicht im Sinn des Wohlergehens, sondern des ewigen Leidens [...] Der Krieg hat mir, der ich das Leiden als Macht liebe, als Tatsache aber schauernd fühle, diese Tragödie aufgetan [...] ich sage nur Ihnen, daß ich entsprechend meiner Natur, die ganz auf Bindung, auf Synthese gestellt ist, das Judentum nie mir als Kerker der Empfindung wählen möchte, der Gitterstäbe des Begreifens gegen die andere Welt hat [...] Nie habe ich mich durch das Judentum in mir so frei gefühlt als jetzt in der Zeit des nationalen Irrwahns – und von Ihnen und den Ihren – trennt mich nur dies, daß [...] ich die Diaspora liebe und bejahe als den Sinn seines Idealismus, als seine weltbürgerliche allmenschliche Berufung. [...] Für mich ist die Geschichte des jüdischen Geistes [...] [die] einer ewigen Revolte gegen die Realität [...] hoffentlich erkennen Sie, daß das Vertrauen, das Sie mir menschlich seit Jahren entgegenbrachten, kein vergeudetes war.[244]

---

[241] *Die Welt von Gestern*, S. 291.
[242] *Briefe 1914–1919*, 8.5.1916. Zweig und Buber lernten sich 1903 kennen und korrespondierten 25 Jahre miteinander. Von dem Briefwechsel sind 46 Briefe mit hauptsächlich jüdischen Themen erhalten geblieben. Fünf der Briefe stammen aus der Kriegszeit (1916–1918). Die Wiederannäherung geschah, als Buber Zweig einlud, für die Zeitschrift *Der Jude*, die er leitete, Artikel zu schreiben. Vgl. *Klawiter 1*, S. 483. Martin Buber (1878–1965), Philosoph, überzeugter Zionist und Vertreter der Idee der »deutsch-jüdischen Symbiose«, gehörte bis zur Emigration nach Israel 1938 zu einer der führenden Figuren des jüdischen Geisteslebens in Deutschland.
[243] *Die Welt von Gestern*, S. 291.
[244] Briefe an Buber vom 8.5.1916; 24.1.1917; 15.6.1917 in: *Briefe 1914–1919*. Ungeachtet der Abgrenzung vom Zionismus war Buber ihm mit seinem ästhetischen Zionismus am nächsten.

Die Anregung zu *Jeremias* kann durch Richard Beer-Hofmann, einem seiner Idole und seiner ältesten Freunde, gekommen sein, der sich, in das poetische Gefühl des auserwählten Volkes versunken (Jaákobs Traum, 1918), dem biblischen Weg zugewandt hatte. Das Substantiv »Jeremiade« mag Zweig zur Thematik des Jeremias geführt haben. Er verfasst ein Drama über das Schicksal des Visionärs, den keiner hören wollte.[245]

In diesem Kontext taucht auch *Tersites* wieder auf: »Von meinem ersten Stück ›Thersites‹ [sic] an hatte mich das Problem der seelischen Superiorität des Besiegten immer wieder von neuem beschäftigt. Immer lockte es mich, die innere Verhärtung zu zeigen, die jede Form der Macht in einem Menschen bewirkt, die seelische Erstarrung, die bei ganzen Völkern jeder Sieg bedingt.«[246]

Während der Auseinandersetzung mit dem Propheten, während des magischen Schaffensprozesses wird er von Prophetismus durchdrungen. So beginnt er im April 1915 seltsamerweise in einem Moment über »die jüdische Tragödie« zu sprechen, in dem sich niemand mit ihr beschäftigt. An Rolland schreibt er: »Belgien wird nach dem Kriege, wie immer er ende, auferstehen und genesen: die jüdische Tragödie *beginnt* erst mit dem Frieden.« Wenig später lässt er sich in einem Antwortschreiben an den Kulturkritiker Abraham Schwadron erneut von Vorahnungen übermannen: »(D)ieser Krieg ist die Tragödie des Judentums in Polen [...] mehr als jedes andere Volk werden sie leiden, ohne Triumphe zu haben wie jene.« Er irrt sich in der Zeit, er ist zwei Jahrzehnte zu früh.[247]

---

[245] Robert Dumont stellt die These auf, dass die Figur vielleicht von Rolland aufgrund seiner Empfehlung der Lektüre von Ernst Renans *Histoire du peuple d'Israel* von 1887–1893 vorgeschlagen worden sei. In einem Brief an den jungen Freund über die Schrecken des Krieges verglich Rolland Renan, den er gut kannte, mit Tolstoi. In seiner Antwort schrieb Zweig dem Freund, dass er »in der *Jüdischen Geschichte* Ihres Meisters Renan die wundervollen Worte über die Propheten« gelesen habe. Zu diesem Zeitpunkt hatte Zweig schon mit der Arbeit am *Jeremias* begonnen. Die nachträgliche Lektüre des Werkes von Renan, vor allem hinsichtlich des Propheten, bereicherte jedoch sicherlich sein Wissen. Vgl. *Briefe SZ-Rolland*, 10.10.1915; 29.3.1916. Dumont 2, S. 90–91.

[246] *Die Welt von Gestern*, S. 290.

[247] *Briefe SZ-Rolland*, 13.4.1915. Brief an Abraham Schwadron, undatiert, wahrscheinlich Anfang Mai 1915 in: *Briefe SZ-Freunde* (der Herausgeber Richard Friedenthal ordnete ihn in den Sommer 1916 ein). Abraham Schwadron (später Sharon, 1878–1957) wurde in Galizien geboren, studierte in Wien Chemie und wurde unter dem Einfluss von Karl Kraus, mit dem er in der *Fackel* zusammenarbeitete, zu einem Polemiker. Als radikaler Zionist emigrierte er 1927 nach Israel, wo er weiterhin Bücher und Essays verfasste.

Jeremias nähert ihn wieder Buber an, aber fesselt ihn auch an Rolland, der ihm den Widerstand gegen das Herdendenken, ein Modell des lyrischen Individualismus zugunsten der Menschheit anbietet. Die Briefe werden immer häufiger, Zweig spricht schon von »unseren Überzeugungen« und übersetzt einen Artikel des Meisters »Nächstenliebe, Feindeshaß« für die *Neue Freie Presse*, woraufhin ihm Rolland dankt: »Sie sind jener großherzige europäische Geist, den unsere Zeit braucht und auf dessen Kommen ich seit zwanzig Jahren wartete.«[248]

Plötzlich wandelt sich die Schwäche in Stärke. Mit 34 Jahren tritt eine Entschlossenheit zutage, und er ist bereit, den Preis dafür zu bezahlen. Aus der Distanz jedoch besser informiert, beobachtet ihn Rolland: »Wie immer wird die Welt durch Leiden erneuert werden.«[249]

Während seiner Reise an die Front in Galizien, wo die Russen die Feinde sind, wird Zweig mit Bergen von Toten, Massen von Lebenden, Unmengen von lebendigen Toten, Hungernden und Frierenden konfrontiert. Der intellektuelle Pazifismus wird durch die Abscheu vor Gewalt und den Ekel vor Blut noch verstärkt. Die erfahrene Brutalität vollendet die Wandlung vom elegant uniformierten Schriftsteller-Soldaten zum ergebenen Missionar für die pazifistische Sache.

Zurück in Österreich arbeitet er wie in alten Zeiten. In der ländlichen Szenerie von Kalksburg wird er, selbst beschützt von Friderike, zum Beschützer einer eilig gegründeten, fast symbolischen Familie. Dank der Privilegien des Militärs bringt er täglich aus Wien frisches Brot, eine im Garten gehaltene Ziege liefert Milch. Oft erhält er Besuch von geliebten Freunden, darunter sehr häufig Rilke.

Mit Ruhe und Zufriedenheit – zwei ihm selten vergönnte Schätze – entwickelt er, sich auf das Alte Testament stützend, seine ganz eigene Bibel: die neun langen Bilder des *Jeremias*. Er weiß nicht, wer den Weltkrieg gewinnen wird, aber aus dem persönlichen Krieg geht der innere Frieden praktisch als Sieger hervor.

Je mehr er sich mit den Qualen des Propheten befasst, umso mehr kristallisiert sich seine prophetische Gabe heraus:

---

[248] *Briefe SZ-Rolland*, 4.5.1915. In Österreich herrschte eine seltsame Atmosphäre der Freiheit. Es befand sich im Krieg mit Frankreich. Doch die wichtigste Zeitung des Landes publizierte den Artikel eines französischen Autors, also eines »Feindes« und mehr noch Pazifisten (mit kleinen, von Zweig akzeptierten Kürzungen). Zu diesem Zeitpunkt des Konflikts zeigten sich erste Veränderungen: Der österreichische Nationalismus versuchte sich, immer mehr von der deutschen Führung zu lösen, während Frankreich als ein »geringerer Feind« als England angesehen wurde.
[249] Brief von Rolland an Friderike, Ostermontag 1915 in: *Briefe SZ-FZ*.

Ich weiß, daß keiner in der Welt um Gnade für Deutschland bitten wird, daß es zerstampft wird bis zum Äußersten. Denn jetzt kennt man seine Kraft. Man weiß, daß es in fünfzig Jahren wieder auferstehen wird mit dämonischer Kraft, darum soll ihm das Rückgrat jetzt ganz gebrochen werden. Dazu dies katastrofale [sic] Unglück mit der Lusitania, das Deutschland den Haß der ganzen Welt, besonders Amerikas auf den Hals hetzt: diese brutale Kriegsführung ist jetzt einfach Wahnsinn.[250]

Nach der Veröffentlichung zu Ostern 1917 werden sofort einige Tausend Exemplare von *Jeremias* verkauft, ein Rekord in diesen schwierigen Zeiten, vor allem, wenn man seine subversive Thematik bedenkt. Im ersten und vielleicht einzigen Überschwang aufrichtiger Bewunderung sieht es Thomas Mann als »die bedeutendste dichterische Frucht des Krieges« an.[251] Rilke schreibt ihm enthusiastisch ebenso wie Rathenau und Dehmel, seine Freunde und Ratgeber. Buber ist begeistert, das Judentum in der Tragödie in eine zeitgenössische und universelle Botschaft verwandelt zu sehen. Rolland gegenüber gesteht Zweig: »Dies ist wahrhaft die erste Sache von mir, die ich liebe, weil es nicht mehr literarisch ist, weil es einen moralischen Willen hat.«

Der Kenner des Metiers sagt dazu: »Das zeitgenössische Theater hat nur wenige Werke dieses Ranges aufzuweisen.«[252] Rolland jedoch hat insgeheim seine Vorbehalte: Das Werk scheint ihm zu pathetisch und zu jüdisch, obschon es von großer moralischer Schönheit sei. Zweig ist bewegt, als der Meister ihn in einem den großen internationalen Sozialisten (Jean Jaurès, Karl Liebknecht, Rosa Luxemburg, Kurt Eisner und Gustav Landauer) gewidmeten Text zu den Erbauern einer neuen Welt zählt.[253]

Aus Dankbarkeit derjenigen gegenüber, die die Metamorphose und den Triumph ermöglicht hat, widmet Zweig das Werk der Gefährtin und schenkt ihr das edel in rotes Leder gebundene und mit einem Wid-

---

[250] *Tagebücher*, 8.5.1915. Das britische Passagierschiff mit etwa 2000 Passagieren an Bord wurde am 7.5. durch ein deutsches U-Boot in der Irischen See torpediert. Lediglich 500 Personen konnten gerettet werden. Da unter den Opfern auch über 100 Amerikaner waren, verschärfte sich die antideutsche Stimmung in den USA. Die Wiederaufnahme des U-Boot-Krieges Anfang 1917 zwang Präsident Woodrow Wilson, die Neutralität aufzugeben. Mit der Kriegserklärung gegen Deutschland vom 6.4.1917 traten die Vereinigten Staaten schließlich in den Ersten Weltkrieg ein.
[251] Thomas Mann zit. nach: Prater, S. 135.
[252] *Briefe SZ-Rolland*, 9.12.1917; 15.11.1917.
[253] Rollands Artikel namens »Vox Clamantis« wurde in der Zeitschrift *Coenobium* veröffentlicht. Vgl. *Niémetz*, S. 199.

mungssonett versehene Manuskript »Stefan war so ergriffen und sagte mir Worte, die ich nie vergessen werde. Er, der Gute, bat mich, jeden Kummer zu verzeihen, den er mir bereitete. [...] Er fragte mich, ob ich denn hätte zweifeln können, daß er mich zu seiner angetrauten Frau gemacht hätte, wenn meine katholische Heirat nicht dazwischen stünde.«[254]

In Österreich werden die Veröffentlichung und der Erfolg des Werkes als Beispiel für Zweigs Gabe zur Versöhnung angesehen. Seine Artikel für den Frieden werden in den wichtigsten Zeitungen gedruckt. Die Korrespondenz mit Rolland läuft über die Schweiz. »Immer ist man genötigt [...] darauf hinzuweisen, daß damals die Länder, die Führer, die Kaiser, die Könige, in der Tradition der Humanität aufgewachsen, sich im Unterbewusstsein des Krieges noch schämten. [...] im Gegenteil, jedes wetteiferte zu zeigen, zu beweisen, zu erklären, zur Schau zu stellen, daß es eine ›Kulturnation‹ sei.«[255]

Er möchte reisen, aber der Krieg sperrt ihn ein. Er muss sich mit Rolland in der Schweiz treffen, darüber hinaus soll er dort den Proben für die Theaterinszenierung beiwohnen. Trotz der gekürzten Fassung (die vollständige hätte zwei Vorführungen von drei Stunden erfordert) hat er das Drama für die Bühne, seine Leidenschaft, konzipiert. Friderike sagt dem Leiter der *Neuen Freien Presse* (die wie die gesamte Presse den Krieg befürwortet) einen monatlichen Artikel von Zweig zu, und zum Ausgleich soll die Zeitung seine Enthebung vom Militärdienst erwirken. Dies ist nicht schwer, die Behörden wissen, dass Zweigs Präsenz in der Schweiz einen moralischen Sieg über die Propagandamaschinerie des Feindes darstellen wird.

Harry Graf Kessler, der äußerst einflussreiche Freund Rathenaus, erleichtert die Angelegenheit. Kurz vor seinem 36. Geburtstag reist Zweig im November 1917 mit Friderike in die Schweiz und zu seinem ersten Triumph. In Zürich hat er außer der Beaufsichtigung der Proben für *Jeremias* noch eine wichtigere Mission: Rolland den neuen Stefan Zweig zu zeigen, der gerade das Licht der Welt erblickt hat. Er hat seinen ers-

---

[254] *Friderike 2*, S. 61. Als Friderike 1938 Österreich verließ, wurde das Manuskript, zusammen mit weiteren Besitztümern, von der Gestapo konfisziert. Frikerike konnte sich später nur an folgende Zeilen des Sonettes erinnern: »Als rings im Land die Waffen starrten/Und Feuer unsere Welt verheerte,/Was war da mein, ein kleiner Garten/Und Du darin, Geliebte und Gefährte.« Vgl. *Friderike 1*, S. 70. In seinen Erinnerungen erwähnt Zweig weder das Geschenk noch das der Ex-Ehefrau gewidmete Sonett.

[255] *Die Welt von Gestern*, S. 295.

ten Meister verloren, den zweiten lässt er jedoch nicht los. Er übersetzt Teile des *Clérambault* – der Kampf des Individiums, gegen die kollektive Unterdrückung – und die Essays »L'un contre tous« und »Aux peuples assassinés«. Rolland leitet die für die Kriegsgefangenen zuständige Sektion des Internationalen Roten Kreuzes, in der Hermann Hesse auch engagiert ist.

»Ich bin immer tief bewegt nach jedem Beisammensein. [...] Das wunderbar Leise seiner Existenz [...] gibt ihm ein großes Geheimnis von Güte und Liebe [...] ›plus qu' un homme, il est un symbole‹.« Es ist entschieden: Er wird eine Biografie von Romain Rolland schreiben.

An seinem Geburtstag verfasst er ein »›Testament des Gewissens‹ [...] für den äußersten Fall« – ungeachtet der Freistellung fürchtet er, einberufen zu werden. Sollte dies geschehen, müsste er desertieren.[256]

Auch Rolland mag ihn:

> Stefan Zweig hat sein jugendliches Aussehen behalten [...]. Dieses Gesicht mit der langen Nase erweckt zunächst den Eindruck von semitischer Schläue, vor der man seine Sympathie auf der Hut sein läßt; seine ein wenig schwere, zähe und (wenn er französisch spricht) monotone Redeweise ist nicht anziehend. Doch in dem Maße, wie man sich mit ihm unterhält, erkennt man die Geradheit und den Adel seines Charakters. (Ich hatte das Gefühl, daß der Wille, wie es bei Juden von hohem Rang mitunter der Fall ist, großen Anteil an diesem inneren Adel hat: er will von höherer Moral, von untadeligem Takt sein usw. Aber Tatsache ist, daß Zweig es wirklich ist [...] Er ist sehr menschlich und zugleich von beachtlicher moralischer Unnachgebiebigkeit in allem, was gegen das ›Menschliche‹ verstößt.[257]

»Ich möchte Sie (schon seit langem) um einen Gefallen bitten: nennen Sie mich nicht länger ›Meister‹. Wir sind alle Lehrlinge.« »Zweig war einer der edelsten und mutigsten in unserem kleinen Europa.« Keiner bemerkt es, aber durch sein Engagement bei höheren Aufgaben auf moralischem Gebiet beginnt Zweig allmählich, Rollands Figur *Jean Christophe* ähnlich zu werden.[258]

Die friedliche Schweiz hört auf, lediglich ein Erzeuger von Uhren und Schokolade zu sein, und wird zu einer Republik des Geistes, einem Mekka der internationalen und friedliebenden Intelligenz. Im Herzen

---

[256] *Tagebücher*, 24.11./26.11./28.11.1917
[257] Tagebucheintragung im November 1917 in: *Rolland 4* Bd. 3.
[258] *Briefe SZ-Rolland*, 1.1.1918. Jouve, Pierre-Jean: *Romain Rolland vivant 1914–1919*. Ollendorff. Paris 1920, S. 228.

eines angsterfüllten Europas schlägt die Gewissheit der großen Sache. Wie zwei Jahrzehnte zuvor in der Dreyfus-Kampagne verbindet der Pazifismus Sozialdemokraten, Sozialisten, Revolutionäre, Anarchisten, Mystiker, Liberale, Ästheten und Feministinnen. Es ist kein Platz für Rivalitäten und Differenzen, alle eint die Idee der Menschlichkeit: Hermann Hesse, James Joyce, Andreas Latzko (ungarischer Romancier und Autor eines ergreifenden Romans gegen den Krieg), Henri Guilbeaux (Übersetzer von Zweigs Poesie), René Schickele, René Arcos, den Belgier Frans Masereel (dessen Holzschnitte über die Schrecken des Krieges ihn zum Nachfolger Goyas machten) und den Vater der Pazifisten und Friedensnobelpreisträger, Alfred Fried. Zweig und Pierre-Jean Jouve riskieren mit der Teilnahme an einer Lesung in Zürich, in der der eine Abschnitte aus dem *Jeremias* und der andere seine Friedensgedichte liest, den Zorn der Landsleute und die Repressalien ihrer Regierungen.[259]

»Alle spürten wir – ›we few, we happy few, we band of brothers‹ – mit dem persönlich Gefährlichen auch das Einmalig-Verwegene unseres Zusammenseins [...] Nie mehr in reiferen Jahren habe ich so enthusiastische Freundschaft empfunden wie in jenen Stunden in Genf.«[260]

Trotz seines Verdrusses, seinen Namen im Comité Directeur der Zeitschrift *Clarté* von Henri Barbusse und Magdeleine Marx zu sehen, ohne zuvor um Einverständnis gebeten worden sein, genehmigt Zweig die Hinzufügung des Namens; es ist nicht die Zeit für Zimperlichkeiten. Lenin telegrafiert Rolland und lädt ihn ein, in den berühmten Zug, der ihn 1917 zurück nach Russland bringen würde, zuzusteigen, er möchte dessen moralische Autorität bei der revolutionären Sache. Rolland lehnt ab, er zieht es vor, seine Unabhängigkeit zu behalten. Er wird jedoch zeit seines Lebens die Nähe zum Kurs der ersten Kommunisten halten.

---

[259] Der Wiener Alfred Hermann Fried (1864–1921), Protopazifist des vorherigen Jahrhunderts, erster militanter Kriegsgegner und Publizist, bekam 1911 den Friedensnobelpreis (gemeinsam mit dem Holländer Tobias Asser) und gründete 1892 die Deutsche Friedensgesellschaft. Er verteidigte die Idee, dass die »weltweite Anarchie« nicht durch die Gesetzgebung aufgehoben werden könne, sondern durch die geistige Erneuerung und die Annäherung zwischen den Völkern. Während des Ersten Weltkrieges verließ Fried Deutschland und ließ sich in der Schweiz nieder. 1918 sprach er sich gegen die Vorschriften des Versailler Vertrages aus. Pierre-Jean Jouve (1887–1976), französischer Dichter und Romancier, fand, beeinflusst von der Psychoanalyse und den christlichen Mystikern, seine Inspiration in den tragischen Aspekten der *conditio humana*.

[260] *Die Welt von Gestern*, S. 307; S. 309. Das Zitat stammt aus Shakespeares *Heinrich V.*, IV. Akt, 3. Szene.

Der Kriegseintritt der Amerikaner versetzt den Europäer Rolland in Begeisterung: »Wenn ich Kinder hätte, würde ich nach dem Krieg darüber nachdenken, sie zu Staatsbürgern der Vereinigten Staaten zu machen. Die Zukunft der weißen Zivilisation liegt für mich nunmehr dort.«[261]

Der Krieg hat ohne Ursachen begonnen und endet ohne bekennende Flaggen, erschöpft von der eigenen Zerstörungskraft. In jenen vier Jahren hat die menschliche Erfindungsgabe Riesenfortschritte in der Technologie des Tötens gemacht, jetzt ist sie verbraucht. Die mächtigen Kanonen und die unaufhörlichen Maschinengewehrsalven schweigen, die Panzer parken in den Pfützen, das Giftgas wird aufbewahrt, die Flugzeuge kommen vom Himmel herunter und vom Meeresgrund steigen die U-Boote auf.

Kurz vorher hat der Journalist und Politiker Georges Clemenceau verkündet, dass die Kriege zu wichtig seien, um von Generälen geführt zu werden. Jetzt ist es an den von der großen Aufgabe beflügelten Politiker, die sich in der Funktion von Kartografen sehen, die Karten neu zu mischen. Es gilt, die Landkarten neu zu zeichnen, Länder neu zu taufen, Allianzen zu schmieden und mit einer Schachtel Buntstifte die europäische Geschichte der letzten drei Jahrhunderte umzuschreiben. Die besten Köpfe von beiden Seiten des Atlantiks werden sich an den Verhandlungstisch setzen, um die Bedingungen für einen lang anhaltenden Frieden festzulegen. Eine solche Gelegenheit darf man nicht verpassen.

Auch Zweig zeichnet seine persönliche Landkarte. Seine Sternstunde hat er während einer Krisenzeit erlebt. Er ist unversehrt aus dem Kokon geschlüpft, gezwungen von der weltweiten Tragödie. Seine Autonomie hat er ausgelotet und seinen Weg und seine Verpflichtungen gefunden. Gegen die Exaltation und den Fanatismus ist er immunisiert – er kann nicht ausweichen.

Jeremias bleibt präsent: In einem Moment der Hochstimmung vertraut er Rolland an, dass er seinen Pass eintauschen würde: »Ich könnte vielleicht auch die jüdische Nationalität wählen – was mich sehr verlockt, wiewohl ich kein Zionist bin: aber im Sinne der Internationalität.« Er möchte der Landsmann aller sein.[262]

Nie wieder Barbarei, ein Sieg der Bildung. Die Riege der Schriftsteller und Künstler hat ihre Stärke entdeckt und an der Vorreiterrolle Gefal-

---

[261] Romain Rolland zit. nach: *Dumont 1*, S. 155/156.
[262] *Briefe SZ-Rolland*, 10.12.1918.

len gefunden. Endlich ist die Ära des Ja gekommen, von der der verstorbene Verhaeren immer geträumt hatte. Für den sehr viel skeptischeren Freud hat der Krieg »den Urmenschen in uns wieder zum Vorschein kommen« lassen.[263] Mit 18 Jahren Verspätung geht das 19. Jahrhundert zu Ende. Ein Gefühl lebender Geschichte, eine Wendung in der Chronologie. Zum Gedenken komponiert Maurice Ravel *La Valse*, den Tanz des Übergangs.[264]

»Die Hölle lag hinter uns, was konnte nach ihr noch erschrecken? Eine andere Welt war im Anbeginn.«[265]

---

[263] Freud, Sigmund: »Zeitgemäßes über den Krieg und Tod« in: *Freud 5* Bd. 10, S. 323–355; S. 354.

[264] »Der Walzer, lange Zeit das Symbol des heiteren Wiens, wurde in den Händen des Komponisten zu einer rasenden ›danse macabre‹.« Vgl. *Schorske 1*, S. 3. Auch die Choreografin Margarita Wallmann konnte sich der fesselnden Wirkung Ravels nicht entziehen. Margarita Wallmann (1904–1992), eine Wiener Choreografin und Freundin Toscaninis, suchte während des Dritten Reichs in Argentinien Zuflucht und hielt von dort aus Kontakt zu Zweig. Sie starb in Monaco, wo sie Tanz- und Opernaufführungen inszenierte.

[265] *Die Welt von Gestern*, S. 322.

DECLARAÇÃO

… nachdem die Welt meiner eigenen Sprache
für mich untergegangen ist …

Verwirrung der Gefühle

»Meine Witterung für politisches Unheil quält mich wie ein entzündeter Nerv.«
Stefan zu Friderike Zweig
Friderike 1, S. 208

»Denn es ist der Sinn alles Verworrenen, nach der Klarheit sich zu sehnen, und alles Dunklen, nach dem Licht.«
Maria Stuart, S. 7

»So vermag ich mich nicht zu erinnern, wann ich zum erstenmal den Namen Adolf Hitler gehört […] Der Name fiel leer und gewichtlos in mich hinein.«
Die Welt von Gestern, S. 408

Kapitel 4

Haus, Gefährtin, Familie, Geborgenheit, Identität, Anerkennung – dennoch bleibt eine unkontrollierbare innere Getriebenheit. Dank seiner lebhaften Fantasie, unbezähmbaren Neugier und eisernen Disziplin erlebt Zweig zwischen 1919 und 1934 eine wahre Flut an kommerziellen und persönlichen Erfolgen, was bei eifersüchtigen Kollegen und reizbaren Kritikern Neid erzeugt und Zweig selbst lästig ist.

Im ersten Jahrzehnt des 20. Jahrhunderts hatte ihn der erdverbundene und lyrische Verhaeren beeindruckt; während des Krieges und danach berief er sich auf die moralische Instanz Rollands; jetzt, Mitte der 20er Jahre, dominiert – unerreichbar – Freud. Nicht die Person, aber dessen Lehre.

Im nahen München begreift sich der Gefreite Adolf Hitler, der sich im Krieg eine leichte Verletzung zugezogen hat, als auserwählt; vorläufig jedoch vagabundiert er ziellos herum. Er würde gerne im Heer bleiben, fern der zivilen Unsicherheit, aber ihm fehlt die Eignung für die Offizierslaufbahn. In die politischen Unruhen 1918/19 mischt er sich noch nicht ein, weil er noch nicht erkennt, wer die Feinde sind. Es ist der Hauptmann Karl Mayr, der den jungen Mann mit einer Einladung zu einem antibolschewistischen Aufklärungskurs aus seiner Apathie holt. Dort erfährt Hitler, wie man den Truppen nationalistisches und antibolschewistisches Gedankengut vermittelt – doch er wird noch weiter gehen.

Stefan Zweig ist schon weiter:

> In meinem persönlichen Leben war das Bemerkenswerteste, daß in jenen Jahren ein Gast in mein Haus kam und sich dort wohlwollend niederließ, ein Gast, den ich nie erwartet hatte – der Erfolg. [...] er kam langsam, behutsam, aber er blieb bis zur Stunde, da Hitler ihn mit der Peitsche seiner Dekrete von mir wegjagte, beharrlich und treu.[266]

---

[266] *Die Welt von Gestern*, S. 362/363. In dieser verlegenen Anmerkung zum eigenen Erfolg erklärt er, dass er ihn erwähne, um die nationalsozialistische Gewalt gegen die

»[Hitler] glich [...] einem müden streunenden Hund, der nach einem Herrn suchte. [...] Das deutsche Volk und sein Schicksal ließen ihn kalt.« Auf diese Weise nimmt der Triumph des Willens, der nur 14 Jahre später über die Welt hereinbrechen sollte, seinen Anfang – defätistisch und unentschlossen.[267]

Der Frieden von Versailles beendet das Unheil in Europa nicht. Durch die den Besiegten auferlegte Strafe, die künstlich geschaffenen Grenzen, die wirtschaftliche Krise, die galoppierende Inflation verschlimmert es sich eher. Dem armseligen Adolf Hitler gereichen die kaum zu bewältigenden Probleme, die auf Österreich und Deutschland einstürzen, zum Vorteil, dies ist seine Chance. Zweig ahnt schon die Entwicklungen, die seinen inneren Frieden aus dem Gleichgewicht bringen werden.

Er ist es gewohnt, unversehrt zu entkommen, ohne Blessuren. Aber diese Überlebenstechnik hat einen Preis: zerstörerische Ansprüche: Nichts genügt ihm, alles scheint ihm unpassend, immer mangelt es an etwas. Er erträgt das Gewicht des Gebäudes nicht, das er errichtet hat, er muss sich davon befreien.

Noch während des Krieges, noch bevor Stefan und Friderike zur Erstaufführung des *Jeremias* in die Schweiz fuhren, hatten sie Salzburg besucht. Dort verliebten sie sich in ein altes herrschaftliches Haus, ein ehemaliges erzbischöfliches Jagdschlösschen auf dem Kapuzinerberg. Heruntergekommen, aber vornehm, schien der Herrensitz der ideale Rückzugsort zu sein, um hier zu leben und zu arbeiten, ein paar Ausbesserungen würden genügen. Ein hängender und versteckter Garten, ein Hauch von Wien im Salzburger Land, eingebettet in die Landschaft, von Wäldern beschützt, ein Nest *au-dessus de la mêlée*. Dort könnte man sich, abseits aller Aufregung, über die Wirrnisse des Alltags hinwegsetzen, das Geschehen aus der Ferne beobachten, ohne sich zu beteiligen. Zweig dachte nicht lange nach: Er erwarb Haus und Grundstück.

Nun, bei Kriegsende, kehren sie mit den Töchtern aus der Schweiz zurück, und ihr erster Weg führt sie nach Salzburg, zwei Zugstunden von München entfernt, wo sich der Ex-Gefreite Hitler aufhält.

Das Haus ist doch in einem beklagenswerten Zustand, aber mehr noch das Land. Das »ewige« Österreich, im Krieg geschlagen, vermag

---

Kultur aufzuzeigen: »(I)ch habe ein besonderes Recht [...], diese Tatsache in der Geschichte meines Lebens nicht zu verschweigen.«

[267] Karl Mayr zit. nach: Kershaw 1, S. 166. In dem wenige Jahre später verfassten Buch *Mein Kampf* gab Hitler die Geschehnisse aus seiner Sicht als Resultat eines unverbrüchlichen Willens wider.

nicht, die alte Ordnung aufrechtzuerhalten; alles liegt in Trümmern. Angesichts der zerstörten Zentralmacht und ohne eine Art von Übergangslösung ist man nicht imstande, das alte Kaiserreich in eine Republik zu verwandeln.

Die neue Familie mietet sich zunächst in einem Hotel ein, und alle kümmern sich um die Errichtung ihres ersten Heimes. Der großen und kleinen Ärgernisse bald überdrüssig, überlässt Zweig fortan Friderike diese Aufgabe. Unter dem Vorwand seiner Arbeit und den Verpflichtungen, denen man nachkommen müsse, sowie der Notwendigkeit, allmählich die Papiere für die Eheschließung zu regeln, fährt er immer wieder allein nach Wien.

So beginnt eine einseitige und zugleich harmonische Partnerschaft – Stefan voller Missionen und Impulse und Friderike, die geschickte Macherin. Er im Hin und Her, sie verwurzelt.

In Wien muss er mit seiner Mutter über Friderike sprechen. Ida Zweig, herrisch und bevormundend, weiß bereits alles über die Liaison des Sohnes und hält Friderike für die ideale Gefährtin. Die Mutter kennt seine innere Unruhe und die Mittel, diese zu bändigen. Während das Haus in Ordnung gebracht wird und die Dokumente für die Hochzeit die Mühlen der früheren Kaiserreichsbürokratie durchlaufen, stellt Zweig seine Zukünftige den Eltern vor. Ida nimmt sie herzlich auf und die Schwiegertochter dankt es ihr mit großer Zuneigung (sie wird der einsamen launischen alten Dame bis kurz vor deren Tod eine treue Begleiterin sein).

Der Papierkram ist erledigt, der Termin bestimmt, da folgt die Überraschung: Die Braut erscheint nicht. Anscheinend aus eigenem Willen. Sie wird durch einen Bevollmächtigten, Felix Braun, einem Dichter und Freund der beiden, vertreten. Aber Ida Zweig ist anwesend. So ist es eine standesamtliche Trauung ohne Braut. Nach der Zeremonie in der Wiener Stadtverwaltung rufen der Bräutigam und die Schwiegermutter Friderike an, um ihr zu gratulieren.[268]

Im ersten Brief, in dem Friderike den Nachnamen Zweig benutzt, gesteht sie dem Ehemann:

> Mein Lieber, Wie [sic] hast Du die Hochzeitsnacht verbracht? [...] Ich spüre so gar keine Veränderung. Das ist so, weil Du mir meine Sentimentalität ab-

---

[268] Friderike nannte keine Gründe für ihre Abwesenheit. Felix Braun (1885–1973), österreichischer Lyriker, Erzähler und Dramaturg, zählte neben Stefan Zweig auch Rainer Maria Rilke und Hugo von Hofmannsthal zu seinen Freunden. Seine Autobiografie erschien 1949 unter dem Titel *Das Licht der Welt*.

> gewöhnt hast. Wäre sie eingeschaltet, schriebe ich Dir einen Brief, den Du Dir einrahmen könntest. [...] Hoffentlich bist Du, mein Liebling, mit allem Geschäftlichen zurecht gekommen, hast Dich nicht zu sehr abgemüht, sondern auch ein bißchen vergnügt. Aus Deiner Korrespondenz entnehme ich, daß Du nach Berlin fährst. Das ist mir ganz neu.[269]

Ein Brief der beiden an den Freund Victor Fleischer, einen Vertrauten und Vermittler, zeigt, dass die Ehe von Anfang an nicht leicht ist. So schreibt Friderike:

> Mit dem ›Knaben‹, wie Du sagst, ist es oft schwer, denn er ist zuweilen heftig, auch vor Leuten und das ertrag ich nicht immer mit der den Anlässen entsprechenden Gleichmut. [...] Schön haben wir es, paradiesisch. Aber jeder kleine Winkel wäre mir lieber mit mehr Unbehelligtheit im eigenen Heim.

Zweig fügt hinzu: »Fritzi ist sehr eifersüchtig, obwohl meine Fehltritte noch an den Fingern der Hand abzuzählen sind [...] Aber das ist ihr schwacher Punkt, leider auch der meine.«[270]

Zu der Zeit schreibt Zweig aus Deutschland an die Gefährtin, die wie immer zu Hause geblieben ist:

> Aus allem sehe ich, daß ich mein Leben stärker auf Beweglichkeit, auf Ersparnis von Kraft und nicht von Geld stellen muß. Ich kann, wenn ich nicht ewig der Sklave meiner Korrespondenz und meiner Unordnung bin, gewiß mehr wirken als bisher. [...] Ich bin neugierig, Salzburg zu sehen, innerlich habe ich es ganz vergessen: wenn ich auf einer Reise bin, fällt alle Bindung plötzlich ab, ich fühle mich ganz unbeschwerlich, zusammenhanglos und frei. Du kannst das nicht so fühlen, die Du Dich allein immer auch zugleich als verlassen oder als nicht ganz fühlst. Wie mächtig und rein und ohne jede seelische Untreue diese Empfindung in mir ist: [...] es ist nichts abgetan, alles noch voll Beginn und Verlockung.[271]

Er verreist gern, träumt aber immer von der Rückkehr: »Dabei fühle ich mich vortrefflich, leicht, jung, unermüdbar, belebt, angeregt und heiter, auch der Husten weicht allmählich. Laß es Dir gut gehen, ich freue mich

---

[269] *Briefe SZ-FZ*, 30.1.1920.
[270] Undatierter Brief, jedoch aus der Zeit vor der Trauung, etwa 15.8.1919 zit. nach: *Prater*, S. 179. Der in Mähren geborene Victor Fleischer (1882–1952) war Schriftsteller und Gründer der Frankfurter Verlagsanstalt (Frankfurt am Main). Er war mit Zweig, der ihm stets zu helfen versuchte, in einer lebenslangen Freundschaft verbunden. Während des Dritten Reichs flüchtete Fleischer nach England.
[271] *Briefe SZ-FZ*, 29.10.1919.

auch wieder nach [sic] Salzburg – erst an solchen Intervallen lernt man die Ruhe schätzen.«[272]

Friderike beschreibt ihre Rolle in der Partnerschaft so: »Die Sicherheit im täglichen Leben zu schützen und Unruhe zu beschwichtigen, war ich nun da. Es mußte jedoch womöglich prophylaktisch vorgegangen werden. [...] Der Kreis war mir weit gezogen, doch in ihm sollte ich verbleiben.«[273]

Besorgt wegen der Verrohung der Massen, bringt Zweig im Insel Verlag die *Bibliotheca Mundi* heraus, damit die kommenden Generationen die Meisterwerke der Weltliteratur zu einem erschwinglichen Preis kaufen können: »(D)enn durch ihre großen Männer sollten die Völker einander kennenlernen und nicht durch ihre schmutzigen Zeitungen.«[274]

Von dem wirtschaftlichen Chaos der Nachkriegszeit bleiben seine Finanzen unberührt: Dank der literarischen Arbeit hat er allmählich ein angemessenes Einkommen, der Großteil seiner Einkünfte stammt aber von seinem Anteil am familieneigenen Textilunternehmen. Doch durch den Zerfall des österreich-ungarischen Kaiserreichs liegt die Fabrik jetzt im »Ausland«, genauer gesagt in der Tschechoslowakei. Gemeinsam mit seiner Frau führt der Bruder Alfred die Geschäfte weiter. Auf diese Weise bewahrt er Zweig vor den Anforderungen der bürgerlichen Welt und gibt ihm die Freiheit, diese zu beschreiben.

In dem Maß, wie die häusliche Disziplin und der Umgang mit Friderike sich immer stärker formen, festigt sich eine Partnerschaft, von der vor allem Zweig profitieren wird. Der Kapuzinerberg wird nicht zum abgeschiedenen Ruhesitz, sondern bietet ihm vielmehr die Möglichkeit, in Erscheinung zu treten oder sich zurückzuziehen.

In Wirklichkeit gibt er die Anregungen und, das eine oder andere Mal, die Möglichkeit seiner Teilnahme nur vor. Sich einmischen – niemals. Er irrt sich in seinen Einschätzungen, wie sich die Engagierten und die Unbeteiligten irrten. An seinen Freund und Verleger Kippenberg schreibt er 1919: »Warum findet sich kein Führer gerade in Deutschland, warum apelliert [sic] es immer an die Geschmeidigen und Geschickten [...] Wir hier in Österreich sind klein gewesen und klein geblieben, ohne <u>Willen</u> zur Größe. Dort in Deutschland war er und was

---

[272] *Briefe SZ-FZ*, 20.11.1921.
[273] *Friderike 1*, S. 104.
[274] *Briefe SZ-Rolland*, 23.3.1919.

haben die Politiker in dieser Stunde gemacht!«[275] Auch Adolf Hitler, der schmächtige Österreicher, träumt von Größe.

Unordnung, Hunger und Verbrechen dringen nur in abgeschwächter Form zum Kapuzinerberg. Aber mit den alltäglichen Unannehmlichkeiten lösen sie Ängste aus, die berühmte »schwarze Leber«. Weil Friderike ihm zur Seite steht, sind die Krisen überwindbar. Sie weiß, was zu sagen und zu tun ist, oder lässt ihn zu einem europäischen Badeort und zu Vortragsreisen aufbrechen. Beschwingt, gestärkt und bereit, sich in die Arbeit zu vertiefen, kehrt er zurück – bis zur nächsten Erschöpfung.

Es findet nicht nur ein Währungsverfall, eine Inflation statt, auch die Werte selbst verschieben sich. Alles gerät durcheinander, Hitlers Werdegang dagegen scheint davon unberührt. In den Wirtshäusern und Bierkneipen ist seine zukünftige Wählerschaft begeistert, wenn er ruft: »Was ist das für ein Land, in dem ein Bier eine Million Mark kostet!?« Noch hat er sich nicht bewiesen, aber er scheint entschlossen, die Macht zu ergreifen. Der Putsch 1923 scheitert und Hitler landet im Gefängnis. Dort beginnt er, einen Bestseller zu schreiben, der alle Erfolge von Stefan Zweig übertreffen wird.[276]

Von allem Komfort umgeben und zugleich verärgert über diese Annehmlichkeiten verfasst Zweig den Großteil seines Werkes. Seine Neugier beflügelt seine Kreativität, er erprobt sich gleichzeitig an Fiktion und Biografie, Geschichte und Fantasie, Kino und Theater. Vielseitig und wandlungsfähig, bestrebt, immer sein Bestes zu geben, kann er das ständige Suchen nicht lassen.

1919, schon bald nach dem Krieg, hat er intuitiv gespürt, dass das frühere Abwägen zwischen Balzac und Dostojewski falsch war: Neben Dickens stellt er sie in den ersten Band der *Baumeister der Welt* und zeichnet mit den Dreien das Bild des 19. Jahrhunderts. Der erste Schritt zur Verwirklichung der ambitiösen Typologie des Geistes, eine freie Zusammenstellung verschiedener Persönlichkeiten, eine Replik der *Parallelbiographien* von Plutarch (auch Rolland muss ihn mit seinem *Vies des hommes illustres* beeinflusst haben), ist getan. Jahre später wird Freud die Sammlung als »Galerie von bemerkenswerten Menschenkindern« bezeichnen, ein Wachsfigurenkabinett, in dem »ich [Freud] ge-

---

[275] *Briefe 1914–1919*, undatiert, vermutlich Mitte Juli 1919. Anton Kippenberg (1874–1950) übernahm 1905 die Leitung des Insel Verlags, der bis zum Dritten Reich Zweigs Werk veröffentlichte und betreute.
[276] Hitler zit. nach: *Elon*, S. 359.

wiß nicht die interessanteste, aber doch die einzig lebende Person [bin]«.²⁷⁷

Freud schätzt Dostojewski, den »vertrackten Russen«, nicht und so kann auch das von Zweig gezeichnete Porträt ihm nicht zusagen. Aber die seiner Gefährten, Balzac und Dickens, gefallen ihm: »Die Vollkommenheit der Einfühlung im Verein mit der Meisterschaft des sprachlichen Ausdrucks hinterlassen einen Eindruck von seltener Befriedigung.« Er sieht in der Anordnung der Sätze etwas Ähnliches wie eine Symbolhäufung im Traum. Eine vielleicht zufällig gewählte Art zu schreiben, die bestärkt durch Freud zu einem Stil wird. In sanften Schüben beginnt die Ära Freud im Leben Stefan Zweigs.²⁷⁸

Der Seelenfänger in voller Aktion: Sechs Monate nach der Eheschließung mit Friderike veröffentlicht er die Biografie der Schauspielerin und Dichterin Marceline Desbordes-Valmore aus dem 19. Jahrhundert, deren Entdeckung er sicherlich Verhaeren verdankte. Die trotz ihres Einflusses auf Baudelaire und Verlaine fast Unbekannte fesselt ihn wegen ihrer schmerzerfüllten Poesie und tragischen Existenz. Friderike hilft ihm bei der Sammlung der Gedichte und erhält als Geschenk eine kurze Erwähnung im Nachwort – es ist das einzige Mal, dass dies geschieht.²⁷⁹

Friderike verwaltet den »Betrieb«, ein weites Aufgabenfeld, das die Führung der Angestellten (einschließlich der Sekretärin), die Korrespondenz, den Kontakt zu den Verlegern, die Durchsicht der Texte, die Kindererziehung und ihre eigenen literarischen Aktivitäten umfasst. Und als ob dies nicht genügte, findet sie noch Zeit, um in Salzburg unter der Schirmherrschaft der *International Women's League for Peace and Free-*

---

[277] Briefe SZ-Freud; Schnitzler, 18.5.1936. Die *Baumeister der Welt. Versuch einer Typologie des Geistes* ist eine Sammlung von drei Triptychons, die zwischen 1920–1928 erschienen. Das erste davon war *Drei Meister* mit Essays über Balzac, Dostojewski und Dickens. Darauf folgten *Der Kampf gegen den Dämon – Hölderlin, Kleist, Nietzsche* und *Drei Dichter ihres Lebens – Tolstoi, Casanova, Stendhal*.
[278] Briefe SZ-Freud; Schnitzler, 19.10.1920. Im ersten Brief Freuds mit einem weniger förmlichen Ton gibt dieser seine Meinung wieder und zeigt sich offen für eine Annäherung. Freud gestand Dostojewski eine schriftstellerische Begabung zu, machte aber Einschränkungen bezüglich der Gefühlsambivalenz der Russen. Anders als Zweig sah er ihn in seiner Eigenschaft als Psychiater nicht als Epileptiker an, sondern als Hysteriker. Später hielt er seine Betrachtungen zu dem russischen Schriftsteller in dem berühmten Aufsatz »Dostojewski und die Vatertötung« fest. Vgl. *Freud 5*, a.a.O.
[279] Marceline Desbordes-Valmore (1786–1859) wurde im Norden Frankreichs an der belgischen Grenze geboren. Im Kontext der Erwähnung der Region Douai werden weitere Dichter aus dieser Region, unter ihnen Verhaeren, angeführt.

dom ein Sommerseminar zu organisieren. Sie möchte nicht im Schatten des berühmten Gatten stehen.

Wenn Zweig nicht arbeitet oder verreist ist, macht er Bergtouren mit Hermann Bahr, dem großen österreichischen Schriftsteller, dem Propheten des Naturalismus, der fast 60, aber von beneidenswerter Konstitution ist. Bahr, der am Anfang des Jahrhunderts zur Gruppe Jung-Wien gehörte, wird einmal sagen, dass der Sport »die Geißel des heraufsteigenden Zeitalters« sein werde, jetzt aber glaubt er noch an diese Art von Begegnung mit der Natur.[280]

Zweig selbst, in den 40ern, möchte sich in Form halten. Bahr, der schon viel früher nach Salzburg gezogen ist, dient ihm als Vorbild.

Wenn es die Zeit erlaubt, besteigen die beiden in Lederhosen die Berge der Umgebung – den bescheidenen Gaisberg mit 1.287 m oder den legendären Untersberg mit 1.853 m –, und diskutieren dabei über Literatur, Kunst, Judentum und Zionismus.[281]

Bahrs Einfluss ist es ebenfalls zu verdanken, dass er mit dem Rauchen der starken, landesüblichen Virginia-Zigarren anfängt. Der zufällige Genuss wird zu einem Laster, das er nie mehr aufgeben wird. Es gelingt ihm nicht, sich zu mäßigen. Nur wenn er eine Nikotinvergiftung herannahen fühlt, hört er abrupt für kurze Zeit damit auf. »Arbeiten, Rauchen, schwarzen Kaffee trinken waren seine Elixiere.«[282]

Wenn er zu Hause ist, mischt er sich, um sich zu zerstreuen und den Druck der schöpferischen Tätigkeit zu lindern, in alles ein. Manchmal heiter, manchmal ernsthaft und manchmal auch ärgerlich. Dies kann die Gartenarbeit oder die Erziehung von Suse und Alix betreffen, für deren Unterhalt er von Beginn an aufkam. Er legt Wert darauf, die Mädchen bei ihrer Mutter zu lassen, damit sie sich nicht zerrissen fühlt. Ein genialer Schachzug, da *Fritzi* mit so vielen Aufgaben und den geliebten Töchtern an ihrer Seite *Stefzi* die Freiheit für ein unabhängiges Leben gibt.

Tagsüber arbeitet er, und am späten Nachmittag geht er, stets begleitet von Kaspar, dem gutmütigen Spaniel, nach Salzburg hinunter, um sich in die Cafés zu setzen, Zeitung zu lesen oder mit Freunden Schach

---

[280] Müller-Einigen, Hans, a.a.O., S. 69.
[281] Hermann Bahr (1863–1934), Dichter, Essayist, Dramatiker und Theaterkritiker, gab die zionistische Wochenschrift *Die Welt* mit heraus, bei der Zweig am Anfang seiner Schriftstellerlaufbahn einige seiner Arbeiten veröffentlichte. Im Ersten Weltkrieg hatten Zweig und Bahr zusammen im Militärarchiv gearbeitet. Aber während Bahr am Patriotismus festhielt, wandte sich Zweig dem Pazifismus zu.
[282] *Friderike 1*, S. 112.

zu spielen, vor allem mit dem Sozialdemokraten Emil Fuchs (Schachfuchs genannt).

Als sich die politische Lage verschlimmert, ersteht er für das Haus einen Radioapparat mit Kopfhörern. Manchmal isst er mit Friderike in einem der kleinen Restaurants der Stadt zu Abend. Gut zu essen, gefällt ihm, aber er trinkt nicht. Der Entspannung dienen nur das Schachspielen und die Bergausflüge.

Das schöne, geräumige und einladende Haus wird zum Mittelpunkt seiner Freundschaften. So, wie man ihn unterstützt hat, versucht er nun seinerseits junge Talente zu ermutigen. Erich Maria Remarque, Klaus Mann, Joseph Roth und Erwin Rieger. Vor allem die beiden Letzteren erfahren von Zweig Ansporn und Schutz. Rieger akzeptiert ihn so, wie er ist, während der widersprüchliche Roth ihn wegen seiner menschlichen Qualitäten schätzt, ihm jedoch wegen seiner Fehler zusetzt.

Der Ruf des Wohlhabenden zieht immer wieder Leute an, die in ihm nur den Mäzen sehen. Dem französischen Übersetzer seiner ersten Gedichte, Henri Guilbeaux, half er, als dieser kein Geld mehr hatte und daran gehindert wurde, nach Frankreich einzureisen: Trotzdem sollte er Zweig danach als Geizhals verleumden.[283]

Der hilfsbereite Schriftsteller erhält eine Vielzahl an Anfragen nach Vorträgen, Rezensionen, Vorworten, Nachrufen und Hommagen. Victor Fleischer gegenüber schüttet er sein Herz aus, er habe Angst, »ein Dichtautomat zu werden: meine ›Erfolge‹ langweilen mich unsäglich und ich möchte gern einmal 14 Tage eine Civilperson [sic] [sein], sorglos und frei, in irgend einem Winkel«. Gerade aus diesem Grund hat er sich auf dem Kapuzinerberg niedergelassen – um sich zu schützen. Das Pendel zwischen Geselligkeit und Alleinsein wird niemals die Mitte finden.[284]

In den ersten Jahren in Salzburg besucht er noch die Sommerfestspiele. Später beginnt er angesichts der Besucherwelle Entschuldigungen zu erfinden, um auf dem Höhepunkt der Festspielsaison zu verreisen. Dennoch empfängt er dort Rabindranath Tagore, Thomas Mann,

---

[283] *Die Welt von Gestern*, S. 309–313. Henri Guilbeaux (1884–1938), polemischer Journalist und mittelmäßiger Dichter, wurde in Frankreich während des Ersten Weltkrieges wegen Landesverrats zum Tode verurteilt, aber von Lenin gerettet, der ihm als eine seiner ersten Handlungen als Vorsitzender des Rates der Volkskommissare die russische Staatsbürgerschaft verlieh und ihn nach Russland kommen ließ. Guilbeaux, der diverse literarische Zeitschriften leitete, wurde später ein eiserner Antikommunist.
[284] Brief von Zweig an Victor Fleischer, vermutlich 29. 5. 1923 zit. nach: *Prater*, S. 206.

H.G. Wells, Jakob Wassermann, Hendryk van Loon, James Joyce (den er in der Zeit des Pazifismus in der Schweiz kennen gelernt hat), Paul Valéry, Franz Werfel, Scholem Asch, Arthur Schnitzler, Hugo von Hofmannsthal, Hermann Bahr, Richard Beer-Hofmann, Maurice Ravel, Alban Berg, Bruno Walter, Margarita Wallmann und Arturo Toscanini.

Romain Rolland bleibt die zentrale Figur, der Magnet und die bestimmende Kraft. Vor dem Krieg hatte Zweig dem deutschen Publikum *Jean-Christophe* zugänglich gemacht (es war die erste Ausgabe außerhalb Frankreichs), während des Krieges übersetzte er *Clérambault* und einige pazifistische Texte, und beeinflusst vom Erfolg des *Jeremias* nahm er in der Schweiz eine noch größere Herausforderung an: eine Biografie des Meisters zu schreiben. Es war höchst wagemutig, dem deutschsprachigen Publikum das Porträt dieses Franzosen zu präsentieren. Rolland ist zwar sehr deutschlandfreundlich eingestellt, spricht aber gerade zu einem Zeitpunkt von einem großzügigen Europa, in dem man die Ressentiments eines nationalistischen Revanchismus schürt, anstatt sie mit dem Waffenstillstand beizulegen. In der kleinen, noch tollkühneren Einführung widmet Zweig das Werk allen, die »in der Stunde der Feuerprobe […] unserer heiligen Heimat Europa treu geblieben sind«.[285]

In seiner Heimat Frankreich wird Rolland weiterhin von der Presse und der offiziellen Intelligenz mit Vorbehalten bis hin zur Feindseligkeit betrachtet. So, wie es Hermann Hesse mit dem deutschsprachigen Publikum ergangen war. Für viele bedeutet der während des Weltkriegs zum Ausdruck gebrachte Pazifismus Verrat. Darüber hinaus wird Rolland für seine Sympathien für die Sozialisten und vor allem seine Verachtung der mondänen Literaturwelt verurteilt.

Zweig weiß dies, aber er lässt sich nicht einschüchtern. Seine Ergebenheit Rolland gegenüber, verbunden mit seiner Kühnheit, führt zu einem ersten Erfolg in der Gattung der Biografie. 10.000 verkaufte Exemplare, noch bevor diese in den Handel kommt; dies bedeutet den internationalen Durchbruch Rollands, da das Werk in der Folge ins Englische, Russische und elf weitere Sprachen übertragen wird.

Als Bewunderer von Rollands fast unbekanntem dramatischem Werk versucht Zweig, es zu fördern, und übernimmt die Rolle seines Agenten. Der französische Schriftsteller zeigt sich erkenntlich und ehrt ihn mit einer herzlichen Widmung in der Ausgabe der Tragödie *Le jeu de l'amour et de la mort* von 1925:

---

[285] *Romain Rolland*, S. 37. Das Werk erschien 1921.

Dem Freien im Geiste, / dem Europa die Heimat und Freundschaft / Religion bedeutet, / STEFAN ZWEIG, / der mir die Feder in die Hand drückte, / um das Heldengedicht der Revolution fortzusetzen, / widme ich liebevoll dieses Stück, / das ihm sein Entstehen verdankt. [...]
Der gute Europäer Stefan Zweig, der mir seit fünfzehn Jahren der treueste Freund und beste Berater ist, ließ nicht locker, mich daran zu erinnern, daß meine erste Aufgabe als Schriftsteller meine Tätigkeit eines Steinbrechers sei, der den blutenden Berg der Revolution behaut. – So habe ich die Hacke von neuem in den Fels geschlagen, und dieses Stück ist der erste Block, den ich im heurigen Frühjahr davon losgerissen habe. Ich versehe ihn mit dem Namen Zweigs. Ohne ihn hätte er auch weiterhin unter der Erde geschlafen.[286]

Am Anfang der Freundschaft war es dem jungen Zweig gelungen, die Vorbehalte jenes Einsiedlers, der ihn in seinen Bann gezogen hat, zu überwinden. Zehn Jahre später verhilft er ihm, erfolgreich und entschlossen, zu einer bis dahin unbekannten Energie. Rolland hat Vitalität gesät und erntet nun Verehrung.

Bald nach dem Krieg beabsichtigte Zweig, ihn nach Salzburg zu holen, aber Rolland schickte stattdessen seine Schwester Madeleine. 1923 verlässt er schließlich sein Refugium in Vézelay, um sich für zwei Wochen bei den Zweigs einzuquartieren und den berühmten Musikfestspielen beizuwohnen. Es ist eines der seltenen Male, in denen der Gastgeber sich persönlich um die häuslichen Aufgaben kümmert: Er sorgt für die besondere Verpflegung, das Zimmer und die warme Kleidung des lieben Freundes. Man besucht Konzerte, macht kleine Spaziergänge (Rolland erholt sich) und empfängt Besuche von Zweig sehr nahe stehenden österreichischen Intellektuellen und Künstlern, darunter Arthur Schnitzler und Hermann Bahr.

Rolland nennt ihn einen »lieben Botschafter in der deutschen Welt« und in den Tagebüchern hält er fest: »Er ist auf einzigartige und vollkommene Weise ein Homme de Lettres. Ich kritisiere ihn deswegen nicht. Die Literatur ist für ihn eine Religion; und er praktiziert sie virtuos. – Aber dieser gute Freund ist aus einem Vaterland, das meinem fremd ist.«[287] Seltsamer Rolland, der sich trotz seiner moralischen Größe

---

[286] Rolland, Romain: *Ein Spiel von Liebe und Tod*. Verlag Kurt Desch. München 1956, S. 5; 10. Rolland schickte Zweig am 14.8.1924 das Manuskript für seine Sammlung. Das Stück wurde von Erwin Rieger, einem von Zweigs besten Freunden, übersetzt und dank Zweigs Einsatzes von Max Reinhardt in Wien, Zürich und 40 Theatern in Deutschland aufgeführt. Das »Théâtre de la Révolution« wurde 1936 in der Zeit der Front Populaire wiederbelebt.
[287] Tagebucheintragung, 10.6.1925 zit. nach: Niémetz, Serge in: *Rolland 5*, S. 23.

erlaubt, in Andeutungen über die Unterschiede zwischen ihm und Zweig abzugleiten.

Im nächsten Jahr nimmt Zweig den Meister mit nach Wien, damit er den Feierlichkeiten zum 60. Geburtstag von Richard Strauss beiwohnen kann. Seit 1899 korrespondieren der Musiker und der Musikologe miteinander; sie respektieren sich, obwohl Strauss während des Krieges alle Appelle, seine antibritische Kriegstreiberei aufzugeben, abgewiesen hat.

Jeden Abend Konzerte, Mittagessen in kleiner Gesellschaft, eines davon von Zweig arrangiert (mit Arthur Schnitzler, Felix Braun, Paul Stefan, Erwin Rieger und Ernst Benedikt, dem Herausgeber der mächtigen *Neuen Freien Presse*). Rolland schätzt die Musik von Strauss, aber nach einer seiner Opern kritisiert er ihn in den Tagebüchern: »Er leidet an der deutschen Krankheit [...] der Wiederholung«; Zarathustra findet er schwach (»den Tanz der Welten auf einen Wiener Walzer reduziert«) und spricht schlecht über eines von Hofmannsthals Libretti (»ein eisiger Schatten«); er ist fordernd und unerbittlich.[288]

In Begleitung von Zweig erlebt Rolland einen unvergesslichen Besuch in der Berggasse 19, dem Haus und der Praxis von Sigmund Freud. Seit langem wünschten die beiden Männer einander kennen zu lernen; die Entfernung und Rücksichtnahme gegenüber dem anderen haben es immer verhindert. Jetzt jedoch dient Zweig als Brücke und übernimmt auch die Rolle des Dolmetschers. Schon im Deutschen beeinträchtigt das Gebiss des Psychoanalytikers das Sprechen, an eine Unterhaltung in Französisch ist nicht zu denken. Jahre später nahm sich Freud in einer ähnlichen Situation selbst auf den Arm: »Meine Prothese spricht nicht Französisch.«[289]

Ein neues Dreieck hat sich gebildet: Von diesem Zeitpunkt an werden auch die beiden Meister einander schreiben, die Bücher des anderen kommentieren und sich trotz der Differenzen annähern – der eine ein strenger Wissenschaftler, der andere ein grenzenloser Idealist. Doch in der Größe ihrer Missionen gleichen sie einander.

1926 kümmert sich Zweig um die Herausgabe und Veröffentlichung des *Liber Amicorum*, mit dem man Rollands 60. Geburtstag gedenken möchte. Das aufwendig gestaltete Buch enthält Beiträge von vielen Be-

---

[288] Strauss, Richard; Rolland, Romain: *Richard Strauss et Romain Rolland. Correspondance, fragments de journal*. Cahiers Romain Rolland 3. Éditions Albin Michel. Paris 1951, S. 171; 175. Bei der kritisierten Oper handelt es sich um *Die Frau ohne Schatten*.
[289] *Freud 1* Bd. 3, S. 119/120.

rühmtheiten. Die meisten davon sind Zweig eng verbunden: Freud, Einstein, Gorki, Hesse, Martin du Gard, Schnitzler, Thomas Mann, Hofmannsthal, Tagore, Gandhi, Shaw und H. G. Wells. Richard Strauss sendet Rolland einige Akkorde.

Zweig setzt sich dafür ein, dass Rolland in seiner Eigenschaft als Beethoven-Biograf zu den Gedenkfeiern zum 100. Todestag des Komponisten eingeladen wird. In Frankreich erinnert man sich nicht einmal an ihn. Öffentliche Beziehungen, Vermittler oder nur ergebener Freund: Dank Zweig veröffentlichen die wichtigsten Wiener Zeitungen Interviews und Texte von Rolland. Bewegt von so viel Einsatz, gibt dieser ihm den Spitznamen »Fliegender Salzburger«, eine Parodie auf Wagners *Fliegender Holländer*. Es stimmt: Zweig fliegt, er hat keine Zeit zu gehen.

Neuer Mut, neues Genre: Das Bedürfnis, sich neuen Landschaften und anderen Handlungen zuzuwenden, kommt in *Der Amokläufer* von 1922, einem seiner bekanntesten fiktionalen Werke, zum Ausdruck: 150.000 Exemplare in aufeinander folgenden Auflagen, übersetzt in 35 Sprachen, ein literarisches Erdbeben, wie es noch nie erlebt wurde, ein Erfolg, so verrückt wie die Handlung selbst. Die Reise in den Fernen Osten, die er 13 Jahre lang vergessen hat, entspringt plötzlich mit aller Kraft seiner Fantasie. Im Unterschied zu anderen, die die Spiritualität in den Gegensätzen suchten, bringt Zweig aus dem Osten die krankhafte Leidenschaft, das delirierende Leiden, die außer Kontrolle geratene Raserei mit; alles enthalten im exotischen malaiischen Wort *Amok*, das Schlüsselwort, um die Halluzinationen der aktuellen Welt zu beschreiben.[290]

Der straffe, sehr direkte Schreibstil der Novelle rückt das Kino in Zweigs Nähe. Der Aufsehen erregende Erfolg lenkt die Aufmerksamkeit der deutschen Filmproduzenten auf diesen Schriftsteller, der sich weniger um die Prosa sorgt als vielmehr um die Kraft der Handlungen.

Mit der Vorführung des Films *Brennendes Geheimnis* nach der gleichnamigen Novelle von 1914 beginnt 1923 eine Verbindung mit der sieb-

---

[290] Die Novelle machte das aus dem Malaiischen stammende Wort *Amok* im Westen bekannt. Die erste deutsche Ausgabe namens *Der Amokläufer* von 1922 umfasste lediglich diese Novelle. In den späteren Auflagen wurde sie zusammen mit anderen Novellen veröffentlicht. Für die französische Ausgabe schrieb Rolland eine Einführung, in der er sie als »gelehrt und psychologisch« ansah und nicht mit Lob für den Autor sparte: »(E)in geborener Künstler, bei dem die kreative Aktivität von Krieg, Frieden und allen äußeren Umständen unabhängig ist […] ein Dichter im Sinne Goethes […] ein leidenschaftlicher Wanderer, immer auf Reisen […] er liebt mit dem Intellekt und versteht mit dem Herzen.« Vgl. Rolland, Romain: »Preface« in: Zweig, Stefan: *Amok*. Stock Editeurs. Paris 1927. *Briefe SZ-FZ*, 8.2.1927.

ten Kunstform, wie sie auf diese Weise nur wenige Schriftsteller besaßen. Im darauf folgenden Jahr wird *Das Haus am Meer* verfilmt. Von *Der Amokläufer* gibt es fünf Filmversionen, die erste von 1927 ist eine sowjetische Produktion. Rekordhalter sind *Vierundzwanzig Stunden aus dem Leben einer Frau*, *Brief einer Unbekannten* und die *Schachnovelle* (alle wurden sechsmal, in verschiedenen Ländern verfilmt).[291]

Eindringliche Situationen, spannende Verwicklungen, nüchtern, schnell und ohne Ausschweifungen niedergeschrieben – einigen Kritikern scheint der literarische Aufbau jedoch nachlässig. Zweig zieht es vor, mit dem Ende anzufangen, im Allgemeinen mit Figuren, die die schon begonnene Handlung und den vollendeten, unausweichlichen Höhepunkt offenbaren. Ganz so, als ertrüge er es nicht, die Spannung aufzubauen, zu halten und zum Ende zu führen. Der Flashback dient hier nicht mehr als ein rein erzählerisches Stilmittel, sondern vielmehr als eine Arbeitserleichterung für den Erzähler. Befreit von der Last der Grenzsituationen, kann Zweig diese nach deren Beendigung mit einem Minimum an Leiden – hauptsächlich für ihn selbst – ausfeilen. Primo Levi wird einmal dazu sagen: »Ibergekumene Tsores is gut zu derzejln.«[292]

Zweig ist streng gegenüber der Weitschweifigkeit, ein ungeduldiger Leser, der annimmt, dass seine Leser es ebenfalls sind:

> Neun Zehntel aller Bücher, die mir in die Hand geraten, finde ich mit überflüssigen Schilderungen, geschwätzigen Dialogen und unnötigen Nebenfiguren [...] Wenn also manchmal an meinen Büchern das mitreißende Tempo gerühmt wird, so entstammt diese Eigenschaft keineswegs einer natürlichen Hitze oder inneren Erregtheit, sondern einzig jener systematischen Methode der ständigen Ausschaltung aller überflüssigen Pausen und Nebengeräusche, und wenn ich mir irgendeiner Art der Kunst bewußt bin, so ist es die Kunst des Verzichtenkönnens, denn ich klage nicht, wenn von tausend geschriebenen Seiten achthundert in den Papierkorb wandern [...].[293]

---

[291] Insgesamt wurden in 75 Jahren 56 Verfilmungen von Zweigs Werken hergestellt. Seine Novellen verfilmten Max Ophüls, Robert Siodmak, Roberto Rosselini, Eduardo Molinaro, Victor Turjansky und Krzysztof Kieslowsky. *Brief einer Unbekannten* unter der Regie von Max Ophüls (1948) wurde zum Kult, ein Symbol der europäisch-amerikanischen Symbiose von Hollywood in den 40er Jahren des 20. Jahrhunderts. Vgl. *Klawiter 1*, S. 787. *Klawiter 2*, S. 426/427.

[292] [Deutsch: Überstandene Leiden lassen sich gut erzählen.] Levi, Primo: *Das periodische System*. Deutscher Taschenbuch Verlag. München 1995, S. 6.

[293] *Die Welt von Gestern*, S. 365–367 mit einem Abriss über die Geheimnisse der Schreibkunst.

Bis zu jenem Moment hat er nicht daran gedacht, für das Kino zu schreiben, aber er ist ein Mann seiner Zeit: So verbindet er den Rhythmus des Films mit der Obsession für das Einsparen von Worten. Das Theater aber verfolgt ihn noch immer. 1925 quartiert er sich in einer anheimelnden Herberge in Marseille ein und entwirft in neun Tagen *Volpone*, eine freie Adaption des gleichnamigen Theaterstücks von Ben Jonson, der seinerseits von Christopher Marlowes *Jew of Malta* inspiriert worden war. Zweigs Inspiration kann auf die Politik zurückzuführen sein. Er ist ein Schwamm, der alles aus seiner Umgebung aufsaugt. Die burleske Geschichte des Schlaubergers, der seinesgleichen hereinlegt, ist jeden Tag in den Zeitungen nachzulesen.

Trotz des »Fluchs«, der die früheren Stücke begleitet hatte, wird *Volpone*, die populärste seiner Theaterarbeiten, ein unmittelbarer weltweiter Erfolg. Als der Dramaturg des Burgtheaters ihm ungläubig schreibt: »Sie, ein so seriöser Mann, ein solches Stück«, erwidert er, »daß man gerade, wenn man die Dinge ernst nimmt, in der Farce nicht auf halbem Wege stehenbleibt.« In Paris wird das Stück in der Übersetzung von Jules Romains präsentiert und ein weiterer Erfolg.[294]

Freud tritt in seiner Rolle als Inspirationsquelle für *Der Kampf mit dem Dämon – Hölderlin, Kleist, Nietzsche* deutlicher wieder in Erscheinung. Dieses Werk gleicht einer Art Katharsis, einem Überdruckventil für die Qualen, die Zweig nicht identifizieren kann. In nur wenigen Wochen verfasst, hat es dennoch nichts mit Leichtigkeit zu tun, es handelt sich vielmehr um eine Entlastung von Druck.

Kleist, der tragische Dichter, brachte sich um, während Hölderlin und Nietzsche in geistiger Umnachtung starben. Durch die Porträtierung der drei von inneren Dämonen verfolgten Genies verleiht Zweig dem Wahnsinn das Siegel der Erhabenheit.

Die Präferenz für die Unterlegenen erhitzt einen Tiegel, der Sanftmut und Wildheit verschmelzen kann. Der Einfluss Freuds ist unübersehbar, aber der Blick Zweigs ist nicht der des Psychologen oder Psychoanalytikers, sondern der des Menschenkenners. Ganz ohne Wis-

---

[294] *Briefe SZ-Rolland*, 14.12.1925. *Volpone. Eine lieblose Komödie in drei Akten* wurde 1925 geschrieben und 1927 veröffentlicht. Der Stoff kommt aus dem klassischen Theater, die Elisabethianer Ben Jonson (1572–1637) und Christopher Marlowe (1564–1593) griffen auf eine antike Quelle zurück. An Rolland schrieb Zweig gekränkt – eine Seltenheit – über die Aufmerksamkeit, die die französische Presse der Bearbeitung von Jules Romains widmete. Dies hatte jedoch keinen Einfluss auf die Freundschaft zwischen den beiden. Heute wäre Zweig noch gekränkter, wenn er die Kino- und Theaterlexika konsultieren würde, in denen das Werk allein Jules Romains zugeschrieben wird.

senschaft, nur mit der intuitiven Kenntnis der *conditio humana* tritt Zweig in die Welt der Psyche ein.

Die großherzige Vorstellung, dass die geistig Verwirrten Erleuchtete und keine Parias seien, ist tief verwurzelt in diesen drei leidenschaftlichen Biografien. Zweig kann nicht wissen, dass die Abschnitte über Kleists Selbstmord einmal als Vorwegnahme seines eigenen Lebensendes betrachtet werden würden. »Andere Dichter haben großartiger gelebt, weiter ausholend im Werke, Weltschicksal aus ihrer eigenen Existenz fördernd und verwandelnd: herrlicher als Kleist ist keiner gestorben.«[295]

»Professor Dr. Sigmund Freud, dem eindringenden Geiste, dem anregenden Gestalter diesen Dreiklang bildnerischen Bemühens.« In dieser Widmung ist der zentrale Gedanke des Werkes enthalten: der Dämon als Verbündeter der Schöpfung; Demenz, Suizid und Todespakt als künstlerische Gegenstände. Die diskrete Zueignung ist nicht überschwänglich wie die frühere Verhaeren und Rolland entgegengebrachte Verehrung. Sie hat etwas von einer Komplizenschaft an sich. Verzückt schreibt Freud:

> Ich muss es Ihnen einmal sagen, daß Sie mit der Sprache etwas ausrichten können, was Ihnen meines Wissens kein anderer nachmacht. Sie verstehen es, den Ausdruck so an den Gegenstand heranzudrängen, dass dessen feinste Einzelheiten greifbar werden und dass man Verhältnisse und Qualitäten zu erfassen glaubt, die bisher überhaupt noch nicht in Worte gefasst worden sind.

Zweigs Antwort am nächsten Tag:

> Wenn ich Ihren Namen über das Buch setzte, war es nicht nur im Sinn dankbarer Verehrung: manche Capitel [sic] wie ›Die Pathologie des Gefühls‹ bei Kleist oder die ›Apologie der Krankheit‹ im Nietzsche hätten nicht geschrieben werden können ohne Sie. Ich meine damit nicht, dass [sic] sie Resultate psychoanalytischer Methode wären aber Sie haben uns den *Mut* gelehrt, an die Dinge nahe heranzugehen [...].[296]

Keiner hat auf das Nietzsche-Zitat geachtet, das dem Werk *Der Kampf mit dem Dämon* als Motto vorangestellt ist: »Ich liebe die, welche nicht zu

---

[295] *Der Kampf mit dem Dämon*, S. 197.
[296] *Briefe SZ-Freud; Schnitzler*, 14.4.1925; 15.4.1925. Freud vergleicht Zweigs Methodologie mit der des Archäologen. Das vom Autor gesandte Exemplar (heute im Freud-Museum, London) trägt die Widmung »In Treue, Ostern 1925«.

leben wissen, es sei denn als Untergehende, denn es sind die Hinübergehenden.« Später wird es Sinn machen. »Wissen Sie, im Grunde bin ich schrecklich leidenschaftlich; voller Gewalttätigkeit aller Art«, gesteht er Jules Romains, »Nur durch Beherrschung meiner selbst gelingt es mir, mich einigermaßen vernünftig zu verhalten.« Friderike ist deutlicher: »Das waren krankhafte Anfälle, die sich irgendeinen Anlaß borgten. Wenn sie vorbei waren, wußte er, wie ein Schlafwandler, nicht, was er gesagt, getan, wie er sich verhalten hatte. Aber wir alle fürchteten solche Perioden, denen man ganz wehrlos gegenüberstand.«[297]

Die Dämonen der anderen besänftigen die seinen. Mit Hilfe der Beschreibung von Kleists Schicksal entgeht er, zumindest für jenen Moment, dessen Wiederholung. Noch einmal siegt die Kunst, wie es auch im Fall von Goethe geschehen war. Durch die Beschreibung von Werthers Selbstmord hat Goethe Werther überwunden. Daher liegt es nahe, dass Zweig so sehr Freuds Nähe sucht.

Der Kontakt wird aufrechterhalten. In der Zwischenzeit erscheint eine weitere Sammlung von drei Novellen: *Verwirrung der Gefühle*. 30.000 verkaufte Exemplare in drei Wochen (*Der Zauberberg* von Thomas Mann wurde bei seiner Veröffentlichung 50.000 Mal verkauft). Ein weiterer Brief von Freud ist noch persönlicher, enthält noch mehr Lob: »Beinahe würde ich wünschen, daß ich den Dr. St. Zweig nie persönlich kennen gelernt [...] Denn nun leide ich unter dem Zweifel, ob mein Urteil nicht durch persönliche Sympathie beirrt sein mag. [...] Ich glaube aber wirklich, diese drei Novellen – strenger: zwei von ihnen – sind Meisterwerke.«

Die erste der drei (*Vierundzwanzig Stunden aus dem Leben einer Frau*) kannte Freud bereits. Diesbezüglich bestätigt er, dass der Autor, ohne die psychoanalytischen Vorgehensweisen zu kennen, sie literarisch perfekt angewandt hätte. Die zweite Novelle (*Untergang eines Herzens*) über die Eifersucht eines Vaters auf die Sexualität der heranwachsenden Tochter erscheint ihm etwas schwächer. »Man verspürt die geringere persönliche Anteilnahme des Dichters.« (Alix und Suse, die Töchter Friderikes, sind ebenfalls junge Fräulein.)

Bei der Titelnovelle (*Verwirrung der Gefühle. Private Aufzeichnungen des Geheimrates R.v.D.*) mit einer mutigen, aber mit viel Feingefühl behandelten Thematik gäbe es, laut Freud, nichts zu deuten. »Das Urmotiv ist

---

[297] Romains, Jules: »Stefan Zweig, ein großer Europäer« in: *Arens*, S. 224–253, S. 252. *Friderike 1*, S. 202.

klar: der Mann, dem ein anderer seine Liebe anbietet. Aber ein Problem knüpft sich an diese Situation wenigstens für viele Menschen, für alle die als normal gelten. [...] [Die Novelle] bescheidet sich das Problem so darzustellen, wie es sich findet. Diese Darstellung geschieht nun mit solcher Kunst, Offenheit, Wahrheitsliebe und Innigkeit.« Freud ist begeistert von Zweigs Fähigkeit, »jeden Unterton des Affekts« darzustellen. Zu keiner Zeit verwechselt er die Figur mit dem Autor. Die Verwirrung der Gefühle wird auf anderer Ebene geschehen.[298]

Freud vergleicht Zweig mit Dostojewski (auf den er sich, nicht ohne eine gewisse Verachtung, mit D. bezieht) und garantiert, dass der Freund als Sieger hervorgeht. Er ereifert sich sogar über den Russen. »D. ist ein schwer perverser Neurotiker, seiner Produktion merkt man das eigensüchtige Bestreben an [...] dabei nutzt er die Gelegenheit den Leser zu schrecken und zu maltraitiren [sic]. Sie sind vom Typus des Beobachters, Lauschers, wolwollend [sic] und liebevoll nach dem Verständnis des unheimlich Großen ringend.«[299]

Des Schülers Suche nach Bestätigung könnte Freuds Interesse an dem verwirrten und verwirrenden Russen geweckt haben. Seine Briefe an Zweig enthalten einige Ideen, die in dem berühmten Essay »Dostojewski und die Vatertötung« von 1928 wieder erscheinen werden. Er schließt den Lobesbrief mit dem überraschenden Satz: »Sie sind nicht selbst gewalttätig.« Er irrte sich.

Die Novelle, die Freud als Meisterwerk betrachtet, *Vierundzwanzig Stunden aus dem Leben einer Frau*, wurde einer von Zweigs größten kommerziellen Erfolgen. In 33 Sprachen übersetzt, sechsmal verfilmt, berührt sie die Frauen und fasziniert die Männer. Sie besitzt einen Hauch von Romantik und etwas Erotik, eine Art Handbuch über die Mechanismen der Seele.

1928 erscheint ein weiterer Band, diesmal weniger mühsam: Erneut wählt Zweig die Zahl 3 – er mag Triptychons oder Dreiecke. Sie mildern die Gegensätze, erleichtern das Gleichgewicht. *Drei Dichter ihres Lebens*.

---

[298] *Briefe SZ-Freud; Schnitzler,* 4.9.1926. Die drei Novellen waren schon 1925 fertig gestellt. Zweig hatte Freud bereits damals das Manuskript von *Vierundzwanzig Stunden im Leben einer Frau* zugesandt, das dieser später ausführlicher in dem Aufsatz »Dostojewski und die Vatertötung« analysieren sollte. Vgl. *Freud 5,* a.a.O.

[299] Die Vorbehalte, die Freud gegenüber Dostojewski hatte, können eine Folge der Sensibilität des Psychiaters für sehr verborgene Wesenszüge sein. Spätere Untersuchungen über den russischen Schriftsteller haben eine enge Verbindung zwischen seinem Nationalismus und einem tief verwurzelten Antisemitismus zutage gebracht. Vgl. Goldstein, David I.: *Dostojewski and the Jews.* University of Texas Press. Austin. 1981. Dostojeswki, Fedor: *Tagebuch eines Schriftstellers: notierte Gedanken.* Piper Verlag. München 1999.

Tolstoi, Casanova, Stendhal vervollständigt die Galerie der *Baumeister der Welt*, aber das Werk wird als eine Unterhaltungslektüre über Dichter präsentiert, die ihr Leben neu erfinden. Die Tatsache, dass sie zusammen einen Band bilden, bedeutet noch nicht, dass sie einander ähnlich sind. Vielmehr stehen sie für verschiedene Wesensarten, die mit dem unmoralischen Abenteurer Casanova beginnen und mit dem menschlichen Moralisten Tolstoi enden.

Die Nähe zu Freud schmälert nicht Zweigs Verehrung für Rolland, seinem moralischen Vorbild und geistigen Vater. Zweig ist weiterhin ein ergebener Kurator seines Werkes, ein treuer Schildknappe seiner Person. Geistig verbunden mit derartigen Persönlichkeiten, ist er nicht imstande, dem voranschreitenden Zerfall des alten Kontinents ins Auge zu sehen.

Unter dem Gewicht der *Ismen* zerbricht Europa. Der Erste Weltkrieg hat die alten Reiche auseinander gerissen. Die Nachkriegs-Ideologien vermögen die Risse nicht zu kitten. Selbst der Kommunismus (theoretisch gegen Spaltungen) ist nicht gefeit vor Fraktionen. Die Mittelklasse klammert sich an jedwedes Anzeichen von Stärke und den Schein von Klarheit, sie möchte etwas Totalitäres und wird sich schließlich in den Totalitarismus verlieben.

Charisma ist ein altes Wort, die Charismatiker sind das neue Element: Als jene, die die Dynastien verloren haben, benötigen die Massen »goldene Kälber«, die man leicht verehren kann, anstelle komplizierter Formeln, wie sie von den Eliten angeboten werden. Hitler und Mussolini bieten, grobe Verallgemeinerungen nicht scheuend, ein vermeintlich klares Weltbild an. Sie appellieren an die Gefühle des Einzelnen.

Schon bald nach dem Krieg und der Niederschlagung der kommunistischen Bewegung von Rosa Luxemburg und Karl Liebknecht hoffte die Mittelklasse, das Gespenst der Proletarisierung vor Augen, auf jemanden, der ihnen ihre Ängste nimmt. Voller Symbole, Prinzipien und Inspiration schien die Weimarer Republik die Lösung zu sein. Sie beschwor den deutschen Geist, der im Gegensatz zur militaristischen Siegesmentalität die europäische Kultur bereichert hatte. Aber die Weimarer Republik scheiterte; es fehlte an Republikanern, die sie stützten. Jahre später wird Alfred Döblin sagen, die aus der Niederlage des Reiches hervorgegangene Republik sei eine »ohne Gebrauchsanweisung« gewesen.[300] Ihre vom großen jüdischen Juristen Hugo Preuß entworfene

---

[300] Alfred Döblin zit. nach: *Elon*, S. 341.

Verfassung wurde als eine der gerechtesten der damaligen Zeit betrachtet – demokratisch, in sozialer Hinsicht progressiv, ging sie von einer dezentralisierten Regierung und Mitbestimmungsrechten des Volkes aus und enthielt Vorkehrungen für Krisensituationen: Der Paragraph 48 erlaubte es dem Reichspräsidenten, mit Notverordnungen zu regieren. Hitler waren sie von Nutzen, um seine ersten Gewaltakte zu legitimieren.

Weimar begeisterte die deutsche Intelligenz, und diese wiederum die Kulturliebhaber – leider besuchten diese nicht die Bierkneipen, in denen Hitler sprach. Zudem galt die Republik als »Judenrepublik«. Im ersten Kabinett saßen zwei Juden – Hugo Preuß als Innenminister und Otto Landsberg als Justizminister. Bald darauf kam ein weiterer jüdischer Minister hinzu, noch berühmter, noch beeindruckender und mächtiger – Weimar in Fleisch und Blut: Walther Rathenau. Als Verantwortlicher für die Kriegsrohstoffabteilung wurde er zunächst Mitglied im Reichswirtschaftsrat, später Minister für Wiederaufbau und zuletzt Außenminister. Der widersprüchliche Intellektuelle, Millionär und Reformer sprach nicht zu den Massen, dennoch war er das auffälligste Regierungsmitglied:

> Man findet ihn komisch, daß er als Geschäftsmann die Geburt der Seele predigt [...] Unverzeihlich aber, wenn nicht pathologisch, ist, daß er als Großindustrieller für die Verstaatlichung industrieller Monopole, die Abschaffung des Erbrechts, die Wegsteuerung des Reichtums, die Befreiung des Proletariats, die klassenlose Gesellschaft und andere rote Unmöglichkeiten eintritt.[301]

Noch schlimmer, Rathenau war ein kultivierter Jude, der Spinoza verteidigte und von Fichtes Philosophie inspiriert war. Er studierte den jüdischen Mystizismus zusammen mit Buber und begeisterte sich für den wissenschaftlichen und technischen Fortschritt. Jahre zuvor hatte er eine Äußerung gemacht, die schließlich zu seiner Ermordung beitrug: »300 Männer, von denen jeder jeden kennt, leiten die wirtschaftlichen Geschicke des (europäischen) Kontinents und wählen sich ihre Nachfolger aus den eigenen Reihen.«[302] Er verurteilte damit Wirtschaftsgruppen, die sich über die Regierungen hinwegsetzten. Die Antisemiten jedoch interpretierten dies als den Beweis für die in den *Protokollen der Weisen von Zion* erwähnte »jüdische Weltverschwörung«.

---

[301] Kessler, Harry Graf: *Walther Rathenau. Sein Leben und sein Werk*. Fischer Taschenbuch Verlag. Frankfurt am Main 1988, S. 132/133. Kessler war ein guter Freund des Außenministers Rathenau. Seine Biografie erschien 1928 zu dessen 6. Todestag.
[302] *Neue Freie Presse*, 9.12.1909.

Ein Zweckmensch und virtuoser Politiker – eine unbrauchbare Kombination in einem von Radikalismus und Gewalt geprägten Umfeld. Nach Ansicht Rathenaus war es notwendig, die Auflagen der Sieger zu akzeptieren und zu erfüllen. Er war weitsichtig, setzte auf den wirtschaftlichen und technologischen Wiederaufbau der neuen deutschen Republik und glaubte vor allem an ein System der internationalen Zusammenarbeit. Umgeben von Intellektuellen (darunter auch Zweig) richtete Rathenau seinen Blick auf eine bessere Zukunft. Er war zu anständig, um vereinfachende Formeln und Schlagworte anzubieten:

> Er wußte im voraus, daß die Aufgabe vorläufig noch eine unlösbare war und daß er im besten Falle einen Viertelerfolg zurückbringen konnte, ein paar belanglose Konzessionen, daß aber ein wirklicher Frieden, ein generöses Entgegenkommen, noch nicht zu erhoffen war. ›In zehn Jahren vielleicht‹, sagte er mir, ›vorausgesetzt, daß es allen schlecht geht und nicht nur uns allein. […]‹ Selten in der Geschichte vielleicht ist ein Mann mit so viel Skepsis und so voll innerer Bedenken an eine Aufgabe herangetreten, von der er wußte, daß nicht er, sondern nur die Zeit sie lösen könnte […].[303]

Ein Mann mit allen Qualitäten – zu vielen. Er passte einigen nicht und sollte deshalb beseitigt werden.[304] Diese Aufgabe übernahmen 1922 zwei junge fanatische Ultra-Nationalisten. Es war der 354. Mord, den die Rechtsextremisten seit Kriegsende verübten. Hitler hatte nichts damit zu tun – vorläufig jedenfalls.

Die Nachricht ließ die Märkte zusammenbrechen, die deutsche Inflation, die dramatischste aller Zeiten, begann genau mit den Schüssen, die denjenigen niederstreckten, der keine leeren Versprechungen machte.

»Die Weimarer Republik war schwach. Sie hatte einen einzigen Augenblick von Stärke, wenn nicht gar von Größe: ihre überwältigende Reaktion auf den Mord des jüdischen Außenministers Walther Rathenau 1922. Insgesamt aber hat sie sich als trauriges Schauspiel einer Gerechtigkeit ohne Schwert oder einer Gerechtigkeit, die unfähig war, ein solches zu gebrauchen, erwiesen.« Der junge Leo Strauss wollte Weimar als liberale Republik, die fähig wäre, den Liberalismus auch zu verteidigen.

---

[303] *Die Welt von Gestern.* S. 355/356. An dieser Stelle beschreibt Zweig die einzige Begegnung mit Rathenau in dessen kurzer Zeit als Außenminister.
[304] Die in Robert Musils Roman *Der Mann ohne Eigenschaften* dargestellte Figur des Finanzmagnaten Arnheim gilt als Porträt Walther Rathenaus.

Jahrzehnte später würde er zu einem Vorkämpfer des konservativen Denkens werden.[305]
Erschüttert durch Rathenaus Ermordung, ahnte Zweig die Eskalation voraus. Seine erste Reaktion war, wie immer, glaubwürdig, standhaft: Er sagte einen Vortrag in Leipzig ab.

> Es wird von Tag zu Tag klarer, daß die Alldeutschen einen genauen Plan haben: alle Mutigen zu ermorden, alle wahren Führer der pazifistischen oder revolutionären Parteien – Liebknecht, Luxemburg, Paasche, Eisner, Erzberger, Gareis, Landauer und jetzt Rathenau [...] wir müssen glücklich sein, daß Frankreich die Armee am Rhein bereitstehen hat [...] ich kann dieses Volk nicht von nahem sehen, wenn ich die Idee des deutschen Volkes weiter lieben soll. Je näher man ihnen kommt, desto schwieriger wird es einem, seinen Gefühlen der Unparteilichkeit treu zu bleiben und sich das Bild des großen geistigen Deutschland zu bewahren, das unsichtbar fortbesteht.[306]

Sein Freund Joseph Roth, einer der geachtetsten Journalisten Deutschlands, war noch vorausschauender. In seinem Roman *Das Spinnennetz*, der 1923 als Vorabdruck in der Wiener *Arbeiter-Zeitung* erschien, bediente er sich des Mordes an Rathenau, um die allmähliche Errichtung eines Terrorregimes aufzuzeigen. Namentlich wurden darin der rechte Pressemagnat Hugo Stinnes, die Marschälle Ludendorff und Hindenburg und ein fast unbekannter Agitator Adolf Hitler erwähnt. Wenige Tage nach der Veröffentlichung der letzten Fortsetzung erhielt dieser Unbekannte als Kopf des Putsches von München Publizität.[307]

Der Tod Rathenaus verwandelte den Journalisten Roth in einen Schriftsteller. Dies war nicht schwer, schon immer hatte er sich von den Berufskollegen zu unterscheiden versucht: »Ich mache keine ›witzigen Glossen‹. *Ich zeichne das Gesicht der Zeit.* [...] Ich bin ein Journalist, kein Berichterstatter, ich bin ein Schriftsteller, kein Leitartikelschreiber.«[308]

---

[305] Strauss, Leo: *Spinoza's Critique of Religion*. Schocken Books. New York 1965, S. 1. Der jüdische Philosoph Strauss emigrierte 1938 in die USA, wo er in New York und Chicago politische Philosophie unterrichtete. Er schrieb über die politische Theorie von Thomas Hobbes. Seit der ersten Amtszeit von Präsident Reagan wird er als Mentor des amerikanischen Konservativismus angesehen, und nun, in der Amtszeit von George W. Bush, gilt er als Guru der Neokonservativen.
[306] *Briefe SZ-Rolland*, 25.6.1922; 29.6.1922.
[307] *Elon*, S. 358–360. Der jahrzehntelang vergessene Roman erschien erst 1967 als Buch.
[308] Brief von Roth an Benno Reifenberg, 22.4.1926 in: *Roth-Briefe*. Joseph Roth begann seine journalistische Karriere 1919 in Wien. Als er ein Jahr darauf nach Berlin zog, hatte er sich schon einen Namen gemacht. Bis zu seiner Flucht nach Paris 1933

Auch Zweigs Leben hätte dieser Tod – so nah, so tief gefühlt und deshalb so empörend – verändern können. Von einem Schriftsteller-Biografen hätte er den Weg zu einem Politiker-Biografen einschlagen können. Es hätte dazu genügt, auf den Vorschlag von Mathilde Rathenau einzugehen, ein Porträt ihres Sohnes zu verfassen. Fünf Monate nach dem Mord bekam Zweig einen Brief von Hugo Geitner, dem ehemaligen Sekretär Rathenaus und Vertrauten der Familie, mit diesem Ansinnen. Aus Zweigs Feder hätte der Lebensweg jenes Politikers, der die Figur der Könige, die zugleich Philosophen waren, in modernen Zeiten am besten verkörpert hatte, sogar den Geist der erschütterten Weimarer Republik wieder beleben können.

Die Idee wurde aus irgendeinem Grund fallen gelassen: vielleicht wegen des Horrors vor der Politik oder aus dem Instinkt heraus, sich aus den Kontroversen fernzuhalten. Der militante Pazifist lebte in anderen Sphären. Er kam diplomatisch aus der Angelegenheit heraus – wie immer. Zum ersten Jahrestag der Ermordung schrieb Zweig einen kurzen Essay über Rathenau. Erst bei der Niederschrift seiner Autobiografie wird er dem einstigen Freund, wenn auch nur in Erinnerungen, wieder begegnen und ihm in diesem Werk einen ehrenvollen Platz einräumen.[309]

Das Entsetzen Zweigs und Roths wurde auch von Emil Ludwig (urspr. Cohn) geteilt. Nachdem er 1902 mit 21 Jahren zum Christentum konvertiert war, sagte er sich, unter dem Eindruck dieser Mordtat, wieder von ihm los.[310] Die Linke empörte sich nicht (für sie handelte es sich um einen mächtigen Unternehmer, der für den infamen Friedensvertrag von Versailles verantwortlich war), nicht einmal das offizielle Judentum (das in Rathenau den assimilierten Juden sah). Die Intellektuellen von

---

schrieb Roth für die *Frankfurter Zeitung* seinen »neuen Journalismus«. Er zog es vor, als Freiberufler zu arbeiten, um von Verpflichtungen unabhängig zu sein. Zu den Kollegen sagte er, dass er für die Nachwelt schriebe.

[309] Blasberg, Cornelia: »Zu dieser Ausgabe« in: Kessler, Harry Graf, a.a.O., S. 353–383, S. 353/354. Vgl. dazu: Brief von Hugo Geitner an Stefan Zweig vom 8.12.1922. *Stefan Zweig Archive. National and University Library.* Jerusalem. Zweig, Stefan: »Zum Andenken Walther Rathenau: Am Jahrestag seiner Ermordung 24.6.1922« in: Zweig, Stefan: *Zeiten und Schicksale*, S. 255–266. (Der Artikel erschien erstmals am 24.6.1923 in der *Neuen Freien Presse*. Unter dem Titel »Walther Rathenaus Persönlichkeit« erschien er am gleichen Tag im *Berliner Börsen-Courier.*) *Die Welt von Gestern*, S. 211–213; 280; 293; 354–357.

[310] Später nahm Emil Ludwig Walther Rathenau, neben Sigmund Freud und Ferdinand Lassalle, in sein Tryptichon der großen Gestalten des deutschsprachigen Judentums auf. In einem seiner Erinnerungsbücher zeigt er sich jedoch sehr kritisch gegenüber Freud.

Weimar erkannten, dass ihre Utopie bedroht war. Der Nationalsozialismus war noch nicht erfunden, aber einige ahnten schon die düstere Zukunft.

Bismarcks überdrüssig, versuchten die Deutschen, in Weimar auf den Spuren der Dichter und Künstler zu wandeln.

›Aber die Weltgeschichte liebt es, leichtfertig gewählte Symbole zu diskreditieren.‹ Diese Bemerkung [des Historikers Arthur Rosenberg] ist nicht unberechtigt; daß die Wahl auf Weimar fiel, war auch ein Zeichen von Wunschdenken. Daß man einen Staat in Goethes Stadt gründete, gab keine Gewähr für einen Staat im Geiste Goethes. Es garantierte nicht einmal seinen Bestand. Die Republik wurde in der Niederlage geboren, lebte in Aufruhr und starb in der Katastrophe[...].[311]

Weimar brachte den Expressionismus, eine Revolution in der Architektur und im Baustil sowie die berühmten wissenschaftlichen und philosophischen Institute hervor, die die westliche Kultur in der zweiten Hälfte des 20. Jahrhunderts prägen sollten. Allerdings waren sie so fortschrittlich, dass sie die Distanz zwischen der intellektuellen Elite und den Massen nur vergrößerten und das Entstehen von Ressentiments förderten.

Die Warburg-Bibliothek, das Psychoanalytische Institut in Berlin, die berühmte Frankfurter Schule und das Bauhaus sind beispielhafte Produkte des auferstehenden Deutschlands nach der Niederlage im Ersten Weltkrieg. Von den Nationalsozialisten zunichte gemacht, würden sie mit dem Zweiten Weltkrieg die Früchte in alle Welt tragen. Zu den führenden Köpfen gehörten so viele Juden, dass Gershom Scholem die Frankfurter Schule als eine der bemerkenswertesten »jüdischen Sekten« bezeichnete.[312]

Während man in den Akademien politische und soziale Veränderungen bewirken wollte, versuchten die großen deutschen Konzerne wie Krupp und I.G. Farben, die Welt nach ihren Interessen zu gestalten. Rathenau erkannte, dass die Ziele der gesamten deutschen Industrie von denen des deutschen Staates abwichen. Sie finanzierte die jungen Paramilitärs mit der Absicht, die bolschewistische Revolution zu verhindern. Das Ergebnis war jedoch, dass sie zu einer weltweiten Macht wurde.

Neben dem letzten Aufbäumen der Bildung regte sich der Groll des Kleinbürgertums und aus Teilen der Arbeiterschaft, der in Deutschland

---

[311] *Gay*, S. 17/18.
[312] Gershom Scholem zit. nach: *Elon*, S. 349. Dazu gehörten u.a. Max Horkheimer, Karl Mannheim. Theodor Adorno, Erich Fromm, Herbert Marcuse, Walter Benjamin.

zu einem der schlimmsten Gewaltausbrüche des Jahrtausends führen sollte. Die intellektuelle Utopie wurde von einer ganzen Palette an Vereinfachungen begleitet: Film, Funk, Presse und Architektur sozialisierten die Kultur und die Kunst, zugleich aber wurden diese von der politischen Propaganda entwürdigt. »Alles geht vorbei, das war schon einmal schlechter«, glaubte man. Eine gravierende Fehleinschätzung, es kam der Faschismus.

In Salzburg kritisiert Zweig die Monotonisierung der Welt, die Gleichmacherei, die nichts von einer Gleichheit hat: »Wer nur das Minimum an geistiger und körperlicher Anstrengung und sittlicher Kraftaufbietung fordert, muß notwendigerweise in der Masse siegen, denn die Mehrzahl steht leidenschaftlich zu ihm, und wer heute noch Selbständigkeit, Eigenwahl, Persönlichkeit selbst im Vergnügen verlangte, wäre lächerlich gegen so ungeheure Übermacht.«[313]

Die Verschärfung der politischen Lage und der Gegenpol der Leichtlebigkeit haben großen Einfluss auf seinen Gemütszustand. Der große Mühlstein zerreibt auch ihn. Um der kollektiven Dummheit und den einfältigen Reden zu entgehen, verbirgt er sich hinter einem krankhaften Individualismus. Von der Anspannung aufgezehrt, klammert er sich an den Skeptizismus – doch fürs Zweifeln ist er nicht geschaffen.

Er nimmt die noch nicht vorhandene Konfrontation zwischen den zwei Polen des Materialismus wahr: den Vereinigten Staaten und der Sowjetunion; und mittendrin Europa mit seinen verschiedenen Faschismen (Deutschland, Österreich, Italien, Portugal, Spanien, Ungarn, Polen, Rumänien). In der Leerstelle zwischen den zwei Kriegen ist Zweig der personifizierte Bindestrich: Idealist ohne ein bestimmtes Ideal, leidenschaftlich und eskapistisch, nach innen gewandt und verzweifelt. Und im Zentrum des Geschehens zeigt sich ein neuer unvorhersehbarer Akteur, die Jugend. Nationalsozialismus und Faschismus entstehen als Jugendbewegung, eine Rebellion der Söhne gegen die Väter.

Die Nachkriegsmisere und die Demoralisierung der Normen münden in eine unkontrollierbare Welle der Gewalt. In das allgemeine Klima eingebettet, tritt die Gewalt an die Stelle der Politik und das Verbrechen ersetzt das Parteiprogramm. Die Figur des Mackie Messer aus der *Dreigroschenoper* von Bertold Brecht ist ein Produkt dieser Jahre. Die Gangster von Chicago und die Mafia von New York brechen in die 15 Jahre zwischen dem Ersten Weltkrieg und dem Aufstieg Hitlers hinein.

---

[313] »Die Monotonisierung der Welt« in: *Zeiten und Schicksale*. S. 30–39; S. 36.

Seit dem Kriegsende gelöst vom Raum, nur auf sein Werk fixiert und dieses wiederum fixiert auf ihn selbst, verwundert es nicht, dass er die Tagebücher in dem Moment unterbrochen hat, als die Kanonen schwiegen. Ein Großteil von Zweigs Positionen resultiert aus seinen Bemühungen, verärgert über die Simplifikation und den Fanatismus, keine eindeutige Position zu beziehen.

Seine Obsession ist es, gegen den Strom zu schwimmen. Anstatt ihm eine Nische der Harmonie zu sichern, reißt ihn das Festhalten an der persönlichen Unabhängigkeit in einen Strudel der Disharmonie. Am Anfang des Jahrhunderts und der Karriere hat er, versunken in die Literatur, keine Zeit für politische Entscheidungen gefunden – der Grund, weshalb er die vielen Gefahren im fremdenfeindlichen Auftreten des Protofaschisten Karl Lueger nicht sah. Er zog den Ästhetizismus des Jung-Wien, einer, nach Karl Kraus, aus »Dandys der Literatur« bestehenden Gruppe, vor.

Seine zionistische Phase war eher geprägt von der Dankbarkeit für Herzl und vom Zusammensein mit den herausragenden Vertretern der Gruppe (Hermann Bahr, Richard Beer-Hofmann, Arthur Schnitzler, Felix Salten, Peter Altenberg), die alle von ihm bewundert wurden, älter als er und auf verschiedene Weise von dem jüdischen Erwachen berührt waren. Als der Zionismus noch ein philosophisches und künstlerisches Ideal gewesen war, hatte er ihm eine Identifikationsquelle geboten, die er angesichts der Furcht vor einem durch den Ersten Weltkrieg gesteigerten Nationalismus bald zurückwies.

Schon die pazifistische Militanz weckte in Zweig eine noch unbekannte moralische Kraft. Die Abscheu vor Massakern verstärkte die Neigung, sich selbst treu zu bleiben. »Einer gegen alle« (*Clérambault*), die individualistische Flagge, die Rolland in den Kriegsjahren gegen den kollektiven Wahnsinn ausgerollt hatte, wehte noch immer unversehrt in ihm, vielleicht nur in ihm.

Der ethische Sozialismus, von Verhaeren nahe gelegt und von Rolland verstärkt, war eine Manifestation der Liebe zur Menschlichkeit. Als der Sozialismus jedoch zur Gewalt griff, geriet Zweig in Unruhe. Etwas Atavistisches, eine tief sitzende Angst in ihm lehnte jegliches Anzeichen von Gewalt ab.

»Die Welt ist weder gut noch schlecht. Sie ist. (Was weitaus schrecklicher ist.) Wie auch immer, blicken wir ihr ins Gesicht, tragen wir unseren Honig zusammen auf dem Ast über dem Abgrund«, schrieb Rolland 1919. Zweig vergaß, was ihm der Meister gesagt hatte, und dieser vergaß, was er dem Freund gesagt hatte.

Im Aufruhr der 20er Jahre ließ Zweig einen seiner spirituellen Momente außer Acht: seine Begegnung mit der *conditio judaica*. 1925 erinnerte er sich nicht an *Jeremias* und das, was dieses Werk ihm bedeutet hatte. Während der Beschreibung eines Ausflugs in die Umgebung von Dijon gestand er Friderike: »Gott, es entlastet einen, nicht immer die literarischen, die jüdischen Themen diskutiert zu hören – einmal die Realitäten des Lebens zu spüren.« Das Judentum war eine ungelöste Frage, er mochte dieses Ungewisse nicht mehr.[314]

Zur selben Zeit arbeitete Richard Beer-Hofmann an dem ersten Teil seiner biblischen Trilogie *Die Historie vom König David* (die er angefangen hatte, als Zweig *Jeremias* schrieb), und der Komponist Arnold Schönberg träumte davon, Wien aus der Bequemlichkeit aufzurütteln. Während seiner Militärzeit im Ersten Weltkrieg war das Interesse des (aus den gleichen Gründen wie Mahler) konvertierten Juden für das prophetische Judentum geweckt worden. Während der 20er Jahre komponierte er das Drama *Der biblische Weg*, in dem er für eine Heimat für die jüdische Nation plädierte, und in der Folge die berühmte Oper *Moses und Aron*, ein überragendes Werk der Zwölftontechnik und eine Glorifizierung des Monotheismus.

Schönbergs Rückkehr zu seinen Wurzeln wurde von einem antisemitischen Vorfall beschleunigt. Nicht weit von Salzburg und dem Kapuzinerberg entfernt, wurde er 1921 in Mattsee, einer bekannten Sommerfrische, von den Behörden aufgefordert, einen Taufschein vorzulegen. Seinem russischen Freund Kandinsky gegenüber versicherte er, dass er nicht als ein »Sonderjude« gelten und keine Privilegien haben wolle. 1923 machte er in einem Brief an den Maler seinem Herzen Luft: »Wozu aber soll der Antisemitismus führen, wenn nicht zu Gewalttaten?«[315]

Zweigs Phasen sind kurz und intensiv; er vermag es nicht, sie festzuhalten. Er schont seine Kräfte, aber weiß nicht, was er damit machen soll. So hütet er sich vor der Lava, die aus dem Vulkan der Nachkriegszeit strömt – vielleicht beeinflusst vom Sprichwort: »Wer die Wahl hat, hat die Qual.«

1927 stimmt er auf einer Gedenkfeier zu Ehren des kurz zuvor verstorbenen Freundes Rilke einen Gesang auf den Glauben an die Kraft der Poesie an. Es ist ein Plädoyer für den Dichter, der als Einziger fähig

---

[314] *Briefe SZ-Rolland*, 28.2.1919. *Briefe SZ-FZ*, November 1925.
[315] *Wistrich 2*, S. 512–514. Zu Schönberg vgl. auch das siebte Kapitel »Die Explosion des Gartens: Kokoschka und Schönberg« in: *Schorske 1*, S. 305–346.

war, die Synthese des Lebens hervorzubringen, und der im Vergleich zum Schriftsteller, dem Geschichtenerzähler, ein höheres Wesen ist.[316] Die Poesie wird als Leitidee, Energiequelle und Wahrhaftigkeit dargestellt. Die Baumeister der Welt sind die Künstler und Schöpfer, die sie zu verstehen imstande sind. Zweig ist nicht mehr der Ästhet in einer abgeschiedenen Welt, jetzt macht er aus der Kunst eine Art des Handelns. Schwer verständlich in einer so polarisierten Umgebung.

Zwei Jahre später, in Moskau, verspürt er den ersten Impuls, sich einzureihen, dazuzugehören. Schon vor dem Ersten Weltkrieg hat er während der Vorbereitung auf die große Dostojewski-Biografie eine Reise nach Russland geplant, nun, einige Revolutionen später, spürt er, dass es wichtig ist, herauszufinden, ob dort eine neue Form des Lebens und Zusammenlebens entsteht. Auf Einladung der Liga der sowjetischen Schriftsteller verbringt er als Vertreter der österreichischen Schriftsteller bei der Gedenkfeier zum 100. Geburtstag von Tolstoi zwei Wochen in der Sowjetunion. Er ist dort sehr bekannt. Die ersten Bände seiner Gesammelten Werke waren 1927 mit einem Vorwort des Freundes Maxim Gorki in einer erschwinglichen, vom Staat gedruckten Ausgabe erschienen.[317] Zweig hat die Absicht, die Eindrücke der kommunistischen Erfahrung von George Bernard Shaw, André Gide und Romain Rolland zu überprüfen.

Mit allen Ehren wird er empfangen, und Lunatscharski, der Volkskommissar für das Bildungswesen, höchstpersönlich begleitet ihn auf seiner Reise.[318] Er ist begeistert und empört zugleich, lässt sich von der Wärme der russischen Seele verzaubern, erschrickt vor der Kälte des Sowjetbetriebes und sorgt sich um das Maß an Freiheit, das für die Erlösung der unterdrückten Massen geopfert werden muss: »Immerhin habe ich das Strömende unserer Zeit in Rußland so stark gefühlt wie selten in meinem Leben.«[319]

---

[316] Vgl. »Abschied von Rilke« in: *Begegnungen*, S. 59–73.
[317] Die Gesammelten Werke erschienen in einer zwölfbändigen Ausgabe von 1927–1932 mit einem Vorwort von Gorki sowie einem kritischen Essay von Richard Specht.
[318] Anatoli Wasiljewitsch Lunatscharski (1875–1933), Literatur- und Kunstwissenschaftler, Schriftsteller und Journalist, wurde von Gorki protegiert. 1895 wurde er Mitglied der Sozialdemokratischen Arbeiterpartei Russlands. Von 1917–1929 war er Volkskommissar für das Bildungswesen und die Kultur. Differenzen mit der stalinistischen Gruppe brachten ihn dazu, den Botschafterposten in der kurz zuvor ausgerufenen Republik Madrid anzunehmen. Er starb in Frankreich noch vor der Amtsübernahme.
[319] *Die Welt von Gestern*, S. 386.

Das politische Ergebnis der Reise wird in einer Serie von drei Artikeln in der *Neuen Freien Presse* veröffentlicht. Darin finden sich zurückhaltendes Lob für die sozialistische Erfahrung, und im Zusammenhang mit der Enteignung, infolge derer einer der reichsten Kunstbestände Europas verstaatlicht wurde, unverhohlener Enthusiasmus. Er ist bewegt von dem Heroismus der russischen Intellektuellen, die die Bequemlichkeit der kapitalistischen Welt ablehnen und die Härten des Aufbaus eines sozialistischen Vaterlandes vorziehen. Wie immer gibt Zweig der Seite des Guten den Vorrang und klammert sich an das, was ihm positiv erscheint.

Wo ein ganzes Volk seit anderthalb Jahrzehnten so großartig geduldet und mit heroischer Leidenschaft um einer Idee willen unzählige Opfer auf sich nimmt, scheint es mir wichtiger, zur Bewunderung des Menschlichen als zu politischer Einstellung aufzurufen, und angesichts eines so ungeheuren geistigen Lebensprozesses der bescheidene Platz des Zeugen redlicher als der verwegene des Richters.[320]

Zweig möchte den Cineasten Sergej Eisenstein, einen der Sterne am neuen russischen Künstlerhimmel, besuchen, der umgekehrt auch ihn kennen lernen möchte. Die Begegnung der beiden ruft ein tragikomisches Missverständnis hervor, zwei Ästheten mit entgegengesetzten und vertauschten Weltanschauungen. In Russland verhält sich Zweig wie ein Revolutionär. Dagegen reagiert Eisenstein wie ein Künstler der Bourgeoisie, der sich um das Unbewusste und andere Belanglosigkeiten sorgt.

In zehn Zeilen beschreibt Zweig im Abschnitt »Heroismus der Intellektuellen« die spartanische Einrichtung des berühmten Filmemachers in einer kollektiven Unterkunft (er weiß nicht, dass den sowjetischen Intellektuellen Datschas und andere Vergünstigungen angeboten werden). »(A)uf dem kleinen Tisch liegen ein Dutzend Telegramme, Angebote auf drei Monate nach Hollywood für dreißigtausend Dollar, und doch, sie lassen sich durch Geld nicht von ihrer Aufgabe weglocken.«

Isaak Babel ist nicht zugegen, aber er arrangiert das Treffen in seiner Datscha in Peredelkino. Der Bewunderer Zweigs war so von *Der Amokläufer* beeindruckt, dass er beschloss, Eisenstein die Geschichte zu erzählen. Dies scheint er auf so interessante Weise gemacht zu haben, dass der Cineast später, nach der Lektüre der Novelle, die Version des Freundes

---

[320] Zweigs Betrachtungen über Russland stehen in *Die Welt von Gestern*, S. 375-392 und in »Reise nach Rußland« in: *Auf Reisen*, S. 277-319, S. 319.

für besser hielt als den Originaltext (»... welch schwacher Abklatsch dieser großartigen Erzählung schien mir der echte ›Amok‹ zu sein!«).

Zweig und Eisenstein trinken auf einer Veranstaltung zum Gedenken Tolstois zusammen Tee, unterhalten sich auf Französisch (sie hätten Deutsch sprechen können) und vereinbaren einen Besuch bei Eisenstein zu Hause.

In seinen Erinnerungen schildert der Filmemacher die Begegnung auf elf Seiten. Der Russe scheint ironisch wie ein Wiener. Der Wiener verschlossen wie ein Slawe. Während Zweig seine Eindrücke von dem Treffen noch im Verlauf der Reise aufzeichnete, als die Gefühle noch frisch waren, schrieb Eisenstein sie an dem Tag nieder, an dem er 18 Jahre später in der *Literaturnaja Gazeta* die Nachricht vom Selbstmord seines damaligen Gastes liest. Er hatte den Vorteil, die überlieferten Beobachtungen anlässlich des Besuches bei ihm schon gelesen zu haben. Er erinnert daran, dass die persönliche Bekanntschaft häufig die von der Reputation des anderen hervorgerufenen positiven Eindrücke zerstört. Aber er offenbart sich als uneingeschränkter Bewunderer Zweigs, einschließlich dessen Studie zu Dostojewski.

Seine erste Frage an den Schriftsteller hat den Effekt eines *big close-up*: Der Regisseur der Massen, der Schöpfer der Montagetechnik und des Rhythmus im Film, beschäftigt sich mit Intimitäten und möchte plötzlich wissen, ob sich die Novelle *Verwirrung der Gefühle* auf eine persönliche Erfahrung stützt. Fassungslos weicht Zweig aus und stammelt etwas von einem Jugendfreund. »Es klingt nicht überzeugend. Mitleid überkommt mich, und ich versuche hastig, ihm über die peinliche Lage hinwegzuhelfen.«

Eisenstein lenkt daraufhin das Gespräch auf Freud, die Psychoanalytiker, die Psychoanalyse. Er möchte alles über die Beziehung des Patriarchen zu seinen Schülern wissen und lässt sich über die Konflikte zwischen Vater und Sohn und den Ödipuskomplex aus. Ein so großes Interesse an Freud in den Anfängen des stalinistischen Aufstiegs lässt verschiedene Interpretationen zu, jedoch erregt keine von ihnen die Aufmerksamkeit des Gastes.

Vor dem Abschied zeigt der Gastgeber Fotos von seinem neuesten Film *Oktober*. Sie gefallen Zweig, woraufhin der Filmemacher ihm eines davon schenkt. Überschwänglich bedankt sich der Besucher dafür (»mit einer merkwürdigen, ein wenig weinerlichen Stimme«).

Nach der Rückkehr werden Briefe ausgetauscht. Eisenstein schreibt, dass ihm *Die Heilung durch den Geist* gefallen hätte, und Zweig lädt ihn ein, nach Wien zu kommen, um Freud persönlich kennen zu lernen.

»Wir sahen uns nie wieder. Verloren einander aus den Augen.« Der Filmgigant hat niemals vergessen, wie er den Gast beim Versuch, eine Vertrautheit herzustellen, in Verlegenheit gebracht hatte. Zweig, der Urheber der Verwirrung der Gefühle, verschwieg das Treffen in seiner Autobiografie – kein Wort über den Cineasten, der die Annäherung gesucht hatte.[321]

Die Reise nach Moskau ist der Auslöser für eine schwerwiegende Meinungsverschiedenheit. Nach der Rückkehr aus Russland Ende 1928 beginnt sich das Verhältnis zu Rolland abzukühlen. Nach einer Begegnung mit ihm in der Schweiz schreibt Zweig an Friderike: »Ebenso wie in seinem Brief erschien mir R. etwas kälter als sonst, ich habe das Gefühl, als ob irgendwer oder irgendetwas ihn gegen mich verstimmt hätte. Und nun ist das einer der wenigen Punkte, wo ich reinen Gewissens bin.«[322]

Zweig trifft unermüdlich Vorkehrungen, um dem Freund zu helfen, vor allem hinsichtlich der Aufführung seiner Stücke am Burgtheater in Wien. Dies ist also nicht der Grund, auch nicht eine Unregelmäßigkeit der Briefe (nach der Russlandreise hat er ihm drei ausführliche Berichte, viel länger als die in der Presse veröffentlichten Texte, geschrieben). Jedoch kann der Wortlaut dieser »russischen Briefe« dafür verantwortlich sein.

Die Reise hat Zweig nicht in einen Antikommunisten verwandelt, wie es bei Gide geschehen war. Ihm fehlt das Temperament, um sich irgendeiner Sache zu widersetzen, er zieht es vor, für etwas zu sein. Trotz des idealistischen Schwankens, das sich in den Beobachtungen widerspiegelt, schneidet er in den Briefen Fragestellungen an, die offensichtlich einem Anhänger wie Rolland, der immer mehr der offiziellen kommunistischen Linie folgt, lästig sind.

---

[321] *Eisenstein*, S. 142–153. Die Autobiografie wurde 1946, kurz nach einem schweren Herzanfall, von dem sich der Cineast nicht mehr erholt hatte, beendet. Während des Tauwetters unter der Ära Chruschtschow gelangte der Text jenseits des Eisernen Vorhangs, wurde jedoch erst 1964 im Westen veröffentlicht. Die Begegnung mit Zweig hält Eisenstein im Kapitel »Familienchronik (Stefan Zweig. Ernst Toller. Babel. Über Freud. Meyerhold und K.S.)« fest. Der Schriftsteller Isaak Babel (1894–1941), Jude aus Odessa, wurde vor allem durch den Erzählband *Budjonnyjs Reiterarmee* (1926) über die heroischen Zeiten der russischen Revolution berühmt. Babel, einer der bekanntesten russischen Schriftsteller, wurde 1939 während des stalinistischen Terrors verhaftet und verschwand. 1954 wurde er rehabilitiert. Mit Eisenstein, mit dem er gut befreundet war, arbeitete er zusammen an dem Film *Die Beshin-Wiese*, der nie vollendet wurde.
[322] *Briefe SZ-FZ*, 23.12.1928.

Dieser sinnliche Eindruck von der Notwendigkeit der russischen Revolution und ihrer bolschewistischen Form überwältigt. [...] Dem Volke ist ein Ungeheueres gewonnen worden [...] Sie versprachen Gleichheit, gingen aber in einem Ressentiment weiter und haben eine neue Ungleichheit geschaffen, indem sie ein (zahlenmäßig) geringfügiges Proletariat gewaltsam hochzüchten wollen, es mit ihrer Ideologie dogmatisch binden und alles, was an freier und unabhängiger Intellektualität existiert, damit unterdrücken. [...] Diese geistigen Dinge stehen also äußerst schlimm und wahrscheinlich schlimmer als je. Dennoch aber glaube ich, wäre es ein Fehler, der russischen Revolution jetzt in den Rücken zu fallen. [...] Dazu ist das Landwirtschaftsproblem katastrophal gelöst, kurz, es geht anscheinend wirtschaftlich verzweifelt, und das wissen zweifellos auch die auswärtigen Mächte. [...] Wenn tatsächlich Deutschland die Hand abzieht, wäre die russische Revolution wohl erledigt. Und das wäre meines Empfindens trotz allem und allem und allem ein furchtbares Unglück für die Welt, denn wir stünden dann einer Reaktion gegenüber, wie sie ähnlich geschlossen und einheitlich nie in Europa gesehen wurde. Ohne für den Augenblick den Terror anzuerkennen oder zu entschuldigen (der natürlich an dem Maße der Schwierigkeit der Situation gewachsen ist), muß ich noch heute vieles bewundern, was in den zehn Jahren dort geleistet worden ist, vor allem die vorbildliche Lösung der Nationalitätenfrage [...] Man steht eigentlich bewundernd vor einer Leistung, die nur durch das Zusammentreffen zweier Umstände möglich war: durch die beispiellos rabiate, brutale, fanatische Energie einer Handvoll Führer und die unbeschreibliche, europäisch unvergleichliche Leidensfähigkeit und Geduld dieses Volkes, das seit 15 Jahren, ohne zu murren, ein Quantum Entbehrung auf sich nimmt, das Pariser oder Berliner nicht 15 Wochen lang durchhalten würden. [...] Dieser Brief ist zwar sehr lang, müßte aber sechzigmal länger sein.

Um den Freund nicht vor den Kopf zu stoßen, versucht er es mit einer Parallele zwischen der russischen Diktatur und der Mussolinis: »[...] daß jene eine aggressive ist und die russische zur Zeit eine defensive.« Dies sind keine Anklagen eines hysterischen Reaktionärs, sondern Feststellungen eines unschuldigen Sympathisanten und gerade deshalb sind sie so unbequem. Der zweite Brief, zwölf Tage später, ist ebenso in argloser Zweigscher Weise verfasst wie der vorherige:

> Sie sind das Leiden gewöhnt wie das Ungeziefer, und die Unfreiheit lastet nicht so sehr auf ihnen – im tiefsten Grunde hat sich eigentlich im Verhältnis des Individuums zum Staate nicht viel verändert. Die Maschinerie ist dieselbe wie jene des Zarismus: Überwachung, Spione, staatliche Verschickungen, Willensdiktatur [...] daß niemand etwa einen Trotzki bemitleidet [...] Die Ge-

fahr im ganzen scheint mir darin zu bestehen, daß sich ein neuer russischer Nationalismus entwickelt, ein – wenn ich so sagen darf – Sozialnationalismus. [...] Sie glauben nicht mehr an eine internationale Revolution, sondern an die russische, und die Gefahr ist vorhanden, daß ebenso wie die französische sie in einem geistigen National-Imperialismus enden wird. [...] Eine Tendenz zur Ungerechtigkeit möchte ich Ihnen noch anmerken, weil Sie selbst einmal in dieser Frage Stellung nahmen: nämlich gegen die russischen Schriftsteller im Ausland. Sie werden glatt totgeschwiegen, ein Mereshkowski so behandelt wie Sie jahrelang in Frankreich, als in künstlicher Vergessenheit begraben. Es scheint, fürchte ich sogar, den in Rußland befindlichen Dichtern bequem, damit eine gewisse Konkurrenz erledigt zu haben. Man verzeiht es keinem, der sich heute behaglich ins Ausland gesetzt hat und dort bequem lebt und verdient, man verachtet Schaljapin, die Pawlowa und Karsawina [...] wir tun unbewußt unrecht, wenn wir unsere Maßstäbe von Freiheit an Rußland anlegen und zu viel auf einmal verlangen. [...] Ich weiß nicht, ob ich Ihnen klarmachen konnte, wie schwer es ist, heute öffentlich Stellung zu nehmen, denn wir haben ja alle ein doppeltes Herz: erstens für den Menschen an sich und doch die geheime verwandtschaftliche Sympathie für den Geistmenschen, für den Intellektuellen, unseren eigentlichen Bruder. Nun zahlen gerade diese in Rußland den Preis für die Befreiung der 140 Millionen, und da sie selbst fast alle lieber weiter leiden wollen, als die Revolution scheitern zu sehen, so hieße es sie verraten, wenn man sie öffentlich verteidigt und die Regierung anklagt. So verstehe ich auch die ausweichende Stellung, die manche unserer Freunde nach ihrer Rückkehr aus Rußland in der Öffentlichkeit eingenommen haben: unsere Angst, den Gegnern Waffen in die Hand zu geben. Was wir tun können, ist, glaube ich, vor allem, die Lügen zu bekämpfen, die über Rußland im Umlauf sind, ohne Barbusse die wirklichen Härten und Grausamkeiten aus politischer Besessenheit zu entschuldigen und Rußland als einen Idealzustand darzustellen. Unbewußt fühlen sie doch alle, daß [...] doch durch Blut und Elend die Menschheit einen Schritt vorwärts gegangen ist.[323]

[323] *Briefe SZ-Rolland*, 21.9.1928; 3.10.1928. Am 31.8.1928 teilte Zweig Rolland von Salzburg aus mit, dass er die Einladung nach Russland annehmen und am 7.9.1928 abreisen werde. Bald nach der Rückkehr schrieb er am 21.9.1928 den ersten dieser »russischen Briefe«. Der letzte der »russischen Briefe« stammt vom 7.3.1929. Boris Schaljapin (1873–1938), der berühmte Bassist, verließ Russland nach der Revolution; die Ballerinas Anna Pawlowa (1885–1931) und Tamara Karsawina (1885–1978) hatten dem Land bereits viel früher den Rücken gekehrt. Es ist gut möglich, dass Zweig von der Enttäuschung seines Freundes Roth, der Russland zwei Jahre zuvor im Rahmen eines journalistischen Auftrags bereist hatte und vom Kommunismus desillusioniert zurückgekommen war, beeinflusst war.

Schon vor seiner Abfahrt nach Russland hat Zweig geahnt, dass ihm nicht alles gefallen würde. Drei Jahre zuvor hatte er sich aufgeregt, als er erfuhr, dass die sowjetischen Zensoren seine Dostojewski-Biografie verboten hatten: »Drei Meister, schon übersetzt, sind von der Zensur nicht erlaubt worden, da Dostojewskis Auffassung nicht im bolschewistischen Sinne [ist].«

Dennoch schrieb er Rolland zum Abschied vor der Reise im August: »[Ich] will gerne den Mund zu und meine Augen offen halten.«[324] Er hat sein Wort gehalten: Die journalistischen Texte sind objektiv, fast kalt; in den Briefen an den Meister lässt er sich jedoch zu persönlichen Äußerungen hinreißen. Dies hätte er nicht tun dürfen: Meister sind unversöhnlich, wenn Schüler es wagen, anderer Meinung zu sein.

Als er den dritten Brief abschickt, hat er Rolland in der Zwischenzeit schon getroffen und den subtilen Unterschied in seinem Verhalten wahrgenommen. Aufgrund dessen ist dieser Brief kürzer, und die Politik wird nur am Rande erwähnt, die Projekte und die Arbeit stehen im Vordergrund.

Das politische Sektierertum hat sich unabänderlich zwischen die beiden gedrängt – das Werk Stalins, das Hitler bald darauf vollenden wird. Die Enttäuschung über das sowjetische Regime wird zwei Jahre später angesichts der Nachricht vom Selbstmord Wladimir Majakovskys wieder wachgerufen. Es ist das Ende der revolutionären Ära und der Beginn der bürokratischen. Der Tod des Dichters ist verdächtig, selbst wenn der Grund eine Liebesaffäre gewesen ist: »(E)s sieht aus, als habe Stalin vor sich selber Angst, vor seinem eigenen Terror. Jedenfalls scheint das ganze geistige Leben zerstört oder unterdrückt.«[325]

Nicht der Zufall bringt Zweig dazu, sich der Gestalt Joseph Fouchés zuzuwenden, sondern die Russlandreise und das Entsetzen, das das schmutzige Spiel der deutschen Politik in ihm hervorruft. Obwohl Fouché ein »(g)eborener Verräter, armseliger Intrigant, glatte Reptilnatur« war, zeigte er sich in der Lage, Robespierre und Napoleon zu besiegen, den Terror und das *Premier Empire* zu überleben. Dieser »vollkommenste Machiavellist der Neuzeit«, dieser verschlagene Politiker, der fähig war, jedem Herrn und jeder Ideologie zu dienen, sich jedem Kommando un-

---

[324] *Briefe SZ-FZ,* Juli 1925. *Briefe SZ-Rolland,* 31.8.1928.
[325] *Briefe SZ-Rolland,* 8.5.1930. Wladimir Majakovsky (1884–1930) war der Dichter der Revolution und ihr literarischer Propagandist. Die Vergötterung Lenins und später sein Futurismus missfielen den stalinistischen Kreisen.

terzuordnen, jeden Auftrag anzunehmen und aus allen Revolutionen und Volksbewegungen Nutzen zu ziehen. Zweig verschweigt seine Quelle der Inspiration nicht:

> Solche Lebensbeschreibung einer durchaus amoralischen Natur [...] ist, ich weiß es, gegen den unverkennbaren Wunsch der Zeit. Unsere Zeit will und liebt heute heroische Biographien, denn aus der eigenen Armut an politisch schöpferischen Führergestalten sucht sie sich höheres Beispiel aus den Vergangenheiten. [...] Im realen, im wirklichen Leben, in der Machtsphäre der Politik entscheiden selten [...] die überlegenen Gestalten [...] Ein solcher Beitrag zur Typologie des politischen Menschen sei diese Lebensgeschichte Joseph Fouchés.

In einem Brief an Eisenstein erzählt Zweig, dass er mit einer Arbeit über den »(v)ollendeten Schurken« beschäftigt sei, in dessen Gestalt er alle niederträchtigen Züge der Persönlichkeit der politischen Menschen zu vereinen hoffe.[326] Zu dieser Zeit hatte der durchtriebene Hitler gerade die finanzielle und moralische Unterstützung der großen deutschen Unternehmer gewonnen. Angeführt von dem Magnaten Thyssen, gelangten sie zur Überzeugung, dass nur der kleine Agitator Deutschland wieder aufrichten und die Kommunisten besiegen kann. In seinen Erinnerungen skizziert Zweig in brillanten Zügen die Art, wie der Führer seine Fallen aufstellte und Verbündete suchte, um die Gegner zu schwächen und seine Ziele zu verwirklichen. Hitler achtete auf das, was an den beiden Fronten geschah. Unterdessen bemühte sich Stalin, die »rechte« Opposition auszulöschen, indem er den Schergen seiner politischen Staatspolizei GPU befahl, Hunderte von Gegnern festzunehmen. Später verbannte er Trotzki zunächst nach Sibirien und wies ihn anschließend aus. Nikolai Bucharin, den Vorsitzenden der Komintern, ließ er nach einem Schauprozess hinrichten. Auch Mussolini trug zu Zweigs Bild von Fouché bei: Der sozialistische Demagoge, der bald seine Ideen vergaß, ließ seine Gefährten hinter sich, schaltete die Opposition aus, gewann eine Scheinwahl und erhielt den Segen des Vatikans mit der Unterschrift des Konkordats.

---

[326] *Joseph Fouché*, S. 9; 12/13. *Eisenstein*, S. 40. Eisenstein nennt kein Datum. Joseph Fouché (1759–1820), Herzog von Otranto, war ursprünglich Lehrer. Durch blutige Säuberungsaktionen machte er sich einen Namen. 1794 war er am Sturz Robespierres beteiligt, wurde später diplomatischer Agent des Direktoriums und 1799 dessen Polizeiminister bis 1810 mit einer Unterbrechung 1802–1804. 1815 wurde er unter Napoleon I. erneut Polizeiminister.

1929 hätte Fouché aus den Zeitungen verschwunden sein können, aber er wird von Zweig, einem Meister der Symmetrie, wieder aufgegriffen. Er schreibt sein erstes »politisches« Werk, die Vergangenheit gesehen im Spiegel der Gegenwart, die Geschichte unter dem Druck der Ereignisse.

Zweig ist während der Forschungen zu Balzac auf ihn gestoßen und legt Wert darauf, diesen Umstand anzuführen, um seine Überzeugung zu untermauern, dass die Baumeister der Welt jene Schriftsteller sind, die fähig sind, die großen Augenblicke zu erkennen.

Der Verkaufserfolg wiederholt sich nicht, stattdessen dringt der von den sensibleren Gemütern bevorzugte Autor in einen Bereich vor, von dem er bislang ignoriert wurde. *Fouché* wird sowohl für die Politiker als auch für diejenigen, die das politische Spiel verabscheuen, zur Pflichtlektüre.

Das Buch kann ihn jedoch nicht der Person annähern, der es gewidmet ist. Die Wahl von Arthur Schnitzler ist unangebracht, denn dieser war nie ein politischer Mensch. Obwohl er vorher nicht um Genehmigung gefragt wurde, akzeptiert er die vollendeten Tatsachen. Seitdem sie sich 1907 kennen gelernt haben, versucht Zweig, die Vorbehalte des Schriftstellers auszuräumen. Schnitzler würdigt die Aufmerksamkeit, erwidert jede Höflichkeit, empfängt ihn zu Hause, schickt ihm seine Bücher, lobt wiederum die Zweigs, zieht ihn häufig bei Fragen zu Urheberrechten und Verhandlungen mit Verlegern zu Rate, übt aber dennoch Zurückhaltung – im Gegensatz zu Freud, der Zweigs Verehrung erlag.[327]

Die Distanzierung zu Rolland ist noch nicht endgültig vollzogen, das Gefühl des Verlustes macht ihn noch nicht niedergeschlagen. Noch vermag er Energie aufzutanken, die er aus allem und jedem zieht. Er hat neue Pläne, bleibt nicht stehen. Goethe und später Rollands *Jean-Christophe* liefern ihm die Formel, um sich zu beflügeln: »Schaffen heißt den Tod besiegen.«[328] Solange er schreibt und das Schreiben ihm gefällt, wird er leben. Solange er mag, zu mögen, wird er nicht hilflos und unglücklich sein.

---

[327] *Briefe SZ-Freud; Schnitzler*, 26.7.1929; 31.7.1929. Der Geehrte bedankte sich in herzlichen, aber knappen Worten. Der Briefwechsel zwischen den beiden begann am 17.10.1907 mit einem Brief Schnitzlers, in dem er für die Zusendung der Novellensammlung dankte. Am 19.2.1931 wurde er auf dieselbe Weise beendet. Schnitzler sprach Zweig in diesem Brief seinen Dank für das Buch über Freud aus. Von Schnitzler gibt es 73 Briefe und von Zweig 70. Vgl. *Klawiter 1*, S. 469.
[328] *Rolland 2* Bd.1, S. 431.

Freud könnte ihm helfen, das Gefühl dieses kreativen Zwanges zu erklären. Freud, so nah und verfügbar, ist jedoch nur die Berühmtheit, die ihm so viel anspornendes Lob zuteil werden lässt. Laut Friderike suchte der Gatte nach jedem Erscheinen eines neuen Buches in den unzähligen Briefen nach der unverkennbaren Handschrift Freuds und seiner niemals förmlichen Meinung. Zweig hütet sich vor dem Psychoanalytiker, aber etwas zieht ihn in die Nähe der faszinierenden Gestalt – und Zweigs Art, intensivste Vertrautheit herzustellen, ist die Biografie.

Freud wird seine neue Figur. Er geht ein Risiko ein, er weiß es und dennoch wagt er es. Er liebt es, die Leser zu überraschen. Nach *Fouché* fühlt er sich gezwungen, etwas Unerwartetes anzubieten. Freud ist die Antithese zu Fouché. Der Kurswechsel von der unmoralischen Politik zu den unergründlichen Mysterien der Psyche macht Sinn.

Die beiden haben sich Anfang des Jahrhunderts kennen gelernt (als auch die Beziehung zu Schnitzler begann). Damals war Wien die Hauptstadt der Nervenheilkunde. Der 27-jährige angehende Autor ahnte die Notwendigkeit, Tiefe zu suchen, voraus. Zwei Jahrzehnte später fühlt er sich durch die Zuneigung, die ihm der Meister schenkt, in der Lage, sich ihm noch mehr zu nähern.[329]

Zu Freuds 70. Geburtstag schrieb Zweig 1926 einen Text, den der Geehrte als einen der besten ansah. Nach der Veröffentlichung von *Verwirrung der Gefühle* sprachen Freud und Alfred Adler in einer Weise über das Werk, »die Ihnen nicht mißfallen hätte. Adler findet, daß Sie hier ›Psychoanalyse‹ getrieben haben. Also sind auf Ihrem Rücken die feindlichen Brüder einmal einig«, erzählte Charles Baudouin seinem Freund.[330]

Während Hitler aufhört, ein skurriles Phänomen zu sein, um sich in einen leibhaftigen Wahnsinn zu verwandeln, vertieft sich Zweig in die Ausarbeitung eines neuen Triptychons, nicht mehr psychologisierend, sondern über die Psychologie als solche. Die Krankheit ist in den Straßen, aber das Heilmittel liegt in der Seele. – Dies könnte das Motto von *Die Heilung durch den Geist – Mesmer, Mary Baker Eddy, Freud* sein.

Franz Anton Mesmer ist gebürtiger Deutscher, im Herzen Wiener, Aristokrat, Millionär, Arzt und Besitzer eines Schlösschens, in dem Mozart (Vater und Sohn) und Haydn häufig zu Gast waren. In Paris wurde

---

[329] Insgesamt sind 77 Briefe dieser Korrespondenz erhalten geblieben, 30 von Freud und 47 von Zweig.
[330] Brief von Charles Baudouin an Zweig, 27. 12. 1926 zit. nach: *Prater*, S. 233.

er von Marie Antoinette protegiert. Er ist der Erfinder einer Heilmethode, die auf dem »tierischen Magnetismus« beruht, nach ihm benannt wurde und als Vorläufer der Hypnose angesehen wird. Mesmers Ansicht nach besitzt jedes Lebewesen magnetische Ströme, die auf andere Lebewesen übertragbar seien und so wechselseitige Beeinflussungen ermöglichen. Seine Experimente wurden untersucht und später von der von Ludwig XVI. eingesetzten Gelehrtenkommission verworfen. Er starb zurückgezogen in der Schweiz, wo er bis zu seinem Lebensende Experimenten und Forschungen nachgegangen war.

Die unglückliche amerikanische Mary Baker Eddy, Gründerin der christlichen Sekte *Christian Science*, zog aus einer spontanen Heilung von eingebildeten und tatsächlichen Krankheiten, die sie gequält hatten, die Schlussfolgerung, dass Heilung nur durch göttliche Inspiration zu erlangen sei. Religion und Wissenschaft, eine typische Symbiose der Neuen Welt, verbindet Puritanismus und Mystizismus, Pragmatismus und Individualismus. Die Heilung ihrer Beschwerden nutzte sie, um eine intensive journalistische Tätigkeit zu beginnen und ein Imperium zu gründen, das bis heute existiert.[331]

Beispielhaft ist Freuds Brief mit dem Dank für die Zusendung eines Werkes, in dem er einer der Protagonisten ist: höflich distanziert, »wissenschaftlich«, als ob nicht seine Person, sondern jemand anderes der Gegenstand wäre. Nach einem Lob der früheren Arbeiten des Autors erlaubt er sich einige kritische Bemerkungen. Er beginnt mit der Würdigung des Essays über Mesmer »(a)m meisten harmonisch, gerecht und vornehm«. In Wirklichkeit kannte Freud diesen Text schon und wahrscheinlich auch den anderen über die Amerikanerin Mary E.B. (er vertauscht die Initialen, was die Gereiztheit verrät). Er kritisiert, dass Zweig »die Intensität so sehr herausgearbeitet [hat]. Diese imponirt [sic] unser einem, der den pathologischen Gesichtspunkt nicht loswerden kann, viel weniger.«

»Daß einem das eigene Porträt nicht gefällt oder daß man sich in ihm nicht erkennt, ist eine gemeine und allbekannte Tatsache.« Dies ist die Art, die Freud wählt, um zu sagen, dass er nichts mit dem Porträtierten zu tun hat. Er zeigt sich indessen zufrieden über Zweigs Bemühungen,

---

[331] Die Farmerstochter aus New Hampshire Mary Baker Eddy (1821–1910) hatte so viele Krankheiten, dass der Arzt der Familie sie schon damals für hysterisch befand. Nach der Geburt des einzigen Sohnes trennte sie sich von ihm, damit er nicht ihre göttlichen Offenbarungen gefährde. Von ihrer journalistischen und verlegerischen Tätigkeit ist eine der wichtigsten amerikanischen Zeitungen *The Christian Science Monitor* geblieben, die heute noch erscheint.

das Wichtigste an seinem Fall zu erkennen.»Nämlich daß soweit Leistung in Betracht komt [sic], diese nicht so sehr Sache des Intellekts als des Charakters war. Das ist der Kern Ihrer Auffassung u [sic] das glaube ich auch selbst.« Damit hat Freud alle Höflichkeiten verbraucht und geht zur Liste der Fehler über: Er negiert die kleinbürgerliche Strenge, die ihm Zweig zuschreibt, er negiert, unermüdlich zu sein, er negiert den Einfluss der Zigarren auf seine Arbeitskapazität, er negiert die Inkohärenz zwischen der persönlichen Anspruchslosigkeit und den Opfern für die Vergrößerung der Antiquitätensammlung, er negiert die Bevorzugung von Archäologiebüchern gegenüber Werken der Psychologie, er negiert einen jährlichen Aufenthalt in Rom.

Jedoch erkennt er an,»daß das Format den Künstler zu Vereinfachungen und Weglassungen nötigt, aber dann entsteht leicht ein falsches Bild«. Er zieht das Lob des Werkes dem des Autors vor. Die strenge Kritik hebt er sich bis zum Schluss auf: Ohne Umschweife behauptet er, dass er wahrscheinlich nicht fehl gehe »in der Annahme, daß Ihnen der Inhalt der psa.[sic] Lehre bis zur Abfassung des Buches fremd war«.

Von Cap d'Antibes an der Côte d'Azur, wo er seine Winterferien verbringt, antwortet Zweig drei Tage später demütig, dass er niemals beabsichtigt hätte, die Methode kritisch zu untersuchen:»(D)azu fehlt mir die Erfahrung und die Kühnheit. Was ich versuchte, war die Wichtigkeit der Erscheinung, das überragend-Einmalige [sic] der Gestalt und der *Gesammt*leistung [sic] annähernd zu characterisieren [sic].«

Er gibt persönliche Irrtümer zu, garantiert deren Berichtigung im Neudruck und bekräftigt erneut seine Intention, zu zeigen, dass es sich um einen »autorisierten« Aufsatz handelte.

> Dass noch *viel* zu sagen wäre weiss niemand besser als ich und meine unverwerteten Notizen füllen sechs Hefte [...] Sehen Sie mir, bitte, das *einzeln* Versäumte freundlich nach und seien Sie gewiss, dass von dem Gesamm[t]bilde [sic] Ihrer Leistung, von der Wirklichkeit Ihres Werkes wenige innerlich so durchdrungen sind, als ich.[332]

Nur die extreme Strenge Freuds und seine hohen Ansprüche bezüglich allem, was mit der Psychoanalyse zusammenhängt, können Zweigs im ersten Kapitel in außergewöhnlicher Voraussicht getroffene Aussage über die Bedeutung, die die Psychoanalyse in der Zukunft haben würde, in den Hintergrund gerückt haben.

---

[332] *Briefe SZ-Freud; Schnitzler,* 17.2.1931; 20.2.1931.

Obwohl sich Freud beschwert, kapituliert er vor der großzügigen Einschätzung des Autors, der ihn als revolutionär, unbeirrbar, streng, unerbittlich, fordernd, scharfsinnig, einsam – und auch als »biblische Figur« – klassifiziert. Zutreffende Adjektive für den, der Anerkennung so sehr benötigt, geäußert von einer der Berühmtheiten der literarischen Welt, dem Biografen der Großen der Welt, und veröffentlicht im kleinlichen und neidischen Wien. Zweig erhebt Freuds Werk auf einen Sockel sehr weit oberhalb des damals von Eliten gepflegten Fetischismus und Modekults. Er ahnt intuitiv Wesenszüge des Porträtierten, die dieser trotz der vielen Selbstanalysen nie entdeckt hatte. Mit der Psychoanalyse »fand das Wort Eingang in die Wissenschaft«. Es ist nicht Freud, der dies sagt, es ist Zweig, der dies anregt.[333]

Es ist die dritte Biografie einer lebenden Person nach denen von Verhaeren und Rolland. Die beiden Letzteren waren erst durch Zweig außerhalb ihrer Herkunftsländer bekannt gemacht worden. Im Fall Freuds feiert er ein unzureichend anerkanntes Genie und setzt sich seiner Strenge und Empfindlichkeit aus. Ungeachtet des Verdrusses besteht die Freundschaft der beiden bis zu Freuds Tod 1939 fort, anders als bei den zwei anderen lebenden Porträtierten. (Die Freundschaft mit Verhaeren war durch die Divergenzen hinsichtlich des Ersten Weltkrieges zerrüttet worden; die andere sollte den politischen Konflikten angesichts des Zweiten Weltkrieges nicht standhalten.)

Friderike bestätigt, wie schwer es war, jene tiefgründige, strenge, distanzierte und antipoetische Figur lebendig zu beschreiben. In bestimmten Passagen hat Freuds Stil von Zweigs sprachlichem Ausdruck Besitz genommen, und um sich vom Hermetismus zu befreien, »hob dieser in die Höhen ab«, die Ungenauigkeiten sind dabei nicht zu vermeiden. Er hatte die Forschung mit Lust begonnen und musste bald erkennen, dass er den Leitgedanken des Meisters nicht vollständig würde folgen können. Friderike gibt zu verstehen, dass der Ehemann Freud aufsuchte,

---

[333] Soler, Colette: »Zweig, le témoin« in: *Magazine Littéraire* »Freud et ses héritiers. L'Aventure de la psychanalyse« Hors série Nr. 1, 2° trimester 2000. S. 24/25. Ausgangspunkt für diese Überlegung war für die Autorin folgender Satz aus Zweigs Freud-Essay: »Wie die Ägyptologen an der Tafel von Rosette, beginnt Freud [...] ein Vokabular und eine Grammatik jener Sprache des Unbewußten sich auszuarbeiten, um jene Stimmen verständlich zu machen, die hinter unsern [sic] Worten und unserm Wachsein [...] mitschwingen«. Vgl. *Die Heilung durch den Geist*, S. 315/316. Einige von Zweigs Beobachtungen zu Freud, die auf dem Gebiet des sprachlichen Ausdrucks beachtenswert waren, wurden von Jacques Lacan, dem Wiederentdecker Freuds, wieder aufgegriffen, was teilweise Zweigs Erfolg in Frankreich 60 Jahre nach seinem Tod erklärt.

um Zweifel zu beseitigen – von Freud selbst ist bekannt, dass er während der Ausarbeitung der Arbeit Kontakt zu Zweig hatte und dass er schon vor der eigentlichen Veröffentlichung verärgert war.[334] Zweigs Bedenken lagen weniger in der psychoanalytischen Methode an sich, sondern vielmehr in der Erhebung der Psychoanalyse zur Mode, die auch von anderen kritisiert wurde. Denn sie führte dazu, dass skrupellose Laien und Mediziner Menschen mit seelischen Problemen ohne Befähigung behandelten.[335] Auch fast hundert Jahre später sollten sich die psychoanalytischen Kreise in aller Welt noch mit diesem Problem auseinander setzen müssen.

Neben dem persönlichen Kontakt, der durch Briefe und Besuche in der Bergstraße 19 gepflegt wird und vom gemeinsamen Interesse an Antiquitäten geprägt ist, gibt es auch Hinweise darauf, dass Zweig mehr als einmal Freuds Sprechstunde aufgesucht hat. Donald Prater stellt, sich auf Arnold Bauer berufend, die Hypothese von nicht therapeutischen Sitzungen auf, im Sinne einer Lehranalyse.[336]

---

[334] Das Buch war keine Überraschung für Freud, denn er selbst hatte Adolf Josef Storfer (1888–1944), Leiter des Internationalen Psychoanalytischen Verlags, als Quelle für Materialien und Meinungen zu seiner Person empfohlen. Am 9.12.1929, als Zweig schon an dem Text arbeitete, schrieb er Freud von seinem Aufsatz über Mesmer und bat um ein Treffen in zwei oder drei Monaten, wenn er die Endfassung gelesen hätte. Die Gereiztheit Freuds spitzte sich durch ein Missverständnis wegen des amerikanischen Freud-Gegners Charles Maylan zu, den Zweig in einem anderen Artikel zitiert. Ein glühendes antifreudianisches Pamphlet von Maylan hatte er ignoriert. Vgl. *Briefe SZ-Freud; Schnitzler*, 4.12.1929; 6.12.1929; 9.12.1929. Die Studien zu Mesmer und Baker Eddy waren vorab 1930 kapitelweise in der Wiener Presse veröffentlicht worden. Vgl. *Klawiter 1*, S. 332, S. 374.
[335] Vgl. Brief an den Dichter Ernst Lissauer, 2.4.1931 in: *Prater*, S. 261. Ernst Lissauer (1882–1937), jüdischer Dichter, zeichnete sich während des Ersten Weltkrieges durch seinen übersteigerten Patriotismus aus, mit dem er seinem deutschen Vaterland dienen wollte. Dieser fand seinen Höhepunkt im international bekannt gewordenen »Haßgesang gegen England« von 1914, von dem sich Lissauer später distanzierte.
[336] *Prater*, S. 261. Benno Geiger erwähnt, dass Zweig ein von Freud unterschriebenes Dokument besaß, das attestierte, dass er sein Patient gewesen sei. Vgl. Geiger, Benno: *Memorie di un veneziano*. Vallecchi. Florenz 1958, S. 423. In der englischen Ausgabe seiner Freud-Biografie namens *Doctor Freud. An Analysis and a Warning* schreibt Emil Ludwig: »Ein enger Freund Zweigs, auch ein sehr bekannter Autor, erzählte mir, dass er [Zweig] 1910 zu Freud geeilt sei, um von ›Depressionen‹ geheilt zu werden.« Vgl. Ludwig, Emil: *Doctor Freud. An Analysis and a Warning*. Hellman Williams. New York 1947, S. 143. Ludwig mangelte es an Genauigkeit. Er machte diese Enthüllung nach Zweigs Selbstmord. Als Zweig 1910 an der Verhaeren-Biografie arbeitete, suchte er Freud »aus beruflichen Gründen« auf, um die Frage der engen Beziehung zwischen Biograf und seinem Objekt zu diskutieren. Jahre später fügte Zweig in das kürzere Verhaeren-Porträt eine psychoanalytische Erklärung über seine Verbindung zum Dichter ein. Vgl. »Erinnerungen an Emile Verhaeren« in: *Begegnungen*, S. 9–58; S. 10.

Was immer auch der Grund für die Beratung gewesen sein mag, er war weniger gewichtig als die berühmte Episode Mahler-Freud, die entscheidend im Leben des Komponisten gewesen war und auch Freud selbst viel bedeutete, denn die Begegnung wird in der autorisierten Biografie geschildert. Mahler war nicht der einzige Wiener Musiker, der sich an ihn wandte.[337]

Zweigs Bewunderung für Freud blieb ebenso wie Freuds Wohlwollen gegenüber Zweig (trotz der Distanz, die der Psychoanalytiker bei seinem Kontakten zu halten pflegte) bestehen. Dies traf nicht für Emil Ludwig zu, dessen Chuzpe Freud irgendwie nicht behagte: Als er Jahre später erfuhr, dass nur zwei Schriftsteller es abgelehnt hatten, die Dankadresse anlässlich seines 80. Geburtstages zu unterzeichnen, und einer davon Ludwig war, bedauerte er dies nicht. Posthum revanchierte sich Ludwig in seinen Memoiren dafür: Die darin geäußerten Ansichten bezüglich Freuds und der Psychoanalyse grenzen an Dreistigkeit.[338]

Im November 1931 schickt der Psychoanalytiker Zweig Glückwünsche zu dessen 50. Geburtstag und nutzt die Gelegenheit, um eine eventuell noch vorhandene Verbitterung wegen des Essays aus dem Weg zu räumen.

---

[337] Während eines Ferienaufenthaltes in Tirol telegrafierte Gustav Mahler Freud, der ebenfalls dort weilte, und bat um eine Konsultation. Freud kam der Bitte nach, doch der Musiker sagte den Termin ab. Dies wiederholte sich dreimal, bis Freud ihm ein Ultimatum stellte. Schließlich trafen sich die beiden in Leiden/Holland und sprachen während eines Spaziergangs vier Stunden miteinander. Neben seinen Ängsten als Musiker und seinen Beziehungsschwierigkeiten mit seiner Frau Alma litt Mahler unter der Gewalt seines Vaters, die er als Kind miterlebt hatte. Freud erklärte später, dass er niemals einen Patienten getroffen, der ihn so schnell verstanden hätte. Vgl. *Freud 1*, Bd. 2, S. 103/104. *Wistrich 2*, S. 510–512. Kurz vorher hatte Freud dem Dirigenten Bruno Walter, Mahlers Assistenten, geholfen. Diesmal handelte es sich nicht um ein existenziell-musikalisches Problem, sondern ein persönliches: Walter fühlte sich von seinem Förderer erstickt. Freud empfahl ihm eine Reise nach Sizilien, um sich von der Unterdrückung zu lösen. Vgl. Ryding, Erik S.; Pechefsky, Rebecca: *Bruno Walter. A World Elsewhere.* Yale University Press. New Haven 2001, S. 61/62.

[338] Ernest Jones fand heraus, dass mehr als 191 Schriftsteller und Autoren, einschließlich Zweig, die Dankadresse unterschrieben. Vgl. *Freud 1* Bd. 3, S. 245. In seiner Autobiografie *Memoiren. Geschenke des Alters oder Vor Sonnenuntergang* wirft Ludwig der Psychoanalyse, deren »historische Irrgänge« er in der oben erwähnten Freud-Biografie dargestellt habe, vor, »bei ihren sexualen Maulwurfs-Arbeiten [sic] an den wichtigsten Kindheits-Eindrücken [sic] vorbeigesehen« zu haben. Diese fänden sich aber in fünf seiner Biografien, darunter die von Beethoven. Vgl. Ludwig, Emil: *Memoiren, Geschenke des Alters oder Vor Sonnenuntergang* in: *Nachlass Emil Ludwig. Schiller-Nationalmuseum/Deutsches Literaturarchiv*, Marbach, S. 354. [Die deutsche Originalfassung dieses Werkes ist offensichtlich nicht veröffentlicht worden, wohl aber deren portugiesische und spanische Übersetzung, Anm.d.Ü.]

Es ist das Bedürfnis Ihnen einmal etwas Angenehmes, Liebenswürdiges zu sagen, nicht nur immer Ausstellungen zu machen wie ein Besteller, der sich im Portrait des Künstlers nicht gut getroffen findet. Also, Ihnen zu sagen, wie ich meine Lieblinge unter Ihren Schöpfungen genieße [...] wie ich Ihre kunstvolle Sprache bewundere, die sich den Gedanken anschmiegt [...] mit welchem Wohlgefallen ich Ihren Bestrebungen folge, in diesen zerfahrenen Zeiten eine Internationale der stärksten und besten Geister aufrecht zu erhalten.

Ein schöneres Geschenk hätte der gerade fünfzig Gewordene nicht erhalten können. Am nächsten Tag ergeht sich Zweig überschwänglich: »(D)ie innere Begegnung mit Ihrem Werk gehört zu diesen Glücksfällen. Sie wissen, dass ich mit meinem Bildnis nicht restlos zufrieden bin, einzig in dem Sinne, dass es noch mitgeholfen hat, jede weitere Betrachtung Ihrer Leistung in eine gewisse Sphäre des Respects [sic] zu stellen, ein *Auf*blicken [sic] zu fordern.«[339]

»(A)lles was ich schreibe ist von Ihnen beeindruckt und vielleicht spüren Sie, dass der Mut zur Wahrhaftigkeit, der möglicherweise das Wesentliche meiner Bücher ist, von Ihnen stammt: Sie haben einer ganzen Generation ein Vorbild gegeben.«[340]

Dem skeptischen Joseph Roth missfällt Zweigs freundschaftliche Beziehung zu Freud. Es ist nichts Persönliches: Er akzeptiert die Voraussetzungen der Psychoanalyse nicht, macht den wissenschaftlichen Anspruch lächerlich und ist, vielleicht wegen der Erfahrung mit der Krankheit seiner Frau, die er für unheilbar hält, mit den Therapien nicht einverstanden. So verdirbt das Thema Freud auch eine Begegnung, die freundschaftlich sein sollte. In einer Bar warten Joseph Roth und Soma Morgenstern auf Zweig, der bei seinem Eintreffen um Entschuldigung bittet. Er könne sich nicht lange aufhalten, da er von Freud zur Jause erwartet würde. Vom Cognac schon ein bisschen benebelt, provoziert Roth:»Bleiben Sie lieber hier, mit uns werden Sie gesund sein«, und da das Wort Jause seinen Hohn reizt, fügt er hinzu: »Die Wiener werden eingeteilt in starke Jausner und schwache Jausner. Ist Freud ein starker Jausner?« Zweig geht auf die Provokation nicht ein: »Ich bin ein schwacher Jausner«, und erklärt, er sei eigens wegen dieser Verabredung nach Wien gekommen und müsse sich nun verabschieden. Einmal von Sarkasmus gepackt, ist es unmöglich, Roth zu stoppen. Er be-

---

[339] *Briefe SZ-Freud; Schnitzler,* 28.11.1931; 29.11.1931. Ein halbes Jahr danach, am 2.6.1932 schrieb Freud Zweig und teilte ihm mit, dass er in der italienischen Übersetzung eine Ungenauigkeit entdeckt hätte. Zweig versprach, sie zu korrigieren.
[340] *Briefe SZ-Freud; Schnitzler,* 21.10.1932.

dient sich eines possenhaften, jiddischen Tonfalls, gibt sich als *proster mentsch* zu erkennen und wettert gegen Freuds Theorie von der ägyptischen Identität Moses. Schließlich bemerkt er, sich auf einen der groben Seitenhiebe von Karl Kraus beziehend: »Aber seine Definition der Psychoanalyse als ›die Kunst, von einem Patienten ein ganzes Jahr zu leben‹, ist treffend.« Kraus in Gegenwart von Zweig zu zitieren, ist eine grausame Waffe, noch mehr, wenn sich das Zitat gegen Freud richtet. Zweig hat gehofft, dem Freund den Meister näher bringen zu können und damit ein weiteres Dreieck aufzubauen. Er ist gescheitert.[341]

In dieser Zeit greift Zweig auch zum Stift, um etwas Ungewöhnliches zu machen oder zumindest etwas, was er 13 Jahre lang nicht getan hat:

> Plötzlich habe ich mich entschlossen, nach Jahren der Pause wieder ein Tagebuch zu führen. Die Gründe dafür das Vorempfinden, daß wir kritischen, kriegstagsähnlichen Zeiten entgegengehen, die documentarische [sic] Niederlegung ebenso fordern wie seinerzeit die großen Reisen oder die Zeit des Krieges. Ich meine und erwarte keine Conflagration [sic] mit Waffen, nur innere sociale [sic] Umstürze, bei uns vielleicht eine fascistisch-heimwehrliche [sic] Revolte. Jedenfalls, es tut gut, sich wieder einmal zur Wachsamkeit zu erziehen.

Ein persönlicherer Anlass ist der Tod von Arthur Schnitzler, »der so wundervoll Maß zu halten wußte – viel mehr als ich«.[342] Er hat die Tagebuchaufzeichnungen sofort mit dem Ende des Ersten Weltkrieges unterbrochen und nimmt sie nun, von Vorahnungen heimgesucht, wieder auf. Er weiß, dass er vorgreift, nur gelingt es ihm nicht, den Vorzeichen einen Sinn zu geben. Versunken in die Ausarbeitung einer Biografie über die Frau, die den Kopf verlor – wörtlich gemeint –, wird er die Omen bald vergessen.

Ein kleiner Exkurs über einen anderen Zweig: Arnold (weder verwandt noch verschwägert mit Stefan), auch Jude, auch Schriftsteller, aber weniger berühmt, auch Pazifist, aber ein überzeugter Linker. Beide sind fasziniert von der Psychoanalyse und ihrem Schöpfer.

---

[341] *Roth 1*, S. 157–159. Diese Begebenheit trug sich vor Zweigs Umzug nach London zu.
[342] *Tagebücher*, 21.[22.]10 1931. Das Tagebuch wurde am 13.11.1918 unterbrochen. Heimwehren waren paramilitärische Verbände des österreichischen Bauern-Bürgertums (1918–1936), die sich nach dem Ersten Weltkrieg gebildet hatten.

Arnold Zweig tritt an Freud heran, um ihm einen Essay über die Psychologie des Antisemitismus zu widmen. Er erzählt, wie er dank der Psychoanalyse von einem Herzleiden geheilt worden ist, und verehrt ihn für den Sieg über den Antisemitismus. Freud nimmt die Widmung an, aber beschwert sich anschließend beim Autor darüber, dass er ihn in Zusammenhang mit Kraus gebracht hat, »der auf der Skala meiner Hochachtung eine unterste Stelle einnimmt. [...] In der Frage des Antisemitismus habe ich wenig Lust, Erklärungen zu suchen, verspüre eine starke Neigung, mich meinen Affekten zu überlassen, und fühle mich in der ganzen unwissenschaftlichen Einstellung bestärkt, daß die Menschen so durchschnittlich und im großen ganzen doch elendes Gesindel sind.«[343]

Kurz und bündig, wie er es selten machte, meidet er die psychoanalytischen Ausarbeitungen des neuen Freundes und bestätigt, was er schon in der »Selbstdarstellung« behauptet hat: Seine Erfahrung als Jude ist tief gekennzeichnet von denen, die Juden verabscheuen. Ein wenig viel versprechender Beginn für eine Freundschaft, die Arnold Zweig lediglich dank seiner Ausdauer und seines Idealismus gewinnen wird.

Ernest Jones, autorisierter Freud-Biograf, stellt fest, dass Freud Arnold Zweig lieber mochte als Stefan Zweig. Aber möglicherweise spiegelt sich darin nur seine eigene Meinung wider und nicht die Freuds:

Stefan, Sohn reicher Eltern [...] Er glitt leicht durch das Leben. Als leichtschreibender, begabter Schriftsteller verfaßte er eine Anzahl anziehender und sehr fesselnder Bücher, vor allem historische Biographien, die viel psychologisches Verständnis zeigen. Aber er ließ der Phantasie allzu wenig Spielraum, indem er dem Leser sozusagen bei jeder Stelle der Handlung diese oder jene Gefühle vorschrieb. Arnold hingegen hatte einige harte Jahre hinter sich und war auch weniger glücklich geartet.[344]

---

[343] *Briefe Freud-Arnold Zweig*, 2.12.1927.
[344] *Freud 1* Bd. 3, S. 162. Ernest Jones nahm die Subtilität des Meisters, mit der er seine Beziehung zu Arnold und Stefan Zweig auseinander hielt, nicht wahr. Arnold Zweig stimmte nicht mit Freuds im Dostojewski-Essay geäußertem Lob von Stefan Zweig überein. Als Sozialist und Zionist konnte Arnold Zweig auch nicht mit dem Internationalismus Stefan Zweigs einverstanden sein. Trotz der Rivalität und der anfänglichen Differenzen brachte das Nationalsozialismus Arnold Zweig und Freud einander wieder näher, und die beiden hielten einen intensiven und brüderlichen Briefwechsel. Vgl. Berlin, Jeffrey B.: »The Austrian Catastrophe: Political Reflections in the Unpublished Correspondence of Stefan Zweig and Arnold Zweig« in: Timms, Edward; Robertson, Richie (Hg.): *Austrian Exodus. The Creative Achievements of Refuges from National Socialism*. Edinburgh University Press. Edinburgh 1995, S. 3–21.

Im Dreiecksbriefwechsel gibt es einige Subtilitäten: Arnold führt die Anrede »Hochverehrter Herr Professor« ein, sucht dann eine persönlichere und nennt ihn schließlich »Vater«. Freud wendet sich mit »Lieber Herr Doktor« an Stefan, Arnold jedoch redet er mit »Herr« an und »befördert« ihn zum »lieben Meister«.

Gleiche Nachnamen, regelmäßige Korrespondenz mit beiden, überfordert von der durch den Neuankömmling Arnold deutlich gewordenen Rivalität der beiden – all dies lässt den Psychoanalytiker einige »Freudsche« Fehler begehen. Einen davon erklärt er hinterher. Als Freud erkennt, dass er einmal Arnold irrtümlicher Weise mit Doktor – den für Stefan benutzten Titel – angeredet hat, versucht er die Vertauschung rational zu begründen: »Er [Stefan] hat mir im letzten Halbjahr einen starken Grund zur Unzufriedenheit gegeben, meine ursprüngliche starke Rachsucht ist jetzt ganz ins Unbewußte verbannt, und da ist es ganz gut möglich, daß ich einen Vergleich anstelle und eine Ersetzung durchführen wollte.«[345]

Die »Unzufriedenheiten« beziehen sich auf die von Zweig über ihn verfasste Biografie und werden sechs Jahre danach erneut zum Vorschein kommen, als der deutsche Zweig, um sich dem österreichischen Zweig gegenüber als überlegen zu erweisen, um Erlaubnis bittet, *seine* Biografie zu schreiben und die Mängel der anderen beheben zu dürfen. Freud lehnt kategorisch ab:

(G)eschreckt durch die Drohung, daß Sie mein Biograph werden wollen. Sie, der so viel Schöneres und Wichtigeres zu tun hat [...] Nein, ich liebe Sie viel zu sehr, um solches zu gestatten. Wer Biograph wird, verpflichtet sich zur Lüge, zur Verheimlichung, Heuchelei, Schönfärberei und selbst zur Verhehlung seines Unverständnisses, denn die biographische Wahrheit ist nicht zu haben, und wenn man sie hätte, wäre sie nicht zu brauchen. Die Wahrheit ist nicht gangbar, die Menschen verdienen sie nicht, und übrigens hat unser Prinz Hamlet nicht recht, wenn er fragt, ob jemand dem Auspeitschen entgehen könnte, wenn er nach Verdienst behandelt würde?[346]

Der Enthusiasmus, mit dem Freud die früheren biografischen Essays von Stefan Zweig aufgenommen hat, (und das diskrete Lob des Porträts

---

[345] *Briefe Freud-Arnold Zweig*, 10.9.1930 (vor dem Erscheinen von *Die Heilung durch den Geist*). Dieser Brief bestätigt, dass das Buch Freud nicht überrascht hatte. Arnold Zweig verbarg seine Geringschätzung für Stefan Zweigs Werk, vor allem für dessen Essay über Kleist, über den er selbst 1925 geschrieben hatte, vor Freud nicht. Vgl. Brief vom 16.9.1930.

[346] *Briefe Freud-Arnold Zweig*, 31.5.1936.

von Mesmer) zeigen, dass seine Aversion sich nicht gegen die Biografie als Genre richtet, sondern gegen konventionelle Biografen: »[Sie] geben uns dann wirklich eine kalte, fremde Idealgestalt anstatt des Menschen, dem wir uns entfernt verwandt fühlen könnten. [...] verzichten zugunsten ihrer infantilen Phantasien auf die Gelegenheit, in die reizvollsten Geheimnisse der menschlichen Natur einzudringen.«

Freud schrieb dies am Anfang des Jahrhunderts, da er den wissenschaftlichen Charakter der Psychoanalyse beweisen und sie von eventuellen Ähnlichkeiten mit der psychologischen Literatur abgrenzen musste. In der Rede anlässlich der Verleihung des Goethe-Preises 1930 beharrte er erneut auf der Unterscheidung: »Wenn die Psychoanalyse sich in den Dienst der Biographik begibt, hat sie natürlich das Recht, nicht härter behandelt zu werden als diese selbst.«[347]

Freud weist den von Arnold Zweig angebotenen »Sockel« zurück, um sich vor unvermeidbaren Unannehmlichkeiten zu schützen. Seine Untersuchungen zu Leonardo da Vinci, Dostojewski und Moses (letztere mit fiktionalen Komponenten) jedoch können nicht außerhalb des Genres betrachtet werden, das er verurteilt. In wenigen Tagen – 13, um genau zu sein – verwirft Freud Arnold Zweig gegenüber die Biografien, während er das Genre in einem Brief an Stefan Zweig als psychoanalytische Übung ansieht: »Beim Biographen giebt [sic] es ja ähnlich wie beim Analytiker Phänomene, die man unter dem Namen ›Übertragung‹ zusamenfaßt [sic].«[348]

Die Strenge verhinderte nicht, dass der unfehlbare Freud in der »psychologischen Studie« über Thomas Woodrow Wilson, einem authentischen biografischen Porträt, scheiterte. Weder log Freud, noch heuchelte er, idealisierte er, verhehlte er etwas – so seine eigenen Worte. Aber er ließ sich zu einer Art Rachefeldzug gegen den 28. Präsidenten der Vereinigten Staaten hinreißen, indem er das Bild eines Staatsman-

---

[347] Freud, Sigmund: »Eine Kindheitserinnerung des Leonardo da Vinci«, in: *Freud 5* Bd. 8, S. 127–211, S. 203. Idem: »Goethe-Preis 1930 – Brief an Dr. Alfons Paquet« in: *Freud 5* Bd. 14, S. 543–550, S. 550. Als Freud 1910 die Studie über Leonardo da Vinci verfasste, folgten die Biografien dem viktorianischen Modell der Lobhudelei oder dem der uneingeschränkten Diffamierung, die den von Lytton Strachey eingeführten Innovationen vorausgingen. Die Kritik beabsichtigte, Freud von den Biografen jener Zeit zu distanzieren und zugleich zu zeigen, dass das Porträt des italienischen Künstlers mehr als eine literarische Übung war. Zwanzig Jahre später bekräftigte Freud den Unterschied zwischen der Biografie, die er als »literarische Schöpfung« ansah, und der Herausarbeitung unterdrückter Erinnerungen seitens der Psychoanalytiker.

[348] *Briefe SZ-Freud; Schnitzler*, 18.5.1936.

nes zeichnete, der die Hoffnung auf einen weltweiten Frieden enttäuschte. Später wurde Freuds psycho-biografischer Exkurs als ein schlechter Dienst an der Geschichte angesehen. »[Wilson] war der größte Idealist, der jemals im Weißen Hauses gewohnt hat.« Warum gab Freud seinen Namen als Co-Autor für ein unvollständiges, parteiisches Buch, für das er ohnehin nur die Einleitung verfasst hatte? Die Antwort ist einfach: er verdankte Bullitt sein Leben. Der Diplomat hatte ihn aus der Hand der Gestapo gerettet. Der Schüler Stefan Zweig erwies sich in seinen Werken als sehr viel »psychoanalytischer« als der »Biograf« Freud in seiner Beschreibung des Kampfes des amerikanischen Präsidenten, seine Alliierten zu überzeugen und neue Kriege zu verhindern.[349]

Je mehr sich Stefan Zweig bemüht, zu gefallen, umso mehr Peinlichkeiten begeht er. So schreibt er, von guten Absichten beseelt und ohne politisches Taktgefühl, einen Artikel, in dem er eine Kandidatur Freuds für den Nobelpreis anregt und noch die Indiskretion begeht, zu enthüllen, dass der Meister gerade das berühmt gewordene Werk *Moses und der Monotheismus* vorbereitet. Freud hatte dies sogar dem Vertrauten Ernest Jones verheimlicht.

Eine aufschlussreiche Begebenheit: Wie immer wird Zweig nicht zurückgewiesen. Freud behandelt ihn mit Verständnis und mit Nachsicht. Aber die Nachsicht kann die Ursache für alles sein: Zweig muss so akzeptiert werden, wie er es wünscht.

Die Heilung durch den Geist ist die erste Interpretation der Psychoanalyse für das breite Publikum und verkauft sich gut. Der Ausflug in die Abgründe des Unbewussten hat in gewisser Weise Repressionen und Depressionen freigelegt. Er möchte sich ändern:

---

[349] Auchincloss, Louis: *Woodrow Wilson.* Penguin. New York 2000. (Aussage des Autors Auchincloss im Klappentext des Buches.) Vgl. *Freud 4.* William Bullitt (1891–1967) war einer der jungen liberalen Beauftragten, die Wilson zu den Friedensverhandlungen nach dem Ersten Weltkrieg begleiteten. Bullitt war mit den Konzessionen nicht einverstanden, trat zurück und klagte den Präsidenten öffentlich an, die Ideale des Friedens verraten zu haben. Später diente er unter Präsident Franklin D. Roosevelt als Botschafter der USA in der UdSSR und Frankreich, von wo aus er 1938 von den deutschen Behörden die Ausreiseerlaubnis für Freud und seine Familie aus Wien erwirkte. Die Zusammenarbeit zwischen Freud und Bullitt begann 1930/1931. Die Endfassung sah der Psychoanalytiker jedoch erst 1938 in den letzten Monaten seines Lebens in London nach seiner Rettung mit Hilfe des amerikanischen Diplomaten. Die doppelte Autorenschaft wurde schließlich als eine *Freudulence* angesehen und ist bis heute umstritten. In der Einführung erkannte Freud seine Vorurteile. Zur Kritik des Werkes von Freud und Bullitt, vgl. Erikson, Erik; Hofstadter, Richard: »The Strange Case of Freud, Bullit and Woodrow Wilson. A Disservice To History« in: *New York Times Book Review,* 9.2.1967, S. 3–8.

Mangel an innerm [sic] Selbstbewußtsein gibt mir nicht die Härte zur nötigen Verteidigung, so bleibt nur die Flucht und bislang ist durch familiäre Schwerfälligkeit es mir seit 12 Jahren nie möglich gewesen länger als drei Wochen einmal geschlossen fortzubleiben. [...] was Du ›Erfolg‹ nennst, empfinde ich [...] nur als eine Last. [...] wobei ich mir vorkomme wie ein Jäger, der eigentlich Vegetarianer ist, also gar keine Freude an dem Wild hat, das er abschießen soll [...] Mir fehlt irgendwo in meiner Disposition ein notwendiger Einschuß von Brutalität und Selbstsicherheit.[350]

Er erkennt, dass es ihm nicht gut geht – dies ist nichts Neues. Fünf Jahre zuvor ist er in einer ähnlichen Lage gewesen, als er Friderike schrieb:

Meine depressiven Zustände haben keine reellen Gründe, weder in Arbeit (die ist nicht so arg) noch im Nikotin, das ich übrigens jetzt nur zur Probe zwei Tage aussetze. Es ist eine Alterskrise, verbunden mit einer allzu großen (meinem Alter ungemäßen) Klarheit – ich beschwindle mich nicht mit Unsterblichkeitsträumen, weiß wie relativ die ganze Literatur ist, die ich machen kann, glaube nicht an die Menschheit, freue mich an zu wenigem. Manchmal kommt aus solchen Krisen was heraus, manchmal kommt man durch sie noch tiefer hinein – aber natürlich gehört sie zu einem dazu. [...] man soll eben resignieren und hat zuvor durch die zehn Jahre Krieg und Nachkrieg nicht das zugehörige Maß an Freude und Jugend gehabt. Und dann sind unsere Kriegsnerven eben doch nicht mehr ganz reparabel, der Pessimismus reicht tief unter die Haut. Ich erwarte mir nichts mehr – denn ob ich 10000 oder 150000 Exemplare verkaufe, ist doch einerlei. Wichtig wäre etwas Neues neu anfangen, eine andere Art Leben, anderen Ehrgeiz, anderes Verhältnis zum Dasein – auswandern nicht nur äußerlich. Die Vortragsreise war ja wirklich nicht klug. Ich habe sie aus Schwäche gemacht, aus Nicht-Nein-Sagen-Können und dann, um mich zu zwingen, ein wenig unterwegs zu sein. Ich möchte in den nächsten Jahren mich gewaltsam beweglicher machen – viel und kurz reisen, das tut uns am besten. Laß es Dir gut gehen."[351]

An Grausamkeit mangelt es ihm nicht, zumindest nicht in der Beziehung zu Friderike. Doch die Partnerin versteht, versteht alles, deswegen wurde sie als Partnerin gewählt. In diesem Brief verschont er sie mit Einzelheiten über eventuelle Flirts und Verehrerinnen. Er hält lediglich den Willen fest, sich zu verändern, bei null anzufangen. Noch ist Hitler nicht bedrohlich, und er spricht bereits vom Emigrieren. Aber er erklärt nicht, wie sich dies auf ihre Beziehung auswirken wird.

---

[350] Brief an Victor Fleischer, 7.7.1930 in: *Briefe 1920–1931*.
[351] *Briefe SZ-FZ*, 3.8.1925.

Friderike, wachsam und nachsichtig, verschweigt trotz der Anbetung des Gatten den pathologischen Charakter der Krisen nicht. Sie schreibt diese der Überanstrengung bis zur völligen Erschöpfung zu.[352] Die historischen Essays erfordern eine doppelte Konzentration, eine Geschicklichkeit im Umgang mit den verschiedenen Zeitebenen, da die Aktualität zwischen den Zeilen mitschreibt. Aus diesem Grund sieht Hofmannsthal Zweig mit einer gewissen Geringschätzung als reinen »Journalisten« an. Zu den Nachforschungen (die er sich manchmal mit Friderike oder dem Freund Rieger teilt) kommt die persönliche Verausgabung durch das Feilen an der Sprache hinzu – sein Stil und Ausdruck werden zu diesen Zeiten als eine der besten der deutschen Sprache angesehen. Fast so gut wie die von Hofmannsthal.[353]

Daher fällt Marie Antoinette, die unbesonnene Königin, in die Schnittstelle zwischen Gestern und Heute. Sie ist weder ein politisches Wesen, noch könnte sie in die Baumeister integriert werden, ebenso wenig in die »Galerie von bemerkenswerten Menschenkindern«, wie Freud sie nennt. Dennoch ist Zweig an dem Tag, an dem er, von Vorahnungen geplagt, das Tagebuchschreiben wieder aufnimmt, schon mit der Biografie der Königin beschäftigt. Und er schreibt sie in einer der glücklichsten Zeiten jener Jahre nieder.

Den Jahresbeginn 1930 verbringt er mit Friderike in Cap d'Antibes, wo das Wetter auch im Winter herrlich ist. Sie nehmen Joseph Roth mit, der sich nun besser mit der Krankheit seiner Frau abgefunden hat und nüchtern ist, da er gerade an seinem größten Werk *Radetzkymarsch* arbeitet. Die Schriftsteller widmen sich ihren Texten, besprechen die Fortschritte und suchen in Abständen kleine Schreibwarenhandlungen auf,

---

[352] *Friderike 1*, S. 214.
[353] Hugo von Hofmannsthals (1874–1929) Antipathie gegen Zweig ist offenkundig. Der berühmte Autor von *Der Tod des Tizian; Brief des Lord Chandos* und diversen Libretti zu Opern von Richard Strauss verwies Zweig auf die Ebene des Journalismus. Er betrachtete ihn zudem als Plagiat seiner Existenz als Schriftsteller und Dichter: »Schrieb er [von Hofmannsthal] eine Novelle, da kam Zweig einen Monat später mit noch einer; führte er ein Drama auf, so stand Zweig bereit am Burgtheater mit dem seinen.« Vgl. Geiger, Benno, a.a.O., S. 427/428. Von Hofmannsthal leugnete seine jüdischen Vorfahren nicht, fühlte jedoch ein gewisses Unbehagen diesbezüglich. Dennoch zählten zwei bekennende Juden, Arthur Schnitzler und Richard Beer-Hofmann, zu seinen engsten Freunden. In seinen Werken lässt er antijüdische Stereotype durchschimmern. Friderike schrieb den Grund für Hofmannsthals Abneigung seinem Neid auf den literarischen und finanziellen Erfolg ihres Gatten zu. Vgl. *Prater*, S. 234–237; *Wistrich 2*, S. 507–509. *Friderike 1*, S. 174/175. *Friderike 2*, S. 81/82.

um sich mit Papier, Stiften und Tinte zu versorgen (ein Hobby, das beide miteinander teilen).

Zweig ist während der Unterbrechung seiner Arbeit an Balzac auf die Figur Marie Antoinette gestoßen. Balzac hatte ihn zunächst zu Mesmer geführt, der wiederum die Aufmerksamkeit des Schriftstellers auf seine Beschützerin in Versailles lenkte. Die Verbindungen erscheinen nicht im Werk, aber sie helfen zu begreifen, wie Zweig die, laut Freud, »klein angelegte und vom Schicksal groß gehämmerte Marie Antoinette« herausgearbeitet hat. Der Meister hält Zweigs psychoanalytische Interpretationen für angemessen, um das Bild der Regentin zu vervollständigen: »Das hat sich gewiß so verhalten, wie Sie es darstellen.«[354]

Bildnis eines mittleren Charakters – der Untertitel des Werkes liefert den Schlüssel zum Verständnis der Mechanismen, die Marie Antoinette in dem Moment zur Titelfigur einer von Zweigs populärsten Biografien adeln, in dem die Welt in einer wirtschaftlichen Depression versinkt, Deutschland und Österreich auf den Abgrund zulaufen und ganz Europa in Aufruhr lebt. Auf der Suche nach Parallelen findet Zweig, dass jener Anfang der 30er Jahre des 20. Jahrhunderts eine Wiederholung der 80er und 90er Jahre des 18. Jahrhunderts ist. Die gleiche Vergeblichkeit, den Abgrund zu verbergen. Er skizziert die Politik, um zum Kern des politischen Problems zu gelangen: gerechte Motive als Vorwand für ungerechtes Handeln.

Die französischen Revolutionäre hatten die Absicht, dem Königshaus zu schaden. Jemand musste für den französischen Absolutismus bezahlen. Dazu mussten sie jene Person angreifen, die dessen Laster verkörperte – die Königin, aus Wien geholt, verwöhnt, hübsch, vergnügungssüchtig, verdorben, leichtsinnig. Sie vereinigte daher alle Eigenschaften, um schuldig befunden zu werden – sie war Ausländerin, sie war eine Frau. Es ist nicht der Historiker, der Hypothesen aufstellt, es ist der Biograf, der eindeutige Entscheidungen trifft und mit ihnen sein Geschöpf entwickelt. Auf diesem Gebiet gibt es keine Unentschlossenheit und Zurückhaltung: Er identifiziert einen Wesenszug; der Rest ist seiner Fähigkeit, Verbindungen herzustellen, zuzuschreiben.

Angesichts der unweigerlichen Tragödie wurde die frivole Frau zu einem höheren Wesen: »Ohne den Einbruch der Revolution in ihre heiter unbefangene Spielwelt hätte diese an sich unbedeutende Habsburgerin gelassen weitergelebt«, heißt es im Vorwort. Zweig beabsichtigt, die mittleren Charaktere aufzufordern, etwas zu wagen, ihnen

---

[354] *Briefe SZ-Freud; Schnitzler,* 20.10.1932.

einen Hauch von Genius einzugeben. Flatterhaft, banal und ohne Spiritualität (außer dem mondänen Lack) wird die Unglückliche vor ihrer Hinrichtung zum Schrecken ihrer Ankläger wahrhaft edel. Mit einer ihm unbekannten Energie vertieft Zweig sich in die Rehabilitation der Heldin. Er scheint sich im Spiegel zu sehen, etwas an diesem psychologischen Reifeprozess berührt ihn: »Es ist so leicht, mutig zu sein, wenn man stark geboren ist: die ganze Größe eines Menschen besteht darin, größer und besser zu werden, als er war«, schreibt er Rolland, begierig, dessen Meinung zu erfahren. Er hätte dem anspruchsvollen Meister schreiben können: »*Marie Antoinette, c'est moi*« (wie es Serge Niémetz vorschlug). Gustave Flaubert bot sich als Schutzschild an, als es darum ging, seine Madame Bovary vor der Wut der Franzosen zu verteidigen; Stefan Zweig bedient sich der plötzlichen Kraft seiner Figur, um den eigenen Schwächen ins Gesicht zu schauen.[355]

Der Erfolg ist schwindelerregend, größer als bei irgendeiner seiner Novellen, die literarische Verarbeitung der Geschichte ist leidenschaftlicher als irgendeine erfundene Handlung. Doch auch heftige Kritiken bleiben nicht aus, auch von Freunden, die von dem »Geheimnis des Alkovens« und den sexuellen Details schockiert sind. Der ironische Hermann Kesten behauptet, ohne Freuds Meinung zu kennen, dass die Weltgeschichte in diesem Werk wie »eine Fußnote zu Freuds psychoanalytischen Vorlesungen« wirke. Ein größeres Lob hätte er nicht aussprechen können.[356]

Die Geschichte ist so meisterhaft erzählt, dass die Leser, selbst wenn ihnen das blutige Ende bekannt ist, hoffen, die Königin entkomme der Guillotine. Von den Spottblättern seiner Zeit satirisch dargestellt und später von den Kolumnisten verurteilt, verwandelt sich die Leichtsinnige in ein höheres, tragisches Wesen – einer der perfektesten Kunstgriffe des Zweigschen Repertoires.[357]

Metro Goldwyn Mayer erwirbt die Rechte für eine Superproduktion, die sechs Jahre später auf Leinwänden in aller Welt strahlen wird; un-

---

[355] *Briefe SZ-Rolland*, 1.9.1932. Niémetz, S. 396.
[356] Kesten, Hermann: »Stefan Zweig, der Freund« in: *Arens*, S. 135–145, S. 139. Hermann Kesten (1900–1996), Lektor, Schriftsteller und enger Freund Zweigs, war verantwortlich für die Rettung vieler Intellektueller, die von den Nationalsozialisten verfolgt wurden und mit seiner Hilfe in die USA flüchten konnten. Nach dem Zweiten Weltkrieg gab er das Werk und die Briefe von Joseph Roth heraus.
[357] Der Freund Rieger wurde mit einem Teil der Nachforschung betraut, auch Friderike half mit. Aber Zweig war so fasziniert, dass er auf nie zuvor gekannte Weise in die Forschungen in den Archiven und Antiquariaten eintauchte, die er schon in seiner Eigenschaft als Autografensammler so gut kennen gelernt hatte.

übersehbar ohne die Subtilitäten, mit denen der Autor das Werk versehen hat. Zweig bekommt eine Riesensumme dafür, genug, um für die nächsten zwei Jahre in allem Komfort zu leben.[358] Der Erfolg ist ihm lästig, er sucht ihn nicht, möchte nur, dass man ihn versteht. Er ist mit sich nicht im Reinen und weiß, weshalb: »An sich bedeutet jede Form der Publizität eine Störung im natürlichen Gleichgewicht eines Menschen. [...] Wenn ich heute noch einmal anfangen könnte, würde ich danach trachten, diese beiden Glückszustände, den des literarischen Erfolgs und den der persönlichen Anonymität gleichsam verdoppelt zu genießen.« Er würde gerne unter einem Pseudonym schreiben, möchte jemand anderes sein.[359]

> In seinem Betätigungsfeld arbeitete er wie wenige seiner Kollegen, was ihm in Wirklichkeit die Energien eines Riesen abverlangte, seine Wut trieb in Folge seiner häufigen und starken Reizbarkeit großen Raubbau an seinen geistigen Kräften. Für die Menschen, die ihn liebten und an seiner Seite lebten, war dies sehr bedrückend, da ja seine eigenen Anstrengungen angesichts eines Zorns dieses Ausmaßes, verstärkt durch den vererbten Starrsinn, der sich manchmal in wirklich heftiger Weise äußerte, zunichte gemacht.

Friderike vergleicht Zweigs Ausbrüche mit kindlicher Launenhaftigkeit.

> »Aber Ärger, der bei Stefan Zweig recht heftig und rasch aufflammen konnte, verflüchtigte sich meist auch wieder schnell. Wie bei einem Kinde wohnten bei ihm Lachen und Weinen nahe beisammen. Seine ernsteren Krisenstimmungen freilich konnten sich böse auswirken. [...] Da er stets der *Herr* im Haus war, war es unmöglich, diese plötzlichen Anfälle – oder wie man diese Gefühlszustände auch nennen möchte – nicht als Ausbrüche eines vom eigenen Dämon besessenen Mannes anzusehen. Später habe ich es mir angewöhnt, ihm große Zugeständnisse zu machen, denn einen Kranken dieser Art dadurch zu erzürnen, dass man sich dessen Plänen entgegenstellt, wäre für ihn selbst genau schlimm wie für seine Umgebung.«[360]

---

[358] Die USA-Produktion von 1938 entstand unter der Regie von W.S.Van Dyke, das Drehbuch stammte von Claudine West, Donald Ogden, Stewart & Ernest Vajda, und zu den Darstellern gehörten Norma Shearer, Tyrone Power und John Barrymore. Vgl. *Klawiter 1*, S. 788/789.
[359] *Die Welt von Gestern*, S. 368; S. 372.
[360] *Friderike 1*, S. 202 [Große Teile der beiden Zitate befinden sich nicht in der deutschen Ausgabe von Friderike Zweigs Buch. Sie stammen aus der spanischen Übersetzung des Freundes und Verlegers von Stefan und Friderike Zweig, Alfredo Cahn. Vgl. Zweig, Friderike: *Stefan Zweig*. Editorial Claridade. Buenos Aires 1946, S. 277; 294, Anm.d.Ü.]

Er verabscheut Krach und einige Krisen können auf seine extreme Lärmempfindlichkeit zurückgeführt werden. Wenn die Nerven angespannt sind, bringt ihn sogar das fröhliche Glockengeläut der zahlreichen Salzburger Kirchen auf.

Als Friderike anmerkt, dass der Gatte in den Werken nur ein Drittel seines Selbst zeigt, weiß sie um die zwei anderen: »Der arme Roth, der gescheit und hellseherisch genug wäre und mir auch etwas Charakteristisches über Dich sagte, ist zu sehr eingesponnen in die Dämonenwelt, in die er sich und seine Frau verstrickt hat.«[361]

Roth ist jünger, kümmert sich weniger um Psychologie und kennt ihn trotzdem besser als Friderike. Er weiß, aus den eigenen Sorgen Vorteil zu ziehen, vor allem in Zusammenhang mit der Krankheit seiner Frau, und Zweig fühlt sich schuldig:

> Ich schäme mich ein wenig vor Ihnen, daß mein Leben so glatt läuft [...] Ich fühle sehr herzlich mit Ihnen von Ferne: hoffentlich kann ich's bald von der Nähe aus tun. Hinter Ihren Worten spüre ich ein sehr schmerzhaftes Gespanntsein [...] denken Sie an Ihre Aufgabe, der Sie Ihr Bestes ungebrochen erhalten müssen, Sie gehören nicht Sich [sic] und Ihrer Frau sondern der ganzen Generation, die (ich weiß es) von Ihnen wesentliches Werk erwartet.

Friderike achtet auf alles.

> Sei doch um Gotteswillen zurückhaltender. Du verärgerst doch nur die Menschen mit solchen Liebenswürdigkeiten, die Dir dann konstant ein schlechtes Gewissen geben. Diesem in unangenehme Situationen kommen, des Überlaufenseins, des Sichherauswindenmüssen, mit seinen Folgen von Übermüdung, Gereiztheit, Unfrohheit, mußt Du durch Aufrichtigkeit und Geradheit abhelfen. Gewiß, Du wirst sagen, Du seist jetzt vergnügt. Aber der Ausnahmezustand gilt nicht. Rolland ist ein herrliches Vorbild, aber er scheint Dir moralische Lasten aufzuerlegen [...] Und, Lieber, ich kann mich nicht dauernd mit irregulären Verhältnissen abgeben, denn ich vertiefe mich ja in sie, wenn man sie mir überantwortet. Also auch mir zuliebe, *übernimm* Dich nicht.[362]

---

[361] *Briefe SZ-FZ*, Juli 1930. Abgesehen von der finanziellen Hilfe war Zweig auch auf die Förderung der literarischen Arbeit des Freundes bedacht. 1932 nahm er *Radetzkymarsch* unter die zehn besten Bücher des Jahres auf, an der Seite der Literaturgrößen Hofmannsthal und Broch. Vgl. *Klawiter 1*, S. 320. Roth, Joseph: »Radetzkymarsch« in: *Roth 2* Bd. 5, S. 137–455.

[362] Brief an Joseph Roth, 5.9.1929 in: *Briefe 1920–1931*. *Briefe SZ-FZ*, August 1930.

Der »Atlas-Komplex« erscheint wiederholt in Zweigs Korrespondenz und so taucht er auch in den Briefen an Victor Fleischer auf:

> Ich weiß [...] daß auch Augenblicken [sic] da sind [...] wo ich gewissermaßen Urlaub zu mir selbst nehme. Du müßtest einmal zwei Wochen bei mir im Hause leben, um das zu begreifen [...] ich bin, ohne es zu wollen, an so viel Schicksalen und Angelegenheiten (ohne jeden Vorteil für mich natürlich) beteiligt [...] glaube ich, daß niemand neben Rolland so viel von sich hergegeben hat – Du hast Recht, vielfach an Unwürdige und an Unnötiges, aber diese Verbundenheit gehört zu meinem Wesen und ich habe [...] eine Auskunftsstelle seit 15 Jahren neben der noch wirklich quantitativ respectablen [sic] Arbeit geführt. [...] habe ein <u>Recht</u> manchmal müde zu sein, manchmal nein zu sagen, einmal zweimal im Monat [...] Ich habe keine materiellen Sorgen gehabt, gewiß, aber ich habe die Sorgen von Dutzenden auf mich genommen. [...] der Umstand, daß ich hellsichtig-mißtrauisch auf meine Arbeit sehe, an ›Erfolg‹ mich nicht freue [...] Was mich freut ist, daß mein Körper noch hält, daß ich nicht stumpf bin sondern noch neugierig auf vieles und nichts fürchte, weder Mißerfolg noch Vergessenheit noch Geldverlust noch Sterben – nur vor dem Kranksein, dem Altwerden oder Bitterwerden fürchte ich mich. Nun, bis dahin hats hoffentlich noch ein paar Jahre und ich will sie so tapfer als nur möglich durchhalten. Was mich drückt ist, daß ich nicht alles was in mir ist, jetzt in <u>ein</u> Werk, einen Roman fassen kann [–] vielleicht kommt auch das einmal.[363]

Zweig ist sichtlich überfordert, unzufrieden, auch mit der Literatur. Friderike entgeht dies keineswegs, doch sie vermag nicht, auf so viele Ängste einzugehen. Deshalb stört es sie nicht, dass Fleischer und Roth ihr zur Seite stehen, um ihr etwas abzunehmen. Die Männer verstehen sich:

> Überhaupt, mein Guter, ich bräuchte [sic] eine Injection [sic] Ehrgeiz, Tatkraft, kurz eine Aufpulverung (man müßte sich verlieben und mit einem jungen Mädel drei Wochen reisen!) Der Ekel den ich vor der Literatur habe ist nicht zu schildern: am liebsten schriebe ich ein großes wissenschaftliches historisches Werk, an dem man Jahre arbeitet und ganz außerhalb der ›Concurenz‹ [sic] steht. [...] uns fehlt eben der Gradmesser, die Kinder. Mit einem 20 jährigen Sohn würde man sich eben reputierlicher, solider, mannhafter empfinden [...][364]

[363] *Briefe 1920–1931*, undatiert, vermutlich 21.11.1931. Friderike, Freundin und Bewunderin von Rolland, versuchte, ihren Mann vor einem Engagement für eine Sache, die nicht die seine war, zu bewahren.
[364] Brief von Zweig an Victor Fleischer, undatiert, vermutlich 28.7.1926 in: *Briefe 1920–1931*.

Er fühlt das Herannahen der Tragödie, aber weder erfasst er ihre Dimension, noch ahnt er, wer der Protagonist sein wird. Er verachtet die Nazis, kann sie jedoch nicht identifizieren. Im Refugium auf dem Kapuzinerberg, im Schubertschen Garten vermag er den aus Wien, München und Berlin kommenden Nachhall nicht zu verstehen, die Distanz steigert seine Unruhe. Angesichts des unwürdigen Spiels der Politiker wird er ungeduldig, er empört sich über die Schwäche der Institutionen, vor allem die der einstmals achtbaren deutschen Justiz, die die militanten Linken bestraft und die Rechtsextremen mild davonkommen lässt.

1927 erlebte Arnold Zweig einen von Hitlers Auftritten und schrieb in einem Brief an seine Frau, dass er ein untalentierter Charlie Chaplin sei.[365] 1940 wird Charlie Chaplin in *Der große Diktator* als Hitler erscheinen. Keiner lachte vorher, erst hinterher.

In den Septemberwahlen von 1930 erzielen die Nationalsozialisten ein spektakuläres Resultat und anstelle der zwölf Abgeordneten von 1928 ziehen nunmehr nicht weniger als 107 in den Reichstag ein. Mit dem Artikel *Revolte gegen die Langsamkeit* unternimmt Zweig den Versuch einer rationalen Analyse, indem er den Aufsehen erregenden Sieg als eine Behauptung der Jugend, eine Zurückweisung der korrupten und traditionellen Politik deutet. Teilweise zu Recht. Die Jugendlichen sind die ersten, die die politische Leere spüren. Aber Hitler wird derjenige sein, der sie missbraucht, indem er sie auf die Schlachtfelder schickt oder sie zu Mördern transformiert. Klaus Mann, ebenso links stehend wie sein Onkel Heinrich Mann, protestiert: Trotz des Respekts, den er Zweig zollt, hält er eine objektive und rationale Haltung angesichts dieser Zurschaustellung von Macht für gefährlich.[366]

Während eines Aufenthalts in Tummersbach bei Zell am See 1931 beschreibt Zweig Friderike die Hotelgäste mit der Hakenkreuz-Binde:

> Alles hier gut, nur gerade jetzt gräßliches Volk, Unterdeutsche. Die Hakenkreuzlerei hat den Mittelstand ergriffen, bei dem alles [...] zur Karikatur wird, es zäumt diesen Menschen, die nur durch Bescheidenheit erträglich wären, ein stupides Herrentum oder Ich-möchte-Herrentum auf. Immerhin interessant, von der Nähe zu sehen.[367]

---

[365] *Elon*, S. 366.
[366] Vgl. Mann, Klaus: *Der Wendepunkt. Ein Lebensbericht*. Rowohlt Taschenbuch Verlag. Reinbek bei Hamburg 2004, S. 348–350.
[367] *Briefe SZ-FZ*, Tummersbach, Sommer 1931.

In Österreich ist das Hakenkreuz schon sichtbar, doch vorläufig zeigt sich Zweig nur daran interessiert, das Phänomen zu untersuchen. Friderike bezeichnet sich und Stefan als sozialistisch. Die österreichischen Sozialdemokraten betrachten die beiden als Sympathisanten. Es könnte auch nicht anders sein. Die Wiener Juden, wie die deutschen, sind selbstverständlich liberal und fortschrittlich, in ihren Adern fließt eine Geschichte aus Elend, Unterdrückung und Eigensinnigkeit.[368] Zweig unterschätzt indessen die Vorgänge in Deutschland, hält die Umwälzungen für ein Strohfeuer. Wie in den ersten Tagen des Ersten Weltkrieges ist er beeindruckt von der Dynamik, der Kraft, die der Nationalsozialismus dem deutschen Geist verleiht, während Frankreich korrupt und leichtlebig wirkt (ein Eindruck, der durch einen Besuch dort 1932 verstärkt wird).

Der unbekannte Hitler verführte nicht nur das Kleinbürgertum, sondern auch die höheren Schichten. Die gebildeten Jugendlichen mit dem Hakenkreuz auf der Armbinde, die Zweig im Alpenhotel beobachten konnte, waren keine Pfadfinder, sondern Skifahrer, Sprösslinge der betuchten Elite. Der rasante Aufstieg des anonymen Agitators der Kneipen erwies sich als wichtiger als dessen Ideen. Biografien, selbst die ungeschriebenen, sind imstande, spektakuläre Auswirkungen hervorzurufen. Der Außenseiter hatte es geschafft – in weniger als zehn Jahren trat er aus dem Schatten heraus, um die politische Szene Deutschlands anzuführen, und wurde eine der bestimmenden Figuren auf der Weltbühne. Selbst jene, die ihn fürchteten oder verabscheuten, konnten eine gewisse Bewunderung nicht verbergen. Hitlers unglaublicher Aufstieg wurde als Vorbild und Ansporn dargestellt. Die Funktion des Propagandisten Joseph Goebbels war nicht, eine politische Idee zu verkaufen, sondern eine Geschichte, in der die Willenskraft die Hauptrolle spielte.

Im Zusammenhang mit den politischen Vorlieben des Ehepaares erwähnt Friderike eine fremde Person, deren Namen sie mit gewissem Groll nicht nennt, sie spricht von »dem Vertrauten«. Es handelt sich dabei um den schon erwähnten Emil Fuchs, einen militanten Sozial-

---

[368] »Wir Juden waren, sind und bleiben wahrhaft freiheitlich, wir können nur in freiheitlicher Luft gedeihen, für uns ist reaktionäre Luft Stickluft, wir huldigen einer freien demokratischen Weltanschauung, wir können daher nur eine wahrhaft freiheitliche Politik machen«, behauptete 1908 der Abgeordnete Benno Straucher im Reichsrat. In dieser Hinsicht hatte Hitler Recht, die Juden als seine natürlichen Feinde zu betrachten. Vgl. Benno Straucher zit. nach: *Hamann*, S. 471.

demokraten, Korrekturleser von Zweigs Texten und Schach- und Gesprächspartner nach der Arbeit. Für sie ist Fuchs verantwortlich für die frühzeitige »Vergiftung« des Gatten, die zu dessen unkontrollierbarem Pessimismus führte. Indem er die Unfähigkeit der bürgerlichen Demokratie, den sozialen Forderungen gerecht zu werden, verurteilte, zog der Freund Zweig in eine Sackgasse. Friderike muss die Hellsichtigkeit von Fuchs' Prophezeiungen anerkennen, es ist die Vorwegnahme des Leides, die sie schmerzt.

Wenn Zweig noch einige friedvolle Jahre hätte genießen können, wäre er vielleicht nicht in die Spirale der Angst geraten und aus Salzburg geflohen. Friderike gibt offen zu, dass sie gewünscht hätte, sie beide hätten noch mehr Jahre in dem Elfenbeinturm verbringen können, den sie mit so viel Ausdauer errichtet hatten.[369] Ihren Lebensabend hätten sie dann gemeinsam im Exil verbracht. Oder wären einander umarmend im Konzentrationslager umgekommen.

»Erscheint es dir nicht merkwürdig, daß wir ans Tanzen denken [...] während der Himmel sich mit Vorboten der Apokalypse zuzieht?«, fragt Zweig die Freundin Margarita Wallmann. Das Ballett erlebt einen großen Augenblick, doch er, der Ästhet, bemerkt die Vergeblichkeit dieser Hingabe. Er ist orientierungslos, lässt sich allein vom unguten Gefühl einer kommenden Tragödie leiten.[370]

In den Briefen wechseln sich Weitblick und Blindheit, Pessimismus und Optimismus, Klarheit und Verstörtheit ab. Berufliche Widrigkeiten verstärken die Gereiztheit, legen sich auf das Gemüt und entfernen ihn so von seinem treuesten Freund. Rolland ist nicht länger sein Schatten, die Differenzen nehmen von Tag zu Tag zu. Der Franzose sieht die Zwischentöne nicht und folgt blind der Moskauer Linie, die so sektiererisch wie die Sektierer ist, die sie zu bekämpfen beabsichtigt. Eric Hobsbawm bemerkt hierzu:

> Es gilt heute allgemein als ausgemacht, daß die Politik, die von der KPD verfolgt wurde und auf der Linie der Komintern lag, in den Jahren des Aufstiegs von Hitler und seiner Partei zur Macht von einer selbstmörderischen Dummheit war. [...] vor allem nach 1930 grenzte die Auffassung, aus dem genannten Grund sei die Sozialdemokratie gefährlicher als der Aufstieg Hitlers oder man könne sie sogar als ›Sozialfaschismus‹ bezeichnen, an politischen Wahn-

---

[369] *Friderike 1*, S. 209. *Friderike 2*, S. 131. In ihrer Aussage gegenüber Donald Prater (*Prater*, S. 296) ging sie weiter und nannte den Namen des Freundes, der Zweig so sehr beunruhigte.
[370] *Wallmann*, S. 221.

sinn. [...] [Wir waren] an einem im wesentlichen revolutionären Kampf um politische Macht beteiligt [...] Was immer danach kommen würde, die Eroberung der Macht war der erste, unverzichtbare Schritt.[371]

Und Zweig empört sich: »Die Kommunisten haben den Nationalisten gut vorgearbeitet. Sie haben nicht allein die Sozialdemokratie lächerlich gemacht, sondern auch *dem Volk den Geschmack an der Demokratie* genommen [...] im Gedanken an *ihre* Diktatur, aber in Wahrheit haben sie der andern den Weg bereitet.«

In einem anderen Brief an Rolland ahnt er Goebbels machiavellistisches Manöver voraus, mit dem dieser die weltweiten Proteste gegen den Nationalsozialismus als jüdische Provokation diskreditiert: »Die Nationalsozialisten haben teilweise recht: in Deutschland sind es nur die Juden [...], die für Freiheit, für Unabhängigkeit eintreten. [...] Für einen Protest hätten Sie nur die Juden [...] außer Thomas und Heinrich Mann hat kein christlicher deutscher Schriftsteller unterschrieben! Für einen großen Teil der deutschen Schriftsteller wird unser Boykott, der bereits beginnt, ein enormer materieller Gewinn.«

Rolland befremdet die Argumentation, und um den Freund nicht zu verletzen, macht er seinem Herzen nur im Tagebuch Luft: »Stefan Zweig schreibt mir Briefe, die mir Kummer bereiten. Er sucht darin nach noblen Rechtfertigungen, um in dieser kritischen Stunde, in der die Tat eine unvermeidbare Pflicht ist, nicht zu handeln. [...] ›To be or not to be‹ – meine Freundschaft erlaubt es mir nicht, Nachteiliges über ihn zu sagen.«[372]

Rolland möchte aus ihm einen Radikalen machen, und um sich zu verteidigen, schützt Zweig eine gemäßigte Haltung vor. Zu Recht beklagt er sich bei Rolland, dass bei den antinationalistischen Protesten nur Juden zu sehen seien. Bald darauf ist das Recht nicht mehr auf seiner Seite, als er sich, selbst jüdisch, vor einer aktiveren Rolle im Kampf gegen den Totalitarismus scheut. An dem antifaschistischen Kongress in Amsterdam im September 1932 nimmt er nicht teil, obgleich er zuvor in einem Brief an Rolland darum gebeten hat, dass der Kongress etwas bewirken und sich nicht nur auf leere Worte beschränken solle.

Zweig war nicht der Einzige, der sich blenden ließ: Die junge Doktorandin, Jüdin und Linke Hannah Arendt verliebte sich in ihren Professor

---

[371] *Hobsbawm*, S. 89–91.
[372] *Briefe SZ-Rolland*, 26.2.1933; 2.3.1933. Tagebucheintragung, April 1933 zit. nach. *Niémetz*, S. 389.

Martin Heidegger, den mit den Nationalsozialisten sympathisierenden Philosophen, Vater zweier Kinder, der offen die »Verjudung« des deutschen akademischen Lebens anprangerte.

Hitler täuschte alle – die Skeptiker, die ihn unterschätzten, und sogar die Fanatiker, die in ihm den Retter Deutschlands sahen. Noch im November 1932, zwei Monate vor dem verhängnisvollen 30. Januar, hatte die konservative Führung, bestehend aus dem betagten Reichspräsidenten Paul von Hindenburg und dem Reichskanzler Franz von Papen, die Hoffnung, einen starken, von einer nationalsozialistischen Hetze freien Staat zu errichten. Die beiden wussten, dass die Mittelschicht es nicht gerne sah, wenn die Politik in die Straßen getragen wurde. Hitler als Führer der größten Fraktion im Reichstag missfiel der Gedanke nicht, mit den Kommunisten abzustimmen und auf diese Weise die beiden Konservativen zu isolieren.

Er ging noch geschickter vor: Er brachte die weniger erbitterten Feinde, die Nationalisten, auf seine Seite und riss mit geheimer Hilfestellung Franz von Papens und des mächtigen Bankiers Kurt Freiherr von Schröder die Kanzlerschaft mühelos an sich. Zwischenzeitlich hatte er alle Vorkehrungen getroffen, um sich als akzeptabel zu zeigen. Er war nicht verrückt, mit Irrationalität kann man keine Macht ergreifen, diese Aufgabe ist den Kaltblütigen und Berechnenden vorbehalten. Hitler riet den Sturmabteilungen (SA) zur Zurückhaltung. Seines Sieges sicher, wollte er Provokationen vermeiden. In der nationalsozialistischen Presse verkündete er, dass die Partei weder extremistisch noch antilegalistisch wäre. Hitlers erstes Kabinett zählte nur zwei militante Nationalsozialisten, die weiteren neun Minister kamen aus anderen Parteien. Bald würden alle gleichermaßen fanatisch sein.

Man nahm ihn nicht ernst, verspottete ihn als »Hanswurst«; doch Hitler überraschte alle. Er ergriff die Macht, ohne einen Schuss abzugeben, und feuerte im Folgenden treffsichere politische Schüsse ab. »Die Verblüffung war groß; ich hatte diese Lösung, und noch dazu so schnell, nicht erwartet. Unten, bei unserem Nazi-Portier, brach sofort ein Überschwang von Festesstimmung aus.« Die Überraschung war nicht nur auf Seiten des »roten Grafen« Harry Kessler. Hitler hatte nur wenig riskiert; die meisten kapitulierten im Vorhinein.[373]

---

[373] Tagebucheintragung, 30. 1. 1933 in: *Kessler 1*. Der Portier und seine Kinder wurden Gestapo-Informanten und beobachteten Harry Graf Kessler (1868–1937), der sich gezwungen sah, zu fliehen. Der Aristokrat, Autor und Ästhet wurde wegen seiner sozialistischen Neigungen auch der »rote« Graf genannt.

Wenige Tage nach dem Reichstagsbrand und den am 28. Februar 1933 erlassenen »Verordnungen zum Schutz von Volk und Staat« verkündete Hitler, dass niemand so sehr Frieden wünsche wie er. Gleichzeitig aber setzte in einer rasanten Eskalation, die jegliche Reaktion unmöglich machen sollte, eine brutale Verfolgung von Juden, Kommunisten und Sozialdemokraten ein, mit der Hitler der parlamentarischen Demokratie den Krieg erklärte und die Polizeigewalt auf seine Sturmabteilungen übertrug. Unverhohlener staatlich ausgeübter Terror. Der Reichtagsbrand war ein willkommener Anlass, die Kommunisten zu beschuldigen oder sich ihrer zu bedienen, um einen Pakt mit Russland zu forcieren.[374]

Goebbels war eine Schlüsselfigur, er agierte auf zwei Ebenen mit der gleichen Kompetenz: Er verstand es, große politische Veranstaltungen zu organisieren, um die Gegner zu demoralisieren und die fanatische Begeisterung der Anhänger zu steigern, und zugleich vermochte er sich als kultivierter Politiker zu präsentieren und das Bild eines vertrauenswürdigen Regimes zu verkaufen.

»Dr. Joseph Goebbels sprach, wie er schrieb: klar, prägnant, entschieden [...] Er wird in den Würfen weniger als Hitler glänzen, aber treffsicherer sein.« Um den weltweiten Druck der jüdischen Flüchtlinge gegen den Nationalsozialismus zu verringern, griff Goebbels nicht auf bombastische Drohungen zurück, die Einschüchterung ist vielmehr sanft, subtil: »Es sollte für die israelitischen Organisationen Deutschlands nicht schwer sein, ihren Rassenbrüdern zu vermitteln, von jeglicher Agitation und Einmischung in unsere internen Angelegenheiten Abstand zu nehmen. Auf diese Weise würden sie den in Deutschland wohnenden Juden eine große Hilfe leisten.«

So einfach, so teuflisch: Das Schicksal der deutschen Juden lag in den Händen derer, die sich außerhalb Deutschlands über die Gräueltaten entsetzten, die dort geschahen. Um die deutschen Juden zu schützen, hätten sie folglich schweigen müssen. Zweig hat dieses Interview von

---

[374] Nach der Verhaftung des Holländers Marinus van der Lubbe ermittelte die Polizei auch gegen den Generalsekretär der Kommunistischen Partei Deutschlands und anschließend gegen einen der Führenden der Komintern, den Bulgaren Georgi Dimitrow. Durch die Veröffentlichung der Tagebücher Dimitrows 1997 wurde bekannt, dass es während des Reichstagsbrand-Prozesses eine Übereinkunft zwischen der Gestapo und der GPU gab: Dimitrow und zwei weitere bulgarische Kommunisten erhielten die sowjetische Staatsbürgerschaft und wurden mit einem Flugzeug des Nazi-Regimes nach Moskau ausgeflogen.

Goebbels nicht gelesen, aber andere; der große Eiferer war ein Meister der Wiederholung.[375]

Zweig bleibt allein: Er bräuchte die Natur eines Kriegers, um andere für seine Positionen zu gewinnen. Er möchte nicht gemäßigt sein, aber unabhängig, was Entschlossenheit, sich Verausgaben und die Bereitschaft, der Minderheit anzugehören, erfordert. Er rühmt sich seines Scharfsinns bei der Wahrnehmung der Wirrungen in der Politik, vermag jedoch nicht, politisch zu handeln. Für ihn ist klar, dass nur die Kommunisten über die Organisation verfügen, um dem zunehmenden Faschismus Widerstand zu leisten, aber er kann nicht vergessen, dass das Blutbad in Russland das Werk von stalintreuen Kommunisten war. Er sondert sich ab, erträgt die Überzeugung der Freunde nicht. Mehr als zehn Jahre zuvor hat Rolland in *Clérambault* den Kampf eines Einzelnen gegen alle beschrieben, inmitten des neuen Ringens denkt er nicht mehr daran. Der Übersetzer des Textes, Stefan Zweig, versucht jedoch, ihn wieder aufleben zu lassen.

Rolland 1917: »Wagt es, euch von der Herde abzusondern, die euch fortzieht! Jeder Mensch muß, so er ein wahrer Mensch ist, lernen, allein innerhalb aller zu stehen, allein für alle zu denken – wenn es not tut, sogar auch gegen alle! Aufrichtig denken heißt *für* alle denken, selbst wenn man *gegen* alle denkt. Die Menschheit bedarf derer, die ihr aus Liebe Schach bieten und sich gegen sie auflehnen, wenn es not tut!«

Zweig 1933: »Ich werde meine Bücher auch schreiben, wenn sie verurteilt sind, in Deutschland nicht zu erscheinen: die Welt ist groß, und seit langem habe ich mich von der Faszination des ›Vaterlandes‹ frei gemacht – jetzt wird man wie 1914 sehen, wer Charakter hat und Mut!«[376]

Ende 1932 hat Zweig eine Bilanz des Jahres gezogen und es als ein gutes eingestuft. Jetzt im Frühjahr 1933 beginnt das stetige und unentrinnbare Ticken eines Countdowns, das ihn nicht mehr verlassen wird. Er gibt vor, es nicht zu hören. Er täuscht sich und versucht, die anderen zu täuschen, und schwankt zwischen Vertrauen und Entsetzen, Optimismus und Pessimismus. Er nimmt das zwischendurch unterbrochene

---

[375] Joseph Goebbels zit. nach: *El País*, 22.12.2002. Goebbels machte diese Aussagen in einem Interview, das er dem spanischen Journalisten Manuel Chaves Nogales (zum damaligen Zeitpunkt ein Liberaler, später ein überzeugter Gegner Francos) gab. Es wurde in der katalanischen Zeitung *Ahora* am 21.5.1933 veröffentlicht.
[376] *Briefe SZ-Rolland*, 26.2.1933. *Rolland 3*, S. 8. *L'un contre tous* lautet der Originaltitel von Rollands Novelle, die 1917 teilweise veröffentlicht und später (1920) zum Roman *Clérambault, histoire d'une conscience libre pendant la guerre* umgearbeitet wurde.

Tagebuchschreiben nicht wieder auf, vielleicht aus Zeitmangel, vielleicht auch aus Unlust, sich den Problemen zu stellen. »In der ersten Zeit des Naziregimes schien uns Stefan Zweig betäubt vor Erstarrung. Seine Vorliebe für die Logik, sein Bedürfnis nach Ordnung und Klarheit weigerten sich, zuzugeben, daß der momentane Zustand andauern könnte. [...] Der gegenwärtige Horror, ein tropfenweise verübter Horror, erschien ihm indessen wie eine [...] Herausforderung an die Menschheit.«377

Friderike mischt sich nicht ein. Durch ihr hartnäckiges Festhalten an der Aufgabe, den »Betrieb« in Gang zu halten – wohl wissend, dass dies den Gatten, die Ehe und die Familie zerstört –, ist sie dazu nicht in der Lage. Eine Geste von ihr und der Kapuzinerberg stürzt ein.

Am Tag, an dem Hitler zum Kanzler ernannt wurde, packte Joseph Roth seine Koffer und ging ins Exil nach Paris. Schon anlässlich der Ermordung Rathenaus zehn Jahre zuvor hatte der Journalist die Spinne das todbringende Netz spinnen gesehen. Mit Hitler an der Macht sieht Zweig große Katastrophen voraus:

> Jetzt werden wir die große Reaktion erleben, und sie wird in Deutschland grausamer, gewalttätiger sein als in Italien [...] Persönlich fürchte ich nichts, ich glaube im Gegenteil, daß starke Spannungen uns guttun [...] Nun denn, ich wünsche fast, daß der Kampf beginnt. Bis jetzt hat gegen mich nur erst das literarische Halali begonnen, ich habe jeden Tag meine Seite in Hitlers Zeitungen, aber das ist alles noch glimpflich. Wir werden andere Dinge zu sehen bekommen.378

Und in dem kleinen Hotel in Paris, in dem er sich einquartiert hat, analysiert Roth, betrunken oder nüchtern, die Lage auf diese Weise:

> Inzwischen wird es Ihnen klar sein, daß wir großen Katastrophen zutreiben. Abgesehen von den privaten – unsere literarische und materielle Existenz ist ja vernichtet – führt das Ganze zum neuen Krieg. Ich gebe keinen Heller mehr für unser Leben. Es ist gelungen, die Barbarei regieren zu lassen. Machen Sie sich keine Illusionen. Die Hölle regiert.379

---

377 *Vallentin*, S. 62. Antonina Vallentin (1893–1957), polnische Jüdin, Schriftstellerin und Literaturkritikerin, war verheiratet mit dem wohlhabenden Julien Luchaire, dem Direktor des *Institut international de coopération intellectuelle*, und versammelte in ihrem Pariser Haus die Zweig nahe stehenden Künstlerkreise. Antonina Vallentin lernte ihn Ende der 20er Jahre kennen.
378 *Briefe SZ-Rolland*, 4.2.1933.
379 *Roth-Briefe*, Mitte Februar 1933.

Noch verrückter als die Umstände ist Zweigs Terminkalender. Er zieht die Illusion von Bewegung der realen Bewegung vor. Reisen heißt sich bewegen. Zweig reist und bleibt doch am selben Ort. »Ich bin leider recht zerfahren, vergesse in jedem Hotel etwas in dieser Hetzjagd.«[380] Er braucht Rolland und wird ihn bald in seinem Refugium in Villeneuve aufsuchen. »Sie haben die weitere und (wie immer) energischere Sicht.«

Der Gastgeber hält fest:

> Der Freund Stefan verbürgerlicht im langsamen Trab (in der letzen Zeit sogar im Galopp). [...] Noch aufgebrachter ist er über die Kommunisten, die er bereit ist, aller Missetaten anzuklagen. Ich reagiere ziemlich heftig auf seine Freunde, die Sozialisten, die auf jene [die Kommunisten] alle Schuld ihrer schädlichen Untätigkeit abwälzen. Er verteidigt sie mit der Begründung, daß sie ihrem Respekt vor »der Legalität« unterliegen. Feine Sozialisten! [...] In allem, was er gegenwärtig sagt, [...] fühle ich, daß Zweig im Begriff ist ins andere Lager zu wechseln.«[381]

Neben der geschrieben Anklage muss Rolland auch etwas in diesem Sinne wörtlich geäußert haben, denn Tage später protestiert Zweig mit einem Rest an Bestimmtheit.

> Ich übergehe mit Schweigen, was wir alle moralisch gelitten haben, denn selbst in diesem Augenblick will ich, mir selber getreu, nicht ein ganzes Land hassen, und ich weiß, daß die Sprache, in der man schreibt, es einem nicht erlaubt, von einem Volk sogar in seinem Wahn sich loszusagen und es zu verfluchen. Mir steht jetzt eine tiefgreifende Entscheidung bevor. Soll man fortgehen? [...] Fortgehen heißt: die andern im Stich lassen, die nicht vermöge ihrer Arbeit die Chance materieller Unabhängigkeit haben [...] Ich bin sehr müde, schlafe wenig, habe wenig Kräfte. Der Schlag war zu heftig. Aber ich fühle, daß ich im entscheidenden Augenblick Kraft haben werde. [...] Ich zögere. [...] Aber ich spüre, daß der Entschluß heranreift.[382]

Sein Verleger Kippenberg versucht, ihn zu beruhigen, dass keiner den Mut haben werde, seine Bücher zu verbieten. Wenig später jedoch werden Zweigs Werke aus den deutschen Bibliotheken verbannt. »(I)ch war es längst müde, ein ›As‹ der Literatur zu sein, ein Erfolgsautor und ich glaube, daß einige Jahre im Dunkel mir guttun werden.«[383] Zweig

---

[380] *Briefe SZ-FZ*, 14. 3. 1933.
[381] *Briefe SZ-Rolland*, 4. 2. 1933. Tagebucheintragung, März 1933 zit. nach: Niémetz, S. 388.
[382] *Briefe SZ-Rolland*, 10. 4. 1933.
[383] *Briefe SZ-Rolland*, 26. 4. 1933.

möchte verschwinden – er sorgt sich um mehr als nur um das Vergessen von Sachen im Hotel. Schließlich fährt er zu einem Treffen mit Rolland in die Schweiz, von dem lediglich ein – erschütterndes – Resümee übrig geblieben ist:

> Es ist ganz klar, daß unsere Wege sich getrennt haben. Der Eindruck, den er [Zweig] auf mich macht, ist beunruhigend. Er schont seltsamerweise den Hitlerschen Faschismus, der ihn indessen nicht schont. [...] Er hütet sich sehr ein Wort zur Verteidigung des Judentums, des Sozialismus, des unterdrückten Liberalismus zu schreiben. Ich habe das Gefühl, daß er von der Rasse her Jude und einem verbalen Europäismus verpflichtet, es bereut [...], sich nicht der Revolution [...] des Dritten Reiches anschließen zu können. [...] Und im Grunde ist er von den Interessen und Instinkten des intellektuellen Großbürgertums inspiriert, das sich vor der unerträglichen Bedrohung der kommunistischen Gesellschaft, [...] die kommen wird, unter die Ägide der Faschismen flüchtet.«[384]

Die von Rolland mit kritischem Blick wahrgenommene Verbürgerlichung hat vielleicht mit dem Bauch zu tun, den Zweig allmählich bekommt. Soma Morgenstern beschreibt bei einer seiner Begegnungen mit ihm in Wien: »Stefan Zweig war eigentlich zur Schlankheit geboren. Hoch gewachsen, mit langen Beinen, schmalen Schultern, länglichem Gesicht, sah er aus wie ein magerer Schauspieler, der sich einen falschen Bauch umhängen hat lassen, um sich einer Rolle zu bequemen. Obwohl ich ihn erst im Jahre 1934 kennen gelernt habe, verunstaltet bereits von dem falschen Bauch, machte er mir bei jeder Begegnung den Eindruck, als habe ihn sein Bauch eben verkrüppelt.« Der gepflegte und elegante Dichter hat sich in einen dickbäuchigen Mann verwandelt, dies ist ebenso schwer vorstellbar wie der Idealist, der jetzt unfähig ist, seinen Idealismus zu bewahren.[385]

---

[384] Tagebucheintragung, September 1933 zit. nach: *Niémetz*, S. 390/391.
[385] *Roth 1*, S. 165. Soma Morgenstern (1890–1976), ein Vertrauter Roths und Bekannter Zweigs, traf sich diverse Male mit beiden in Wien. Das Treffen fand wahrscheinlich 1932 statt; Zweig muss vor seiner Reise nach Brasilien 1936 an Gewicht abgenommen haben. Der wie Roth in Galizien geborene Morgenstern kam aus einer orthodoxen Familie. Beide arbeiteten als Journalisten und Kritiker für die *Frankfurter Zeitung* (deren Besitzer der Onkel von Morgensterns Frau war). Morgenstern war Kulturkorrespondent in Wien. Von Walter Benjamin und Gershom Scholem sehr geschätzt, fand seine literarische Karriere mit dem Aufstieg des Nazi-Regimes ein jähes Ende. Neben den journalistischen Arbeiten schrieb Morgenstern auch die Trilogie *Funken im Abgrund* mit autobiografischen Elementen über die zwei Weltkriege und den Holocaust. 1938 floh er nach Frankreich, wo er im gleichen Hotel wie Roth

Während eines Aufenthaltes in Marienbad wird Zweig 1937 eine Abmagerungskur bei Dr. Auerbach beginnen. Offensichtlich ohne großen Erfolg, denn sein Interesse gilt mehr dem Schreiben als der Kur.[386] Noch 1931 hat der Bourgeois Zweig Rolland schreiben können: »(W)elch ein Glück, daß es Rußland gibt! Ohne Rußland würde die Reaktion bereits offen triumphieren. [...] Zum erstenmal auf der Welt sind die Reichen nicht glücklich: das ist für mich das große moralische Präludium zum materiellen Sturz des Systems.«[387]

Zwei Jahre später wünscht Rolland nicht nur Anhänger, er rekrutiert Kämpfer. Und dies ist Zweig nicht möglich. Die Divergenzen belasten die beiden unterschiedlich. Für Rolland bedeuten sie die Enttäuschung, einen »Genossen« für seine Sache nicht gewonnen zu haben. Zweig vermitteln sie das Gefühl von Trennung und Verwaisung. Ein nie geschlossener Riss, eine niemals verheilte Wunde bleiben zurück.

Auch die Seitenhiebe von Joseph Roth setzen ihm zu. Der Freund ist allzu pessimistisch. Sobald er anfängt, sich zu betrinken, wird er ausfallend, und Zweig ist dabei eines seiner bevorzugten Ziele. Dem gemeinsamen Freund Soma Morgenstern vertraut Roth an: »Wenn ich mit ihm allein bin, kommen wir sehr gut aus. Wir sind ja gute Freunde. Aber seine überhitzte Menschenliebe reizt mich. Das kann echt nicht sein.«

Morgenstern ergreift für Zweig Partei:

> Er hat für dich nur Bewunderung. Und die ist echt. – [Roth aufgebracht] Ich habe für ihn keine Bewunderung, und das ist auch echt. Ich bin unbestechlich. – Aber das Geld, das er dir schenkt, nimmst du! – [Roth cholerisch] Ja [...] Ich nehme es, weil er's hat. [...].[388]

Manchmal, um sich von einer Schuld freizusprechen, fantasiert Zweig über seine Stärke. Er stellt sich vor, die nazifaschistischen Gegner mit der Macht des Geistes bezwingen zu können. So zum Beispiel, als der Film *Brennendes Geheimnis* verboten wird und die Werbeplakate spurlos verschwinden, weil sie wie eine Satire auf den Reichtagsbrand wirken.[389]

---

wohnte und Friderike traf. Als die Nazis in Frankreich einmarschierten, floh er über Casablanca und Lissabon 1941 nach New York, wo er bis zu seinem Tod lebte.

[386] *Briefe SZ-FZ*, 17.7.1937.
[387] *Briefe SZ-Rolland*, 2.2.1931; 1.3.1932.
[388] *Roth 1*, S. 183/184.
[389] Es handelt sich um die zweite deutsche Verfilmung von 1933 unter der Regie von Robert Siodmak (die erste stammt aus dem Jahr 1923). Im darauf folgenden Jahr konfiszierten die Nationalsozialisten Exemplare des Buches, jedoch nicht wegen des Autors, sondern weil unter diesem Umschlag ein kommunistisches Pamphlet verkauft wurde. Vgl. *Roth-Briefe*, vermutlich Ende August 1934.

Auch der Erfolg im Fall Doktor Germani, dessen Frau ihn im Januar 1931 in Salzburg aufgesucht hatte, lässt ihn glauben, dass er etwas ausrichten kann. Der italienische Arzt war von den Faschisten zu zehn Jahren schwerem Zuchthaus verurteilt worden, weil er sich den Kindern des 1924 von Mussolinis Paramilitärs ermordeten Giacomo Matteotti gegenüber solidarisch gezeigt und versucht hatte, sie aus Italien herauszuschleusen.

Zweig wusste damals, dass Mussolini zu seinen Bewunderern zählte. Und so schrieb er ihm, berührt von Frau Germanis Verzweiflung, einen persönlichen Brief. Vier Tage später die Antwort: Seinem Gesuch um Haftentlassung werde stattgegeben. Sogar die Verkürzung der Strafzeit sei vorgesehen.»[I]ch habe meines Erachtens den größten literarischen Erfolg meines Lebens errungen, mehr als den Nobelpreis: ich habe den Doktor Germani gerettet«, jubelt er jetzt zwei Jahre später gegenüber Rolland.

Der Meister warnt: »Mussolini ist schon ein schlauer Fuchs! – Aber lassen Sie sich davon bitte nicht täuschen! [...] Sie wollen uns ›haben‹ [sic]... Sie werden *mich nicht kriegen*! Mir gefällt überhaupt nicht das Spiel, das Emil Ludwig mit Mussolini treibt. Er mimt den Unabhängigen und beweihräuchert ihn zugleich.«[390] Mussolini täuscht noch immer vor, der intellektuelle Sozialist zu sein, er möchte ein liebenswertes Antlitz zeigen, das Bild des gütigen Tyrannen vermitteln (womit er in Brasilien viel Erfolg hatte).

Rollands Warnung erweist sich unmittelbar als berechtigt: Der italienische Diktator spielt sich als Beschützer Österreichs und des Kanzlers Dollfuß vor den deutschen Ansprüchen auf und gewinnt damit große Sympathien in Österreich, vor allem in den nationalistischen und antideutschen Kreisen. Rolland möchte den Freund gegen die Verführung des »geringeren Übels«, die diesen so anspricht, immunisieren. Deshalb appelliert er an Zweigs Eitelkeit selbst:

> Meine Meinung ist, daß eine große jüdische Stimme sich erheben *muß*, man erwartet ihren pathetischen Schrei – Schrei des Schmerzes, des gerechten Stolzes und der Anklage. Die Welt wartet darauf. Sie *muß* sprechen – ohne sich um all die ›Wozu nützt es?‹ zu kümmern [...] Hat Israel heute nicht die einmalige Chance [...] daß seine Verfolgung mit der Verfolgung der höchsten Werte der Menschheit zusammenfällt![391]

---

[390] *Briefe SZ-Rolland*, 17.1.1933; 19.1.1933. Vgl. dazu auch: *Die Welt von Gestern*, S. 392–394. *Dumont 1*, S. 133/134. *Prater*, S. 287.
[391] *Briefe SZ-Rolland*, 23.7.1933.

Roth hingegen ist wütend auf alle, einschließlich Zweig:

> Beim Rassentheoretiker Günther findet sich *Ihr* Bild als das des typischen Semiten. Es gibt kein [sic] Kompromiß mit diesen Leuten. Passen Sie auf! Ich rate Ihnen! Man ist [...] seines Lebens auch in Salzburg nicht sicher, wenn man sich vorwagt. Verkehren Sie mit Niemandem. Finden Sie sich damit ab, daß die 40 Millionen, die Goebbels zuhören, weit davon entfernt sind, einen Unterschied zu machen, zwischen Ihnen, Thomas Mann, Arnold Zweig, Tucholsky und mir.[392]

Einen Monat später, am Abend des 10. Mai, dringen Mitglieder der von der NSDAP beherrschten Deutschen Studentenschaft in die Universität von Berlin und verbrennen auf dem großen Platz gegenüber Tausende von Büchern aus der Bibliothek. In vielen anderen Städten wiederholt sich die Szene. Zu den verfemten Autoren gehören die Brüder Thomas und Heinrich Mann, Lion Feuchtwanger, Jakob Wassermann, Walther Rathenau, Albert Einstein, Arnold Zweig, Erich Maria Remarque, Hugo Preuß (Autor des Verfassungsentwurfs), Jack London, Upton Sinclair, Helen Keller, H.G. Wells, André Gide, Émile Zola, Marcel Proust, Sigmund Freud, Arthur Schnitzler und Stefan Zweig. Als Ikonen des Terrors werden die Aufnahmen dieses Autodafés der Intellektuellen an prominenter Stelle in allen großen Zeitungen der Welt abgedruckt. Goebbels triumphiert: »Die deutsche Volksseele kann nun wieder selbst zum Ausdruck kommen. Diese Flammen werfen ihr Licht nicht allein auf das Ende einer vergangenen Ära, sondern auch auf den Beginn einer neuen.«[393]

Jüdische Intuition, Sensibilität eines Dichters oder beides: In einer Anspielung auf die Verbrennung »subversiver« Bücher während des Wartburgfestes im Oktober 1817 prophezeite Heine ein Jahrhundert zuvor: »Das war ein Vorspiel nur, dort wo man Bücher verbrennt, verbrennt man auch am Ende Menschen.«[394]

Die Bücherverbrennung schockiert Zweig, aber nicht genug. Goebbels versteht es, offene Gewalt mit vorgespielter Toleranz auszugleichen.

---

[392] *Roth-Briefe*, 6.4.1933.
[393] Joseph Goebbels zit. nach: Shirer, William L.: *Aufstieg und Fall des Dritten Reiches*. Komet Verlag. Frechen 2000, S. 235/236.
[394] Heine, Heinrich: *Almansor* in: Heine, Heinrich: *Denn das Meer ist meine Seele*. Artemis & Winkler Verlag. Düsseldorf/Zürich 2003, S. 851–902, S. 859. Das ist eine Anspielung auf eine im Oktober 1817 stattgefundene Bücherverbrennung, die Aufsehen erregt hatte. Während des Wartburgfestes waren mehrere »subversive« Bücher, darunter der *Code Napoléon*, unter wüsten Angriffen auf Fremde, Kosmopoliten und Juden verbrannt worden. Vgl. *Elon*, S. 123.

Seine Überlegung kommt dem deutschen Konservatismus entgegen und beruhigt die jüdischen Ängste: Laut ihm diene das Verbot der Bücher unliebsamer, vorwiegend jüdischer Autoren lediglich dem Schutz der »Arier«, vor allem der Jugend, vor der Verseuchung mit dekadenten Ideen. Den Juden steht es frei, ihrer eigenen Kunst und Kultur nachzugehen, solange sie dies abgesondert tun und damit nicht in die deutsche Kultur eindringen. Der Jüdische Kulturbund, den die jüdische Gemeinde gründet, um den diskriminierten Künstlern eine Anstellung zu geben, wird von Goebbels pervers ausgenutzt und in ein kulturelles Ghetto verwandelt, in dem der Jude Mendelssohn erlaubt, der Arier Beethoven aber verboten ist; in dem Heine vorgetragen werden darf, Goethe aber nicht. So führt das Jüdische Theater in Berlin denn auch ein Jahr nach der Bücherverbrennung Zweigs *Jeremias* auf.[395]

Das Wort *Sammlung* wird zum Synonym eines Ärgernisses, als es sich in den Titel einer politischen Zeitschrift verwandelt. Von Klaus Mann gegründet, sollte *Die Sammlung* ein literarisches Exilorgan werden, und wie er es so viele Male mit den Anfragen seines Schützlings gemacht hat, sagt ihm Zweig auch diesmal seine Unterstützung in Form eines Auszugs seines neuen Buches *Triumph und Tragik des Erasmus von Rotterdam* zu. Beim Erhalt der ersten Ausgabe der Zeitschrift ändert er jedoch seine Meinung. Der Grund – ein offenes kommunistisches Manifest. Er ist nicht der Einzige, der sich wundert: Diverse Mitbegründer, bekennende Antifaschisten, ziehen sich zurück, als sie erkennen, dass man sowohl gegen Hitler geschrieben als auch Stalin gelobt hat. Ein anderer, der eine Mitarbeit ablehnt, ist Thomas Mann. Dies stört Klaus Mann wenig, hat er sich doch an das schwierige Verhältnis zum Vater gewöhnt. Auch René Schickele und Alfred Döblin bereuen die versprochene Unterstützung und nehmen sie zurück. Unerträglich allerdings ist für den engagierten jungen Schriftsteller die Absage von Zweig: »Sie rücken ab, […] um Goebbels nicht zu kränken.« Sich in die Enge getrieben fühlend, antwortet Zweig ihm drei Tage später: »Ich bin keine polemische Natur, ich habe mein ganzes Leben lang immer nur für Dinge und für Men-

---

[395] Das pazifistische Drama wurde am 23.7.1934 im Berliner Kulturbund aufgeführt. Die jüdische Presse (*Jüdische Rundschau* und *Israelitisches Familienblatt*) berichtete ausführlich darüber. Der im Oktober 1933 gegründete Kulturbund zählte im darauf folgenden Jahr bereits 20.000 Mitglieder. 1938 wurde er von der »arischen« Kultur separiert. Zuvor jedoch kritisierte ihn Roth 1934 dafür, dass er die Statusänderung der Juden formal zum Ausdruck brächte. »Nicht als Minderheit wurden sie behandelt, sondern als *Minderwertigkeit*.« Vgl. Roth, Joseph: »Juden auf Wanderschaft« in: *Roth 2*, Bd. 2, S. 827–902, S. 898.

schen geschrieben und nie gegen eine Rasse, eine Klasse, eine Nation oder einen Menschen«.[396]

Auf der Suche nach Beistand und Verständnis schüttet Zweig seinem Verleger und Freund Anton Kippenberg sein Herz aus. Es sei für die Schriftsteller nicht die Zeit der alltäglichen, politischen Konfrontationen, sondern vielmehr die der literarischen Taten.

Er hat die falsche Person und das falsche Vehikel gewählt: Der persönliche Brief wird ohne Erklärung und ohne Zweigs Wissen im *Leipziger Börsenblatt für den deutschen Buchhandel* abgedruckt. Die fast einmütige Reaktion unter den Exilanten: Stefan Zweig hat kapituliert.

Auch Rolland mischt sich in die Polemik ein und verkündet, offensichtlich gegen Zweig gerichtet, in der dritten Ausgabe der *Sammlung*, dass Victor Hugo niemals seine Wertschätzung genießen würde, wenn er es vermocht hätte, sich im Exil in Guernsey von der Politik fern zu halten.

Kippenberg versucht, sich damit zu entschuldigen, dass der Brief in seiner Abwesenheit beim Verlag eingegangen sei. Tief verletzt durch diesen Verrat, sieht Zweig keinen anderen Ausweg, als nach mehr als 25 Jahren seinen Vertrag mit dem Insel Verlag aufzulösen.[397]

Erneut geht Joseph Roth seinen Freund an:

> Alles kommt von Ihrer schwankenden Haltung. [...] Alles Missverständliche [...] Sie sind in Gefahr, den moralischen Kredit der Welt zu verlieren und im Dritten Reich nichts zu gewinnen. [...] Wozu? Für wen? Für einen Geschäftsfreund [Kippenberg]. Einen braven borniierten Menschen, das Beste, was man von ihm sagen kann, der ›an Ihnen‹ schwere Tausende verdient hat. [...] Es ist nicht nur die Stunde der Entscheidung in dem Sinne, daß man gegen Deutschland für den Menschen Partei nehmen muß: sondern auch in dem, daß man jedem Freund die Wahrheit sagen muß. [...] die Eile zwingt mich zu einem feierlichen Ton, der mir peinlich ist –: zwischen uns Beiden [sic] wird ein Abgrund sein, so lange Sie INNERLICH nicht ganz, nicht endgültig mit dem Deutschland von heute gebrochen haben. Lieber wäre mir, Sie kämpften mit dem ganzen Gewicht Ihres Namens dagegen. Wenn Sie Das [sic] nicht können: bleiben Sie wenigstens still.[398]

---

[396] Brief von Klaus Mann, 15.9.1933 in: Mann, Klaus: *Briefe und Antworten 1922–1949*. Herausgegeben von Martin Gregor-Dellin. Rowohlt Verlag. Reinbek bei Hamburg 1991. *Briefe 1932–1942*, 18.9.1933.

[397] Sein neuer Verlag wurde der kleine Reichner Verlag (des Freundes Herbert Reichner), der mit den deutschen Exklusivrechten für alle (die früheren und zukünftigen) Bücher von Zweig über Nacht eine Goldgrube bekam.

[398] *Roth-Briefe*, 7.11.1933. Der Vorfall trug sich zwischen September und November 1933 zu.

Roth ist kein Mann, der den Mund hält: Nachdem er die Verbindungen mit der deutschen Presse abgebrochen hat, bleiben für den großen Provokateur noch die Blätter der unabhängigen Presse Mitteleuropas. Aber 1933 veröffentlicht er in der September/November-Ausgabe der Pariser *Cahiers Juifs* ein leidenschaftliches Manifest gegen das, was er das »Autodafé des Geistes« nennt, in dem er nicht nur Ursachen und Folgen der Bücherverbrennung für ihn und seine jüdischen Schriftstellerkollegen aufzeigt, sondern dies auch wie immer emotional macht:

> Wir deutschen Schriftsteller jüdischer Abstammung müssen in diesen Tagen, da der Rauch unserer verbrannten Bücher zum Himmel steigt, vor allem erkennen, daß wir besiegt sind. Erfüllen wir […] die edelste Pflicht der in Ehren besiegten Krieger: Erkennen wir unsere Niederlage. […] Gott selbst […] läßt uns Europa, die Christenheit und das Judentum nicht verraten. Gott ist mit den Besiegten, nicht mit den Siegern! In einer Zeit, da Seine Heiligkeit, der unfehlbare Papst der Christenheit, einen Friedensvertrag, ›Konkordat‹ genannt, mit den Feinden Christi schließt, da die Protestanten eine ›Deutsche Kirche‹ gründen und die Bibel zensieren, bleiben wir Nachkommen der alten Juden, der Ahnen der europäischen Kultur, die einzigen legitimen deutschen Repräsentanten dieser Kultur. […] der deutsche Professor, den die humoristischen Zeitschriften fälschlich als harmlosen Träumer darstellen, […] der in Wirklichkeit der gefährlichste (weil der dogmatischste) Feind der europäischen Zivilisation ist; der Erfinder des Giftgases selbst auf dem Gebiet der Philologie […] Das ›Dritte Reich‹ Hitlers schreckt die europäische Welt nur deshalb, weil es die Kühnheit besessen hat das zu vollenden, was Preußen schon immer vorhatte, nämlich: die Bücher zu verbrennen, die Juden totzuschlagen und das Christentum zu verfälschen. […] Ist ein Volk, das als Staatsoberhaupt ein Standbild wählt, das niemals ein Buch gelesen hat, so weit davon entfernt, selbst die Bücher zu verbrennen? […] Das Dritte Reich zeige uns einen einzigen ›rein arischen‹ Dichter, Schauspieler, Musiker von Talent, der von den Juden unterdrückt und von Herrn Goebbels befreit worden wäre! […] Ein jüdischer Schriftsteller war ›fern von der Scholle‹ wenn er die Stadt beschrieb […] ein ›Vaterlandsverräter‹, wenn er die Welt repräsentierte; ein ›oberflächlicher Schwätzer‹, wenn er der abstrakten Sprache […] eine sinnliche Form gab; ein ›Feuilletonist‹, wenn er Charme und Leichtigkeit besaß; ein ›Spaßmacher‹, wenn er Geist hatte.

Roth zählt die Autoren auf, die zum Ruhm der deutschen Literatur beigetragen haben – Juden, Halbjuden, Vierteljuden; wie es jetzt in der Sprache des Dritten Reiches heißt. Er beginnt mit Peter Altenberg und endet mit Arnold Zweig. Stefan gehört in eine gesonderte Liste – er wird als der erste der jüdischen Schriftsteller genannt, »die zu meinen liebsten Freunden zählen und die meine Freundschaft mit einem Epitheton zu schmücken fürchtet«.[399]

Zur selben Zeit, mit derselben Erregung und motiviert von demselben einschneidenden Ereignis bereitet Zweig ein anderes Manifest vor. Im Gegensatz zu Roth möchte er dafür auch die Unterschriften anderer jüdischer Intellektueller gewinnen. Daher trägt er das Projekt an eine weitere Berühmtheit seines Freundes- und Bekanntenkreises, den Physiker Albert Einstein, heran. Zweig hat vor, der Welt einen Text zu präsentieren, der »nicht wehleidig jammert und klagt, sondern durchaus positiv, selbstbewusst und dabei mit äußerster Ruhe unsere Situation vor der Welt klarlegt. [...] als ein klassisches und dauerndes Stück deutscher Prosa, als bleibendes kulturhistorisches Dokument [...] kein Appell um Gnade, kein Hilferuf ans Ausland, sondern nur einen würdigen Epilog.«

Zusammen mit einem Brief über das Manifest schickt er Einstein einen Entwurf dessen, was er als »magna carta« bezeichnet, mit dem provisorischen Titel: *Einige Grundlagen zu einem kollektiv auszuarbeitenden Manifest*. Typische Haltung, eine Mischung aus Bescheidenheit und Unsicherheit, aber diese Taktik macht Sinn: Er möchte einen Alleingang vermeiden, er zieht eine Beteiligung anderer vor.[400]

Aber niemand kann sich dazu durchringen, mitzuarbeiten und zu unterschreiben: Zweigs überzeugendster politischer Aufruf bleibt in der Schublade. Nur ein Einziger wird später noch einmal die gleiche Kraft besitzen, aber Zweig wird die Beurteilung seiner Wirkung nicht mehr erleben: sein Abschiedsbrief, die *»Declaração«*. Das Manifest, feierlich, mutig und würdig, hätte sich in eines der klassischen Beispiele deutscher Prosa verwandeln können:

> Wir verwerfen also ohne Erregtheit, aber mit aller denkbaren Entschlossenheit den organisierten Versuch unserer Volkentehrung, wie er heute von den Rassenideologien unternommen wird, und sind bereit, lieber unterzugehen, ehe diesen Wahn als eine Wahrheit anzuerkennen. Dies soll aber keineswegs besagen, daß wir uns blind stellen gegen das Vorhandensein der sozialen Tatsache eines jüdischen Problems, das durch den Krieg und die Krise ebenso

---

[399] Roth, Joseph: »Das Autodafé des Geistes« in: *Roth* 2 Bd. 3, S. 494–503. Zu der Gruppe von Freunden gehören außer Zweig noch Hermann Kesten, Alfred Polgar, Siegfried Kracauer, Lion Feuchtwanger.
[400] Brief an Albert Einstein, 7.6.1933 zit. nach: Berlin, Jeffrey B.: »The Unpublished Correspondence between Albert Einstein and Stefan Zweig« in: *Festschrift Zohn*, S. 337–363; S. 348/349.

wie alle andern [sic] sozialen und nationalen Probleme eine gesteigerte Schärfe angenommen hat. Niemand weiß mehr um dieses Problem als wir selbst, die wir es in zweitausend Jahren erzwungener Heimatlosigkeit erlitten. Aber wir weichen ihm nicht aus, wir wollen es weiterhin in seiner ganzen Tiefe erleben, in seiner ganzen Schwere ermessen, wir wollen es in Tat und Befriedigung verwandeln wie ja schon seit dreißig Jahren unsere besten Kräfte aufopfernd seiner Lösung gewidment [sic] sind. In diesen dreißig Jahren haben wir aus eigener Energie, aber ohne Gewalt, ohne jede fremde Hilfe und doch sieghaft gegen die schwersten Widerstände, uns die alte Heimat erschlossen und großartig aufbauend den Beweis geliefert gegen die Verleumdung, wir seien nur im Zersetzenden tätig; es ist unser eigener Wille, niemandem zur Last zu fallen, der uns nicht volle Brüderlichkeit zuerkennt und keiner, der Palästina gesehen, kann unseren ehrlichen Willen verkennen, selbst die Lösung des jüdischen Problems in schöpferischer Form zu beschleunigen und zu verwirklichen. [...] sosehr [sic] sind wir bereit mit allen Nationen und ihrer gemeinsamen Vertretung, dem Völkerbunde, an jeder Lösung des jüdischen Problems mitzuwirken, sofern sie unserer Ehre und der Ehre des Jahrhunderts entspricht. Wir sind bereit jedes Opfer zu bringen, um für die Ausgestoßenen den Aufbau einer neuen Heimat zu beschleunigen [...][401]

Der ernste und selbstbewusste Ton scheint nicht demselben Zweig zu gehören, der sich wenig später in der Angelegenheit der *Sammlung* so desorientiert zeigen sollte. Der Wesenszug der Größe und Würde erinnert an den Staatsmann, den Theodor Herzl drei Jahrzehnte zuvor in dem jungen Dichter geahnt hatte. Und zudem ist er taktisch geschickt: Er weiß um die internen Differenzen in der jüdischen Gemeinde, deshalb berücksichtigt er die verschiedenen Gruppierungen im europäischen Judentum – Kommunisten, Religiöse und Zionisten (aller Richtungen) – mit einer deutlichen Offenheit für die Territorialisten.

Roth und Zweig schrieben ihre Manifeste fast gleichzeitig, weil sie einander nahe waren. Obwohl sie sich jeweils über die Meinungsverschiedenheit aufregten, waren sie ihrem inneren Wesen nach gleich. Verbittert, ungestüm und einsam hatte Roth nicht vor, aus seinem Text ein politisches Ereignis zu machen; er publizierte ihn dort, wo er eine Möglichkeit fand: im beschränkten Kreis der Flüchtlinge und jüdischen In-

---

[401] Stefan Zweig zit. nach: Berlin. Jeffrey B., a.a.O., S. 353/354. Der Halbsatz »um für die Ausgestoßenen den Aufbau einer neuen Heimat zu beschleunigen« ist eine deutliche Anspielung auf eine nichtpolitische, humanitäre Alternative: eine Zuflucht für die Flüchtlinge ohne Konnotation einer nationalen Heimstätte. Die Anmerkungen zu Palästina klingen wie eine ergreifende Verteidigung des Zionismus.

tellektuellen von Paris. Der von Zweig blieb im Entwurfstadium stecken, weil der Autor einmal mehr taktvoll war und sich zurücknahm.[402]

Ein gar nicht heldenhafter Roth tritt im Anschluss an die Veröffentlichung des Manifestes zutage, als er seiner Verbitterung dem Freund gegenüber Luft macht: »Ich kann nicht mehr mit fünf Francs in der Tasche leben. Es ist unmöglich, daß ich diese Zeit überlebe. Bedenken Sie, daß ich 20 Jahre gehungert habe, vier Jahre Krieg geführt, weitere sechs ›bittere Not‹ gelitten. Erst seit drei Jahren habe ich halbwegs gelebt. Jetzt dieses sogenannte Weltgeschehen.«[403]

Die Erklärung für das Scheitern von Zweigs Manifest folgt fünf Jahre später in einem Brief an Rolland:

> Sie fragen mich, warum die jüdische Welt nicht Protest erhoben hat. Nun, ich habe zwei Jahre lang versucht, die besten zusammenzuführen, um ein Manifest herauszubringen – wohl wissend, daß es nichts im wirklichen Leben ändern, aber daß es bleiben würde als Dokument. Aber niemand hatte Zeit, niemand antwortete. Die Idee einer jüdischen Einheit, eines Plans, einer Organisation existiert leider nur in den Köpfen von Hitler und Streicher. Man kann nicht begreifen, daß 400 Tausend Juden noch fünf Jahre in Deutschland geblieben sind (und reiche Leute, *gerade* die Reichen). Wo die Juden sentimental werden, sind sie dümmer als die Neger [...] sie werden nächstes Jahr zweihunderttausend Menschen an Hunger und durch Selbstmord zugrunde gehen lassen. Und es ist kein Trost, sich zu sagen, daß sie ja bereits eine Million Spanier und fünf Millionen Chinesen geopfert haben. Ach – wenn Rußland nur *ein wenig* seine Grenzen geöffnet hätte! [...] Bis jetzt habe ich keine Zeile publiziert. Sie kennen seit Jahren mein Argument [...] daß es unmöglich immer und einzig nur die Juden sein können, die für die deutsche Freiheit das Wort erheben. [...] wenn nur wir Juden die Aufrufe, die Proteste unterschreiben, schaden wir der gemeinsamen Sache, wir müssen in zweiter, nicht immer in der ersten Reihe kämpfen, um bessere Chancen für einen Sieg zu haben.[404]

---

[402] Außer Einstein schrieb Zweig auch Felix Salten (Brief 7.5.1933) und Max Brod (Brief 9.5.1933) bezüglich eines solchen Manifestes an. Der Entwurf, der einem Brief an Einstein vom 7.6.1933 beilag, besteht aus vier maschinengeschriebenen Seiten mit handschriftlichen Korrekturen von Zweig. Im Brief teilte Zweig mit, dass die Reaktionen auf die ersten Anfragen enttäuschend wären. Die Angeschriebenen wollten erfahren, wer sich daran noch beteiligen würde, bevor sie dieser Sache zustimmten. Dadurch war Zweig gezwungen, das Projekt fallen zu lassen. Vgl. Berlin, Jeffrey B.: a.a.O., S. 348/349; 354–356.
[403] *Roth-Briefe*, 22.12.1933.
[404] *Briefe SZ-Rolland*, 16.11.1938; 10.4.1933.

Zweig rückt vor und weicht zurück, öffnet und verschließt sich – ein Mann und seine Widersprüchlichkeit – die größte liegt in der Musik; in einer Partitur, unterschrieben von dem wichtigsten lebenden deutschen Komponisten.

Seit zwei Jahren (seit dem 29. Oktober 1931) ist Zweig in eine seltsame und gefährliche Beziehung mit dem berühmten Komponisten Richard Strauss, der von den Nationalsozialisten gefeierten Musikgröße, verstrickt. Die Kooperation der beiden läuft bereits, als Strauss bald nach der Machtübernahme Hitlers 1933 zum Präsidenten der Reichsmusikkammer ernannt wird – einer der drei Musiker von internationalem Ansehen, die ihren Namen für das Nazi-Regime hergaben (die anderen waren der Pianist Walter Gieseking und der Dirigent Wilhelm Furtwängler).

Als die beiden mit ihrer Zusammenarbeit begannen, war es unmöglich vorherzusehen, dass der Agitator Adolf Hitler an die Macht kommen würde. Undenkbar, dass sich einer der größten Namen der internationalen Musik der straffen Organisation anschließen würde, die dem deutschen Kulturleben aufgezwungen werden würde. Der intensive und geheime Briefwechsel zwischen dem Komponisten und dem Autor im Zusammenhang mit dem Projekt – fast eine Verschwörung – würde bis 1935 andauern, als schon keine Zweifel mehr über die nationalsozialistischen Absichten bestehen. Nichts würde Zweig 1933 daran hindern, ungeachtet der politischen Entwicklungen den engen Briefkontakt mit dem Komponisten fortzusetzen. Für Zweig repräsentiert Strauss nicht den Nationalsozialismus, sondern die Musik, die er so liebt. Er möchte den großen Künstler nicht verletzen, indem er ihn mit einem unvollendeten Werk zurücklässt.

Eine Katastrophe zeichnet sich ab mit der voranschreitenden musikalischen Komposition der überladenen Musik der *Schweigsamen Frau* – Idee und Libretto von Stefan Zweig, die Partitur von Richard Strauss. Zwei Ästheten, politisch völlig arglos – oder unverantwortlich –, versuchen, indem sie sich in die Ausarbeitung zu einer Opera buffa über die Falschheiten einer Frau, die nichts von einer schweigenden hatte, vertiefen, die Brutalität zu vergessen, die sie in zwei so weit voneinander entfernte Lager steckt.

Alles hat begonnen, weil Strauss, 67-jährig und vor Energie strotzend, zeigen wollte, dass er keineswegs am Ende war, und auf der szenischen Musik beharrte – Kunst total, seiner Neigung zum Bombastischen und den Momenten der großen Spektakel angemessen. Opern entstehen und sind von einem guten Libretto abhängig. Strauss' bevorzugter Autor ist ein anderer Gigant, Hugo von Hofmannsthal. Nach dessen Tod bittet der Komponist, auf der Suche nach einem neuen Librettisten, 1931 Anton Kippenberg (zu dieser Zeit noch Zweigs Freund und Verleger), den Kontakt zu Zweig herzustellen, damit er diesen zum Nachfolger von Hugo von Hofmannsthal (der, wenn er noch gelebt hätte, noch einen Grund mehr gehabt hätte, sich über Zweig aufzuregen) machen könnte. Hocherfreut nimmt der Schriftsteller das Angebot an, ohne weiter nachzudenken. Dies hätte er tun sollen.[405]

Nach dem Erfolg von *Volpone* greift Zweig erneut auf Ben Jonson, den englischen Dramatiker, zurück, der ihm so gute Dienste geleistet hat.[406] Der Komponist ist begeistert über den neuen Mitarbeiter voller Verve und Inspiration, eine wahre Kreationsmaschine, mit der Fähigkeit, eine Szene so oft neu zu entwerfen und zu schreiben, wie es nötig ist. Zweig ist für Strauss ein Wunder, umgekehrt bedeutet Strauss für Zweig Ruhm – außerhalb der Literatur.

Plötzlich zum Partner eines der berühmtesten Komponisten erhoben, sieht Zweig, der Musikliebhaber und Sammler von Originalpartituren, der Musik so sehr verehrt, dass er den Schreibtisch Beethovens für seine Antiquitätensammlung erwirbt, neue Wege für sich als Künstler. Trotz des Altersunterschiedes von 17 Jahren sind sie Männer derselben Welt und Zeit. In jenem Alter sind die Differenzen nicht sichtbar.

Vollkommene Übereinstimmung, selbst aus der Distanz. Beide aufgeschlossen, beide Mozartianer – ein jeder auf seine Weise. Strauss, der am Anfang des Jahrhunderts wie ein hochtrabender und tollkühner Innovateur (das musikalische Äquivalent von Nietzsche, ein Übermensch, »Künstler–Genie«) erschienen war, wagte es, melodische, gefühlsbetonte Musik zu komponieren. Rolland, Pianist und Musikologe, spottete über ihn, als er schrieb, es existiere »zuviel« Musik in Deutschland. Er dachte an die melodische Ausschweifung der deutschen Musik, deren Vertreter Strauss war.[407]

---

[405] Für sechs von den zehn Strauss-Opern, darunter seine größten Erfolge wie *Elektra* und *Der Rosenkavalier*, schrieb Hugo von Hofmannsthal das Libretto.
[406] Ben Jonson (1572–1637), ein Zeitgenosse Shakespeares, hinterließ vier Meisterwerke: *Volpone or the Foxe* (1605), *Epicoene of the Silent Woman* (1609), *The Alchemist* (1610) und *Bartholomew Fayre* (1614).
[407] Das 6. Kapitel »›Ein Heldenleben‹: Deutschland 1890–1914« von *Tuchman* (S. 349–412) ist Strauss gewidmet. Die Ansichten der Historikerin und von Rolland werden von vielen Musikern, einschließlich Arturo Toscanini – politischer Widersacher, der nach dem Krieg einige seiner Werke einspielte und dabei die bombastischen Intonationen milderte –, nicht geteilt. Der kanadische Pianist Glenn Gould lobte den moralischen Mut von Strauss, dem herrschenden Avantgardismus eine melodische Musik entgegenzusetzen.

Kundgebungen, Aufmärsche, lautstarke Reden, Schüsse, zerbrochene Schaufenster, Prügeleien, Trommelwirbel, in den Straßen hallende Stechschritte. Gleichwohl gehen die Briefe hin und her, und die Verständigung zwischen dem zukünftigen Leiter der Reichsmusikkammer und dem gequälten jüdischen Schriftsteller geschieht mit seltener Leichtigkeit und Erfolg.

Bis zum April 1933 dominiert ein förmlicher Ton die Korrespondenz zwischen *Herrn Doktor Strauss* und *Herrn Doktor Zweig* (stets mit einem lieben Gruß an die jeweilige Ehefrau). In einer stillschweigenden Übereinkunft werden politische Fragen nicht angesprochen, ganz so, als ob sie beide in einer eigenen Welt lebten. Am 26. März wird eine erste Liste von Büchern veröffentlicht, die verboten sind, darunter auch Zweigs. Am 1. April folgt neben der Legitimation der bis dahin unorganisierten Aktionen durch den Boykott jüdischer Geschäfte, Ärzte und Anwälte auch der Boykott der Bücher jüdischer Autoren.

Strauss ist der erste, der den Pakt bricht, als er sich in einem Brief vom 3. April 1933 beeilt, zu erklären, dass der Zweig, der das Ziel eines infamen Satzes in einer glühenden Rundfunkrede Goebbels wurde, nicht Stefan Zweig sei, sondern vielmehr Arnold. Besorgt über eventuelle Konsequenzen für die gemeinsame Arbeit nutzt der Komponist seine Verbindungen zu hohen Nazi-Kreisen und schafft es, diese Klarstellung in der Presse unterzubringen. Er möchte weder die Premiere der Oper noch die Zukunft der Beziehung zu dem schöpferischen Librettisten gefährden.[408]

Echos des geheimen Dialogs, der seltsamen Beziehung zwischen Nero und Jeremias:

Zweig (13.4.1933): »(D)ie Politik vergeht, die Kunst besteht [...] Die Geschichte zeigt, daß gerade in den unruhigsten Zeiten die Künstler am concentriertesten [sic] gearbeitet haben.«

Zweig (3.9.1933) teilt mit, dass er zusammen mit anderen Autoren vor Monaten ein Manifest gegen den nationalsozialistischen Boykott unterschrieben habe. Er fügt hinzu: »Mich hat [...] die Politik seit je geekelt.« Ferner erwähnt er die Idee, nach Südamerika zu reisen – er scheint sich in der jetzigen Situation unwohl zu fühlen.

Strauss (21.1.1934): »Ich glaube mich aber demselben nicht versagen zu dürfen, weil bei dem guten Willen der neuen deutschen Regie-

---

[408] Während der Zeit dieser Kooperation verschärften sich die Differenzen zwischen Arnold und Stefan Zweig.

rung, die Musik und Theater zu fördern, wirklich viel Gutes gewirkt werden kann.«

Zweig (23.1.1934): »Ich hatte viel abzuwehren, denn man versucht einen immer wieder in die politische Discussion [sic] hineinzuziehen und scheut auch vor den gröbsten Mitteln nicht zurück.«

Zweig (17.5.1934) schreibt aus London, ohne anzumerken, dass er gerade den ersten Schritt ins Exil getan hat. »(E)s ist mir – trotz der heftigsten Versuche, mich gewaltsam einzuspannen – eigentlich voll gelungen, *ganz* abseits von allen öffentlichen Discussionen [sic] und jeder Art von Politik zu bleiben. Ein kleines Buch über Erasmus von Rotterdam geht Ihnen demnächst zu, es ist ein stiller Lobgesang an den antifanatischen Menschen, dem die künstlerische Leistung und der innere Friede das Wichtigste auf Erden ist – ich habe mir damit die eigene Lebenshaltung in einem Symbol besiegelt.«

Strauss (24.5.1934): »(I)ch freue mich, daß Sie schreiben, Sie ›ließen sich nicht einspannen‹ – alle Versuche, hier den Arierparagraphen zu mildern, scheitern immer an der Replik: solange vom Ausland her eine solche Lügenpropaganda gegen Hitler geschrieben wird – unmöglich!«

Zweig (17.6.1934) schlägt Franz Grillparzers 1873 verfasste Tragödie *Die Jüdin von Toledo* als Stoff für die nächste Oper vor. »Nun weiß ich, daß dieser Stoff heute nicht möglich ist. Und ich überlege nur, ob er nicht zu transponieren wäre in ein anderes Milieu.«

Zweig (26.7.1934): »Sie können gewiß sein, daß meinerseits nicht das Geringste erfolgt, was zu Auslegungen oder Discussionen [sic] Anlaß geben könnte.«

Zweig (10.8.1934) macht ein Arbeitstreffen aus, bittet aber, dass es nicht in Deutschland stattfände, um keine Zweifel über sein Verhalten aufkommen zu lassen.

Strauss (21.9.1934): »Habe ich Ihnen schon geschrieben, daß Dr. Goebbels mir mitgeteilt hat, daß der Reichskanzler die Aufführung der schweigsamen Frau genehmigt hat? [...] wo ich den Fall in Berlin mit Dr. Goebbels *mündlich* bis in alle Consequenzen [sic] durchsprechen will.«

Strauss (10.10.1934): »(D)ie Motive: Verzweiflung, Heroismus, Schwäche, Haß, Versöhnung u.s.w. – ich fürchte, ich bringe dafür nicht genug Melodie auf.«

Zweig (23.10.1934) spricht über eine angeblich, abfällige Äußerung seines Freundes Toscanini gegen Strauss, die er ihm nicht zutraut und für erfunden hält. »Als ob die Welt nicht schon genug voll Haß wäre! Immer wieder diese widerlichen Hetzereien!«

Strauss (5.2.1935): »Im Interesse unserer schweigsamen Frau möchte ich Sie bitten, aus dem Internationalen Musikklub auszutreten [...] Ihren Namen aus der Liste der Berater des *Unio* entfernen zu lassen.«

Zweig (18.2.1935), nach der Reise nach New York, wo er sich mit der Aufforderung der Journalisten, gegen den Nationalsozialismus Stellung zu beziehen, konfrontiert sah, erklärt, dass ein Zurückziehen seines Namens von der Liste der Berater des *Unio* nicht möglich sei, da dies politisch gewertet werden könnte.

Strauss (20.2.1935): »(W)enn ich das Glück habe, von Ihnen nicht einen oder mehrere Texte zu bekommen [...] Ist die Partitur fertig, kommt sie in ein Safe, das [sic] erst geöffnet wird, wenn wir beide den Zeitpunkt für geeignet halten.«

Zweig (23.2.1935): »Wegen eines neuen Textes erlauben Sie mir, Ihnen offen zu schreiben. [...] Alles, was Sie tun, ist bestimmt, historisch zu werden. [...] Darum scheint es mir nicht gut möglich, daß heute etwas in Ihrem Leben, in Ihrer Kunst heimlich geschieht [...] wenn ich den Text verfasse; es würde als eine Art Herausforderung empfunden werden. Und heimlich zusammenzuarbeiten, scheint mir, wie gesagt, Ihrem Range nicht gemäß. Ich bin aber bereit, jedem, der für Sie arbeitet, mit Rat zur Seite zu stehen.«

Strauss (26.2.1935) weist endgültig die Idee zurück, sich nach einem anderen Librettisten umzusehen. Er glaubt nicht, dass die nationalsozialistische Regierung einer zweiten Kooperation mit Zweig Schwierigkeiten bereiten werde. »Ich bleibe daher bei meiner Bitte: arbeiten Sie mir ein paar schöne Bücher [...] und die Sache bleibt unter uns so lange geheim.«

Strauss (2.4.1935): »Ich habe in Berlin lange mit Minister und Staatssekretär gesprochen.«

Er bedauert mitteilen zu müssen, dass die Aufführung einer zweiten Oper in Zusammenarbeit mit Zweig von ihnen nicht mehr verantwortet werden könnte.

Zweig (16.4.1935) schlägt vor, dass das Datum des Beginns und der Fertigstellung der *Schweigsamen Frau* in der Partitur des Werkes veröffentlicht werden solle, um zu zeigen, dass die Zusammenarbeit vor den »politischen Änderungen« begonnen hatte.

Strauss (20.4.1935) akzeptiert diesen Vorschlag.

Zweig (3.5.1935) schlägt die Legende des Europäers, der vor Cortez nach Mexiko gekommen sei und dort schließlich grausam von Priestern ermordet worden sein soll, als Stoff für die nächste Oper vor.

Zweig (19.5.1935): »Wie schade, daß ich selbst da für Sie nicht frei und offen arbeiten darf. Aber statt sich zu glätten oder verbindlicher zu werden, sind die officiellen [sic] Maßnahmen doch nur schärfer und härter geworden; manche Maßregeln können nicht anders, als das Ehrgefühl erbittern [...] daß die Entwicklung in culturellen [sic] Belangen immer mehr sich den extremsten Gruppen zuneigt [...] aber sie bedeutet für die gegenwärtige Einstellung schon eine einmalige und nie wiederholbare Ausnahme und es ist nicht das geringste Anzeichen einer Umkehr in diesen Auffassungen. Sie wissen, daß [...] eine wie herzliche Freundschaft mich unentwegt mit dem Inselverlag verbindet und ich doch, wirklich getroffenen Herzens, nicht an dieser nun seit dreißig Jahren heimischen Stätte verweilen konnte [...] Als Einzelner kann man dem Willen oder Wahnwitz einer Welt nicht widerstreben, es ist schon genug Kraft vonnöten [sic], sich fest und aufrecht zu halten und jeder Bitterkeit und offenen Gehässigkeit zu erwehren. Schon dies ist heute eine Art Leistung geworden und schwerer fast als Bücher zu schreiben.«

Strauss (21.5.1935): »Ihr schöner Brief bereitet mir großen Schmerz. Daß Sie verstimmt sind, verstehe ich. Aber verstimmter wie ich können Sie nicht sein. Wir können doch beide keinen anderen Weg gehn [sic], als den, den uns unser künstlerisches Gewissen vorschreibt. Für uns gibt es nur ein Gebot: Gutes schaffen!« Er beharrt auf einem Treffen. Zweig soll einige Ideen für den Librettisten Joseph Gregor, den er Strauss als Nachfolger empfohlen hat, entwickeln.

Strauss (am nächsten Tag) lehnt den von Zweig vorgeschlagenen *Amphitryon* von Kleist ab. Die Szene, in der sich Jupiter vor Alkmene zu erkennen gibt, wirke »wie das Plädoyer eines jüdischen Rechtsanwalts«.

Strauss (13.6.1935) beschwert sich über Zweigs Festhalten an Gregor, dem »gelehrten Philologen«, der ihm unheimlich ist. »Mein Textdichter heißt Zweig [...] Aber lassen Sie mich mit den alten Mexikanern in Ruh! Machen *Sie* mir die 2 Opern [...] 1648 (war ausgezeichnet!) und die komische (meinetwegen Eichendorff) – *mehr brauche ich nicht!* Die schweigsame kommt am 8. Juli ganz im Rundfunk! Hier kursiert das Gerücht, Sie hätten die Tantiemen dem ›jüdischen Hilfswerk‹ überwiesen. Ich habe widersprochen!«

Zweig (15.6.1935) spricht letztlich die Tabuthemen an, die er zuvor vermieden hat: das unvermeidbare Solidaritätsgefühl mit den jüdischen, von den Nazis verfolgten Künstlern und Intellektuellen. Die Zusammenarbeit in der Oper verleiht ihm die unangenehme Rolle eines Kollaborateurs mit dem Dritten Reich. Er führt zwei Dinge an, die in den internationalen Medien ein schlechtes Licht auf den Partner werfen: Sein Freund Bruno Walter, dem es als Jude verboten worden war, weiterhin als Dirigent zu arbeiten, war von Strauss ersetzt worden, und bald darauf hatte Toscanini eine Aufführung bei den Bayreuther Festspielen abgesagt, und es war Strauss gewesen, der seinen Platz annahm. (Dieser Brief ist verschollen, vielleicht wurde er von Strauss, der für Wutanfälle berühmt war, selbst vernichtet.)[409]

Strauss (17.6.1935):»Ihr Brief vom 15.bringt mich zur Verzweiflung! Dieser jüdische Eigensinn! Da soll man nicht Antisemit werden! Dieser Rassenstolz, dieses Solidaritätsgefühl – da fühle sogar ich einen Unterschied! Glauben Sie, daß ich jemals aus dem Gedanken, daß ich Germane (vielleicht, qui le sait) bin, bei irgend einer Handlung mich habe leiten lassen? Glauben Sie, daß Mozart bewußt ›arisch‹ komponiert hat? Für mich gibt es nur zwei Kategorien Menschen; solche die Talent haben und solche die keins haben, und für mich existiert das Volk erst in dem Moment, wo es Publikum wird. [...] Wer hat Ihnen denn gesagt, daß ich *politisch so weit* vorgetreten bin? Weil ich für [...] Bruno Walter ein Conzert [sic] dirigiert habe? Das habe ich dem Orchester zuliebe – weil ich für andern [sic] ›Nichtarier‹ Toscanini eingesprungen bin – das habe ich Bayreuth zuliebe getan. [...] Unter jeder Regierung hätte ich dieses ärgerreiche Ehrenamt angenommen, aber weder Kaiser Wilhelm noch Herr Rathenau haben es mir angeboten. Also seien Sie brav, vergessen Sie auf ein paar Wochen die Herren Moses und die andern [sic] Apostel und arbeiten Sie nur *Ihre* zwei Einakter.« Im P.S. sendet er beste Wünsche für Zweigs Mutter und teilt die Begeisterung über die anstehende Premiere mit. »Da soll ich auf Sie verzichten: Nie und nimmer!« Dieser Brief sollte Zweig (zu diesem Zeitpunkt in Zürich weilend) nicht erreichen. Er fällt der Gestapo in Dresden in die Hände.[410]

Man versucht, den Namen des Librettisten aus dem Programm und von den Plakaten entfernen zu lassen. Wütend fordert Strauss erfolgreich, dass er stehen bleibt. Hitler, Goebbels und Streicher beratschlagen, wie man mit der Oper verfahren soll und kommen zu keiner Ent-

---

[409] Ausgehend von Strauss' Antwort rekonstruierte Edward Lowinsky diesen Brief, der in der englischen Übersetzung des Briefwechsels zu finden ist. Vgl. Knight, Max (Hg.): *A Confidential Matter. The Letters of Richard Strauss and Stefan Zweig 1931–1935* (mit einer Einführung von Edward Lowinsky). California University Press. Berkeley/Los Angeles 1977, S. XXIV.

[410] *Briefe SZ-Strauss*, S. 50–142 Das Abfangen des Briefes durch die Gestapo in Dresden war kein Zufall: Mit Zweig als Adressaten war es offensichtlich, dass die Korrespondenz überwacht wurde.

scheidung, zum Teil aufgrund der Tatsache, dass sich Zweig niemals politisch geäußert hat.

Premierenerfolg in Dresden am Montag, den 24. Juni 1935 unter demonstrativer Abwesenheit der ranghohen Nationalsozialisten. Die zweite Aufführung (diesmal mit freiem Eintritt) ist ausverkauft. Die dritte wird abgesagt – einer der Sänger ist krank geworden.

Eine Farce beginnt gewöhnlich mit einer Täuschung. Die von Jonson/Zweig ausgedachte hat eine Spur von Perversion: Sir Morosus, der ehemalige Admiral, der nach vielen Seeschlachten eine Aversion gegen Lärm besitzt, heiratet, um seine Familie enterben zu können, eine zunächst schweigsame Frau, die nach der Ehelichung nicht aufhört zu keifen und sein Leben zur Hölle macht. Der Betrogene kann eine Metapher für Hitler oder für Zweig selbst sein. Den letzten Brief an den Komponisten unterschreibt Zweig aus Spaß mit *Morosus*.

Hitler hätte Strauss' überladene Musik, gemischt mit komischen, manchmal kitschigen, pathetischen Elementen genossen. Doch von der Situation herausgefordert, lässt er die Kunst außer Acht. Die Partner müssen bestraft werden. Der von der Gestapo abgefangene Brief, ausgerechnet Zweigs offenster und aufrichtigster, ist dem Führer vorgelegt worden. Die schlechten Zeiten in Wien, in denen er die Groschen zusammengespart hat, um die Premiere von *Salomé* besuchen zu können, sind vergessen. Er fordert von Goebbels energische Konsequenzen. Das Aushängeschild der deutschen Musik, der sich in exponierter Stellung im nationalsozialistischen Kulturleben befindliche Richard Strauss, wird gezwungen, von seinem Amt als Präsident der Reichsmusikkammer zurückzutreten. Der Musiker empört sich:

> Aber es ist eine traurige Zeit, in der ein Künstler meines Ranges ein Bübchen von Minister um Erlaubnis fragen muß, was er componieren [sic] und aufführen darf. Ich [...] beneide beinahe meinen rasseverfolgten Stefan Zweig, der sich nun definitiv weigert, offen und geheim für mich zu arbeiten, da er im dritten [sic] Reich keine ›Spezialduldung‹ beansprucht. Ich verstehe zwar dieses jüdische Solidaritätsgefühl nicht und bedaure, daß der ›Künstler‹ Zweig sich nicht über ›politische Moden‹ erheben kann. Wenn wir selbst die Freiheit des Künstlers nicht in uns wahren, kann man sie auch nicht von Wirtshausrednern verlangen. [...] Mein Lebenswerk scheint mit der Schweigsamen Frau definitiv abgeschlossen. Andererseits hätte ich noch Manches nicht ganz Wertloses schaffen können. Schade![411]

---

[411] Strauss, Richard: »Geschichte der *Schweigsamen Frau*« in: *Briefe SZ-Strauss*, S. 155–159, S. 158/159. Strauss' Text, datiert auf den 3. 7. 1935, wurde in seinen Aufzeichnungen

Schade, seine Karriere ist wirklich beendet. Es ist Zweig, der dies in seiner Verurteilung des Endergebnisses diagnostiziert. Strauss hat bei allem übertrieben einschließlich der Länge, und der Librettist, der weder Musiker ist, noch einen Hang zu Diskussionen hat, macht zaghafte Andeutungen, dass dem Ego des Komponisten wenigstens Genüge getan ist. In einem Brief an Friderike, geschrieben zwei Tage nach der Premiere, übt Zweig strenge Kritik:

> Was die Oper selbst betrifft, so ist eines gewiß, daß sie *viel* zu lang ist, daß sie *wahnwitzig schwer* ist, also ganz das Gegenteil dessen, was mir vorschwebt, keine leichte Oper, sondern mit allen Raffinements geladen und eher erdrückend durch die Fülle. [...] Das Können scheint mir bei ihm intakt, nur die Dynamik fehlt. Aus einigen Kritiken spüre ich die Animosität, die heute in Deutschland gegen Strauß [sic] herrscht. Es scheinen auch die offiziellen Leute von ihm ein wenig abzurücken [...].[412]

Hat es sich gelohnt? Die Opera buffa über die Wunder der Stille hat aufgrund der Stille, die die Kooperation umgeben hat, schwere Auswirkungen auf die Partner – die Heimlichkeit hat alles getrübt. Strauss geht endgültig geschlagen daraus hervor, das Genie der zeitgenössischen Musik wird von den »Bübchen«, die Deutschland regieren, herabgewürdigt. Und Zweig, der sich unter anderen Umständen geschmeichelt gefühlt haben würde, sieht sich gepeinigt. Die Vorwürfe der Freunde haben sich in Schuldgefühle verwandelt. Sie liegen schwer auf seiner Seele – kaum möglich, sich davon freizumachen.

Das Nazi-Regime beauftragt Strauss im darauf folgenden Jahr noch mit der Hymne für die Olympischen Spiele. An den Überresten der Zusammenarbeit klammernd, komponiert er eine neue Oper. Dabei nimmt er den »großartigen« Stoff, den Zweig vorgeschlagen hat, zur Grundlage: *Friedenstag* – uraufgeführt 1938, als der Krieg unmittelbar bevorstand.[413]

---

gefunden. Auch in dem an die Regierungsstellen adressierten Memorandum vom 10.7.1935 setzt sich Strauss mit den Vorgängen in Folge der Zusammenarbeit mit Stefan Zweig und der Denunziation durch den sächsischen Reichsstatthalter auseinander. Darin beschwert er sich, dass Goebbels ihn entlassen habe, ohne eine Erklärung für den Brief einzufordern, der einem Leser ohne Vorkenntnisse unverständlich bleiben müsse, und erläutert denselben im Anschluss. Vgl. *Briefe SZ-Strauss*, S. 170–172.

[412] *Briefe SZ-FZ*, 26.6.1935.
[413] Joseph Gregor verfasste in der Nachfolge Zweigs außer dem erwähnten Libretto (dessen Originaltitel *1648* lautete) noch zwei weitere. Anfang des 20. Jahrhunderts war Strauss als Dirigent in Brasilien gewesen. In einem Brief vom 5.10.1920 an Hugo von Hofmannsthal aus Rio de Janeiro beklagte er sich: »Aber in einem Land, wo alles versprochen wird und wirkliches Interesse doch nur die Kaffeebörse und al-

Zweigs Strategie, sich ungeachtet so vieler Verstimmungen herauszuhalten, hat Folgen: Die nationalsozialistische Zeitung *Der Stürmer* droht Strauss mit Repressalien für den Fall einer erneuten Zusammenarbeit mit einem Juden.[414] In seinem Ehrgefühl verletzt, lässt sich der alte Löwe nicht einschüchtern. Da er öffentlich nicht die ganze Wahrheit sagen kann, hält er in seinen Aufzeichnungen seine eigene Version der Geschehnisse für die Nachwelt fest: In einer Mischung aus Stolz und einigem (obgleich spätem) Mut zählt er die Opfer auf, die er gebracht habe dafür, dass er sich nicht von vornherein von der nationalsozialistischen Bewegung ferngehalten hat. So führt er den Sturm der Entrüstung an, der ihm in der ausländischen und vor allem Wiener jüdischen Presse im Zusammenhang mit der oben erwähnten Vertretung Bruno Walters entgegengeschlagen war. Des Weiteren legt er Wert darauf, anzuführen, dass er stets betont habe,

> daß ich die Streicher-Goebbelsche Judenhetze für eine Schmach für die deutsche Ehre, für ein Armutszeugnis, für das niedrigste Kampfmittel der talentlosen, faulen Mittelmäßigkeit gegen höhere Geistigkeit und größere Begabung halte. Ich bekenne hier offen, daß ich von Juden so viel Förderung, so viel aufopfernde Freundschaft, großmütige Hilfe und auch geistige Anregung genossen habe, daß es ein Verbrechen wäre, dies nicht in aller Dankbarkeit anzuerkennen. Gewiß hatte ich auch in der jüdischen Presse Gegner, dagegen war mein Verhältnis zu meinem reichlich gegensätzlichen Antipoden Gustav Mahler ein fast freundschaftliches zu nennen. Meine schlimmsten und bösartigsten Feinde und Gegner waren ›Arier‹ [...].[415]

---

lenfalls ein König von Belgien hat – ist [es] noch ein ziemlich weiter Weg bis zur Unterzeichnung eines wirklichen Kontraktes mit den für uns nötigen Garantien.« Vgl. Strauss, Richard; Hofmannsthal, Hugo von: *Briefwechsel. Gesamtausgabe.* Herausgegeben von Willi Schuh. Atlantis Verlag. Zürich 1970.

[414] In seinen Erinnerungen erzählt Zweig ausführlich von dem Komponisten und der gemeinsamen Arbeit. Er schien damit sieben Jahre nach dem Ende der Zusammenarbeit eine Erklärung zu geben, die er zur Zeit des Geschehens nicht zu artikulieren vermochte. Vgl. *Die Welt von Gestern*, S. 419–429.

[415] *Briefe SZ-Strauss*, S. 173. Den Einfluss Mahlers auf sein eigenes sinfonisches Werk anerkennend, schrieb Strauss nach dessen Tod in sein Tagebuch: »Der Tod dieses hochstrebenden, idealen und energischen Künstlers, ein schwerer Verlust. [...] Mir ist es absolut deutlich, daß die deutsche Nation nur durch die Befreiung vom Christentum neue Tatkraft gewinnen kann.« Vgl. Mahler, Gustav; Strauss, Richard: *Briefwechsel 1888–1911*. Herausgegeben von Herta Blaukopf. Piper Verlag. München/Zürich 1988, S. 210/211. Trotz seines Deutschtums und intellektuellen Elitismus ließ sich Strauss scheinbar niemals zu irgendeinem antijüdischen Gefühl hinreißen. Sowohl Hofmannsthal als auch Zweig waren jüdischer Herkunft ebenso wie ein Großteil seiner Mitarbeiter, einschließlich des Kopisten. Er hatte zwei jüdische Enkel.

Von der schmerzvollen Zusammenarbeit befreit, versucht sich Zweig zu beschäftigen. Er beginnt, eine antinationalsozialistische »Veranstaltung« mit der Unterstützung von Schriftstellern aus ganz Europa zu planen. Es kommt zu erneuten Unstimmigkeiten mit dem Meister Rolland, der eine politische Manifestation beabsichtigt, wohingegen Zweig etwas Intellektuelleres möchte, besonders weil das mit Einstein besprochene Manifest im Entwurf stecken geblieben ist.[416]

Im letzten Brief Zweigs an Strauss 1935 ist im Briefkopf des Absenders mit einer Londoner Adresse der Zusatz »Fräulein Lotte Altmann« vermerkt.

Während *Die schweigsame Frau* ihre Aufsehen erregende, politische Odyssee durchmacht, bezaubert eine andere schweigsame Frau Zweig unwiderruflich. Monate zuvor hat Friderike den Ehemann, wie in einem Groschenroman, in einer Umarmung mit seiner Sekretärin Lotte in einem Hotelzimmer in Nizza erwischt.

---

[416] Die »Veranstaltung« wird in zwei Briefen an Friderike erwähnt. Vgl. *Briefe SZ-FZ*, 6. 9. 1935; 20. 9. 1935.

DECLARAÇÃO

… und meine geistige Heimat Europa sich selber vernichtet.

Die Geschichte als Dichterin

»*Denn aus Spinnweben flicht die Geschichte das unentrinnbare Netz des Schicksals; in ihrem wundervoll verkoppelten Triebwerk löst das kleinste Antriebsrad die ungeheuerlichsten Kräfte aus.*«
Marie Antoinette, S. 46

»*Aber nein, sie wiederholt sich niemals. Sie spielt manchmal mit Analogien [...] sie täuscht manchmal Ähnlichkeiten vor [...] aber sie bleibt sich niemals gleich, sie erfindet immer neu.*«
»Die Geschichte als Dichterin«
in: Die Schlaflose Welt, S. 249–270; S. 256–257

Kapitel 5

Wie eine Versuchung des Schicksals schleicht sich die Farce in die anspruchsvollen Handlungen, verbindet den Ernst mit dem Spaß, die Tragik mit der Komik, verwechselt die Gefühle, das Genre, den Stil und verwirrt vor allem das respektable Publikum.

Die heimliche Liebe des gepeinigten Schriftstellers zur überaus tüchtigen Sekretärin könnte in einer Telenovela, einem Trivialroman, einem Theaterstück, einer Oper, einer Operette, einem Musical oder einem Film erzählt werden – unvermeidbar die Peinlichkeit, als das Paar von der betrogenen Ehefrau in flagranti erwischt wird. Als Autor hätte Zweig das Tragikomische der Situation ausgelotet, aber als Akteur blieb ihm nur der Rückgriff auf den lächerlichen und demütigenden Kreuzweg: Schreck, Scham, Gestammel.

Das Schicksal Frankreichs und der Welt hing von der Impotenz Ludwig XVI. und der Jungfräulichkeit ab, die seine Ehefrau Marie Antoinette sieben lange Jahre an seiner Seite nicht verlor. Infolge einer einfachen Phimose (die schließlich behandelt wurde) führten der säumige König und die aufgeweckte Königin die erste große Revolution des Volkes in der Geschichte herbei. Mit Verschmitztheit beschreibt Zweig das Rokoko-Klima am Versailler Hof, das letztendlich unter der Guillotine endete. Es ist eine seiner kunstfertigen Miniaturen, die Geschichte betrachtet durch eine detaillierte und komische Lupe.

Über sich selbst zu lachen, ist eine Gabe, die nur wenigen vergönnt ist, und Zweig zählt nicht zu diesen. Lachen ist nicht seine Stärke. Ein Scherz – unmöglich. Er glaubt, den Zwischenfall erklären zu können. Der Ausgang der Geschichte aber ist von nun an besiegelt.

Am Jahreswechsel 1934/1935 entwickelt er größere Geschäftigkeit als sonst: Er muss die neue Biografie vor der Abreise in die Vereinigten Staaten beendet haben. Die Fristen, die er setzt, werden streng eingehalten. Deshalb hat er auch die neue Sekretärin Lotte kommen lassen, sie soll ihm helfen, die Arbeit bis zum vorgesehenen Datum abzuschließen.

Im Hotel Westminster an der Promenade des Anglais in Nizza, in dem er mit seiner Ehefrau und der Assistentin untergebracht ist, richtet er eine kleine Filiale des Salzburger »Betriebes« ein. Es sind nur noch wenige Tage bis zur Reise: Die umsichtige Friderike kümmert sich auf dem amerikanischen Konsulat um die Papiere des Gatten, während er im Hotel bleibt und Lotte die letzten Kapitel von *Maria Stuart* diktiert.

Die Sache ist schnell erledigt und so kommt Friderike früher als vorgesehen zurück. Ungewollt muss sie die Szene mit ansehen. Stefan und Lotte in einer innigen Umarmung anstatt bei der Arbeit.

An der mondänen Côte d'Azur in diesem Januar 1935 liegt der Ursprung für den doppelten Selbstmord im ländlichen Petrópolis im Februar 1942. In sieben Jahren gleitet eine Erfolgsgeschichte in ein vollkommenes Scheitern ab, denn anstatt von Liebe und Leidenschaft beflügelt zu werden, lässt sich der Schriftsteller vom Gift des Mitleides leiten. *Ungeduld des Herzens*, der erst nach diesem Geschehen verfasste Roman, ist eine Warnung vor der Falle des Mitgefühls.

Als Schauspielerin, die von der Bühne geht, um später in der Rolle einer Erzählerin wieder zu erscheinen, hinterlässt Friderike Zweig ein schmerzerfülltes und würdiges Zeugnis des zweifachen Zerfalls: dem ihrer Ehe und dem ihrer Heimat.[417]

Nachdem das Band zwischen den Akteuren des Kapuzinerbergs, das bis dahin jeder Erschütterung standgehalten hatte, zerrissen ist, werden die beiden von dem Mahlstein erfasst, der die ganze Welt zerreiben wird. Das Gefühl der Bedrohung wirft selbst bei den Optimistischsten die Frage nach Bleiben oder Gehen auf. Es ist die Stunde des Irrens – sich irren oder umherirren. »In der Geschichte der abendländischen Kultur nimmt der Emigrant einen Ehrenplatz ein.«[418] Zweig weist sich zu diesem frühen Zeitpunkt aus eigenem Willen aus dem Land, geht in die Verbannung. Aus solcher Art Exil, Ausdruck des persönlichen, an das Erdbeben des Nazifaschismus gekoppelten Unvermögens, gibt es keine Rückkehr.

> Innerlich habe ich meinem Haus, meiner Sammlung, meinen Büchern schon ade gesagt – mögen sie alles nehmen, mich schert es nicht, im Gegenteil, ich werde freier sein, wenn erst dieses ganze gelebte Leben nicht mehr auf meinen Schultern lastet. Haus, Sammlung, Bibliothek, all das ist etwas für ruhige Jahre, die im Schneckenschritt gehen – in Epochen wie der unseren muß man die Schultern frei haben.[419]

---

[417] Vgl. *Friderike 1*, Kap. »Die Heimat schwankt« (S. 206–209) und »Das Haus zerbricht« (S. 215–226).
[418] *Gay*, S. 13.
[419] *Briefe SZ-Rolland*, 10.5.1933.

Auf der politischen Ebene desorientiert, trifft Zweig auf privater Ebene impulsive Entscheidungen. Er ahnt die Gefahren voraus, weiß, dass er etwas ändern muss, aber er weiß nicht was, noch wie. Er beginnt damit, alles, was er in den letzten 15 Jahren so eifrig gesammelt hat, aufzulösen. Während der neun Monate (von der Machtübernahme Hitlers bis zur Ankunft in London) verbreitet sich ein zerstörerischer Geist. Das Symbol der jetzt so verabscheuungswürdigen Sicherheit, das solide Schlösschen auf dem Kapuzinerberg, ist das erste Ziel.

Er ist Salzburgs überdrüssig; Österreichs überdrüssig, das noch aufgestachelter zu sein scheint als Deutschland, da es sowohl von Hitlers Nationalsozialismus als auch Mussolinis Faschismus unter Druck gesetzt wird; des »Betriebs« überdrüssig, den er aufgebaut hat; und – sicherlich – Friderikes überdrüssig. Nicht der devoten Ehefrau, aber der Gefährtin, die ihn jeden Augenblick – mit ihrem Eigensinn, dem fülliger gewordenen Körper und dem gealterten Gesicht – an das unerbittliche Voranschreiten der Zeit erinnert.

Bei seiner Ankunft in der englischen Hauptstadt am 20. Oktober 1933 bringt Zweig mehrere Arbeitsprojekte mit. Das Dringlichste ist die Beendigung des *Erasmus von Rotterdam*, über den er in den Schweizer Bibliotheken geforscht hat. Er möchte das Porträt dieses Humanisten zeichnen, der, angesichts eines in zwei fanatische Lager gespaltenen Europas – die Gewalttätigkeit der katholischen Kirche und den Eifer derer, die sie reformieren möchten – erschüttert ist. Das Werk soll ein Toleranzpakt, ein Glaubensbekenntnis gegen den Fanatismus werden. Die subtile Verteidigung der Unparteilichkeit wird in Wahrheit zur Rechtfertigung seiner selbst.

Rolland, seinem Über-Ich, stellt er das neue Alter Ego vor: »(E)r wird mit all seiner Unentschiedenheit mein Sprecher sein.« Jahre später fühlt er sich gezwungen, sich Joseph Roth, einem weiteren Über-Ich, zu erklären:

> Sie vergessen, mein Freund, daß ich mein Problem im ›Erasmus‹ *öffentlich* gestellt habe und nur eines verteidige, die Unantastbarkeit der individuellen Freiheit. Ich verstecke mich nicht, schließlich ist der ›Erasmus‹, in dem ich auch die sogenannte Feigheit einer concilianten [sic] Natur darstelle, ohne sie zu rühmen, ohne sie zu verteidigen – als Faktum, als SCHICKSAL.[420]

---

[420] *Briefe SZ-Rolland*, 3. 8. 1933; *Briefe SZ-Freunde*, undatiert, vermutlich Herbst 1937.

Doch er überzeugte ihn nicht. Er überzeugte niemanden, am wenigsten die strenge Antonina Vallentin: »[Das Buch] war ein bisschen wie ein Rundschreiben, das er an jene gerichtet hätte, die ihn drängten, eine Entscheidung zu treffen – oder besser noch eine rechtfertigende Denkschrift.«[421] Nicht einmal sich selbst überzeugte er: Drei Jahre später würde er auf eine andere Figur zurückgreifen, um den Kampf gegen den Fanatismus darzustellen: Castellio, den Anti-Calvin.
Auch Klaus Mann ließ sich nicht beeindrucken.

> Im Falle des Erasmus kam alles Zögern, jeder Mangel an Entschlußkraft aus peinlichster Rechtschaffenheit. Auch Zweig war redlich und nobel. Doch mischten sich in seinem Wesen noch ganz andere Zutaten; es gab da etwas unbestimmbar Schillerndes, verführbar Verführerisches, eine Art von Casanova-Charme. Stefan Zweig kam aus Wien – nicht aus Rotterdam.[422]

Als Thomas Mann, Zweig gegenüber im Allgemeinen mit Lob sparsam, von diesem Buchprojekt erfuhr, ermutigte er ihn: »Sie schreiben damit gewissermaßen den Mythus [sic] unserer Existenz [...] und auch die Rechtfertigung der scheinbaren Zweideutigkeit, unter der wir leiden, und die wenigstens mich unter Emigranten schon beinahe so verhaßt gemacht hat wie bei denen ›drinnen‹.« Doch der Enthusiasmus hielt nicht lange an, bei Erhalt seines Exemplars war Mann enttäuscht: Er findet das Werk »flau und banal«, sogar schädlich. Für ihn neigt die historische Analogie dazu, die Vergangenheit zu zwingen, sich der Gegenwart anzupassen. Luther, der von teuflischen Kräften angetriebene Revolutionär, wirkt mehr wie eine Parodie von Hitler.[423]

Trotz der öffentlichen Verbrennung seiner Bücher und der Vorahnungen einer sich auftürmenden Flut an Barbarei findet Zweig nicht die Kraft, sich im antinationalsozialistischen Kampf zu engagieren. Vielleicht hindern ihn seine Beziehung zu Strauss und die unbewusst verinnerlichten Verteidigungen seiner selbst, um diese Zusammenarbeit aufrechtzuerhalten, aber auch seine Unfähigkeit zu hassen.

---

[421] *Vallentin*, S. 62.
[422] Mann, Klaus: *Prüfungen. Schriften zur Literatur.* Herausgegeben von Martin Gregor-Dellin. Nymphenburger Verlagsbuchhandlung. München 1968, S. 323–329; S. 325.
[423] Brief Thomas Mann an Stefan Zweig, 8.11.1933 in: Mann, Thomas: *Briefe 1889–1936.* Herausgegeben von Erika Mann. S. Fischer Verlag. Frankfurt am Main 1961. Tagebucheintragung, 3.8.1934 in: *Mann 2.*

Nun liegt – ich schäme mich nicht, diesen Defekt offen einzugestehen – meiner Natur das Heldische nicht. Meine natürliche Haltung in allen gefährlichen Situationen ist immer die ausweichende gewesen, und nicht nur bei diesem einen Anlaß mußte ich vielleicht mit Recht den Anwurf der Unentschiedenheit auf mich nehmen, den man meinem verehrten Meister in einem fremden Jahrhundert, Erasmus von Rotterdam, so häufig gemacht.[424]

Mit Kippenberg hat Zweig infolge eines persönlichen Verrats gebrochen und nicht wegen politischer Divergenzen. Unnachgiebigkeit lehnt er wegen intellektueller Skrupel ab, aber er gibt aus Vorsicht nach. Seine Vehemenz ist eine andere – er wird nicht müde, zu wiederholen, dass er die gute Seite der menschlichen Natur anzusprechen versucht. Er vergisst, dass die schlechte Seite nicht davon zu trennen ist.

Deshalb zieht er es vor, nach England zu fliehen, eine Insel in jeglicher Hinsicht, wo er über dem Wahnsinn stehen können würde. Vorausgesetzt, dass England nicht in diesen Strudel hineingezogen würde und er selbst ein Mindestmaß an Mut hätte, ihm entgegenzutreten.

Auf dem Weg nach London hat er in Paris Halt gemacht und dort Antonina Vallentin wieder getroffen. Wie Rolland versucht die polnische Schriftstellerin, ihn für den politischen Kampf zu gewinnen, ihn zu ermuntern, die Tapferkeit, die er in der pazifistischen Kampagne während des Ersten Weltkriegs gezeigt hat, noch einmal aufzubringen. Aber Zweig ist jetzt ein anderer: Er gestikuliert, sieht verstohlen umher und wirkt verletzt. Im Gegensatz zu dem früheren Plauderer, der gerne ausgedehnte Unterhaltungen geführt hat, spricht er jetzt direkt die Themen an, die ihm unangenehm sind: »Du verlangst viel. [...] Ich bin kein Held. Nicht einmal geschaffen für das Martyrium.«[425]

Nein, er ist weder ein Held noch ein Märtyrer, aber in London bringt er die Energie auf, durch die *Jewish Telegraphic Agency* eine selbstbewusste Antwort auf die Attacken der Emigrantenpresse verbreiten zu lassen.

Nichts steht mir ferner, als mich vom Schicksal meiner Kameraden und Blutsgenossen in Deutschland absondern zu wollen, und ich würde mich selbst verachten, versuchte ich meine moralische Unabhängigkeit um irgendeines Vorteiles willen preiszugeben. Ich habe, das ist richtig, mich ausdrücklich davon zurückgehalten, irgendwelche polemische Haltung gegen das heutige

---

[424] *Die Welt von Gestern*, S. 264. In den Erinnerungen versucht er, sich zu rehabilitieren, und das anfängliche Zögern bei Kriegsanfang 1914 mit dem Schwanken angesichts des Nationalismus 1933 zu verbinden.
[425] Stefan Zweig zit. nach: *Vallentin*, S. 62.

Deutschland einzunehmen, weil das Polemische niemals die Form war, meine Gesinnung auszudrücken. Aber deshalb denke ich nicht im entferntesten daran, meine Gesinnung zu verleugnen, und erkläre klar und deutlich, daß mir das Schicksal meiner Kameraden und Blutsgenossen selbstverständlich tausendmal wichtiger ist als alle Literatur.[426]

Er erklärt ferner, dass er die Zusammenarbeit mit Strauss aus rechtlichen und vertraglichen Gründen nicht abgebrochen hätte. (In der Korrespondenz mit dem Komponisten jedoch gibt es keinen Hinweis auf rechtliche Vereinbarungen.) Auf der Suche nach Bestätigung schickt er Rolland die von der *Jewish Telegraphic Agency* veröffentlichte Erklärung. Skeptisch hält dieser dazu im Tagebuch fest: »Er [Zweig] scheint nun mit beiden gegensätzlichen Lagern gebrochen zu haben [...] Und hier sieht man also das großartige Ergebnis von zuviel Umsicht [...] Die Wahrheit ist, daß ihn die Hitlersche Revolution nicht persönlich betrifft. [...] sie wird ihn betreffen und sobald sie ihn betrifft, wird er sprechen.«[427] Oder etwas anderes machen.

Vorläufig lässt sich Zweig von der Mäßigung, der Abneigung gegen Pamphlete und der Angst leiten, ungewollt den Kommunisten auf Sowjetkurs nützlich zu sein. Zudem fürchtet er, dass eine Kritik an den deutschen Behörden Auswirkungen auf seine Bücher hätte. Dabei denkt er nicht an den materiellen Schaden, sondern vielmehr an den Verlust des deutschen Publikums, das in der Lage ist, ihn im Original zu lesen. An einen Freund schreibt er: »Von dem Tag an, an dem ein Buch oder ein Zeitungsartikel von Ihnen im Ausland erscheint, haben Sie Ihr Leben beendet, soweit es das *Reich* angeht. Als mein Name nur auf der Liste der Mitarbeiter an Klaus Manns ›Sammlung‹ erwähnt wurde, begannen die Angriffe.«[428]

Der Vorwand für den Londoner Aufenthalt ist *Erasmus*. Aber jene aufgewühlte Seele scheint einen Stützpunkt zu suchen, um mit den alten Gewohnheiten zu brechen, das Gefühl des Scheiterns und das vage, aber mächtige Schuldgefühl aufgrund seiner politischen Unterlassungen zu kompensieren.

Außerdem führen seine Forschungen im *British Museum* zu einem weiteren Projekt. In einem Manuskript entdeckt er den Bericht über die

---

[426] *Leftwich 1*, S. 92/93; *Steiman*, S. 304/305 [Übersetzung aus: *Briefe SZ-Rolland*, 11.11.1933, Anm. d Ü.].
[427] Tagebucheintragung im November 1933 zit. nach: Niémetz, S. 392; S. 414.
[428] Brief an vermutlich Ernst Lissauer, 21.9.1933 zit. nach: *Steiman*, S. 303 [Rückübersetzung aus dem Englischen, Anm. d. Ü.].

Exekution Maria Stuarts, die 1587 geköpft worden war. Von der Neugierde angesteckt, taucht er in die Geschichte ein und stößt auf die Zweideutigkeiten, die ihn so sehr begeistern: War die Königin eine Mörderin oder eine katholische Märtyrerin, eine gefährliche Intrigantin oder eine Heilige? Wusste Elisabeth I. von der Verschwörung gegen die Halbschwester oder nicht? Vier Jahrhunderte blieben Halbwahrheiten verborgen, um eines Tages von einem, von den dunklen Seiten faszinierten Schriftsteller erhellt zu werden.

Von Zweifeln geplagt, verliebt sich Zweig in die Figur, die die eigenen Zweifel verkörpert. »Denn es ist der Sinn alles Verworrenen, nach der Klarheit sich zu sehnen, und alles Dunkel, nach dem Licht.« Aufgrund dieser Eigenschaften wird Maria Stuart in seine Galerie der menschlichen Typen aufgenommen. Niemals würde er sagen, »*Maria Stuart, c'est moi*«. Aber er bedient sich ihrer als Vehikel, um die unfehlbaren Gewissheiten in Frage zu stellen.[429]

Anfang 1934 kehrt er für kurze Zeit nach Österreich zurück. Erstmals ist er persönlich vom Faschismus betroffen, als die österreichische Polizei des Bundeskanzlers Dollfuß auf der Suche nach versteckten Waffen eine Hausdurchsuchung in seinem Haus auf dem Kapuzinerberg vornimmt. Dabei gehen die Polizisten nicht rabiat vor. Im Gegenteil, sie sind sichtbar verlegen, aber die Brutalität der Aktion als solche lässt ihn bestürzt zurück. Der Unentschlossene entscheidet sich, er geht ins Exil. Er hat Mut dazu. Doch angesichts der vielen in Paris weilenden Freunde kommt diese Stadt für ihn nicht in Betracht, da er sich dort deren Forderungen nach Engagement nicht entziehen können würde.

So beschließt er, London zu seiner Basis zu machen, und wie immer übernimmt es Friderike, die nötigen Vorkehrungen zu treffen. Man muss eine weitere Sekretärin finden, da die »Belegschaft« in Salzburg bleiben und den »Betrieb« aufrecht halten wird. Aus diesem Grund wendet sie sich an die »Klagemauer«, das Woburn House, eine philantropische Organisation der englischen jüdischen Gemeinde, die sich der Flüchtlinge annimmt, die in Massen eintreffen. Wie immer denkt Friderike an alles:

> Aus den Reihen ihrer Schützlinge wählte ich ein besonders gesetztes, ja fast melancholisch wirkendes Mädchen, das sich wie eine Verkörperung des ihr und so vielen Leidensgenossen widerfahrenen Schicksals ausnahm. [...] Körperlich war die junge Sekretärin eine schwächliche Erscheinung, sie hatte et-

---

[429] *Maria Stuart*, S. 7.

was von jenem verschüchterten Wesen an sich, wie sie Dostojewski so ergreifend geschildert hat. Die stete Gefährdung durch die Anfälle hatte wohl auf ihr ganzes Leben eingewirkt. Die Krankheit pflegt die Jugendlichen zu isolieren und zerstört in einer Frau die Hoffnung auf ein normales Leben.

Friderike spricht von »vielen Leidensgenossen«. Es sind auch ihre Leidensgenossen, schließlich war ihr Vater Jude.[430]

1908 in Kattowitz geboren, wuchs Charlotte Elisabeth Altmann in Frankfurt am Main auf. Im verhängnisvollen Jahr 1933 kam sie mit ihrem Bruder Manfred nach England. Der Tod des Vaters Joseph Georg Altmann, ein oder zwei Jahre später, veranlasste ihre Mutter Therese, zu den Kindern nach England zu ziehen. Über die Ausreise der anderen Geschwister Richard und Hans ist nichts bekannt. Lotte ist 25 Jahre alt, als Zweig sie 1934 kennen lernt. Sie spricht gut Englisch, kann Stenographieren und Schreibmaschine schreiben, hat eine gute Ausbildung und eine sichtbar bürgerliche Ausstrahlung. Die Urenkelin des Rabbiners Samson Raphael Hirsch ist nicht orthodox, folgt auch nicht der jüdischen Tradition. Lotte, groß und schlank, mit dunklen Augen und Haaren, kleidet sich mit schlichter Eleganz – um nicht aufzufallen. Abgesehen von der Emigration war es ein geradliniges Leben bis zu dem Moment, in dem Friderike die Szene betritt, um sie zu engagieren:

> Darum zählen in einer Lebensgeschichte nur die gespannten, die entscheidenden Augenblicke, darum wird sie nur in ihnen und von ihnen aus gesehen richtig erzählt. Einzig dann, wenn ein Mensch seine ganzen Kräfte ins Spiel bringt, ist er für sich, ist er für die anderen wahrhaft lebendig; immer nur dann, wenn ihm innen die Seele lodert und glüht, wird er auch äußerlich Gestalt.[431]

Dies ist Maria Stuart, die Königin, die in zwei Jahren der Leidenschaft intensiver lebte als in den übrigen 42 Jahren ihres Lebens. Von Lotte kann man sagen, dass sich ihre Biografie auf die acht Jahre beschränkt, in denen sie für den berühmten Schriftsteller arbeitete und an seiner Seite lebte. In diese Beziehung steckte sie all ihre Kraft und Hartnäckigkeit,

---

[430] *Friderike 1*, S. 217. [Der letzte Satz ist in der deutschen Ausgabe des Buches nicht enthalten. Er stammt aus der spanischen Übersetzung, a.a.O., S. 303, Anm.d.Ü.] Obwohl sie väterlicherseits jüdischer Herkunft und mit einem Juden verheiratet war sowie immer mit jüdischen Kreisen Kontakt hatte, versuchte sich Friderike, von Lotte mit einem gewissen »ethnischen« Stolz zu unterscheiden. Sie gab sich als eine »von Winternitz« zu erkennen, und vergaß dabei, dass sie von der jüdischen Familie Burger abstammte.

[431] *Maria Stuart*, S. 11. Rabbiner Hirsch war der Begründer der Neu-Orthodoxie.

die sich in den fast drei Jahrzehnten ihres Lebens in dem kranken Körper und der verwundeten Seele angestaut hatten.

Als die Londoner Filiale des »Betriebes« eingerichtet ist, fährt Friderike nach Österreich zurück, um sich um den Salzburger »Hauptsitz« zu kümmern. Ihr Mann beschließt, entzückt von der Tüchtigkeit, Ergebenheit und Schweigsamkeit der neuen Assistentin, Lotte nach Schottland mitzunehmen. Vor Ort möchte er Material über die unglückselige Regentin sammeln. Zweig muss der Spur der Königin folgen, die Atmosphäre fühlen, in der sie lebte. Dabei befindet sich Maria Stuart schon an seiner Seite.

[Sie] gehört zu jenem sehr seltenen und erregenden Typus von Frauen, deren wirkliche Erlebnisfähigkeit auf eine ganz knappe Frist zusammengedrängt ist, die eine kurze, aber heftige Blüte haben, die sich nicht ausleben in einem ganzen Leben, sondern nur in dem engen und glühenden Raum einer einzigen Leidenschaft.[432]

Ein Porträt von Lotte oder von Maria Stuart – das ist einerlei. Plötzlich von einem ungeheuren Verlangen überwältigt, ist das einzige, was zählt, den Weg dieser schillernden Figur nachzuvollziehen. In der Vorliebe für diese Frau, die aus dem Schatten tritt, um seine Begierden zu entfesseln, kommt eine seltsame und vielleicht morbide Mischung aus Leidenschaft und Mitleid zum Ausdruck.

Das Aufblühen der jungen kranken Frau ist Zweig nicht unangenehm. Im Gegenteil, sie schenkt ihm Augenblicke von unsagbarer Lust. Sie öffnet sich und er erntet die Exzesse, deren Auslöser er selbst ist. In einem Brief erzählt er Roth, dass er einem steifen und engen Leben entkommen sei, um wieder erneut wie ein Gymnasiast zu lernen. Er hat die Neugierde wiedergewonnen. »Auch eine junge Frau ist mir hier gut, mir dem Dreiundfünfzigjährigen!«[433] Sonderbar optimistisch bittet er den Freund, sich sein Glück in dieser Irrsinnszeit vorzustellen. Er fühlt sich stark genug, den Schwächeren zu helfen. Wie von Rolland stets beabsichtigt, müsste sein Lebensmotto »Trotz alledem« lauten.

Ohne in Details zu gehen, verbirgt er die neue Tatkraft auch vor Rolland nicht, um festzustellen, dass er es »Herrn Hitler« verdanke, aus dem Leben des Bourgeois aufgewacht zu sein. »Ich fühle mich freier denn je, *ohne* meine Bücher, *ohne* mein Haus, *ohne* meine Sammlungen.« Er nimmt an, durch die Betonung der Verluste noch einmal die glei-

---

[432] *Maria Stuart*, S. 10.
[433] *Briefe SZ-Freunde*, undatiert, vermutlich Mai 1934.

chen Verluste von 1914 erfahren zu können, die ihm so viel Gutes beschert hatten.[434]

Friderike kennt den Brief an Roth nicht. Beim Wiedersehen in den Sommerferien 1934 verfügt sie deshalb auch nicht über das nötige Wissen, um die plötzliche Vitalität des Gatten, seine weniger gereizte Stimmung und das wieder entfachte Interesse für die Autografensammlung verstehen zu können. Daher erstaunt es sie auch nicht, als er, zurück in England, einen Aufenthalt in Nizza vorschlägt, um *Maria Stuart* zu beenden, bevor er mit dem Schiff in die Vereinigten Staaten aufbrechen wird. Ebenso wenig wundert sie seine Bitte, bei Lottes Familie die Erlaubnis einzuholen, die Sekretärin nach Südfrankreich mitnehmen zu dürfen. Als Mutter zweier Töchter, moderne freie gestandene junge Frauen, versteht Friderike das kleinbürgerliche Protokoll. Die Altmanns sind einverstanden, und sie ist sich nicht bewusst, dass sie die Co-Autorin der Szene ist, die sie bald danach in eine peinliche Situation bringen wird.

An der Côte d'Azur im Dezember 1934 sieht man das Unheil nicht. *Alle* sind da: André Maurois, Igor Stravinsky, H.G. Wells, Heinrich Mann und die engsten Freunde – Jules Romains, René Schickele, Hermann Kesten und der labile, unbequeme und liebe Joseph Roth. Stefan Zweig und einige der Freunde werden am 10. Januar die Reise nach New York antreten. Friderike trifft wie immer die Vorkehrung.

> Um die zusätzliche Erklärung zu holen, eilte ich rasch ins Hotel zurück und trat von meinem Zimmer aus in Stefans Arbeitsraum – leider in einem unglücklichen Augenblick. Nie habe ich ein menschliches Wesen so bestürzt gesehen, wie dieses aus einer tiefen Benommenheit aufgescheuchte junge Mädchen. Auch Stefan war sehr erschrocken. Und ich blieb mit dem schrecklichen Gefühl der Gewissheit zurück, Angst hervorgerufen zu haben.[435]

Schlimmer als die von der Situation auferlegte Rolle der Anklägerin muss die Feststellung der Gefühlsleere gewesen sein. In der mühevollen Arbeit als Verwalterin des Elfenbeinturms hat Friderike ihr Feuer und ihre Weiblichkeit, ihren Zauber und ihre Geheimnisse verbraucht. Auch äußerlich hat sich die nunmehr 52-Jährige verändert, einen robusten, fülligeren Körper bekommen, und plötzlich bietet der Gefährte der Jüngeren alles das, was er ihr verweigert.

---

[434] *Briefe SZ-Rolland*, 5.5.1934.
[435] *Friderike 1*, S. 220. [Der letzte Satz ist in der deutschen Ausgabe des Buches nicht enthalten. Er stammt aus der spanischen Ausgabe, a.a.O., S. 308, Anm.d.Ü.]

Der ungezwungene Aufenthalt an der Französischen Riviera ist jäh vorbei. »Mit ihr sprach ich drei Tage lang kein Wort.« Die darunter leidende Lotte schreibt Friderike einen Brief, in dem sie sich für ihr Verhalten entschuldigt. Sie fühlt sich nicht als Siegerin, wie eine Verschlechterung ihres Asthmaleidens beweist, die nach dem Vorfall eintritt. Die niedergeschlagene Gemütsstimmung schwächt den Körper. »Die andere« zu sein, wiegt schwer.[436]

Friderike fühlt sich nicht besser: Sie gesteht, dass sie Lust gehabt hätte, den Ehemann zu bitten, die Sekretärin unverzüglich zu entlassen. Aber sie beherrscht sich. *Maria Stuart* ist noch nicht abgeschlossen, das Schaffen des Künstlers darf nicht gestört werden, und dafür zu sorgen, ist ihre Aufgabe.

Der Text ist fertig, kurz danach reist Lotte ab. Gut erzogen sendet sie Friderike Rosen mit einer Dankeskarte. Das Ehepaar verlebt ein paar Tage allein, Friderike bringt Zweig an den Hafen von Villefranche. Außer ihm besteigen auch die befreundeten Ehepaare Arturo Toscanini und Scholem Asch sowie Margarita Wallmann die *Conte di Savoia* nach New York.

Friderike begleitet ihren Gatten noch zur Kabine. Die beiden öffnen die Tür – eine neue Überraschung: Auf dem Tisch liegt ein an Zweig adressierter Brief, der die Handschrift Lottes trägt: Maria Stuart hat sich befreit. Stefan bemerkt, dass Friderike ihn bemerkt hat. Friderike bemerkt, dass Stefan ihn bemerkt hat. Beide bemerken, dass sie schrecklich verlegen sind. Die Schiffsglocke für die Besucher rettet sie.

In der Barkasse auf dem Rückweg zum Kai überreicht ein junger Mann, der Sohn von Freunden, die ebenfalls an Bord gegangen sind, Friderike Lottes Brief. Verschlossen. Vom Deck aus nickt ihr Stefan zärtlich zum Abschied zu. Mit der stillen, aber bedeutungsvollen Geste gibt er zu erkennen, dass das Verhältnis zur Sekretärin die innigen Bande mit der Ehefrau nicht ersetzen können wird.

Das Schiff in Fahrt und allein mit seinen Schuldgefühlen fühlt Zweig, dass er auch Lotte ein Zeichen geben muss. Er beginnt einen kurzen Brief, kommt jedoch nicht mit wenigen Worten aus, verliert sich in Erklärungen, spürt das Bedürfnis, mehr sagen zu müssen. Er fügt einen Zusatz hinzu und unzufrieden noch einen weiteren. Aus scheinbarer Distanz redet er sie mit Fräulein an, mal wirkt er schuldbewusst, mal ist

---

[436] *Friderike 1*, S. 221.

er erfreut über das, was sie für ihn getan hat, mal deutet er eine Trennung an, mal bemitleidet er sich selbst und lässt den Wunsch erkennen, sie in seiner Nähe zu wissen – offensichtlich als Sekretärin:

> Ihnen auf das herzlichste danken für all die Mühe, die ich Ihnen gemacht habe. Ich hatte besonders in den letzten Tagen, da Sie nicht gesund waren, das schlimme Gefühl den Sklavenhalter zu spielen, und schämte mich innerlich vor meiner Frau. Aber Sie wissen ja, welcher Andrang gerade jetzt zu bewältigen war, und entschuldigen meine Hartnäckigkeit. [...] Alles andere wird sich ja erst in nächster Zeit deuten und klären. Ich weiß durchaus nicht, was das Schicksal mit mir vorhat, und muß alles der Entwicklung überlassen. Ich möchte Ihnen aber noch in aller Herzlichkeit sagen, wie sehr ich mich Ihnen für die Hilfe bei meiner Arbeit verpflichtet fühle und wie sehr ich mich freuen würde, diese Hilfe bald wieder in Anspruch nehmen zu dürfen.

In Postskriptum ahnt er, dass er nicht alles gesagt hat:

> Ich glaube Ihnen nämlich wirklich schlecht und unzulänglich gedankt zu haben für alle die Güte, die Sie mir erwiesen haben. Es ist nicht so leicht wie Sie als junges Mädchen meinen, jemanden zu finden, der mit solcher Hingabefähigkeit Wünsche versteht und sogar errät; mir ist es immer ein Angstgefühl, als sei ich zu alt, zu zeitfremd, um von einem jungen Menschen ein wirkliches Eingehen erhoffen oder gar verlangen zu können [...] bitte glauben Sie mir das, daß in all diesen Wochen nicht eine einzige Mißstimmung zwischen uns war. Ich bin vielleicht keine ganz leichte Natur. Im Allgemeinen werde ich der Menschen rasch müde, es stört mich bald eine ihrer im Anfang verborgenen Eigenschaften, aber bei Ihnen spürte ich von Anfang eine solche Aufrichtigkeit, dass ich mich gesichert fühlte. [...] Sie haben mich sehr verwöhnt und meine arme Frau Meingast und manche andere werden, fürchte ich, das merken, daß ich jetzt andere Ansprüche stelle; ja man gewöhnt sich unheimlich rasch an das Gute, und es ist fast ein Glück, wenn man es nicht unterbrochen hat [...] Es wäre für mich ein guter Gedanke, Sie jetzt heiter, glücklich und mit neuen Dingen beschäftigt zu wissen. [...] meine Freundschaft ist nicht vergessen. [...] Aber wo ich wirklich Freundschaft empfand, habe ich immer Stand gehalten [...].[437]

Ein weiterer Nachtrag, ein kurzes Postskriptum, das entbehrlich wäre, hätte er nicht so viel zu sagen und fühlte er sich nicht so unbeholfen, die richtigen Worte zu finden. Der hervorragende Prosaist, der so versierte

---

[437] *Briefe SZ-Freunde*, undatiert, Januar 1935 [nicht 1934, wie vom Herausgeber der Briefe Richard Friedenthal vermutet].

Briefeschreiber verhaspelt sich – dies geschieht, wenn die Wahrheit ans Licht kommen möchte.

Friderike bereute es, wie sie später sagte, den Brief nicht ungelesen ins Meer geworfen zu haben. Kaum hat sie das Ufer erreicht, liest sie ihn: »Es war ein schwärmerischer Liebesbrief, anscheinend der erste eines spröden Herzens, zugleich ein Dankbrief auch für neugeschenkten Menschenglauben in seelischer Vereinsamung.«

In Lottes eigenem Wortlaut erweist sich das »spröde Herz« indessen als offen, eindringlich, wahrhaftig. Die sensible Schriftstellerin Friderike Zweig nimmt das Glück der Rivalin wahr, aber in ihrer knappen Beschreibung hallt der Schmerz der betrogenen Ehefrau noch nach. Zum ersten Mal weiß die eifrige Biografin und sorgfältige Archivarin nicht, was sie mit diesem so warmherzigen und so schmerzvollen Schriftstück machen soll. Der einzige Schrei, den die schweigsame Frau in ihrem Leben losließ, wird von Friderike fast zum Verstummen gebracht. Es braucht mehr als ein halbes Jahrhundert, damit er gehört werden wird:

> Ich möchte Dir noch einmal sagen […] wie gerne ich Dich habe und wie glücklich Du mich durch Deine Freundschaft gemacht hast. Wenn ich auch nach außen kalt erscheine […] so habe ich doch […] ein ganz großes Bedürfnis nach Liebe und Freundschaft und die hast Du mir gegeben. […] Du hast mir so viel Freude gegeben in der Zeit unseres Zusammenseins und ich war so glücklich über den Aufenthalt in Nizza, noch länger mit Dir sein zu können […] Diese eine Unannehmlichkeit hat mich nur deshalb so sehr bedrückt, weil ich Deine Frau nun einmal auch sehr gern habe. […] Ich wünsche, Du könntest hier sein, wir beide allein.[438]

---

[438] *Friderike 1*, S. 222. Brief von Lotte zit. nach: *Prater*, S. 323. In ihrer Aussage gegenüber Prater gab Friderike (nunmehr fast 90-jährig) an, Stefan Lottes Brief nach New York nachgeschickt zu haben. Dafür gibt es keine Anhaltspunkte: Im Tagebuch ist nur von einem widerlichen Brief die Rede, den Zweig von Friderike bekommen hat. »Hysterie« ist sein Kommentar dazu. Ferner erzählte Friderike Prater, dass Stefan von New York aus versprochen hätte, nach seiner Rückkehr das Verhältnis mit Lotte zu beenden. Auch in diesem Fall fehlt es an schriftlichen Beweisen. Prater selbst scheint von der »Nizza-Episode« unangenehm berührt zu sein. Abgesehen von der Tatsache, dass er diese Begebenheit mit der einem britischen Diplomaten eigenen Zurückhaltung schildert, zeigt er in der ersten englischen Ausgabe seiner Zweig-Biografie (1972) ein unverhohlenes Verständnis für die Betroffene. Dies geht soweit, dass er nicht auf die vorhandene Kopie von Lottes Liebesbrief zurückgreift und in der folgenden Auflage des Buches (der deutschen und französischen Ausgaben) den Brief nur auszugsweise wiedergibt (Friderike war zwischenzeitlich verstorben). Welches Schicksal auch immer das Original von Lottes Brief genommen hat, fest steht, dass Friderike ihn abgeschrieben hat. Vgl. *Prater*, S. 323; *Kerschbaumer*, S. 350.

Zweig kannte den Wortlaut dieses Briefes noch nicht, als er Lotte vom Schiff aus schrieb: »Manchmal habe ich das Gefühl, als ob Ihnen Ihr eigenes Glück nicht wichtig genug wäre, als ob Sie nur nehmen wollten, was Ihnen zufällt, ohne ihm einen Schritt entgegenzugehen, als ob Sie nicht genug *Mut* hätten, glücklich sein zu wollen.«

New York gefällt Zweig sehr, er sieht in der Stadt das Gleiche, was Tausende vor und nach ihm wahrnehmen: das lichter- und facettenreiche Machtzentrum, das für jeden Geschmack etwas bietet. Er ahnt wichtige Momente voraus, weiß vorwegzunehmen: er nimmt das Tagebuchschreiben wieder auf. Die dabei benutzten englischen Wörter (*outlook, job, interview, middle class, speakeasy, drive shape*), die auf diesen seiner Sprache so treuen Autor einstürzen, zeugen von dem Einfluss der Umgebung.

Ebenso wie die Reisegefährten wird er von dem Augenblick an, in dem das Schiff in der Neuen Welt angelegt hat, von der Presse belagert. Das Drängen der Journalisten ist ihm lästig, sie stellen zu viele Fragen. Er sucht Zuflucht bei seinem Gastgeber, dem Verleger und Freund Ben Huebsch.[439]

Zweig sieht alles, macht alles: eine Geschäftskonferenz im Rainbow Room im 65. Stock des Rockefeller Centers; eine Aufführung in der Radio City Music Hall; einen aufregenden Besuch im Cotton Club von Harlem bis zum frühen Morgen (zusammen mit der Freundin und Choreografin Margarita Wallmann); ein Mittagessen im feinen Ritz; von Bruno Walter und Otto Klemperer dirigierte Konzerte in der Carnegie Hall; ein Treffen mit einflussreichen Leuten der Metro Goldwyn Mayer (die eigens aus Hollywood kamen, um über die Filmrechte für *Marie Antoinette* zu verhandeln); einen Besuch bei den wohlhabenden Verwandten Brettauer; einen Rundgang durch die Museen und Bibliotheken; einen Bummel über die Wallstreet, den Broadway und die Fifth Avenue. Von der Erfahrung der nationalsozialistischen Rassenpolitik geprägt, ist

---

[439] Benjamin W. Huebsch (1873–1965), Humanist und Förderer der deutschen Literatur, arbeitete in leitender Stellung bei der *Viking Press*, Zweigs amerikanischem Verlag. Sein Vater Adolph, ein orthodoxer Rabbiner, geboren in Ungarn, emigrierte in die USA, wo er sich der liberalen und moderneren Strömung des Judentums zuwandte. Der in den USA geborene Ben Huebsch identifizierte sich mit Zweig aus verschiedenen Gründen: Selbst ein glühender Antimilitarist, zeichnete er sich in der pazifistischen Kampagne nach dem Ersten Weltkrieg als Herausgeber der radikalen und fortschrittlichen Wochenzeitung *The Freeman* (1920–1924) aus. Er war einer der Gründer der *American Civic Liberties Union*, der ersten Organisation zur Verteidigung der Bürgerrechte in den USA, und arbeitete später als Repräsentant der USA in der UNESCO.

er fasziniert von dem Zusammenleben der Puerto Ricaner, Italiener, Orientalen, Juden und Farbigen. Der einzige öffentliche Termin, Vorwand für diese Reise, ist ein Radiovortrag – damals *en vogue* – über Maria Stuart. Zweig zeigt sich beeindruckt von der technischen Ausrüstung der Sendestation, die man heute als High Tech bezeichnen würde – viel Chrom, Riesenempfänger mit grünen Lichtern und vielen Oszillatoren und Nadeln, die sich gemäß der Musik und der Stimmen bewegen: »(Z)um erstenmal [sic] habe ich etwas von der grafischen Umsetzung von Laut in Licht und abermals Ton verstanden.«[440]

Mixed feelings bezüglich des jüdischen New York: Er ist begeistert von jenem bekennenden jüdischen Leben, beschwert sich aber über einige Übertreibungen. In der alten Sixth Avenue sucht Zweig mit Scholem Asch das Café Royal auf, ein Treffpunkt jüdischer Schriftsteller, Dramatiker und Journalisten:

> (M)an ist auf einmal in Warschau oder Leopoldstadt, diesel[ben] klugen, scharfen aber fahlen Gesichter, unsere Nation, unheimlich gleich in ihren Formen und doch nie ganz faßbar und formulierbar. Einen dieser Schriftsteller durch Asch kennen gelernt, der Singer heißt. Alle diese Leute haben etwas Verstoßenes, sie stehen außerhalb der Weltliteratur in einem eigenen engen Kreis. Einzig Asch ist es gelungen, die Grenzen zu überschreiten.[441]

Er irrt sich: Israel Joshua Singer, der ältere Bruder und Wegbereiter des späteren Literaturnobelpreisträgers Isaac Bashevis, überwand ebenfalls die Barrieren des literarischen Ghettos. Wenn Zweig weniger achtlos gewesen wäre, hätte er nicht vergessen, dass der junge Singer seinen *Romain Rolland* ins Jiddische übersetzt hatte. Ein halbes Jahrhundert später bekam sein Bruder Isaak den Literaturnobelpreis.[442]

---

[440] *Tagebücher*, 29. 1. 1935.
[441] *Tagebücher*, 25. 1. 1935. Scholem Asch (1880–1957) war einer der wenigen jiddischen Schriftsteller, der die sprachlichen Grenzen überwand (ein weiterer war zwei Jahrzehnte später Isaac Bashevis Singer). Seine gewagte Trilogie *Der Man fun Notseres* von 1939, *Paulus* von 1943 und *Maria* von 1949 wurde mit großer Begeisterung außerhalb der jüdischen Kreise aufgenommen, die wiederum diesem Werk gegenüber viele Ressentiments zeigten. Der *Forward*, die wichtigste jiddischsprachige Tageszeitung von New York, weigerte sich trotz der engen Verbindung des Blattes zum Autor, die Trilogie zu veröffentlichen. *Der Man fun Notseres* wird als das erste fiktionale Werk über Jesus von Nazareth angesehen.
[442] Die jiddische Ausgabe von *Romain Rolland* erschien 1929 in Warschau. Vgl. *Klawiter 1*, S. 259. Israel Joshua Singer (1893–1944), geboren und aufgewachsen in Polen, arbeitete vor seiner Emigration in die USA als Journalist in Kiew. Er gilt als ein Meister der Familiensaga. Zu seinen wichtigsten Werken zählen *Josche Kalb* von 1932; *Di*

Diese *crazy days* verhindern nicht drei unliebsame Erlebnisse: Das erste wird verursacht von jemandem, dessen bisherige Aufgabe es war, Unannehmlichkeiten von Zweig fern zu halten. Diesmal hat es Friderike nicht ausgehalten, und so bekommt er am Freitag, den 25.1. einen »widerlichen Brief«, der ihm eine am selben Abend stattfindende »*furchtbar* nette« Soiree im Haus von Ben Huebsch verdirbt. Die verständnisvolle Friderike hat ihrer Wut, die seit der Lektüre von Lottes Brief an ihr nagte, freien Lauf gelassen. »(I)ch leide an dieser Hysterie furchtbar – überhaupt eine Krankheit dies, die man selbst nicht bemerkt und an der nur die andern leiden.« Verärgert über den »törichten Brief« beantwortet ihn Zweig am nächsten Morgen »eilig und doch nicht genug energisch«.[443]

Die zwei übrigen widerfahren ihm am folgenden Dienstag, beide mit jüdischen Journalisten, beide aus demselben Grund – seiner Zaghaftigkeit, eine politische Stellung zu beziehen. Der erste Vorfall ereignet sich schon am Vormittag während einer Diskussion mit Scholem Aschs Sohn Nathan, Herausgeber einer englischsprachigen Zeitung der jüdischen Linken. In diesem Augenblick erachtet Zweig Nationalismus, selbst den jüdischen, als nicht hilfreich: »(M)an kann nicht an zwei Tischen sitzen.«[444] Wenige Stunden später, während einer Pressekonferenz mit acht Reportern, »von denen die drei jüdischen herzlich unangenehm sind«, ereignet sich der zweite. Nicht auszuhalten diese Interviews: »Wir freilich, die nicht radical [sic] sein wollen, geraten in eine immer schwierigere Situation, wir müssen uns nicht abdrängen lassen. Mir sind diese Interviews unerträglich und ich werde nichts dergleichen mehr tun, entweder man schreibt sie selbst oder es wird alles verändert (ebenso wie die Bilder).«[445]

---

brider Aschkenasi von 1936 und *Di Mischpoche Karnovski* von 1943, die auf das Werk seines berühmten Bruders Isaac Bashevis Singer (1904–1991) einen großen Einfluss hatten.

[443] *Tagebücher*, 25.1./26.1.1935. Die Tagebuchaufzeichnungen sprechen nur von einer hysterischen Reaktion Friderikes, es gibt keinerlei Hinweise darauf, dass Zweig zusammen mit diesem Brief auch Lottes Liebeserklärung erhalten hat.

[444] *Tagebücher*, 29.1.1935. Nathan Asch (1902–1964) schrieb außer zahlreichen Arbeiten über seinen Vater auch fünf fiktionale Werke. Während des Zweiten Weltkrieges diente er in der amerikanischen Luftwaffe und musste während der McCarthy-Zeit (1950–1954) seine Loyalität zu den USA nachweisen. Sich auf die Militanz von Nathan Asch beziehend, kommentiert Zweig in seinem Tagebuch: »(S)o ziemlich das törichteste [sic], was man im gegenwärtigen Augenblick als Jude tun kann.«

[445] *Tagebücher*, 29.1.1935. Levy, Henry W.: »Stefan Zweig Tells Plan for Review, Says Folks Don't Trust Intellectuals« in: *Jewish Daily Bulletin*. 31.1.1935. Das Interview wurde in der Donnerstagsausgabe veröffentlicht, als Zweig schon auf der Rückreise war. Der Reporter gibt an, dass es am Dienstag stattgefunden habe, was Zweigs Eintragung bestätigen würde. Die letzte Ausgabe des *Jewish Daily Bulletin*, gegründet 1924, erschien 1935, als es durch die Zeitung *American Hebrew* übernommen wurde.

Das Interview liefert das Gegengewicht zu den Tagebuchaufzeichnungen: Der Reporter Henry W. Levy folgt den Regeln der journalistischen Objektivität und versucht, seine Enttäuschung über die Aussagen des berühmten Schriftstellers zu verbergen. In seinem langen Beitrag nennt er ihn respektvoll Dr. Zweig und bemüht sich, Antworten, die negativ wirken könnten, mit positiven Bemerkungen auszugleichen. Aber der Eindruck, den er von Zweig hat und unmissverständlich an die Leser des *Jewish Daily Bulletin* weitergibt, ist dieser:

> Mit der Begründung, dass alles, was er gegen das jetzige deutsche Regime sagen würde, ausgelegt werden könnte, als sei es gegen Deutschland im Allgemeinen gerichtet, lehnte Stefan Zweig, der exilierte deutsch-jüdische Schriftsteller, jeglichen Kommentar zu Deutschland, dem Nationalsozialismus oder Hitler ab [...].

Es folgt eine lange detaillierte Schilderung Zweigs über ein Projekt, das er seit einiger Zeit verfolgt: die Gründung einer internationalen Literaturzeitschrift mit den neuesten Beiträgen der jüdischen Kulturwelt, um auf diese Weise dem Mythos der »arischen« Superpriorität etwas entgegenzuhalten, jedoch »ohne Polemik« (Dr. Zweig sei in diesem Punkt sehr nachdrücklich gewesen, wie der Reporter sagt).

Die Idee einer internationalen Autorenzeitschrift ist die Frucht einer »journalistischen« Neigung, die Zweig stets unterdrückte. Als er 1933 in London eintraf, erwähnte er sie gegenüber dem neuen Freund, dem Journalisten Joseph Leftwich. Wenig später in Paris beharrte er bei einem Treffen mit Antonina Vallentin, ebenfalls eine Journalistin, auf diesem Projekt. Er hatte vor, die intellektuelle Elite der jüdischen Welt (Freud, Husserl, Bergson, Einstein) zu versammeln, um die andere Welt an die Notwendigkeit zu erinnern, die Würde der Verfolgten zu achten. Er wird auf das Projekt zurückkommen, doch die Zeitschrift wurde nie verwirklicht.[446]

---

[446] Antonina Vallentin in *Dumont 1*, S. 182. Diese Begebenheit müsste sich 1933/1934 zugetragen haben. Die erste »journalistische« Manifestation fand offenbar 1922 statt, als Zweig in der Korrespondenz mit dem Verleger Kurt Wolff das Projekt einer europäischen Zeitschrift in französischer Sprache vorstellte, in der neue Dichter und Autoren zu Worte kommen sollten: Ein »großes europäisches Forum – irgendeine Summe aus *Nouvelle Revue Française* plus *Weiße Blätter* und *Neue Rundschau* plus Italien, England, Spanien usw.« Das Projekt wurde jedoch nicht weiter verfolgt. »Ich habe Wochen diesen (im gemeinen Sinne ›undankbaren‹) Bemühungen geopfert.« Zufall oder nicht – in der Folge brachte Romain Rolland *Europe. Revue littéraire mensuelle* heraus, eine Zeitschrift, die bis heute existiert. Vgl. Brief an Kurt Wolff, 19.4.1922. Brief an Rudolf Pannwitz, 15.5.1922 zit. nach: *Prater*, S. 202.

Der Reporter besteht auf heiklen Themen, möchte Zweigs Meinung zum zweiten Jahrestag von Hitlers »Machtergreifung« wissen. Der Interviewte weicht aus:

>»Seit drei Jahren war ich nicht mehr in Deutschland.«
>»Aber Sie verfolgen die Ereignisse, haben mit Leuten gesprochen, die Deutschland verlassen haben.« [...]
>»Aber Leute, die Deutschland nur für 14 Tage oder so [...] besuchen, können nicht wirklich etwas über die dortigen Vorgänge wissen. Wie können sie die Gemütsverfassung der Deutschen beurteilen? [...] Ich bin jetzt seit 14 Tagen in den Staaten und könnte nicht sagen, ob die Leute mit Präsident Roosevelt zufrieden sind. Was Deutschland betrifft, sind Prophezeiungen unmöglich. Jede schon geäußerte Prophezeiung hat sich als Fehleinschätzung erwiesen. [...] Ich werde keine Prophezeiung machen.«

Der Interviewte aber spricht seine Gewissheit darüber aus, dass »eine Kritik an Deutschland das Leben der 500.000 noch immer dort lebenden Juden erschweren würde«. Ohne sich dessen bewusst zu sein, gibt Zweig das wieder, was ihm Strauss kürzlich geschrieben hat und Goebbels seit 1933 wiederholt. Hitlers Maßnahmen seien eine Antwort auf die Lügen, die die weltweite Presse über die Gräueltaten in Deutschland verbreitet.

Bei der offenen Darlegung seiner Befürchtungen bezüglich des Zionismus lässt er nicht dieselbe Vorsicht erkennen: »Palästina zeigt die Tendenz, eine gefährliche nationalistische Bewegung zu werden.« Er windet sich, als die Sprache auf sein Verhältnis zu Theodor Herzl und den anderen Führern kommt: »Ich war nie ein wirklicher Zionist.« Er legt jedoch Wert darauf, seine Sympathie für die zionistische Bewegung zu bekunden. Etwas muss geschehen sein. Dies ist nicht sein Stil, nie zuvor hat er öffentlich irgendeinen Vorbehalt gegenüber dem zionistischen Unternehmen geäußert.[447]

Joseph Brainin, ebenfalls während dieser Pressekonferenz anwesend, empört sich über Zweig: »Mit aller Hartnäckigkeit versuchte ich ihn aus seinem Schneckenhaus hervorzuholen, entschlossen, ihm eine druck-

---

[447] Levy, Henry W., a.a.O. Abgesehen von den Erinnerungen, in denen er seine Verehrung für Herzl festhielt, und einem Essay über dessen Begräbnis, veröffentlichte Zweig 1901 einige seiner Texte in der zionistischen Zeitschrift *Die Welt*, die von Martin Buber geleitet wurde. Hier erschienen seine ersten vom Judentum beeinflussten Arbeiten – die Novelle *Im Schnee* und das Gedicht »Spinoza«. Vgl. Gelber, Mark: »The Impact of Martin Buber on Stefan Zweig« in: *M.A.L.* S. 313–335. Idem: »Stefan Zweig und die Judenfrage von heute« in: *Gelber*, S. 160–180.

reife Verurteilung von Hitlers barbarischem Vorgehen gegen die Juden zu entlocken, aber meine Bemühungen blieben vergeblich.« Tage später trafen sich Zweig und Brainin erneut auf einer anderen Veranstaltung: »(A)ls ich ihn privat wiedersah, gewann ich Einblick in die tiefen Qualen seiner Seele.«[448]

Die Pressekonferenz findet im Büro von Ben Huebsch, dem Vize-Präsidenten und Verlagsdirektor der *Viking Press* statt. Huebsch fungiert dabei auch einmal als Übersetzer. So schreibt Henry W. Levy: »Nicht immer schien er den Sinn der Fragen, die in Englisch an ihn gerichtet wurden, richtig verstanden zu haben. Ob dies so war, weil er nicht alle Fragen in der Richtung beantworten wollte, auf die sie abzielten, ist schwer zu sagen. Er sprach das, was man als ein gutes Englisch bezeichnen könnte, in dem der besondere deutsche Akzent in der Aussprache des »the« wie »ze« zu erkennen war.«

Die Einforderung einer Aussage über Deutschland seitens der Journalisten ist Zweig lästig. Plötzlich greift er die Predigt gegen ein Engagement der Intellektuellen in der Politik wieder auf:

> Intellektuelle sollten keine Führungsrolle [...] übernehmen [...] In der Geschichte hat es noch keinen Intellektuellen gegeben, der sich für die Bedürfnisse einer politischen Führerschaft gerüstet erwies. [...] Der Intellektuelle kann nur Ratschläge geben. Er sollte sich seinem Werk widmen – hier kann er den größten Einfluss ausüben. Dies ist das Geheimnis von Rousseaus Einfluss auf die Franzosen. [...] Erfolge in der Politik können nur durch die Parteien erzielt werden, und der wahre Intellektuelle ist nie ein gutes Parteimitglied. [...] Gerechtigkeit ist nicht möglich, wenn man einer Partei beitritt. Für den Beitritt einer Partei [...] muss man seine persönliche Freiheit aufgeben. Dies ist ein zu großes Opfer für den Künstler. [...] Es ist unmöglich, ein guter Politiker zu sein, ohne zu lügen. Der Künstler, der an die Gerechtigkeit glaubt, vermag niemals, die Massen zu faszinieren [...] Im Augenblick misstrauen die Massen dem Intellektuellen. Sie suchen in ihren eigenen Reihen nach einem Führer. Dies war so im Fall Mussolinis, Hitlers, Stalins, des späten Dollfuss und zeigt sich nun in Frankreich mit Laval. [Und plötzlich bricht es aus ihm heraus:] Ich kann nicht angreifen. All meine künstlerische Stärke kommt aus den positiven Gedanken. Aus Hass kann ich nicht schreiben [...]

---

[448] Joseph Brainin zit. nach: *Prater*, S. 323/324. Der in Wien geborene Sohn des russisch-jüdischen Autors Reuben Brainin, Joseph Brainin (1895–1970), trat in die jüdische Legion ein, kämpfte im Ersten Weltkrieg und emigrierte 1921 in die USA. Einige Zeit nach dem Vorfall in New York sprach er mit Leftwich darüber, dem Zweig selbst schon davon erzählt hatte. Vgl. *Leftwich 1*, S. 97.

Wenn ein solches Schweigen ein Zeichen von Schwäche ist, befürchte ich, dass ich dieses Stigma akzeptieren muss.

Angesichts seiner Berühmtheit verringern die Reporter den Druck und fragen nach seinen literarischen Projekten. Er erzählt, dass er *Maria Stuart* gerade beendet hat, erwähnt einen Roman, den er zu schreiben gedenkt, und verkündet: »Ich habe genug von Biografien.« Da interveniert Huebsch: »Nicht, wenn es nach mir ginge.«

New York – fing gut an, endet schlecht: Um Mitternacht des 30. Januar 1935 reist er ab, der Hudson ist gefroren, die Stadt in Nebel gehüllt, und ein unangenehmes Gefühl in der Seele macht sich breit. Er wird es nicht vergessen. Am folgenden Tag, der Himmel ist klar, zieht er im Tagebuch eine hellsichtige Bilanz. »Obwohl ich sie commerciell [sic] nicht ausgenutzt habe, hat mir innerlich diese Reise genutzt, wenn sie auch die schwere Krise, in der ich mich künstlerisch wie menschlich befinde, nicht lösen konnte.«

In der Folge listet er eine Reihe von Vorsätzen auf, ganz so, als ob er sie nicht vergessen möchte: die Öffentlichkeit zu meiden; sich vom Wettstreit um den großen Erfolg fernzuhalten; die undankbaren, ganz persönlichen Aufgaben zu lösen und auf literarischem Gebiet (wie er den Reportern gegenüber verkündet hat) die Biografien beiseite zu lassen, um andere Genres auszuprobieren: »(E)in Roman wäre das Absolut gegebene [sic] für mich, obzwar es mich nach dichterisch-dramatischem [sic] eigentlich noch mehr verlangte.«

Schließlich fügt er einen letzten Vorsatz hinzu: »Es war wohl das letztemal [sic], daß ich Amerika sah, ich will nicht mehr mit Kino, mit allen diesen Geldunsauberkeiten zu tun haben, nach dem Journalistischen muß auch dieses endgiltig [sic] abgetan sein.«

Außerdem hält er fest, was in den nächsten Monaten getan werden muss: *Maria Stuart* abschließen; sich jeden Tag dem Epischen widmen; den Stil klären; wieder lernen, was er vielleicht schon vergessen hat und sich das Diktieren abgewöhnen ... Er ist bereit, sich abzuschotten, möchte nichts mehr von der Welt wissen. Zugleich nimmt er sich vor, mehr ins Kino und Theater zu gehen, in alles, was künstlerische Anregungen bringen könnte. »Es war gut für mich, diese Pause und auch für das M.St. Buch wird sie gut sein.« Wie stets wird das Tagebuch abgebrochen, ohne dass der Satz beendet wurde. Aber es ist klar, dass die Pause Lotte noch besser getan haben wird.[449]

---

[449] *Tagebücher*, 29.1.1935.

Friderikes Zurechtweisung hat die Position der Rivalin gestärkt. Auf der Rückfahrt schreibt Zweig einen zweiten Brief an Lotte. Diesmal ist er derjenige, der sich erklärt:

> (I)ch telegraphiere Ihnen sofort dann nach London. Lassen Sie mich noch etwas Ärgerliches berichten, ich fand in meiner Kabine einen Brief vor, leider interessierte sich mein Partner, der mich begleitete, auf das *heftigste* dafür, es war eine wirklich lästige Szene, weil das zwischen Fahrt und Abfahrt war. Manchmal sage ich mir, daß ich Pech habe, manchmal vielleicht, daß es besser ist, wenn gewisse Klarheiten geschaffen werden. Ich bin gewisser Versteckspiele müde, sie passen nicht mehr zu mir, und manches, was einem wichtig ist, muß man sich eben durchkämpfen[sic]. Sie dürfen mir glauben, liebes Fräulein, daß mich die innere Verantwortung sehr drückt, ich weiß, wie schwer es sein muß, dieses Unternehmen weiter durchzuhalten, welche Kämpfe es mich noch kosten wird, aber es wäre unmännlich, nicht eine schöne Sache auch mit Schwierigkeiten durchzustehen. Sie wissen ja, von Anfang an hatte dies Unternehmen alle guten Sterne gegen sich, und die es auf sich nahmen, waren jeden Augenblick bewußt, daß all dies vielleicht nicht dauerhaft ist und jeder Tag eine Art Geschenk. Glauben Sie nicht, daß der leichtere Teil auf den Älteren und Erfahreneren fällt, für ihn wäre Verlieren vielleicht ärger als für den anderen, aber es ist schwer und manchmal habe ich (jetzt zum zweiten Mal) das Gefühl, als ob ein besonderes Pech in diesem Unternehmen waltete. Aber nehmen wir das andere Gefühl zusammen, den starken Willen. [...] Ich hoffe so sehr auf London, ich hätte Ihnen viel zu erzählen nach einer so langen Fahrt. Denken Sie immer gut an Ihren ergebenen
>
> St.Z.[450]

Zweig wird fast alle im Tagebuch niedergeschriebenen Vorsätze vergessen: Er ändert seinen Lebensstil nicht, ist bei der Wahl der literarischen Projekte nicht konsequent, gibt sich intensiv öffentlichen Auftritten hin (während der Brasilien-/Argentinienreise im darauf folgenden Jahr) und besucht nicht nur noch zweimal die ihm widerlichen Vereinigten Staaten, sondern nähert sich auch erneut dem Kino an und beginnt wieder, seine Texte zu diktieren.

---

[450] *Briefe SZ-Freunde*, 10.12.1935 [Infolge des unleserlichen Datums wurde dieser Brief irrtümlicherweise diesem Datum zugeordnet. Zu dieser Zeit unternahm Zweig keine Überfahrt. Da er das Schiff *Conte di Savoia* [(dasselbe, das er in Villefrance bestiegen hatte) erwähnt, kann man annehmen, dass der Brief entweder noch vor der Ankunft in New York oder aber auf der Rückreise nach Europa Anfang Februar 1935 geschrieben wurde.].

Lediglich den Vorsatz, sich den undankbaren persönlichen Problemen zu stellen, erfüllt er – wenn auch schwankend. Er nimmt die Gewohnheit wieder auf, mit Friderike Ferien in Badeorten und Erholungsstätten zu verbringen, wo das Leben im alten Rhythmus verläuft. Der Kapuzinerberg jedoch hat aufgehört, ein Haltepunkt, ein sicherer Hort zu sein, der eine Rückkehr garantiert. Zweig ist überzeugt, dass es besser wäre, das Haus zu verkaufen, die verbliebenen Bande mit Österreich zu lösen, obgleich Friderike und die Töchter darauf bestehen, es zu behalten. Sie hängen noch mehr an Österreich als er oder klammern sich vielleicht noch verbissener an die Überreste einer Familie, die nur in diesem Jagdschlösschen existiert hat.

Alles bleibt beim Alten: Zweig trennt sich nicht von der Sekretärin, Friderike nicht vom Haus. In Zeiten wie diesen, in denen die Welt sich mit rasender Geschwindigkeit dreht, klammert sich ein jeder an eine Sache. Nur im Sturm zeigt sich die Stärke eines Ankers.

Im Oktober 1935, zehn Monate nach dem »widerlichen Brief«, beschließt Zweig einen wichtigen Schritt nach vorne zu tun – die Wurzeln abzuschneiden. Er teilt Friderike mit, dass er ein Apartment in London zu mieten wünsche. Er sei der Hotels und vorübergehenden Wohnungen überdrüssig. Er möchte nichts kaufen, keine Wurzeln schlagen, sich nicht niederlassen. Er bittet die Gattin, nach London zu kommen, um ihm bei der Einrichtung zu helfen, und verspricht ihr ein Zimmer im neuen Zuhause. Zugleich betraut er sie mit der Pflege seiner kranken Mutter in Wien.

Ungeachtet der widersprüchlichen Nachrichten, die sie vom Ehemann erhält, fährt sie nach London, kurz nachdem Zweig ein diskretes und elegantes Apartment in einem Haus in der Hallam Street 49, an dem noch gebaut wird, gefunden hat. Die neue Filiale des »Betriebs« ist im März 1936 funktionsbereit. Joseph Leftwich gegenüber wird Friderike später gestehen, dass sie liebend gerne bei ihrem Mann in London geblieben wäre. Aber dazu wurde sie nicht eingeladen, Lotte, schlank und schweigsam, hielt sich in der Nähe auf.

Zur Auflösung des Haushaltes kehren Stefan und Friderike gemeinsam nach Salzburg zurück: Sie zerreißen, zerschneiden, zerkleinern, verteilen, verschenken, verkaufen, verbrennen ihre Habe: »Zwei Tage lang rauchte der Zentralheizungsofen von einem Autodafé jahrzehntealter Korrespondenz und unendlich vieler Schriftstücke. Stefan selbst stand dabei, als ein Wächter des Feuers, das ihn irgendwie befreite.«[451] Sie ver-

---

[451] *Friderike 1*, S. 225.

nichten die Vergangenheit unter der Aufsicht von Zweig, dem Sammler der Vorfahren, der bei diesem zerstörerischen Akt überraschend gewissenhaft ist. Beethovens Schreibtisch wird nach London geschickt, ebenso wie ein Teil der mehrere Tausend Bücher umfassenden, alten Bibliothek. Die Korrespondenz wird größtenteils der *National and University Library* in Jerusalem übersandt – die einzige, eindeutig zionistische Geste seines Lebens, absolut geheim gehalten, jedoch bedeutungsschwer. In Jerusalem wird seine wichtigste Spur dokumentiert werden – die Zusammensetzung seines Freundeskreises.[452]

Das Provisorium wandelt sich zu einer festen Bleibe, Friderike bringt das Bild von Blake mit, damit es in der neuen Londoner Wohnung aufgehängt werden kann, und organisiert vom Pariser Lieferanten die gleiche rote Tapete, die im Salzburger Haus die Wände der Bibliothek geziert hat. Friderike denkt an alles.

Und Lotte macht das Rennen. Sie fordert eine Festanstellung anstatt der unregelmäßigen Verpflichtungen. Anderenfalls würde sie nach Amerika gehen. Sie bekommt die Anstellung und sehr viel mehr. Friderikes Einschätzung nach stellte die junge Frau, immer beeinflusst von ihrer Familie, weitere Forderungen, um das so unstandesgemäße Verhältnis zu legalisieren. Zweig wäre nur übrig geblieben, den Wünschen der unterwürfigen Sekretärin, die zu fordern und zu leben lernte, Folge zu leisten.

Unverblümt berichtet Margarita Wallmann, dass Lottes Familie größten Druck ausübte, und geht so weit, ein verbotenes Wort zu verwenden: »Erpressung«. In ihrer Zuneigung zu den Zweigs schreibt die Regisseurin und Choreografin Lotte die Rolle eines tragischen und schädlichen Schattens zu.[453]

---

[452] Die Übersendung der Korrespondenz an die *Hebrew University* besaß den Charakter einer militärischen Operation: Zweig verlangte absolute Verschwiegenheit, sprach ein Einsichtsverbot bis zehn Jahre nach seinem Tod aus und legte Wert darauf, dass die versiegelten Pakete an eine Vertrauensperson des Bibliotheksdirektors Hugo Bergmann übergeben wurden, damit sie nicht auf dem Postweg nach Palästina gelangten. Dieser Teil der Korrespondenz von Stefan Zweig stellt den wertvollsten dar. Er umfasst eine entscheidende Periode in seinem Leben und enthält Briefe der wichtigsten Persönlichkeiten des europäischen Kulturlebens: Gerhart Hauptmann, Émile Verhaeren, Albert Einstein, Sigmund Freud, Theodor Herzl, Martin Buber, Paul Valéry, Richard Strauss, James Joyce, Maxim Gorki und andere. Vgl. Pazi, Margarita: »Stefan Zweig, Europäer und Jude« in: *M.A.L.*, S. 291–311.
[453] Margarita Wallmann, Aussage gegenüber dem Autor, 27. 11. 1980. Hinterher fand Friderike heraus, dass die Möglichkeit einer Eheschließung von Zweig und Lotte in der Familie Altmann schon oft diskutiert wurde, während für sie die Romanze an der Côte d'Azur beendet zu sein schien.

Schwer auszumachen, wer im Chaos der Verzweiflung die Bösen sind. In der von Hitler terrorisierten und betroffenen Herde ist es nicht möglich, das Schaf vom Hirten, Hund oder Wolf zu unterscheiden. An die Palette der Zwischentöne gewohnt, verstrickt sich Zweig in einen Plot Zweigscher Art – missverständlich, schillernd und nicht weniger tragisch.

Die Verbindung mit Rolland reißt ab: Die Unterwerfung des humanistischen Meisters unter die Moskauer Linie missfällt ihm; dem Franzosen behagt Zweigs politische Ambiguität nicht, die komplizierte, moralische Ausführungen mit einschließt. In seinen Tagebucheintragungen über die zwei oder drei Treffen mit Zweig während dessen Montreux-Aufenthaltes offenbart Rolland lakonisch die Trümmer ihrer Freundschaft: »Ein Gespräch fällt schwer. Man mag sich und respektiert die gemeinsame Vergangenheit [...] während wir miteinander reden, ohne uns dabei anzuschauen.«[454] Rolland heißt das Ende der Ehe mit Friderike nicht gut, ebenso wie Martha Freud, die Zweig in dieser Hinsicht nie verzieh. Doch Rolland selbst ist ebenfalls mit seiner ehemaligen Sekretärin verheiratet (wie auch Jules Romains). Abgesehen von der Sympathie für Friderike sieht er Zweigs Wechsel der Gefährtin nicht als Beweis einer stürmischen Liebe, sondern vielmehr als reines Zeichen von Schwäche.[455]

Um der politischen Konfrontation zu entgehen und sich von der inneren Unruhe zu befreien, greift Zweig auf Verkleidungen, Metaphern, Bauchrednerei zurück. Er versucht, sich als Person zu verbergen, aber als Autor möchte er das deutsche Publikum ermuntern, Hitlers Verführungen zu widerstehen. Er glaubt, dass er mit leisen Tönen und Gelassenheit das Geschrei von Joseph Goebbels und das seiner eigenen Gegner übertönen könnte.

Der Erfolg des *Erasmus* oder dessen Unzulänglichkeit als Entlastungszeuge veranlassen ihn zu einer weiteren historischen Steigerung.

---

[454] Tagebucheintragung, 25.9.1933 zit. nach: *Niémetz*, S. 391.
[455] Martha Freud, »die vollkommene Bürgersfrau«, bekannte Friderike in einem Brief vom 26.8.1948, nach Zweigs Selbstmord: »(W)ie sehr das, bis dahin, so hochverehrte Bild unsres [sic] Freundes tief beschattet ist durch seine Untreue Ihnen gegenüber! Auch wenn Sie selbst in Ihrer alles verzeihenden Güte kein ungutes Wort finden für seine Verirrung – ich stehe derselben verständnis- und erbarmungslos gegenüber und kann sie ihm über den Tod hinaus nimmer verzeihen.« Vgl. *Freud 2*, S. 74. *Friderike 2*, S. 205. Abgesehen von den politischen Divergenzen wurde die Beziehung zwischen Zweig und Rolland noch durch einen weiteren Vorfall belastet, der im Zusammenhang mit dem hastigen Verkauf des Hauses und Teilen seiner Autografensammlung steht. Denn Zweig hatte wertvolle Autografen von Beethoven verkauft, ohne Rolland, dessen Biografen, darüber zu informieren.

Den Vorsatz vergessend, sich von Kräfte zehrenden Biografien fern zu halten, spürt er, dass sie effizienter sind als Manifeste, Unterschriftensammlungen oder Erklärungen. Zumindest entheben sie ihn persönlicher Stellungnahmen. *Castellio gegen Calvin oder Ein Gewissen gegen die Gewalt* ist sein neuer Rückgriff auf die Vergangenheit, diesmal mit dem Ziel, das, was er mit dem »Problem der Probleme« bezeichnet, darzustellen: Wie sind Ordnung und Freiheit miteinander zu vereinen? In der durch die Distanz gepolsterten Zeitmaschine ist es leichter, am Kampf des Humanismus gegen den Fanatismus teilzunehmen. Er besteht darauf, sich in der Figur zu spiegeln: »Und ebenso der ›Castellio‹ – das Bild des Mannes, der ich sein MÖCHTE.« Mehr kann er nicht tun.[456]

Zweig mag wie ein Benommener wirken, doch sein Weg folgt einer Logik: Er weiß, dass dieser Sommer 1935 der Letzte seiner Art sein wird, und wählt Friderike als seine Begleiterin nach Marienbad aus. In dem böhmischen Bad, das so sehr mit seiner Vergangenheit verbunden ist, und Friderike stets an seiner Seite beabsichtigt er, einen Text zu verfassen, der seine Beunruhigung angesichts der Zunahme antijüdischer Gewalt zu mildern vermag. Auf der Hinreise machen sie in Prag Halt, um sich mit Max Brod zu treffen, der in das Judentum ebenso versunken ist wie dessen Freund Kafka in die Absurditäten des Lebens. *Der begrabene Leuchter* hat nichts mit Marienbad zu tun, ist jedoch tief von dem Mystizismus durchdrungen, der von dem leidgeprüften Prag ausgeht.

Die Parabel handelt von einem Leuchter, der vom Zweiten Tempel übrig geblieben ist und von einem römischen Juden gerettet wird, der ihn nach unzähligen Schicksalsschlägen ins Heilige Land bringt und dort mit ihm stirbt. Die einfache und unprätentiöse Erzählung verwandelt sich in eine Fabel über das Überleben und wird zum geistigen Rettungsring der erschrockenen, in alle Welt zerstreuten Juden. Den Nichtjuden dient sie als Solidaritätsaufruf in einem Moment, in dem der

---

[456] Stefan Zweig zit. nach: *Prater*, S. 344. Brief an Joseph Roth, undatiert, vermutlich Herbst 1937 in: *Briefe SZ-Freunde*. Sebastian Castellio (1515–1563), der französische humanistische Gelehrte, und Johannes Calvin (1509–1564), der franz.-Schweizer Reformator, gerieten über theologische Fragen miteinander in Streit. Während Calvin einen mächtigen, theokratischen, autoritären Staat verteidigte, war Castellio anderer Meinung: »Einen Menschen verbrennen heißt nicht, eine Lehre verteidigen, sondern einen Menschen töten.« In seiner Einführung beharrt Zweig darauf, dass der Konflikt über die Theologie hinausgeht. Die Streitpunkte sind zeitlos und umfassen alle Situationen, in denen der Wunsch nach Ordnung die Toleranz zunichte macht. Vgl. *Castellio gegen Calvin*, S. 9–21.

Nationalsozialismus bereit ist, sein Programm der Einteilung in »Herren- und Untermenschen« auszuführen. Es ist nicht die erste Legende, die Zweig schreibt. Aber sie ist die eindringlichste Antwort auf die Forderungen der anderen, Position zu beziehen.[457]

Seine Absicht ist es nicht, die chorale Sinfonie des *Jeremias* zu wiederholen, vielmehr möchte er die Ghettomauer niederreißen, damit alle die leiseren Töne der schmerzerfüllten hebräischen Melodie hören. Zweig kann nicht voraussahnen, dass *Der begrabene Leuchter* wenige Jahre später zu einem Bestandteil seines eigenen Begräbnisses werden wird.

Es gibt zwei Lesarten der Legende: Die eine, erkennbar zionistisch, weist auf das Heilige Land als einzigen Zufluchtsort für das verfolgte jüdische Volk hin; die andere bedient sich des verschwundenen Leuchters als eines Symbols für die Spiritualität und Unvergänglichkeit der jüdischen Botschaft.

»Es gab immer zwei Parteien innerhalb des Judentums, die eine, die alles Heil im Tempel sah, und die andere, die bei der Belagerung Jerusalems sagte, daß, wenn auch dieser Tempel zerstört würde, eben die ganze Welt zum Tempel würde«, schreibt Zweig nach der Veröffentlichung des *begrabenen Leuchters*.[458] Er sah die Auswirkung voraus, die dieser scheinbar »leichte« Text auf dem Höhepunkt des nationalsozialistischen Terrors auf die jüdische Welt haben würde. »Trotz alledem« ist es möglich, Auswege zu erkennen. Doch bedrängt von den Reportern, vermochte er in New York nicht, diese aufzuzeigen.

London steht für Lotte, für das Ende des Kapuzinerbergs und paradoxerweise für die Wiederbegegnung mit dem Judentum. Denn in London beginnt die Phase Joseph Leftwich in seinem Leben. Der junge Freund ist keiner der Meister oder Mentoren, keiner seiner »Drei Leben«: Er ist

---

[457] Von den fünf Novellen, die Zweig als Legenden bezeichnete, haben nur zwei eine jüdische Thematik: *Der begrabene Leuchter* und *Rahel rechtet mit Gott*. *Die Augen des ewigen Bruders* hat eine indische Grundlage, und die übrigen – *Die Legende der dritten Taube* und *Die gleich-ungleichen Schwestern* – sind universal in ihrer Thematik. Die fünf Legenden wurden zwischen 1916–1927 veröffentlicht. Die jiddische Übersetzung des *begrabenen Leuchters* für die Warschauer Zeitung *Haynt* (Januar-Februar 1938) stammt von Scholem Asch. Vgl. *Klawiter 1*, S. 173.

[458] Brief an Alfred Wolf, einem einflussreichen Anwalt, 4.2.1937 in: Gelber, Mark H.: »Stefan Zweig und die Judenfrage von heute«, a.a.O., S. 179. Darin schreibt Zweig, dass der Zionismus ihm niemals als die Lösung erschien, sondern »eine der glücklichsten und bestärkendsten Ideologien innerhalb des Judentums«. Vgl. Le Rider, Jaques: »Représentations de la condition juive« in: *Europe* (Paris) Jg. 73, Juni-Juli 1995.

lediglich derjenige, der ihn in das verworrene, weniger einleuchtende, jedoch sichere England einführt.[459]

Die beiden hatten sich 1933 kennen gelernt, als Zweig in einer Anwandlung von Mut seinen Kritikern antwortete, die seine Versäumnisse angesichts des Nationalsozialismus anprangerten. Der Freund hatte ihm zu diesem Zweck die *Jewish Telegraphic Agency* vorgeschlagen, bei der er arbeitete. Der Dichter, Journalist und Jiddist Leftwich war auch ein Aktivist bei der *Jewish Territorialist Organization (JTO)*, die am Anfang des Jahrhunderts gegründet worden war und nun, nachdem sie sich schon einmal aufgelöst hatte, aufgrund der nationalsozialistischen Judenverfolgung in Europa wieder tätig war.

Die »territoriale« Lösung interessierte Juden der verschiedensten Strömungen: die Religiösen, weil nach ihrer Vorstellung die Erlösung des Heiligen Landes mit der Ankunft des Messias einhergehen musste; die Sozialisten, weil ein jüdischer Nationalstaat den Prinzipien einer internationalistischen Revolution widersprechen würde; und diejenigen, die die Katastrophe voraussahnten und deshalb eine sofortige Lösung für die Flüchtlingsfrage wünschten.

Die Attentate arabischer Terroristen und vor allem die Unfähigkeit der Engländer, die in der Balfour-Erklärung von 1917 zugesagte Hilfe bei der Gründung einer nationalen jüdischen Heimstätte zu leisten, machten deutlich, dass es Zeit brauchen würde, die zionistische Lösung umzusetzen. Hitler hingegen verlor keine Zeit: Der Nazi-Terror hatte schon unzählige deutsche Juden in die westlichen Länder Europas vertrieben.

Von den Kolonisationserfolgen in Palästina während der ersten Jahrzehnte des 20. Jahrhunderts entmutigt, wurde der Territorialismus gerade in dem Moment wieder zum Leben erweckt, in dem die Flüchtlingstragödie auf die Tagesordnung gesetzt wurde. 1938 wurde der Friedensnobelpreis dem Internationalen Nansen-Amt für Flüchtlinge verliehen, und im selben Jahr fand eine vom amerikanischen Präsidenten Franklin Delano Roosevelt initiierte und vom Völkerbund organisierte Internationale Flüchtlingskonferenz in Evian-les-Bains statt. Auf dieser sollte darüber beraten werden, was mit den Flüchtlingen geschehen sollte. Man musste sie retten, sie unverzüglich an irgendeinen Ort der Welt bringen.

---

[459] Joseph Leftwich (1892–1983) war, obwohl in Holland geboren, britischer Staatsbürger. Er förderte die jiddische Sprache und die Kultur der Diaspora wie übrigens auch der englische Schriftsteller Israel Zangwill (1864–1926), dessen Biograf er war.

Hitler selbst täuschte vor, daran interessiert zu sein, ein Land zu finden, das in der Lage wäre, alle Juden Europas aufzunehmen. Er glaubte, dass die deutschen Juden als Geisel dienen könnten, um die antinationalsozialistische Propaganda im Ausland abzuschwächen. Noch dachte er nicht an die physische Vernichtung, sondern an die Errichtung eines gigantischen Ghettos in einem großen und abgelegenen Land, damit die ethnische Reinheit des »arischen« Bevölkerungsgebietes gewährleistet wäre. Dieses konnte in irgendeiner afrikanischen Kolonie, Australien oder Südamerika sein. Wichtig war nur, dass es möglichst weit entfernt von Deutschland war.

Deshalb ermunterte der Führer die Regierungen von Polen, Rumänien und Ungarn, eine internationale »humanitäre« Kampagne zu fördern. Polen und Rumänien, die beide mit der autoritären, nazifaschistischen Politik Hitlers sympathisierten und ebenfalls bestrebt waren, sich der eigenen jüdischen Bevölkerung zu entledigen, bereiteten ein Memorandum vor, in dem sie sich für eine sofortige Lösung des Flüchtlingsproblems aussprachen, und übergaben dies den Regierungen der wichtigsten Länder der Welt. Infolge ihrer weiten und unbesiedelten Gebiete wurden neben anderen Ländern auch Brasilien und Portugal genannt.[460]

Die Worte »Angola« und »Flüchtlinge« standen im Raum. 1938 begann Präsident Roosevelt die Möglichkeit in Betracht zu ziehen, dort einen alternativen Zufluchtsort für verfolgte Juden zu schaffen. Die angolanische Lösung wurde im US-Außenministerium überlegt und die amerikanische jüdische Gemeinde erklärte sich bereit, diese zu finanzieren. Auf beiden Seiten des Atlantiks setzte ein Verhandlungsmarathon ein, um den sich anbahnenden Massenmord abzuwenden. Portugals Präsident Salazar widersetzte sich, zog es vor, weiterhin »neutral« zu bleiben: Aber unter dem Druck des humanistischen Problems und der Erpressung von Seiten Hitlers blieben die Gesandtschaften der Vereinigten Staaten und Großbritanniens in Lissabon nicht untätig.

Angesichts des noch nicht begonnenen Krieges, der noch nicht beschlossenen Endlösung und der nur angedeuteten Schrecken des Holocausts fiel es schwer, die kommende Tragödie zu erahnen. Die Territorialisten der *JTO* strebten dennoch eine unverzügliche humanitäre Lösung an, selbst wenn sie politisch unzureichend sein sollte.

---

[460] Diese Initiative von Hitler fand Ende 1938 und die von rumänischer und polnischer Seite Anfang 1939 statt. Vgl. *Roseman*, S. 30–32. Die Dokumentation bezüglich der an Portugal und Brasilien ergangenen Anfragen befindet sich im Außenministerium (*Ministério dos Negócios Estrangeiros*) in Lissabon.

Seit seinem ersten Besuch in London steht Zweig in Kontakt mit der dortigen jüdischen Gemeinde. In seiner Heimatstadt hatte er die Nähe zu ihr nicht gesucht, da Wien Teil der »deutsch-jüdischen Symbiose« ist, die der Dichter Heinrich Heine am Anfang der Romantik zu erkennen glaubte und die der Philosoph des Dialogs, Martin Buber, im 20. Jahrhundert wieder entdecken sollte. Sich dessen bewusst versucht Hitler, sie mit Hilfe einer erbitterten »Arisierung« zu zerstören.[461]

Im konservativen London bleiben die englische und jüdische Kultur unberührt voneinander, auch wenn es die Toleranz der politischen Tradition Englands einem Juden italienischer Herkunft wie Benjamin Disraeli erlaubt hatte, Mitte des 19. Jahrhunderts Premierminister zu werden. Die nach England verpflanzte jüdische Kultur selbst ist heterogen: Vom 18. bis Mitte des 19. Jahrhunderts war sie vorwiegend sephardisch geprägt. Später wurde sie durch die aschkenasische Kultur bereichert, die die Juden aus Osteuropa mitbrachten. Zweig gesteht: »England hat mir den Blick geweitet.«[462]

In der österreichischen Hauptstadt bedient sich die Mehrheit der Juden der deutschen Sprache, dies gilt auch für die Ostjuden aus Galizien. In der jüdischen Gemeinde Londons dagegen spricht man neben Englisch auch noch Jiddisch und Ladino.[463] Dank des Jiddisten Leftwich lernt Zweig das Jiddische, dieses überall in der Diaspora benutzte »Esperanto«, besser kennen. Er besucht die Vorträge des Freundes an der Londoner Universität, ist begeistert von dem, was er erfährt, und schämt sich wegen seiner Unkenntnis.[464]

---

[461] Vor dem Holocaust sahen sich nur einige Juden als Teil der Symbiose an. Buber jedoch hielt an dieser Vorstellung bis 1939 fest, auch als er schon in Palästina war. Für ihn würde der von den Nationalsozialisten hervorgerufene Bruch später wieder aufgehoben werden. Nach dem Holocaust wurde der Begriff einer »deutsch-jüdischen Symbiose« scharf von Gershom Scholem kritisiert, der sie als unilateral und Schönfärberei ansah. Bubers Meinung zur Symbiose passt zu seiner Konzeption des Dialogs und zu seinem Engagement für eine jüdisch-arabische Verständigung. Vgl. Gelber, Mark H.: »The Impact of Martin Buber on Stefan Zweig«, a.a.O.; Garrin, Stephan: »Stefan Zweig's Judaism« in: *M.A.L.*, S. 271–290.

[462] *Briefe SZ-Rolland*, 10.6.1934.

[463] Ladino, auch Judezmo oder Judeo-Español genannt, ist ein mittelalterliches Spanisch, das die 1492 von der iberischen Halbinsel vertriebenen Juden mit sich nahmen und über die Jahrhunderte an die nächste Generation weitergaben, vor allem in der Mittelmeer-Region.

[464] Zweig sagte Leftwich, dass die Wahl der hebräischen Sprache, die die Juden in Palästina getroffen hatten, ein Fehler sei. »Ich könnte z.B. in ein jiddischsprachiges Land kommen und würde die Menschen verstehen und selbst verstanden werden. Ich könnte sogar einen Vortrag an der Hebräischen Universität in Jerusalem halten, wenn man mich ihn in Jiddisch halten ließe, aber ich könnte es nicht auf Hebräisch.

Britische Ironie: Im aristokratischen London erlebt er die *jidischkejt*, das Lebensgefühl der Juden. Er besucht eine Inszenierung seines *Jeremias* der *Palestine Hebrew Theater Company Ohel* in hebräischer Sprache. Als das Publikum anfängt, »der Autor, der Autor« zu rufen, schleicht er sich verlegen davon. Das Gleiche wiederholt sich während einer Aufführung der *Morris Schwartz's Yiddish Theater Company,* als Schwartz in der Pause bekannt gibt, dass der Autor anwesend sei. Diese Erfahrung der *jidischkejt,* die er in London macht, lässt ihn auch großes Interesse an einem Film über das Leben von Theodor Herzl äußern. Zweig kennt englische Schriftsteller, fühlt aber keine Affinität zu ihnen, und so sind es die jüdischen Kreise der britischen Hauptstadt, die er bevorzugt.[465]

Ein halbes Jahr nach Hitlers Machtübernahme ist Zweig in die Aktivitäten der Londoner jüdischen Gemeinde eingebunden: Er folgt der Bitte, bei der Sammlung für die Flüchtlingsorganisation zu helfen und nimmt an einem Mittagessen im Haus von Anthony de Rothschild teil. Bei dieser Gelegenheit äußert er einen emotionalen Appell zugunsten der Frauen und Kinder. Bedrückt über die Auseinandersetzungen mit seinen Freunden über die richtige Art, Hitler entgegenzutreten, zögert Zweig trotz der zu diesem Zeitpunkt noch andauernden Zusammenarbeit mit Strauss nicht, vor der Unermesslichkeit der nationalsozialistischen »Katastrophe« zu warnen.

»Ich möchte nicht über die ganze Tragödie der Juden in Deutschland sprechen, die die Vorstellung übersteigt, sondern einzig über das schreckliche Leid der kleinen Kinder.« Er wagt es, seine Aversion gegen Gewalt zu äußern: »Ich hasse den Hass als etwas, das geistigen, religiösen Menschen unwürdig ist.«[466]

Doch das Leben […] folgt nicht dem gesunden Menschenverstand, und wenn die Juden Palästinas es [das Hebräische] bevorzugen, habe ich kein Recht, mich zu beklagen.« Vgl. *Leftwich 1,* S. 95/96. Leftwich gab 1939 die Anthologie jiddischer Gedichte *The Golden Peacock* heraus, die Zweig sehr schätzte. 1959 veröffentlichte er seinen eigenen Gedichtband namens *Years Following After,* in dem er das 1942 geschriebene Gedicht »Stefan Zweig« aufnahm.

[465] Vgl. *Leftwich 1,* S. 91–99. Die Idee eines Filmes über das Leben von Theodor Herzl kam von Tullo Nussenblatt, einer Wiener Autorität.

[466] Zweig, Stefan: »Help the Jewish Children in Germany« in: *Address by Stefan Zweig at the House of Mrs. Anthony de Rothschild in Aid of German Jewish Women and Children.* 30.11.1933, S. 1; 5. Das Mittagessen am 30.11.1933 war dafür gedacht, das Organisationskomitee des großen öffentlichen Ereignisses, das im Hotel Savoy im darauf folgenden Monat stattfinden sollte und für das ein Begleitheft von zehn Seiten mit Zweigs Namen auf dem Titel hergestellt wurde, zu versammeln. Vgl. *Yad Vashem Library,* Jerusalem, Signatur: 779–57.

Zweig steht zur Verfügung, möchte helfen, mitwirken und übernimmt deshalb die Aufgabe, den Essay »Das Haus der tausend Schicksale« zu schreiben, um für Spenden für das *Jews' Temporary Shelter* zu werben, das die neu eingetroffenen Flüchtlinge beherbergt und auch das *Woburn House* verwaltet – den Ort, an dem Friderike ein Jahr zuvor Lotte in der Schlange der Bewerber getroffen hat. Natürlich kommt er der Anfrage so wichtiger Persönlichkeiten wie Otto Schiff, Anthony de Rothschild und Lionel Montagu, die neben anderen diese Hilfsorganisation leiten, nach.[467]

Im August 1936 findet nun die ersehnte Brasilienreise statt. Zweig genießt die ihm gezollte Anerkennung und erinnert sich nicht mehr an den Vorsatz, jegliche öffentliche Zurschaustellung zurückzuweisen. Er vergisst auch die Absicht, das Genre der Biografie aufzugeben. In der Geschichte des Seefahrers Fernão de Magalhães möchte Zweig seine Vorstellungen von Heimat, Nationalität und Grenzen darlegen. Der Portugiese wurde problemlos zum Spanier – er war seinem Lebensprojekt verpflichtet, der Weltumseglung.

In einem Brief an Freud erklärt der Schriftsteller, dass es sich um ein »Nebenbuch« handelt.[468] Das stimmt nicht wirklich: Er bedient sich der Geschichte des Heimatvertriebenen, um den Tausenden verlorenen Heimatvertriebenen der Gegenwart zu zeigen, dass der Traum eine Art Heimat sein kann, zu einer Art neuem Zuhause werden kann. Zweigs Wunsch ist es, die wie er selbst heimatlos Gewordenen zu trösten. Magalhães' Weltumseglung wird nicht mehr als der Vorwand, die Einheit der Welt zu bekräftigen.

Alles gerät nach Maß, Zweig muss nicht einmal sagen: »*Fernão de Magalhães, c'est moi.*« Er ist jede seiner Figuren, alle sind er. Er hat eine Typologie des Geistes zusammengestellt, damit sie als Referenz für ihn selbst dient. Wie Flaubert versetzt er sich in seine Figuren hinein, aber im Gegensatz zu ihm leidet Zweig nicht ihretwegen. Vielmehr sind sie es, die ihm helfen, sich von seinen Schuldgefühlen zu befreien. *Ma-*

---

[467] Vgl. »Das Haus der tausend Schicksale. Geschrieben zum 50. Jahrestag des ›Shelter‹ in London« in: *Auf Reisen*, S. 359–363. Das *Jews' Temporary Shelter*, gegründet 1885, feierte 1935 sein 50-jähriges Bestehen. Die aus diesem Anlass erschienene Broschüre von 16 Seiten enthält eine Liste von weiteren Hilfsorganisationen und einen persönlichen Brief von Otto Schiff, dem späteren Lord Sieff von Brimpton, dessen Familie die Kaufhauskette Marks & Spencer gehört.
[468] *Briefe SZ-Freud; Schnitzler*, 15.11.1937.

gellan ist seine letzte Biografie, der letzte Blick in den Spiegel der anderen.[469]

Obwohl er das Buch schon 1937 beendet hat, fährt Zweig-Magalhães Mitte Januar 1938 nach Lissabon. Warum? Wozu? Ein dreiwöchiger Aufenthalt im Leben eines zwanghaften Reisenden, der unzählige Male im Jahr verreist, ist nicht zwangsläufig von Bedeutung.[470]

Im eleganten und diskreten Hotel Atlântico in Estoril, gegenüber der Mündung des Tejo gelegen, besteht er darauf, inkognito zu bleiben. Deswegen bittet er in zwei Briefen an portugiesische Freunde um Diskretion. Warum versteckt er sich? Vor wem versteckt er sich? Was versteckt er? Das Geheimnis wird ausgerechnet von denen gelüftet, die von seiner Anwesenheit nichts wissen sollen: den Journalisten.[471]

Es gibt mehrere Hypothesen für den Grund der Reise. Die erste: Er ist gekommen, um seinem *Magellan* sozusagen vor Ort den letzten Schliff zu geben. Eine nicht zutreffende Hypothese: Die Biografie ist seit Mitte 1937 fertig, zwei Übersetzungen sind bereits erschienen; in den Schaufenstern der Buchhandlungen von Lissabon liegen die Exemplare des Buches. Im November hat Rolland ihm seine Meinung über das Werk mitgeteilt: »Er ist aus der Galerie Ihrer Porträts das uns am wenigsten bekannte. Aber nicht das am wenigsten tragische.«[472]

Die zweite Hypothese: Er ist gekommen, um sich mit seinem portugiesischen Verleger Fraga Lamares von der *Livraria Civilização* zu treffen und über ein neues literarisches Projekt zu verhandeln.[473] Fünf Tage vor sei-

---

[469] Der später verfasste *Amerigo* reicht weder an eine Biografie noch an ein Porträt heran. Es ist zuallererst die Chronik eines Missverständnisses. *Balzac* wurde nicht vollendet und *Montaigne* nicht einmal angefangen.

[470] Am 14. 1. 1938 nahm Zweig in Rotterdam ein Schiff nach Lissabon, wo er vier Tage später eintraf. Er verließ Portugal mit dem holländischen Schiff *Dempo* am 7. 2. 1938 in Richtung Marseille. Vgl. *Briefe 1932–1942*, S. 592.

[471] Zu Zweigs Aufenthalt in Portugal vgl. auch: Dines, Alberto: »Death in Paradise: A Postscript« in: *Gelber-Zelewitz*, S. 309–326. *Gil*, S. 13–18.

[472] *Briefe SZ-Rolland*, 30. 11. 1937. Der Brief an Freud, in dem Zweig ankündigte, ihm ein Exemplar des *Magellan* zukommen zu lassen, stammt aus der gleichen Zeit. Vgl. *Briefe SZ-Freud, Schnitzler*, 15. 11. 1937. Ein weiterer Beweis ist der handgeschriebene Brief an Fraga Lamares vom 6. 9. 1937, vier Monate vor der Reise (Kopie in den Händen des Autors): »Ich habe gerade ein Buch über Ihren großen Landsmann Fernao de Magalhais [sic] beendet, das am Ende diesen Jahres in mehreren Sprachen erscheinen wird.« Prater irrte sich, als er schrieb, dass Zweig vor der Beendigung des *Magellan* nach Portugal reiste. Vgl. *Prater*, S. 363.

[473] Américo Fraga Lamares (1897–1977), Hauptaktionär und Leiter des Traditionsverlags *Livraria Civilização* in Porto, war der Sohn von João Alves Fraga Lamares, der 1881 den Verlag gegründet hatte.

ner Rückreise schreibt Zweig ihm vom Hotel aus eine eilige Nachricht, in der er sich für den vor der Öffentlichkeit verborgen gehaltenen Charakter der Reise entschuldigt. Überrascht von dem Besuch sucht Lamares ihn sofort auf, da er die Gelegenheit nicht versäumen darf, seinen berühmtesten Autor persönlich kennen zu lernen. Sie vereinbaren die Überlassung der Rechte für *Begegnungen mit Menschen, Büchern, Städten*; aber dafür ist Zweig nicht so weit gereist – eine auszuschließende Hypothese.[474]

Die dritte Hypothese: Er ist mit Lotte gekommen, eine heimliche Probe der Flitterwochen. In London wohnen die beiden getrennt, hier können sie zusammen sein, die Zweisamkeit genießen. Aber sie verstecken sich: Lotte aus Furcht, wie eine Geliebte zu wirken, und Zweig aus Sorge, Aufmerksamkeit zu erregen.[475]

Ein aufgeweckter Lissabonner Reporter macht der Anonymität des Paares mit Hilfe eines kleinen Kunstgriffes ein Ende – er gibt vor, ein Schriftsteller zu sein, und bittet den berühmten Kollegen, einige Bücher zu signieren; Zweig kann nicht ablehnen. Am nächsten Tag steht das Paar im *Diário de Lisboa* – er mit dem Versprechen, eine Biografie über den Dichter Camões[476] zu schreiben, und sie in einer galanten Beschreibung des Reporters, mit dem die beiden gemeinsam zu Mittag gegessen haben: »Seine Ehefrau, ein Inbegriff an Sensibilität, voller Anmut, sehr modern in ihrer Erscheinung, die sich mit einer schrecklichen dunklen Sonnenbrille vor dem grellen Licht schützte.«[477]

---

[474] Die beiden trafen sich am 2.2.1938, um den Vertrag, für den Zweig 20 Pfund Sterling erhielt, zu unterzeichnen. Für den *Magellan* wurde nichts abgeschlossen, da dieser schon erschienen war. Dies belegt die Frage eines Reporters, der wissen wollte, ob Zweig die Übersetzung gefiel. Zweig lehnte es ab, darauf zu antworten. Als Begründung gab er an, die Sprache nicht ausreichend zu kennen, um über die Treue zum Original urteilen zu können.

[475] Friderike, die sich zu diesem Zeitpunkt mit der Trennung von Zweig abgefunden hatte, hielt in ihrer Zweig-Biografie die Begleitung der Sekretärin auf dieser Reise als etwas Selbstverständliches fest. Vgl. *Friderike 1*, S. 227/228.

[476] Luís Vaz de Camões (1517 oder 1524–1580), portugiesischer Dichter aus nierderem Adel, nahm an Feldzügen in Nordafrika teil, bei denen er ein Auge verlor. Infolge seines bewegten Lebens geriet er häufig in Schwierigkeiten und musste auch eine einjährige Haftstrafe verbüßen. Später war er als Verwaltungsbeamter in Macao tätig. Auf einer Reise nach Goa erlitt er Schiffbruch. Dank seiner Freunde gelang es ihm, nach Lissabon zurückzukehren, wo er 1572 sein berühmtes Epos *Os Lusíadas* (*Die Lusiaden*, 1806), das Meisterwerk der portugiesischsprachigen Dichtung, veröffentlichte. Trotz einer als Anerkennung für dieses Epos gedachten königlichen Pension starb er in Armut. Es war das Thema der »Disharmonie der Welt«, das Zweig so an Camões' Epos faszinierte.

[477] *Diário de Lisboa*, 5.2.1938. Die Exklusiv-Meldung des Konkurrenten zwang den *Diário de Notícias*, ebenfalls Zweig aufzusuchen. Auf diese Weise wurde der geheime Charakter der Reise zunichte gemacht.

Die vierte Hypothese: Er ist gekommen, um in einer südländischen, wärmeren und ruhigeren Stadt an einem neuen Projekt zu arbeiten. Er hätte an die französische Riviera oder in das geliebte Italien fahren können, aber in Lissabon stehen vielleicht andere Termine in dem Kalender. Dem Reporter, der ihn im Hotel Atlântico entdeckte, offenbart er, dass er gerade an einem Roman, noch ohne Titel, arbeite. Auf dem in der Hotelanlage aufgenommenen Foto sieht man ihn in einem sportlich-eleganten Anzug mit einem Manuskript auf den Knien in einem Liegestuhl sitzend. In einem weiteren Interview gibt er die Handlung preis – »die Liebe einer gelähmten Frau«.[478]

Die fünfte Hypothese: Er ist gekommen, um Lissabon wiederzusehen, das er zwei Jahre zuvor auf dem Weg nach Brasilien kennen gelernt hat. Den Zeitungen gegenüber erwähnt er jedoch nicht die Absicht des Wiedersehens mit der Hauptstadt. Freundlich wie immer, erklärt Zweig, dass ihm Sintra gefallen hätte, dass er gerne Trás-os-Montes, im Nordosten Portugals gelegen, besuchen würde, dass er von den afrikanischen Kolonien fasziniert sei und davon träume, sie kennen zu lernen etc. Die Neugierde hinsichtlich der Kolonien überrascht nicht, sie ist nicht ungewöhnlich, alle Reisenden sind fasziniert von der afrikanischen Welt.

Nichts schließt aus, dass er außer den Vergnügungen eine Pflicht, eine Mission erfüllt, die er nicht öffentlich machen möchte. Zweig als Geheimagent ist schwer vorzustellen. Aber Zweig als Missionar im Dienste einer humanistischen Sache ist durchaus denkbar.

In ihren Erinnerungen gibt Friderike einen Hinweis. So hätte Zweig eine Reise nach Palästina in Betracht gezogen, bevor er sich für Portugal entschied. Der Zwiespalt zwischen Palästina und Portugal beruht nicht auf geografischen oder touristischen Erwägungen. Andere Überlegungen, eher konzeptioneller Art, könnten eine Rolle gespielt haben: Zionismus versus eine andere Lösung für das jüdische Flüchtlingsproblem.

Hier hört die Portugalreise auf, reine Routine zu sein. Kurz vor der Brasilienreise hat er durch Joseph Leftwich die Idee der territorialistischen Bewegung kennen gelernt. Der Freund hatte einen Artikel über die Flüchtlingsfrage geschrieben. Enthusiastisch schlug Zweig vor, die-

---

[478] Zweig teilte Joseph Roth in einem Brief mit, dass er sich mit dem Freund auf der Rückreise von Estoril, wo er in Ruhe zu arbeiten gedenke, in Paris treffen könnte. Sie trafen sich bei dieser Gelegenheit nicht, da Roth sich entschlossen hatte, nach Wien zu fahren. Er wollte die dortigen Verantwortlichen davon überzeugen, die Monarchie wieder einzuführen. Er kam jedoch nur bis zum Polizeichef, der ihn zurück nach Frankreich schickte. Drei Tage später fand der Anschluss Österreichs statt. Vgl. *Briefe SZ-Freunde*, undatiert, vermutlich Januar 1938.

sen sofort zu einem Buch zu erweitern. Und wie stets versprach er, ein Vorwort dazu beizusteuern. *What Will Happen to The Jews?* ist keine reine Propaganda-Broschüre, sondern eine ermutigende Studie von fast 300 Seiten, in der alle damaligen Lösungen für das dringliche Problem der von den Nationalsozialisten vertriebenen Juden näher betrachtet werden – die Autonome Jüdische Region Birobidschan in der Sowjetunion[479], die Verwirklichung des Zionismus in Palästina und die territoriale Alternative in irgendeinem Teil der Welt.

Während seines Palästina-Besuches im März 1936 warnte Scholem Asch: »(D)as Gravitationszentrum des jüdischen Problems liegt in Polen, nicht in Deutschland.« In ersterem fanden die Verfolgungen statt, und im letzteren zeigten sich deren Konsequenzen. Der Vorsitzende der Zionistischen Vereinigung für Deutschland, Siegfried Moses, erklärte seinerseits während der Zionismus-Konferenz im gleichen Jahr: »(W)ir haben von Beginn an die Emigration in andere Länder außer Palästina als äußerst wichtig angesehen. Niemals haben wir ein Auswanderungsmonopol für Palästina gefordert oder vorgeschlagen.«[480]

Weder für noch gegen den Zionismus – das Vorwort von Leftwichs Buch ist typisch Zweig: Er konfrontiert nicht, assoziiert und breitet zwischen den Zeilen seine internationalistische Fahne aus – gesetzt den Fall, dass die Juden sich in Massen nach Palästina begäben, bestätigten sie die Verdächtigungen ihrer Feinde, dass die Juden, wo immer sie auch leben, Fremdkörper seien.

Alfred Döblin schloss sich zur selben Zeit der territorialistischen Bewegung an und äußerte sich dazu in aller Deutlichkeit:

> Der Zionismus ist das Licht in der momentanen Dunkelheit. Der Zionismus ist der Wille, die jüdische Existenz zu vollenden. [...] Wichtiger als das Land ist das Volk. Wir dürfen aus dem Land keinen Fetisch machen und so den

---

[479] Ende der 20er Jahre begann die sowjetische Regierung, in einem Gebiet im östlichen Russland an der Grenze zur Mandschurei Juden anzusiedeln. Ziel war es, dem Erstarken der zionistischen Bewegung mit einem territorialistischen Gegenmodell entgegenzutreten und zu zeigen, dass der sozialistische Internationalismus in der Lage wäre, alle ethnischen Fragen zu lösen. 1934 wurde die Autonomie der »Jüdischen Region Birobidschan« ausgerufen. Jiddisch wurde neben Russisch zur Amtssprache erhoben. Die Anzahl der Juden in diesem Gebiet betrug jedoch nie mehr als 30.000. In der Zeit der Stalinistischen Säuberungen wurden die kulturellen Einrichtungen geschlossen und die führenden Persönlichkeiten verhaftet. Das Projekt Birobidschan erwies sich im Nachhinein als Fehlschlag. 1982, als nur noch ca. 1.000 Juden dort ansässig waren, wurde die »Autonome Jüdische Region von Birobidschan« aufgelöst.

[480] Scholem Asch und Siegfried Moses zit. nach: *Leftwich 2*, S. 207; S. 209.

Weg zum Leben für alle versperren. Der gegenwärtige Zionismus teilt die Juden in Gerettete und Verurteilte [diejenigen, die sich nicht zu ihm bekennen]. [...] Die Geretteten sind nur ein Zehntel des Volkes. [...] Die restlichen neun Zehntel müssen gerettet werden, mit oder ohne Palästina.

Zeit der Angst, Zeit der Suche: Die offiziellen oder inoffiziellen Vertreter der *JTO* bereisen die Länder, die die Kapazität haben, die Flüchtlinge aufzunehmen. Australien, Neuseeland, Argentinien, Ecuador und Honduras sind einige in Frage kommende Zufluchtsorte. Selbst im Inneren des Bundesstaates São Paulo bietet sich die Gelegenheit, ein Landgebiet mit fruchtbarer Erde und von einem Umfang, der der Hälfte der Größe Palästinas entspricht (10.360 km²), zu erwerben.[481]

Eine geheime Alternative, unter dem Siegel der Verschwiegenheit, ist Angola, die reiche portugiesische Kolonie im südlichen Afrika. Ein Abgesandter der Pariser Sektion des *JTO* führt in Lissabon Sondierungsgespräche, andere Unterhändler treten ebenfalls mit dem für die portugiesischen Kolonien zuständigen Ministerium in Kontakt. Die reaktionäre und isolationistische Regierung Salazar stimmt der Aufnahme großer Flüchtlingskontingente von deutschen Juden in den Kolonien aus Furcht, sie seien Agenten von Hitler, nicht zu. Auch Flüchtlingen aus Osteuropa, bekannt als »russische Juden«, möchte Salazar keine Zuflucht gewähren, denn sie könnten Agenten der Komintern sein. Doch es gibt noch eine Ausweichmöglichkeit: Verhandlungen um die Gewährung von kleineren Ländereien anstelle eines einzigen großen Gebietes.[482]

Die Annahme, Zweigs »geheime« Reise nach Portugal hätte dazu gedient, Kontakte zum Wohl der jüdischen Flüchtlinge herzustellen, wird von einigen historischen Daten untermauert. Seit 1912, nur zwei Jahre nach der Verkündigung der Republik Portugal, existierte ein Projekt einer »israelitischen« Kolonisation in der Hochebene von Benguela in Angola. Die Abgeordnetenkammer in Lissabon diskutierte sogar schon über ein Gesetz, das zur Überlassung von Land an russische Flüchtlinge

---

[481] Alfred Döblin zit. nach: *Leftwich 2*, S. 215/216. Die Möglichkeit des Landerwerbs in São Paulo wird an gleicher Stelle auf S. 220 erwähnt. Obwohl nur Verfasser des Vorworts, wird Zweigs Name hervorgehoben und erscheint in fast ebenso großen Buchstaben wie der Name des Autors selbst.

[482] Zur Erörterung der angolanischen Alternative (1935–1936) vgl. Astour, Michael: *Geschichte fun der Frajland Ligue un funem territorialistischn Gedank*. Frajland Ligue, Buenos Aires/New York 1967, S. 105–110.

ermächtigen sollte. Der salazaristische *Estado Novo* aber ließ das Vorhaben fallen.[483] Die portugiesisch-jüdische Gemeinde in London ist aktiv und einflussreich. Eines ihrer herausragendsten Mitglieder ist Henry Straus Quixano Henriques, der es bis zum Präsidenten des Rates der jüdischen Abgeordneten im britischen Parlament brachte (1922-1925). Leftwich kann Zweig in den Kreis der anglo-portugiesischen Londoner eingeführt haben.

Ungeachtet seines Beharrens darauf, in Portugal anonym bleiben zu wollen, besucht Zweig Moses Bensabat Amzalak, den Vorsitzenden der jüdischen Gemeinde von Lissabon, der einen großen Einfluss auf den Ministerpräsidenten und Außenminister Salazar besitzt. Amzalak, verdienstvoller Geschäftsmann und geachtete Autorität auf dem Gebiet der Wirtschaftsgeschichte, ist Salazars Studienkollege an der Universität von Coimbra gewesen und pflegt zu ihm weiterhin gute Beziehungen, vor allem im Hinblick auf seine Glaubensbrüder.[484] Aber dennoch wagt er es nicht, die Regierung mit absurden Gesuchen zu verstimmen: »Die Priorität der Juden in Portugal ist es, die Gunst der Regierung zu bewahren.«

Darüber hinaus hält Zweig Kontakt zu einer anderen angesehenen Persönlichkeit der jüdischen Gemeinde, Augusto Esaguy, dem Präsidenten des portugiesischen Flüchtlingskomitees.[485] Der Arzt und Historiker

---

[483] Vgl. Medina, João; Baromi, Joel: »O projecto de colonização judaica em Angola, 1912-1913« (Das Projekt der jüdischen Kolonisation in Angola, 1912-1913) in: *Clio 6* (Universidade de Lisboa, 1987-1988) und *Studies in Zionism* Jg. 12, Nr.1 1991, S. 1-16; Terlö, W.: »Projecto de colonização Israelita no planalto de Angola« (Das Projekt der jüdischen Kolonisation auf der Hochebene von Angola) in: *Boletim do Comité Israelita de Lisboa*, 1 (1912). Israel Zangwill, der Initiator der territorialistischen Bewegung, nahm an den Verhandlungen teil. Vgl. *O Seculo*, Lissabon, 27.3. 1912; 5.6.1912.

[484] Yvette Davidoff, Aussage gegenüber dem Autor, November 1991. 1942 nach Portugal gekommen, engagierte sich Yvette Davidoff die folgenden 44 Jahre in der Israelitischen Gemeinde von Lissabon, in der sie als Sekretärin von Amzalak und beim American Joint Distribution Committee arbeitete. In ihren ersten Berichten über die Ankunft der Flüchtlinge in Portugal sagte Davidoff, dass Zweig bei Amzalak gewohnt habe. Vgl. *O Publico*, Lissabon, 12.8.1990. Im späteren Interview mit dem Autor bestätigte sie lediglich, dass Zweig und Amzalak sich getroffen hätten. Moses Bensabat Amzalak (1892-1978) war konservativ und ein bekennender Salazarist. Zweimal wurde er eingeladen, ein Ministeramt zu übernehmen. Wie andere führende Persönlichkeiten der jüdischen Gemeinde fand er im *Estado Novo* eine »Ruhe«, die der Laizismus der Ersten Republik nicht geboten hatte. Vgl. *Antunes*, S. 41; 48.

[485] Die Familie Esaguy, eine der geachtetsten der jüdischen Gemeinde Portugals, stammt ursprünglich aus Marokko. Augusto (Aiush) Isaac Esaguy (1899-1961), Autor des

Esaguy hat schon einige österreichische Flüchtlinge nach Angola geschickt und steht in Verbindung mit dem amerikanischen Konsulat und den britisch-jüdischen Organisationen, die sich, abgesehen von Palästina, um eine Lösung des Flüchtlingsproblems bemühen. Zweig kennt ihn, Friderike wird ihn später kennen lernen.

Esaguy, und nicht Amzalak, kann der Schlüssel zur Erklärung von Zweigs Portugalreise sein. Der Arzt und Historiker, und nicht der Wirtschaftsexperte und Freund Salazars, wird in der Korrespondenz zwischen der amerikanischen Gesandtschaft und dem Außenminister erwähnt. Von ihm dürfte die erschreckende Erklärung stammen, die von dem Unterzeichner in einem der Memoranden notiert wurde. »Das Wichtigste für die Juden in Portugal ist, das Wohlwollen der Regierung, die nicht beabsichtigt, irgendeinen Schritt hin zu einer Veräußerung von Landgebieten zu machen, nicht zu verlieren.«[486]

Trotz der Zensur forderte wenige Monate nach Zweigs Besuch eine akademische portugiesische Veröffentlichung die Behörden mit der pathetischen Frage heraus: »Warum flüchten sich die aus Deutschland, Österreich und Italien verjagten Juden nicht in die portugiesischen Kolonien?« Ohne es zu wissen, wiederholte der Autor damit die Überlegungen der Territorialisten in London. Der aufgebrachte Leitartikel-Schreiber des *Diário de Notícias*, Sprachrohr der Regierung Salazar, antwortete darauf und verurteilte die Idee eines »israelitischen Königreiches in unserer Kolonie Angola«. Zuvor hatte sich schon die katholische Zeitung *A Voz* mit dem Thema in drohenden Worten auseinandergesetzt: »Wir wünschen, dass sie [die portugiesischen Juden] hier in Frieden leben mö-

---

Buches *Grandezas e misérias de Israel* (Glanz und Elend Israels) von 1939, wird in der Dokumentation der amerikanischen Gesandtschaft in Lissabon (1938) respektvoll erwähnt. Man würdigte seinen Einsatz für die europäischen Flüchtlinge.

[486] »Ein unbekannter jüdischer Arzt in Lissabon, Dr. Augusto Esaguy, Präsident des portugiesischen Flüchtlingskomitees, teilte mit, dass er schon einige österreichische Flüchtlingsfamilien nach Angola geschickt hätte. In den Gesprächen stellte er klar, dass eine Umsiedlung von Massen in jene Kolonie nicht möglich wäre. Er steht in stetigem Kontakt mit jüdischen Organisationen in den USA und England, die zweifellos seine Meinung kennen, obwohl er in den Aussagen gegenüber dieser Gesandtschaft zurückhaltend war.« Vgl. Memorandum an den Staatssekretär, der für die Anweisung 42 (vom 7.6.1939) zuständig war, nach der die Frage der portugiesischen Kolonie von Angola erörtert werden sollte. *Division of European Affairs*, Nr. 530, 7.12.1938. In einem früheren Memorandum ließ die Gesandtschaft wissen, dass einer der herausragenden Juden in Lissabon, Salomão Seruya, Informationen weitergegeben hätte, die Salazars harte Haltung gegenüber den Immigranten erklären könnte. Ein anderes führendes Gemeindemitglied, Adolfo Benarus, hätte einen Brief zu dem Problem der politischen Flüchtlinge geschrieben.

gen. Indessen sind wir sicher, es nicht zu erlauben, dass die Anzahl [durch eine Immigration] steigt. In diesem Fall werden wir hier auf dieselben Schwierigkeiten stoßen, wie sie anderswo schon vorhanden sind.«[487] Sarkastisch kommentiert Rolland die Reise: »Momentan ist er [Stefan Zweig] in Portugal – wahrscheinlich, um von seinem letzten Buch *Magellan* und dessen [positiver] Aufnahme, die ihm die Türen zu Salazar öffnen wird, zu profitieren.«[488] Bis zu Salazar ist er nicht gekommen. Die »geheime Mission« in Portugal scheiterte. Sie kann eine Heldenfantasie des Schriftstellers gewesen sein, ein Versuch von Aktivismus, ein Bedürfnis, zu diesem Zeitpunkt etwas zu tun, oder eine Antwort auf die Vorwürfe der anderen, er würde sich angesichts des Nationalsozialismus nicht engagieren. Die Arbeit an dem Roman hat er nicht abgeschlossen, es ist ihm nicht gelungen, anonym zu bleiben, und Lotte hat es nicht geschafft, sich abzuschirmen, wie sie es gewünscht hatte.[489] Aus dem Treffen mit Amzalak und/oder Esaguy hat sich nichts ergeben. Angola verschwand aus den Überlegungen derer, die beabsichtigten, der Geschichte zuvorzukommen und eine ihrer größten Gräueltaten zu verhindern.[490]

---

[487] Autor unbekannt: »Por que não se acolhem nas colônias portuguesas os judeus escorraçados da Alemanha, Austria e Itália?« in: *Arquivo de História antiga e da crónicas contemporaneas* 356 (2.11.1938), S. 696–701. *Diário de Noticias*, Lissabon 5.12.1938 (eine Erwiderung auf die Debatten, die im englischen Unterhaus geführt wurden). Unter der Überschrift »A colônia portuguesa de Angola como possível lar para os refugiados politicos« (Die portugiesische Kolonie in Angola als mögliche Heimstatt für die politischen Flüchtlinge) wird ein Artikel aus *A Voz*, 26.4.1938 im Memorandum 363 vom 9.7.1938 der Gesandtschaft der USA in Lissabon zitiert. Später wurde das Roosevelt vorgelegte Projekt als »Plan einer zusätzlichen Heimstätte für Juden in Angola« bezeichnet. Das Wort *zusätzlichen* wurde gewählt, um die amerikanisch-jüdische Gemeinde, die sehr zionistisch war, nicht zu kränken.

[488] Tagebucheintragung, Januar 1938 zit. nach: *Niémetz*, S. 475.

[489] Zur Verabschiedung Zweigs erschienen am 7.2.1938 im Lissabonner Hafen der hilfsbereite Fraga Lamares und einige der Freunde: Câmara Reis, ein wichtiger Literaturkritiker und erklärter Gegner Salazars, sowie der Vizegraf von Lagoa, ein Schifffahrtshistoriker, der damals gerade kapitelweise sein großes Werk über Fernão de Magalhães veröffentlichte und ebenfalls ein Gegner Salazars war. Beide gehörten zu der Gruppe um die oppositionelle Zeitschrift *Seara Nova*. In einem der Interviews, die Zweig am Tag der Abreise an Bord des Schiffes gab, offenbarte er, dass eine »Schreibkraft« ihn nach Portugal begleitet hätte. Vgl. *Diário de Lisboa*, 7.2.1938 nach: *Gil*, S. 15.

[490] Zu der noch wenig bekannten Geschichte dieser Verhandlung vgl. Melzer, Emanuel: »Poland, the U.S. and the Emigration of East European Jewry – The Plan for a Supplemental Jewish Homeland in Angola« in: *GAL-ED. On the History of the Jews in Poland*. Diaspora Research Institute, University of Tel Aviv 1989, S. 55–86. Neben Roosevelt werden der Finanzfachmann Bernhard Baruch, der Unternehmer Levi Strauss und der Zweig bekannte Bankier Anthony de Rothschild genannt.

Als Positives bleibt die enger gewordene Beziehung zu seinem Verleger Fraga Lamares und zu der Gruppe von Intellektuellen, die bei der oppositionellen Zeitschrift *Seara Nova* mitarbeiteten und die Verbindungen zu den portugiesischen Offiziellen, die zwei Jahre später helfen werden, das Leben Friderikes, ihrer Töchter und Schwiegersöhne zu retten, als diese aus dem besetzten Frankreich fliehen müssen.[491] Das Versprechen, eine Biografie über Camões zu schreiben, wird Zweig nie erfüllen.

Von Lissabon reisen er und Lotte auf dem Seeweg mit einem kurzen Halt in Tanger nach Marseille und von dort mit dem Zug nach Paris. Lotte fährt sofort zurück nach London. Er bleibt in der französischen Hauptstadt, um Friderike wieder zu sehen – das Leben geht weiter, die Zerrissenheit auch.

Mittels einer Expresskarte, die Zweig so gerne benutzte, teilt er Friderike mit, dass er in Paris sei, wo sie sich seit Januar 1938 bei ihrer Tochter Susanne aufhält, die inzwischen als Fotografin arbeitet. Sie erhält das Telegramm nicht, weil sie sich gerade auf dem Weg zu Julien Cain, dem Direktor der *Bibliothèque Nationale*, befindet. Zufällig sucht Zweig ebenfalls den Freund auf und dort begegnen sich die beiden wieder. Ein ermutigendes Zeichen.

Doch nicht wirklich: Kurze Zeit später nimmt der Prozess seinen Anfang, der zum Anschluss des »ewigen« Österreich an das neue Deutschland führen sollte, dem endgültigen Sieg der deutschen Nationalsozialisten über die italienischen Faschisten im Kampf um die Vorherrschaft in Österreich.

Wenn Friderike nicht Zweigs Rückkehr aus Portugal abgewartet hätte oder wenn die beiden gemeinsam weniger Zeit in Paris verbracht hätten, hätte Friderike, wie geplant, die Grenzen nach Österreich passiert, aber bald darauf wäre sie von der Gestapo verhaftet worden. Wenige Tage nur ließen das aussichtsreiche Treffen in der *Bibliothèque Nationale* in eine Abfolge von Missverständnissen und Verlusten münden.

---

[491] Wenig später schlug er schon Lamares vor, die Bücher seines Freundes Alfred Döblin, der sich zu dieser Zeit auch in London aufhielt, vor allem diejenigen, deren Thematik mit Brasilien verbunden ist, zu veröffentlichen. Vgl. Brief Zweig an Lamares, 17.8.1938 und Brief Lamares an Zweig, 22.8.1938 in: *Briefe SZ-Lamares*. In London hatten Zweig und Lotte dank des Vizegrafen von Lagoa engen Kontakt zu Armando Cortesão, ebenfalls ein politischer Exilant. Cortisão, Armando: »Cartas de Londres« (Briefe aus London) in: *Gil*, S. 136–140. (Erstmals erschien dieser Artikel am 6.6.1942 in der Zeitschrift *Seara Nova*.)

Man nimmt ihnen die Staatsangehörigkeit und noch viel mehr: Friderike gibt die Bemühungen auf, bei der österreichischen Regierung die Genehmigung für die Übersiedlung der Schwiegermutter Ida Zweig zu erwirken, und schafft es nicht mehr, in das neue, auf den Namen der Tochter Alix gemietete Haus in Nonntal bei Salzburg zurückzukehren. Dort befindet sich ein Teil des Besitzes, der ihr nach der Vermögensaufteilung geblieben ist, ein weiterer ist eingelagert – alles wird von der Gestapo beschlagnahmt und versteigert: die persönliche Habe, die Bibliothek und die etwa 600 Bände der Werke des Gatten in allen Sprachen, die der Insel Verlag eigens für sie mit besonderen Einbänden versehen hatte. Der größte Verlust jedoch ist das Manuskript von *Jeremias*, das Zweig aufwändig hatte einbinden lassen und in das er ihr ein Widmungsgedicht geschrieben hatte – das erste und einzige an die damalige Muse. Der Briefwechsel des Ehepaares ebenso wie die Korrespondenzen Zweig-Rilke und Zweig-Rolland werden gerettet, weil sie zu diesem Zeitpunkt schon in der Obhut zweier Freundinnen sind.[492]

Heiraten ist leicht, eine gerade, von der Liebe, dem Wunsch, dem Bedürfnis und der Fantasie gezogene Linie. Sich zu trennen, ist ein ruckartiger Zickzackkurs, im besten Falle eine Schlangenlinie. Vor allem, wenn die ganze Welt von einem Wirbelsturm mitgerissen wird. In einem der Eckpunkte des Dreiecksverhältnisses befindet sich ein Mann voller Angst anstatt voller Lust.

Vor einem Jahr, im Frühjahr 1937, haben Zweig und Friderike in Wien alle Unterlagen für die Trennung und die Auflösung des einst mächtigen »Betriebes« auf dem Kapuzinerberg unterschrieben. Das Haus, die Möbel, die Antiquitäten, die Manuskripte, die Kataloge, die ein Vermögen und Jahre der Arbeit gekostet haben, wurden zu lächerlichen Preisen angeboten. Die Käufer wussten, dass die Marktlage günstig war, und nutzten dies aus. – Geschäft ist Geschäft.

Als Friderike danach allein nach Salzburg zurückkehrte, fand sie dort einen langen Brief ihres nun Ex-Mannes vor:

> (I)ch möchte nicht, daß Du glaubst, es sei dies eine frohe Stunde für mich gewesen – im Gegenteil, ich schreibe Dir das in der Nacht, schlaflos und voll Gedanken an die vergangene gute Zeit. Wir haben beide Fehler gemacht und ich wollte, es wäre anders gekommen – bei Gott, ich spüre im Herzen nichts als Traurigkeit über diesen äußeren Abschied, der innerlich keiner für mich

---

[492] *Briefe SZ-FZ*, S. 314; *Friderike 1*, S. 227–230. Die beiden Freundinnen, denen Friderike die Korrespondenz anvertraut hatte, sind Magda Grasmayr und Josefine Junger.

ist, vielmehr nun wieder ein Näherkommen, weil wir nicht mehr so nahe sind mit all den Kleinlichkeiten und Peinlichkeiten. [...] aber Du verlierst nicht viel. Ich bin nicht mehr derselbe, ein menschenscheuer, ganz in sich zurückgezogener Mensch geworden, den eigentlich nur mehr die Arbeit freut. [...] ich weiß auch, daß es an mir liegt, wenn es um mich stiller und leerer wird; jener Schlag von Deutschland her hat uns alle tiefer getroffen als Du vermutest [...] Ich bitte Dich, glaube mir, daß ich nichts anderes wünsche, als Dich zufrieden zu wissen – auch Deinen Kindern wünsche ich alles Glück. Wenn ich unzufrieden mit ihnen war, so doch nur, weil sie nichts von jenem brennenden Eifer des Lernens hatten, von dem wir doch beide wissen, daß er der Sinn und die Schönheit unserer Jugend war. [...] Verzeih mir jedenfalls, wenn ich durch diese Art von Pessimismus Dir manche Stunde verstörte, aber Du weißt, ich habe es mir nie leicht gemacht und mache es andern schwer, mit mir – außer in einzelnen glücklichen Intervallen – fröhlich zu sein. [...] habe kein Misstrauen zu mir. Ich bin voll Fehler und Unzulänglichkeiten, aber eines weißt Du, daß ich nie einen Menschen vergessen habe, den ich jemals gerne gehabt und wie sollte ich Dir fremd werden können, Dir, die mir am nächsten stand. Du weißt es, wie ich Freundschaft halte, wie ich nie mich dieser innern Pflicht entziehe, selbst wenn Freunde mir Schweres antun [...] Die beste Zeit ist unwiederkehrbar vorbei und wir haben sie gemeinsam gelebt, viel davon in wirklichem Glück und ich auch in gesegneter Arbeit. [...] Vergiß auch Du, wenn ich oft zu Dir ungerecht war. Glaube nicht einen Augenblick, daß ich Dir verloren bin, und denke an mich wie an Deinen besten Freund – möge mir oft Gelegenheit gegeben sein, Dir dies zu beweisen und verzeih mir allen Schmerz, den diese Trennung Dir angetan. Es ist meine eigene Trauer [...] Ich danke Dir für alles und vergesse nichts von dem Guten und Gemeinsamen dieser Jahre und werde es *nie* vergessen. Immer Dein *Stefan*[493]

[493] Briefe SZ-FZ, 12.5.1937. Dies ist ein Auszug des Briefes in der von Friderike veröffentlichten Fassung. Darin ließ Friderike einige Abschnitte, die sich auf ihre Töchter bezogen, weg. So führte Zweig Friderikes Liebe zu ihren Kindern als das sie beide trennende Moment an: »[...] ich weiß genau, wer Du bist und weiß auch, daß all das, was uns getrennt hat, nur Liebesschwäche zu Deinen Kindern war, eine Unkraft, gegen ihre Wünsche Dich zu wehren. Aber es war eben ein entscheidender Augenblick, da Du nicht ganz zu mir hieltest [...] Um ihretwillen bist Du oft unwahr, oft feindselig gewesen gegen mich [...] es ist kein Tropfen Bitternis in mir gegen Dich, nur ein großes Bedauern – hättest Du Enkel gehabt zur rechten Zeit, alles wäre vermieden gewesen und Du weißt auch, daß die endgiltige [sic] Trennung auf Dein Drängen kam.« Vgl. *Briefe 1932–1942*, 12.5.1937. *Kerschbaumer*, S. 379/380. Es wirkt wie eine Klage eines verwöhnten Kindes, ein Vorwand zur Rechtfertigung der fehlenden Treue des Absenders. Friderike unterdrückte sicherlich diese Passagen, um die Töchter davor zu bewahren, für die Nachwelt als Verursacherinnen der Meinungsverschiedenheiten zwischen der Mutter und dem Stiefvater zu gelten. Die Auszüge, die Friderike für die Öffentlichkeit bestimmte, wiegen schwerer gegen sie als jene, die sie wegließ.

Alles ändert sich, alles bleibt beim Alten: Von Wien fuhr Zweig mit dem Zug nach Zürich, wo Lotte ihn erwartete. Auf dem Weg machte er in Salzburg halt. Wie verabredet wurde er am Bahnhof von Friderike, den Töchtern und dem hier weilenden Joseph Roth begrüßt. Friderike stieg in den Zug, um sich zu verabschieden. Plötzlich flehte Zweig sie an, zu bleiben. Sie blieb und sehr zum Schrecken des kleinen Begrüßungskomitees fuhr der Zug mit den beiden los.

Von dem Augenblick an, an dem der fürsorglichen Schwiegertochter die Rückkehr nach Österreich verwehrt ist, ist Ida Zweig in Wien allein auf sich gestellt. Sie bleibt in der Obhut einer »arischen« Krankenschwester zurück. Daneben sieht ein entfernter Cousin, der das Land nicht verlassen möchte, nach dem Rechten. Da es ihm als Juden aufgrund der nationalsozialistischen Rassengesetzgebung nicht erlaubt ist, mit einer »arischen« Frau unter einem Dach zu übernachten, hat er eine eigene Wohnung.

Taub und abwesend nimmt die alte Dame die Vorgänge um sie herum nicht wahr. Als sie körperlich noch in der Lage ist, unternimmt sie täglich Spaziergänge. Aber bald wird es ihr verboten, sich zum Ausruhen auf Parkbänke zu setzen. Im August des verhängnisvollen Jahres 1938 stirbt sie schließlich zusammen mit ihrem Wien.

Völlig verwaist ist Zweig nun: ohne Vater (der 1926 gestorben war), ohne Mutter, ohne Ehefrau (ebenfalls eine Art Mutter), ohne Haus, ohne Heimat, ohne Freunde, ohne Mitte. Zweig ist kein Sohn, Ehemann oder Staatsbürger mehr – er ist nicht mehr derselbe, der alte Zweig existiert nicht mehr.»Und ich zögere nicht zu bekennen, daß seit dem Tage, da ich mit eigentlich fremden Papieren oder Pässen leben mußte, ich mich nie mehr ganz als mit mir zusammengehörig empfand.«[494]

Zuvor ist er verloren, desorientiert gewesen, jetzt mit dem Verlust der Staatsangehörigkeit ist er trotz seines vielen Geldes ein Flüchtling. Weit davon entfernt, sich in der großen Schar der Heimatlosen integriert zu fühlen, leidet der Internationalist mehr als vorher. Er erkennt, dass er Visa, Dokumente, Pässe, Genehmigungen braucht. Dem Impuls, sich fortzubewegen, kann nun nicht mehr einfach nachgegeben werden, alles hängt von Dienstwegen, Regelungen, Angestellten, bürokratischen Vorgängen, Schubladen, Stempeln ab. Alle sind Fremde in diesen schwierigen Zeiten. Über Nacht sind die Grenzen gefallen – nicht durch den Internationalismus, sondern durch den Nationalismus. Es beginnt

---

[494] *Die Welt von Gestern*, S. 468.

eine seltsame europäische Vereinigung, geleitet von finsteren Seelen in braunen und schwarzen Uniformen.
»Früher hatte der Mensch nur einen Körper und eine Seele. Heute braucht er noch einen Paß dazu, sonst wird er nicht wie ein Mensch behandelt.« Dies hatte ein exilierter Russe vor vielen Jahren zu Zweig gesagt. Nun erlebt er es am eigenen Leib.[495]
London ist der Sammelpunkt der Schutzlosen. Nahe und ferne Freunde, Bekannte und Unbekannte, alle bitten sie um Hilfe. Sie wissen von seiner Großzügigkeit, seinen Mitteln und Kontakten zu den offiziellen Kreisen. Sie flehen, schreiben, sprechen ihn auf der Straße an, und bitten ihn um Hilfe, Empfehlungsschreiben, Arbeit, Geld und Unterstützung. Das Gefühl der Machtlosigkeit wird stärker. Die Gereiztheit kehrt zurück – und mit ihr die Depression.

Gemeinsam mit Lotte reiht er sich in die Schlange vor dem britischen Innenministerium ein, um einen Identitätsnachweis zu erhalten, um wieder jemand zu sein. Dank der Protektion einflussreicher Freunde wird er nun den ersehnten britischen Pass und damit die Existenzberechtigung bekommen können.

Die Freundschaftsbande zu Rolland lockern sich, als Friderike diesen bittet, den Gatten davon zu überzeugen, die Scheidung aufzuschieben. Sie hat erfahren, dass Zweig die englische Staatsbürgerschaft beantragt hat. Wenn die Ehe noch etwas aufrechterhalten würde, könnte sie als Gattin von dieser Staatsbürgerschaft ebenfalls profitieren. In ihrem Appell an Rolland beschreibt Friderike den grausamen Ton, der jetzt zwischen ihnen beiden herrscht: »Das ist schon Wahnsinn.«[496]

Rolland vermittelt, der Freund, unter völliger Kontrolle von Lotte stehend, lehnt ab. Es ist kein böser Wille, vielmehr die Notwendigkeit, sich abzusichern. Lotte, die schon länger in England wohnhaft ist, würde problemlos die Staatsbürgerschaft bekommen. Aber sie weiß, dass die Hochzeit mit Stefan gefährdet wäre, wenn sich Friderike in London niederließe. Ein Krieg innerhalb des Krieges, geballte Grausamkeit.

Als Rechtfertigung seiner Absage führt Zweig an, dass es eineinhalb bis zwei Jahre dauern könnte, bis er den Pass erhielte. Eine Verlängerung der Ehe würde seine Unabhängigkeit einschränken.[497] Roth ist ein

---

[495] *Die Welt von Gestern*, S. 465.
[496] *Briefe SZ-Rolland*, 5.5.1938.
[497] Wenn Zweig die Scheidung verschoben und Friderike die britische Staatsbürgerschaft erhalten hätte, hätte sie sich legal in Paris niederlassen oder nach England fliehen und damit dem Krieg entgehen können. (Zu diesem Zeitpunkt war der An-

weiterer Verbündeter von Friderike, nicht nur, weil beide in Paris wohnen und die gleichen Emigrantenkreise besuchen, sondern weil die Trennung noch einen Grund liefert, um auf jenen einzuschlagen, der allmählich zu seinem Beschützer und zugleich bevorzugten Prügelknaben geworden ist. Seltsame Freundschaft, alles eint die beiden, alles trennt sie. Irgendwann sollten sie sich im selben Lager begegnen.

Solange Zweig auf den Pass wartet, gibt er sich dem Verfolgungswahn hin. Er weiß, dass ihm die britische Staatsbürgerschaft gewährt werden wird, aber er braucht das Leiden. Im herbeigesehnten Pass wird er ohne Einschränkungen als Untertan des britischen Empires bezeichnet. Was ihn stört und worüber er sich in allen Briefen und Gesprächen beklagt, ist die Eintragung als »alien enemy« im Polizeiregister. Eine politische Formalität ohne diskriminierenden Charakter: Die englische Regierung erkennt den Anschluss Österreichs an Deutschland, den Feind Englands, an und bewahrt den Träger des Passes vor der Internierung, auch wenn sie seine Bewegungsfreiheit einschränkt.[498]

In der von Exodus und Diaspora gekennzeichneten Welt müssen die Überlebenden sich still und ruhig verhalten. Im anhaltenden Sturm ist es das Beste, eine feste Bleibe zu suchen. Unauffällig, gehorsam und regungslos zu sein, sind die ersten Voraussetzungen, um den Titel des Staatsbürgers irgendeines Landes zu erlangen. Die Einbürgerungsgesuche erfordern für eine bestimmte Zeit den ununterbrochenen Aufenthalt im Land. Daher ist Zweig auf Anfrage der britischen Regierung gezwungen, minutiös darzulegen, warum er seit 1934 das Land so oft verlassen hat. Dies ist demütigend.

Während die Regierung Seiner Majestät über sein Schicksal entscheidet, wendet er sich an die Regierung Seiner Exzellenz, den Präsidenten der Vereinigten Staaten von Brasilien. Aus dieser Zeit (Mitte 1938) stammt die an die brasilianischen Behörden gerichtete Bitte um Einbürgerung. Er möchte sich absichern. Seit seinem triumphalen Brasilienbesuch 1936 steht er mit Jimmy Chermont, der ihn damals im Auftrag der brasilianischen Regierung betreut hat, in Briefkontakt. Als der Diplomat nach London versetzt wird, bittet Zweig um seine Fürsprache zugunsten der brasilianischen Staatsbürgerschaft für ihn.

---

schluss schon durch eine Volksabstimmung bestätigt und Österreich formell an Deutschland angegliedert worden.)

[498] Der Einbürgerungsprozess wurde dank der Hilfe von Humbert Wolfe, dem Schriftsteller und höheren Beamten im englischen Arbeitsministerium, der auf Bitten von Leftwich tätig wurde, abgekürzt. Auch H.G. Wells unterstützte dieses Gesuch.

Das Gesuch bei der brasilianischen Botschaft in London wird an den Außenminister Oswaldo Aranha (dem Nachfolger von Macedo Soares) weitergeleitet, der seine Mitarbeiter zurate zieht. Der Fall gerät glücklicherweise in die Hände des Botschafters Hildebrando Accioly, eines Karrierediplomaten, der die fremdenfeindliche Kultur des *Palacio do Itamaraty* nicht verinnerlicht hat.

> Herr Zweig wird die brasilianische Nationalität erwerben können, ohne sich dafür die vorgeschriebenen zehn Jahre ununterbrochen im Land aufhalten zu müssen [...] von der Antragstellung des Interessenten bis zur Ausfertigung der Einbürgerungsurkunde muss indessen eine Mindestfrist von einem Jahr verstreichen [...] es sei denn, dass die Regierung unter Rückgriff auf die ihr zur Verfügung stehenden Machtbefugnisse den Artikel außer Kraft setzt oder eine Ausnahmeregelung für Herrn Zweig schafft. [...] In dieser Einbürgerungsphase wird Herr Zweig nicht gezwungen sein, in Brasilien zu bleiben. Zur Empfangnahme der Einbürgerungsurkunde und der Ableistung des feierlichen Eides, seine Pflicht als brasilianischer Staatsbürger nach bestem Wissen und Gewissen zu erfüllen, muss er sich jedoch hier einfinden und des Weiteren die frühere Staatsangehörigkeit mit allen Konsequenzen zurückgeben. Dies erscheint mir unter Vorbehalt als die beste Lösung.[499]

Tausende von Flüchtlingen in Europa würden so lasche Klauseln akzeptiert haben, um sich in Brasilien niederlassen zu können, aber Zweig lehnt ab. Der Aufgeregte ist diesmal rational: Wenn das englische Einbürgerungsverfahren vorher abgeschlossen ist, wird er diese Staatsbürgerschaft bei Erhalt der brasilianischen zurückgeben müssen. Das gleiche gilt, wenn die brasilianische Staatsbürgerschaft der englischen zuvorkommt.

Als Rolland erfährt, dass der Freund nach Brasilien übersiedeln möchte, zeigt er sich plötzlich väterlich und versucht, ihm dies auszu-

---

[499] Hildebrando Accioly war einer der Diplomaten, die sich um die Öffnung Brasiliens für die europäischen Flüchtlinge bemühten. Später nahm er in seiner Funktion als brasilianischer Botschafter im Vatikan erneut eine herausragende Rolle bei der Rettung von Flüchtlingen ein. Vgl. *Milgram 1*, S. 81–103. Die Behauptung, dass die brasilianische Regierung mindestens einen fünfjährigen Aufenthalt im Land für die Gewährung der brasilianischen Staatsbürgerschaft verlangt hatte, war von Zweig selbst verbreitet worden. Sie sollte als Rechtfertigung dafür dienen, dass er dem englischen Pass den Vorzug gegeben hatte. Die Familie Melo Franco war für die Weiterleitung seines Gesuchs an das Außenministerium (Bewilligung 502.52 [81] vom 22.6.1938) ausschlaggebend. Vgl. Jaime Chermont, a.a.O. Briefwechsel Zweig-Melo Franco. *Stefan Zweig Collection. Daniel Reed Library. State University of New York*, Fredonia/NY.

reden: »Ich hoffe, Sie werden sich endgültig in England niederlassen. Bei all ihren Mängeln sind unsere alten demokratischen Länder doch unser Nährboden. [...] Ich sehe Sie noch nicht in Brasilien. Es ist zu spät in Ihrem Leben, um noch einmal Wurzeln zu schlagen. Und ohne Wurzeln wird man zu einem Schatten.«[500]
Zweig hört nicht auf Rolland und sucht der Logik der Panik gehorchend weitere Absicherungen; je mehr, desto besser: An Stelle der Staatsbürgerschaft bemüht er sich deshalb um eine brasilianische Aufenthaltsgenehmigung. So würde er den englischen Pass nicht verlieren und könnte sich dennoch in Brasilien niederlassen. Er wird alles bekommen und gleichwohl keine Ruhe finden. Noch weiß er nicht, wo er sich niederlassen wird, aber es gelingt ihm auch nicht, an einem Ort zu bleiben.

1935 hatte er den Vorsatz gefasst, nicht noch einmal in die USA zu fahren, und siehe da, jetzt, im Dezember 1938, sind die Koffer für die Atlantiküberquerung fertig gepackt. Diesmal fährt Lotte mit. Zweig soll in den Staaten eine Reihe von Vorträgen halten.

Er behauptet, dass man in Krisenzeiten ein solch gewichtiges Angebot nicht ablehnen kann, aber Geld ist nicht das Problem. Auch die Premiere des *Jeremias*, aufgeführt durch die *Theater Guild* in New York, rechtfertigt den Aufwand nicht. Der Hauptgrund ist vielleicht eher Friderike oder das Verhältnis Lotte – Friderike. Durch ihre Flucht nach Paris ist ihm die Ex-Frau näher gekommen, und die neue Gefährtin muss noch ihre Position festigen.

Für die erste transatlantische Reise des Ehepaars – ein Bonbon für Lotte – ist nichts zu teuer. Aus diesem Grund wählt Zweig die kürzlich vom Stapel gelaufene *Normandie*, ein Wunder der französischen Schiffsbautechnik, das luxuriöseste Passagierschiff der Welt – die Reise kommt einer Hochzeitsreise gleich.

In New York erwartet ihn ein Terminmarathon: Er sieht seinen vor kurzem eingetroffenen Bruder Alfred wieder, ebenso wie die große Schar der exilierten Gefährten. Er versucht, Ben Huebsch für die Werke der europäischen Freunde (inklusive Rolland) zu interessieren, und trifft sich mit Ernst Toller, Thomas Mann und Albert Einstein. Anschließend durchquert er mit dem Zug die Vereinigten Staaten von Ost nach West, von Nord nach Süd. Insgesamt besucht er 30 Städte.

[500] *Briefe SZ-Rolland*, 24.6.1938.

Kalifornien findet er interessant, lässt sich New Orleans, wohin er einen Abstecher mit dem Flugzeug macht, nicht entgehen und nimmt sogar noch Toronto in seine Reiseroute mit auf. Zurück in Manhattan wohnt er der miserablen Aufführung seines *Jeremias* bei. »So sehr, daß man seine eigenen Helden nicht wiedererkennt«, erzählt er darüber Rolland. »(S)chlecht gespielt und schlecht inszeniert«, schreibt Lotte ihrem Bruder. Im Februar 1939 teilt Zweig der Freundin Gisella Selden-Goth mit, dass er beabsichtige, am 3. März nach Europa zurückzufahren und kommentiert: »(W)ahrscheinlich der größte Unsinn, den ich begehen kann.« Und dennoch kehrt er nach Europa zurück.[501]

Das Tagebuch bleibt geschlossen, kein Eintrag, keine Ergänzung zur früheren Reise. Es wäre Energieverschwendung. Er ist Lottes wegen gefahren. Er reist, um sich fortzubewegen, um sich frei zu fühlen, und kehrt unfreier denn je zurück.

Vier Monate später, im Juli 1939, beginnen die Vorbereitungen für eine neue Lebensphase – das Ehepaar Zweig verlässt das hektische London und zieht ins beschauliche Bath, einem kleinen Ort, der sich das Flair des 19. Jahrhundert bewahrt hat. Die von Friderike ausgewählte Einrichtung des Apartments – geschmackvoll, jedoch kalt und bedrückend, wie es Georges Duhamel beschreibt – gefällt Lotte nicht.

In Wahrheit möchte Lotte *ihr* Heim haben. Aus eigenem Antrieb würde Zweig niemals versucht haben, den Kapuzinerberg zu reproduzieren, selbst als Miniatur nicht. Aber die schweigsame Frau an seiner Seite ist auf das Wollen fixiert, sie hat Gefallen daran gefunden, Wünsche zu haben: Wenn Friderike einen Hort geschaffen hatte, in dem ihr Ehemann die meisten seiner literarischen Werke verfasste, muss Lotte nun zeigen, dass sie zur gleichen Heldentat fähig ist.

In Bath quartieren sich die beiden zunächst in einer komfortablen Pension ein und machen sich auf die Suche nach einem Haus im georgianischen Stil – Einwanderer müssen Gediegenheit vortäuschen. Damit das Haus zu einem wirklichen Heim wird, benötigt Lotte noch etwas: Dokumente, die Legalisierung ihres Verhältnisses. Friderike legte keinen Wert darauf, an ihrer eigenen standesamtlichen Hochzeit anwesend zu sein. Für Lotte ist dies jedoch sehr wichtig. Und für Zweig? Für ihn muss sich das Haus wie in Salzburg auf einer Anhöhe befinden.

---

[501] Brief von Zweig an Rolland, 22.2.1939 zit. nach: *Niémetz*, S. 487. Brief von Lotte Zweig an ihren Bruder, Datum unbekannt zit. nach: *Prater*, S. 373. Brief von Stefan Zweig an Gisella Selden-Goth, 9.2.1939 in: Zweig, Stefan: *Unbekannte Briefe aus der Emigration an eine Freundin.* Herausgegeben von Gisella Selden-Goth. Hans Deutsch Verlag. Wien/Stuttgart/Basel 1964.

»Glaube nur nicht, daß ich noch ein Liebhaber bin«, sagt Zweig Friderike bezüglich seiner Gefühle zu Lotte.[502] Wenn es nicht Verliebtheit ist, muss ihn etwas viel Stärkeres an die Ex-Sekretärin binden. *Beware of Pity* ist der englische Titel seines einzigen Romans (der als Vorwand für den Aufenthalt in Estoril diente). Ein sich aufzwingender, provozierender Titel, ganz nach dem angelsächsischen Geschmack mit einer leichten Anspielung auf Selbsthilfebücher. *La Pitié dangereuse*, das zur gleichen Zeit in Frankreich erscheint, zeigt die Mitleidsfalle in ihrer ganzen Dimension. Zweig war sich bezüglich des Schlüsselwortes für den deutschen Titel unsicher: Mitleid, Mitgefühl, Anteilnahme. Freunde wurden um Rat gefragt, sie machten Vorschläge. Zweig hörte sie sich an und zog es aber vor, auf das übliche Mittel der Doppeldeutigkeit zurückzugreifen: *Ungeduld des Herzens*. Als Dichter der Solidarität und Erforscher des Leidens lenkt Zweig jetzt die Aufmerksamkeit auf das Gefühl, das das gefährlichste aller Gefühle sein kann – das Mitleid.

Anders als bei den Biografien hat er diesmal kein Sprachrohr. Es ist die Handlung selbst, die spricht. Und ohne es wahrzunehmen, holt er Lotte auf die Bühne: Die umherirrende, von der Krankheit geschwächte Jüdin weckt dasselbe Gefühl, etwas gutmachen zu müssen, das die gelähmte Edith in dem eleganten Leutnant Hofmiller und dem adligen Lajos von Keskesfalva, dem Juden, der vor dem Ausbruch aus dem Schtetl Lämmel Kannitz hieß, hervorruft. Lotte repräsentiert nicht die Leidenschaft, sondern das Mitleid. Sie ist eine Figur und zugleich aber auch eine aufmerksame Schreibkraft – dies mahnt zur Vorsicht.[503]

In dem Roman voller Schuldgefühle und Entschuldigungen fungiert das österreich-ungarische Kaiserreich als Handlungshintergrund. Noch unterliegt Zweig der Nostalgie nicht, aber zum zweiten Mal versucht er, sich mittels der Fiktion in die Welt von Gestern hineinzuversetzen: Der erste Versuch ist die *Postfräuleingeschichte* gewesen. Jetzt kehrt er mit einer Behinderten zurück. Doch er ist mit dem Roman nicht zufrieden: Er gefällt ihm nicht, es liegt nicht am literarischen Genre. Vielmehr ist es die Fiktion als solche, die ihm unpassend zu sein scheint. Es ist besser, sich völlig der Niederschrift der Memoiren zuzuwenden und sich weniger mit Handlungen und Erzählungen abzumühen.[504]

---

[502] Stefan Zweig zit. nach: *Prater*, S. 379.
[503] Auf der Reise nach Brasilien 1936 begann Zweig mit der Arbeit an dem Roman, unterbrach sie aber später. Schließlich beendete er den Roman 1939 in London.
[504] Die *Postfräuleingeschichte*, begonnen 1931, wurde nie vollendet. 1940 verarbeitete er die Geschichte gemeinsam mit seinem Freund Berthold Viertel zu einem Drehbuch. Vgl. *Prater*, S. 275; *Kerschbaumer*, S. 177–181.

Ungeduld des Herzens, verfasst nach der Trennung, ist seine längste und qualvollste literarische »Geburt«: Er schreibt den Roman mehrmals um, versucht daraus einen »historischen Roman« im Stil von Roths *Radetzkymarsch* zu machen. Aber der Freund hatte sich den Figuren nicht so verpflichtet gefühlt und konnte sich daher ganz der Habsburg-Saga hingeben und aus ihr eine Hommage an die Tugenden der aufgeklärten Monarchie machen. Einander so nahe und zugleich so unterschiedlich stimmen die beiden Freunde gemeinsam den Schwanengesang auf das österreich-ungarische Kaiserreich an, das sie vereint und getrennt hat und schließlich wieder zusammenbringen wird.[505]

Anzeichen einer körperlichen Beruhigung oder einer versiegten Kreativität – in den sanften, grünen Hügeln der englischen Gefilde erwartet ihn Balzac. Der französische Gigant und seine Vitalität erscheinen abermals wie eine Rettungsboje, an die man sich klammern kann. Die Welt dreht sich weiter, doch Zweig kann sich nicht von der imposanten Figur lösen, die über den Pomp und die Miseren seiner Zeit spottet. Von Salzburg hat er die Aufzeichnungen der letzten 20 Jahre mitgebracht. 700 Seiten Beobachtungen, die mindestens zwei Jahre erfordern, um sie zu einem biografischen Gemälde zu verdichten. Deshalb wird er von *Balzac* niemals sagen können: »*C'est moi*«, auch wenn dieser ihn seit einem Vierteljahrhundert verfolgt.

Die Geschichte ist überall, unübersehbar, unüberhörbar, nicht einleuchtend, aber kreativer als jeder Autor. Im Laufe des Jahres 1939 nimmt Zweig erneut die Einladung zu einem internationalen Kongress des PEN-Clubs, diesmal in Stockholm, an. Er greift einen alten Text *Die Geschichte als Dichterin* auf. Zweig ist sich sicher, dass er nun die launenhafte Erzählerin schon kennt und mit 57 Jahren fähig ist, die Bedeutung des absurden Strudels zu ermessen. Doch er täuscht sich, diese Dichterin hält eine Überraschung bereit: Wegen des Ausbruchs des Zweiten Weltkrieges wird der Kongress abgesagt.[506]

Seine persönliche Geschichte ist nicht gelöst. Friderike ist die erste, die dies erkennt. Trotz der durch die Trennung verursachten Wunden stellt sie in Paris fest, dass die Briefe des Ex-Ehemanns zugenommen haben und sich in deren Wortlaut dunkle Wolken bemerkbar machen – die Vorankündigung einer Krise. Friderike verliert keine Zeit, das hat sie

---

[505] Eine Gegenüberstellung der Romane *Ungeduld des Herzens* und *Radetzkymarsch* findet sich in: Wistrich 2, S. 534–542.
[506] *Prater*, S. 416; 419. *Klawiter 1*, S. 343/344.

nie getan. Mit Hilfe der treuen Freunde Jules Romains, Georges Duhamel und Julien Cain sorgt sie für eine Einladung. Zweig soll in der französischen Hauptstadt einen Vortrag halten.

Kurz vorher ist dort eine Umfrage veröffentlicht worden, in der sich Max Brod und er zu der schwierigen Frage einer jüdischen Teilnahme am politischen Leben geäußert haben. Hitler hat die »Judenfrage« zum Thema werden lassen, so wie man in Wien am Anfang des Jahrhunderts in den Kaffeehäusern über den Zionismus diskutierte. Die Umfrage erscheint in der ersten Ausgabe einer Zeitschrift, die sich nicht sehr von jener unterschied, die er immer herauszugeben geträumt hatte. Die Herausgeber, Vertreter der Linken, zweifeln nicht an der Notwendigkeit eines jüdischen Engagements in der Politik. Die Debatte ist eine Provokation für all diejenigen, die sich hinter der Angst verstecken.

In seiner Antwort offenbart Zweig eine große Fähigkeit, sich selbst in Angst und Schrecken zu versetzen: »Ich bin ingantsn iberzejgt, az in dem itstikn moment brengt afile der genialster jid als a firer mer schodn [...] wi es wolt ir gekent brengen nutsn jeder ander mitlmesiker kop.« Er hat die Ermordung seines Freundes Rathenau nicht vergessen.

Der Text von Max Brod unterscheidet sich nicht in der Kernaussage, jedoch zielt der bekennende Zionist in eine andere Richtung: »Dort, wu di felker schtojsn zich tsunojf in milchome, lejdn di jidn di erschte un tsum merstn. [...] di beste ojftuen fun jidischn folk far der menschhejt weln erscht demolt zich antplekn, wen mir weln wider nej gebojrn wern wi a jidische meluche inem ejgenem land.«[507]

In Paris begegnet ihm ein Freund, den er seit 1929 nicht mehr gesehen hat. Lee van Dovski nimmt Zweigs Veränderung wahr: »(D)er Aristokrat ist verschwunden, das Jüdische tritt stärker hervor.« So spiegelt

---

[507] (In Deutsch: Zweig: Ich bin ganz davon überzeugt, dass im jetzigen Moment sogar der genialste Jude in einer führenden Position mehr Schaden anrichtet, als jeder andere durchschnittliche Kopf in der Lage ist, Nutzen zu bringen. Brod: Dort, wo Völker sich bekriegen, leiden die Juden als erste und am meisten. [...] Die größte Leistung des jüdischen Volkes für die Menschheit wird erst dann sichtbar werden, wenn wir wieder wie ein jüdischer Staat in einem eigenen Land neu geboren werden.) »Jidn inem algemejnem politischn lebn« in: *Oifn Scheidweg* 1939, S. 103–111, S. 104; 109; 111. Die im April 1939 erstmals erschienene, jiddischsprachige Zeitschrift *Oifn Schejdweg* (franz. *Au Carrefour*) wurde vom *Arbejterring* in Paris herausgegeben. Leftwich übersetzte Zweigs Text aus dem Deutschen ins Jiddische und ins Englische. Vgl. *Leftwich 1*, S. 96–97. Zweig und Brod korrespondieren seit 1906 miteinander. Seine Furcht, sich als Jude zu bekennen, hatte schon die Aufmerksamkeit der Ex-Frau erregt. Vgl. Spanische Ausgabe von *Friderike 1*, S. 285.

sich in seinem Äußeren die tiefste Depression wider, die ihn je befallen hat.[508] Aus irgendeinem Grund fühlt Zweig sich zu Andre Chénier, dem Dichter, der sich der Revolution anschloss, aber schließlich auf Befehl von Robespierre geköpft wurde, hingezogen. Vor drei Jahrzehnten ist er, begleitet von Rilke, schon einmal zum Grab dieses Dichters gegangen. Nun sucht er es gemeinsam mit Friderike auf, mit der er auch zu anderen Erinnerungsstätten geht. Die Nostalgie der Nostalgie: Sein Gegenmittel gegen die Depression heißt Arbeit. Doch die Arbeit führt ihn zu tragischen Handlungen und traurigen Erinnerungen.[509]

Rolland ist ebenfalls in der französischen Hauptstadt, aber er fasst nicht den Mut, Zweig zu treffen. Die Verehrung für den anderen hat auf beiden Seiten nachgelassen, die Politik hat sich zwischen Zweig und Rolland gestellt und diese so reine Freundschaft zerstört. Die letzte Begegnung der beiden Schriftsteller, die in Villeneuve stattfand, liegt fünf Jahre zurück. Damals registrierte der Schüler das Altern des Meisters: »(E)r sieht müd und alt aus [...] ich hatte tiefes Mitleid [...] Schade, schade!«[510]

Dieses Mal treffen sich die beiden nicht. Wie in Montreux vermögen sie nicht, dem anderen in die Augen zu sehen. Sie telefonieren miteinander. Die fast 800 Briefe, die diese ergebenen Anhänger des geschriebenen Wortes während drei Jahrzehnten miteinander ausgetauscht haben, werden durch das aus der Distanz gesprochene Wort ersetzt. Dies ist nicht der Verdienst der Technologie, sondern der wechselseitigen Enttäuschungen.

Der Franzose verlangt ein deutliches Engagement in den antifaschistischen Kreisen und der Österreicher wiederum bittet um einen Protest gegen den stalinistischen Terror. Während Rolland dem Freund mit seiner Forderung schwer zusetzt, bringt Zweig seinen Wunsch höflich vor:

[508] van Dovski, Lee: »Hommage a Friderike Maria Zweig« in: Zohn, Harry (Hg.): *Liber Amicorum Friderike Maria Zweig*. Dahl Publishing Company. Stamford 1952, S. 27–29, S. 28. Lee van Dovski (eigtl. Herbert Lewandowski, 1896–1996) war Schriftsteller und Redakteur.

[509] André Chénier (1762–1794) wurde von den Romantikern als Vorläufer begrüßt. Er war von den liberalen Ideen der Aufklärung beeinflusst und schloss sich anfänglich der Revolution an. Wegen der Auswüchse wurde er zum Feind der Jakobiner und Mitverfasser der Verteidigungsrede Ludwigs XVI. und starb als einer der letzten Opfer Robespierres unter der Guillotine zwei Jahre vor Ende des Terrors. Für Friderike hing Zweigs Interesse an Chénier mit der Tatsache zusammen, dass dieser »Napoleon kommen sah, so wie wir Hitler kommen sahen«. Vgl. Friderike Zweig zit. nach: *Prater*, S. 386. Zu Zweigs Besuch des Grabes von André Chénier, bei dem er von Rilke begleitet wurde, vgl. *Die Welt von Gestern*, S. 173/174.

[510] Briefe an Friderike, 20.9.1935 in: *Briefe SZ-FZ*.

Und ich frage mich, ob es nicht wünschenswert wäre, wenn ein Mann von Ihrem Einfluß versuchen würde, *unterderhand* [sic] ein Wort nach Moskau hin zu sagen – ich glaube, das wäre der größte Dienst, den ein wahrhaft Ergebener im Augenblick leisten könnte, denn der Stalinismus, diese neue Religion des ›Stalin a sempre ragione‹, fängt an, den Bolschewismus zu verfälschen wie die katholische Religion das Frühchristentum. [...] Wenn ich Ihnen einen Rat zu geben wage: legen Sie ein Register alles dessen an, was Sie insgeheim zu sagen und zu raten haben, senden Sie es direkt dorthin, und behalten Sie eine Kopie (ohne sie jetzt zu publizieren), um vor der Geschichte und einer späteren Zeit zu beweisen, daß Ihr Schweigen kein Einverständnis mit *allem* war.

Aber er schließt sich nicht der antikommunistischen Hysterie an: »(U)nd anderseits [sic] begreife ich, daß man Rußland und den Bolschewismus nur vernichten will, um danach den Sozialismus, den Liberalismus, die Demokratie zu vernichten; wenn nur Stalin uns die Aufgabe nicht so schwer machte durch diese massenhaften Erschießungen!«[511]

Mit Rollands Missbilligung der Scheidung von Friderike haben die ideologischen Divergenzen zum ersten Mal auch die Meinung zu dem Eheleben des anderen mit bestimmt. Nun rufen sie Zweigs Misstrauen (und das vieler anderer) bezüglich des schädlichen Einflusses von Rollands neuer Frau Maria Kudaschewa hervor, der Ex-Sekretärin, einer jungen französischstämmigen Russin, die beschuldigt wird, eine Agentin Moskaus und mit dem französischen Schriftsteller eine vom sowjetischen Staat erzwungene Ehe eingegangen zu sein. Diese Anschuldigungen gelangten in die Öffentlichkeit, als der gemeinsame Freund Henri Guilbeaux 1937 die politisch-amouröse »Affäre« in einem Pamphlet zur Sprache brachte und sich dabei auf Zweigs Zeugenschaft berief. Dessen Dementi wirkte auf Rolland halbherzig.[512]

Trotz des beiderseitig vermiedenen Treffens schreibt Zweig Rolland einen der letzten Briefe: »(A)ber ich war so glücklich, vom Flugzeug herab Paris heil und schön zu sehen – nie habe ich for [sic] Birmingham oder andere Städte gezittert, aber die Vorstellung, Paris könnte Schaden erleiden, war mir eine beständige Qual.«[513]

---

[511] Briefe an Rolland, 5.12.1936; 25.2.1937; 10.9.1937 in: *Briefe SZ-Rolland*.
[512] *Niémetz*, S. 449. Die Hochzeit von Rolland mit Maria Kudaschewa fand im April 1934 statt. Die Anschuldigungen wurden in Henri Guilbeaux' Buch *La fin des Soviets* von 1937 erwähnt. Vgl. Brief von Rolland an Zweig, 26.9.1937. Briefe von Zweig an Rolland, undatiert Frühsommer 1937; 27.9.1937 in: *Briefe SZ-Rolland*.
[513] *Briefe SZ-Rolland*, 10.4.1940. Zweig benutzte die englische Präposition in dem sonst in Französisch verfassten Brief. Friderike gegenüber hatte er sich jedoch 1937 über

In seinem in Paris gehaltenen Vortrag *Das Wien von Gestern* beschreibt er die dramatische Verwandlung des Gartens der Künste unter der nationalsozialistischen Schreckensherrschaft. Leben und leben lassen – die säkulare Devise hat ihren Sinn verloren. Stefan Zweig ist einer der ersten, der Wien in die Welt von Gestern versetzt. Und mit einem Anflug von Nostalgie nimmt er auch Abschied von Paris.

Für *Ungeduld des Herzens* sagt er ein Fiasko voraus. Der langwierige Schreibprozess mit so vielen Änderungen und Neufassungen hat der Geschichte schließlich die Wirkung genommen. Der Roman ist nicht das große epische Werk, das er zu schreiben geträumt hat. Er beabsichtigte, das Habsburger Kaiserreich vor seinem Niedergang zu zeigen. Jetzt glaubt er, dass es ihm nicht gelungen ist. Wieder einmal bildet er sich ein, auf fiktionalem Gebiet gescheitert zu sein.

Er täuscht sich, das Buch wird ein großer Erfolg: In England gibt es drei Neuauflagen in einer einzigen Woche, und Huebsch weiß aus den USA Ähnliches zu berichten. Er erhält sofort sechs Anfragen nach Übersetzungen. Rolland lobt das Werk, aber macht Einschränkungen: »Vielleicht hätte eine objektive Darstellung des Autors, der im Hintergrund bleibt, die Wirkung dieser Geschichte noch verstärkt.« Zweig ist sich dessen bewusst.

Zwei Jahre zuvor hat Zweig in einem Brief an Freud offenbart, dass der provisorische Titel »Mord durch Mitleid« laute, und erklärt, »dass das halbe Mitleid, das nicht bis zum letzten Opfer geht, mörderischer ist als die Gewalt«.[514]

In der Geschichte begeht die Gelähmte Selbstmord. Mit ein wenig mehr Rigorosität hätte Stefan Zweig ein Ende schaffen können, in dem sich die beiden Lebensgefährten zerstören – vielleicht in der nächsten Fassung.

Müdigkeit und Schwierigkeiten mit der englischen Sprache beklagt. Vgl. *Briefe SZ-FZ*, Juli 1937.
[514] *Briefe SZ-Rolland*, 5.12.1938. *Briefe SZ-Freud; Schnitzler,* 15.11.1937.

DECLARAÇÃO

Aber nach dem sechzigsten Jahre bedürfte es besonderer Kräfte nun noch einmal völlig neu zu beginnen.

Sternstunden

»*Emigration bedingt eine Verschiebung des Gleichgewichts.*«
Brief von Stefan Zweig an Thomas Mann,
29. 7. 1940 in: Briefe 1932–1942

»*Immer haust ja in jedem Künstler ein geheimnisvoller Zwiespalt: wirft ihn das Leben wild herum, so sehnt er sich nach Ruhe; aber ist ihm Ruhe gegeben, so sehnt er sich in die Spannungen zurück.*«
Die Welt von Gestern, S. 407

»*Mein Ziel wäre, eines Tages nicht ein großer Kritiker, eine literarische Berühmtheit zu werden – sondern eine moralische Autorität.*«
Briefe SZ-Rolland, 21. 1. 1918

Kapitel 6

»Keiner würde auch nur im Traum daran denken, daß dies der Tag ist, an dem die größte Katastrophe für die Menschheit begonnen hat!« Am 1. September 1939, zwei Tage vor dem formalen Beginn des Zweiten Weltkrieges, greift Zweig wieder zum Tagebuch. Das Hin und Her der Eintragungen wird weiterhin von einem seltsamen Mechanismus der Vorahnung bestimmt. Der Krieg ist noch nicht ausgebrochen, dennoch gibt Zweig diesem neuen Abschnitt seiner Aufzeichnungen schon den Titel »Diary of the second war«, Tagebuch des zweiten Krieges. Vorsichtshalber schreibt er Englisch, Deutsch ist die Sprache des Feindes.

In der Geborgenheit von Bath verfolgt er die Ereignisse durch die Zeitungen und das Radio. Mit der Gelassenheit eines kalten Politikanalytikers hält er die politischen Veränderungen fest. Der Vergleich zu jenen Augusttagen 1914 ruft die Gefühle von damals und die Erinnerung an seinen ersten Impuls, sich freiwillig zu melden, in ihm wach: »Nun, 1939, wissen wir (und das ist der Unterschied), daß jeder gebraucht werden wird, daß wir nicht lange warten müssen und der Zivilist nicht viel besser wegkommen wird als der Soldat.« Er selbst auch nicht.[515]

Er zeigt sich beeindruckt von der britischen Besonnenheit: Während die Regierungen verhandeln, organisieren die Behörden die Evakuierung von »drei Millionen Kindern in drei Tagen! [...] Man sollte das eines Tages als eine der ›Sternstunden‹ beschreiben, vielleicht werde ich es tun. – In Bath ein plötzlicher Strom von Leben, die schläfrige Stadt erwacht [...] die Straße voller Kinder.«[516]

Er würde gerne mehr über den Konflikt schreiben, die Leute haben dessen Tragweite noch nicht begriffen. Aber es fehlt ihm ein englisches Presseorgan, in dem er seine Kommentare veröffentlichen könnte. Wie

---

[515] *Tagebücher*, 1.9.1939. [Übersetzung der englischen Eintragungen aus den *Tagebüchern*, Anm.d.Ü.] Monate später, am 17.12.1939, unterbrach Zweig das Tagebuch erneut. Erst im Mai 1940 begann er wieder mit den Aufzeichnungen.
[516] *Tagebücher*, 2.9.1939. Zweig übertrieb bei der Zahl der Kinder. Es wurden 1,5 Millionen Kinder aus den Städten ins Landesinnere evakuiert.

im Ersten Weltkrieg füllt er sein Tagebuch mit Analysen über die Entwicklung der Lage in Europa. Die Verschärfung der politischen Situation interessiert diesen Pazifisten sehr. *Drôle de guerre,* seltsamer Krieg – das Blutbad wird anschließend kommen.[517]

Die Freunde erhalten abgeklärte Briefe, ohne die frühere Aufgeregtheit. Zweig wirkt weise, als er Felix Braun tadelt: »Felix, laß die Astrologie und Horoscopiererei [sic]! Wie oft hast Du mir Hitlers Ende auf Grund solchen Altweibergeschwätzes schon versprochen [...]. Laß doch den Vorwitz, wissen und raten zu wollen. Geduld, sie ist es, die wir brauchen, unendliche, demütige Geduld.«[518]

»Das Land befindet sich jetzt mit Deutschland im Krieg. Wir sind bereit.« Mit diesen wenigen, die allgemeine Nüchternheit widerspiegelnden Worten teilt der Premierminister Arthur Neville Chamberlain dem Parlament am 3. September mit, dass der blutigste militärische Konflikt der Geschichte des Vereinigten Königreiches begonnen hat.

Zweig gelingt es, dem wunderschönen Herbst Aufmerksamkeit zu schenken, und er kümmert sich um die nötigen Papiere für die übereilte Eheschließung mit Lotte, die für den 6. September geplant ist. Während Polen und seine großartige Kavallerie von den Panzerdivisionen überrollt werden, verhandelt Zweig über den Kauf eines neuen Hauses und erwirbt *Rosemount.*

Am 6. September ist die lakonische Anmerkung zu lesen: »Entscheidender Tag.« Man hat die beiden am Morgen darüber informiert, dass sie am Nachmittag heiraten könnten und der Besitzer des Hauses zum Verkauf bereit sei. Sie werden es erst kurz vor Weihnachten beziehen, wenn die dort untergebrachten Londoner Kinder umgezogen sein werden. »Aber wie dem auch sei, es ist gut, in diesen Zeiten ein Haus zu haben.« Er notiert noch, dass er sich rasiert hätte und die Trauung ohne Formalitäten, alles ganz schlicht abgelaufen sei. Der Tag ist dennoch entscheidend: »Und wieder ein Schritt vorwärts zur Ordnung in einer Welt ewiger Unordnung.« Er lässt es jedoch offen, ob mit dem »Schritt« der Krieg, das Haus oder die Trauung gemeint ist. Eine Sternstunde anderer Art, konfus, mehrdeutig: heute bedeutet sie das eine, morgen etwas anderes.[519]

Die Anfänge der Einträge ähneln einander in ihrer fast gleichmütigen Aussage: »Die Nacht vollkommen still«, »Ein wunderbarer Tag«,

---

[517] So nannte man den »Krieg« zwischen 3. 9. 1939 und 9. 5. 1940 an der deutsch-französischen Grenze, in dem keine Kämpfe stattfanden, weil keine Seite angriff.
[518] *Briefe SZ-Freunde,* undatiert, vermutlich Herbst 1939.
[519] *Tagebücher,* 6. 9. 1939.

»Keine Veränderungen«, »Nichts Wichtiges«, »Nichts Wichtiges«.[520] Währenddessen wird Polen vernichtend geschlagen.

Er beschäftigt sich mit dem »Cicero«, den er in die *Sternstunden* aufnehmen wird, aber ohne Begeisterung: »Ich treffe wenig Leute und habe keine Zerstreuung. Ich arbeite nicht ernsthaft. Ich lese nicht einmal viel, obwohl mir eine ganze Bibliothek zur Verfügung steht. Die einzige Beschäftigung ist das Haus, das in drei oder vier Wochen fertig sein wird. [...] Die ganze übrige Zeit warten, warten, warten und bald verzweifeln.«[521]

Er hält die Ruhe nicht aus: Die schlichte Information, dass bezüglich des Einbürgerungsprozesses noch nichts entschieden worden ist, genügt, um die innere Unruhe wieder auszulösen: »Ich will jetzt versuchen, von hier wegzukommen, nach Frankreich, Schweden oder wohin auch immer.« Gerade hat er ein Haus gekauft und denkt schon wieder ans Aufbrechen. »Der Zustand, daß man sich bei der Polizei melden muß, wenn man einen Tag irgendwohin möchte, ist wirklich eine Schande in meinem Alter und in meiner Position. Ich muß Schluß machen mit der Bescheidenheit und danach trachten, solche Demütigungen zu vermeiden.« Von den Vorkehrungen für die nötigen Arbeiten am Haus gänzlich beansprucht, vergisst er den Verdruss.

Erstes alarmierendes Zeichen ist die Invasion Polens durch die sowjetischen Truppen am 17. September. Es gibt Tage, an denen er ahnt, dass die beiden Diktaturen bald über den Nichtangriffspakt hinaus zusammenarbeiten würden. Auf diese Weise würde sich der geopolitische Scherz des Freundes Roth als zutreffend erweisen: »Und der Osten begann gleich hinter Kattowitz und reichte bis zu Rabindranath Tagore.«[522]

Als Zweig erfährt, dass der gesundheitliche Zustand Freuds sich verschlechtert hat, ist er wirklich niedergeschlagen: »(E)r leidet sehr – seine Gesundheit ist augenblicklich *zu* gut, so daß der Körper zu lange Widerstand leistet. Wie schrecklich, mit 83 Jahren derart zu leiden.« Vier Tage später, als er im Radio von Freuds Tod hört, kommentiert er lediglich: »(D)er große Freund, der teure Meister.« Er verliert sich in den Klagen über das Fehlen einer Zeitung, in der er ein paar Worte schreiben könnte. »In solchen Augenblicken, und nur in solchen, be-

---

[520] *Tagebücher,* 4.9./5.9./11.9./12.9./13.9.1939.
[521] *Tagebücher,* 16.10.1939.
[522] *Tagebücher,* 14.9.1939. Roth, Joseph: »Rechts und Links« in: *Roth 2,* Bd. 4, S. 609–772, S. 750. Zweigs Scharfsinn für die politische Entwicklung ließ ihn am 15.9. festhalten, dass die russische Intervention in Polen unvermeidlich sei. Zwei Tage später bestätigte er den russischen Angriff.

reue ich, nicht in ein anderes Land gegangen zu sein [...]. Ich wollte, ich hätte die Naivität meiner Schriftstellerkollegen. Oder bin ich nur aufrichtiger gegen mich selbst? Was für ein Jahr für mich – Freud, Joseph Roth, Toller und wieviele andere!«[523]
Für alle ist es ein schreckliches Jahr. Zweig sagt nichts über die verheerende Katastrophe, die allmählich die ganze Welt umfasst. Im Mai hat sich Ernst Toller in New York erhängt und fünf Tage später Joseph Roth wegen seines Freundes Toller mit Pernod zu Tode getrunken. Der Selbstmord des verzweifelten Sozialisten beschleunigte das Delirium tremens des verbitterten Anarchisten. Toller gab sich der Verzweiflung über die Einnahme Madrids durch die Truppen des General Franco hin. Roth kapitulierte vor der Kapitulation all derer, die er bewunderte. Und im friedlichen englischen Gefilde erkennt der sensible Humanist und verängstigte Prophet den makabren Kreislauf nicht. Es ist nicht die Zeit dafür, Selbstmord ist keine ansteckende Krankheit, er kann verhindert werden.[524]

Alkohol ist immer eine wichtige Sache für Moses Joseph Roth gewesen: Während seines ganzen Lebens hat er reichlich getrunken und sich auch literarisch mit der Trunksucht beschäftigt: *Die Legende des heiligen Trinkers*, sein letztes fiktionales Werk, ist ein literarischer, auf seiner obersten philosophischen Maxime basierender Rausch: Wenn du in Zweifel bist, trink noch einen Pernod und warte, dass das Wunder geschieht. In seinem Fall ist das Wunder nicht geschehen.[525]

> Woher stammt die Lüge, daß Juden nicht trinken können? [...] Ich aber sah [im Schtetl Osteuropas], wie Juden die Besinnung verloren, allerdings nicht nach drei Krügen Bier, sondern nach fünf Kannen schweren Mets und nicht aus Anlaß einer Siegesfeier, sondern aus Freude darüber, daß Gott ihnen Gesetz und Wissen gegeben hatte.[526]

Mehr noch als Zweigs Über-Ich ist Roth sein großer Gläubiger und Eintreiber gewesen. Ein – für beide – schwieriges und leicht nachvollzieh-

---

[523] *Tagebücher*, 20.9./24.9.1939.
[524] Ernst Toller (1893–1939), expressionistischer Dramatyrg, Pazifist, revolutionärer Sozialist, war an der Räterepublik (November 1918–Februar 1919) beteiligt. Im Exil engagierte er sich für die Stärkung der republikanischen Kräfte Spaniens. Die Beziehung zu Zweig war eher oberflächlicher Art, aber Roths Bewunderung für Toller war groß. Vielleicht hatte es Roth wegen Tollers Unvermögen, mit der amerikanischen Kultur zurechtzukommen, abgelehnt, in den USA Zuflucht zu suchen.
[525] Vgl. Roth, Joseph: »Die Legende des heiligen Trinkers« in: *Roth* 2 Bd. 6, S. 515–543.
[526] Roth, Joseph: »Juden auf Wanderschaft«, a.a.O., S. 848. Roth bezog sich auf die Chassidim [hebr. Frommen, Anm.d.Ü.] in Osteuropa, die Gott mit Gesängen, Tänzen und manchmal mit Trinken preisen.

bares Verhältnis: Antipoden und Gleiche stoßen sich ab, ziehen sich an, brauchen einander. Je mehr der elegante Stefan versuchte, dem irre geleiteten Mojsche-Josl (Roths Name auf Jiddisch) zu helfen, desto mehr bestrafte dieser ihn mit Spöttereien und (fast immer berechtigten) Forderungen. Fern von seinem bevorzugten Prügelknaben – im Grunde seine Art der Sympathiekundgebung – blieb Roth nur die letzte Überdosis. Sich der Tatsache bewusst, dass ihre Hingabe an Zweig Kritik ausschloss, gab Friderike zu, dass der Freund den Ex-Ehemann besser kenne als sie selbst. In dem langwierigen Trennungsprozess war Roth ein ergebener und treuer Vermittler, und als Friderike nach Croissy, in der Umgebung von Paris, zog, schlug er sich schließlich ganz auf ihre Seite. Nicht nur wegen der Nähe: Zweigs Exil war ein anderes.

Die lakonische und verspätete Erwähnung des Todes des so engen Freundes in einem Tagebuch, dem man sich bedingungslos anvertrauen kann, sagt etwas über diese ungleiche und – für die beiden – schmerzliche Freundschaft aus und vor allem über ihre Schwierigkeiten in den letzten Jahren. Hitler hat sie entzweit. Der intensive Briefwechsel erklärt den Rest.

Zweig an Roth, 31.3.1936:

> Ich sehe, Sie sind mir unbewußt böse, daß ich Ihnen keinen vernünftigen Rat gebe. [...] Lieber Freund, wenn Sie wirklich klarsehen wollen, so müssen Sie erkennen, es gibt keine Rettung für Sie als ein vollkommen zurückgezogenes Leben irgendwo an dem billigst möglichen Ort. Nicht mehr Paris, nicht mehr [Hotel] Foyot, überhaupt keine Großstadt [...] Bitte nehmen Sie sich den Gedanken aus dem Kopf, man sei irgendwie hart gegen Sie. Vergessen Sie nicht, daß wir in einem Weltuntergang leben und wir glücklich sein dürfen, wenn wir nur überhaupt diese Zeit überstehen. Klagen Sie nicht die Verleger an, beschuldigen Sie nicht Ihre Freunde, schlagen Sie sich nicht einmal gegen die eigene Brust, sondern haben Sie endlich den Mut, sich einzugestehen, daß, so groß Sie als Dichter sind, Sie im materiellen Sinn ein kleiner armer Jude sind, fast so arm wie sieben Millionen andere [...]. Dies wäre für mich der einzige Beweis Ihrer Klugheit, daß Sie sich nicht dagegen immer ›wehren‹, nicht es Unrecht nennen, sich nicht vergleichen, wieviel andere Schriftsteller verdienen, die weniger Talent haben als Sie. [...] Sie haben nur *eine* Verpflichtung, anständige Bücher zu schreiben und möglichst wenig zu trinken, um sich uns und sich selber zu erhalten. Ich bitte Sie innigst, vergeuden Sie nicht Ihre Kraft in unnützer Revolte [...]. Jetzt oder nie ist für Sie der Augenblick, Ihr Leben entscheidend umzustellen, und vielleicht war es sogar ein Glück, daß Sie eben auf den Punkt gestoßen wurden [...].

Roth an Zweig, vermutlich Mai 1937:

> Sie wissen nicht, Sie ahnen nicht, wie miserabel ich bin; wie ich mich verliere, mehr und mehr, von Tag zu Tag; Sie ahnen GAR NICHTS. Ich bin, bis Sie mir Ihre Freundschaft kündigen, Ihr alter J. R.

Roth an Zweig, 10.7.1937:

> Sie sind ein wirklich freier Schriftsteller. Und wer kann das von sich sagen? Rolland hat Sie enttäuscht. Mein Gott! Er war immer ein falscher Prophet und immer der Sklave edler Irrtümer und groß-herziger [sic] Lügen. Er hat kurz vor dem Weltkrieg die Deutschen idealisiert und die europäische Wachsamkeit eingeschläfert. Er hat nach dem Krieg die absolute Güte des Menschen proklamiert und heute ist er ein Lakai der russischen Henker. [...] Sie können Deutschland nicht verwinden! Nur wenn Deutschland vorhanden ist, sind Sie Kosmopolit.

Zweig an Roth, 25.9.1937:

> Und was es ein Bedürfnis für mich gewesen wäre, mit Ihnen zu sprechen, ahnen Sie nicht, ich habe eben wieder von einem ›Freunde‹ einen Hieb bis hinein in die Gedärme bekommen [...]. Es wäre wichtig, einmal ausführlich beisammen zu sein [...] ich habe das Bedürfnis nach Freunden wie nie [...] Nein, Roth, nicht hart werden an der Härte der Zeit, das heißt, sie bejahen, sie verstärken! Nicht kämpferisch werden, nicht unerbittlich, weil die Unerbittlichen durch ihre Brutalität triumphieren [...]. Roth, werden Sie nicht bitter, wir brauchen Sie, denn die Zeit, soviel Blut sie auch sauft [sic], ist doch sehr anämisch an geistiger Kraft. Erhalten Sie Sich [sic]! Und bleiben wir beisammen, wir Wenigen!

Zweig an Roth, vermutlich Herbst 1937:

> (E)ben Ihr Brief. Er macht mich traurig. Ich erinnere mich, wie wir einander vordem schrieben: wir erzählten einander unsere Pläne, wir rühmten Freunde und freuten uns unseres Verstehens. Ich weiß jetzt von nichts, was Sie vorhaben, was Sie schaffen [...]. Roth, Freund, Bruder – was geht uns der Dreck um uns an! [...] das Einzige, was ich tue, ist, daß ich versuche, hie und da einem Einzelnen zu helfen – nicht materiell, meine ich, sondern auch Leuten herauszuhelfen aus Deutschland oder in Rußland oder sonst in Nöten: vielleicht ist das die einzige Art, in der ich activ [sic] zu sein vermag. Ich widerspreche nicht, wenn Sie mir sagen, daß ich flüchte. Wenn man Entscheidungen nicht durchkämpfen kann, soll man vor ihnen davonlaufen – Sie vergessen, Sie, mein Freund, daß ich mein Problem im ›Erasmus‹ *öffentlich ge-*

stellt habe und nur eines verteidige, die Unantastbarkeit der individuellen Freiheit. Ich verstecke mich nicht, schließlich ist der ›Erasmus‹, in dem ich auch die sogenannte Feigheit einer concilianten [sic] Natur darstelle, ohne sie zu rühmen, ohne sie zu verteidigen – als Faktum, als SCHICKSAL. Und ebenso der ›Castellio‹ – das Bild des Mannes, der ich sein MÖCHTE. [...] Sie wissen, so sehr Sie Sich [sic] gegen mich wehren, daß kaum irgend jemand so sehr an Ihnen hängt – wie ich, daß ich alle Ihre Erbitterungen ohne Gegenerbitterung fühle: es hilft Ihnen nichts. Sie können gegen mich tun, was Sie wollen, mich privat, mich öffentlich herabsetzen oder befeinden, Sie kommen doch nicht davon los, daß ich eine unglückliche Liebe zu Ihnen habe [...] ich weiß, daß Sie es furchtbar schwer haben, und das genügt mir, um Sie noch mehr zu lieben [...] so spüre ich nur, daß das Leben Sie quält und Sie aus richtigem Instinct [sic] gegen den schlagen, gegen den Einzigen vielleicht, der es Ihnen nicht übelnimmt, der gegen alles und alle Ihnen treu bleibt. Es hilft Ihnen nichts, Roth. Sie können mich nicht abbringen von Joseph Roth.

Zweig an Roth, Januar 1938 vor der Portugalreise:

(I)ch bin furchtbar erschrocken über Ihren Brief; die Schrift war wirklich krank, und ich spüre atmosphärisch schon lange, daß Sie sehr verzweifelt sind [...]. Kann ich etwas für Sie tun? [...] Ich weiß gar nichts von Ihnen und will Sie doch nicht verlieren [...].

Zweig an Roth, vermutlich Sommer 1938:

Lieber Freund, Sie schweigen mich hartnäckig an, ich aber denke oft und herzlich an Sie. [...] Roth, halten Sie sich jetzt zusammen, wir brauchen Sie. Es gibt so wenig Menschen, so wenig Bücher auf dieser überfüllten Welt!!

Roth an Zweig, 13.7.1938:

Ich danke Ihnen sehr für Ihre Sorge. Es ist natürlich bitter nötig, das Geld. Ich muß so etwas verdienen. Die Arbeit scheint mir nicht schwer. Am liebsten machte ich den Talmud, schon aus diplomatischen Gründen wichtig, weil so arg gescholten. *Wann* muß man abliefern? Im Talmud kann [man] viel Zeitgemäßes finden. Aber 100 Worte Biographie – beim Talmud?

Roth an Zweig, 19.9.1938:

Ich bitte Sie das Diktat nicht übel zu nehmen, kommen Sie doch für einen Tag hierher. Es ist die höchste und vielleicht letzte Zeit, daß wir uns sehen.

Roth an Zweig, 10.10.1938:

Der Polizei-Präsident von Mexiko hat mir *spontan* geschrieben. Ich kann ihn für mich gewinnen. Sofort. Denn er ist ein alter Österr. Offizier. Unsere Situation ist keineswegs aussichtslos, wie Sie schreiben. Sie sind ein Defaitist.
Herzlich trotzdem Ihr Joseph Roth

Zweig an Roth, undatiert, vor 17.12.1938:

(I)ch habe Ihnen drei- oder viermal geschrieben, immer ohne Antwort, und glaube durch unsere alte Freundschaft ein Recht zu haben, Sie zu fragen, was Sie mit diesem hartnäckigem [sic] und hoffentlich nicht böswilligem [sic] Schweigen sagen wollen. [...] Ich schreibe Ihnen das ohne ein Atom unherzlicher Gesinnung, sondern einfach und ehrlich informandi causa; Ihr Schweigen ist doch zu auffällig, zu langwierig und bedrückend als daß ich es bloß mit Überbeschäftigung mir erklären darf. Alles Herzliche und daß (trotz allem!) das kommende Jahr nicht schlimmer sein möge als das vergangene.[527]

Das Jahr 1938 ging zu Ende, das nächste schien entscheidend zu werden. Zu Ende ging auch jene von Erschütterungen geprägte Freundschaft. Sie hielt den Differenzen nicht mehr stand, da diese im Laufe der Zeit zu Abneigungen geworden waren. Man fand nicht einmal durch die jeweiligen Schwächen zueinander. Des anderen müde, gab es nichts mehr zu sagen, obwohl man soviel sagen wollte. »Trotz« lautete die Grundpräposition dieser Zeiten.

Roth fühlte sein Ende nahen. So wird Folgendes aus seinen letzten Tagen erzählt: Obwohl er mehrmals keine Antwort erhielt, ließ sich ein Kellner nicht beirren, Roth zu fragen, ob er die Mahlzeit mit einem Aperitif beginnen wolle: »*Quelque chose pour commencer, Monsieur?*«, woraufhin Roth schließlich antwortete: »*Je ne commence plus. Je suis fini.*«

Als er in seinen letzten Tagen von dem Selbstmord seines Freundes Toller erfuhr, rief er bestürzt aus: »Wie dumm von Toller, sich jetzt aufzuhängen, da es mit unseren Feinden zu Ende geht.« Ein letzter Ausdruck von Lebenswillen. Bald darauf erlitt Roth einen Kollaps. Dr. Eduard Broczyner, sein Arzt und Freund aus der Kindheit, gab ihm eine Koffein-Injektion und bestellte ihm einen Cognac. Bis zum Schluss blieb

---

[527] Briefe von Zweig an Roth in: *Briefe SZ-Freunde* und *Briefe 1932–1942*. Briefe von Roth an Zweig in: *Roth-Briefe*. Im Briefwechsel der Freunde wird die finanzielle Unterstützung, die Zweig Roth zukommen ließ, nicht erwähnt. Der Ex-Ehefrau gegenüber aber legte Zweig Zeugnis von seinen Bemühungen ab, dem Freund nicht nur mit Geld zu helfen, sondern ihn zu einer Therapie zu bewegen.

Roth ein Kavalier. Trotz seines schlechten Zustandes ließ er es sich nicht nehmen, Friderike und einer Freundin, die zu dem Kranken geeilt waren, den Vortritt in den Krankenwagen zu lassen: »*Les dames d'abord.*« Im Hospital drängte Dr. Broczyner seinen Kollegen, dem Patienten kleine Dosen Alkohohl zu verabreichen.»Man hatte ihm allen Alkohol entzogen, was ein unverzeihlicher Fehler war. […] Hätte er von Anfang an kleine Dosen Alkohol bekommen, wäre es nicht zum Delirium tremens gekommen.« Der Alkohol hat ihn umgebracht, aber er hätte ihn auch retten können.

Eine von Polemik gezeichnete Beerdigung: Roths letzte klare Worte »Ich muß unbedingt den Kaplan Oesterreicher sprechen« wurden als Wunsch nach einem katholischen Begräbnis verstanden.[528] Der österreichische Priester, ein zum Katholizismus konvertierter Jude, war in den letzten Jahren zu Roths Seelsorger geworden. Aber seine jüdischen Freunde wollten ein jüdisches Begräbnis und sei es ohne Rabbiner, auch das Kaddisch sollte gesagt werden. Da der eindeutige Beweis für Roths Taufe nicht erbracht werden konnte, entschied man sich für ein »bedingt« katholisches Begräbnis. Während der Kaplan Oesterreicher – ohne Stola – seines Amtes waltete, wurde eine Gruppe Ostjuden aus Roths galizischer Heimat unruhig. Die Gebete des Priesters wurden letztlich von einem langen ratternden und pfeifenden Zug übertönt, der gerade in diesem Moment an dem Friedhof vorbeifuhr. Die österreichischen Monarchisten, Kommunisten und Juden traten nacheinander ans Grab, und jede Gruppe gedachte des Schriftstellers auf ihre Weise.

Stefan Zweig kam nicht, er hätte Zeit gehabt. Aber er hätte, wie ihn Friderike rechtfertigte, nicht mit ansehen können, wie Roth von einem Priester eingesegnet wurde. Sie irrte sich: Wäre er gekommen, hätte er sich um seine eigene Beerdigung gesorgt, als die Zeit dafür gekommen war. In Zeiten des Krieges muss man diese Dinge planen.[529]

---

[528] *Roth 3*, S. 587; 594; 595; 597. Roth wurde am 23. 5. 1939 ins Hospital Necker eingeliefert und starb dort am 27. 5. 1939. Eine flüchtige Erkältung war in eine Bronchitis und diese in eine Lungenentzündung übergegangen. Er fiel in ein *Delirium tremens*, von dem er sich nicht mehr erholte. Friderike Zweig, Soma Morgenstern und Jean Janès kamen für die Kosten des Krankenhausaufenthaltes auf.

[529] *Roth 3*, S. 601–604. Die Idee, ihn auf dem Friedhof Montmartre, auf dem auch der von Roth verehrte Heinrich Heine liegt, beisetzen zu lassen, war aus finanziellen Gründen nicht realisierbar. Roth wurde schließlich auf dem Cimetière Thiais in der Umgebung von Paris beerdigt. Vgl. *Friderike 2*, S. 168.

Freuds Arzt Dr. Max Schur war ebenso sehr verständnisvoll wie Dr. Broczyner. Als der Todgeweihte sagte: »Das ist jetzt nur noch Quälerei und hat keinen Sinn mehr«, verschrieb Dr. Schur seinem Patienten eine höhere Dosis Morphium, um die Schmerzen zu lindern, um ihm sterben zu helfen. Morphium, gilt es festzuhalten, ist gut für jede Art von Schmerz.[530]

Die lakonischen Tagebucheintragungen zum Tod von Freud und Roth wurden durch lange Nachrufe kompensiert, die Zweig im öffentlichen Rahmen *in memoriam* vortrug. Der Nekrolog auf Roth ist ein tiefgründiger und warmherziger Essay über einen Schriftsteller, der obwohl sehr bekannt, noch von niemandem in seiner dreifachen Dimension wahrgenommen worden war: den dämonischen Russen im Stile Karamazovs, den anklagenden Juden und den gebildeten österreichischen Künstler. Diese letzte Ehrerbietung an den zornigen Freund nahm eine Verehrung vorweg, die erst mehr als sechs Jahrzehnte später, am Anfang des nächsten Jahrhunderts sichtbar werden sollte.[531]

Zweig war ausgewählt worden, um im Namen der Wiener Freunde bei Freuds Einäscherung zu sprechen; er schrieb seine Rede in Deutsch (Ernest Jones sprach im Namen der Psychoanalytiker aus aller Welt):

> Alle haben wir als Knaben geträumt, einmal einem solchen geistigen Heros zu begegnen, an dem wir uns formen und steigern könnten, einem Mann, gleichgültig gegen die Versuchungen des Ruhms und der Eitelkeit [...] einzig seiner Aufgabe hingegeben [...]. Diesen enthusiastischen Traum unserer Knabenzeit, dieses immer strengere Postulat unserer Mannesjahre hat dieser Tote mit seinem Leben unvergeßbar erfüllt [...]. Hier war er endlich inmitten einer eitlen und vergeßlichen Zeit: der Unbeirrbare, der reine Wahrheitssucher, dem nichts in dieser Welt wichtig war als das Absolute, das dauernd Gültige. [...] An ihm haben wir, hat die Zeit wieder einmal vorbildlich erfahren, daß es keinen herrlicheren Mut auf Erden gibt als den freien, den unabhängigen, den geistigen Menschen [...].[532]

Um an der Kremation in London teilnehmen zu können, war Zweig gezwungen gewesen, bei den polizeilichen Behörden die notwendige Sondererlaubnis zum Verlassen von Bath zu beantragen. Bei einer späteren Gedächtnisfeier für den Meister fehlte er entgegen der Erwartun-

---

[530] *Freud 3*, S. 620.
[531] Vgl. »Joseph Roth 1939« in: *Zeiten und Schicksale*, S. 325–339. Zweigs Abschiedstext für Roth wurde 1939 in der *Österreichischen Post*, einem Exilpresse-Organ, veröffentlicht.
[532] »Worte am Sarge Sigmund Freuds« in: *Über Sigmund Freud*, S. 249–252, S. 250/251.

gen, da er es ablehnte, sich dem zu unterwerfen, was er als Demütigung empfand. Er rechtfertigte sich, sagte, dass er krank gewesen sei.[533]
»Wie gütig Frau Freud mir erzählt, daß der teure Meister mich so sehr geliebt und immer den Tag erwartet habe, an dem ich ihn besuchen würde. Sämtliche Angehörigen verhalten sich mir gegenüber äußerst freundlich und dankbar.«[534] Er räumt ein, dass er den Meister in London öfter hätte aufsuchen sollen. Nach dem Besuch, den er für Salvador Dalí arrangiert hatte (zwischen dem 18. und 20.7.1938), waren die Korrespondenz spärlicher und die Briefe selbst kürzer geworden.

Arnold Zweig war während seiner medizinischen Behandlung in London für Freud präsenter und Freud wiederum begleitete fürsorglich dessen Genesung. Ganz anders Stefan: Immer in Eile, voller Schuld und um Verzeihung bittend, versprach er Freud, vorbeizuschauen, und kam doch nicht. In dem Brief, in dem Freud sich bei Zweig für die Begegnung mit Salvador Dalí, dem »junge[n] Spanier mit seinen treuherzigen fanatischen Augen«, bedankt, erwähnt er, dass Zweig seine Handschuhe vergessen hätte – »Sie wißen [sic], das ist ein Versprechen wiederzukomen [sic]«.

Aber Zweig sollte nie wieder in die Nr. 20, Maresfield Gardens zurückkehren. Vielleicht erinnerte Martha Freud deswegen höflich an die Freude, die seine Besuche ihrem Mann bereitet hatten. In seinem letzten Brief an Freud spricht der Schriftsteller mehr von dem eigenen Leiden an der Exilsituation als von etwas anderem. In seiner Sicht gefangen, war er nicht fähig, auf seine Umwelt einzugehen. Dennoch wagte er es zum ersten und einzigen Mal, den förmlichen Ton abzulegen und ihn mit »Mein teurer verehrter Freund und Meister« anzureden. Neun Tage später würde er diesen »neuen« Freund und erklärten Meister verlieren.[535]

In Bath fühlt sich Zweig zum ersten Mal, seit er den Kapuzinerberg verlassen hat, wieder zu Hause. Die friedliche Landschaft in einem so strahlenden Sommer (gleich dem von 1914) und die stete Anwesenheit der wieder zu Kräften gekommenen und aktiven Lotte tragen ihr Übriges dazu bei.

Die ländliche Idylle hält den Beklemmungen angesichts der Ereignisse auf der anderen Seite des Ärmelkanals nicht stand. Er ist weit weg von der militärischen Front, fühlt sich aber, als wäre er in den französi-

---

[533] *Leftwich 1*, S. 87.
[534] *Tagebücher*, 26.9.1939.
[535] *Briefe SZ-Freud; Schnitzler*, 20.7.1938; 14.9.1939. Es ist nicht bekannt, ob Zweig Freud noch einmal besuchte.

schen Schützengräben. Er hat Angst, möchte fliehen – vor der bedrückenden Präsenz der Flüchtlinge, den Bombardements von London, die jetzt beginnen, dem Kanonendonner der so nahen Schlachten, den englischen Faschisten, angeführt von Oswald Mosley, und dem nicht wiederherstellbaren Europa. Vor allem möchte er vor seinem Antipoden fliehen, Adolf Hitler.

Während des pazifistischen Kreuzzuges im Ersten Weltkrieg hat Zweig zwischen Schurken und Helden keinen Unterschied gemacht. Alle Krieg führenden Parteien waren seine Feinde. Die Theorie eines begründeten »gerechten Krieges« lehnte er ab. In diesem Zweiten Weltkrieg unterscheidet er sehr deutlich zwischen den beiden Lagern. Aber er versteht nicht, zu kämpfen, zu hassen.

Die einzige Alternative ist: davonzulaufen, sich loszureißen, sich zu entziehen, sich zu verabschieden, das Weite zu suchen, die Flucht zu ergreifen. Es handelt sich nicht um ein Desertieren oder ein sich Ergeben. Den Fuß in die Welt zu setzen, ist die genaue Bezeichnung dessen, was Zweig zu tun beabsichtigt.

Herr Miller ist der erste, der es erfährt. Nach dem Verlust von Freud und Roth und der Distanzierung von Rolland ist sein Vertrauter nun Edward Leopold Miller, der Gärtner des neuen Hauses *Rosemount*.

Rosenhügel erinnert an Rosenhaus, das Haus in Adalbert Stifters Roman *Der Nachsommer*, dem Wiener Utopisten, der Selbstmord beging. Einer der wenigen Artikel, die Zweig über England schreibt, »Die Kriegsgärten«, ist eine Kolumne, die von den 3 Millionen Gärten inspiriert wurde, aus denen die Engländer ihren Gleichmut ziehen.

Herr Stefan Zweig und *Mister* Edward Miller unterhalten sich stundenlang über alles, vom Gartenbau bis hin zur Philosophie. Miller ist einer der letzten Überlebenden eines aussterbenden Menschenschlages, dem des naturverbundenen Denkers. Sie reden sich nicht nur aus Höflichkeit mit *Mister* an, sondern vielmehr aus Respekt vor den Ansichten des anderen.

Der Gärtner hätte seinen Dienstherrn mit seinem Wissen, dass die Zeit, und nur sie, den Pflanzen und dem Rasen zur vollen Entfaltung verhilft, retten können. Aber es ist unmöglich, die Entwicklung aufzuhalten. Im ersten Bericht über Brasilien stellte Zweig fest, dass die Natur des Landes zurückgedrängt werden muss, damit sie sich nicht über die Menschen hinwegsetzt. In Europa greifen die Leute in die Natur ein und lernen alles von ihr.[536]

---

[536] »Kleine Reise nach Brasilien«, a.a.O., S. 179.

Wiederholungen, Wiederholungen, Wiederholungen. In Stefan Zweigs Leben äußert sich alles durch die sich wiederholende Bezugnahme auf die Vergangenheit. Als Historiker nimmt er die tückischen Wiederholungen der Geschichte wahr, als ein von der Geschichte Betroffener glaubt er zu wissen, sich diese zunutze zu machen – ins Gegenteil verkehrter Fatalismus.

»Was mich formte, kam nie aus meinem Wunsch, aus meinem tätigen Willen, sondern immer von Gnade und Geschick.«[537] Laurenz Mullner, Zweigs Professor an der Wiener Universität, hat viel über den kosmischen Determinismus gesprochen. Er muss den jungen Dichter beeindruckt haben, der weiterhin die Zufälle als Zufälle, als irgendjemandes Laune, als Wurf eines schon vorbereiteten Spiels betrachtet. Alles scheint von irgendeinem Urheber arrangiert zu sein. Seine Konzeption der Geschichte als launenhafte Künstlerin macht aus ihr eine menschliche Figur mit Wünschen und einer Vorliebe für Tragödien. Etwas mehr von Miller anstelle von Mullner, und Zweig wäre frei von Furcht gewesen.

Endlich bekommt er den britischen Pass (Nr. 342995, ausgestellt am 1.4.1940): Das Wunschobjekt ist nun nicht mehr so erwünscht, die englische Idylle ist verwundbar geworden. Die unauffällige Zeremonie der Überreichung hat nichts von einer Sternstunde. Im Tagebuch hält Zweig weder den Wechsel der Nationalität noch die neue Staatsbürgerschaft fest. Die im Mai 1940 wieder aufgenommenen Eintragungen erweisen sich als noch schlimmer als die des Vorjahres. Die Straßen sind leer – es scheint, als ob alle Engländer an der Front sind. Aber sie werden von den Deutschen in Belgien eingekesselt:

> Es ist eine Katastrofe [sic] und – ich fürchte es – *die* Katastrofe. [...] Ich leide schwer unter meiner vorausdenkenden Phantasie; ich sehe jetzt schon in zuckenden Umrissen die Nachkriegsepoche hier in England mit ihrer ausbrechenden Erbitterung, die sich – abermals – gegen uns kehren wird sei es in der einen Form als Ausländer oder der anderen als Juden.

Plötzlich, inmitten der Ängste, stößt man in der Eintragung vom 26. Mai 1940, so beiläufig wie eine Notiz im Kalender, auf einen vom Rest losgelösten Satz: »Jedenfalls, man täte gut, ein Fläschchen mit Morphium jederzeit bereit zu haben.«[538] Morphium, Morpheus, Gott des Schlafes,

---

[537] »Erinnerungen an Emile Verhaeren«, a.a.O., S. 11.
[538] *Tagebücher*, 20.[21.]5./25.5./26.5.1940.

das bevorzugte Mittel der Selbstmörder, die nicht leiden möchten. Zweig ist nicht der Einzige: Genau in dieser Zeit, mit wenigen Tagen Unterschied, schließen Virginia Woolf und ihr Mann Leonard, aus denselben Gründen in Angst versetzt, einen Todespakt. Lediglich in der Art der Ausführung gibt es Unstimmigkeiten zwischen den beiden, bis Adrian, der Bruder der Schriftstellerin, durch die Bereitstellung einer doppelten Dosis Morphium den Streit beendet. Beide halten den Krieg für verloren, und obwohl Virginia Woolf nicht jüdisch ist wie ihr Mann, sieht sie keinen anderen Ausweg mehr.[539]

Tags darauf noch mehr Furcht: »Zum erstenmal [sic] der Zug unregelmäßig, offenbar schon Verwundetenzüge und Transporte [...] Newyork [sic] wollte ich nicht und sonst scheint A. nur trostlos außer Sanfrancisco [sic] und dafür ist es zu spät.«

Am 28. Mai hält er die Kapitulation Belgiens fest: »Wird dieser Krieg weitergeführt, so wird er das Grauenhafteste, was die Menschen je gekannt, die totale Erledigung Europas.« Er lässt die aktuellen Ereignisse beiseite, um über deren Opfer nachzudenken: »Wir die wir mit und in den alten Begriffen leben, sind verloren.« Er weiß, dass er verloren ist, und trifft Vorkehrungen für seine Lösung: »»(I)ch habe ein gewisses Fläschchen schon bereitgestellt. Denn ich halte alles für möglich jetzt, auch die Deutschen in England, wenn Italien eingreifen sollte oder Frankreich capituliert [sic].«[540]

Zweig wird das Morphium nicht mehr erwähnen. Ebenso wenig das Fläschchen, das er immer zur Hand haben müsste.

Über die nächsten Tage ist zu lesen:

> Arbeit an Autobiog. [sic] [...] Eben Nachricht, daß ich jetzt nach Brasilien könnte via Newyork [sic]. Aber soll ich es tun? Wieder fort von der Arbeit, vom Haus, von allem ins Bodenlose, wieder ganz sich fallen lassen ins Ungewisse, wieder Zeit versäumen mit Vorträgen und Gesellichkeiten, während einem die Seele starr im Leibe steckt. Was gestern noch Freude gewesen wäre, schmeckt heute nach Galle. [...] Oder sehe ich die Consequenzen [sic] zu arg?

---

[539] Bell, Quentin: *Virginia Woolf. Eine Biographie*. Suhrkamp Verlag. Frankfurt am Main 1982, S. 494. Der Neffe und Biograf Quentin Bell offenbart, dass das Ehepaar am 13. Mai 1940, 13 Tage vor Zweigs Eintragung, den Todespakt besprach. Der Ehemann Leonard hatte vorgeschlagen, sich in der Garage des Hauses mit Autoabgasen zu vergiften, und hortete zu diesem Zweck Benzin, um den Motor einige Stunden laufen lassen zu können. Virginia Woolf lehnte die Idee ab, und sie einigten sich auf Morphium.

[540] *Tagebücher*, 27.5./28.5.1940.

Er sieht sie zu arg: Schon Monate zuvor hat das Ehepaar begonnen, Nahrungsmittel im Keller des Hauses zu lagern. Jetzt sortiert er die unveröffentlichten Manuskripte, verpackt die so geliebte Blake-Zeichnung, räumt die Autografen zusammen, die ihm am meisten am Herzen liegen, und ordnet die wertvollen Aufzeichnungen über Balzac:

> Gewiß, in ein paar Jahren ist alles, sogar das Schlimmste ausgeglichen, aber paar Jahre sind 1940 nicht mehr für mich, was sie 1918 waren. [...] ich sehe die Mosley-Bewegung wenn nicht in seiner Person so doch in irgend einer Verwandlung an die Macht kommen, und wir werden hier jedenfalls Bürger siebenter Classe [sic] sein, sei es als ehemalige Deutsche sei es als Juden [...] denn ich bin weniger als je entschlossen; falls Italien gegen E. gehen sollte, ist das Risiko der Reise verdoppelt ja sogar verfünffacht. [...] Zahnschmerzen und von alle dem müde und nichts fürchte ich sosehr [sic] als diese Müdigkeit, die mich entschlußunfähig machen wird. Ich brauche doch Kraft, Entschiedenheit, Entschlossenheit zu diesen Dingen und habe in mir sehr wenig davon. [...] für die Sternstunde Suter umgearbeitet.

Zum ersten Mal offenbaren die Eintragungen sein Arbeitsprogramm, in dem sich die Welt von Gestern, die Sternstunden der Menschheit und jenes intime Tagebuch vereinen und vermischen. Es ist derselbe Stoff auf verschiedenen Ebenen. Der Essay über Wilson, das Scheitern eines Träumers, bekommt in diesem Augenblick eine tragische Dimension.[541]

> Paris scheint zur Hölle geworden zu sein [...] was aus F. und allen den Freunden wird ist gar nicht auszudenken. [...] Dazu die lähmend[en] Nachrichten – die Hakenkreuzflagge auf dem Eiffelturm! Hitlersoldaten als Garde vor dem Arc de Triomphe. Das Leben ist nicht mehr lebenswert. Ich bin fast 59 Jahre und die nächsten werden grauenhaft sein [...].[542]

---

[541] Außer dem Essay über Wilson und dem Tod Ciceros, ein glühendes Manifest für die intellektuelle Freiheit, überarbeitete er die Geschichte von Johann August Suter, dem Helden der »Entdeckung Eldorados«, die schon in der ersten Ausgabe von 1927 zu finden ist. Die Wiederaufnahme der *Sternstunden* wurde vom englischen Verleger Desmond Flower angeregt, der die Originalfassung, die fünf Essays beinhaltet, erweitern wollte. Mit ihm zusammen fand Zweig den kommerzielleren Titel *The Tide of Fortune* für die englische Ausgabe.
[542] *Tagebücher,* 29.5./30.5./1.6./2.6./3.6./4.6./12.6./15.6.1940. Zweig übertrieb die Angst, die ihm Sir Oswald Mosley (1896–1980), der Gründer und Leiter der *British Union of Fascist,* einjagte. Zusammen mit anderen führenden Anhängern der Bewegung, einschließlich zweier Abgeordneter, wurde Mosley am 31.5.1940 verhaftet. Noch im selben Jahr wurde seine Partei verboten. Die Idee, in Brasilien Zuflucht zu suchen, taucht am 30.5.1940 das erste Mal in den *Tagebüchern* auf.

Mister Miller versucht, ihn zu beruhigen.

»Es geht Ihnen gut hier. Sie mögen das Haus und den Garten. Sie sind hier glücklich gewesen. Warum müssen Sie gehen?« »Ich kann nicht bleiben, Mr. Miller, ich muß weg. Verstehen Sie das nicht? Ich möchte nicht gehen, aber *sie* [die deutschen Truppen] werden [...] bald hier sein, und deshalb muß ich gehen. Können Sie das nicht verstehen?« »Nein, ich verstehe das nicht, sie werden nie hierher kommen und sollten sie es wagen, einen Fuß auf britischen Boden zu setzen, [...] werden sie wünschen, dies nicht getan zu haben. [...] Folgen Sie meinem Rat, Mr. Zweig, und bleiben Sie. Sie werden bei uns sicher sein, was auch immer geschehen möge. Wir haben keine Angst.«[543]

Zweig gerät in Panik: »(L)ebend sollen mich die Nazis nicht finden!«, schreibt er Victor Fleischer. Diese Aussage kann als Kriegsgeschrei verstanden werden. Oder als Angstschrei. Dies wird sich bald herausstellen.

Er beginnt, Vorkehrungen zu treffen, wie immer fieberhaft. In den Pausen lässt er Hellsichtigkeit erkennen:

> (W)enn ich auch in meiner Autobiografie darzustellen suche, daß die Epoche der Sicherheit vorbei ist und man sich dem Fatum befreunden soll, so gibt das zwar literarischen Excursen [sic] Gelegenheit nicht aber dem inneren Erlernen. Auch dabei sieht man rechts und links Leute, die nicht ein Zehntel dieser Sicherheit haben und völlig sorglos oder gottvertrauend dahinleben – selbst Juden wie Victor [Fleischer], die durchaus leben wollen und um ihre Gesundheit kämpfen ohne zu wissen, wovon sie leben.

In seinem letzten Brief an Friderike vor der Abreise nach Amerika gesteht Zweig: »Die Vorstellung, das Haus, die Bücher, die begonnenen Arbeiten für unbestimmte Zeit zurückzulassen, fällt mir schwer, aber alles ist jetzt schwer für jeden.«[544] Es ist nicht leicht, jemanden zu finden, der das Haus hütet, aber genauso schwierig ist es, Schiffspassagen zu bekommen, die schließlich mit Hilfe eines Freundes im Palästinischen Reisebüro reserviert werden. Zunächst würde das Ehepaar nach New York fahren und von dort aus nach Brasilien. »Inzwischen Abfahrt auf Dienstag festgesetzt – ich glaube nur noch nicht daran.« Mit diesem Satz werden die Tagebücher ein für alle Mal beendet, ohne Punkt, ohne Auslassungspünktchen. Sie werden in Bath bleiben und eines Tages dort

---

[543] *Allday*, S. 224. Die Unterhaltung zwischen Zweig und Mr. Miller wurde Elizabeth Allday von Ivy, der Tochter des Gärtners, erzählt.
[544] Brief an Victor Fleischer, undatiert zit. nach: *Prater*, S. 388. *Tagebücher*, 2.6.1940. *Briefe SZ-FZ*, 5.6.1940 (in Französisch geschrieben).

entdeckt werden. Von der Furcht beherrscht, vergisst einer der überzeugendsten Europäer, sich von Europa zu verabschieden.[545]

Die Überfahrt verläuft ohne besondere Vorfälle; kein italienisches U-Boot oder deutsches Flugzeug bringt den Cunard-Dampfer in Gefahr. Die *Scythia* ist nicht luxuriös, aber das Ehepaar bekommt die Kabine des Kapitäns zur Verfügung gestellt (immer findet sich ein *jeito*, trotz der Ängste der letzten Tage).

Wohlbehalten in New York angekommen, hat nun die Angst einen anderen Namen: Friderike. Schuldgefühle belasten ihn, denn er weiß weder, wo sie sich aufhält, noch, was mit ihr nach dem Einmarsch der deutschen Truppen in Frankreich geschehen ist. Er möchte helfen. Es gelingt ihm auch, aber die Schuldgefühle wiegen zu schwer, um sich aufzulösen.

Schon ging man daran, die Seinebrücke nahe bei unserem Häuschen in Croissy mit Minen zur Sprengung zu versehen. [...] Montag flohen wir nach dem Süden. Donnerstag marschierten die deutschen Soldaten durch den Bois de Boulogne in die geliebte Stadt. [...] Drei Tage vor dem Einmarsch der Deutschen in Paris war es uns wie durch ein Wunder gelungen, nach dem Süden, nach Montauban, in der Nähe von Toulouse, zu flüchten.[546]

In diesen Tagen bedeuten Wunder lediglich eine kurze Pause vom Terror. In Paris beschließen die alten Sozialdemokraten, in Richtung Süden zu fliehen, um sich in Montauban, nahe Toulouse, wieder zu vereinen, wo der sozialdemokratische Bürgermeister ihnen Hilfe zugesagt hat. Diesem Weg darf sich auch die kleine Fünfer-Gruppe bestehend aus Friderike, ihren Töchtern und Schwiegersöhnen anschließen. Das wenige Gepäck ist schon fertig gepackt, als sie bemerken, dass Schuschu verschwunden ist. Die Mädchen weinen, sie möchten den geliebten Spaniel, den Nachfolger des alten Kaspar aus Salzburg, nicht zurücklassen. Aber es gibt keine Zeit zu verlieren angesichts der drohenden Bomber und Fallschirme der Deutschen. In letzter Minute kommt Schuschu angetrottet – welch eine Erleichterung. Suse an Rheuma leidend, fährt mit zwei Freundinnen und nun auch Schuschu mit dem Taxi voraus.

Der Rest der Gruppe folgt mit dem Zug zusammen mit Tausenden von anderen Flüchtlingen, die sich auf den Straßen, Bahnhöfen und in den Waggons drängen. In Montauban dann erneut Verzweiflung: Suse

---

[545] *Tagebücher*, 19.6.1940. Trotz des Krieges und der Nervosität gelang ihm in nur 20 Tagen, was andere nicht in Monaten schafften – Schiffspassagen zu erhalten.
[546] *Friderike 1*, S. 233. *Briefe SZ-FZ*, S. 321.

ist nicht aufzufinden. Der Freund Paul Stefan erzählt, dass er sie gesehen habe – ein Wunder. Aus Paris beginnen die ausländischen Diplomaten einzutreffen. Friderike sucht Kontakt zum mexikanischen Gesandten, und dank des Nachnamens Zweig und des Versprechens, sich für eine Förderung des mexikanischen Fremdenverkehrs einzusetzen, erhalten sie Visa für das lateinamerikanische Land.

Gleichzeitig informiert Zweig (der in New York durch Friderikes dortigen Verwandten ihre Adresse in Erfahrung gebracht hat) mittels Telegrammen die Ex-Ehefrau darüber, dass er versuche, Visa für die Vereinigten Staaten und Mexiko zu bekommen. Es sei auf jeden Fall notwendig, nach Marseille zu fahren. Trotz des Krieges, der Kapitulation Frankreichs und der Flucht werden Briefe und Telegramme verschickt und kommen an.

Ein weiteres Wunder, ebenfalls in Form eines Telegramms, verbindet das Dreieck New York, Lissabon, Montauban. In den Vereinigten Staaten hat Stefan Zweig an Antonio Ferro, den mächtigen Leiter des *Secretariado de Propaganda Nacional* (SPN) (des nationalen Propaganda-Sekretariats) in Lissabon, telegrafiert, um ihm den Namen von Friderikes Hotel in Montauban mitzuteilen. Ferro trifft daraufhin Vorkehrungen und antwortet später: »Ich werde mich weiterhin mit großer Aufmerksamkeit um die Visa kümmern und hoffe, Ihre Familie bald sehr herzlich empfangen zu können.« Unterdessen schickt der Minister ein Schreiben, fast ein Bittgesuch, an den Direktor der *Polícia Internacional de Portugal* (Internationale Polizei Portugals), eigentlich sein Untergebener, um die Visa »für die Familie eines Schriftstellers, der ein so guter Freund Portugals ist«, zu regeln.

Es gelingt ihm: Triumphierend telegrafiert Ferro Friderike, um ihr die letzten Instruktionen zu geben und sich mit »innigen Grüßen« zu verabschieden – inmitten der Barbarei eine Galanterie.[547]

---

[547] Das erste Telegramm von Zweig an Ferro ist datiert auf den 23.7.1940. Schon am folgenden Tag leitete dieser das Gesuch an den Polizeidirektor weiter, doch es blieb anscheinend unbeantwortet, denn am 8.8.1940 wandte sich Ferro erneut, nun etwas energischer, an die *Polícia de Vigilância e Defesa do Estado* (PVDE) (Polizei zur Überwachung und Verteidigung des Staates) und bat, die in dieser Angelegenheit nötigen Vorkehrungen zu treffen. Derweil, genauer am 27.7., schrieb Friderike einen langen Brief an Ferro, in dem sie auf die vom »Ehemann« erhaltenen Instruktionen Bezug nahm. Die Antwort von Ferro an Zweig trägt kein Datum, aber alles weist darauf hin, dass sie am 12.8. gesandt wurde, da sich im selben Dossier zu dem Briefwechsel Ferro-Zweig eine Mitteilung der Radioanstalt Marconi an Ferro mit der Information befindet, dass Zweig das Hotel Wyndan in New York bereits verlassen hätte und dieses Telegramm an die *Editora Guanabara* in Rio de Janeiro weitergeleitet würde. Das letzte Telegramm von Ferro an Friderike stammt vom 4.9. Vgl.

All dies geschieht als Anerkennung für Zweigs *Magellan*, aber auch dank der Vermittlung des Vizegrafs von Carnaxide, Ferros Repräsentanten in Rio de Janeiro. Als Besucher der der *Academia Brasileira de Letras* nahe stehenden Zirkel verfügt Carnaxide über ausgezeichnete Beziehungen zu der *Editora Guanabara*, und durch diese dürfte er Zweig in New York den Rat gegeben haben, sich mit seinem Chef in Lissabon in Verbindung zu setzen.[548]

Tatsächlich werden Friderike und die ihren durch die beiden *Estados Novos*, den portugiesischen und den brasilianischen, gerettet. Beiden ist es ein Anliegen, eine Zensur- und Propaganda-Behörde aufzubauen, die imstande ist, die Opposition auszuschalten und Anhänger zu sichern (in Brasilien kommt dem *DIP*, dem *Departamento de Imprensa e Propaganda* [Presse und Propaganda-Behörde] diese Aufgabe zu und Ferro unterhält gute Beziehungen zu seinem brasilianischen Kollegen Lourival Fontes). In einem seiner Briefe an Koogan vor der Abreise nach Brasilien hat sich Zweig mit Bestimmtheit geäußert: Er wolle den Vizegraf wiedersehen. Er weiß, dass er ihm das portugiesische Transitvisum für Friderike und ihre Familie verdankt.[549]

Ferro, geachteter Literat, Dichter und Gefährte Fernando Pessoas, hatte in der Regierung Salazar zwei Ministerien inne – das der Kultur und das der Propaganda. Seit 1933 war er damit befasst, der Welt das Image eines beschaulichen Landes zu vermitteln, das von einem einsamen und gutmütigen Wirtschaftsprofessor geführt wird. Aus diesem Grund schrieb er in der Zeit auch seine erste politische Biografie über Salazar, deren französische Ausgabe von 1935 ein Vorwort von Paul Valéry enthält. In seiner politischen Funktion brachte Ferro bedeutende Persönlichkeiten der französischen Literatur nach Portugal. Es gelang ihm zwar nicht, 1938 Zweig nach Portugal zu holen, aber er nahm ihn

---

Arquivos Nacionais da Torre do Tombo, Lissabon, SNI UI 558. In ihrer Korrespondenz mit Zweig hielt Friderike die Handlungen der portugiesischen Behörden fest. Vgl. *Briefe SZ-FZ*, S. 322.

[548] In seinem ersten Schreiben an den Polizeidirektor erwähnte Ferro ausdrücklich »das bemerkenswerte Werk über die Person Fernão de Magalhães, ein Werk, das viel für die Werbung für unser Land im Ausland beigetragen hat«.

[549] *Briefe SZ-Koogan*, 22. 7. 1940. Der zweite Vizegraf von Carnaxide (Antonio Batista de Souza Pedroso) kam 1931 nach Brasilien. Bevor er die Repräsentation des SPN übernahm, war er in Rio de Janeiro als Rechtsanwalt tätig. Im Haus seiner Mutter Elisa Baptista Pedroso trafen sich die Intellektuellen des Establishments, unter ihnen auch Antonio Ferro. Anscheinend lernte Zweig den Vizegraf während seines ersten Brasilienbesuches 1936 kennen, da er in dem Brief schrieb, dass er sehr gerne einige Freunde wieder sehen würde, auch den Vizegraf.

mit der Hilfe, die er Friderike zukommen ließ, zwei Jahre später für sich ein.[550]

»Versuche, stark zu sein«, schreibt Zweig Friderike Ende Juli, er selbst aber ist ausgebrannt. Dennoch versucht er, tatkräftig zu wirken, legt Rechenschaft über seine Bemühungen hinsichtlich der Visa ab (außer den amerikanischen Visa möchte er noch eine Aufenthaltserlaubnis für Brasilien sichern). Er verbirgt jedoch nicht, dass der Aufenthalt der Gruppe nur provisorisch wäre, da er selbst nicht wisse, was mit ihm werde. Vielleicht gehe er nach Chile oder Venezuela. Es folgen die üblichen Klagen über den Verlust des Hauses, der Bücher, der Manuskripte und der Aufzeichnungen. »Dein Optimismus wird in dieser Welt immer ernüchtert und selbst mein Pessimismus von den Ereignissen übertroffen werden.« Im zweiten Brief aus New York, im selben Gemütszustand verfasst, entschuldigt er sich, nicht viel erreicht zu haben (nicht einmal für sich selbst hätte er ein Visum bekommen, rechtfertigt er sich). Er müsse wegen einer Vortragsreihe nach Südamerika fahren, wisse aber nicht, ob er in die USA zurückkehren können werde (eine versteckte Entschuldigung dafür, dass er nicht auf sie warten kann). Lotte macht weiterhin das Rennen. Auch in diesem Brief lässt er den Schmerz des Verlustes erkennen. Er träume von seinem Haus, seinen Büchern, seiner Arbeit. »Was für ein Leben!«[551]

Friderike erreicht Marseille, den Hexenkessel, der für hunderttausende Flüchtlinge zur Zwischenstation auf ihrer Odyssee geworden ist. Ungeachtet dessen ist es das alte Marseille, wo sie mit Zweig so glückliche Augenblicke verbracht hat. Die Gruppe mietet sich im selben Luxushotel von damals ein. Doch bald darauf geraten sie in Panik: Ein französischer Polizist bringt sie zum Verhör. Alles geht gut aus. Dieser Schreck ist vorbei. Weitere werden folgen.[552]

Marseille gehört nicht zum Kriegsgebiet, aber gleichwohl herrscht dort ein Krieg, der zwischen den Geheimagenten, Denunzianten und der Legion von Verzweifelten geführt wird, die eben demselben entkommen möchten. Die Stadt ist das Ausgangstor eines besiegten Europas und eines Frankreichs, das von sich sagt, frei zu sein, jedoch gezwun-

---

[550] Zu den Schriftstellern, die 1938 Portugal bereisten, gehörten auch zwei Freunde Zweigs, Jules Romains und Georges Duhamel. Antonio Ferro (1895–1956) war neben seinem intensiven literarischen Engagement innerhalb einer Gruppe von Schriftstellern Generalsekretär der Provinz Angola, Leiter des nationalen Propaganda-Sekretariats und später Regierungsbeamter im Ministerium für Information und Tourismus. Als solcher agierte er auch informell als Kulturkommissar.
[551] *Briefe SZ-FZ*, 30. 7. 1940; undatiert (in Französisch geschrieben).
[552] *Friderike 2*, S. 178–184.

gen ist, in den Kapitulationsklauseln das uralte Asylrecht außer Kraft zu setzen. Von dort können nur die Privilegierten abfahren, die ein Einreisevisum für ein neutrales Land, ein Transitvisum für Spanien und Portugal und darüber hinaus eine französische Ausreiseerlaubnis vorweisen können: französische Patrioten, Juden, egal welcher Nationalität, Deutsche oder Österreicher ohne die nötigen Dokumente werden zurückgeschickt – leicht zu erraten wohin.

Zusätzliche Sorge bereiten die höchst gefährdeten Schwiegersöhne: Sie haben in der französischen Armee gedient und müssen noch formal aus diesem Dienst entlassen werden – was unmöglich ist, sie würden in ein Gefangenenlager kommen. Friderike ist nicht die einzige Verzweifelte. Tausende von deutschen, österreichischen, tschechischen und französischen Flüchtlingen, Juden, Nichtjuden, Linke oder Liberale, alle zusammengeschweißt durch die Angst, drängeln sich am Rande des Mittelmeeres in der Hoffnung, dem Nazi-Terror und dem der französischen Kollaborateure zu entkommen. Etwa 1.500 Flüchtlinge werden in einer gewagten Aktion, geleitet von Varian M. Fry, einem 32-jährigen Harvard-Absolventen, Lateiner, Journalisten und überzeugten Antifaschisten, gerettet werden.

Unmittelbar nach der französischen Kapitulation ist in New York das *Emergency Rescue Committee* gegründet worden, das Eleanor Roosevelt dazu überreden konnte, das US-Außenministerium zu zwingen, Fluchthilfe für die europäischen Intellektuellen zu leisten. Fry wurde ausgewählt, den Exodus zu organisieren: Er spricht fließend Französisch und Deutsch, ist schüchtern und diskret und repräsentiert das klassische Bild des ruhigen Amerikaners. Am 4. August 1940 ist er mit 3.000 im Gürtel versteckten Dollar, keinerlei Erfahrung in Geheimaktionen und einer von der First Lady verwalteten Liste mit 200 Namen von Intellektuellen und Wissenschaftlern, die Einreisevisa in die USA erhalten sollen, in Marseille angekommen.

Dem amerikanischen Konsul gefällt die Idee nicht. Diplomaten haben andere Prioritäten und dieser möchte die französischen Behörden nicht verärgern. Mit Hilfe amerikanischer Unitarier und jüdischer Organisationen ruft Fry das *Centre Americain de Secours* ins Leben, engagiert Hilfskräfte, Schmuggler, Führer, die sich gut in den Pyrenäen auskennen, und einen Künstler, der Pässe fälschen soll, und nimmt sogar Kontakt zur korsischen Mafia auf.[553]

---

[553] Fry und das *Emergency Rescue Committee* wurden bei ihrer Arbeit in Marseille auch von der YMCA (*Young Men's Christian Association*) und der HICEM, einer Vereinigung

Auf der anderen Seite des Atlantiks leisten Erika Mann und Hermann Kesten die politische Arbeit, spüren Geldquellen auf und versuchen die Liste derer zu erweitern, die schnellstens und um jeden Preis gerettet werden müssten. Friderike und die Töchter gehören dazu. Zweig hat Friderike in einem seiner Briefe wissen lassen, dass er dafür gesorgt hat, dass sie und ihre Töchter auf diese Liste gesetzt wurden.[554] Und die Schwiegersöhne? »Nehmen Sie sie mit«, lautet die erlösende Antwort auf Friderikes Nachfrage.[555]

»Mitnehmen« ist Frys Mission: eine unsichtbare Brücke zu errichten, über die die 200 Privilegierten geleitet werden sollen. Bald verbreitet sich die Nachricht von seiner Mission und aus den ursprünglichen 200 Namen werden 4.000. Jene Legion von Flüchtlingen muss die spanische Grenze überqueren und von dort zu irgendeinem neutralen Atlantikhafen gelangen.

Die erste Etappe: mit dem Zug von Marseille an die spanische Grenze (im Allgemeinen Cebère). Die zweite Etappe: zu Fuß die Überquerung der östlichen Pyrenäen (die nicht so hoch sind wie der westliche Teil). Die dritte und vierte Etappe: der Weg zur katalanischen Küste (im Allgemeinen Portbou), wo Fry oder einer seiner Agenten die Flüchtlinge erwartet und in irgendeine größere spanische Stadt (Barcelona oder Madrid) weiterleitet, und von dort mit dem Zug oder Flugzeug nach Vigo oder Lissabon.

Das klingt einfach, wenn es nicht auf der einen Seite der Grenze eine mit dem nationalsozialistischen Feind verbündete Regierung und auf der anderen Seite ein faschistisches Regime gäbe und wenn die beiden nicht zum Nutzen Hitlers Hand in Hand arbeiteten. Die Flüchtlinge müssen sich zu kleineren Gruppen zusammenschließen, vorgeben, Touristen zu sein, und Ruhe vortäuschen, um nicht die Aufmerksamkeit des Schwarms von deutschen Agenten, Franquisten und französischen Kollaborateuren zu erregen.

Neben der Bespitzelung durch nationalsozialistische und faschistische Agenten wird Varian M. Fry offen vom amerikanischen Konsul sabotiert, der sich weigert, sein Visum zu verlängern. Schließlich wird Fry

---

von den drei jüdischen Emigrantenhilfsorganisationen *HIAS, Hebrew Immigrant Aid Society* (New York); *JCA, Jewish Colonization Assocation* (Paris) und *EMIGDIRECT, Vereinigtes Komitee für jüdische Auswanderung* (Berlin) unterstützt.

[554] *Briefe SZ-FZ*, 30. 7. 1940.

[555] *Friderike 2*, S. 185. In dem an Ferro gerichteten Brief führt Friderike die zwei Schwiegersöhne Charles Höller, Filmemacher und Fotograf, und Herbert Störk, Arzt am Institut du Câncer, auf.

von den Franzosen verhaftet, es wird ihm der Pass abgenommen und 13 Monate nach seiner Ankunft in Marseille wird er in die USA ausgewiesen. Dort fand er nicht mehr ins normale Leben zurück. Vielleicht hatte er mehr Anerkennung für seine Heldentat oder mehr Aufmerksamkeit für seine Warnungen vor dem Massenmord, den er vorausgeahnt hatte, erwartet. Sein Horror vor dem Nationalsozialismus hatte schon 1935 begonnen, als er in Berlin Zeuge der Schikanierungen von Juden wurde. Durch seinen Einsatz für die Flüchtlinge wurde er für die Biografien von Marc Chagall, Hannah Arendt, André Breton, Jacques Lipchitz, Wanda Landowska, Fritz Kahn, Marcel Duchamp und so vielen anderen bedeutsam. Die offizielle Anerkennung kam zu spät. Er starb im Schlaf, während er seine Memoiren überarbeitete. Dem Selbstmordverdacht wurde nie nachgegangen.[556]

Friderikes kleiner Trupp wird einer anderen Route folgen: Mit einem Omnibus fahren sie bis Perpignan am Mittelmeer, und anstatt nach Süden zu gehen, begeben sie sich von dort ins Landesinnere in die französisch-spanische Zwillingsstadt Le Perthus/El Perthús, »ein Platz für Adler und Steinböcke«.[557] Im Büro des Geldwechslers weisen die Bücher von Charles Maurras auf einen Anhänger der *Action Française* hin und lassen Schwierigkeiten befürchten. Eine unbegründete Furcht: Sowohl er als auch die Gendarmen sind Friderike und ihrer Gruppe wohl gesonnen, sie setzen ihren Weg fort. Doch der Zugang nach Spanien ist geschlossen. Und nicht nur dieser, die gesamte französisch-spanische Grenze ist abgesperrt, um die Sicherheit des Gestapo-Chefs Heinrich Himmler zu garantieren, der zu diesem Zeitpunkt mit allen Ehren von Generalissimo Francisco Franco empfangen wird. Wenn dabei alles gut ginge, würde Hitler Franco ebenfalls einen Besuch abstatten, um die Allianz, die die vernichtende Niederlage der Republikaner im Bürgerkrieg ermöglicht hat, offiziell zu machen.

---

[556] Nach seiner Rückkehr in die USA wurde Fry von der Armee abgelehnt und fand auch keine Anstellung im öffentlichen Dienst, da es beim FBI ein Dossier über seine Aktivitäten während des Krieges im Zusammenhang der Rettung »politischer« Flüchtlinge gab. Während die französische Regierung ihm 1967 das Kreuz der französischen Ehrenlegion verlieh, erinnerten sich seine Landsleute erst 1991 an ihn und seine Taten. In Israel wurde sein mutiger Einsatz 1994 mit der Verleihung des Ehrentitels »Gerechter unter den Völkern« von der Holocaust-Gedenkstätte *Yad Vashem* gewürdigt. 1998 ehrte ihn die israelische Regierung. Vgl. Fry, Varian: *Auslieferung auf Verlangen.* S. Fischer Taschenbuch Verlag. Frankfurt am Main 1995; Greenberg, Karen J. (Hg.): *The Varian Fry Papers.* Garland. New York 1990.
[557] *Friderike 2*, S. 186. Ferros herzliches Telegramm an Friderike war an das Hotel Taulere in Le Perthus adressiert.

Friderike und die Ihren warten. Geduld ist das wahre Geheimnis einer Flucht. Als Himmler endlich wieder fort ist, beginnt der »Kommandant« Friderike erneut Vorkehrungen zu treffen: Es gilt nicht nur das spanische Zollhaus zu passieren, sondern auch dafür Sorge zu tragen, dass die Papiere nicht allzu genau geprüft werden, besonders nicht die der Schwiegersöhne. Friderike, umsichtig wie immer, scheint den alten »Betrieb« von Salzburg zu führen: Sie schließt Freundschaft mit einem alten Geistlichen und gelangt durch ihn an einen Grenzkommissar, der ihnen eine bestimme Stunde nennt, in der sie problemlos die Grenze passieren könnten, da er dann allein im Zollhaus sei. Und so geschieht es auch: Die Pässe (ohne die nötige Ausreiseerlaubnis) werden abgestempelt, die Schwiegersöhne dürfen ausreisen (ihre Namen stehen nicht auf der Liste der gesuchten Männer, die im Bürgerkrieg gegen die Loyalisten gekämpft hatten) und auch mit ihrem Gepäck gibt es keine Schwierigkeiten. Wenige Meter noch und sie sind in Spanien, außerhalb des unmittelbaren Einflussbereiches der Nationalsozialisten, in einem Allerheiligsten. Ein faschistisches Allerheiligstes, aber das tut nichts zur Sache, es ist ein Allerheiligstes. *Drôle de guerre* – verkehrte Welt.

Sie sind gerettet: Mit dem Omnibus fahren sie nach Figueira, erleben ein unvergessliches Festmahl im dortigen Gasthof, danach geht es weiter in das majestätische Barcelona und schließlich nach Madrid. Im Prado wird ihnen bei der Betrachtung von Goyas »Schrecken des Krieges« bewusst, dass sie selbst als Betroffene gerade Teil dieser Bilderfolge sind.[558]

Wie Friderike haben auch viele andere Emigranten ihre Flucht von Frankreich nach Spanien und Portugal beschrieben. Mit ihrer ausführlichen Schilderung übernimmt die faszinierende Alma Mahler, die zu Beginn des Jahrhunderts als die schönste Frau Wiens galt, eine Art Sprecherfunktion für eine andere Gruppe, die diesen Fluchtweg zurückgelegt hat, Friderike und ihrer Familie in Lissabon begegnet und auf dem selben Schiff wie sie nach Amerika reist. Die Witwe Gustav Mahlers wird begleitet von ihrem Ehemann Franz Werfel, Heinrich Mann, dessen Frau Nelly und dessen Neffen Golo (dem zweitältesten Sohn von Thomas Mann) – Musterbeispiele für die deutsche Kulturelite, die von den Nationalsozialisten vertrieben wurde.

Es gilt den Weg von Cebère über die Berge nach Portbou zu bewältigen, aber die Sache läuft nicht gut: Sie verlieren den Führer, Nelly Mann kämpft mit den vom Dorngestrüpp aufgerissenen Waden, weint,

---

[558] Vgl. *Friderike 2*, S. 186–190.

klagt, dass sie diese Überquerung nicht an einem Freitag den 13. (September 1940), hätten machen dürfen. Ihr fast 70-jähriger Ehemann Heinrich muss von seinem Neffen gestützt werden, um den Hang hinaufzusteigen, und Alma Mahler scheint mehr besorgt um ihre Kleider und die Originalpartituren ihres früheren Ehemannes Gustav und die Anton Bruckners, die sie versteckt mit sich führt. Ihr Ehemann Franz Werfel indessen denkt nur an das Buch, das er in Lourdes, als er dort auf der Flucht vor den deutschen Truppen Obdach fand, über Bernadette Soubirous und die wundersame Heilung zu schreiben versprochen hatte, sollte er die Vereinigten Staaten jemals erreichen. Glückliches und ironisches Ende der Flucht: Mit einem Flugzeug der Lufthansa geht es von Madrid nach Lissabon.[559]

Walter Benjamin, der in diesen Tagen ebenfalls gezwungen ist, trotz seiner Herzprobleme, diesen beschwerlichen Weg auf sich zu nehmen, kommt nie in der Freiheit an. Mit anderen Flüchtlingen wird er von der mit Varian Fry zusammenarbeitenden Widerstandskämpferin Lisa Fittko über die Pyrenäen geführt. Als sie in Portbou schon auf spanischem Gebiet angelangt und praktisch gerettet sind, teilt man ihnen mit, dass sie nach Frankreich zurückgeschickt würden, da man neue Verfügungen aus Madrid erhalten habe. Von Panik und Verzweiflung befallen, ist sich Benjamin sicher, dass auf der anderen Seite der Grenze die Gestapo wartet und sieht nur noch einen Ausweg: Er schluckt die tödliche Dosis Morphium, die 31 Tabletten, die er bei sich trägt – Morphium ist praktisch, es löst jedes Problem.

Tage später das Wunder, für einen kommt es zu spät: Die Gruppe erhält die Erlaubnis, den Weg fortzusetzen. Ohne Walter Benjamin. Auf seinem Grabstein wurde nach dem Krieg eine seiner Überlegungen zum Begriff der Geschichte eingraviert: »Es ist niemals ein Dokument der Kultur, ohne zugleich ein solches der Barbarei zu sein.«[560]

---

[559] Werfel erfüllte sein Versprechen und veröffentlichte 1941 den Roman *Das Lied von Bernadette*. Zur Flucht dieser Gruppe vgl. *Mahler 1*, S. 302–321. Mann, Heinrich: *Ein Zeitalter wird besichtigt*. Aufbau Verlag. Berlin/Weimar 1982, S. 440–448.
[560] Benjamin, Walter: »Über den Begriff der Geschichte« in: idem: *Gesammelte Schriften* Bd. 1. Herausgegeben von Rolf Tiedemann und Hermann Schweppenhäuser. Suhrkamp Verlag. Frankfurt am Main 1990, S. 691–704, S. 696. Es ist möglich, dass die neuen Verfügungen aus Madrid im Zusammenhang mit der von Friderike erwähnten Grenzschließung anlässlich des Himmler-Besuches standen. Die Umstände sind ähnlich. Benjamin nahm die tödliche Dosis in der Nacht vom 25. auf den 26. 9. 1940. Zur Flucht Walter Benjamins vgl. Fittko, Lisa: *Mein Weg über die Pyrenäen. Ernnerungen 1940/41*. Carl Hanser Verlag. München 1988, S. 129–144.

Morphium ist nicht immer unfehlbar: Der Schriftsteller und Journalist Arthur Koestler, mit dem Benjamin seine Morphium-Ration von 62 Tabletten in Marseille brüderlich geteilt hatte, greift nicht gleich darauf zurück. Erst nach einem gescheiterten Versuch, mit Hilfe eines Freundes ein britisches Visum zu bekommen, und der Nachricht von Benjamins Tod, in dem er »die Sprache des Schicksals« sah, verliert er alle Hoffnung und nimmt seine Dosis. Sein schwacher Magen rettet ihn: Er erbricht das Morphium. Zu diesem Zeitpunkt hält er sich in Lissabon auf, der Hauptstadt eines Landes, das Miguel de Unamuno einmal »das Land der Selbstmörder« genannt hat. Für Koestler war es damals weder die Zeit noch der Ort zu sterben.[561]

Lissabon gilt als ersehntes Ziel. Hier ist ein Hauch von Freiheit zu spüren, wenngleich man auch hier auf dunkle Wolken trifft. Alma Mahler schreibt:

> Man hatte uns gewarnt, nicht mit der Eisenbahn nach Portugal zu fahren, da an der portugiesischen Grenze alle Emigranten glatt eingesperrt wurden [...] Juden durften damals nicht nach Portugal hinein oder waren doch höchst ungern gesehen. [...] Endlich ein Hauch von Freiheit für uns! [...] Die ersten Tage einer paradiesischen Ruhe in einem paradiesischen Lande sind unvergeßlich, nach der Qual der letzten Monate.[562]

Friderike und ihre Familie fahren dennoch mit dem Zug nach Portugal. Sie haben keine Schwierigkeiten bei der Einreise. Ihre Papiere sind in Ordnung, und dank des Empfehlungsschreibens von Antonio Ferro bleiben ihnen auch unangenehme Einschränkungen oder Überraschungen erspart.

Schon am Bahnhof des Grenzortes werden Friderike und die Ihren von den Portugiesen herzlich und warm aufgenommen. In der Nacht erreichen sie Lissabon, doch die Praça do Rossio ist so belebt und lärmerfüllt wie am helllichten Tag. Wollte Friderike eine Reportage über Portugal schreiben, so ist es ihr nicht gelungen, objektiv zu sein. In der Beschreibung des Landes in ihrer Autobiografie wird ihre Kapitulation

---

[561] Buckard, Christian: *Arthur Koestler. Ein extremes Leben 1905–1983*. C. H. Beck Verlag. München 2004, S. 178. Der spanische Philosoph Miguel de Unamuno hielt 1908 auf einer seiner unzähligen Reisen durch Portugal fest: »Portugal ist ein Land der Selbstmörder« und »der Portugiese ist pessimistisch veranlagt«, da es ihn an einem kollektiven Ideal mangele. Vgl. Unamuno, Miguel de: *Portugal, povo de suicidas* (Portugal, Volk von Selbstmördern). Herausgegeben von Rui Caeiro. ETC. Lissabon 1986, S. 45–53.
[562] *Mahler 1*, S. 319.

vor dem warmherzigen Empfang sichtbar. Ihr fällt die Hilfsbereitschaft und die Geduld auf, mit der man hier den Fremden begegnet, ganz im Gegensatz zu den hochmütigen Spaniern. Sie hält fest, wie sauber die Stadt ist, wie präsent die Vergangenheit ist, sie nimmt die Stagnation, die verlorene Größe wahr und versteht, was die verrosteten Kriegsschiffe neben den modernen ausländischen Dampfern im Tejo bedeuten. Mit dem gestrengen Salazar ist sie unerbittlich. Es nütze nichts, dass er es vorziehe, »Analphabeten großzuziehen, damit sie nicht die Felder verlassen«.

Sie haben keine Schwierigkeiten gehabt, in das Land einzureisen, und werden auch keine bei der Ausreise bekommen. Aber bleiben können sie nicht. Lissabon ist ein enormer Wartesaal, in dem sich die von der Flucht Gezeichneten vor der letzten Etappe der Reise erholen und neue Kräfte tanken. Die Wehrmacht würde nicht auf Widerstand stoßen, sollte sie eine Invasion der Iberischen Halbinsel in Betracht ziehen. Aber das ist nicht nötig, da die Gestapo, aufmerksam und gründlich, wie sie arbeitet, dort schon einige Flüchtlinge, die in ihren Augen zu den gefährlichsten gehören, hat verschwinden lassen.[563]

Von Lissabon aus, neben Vigo der einzige neutrale Hafen am Atlantik, kann man nur zu anderen neutralen Häfen fahren: Finisterra, das Ende der Welt, der westlichste Punkt eines Europas in Trümmern.

Offene Türen für einige wenige, Tausende andere haben nicht dasselbe Glück, werden gezwungen, in ihre Herkunftsländer zurückzukehren – wo sie Teil eines Geschehens werden, das unter dem Namen »Holocaust« in die Geschichte eingehen wird.

In dieser Zeit wurde dem portugiesischen Diplomaten Aristides Souza Mendes, dem Konsul in Bordeaux, der Prozess gemacht. Seine Bestrafung war beispielhaft für das Salazar-Regime: Souza Mendes hatte die strengen Regelungen missachtet und jüdischen Flüchtlingen, die ihn – im Allgemeinen abends, um keine Aufmerksamkeit zu erregen – im Konsulat aufsuchten, Tausende von Einreisevisa ausgestellt.

---

[563] *Friderike 2*, S. 191. *Correia*, S. 144–153. Einer der mysteriösesten Fälle diesbezüglich ist das Verschwinden des jüdischen Journalisten Berthold Jakob (1888–1944). Als aktiver Pazifist und Verteidiger der Menschenrechte emigrierte er 1933 nach Frankreich. 1935 lockten ihn Gestapobeamte nach Basel und verschleppten ihn nach Deutschland. Infolge einer internationalen Hilfsaktion und weltweiter Proteste wurde Jakob schließlich freigelassen und konnte nach Frankreich zurückkehren. Nachdem ihm 1941 die Flucht nach Lissabon gelungen war, wurde er erneut von dort nach Deutschland deportiert und starb 1944 nach dreijähriger KZ-Internierung.

Die 1933 eingerichtete *Polícia de Vigilância e Defesa do Estado* (*PVDE*) verfolgte seinen Fall. Der einzige Zeuge der Verteidigung von Souza Mendes hatte während dieses Prozesses nur wenig zu dessen Gunsten zu sagen: »Ich sah, dass sich der Konsul vom Schmerz der Tragödie hat beherrschen lassen.«[564] Sich vom Schmerz einer der größten Tragödien der Menschheit überwältigen zu lassen, ist ein schwerer Fehler – unverzeihlich.

In der Gewährung von Transitvisa war Salazar sparsam – die Unerwünschten könnten sich dauerhaft niederlassen, denn Fälschungen und Korruption kamen häufig vor. Nach Portugal durfte nur derjenige einreisen, der ein Ausreisevisum besaß, selten gab es Ausnahmen.[565]

Der portugiesische Diktator war nicht gewalttätig, aber rigoros. Die Anweisungen, die Präsident Salazar seinen Botschaftern und Konsuln gab, waren vor allem bezüglich der staatenlosen und jüdischen Flüchtlinge äußerst streng. Er hatte keinerlei Mitleid mit ihnen, so flehentlich ihre Appelle auch sein mochten.[566] So wandte man im Fall des jungen rumänischen Juden Saul Steinberg, den man noch aus dem Flugzeug herausholte, das ihn in die Dominikanische Republik bringen sollte, besonders rohe Gewalt an.

---

[564] Zur Geschichte Souza Mendes vgl. *Souza Mendes*. Aristides Souza Mendes (1885–1954) wurde in den Ruhestand versetzt und bekam seine Bezüge um die Hälfte gekürzt, was ihn als Vater von 13 Kindern besonders schwer traf. Als er starb, sandte Salazar der Familie ein Kondolenzschreiben. 1987 wurde Souza Mendes durch eine Bestimmung des damaligen Präsidenten Mario Soares, der ihn auch posthum auszeichnete, rehabilitiert. Im darauf folgenden Jahr beschloss das Parlament einstimmig, dass Souza Mendes der Status eines Diplomaten wieder zuerkannt wurde. Eine Dokumentation über ihn und seine Geschichte wurde aber vom staatlichen portugiesischen Fernsehen boykottiert. In Israel ehrte man ihn zweimal und verlieh ihm den Titel eines »Gerechten unter den Völkern«. Souza Mendes war nicht der einzige Diplomat, der sich Salazars Vorschriften widersetzte: Sampaio Garrido und Carlos Braquinho, jeweils bevollmächtigte Minister und Geschäftsträger in Bukarest, stellten 1944 tausend ungarischen Juden Pässe aus. Sie erlitten nicht die Bestrafung wie Souza Mendes, denn zu diesem Zeitpunkt schlugen die Alliierten die Achsenmächte, und Salazar musste sich mit den Siegern gut stellen.

[565] Es ist unmöglich, die Anzahl der von Souza Mendes vergebenen Visa zu schätzen. Es wurden schon die Zahlen von 15.000 und 30.000 angeführt. Wahrscheinlich erreichten sie nicht die 10.000 – dennoch es ist immer noch eine beeindruckende Zahl. Entdeckt wurde sein Ungehorsam bei der Erteilung eines Visums an Arnold Wiznitzer, einem Professor für internationales Recht der Wiener Universität, der später in den USA zu einer der Autoritäten auf dem Gebiet der Religionsverfolgung von Juden während der Kolonialzeit in Brasilien wurde.

[566] Zur restriktiven Immigrationspolitik Salazars vgl. Dines, Alberto, a.a.O., S. 319–321.

Wesentlich tragischer war der Fall einiger Juden aus Amsterdam, alle portugiesischer Herkunft und Nachkommen von Neuchristen, die vor der Inquisition im 17. und 18. Jahrhundert nach Holland geflohen waren. Die Visumsgesuche, die aus diesem Land kamen, unterlagen besonderen Vorschriften, in denen die Diplomaten angewiesen wurden, zwischen Juden und Nichtjuden zu unterscheiden und allen das Visum zu verweigern, die sich zum mosaischen Glauben bekannten. Während es ihren Vorfahren gelungen war, der Verbrennung auf dem Scheiterhaufen zu entkommen, waren diese Juden Jahrhunderte später zum Tod in den Öfen der Krematorien der nationalsozialistischen Konzentrationslager verurteilt. Angesichts dessen entbehrte es nicht eines gewissen Zynismus, dass offizielle portugiesische Schreiben, auch die abschlägigen Bescheide, ausnahmslos mit dem Gruß Salazars endeten: »A Bem da Nação – Zum Wohl der Nation.«[567]

Zum Wohl der Nation – ist es verboten zu wissen, wie vielen Flüchtlingen das Transitvisum verweigert und wie vielen die Durchreise erlaubt wurde, wie viele in den Genuss des Privilegs kamen, sich niederlassen zu dürfen, und wie viele in die Herkunftsländer zurückgeschickt wurden. Zum Wohl der Nation – werden die Statistiken vage gehalten, den Bedürfnissen angeglichen, um das schlechte Gewissen zu beruhigen.[568]

Ferros Empfehlung für Friderike und die anderen muss einen besonderen Amtsweg ohne Formalitäten gegangen sein, denn es gibt keine Verfahrensakten mit den Namen Zweig, Winternitz, Burger oder Höller (so der Name von Suses Mann) – Beweis der großen Wertschätzung für den Autor des *Magellan*.

---

[567] Sie befinden sich im *Ministério dos Negócios Estrangeiros* in Lissabon. Vgl. 2. Stock, M/63, A/57, Verfahren 32,6 und M/80, A/43, Verfahren 552,1.
[568] Die Geschichte der Flüchtlinge in Portugal wurde bis heute nicht ausreichend erforscht. Die Angaben zu den Flüchtlingen, die in diesen Jahren in Portugal einreisten, unterliegen starken, auch ideologisch begründeten Schwankungen. Patrik von zur Mühlen spricht von 100.000 jüdischen Exilanten, die auf ihrer Flucht Portugal passierten. José Freire Antunes nennt eine Zahl von 150.000, davon allein 80.000 im Sommer 1940 (vgl. *Mühlen*, S. 151; *Antunes*, S. 39–41). Noch immer unterliegen die Forschungen über die offiziellen Dokumente vielerlei Beschränkungen. Ein Wissenschaftler, der das Außenministerium in Lissabon zu Recherchezwecken aufsucht, ist gezwungen, die Anträge für Kopien genehmigen zu lassen, und verpflichtet sich, diese ausschließlich mit dem Hinweis zu verwenden, dass es sich dabei um Ausnahmefälle handelt, die nicht »im Rahmen einer umfassenden und allgemeinen politischen Tendenz« betrachtet werden können. Die gründlichste Untersuchung in dieser Frage ist *Milgram 4*.

Als guter Habsburger hat Zweig immer auf seine Beziehungen vertraut. Nun nutzt er, der das Aufbauen eines Netzwerkes von Freundschaften so geschickt versteht, sie weidlich aus. »Für die Freunde alles«, ist überall ein ungeschriebenes Gesetz. In einer Welt, die zerbricht, ist dies eine der wenigen Stützen, die übrig geblieben sind. Aber es birgt seine Gefahren.

Trotz der Hektik in New York hat er Zeit, mit dem jetzt in Princeton wohnenden Thomas Mann über dessen kleines Meisterwerk *Lotte in Weimar* zu korrespondieren. Vor seiner Abreise hatte Zweig in London einen Aufsatz darüber veröffentlicht:

> Es wird in kommenden Zeiten ein literarhistorisches Kuriosum absurdester Art bilden, daß dieses deutscheste Buch, das beste und vollendetste, das seit Jahren und Jahren in unserer Sprache geschaffen wurde, bei seinem Erscheinen den achtzig Millionen Deutschen verboten und unerreichbar blieb. [...] Nehmen wir es darum nicht als Kunstwerk bloß, sondern auch als bestärkenden Beweis, daß für einen Künstler Exil nicht nur Verbitterung und seelische Verarmung bedeuten muß [...].

Das Exil muss nicht immer Verbitterung und seelische Verarmung bedeuten. Zweig schreibt viel, zuviel. Er sollte seinen eigenen Worten mehr Aufmerksamkeit schenken. Gegenüber der *New York Times* erklärt er: »Ich hatte nicht mehr den Mut, private psychologische Wirklichkeiten zu verarbeiten und jede ›story‹ erschien mir nun unwichtig im Vergleich zur Weltgeschichte.«[569]

In einem Restaurant trifft er Salvador Dalí und dessen Frau Gala wieder. Der Maler kann es kaum abwarten, bis sie mit dem Essen fertig sind, und stellt eine Frage, die ihn seit Monaten bewegt: Was hat Freud über das Porträt gesagt, das er kurz vor dessen Tod gemacht hatte? »Es hat ihm sehr gefallen«, antwortet Zweig kurz angebunden. Dalí hakt nach, möchte wissen, »ob Freud irgendeine konkrete Äußerung oder auch nur den geringsten Kommentar von sich gegeben habe«, was für ihn wichtig sein könnte. Zweig weicht aus, sagt, dass Freud die Feinheit der Züge sehr geschätzt hätte.

---

[569] »Thomas Mann, ›Lotte in Weimar‹« in: *Begegnungen mit Büchern*, S. 130–132, S. 132. van Gelder, Robert: »The Future of Writing in A World at War. Stefan Zweig Talks on the Plight of the European Artist and the Probable Form of the Literature of the Coming Years.« *The New York Times Book Review*, 28.7.1940.

(D)ann stürzte er [Zweig] sich wieder in seine fixe Idee: er wollte, daß wir zu ihm nach Brasilien kommen sollten. Diese Reise, sagte er, würde wundervoll sein und unser Leben um eine fruchtbare Abwechslung bereichern. Diese Idee und die bei ihm durch die Judenverfolgung in Deutschland hervorgerufene Obsession waren die immer wiederkehrenden Leitmotive des Monologs bei unserer Mahlzeit. Nach seiner Ansicht mußte ich unbedingt nach Brasilien gehen, wenn ich überleben wollte. Ich wehrte mich, ich hatte einen Horror vor den Tropen. [...] Meine Abscheu vor allem Exotischen bestürzte Zweig bis zu Tränen. Nun erzählte er mir von den brasilianischen Riesenschmetterlingen, ich aber knirschte mit den Zähnen: die Schmetterlinge sind immer und überall zu groß. Zweig war erschüttert, verzweifelt. Er meinte, nur in Brasilien hätten Gala und ich vollkommen glücklich sein können. Die Zweig [sic] hinterließen uns ihre Adresse in gestochener Handschrift. Er wollte nicht glauben, daß ich immer so störrisch und verbohrt bleiben würde. Man hätte wirklich glauben können, unser Eintreffen in Brasilien wäre für dieses Paar eine Frage auf Leben und Tod!

Vielleicht war es wirklich eine Frage von Leben und Tod: Eineinhalb Jahre später sollten Gala und Salvador Dalí erfahren, dass sich Lotte und Stefan Zweig umgebracht hatten – in der Heimat der großartigen Schmetterlinge.[570]

Die Idee, nach Brasilien zurückzukehren, lässt Zweig nicht mehr los. Die Wiederbegegnung mit Berthold Viertel nutzt er jedoch zunächst einmal, um an einem Drehbuch weiterzuarbeiten. Er schätzte Viertel seit langem. Schon 1917 während des Ersten Weltkrieges hatte er Buber über den Wiener Lyriker geschrieben: »(V)or allem Berthold Viertel [hat] meine ganze Liebe und Bewunderung [...] er wird in ein paar Jahren einer der wichtigsten Menschen in Deutschland sein [...]. Wir müssen ihn nur vor dem Theater retten, das für ihn Versuchung ist.« Viertel wurde nicht vor dem Theater »gerettet«. Im Gegenteil: Durch das Theater kam er zum Kino, kehrte zur Dichtung zurück, aber erfüllte nicht die begeisterte Vorhersage des Freundes.[571]

---

[570] Dalí, Salvador: *Dalí sagt ... Tagebuch eines Genies*. Verlag Kurt Desch. München 1968, S. 177/178. Als Dalí später die Schilderung des gemeinsamen Besuches bei Freud in *Die Welt von Gestern* (S. 480) las, fand er heraus, dass Freud die Skizze nie gesehen hatte: Die Präsenz des Todes in diesem Porträt war so stark, dass Zweig beschloss, den Kranken zu schonen.
[571] *Briefe 1914–1919*, 24.1.1917. Berthold Viertel (1885–1953) war Dichter, Erzähler und Dramatiker. Noch während des Ersten Weltkriegs empfahl Zweig ihn Martin Buber als einen der jüdischen Intellektuellen, die bei seiner Zeitung mitarbeiten könnten. Viertel gehörte zur ersten Generation deutschsprachiger Cineasten, die

In einem Gespräch mit Viertel erzählt Zweig den Plot einer Novelle, die er vor Jahren unterbrochen habe und die er zu einem Drehbuch umzuarbeiten gedenke. Dabei vergisst er den Vorsatz, sich vom Kino fernzuhalten. Er hat sich noch nicht von der Enttäuschung erholt, die ihm sein Roman bereitet hat.

Die *Postfräuleingeschichte* ist ein Kontrapunkt der Handlung von *Ungeduld des Herzens*. Die Liebe aus Mitleid macht der aufopfernden Liebe einer Angestellten Platz, die einen Diebstahl plant, um einem armen und talentierten Komponisten zu helfen.

Da das Datum für die Reise nach Brasilien feststeht, verfassen die beiden in wenigen Wochen eine Synopse, die einem Drehbuchschreiber übergeben werden soll. Befreit von den Auflagen der Kunst des Schreibens und mit dem gefestigten Freund an seiner Seite, wird Zweigs Melancholie gelindert. Sie schließen die Arbeit fristgerecht ab, doch Zweig wird den Film nie sehen.[572]

Viertel ist nicht nur ein guter Freund, sondern auch einer der engagiertesten Vermittler der Flüchtlinge in den Studios von Hollywood. Als Roth noch lebte, versuchte er, die Filmproduzenten von einer Verfilmung des *Radetzkymarsches* zu überzeugen, zur gleichen Zeit drängte Zweig den Freund, mit dem Trinken aufzuhören und Geschichten für das Kino zu schreiben. Doch der Pernod trug den Sieg davon.[573]

Trotz seines Filmprojektes mit seinem alten Freund Viertel hat Zweig die Brasilienreise nicht aus den Augen verloren. Im Gegensatz zur Desorientierung, die er in den Briefen an Friderike erkennen lässt, zeigt Zweig in der Korrespondenz mit Koogan eine klare Vorstellung davon, was er zu tun beabsichtigt. Die Idee eines Buches über Brasilien wird

---

sich in Hollywood etablierten. So wurde er schon 1928 von der *Century Fox* eingestellt und machte sich dort einen Namen als Drehbuchautor. Unzufrieden mit den Arbeitsbedingungen in Hollywood ging er Anfang der 30er Jahre wieder nach Berlin. Über Frankreich und England, wo er Zweig wieder traf, floh er schließlich 1938 in die USA und ließ sich in New York nieder. 1948 kehrte er nach Wien zurück. Zweig und Viertel schlossen am 9.8.1940 in New York einen Vertrag, von dem sich eine von beiden unterzeichnete Ausfertigung in der *Coleção Stefan Zweig, Biblioteca Nacional*, Rio de Janeiro befindet.

[572] Erst 1950 wurde das Drehbuch unter dem Titel *Das gestohlene Jahr* in einer deutsch-amerikanischen Produktion (Regie Wilfried Frass) verfilmt. Die Originalgeschichte wurde posthum in dem Buch *Rausch der Verwandlung* (S. Fischer Verlag. Frankfurt am Main 1983) mit einem Nachwort von Knut Beck, in dem er die Geschichte des Werkes rekonstruiert, veröffentlicht. Dies war Zweigs zweite Arbeit für das Kino, wenn man von der Verfilmung seiner Werke absieht. Die erste, ein Drehbuch von *Manon Lescaut* (1935/1936), wurde niemals verfilmt oder veröffentlicht.

[573] Vgl. Brief Zweig an Roth, 6.4.1936 in: *Briefe SZ-Freunde*.

darin immer konkreter; so bittet er den Verleger, ihm Bücher über das Land zu beschaffen. Ferner stellt er sich für Vorträge zur Verfügung, vorausgesetzt, sie seien unpolitisch, wie er betont.[574] Vor seiner Abfahrt nach Brasilien bekommt er einen Brief von Friderike. Er antwortet unverzüglich: »Ich habe für Dich als Schriftstellerin ein Tourismusvisum erbeten. Schalom [sic] Asch wird die Bürgschaft übernehmen. Ich bin mir fast sicher, dass ich für Euch fünf Visa für Brasilien erlangen werde, wenn ich erst einmal dort bin. Meine Freunde Jaime Chermont und Caio Mello-Franco [sic] werden mir sicherlich im Außenministerium helfen. Ich weiß nur nicht, ob Ihr Wert darauf legt, Euch dort niederzulassen.« Er bekam die Visa nicht, anscheinend hatte er sich nicht angestrengt. Vielleicht, weil er mit anderen Vorkehrungen beschäftigt war. Vielleicht, weil er glaubte, dass Friderike Nordamerika vorziehe. Lotte war es mit Sicherheit lieber gewesen, dass sie in der anderen Hemisphäre geblieben sind.[575]

Am 9. August 1940 besteigt Zweig, nun mit weniger Schuldgefühlen und Sorge um Friderikes Schicksal, zusammen mit Lotte die *Argentina*, einen Luxusliner der Moore McCormack Reederei, und fährt den Schmetterlingen Brasiliens entgegen. Er hätte die Ankunft der Ex-Ehefrau abwarten können, die gerade eine dramatische Flucht durchlebt. Aber entweder hat er keine Zeit oder Lotte ist nicht damit einverstanden. Er versucht auch nicht zu verstehen, aus welchem Grund er selbst wie ein Orientierungsloser in der Welt umherirrt. Um sich nicht verloren zu fühlen, muss er in Bewegung bleiben, eine bestimmte Richtung vortäuschen. Das Tagebuchschreiben greift er nicht wieder auf. Er erwartet keine großen Überraschungen in dem Land, das er so liebt; doch er täuschte sich.

Genau vier Jahre nach seiner ersten triumphalen Ankunft in Brasilien, am 21. August 1940, steigt das Ehepaar die Treppen der *Argentina* am Kai der Praça Mauá hinab. Solche Zufälle tun gut, sie vermitteln den Eindruck, dass alles unter Kontrolle ist. Zweig hat Koogan gebeten, auf einen feierlichen Empfang zu verzichten – eine unnötige Bitte: Der Prominente ruft ohnehin nicht mehr soviel Aufmerksamkeit hervor. Wiederholungen haben ihren Preis.

Es ist ein heißer Tag, die Luft trocken, es scheint, als habe sich der sehr kurze Winter schon verabschiedet. Beim ersten Mal hat er nicht ein-

---

[574] *Briefe SZ-Koogan*, 22.7.1940.
[575] *Briefe SZ-FZ* (aus New York), 8.8.1940 (in Französisch geschrieben).

mal wahrgenommen, dass er sich in einem tropischen Land befand. Jetzt erlebt er den Vorfrühling und glaubt, der Sommer habe schon angefangen. Das Paradies hat sich verändert oder ist reifer geworden. Aber der Reisende hat keine Zeit für Vergleiche: Er muss Vorkehrungen treffen und Maßnahmen ergreifen. In einem Telefonat bittet er seinen portugiesischen Verleger, Friderike Hilfe, vor allem in finanzieller Hinsicht, auf Rechnung der zukünftigen Rechte an seinen Werken zu gewähren. Tage später wiederholt er die Anweisungen per Telegramm.

In der Zwischenzeit haben sich Friderike und die anderen im Zentrum von Lissabon im Hotel Frankfurt, Rossio, einquartiert. Später ziehen sie um ins angenehmere Chalet Elisa in Estoril, nicht weit von dem Hotel entfernt, in dem Zweig vor zwei Jahren gewohnt hat. Da sie keine Kleidung haben (sie wissen nicht, wann die Schrankkoffer eintreffen werden), kaufen sie das Notwendigste und ruhen sich von den Strapazen aus. Dafür ist Portugal im Sommer der ideale Ort, und aus dem fernen Brasilien übernimmt Zweig die Rolle des Reiseführers:

So sendet er Friderike nach Lissabon ein wenig Zuneigung. Er fühlt sich schon nicht mehr schuldig, und da ihr die Reise nach Amerika bald bevorsteht, erlaubt er sich, Heimweh nach Europa zu haben:

> »(M)ein Traum wäre es, nach England zurückkehren zu können. – Wenn Du einen freien Tag hast, solltest Du mit dem Autobus nach Cintra [sic] fahren – die Gärten dort sind ein unvergesslicher Traum [immer wieder sind es die Gärten, die Zweigs Interesse wecken] und man hat ein bisschen Schönheit nötig in dieser Welt voller Unheil. Meine Vorträge werden gut bezahlt, so dass ich davon gut leben und nach New York zurückfahren kann. Glücklich, Dich gerettet zu wissen, erwarte ich mit Ungeduld Deine Briefe, um zu erfahren, wohin Du gehen wirst – ach, überall ist man ein Fremder, und Du wirst Europa vermissen wie wir alle.[576]

Tatsächlich fährt Friderike nach Sintra und schaut sich auch Coimbra an. Außerdem nutzt sie, um ihre Zukunft bangend, die Gelegenheit, Zweigs Verleger Fraga Lamares die Rechte an ihrer Pasteur-Biografie zu verkaufen, und vereinbart eine Zusammenarbeit als literarische Agentin auf dem amerikanischen Markt. Lamares ist daran interessiert, die Rechte für die Bücher der äußerst populären Pearl S. Buck zu erwerben,

---

[576] *Briefe SZ-FZ*, undatiert, vermutlich 15.9.1940 (in Französisch geschrieben). In einer Fußnote zu diesem Brief (S. 324) macht Friderike auf einen Widerspruch aufmerksam: Erst auf amerikanischem Boden hatte er Heimweh nach Europa und Österreich, während sie und die Töchter sich in Nordamerika sehr wohl fühlten.

und bietet im Gegenzug die seiner Autorin Elaine Sanceau, einer Historikerin, die sich mit der portugiesischen Schifffahrtsgeschichte beschäftigt.

Die Großherzigkeit von Lamares geht über die Anweisungen seines Autors hinaus und beweist, dass die Rigorosität der portugiesischen Regierung in der Behandlung der jüdischen Flüchtlinge bei der Elite des Landes kein Echo findet (Monate später wird Friderikes Gepäck in Lissabon ankommen und von Lamares nach New York geschickt werden).

In Rio de Janeiro scheint sich der Ex-Ehemann derweil schon an die neuen Verhältnisse im Land gewöhnt zu haben, oder er tut so, als ob in der Zwischenzeit keine Veränderungen stattgefunden hätten. Die herzliche Gesellschaft ist weiterhin herzlich, heiter, paternalistisch und sehr viel autoritärer. 1936 hat Zweig eine subtil getarnte Diktatur vorgefunden, jetzt vier Jahre später zeigt sie sich gänzlich unverhohlen. *Drôle de guerre*, er flieht vor Hitlers Drittem Reich und sucht Zuflucht im *Estado Novo*, einem »Sprössling« Mussolinis.

Schon 1937 hatte Getúlio Vargas aufgehört, der antioligarchische Revolutionär zu sein: Nach sieben Jahren an der Macht gab er seine ursprünglichen Ideale auf und wurde zu einem *caudillo*. Wie der Rest der Hemisphäre jenseits des Äquators trotzt Brasilien den ideologischen Schemata und bringt die Beobachtungen, die man von den strengen Klassifizierungen der nördlichen Hemisphäre gewohnt ist, durcheinander. Was hier reaktionär anfängt, kann bald fortschrittlich werden, während die revolutionären Vorhaben in dem starrsten Konservatismus enden können. Liberal ist man vor oder nach der Machtausübung, selten währenddessen.

Mit dem Segen der Generäle und des konservativen Klerus, der Eliten, die sich angesichts des zum Vorschein kommenden Sozialismus besorgt zeigten, und der Intellektuellen, die von den 1922 entzündeten, nativistischen Funken angesteckt worden waren, verwandelte sich der vermeintliche Diktator durch die Ausrufung des *Estado Novo* zu einem tatsächlichen. Da er sich nicht völlig in die Hände des Militärs begeben wollte, umgab er sich mit einigen zivilen Kräften, die an einen starken Staat glaubten, unter ihnen der Jurist Francisco Campos und der Ex-Militär und jetzige Polizeichef Filinto Müller.

Der Kongress wurde geschlossen, die Parteien aufgelöst, die Oppositionellen ins Exil geschickt, eine Verfassung erlassen (die *»Polaca«* [Polackin], wie sie abfällig genannt wurde, da sie von der vom polnischen Marschall Josef Pilsudski erlassenen Verfassung inspiriert war) und

Selbstzensur in formale Zensur verwandelt: Das faschistische Klima, das Zweig 1936 nicht hatte feststellen können, ist jetzt Realität. Er nimmt es nicht wahr, seine Getreuen möchten ihn nicht erschrecken und die in der Folge des *Estado Novo* geschaffene Propagandamaschine verschleiert es. Die Intellektuellen der Linken scheinen durch die Loyalität gegenüber dem schändlichen deutsch-sowjetischen Pakt gelähmt und die Reaktionäre frohlocken mit jedem Sieg von Hitler und Mussolini.

Ein von den Militärs erfundener, konspirativer Plan zur Durchführung eines kommunistischen Aufstands namens *Plano Cohen* hatte den Vorwand für den Staatsstreich des *Estado Novo* geliefert. Der jüdische Name dieses Schriftstücks, das sich später als Fälschung erwies, gab dem ganzen einen Anstrich von Glaubwürdigkeit – schließlich sind alle Juden Bolschewisten.[577]

1938 fand nach dem missglückten kommunistischen Putsch von 1935 ein weiterer Aufstand, diesmal seitens der einheimischen Faschisten, der *Ação Integralista Brasileira*, statt. Auch dieser scheiterte.

Zwei Monate vor Zweigs Ankunft, am 11.6.1940, dem *Dia do Marinheiro* (Tag des Seemanns), hielt Präsident Vargas eine für eine militärische Feierstunde typische Rede. An Bord des Kapitänsschiffes, des Kreuzers *Minas Gerais*, ließ er angesichts der obersten Militärs des Landes seine sprichwörtliche Klugheit beiseite und bezog offen Stellung zu Gunsten der Achsenmächte:

> Die politische Konstellation lässt sich jetzt nicht zum Schatten des vagen rhetorischen Humanitarismus machen [...] Wir sind Zeuge einer Zunahme des Nationalismus, die Nationen setzen sich in Folge einer auf dem Vaterlandsgefühl basierenden Organisation durch und halten sich mit der Überzeugung der eigenen Überlegenheit aufrecht. Vorbei ist die Zeit des unvorsichtigen Liberalismus, der unfruchtbaren Demagogie, des unbrauchbaren Personalismus und der Unruhestifter [...] Wir schaffen ein Regime, das unseren Bedürfnissen gerecht wird, ohne andere nachzuahmen und sich irgendwelchen doktrinären Strömungen und existierenden Ideologien anzuschließen.

Mussolini, der einen Tag vorher mit der Invasion in Südfrankreich in den Krieg in Europa eingetreten war, telegrafierte Vargas, um seiner

---

[577] Vgl. Silva, Hélio: *A ameaça vermelha: O Plano Cohen* (Die rote Bedrohung: Der Plan Cohen). L&PM. Porto Alegre 1980. Die Absicht der Autoren dieser Farce war es gewesen, an die ungarische Erhebung von Béla Kun (eine Ableitung des hebräischen Namens Cohen) von 1919 zu erinnern.

»*profonda soddisfazione*«, seiner tiefen Zufriedenheit, Ausdruck zu verleihen. Der Außenminister Aranha drohte mit seinem Rücktritt, sah jedoch dann davon ab, »um die Regierung nicht dem ausschließlichen Joch der Germanophilen preiszugeben«.[578]

Franklin D. Roosevelt, der demokratische Präsident der USA, ließ sich trotz seiner gesundheitlichen Einschränkungen nicht an seiner Arbeit hindern, er wusste, dass gerade die entscheidende Schlacht der Menschheit begann, und versuchte, den Kontinent zu mobilisieren. Die panamerikanische Außenministerkonferenz, die kurz zuvor in Havanna zu Ende gegangen war, war der erste Schritt im langsamen Erwachen Lateinamerikas angesichts des inneren und äußeren Faschismus. Um den Preis der eigenen Überzeugung, der Streicheleinheiten für den jeweiligen Nationalstolz und der Inaussichtstellung von materieller Hilfe gelang der amerikanischen Diplomatie das Wunder, die Mehrheit der Diktaturen zu Partnern im Kampf für die Demokratie zu gewinnen. Die auf den Pragmatismus des Vargas-Regimes aufmerksam gewordene Regierung Roosevelt beschloss, Brasilien mit demselben Lockvogel zu ködern, der das Land zuvor den Achsenmächten angenähert hatte – wirtschaftliche Vorteile. Deswegen jubelten die Zeitungen über die erfolgreiche Mission des Unternehmers Guilherme Guinle bei den amerikanischen Finanzbehörden, die die Beschaffung von Geldern für die Errichtung der ersten Eisenhütte in Brasilien zum Ziel hatte. In der Furcht, Südamerika an den Nazifaschismus zu verlieren, gab sich Nordamerika großzügig.

Mit der *Argentina* sind außer Stefan und Lotte Zweig diverse Teilnehmer von der Konferenz in Havanna in ihre Heimatländer zurückgekehrt, darunter auch der Leiter der brasilianischen Abordnung, der Botschafter Maurício de Nabuco, und der stets von der brasilianischen Regierung gefeierte paraguayische Außenminister Tomás Salomon. Auf einem Bankett für den Diplomaten hatte der brasilianische Außenminister erklärt: »Der markante Wesenszug in der politischen Evolution Amerikas war immer die Solidarität.«

Dies ist nicht ganz richtig: In diesen Tagen der Unsicherheit schien die Solidarität angesichts der Möglichkeit eines Sieges von Hitler und Mussolini unter Verschluss gehalten zu werden. Lediglich der Außenminis-

---

[578] *Carone*, S. 227–278; *Hilton*, S. 25.

ter Oswaldo Aranha war autorisiert, zu Gunsten der Alliierten Stellung zu beziehen – Vargas musste zu jeder der beiden Kriegsparteien die gleiche Distanz wahren. Die übrigen liberalen Politiker waren in Haft, im Exil oder aus Angst vor Repressalien untergetaucht. Filinto Müller (später auch während der anderen Diktaturen eine gefeierte, führende Persönlichkeit) trat offen für den Faschismus ein.

Trotz der reißerischen Schlagzeilen über die militärischen Operationen in Europa war der Krieg noch nicht ins brasilianische Leben eingedrungen. Es existierte lediglich eine vage Vorstellung von den Schrecken des Nationalsozialismus, die den Leuten nur durch die tägliche Presse vor Augen geführt wurden, Nachrichten, die von den telegraphischen Agenturen und Filmwochenschauen amerikanischer Herkunft stammten. Die Gräueltaten in Deutschland wurden oberflächlich dargestellt; die Hilfsbereitschaft für die Opfer des Krieges beschränkte sich auf die direkt vom Konflikt betroffenen Gruppierungen – und selbst diese wurden strengstens kontrolliert, damit der humanitäre Appell keine diplomatischen Komplikationen schuf.

Es waren nicht viele Schiffe, die aus Europa kamen, nur einer Minderheit von Flüchtlingen gelang es, aus den besetzten Ländern zu fliehen. Die große Masse der Verfolgten und Vertriebenen, ohne Geld für die nötigen Visa, falsche Pässe oder Schiffspassagen, würde zurückbleiben und umkommen. Das Paradies kann sich nicht öffnen; anderenfalls wäre es kein Paradies mehr.

Als Zweig Ende August 1940 in Rio de Janeiro eintraf, meldeten die Zeitungen die Ausweisung von 50 Ausländern mit unvollständigen Dokumenten – die meisten davon trugen einen jüdischen Namen. Sie waren als Touristen gekommen, da es ihnen nicht gelungen war, Permanentvisa zu erlangen. Einigen Glücklichen gelang es – immer findet sich ein *jeito*.[579]

Ein Zeichen für die rigorose Politik der geschlossenen Türen war auch die Nachricht von der Aufdeckung einer Fälscherbande, die sich auf die Fälschung von Einbürgerungsurkunden und Permanentvisa spezialisiert hatte. Pro Kopf berechnete sie 20 contos – ein Vermögen – und engagierte sogar in Brasilien geborene Adoptivkinder, um den Transfer

---

[579] Zur Ausweisung der Flüchtlinge vgl. *O Jornal*, Rio de Janeiro, 21.8.1940. Eine Woche später, am 29.8.1940, legte das portugiesische Passagierschaff *Serpa Pinto* mit 420 Flüchtlingen an Bord, die in Lissabon das Schiff bestiegen hatten, am Kai der Praça Mauá in Rio an. Mit diesem Schiff kam u.a. Leopold Stern nach Brasilien, dessen Visumsantrag zunächst von Salazar zurückgewiesen worden war. Er gehörte später zu denjenigen, die einen engen Kontakt zu Zweig pflegten.

zu legalisieren. Die äußerst effiziente Polizei von Filinto Müller fasste alle. In den Kauf der gefälschten Papiere waren erneut unzählige Juden verstrickt. In der Presse erhob sich jedoch keine Stimme, um darauf hinzuweisen, dass es eine humanitäre Pflicht ist, Flüchtlingen und Verfolgten Obdach zu gewähren, auch wenn die Fälschung von Dokumenten eine Straftat war.

Den Zeitungen stand es weder zu, die Behörden in Frage zu stellen, noch sie zu verärgern. Das Flüchtlingsdrama existierte nicht als journalistisches Thema, es war ein »Nicht-Faktum«. Zensur, Selbstzensur und vor allem nationalistische Überzeugungen erlaubten keine Bekundungen des Mitgefühls mit den Opfern dieses Krieges. Als getreuer Spiegel der Gesellschaft reflektierte die Presse in Artikeln und Kommentaren die Vorurteile.

Der Bericht einer der jüdischen Organisationen, die sich um Immigranten kümmerten, machte auf die antisemitische Kampagne in der Presse von Rio de Janeiro und São Paulo aufmerksam und schlug ein Werk der Gegenpropaganda vor, um die Auswirkungen abzuschwächen. Doch das Schreiben wurde von Filinto Müllers Agenten abgefangen.[580]

In seinem Klassiker *Traurige Tropen* schildert Lévi-Strauss seinen Versuch, bei der neu eingerichteten Botschaft in Vichy ein Visum für Brasilien zu erlangen.

Der Botschafter Louis de Souza-Dantas [sic], den ich gut kannte, der aber nicht anders gehandelt haben würde, hätte ich ihn nicht gekannt, hatte bereits den Stempel in der Hand und schickte sich an, ihn auf den Paß zu drükken, als ein willfähriger Botschaftsrat ihn kalt mit der Bemerkung unterbrach, daß er aufgrund einer neuen gesetzlichen Verfügung dazu nicht mehr befugt sei. Eine Sekunde lang blieb der Arm mit dem Stempel in der Luft hängen. Mit einem ängstlichen, fast flehenden Blick versuchte der Botschafter, seinen Mitarbeiter dazu zu bewegen, sich kurz abzuwenden, damit der Stempel sich auf das Papier senken könne, was es mir ermöglicht hätte, Frankreich zu verlassen und vielleicht in Brasilien einzureisen. Aber nichts geschah, das Auge des Botschaftsrats starrte unentwegt auf die Hand, die me-

---

[580] Bericht von Dr. Marc Leitchic, dem Repräsentanten der *Jewish Colonization Association* in Brasilien, an den Pariser Hauptsitz, datiert auf den 21.1.1937. Filinto Müller fügte diesem abgefangenen Bericht ein langes Memorandum an den Justizminister Francisco Campos hinzu. Vgl. *Arquivo Histórico de Itamaraty*, Dokument L/741, M/10.561, S. 12/13. Der Berichterstatter, besorgt angesichts der antisemitischen Haltung der großen Blätter, schlug ebenfalls vor, an die *Diários Associados* (Vereinigte Tageszeitungen) heranzutreten, um dieser Auswirkung entgegenzuwirken.

chanisch neben das Dokument zurückfiel. Ich bekam kein Visum, und der Paß wurde mir mit einer bedauernden Geste zurückgegeben.[581]

Souza Dantas, der in jenen Jahren mehreren hundert Menschen zu einer Einreise nach Brasilien verhalf und dabei sogar auf Diplomatenvisa zurückgriff, wurde, anders als sein portugiesischer Kollege Aristides de Souza Mendes, nicht bestraft. Seine Untersuchungsakte nahm ihren Weg durch die Schubladen der Bürokratie des *Itamaraty*, bis sie letztlich ad acta gelegt wurde, als Brasilien bereits in den Krieg mit Deutschland eingetreten war und sich die Antisemiten bedeckt hielten.[582]

Auch dem katholischen Klerus in Brasilien ging das Flüchtlingsdrama nicht zu Herzen: Als der Kardinal von Rio de Janeiro, Dom Sebastião Leme, von jüdischen Aktivisten um Hilfe angefragt wurde, bei ihrem Versuch, die Einreise von 95 Juden mit abgelaufenen Visa zu erwirken, ließ er mitteilen, dass er in dieser Sache nicht tätig werden könne, da es sich um ein »politisches Problem« handele und die Kirche sich nicht in Staatsangelegenheiten einmische.[583]

Die Flüchtlingsfrage wurde auch von der politischen Polizei verfolgt, in Brasilien jedoch mit mehr Subtilität als in Portugal. Die Agenten von Filinto Müller fingen nicht nur die Korrespondenz der jüdischen Einrichtungen ab, sondern forderten darüber hinaus deren Leiter und Angestellten auf, sich im Polizeipräsidium einzufinden, um über ihre Aktivitäten Bericht zu erstatten.[584]

---

[581] *Levi-Strauss*, S. 16. Der Anthropologe erhielt im Rahmen des Planes der Rockefeller-Stiftung zur Rettung europäischer Gelehrter von der *New School for Social Research* eine Einladung in die USA. Aufgrund der Ablehnung des brasilianischen Botschafters nahm er seine Arbeit in Brasilien nicht wieder auf. Nach einer dramatischen Odyssee über Martinique gelang es ihm schließlich, nach New York zu kommen (vgl. S. 15-22).

[582] In *Koifman* werden 400 Personen namentlich aufgeführt. Es ist gut möglich, dass weit mehr Flüchtlinge von Souza Dantas gerettet wurden. Unter jenen, denen Souza Dantas helfen konnte, sind Ernst Feder und seine Frau Erna (die engsten Freunde und Vertrauten von Stefan und Lotte Zweig in Petrópolis); das Wissenschaftlerehepaar Regine und Fritz Feigl; der französische Verleger Max Fischer; der Wirtschaftsjournalist Richard Lewinsohn; der Professor Fortunat Strowski, der später in seiner Eigenschaft als Montaigne-Experte für Zweig sehr wichtig werden sollte, und dessen Frau sowie der Theaterregisseur Zbigniew Ziembinski.

[583] *Koifman*, S. 304; 306.

[584] Bericht von Filinto Müller an Francisco Campos. Vgl. *Arquivo Histórico de Itamaraty* (Historisches Archiv des *Itamaraty*), Dokument L/741, M/10.561, S. 14. Dr. Leitchic teilte dem Hauptsitz in Paris mit, dass sowohl er als auch Israel Dines, der Sekretär der *Sociedade Beneficente Israelita* (Israelitischer Wohltätigkeitsverein), »schon das Vergnügen gehabt hätten, dort vorbeizuschauen« (innerhalb dieser Spezialpolizei war eine Bereitschaftspolizei mit der Unterdrückung politischer Gegner betraut).

Das Memorandum, das der Justizminister Campos dem Präsidenten 1940 zukommen ließ, vermittelt eine Vorstellung des in den Regierungskreisen verbreiteten Klimas hinsichtlich der Flüchtlinge und der Gründe für den Krieg:

> Brasilien, das nicht dazu beigetragen hat, in Europa eine Situation von Verfolgungen und erschwerten Lebensumständen zu schaffen, darf sich nicht in eine Herberge für Massen von Flüchtlingen ohne finanzielle Mittel, ohne technisches Wissen und oftmals ohne moralische Eignung verwandeln. Zwischen dieser Spezies Mensch und den Einwandererströmen, die in der Vergangenheit zu unserem Fortschritt beigetragen haben, gibt es einen essenziellen Unterschied [...] Diejenigen, die heute den Atlantik überqueren, sind Menschen, die in Friedenszeiten nie daran gedacht hätten, nach Brasilien zu gehen, und die uns ihre Probleme und Traumata ins Land bringen. Ihr gesamter Besitz sind die Kleider, die sie am Leib tragen. Sie haben nicht die geringste Neigung zur Landarbeit [...] Sie sind Zwischenhändler, in den meisten Fällen niederträchtig, leben von Arbeiten und Transaktionen parasitischer Natur [...] Dieser *white trash*, dieser weiße Abschaum, den jedes zivilisierte Land zurückweist, einschließlich derer, die sich wie England und die Vereinigten Staaten mit beharrlicher Häufigkeit auf die liberalen und humanitären Prinzipien berufen, ist uns nicht dienlich.[585]

Ein Jahr zuvor sandte der 1938 geschaffene *Conselho de Imigração e Colonização* (Immigrations- und Kolonisationsrat) durch seinen Leiter João Carlos Muniz dem Präsidenten ein gesondertes Memorandum zur jüdischen Emigration, in dem drei Kategorien von Einwanderern klassifiziert werden, an die brasilianische Visa erteilt werden durften:

1) Kapitalisten, die die Überweisung einer Summe von 250 contos [250 Millionen Reis] nach Brasilien nachweisen können.
2) Techniker von ausgewiesener beruflicher Reputation und
3) ein kleines Kontingent an Einwanderern, das sich aus einer geringen Anzahl von Familien, bevorzugt zum Christentum konvertierte, aus den nordischen Ländern stammenden Personen zusammensetzt.[586]

---

[585] Dokument Nr. 20445, GS, *Arquivo da Presidência do Republica* (Archiv des Präsidentialamtes), Bestand des *Centro de Memória Social Brasileira* (Zentrum der gesellschaftlichen brasilianischen Erinnerung), *Universidade Candido Mendes*, Rio de Janeiro. Der Idealtypus des Einwanderers war der weiße, katholische, von der iberischen Halbinsel stammende Europäer; Japaner und Semiten dagegen wurden aus bekannten Gründen als weniger wert angesehen.

[586] Dokument Nr. 5426, Pr-54, Bestand des *Centro de Memória Social Brasileira, Universidade Candido Mendes*, Rio de Janeiro.

Die Regelung, die jüdische Flüchtlinge diskriminiert, verwendet ferner, dem importierten Gedankengut des Nationalsozialismus folgend, fortwährend das Wort »Rasse«.

Der von Oswaldo Aranha unterzeichnete Brief vom 5.1.1940 an den brasilianischen Botschafter in Berlin, Ciro de Freitas Vale, einem bekannten Sympathisanten Hitlers, offenbart die Widersprüchlichkeit der Regierung Vargas. Anlass für den Brief war ein Schreiben des Botschafters, in dem er sich über die Erleichterungen beschwerte, die den Juden bei der Immigration zugestanden würden. So gäbe es Landesvertretungen in Europa, die für 400 Dollar pro Kopf brasilianische Visa verkauften. Der Minister beugte sich der rassistischen Anmaßung des Untergebenen und verteidigte die Regierung:

> Sie beklagen sich, dass trotz der vom *Itamaraty* verfügten, strengen Normen weiterhin Juden von schlechter Güte in steigender Zahl in Brasilien einreisen [...] Ihrer Meinung nach ist die Lage so ernst, dass sie innerhalb von 50 Jahren ein gravierendes Problem für die Regierenden des Landes schaffen könnte [...] In Brasilien haben wir das Problem erst wahrgenommen, als der Strom semitischer Einwanderer schon angeschwollen war, von 1934 bis 1937 sind 58.000 Personen semitischer Herkunft eingereist [...] In Anbetracht dieser Situation verschickte das *Itamaraty* das geheime Rundschreiben Nr. 1127 vom 7.6.1937, das den Konsulaten untersagte, Passvisa an Personen semitischer Herkunft zu erteilen. Sollte es sich um Personen von herausragender Stellung in der Gesellschaft und Geschäftswelt handeln, sollten die Konsulate vor einer Ablehnung das Staatssekretariat zu Rate ziehen [...]
> Das *Itamaraty* begann, von einer großen Anzahl von Juden, die die Einreise der Verwandten und Freunde forderte, belagert zu werden. Oft war der Appell so flehentlich oder die Gesuche, die sie vorwiesen, so vorschriftsmäßig, dass sich das *Itamaraty* gezwungen sah, Ausnahmen zu machen [...] Trotz dieser Nachsicht waren es 1939 nicht mehr als 2.289 Personen semitischer Herkunft, die in Brasilien einreisten, was eine beachtliche Verringerung im Vergleich zu den Vorjahren darstellt – 1938 waren es 4.900 gewesen und 1937 betrug die Zahl 9.263.[587]

Das von Stefan Zweig vermutete Eldorado des friedlichen Zusammenlebens der Völker und Rassen sah so aus: In den zwei Jahren 1938/39, als sich in Mitteleuropa die von Hitler erzwungenen Annexionen vollzogen, kamen 16.500 Juden nach Brasilien. Zwischen 1934 und 1937

---

[587] Oswaldo Aranha zit. nach: *Jornal do Brasil*, 7.4.1973. Dieses Schreiben wurde vom Historiker Hélio Silva entdeckt und in der Zeitung veröffentlicht.

trafen nach Angaben des Außenministers 58.000 jüdische Flüchtlinge ein. Je schlechter die Situation in Europa wurde, umso weniger Juden gelang es, in Brasilien Zuflucht zu finden.[588] 1939 bewilligte Getúlio Vargas, auf Drängen des Papstes Pius XII., der selbst wiederum auf Druck des Münchner Kardinals Michael von Faulhaber tätig geworden war, die Vergabe von 3.000 Visa an »nicht-arische« Katholiken, d.h. an Juden, die zum katholischen Glauben übergetreten waren. Zu den Flüchtlingen, die mit einem solchen Visum nach Brasilien einreisten, gehörten der Wiener Journalist und Literaturkritiker Otto Maria Carpeaux (ursprünglich Karpfen) und seine Frau Helene, die nach dem Anschluss Österreichs 1938 nach Belgien geflohen waren, und der aus Mecklenburg stammende Dichter Victor Maria Wittkowski, der in Rom Zuflucht gesucht hatte. Während sich Carpeaux in Brasilien als ein scharfer Kritiker Zweigs erweisen sollte, wurde Wittkowski zu seinem ergebenen Freund und Mitarbeiter.[589]

Stefan und Lotte Zweig kennen diese Probleme nicht. Ihre Pässe haben ein Touristenvisum, das bald wie durch Zauberhand in ein Permanentvisum verwandelt werden wird. Welcher Trick auch immer dabei ange-

---

[588] Die Forscher Egon und Frieda Wolff widersprachen der von Aranha angegebenen Zahl von 58.000 Immigranten. In der Statistik von 1940 sind lediglich 55.600 Personen als Juden registriert. Vgl. *Jornal Israelitas*, Rio de Janeiro, 9.8.1979. Auch Elias Lipiner bestätigte die Angaben. Vgl. *A nova imigração judaico* (Die neue jüdische Immigration). Biblos. Rio de Janeiro 1962. Die Publikation von *O antisemitismo na era Vargas* (Der Antisemitismus in der Ära Vargas) von Maria Luiza Tucci Carneiro (*Tucci*) rief eine Diskussion hervor, in der der Außenminister Oswaldo Aranha zu Unrecht als der Verantwortliche für die restriktive Immigrationspolitik gegen die jüdischen Flüchtlinge dargestellt wurde. Die oben dargelegten Zusammenhänge sowie die in der Folge erschienenen Werke zu diesem Thema stellten Aranhas Beteiligung an den damaligen Vorgängen wieder richtig. Vgl. *Lesser 1; Milgram 1; Koifman*.
[589] Dank der Machenschaften des brasilianischen Botschafters in Deutschland, Ciro de Freitas Vale, und der reaktionären Kreise des *Itamaraty* wurden die anfänglich zugesagten 3.000 Visa auf weniger als ein Drittel reduziert. Die offizielle Verordnung, die die Vergabe bewilligte, war auf den 20.9.1939 datiert, wurde jedoch erst zwei Jahre später durch den Botschafter im Vatikan, Accioly, am 6.12.1941 in die Tat umgesetzt. Im Januar 1941 unterwies der Staatssekretär des Außenministeriums die Konsulate in den Maßnahmen, mit denen festgestellt werden sollte, ob es sich bei den Antragstellern um Juden handelt. »Die Tatsache, daß ein Jude den katholischen Glauben angenommen hat [...] verändert seinen Status nicht [...], seine Volkszugehörigkeit ist der entscheidende Faktor.« Vgl. *Milgram 1*, S. 12–14; Die Liste aller Flüchtlinge, die ein solches Visum erhielten, ist auf den S. 33–55 zu finden. Das Ehepaar Karpfen besaß in Antwerpen ausgestellte Visa; Wittkowski bekam sein Visum von der Botschaft im Vatikan. Die Durchreise der Flüchtlinge durch Portugal erforderte eine Genehmigung der portugiesischen *PVDE*. Vgl. *Ministério dos Negócios Estrangeiros*, Lissabon, 2. Stock, M/70, A/43, Verfahren 552.1.

wandt wurde: Das Ehepaar wurde in die Liste der Berühmtheiten aufgenommen, denen die Einreise gewährt werden sollte, um Menschlichkeit oder Neutralität zu demonstrieren.[590]

»Erlaubt mir, Europa zu vergessen!«, bittet Zweig den Reporter des *Globo* noch an Bord der *Argentina* am Kai des Hafens von Rio de Janeiro. Die Aussage wird zur Schlagzeile der Zeitung am nächsten Tag. Sie ist nicht unbedingt das, was man von einem Flüchtling des Nationalsozialismus zu hören erwartet.

> Wie schön und glücklich ist alles hier! Die Gegenwart erweist sich als äußerst schwierig [...] Das Leben auf dem südamerikanischen Kontinent erscheint leichter, erfüllter und glücklicher, weil ich darin einem menschlichen Bewusstsein, einer einzigartigen Solidarität in der Welt begegne. Dies ist umso verführerischer, da es keine Zufälligkeit ist, sondern Tradition hat. Sie hat eine unerschütterliche Kraft.

Sobald der Verängstigte sich sicher fühlt, sitzt ihm die Zunge locker. Zur selben Zeit öffnet der Botschafter Mussolinis anlässlich einer Ehrung für die in dieser Spielzeit des *Teatro Municipal* mitwirkenden italienischen Sänger seinen Salon für die höheren Kreise Rio de Janeiros. Das *Instituto Nacional de Ciência Política* (das nationale Institut für Politikwissenschaften) verbreitet in allen Zeitungen Informationen über die Konferenz zum Thema »Vargas und das neue politische Bewusstsein«. Unter großem Medieninteresse findet die patriotische Veranstaltung zur Einführung der vaterländischen Bewegung *Juventude Brasileira* (Brasilianische Jugend) statt, die alle Schüler des Landes mit gleichen Uniformen, Abzeichen, Standarten und Liedern zu einer großen Gemeinschaft werden lassen soll.[591]

Schon am Tag nach der Ankunft sucht Zweig die *Livraria Guanabara* in der Rua do Ouvidor 132 auf, wie die Zeitung *A Noite* zu berichten weiß. Dort schaut er nach Büchern über Brasilien und Dom Pedro II., den er als den letzten der humanistischen Monarchen ansieht. Der Besucher

---

[590] Touristenvisum Nr. 255, vom Londoner Konsulat am 17.6.1940 ausgestellt (mit einer Gültigkeit von 180 Tagen und dem Verbot, irgendeine bezahlte Tätigkeit auszuüben). Zweigs Flüchtlingsodyssee der Jahre 1940/41 spiegelt sich in der Visa-Sammlung wider. Vgl. *Renoldner*, S. 181–186. Die Pässe von Lotte und Stefan Zweig befinden sich in der *Coleção Stefan Zweig, Biblioteca Nacional*. Rio de Janeiro.

[591] Bulletin der *Agência Nacional*, 23.8.1940. Die Jugendbewegung, die sich an den deutschen und italienischen Vorbildern sowie der *Mocidade Portuguesa* (Portugiesische Jugend) von Salazar orientierte, war kurze Zeit zuvor (am 8.3.1940) unter anderem mit der Absicht, den »Vaterlandskult« zu fördern, gegründet worden.

spricht »schon Portugiesisch«, erwähnt den »unwiderstehlichen Ruf Amerikas« und spart nicht mit Enthusiasmus über Brasilien: »Ich sehe eine Renaissance der lateinischen Kultur in Südamerika voraus.« Er bekräftigt, dass es den Intellektuellen obliege, von dem Zeitalter, in dem sie leben, Zeugnis abzulegen, und deshalb habe er seine Autobiografie zu schreiben begonnen. Im Anschluss an die Feierlichkeiten des Nationalfeiertages am 7. September, an dem der Unabhängigkeitserklärung gedacht wird, scheint es, als ob auch Zweig von Patriotismus erfüllt ist.

> Nach meinem letzten Besuch in Brasilien war ich vier Jahre in Europa. [...] Diesmal habe ich meine Frau mitgebracht. Ich habe ihr viel von den Dingen erzählt, die ich während meiner früheren Reise beobachten konnte. Dennoch könnte ich ihr jetzt nicht als Fremdenführer dienen, da auch ich in ein mir unbekanntes Land gekommen bin. Der Fortschritt, den Brasilien in diesen vier Jahren genommen hat, ist einfach unglaublich: In kurzer Zeit hat sich Rio in eine große Metropole verwandelt, die neuen Gebäude, die neuen Wohnviertel, die unzähligen Wolkenkratzer, die verschiedenen Institutionen [...] dies alles offenbart den Grad der Weiterentwicklung, das bemerkenswerte Wachstum [...] Uns, die wir aus dem immer mehr zugrunde gehenden Europa kommen, spendet dies Trost und Hoffnung. Ich wünschte, meine Freunde aus der Alten Welt könnten dieses Schauspiel der Erneuerung miterleben und wie ich den Eifer und die Anmut sehen, mit denen die Volksfeste, wie die *Parada da Juventude* (Jugendparade) und die *Semana da Pátria* (Woche des Vaterlandes) begangen wurden. Die Regierung, das Volk und die bewaffneten Kräfte schienen eine Einheit zu bilden [...] Dies ist dem Präsidenten Vargas zu verdanken. Ich übertreibe nicht, wenn ich behaupte, dass der brasilianische Regierungschef ein neues Brasilien geschaffen hat.[592]

Romain Rolland würde sich nicht so sehr für dieses Land begeistert haben und hätte ernste Gründe gehabt, mit dem Freund Zweig in Streit zu geraten, wenn er dem Defilee der Jugendlichen an den Feierlichkeiten zum Unabhängigkeitstag beigewohnt hätte. Von den Erziehern der körperlichen Ertüchtigung angeführt, wedelten die Schüler mit Fähnchen und wandten nach dem Kommando der Pfeife ihr Gesicht dem Präsidenten zu. Zweig ist ein Pessimist, der sich, um zu überleben, an jeden Strohhalm des Optimismus klammert. *Drôle de guerre* – verkehrte Welt.

---

[592] Interview mit der *Agência Nacional*, September 1940 zit. nach: *Azevedo*, S. 85 (einer Sammlung von Reportagen, Aussagen von Zeitzeugen und Pressematerial, die in der brasilianischen Presse bald nach Zweigs Tod erschienen waren).

Die Aussagen der *Agência Nacional* könnten manipuliert oder erfunden sein – dies soll vorkommen. Aber das großzügige Lob, das er gerade dem Regime Vargas ausgesprochen hat, ist überzogen. Jemand muss ihn warnen, vorsichtig zu sein. Es sei denn, die Absicht wäre, sich der Regierung anzunähern.

Der Empfang ist nicht so euphorisch, und auch Zweig ist nicht so euphorisch, Lotte dagegen sehr entzückt. Er hat noch immer keine endgültige Gewissheit, wie es Friderike geht, fühlt sich schuldig, ohnmächtig und schiebt, um nicht zu leiden, der Ex-Frau die Schuld zu. Er wirft ihr vor, Frankreich nicht früher verlassen zu haben, und vergisst dabei, dass er es abgelehnt hatte, sie in England aufzunehmen.

Drei Tage nach seiner Ankunft, am Samstag, den 24. August, führt man ihn zum Abendessen in das Grillrestaurant Cassino Atlântico an der Copacabana. Es ist nicht üblich, das Ehepaar an mondänen Orten anzutreffen. Aber Lotte ist überaus elegant gekleidet – in einem Kostüm mit kurzen Ärmeln und einem kleinem Hut. Aus bescheidenen Verhältnissen stammend, gibt sich die Ex-Sekretärin besonders viel Mühe mit ihrem Äußeren. Das vom Cassino bezahlte Foto der beiden wird am Montag veröffentlicht, was dem von düsteren Gefühlen beherrschten Schriftsteller unangenehm sein muss.

»Lotte wurde zum erstenmal [sic] mitgefeiert, was ihr begreiflicherweise großen Eindruck machte«, schreibt Friderike in ihren Erinnerungen. In Europa und den Vereinigten Staaten ist Lotte »die andere« gewesen, in Brasilien ist sie die Einzige, das Land tut auch ihr gut.[593]

Plötzlich fängt Zweig an, von einem Buch über Brasilien zu sprechen. Schon bei der ersten Reise hat er es während einer seiner Begeisterungsstürme angekündigt. Jetzt scheint das Projekt Form anzunehmen. Wann er die Idee gehabt, wer es ihm vorgeschlagen, wie es sich konkretisiert hat – nichts davon wird in den Briefen erwähnt. Die Schnelligkeit, mit der er in London ein Touristenvisum für Brasilien erhalten hat, könnte etwas mit dem Buch-Projekt zu tun gehabt haben.

Zweig plant, zwei Monate zu bleiben, in denen er Vorträge halten, herumreisen, Leute kennen lernen und Material sammeln möchte. Danach wird er nach Argentinien fahren, wo er die Reihe öffentlicher Auftritte zu wiederholen beabsichtigt, dabei sollen auch Uruguay und möglicherweise Chile besucht werden. Nach der Rückkehr ist eine Rundreise durch den Nordosten Brasiliens vorgesehen, bevor es anschließend nach Bath zurückgehen soll. Der Schriftsteller fühlt sich mit

---

[593] *Friderike 1*, S. 234.

dem heimeligen Haus in der schönen Landschaft Englands, das er nur so kurze Zeit genossen hat, verbunden.[594]

Auf Anraten von Yolanda Melo Franco quartieren sie sich in Rio de Janeiro im Hotel Paissandu (in der Nähe des Strandes von Flamengo) ein.[595] Es befindet sich in der Guanabara-Bucht; dort sind die Wellen weniger stark als am offenen Meer der Copacabana. Zweig gefällt das abgelegene, mondäne und teure Copacabana Palace nicht mehr – diese Reise bestreitet er aus eigenen Mitteln. Die Hotels im Stadtzentrum sind zu belebt, vor allem das Palace (Ecke Avenida Rio Branco und Avenida Almirante Barroso), dessen Bar ein Treffpunkt für Politiker, Journalisten und Intellektuelle ist.

»Wir schämen uns, dass wir hier in einem Land voll Frieden und unglaublicher Schönheit sind«, schreibt Lotte Victor Fleischer am 2. September 1940 und Zweig fügt die unvermeidbare Dosis Widerspruch hinzu: »Ich wünschte, ich wäre zurück in Bath.«[596]

Koogan muss den Gemütszustand des Gastes wahrgenommen haben. Er möchte ihn aufmuntern und bietet ihm die Geborgenheit der jüdischen Gemeinde an. Er organisiert einen Besuch der *Jidische-Brazilianer Folkschule Scholem Aleichem* im Viertel Vila Isabel, begleitet von Lotte (nun in einem geblümten Kleid und mit einem weißen Hut). Die kleine, neue Schule besitzt eine fortschrittliche, säkulare Ausrichtung, der Schwerpunkt liegt auf der jiddischen, folglich nicht-zionistischen Kultur. Zum Ausgleich besucht er in der darauf folgenden Woche eine andere jüdische Schule, das ältere, traditionellere *Ginásio Hebreu Brasileiro* zionistischer Ausrichtung, in dem Hebräisch und die jüdische Religionslehre unterrichtet werden. Der Schriftsteller wird von Koogan gut beraten, damit er keines der beiden Lager beleidigt. Als es aber darum geht, ihn von Verpflichtungen gegenüber gewissen literarischen und politischen Kreisen zu entbinden, fehlt es dem Verleger an eben solchem Einfühlungsvermögen.[597]

---

[594] Zweig ist weder der Erste noch der Einzige, der von der kleinen Stadt entzückt ist. Schon Jane Austen ließ 1791 eine der Figuren in *Northanger Abbey* sagen: »Oh! Wer kann von Bath je genug haben?« Vgl. Austen, Jane: *Die Abtei von Northanger*. Diogenes Verlag. Zürich 1996, S. 87.
[595] Brief von Zweig an Abrahão Koogan, 22.7.1940 in: *Briefe SZ-Koogan*.
[596] Brief vom 2.9.1940 (in Englisch geschrieben) zit. nach: *Prater*, S. 397.
[597] Der Besuch der *Jidische-Brazilianer Folkschule* fand am 3.9.1940 statt. Am 12.9.1940 folgte der Besuch des *Ginásio*. Beide befanden sich fernab den Stränden, in Wohnvierteln der Mittelklasse im Norden von Rio de Janeiro, in die große Teile der jüdischen Gemeinde gezogen waren, nachdem der Abbruch des alten Viertels im Zentrum begonnen hatte. Nur wenige Juden, die Wohlhabenderen, konnten es sich leisten, im Süden der Stadt, nahe den Stränden, zu wohnen.

Friderike in Portugal lässt Zweig wissen:

> Hier habe ich nichts zu beklagen, die Stadt ist wunderbar, ich werde mit Einladungen überhäuft, aber ach, Ende Oktober fängt hier die Hitze an – ohne diese wäre Brasilien das Paradies. Deinen Bruder habe ich einmal besucht und werde ihn nochmals treffen, wenn ich einen freien Tag habe. [...] Ich bin fast sicher, dass alles, was ich in England besitze, meine Bücher, meine Manuskripte, meine Ersparnisse verloren sind, aber ich habe wenigstens ein schönes Jahr fern ab des täglichen Terrors verbracht und hoffe, die letzten Jahre meines Lebens irgendwo zu verleben – Gott weiß wo?[598]

Kaum angekommen, fühlt er schon wieder den Drang, weiterreisen zu müssen. So fährt er für einen Vortrag am Abend des 20. September im Auditorium der wichtigen Tageszeitung *A Gazeta* nach São Paulo. Das Thema lautet *Die geistige Einheit der Welt*, es ist die gleiche Rede, die er 1936 in Rio de Janeiro gehalten hat und die schon in der Presse São Paulos nachzulesen war. Der Saal ist voll, die Frauen sitzen mit angemessener Kopfbedeckung an der Seite ihrer Ehemänner, den Persönlichkeiten aus der Welt der Politik und Wirtschaft. Die Presse berichtet an herausragender Stelle ausführlich über das Ereignis.

Zurück in Rio findet das unvermeidliche Festessen des PEN-Clubs statt, in dem man, den Kritikern zufolge, die »Literatur der Bankette« praktiziert. Er hält einen weiteren Vortrag, diesmal in Französisch, in der prestigeträchtigen *Associação Brasileira de Imprensa* (Vereinigung der brasilianischen Presse) – *Das Wien von Gestern*, den er vor einem Jahr schon in Paris vorgetragen hat – an seiner Seite befinden sich deren Präsident Herbert Moses und der allgegenwärtige Claudio de Souza.

Der im Publikum sitzende Alfred Gartenberg, ein geflohener Wiener Rechtsanwalt, ist darüber empört, dass Zweig nicht auf das jüdische Leben in der österreichischen Hauptstadt eingeht. Am nächsten Tag begegnen sich die beiden im Hotel Paissandu. Als ihm der Landsmann Vorwürfe macht, ruft Zweig aus: »Sie verstehen nicht! Ich muß ein Buch über Brasilien schreiben, und was weiß ich über Brasilien?«[599]

---

[598] *Briefe SZ-FZ*, 18. 9. 1940 (in Französisch geschrieben). Friderikes älterer Bruder Siegfried Burger hatte die Einreisegenehmigung nach Brasilien dank Zweigs Intervention bei dessen Diplomatenfreunden erhalten.
[599] Alfred Gartenberg, Aussage gegenüber dem Autor, 13. 5. 1981. Alfred Gartenberg (1897–1982), Wiener Rechtsanwalt, Theaterkritiker und Schriftsteller, kam 1939 mit einem Touristenvisum nach Brasilien. Erst nach Kriegsende 1945 gelang es ihm, seinen Status im Land zu regeln und eine Aufenthaltsgenehmigung zu bekommen.

Er weiß wenig über das Land, und Gartenberg möchte nicht wissen, wer ihn zwingt, ein Buch über Brasilien zu schreiben – gewisse Fragen stellt man nicht. Tatsächlich ist Zweig nicht angetan von der Aufgabe. In aufrichtiger Bewunderung für das Land ist er von allem, was er sieht, fasziniert. Aber dies ist weder das Werk, das er für sich selbst braucht, noch die Art von Literatur, die er verfassen muss. Er übertreibt; selbst wenn er sich in irgendwelchen metaphorischen Beschreibungen ergeht, ahnt er doch die innere Verstimmtheit. Zweig benötigt ein anderes Medikament, um den Nachgeschmack des Scheiterns zu überwinden, sich zu motivieren, seine Klangfarbe und seinen Platz inmitten der Katastrophe wieder zu finden. Die plötzlichen Wutanfälle beweisen, dass der sanftmütige Schriftsteller mit den lebhaften, unruhigen Augen ein Höchstmaß an Unzufriedenheit in sich birgt.

Von der *Editora Guanabara* werden Fotos des Ehepaares an Freunde und Verehrer verteilt: Beide sitzen auf einem Sofa, er hält die Arme überkreuzt, sie lehnt sich an ihn. Das perfekte Bild des glücklichen Ehepaares – vielleicht sind sie es.

Berthold Viertel, in dieser Zeit einer seiner beständigsten Gesprächspartner, schickt er ein enthusiastisches Porträt Brasiliens:

> Sie [...] glauben mir hoffentlich, wenn ich Ihnen sage, daß dies Land eines der wundervollsten Erlebnisse ist, das heutzutage ein Mensch haben kann. [...] nicht nur weil die Zeitungen, die Leute in den hohen Ämtern ganz geschlossen auf der Seite Englands sind und die Zeitungen die kleinste gute Nachricht mit Riesenlettern aufmachen, sondern weil hier die Absurdität jedes Rassenunterschiedes mit einer Selbstverständlichkeit täglich demonstriert wird, die uns täglich wieder wunderbar vorkommt. [...] Brasilien ist das größte Experiment unserer Zeit in diesem Sinne, und deshalb schreibe ich auch jetzt ein kleines Buch über Brasilien. Wenn sich – und ich hege keinen Zweifel daran – dieses großartige Experiment vollkommener Rassenmischung und Farbgleichsetzung hier in diesem Lande weiter so vollendet bewährt, dann ist der Welt ein Vorbild demonstriert. Und nur die Vorbilder helfen im moralischen Sinne, nie die Programme und Worte.[600]

Fertige »Anbetung«, bereit, um zu Papier gebracht zu werden. Für das Buch über Brasilien reist Zweig in den geschichtsträchtigsten Winkel des Landes, zu den Barockstädten in Minas Gerais. Er ist hingerissen von

---

Gartenberg, der sich sehr in der jüdischen Gemeinde von Rio de Janeiro engagierte, veröffentlichte 1976 den Roman *O J vermelho* (Das rote J), Editora Nova Fronteira, Rio de Janeiro.
[600] *Briefe 1932–1942*, 11.10.1940.

Ouro Preto, Sabará, Mariana, Congonhas, und, um keine Zeit zu verlieren, beginnt er bald mit der Niederschrift. Dem Vizegraf von Carnaxide schenkt er als Zeichen seiner Erkenntlichkeit für dessen Hilfe bei der Visa-Beschaffung für Friderike und ihre Gruppe den ersten Entwurf, den er über diese kleine Reise verfasst.[601]

Da der Terminkalender ein bisschen Folklore und Exotik vorschreibt, bringt man das Ehepaar auf Zweigs Bitten zur unverzichtbaren *macumba*-Sitzung auf die Anhöhe von Gávea. Zusammen mit einer Gruppe Literaten machen sich die beiden mitten in der Nacht zu Fuß an den Aufstieg, der durch dichten Tropenwald führt, um die afrikanischen Wurzeln des Landes kennen zu lernen. Tetrá de Teffé erzählt:»Ganz in die Natur um ihn herum versunken […] sagte Zweig […]: ›Als in meiner Kindheit von den Schönheiten der tropischen Länder die Rede war, war dies das Bild, das ich mir in meiner Fantasie ausmalte: ein Tropenwald in einer Nacht wie dieser!‹« Das *macumba*-Ritual wirkt jedoch künstlich auf ihn. Das Beste dieser durchwachten Nacht hat nichts mit dem wahren Brasilien zu tun, es ereignet sich vielmehr in der Morgendämmerung in einer Kneipe, in der die Gruppe Milchkaffee trinkt und frisch gebackenes Brot mit Butter isst.»(W)ir hakten uns unter und fingen an, zu schunkeln und dabei *Die Wolgaschiffer* zu singen.« Zweig betrachtet den Spaß:»Wie wunderbar, dass es noch so einen Ort auf der Erde gibt, an dem man fröhlich sein kann!« Danach verfällt er in Schweigen.[602]

Zweig muss sein Spanisch verbessern, denn ein Teil der in Argentinien gehaltenen Vorträge werden im Radio gesendet werden. Koogan stellt ihn deshalb dem Philologen Antenor Nascentes vor, der bald zur Verbesserung seiner Aussprache und rudimentären Portugiesisch-Kenntnisse engagiert wird. Der Unterricht findet dreimal in der Woche im Hotel Paissandu statt. Eine der Stunden war unvergesslich:

---

[601] Der Entwurf, datiert auf den 5. 10. 1940, umfasst 13 handgeschriebene Seiten in Deutsch mit einer französischen Widmung an den Vizegraf von Carnaxide. Der Originaltitel »Die versunkenen Städte im goldenen Minas Gerais« wurde für das Buch in »Besuch in den versunkenen Goldstädten« umbenannt.

[602] Teffé, Tetrá de: »Stefan Zweig« in: *Azevedo*, S. 110–112, S. 111. Die *macumba*-Sitzung muss dort stattgefunden haben, wo sich heute die Favela von Rocinha, die berühmteste von Rio de Janeiro, befindet. *Macumba* ist ein aus der Sprache der Yoruba (einem afrikanischen Volk aus dem heutigen Nigeria) stammendes Wort, das ins brasilianische Portugiesisch aufgenommen wurde. Ein antikes, aus Afrika mitgebrachtes Schlaginstrument verwandelte sich in die weltliche Gattungsbezeichnung der verschiedenen afro-brasilianischen Kulte und Synkretismen. Im weitesten Sinne bedeutet es Zauberei, Magie.

Wir waren gerade beim Arbeiten auf dem Zimmer, als unten auf der Straße die Hupe eines Autos anfing, unaufhörlich zu hupen. Der Schriftsteller, der von dem schrillen Ton gepeinigt wurde, war derart verzweifelt darüber, dass seine Frau zur Hilfe eilte, ihn beiseite nahm und ihn wie ein kleines Kind zu beruhigen versuchte.

Seiner Familie sagte der Professor über diesen Vorfall: »Dieser Mann hält nichts aus.«[603]

Er hält nicht aus, am Leben zu sein; er hält nicht aus, sich sicher zu fühlen – vielleicht hält er auch das Gefühl der Freude nicht aus. Nach etwas mehr als einem Monat wirkt das Paradies schon wie das Fegefeuer. Zweig beklagt sich über die Oktoberhitze (und die Temperatur ist noch mild im Vergleich zum eigentlichen Sommer), die Unruhe belastet ihn, er ist enttäuscht, nicht seinen früheren Enthusiasmus wieder zu finden. Als ob dies alles nicht genügen würde, ist Friderike weit weg und schutzlos, während sich Lotte hier an ihn klammert.

Fühlte er in Europa, dass der innere Druck unerträglich wurde, floh er in einen Kurort oder ein Seebad, um als ein anderer Mensch, wie neu geboren, zurückzukehren. Koogan schlägt ihm vor, sich in der Pension Pinheiro in Teresópolis, einer Sommerfrische in den Bergen von Rio de Janeiro, dem idealen Ort zum Ausspannen, etwas zu erholen.

(I)ch war jetzt 8 Tage in Teresopolis [sic] und wurde dort in der tschechoslowakischen Pension mit Germknödel, Schinkenfleckerl, Backhendel verwöhnt – dort entgeht man der Hitze. [...] in Rio, wo ich heute mit dem Aeroplan nach Buenos [Aires] abfahre [...] in Buenos [Aires] habe ich [...] im ganzen 9–10 Vorträge in 14 Tagen [...].[604]

Während Zweig sich auf die Reise nach Buenos Aires vorbereitet, ist seine Ex-Frau damit beschäftigt, die Überfahrt nach Amerika zu organisieren: Es gelingt Friderike, für sich und die anderen Schiffspassagen für die *Nea Hellas*, ein altes griechisches Schiff, dem einzigen, das die reguläre Route Lissabon–New York bedient, zu bekommen. Schuschu wird ebenfalls mitgenommen. Kurz vor der Abfahrt bittet sie in einem Dankesbrief den Verleger Fraga Lamares, Antonio Ferro und dessen administrativen Arm Luis da Silva Dias, dem Leiter des *Serviço Nacional de Informações* (*SNI*) (des nationalen Nachrichtendienstes), der politisch noch weiter rechts steht als Ferro, Exemplare ihrer Pasteur-Biografie zu

---

[603] Olavo Anibal Nascentes, Sohn des Philologen, Aussage gegenüber dem Autor, 28.8.1980.
[604] *Briefe SZ-FZ*, 26.9.1940.

überreichen. Silva Dias muss wohl derjenige gewesen sein, der alle Vorkehrungen für die Einreiseerleichterungen für Friderike und ihre Familie getroffen hat. Daher fühlt sie sich auch ihm zu Dank verpflichtet.[605] In einem späteren Brief an Lamares, schon von New York aus geschrieben, erinnert sie noch einmal an diese Bitte und fügt den Namen von Augusto Esaguy hinzu. Es ist nicht bekannt, ob sie ihn persönlich kennen gelernt hat. Aber all ihre Kontakte in Lissabon wurden von Zweig in die Wege geleitet. Friderikes Geste der Höflichkeit gegenüber dem ihr unbekannten Esaguy ist ein weiteres Indiz dafür, dass Zweigs Portugalreise zwei Jahre zuvor einer Kontaktaufnahme mit der Leitung der jüdischen Gemeinde diente, um eine »angolanische« Lösung für das Flüchtlingsdrama anzustreben.

Als Passagiere der zweiten Klasse schiffen sich Friderike und die Ihren Anfang Oktober ein. Alma Mahler, die mit den anderen ebenfalls an Bord dieses Schiffes geht, ist wie immer um das Gepäck besorgt und daher die Letzte, die das Hotel verlässt.

Diesem Umstand ist es zuzuschreiben, dass sie in ihrer letzten Stunde in Lissabon wieder Vertrauen in die Menschheit fasst: Als der Hotelportier in Estoril bemerkt, dass ihr Geld knapp ist, beruhigt er sie: »Aber lassen Sie doch die Rechnung! Ich lege es für Sie aus [...] und Sie schicken mir das Geld von New York zurück.« Nach ihren Fluchterlebnissen ist dies Balsam auf die wunde Seele.

Vom Oberdeck aus erlebt Heinrich Mann den Abschied vom Alten Kontinent:

> Der Blick auf Lissabon zeigte mir den Hafen. Er wird der letzte gewesen sein, wenn Europa zurückbleibt. Er erschien mir unbegreiflich schön. Eine verlorene Geliebte ist nicht schöner. Alles, was mir gegeben war, hatte ich an Europa erlebt, Lust und Schmerz eines seiner Zeitalter, das meines war [...]. Überaus leidvoll war dieser Abschied.[606]

Alfred Döblin gibt sich einer feierlichen Abschweifung hin: »Portugal ist ein wunderbares Land. [...] Ja, so mit Licht, Musik und Lachen empfing uns Lissabon. [...] hier strahlte das Licht. Man genoß den Frieden. [...]

---

[605] Brief vom 4.10.1940, Bestand der *Livraria Civilização*. (Dort war der Briefwechsel zwischen Stefan und Friderike Zweig mit dem Verleger Fraga Lamares aufbewahrt, bevor er abhanden kam. Der Autor besitzt eine vollständige Kopie dieser Korrespondenz.) Friderike erwähnt in diesem Brief darüber hinaus noch den Botschafter von Mexiko und den Botschaftsrat, denen sie ebenfalls ihr Buch zukommen lassen möchte.
[606] *Mahler 1*, S. 320. Mann, Heinrich, a.a.O., S. 448.

Märchenhaft strahlte die Ausstellung herüber. Ihr zauberhaftes Licht war das Letzte, was wir von Europa sahen, in Trauer versenkt.« Die Ausstellung, die Döblin beeindruckte, sein letztes Bild von Europa, war die erste architektonische Ausstellung des Salazar-Regimes.[607] Friderike ist wie immer schlichter und wahrhaftiger. Sie erfindet keine Gefühle noch schreibt sie Literatur. Sie verlässt Europa, weil man es verlassen muss. Sie ist weder begeistert von der Aussicht, New York kennen zu lernen, noch sucht sie eine neue Heimat. Darin ist sie unmissverständlich: »(I)ch hatte kein Bedürfnis nach einer neuen Welt.« Dies scheint ihre Antwort auf Zweigs verzweifelte Suche nach einem *Mundus novus* zu sein. Ihr mangelte es nicht an Paradiesen.[608]

Auf dem alten, fast auseinander fallenden Schiff mit ungenießbarem Essen, das sich vielleicht auf einer seiner letzten Fahrten befindet, fällt die große Anzahl von Schriftstellern und Intellektuellen auf. Ein Teil des Freundeskreises des Ehepaares Zweig überquert mit Friderike den Ozean:

> Meinen verehrten Franz Werfel, der mir gutgesinnt war, sah ich daher erst in den letzten Stunden der Fahrt, in einer strahlenden Mondnacht, am obersten Deck sich ergehend, als ich ein Radiotelegramm an Stefan nach Rio, unsere bevorstehende glückliche Ankunft meldend, aufgab. Bei der Landung mehrten sich dann die Träger der deutschen Literatur beträchtlich. Thomas Mann war da, um seinen Bruder Heinrich und dessen Frau und seinen Sohn Golo abzuholen. Carl und Lizzi Zuckmayer waren gekommen, um nur einige zu nennen. Alle schienen in gehobener Stimmung.

Nur Alma Mahler hat eine schlimme Vorahnung, da sie ausgerechnet an einem 13., dem 13. Oktober, in der Neuen Welt anlegen: Heinrich Mann und Franz Werfel werden Europa niemals wieder sehen.[609]

---

[607] Döblin, Alfred, a.a.O., S. 240; 242; 243; 266. Döblin verbrachte auf seiner Flucht nur sechs Wochen in Portugal – die Zeit, die für die Erledigung der Formalitäten und das Erlangen von Schiffspassagen für die *Nea Hellas*, dem Schiff des Exodus, nötig war. Die *Exposição do Mundo Português* (Ausstellung der portugiesischen Welt), die im Juni 1940 am Tejo-Ufer eröffnet wurde, fand zu Ehren des 800. Jahrestages der Gründung des selbstständigen Königreichs (1140) und des 300. Jahrestages der Wiedererlangung der Unabhängigkeit von Spanien (1640) statt.

[608] *Friderike 2*, S. 191. Bei der Definition ihrer Erinnerungsbücher ging Friderike sehr methodisch vor: Im ersten *Stefan Zweig, wie ich ihn erlebte* (1947), beabsichtigte sie, den Schriftsteller in den Mittelpunkt zu stellen und ihr Leben an seiner Seite zu beschreiben. Aufgrund dessen war sie in der Schilderung ihrer eigenen Flucht von Frankreich nach Amerika sehr zurückhaltend. 17 Jahre später ging sie in *Spiegelungen meines Lebens* (1964) ausführlicher darauf ein.

[609] *Friderike 2*, S. 192. *Mahler 1*, S. 321.

Friderike hat keine Zeit für schlimme Vorahnungen. Zum dritten Mal, seit sie vor zwei Jahren den Kapuzinerberg verlassen hat, beginnt sie, ein neues Leben aufzubauen. »Portugal erscheint wie ein schöner Traum. Eine kostbare Erinnerung«, schreibt Friderike an Lamares, als sie schon in New York ist – vor dem Nationalsozialismus gerettet mit Hilfe zweier hoher Beamter einer faschistischen Regierung. *Drôle de guerre* – verkehrte Welt.

Ihr Ex-Mann weiß noch nicht, wo er sich endgültig niederlassen soll, und zieht einstweilen das Reisen vor. Mit der *Panair* geht es am 26. Oktober nach Buenos Aires: Eine kleine Gruppe erwartet ihn am Flughafen, darunter sein Freund Paul Zech, sein Übersetzer und Literaturagent Alfredo Cahn und seine alte Freundin Margarita Wallmann, die jetzt am *Teatro Colón* angestellt ist. Zu einem kleinen Souper, das er zwei Tage später offiziell zu Zweigs Ehren gibt, mit dem er aber zugleich seinen eigenen Geburtstag feiert, lädt Cahn eine Auswahl wichtiger Persönlichkeiten aus der Literatur- und Kunstszene sowie der Wissenschafts- und Finanzwelt der argentinischen Hauptstadt ein. Der Geehrte ist an diesem Abend entspannt und gut gelaunt. Nichts erinnert an den angespannten Mann am Rande einer Nervenkrise: An jeden Gast wendet er sich in dessen Muttersprache. Die Sprachen, die er schon fließend beherrscht, werden nun um ein an das Italienisch angelehnte Spanisch ergänzt.

Reisen ist die Therapie gegen Depression, und dies ist eine Reise innerhalb einer anderen, eine Klammer innerhalb einer Klammer – doppelt stimulierend. Wenn er auch in Brasilien diesmal weniger Begeisterung hervorgerufen hat, ist er in Argentinien eine wahre Sensation. Er hält Vorträge in Spanisch, Französisch und Deutsch:

> Gestern war der erste Vortrag in Spanisch unter reichlichen Schwierigkeiten – freilich solchen höchst schmeichelhafter Art. Der Saal mit 1.500 Personen war so gestürmt, daß erstens sich 3.000 Personen hineinquetschten und Polizei einschreiten mußte – 2. ich bin genötigt, denselben Vortrag übermorgen zu wiederholen [...]. Es ist eben eine Sensation hier, daß ein Autor Spanisch spricht und, Wunder über Wunder, ich habe gut gesprochen. Das Publikum war phantastisch – dicht aneinandergedrängt, kein Räuspern, kein Ton. Nachher sperrte man mich in ein Lesezimmer ein, um mich vor den Leuten zu bewahren. Ich hatte das Gefühl, ein Tenor zu sein.[610]

---

[610] *Briefe SZ-FZ*, 30.10.1940.

Es folgen die Stationen Córdoba, Rosário, Santa Fé und nochmals Buenos Aires, wo er Reden in Englisch im *Britisch Community Council* und in Deutsch zugunsten einer deutschen Pestalozzischule (gegründet, um eine von nationalsozialistischem Denken unabhängige deutsche Schule anzubieten) und des Hilfsvereins für deutschsprachige jüdische Einwanderer hält. Noch nie hat Buenos Aires so etwas gesehen. Im Publikum geraten Leute vom Rang des Vize-Präsidenten der Republik, Senatoren, politische Führer, Universitätsprofessoren in Verzückung.

Die ganze Sache ist phantastisch – man fährt mit einem Auto (nach der Nachtfahrt mit der Bahn) stundenlang über die Pampas ohne ein Haus zu sehen […] die Gastfreundschaft […] die Juden machen noch einen besonderen Empfang in jedem Ort und einzelne reisen 5–6 Stunden weit. Aber was das Rührendste ist: das Volk – die Raseure z.B. nehmen kein Geld, die Kellner kein Trinkgeld von mir […]. Ich bin so müde […] daß ich Uruguay absagte. Aber das mißverstand man dort und bot nicht nur das doppelte Honorar, sondern noch das Flugzeug für drei Personen hin und zurück […] am nächsten Morgen fliege ich (8 Stunden) nach Rio zurück. Es ist ein Wunder, wie ich das mit 59 Jahren durchhalte […]. Immerhin ist der Reinertrag neben dem moralischen beträchtlich, aber ich hätte es mir leichter bei stillem Zuhausearbeiten verdient. Der Schlag Frankreich nach Italien, Holland, Rumänien, Norwegen etc. etc. ist doch mörderisch […] Für mich gilt es jetzt, ob ich bei der Hitze in Brasilien arbeiten kann – diese Vortragsreise war doch eine Pflichtreise. Jetzt möchte ich nichts sehen und nur für mich arbeiten. Alles andere ist Eitelkeit und Zeitverlust.

Im Postskriptum äußert er eine fixe Idee – die Flüchtlingsfrage: »Argentinien ist irgendwie aufregend durch seinen Überfluß, der direkt nach Menschen hungert […]. Von dem, was weggeworfen wird, könnten Hunderttausende leben und sie lassen keine Menschen in ihr üppiges Land.«[611]

Wie 1936 in Brasilien schenkt Zweig auch in Argentinien der Situation im Land nicht viel Aufmerksamkeit. Er hätte es tun sollen: Die starke deutsche Präsenz ist zu einem mächtigen Vehikel der nationalsozialistischen Einflussnahme geworden.

Seit 1938 hat das Hakenkreuz in rund 200 deutschen Schulen, Banken, Firmen und kulturellen Vereinigungen Einzug gehalten. Im selben Jahr konnte man auf der Avenida Santa Fé Demonstranten den Schlachtruf: »Tod den Juden, es lebe Jesus Christus« schreien hören. An

---

[611] *Briefe SZ-FZ*, 9.11.1940. Zweig sandte den Brief aus Santa Fé.

einer öffentlichen Kundgebung im Luna Park nahmen in Anwesenheit von führenden Persönlichkeiten, unter ihnen der Gouverneur der Provinz Buenos Aires, und unter ostentativer Zurschaustellung von Hakenkreuzbinden, Hitlerporträts und Schildern mit antisemitischen, antikommunistischen und antifreimaurerischen Sprüchen 2.000 Menschen teil.

Die argentinische Ultrarechte übt in jenen Jahren ähnlich wie in Brasilien einen großen Einfluss auf die Immigrationspolitik der Regierung aus, damit die Türen des Landes für die Flüchtlinge geschlossen bleiben. Dabei kann sie sich auf die ausdrückliche Unterstützung der katholischen Kirche stützen. Zweig weiß nichts von diesen Dingen oder möchte ihnen vielleicht auf seine Weise entgegentreten: Die öffentlichen Ehrungen eines vor dem Nationalsozialismus geflohenen jüdischen Schriftstellers können die beste Antwort auf die nationalsozialistische Bewegung darstellen.[612]

Obwohl Lotte zum Teil mit dabei ist (sie hat nicht die Lust oder Konstitution, um ihn bei allen Veranstaltungen zu begleiten), ist Friderike seine eigentliche Gesprächspartnerin, die Empfängerin der offensten und ausführlichsten Briefe. Wie auf der ersten Reise nach Brasilien, als Lotte nur eine Affäre war, setzt er auch jetzt die enge Vertrautheit mit der ehemaligen Gefährtin fort, schreibt ihr selbst nachts und auf der Zugfahrt. Er sorgt sich um sie: So teilt er ihr in einem anderen Postskriptum mit, dass es Alfredo Cahn gelungen sei, die spanischen Rechte ihrer Pasteur-Biografie zu verkaufen.

Während einer Ruhepause auf der Zugfahrt von Rosário nach Buenos Aires wird Alfredo Cahn Zeuge der Kehrseite von Zweigs Hochgefühl: »Vier Stunden der Qual, in denen er unaufhörlich mit den Fingern knackte und – was das Schlimmste war –, ohne zu sprechen. Ich schaute in sein Gesicht und sah die Leere darin. Ich wagte es nicht, an ihn ein Wort zu richten, weil ich fühlte, dass er in Gedanken versunken war, aber seine Gefühle oder Gedanken spiegelten sich nicht im Gesicht wider, sondern in seinen Händen.« Hände, die Cahn in diesem Moment an die Hände des Spielers aus *Vierundzwanzig Stunden aus dem Leben einer Frau* erinnerten.[613]

---

[612] Vgl. Schiller, Hermann: »El antisemitismo en la Argentina« (Der Antisemitismus in Argentinien) (Sonderinformation von www.argenpress.info). Klich, Ignacio: *Sobre Nazis y nazismo en la cultura argentina* (Über die Nazis und den Nationalsozialismus in der argentinischen Kultur). Hispamerica. Buenos Aires 2002.
[613] *Cahn*, S. 120.

Vom argentinischen Außenminister empfangen, lehnt er jegliche Ehrerbietung ab, fordert aber ein Visum für zwei Freunde, die beiden Verleger Fritz Landshoff und Walter Landauer, die nach Holland geflohen sind. Er lässt Friderike wissen, dass er nach seiner Rückkehr nach Brasilien das Gleiche auch in Bezug auf Chile versuchen könnte, da er die Dichterin und chilenische Konsulin Gabriela Mistral kenne.

> All das wäre bestärkend gewesen, leider ist meine Freude zerstört. Ich hatte mir in Rio in meinen späten Jahren noch einen wunderbaren Freund gewonnen, Hernandez Catá, den ausgezeichneten spanischen Schriftsteller und Gesandten von Cuba – er war am ersten Tag gekommen, mich zu sehen und wir waren fast täglich beisammen. Er war von einer wunderbaren Humanität, einer Noblesse und Güte, wie ich sie selten bei einem Menschen gefunden [...]. Während ich in Santa Fé las, ist er im Flugzeug auf der Rückreise von Sao Paolo [sic] abgestürzt – ich war wirklich verzweifelt. Denn vielleicht habe ich sogar Schuld daran; ich hatte den Leuten in Sao Paolo gesagt, sie sollten ihn doch zu einem Vortrag laden, er war ein großartiger Sprecher und am [sic] Rückweg von diesem Vortrag geschah das grauenhafte Unglück. Auch der Selbstmord von Ernst Weiß ist mir nahe gegangen [...]. Immer die Anständigsten, immer die Besten! Dazu die Nachricht, daß Rußland und Deutschland sich verständigt – was steht uns noch bevor! Ich glaube, ich werde nie wieder zurückkommen in dies Europa und alles, was ich dort habe [...] ist verloren [...] das Englische und Amerikanische ist ja nicht meine eigene Welt. [...] ich habe mir wenigstens, um ein Land zu haben, wo man nicht um Visa betteln muß, ein permanent visa [sic] in Brasilien gesichert. Ich habe heute noch alle südamerikanischen Staaten zur Verfügung, alle wollen, dass ich hinkomme, aber das kann sich ebenso rapid ändern wie in Frankreich, wo ich auch vor 4 Monaten noch ein großer Herr war und heute geächtet bin mit all meinen Büchern. Die Leute hier waren rührend, Frauen sagten mir mit Tränen in den Augen, sie hätten nie geträumt, mich in ihrer Provinzstadt je sehen zu können. Manche Leute kamen 8 Stunden weit von ihren Ranchos, die Hotels verweigerten Bezahlung, ich hatte überall Autos und Geschenke.[614]

Im Durcheinander der Tournee und in den Berichten, die er, berauscht vom Erfolg, an Friderike schreibt, finden sich keine Hinweise oder Erklärungen zu diesem unerwarteten »permanent visa« für Brasilien. Dabei ist es keine unwichtige Frage angesichts der herrschenden Zustände in der Welt. Schon 1927 hat sein Freund Joseph Roth in einem seiner

---

[614] *Briefe SZ-FZ* im Zug geschriebener Zusatz zu dem Brief vom 9.11.1940.

bitteren Scherze geschrieben: »Ein halbes jüdisches Leben verstreicht in zwecklosem Kampf gegen Papiere.«[615]

Aus irgendeinem Grund malt sich Zweig das Ausgeliefertsein in seiner Fantasie aus: Dabei hat er nie um Visa betteln müssen, er besitzt den wertvollen englischen Pass, und nun teilt er von Argentinien aus mit, dass er eine Aufenthaltsgenehmigung bekommen hat. Tage zuvor hat er behauptet, er träume davon, nach Bath zurückzukehren. – Verfolgte haben eine seltsame Art, auf Verfolgung zu reagieren.

Das Geschenk, das ihm erlaubt, sich in Brasilien niederzulassen, wird vom Konsulat in Buenos Aires ausgefertigt, ist jedoch vorher in Rio de Janeiro ausgehandelt worden. Die Einreisebeschränkungen für Flüchtlinge lassen es nicht zu, dass konsularische Behörden das Permanentvisum ohne ausdrückliche Genehmigung des Außenministeriums vergeben. Der Kunstgriff, Zweig das Visum im Ausland zu erteilen, muss vom *Itamaraty* selbst vorgeschlagen worden sein, um keine Aufmerksamkeit zu erregen.

Auf der Seite 15 seines Passes stempelte das Konsulat von Buenos Aires das Permanentvisum für Brasilien, Nr. 4525, datiert auf dem 5. November 1940. An der Seite ist die maschinengeschriebene Anmerkung: »Permanent. Vom Außenministerium genehmigt, von jeglicher Dokumentation befreit, gemäß des Telegramm Nr. 84 vom 5.11.1940« zu lesen. Die durch ein Telegramm des Außenministeriums in Rio de Janeiro (Nr. 84–31230 vom 5.11.1940) erhaltenen Anweisungen sind identisch: Es bedarf keiner weiteren Schritte. Um die der Bürokratie totalitärer Staaten eigenen Überraschungen zu vermeiden, leitet das Außenministerium eine Woche später ein amtliches Schreiben an die Wasserschutzpolizei weiter, in dem es die Erteilung des Visums bekannt gibt und die Polizei auffordert, Zweig bei seiner Einreise alle Erleichterungen zuteil werden zu lassen.

Schnelle, unbürokratische Dienstwege sind ein offenkundiges Privileg. Eine so große Ausnahme verdient ein Zeichen der Erkenntlichkeit. Die unschuldige »Aufenthaltsgenehmigung« für Brasilien ist wichtiger, als sie scheint. In England hatte Zweig noch, vom Vormarsch der Deutschen in Angst und Schrecken versetzt, an Morphium gedacht. Mit diesen Dokumenten und Stempeln ist er gerettet.[616]

Mit dem Schiff fährt er nach Montevideo: Ein Vortrag wird im Radio übertragen und anschließend findet ein Besuch bei der Gesellschaft der

---

[615] Roth, Joseph: »Juden auf Wanderschaft«, a.a.O., S. 865.
[616] Sowohl die Schnelligkeit als auch die Effizienz der Maßnahmen sind auffällig.

Freunde Balzacs statt, eine Art kulturellem Schaufenster der europäisierten Stadt. Noch am selben Tag reisen Lotte und Stefan Zweig mit dem Flugzeug nach Buenos Aires und von dort direkt mit einem anderen nach Rio de Janeiro zurück. Acht Stunden sind sie unterwegs – eine Leistung.[617]

Ebenso wie sein Status: Englischer Staatsbürger, wohnhaft in Brasilien mit einem Haus in Bath, verbittert über Europa, enttäuscht von den Vereinigten Staaten, voller Hoffnung hinsichtlich Südamerikas, mehrere Sprachen fließend beherrschend, jedoch außerstande, sich an sein deutsches Publikum zu wenden.

Mit ein paar Koffern voll Kleider, wenigen Büchern, vielen Papieren und einem gedrängten Terminkalender hinter sich kehrt der ausgelaugte Stefan Zweig von seiner triumphalen Argentinien-Tournee am 15. November 1940 nach Brasilien zurück. Dem Krieg selbst ist er zwar entflohen, aber er wird von ihm zugrunde gerichtet.

Diesmal bezieht das Ehepaar ein Zimmer mit Veranda und Blick auf die Guanabara-Bucht im Hotel Central, das fast genau gegenüber dem Hotel Paissandu liegt. Am nächsten Tag vertraut er Friderike an:

> Ich sehe, wie wir uns verschieden entwickelt haben – Du wirst immer aktiver, siehst tausend Leute, während ich aufatme, in meinem Zimmer still zu sitzen und alles abwehre. Ich rate Dir, sei nicht die Allerweltshelferin. Wegen Masereel kann es wohl nicht schwer sein, er ist Belgier und Christ, aber wird er hier leben können? – Nach N. Y. will ich vorläufig nicht, ich fürchte mich, dort ganz Berlin, Wien etc. vorzufinden. Ich will lieber hier die Hitze ertragen.

In nur wenigen Worten umreißt er so die subtile Veränderung der Beziehung zu Friderike sowie eine Analyse der Flüchtlingspolitik der brasilianischen Regierung: Katholiken haben keine Schwierigkeiten, ins Land einzureisen.[618]

---

[617] Vgl. Relgis, Eugen: *Stefan Zweig, cazador de almas* (Stefan Zweig, Seelenfänger). Ediciones Humanidad. Montevideo 1952. Relgis, Zweig-Übersetzer ins Rumänische, stand mit dem Schriftsteller während der 20er und 30er Jahre in Briefkontakt. Nach dem Zweiten Weltkrieg ließ er sich in Montevideo nieder.
[618] *Briefe SZ-FZ*, 16.11.1940. Der belgische Holzschnittkünstler und Maler Frans Masereel (1889–1972) gehörte zu der Gruppe pazifistischer Intellektueller, die sich während des Ersten Weltkrieges in der Schweiz zusammenschlossen. Als enger Freund von Rolland und Zweig illustrierte er Bücher der beiden. 1940 hielt er sich in Südfrankreich auf. Trotz des Optimismus wurde das Visum nicht bewilligt. Ein Jahr später versuchte Zweig über seinen Freund Germán Arciniegas, dem designierten Erziehungsminister von Kolumbien, ein Visum für Masereel für dieses Land zu bekommen, was ihm auch gelang. Vgl. *Arciniegas 2*, S. 269–271.

Papiere bedeuten alles: Den Pass mit der Genehmigung, sich legal in Brasilien niederlassen zu dürfen, kaum in der Hand, lässt er schon drei Tage später das offizielle Foto für den Personalausweis (das berühmte *modelo 19,* eine Kostbarkeit) aufnehmen. Er hat es eilig, alles ändert sich sehr schnell, es ist besser, sich abzusichern. Der Rechtsanwalt Samuel Malamud steht ihm bei den bürokratischen Dienstwegen zur Seite. Trubel herrscht bei der Ankunft des berühmten Besuchers bei der *Polícia dos Estrangeiros,* (der Ausländerpolizei): Die Angestellten bitten um Autogramme, während sie seinen Antrag in die Wege leiten. Zweig erhält einen gelben Ausweis des Protokolls, um den Amtsweg zu verfolgen. »Im zaristischen Russland gab die Polizei solche gelben Ausweise den Prostituierten«, kommentiert der Schriftsteller. Damals verstand Malamud die Metapher der Prostitution nicht. In einem Brief an Friderike erzählt Zweig, dass die hübsche Angestellte auf dem Identitätsausweis »Haare: grau« eingetragen hätte, und nutzt die Gelegenheit, der Ex-Ehefrau zum Geburtstag zu gratulieren. Ihr fehlen noch zwei Jahre bis zum 60. Geburtstag, ihm nur noch eines – dies erschrickt ihn.

Es ist notwendig, die Gunst zu vergelten, deshalb heißt es zurück zur Arbeit: Die Aufzeichnung über Rio de Janeiro und São Paulo der letzten Reise, nun um die Notizen über den Ausflug nach Minas Gerais ergänzt, bieten eine Grundlage an Daten, Ideen und Eindrücken. Er weiß, dass er nicht an der Niederschrift einer reinen Reisebroschüre arbeitet. Ein Buch über Brasilien stellt eine groß angelegte Unternehmung dar, es ist eigentlich ein Thema für eine ganze Enzyklopädie; er braucht Unterstützung.

Auf dem Gebiet der Wirtschaft hat ihm schon Roberto Simonsen, der Unternehmer, Politiker und angesehene Kenner der brasilianischen Wirtschaftsgeschichte aus São Paulo, seine Mithilfe zugesagt.

Ein weiterer Ansprechpartner ist Afonso Arinos de Melo Franco, der Schwager von Jimmy Chermont, der ihm seine Ideen über Montaigne und den brasilianischen Ursprung der natürlichen Güte vorstellt. Die These gefällt ihm, sie steht in enger Verbindung mit dem, was er zu schreiben beabsichtigt, und wird einer der geistigen Eckpfeiler des Buches werden.[619]

---

[619] Vgl. Melo Franco, Afonso Arinos de: *O índio brasileiro e a Revolução francesa.* (Der brasilianische Indio und die französische Revolution.) Topbooks. Rio de Janeiro 2000. Das Buch erschien 1937 zum ersten Mal.

Sein Telefonbuch beginnt sich mit Namen, Straßen und Telefonnummern aus Brasilien zu füllen.[620] Einer dieser Namen ist der des kürzlich in Brasilien angekommenen ungarischen Dirigenten Eugen Szenkar, der am 19. August 1940 seine Premiere mit dem großen Symphonieorchester gehabt hatte. Er ist der erste Musiker, den Zweig im Land kennen lernt, vielleicht kann er hier einen Freundeskreis aufbauen wie den, den er in Österreich zurückgelassen hat.[621]

Der ebenfalls erst vor kurzem eingetroffene Leopold Stern wird sich an Zweig klammern: von Geburt Rumäne, im Geist Franzose, aktives Mitglied im PEN-Club, Autor eines halben Dutzends in Französisch geschriebener Bücher mittelmäßiger Qualität, die alle von der Liebe handeln. Dank seiner guten Beziehungen gelingt es ihm, trotz seines nicht sehr hohen Ansehens für die Literaturbeilagen der hiesigen Zeitungen zu schreiben. Er ist einer derjenigen, die sich, nachdem sie ihr Leben gerettet haben, um einen Platz auf der Sonnenseite des Lebens bemühen.

»Wird es nicht sehr arg mit der Hitze, bleibe ich bis Ende Januar«, schreibt Zweig an Friderike. Er hat Zeit, aber erlaubt sich keinen Augenblick der Muße. Erneut lässt er die Schriftsteller und Intellektuellen außer Acht, die nicht zum nahen Kreis um Koogan gehören. In Wien

---

[620] Das »Telephone book«, mit Sicherheit in New York gekauft, ist ein braunes Spiralbuch mit Aufdruck gleichen Namens. Neben einigen unleserlichen Eintragungen enthält es ca. 32 Namen von Personen brasilianischer und anderer Nationalitäten, die in Rio de Janeiro, São Paulo und Curitiba wohnten. Lediglich drei Adressen aus Portugal (Vizegraf von Lagoa; Maria Oswald; *Livraria Civilização*) sind aufgeführt. Die Namen sind vom Nachnamen ausgehend alphabetisch geordnet: Guilherme de Almeida, Alfred Agache, Aurea de Oliveira Alvarenga, Visconde de Carnaxide, Jaime Chermont, Afonso Hernandez Catá (durchgestrichen), Michal Choromanski, Luís Edmundo, Paul Frischauer, Editora Guanabara, Gomes Guimarães, Joseph Geiringer, Abrahão Koogan, Bruno Kreitner, Múcio Leão, Caio Melo Franco, Afonso Arinos de Melo Franco, Gabriela Mistral, Mandler (c/o Levy), Antenor Nascentes, Afrânio Peixoto, Paul Pedroman, Fabrice Polderman, Oswaldo da Rocha Lima, Roberto Simonsen, Claudio de Souza, Leopoldo Stern, Eugen Szenkar, Fortunat Strowski, Hubert Studenic, Isidoro Xanthakay, Victor Wittkowski. Die Adresse von Ernst Feder ist darin nicht zu finden. Auf der Anrichte nahe dem Telefon im Haus in Petrópolis fand man eine weitere kleine Liste Telefonnummern, auf der zusätzlich noch der Arzt Nathan Bronstein (an erster Stelle) und Friderikes Neffe Ferdinand Burger angegeben waren. Das Adressbuch wurde von Abrahão Koogan der *Biblioteca Nacional* in Rio de Janeiro überlassen.

[621] Eugen Szenkar (1891–1977), Pianist und Dirigent, leitete in den 20er und 30er Jahren das Symphonieorchester von Köln und die Wiener Singakademie. In seiner Eigenschaft als einer der Wegbereiter von Béla Bartók in Deutschland sorgte er für so großes Aufsehen, dass der damalige Kölner Oberbürgermeister Konrad Adenauer 1924 seinen Rücktritt forderte. 1935 dirigierte er in Moskau die Premiere der ersten Symphonie von Aram Katchaturian. In Brasilien gründete er das brasilianische Symphonieorchester und war bis 1948 dessen musikalischer Leiter.

hat er immer die Kaffeehäuser besucht: In Rio de Janeiro jedoch legt er keinen Wert darauf, die Cafés kennen zu lernen. Von den gesetzten Fristen gedrängt, gesteht er sich keine Unterbrechungen zu. Das »Brazilbook«, wie er es in seinen Briefen nennt, ist eine Last, von der er sich so schnell wie möglich befreien muss.[622]

Der Historiker und Chronist von Rio de Janeiro Luís Edmundo, der Philologe Antenor Nascentes und Caio Melo Franco sind weitere Quellen und Ratgeber. Es ist zu wenig, es fehlt die Wiedergabe anderer Stimmen, es fehlt an Wissen und Persönlichkeiten.

»*Casa Grande & Senzala* (*Herrenhaus und Sklavenhütte*) hatte er nicht gelesen. Denn als wir einander vorgestellt wurden, erwähnte er es nicht einmal, obwohl er äußerst höflich war«, erzählt Gilberto Freyre. »Er war im Innenhof des Hotels, wir unterhielten uns lange. Aber Zweig wusste nichts von meinem Buch. Er sprach optimistisch von der Zukunft, ohne unsere schwierige Vergangenheit zu kennen.«[623]

Auch *Raízes do Brasil* (*Die Wurzeln Brasiliens*) von Sergio Buarque de Holanda hat Zweig nicht zur Kenntnis genommen. Dieses 1936 erschienene Werk, das erste Porträt der herzlichen Gesellschaft, hätte ihm für die Rechtfertigung seiner Theorien über das Land und dessen Bewohner von großer Nützlichkeit sein können.[624]

---

[622] *Briefe SZ-FZ*, 30. 11. 1940. Brief an Berthold Viertel, 28. 10. 1941 in: *Briefe SZ-Freunde*.
[623] Gilberto Freyre, Aussage gegenüber dem Autor, 5. 8. 1980. Gilberto Freyre (1900–1987), geboren in Recife, Pernambuco, eine der herausragenden Persönlichkeiten Brasiliens des 20. Jahrhunderts, wird als Patriarch der brasilianischen Soziologie und Sozial-Anthropologie angesehen. Er absolvierte seine Ausbildung in den USA. Sein umfangreiches Werk, vor allem der Klassiker *Casa Grande & Senzala. Formação da família brasileira sob o regime de economia patriarcal* von 1933 (*Herrenhaus und Sklavenhütte. Ein Bild der brasilianischen Gesellschaft*) bietet ausgehend von der afroportugiesischen Synthese den Ansatzpunkt für die moderne Deutung Brasiliens. Freyre, Journalist und Politiker (stets ein Gegner Vargas), war ebenfalls Mitglied der *Academia Brasileira de Letras*, innerhalb der er zu der Koogan nahe stehenden Gruppe auf Distanz ging. In seinen Kommentaren über Zweig zeigte er viel Respekt für den österreichischen Schriftsteller.
[624] Sergio Buarque de Holanda (1902–1982), geboren in São Paulo, Soziologe und Historiker, lehrte an verschiedenen brasilianischen und ausländischen Universitäten. Wie bei Gilberto Freyre kommt auch in seinen Arbeiten ein neues nationales Selbstverständnis zum Ausdruck. Sein Werk *Raízes do Brasil* (*Die Wurzeln Brasiliens*), das bald zu einem Standardwerk für Soziologen und Ethnologen wurde, führte den Begriff des »herzlichen Menschen« in eine hauptsächlich private und persönliche Gesellschaft ein. In seinem 1959 erschienenen Werk *Visão do Paraíso. Os motivos edênicos no descobrimento e colonização do Brasil* (Vision des Paradieses. Die Motive des Garten Eden in der Entdeckung und Kolonisation Brasiliens) wurden seine Thesen weiter ausgeführt und ergänzt.

Eile, Angst und vor allem die Ereignisse in Europa machen aus ihm einen anderen Forscher, als es die Forschungsreisenden des 19. Jahrhunderts waren. Zweig legt keinen Wert darauf, tiefer in dieses neue Territorium einzudringen, vielmehr möchte er es bekannt machen. Als Brücke dienen, das ist es, was er kann und gerne macht. Am Anfang des 20. Jahrhunderts hat er dem deutschen Publikum Verhaeren und später Rolland vorgestellt. Jetzt möchte er ein Land, eine Nation näher bringen. Erneut wirkt er mehr wie ein Journalist denn wie ein Schriftsteller. Vielleicht meidet er die literarischen Cafés, damit er nicht in die literarischen Diskussionen verwickelt wird, die nun stark mit der Politik in Verbindung stehen: »Die Leute, die heute ›Literatur‹ machen oder reden können, sind mir nicht ganz verständlich; es scheint mir eher ein humaner Defekt als eine Tugend (aber vielleicht ist Kunst wirklich immer durch Defekte bedingt).«[625]

Zweig ist kein Staatsgast, aber die Türen des Kabinetts öffnen sich auf magische Weise. Er kann es nicht ablehnen, da er weiß, dass das »kleine Buch über Brasilien« nicht fernab der offiziellen Informationsquellen geschrieben werden kann.

Carlos Drummond de Andrade, damals ein viel versprechender Dichter, kühner Modernist und darüber hinaus Ministerialbeamter des Bildungsministers Gustavo Capanema, erinnert sich an den Tag, an dem Zweig seinen damaligen Chef im ehemaligen Sitz des Ministeriums (im Viertel Cinelândia, in dem sich die wichtigsten Kinos und Theater befanden) zum Gespräch aufsuchte.

Während Zweig darauf wartet, vom Minister empfangen zu werden, geht er zum Fenster, betrachtet nachdenklich den Hafen, die Bucht, die Hügel der Stadt und sagt hingerissen: »Es sieht aus wie Neapel!«

»Ich fand das überhaupt nicht; das, was vor uns lag, war eher ärmlich. Die schriftstellerische Arbeit und die Schwierigkeiten, mit denen er als Flüchtling konfrontiert wurde, ließ ihn jedoch über jene Landschaft in Verzückung geraten.«[626] Zweig wird dem Kunsthistoriker Rodrigo Melo Franco de Andrade vorgestellt, der mit der Bewahrung des nationalen historischen Erbes beauftragt ist. Seinen Freunden gegenüber bezeichnete dieser den Schriftsteller als vornehmsten und höflichsten Menschen, den er je getroffen hätte. Feinfühlig, aber wehrlos. Er spricht auch mit anderen Mächtigen, weniger unschuldigeren als Capanema, der im Namen der Regierung die Intelligenz für sie gewinnen soll.

---

[625] Brief an Friderike, 7. 12. 1940 in: *Briefe SZ-FZ*.
[626] Carlos Drummond de Andrade, Aussage gegenüber dem Autor, 15. 8. 1980.

Der Wichtigste von allen ist der allmächtige Lourival Fontes, die graue Eminenz von Vargas. Der Biograf von Joseph Fouché, ein aufmerksamer Beobachter der politischen Vorgehensweise, bemerkt die Falle zu seinen Füßen nicht. Für die Aufenthaltsgenehmigung, die er zur Linderung seines Verfolgungswahns braucht, läuft er Gefahr, sich in den Fallstricken einer autoritären Regierung zu verheddern, aus denen er sich nur schwer befreien können wird. Vor kurzem erst angekommen, unbedacht und vor allem ohne Argwohn erkennt er nicht, dass die Besuche beim höchsten Propagandisten falsch verstanden werden können. Der aus dem Nordosten stammende Lourival Fontes ist in wenigen Jahren zum Verantwortlichen des *DIP*, der Verführungs-, Bestechungs- und Unterwerfungsmaschinerie, die den brasilianischen *Estado Novo* stützt, aufgestiegen. Kultiviert und gut unterrichtet, verbirgt er seine Bewunderung für Mussolini und den korporativistischen Staat nicht und *Il Duce* weiß es zu schätzen: Er zählt Fontes zu den drei Leuten außerhalb Italiens, die den Faschismus verstünden.[627] Als leidenschaftlicher Leser schätzt er Zweig und hilft anderen jüdischen Flüchtlingen wie dem ungarischen Philologen Paulo Rónai und dem französischen Verleger Max Fischer. Solche Wertschätzung hindert ihn allerdings nicht daran, sich an der Unterdrückung der Zeitungen der jüdischen Gemeinden zu beteiligen.

Sein intellektueller Faschismus beeinträchtigt nicht den politischen Scharfsinn, der ihm überraschende Manöver erlaubt.[628] Wie Ferro in Portugal, so hat Fontes in Brasilien die Kontrolle über die öffentliche Meinung. Die Aufgabe der beiden ist es, die jeweiligen Diktaturen zu mildern, um sie akzeptabel zu machen.

Ironie des Schicksals: Das *DIP* hat seinen Sitz im *Palácio Tiradentes*, also in dem Gebäude neuklassizistischen Stils, das bis zum Putsch 1937 die Abgeordnetenkammer beherbergt hat. An Stelle der legislativen Macht ist dort nun die Macht zur Indoktrination der Massen untergebracht; anstatt der Volksvertretung die Vorstellung, dass die Manipula-

---

[627] Die größten Faschismus-»Kenner«, Zufall oder nicht, waren Südamerikaner: Lugoni in Chile und Galvez in Argentinien. Vgl. *Dicionário histórico biográfico brasileiro* (Historisch-biografisches Lexikon Brasiliens). CPDOC-FGV Bd. 2. Rio de Janeiro 1984, S. 1309.
[628] Auf ausdrücklichen Befehl des *DIP* kam die Wochenzeitung *Jidische Presse*, geleitet vom Sozialisten Aron Bergman, am 31.7.1941 zum letzten Mal in Jiddisch heraus (erst nach 1945 wurde sie wieder in der Originalsprache gedruckt). Am darauf folgenden Freitag, den 7.8.1941, erschien sie in portugiesischer Sprache, einschließlich ihres Namenszuges. Zur gleichen Zeit (6.8.1941) verbot Lourival Fontes die Verbreitung der *Gazeta Israelita*.

tion des Volkeswillens eine Form von Legitimation ist. Für das Volk ist das *DIP* der alleinige Sprecher – die einzige Stimme, die autorisiert ist, sich zu äußern. Aber das *DIP* ist weder das ausschließliche Werk von Fontes noch des *Estado Novo* allein.

Vom riesigen Arbeitszimmer des *Palácio Tiradentes* aus, geschmückt mit einem gigantischen Porträt des Staatschefs, vermag der Zauberer (oder Hexer) Fontes, Vargas in eine gelungene Mischung aus Roosevelt und Dom Pedro II. zu verwandeln, zwei Persönlichkeiten, die mehr nach brasilianischem Geschmack sind als Hitler und Mussolini. Der Habsburger Herrscher war ein gebildeter Mann, ein Förderer der Kunst und dank seiner langen Regentschaft eines halben Jahrhunderts ein Symbol der Stabilität. Das Image des gutmütigen Patriarchen täuschte die Liberalen zur Zeit der Ausrufung der Republik und ließ bei dessen Aufbruch ins Exil den Juristen Rui Barbosa aufrichtige Tränen vergießen. Zweig betrachtet den zweiten Regenten als Paradigma der humanistischen Monarchie. Lourival Fontes erfindet keinen neuen Geschmack, er nutzt den vorhandenen für seine Sache aus.

Sui generis ist die Zensur des *DIP*, wie auch die brasilianische Diktatur sui generis ist: Die Zeitungen werden von Zensoren kontrolliert, aber diese sind fast überflüssig – die Mehrheit der Presse denkt wie die Regierung, und wenn nicht, genügt es, die Papierzuteilung zu kürzen und die öffentlichen Gelder zu streichen.

Es gibt keine Zensur ohne Selbstzensur, sie ist immer ein Spiel für zwei, in dem der Wille, zu kontrollieren, auf die ebenso große Bereitschaft, sich zum Schweigen bringen zu lassen, trifft. Hinzu kommt, dass die Journalisten und Intellektuellen auf einem knappen und wenig professionalisierten Arbeitsmarkt im *DIP*, in der *Agência Nacional*, der Zeitschrift *Cultura Política* und im *Serviço de Censura às Diversões* (Zensurdienst der Unterhaltungskultur) einen großzügigen Arbeitgeber finden. Vom literarischen oder journalistischen Talent zu leben, ist fast unmöglich, es sei denn, man arbeitet für Lourival Fontes.[629]

---

[629] Als Vargas sich 1942 auf die Seite der Alliierten stellte, stürzte Fontes (zusammen mit Filinto Müller, dem Polizeichef). Später übernahm er verschiedene Ämter im Ausland, wie z.B. das des brasilianischen Botschafters in Mexiko. Bei der Wiederwahl Vargas 1950 wurde er dessen *Chefe da Casa Civil* (Leiter des Präsidentschaftsministeriums), wobei er dazu überging, progressistische Positionen zu vertreten, und versuchte, die von Vargas gegründete *Partido Trabalhista Brasileiro* (Brasilianische Arbeiterpartei) in etwas Ähnliches wie die englische *Labour Party* zu verwandeln.

Ein wenig mehr Widerstand vom Großteil der Presse (wie es *Diário de Notícias* und *Estado de São Paulo* versuchen), und die Sache sähe anders aus. Lourival Fontes ist ein Meister in der vollendeten Kunst, vorhandene Animositäten zu überwinden und gefasste Beschlüsse abzumildern. Zweigs Treffen mit Fontes können nicht heimlich sein, keiner von den beiden mag den Schatten. Zweig nicht, weil er niemals etwas im Verborgenen macht, und der verzaubernde Magier nicht, weil er beim Zaubern sichtbar sein muss. Die Besuche im *Palácio* des *DIP* vermitteln den Eindruck, dass Zweig vom *Estado Novo* kooptiert und engagiert wird, um seinen Füllfederhalter der Verherrlichung des Regimes zur Verfügung zu stellen. Bald nach der Veröffentlichung des Brasilienbuches wird er in Form von übler Nachrede die Quittung dafür bekommen. Durch die der Zensur unterworfenen Presse erhalten die Gerüchte und das Gerede das Privileg der Glaubwürdigkeit.

Der persönliche Freund des *DIP*-Leiters Gilberto Freyre schildert seine Version der Geschichte: »Lourival erzählte mir, dass er Zweig eingeladen hatte, eine Biografie über Santos Dumont zu schreiben. Zweig lehnte höflich ab mit der Begründung, dass er viele Leser in den Vereinigten Staaten hätte, wo man die Gebrüder Wright als die Väter der Luftfahrt ansehen würde.« Dann tauchte die Alternative eines Buches über Brasilien auf, aber Fontes sollte nicht aufgeben, Zweig und Santos Dumont zusammenbringen zu wollen.

Raimundo Magalhães Jr., Fontes' ehemaliger Sekretär, erzählt, dass er beauftragt wurde, die Flugtickets für die Reise des Ehepaares Zweig in den Nordosten und Norden des Landes in das Hotel Central zu bringen. D'Almeida Vítor, Reporter der Regierungszeitung *A Noite*, der mit der Aufgabe betraut ist, das Ehepaar zu begleiten, bestätigt, dass die Regierung ein Geschäft versuchte. Angesichts der Ablehnung des Schriftstellers jedoch kam sie lediglich für die Reise- und Unterbringungskosten auf und gewährte Erleichterungen bei der Herstellung von Kontakten.[630]

Von den politischen Auseinandersetzungen verletzt, möchte Zweig sich dem von Hitler verkörperten *Nein* widersetzen, und nutzt jede Gelegenheit, seiner Überzeugung des *Ja* Ausdruck zu verleihen. Brasilien ist das Instrument, das er einzusetzen beabsichtigt, um zu zeigen, dass

---

[630] Raimundo Magalhães Jr., (Schriftsteller, Journalist, Biograf und erfolgreicher Dramatiker, der in die *Academia Brasileira de Letras* aufgenommen wurde), Aussage gegenüber dem Autor 15.8.1980. D'Almeida Vítor, schriftlicher Bericht, Brasilia, 10.1.1981. Gilberto Freyre, a.a.O.

neben Angst und Hass noch Hoffnung, ein Funken von Optimismus existiert. Im Angesicht des Todes klammert er sich an die Lebenskraft, die dieses Land ausströmt. In den so engagierten intellektuellen Kreisen bleiben solche Nuancen unbeachtet.

Die Eile, mit der er sich des »Brazilbook« entledigen möchte, hängt mit einem Projekt zusammen, das ihn seit London in Anspruch nimmt und für ihn Priorität hat. Während er sich mit dem Land der Zukunft, dem Morgen befasst, denkt er an die Welt von Gestern, die Vergangenheit. Im Konflikt zwischen den Zeiten strauchelt er in der Gegenwart.

Bis Anfang Januar 1941 bleibt Zweig, sich stets über die Hitze beklagend, in Rio de Janeiro. Vor dem Aufbruch zur Rundreise in den Nordosten schreibt er Lasar Segall, dem jüdischen Maler, den er während seiner ersten Brasilienreise 1936 kennen gelernt hat, um ihm für die Zusendung eines Buches mit Drucken seiner Bilder zu danken. Vor allem das Gemälde *Pogrom* beeindruckt Zweig, und er schlägt dem Künstler vor, die derzeitige Flüchtlingstragödie in einem Bild zu verewigen. In seiner Antwort offenbart Segall den Zufall: Er beende gerade das Werk *Navio de imigrante* (Schiff der Einwanderer), von dem er eine Fotoaufnahme mitschickt. Zweig erwidert: »Es ist eine visionäre Synthese des derzeitigen Elends.«[631]

Zum Jahresende gibt es viele Feste, gute Worte, beste Wünsche. Für Zweig ist es eine getrübte Sternstunde. Dennoch möchte er den Freunden in der Ferne eine Botschaft senden, recht brasilianisch, aber keine Postkarte vom Zuckerhut. Vielmehr etwas oder jemanden, der seinen Gemütszustand widerspiegelt. Doch wer ist es in diesem üppigen Paradies? Wo versteckt sich der Sprecher, der Seelenverwandte, der Doppelgänger, der fähig ist, seinen Schmerz auszudrücken?

Er kommt zu Camões auf dieselbe Art und Weise wie 100 Jahre zuvor Robert Schumann. Der Komponist arrangierte einige tief traurige Strophen und beschloss, den *Romanzero der Spanier und Portugiesen* von Emanuel Geibel zu vertonen. Die darin enthaltene *Redondilha* von Camões

[631] Briefe vom 13.12.1940; 27.12.1940, *Museu Lasar Segall*, São Paulo. Um Segall zu ermutigen, die Flüchtlingstragödie in einem Bild festzuhalten, schrieb Zweig ihm: »Ich träume von einem Maler, der so etwas gestaltet, da wir selbst, die Schriftsteller, noch den Dingen zu nahe sind, um sie episch darzustellen. Das Auge des Malers ist da immer rapider.« Segall antwortete darauf: »Uebrigens [sic] ist das Thema ›Emigranten‹, ›Fluechtlinge‹ [sic] nicht nur ein aktuelles Thema für mich. Ich betrachte die Menschen als ewige Fluechtlinge und habe mich seit je in meiner Kunst mit diesem Problem befasst.« In Rio de Janeiro begegneten sich die beiden später zufällig wieder. Vgl. Bardi, P.M.: *Lasar Segall*. MASP. São Paulo 1952, S. 48; 51.

De dentro tengo mi mal ließ eines der traurigsten Lieder des Schumannschen Zyklus entstehen: *Tief im Herzen trag ich Pein*. In Lissabon ist der portugiesische Barde dank seines mal heldenhaften, mal melancholischen Wohlklangs als möglicher Kandidat für eine Biografie aufgetaucht. Jetzt dient als Karte zum Jahreswechsel 1940/1941 eine tief traurige Strophe der Lusiaden, von Zweig selbst ins Deutsche übersetzt: »*Camões, c'est moi*«:

> Weh, wieviel Not und Fährnis auf dem Meere,
> Wie nah der Tod in tausendfach Gestalten!
> Auf Erden wieviel Krieg! Wieviel der Ehre
> Verhaßt Geschäft! Ach, daß nur eine Falte
> Des Weltballs für den Menschen sicher wäre,
> Sein bißchen Dasein friedlich durchzuhalten,
> Indes die Himmel wetteifern im Sturm.
> Und gegen wen? Den schwachen Erdenwurm!

Derselbe Vers, jedoch im portugiesischen Original und in Frakturschrift geschrieben, war an der Wand des Schlaf- und Sterbezimmers im Bungalow in Petrópolis aufgehängt. Friderike schickt Zweig eine handgeschriebene Version, in der er das Wort »schwacher« durch »ärmster« ersetzt hat. Dies ist nicht der Stilist, sondern vielmehr der Erdenwurm selbst, der nach stärkeren Worten sucht, um seinen Rückzug zu erklären.[632]

Die vorhergehende Strophe hat er beiseite gelassen, sie könnte falsch interpretiert, als Beschwerde über das Gastgeberland aufgefasst werden.

> O Bahn des Lebens, die uns wankend neckt,
> Was wir in unserer Hoffnung auch erstreben,
> Es gibt so wenig Sicherheit im Leben![633]

Der »schwache Erdenwurm« selbst leidet, aber möchte niemand verletzen.

---

[632] *Wittkowski*, S. 95. Die handgeschriebene Fassung in: *Friderike 1* (Abdruck des Originals). Es handelt sich dabei um den Canto I, Strophe 106 aus den *Lusiaden*. Zweig schickte das Gedicht unter anderen noch an Paul Zech, Gisella Selden-Goth, Victor Wittkowski und seinen portugiesischen Verleger Fraga Lamares. Vielleicht sollte dieser Vers indirekt darauf hinweisen, dass eine Biografie über den Dichter noch immer auf seiner Liste der Vorhaben stand. Vgl. Zweig, Stefan: *Unbekannte Briefe aus der Emigration an eine Freundin*, a.a.O.; *Briefe SZ-Lamares*.

[633] de Camões, Luís: *Die Lusiaden*. Elfenbein Verlag. Heidelberg 1999, Canto I, Strophe 105, S. 61.

DECLARAÇÃO

Und die meinen sind durch die langen Jahre
heimatlosen Wanderns erschöpft.

Schlaflose Welt

»Was sich in dieser Mischung ›zersetzt‹, sind einzig die vehementen und darum gefährlichen Gegensätze.«

»Wo aber sittliche Kräfte am Werke sind, ist es unsere Aufgabe, diesen Willen zu bestärken.«

»Immer leidenschaftlicher wurde mein Wunsch, mich aus einer Welt, die sich zerstört, für einige Zeit in eine zu retten, die friedlich und schöpferisch aufbaut.«

Brasilien, S. 17; S. 22; S. 12

Kapitel 7

Gerenne, Gehetze, Geschäftigkeit: 1941 ist das Jahr der Eile. »Es ist furchtbar heiß geworden, was an der Arbeit hindert, aber das eine hat, daß ich endlich an Gewicht verliere.« Es gibt keine Zeit zu verlieren, aber Zweig hat auch keinen Grund für die Rennerei. »Angst« ist der Titel einer Novelle, die er 1913 geschrieben hat. Jetzt ist es die passende Bezeichnung für diesen verrückten Marathon.

Das Ehepaar bleibt bis zum 14. Januar in Rio de Janeiro. Begleitet von dem Reporter D'Almeida Vítor, starten Stefan und Lotte Zweig an diesem Tag, einem Mittwoch, von der modernen Anlegestelle für Wasserflugzeuge des Flughafens Santos Dumont, unweit des Zuckerhuts. Ein schönes Flugzeug, diese *Catalina* der *Panair,* mit ihren riesigen Flügeln sieht sie wie ein Albatros aus, fast wie ein Segelflugzeug – aber sie ist unglaublich langsam. Sie ist nicht das geeignetste Flugzeug für den, der vor Reiselust fiebert und das exotische Brasilien möglichst schnell zu erkunden beabsichtigt.[634]

In acht Tagen möchten die beiden Salvador, Recife, São Luís und Belém besuchen, um den »Zyklus des Zuckers«, den »Zyklus des Gummis«, die Bedeutung der Sklaverei und die Einflüsse der Kultur der afrikanischstämmigen Bevölkerung zu verstehen. Im Bundesstaat Pará sind zehn Tage vorgesehen, um neben der Hauptstadt Belém noch das Strommeer, den legendären Amazonas, kennen zu lernen und von dort »(d)ann langsam nach New York – nicht plötzlich, denn von 42 Grad auf 20 minus wäre zu gefährlich« – weiterzureisen.[635]

Doch alles verläuft ganz anders: In Belém bleibt man nur ein paar Tage, der Amazonas wird ausgelassen und der zur besseren klimatischen Anpassung eingelegte Zwischenstopp in Miami dauert nur so lange, wie man für das Umsteigen in ein anderes Flugzeug braucht – wenige Stunden.

---

[634] Die *Catalina* schaffte ein Viertel der Geschwindigkeit eines modernen Airbus.
[635] *Briefe SZ-FZ,* 31. 12. 1940.

Edgard Bahiense D'Almeida e Brito e Vítor – ein Name länger als sein Träger –, dessen Künstlername D'Almeida Vítor ist, ist der Protagonist der außergewöhnlichen Rundreise, die, wäre sie realistisch geschildert, *Brasilien. Ein Land der Zukunft* in eine köstliche Karikatur verwandeln würde. D'Almeida Vítor, gebürtig aus Salvador, 26 Jahre alt, rührig, mager, mit einem verwegenen Schnurrbart, arbeitet für die der Regierung gehörenden Abendzeitung *A Noite*, was es ihm erlaubt, Gelegenheitsarbeiten im Rahmen des *DIP* zu übernehmen. Im Lebenslauf kann er eine »intensive« literarische Tätigkeit (alle bekannten Genres umfassend) aufweisen. Außerdem spricht er ein bisschen Französisch, kennt ein paar deutsche Wörter und ist zudem mit einer Kühnheit gesegnet, die jegliche Schwäche wettzumachen in der Lage ist.

Nach dem Interview mit Zweig in São Paulo am Ende des ersten Brasilienbesuches 1936 brachte er 1937 das erste Werk über den Schriftsteller in portugiesischer Sprache heraus: Ein Büchlein von 100 Seiten in Großdruck und doppeltem Zeilenabstand mit kleinen Auszügen aus seinem Interview und einem Anhang mit Passagen aus der *Kleinen Reise nach Brasilien*, dem Essay, den Zweig bald nach seiner Reise 1936 in der internationalen Presse veröffentlichte. Das bibliografische Verdienst des Büchleins ist die Liste der in Brasilien erschienenen Werke von Zweig mit dem jeweiligen Titel in Portugiesisch und dem Namen des Verlags. Dies war nie zuvor versucht worden und würde niemals mehr wiederholt werden.[636]

In den Worten von D'Almeida Vítor liegt das Gegengewicht zur Verzweiflung: die Aufeinanderfolge von Hofierungen provinzieller Art, die diese burleske Tournee kennzeichneten, in die sich die Reise in den Norden verwandelte. Es ist nicht seine Schuld, der Gast hat es eilig und die Gastgeber möchten ihn gebührend empfangen. Der junge Reporter ist lediglich der Erzähler und wird zu einer tropischen Version des *gracioso*, der lustigen Figur des wortreichen, tollpatschigen Begleiters seines Herrn aus der spanischen *comedia*.[637]

---

[636] Vgl. D'Almeida Vítor. *Stefan Zweig. O homen e a obra* (Stefan Zweig. Der Mensch und das Werk). Cultura Moderna Sociedade Editora. São Paulo 1937. D'Almeida Vítors Porträt von Stefan Zweig wurde einige Jahre später in *Aonde vamos?* (27.5.1943), einer Wochenzeitschrift der jüdischen Gemeinde Rio de Janeiros, in der der Reporter zuweilen in seiner Eigenschaft als »enger Freund« Zweigs in Erscheinung treten konnte, veröffentlicht.

[637] D'Almeida Vítor, schriftlicher Bericht an den Autor, 10.1.1981, hier gekürzt. Die Unterschiede zwischen dem improvisierten Fremdenführer dieser zweiten Reise und dem Diplomaten Jimmy Chermont, der den Schriftsteller während der ersten Reise betreut hatte, sind unübersehbar.

Bei der Ankunft auf dem Flughafen [in Rio de Janeiro] war mein Vater mit meiner Tochter Hermengarda, die den Gast [Zweig] so sehr entzückte, schon dort [...] eine Zwischenlandung in Caravales, um aufzutanken [...] [Wir kamen] gegen Mittag in Salvador an, wo uns der Repräsentant des *interventor* Landulfo Alves und der ehemalige Abgeordnete und Intellektuelle Ramiro Berbert de Castro, ein Freund von mir, empfingen. Letzterer erzählte uns von der Großzügigkeit des Gouverneurs, der uns als seine Gäste betrachtet wissen wollte und schon Zimmer im Palace Hotel für uns reserviert hatte. Der offizielle Wagen fuhr durch die Rua Barão de Cotegipe (die ehemalige Rua da Calçada), um Zweigs ausdrücklichem Wunsch, mein Geburtshaus zu sehen, nachzukommen. [...] an der Stelle, an der das alte Haus gestanden hatte, hatte man einen Lagerschuppen errichtet, [Zweig] versuchte, meine Enttäuschung zu mildern, indem er den Neubau als Zeichen des Fortschritts rechtfertigte [...] Nach dem Mittagessen zog sich das Ehepaar aufs Zimmer zurück, um sich auszuruhen, während ich ein Treffen mit Journalisten für den späten Nachmittag vorbereitete, an dem ich als Dolmetscher teilnahm [...] Wir mussten natürlich nach Bonfim fahren, um der Kirchenwaschung [der jährlich am zweiten Sonntag im Januar nach dem Dreikönigsfest stattfindenden Zeremonie der *lavagem do Senhor Bomfim*] beizuwohnen, die er so gut im Buch beschreibt [...] auf dem Rückweg ins Stadtzentrum ging ich mit ihnen ins Restaurant von Maria de São Pedro essen [...] Ich führte Maria zum Tisch, damit sie die Prominenten kennen lernte, es war das letzte Mal, dass ich diese alte Jugendfreundin traf. Ich erinnere mich gut an die Speisekarte: die beiden aßen *moqueca de peixe com arroz-de-coco* [ein typisches bahianisches Fisch- und Meeresfrüchtegericht mit Kokosreis], die ich ihnen empfohlen hatte und die ihnen so sehr gut schmeckte; ich wählte *siri-mole con feijão-de-leite* [ein typisch bahianisches Krebsgericht mit besonders zubereiteten Bohnen], und erstaunte die beiden mit der Art, wie ich die Speisen würzte [...] Wir besuchten die öffentliche Bibliothek, damals geleitet von Jorge Calmon, einem Freund und Gefährten meines Jahrgangs. Im Hotel erwartete uns Ramiro Berbert, mit dem wir ein Mittagessen mit dem Gouverneur am nächsten Tag verabredeten. Mit den Autos besuchten wir einige touristische Sehenswürdigkeiten des alten Soterópolis. Am nächsten Tag dann die Wasserfälle von São Felix, wo man die besten Zigarren der Welt herstellt, die Zweig bevorzugt rauchte. Man schenkte ihm eine kunstvoll verzierte Kiste Zigarren [...] Am Abend, dem Samstag von Bonfim, der den Abschluss der Novene, der neuntägigen Andacht für den Schutzherrn von Bahia bildete [...] aßen wir im Hause von Lafayette Pondé, wo man typische regionale Speisen reichte. Stefan probierte einige, blieb dann bei *acarajé* [in Öl ausgebackene Teigbällchen aus Bohnenmus gefüllt mit Zwiebeln, Shrimps und einer scharfen Soße], das er als vortrefflich bezeichnete. Nachdem wir dem Defilee der ersten Musikgruppen zugeschaut hatten, gingen wir gegen Morgengrauen heim. [...][638] Am frühen Nachmittag verließen wir Bahia mit Kurs auf Recife, wir hielten in Aracaju, wo uns am Cais do Imperator der Repräsentant des *interventor* Eronides de Carvalho (mein lieber Freund), der uns dessen Bitte, wir mögen als Gäste bleiben, überbringen sollte, sowie der Journalist und Dichter J. Freire Ribeiro erwarteten. Mich im Namen von Zweig bedankend, erklärte ich, dass es bedauerlicherweise nicht möglich sei [...] wir besichtigten das Stadtzentrum und kehrten zum Wasserflugzeug zurück [...] Um 17 Uhr wasserten wir in Recife, wo wir von dem *interventor* Agamenon Magalhães persönlich, begleitet von anderen lokalen Persönlichkeiten, unter ihnen der Schriftsteller Anibal Freire, empfangen wurden.[639] In meiner Eigenschaft als Journalist hatte ich mich mit dem Gouverneur angefreundet, und so ergriff ich die Initiative und stellte ihm den Schriftsteller und seine Frau vor. Agamenon übernahm die Führung und brachte uns bald nach Vila das Lavadeiras, das als Ersatz für die traditionellen *mocambos* [Hütten] errichtet worden war. Im antiken Olinda sahen wir uns einige seiner architektonischen Perlen an. Es war Abend, als wir wieder nach Recife zurückfuhren. Nach dem Abendessen im Grandhotel, in dem wir untergebracht waren, empfing Zweig Schriftsteller und Journalisten, die ihn aufsuchten, und verteilte einige Autogramme [...] Der Morgen war kaum angebrochen, als wir uns schon für die Weiterreise rüsteten [...][640] Noch vor Mittag wasserten wir in São Luís. Auch dort wurden wir vom Repräsentanten des *interventor* Paulo Ramos begrüßt, der uns seine Gastfreundschaft anbot. Im Namen von Zweig lehnte ich, für diese Liebenswürdigkeit dankend, höflich ab. In der Altstadt, durch deren Zentrum wir mit dem Auto fuhren, aßen wir zu Mittag [...] Die Sonne ging schon über den Ausläufern des Urwaldes unter, als die *Catalina* der *Panair* in der Bucht von Guajará in Belém wasserte. Auch dort erwarteten uns der Repräsentant des *interventor* José Malcher, mein Freund, und Beléms Bürgermeister Abelardo Canduru und einige Intellektuelle, darunter Edgard Proença, Campos Ribeiro

---

[638] In seinem Brasilienbuch bezeichnet Zweig Salvador als »Brasiliens Rom«, als »Stadt der Kirchen« und erwähnt eine Candomblé-Sitzung, die ihm gestellt schien. Vgl. *Brasilien*, S. 288–298.
[639] Anibal Freire, später Chefredakteur des *Jornal do Brasil*, eine der wichtigsten brasilianischen Zeitungen, behandelte Zweig stets mit Ehrerbietung.
[640] Olinda erscheint in Zweigs Buch als »ein träumerischer Ort« und der Gouverneur als derjenige, der gegen die »Negerhütten« angeht, was Zweig beklagt, da er sie romantisch findet. Er sagt voraus, dass Recife in wenigen Jahren eine Musterstadt sein werde. Ferner schildert er den Besuch einer Zuckerrohr-Plantage und einer Zuckerraffinerie. Auf beides nimmt der Bericht von D'Almeida Vítor keinen Bezug. Vgl. *Brasilien*, S. 298–304.

und Otávio Mendonça. Als offizielle Gäste der Stadt wurden wir vom Bürgermeister selbst zum Grandhotel gefahren [...] Zweig war überrascht, in der Nähe des Äquators eine so entwickelte Gesellschaft zu sehen. Am nächsten Tag fuhren wir in einem Wagen der Stadt zum Museum Goeldi, zum Wald Rodrigues Alves und anschließend zum Markt *Ver-O-Peso.* Nachmittags besuchten wir den *interventor* im *Palácio* [...] als Vertreter der *Agência Nacional* organisierte ich eine Pressekonferenz mit Zweig [...] Er beantwortete bereitwillig alle Fragen, die gestellt wurden, und sprach zum ersten Mal in der Öffentlichkeit über unsere Freundschaft und seine Wertschätzung meiner intellektuellen Arbeit [...] Obwohl er am folgenden Tag nach Miami weiterreisen sollte, erfüllte er meine Bitte, dem hiesigen Schriftsteller Raimundo de Morais, der größten Figur der Amazonien-Literatur und unheilbar krank, einen Besuch abzustatten [...] Am nächsten Tag besuchten wir mit Edgard Proença den Sterbenden, ein kurzer Besuch, der aber im produktiven und dennoch nicht voll ausgeschöpften Leben von de Morais einen Höhepunkt dargestellt haben muss [...] Tage später starb er [...] Am 21. Januar brachen wir auf [...] Ich wurde nach der Veröffentlichung von Zweigs Interview, das unsere Verbindung hervorhob, zu einer städtischen Berühmtheit.

Begrüßungen, Umarmungen, Freunde, Festessen, Palácios, offizielle Limousinen, Ehrungen, noch mehr Begrüßungen, noch mehr Treffen mit Freunden, noch mehr Festessen. »Ich danke Brasilien dafür, dass es meinen Glauben an die Güte der Menschen und den Geist der Brüderlichkeit wiederhergestellt hat«, erklärt Zweig in seinem letzten Interview mit dem Reporter.[641] Die Rundreise endet eine Woche früher als vorgesehen. Es ist besser so. »Es war ein Rekord, den ich nicht mehr zu wiederholen gedenke.« Zufällig hat Zweig dabei den »Instant-Tourismus« erfunden: »Der brasilianische Nordosten in 8 Tagen.«

Mit Friderike hatte er vereinbart, dass sie beide nie im gleichen Flugzeug reisen würden, jetzt besteigt er, selbst nachdem er erfahren hat, dass ein *Clipper* der *Pan-American* auf einem früheren Flug zerschellt ist, zusammen mit Lotte das nächste Flugzeug – unverkennbar sind die Unterschiede.

> Ich bin jetzt nach diesen wilden Reisen bei Affenhitze reichlich erschöpft und deshalb gleich jetzt: so hilfreich ich immer gewillt war, ich kann jetzt für niemanden etwas tun. [...] Bitte sage daher niemandem, daß ich komme.[642]

---

[641] Das Interview wurde von der *Agência Nacional* verbreitet und erschien am 22.1.1941 in den Zeitungen von Rio de Janeiro.
[642] *Briefe SZ-FZ,* 23.1.1941; 31.12.1941.

Im Pass sind eine Zwischenlandung in Trinidad-Tobago am 21. Januar 1941 und die Ankunft in Miami am nächsten Tag vermerkt. Da es keinen Direktflug gibt, fliegen sie erst nach Washington und von dort nach New York. Hier erwartet zum Glück niemand die beiden. Sie quartieren sich im Hotel Wyndham (42 West 58th Street) ein, in dem sie schon zuvor gewohnt haben. Zweig lässt Lotte die Koffer auspacken und sucht kaum eine Stunde später das britische Konsulat auf, um sich dort zu melden – übertriebener Eifer eines neuen Staatsbürgers.

Im Foyer des Konsulats, vor den Aufzügen, stößt er mit zwei Frauen zusammen: Friderike und ihre Tochter Suse! In einer Stadt mit über sieben Millionen Einwohnern, Tausenden von Flüchtlingen treffen sich der Ex-Mann und die Ex-Frau kurz nach dessen völlig geheim gehaltener Ankunft in einem Aufzug – sie fährt hinunter, er fährt hinauf, oder umgekehrt, es kommt auf das Gleiche hinaus – das Schicksal möchte, dass sie sich treffen, zu diesem Zeitpunkt, auf diese Weise. Friderike und Susi sind auf dem Konsulat gewesen, um die Zollfreigabe für das aus Europa zu erwartende Gepäck zu regeln.

Es »geschah etwas Seltsames, das auf uns beide tiefen Eindruck machte und die fast mystische Verbundenheit bewies, die unerklärlichen Zusammentreffen seit unserer Kindheit bis in diese späten Jahre«, erklärt Friderike (die ebenfalls sensibel für die Machenschaften des Schicksals zu sein schien). »Alles war ungewiß geworden. Doch in der menschenreichen Halle von 25 Broadway, New York, erfüllte sich abermals vorbestimmtes Schicksal.«[643]

Durch diese neue Schicksalsfügung bestärkt, findet Zweig endlich Ruhe. Bevor er sich erneut in die Arbeit vertieft, berichtet er Koogan von dem Ausflug durch das tiefe Brasilien, den er höflich als »über alle Maßen interessant« bezeichnet. Da er während der Reise aus Taktgefühl eingeräumt hatte, er würde portugiesisch verstehen, »sprach man uns die ganze Zeit auf Portugiesisch an, was uns ebenfalls sehr ermüdete«. Zweig hat wenig gesehen und noch weniger verstanden.[644]

Zum ersten Mal seit seiner Hochzeit mit Lotte bildet er ein Dreieck mit den zwei Frauen. In der Überzeugung, dass die Beziehung mit ihrem früheren Mann von höheren Mächten bestimmt wird, akzeptiert Friderike die stille Verehrung der Rivalin. Als Flüchtling, der selbst erst vor kurzem den Kriegsschrecken entkommen ist, lässt sie Lottes Angst

---

[643] *Briefe SZ-FZ*, S. 332, *Friderike 1*, S. 238.
[644] *Briefe SZ-Koogan*, 31.1.1941.

um ihren Bruder und dessen Familie in London, Angriffsziel der deutschen Luftwaffe, nicht unberührt.

Als Zweig die Sicherheit des Kapuzinerbergs aufgab, glaubte er in London, die »studentische Freiheit« wiedergefunden zu haben. Jetzt ist es die in einem kleinen komfortablen Apartment in Greenwich Village wohnende Friderike, die diese Freiheit genießt. Ihrem extrovertierten und kämpferischen Naturell gemäß engagiert sie sich bei der Organisation zur Rettung von Flüchtlingen.

Das einvernehmliche Zusammenleben des Trios bietet die nötige Ruhe, um den Text von *Brasilien. Ein Land der Zukunft* anzugehen. In Kontakt mit dem städtischen Leben kommt Zweig wieder auf die Beine, behauptet er sich. Angesichts etwas Starkem findet er zur alten Unversehrtheit zurück. Aber wie er es vorausgesehen hat, ist es unmöglich, in New York zu arbeiten. In der Legion der sehr kultivierten, fordernden, selbstbezogenen, in der deutschen Kultur beheimateten Intellektuellen gibt es Freunde, Bekannte und Unbekannte – und alle klagen irgendeine Art von Hilfe ein, Unterstützung zur Erlangung eines Visums, Geld zum Überleben oder eine andere Starthilfe, um im amerikanischen Wettbewerb bestehen zu können.

Das Problem der Flüchtlinge belastet ihn auf widersprüchliche Weise. Er solidarisiert sich mit ihnen, aber macht alles, um Abstand zu ihnen zu gewinnen. Er stört sich am eigenen Komfort, aber bemüht sich, Barrieren zu seinem Schutz zu errichten. Er möchte nicht leiden und bestraft sich deshalb: »Es tut mir nur gut, nicht die blöden Mauloptimisten hier zu sehen – mir ist furchtbar klar, was die nächsten Wochen in Europa bringen. Es wird das fürchterlichste Jahr der Geschichte […] Ich *weiß*, was jetzt kommt und das macht mich manchmal verstört.« Es ist unerträglich, Hoffnung zu haben, zu vertrauen, Glauben zu schenken. Die Flüchtlinge hier sind gerettet, aber seiner Meinung nach müssten sie bereuen, am Leben zu sein. Wie er selbst.[645]

Im Dezember, noch von Brasilien aus, hat er begonnen, eine Unterkunft für den Aufenthalt in Amerika zu suchen, die in angemessener Distanz zu New York liegt, aber nicht allzu weit von einer großen Bibliothek entfernt ist. »Ich bin ausgehungert nach Büchern«, gesteht er seinem Freund und Verleger Ben Huebsch in einem Klagelied, das in den nächsten Monaten zum Refrain werden sollte. In einen Immobilienberater verwandelt, sieht sich Huebsch nach einem Ort um, der sich in der Nähe von Zweigs Bruder Alfred, Friderike und Lottes Nichte (die die

---

[645] *Briefe SZ-FZ*, 3.3.1941.

Eltern von London nach Amerika geschickt haben) befindet, aber weit genug von der deutschen und internationalen literarischen Elite und der »Legion von Schnorrern« entfernt ist.

Zwei Zugstunden müssten eine ausreichende Barriere darstellen. Sie denken an Boston (mit einem großen musikalischen Angebot), Philadelphia, und schließlich akzeptiert Zweig den Vorschlag New Haven, Connecticut, in der Nähe der *Yale University*, deren Bibliothek unvergleichbar ist.[646]

Lotte und er mieten sich im Hotel Taft ein. Innerhalb von drei Wochen beendet er die Lobeshymne auf Brasilien und beginnt, sie in Teilen Koogan auf dem Seeweg zu schicken, wobei er sorgfältige Empfehlungen gibt: Der Text solle vom Vizegraf von Carnaxide (dem Repräsentanten von Salazar in Rio de Janeiro, er möchte sich für den Gefallen erkenntlich zeigen, den ihm dieser bezüglich Friderikes Einreise nach Portugal getan hat) durchgelesen werden. Aber es könne auch Afrânio Peixoto (Arzt und Mitglied der *Academia Brasileira de Letras*, der einen großen Einfluss in der *Editora Guanabara* ausübt und den Zweig schätzt) sein.[647] »Wählen Sie den besten Titel aus, dies ist von größter Bedeutung für den Erfolg eines Buches.«

Ungewöhnliche Sorgfalt bringt ihn dazu, Koogan vorzuschlagen, »dass jemand eine genaue Revision aller Daten, historischen Fakten und Namen vornimmt. Dies ist eine Sache, um die ich Carnaxide oder Peixoto nicht bitten kann. Ich glaube, Vitor [sic] wird dies sehr gut [...], kompetent machen können.« Vitor bedeutet D'Almeida Vítor, der Reporter – ein kühner Vorschlag.

Als Zweig sich bei Koogan für die Nachsendung der an ihn adressierten Briefe bedankt, die nach seiner Abreise noch bei der *Editora Guana-*

---

[646] Brief von Zweig an Huebsch, 2.12.1940 (aus Rio de Janeiro abgeschickt); Briefe von Huebsch an Zweig, 20.12.1940; 17.1.1941 (in Englisch geschrieben) zit. nach: Berlin, Jeffrey B.: »Stefan Zweig and his American Publisher: Notes on an Unpublished Correspondence, with reference to *Schachnovelle* and *Die Welt von Gestern* in: Deutsche Vierteljahresschrift für Literaturwissenschaft und Geistesgeschichte., Jg. 56, Nr. 2, Juni 1982, S. 259–276, S. 262/263.

[647] Afrânio Peixoto (1876–1947) wurde in Bahia geboren, wo er Medizin studierte und sich auf Hygiene und Rechtsmedizin spezialisierte. 1910 wurde er in die *Academia Brasileira de Letras* gewählt und übernahm 1923 deren Vorsitz. Von 1924–1930 war er Bundesabgeordneter und der erste Rektor der 1925 gegründeten *Universidade do Distrito Federal*. Als sich die Regierung nach dem kommunistischen Aufstand 1935 in die Universitätsinterna einmischte, wurde er seines Postens enthoben. Sein Werk umfasst medizinische, juristische, historische, folkloristische und literaturwissenschaftliche Arbeiten, Romane und Chroniken etc., keines davon bedeutsam.

bara in Rio eingegangen sind, wundert er sich, dass keiner aus Brasilien selbst darunter ist. Diese Art der kurzlebigen Herzlichkeit ist ihm unbekannt.[648]

In den nächsten fünf Monaten wird er Koogan eine Flut von Briefen senden, stets in liebenswürdigem Ton, jedoch voller strikter, sich wiederholender Anweisungen für das Brasilienbuch. Er ist besorgt; je mehr das Buch Format annimmt, desto mehr wird er sich der Risiken bewusst, die er eingeht. Er ist von ungekanntem und gerechtfertigtem Eifer beseelt. Er weiß, dass er nach Brasilien zurückkehren wird, um dort einige Zeit zu bleiben. Daher möchte er keine brasilianischen Empfindlichkeiten verletzen. Ferner würde er gerne ein schönes und inhaltlich korrektes Buch herausbringen. Er fordert deshalb auch die vom Propagandaministerium versprochenen Bilder ein und besteht darauf, dass Vítor mit jener Revision betraut wird – glücklicherweise leistet Koogan diesem Wunsch nicht Folge, der Verleger ist sehr anspruchsvoll. Außerdem erinnert Zweig ständig an die Liste von Korrekturen, damit sie an die Übersetzer der anderen Ausgaben weitergereicht werden könne, schlägt später vor, dass der Vizegraf von Carnaxide die Druckfahnen der brasilianischen Übersetzung (»er hat einen guten Stil«) durchsieht, und wird nicht verlegen, die Bitte auszusprechen, dass Koogan selbst und »der gute liebe Peixoto« die eventuellen Korrekturen der Fahnen per Luftpost schicken mögen.

Und als ob dies nicht genügte, informiert er Koogan noch über das Voranschreiten der Übersetzungen. Für die Werbung »wird es sehr nützlich sein, dass man weiß, dass es [das Buch] trotz des Krieges in verschiedenen Sprachen erscheinen wird«. »Trotz des Krieges« ist Zweig sehr aktiv. Aktiv und fähig, mit großer Professionalität ein internationales Projekt zu koordinieren, an das sich selbst in Friedenszeiten nur wenige getraut hätten.[649]

Der Schlusspunkt im Brasilienbuch ist zwar gesetzt, aber Zweig ist überzeugt, dass er zu diesem Zeitpunkt die Autobiografie nicht wieder aufnehmen sollte. »Dies muss ein sehr gewissenhaftes Buch werden und

---

[648] *Briefe SZ-Koogan*, 11.2.1941; 22.2.1941.
[649] *Briefe SZ-Koogan*, 21.3.1941; 28.3.1941; 22.4.1941; 19.5.1941. Die »Editionsgeschichte« des Brasilienbuches ist in zwölf Briefen dokumentiert, die Zweig Koogan schickte, den ersten Mitte September 1940 und die übrigen zwischen dem 31.1. und 1.8.1941. Zwei Antworten von Koogan (24.2. und 9.4.1941) sind nicht erhalten geblieben. Ein Postskriptum in einem Brief an Huebsch registriert im März 1941 das Ende der Redaktion: »Das Brasilien-Manuskript ist nun vollständig«. Vgl. *Briefe 1932–1942*, 19.3.1941 (in Englisch geschrieben).

ich möchte nichts übereilen. Täglich mache ich Aufzeichnungen in mein Notizbuch, da Erinnerungen unvermittelt kommen. Ich glaube, ich werde es nicht vor ein, zwei Jahren beenden. Es ist die Art von Buch, die man nur einmal im Leben schreibt.«[650] Er ist beruhigt, er hat Pläne für die nächsten ein, zwei Jahre.

Deshalb nimmt er ein weiteres Projekt in Angriff. *Amerigo*, eine »Komödie der Irrungen in der Geschichte«. Ein Nebenwerk, eine Art Anhang zum Brasilienbuch: Zweig sieht es als »beinahe wissenschaftlich« an, obgleich es von Wiener Ironie durchdrungen ist. Eine Veralberung der Neuen Welt, deren Existenz mit einer missverständlichen Taufe und einer schreienden Ungerechtigkeit gegenüber ihrem Entdecker begann. Eine historische Miniatur, die einzige Unehrerbietigkeit in einem von Ehrerbietigkeit geprägten Werk: »(A)lles andere wäre jetzt unmöglich und das isoliert gut«, lässt er Friderike wissen.

> (A)m besten ist seine [Vespuccis] Leistung [...] umschrieben mit dem Paradox, daß Columbus Amerika entdeckt, aber nicht erkannt hat, Vespucci es nicht entdeckt, aber als erster als Amerika, als einen neuen Kontinent erkannt. Dies eine Verdienst bleibt an sein Leben, seinen Namen gebunden. Denn nie entscheidet die Tat allein, sondern erst ihre Erkenntnis und ihre Wirkung. Der sie erzählt und erklärt, kann der Nachwelt oft bedeutsamer sein als der sie geschaffen, und im unberechenbaren Kräftespiel der Geschichte vermag oft der kleinste Anstoß die ungeheuersten Wirkungen auszulösen. Wer von der Geschichte Gerechtigkeit erwartet, fordert mehr, als sie zu geben gewillt ist [...] Nicht der Wille eines Menschen hat diesen sterblichen Namen hinübergetragen in die Unsterblichkeit; es war der Wille des Schicksals, das immer Recht behält, auch wo es scheinbar Unrecht tut. Wo dieser höhere Wille befiehlt, müssen wir uns fügen.[651]

In diesem feierlichen Ton, als spräche er zur Nachwelt, beschließt er den kleinen Essay über den Seefahrer-Divulgator, mit dem er viel mehr sagen möchte, als der historische Streich zulässt. Es fehlte ihm eine verlegerische Beratung, ein Tutor. Das Buch über Brasilien und die Studie zu Vespucci sind untrennbar miteinander verbunden, sie hätten zu einem Diptychon vereinigt oder schlicht verschmolzen werden können. Zwischen seiner brasilianischen Utopie und dem Einfluss Vespuccis auf

---

[650] Brief von Zweig an Huebsch, 19.3.1941 (in Englisch geschrieben) in: *Briefe 1932–1942*.
[651] *Briefe SZ-FZ*, 3.3.1941. »Amerigo. Die Geschichte eines Irrtums«, a.a.O., S. 466/467.

die *Utopia* von Thomas More gibt es eine Verbindung. Jeder Autor braucht einen Verleger, in diesem Fall versagten beide.[652]

Der amerikanische Winter belastet Lottes Gesundheit sehr, eine Erkältung folgt auf die andere und trägt zur Verschlechterung ihres Asthmas bei und im Frühling kommen jahreszeitlichbedingte Anfälle hinzu. Außerdem gibt es Friderike. Angesichts einer Rivalin, die ihre Mutter sein könnte und mit der der Ehemann noch immer in einer unantastbaren Abhängigkeit verbunden ist, hört die junge Frau auf, jung zu sein. Häufig hat sie Atemnot, ist dem Ersticken nahe. Diese Verschlimmerung dauert einige Wochen an und erfordert eine langwierige Behandlung.[653]

Doch in New Haven, fern von Friderike, ändert sich alles: Hier beweist Lotte ihre Tüchtigkeit als Sekretärin und stürzt sich in die Anfertigung von mehreren Typoskripten von *Brasilien. Ein Land der Zukunft*, die an sechs Verlage gesandt werden müssen, um das gleichzeitige Erscheinen – das spektakulärste von allem – in sechs Sprachen zu ermöglichen: In Schweden werden die deutsche und schwedische Ausgabe gedruckt werden. Die englische Übersetzung ist für die USA, Kanada und England vorgesehen, die in New York gedruckte französische wird sich an die französischen Exilanten richten. Die spanische Ausgabe wird hauptsächlich das Leserpublikum in Argentinien bedienen und die portugiesische den Markt in Brasilien und Portugal abdecken. Daneben gibt es noch eine neue Erzählung, die ins Reine geschrieben werden muss.[654]

In den seltenen Momenten der Muße trifft sich Zweig mit dem Freund Scholem Asch, der ihm so gut tut, wie auch mit Thornton Wilder

---

[652] Auf Vespucci stieß Zweig, als er für das Buch über Brasilien dessen Anfänge erforschte. Es sind miteinander einhergehende und in Beziehung stehende Werke. Der Erstdruck von Vespuccis Brief an seinen Dienstherrn Lorenzo de Medici unter dem Titel *Mundus Novus* (Neue Welt) stammt von 1504. Dieser Reisebericht hatte einen so großen Nachhall in Europa, dass er den Engländer Thomas More zu seinem berühmten Werk *Utopia* (1516) inspirierte. Darin übernimmt der Portugiese Raphael Hythlodeus, ein angeblich weit gereister Begleiter des Amerigo Vespucci, die Rolle des Erzählers.

[653] Zweig erwähnte Lottes schlimmer gewordene Asthmaanfälle gegenüber Koogan. Vgl. *Briefe SZ-Koogan*, 19.5.1941.

[654] Es handelt sich dabei um die Erzählung *Der Angler an der Seine*, die nur in englischer Übersetzung in der Zeitung *Harper's* im Februar 1941 erschien. Vgl. *Prater*, S. 405, Anm. 24. Eine Kopie des deutschen Originals (sieben maschinegeschriebene Seiten) befindet sich in der *Coleção Stefan Zweig, Biblioteca Nacional*, Rio de Janeiro.

und Hendrik van Loon, die beide in der Umgebung wohnen. Alix, Friderikes ältere Tochter, wird angestellt, um Lotte bei der Schreibarbeit zu entlasten, und so nimmt der alte »Betrieb« für eine kurze Zeit seine Arbeit wieder auf.

Zweig erwägt noch immer eine Rückkehr nach England, aber Lottes zuletzt labiler Gesundheitszustand entmutigt ihn. Sie würde das kalte, feuchte Klima nicht vertragen und er die Bombardements der deutschen Luftwaffe und vor allem die Bedrohung durch eine bevorstehende Invasion nicht aushalten. Weiterhin bleibt Brasilien als Lösung.

Plötzlich werden die Pläne geändert: Zweig hat die Gabe und die Mittel, jegliches Projekt finanzieren zu können. Den plötzlichen Gemütsschwankungen kann man mit schnellen Reiseentscheidungen entgegentreten und so wird entschieden: Sie werden bis Juni oder Juli in den Vereinigten Staaten bleiben, um die Autobiografie abzuschließen. Verschwunden ist jene weise Ruhe, um das Werk bedächtig beenden zu können. »Höherer Wille« oder die Enthüllungen neuer Fakten, etwas Drastisches hat seine Alarmglocke von neuem läuten lassen. Vielleicht ist es auch ein Funken von Selbstwertgefühl; das Bild, das er von sich hat, scheint unerträglich zu sein; in den Erinnerungen kann er sich unversehrter, weniger bruchstückhaft zeigen. Er beabsichtigt schon nicht mehr, ein sehr gewissenhaftes Buch zu verfassen, sorgt sich nicht um die Literatur, Balzac hat er aufgegeben. Er möchte sich mit Stefan Zweig beschäftigen, sich seiner selbst vergewissern. Danach soll es nach Brasilien gehen.

Etwas lief jedoch schief in New Haven. Weder Friderike noch Donald Prater haben den Grund für die plötzliche Rückkehr nach New York Ende März 1941 erkannt. Zweig fehlt etwas, vielleicht ist es Friderike, seine wichtigste Quelle für die Memoiren.

Von New York erfolgen neue Anweisungen an Koogan: »Als Titel haben wir *Brésil – pays du futur* [die beiden schrieben sich in Französisch] gewählt und ich glaube, dass der Titel sich auch für die brasilianische Ausgabe eignet.« Er kündigt die Absicht an, bald nach Brasilien zurückzukehren, aber »(e)s ist so schwer, Pläne zu machen in einer so verworrenen Zeit wie der unseren«, eine Klage, die er monoton in allen Briefen wiederholt, um die Schwankungen und plötzlichen Änderungen zukünftiger Vorhaben zu rechtfertigen. Was seine Arbeit anbelangt, weiß er sehr genau, was er möchte. Aber er scheint völlig unsicher hinsichtlich der Wahl des Landes, in dem er Wurzeln schlagen könnte. Vielleicht möchte er einfach keine Wurzeln schlagen.

In jenem »Als Titel haben wir *Brésil – pays du futur* gewählt« ist der Plural entlarvend. Sein amerikanischer Verleger Ben Huebsch, nun sein engster Vertrauter, war gewiss an der Entscheidung beteiligt, ebenso wie sein neuer Übersetzer James Stern alias Andrew St. James, wie dessen Pseudonym lautete. In einem Brief von Huebsch an Zweig erscheint Stern als der Urheber des Titelvorschlags, der fähig war, dem Brasilienbuch eine andere Dimension zu geben. Koogan wurde erst einen Monat später über den Titel informiert.[655]

Stern-St. James hatte den praktisch fertigen Titel ausgegraben, der sich in dem von Zweig vorangestellten französischen Motto versteckte: *une terre d'avenir*, ein Land der Zukunft. Und mit ihm prägte er einen unvergesslichen Beinamen. Mit seinem Gespür für gute Titel und Ideen ließ sich Zweig diesen Vorschlag nicht entgehen. Bald klammerte er sich an ihn, obwohl er selbst nicht auf ihn gestoßen war, als er den Abschnitt des 1868 verfassten Briefes ausgewählt hatte, in dem der österreichische Diplomat Anton Prokesch Graf von Osten den französischen Schriftsteller und Diplomaten Joseph Arthur Comte de Gobineau zu überzeugen versuchte, den Gesandtschaftsposten im brasilianischen Kaiserreich am Hof von Dom Pedro II. anzunehmen:

> Ein unbekanntes Land, ein herrlicher Hafen, die Ferne zum kleinlichen Europa, ein neuer politischer Horizont, <u>ein Land der Zukunft und eine nahezu unbekannte Geschichte</u>, die einen Mann von Bildung zum Forschen einlädt, eine wundervolle Natur und die Berührung mit neuen exotischen Ideen.[656]

Gobineau trat seinen Dienst in diesem für Forscher so interessanten Land voll exotischer Ideen an, obwohl er ein bisschen mehr als zehn Jahre zuvor ein Buch geschrieben hatte, das zum Klassiker des rassischen Determinismus, zur Inspiration für den Pangermanismus und die

---

[655] *Briefe SZ-Koogan*, 22.4.1941; 12.6.1941.
[656] *Brasilien*, S. 7. [Hervorhebung durch den Autor.] Am 10.3.1941 schrieb Huebsch dem sich noch immer in New Haven befindlichen Zweig: »James Stern schlägt jetzt ›Brazil: Land of the Future‹ vor [...] Erscheint dies angemessen?« Daraufhin antwortete Zweig, dies sei bei weitem der beste Titel, wenn sie keinen besseren fänden. Vgl. Berlin, Jeffrey B., a.a.O., S. 271 (beide Briefe wurden in Englisch geschrieben). Stefan und Lotte Zweig mochten den Iren James Stern (1904–1992) gerne, der in Südafrika und Deutschland gelebt hatte, bevor er bei Kriegsausbruch in die USA emigrierte, wo er zum Übersetzer von Bertold Brecht, Hermann Broch und Franz Kafka wurde und als Literaturkritiker für verschiedene Zeitungen, darunter die *New York Times*, arbeitete.

Vorstellung der Überlegenheit der »arischen« Rasse werden sollte: *Essai sur l'inégalité des races humaines.*

Eine weitere der Ironien, die Zweig nicht als »Zweigsch« bezeichnen würde, die jedoch in seinem Leben so häufig sind: Das französische Motto, das einen so faszinierenden Titel hervorgebracht hatte, erschien nicht in der ersten in New York herausgegebenen, französischen Auflage, und wird bis heute weggelassen. Schuld daran kann die Eile oder das französische Ressentiment gegen Gobineau und seine rassistischen Ideen gewesen sein, die die mit dem Nationalsozialismus verbündete französische Rechte inspirierten.[657]

Der Urheber der Heldentat, diese eindrucksvolle Verpackung für ein Werk gefunden zu haben, das ohne diese lediglich ein Kuriosum wäre, ist bekannt, so bleibt nur noch die Frage, wer den unbestimmten Artikel aus dem Titel *Brasilien. Ein Land der Zukunft* entfernte? Ohne Artikel bekam er eine Bestimmtheit, einen differenzierten, zustimmenden Charakter. In der englischen (*Brazil. Land of the Future*), portugiesischen (*Brasil. País do futuro*), spanischen (*Brasil. País del Futuro*) und sogar französischen (*Le Brésil. Terre d'avenir*) Fassung verstärkt die Botschaft die Vorstellung eines einzigartigen Landes und nicht eines unter anderen Schwellenländern. In Brasilien könnte die Unterdrückung des Artikels ein Trick von Koogan, der stets bereit war, der Regierung wohlgefällig zu sein, ein Werk des Zufalls oder des Gehorsams gegenüber dem englischen Vorschlag gewesen sein. Es hat funktioniert. Es ist einer der geglücktesten in einer außergewöhnlichen Sammlung von suggestiven und anregenden Titeln.

»Land der Zukunft« kann als Anspielung auf Brasiliens Potenzial verstanden werden, aber auch als ein Gesang auf das Nie, auf das Land des Niemals, auf das nicht mögliche Paradies. Zweig gefiel der Titel, weil er mehrdeutig ist und er sich an Mehrdeutigkeiten klammerte. Aber die Essenz des Satzes von Prokesch Graf von Osten findet sich in Zweigs euphorischem Bericht seiner ersten Brasilienreise wieder – »wer das Brasilien von heute erlebt, hat einen Blick in die Zukunft getan«.[658]

---

[657] Joseph Arthur Comte de Gobineau (1816–1882) gehörte zum Kreis um Richard Wagner. In seinen Werken verteidigt er die Überlegenheit der nordischen Rasse, obwohl er eine Zeit lang im Ministerium des Demokraten Alexis de Tocqueville tätig war. Die Gobineau-Gesellschaft 1894 lieferte die Elemente für die Lehren von Houston Steward Chamberlain, den Pangermanismus, den Nationalsozialismus und die Rechte *Action Française*, die mit den Besatzern Frankreichs zusammenarbeitete.

[658] »Kleine Reise nach Brasilien«, a.a.O., S. 158. Im letzten Interview in Belém do Pará erwähnte Zweig einen anderen Titel in portugiesisch und französisch: »Um olhar sobre o Brasil« (Ein Blick auf Brasilien). Vgl. *Folha da Manhã*, São Paulo,

Er konnte nicht ahnen, dass die brasilianischen Kritiker es als Lobeshymne auf den Status quo betrachten könnten. Zweig glaubte, dass jedermann seine moralischen Werte kennen würde, er vergaß, dass engagierte Intellektuelle keine Geduld für Subtilitäten haben, deshalb sind sie engagiert. Inmitten der weltweiten Erschütterung war es Zweigs Verdienst, in Brasilien etwas gesehen zu haben, was den übrigen Reisenden entgangen war – das Potenzial zur Versöhnung, die Möglichkeit der Annäherung.

Er muss erneut einen Verlust hinnehmen, ein weiterer seiner Freunde, einer seiner engsten, hat sich umgebracht – Erwin Rieger.

> (I)ch wunderte mich immer, auf meine Briefe keine Antwort zu haben. Er war in Tunis wahnsinnig unglücklich und vielleicht sein Tod kein Zufall. Es wird jetzt rasch leer um einen und man sagt sich, daß Roth und sie alle vielleicht die Klügeren waren. Seine letzten Jahre waren wirklich tragisch, er war wieder einmal ein ›Sonderfall‹. Ob er seine Autobiographie vollendet hat? Für mich ist das wieder ein Stück Vergangenheit, das entschwindet – er war mir immer treu und ein wirklicher Freund.[659]

Roth ist nicht vergessen, er erscheint wieder als treuer, wahrer Freund an der Seite von Rieger. Beide haben Selbstmord begangen. Das Telefon ist zur Hand, und trotzdem schreibt er Friderike fast jeden Tag. Es ist ein beinahe zwanghaftes Briefeschreiben, auf dem Glauben beruhend, dass das geschriebene Wort wertvoller sei als das gesprochene. Vielleicht auch eine Vorsichtsmaßnahme: Lotte würde es nicht wagen, einen Brief zu öffnen, aber es wäre möglich, dass sie während eines Telefonats einen Satz mitbekommen könnte.[660]

Ein langsamer, stetiger Prozess ist im Gang: Am 6. Mai erneuert er in der Kanzlei der Rechtsanwälte Hofman & Hofman das in London aufgesetzte Testament, und in Gegenwart des Testamentsvollstreckers Franz Neumann vermacht er alles Charlotte Elisabeth Zweig, seiner »geliebten Ehefrau«.[661]

11.1.1941. In seinen Briefen sprach er stets von dem »Brazilbook«, vgl. Brief an Berthold Viertel, 28.10.1941 in: *Briefe SZ-Freunde*.
[659] *Briefe SZ-FZ*, 13.3.1941.
[660] Friderike selbst weist, nicht ohne etwas Stolz, auf die häufige Korrespondenz mit ihrem Ex-Mann hin. Vgl. *Briefe SZ-FZ*, S. 335.
[661] Eine Kopie des Testaments befindet sich in der St*efan Zweig Collection. Daniel Reed Library. State University of New York*, Fredonia/NY. Darin wurde auch Friderike mit einer jährlichen Geldzuwendung bedacht. Franz Neumann (1900–1954), Jurist und Politikwissenschaftler, floh 1933 vor den Nationalsozialisten nach England. Später lehrte er an der *Columbia University* in New York.

Ungeachtet der Vorahnungen lässt sich Zweig von der Unruhe der Flüchtlingskreise, in denen unter anderem Friderike und die Schauspielerin Erika Mann unermüdlich aktiv sind, anstecken. Trotz seiner Entscheidung, keine Äußerung zu machen, die als kriegstreiberischer Appell interpretiert werden könnte, gibt er dem Druck nach und erklärt sich bereit, während eines Diners zugunsten des *Emergency Rescue Committee* zu sprechen.

> (J)ener Vortrag, obwohl nur zehn Minuten (und eben deshalb) ist nicht ganz leicht für mich. Denn ich *will* kein Wort sagen, das als Encouragement gedeutet werden könnte für den Eintritt Amerikas in den Krieg, kein Wort, das victory verkündet, nichts was den Krieg rechtfertigt oder rühmt und dabei muß die Sache doch einen optimistischen Charakter haben.[662]

»1.000 Authors Here Defy Nazi Germany«, der Titel des Artikels der *New York Times* ist nicht kriegerisch, sondern heroisch. Zweig hat nicht erwartet, bejubelt zu werden, als er um Verzeihung für die Untaten bittet, die der Menschheit im Namen des deutschen Geistes angetan werden.

Das Bankett im Biltmore Hotel ist ein Erfolg: Der amerikanische PEN-Club hat anlässlich der Gründung des »European PEN-Club in America« eingeladen und folgt damit zugleich dem Appell des Vorsitzenden des *Emergency Rescue Committee* Dr. Frank Kingdon, dabei Gelder zugunsten der Intellektuellen zu sammeln, die noch immer in Marseille auf Hilfe warten. Zweig, immer snobistisch, verachtet den amerikanischen Brauch, einen Hut herumgehen zu lassen. Aber jetzt ist er gezwungen, anzuerkennen, dass die eingenommenen $ 5.225 eine beachtliche Summe darstellen. Er ist einer der ersten, die eine Rede halten:

> (W)ir als Schriftsteller deutscher Sprache fühlen [...] eine geheime und grausame Scham. Denn diese Dekrete sind in deutscher Sprache verfaßt, in derselben Sprache, in der wir schreiben und denken. [...] Es ist an uns heute, an uns, denen das Wort gegeben ist, inmitten einer verstörten und halb schon vernichteten Welt den Glauben an die moralische Kraft, das Vertrauen in die Unbesiegbarkeit des Geistes trotz allem und allem unerschütterlich aufrechtzuerhalten.

Anschließend sprechen der gefeierte Somerset Maugham, die leidenschaftliche Journalistin Dorothy Thompson, Zweigs Freund Jules Ro-

---

[662] *Briefe SZ-FZ*, undatiert, vermutlich April 1941.

mains und die Norwegerin Sigrid Undset. Die in der jeweiligen Muttersprache gehaltenen Reden werden über die Radiosender in die besetzten Länder Europas übertragen.[663] Friderike ist nicht erschienen, um Lotte nicht in Verlegenheit zu bringen. Oder vielleicht wollte Lotte den Ehemann nicht mit der Ex-Frau teilen. Mit Friderike in der Nähe hätte Zweig vielleicht den Mut gehabt, zu erkennen, dass er in jenem Moment bereit war, eine neue Rhetorik für seinen alten Pazifismus zu entwickeln. Er zieht es jedoch vor, sich an die Vergangenheit zu klammern, möchte sich nicht eingestehen, dass die Zeit vorangeschritten ist, dass sich die Geschichte niemals wiederholt und die beiden Kriege deshalb nichts miteinander gemein haben. Dem Beifall, von dem die amerikanische Zeitung berichtet, schenkt er keine Aufmerksamkeit.

Reiner, einfacher Pazifismus kommt jetzt einer Kapitulation vor dem Nationalsozialismus gleich. Sind die Pazifisten zuvor die Vorreiter gewesen, gehören sie nun zu den Rückwärtsgewandten. Beharrt er auf Pazifismus, läuft er Gefahr, den isolationistischen amerikanischen Reaktionären zu gleichen, aus denen der konservative Joseph Patrick Kennedy, ein aufstrebender amerikanischer Unternehmer und Patriarch eines Clans von Politikern, die die zukünftige liberale Position vertreten werden, heraussticht.

Bald darauf fällt Zweig eine weitere ungewöhnliche Entscheidung, seitdem er Österreich verlassen hat. »(I)ch gebe für die österreichischen und deutschen Freunde nächsten Mittwoch, 4. Juni, einen Cocktail hier im Hotel Wyndham und muß Dir nicht sagen, daß Du herzlich willkommen bist.« Diesmal kommt Friderike gerne, um zu zeigen, dass die Scheidung die Zuneigung zwischen den beiden nicht verringert hat. Zweig ist wieder der Mann von Welt, sich seiner sicher, für die humanistische Sache kämpfend wie 1917 in der Schweiz. Keiner kann sagen, er sei ein Opfer des Krieges.[664] Tage nach dem Cocktailempfang trifft ihn Klaus Mann auf der Fifth Avenue in einer ganz anderen Verfassung:

> Er war in ›Gedanken‹, wie man wohl sagt; es dürften keine sehr vergnügten Gedanken gewesen sein. [...] Da er sich unbeobachtet glaubte, gestattete er seinem Blick, starr und gramvoll zu werden. Keine Spur mehr von der heite-

---

[663] *New York Times*, 16.5.1941. Zweig, Stefan: »In dieser dunklen Stunde« in: *Die schlaflose Welt*, S. 276–278. Zweigs gleichnamige Rede erschien zum ersten Mal am 16.5.1941 in der Zeitung *Aufbau*.
[664] *Briefe SZ-FZ*, Mai 1941.

ren Miene, die man sonst an ihm kannte. Übrigens war er an diesem Morgen unrasiert, wodurch sein Gesicht erst recht verfremdet und verwildert schien.[665]

Als er Klaus Mann erkennt, findet er zu seiner Haltung zurück und erscheint wieder als der elegante Plauderer.

Dem Freund Carl Zuckmayer vertraut er eine Gewissheit an, die ihn nicht loslässt: »Wie auch immer der Krieg ausgeht – es kommt eine Welt, in die wir nicht mehr hineingehören.« »Wir sind doch nur Gespenster – oder Erinnerungen.« In einem Brief an Victor Fleischer nach England wird derselbe Gedanke zur Überzeugung:

> Ich habe mein Buch über Brasilien und eine kleine Studie über Amerigo Vespucci beendet und arbeite nun an meiner Selbstbiographie. [...] Vielleicht wird es das Letzte sein, was ich zu dieser Welt sagen kann, die ich gern verlassen würde. [...] Ich bin sehr traurig. Du weißt, ich habe eine schwarze Leber und ein zu weitsichtiges Auge; während ich unter dem Heute leide, sehe ich gleichzeitig die Sorgen des Morgen. Sogar der Sieg wird für uns alle durch die Zuckungen der Nachkriegswelt verdorben werden.[666]

Langfristig gesehen behält er Recht, aber im Augenblick täuscht er sich doch gänzlich: Die Invasion Russlands durch die deutschen Truppen hat vor kurzem begonnen, und dies wird den Ausgang des Konflikts entscheidend beeinflussen. Der schändliche Deutsch-Sowjetische Nichtangriffspakt, der im August 1939 abgeschlossen worden war, hat nicht verhindert, dass der Aggressor schon in den ersten Tagen in das Herz des Landes vorstieß. Dennoch bedeutet die Eröffnung dieser zweiten Front den Anfang vom Ende der nationalsozialistischen Vorherrschaft in Europa. Viele sehen dies kommen, außer Hitler, dem Größenwahnsinnigen, der verspricht, noch vor dem Winter in Moskau einzumarschieren. Außer Zweig, dem Melancholiker, für den alles, was geschieht, selbst ein Hoffnungsschimmer, einen bitteren Nachgeschmack hat. Es fehlen noch vier Jahre bis zum endgültigen Sieg über den Nationalsozialismus, und Zweig durchleidet schon im Voraus das beklemmende Klima des Kalten Krieges, des *McCarthyism*, der stalinistischen Massaker.

Eine unbegründete Furcht vor Elend, ein absurdes Gefühl der Armut, das sich aus dem Unglück speist, das um ihn herum geschieht, ver-

---

[665] Mann, Klaus, a.a.O., S. 603/604.
[666] Zuckmayer, Carl: *Als wär's ein Stück von mir.* Fischer Taschenbuch Verlag. Frankfurt am Main 2002. S. 63. Idem: »Did you know Stefan Zweig?« in: *Arens,* S. 190–194; S. 193. Brief vom 25.6.1941 zit. nach: *Prater,* S. 411.

stärkt die Depression. Vom Mitleid ergriffen, fühlt er sich bedürftig inmitten so vieler Bedürftiger. Der Krieg hat Auswirkungen auf seine Finanzlage; den Beschränkungen der Kriegsanstrengung unterworfen, ist ein Teil seines Vermögens in England gesperrt worden. Zu den Tantiemen im besetzten Europa hat er keinen Zugang mehr, und der Erlös aus den englischsprachigen Fassungen wird vom englischen und amerikanischen Fiskus mit hohen Steuern belegt. Das Kapital von einst besitzt er nicht mehr, aber er verfügt noch immer über beachtliche Reserven. Und dennoch ängstigt er sich, sieht Hirngespinste, braucht sie wiederum auch.

Aus Brasilien erreicht ihn ein Bettelbrief von D'Almeida Vítor; es ist anscheinend nicht der erste, noch wird er der letzte sein. Der dienstbeflissene Fremdenführer der letzten Brasilienrundreise, von Zweig für die Revision der Daten und Fakten vorgesehen, ist ein unverbesserlicher Schnorrer, der sich stets mit seinen Problemen brüstet. Zweig entschuldigt sich mit dem »Krieg und den daraus entstandenen Schwierigkeiten«. Am Ende der Seite fügt er handschriftlich hinzu: »Ich kann keinen Pfennig von dem anrühren, was ich in England und Europa habe.«[667]

Friderike schreibt diese Angst vor Armut der Überarbeitung zu:

> (E)r hatte immer vermieden, über sein Vermögen genau Bescheid zu wissen. Als er mich in USA wiedersah, sagte er mir, er habe gar nicht gewusst, daß er soviel Geld besitze. […] In Brasilien lockte, abgesehen davon, daß er dort Landschaft und Menschen besonders liebte und das Klima für Lotte zugänglicher war, der größere Abstand von Kriegsereignissen und beengenden Verordnungen.[668]

Nie in seinem Leben hat Zweig finanzielle Not kennen gelernt, Geld sieht er nicht als wichtig an, sofern es ihm nicht daran mangelt. Er hat genug, um die Ausgaben eines komfortablen Lebens zu bestreiten, ist großzügig gegenüber den weniger vom Schicksal begünstigten Freunden. Aber jegliche Bedrohung seiner Bewegungsfreiheit ruft heftige Reaktionen hervor. Am standhaftesten zeigte er sich gegenüber der österreichischen Regierung vor dem Anschluss an Deutschland, als er sich weigerte, Einkommensteuer zu zahlen.

---

[667] Zweigs Antwortbrief an D'Almeida Vítor vom 8.5.1941 in: *Coleção Stefan Zweig, Biblioteca Nacional*, Rio de Janeiro. Zweig hatte Vítor (wie er ihn nannte) ein Kapitel des Brasilienbuches für ein Projekt des Journalisten – ein literarischer Almanach, der nicht verwirklicht wurde – versprochen.
[668] *Friderike 1*, S. 242/243.

Trotz des beginnenden Sommers gibt er sich nicht der Trägheit hin. Die Autobiografie, die bedächtig zu entstehen versprach, hat sich in etwas Bedrückendes, Kräftezehrendes verwandelt. Er hat es eilig. Nicht unbedingt sie zu schreiben, aber sie zu beenden. Er braucht Friderikes Unterstützung, um die Erinnerungen aufzufrischen, und muss nach Brasilien zurückkehren, um sie zu beenden und ...

Deadline, Stichtag, tödliche Frist – die Zeit in der Sanduhr läuft deutlich ab. Es kommt ihm nicht in den Sinn, den Aufenthalt zu verlängern, die Pflichten zu vernachlässigen oder einfach nur tief durchzuatmen. Obwohl Lotte die Asthmatikerin ist, ist er es, der erstickt: Er zwingt sich, aufzubrechen, alles hinter sich zu lassen. Was danach kommt, ist ihm egal. Zum ersten Mal fühlt er sich zwischen den Koffern und Taschen wohl. Er weiß, dass ihm wenig fehlt.

Zweig lehnt es ab, in New York zu bleiben, die Lichterstadt ist ein Konglomerat von Wien, Salzburg, Berlin und Paris. Außerdem regiert Friderike an diesem Fleck der Neuen Welt. Zwei Jahre zuvor hat er sich während seiner Vortragsreise für Kalifornien zu interessieren begonnen. Aber Kalifornien bedeutet Hollywood, und etwas stört ihn an der »Industrie«. Aus den 1935 mit den Produzenten in New York geschlossenen Verträgen und den Geschichten, die ihm sein Freund Berthold Viertel erzählt, hat sich eine Aversion entwickelt, die nichts mit dem Kino als solches zu tun hat. Wenn ihn vorher die Kritiken über seinen Kommerzialismus gestört haben, so hat ihn doch der kurze Flirt mit den Metro Goldwin Meyer Studios und der Erfolg von *Marie Antoinette* in die Nähe der Glitzerwelt des Kinos gebracht. Doch er ist in der Furcht, daran Gefallen zu finden, davor geflohen.[669]

In Hollywood hätte er einem Teil seiner alten Freunde und Gefährten wieder begegnen können: dem großen Max Reinhardt, den Schriftstellern Alfred Döblin, Carl Zuckmayer, Hermann Broch, Klaus Mann und Franz Werfel, wenn auch nicht alle zueinander gute Beziehungen unterhielten. Robert Musil beispielsweise zog es wegen Thomas Manns Präsens in Nordamerika vor, in der Schweiz zu bleiben: Auf die Frage

---

[669] Seine Sympathie für Kalifornien, insbesondere für San Francisco, hatte Zweig Gisella Selden-Goth gegenüber zum Ausdruck gebracht. Vgl. Brief vom 9.2.1939 in: Zweig, Stefan: Unbekannte Briefe aus der Emigration an eine Freundin, a.a.O. Hollywood hat Zweigs literarische Erfolge stets mitverfolgt. *Marie Antoinette* war kein Einzelfall. In *Klawiter* 2 (S. 159; 426) wird ein Brief von Zweig vom 31.12.1933 erwähnt, in dem er klarstellt, nichts mit einer Raubkopie-Version von *Brief einer Unbekannten* zu tun zu haben. Er spricht vielmehr davon, mit einem großen amerikanischen Filmstudio über die Rechte an dieser Novelle in Verhandlung zu stehen.

nach seiner Einstellung zu Südamerika antwortete er schlicht: »In Südamerika ist Stefan Zweig.« Dies genügte, um sich gegen diesen Kontinent zu entscheiden.[670] Der misanthropische, egozentrische Musil störte sich am Erfolg von Mann, da er glaubte, dass dieser ihn um den Nobelpreis gebracht hätte. Zweig konnte er, zum Teil wegen dessen Ruhm, nie leiden. Die Oberflächlichkeit in der gegenwärtigen Welt, die Psychoanalyse sowie die Sozialdemokratie verabscheute er. Die Gemeinheiten, die er in den Tagebüchern festhielt, lassen keine Zweifel offen. »Man kann nicht gegen Em[il] Ludw[ig], Stef[an] Zweig u [sic] Feuchtw[anger] einzeln polemisieren [...] aber alle drei zusammen, diese Nutznießer der Emigration, die erst recht Weltlieblinge geworden sind, während sich gute Schriftsteller kaum vor dem Untergang bewahren können, alle drei zusammen sind sie ein ungeheures Symbol der Zeit.« Obwohl er Verwandte in den Vereinigten Staaten hatte, suchte Musil aus den gleichen Gründen in der Schweiz Zuflucht, die Zweig dazu brachten, New York oder Kalifornien abzulehnen.[671]

Vor dem Nationalsozialismus ist die deutschsprachige Intelligenz in Berlin, Wien, Prag und Budapest zu Hause gewesen. Jetzt lebt sie dicht gedrängt auf einer Insel an der Ostküste oder verbrennt sich am Fegefeuer der Eitelkeiten an der Westküste der USA. Zweig, zur Gehässigkeit und Polemik unfähig, zieht es vor, sich zurückzuziehen. Wie vor zwei Jahrzehnten, als er Wien gegen Salzburg eingetauscht hat.

Wenn er in Nordamerika bleibt, werden die Erinnerungen ein persönliches Zeugnis, eine Bilanz seiner drei Leben, da in New York oder Kalifornien die Welt von Gestern noch nicht untergegangen, vielmehr weiterhin intakt und lebendig ist. Vom entlegenen Südamerika aus wird er die Wirklichkeit offen legen können: Das goldene Zeitalter ist untergegangen und er wird ihm folgen. Um sich dieser schweren Aufgabe zu widmen, sucht Zweig den Abstand. Nur in der Ferne wird er das Begräbnis vorbereiten können.

Von Hitler verfolgt und teilweise von Varian Fry gerettet, überquerte das gebildete Europa den Ozean und errichtete eine Zweigstelle in New York und eine weitere, noch augenfälligere in Hollywood. *Tinseltown*, die Stadt des Flitters, des schönen Scheins, ein Meilenstein der Globali-

---

[670] Robert Musil zit. nach: Mayer, Hans: *Ein Deutscher auf Widerruf. Erinnerungen.* Bd.1. Suhrkamp Verlag. Frankfurt am Main 1982, S. 280.
[671] Robert Musil: *Tagebücher.* Herausgegeben von Adolf Frisé. Rowohlt Verlag. Reinbek bei Hamburg 1983, S. 903.

sierung der nächsten 50 Jahre. Das, was später als *American Way of Life* bekannt werden würde, wurde in jener Zeit von einer Gruppe von europäischen Flüchtlingen, äußerst kultiviert, mehrheitlich jüdisch und nicht wenige davon politisch links stehend, hervorgebracht. Thomas Mann brachte es auf den Punkt: »Die Nazis verbrannten die Bücher, die sie nicht zu schreiben fähig waren.«[672]

Ebenso die Filme, die sie nicht zu drehen vermochten, die Musik, die sie nicht zu schätzen wussten, die Ideen, die sie nicht haben würden. »Nur die Flüchtlinge selbst und die Sozialagenturen werden realisieren können, welch enorme Infusion gerade auf allen Gebieten stattfindet.« Auf der ersten Seite der *New York Times* legt Lawrence Langer, Leiter der *Theater Guild*, Zeugnis ab von der »Happy Invasion«, wie er sie nennt. Die Namen von Ference Molnar, Franz Werfel, Stefan Zweig, Carl Zuckmayer, Bruno Frank und so vielen anderen waren dem amerikanischen Publikum schon vor ihrer Flucht vertraut. »Wenn sie sich niederlassen, um sofort mit dem Schreiben zu beginnen, ist es fast unmöglich, keine Anti-Nazistücke zu schreiben. Dramen voll persönlicher Wut, aber selten gutes Theater, haben den Markt überschwemmt. Produzenten haben die Mehrheit von ihnen automatisch abgelehnt. Aber mit jedem Augenblick wird ein Stoff, der einst unwirklich und fern für uns war, unausweichlich lebendig. Die Vorteile werden nicht allein auf den Broadway beschränkt sein. [Julien] Duvivier und René Clair arbeiten schon in Hollywood. Otto Klemperer und Bruno Frank haben schon einen großen Beitrag zu unserer sinfonischen Musik geleistet. Unsere ganze künstlerische Struktur wird davon profitieren. [...] Unter diesem großartigen Einfluss kann unsere Kultur nicht stehen bleiben, sie muss wachsen.«

Zweigs Freund Carl Zuckmayer ist begeistert von dieser »Transfusion«: »Die Emigration unserer Tage kann nicht länger als eine Serie persönlicher Desaster betrachtet werden. [...] besonders auf dem intellektuellen Gebiet wird sie zu einem Eindringen und einer Verschmelzung von Kräften und Werten führen, die auf lange Sicht gesehen bestimmt sind, sich als fruchtbar und kreativ [...] zu erweisen.«[673]

Dem Optimisten Zuckmayer, Zweig immer sehr nahe, gelingt es nicht, dessen Pessimismus zu mindern. Oder vielleicht braucht Zweig diesen Pessimismus einfach als Vorwand, die USA verlassen zu können.

---

[672] Thomas Mann zit. nach: Ambrose, Tom: *Hitler's Loss. What Britain und America Gained from Europe's Cultural Exiles.* Peter Owen Publishers. London 2001, S. 24. [Rückübersetzung aus dem Englischen, Anm. d. Ü.]

[673] Langer, Lawrence: »Happy Invasion« in: *New York Times*, 4.5.1941. Zuckmayer, Carl: *Second Wind.* George G. Harrap & Co. Ltd. London 1941, S. 236.

In der Fabrik des *American Dream* hätte Zweig die Sprache des Feindes benutzen können, ohne sich unbehaglich zu fühlen. So rief der Regisseur Otto Preminger aus, als er einmal Flüchtlinge Ungarisch reden hörte: »Wisst Ihr nicht, dass Ihr in Hollywood seid? Sprecht Deutsch.«[674] Dennoch zieht es Zweig vor, sich seiner Muttersprache beraubt zu fühlen, er braucht das Leiden am Verlust, das Anlegen der Trauer und die Verbitterung über die Schutzlosigkeit. Nordamerika eignet sich dafür nicht, er benötigt eine abgelegene, primitive Zuflucht, um sich vollends dem Untergang hinzugeben. Der Norden zieht ihn nicht an, obwohl die Magnetnadel des Kompasses immer in diese Richtung zeigt. Wie die Zugvögel bevorzugt er Länder der südlichen Hemisphäre: »Wir haben Süden um jeden Preis, helle, harmlose, muntere, glückliche und zärtliche Töne nötig.« Nietzsche, von Zweig zitiert, oder Zweig, sich Nietzsches bedienend.[675]

Die Arbeit an der Autobiografie beflügelt ihn, aber die Hitze vertreibt ihn schließlich aus New York. Für die Rekonstruktion eines Zeitraumes, den er mit Friderike zusammengelebt hat, ist es unabdingbar, sie mit einzubeziehen, alleine wäre er verloren. Die Ex-Frau wohnt nicht weit entfernt in Ossining am Ufer des Hudson River. Zweig braucht ihre Hilfe, daher zieht er ihr hinterher und ihm wiederum folgt Lotte. Für eine kurze Zeit akzeptiert sie das Zusammenleben und erhält als Ausgleich die Gesellschaft ihrer einzigen Nichte, der Tochter von Manfred, die Zweig aus London hat kommen lassen und die bald in einer guten Schule im Umkreis angemeldet wird.

> Gott gebe, daß ich diese zwei Monate endlich ungestört arbeiten kann. Täglich anderer Leute Angelegenheiten zu den eigenen Sorgen, man wird allmählich müde. Ich hoffe, Deine Angelegenheiten kommen jetzt rasch in Gang, an die [sic] meinen will ich zur Zeit nicht rühren, mir ist es leid um jede Stunde, die ich versäume. Erst wieder einmal Arbeit, vielleicht die letzte – was weiß man, es steht einem noch so grauenhaft viel bevor.[676]

---

[674] Otto Preminger zit. nach: *Heilbut*, S. 236 [Rückübersetzung aus dem Englischen, Anm.d.Ü.]. Otto Preminger (1906–1986), Wiener Regisseur und Filmproduzent, begann seine Karriere als Assistent von Max Reinhardt. 1935 floh er in die USA. Ernst Lubitsch führte ihn in Hollywood ein. Preminger wurde zusammen mit dem ebenfalls geflohenen Robert Siodmak zu einem Vertreter des *cinema noir*.
[675] *Der Kampf mit dem Dämon*, S. 253.
[676] Brief von Zweig an Friderike vom 24.7.1941 in: *Briefe SZ-FZ*.

Ein angemietetes Haus in Ossining (7, Ramapo Road), Friderike an der Seite, das wieder hergestellte Dreieck – gleichseitig und stabil –, so beginnen sie, an dieser merkwürdigen Autobiografie zu arbeiten, in der der Protagonist kaum zum Vorschein kommt und die Welt um ihn herum am Ende angelangt zu sein scheint.

Wieder einmal wirkt das Schreiben wie Balsam auf die Seele, wird Energie aus dem Verbrauch von Energie gewonnen. Huebsch fungiert als Verleger und Vertrauter, es ist das erste Werk des Schriftstellers und Freundes, das er aus der Nähe mitverfolgt. Im Juli/August schreibt ihm Zweig, dass er die Autobiografie »in einem Parforceritt« überarbeitet habe, fügt jedoch hinzu, dass Huebsch nicht glauben solle, dass er darauf erpicht sei, die Autobiografie sofort zu veröffentlichen.»(I)ch bin nur froh, dass ich, von morgens bis abends arbeitend, noch zu einer solchen Tour de Force in der Lage war. Aber ich wollte sie abgeschlossen haben, bevor ich die Entscheidung treffe, wann ich endgültig abreise, und so habe ich das Unmögliche möglich gemacht. [...] Die Hauptsache ist, dass ich sie dank meiner schrecklichen Depression [...] in so kurzer Zeit beenden konnte. Und zweitens, dass ich persönlich den Eindruck habe, es ist ein interessantes, lebendiges und aufrichtiges Buch geworden.«[677]

Wenn Zweig nicht innerlich zerrissen ist, wächst er über sich hinaus: Außer Friderike und Lotte sind Alix, die beim Tippen hilft, sowie ihre Schwester Suse und deren Mann, beides Fotografen, die Zweig als Modell benutzen, zugegen. Dieses Arrangement der zwei Familien ist für Zweig Ansporn – für Lotte die Hölle.

Die junge Frau stürzt sich so sehr in die Arbeit, dass Friderike Zweig schließlich auf Lottes Erschöpfung aufmerksam macht. Dieser versichert, dass die Arbeit sie von ihrem Asthma ablenke. »Wie das oft bei Leidenden der Fall ist, wollte sie überdies sich und anderen beweisen, daß sie allen Anstrengungen gewachsen sei und mit seinem Arbeitstempo Schritt halten könne.«[678]

Einen anderen Eindruck von diesem Hoch-»Betrieb« vermittelt der Freund Jules Romains. Gemeinsam mit seiner Frau besucht er Zweig, mit dem er kurz vorher in New York zusammen gewesen ist:

> Wir waren sehr betroffen über die Veränderungen, die sich bei den Zweigs während weniger Wochen zugetragen hatten. Er wirkte körperlich und seelisch wie ein gebrochener Mann. Seine Frau selbst, die sanftmütige Lotte, war

[677] *Briefe 1932–1942*, undatiert, vermutlich Ende Juli 1941 (in Englisch geschrieben).
[678] *Friderike 1*, S. 241.

melancholisch. Ich erinnere mich an einen Satz, den er mit einem traurigen Lächeln vor Lotte aussprach, die nicht dagegen protestierte: ›Ich habe geglaubt, mich durch die Heirat einer jungen Frau einer Quelle an Lebensfreude für meine alten Tage versichert zu haben. Und schau, jetzt bin ich derjenige, der sie aufmuntern muß.‹ Ich hatte damals den Eindruck [...], dass sich zwischen der Abreise von New York und jenem 13. Juli irgendein schwerwiegender Vorfall, irgendein Schicksalsschlag (Krankheit, großer materieller Verlust oder weiß Gott was) in Zweigs Leben ereignet hatte.

Nach dem tragischen Ende in Petrópolis berichtete Romains, dass er Friderike von den Eindrücken, die er von jenem Besuch behalten hatte, geschrieben und nach einer Erklärung gefragt hätte: »In ihrem Antwortbrief sprach sie von Nichtigkeiten, mehr noch sie gab vor, meine Frage aus dem Blick verloren zu haben. Daraus schloss ich, dass sie damals irgendetwas gewusst oder geahnt hatte.«[679]

Romains gegenüber offenbarte Friderike nichts, im Gespräch mit dem Biograf Donald Prater erzählte sie jedoch, dass Zweig sie häufig bei sich zu Hause besucht hätte. Einmal hätte er ihr voller Verzweiflung gestanden, dass er bei ihr bleiben und sie nie mehr verlassen wolle. Die vergangenen Zeiten wieder aufleben zu lassen, ist kompliziert, unvorhersehbar.[680]

Wer verliert, gewinnt: Trotz der harten, bei der Scheidung festgelegten Regelungen und der Bitterkeiten, die sie in der Folge erfahren hat, fühlt Friderike, dass Stefan ihr nahe steht, mehr noch, bei ihr sein möchte. Aber Lottes gesundheitliche Schwäche hat eine größere Anziehungskraft, die subtilen Mechanismen des Mitleids zwingen ihn, bei der Jüngeren zu bleiben. Kehrt er zu seiner ersten Frau zurück, tötet er die zweite. Mit der Bevorzugung der zweiten kann er der Todgeweihte sein.

Wer gewinnt, verliert: Er bleibt nicht, wie beabsichtigt, zwei Monate in Ossining. Etwas oder jemand kürzt den Aufenthalt ab. Am 15. August werden Zweig und Lotte die *Uruguay* besteigen mit Kurs nach Süden: dem strahlenden Land Brasilien entgegen. Die Ungeduld regiert: Alles muss abgekürzt, vorzeitig beendet werden. Zweig scheint mit jemandem einen Vertrag abgeschlossen zu haben.

Nach einem Dank und Lob für das Exemplar des Brasilienbuches teilt er Koogan in einem Brief mit, dass er dessen Vorschlag, in Petrópolis ein

[679] *Romains*, S. 6–7. Der Brief von Friderike ist auf den 15.6.1947 datiert.
[680] *Prater*, S. 412.

Haus zu mieten, annähme. In einem weiteren Brief kündigt er an, dass er beginnen werde, Portugiesisch zu lernen. Er schmiedet Pläne, hat die Gefahr überwunden oder sie nur aufgeschoben.[681]

Zweig ist viel gereist, sein Leben war eine Aneinanderreihung von Aufbruch und Ankunft, die Abschiede jetzt sind etwas Besonderes. Dem geliebten England hat er nicht so Lebewohl gesagt, wie er nun von den Vereinigten Staaten Abschied nimmt, für die er keine Sympathie empfindet. Er fühlt oder ahnt, dass er die Welt von Gestern zurücklassen wird.

René Fülöp-Miller, ein Jugendfreund, der ebenfalls nahe Ossining wohnt, arbeitet in dieser Zeit an einer Abhandlung über den Tod. Er erinnert sich an Zweigs großes Interesse für Gifte, deren tödliche Dosierung und vor allem für die Psychologie der letzten Lebensstunde. In einem Brief an Paul Zech, einem der guten Freunde in Buenos Aires, äußert sich Zweig zu den Selbstmorden von Ernst Weiss und Walter Hasenclever: »Sie verloren die Geduld. Soll man sie deshalb verklagen und des Verrates beschuldigen? Ich wäre der Letzte, dies zu tun.«[682]

Das Tagebuchschreiben hat er aufgegeben, nun hat er niemanden, dem er sich anvertraut. Keiner weiß, was sich hinter seinen Höhen und Tiefen verbirgt. Einer der letzten Sätze, die er fast ein Jahr zuvor niedergeschrieben hat, enthält eine deutliche Botschaft: »Die Unruhe macht sich fühlbar und muß sich sicher in Haß verwandeln, wir sind wehrlos gegen all das was kommt«.[683]

Die Rückkehr nach New York ist der fünfte Umzug in sieben Monaten. Er verabschiedet sich von Berthold Viertel, der ihn für die wunderbare Welt des Zelluloids zu gewinnen versucht hat. Das Abschiednehmen lässt ihn nicht unberührt. Bei einem letzten Abendessen in einem Wiener Restaurant mit Joachim Maass kann er seine Nervosität nicht verbergen. Er beschwert sich über die Reiseformalitäten in Zeiten des Krieges, und bevor er die Beherrschung über sich verliert, geht er abrupt weg, zieht sich auf das Hotelzimmer zurück und lässt die Frau und den Freund allein an der Hotelbar, die man nach dem Essen aufgesucht hat. Lotte offenbart Maass ihre Ohnmacht, sie wisse Zweig nicht zu helfen. »(W)as kann ich schon für ihn tun – außer daß ich mich mitschleppen lasse.«

---

[681] *Briefe SZ-Koogan*, 1.8.1941; undatiert, vermutlich vor 15.8.1941.
[682] *Prater*, S. 413. *Zech*, S. 29–30. René Fülöp-Miller (1891–1963), österreich-rumänischer Schriftsteller, emigrierte in den 30er Jahren in die USA. Er schrieb Sachbücher und Romane.
[683] *Tagebücher*, 19.6.1940.

Als die beiden nach Zweig sehen, wirkt er etwas ruhiger, gefasster. Er erzählt von seinen Arbeitsvorhaben und der brasilianischen Gastfreundschaft, die ihm eine Art Heimatgefühl vermittle. Beim endgültigen Abschied hält er noch eine Überraschung für Maass bereit: Er bietet dem Freund seine alte Remington-Reiseschreibmaschine an, da er wenig Gepäck mitnehmen möchte. In Brasilien wird er Lotte eine neue kaufen. Erstaunt nimmt Maass das Angebot an.[684]

In den letzten Tagen werden weitere Briefe verschickt; er muss Zeichen setzen, Spuren hinterlassen. Er möchte verschwinden und sich zugleich bemerkbar machen. An Jules Romains, der sich in Mexiko-Stadt aufhält, schreibt er: »Meine Lage wird zunehmend absurder. [...] Sie werden nach Frankreich zurückkehren können und Amerika wird für Sie nur eine Episode gewesen sein. Ich selbst werde nie mehr ein Vaterland haben und das Provisorische scheint für mich das Endgültige zu werden.« An Hermann Kesten eine Prise Schwarzen Humors: »Auf Wiedersehen unten oder oben.« An Victor Fleischer, den engen Vertrauten: »(W)enn ich nur eine Zukunft und eine wirkliche Vergangenheit erkennen könnte! Werde ich jemals Bath wiedersehen? [...] Ich wünschte mir, vergessen irgendwo an einem vergessenen Ort zu leben und niemals mehr eine Zeitung aufschlagen zu müssen.«[685]

Ein letzter Besuch in Ossining, um von der Nichte und den Freunden Abschied zu nehmen. »Als Lotte das Zimmer verließ, um etwas zu besorgen, sah er mich plötzlich mit einer gewissen Starre im Blick an, die mir in den letzten Wochen zuweilen an ihm aufgefallen war, und sagte: ›Weißt Du, daß wir uns wahrscheinlich nicht wiedersehen werden?‹ Ich bedeutete ihm, daß mir solche Worte nicht gerade bekömmlich seien.« Friderikes Versicherung, bis ans Ende der Welt zu gehen, um ihn wiederzusehen, macht ihm Mut.

Es ist eine andere Szene als jene von 1935 im Hotel Westminster in Nizza am Mittelmeer, als die Ehefrau ihn in der Umarmung mit der Sekretärin überrascht hat. Sechs Jahre später schließt sich der Kreis. Autoren kennen die Höhen und Tiefen, um eine Geschichte lebendig zu hal-

---

[684] Maass, Joachim: »Die letzte Begegnung« in *Arens*, S. 166–171, S. 170. Joachim Maass (1901–1972) emigrierte 1939 in die USA, wo er als Lektor und später als Professor für moderne deutsche Literatur arbeitete. 1951 ging er nach Deutschland und kehrte 1956 wieder nach New York zurück. Er schrieb Gedichte, Zeit- und historische Romane sowie Essays und übersetzte Werke ausländischer Autoren, besonders aus dem Portugiesischen.

[685] Brief an Jules Romains vom 11.8.1941 in: *Romains*, S, 7/8. Brief an Hermann Kesten vom 15.8.1941; Brief an Victor Fleischer vom 7.8.1941 zit. nach: *Prater*, S. 413/414.

ten. Figuren finden sich mit Überraschungen ab. Dieser Autor und Protagonist ist tatsächlich unberechenbar.

Die Koffer sind gepackt, die Stimmung hat sich gebessert, die Vorstellung der Abreise ordnet die Unordnung. Erneut gibt er sich resolut, bereit für die Reise. »Ich küßte ihn zum Abschied.« Der letzte Eintrag in der Geschichte von *Stefzi* und *Fritzi*.[686]

---

[686] *Friderike 1*, S. 243/244.

DECLARAÇÃO

So halte ich es für besser, rechtzeitig und in aufrechter Haltung ein Leben abzuschließen, …

Im Land der Zukunft

»(D)as Schicksal von Jahrhunderten wird häufig in einem einzigen Augenblick entschieden [...] es ist der höchste Wille der Menschheit, der sich in solchen Minuten ausdrückt, dieser überlegene Wille, der unser aller Leben bestimmt und uns sogar dient, wenn wir ihm zu widerstehen scheinen.«
Zweig, Stefan: O Momento supremo (Die Sternstunde), Editora Delta S.A., Rio de Janeiro, o.J. (vermutlich 1940)*

---

* Dieser Abschnitt ist in den deutschen Auflagen des Werkes *Sternstunden der Menschheit* nicht vorhanden.

Kapitel 8

»Wir bemerkten, daß sich seine Melancholie [...] verschlimmert hatte. Seine Angst wucherte zu jener Zeit schon wie ein Krebsgeschwür und bedrohte seine Selbstbeherrschung« – selbst wenn er in seiner Eigenschaft als Arzt spricht, gelingt es Claudio de Souza nicht, dramatisierende Sätze zu vermeiden. Und, wie immer, verschleiert er die wahren Probleme.[687]
Bei Zweigs dritter Ankunft in Rio betritt ein gebrochener Mann brasilianischen Boden. Im selben Monat, in derselben Stadt, am selben Kai verlässt fünf Jahre nach dem ersten Besuch ein Schatten desjenigen das Schiff, der ausgezogen war, das Paradies zu erobern. Der Körper ist derselbe, aber die Haltung, das Gesicht und vor allem die Augen offenbaren einen anderen Reisenden oder eine andere Art von Reise. Beim ersten Mal wollte Zweig das Land sehen und erleben, beim zweiten bereitete er sich darauf vor, etwas darüber zu schreiben, und nun kommt am Hafen jemand an, der hier aus dem Leben scheiden sollte. Die magische Kraft der Wiederholungen hat versagt.
An den Kais zeigt sich das stets gewohnte Bild: Abrahão Koogan, Afrânio Peixoto, Claudio de Souza und einige Journalisten, unter ihnen, im Auftrag der Zeitung *A Noite*, D'Almeida Vítor, der nicht fehlen darf. Der Gast hat verlauten lassen, dass er absolute Ruhe wünsche, sie haben dem Wunsch Folge geleistet, er kann sich nicht beschweren.[688]
Er strahlt, als er auf dem Anlegesteg die Aufregung wahrnimmt, die die Anwesenheit einer öffentlichen Person ankündigt. Der sympathische Außenminister Oswaldo Aranha begrüßt ihn liebenswürdig, geht

---

[687] *Souza*, S. 33. Koogan hatte denselben Eindruck. Vgl. Abrahão Koogan, Aussage gegenüber dem Autor, 1980/1981. Indessen schrieb Zweig Friderike von Bord der *Uruguay*, dass er die Fahrt nutze, um sich von den Anspannungen des New Yorker Aufenthaltes zu erholen: »(I)ch fühle mich [...] auch seelisch etwas freier.« Vgl. *Briefe SZ-FZ*, 20.8.1941.
[688] Die *Uruguay* der Reederei More McCormack legte am 27.8.1941 in Rio de Janeiro an, sechs Tage später als bei Zweigs früheren Besuchen, bei denen er am 21.8. eintraf.

aber weiter, um einen Diplomaten zu empfangen, der ebenfalls mit diesem Schiff eintrifft – nur in Wahlkampfzeiten sind Politiker gute Menschenkenner.[689]

Den Reportern hat Zweig wenig Neues zu sagen: Er sei gekommen, um zwei Bücher zu schreiben, seine Erinnerungen, die er als »Geschichte meines Lebens« bezeichnet, und *Amerigo*. Das erste ist bereits zum Teil geschrieben und das zweite schon fertig in den Händen des Verlegers. Kein Wort über das kürzlich erschienene Brasilienbuch, obwohl der Verfasser des Vorwortes der brasilianischen Ausgabe, Afrânio Peixoto, ein berühmtes Mitglied der *Academia*, zugegen ist.

Trotz fehlender Neuigkeiten widmen ihm die Zeitungen des folgenden Tages ausführliche Berichte, er ist noch immer ein gutes Thema: die Personifikation des Krieges, der Prototyp des Opfers, der Schiffbrüchige, der in unserem Land gestrandet ist. In der Morgenzeitung *Diário de Notícias* ist seine Ankunft die wichtigste Nachricht im Lokalteil.

Seit seinem letzten Brasilienbesuch vor sieben Monaten hat sich wenig im Land verändert. Aber zwischen dem Land und seinem Apologeten steht nun die Veröffentlichung des Lobgesangs *Brasilien. Ein Land der Zukunft* in jenen Tagen. Die Lobeshymne ist zwar gut gemeint, wird jedoch von der Kritik und den Intellektuellen sehr schlecht aufgenommen. Lediglich beim Publikum ist das Buch ein Erfolg, aber dies drückt sich nicht in Worten aus, sondern schlägt sich nur in der Anzahl der verkauften Bücher nieder – Zweig kommt nicht über den Status eines »kommerziellen« Autor hinaus.

Kommerziell und unverstanden. »Schwindel« ist, was man sich hinter vorgehaltener Hand sagt. »Auf Bestellung geschrieben« lautet die mildeste Anklage. Keiner spricht davon, dass die Tauschware eine Aufenthaltsgenehmigung gewesen ist. Da es die Zeitungen und Zeitschriften nicht wagen, die Regierung für ihre unmenschliche Immigrationspolitik zu kritisieren, bleibt nur der Rückgriff auf die Herabsetzung desjenigen, der ein Schlupfloch gefunden hat, um einzureisen, sich niederzulassen und zu überleben. In großen Lettern erscheinen scharfe Kritiken über das Buch und den Autor. Die inspirierende Muße – das Land – wird verschont, dafür wird der Autor verrissen.

---

[689] Friderikes Neffe Ferdinand Burger gab an, dass es sich bei dem Diplomaten um den japanischen Botschafter handelte. Vgl. *Prater*, S. 421. In den Zeitungen vom 27. und 28. 8. 1941 wurde der brasilianische Botschafter in Belgrad Alves de Souza als einziger Diplomat an Bord des Ozeandampfers genannt.

Spitzenreiter der Verunglimpfungen ist der *Correio da Manhã* durch die verletzende Feder des Chefredakteurs Pedro da Costa Rego, der eine Kolumne auf der zweiten Seite hat. Am Anfang des 20. Jahrhunderts als Widerstands- und Kampforgan gegründet, vergisst die Zeitung manchmal ihre Informationspflicht und wird unerbittlich und arrogant; nicht immer zur Verteidigung der guten Sache. Sie möchte ein Protagonist der politischen Szene, ein Kreuzfahrer und zugleich ein über dem Guten und Bösen stehender Richter sein.

Wie Costa Rego selbst gesteht, kommt es selten vor, dass er vom Olymp der Politik, wo er eine Art Regenmacher ist, heruntersteigt, um sich mit Büchern zu beschäftigen. Noch seltener allerdings schreibt er fünf aufeinander folgende Artikel zu demselben Thema, wie er es nun über den unglücklichen Autor eines Buches macht, das ihm missfällt.

Antônio Callado, ein damaliger Redakteur der Morgenzeitung, erinnert sich, dass verschiedene Kollegen versuchten, den Chefredakteur von der Fortführung dieser Kampagne abzubringen. Am Ende überzeugte ihn der starke Druck von außen davon, die heftige Kritik einzustellen. Wäre dieser nicht gewesen, hätte er die Schmähschriften eine Woche lang fortgesetzt. Aufgrund der in den Zeitungen geübten Selbstzensur können sich die Prügel nur gegen einige Sündenböcke richten, die deswegen umso mehr über sich ergehen lassen müssen.[690]

In seinem ersten Artikel »Os milhões de Zweig« (Die Millionen von Zweig) versucht Costa Rego, auf den Reichtum und den angeblichen Kommerzialismus des Schriftstellers anzuspielen. Der Artikel konzentriert sich auf Zweigs Übertreibung bei der Verwendung der gefühlsbeladenen Zahl »Millionen«, vor allem, wenn er sich auf die Einwanderer bezieht: Millionen von Italienern, Millionen von Japanern. Der einflussreiche Journalist, selbst ein Zuwanderer aus dem brasilianischen Nordosten, erkennt das Motiv nicht, das hinter so viel Sorge um die ausländischen Immigranten steht.

»Als Mensch seiner *Rasse* wird Zweig nicht aufhören, sich von der Abwesenheit von ethnischen Vorurteilen beeindruckt zu zeigen.« Costa Rego gibt vor, den Enthusiasmus des Autors für die ethnische Harmonie zu verstehen, doch brandmarkt er ihn zugleich mit dem Stigma, Angehöriger einer anderen »Rasse« zu sein.

---

[690] Antônio Callado, Aussage gegenüber dem Autor, 30.3.1980. Antônio Callado (1917–1997), Reporter, Herausgeber und Leiter des *Correio da Manhã*, Romanschriftsteller und Theaterwissenschaftler, arbeitete während des Krieges für die BBC in London. Er engagierte sich im Kampf für die Rechte der Indianer und gegen die Militärdiktatur.

»Voltando a Zweig« (Zurück zu Zweig), der zweite Artikel, untersucht eine andere Übertreibung, die in der Darstellung der nationalen Leidenschaft für Lotterien, Glücksspiele und Kasinos enthalten ist. Da das Buch von »Hunderttausenden« spricht, die ihr Glück in der Lotterie und im *jogo do bicho* versuchen, kommentiert Costa Rego, dass die Millionen wohl eine fixe Idee des Schriftstellers zu sein scheinen. Im Namen des brasilianischen Volkes versucht er zu beweisen, dass die Lotterie-Begeisterung unbedeutend ist: Laut ihm finden die legalen Ziehungen wöchentlich statt, und es nehmen lediglich 25.000 Lose teil.

Der Journalist irrt sich, und der ausländische Besucher hat Recht: Zu jener Zeit gab es wöchentlich zwei Ziehungen auf Bundesebene und zwei weitere in den einzelnen Bundesstaaten. Die Faszination des »großen Glücks« ist eng verflochten mit dem Aberglauben und der Religiosität. Ein Beispiel dafür war der Tag der Einweihung der Christus-Statue auf dem Corcovado, dem 12. Oktober 1931, an dem die Abendausgabe des *Globo* mit der Schlagzeile aufmachte: »Christus wird Brasilien von allen Übeln befreien!« Darunter folgte eine Reihe Anzeigen von Kassenlotterien mit religiösen Namen und fantastischen Gewinnversprechungen. Das *jogo do bicho* – täglich, billig, leicht zugänglich und halb im Verborgenen – fasziniert große Teile der Bevölkerung, einschließlich der Reichen, die verschämt ihre Angestellten schicken, um die Wetten abzugeben, die in der Volkssprache *fézinhas* (kleiner Glaube) genannt werden.[691]

Der Glaube an den plötzlichen Reichtum ist in einem armen Land ganz natürlich. Zweig erahnte dies, wie es schon zuvor Luc Durtain getan hatte. Er wollte nicht das Elend oder den Hunger hervorheben, deshalb suchte er einen anderen Ansatzpunkt: die Vorstellung, in einer unzugänglichen, in Klassen eingeteilte, von den ländlichen Oligarchien

---

[691] Das *jogo do bicho*, eine nationale Institution, ist weiterhin illegal, doch nicht zu verbieten. Es begann 1892 als tägliche Lotterie, um den neuen Zoologischen Garten von Rio de Janeiro zu finanzieren und die Bevölkerung zu einem Besuch desselben zu animieren. Anfänglich an das Großbürgertum gerichtet, wurden die Verkaufsstellen infolge des unmittelbaren großen Erfolgs über die ganze Stadt verteilt, und man lockte mit immer größeren Gewinnen. Weniger als 20 Tage nach der Einführung denunzierte der Polizeichef der ehemaligen Hauptstadt es als »jogo de azar« (»Pechspiel«) und verbot es. Doch es wurde noch populärer, es wurde zu einer indirekten Form, die Mächtigen herauszufordern. Heute ist das *jogo do bicho* über das ganze Land verbreitet und verfügt über Internetseiten, einige bekannte Zeitungen veröffentlichen noch immer die Ergebnisse. Es bestehen Verbindungen zum Drogenschmuggel und organisierten Verbrechen. Die Schaffung eines legalen Pendants vermochte dank der Verbindungen mit Astrologie und Horoskopen nicht, die Beliebtheit dieses Spiels zu verringern.

kontrollierten Wirtschaft mit einer am Anfang stehenden Industrie wie durch Zauberei reich zu werden. Zweig hat Recht, nicht Costa Rego. Über 60 Jahre nach der Veröffentlichung seines Brasilienbuches verführen die unzähligen offiziellen Lotterie-Angebote nicht nur Hunderttausende, sondern Millionen von Brasilianern mit der Idee des plötzlichen Reichtums.

Am Ende des vernichtenden Artikels findet sich in einer Anmerkung der Redaktion ein ausgiebiges Lob der neuen Ausgabe der *Cultura Política*, einer Regierungszeitschrift mit faschistischen Konnotationen, die darauf abzielt, die Sympathien der Intellektuellen zu gewinnen. Der Artikelschreiber begnügt sich nicht damit, dass er fünf Jahre zuvor den futuristischen und faschistischen Dichter Fillipo Tommaso Marinetti überschwänglich begrüßt hat, sondern beendet die dritte Attacke in dem Artikel »Interpretações abusivas« (Übertriebene Interpretationen) mit den folgenden Worten: »Man erzählte Zweig, dass der brasilianische Arbeiter nach der Lohnauszahlung häufig zwei oder drei Tage von der Arbeit fernbliebe, und dieser gab die Geschichte ohne weitere Nachforschung wieder.«

Voller patriotischem Ehrgefühl erkennt der Journalist darin eine Anspielung auf die nationale Faulheit. Dagegen stellt Zweig lediglich die Begabung des Brasilianers fest, das Leben zu genießen, ohne an die Dringlichkeit von Ersparnissen zu denken oder begierig zu sein; so wie Goethe in Italien eine Lebensart entdeckte, dem Genuss des Lebens den Vorzug gibt. In der Abneigung gegen die Arbeit sieht Zweig eine Form, sich für die entwürdigenden Löhne und die unmenschlichen Arbeitsbedingungen zu revanchieren. – Themen, die die zornige konservative Zeitung und ihren wichtigsten Journalisten nicht interessieren.[692]

Diese Anfeindungen wirken wie grünes Licht für die übrigen Journalisten, stets die mittelmäßigsten. Am Tag, an dem Costa Rego seine Salve an Bosheiten einstellt, veröffentlicht Carlos Maúl ebenfalls im *Correio da Manhã* – auf der Seite der Kommentare – seine persönliche Stichelei: »Um livro mau« (Ein schlechtes Buch). Er geißelt die Ungenauigkeiten in den historischen Angaben, weist Zweigs Beobachtung zurück, dass die

---

[692] *Correio da Manhã*, 6.8./7.8./8.8./10.8. und 12.8.1941. Der aus dem Bundesstaat Alagoas stammende Politiker und Journalist Pedro da Costa Rego (1889–1954) bildete an der Seite von Elmano Cardim (*Jornal do Commercio*) und José Eduardo de Macedo Soares (*Diário Carioca*) das »goldene Trio« der politischen Journalisten der Hauptstadt. Er begann als Korrektor, wurde Artikelschreiber und übernahm 1940 den Posten des Chefredakteurs.

Hälfte der Bevölkerung von dem Wirtschaftsleben des Landes ausgeschlossen sei – eine unbestrittene Wahrheit, die die große Presse zu ignorieren suchte – und verurteilt in einem Anflug von Fremdenfeindlichkeit den Enthusiasmus des Autors für den europäischen Beitrag beim Aufbau des Landes.

Arglos und hingerissen erblickte Zweig in Brasilien das neue Europa, die in die Neue Welt transferierte Alte Welt mit der Fähigkeit, durch das harmonische Miteinander der Rassen humanistische Werte zu bewahren. (Vier Jahrzehnte später würde Jorge Luis Borges mit seiner Behauptung, dass das wahre Europa sich nach Lateinamerika transferiert hätte, Zweigs Vorstellung unermüdlich wiederholen.)

> Zusammenfassend lässt sich sagen: Das Buch von Zweig ist eine exzellente Materialsammlung, die im Ausland von jeglichem Schriftsteller mit bösen Absichten gegen uns verwandt werden kann. Die schönen Worte, die es enthält, vermögen nicht, den tendenziösen und missverständlichen Effekt abzuschwächen.

Zwei Wochen später, am 21. August, kommt Maúl auf das Thema auf derselben wichtigen Seite der Zeitung wieder zurück und schießt einen weiteren Giftpfeil ab: »O Brasil não gosta de música« (Brasilien mag keine Musik) lautet die Überschrift des Artikels, in dem er einer weiteren unzureichenden Beobachtung Zweigs aufgebracht auf den Grund geht: Es ist dessen Feststellung, dass das Land keine eigene klassische Musik besäße. In seinem Buch hat der Schriftsteller den Komponisten Carlos Gomes erwähnt und Mut und musikalischen Scharfsinn bewiesen, ihn auf eine Ebene mit Giacomo Meyerbeer zu stellen. Der Journalist kannte sicherlich die Bedeutung des deutsch-jüdischen Komponisten nicht. Oder wiederholte nur Richard Wagners Ansicht, der Meyerbeer als einen jüdischen Bankier ansah, der Musik komponiert.[693]

Zweig hat die Kühnheit begangen, Heitor Villa-Lobos zu loben und dies zu einer in doppelter Hinsicht kritischen Zeit – der Musiker ist zu »modern« und der Regierung Vargas unterwürfig, die seinen Lehrplan

---

[693] *Correio da Manhã*, 9.8./21.8.1941. Aus einer jüdischen Berliner Bankiersfamilie stammend, beherrschte Giacomo Meyerbeer (eigentlich Jakob Liebmann Meyer Beer) (1791–1864) in der ersten Hälfte des 19. Jahrhunderts zusammen mit Rossini die europäische Opern-Szene. Er entwickelte die auf einem epischen Stil beruhende *grand opéra*, die Zweig zu Recht als eine der Grundlagen für das Schaffen von Carlos Gomes bezeichnete. Vgl. *Brasilien*, S. 181/182.

des Chorgesangs für alle öffentlichen Schulen übernommen hat.[694] Maúl nutzt das Vergessen der *música popular* für einen erbarmungslosen Angriff. In Wahrheit ist die nationale künstlerische Produktion, von der Literatur abgesehen, noch immer ungenügend. Die Flüchtlinge, die in diesem Moment in Brasilien eintreffen, sind ausschlaggebend für die Belebung der künstlerischen Produktion im Land, vor allem im Bereich des Theaters.[695]

Brasilien. Ein Land der Zukunft ist das erste einer Flut von Werken über Brasilien. Und da dessen Autor der einzige ist, der für die Kritik greifbar ist, bezahlt er den Preis dafür. Die Neutralität von Vargas zieht die Aufmerksamkeit der Schriftsteller und Journalisten auf das Land. Alle stürzen sich auf die Erforschung des nationalen Selbstwertgefühls und bringen den Giganten zutage, der sich bald dem Block der Alliierten anschließen sollte.

»Das Auge des anderen verstört und beunruhigt uns wie das Auge Gottes oder des Gewissens in Victor Hugos berühmten Gedicht«, stellt der Kritiker Wilson Martins angesichts des Unwillens fest, mit dem die intellektuellen Kreise die Reisenden und ihre Werke seit den 30er Jahren aufnehmen.[696]

Unlust und Unwille sind keine ausschließlichen Phänomene des *Correio da Manhã*, der zukünftig keine Gelegenheit verpassen wird, Zweig lächerlich zu machen. Ein gefeierter Schriftsteller in Schussweite – so etwas lässt man sich nicht entgehen.[697] Die harsche Kritik von Newton Braga im *Diário de Notícias* fängt die allgemeine Gereiztheit ein: »Ich bin kein Fan von Stefan Zweig, und es bedrückt mich, dies gerade in dem Moment zu gestehen, in dem es gegen ihn einen Sturm der Empörung seitens einer literarischen Gruppe gibt, die man als Zweckliteratur bezeichnen könnte. Zweig missfällt mir oder ich bin ihm überdrüssig.«

Obwohl Braga den Stil des Schriftstellers für repetitiv und weitschweifig hält, zeigt er sich nicht unberührt davon: »Von der Einleitung bis zur letzten Seite ist das Buch eine Verherrlichung, ein Lobgesang auf Brasilien, die beste Werbeschrift, die unser Land je haben wird.« Die Pfeilspitze hebt er sich für den Schluss auf: »Es hat ein vollkommen über-

---

[694] Dies geschah zweifelsohne durch den Einfluss des Freundes Eugen Szenkar, der eine große Affinität zur zeitgenössischen Musik hatte.
[695] *Correio da Manhã*, 12.8.1941.
[696] *Martins*, S, 14. Martins bezog sich damit auf Hugos Gedicht »Dieu«.
[697] *Correio da Manhã*, 14.10.1941 über die Volkszählung von 1940 mit einer unbeabsichtigten Spöttelei über Zweig.

flüssiges Vorwort von Afrânio Peixoto, dessen größte Sorge es zu sein scheint, den Leser zu überzeugen, dass Zweig das Werk schrieb, ohne etwas dafür bekommen zu haben.«[698] Wenn die brasilianischen Kritiker und Journalisten die amerikanische Ausgabe gesehen hätten, hätten sie Munition für noch verheerendere Angriffe gehabt. An herausragender Stelle befindet sich oben auf dem hinteren Buchdeckel eine Passage eines Telegramms von »Lourivel Fontes [sic]«, der lediglich als »Presseleiter, Rio de Janeiro« vorgestellt wird: »Ich bin tief bewegt von Ihrem wundervollen Buch, dessen Seiten die beeindruckendsten sind, die je über Brasilien geschrieben wurden [...] ich sende Ihnen meinen herzlichsten Beifall und Glückwünsche.«

Ein argloser Werbetrick, eingefädelt von Claudio de Souza im Bestreben, der brasilianischen Regierung zu gefallen. Nicht ein einziger nordamerikanischer Leser wurde damit erobert und in Brasilien trug er entscheidend zu der üblen Nachrede bei, die nach der Verbreitung dieses Telegramms in der Presse folgte.[699]

Der Aufruhr im Paradies wurde nicht von einem »boshaften Verleumder« hervorgerufen, sondern vielmehr von einem jüdischen Flüchtling, der nach Brasilien gekommen war, um dort diese »schrecklichen« Feststellungen zu machen:

> Ein Land in rapider und trotz aller werkenden, bauenden, schaffenden, organisierenden Tätigkeit erst beginnender Entwicklung. Ein Land, dessen Wichtigkeit für die kommenden Generationen auch mit den kühnsten Kombinationen nicht auszudenken ist.

---

[698] *Diário de Notícias*, 31.8.1941. Das fremdenfeindliche, gar rassistische Klima verdeutlichte die Kolumne »Seu Isaac e os outros« (Sein Isaak und die anderen) von Ricardo Amaral in der Ausgabe des *Diário* vom 23.8.1941. Der Journalist beschreibt darin eine Bevölkerung mit seltsamer Nasenform, die in den Stadtteil Copacabana »einfällt« und ihn in ein Ghetto verwandelt. Newton Bragas Leitartikel vom 30.8.1941 fordert eine Erhöhung der Immigration von Siedlern und Landwirten – eine klare Stärkung der Position derjenigen, die eine Beschränkung der Einwanderung von Juden verlangten, die fast immer Handwerker, Händler und Freiberufler waren. Er verstärkte auf diese Weise die Angriffe, die Zweig trotz seiner pazifistischen Vergangenheit und seiner Sympathie für die Sozialisten seitens der »fortschrittlichen« Intellektuellen zu erleiden hatte.

[699] Zweig, Stefan: *Brazil. Land of the Future.* Viking Press. New York 1941. Diese amerikanische Ausgabe ist auf den 14.9. datiert und enthält den Hinweis, dass am selben Tag der Vertrieb in Kanada durch Macmillan und in England durch Cassel gestartet wird. Die Information, dass Claudio de Souza der Verbreiter des Telegramms gewesen war, wurde dem Autor von Raimundo Magalhães Jr. gegeben, der für Fontes gearbeitet hatte. Vgl. Raimundo Magalhães Jr., a.a.O.

Auch endgültige Schlüsse, Voraussagen und Prophezeiungen über die wirtschaftliche, finanzielle und politische Zukunft Brasiliens zu geben, muß ich mir redlicherweise versagen.

Denn seiner ethnologischen Struktur gemäß müßte, sofern es den europäischen Nationalitäten- und Rassenwahn übernommen hätte, Brasilien das zerspaltenste, das unfriedlichste und unruhigste Land der Welt sein.

Was sich in dieser Mischung ›zersetzt‹, sind einzig die vehementen und darum gefährlichen Gegensätze.

Jene fürchterliche Spannung, die nun schon seit einem Jahrzehnt an unseren Nerven zerrt, ist hier fast völlig ausgeschaltet; alle Gegensätze, selbst jene im Sozialen, haben hier bedeutend weniger Schärfe und vor allem keine vergiftete Spitze. Hier ist noch nicht die Politik mit all ihren Perfiditäten Angelpunkt des privaten Lebens, nicht Mittelpunkt alles Denkens und Fühlens.

Die Menschen entwickeln unter dem unmerklich erschlaffenden Einfluß des Klimas weniger Stoßkraft, weniger Vehemenz, weniger Dynamik, als gerade die Eigenschaften, die man heutzutage in tragischer Überschätzung als die moralischen Werte eines Volkes anpreist [...].

Es ist ein Land, das den Krieg haßt und noch mehr: das ihn soviel wie gar nicht kennt. [...] Als einzige der iberischen Nationen hat Brasilien keine blutigen Religionsverfolgungen gekannt, nie haben hier die Scheiterhaufen der Inquisition geflammt [...] [Er irrte sich, aber das Thema ist tabu.].[700]

Es ist kein Zufall, daß es [...] heute, da es als Diktatur gilt, mehr individuelle Freiheit und Zufriedenheit kennt als die meisten unserer europäischen Länder. [Ein konstruierter Vergleich: Ganz Europa ist einer Form von Tyrannei unterworfen – mit Ausnahme der Schweiz, Schwedens und Großbritanniens, das alleine Hitler entgegentritt.]

(Ü)berall konnte ich den gleichen – heute so seltenen – Mangel an Mißtrauen gegen den Fremden, gegen den Andersrassigen oder Andersklassigen feststellen.

---

[700] Der Krieg mit Paraguay und die Zerschlagung des Aufstandes von Canudos (erzählt in dem Klassiker *Os Sertões* [*Die Sertões*] von Euclides da Cunha) sind blutige Episoden in der brasilianischen Geschichte, die Zweig ebenso ignorierte wie die Sklavenrevolution. Die Inquisition trug sich in Brasilien in fast drei Jahrhunderten zu, in denen sie auch das Leben in Portugal beherrschte. Ca. 21 Brasilianer oder in Brasilien wohnende Personen wurden zwischen 1536–1821 im Rahmen der Inquisition in Lissabon umgebracht und rund 400 festgenommen und in Autodafés bestraft.

Es ist kein Zufall, daß der Sport, der doch im letzten die Leidenschaft des sich gegenseitig Überholens und Übertreffens darstellt, die ein gut Teil der Verrohung und Entgeistigung unserer Jugend verschuldet, in diesem Klima, das mehr zur Ruhe und zu behaglichem Genießen lockt, nicht jene absurde Überwichtigkeit gewonnen hat […]. [Auch hier täuschte sich Zweig: In einigen Endspielen der südamerikanischen Meisterschaften, während denen der Chauvinismus der Brasilianer, Uruguayer und Argentinier Tausende von Anhängern ansteckte, fanden Kriege fußballerischer Art statt.]

(E)s fehlt nur im Ganzen jene europäische oder nordamerikanische Ungeduld, mittels verdoppelten Einsatzes an Arbeit im Leben doppelt rasch vorwärtszukommen […] Warum nicht morgen – ›amanha, amanha‹ – warum in einer so paradiesischen Welt sich übereilen? […] Der Reichtum ist etwas, wovon man träumt; er soll vom Himmel kommen, und die Funktion dieses Himmels ersetzt in Brasilien die Lotterie.

Denn es ist eine Frage weit über das brasilianische Problem hinaus, ob das friedliche, sich selbst bescheidende Leben von Nationen und Individuen nicht wichtiger ist als der übersteigerte, überhitzte Dynamismus, der eine gegen die andere zum Wettkampf und schließlich zum Kriege treibt, und ob bei dem hundertprozentigen Herausholen aller seiner dynamischen Kräfte nicht etwas im seelischen Erdreich des Menschen durch dieses ständige ›doping‹, diese fiebrige Überhitzung eintrocknet und verdorrt.

Die männliche Superiorität und Autorität sind noch unbestritten und dem Manne vieles verstattet, was der Frau versagt ist […] Emanzipationsbestrebungen oder Frauenrechtlerei haben hier noch keinen Boden gefunden […].

[…] die unterste Masse durch Analphabetismus und räumliche Isolierung an der Herausforderung einer typisch brasilianischen Kultur noch nicht teilnimmt […].

Brasilien hat kein elisabethanisches Zeitalter durchlebt, keinen Hof Ludwig XIV., keine breite bürgerliche theaterfanatische Masse gehabt wie Spanien oder Österreich. Alle theatralische Produktion beruhte bis tief in das Kaiserreich ausschließlich auf Import – und zwar infolge der Riesendistanz auf den Import minderer Truppen und minderer Ware.

Statt das Brasilianische in Brasilien zu verfremden, hat dieser mächtige Einschuß das Brasilianische nur noch stärker, vielfältiger und persönlicher gemacht.

Ein Jahr unter der Ära Getúlio Vargas' kann heute, 1940, mehr leisten wie ein Jahrzehnt unter Dom Pedro II., 1840 [...].

Nichts irriger als zu glauben, die Cariocas, die Leute von Rio, würden durch den Sommer erschöpft und ausgelaugt: im Gegenteil, es ist, als sammelte sich in ihnen diese aufgestaute Hitze zu einem einzigen impulsiven Ausbruch, der dann mit kalendarischer Regelmäßigkeit im Karneval erfolgt. [...] Jeder soziale Unterschied ist aufgehoben [...] es ist wie eines jener Tropengewitter des Sommers. Und nachher wieder das alte stille Gebaren [...].

Und zu all diesen Herrlichkeiten endlich noch diejenige, die die Natur erst vollkommen macht: die große Stille.

Raum ist auch seelische Kraft. Er erweitert den Blick und erweitert die Seele, er gibt dem Menschen, der ihn bewohnt und den er umhüllt, Mut und Vertrauen, sich vorwärts zu wagen; wo Raum ist, da ist nicht nur Zeit, sondern auch Zukunft.

Zweigs lyrische Darstellung erweist sich als besonders zutreffend bei den Themen, die dem Lyrismus nicht eigen sind. Von Roberto Simonsen[701] unterstützt, bringt er die Wahrheiten ans Licht, denen die Mehrheit der Kritiker, unter ihnen Costa Rego, nicht ins Gesicht sehen möchte:

Eine erschreckend große Zahl von Menschen wirkt hier noch immer weder als Produzenten noch als Konsumenten im wirtschaftlichen Leben mit; die Statistik schätzt die Zahl der Leute ohne Beschäftigung oder ohne bestimmte Beschäftigung auf 25 Millionen [...] Noch immer leidet also – medizinisch gesprochen – dieser gewaltige Körper an einer ständigen Zirkulationsstörung, der Blutdruck geht nicht gleichmäßig durch den ganzen Organismus [...].[702]

Das Bild der Misere missfällt den *ufanistas*, aber die Sozialkritiker erheben sich nicht, um ihn zu verteidigen. Sie beschäftigen sich mit den gro-

---

[701] Roberto Simonsen (1889–1948), Ingenieur, Industrieller, Professor für Ökonomie, Historiker und Politiker, war ein Angriffsziel der Integralisten und brasilianischen Antisemitisten, da er väterlicherseits von dänischen Juden abstammte. Er war einer der Vorreiter der *Escola de Sociologia e Política* (Institut für Soziologie und Politik) der *Universidade de São Paulo*, wo er den Lehrstuhl für die Geschichte der brasilianischen Wirtschaft innehatte, und der Verfasser des Klassikers *História Econômica do Brasil* (Die Wirtschaftsgeschichte Brasiliens) von 1937.

[702] *Brasilien*, S. 11–22; 159; 162; 164/165; 167/168; 172; 175; 180; 139; 148; 237/238; 229/230; 149/150; 143/144. Die Original-Übersetzung von Odilon Galloti ist, obwohl korrekt, voller Germanismen, hart und lässt die von Zweig mit großer Deutlichkeit dargelegten Überlegungen unklar erscheinen.

ßen ideologischen Fragen und vergessen dabei die kleinen Projekte, die die Ideologien erst realisierbar machen. Noch vor den nationalistischen und populistischen Kampagnen, die »das Erdöl ist unser« forderten, weist Zweig auf die Abhängigkeit Brasiliens von Kraftstoffen, vor allem hinsichtlich des Erdöls, hin und zeigt die Vorteile des Alkohols auf, der nicht importiert werden muss. Enthusiastisch tritt er für die stärkere Nutzung der Wasserstraßen ein, er möchte die hungernden Bevölkerungsteile der Landwirtschaft nahe bringen und verkündet die Notwendigkeit, die Schienenwege in den Nordosten und Norden auszubauen, bevor es zu spät ist. Ohne jegliche technische Grundlage widersetzt er sich intuitiv dem geografischen Determinismus, der seit dem 18. Jahrhundert die Untersuchung über die tropischen Länder beherrschte und diese zur ewigen Armut verdammte. Zweig verabscheut die Hitze, sieht aber das Klima als wesentliches Element in der harmonischen Vermischung so vieler verschiedener Volksgruppen.

Seine Liste von Empfehlungen erlangt weder einen revolutionären noch messianischen Charakter. Zweig ist ein vernünftiger Utopist mit Vorschlägen, die in jedes schnelle und tragfähige Entwicklungsprogramm passen. Überraschend ist die Vehemenz zugunsten einer offeneren Immigrationspolitik. Er wartet damit nicht bis zum Schluss. Gleich in der Einleitung wird dies so unmissverständlich deutlich, dass es als Motto dienen könnte:

> (E)ine Welt mit Raum für dreihundert, vierhundert, fünfhundert Millionen und einem unermeßlichen, noch kaum zum tausendsten Teile ausgenützten Reichtum unter dieser üppigen und unberührten Erde.

Diese Idee wird in dem Kapitel »Wirtschaft« weiter ausgeführt, in dem er sich über die Notwendigkeit der Besiedlung und Kolonisation der unbewohnten Gebiete ergeht. Dabei begnügt er sich nicht mit Andeutungen und Subtilitäten, er lässt sich von seiner Begeisterung mitreißen: »Hände her nach Brasilien! Hände, Menschen her um jeden Preis! Das zwingt die Regierung, die Immigration, die bisher ein bloßes laissez-faire gewesen, eine passive, gleichgültige Einstellung, durch Anlockung europäischer und asiatischer Einwanderer, systematisch in Schwung zu bringen.«

Menschen hierher zu holen, bedeutet Menschen von dort zu retten. Für diese humanitäre Sache vergisst er auch Förmlichkeiten und Taktgefühl, bittet nicht um Entschuldigung, sondern sagt genau das, was er denkt. Da er aber nicht die aktuelle Regierung kritisieren kann, wendet er sich, auf derselben Klaviatur spielend, gegen die vorherige. Der großherzige Beobachter verwandelt sich in einen glühenden Verfechter einer Sache, seiner Sache. Die Seiten über die Einwanderung sind durchdrungen von einem ungewöhnlichen Mut. Wenn er schon nicht offen gegen Hitler kämpfen kann, hat er doch die Möglichkeit, für dessen Opfer – die europäischen Flüchtlinge – Flagge zu zeigen. Er schließt die Asiaten (Japaner) mit ein, denn ebenso wie die Juden sind sie die größten Leidtragenden der Vorurteile, die bei den mit der Einwanderungskontrolle beauftragten brasilianischen Behörden vorhanden sind.

Zweig scheint gut informiert, daher wagt er es, die Vorbehalte der Regierung Vargas in der Immigrationsfrage zu ignorieren. Bei diesem Thema macht er keine Ausflüchte, weicht nicht aus: »(S)o krankt Brasilien an einer Anämie [an Blutarmut], an einem Zuwenig an Menschen in einem zu großen Raum. Das Heilmittel für die alte Welt und für diese neue Welt zugleich wäre: eine große, gründliche, mit aller Vorsicht und Geduld durchgeführte Transfusion von Blut und Kapital.« Um eine Aufenthaltsgenehmigung zu bekommen, hatte er sich verpflichtet, das Buch zu schreiben. Aber seine persönlichen Überzeugungen hat er damit nicht preisgegeben.

Es ist kein Zufall, dass auf das Kapital »Wirtschaft« die Betrachtung der herzlichen Gesellschaft folgt: »Seit vierhundert Jahren kocht und gärt in der ungeheuren Retorte dieses Landes, immer wieder umgeschüttelt und mit neuem Zusatz versehen, die menschliche Masse.« Ist er noch 1936 über die Warmherzigkeit verblüfft gewesen, so nimmt er sie jetzt an, da er erkannt hat, »daß die Akkolade [die Umarmung] zwischen Brasilianern eine durchaus selbstverständliche Sitte ist, ein Ausstrom natürlicher Herzlichkeit«.[703]

Schilderte Zweig die Wirklichkeit oder ein Ideal? Er irrte sich nicht, er überschätzte Brasilien lediglich. Er beschrieb nicht, was er sah, sondern was er sich wünschte. So wie er es mit seinen Figuren zu machen pflegte, versetzte er sich völlig in das Porträt eines Landes hinein und übertrug seine persönlichen Anliegen und Wunschträume auf diesen Teil der Welt. Er träumte von einem Land, das ihm Seelenfrieden schenken konnte, und bot dem Gastgeber einen großherzigen Spiegel an, in der Überzeugung, dass das skizzierte Bild ihn nicht beleidigen, sondern im Gegenteil stimulieren würde. Seine Absicht, das Land neu zu erfinden, verbarg er nicht.

---

[703] *Brasilien*, S. 11; 136; 146; 151; 158. Die einschlägigsten Stellen zur Immigration sind in der Einleitung (S. 11–22) und in dem Kapitel »Wirtschaft« (S. 92–150) zu finden.

Der Kosmopolit – oder Staatenlose – gönnte sich den Luxus, Patriot eines fremden Landes zu sein. Der seiner eigenen Nationalität verlustig Gegangene, jene verlorene Seele brauchte Identitäten, und seien es imaginäre. Lafcadio Hearn in Japan, Pearl S. Buck in China, Goethe in Italien, Heine in Frankreich, Byron in Griechenland, Tocqueville in den Vereinigten Staaten waren Reisende, die sich gerade, weil sie Reisende und nicht mehr als dies waren, in das Gastland einfügten. Zweigs Fehler war es, den Beobachter und den Beobachtungsgegenstand miteinander zu vermischen. Wer Zweig nicht mochte, dem konnte auch das Brasilien nicht gefallen, das er skizziert hatte.

Erst nach Veröffentlichung des Buches nahm er am Karneval teil, gab jedoch eine zutreffende Vorstellung des Festes und dessen karthatischer Wirkung wieder. Auch den Süden und Mittelwesten des Landes kannte er nicht. Vom Nordosten hatte er in dem von D'Almeida Vítor organisierten Begrüßungsmarathon lediglich die Kehrseite gesehen. Trotz der Über- und Unterschätzungen, Synopsen, Verallgemeinerungen, Vereinfachungen, Abschweifungen und Illusionen machte das »Brazilbook« Sinn, es hätte sogar als Richtschnur für die Entwicklung der brasilianischen Gesellschaft dienen können.

Als Prospekt konzipiert, wurde es zu einer Prospektion. Mehr als ein halbes Jahrhundert später ist es ein unbequemes Repertoire von Desillusionen – und dies ist nicht die Schuld des Autors. Im Rückblick kann es als eine Sammlung von verpassten Gelegenheiten gelesen werden – eine verspätete oder auf unbestimmte Zeit verschobene Zukunft. Ein vergeudeter Wunsch, weil von einem Außenstehenden, einem »Gringo«, geäußert. Die Passagen, in denen die Wirklichkeit nicht mit der Darstellung übereinstimmt, können als mögliche Projekte, als Programm für zukünftige Generationen, als Übung in der Kunst des Werdens und des Erahnens angesehen werden.

Zweig hat *A história do futuro* (Die Geschichte der Zukunft), die theologische Utopie des Jesuiten Antônio Vieira, die in der zweiten Hälfte des 17. Jahrhunderts inmitten Amazoniens begann, nicht gelesen, aber er verwendet das Adjektiv »genial«, um diesen Prediger und Diplomaten, den die Königin Christina von Schweden an ihren Hof holen wollte, zu beschreiben. Einige Seiten lang ergeht er sich über die Fähigkeit des Schülers von Ignacio de Loyola, die Möglichkeiten des enormen Territoriums, das sich in einen Staat verwandelte, vorwegzunehmen.

Die Zukunft ist der wahre Protagonist des Buches, in jedem Kapitel stößt der Autor auf dieses Wort, aber als es darum ging, den Titel auszuwählen, bemerkte er es nicht. Die Idee kam von anderen, er selbst war zu sehr in jener so beängstigenden Gegenwart versunken, um ihre Komponenten zu erkennen – Verheißungen und Hoffnungen.

Mit seiner Verzückung über die Herzlichkeit und dem Bewusstsein, dass darin ein politisches Projekt enthalten ist, bezieht er sich auf die Idee der natürlichen Güte, die schon Humanisten wie Montaigne und Rousseau begeistert hatte und Jahrhunderte später von Oswald de Andrade in seinem *Manifesto antropófago* (Anthropophagie- oder Menschenfresserei-Manifest) proklamiert wurde: »Bevor die Portugiesen Brasilien entdeckten, hatten die Brasilianer die Glückseligkeit entdeckt.«[704] Das Enfant terrible des Modernismus, Oswald de Andrade, konnte sagen, was er wollte, er war der Herr der Definitionen des nationalen Geistes.

Mit dem Buch setzte Zweig die »magische Vision« fort, an die er schon 1936 in seinem Vortrag in der *Academia Brasileira de Letras* erinnert hatte. Eine Wahrnehmung, ein Hauch der Vernunft in einer paradigmenarmen Welt, mehr als dies beabsichtigte er nicht – schließlich war er kein Journalist, Geograf, Anthropologe oder Statistiker, sondern ein Dichter. Und die Dichter sind seiner Ansicht nach die Baumeister der Welt.

Die Vorstellung des mittels innerer Kräfte zur Vollkommenheit gelangenden Wesens kommt aus der Sturm-und-Drang-Bewegung. In das tropische Paradies versetzt, hätte der junge Goethe eine ähnliche Idealisierung vorgenommen. Vor dem Ersten Weltkrieg war Zweig aus Faszination für Émile Verhaeren für die Bejahung, die Bekräftigung des Humanismus eingetreten. Jetzt möchten ihm die Wächter des Paradieses seinen Hoffnungsschimmer rauben. Sie malen sich nicht die Konsequenzen aus.

Um die Enttäuschung des verlorenen Paradieses, die den Menschen von Beginn an verfolgt, zu vermeiden, liefert Zweig die Utopie in der Zukunft. Selbst in die vom Meer aus betrachtete Landschaft der Schlüsselstadt Rio de Janeiro fügt sich, in Fels gehauen, die bevorzugte rhetorische Bezeichnung für das Land ein – der schlafende Riese. Diesem Gemeinplatz entgehen, abgesehen von denjenigen, die auf dem Luftweg kommen, nur wenige Reisende.

---

[704] Schwartz, Jorge (Hg.): *Da Antropofagia a Brasília. Brasil 1920–1950* (Von der Anthropophagie zu Brasília. Brasilien 1920–1950). Museu de Arte Brasileira/Fundação Álvares Penteado. São Paulo. November 2002, S. 474 Das Manifest wurde 1928 veröffentlicht, sechs Jahre nach dem denkwürdigen Ereignis von 1922, der *Semana da Arte Moderna*. Darin wurde die Anthropophagie zu einem Verfahren erklärt, andere Kulturen in die brasilianische Identität aufzunehmen.

Der Verfasser des Vorwortes und der Übersetzer hätten den Verdruss vermeiden können. Sie kannten ihre Landsleute, die Art, Dinge zu sagen, um Missverständnisse nicht aufkommen zu lassen. Afrânio Peixoto, ein renommierter Intellektueller, war von Koogan ausgewählt worden, um ein Vorwort zu schreiben und damit eventuellen falschen Auslegungen vorzubeugen. Doch er verschlimmerte alles nur, indem er in den ersten Absätzen nachdrücklich versicherte, dass Zweig »weder beim [Palácio de] Catete, noch beim Itamaraty, noch bei den Botschaften, noch bei der Academia, noch beim DIP, noch bei den Zeitungen, noch bei den Radiostationen, noch in den Hotelpalästen« gewesen sei.

Ein himmelschreiender Fehler, für alle erkennbar: Zweig hatte jeden dieser Orte ostentativ und treuherzig aufgesucht, einige während seiner ersten Reise, andere auf seiner zweiten, ohne sich jemals vorzustellen, dass diese Höflichkeitsbesuche als Vasallentum verstanden werden würden. Peixoto log, als er behauptete, dass Zweig Bahia auf eigene Kosten besucht hätte. Alle wussten, dass die Reise in den Nordosten des Landes von der Regierung Vargas finanziell unterstützt worden war. Es war eine unnötige Provokation, dass alle dies zu dementieren versuchten.[705]

Afrânio Peixoto, ein Rechtsmediziner (als Vater der brasilianischen Kriminologie angesehen), war einer der vier Mitglieder der *Academia Brasileira de Letras*, die gegen eine Aufnahme von Getúlio Vargas in die *Academia* gestimmt hatten. Der politische Mut brachte ihm nicht viel literarisches Ansehen und das Sympathiedefizit übertrug sich auf den ihn sehr schätzenden Zweig. Die Nähe zu ihm war Zweig nur in den Salons von Nutzen, außerhalb derer steigerten Peixotos mondäner Lebensstil und dessen Erstlingswerk (der auf die Schnelle geschriebene Roman *A esfinge* [Der Sphinx], der seine Aufnahme in die *Academia* rechtfertigen sollte und der vor allem das weibliche Leserpublikum erobert hatte), nur den Unwillen der Kritiker.

Mit der Übersetzung von Zweigs Brasilienbuch war der Arzt Odilon Galloti betraut worden, ein prestigeträchtiger Name in der im Entstehen begriffenen brasilianischen Psychiatrie, der keinerlei Affinität zur Literatur besaß – die Übersetzung fiel sehr linear aus, der Übersetzer scheint sich nicht um seine Rolle als Mitarbeiter gekümmert zu haben. Zweig kannte ihn nicht, und so sprach er, als er Koogan für die Qualität des Buches lobte, zwar von der Übersetzung, erwähnte jedoch nicht den

---

[705] Peixoto, Afrânio: »Prefácio« (Vorwort) in: Zweig, Stefan: *Brasil. País do futuro*. Editora Guanabara. Rio de Janeiro 1941, S. VII/VIII. Auch die Reise nach Minas Gerais sechs Monate zuvor geschah auf Einladung des dortigen Gouverneurs hin.

Übersetzer, legte vielmehr »ein Wort für Peixoto« bei (der wohl, wie erbeten, die Endrevision gemacht haben muss).[706] Das mit dem Rassisten Gobineau verbundene Motto, das unfreiwilligerweise als Titel des Buches gedient hatte, war mehr noch als bei den antifaschistischen Franzosen, denen es nicht behagte, in den progressistischen, literarischen Kreisen von desaströser Wirkung. Um die ungeschickte Wahl zu bereinigen, wurde eine noch desaströsere Lösung gewählt: Das Zitat wurde in den folgenden, posthumen brasilianischen Ausgaben weggelassen. Vom brasilianischen Paradies des friedlichen Zusammenlebens aller Rassen und Völker fasziniert, hatte Zweig, ebensowenig wie Peixoto und Galloti, auf das reaktionäre Image des französischen Diplomaten geachtet. Auch in den mit Koogan in Verbindung stehenden Intellektuellenkreisen gab es niemanden, der angesichts des politisch nicht korrekten Adressaten von Anton Prokesch Graf von Ostens Brief aufgehorcht hätte.[707]

Zweig machte sich keine Gedanken um Gobineau (er gab nicht einmal dessen vollständigen Namen an). In Wahrheit fühlte er sich von seinem Landsmann herausgefordert, der den Gelehrten einlud, jene prächtige Natur und die exotischen Ideen, die sie hervorzubringen fähig war, zu erforschen.

Das Bild vom »Land der Zukunft« ist uralt: Es war der erste Eindruck der Entdecker, der sich wiederholen und den Zeitläuften standhalten sollte. So findet man es in der *Carta do achamento do Brasil* (Brief über die Entdeckung Brasiliens), den Pero Vaz de Caminha 1500 an den König Dom Manuel von Portugal schrieb, in Amerigo Vespuccis *Mundus Novus* (1504) und in den Berichten, die diesen beiden nachfolgten. Das Land ist so reich und so voller Verheißungen, dass jeder Reisende es nicht still zu betrachten vermag, sondern sich vielmehr gezwungen fühlt, vor Begeisterung laut zu jubeln.

Das erste »Land der Zukunft«, das bekannt ist, erschien 1909, *Brazilië. Een Land der Toekomst*, ein 400 Seiten umfassendes Werk von N.R. de

---

[706] *Briefe SZ-Koogan*, 1.8.1941. Odilon Galloti (1888–1959) war einer der Vorreiter der brasilianischen Neurologie und Psychiatrie und einer der Übersetzer der ersten brasilianischen Ausgabe von Sigmund Freuds Werken (die ebenfalls in Koogans *Editora Guanabara* erschienen und bei der Elias Davidovich, ein weiterer Zweig-Übersetzer, mitgearbeitet hatte).

[707] Das Motto erschien in der ersten brasilianischen Ausgabe, die von Zweig 1941 noch begutachtet worden war, sowie in den Neuauflagen der Gesammelten Werke der 40er Jahre. Aber in den späteren Ausgaben war es auf mysteriöse Weise verschwunden. In den deutschen, amerikanischen und schwedischen Ausgaben ist es weiterhin vorhanden.

Leeuw. Wenig später, 1912, veröffentlichte der Konsul Heinrich Schüler, der im selben Jahr das erste deutsche Lateinamerika-Institut ins Leben rief, das Buch *Brasilien. Ein Land der Zukunft*, ein gleichnamiger Vorgänger von Zweigs Werk, der bis 1924 mehrfach aufgelegt wurde.[708]

Aus Anlass des hundertsten Jahrestages der Unabhängigkeit des Landes schrieb der Italiener Francesco Bianco 1922 *Il paese dell'avenire* (Das Land der Zukunft), eine Studie über den italienischen Anteil am Aufbau Brasiliens (der Autor begleitete die Delegation bei den Feierlichkeiten). Darin zitiert Bianco *O gigante que dorme* (Der schlafende Riese) von Manoel Bernadez und nimmt Zweigs Kernaussage vorweg: Lateinamerika ist das Heilmittel für die Krankheiten Europas. Nach der Hölle des Ersten Weltkrieges sieht Bianco Brasilien als idyllisches Elixier. Nach den obligatorischen Übertreibungen zieht er die Schlussfolgerung: »Das Brasilien der Zukunft, noch wunderschöner als das der Gegenwart, wird eine wahre Schöpfung seiner Flüsse sein.«[709]

Zwei Jahre zuvor hatte der belgische Journalist Charles de Bernard, ebenfalls Begleiter einer wichtigen Abordnung von Hoheitsträgern seines Landes, das Werk *Où dorment les atlantes. Paysages brésiliennes* geschrieben, eine Anspielung auf die Riesen, die die Welt stützen.[710] Der Italiener Bianco betrachtet Brasilien als tropischen Teil Italiens, der Belgier meint in Rio de Janeiro ein kleines Paris auszumachen. Zweig, im Wiener Garten geboren, hat nur Augen für das Land der Harmonie und Versöhnung. Jeder Reisende macht aus derselben Route eine andere Reise. Reisende erklären das Fremde immer ausgehend von dem, woran es ihnen in der Heimat mangelt.

Obwohl er nicht Jiddisch las, ist es gut möglich, dass Zweig von der 1928 erschienen Abhandlung *Brazilie. A tsukunftsland far di jüdischer imigratsie*, geschrieben von einem der Rabbiner der jüdischen Gemeinde Rio de Janeiros, Dr. Isaías Raffalovich, gehört hat. Wie dieser insistiert Zweig auf der unbegrenzten Kapazität des Landes, Flüchtlinge aufnehmen zu können.[711]

---

[708] Vgl. Leeuw, N.R. de: *Brazilië. Een Land der Toekomst*. Bussy. Amsterdam 1909. Schüler, Heinrich: *Brasilien. Ein Land der Zukunft*. Deutsche Verlagsanstalt. Stuttgart 1912.
[709] Bianco, Francesco: *Il paese dell'avenire*. A. Mondadori. Rom 1922. S. 79.
[710] Vgl. Bernard, Charles de: *Où dorment les atlantes. Paysages brésiliennes*. Edition du Dauphin. Antwerpen 1921. Der Besuch fand im September/Oktober 1920 statt. Die Metapher der Atlanten deutet an, dass Brasilien einmal die Stütze der Menschheit sein wird.
[711] Die Broschüre wurde in Berlin unter der Schirmherrschaft der HIAS-JCA (jüdische Emigrantenhilfsorganisationen) herausgebracht. Als Zweig nach Brasilien kam, war Raffalovich (1870–1956) schon nach Palästina zurückgekehrt. Während seines Auf-

Während seines ersten São Paulo-Besuches veröffentlichte der *Estado de São Paulo* 1936 gerade eine Artikelreihe unter dem Titel »Brasil, país do futuro« (Brasilien, Land der Zukunft), verfasst von einem anderen Italiener, L.V. Giovanetti. Zweig könnte den zweiten Beitrag aus dieser Reihe gelesen haben: »Wenn Brasilien die Einwohnerzahl von hundert Millionen erreicht haben wird, wird es auch an einem so hohen technischen Entwicklungsstand angelangt sein, dass es dann eines der bestentwickelten und stärksten Länder sein wird.«[712]

Im Buch von Luc Durtain, einem Gefährten aus dem Kreis der intellektuellen Bohemiens in Paris und Mitstreiter im Einsatz für die pazifistische Sache während des Ersten Weltkrieges, stieß Zweig auf konkretere Anregungen. Wie es scheint, war es Friderike, die ihren Ehemann, als er 1936 von seinem südamerikanischen Triumphzug zurückkehrte, auf das Buch des Freundes aufmerksam machte. In ihrer gewohnten Art gab sie zu verstehen, dass Zweigs Bericht von der Reise sicherlich interessanter sein würde.[713]

Durtain (eigentlich André Nepveu), eine Mischung aus Emil Ludwig und Pierre van Paassen, war in jenen Jahren sehr bekannt. Während des Ersten Weltkrieges leistete er als Militärarzt Dienst. Danach widmete er sich wieder der Dichtung, den Reisebüchern und Reportagen. Zweig und er hatten viele gemeinsame Freunde wie Georges Duhamel, Jules Romains, Pierre Jouve und Frans Masereel. Mit seinen Arbeiten beabsichtigte Durtain, über den modernen Menschen, das neue sowjetische Wesen, die Erweckung der Afroamerikaner und die Hintergründe von Hollywood aufzuklären – ein Schriftsteller des vergangenen Jahrhunderts, dem die Phänomene der Gegenwart keine Angst machten.

Genau zum Zeitpunkt des Ausbruchs der Revolution von 1930, die Vargas an die Macht bringen sollte, war Durtain in Brasilien gewesen. Aus dieser Erfahrung entstand das Buch *Vers la ville kilomètre 3* von 1933,

---

enthaltes in Brasilien wurden 30 jüdische Schulen gegründet sowie eine Lehrerausbildung geschaffen. Zweig hätte auch durch seinen Kontakt zu den Territorialisten von dieser Informationsschrift hören können, denn in jenen Jahren arbeiteten die beiden Organisationen HIAS und JCA mit der JTO zusammen. Als Zweig 1936 Brasilien das erste Mal besuchte, veröffentlichte man in Deutschland eine andere Einladung zur Emigration für deutsche Juden – eine Reaktion auf die Gefahr des aufsteigenden Nationalsozialismus. Vgl. Frankenstein, Herbert: *Brasilien als Aufnahmeland der jüdischen Auswanderung aus Deutschland*. Joseph Jastrow Verlagsbuchhandlung. Berlin 1936.

[712] *O Estado de São Paulo*, 25. 8. 1936 (vier Tage nach Zweigs Ankunft in Rio de Janeiro) und 2. 9. 1936 (als er schon in São Paulo war).
[713] Briefe SZ-FZ, 29. 9. 1936, adressiert an das Schiff *Almanzora* in Vigo.

dessen brasilianische Ausgabe unter dem Titel *Imagens do Brasil e do pampa* (Bilder von Brasilien und der Pampa) erschien. Durtain spricht darin von der »Partei der Menschlichkeit« und dem »apolitischen Solidarismus«, Grundgedanken, die Zweig 1936 so oft wiederholte und die soviel Unbehagen unter den engagierten Intellektuellen hervorriefen. Durtain bedient sich auch des Ausdrucks der »geistigen Einheit der Welt«, eines von Zweigs Lieblingsthemen. Wie Zweig weist er auf die Faszination der Brasilianer für das Lotterie- und Glücksspiel hin. Und wie alle stolpert er über die Metapher des schlafenden Riesen. Nachdem er Brasilien als eines der fünf Länder von internationaler Bedeutung eingestuft hat, beschließt er das kleine Buch, das von einem Prophetismus geprägt ist, der sich nicht sehr viel von dem unterscheidet, den sich sein Freund ein Jahrzehnt später zu Eigen machen wird: »Die Zukunft macht sich wie ein dichter Wald von Mechanismen und Gesetze aus: Brasilien wird bis in alle Zeit immer die Vorratskammer der Seelen sein.« Zweig hat Brasilien nicht allein erfunden, er war lediglich der einzige, der für seine Darstellung bestraft wurde.[714]

Land der Zukunft. Reise in Brasilien von Hermann Ullmann ging Zweigs Loblied vier Jahre voraus. Und trotz des identischen Titels lieferte es eine diametral entgegengesetzte Sichtweise. Wo Zweig das Paradies des friedlichen Zusammenlebens der Rassen ausmacht, verbirgt der andere, offen die Überlegenheit der »arischen« Rasse vertretend, nicht seine Ansicht, dass die Vermischung mit den »Negern« ein degeneriertes Volk hervorbringt. Wo Zweig Möglichkeiten für das Aufblühen von Versöhnung entdeckt, findet Ullmann Gründe, um tief verwurzelte, reaktionäre Ansichten zu äußern. Er geht soweit, den »Negern« »eine subversive Rolle« zuzuschreiben, »die sich in bolschewistischen Bewegungen manifestieren werde«.[715]

---

[714] Durtain, Luc: *Vers la ville kilomètre 3*. Editions Flammarion. Paris 1933, S. 148. Luc Durtain (1881–1959) schrieb während seines Aufenthaltes in Brasilien eine Reihe von Gedichten, die 1936 von Guilherme de Almeida als *Suíte brasileira* (Brasilianische Suite) übersetzt wurden, im selben Jahr also, in dem der brasilianische Dichter mit Zweig in São Paulo zusammentraf. Weitere Werke Durtains sind: *L'Autre Europe, Moscou et sa foi, Captain OK, Dieux blancs* und *Hollywood dépassé*. Er stand einige Zeit der 1906 von Duhamel gegründeten Gruppe *L'Abbaye*, besonders Jules Romains, nahe. 1939 veröffentlichte er den Roman *La guerre n'existe pas* über die Grausamkeit des Ersten Weltkrieges. In den Erinnerungen von Zweig wird Durtain zweimal (S. 162; 232) erwähnt.
[715] Lisboa, Karin M.: »Viajantes de língua alemã no Brasil: visões sobre a diversidade étnica e a questão racial, 1893–1942« (Deutschsprachige Brasilienreisende: Visionen von den ethnischen Unterschieden und der Rassenfrage 1893–1942) in: Martius-Staden-Jahrbuch 2003, Nr. 50, S. 107–141, S. 135. Hermann Ullmann (1884–1958)

Der Schriftsteller Zweig geht rasch über die Politik hinweg, der Journalist Ullmann ist von ihr vergiftet – er kommt aus einem angespannten Deutschland, aus einem Europa, das sich laut ihm in heftigen Kämpfen der Völker und Rassen aufrieb. Er führt eine »bolschewistische Gefahr« an, die in den großen, vom Exodus der Landbevölkerung überfüllten Städten gären und durch die regionalen Unterschiede verschlimmert würde. Ullmann wirkt nicht wie ein Nationalsozialist, er ist eher ein klassischer deutscher rechter Nationalist, was den übermäßigen Gebrauch von Wörtern wie »Bolschewismus« und »bolschewistisch« erklärt.

Beide kamen praktisch zur selben Zeit nach Brasilien: Als Zweig zum ersten Mal in das Land reiste, legte die *Alcântara* am 10. August 1936 in Vigo ab, also in dem Augenblick, in dem sich die ersten Kämpfe des spanischen Bürgerkriegs entwickelten. An Bord des Zeppelins *Hindenburg* überflog Ullmann Spanien ebenfalls in den ersten Tagen dieses Krieges.

Ullmann sah die Fragilität jenes postfeudalen Kapitalismus, während Zweig nur auf dessen Potenzial achtete. Beide erkannten den enormen Bedarf Brasiliens an Händen, die anpacken können: In Ullmanns Land der Zukunft sind die brasilianischen »Nativisten« bemüht, zu verhindern, dass Immigranten ihre Kulturen aufrechterhalten (er hatte die deutschen Gemeinden im Süden des Landes besucht). Das Wichtigste von Zweigs Land der Zukunft ist dessen Fähigkeit, zu verschmelzen, zu verbinden.

Der deutsche Nationalist möchte den brasilianischen Nationalismus und die Grenzen niederreißen, die seinen Interessen Schaden zufügen könnten. Der österreichische Internationalist hat keine Interessen, er hat Träume, einer davon ist die »geistige Einheit der Welt«. Zweig wurde beschuldigt, von der Regierung Vargas »gekauft« worden zu sein, aber man weiß nicht, wer für Ullmanns kostspielige Reise aufkam. Es genügt nur, zu wissen, dass Ullmanns Bericht mit einer Hommage an die Macht des Willens endet, die sich nicht sehr von Leni Riefenstahls Film *Triumph des Willens* unterscheidet.[716]

---

war von 1918 bis 1937 Redakteur der Zeitschrift *Deutsche Arbeit*. Später arbeitete er als Berichterstatter der *Berliner Börsenzeitung*, seit 1947 war er beim Lutherischen Weltbund in Genf tätig. Außer diesem Buch hat er noch Geschichtsbücher verfasst, so z. B. *Geschichte des deutschen Volkes 1919–1933*. Vgl. Ullmann, Hermann: *Land der Zukunft, Reise in Brasilien*. Eugen Diederichs Verlag. Jena 1937.

[716] Brasilien war in der Vorkriegszeit in Mode. Im selben Jahr wie Ullmanns Buch erschien auch ein schöner Bildband des Fotografen Peter Füss mit dem englischen Titel *Brazil* (Atlantis Verlag. Berlin/Zürich 1937).

Auf den Wanderschaften der letzten Jahre trägt Zweig die 1906 in London erstandene Zeichnung *King John* von William Blake wie ein Amulett mit sich. Der visionäre Dichter und mystische Künstler, mit dem er so viele Gemeinsamkeiten teilt (sie waren sogar am selben Tag, dem 28. November, geboren), erschuf eine Mythologie der Nationen und stellte darin eine Liste von 32 besonderen Nationen auf, Inselländer, an den Toren Jerusalems gelegen und dazu bestimmt, dem Rest der Welt Glückseligkeit zu bringen – Brasilien ist das 32. auf der Liste. Vier der aufgeführten Länder liegen in Südamerika: außer Brasilien sind es Peru, Patagonien und Amazonien. Zweig kannte Blake und seine prophetischen Visionen:

> As in the times of old! O Albion awake! Reuben wanders/
> The Nations wait for Jerusalem, they look up for the Bride/
> France Spain Italy Germany Poland Russia Sweden Turkey/
> Arabia Palestine Persia Hindostan China Tartary Siberia
> Egypt Lybia Ethiopia Guinea Caffraria Negroland Morocco/
> Congo Zaara Canada Greenland Carolina Mexico
> Peru Patagonia Amazonia Brazil. Thirty-two Nations/
> And under these Thirty-two Classes of Islands in the Ocean/
> All Nations Peoples & Tongues throughout all the Earth[717]

Die von Prokesch Graf von Osten erfundene *terre d'avenir* hatte Zweig nicht besonders berührt, die Zukunft stand nicht auf seinem Terminplan. Er stolperte über sie. Eine mit dem tropischen Humanismus verbündete brasilianische Zivilisation weckt das visionäre Talent, das in dem in Brasilien gelandeten Fremden geschlummert hat. Später werden die *brazilianistas*, Amerikaner und Europäer, auftauchen, um mit wissenschaftlichen Mitteln die unter der dicken Schicht der Verheißungen verborgenen Realitäten zutage zu fördern.

Trotz des Enthusiasmus gibt es jemanden, der diskrete Vorbehalte registriert:

---

[717] Blake, William: *Jerusalem. The Emination of the Giant Albion.* Herausgegeben von Morton D. Paley. The William Blake Trust/The Tate Gallery. London 1991, S. 250. Eines von WilIliam Blakes (1757–1827) visionären Gedichten ist *Jerusalem*, in dem der Dichter und Zeichner Brasilien als eine der 32 Nationen nennt, die die Welt regieren werden. 1906 übersetzte Zweig unter dem Titel *Die visionäre Kunstphilosophie des William Blake* Archibald B. Russels Buch über Blake aus dem Englischen und besprach 1907 in der *Frankfurter Zeitung* die Blake-Ausstellung in London. Vgl. *Klawiter 1*, S. 321; 434. *Friderike 3*, S. 34.

Obwohl er [Zweig] den Leser erfolgreich mit dem Glauben ansteckt, dass Brasilien einzigartig unter den Nationen sei, schimmern seine persönlichen Bedenken durch, wenn auch nur subtil. Dies steht im auffälligen Kontrast zu seinen anderen Werken, in denen er dem Leser derart in den Bannkreis seines eigenen glühenden Glaubens an eine Sache zieht, dass sich die Frage eines Außenvorbleibens nicht stellt.[718]

Der als Patriarch der brasilianischen Soziologie angesehene Roger Bastide, der 17 Jahre in Brasilien lebte, kam zusammen mit anderen französischen Professoren, um die *Universidade de São Paulo* zu gründen. Er verfasste mehr als ein halbes Dutzend Werke über das Land. In *Brésil, terre des contrastes* von 1957 bestätigt der französische Wissenschaftler den österreichischen »Seher«:

> Auch der Soziologe, der Brasilien erforscht, weiß nicht mehr, welches Begriffssystem er anwenden soll. Alle Begriffe, die er in europäischen oder nordamerikanischen Ländern gelernt hat, gelten nicht mehr. Das Alte vermischt sich mit dem Neuen. Die geschichtlichen Epochen vermischen sich miteinander. Dieselben Wörter, wie die der »sozialen Klasse« oder »historische Dialektik« haben nicht dieselbe Bedeutung, erlangen nicht dieselben konkreten Wirklichkeiten wieder. Anstelle rigider Konzepte müsste man die Begriffe in gewisser Weise beweglich halten, damit sie fähig sind, die Phänomene der Verschmelzung, des Siedens, der wechselseitigen Durchdringung, die sich in steter Wandlung gemäß einer lebendigen Wirklichkeit bilden, zu beschreiben. Der Soziologe, der Brasilien verstehen möchte, muss sich oftmals in einen Dichter verwandeln.

Mit seinem Vorschlag eines »Mix« von Sozialwissenschaft und Dichtung kann Bastide nicht als vergeistigt oder der Welt entfremdet bezeichnet werden. Seine Studien zur Akkulturation und zum Synkretismus greifen Zweigs Vorstellungen wieder auf. Es ist nicht der erotische Wiener, sondern der französische Descartes-Anhänger, der beobachtet, wie die Sexualität das Vorurteil der Hautfarbe abbaute. Bastide beschuldigte man nicht, der Diktatur unterworfen zu sein, als er zu bedenken gab, »dass die Kräfte des Antagonismus im Inneren der Angleichungs-, Anpassungs- und Assimiliationskräfte existieren, wie auch die letzteren im Inneren der Konfliktkräfte und im Spiel der Kontraste vorhanden sind«.[719]

---

[718] *Allday*, S. 231.
[719] Bastide, Roger: *Brésil, terre des contrastes*. Libraire Hachette. Paris 1957, S. 15/16.
Roger Bastide (1898–1974), französischer Soziologe, erforschte die Religionssozio-

Auch Lévi-Strauss wurde niemals ein Feind Brasiliens genannt:

Brasilien war in meiner Vorstellung eine Garbe gebogener Palmzweige, hinter denen sich bizarre Architekturen verbargen, das Ganze in einen Geruch von Räucherpfannen gehüllt, ein Detail, das sich, so schien es, durch den unbewußt wahrgenommenen Gleichklang der Wörter ›*Brésil*‹ (Brasilien) und ›*grésiller*‹ (knistern) einschlich, das aber mehr als jede andere seither gewonnene Erfahrung erklärt, warum ich noch heute bei dem Wort Brasilien zuerst an Brandgeruch denke. Rückblickend erscheinen mir diese Bilder nicht mehr ganz so willkürlich. Ich habe gelernt, daß sich die Wahrheit einer Situation nicht durch ihre tägliche Beobachtung ergründen läßt, sondern nur durch jene geduldige Destillation, die in die Praxis umzusetzen die Zweideutigkeit des Dufts mich vielleicht schon aufforderte [...]. Eine Forschungsreise ähnelt weniger einer Wegstrecke als einer Ausgrabung: eine flüchtige Szene, ein Stück Landschaft, eine aufgeschnappte Redewendung ermöglichen es als einzige, sonst unergiebige Horizonte zu verstehen und zu deuten.[720]

Man wirft Zweig vor, sentimental und gefühlsselig zu sein. Aber in der Luft liegt Wehmut, der Geruch des Meeres strömt in die Straßen von Rio de Janeiro, und abends erfüllt der Duft des Nachtjasmins die Parks und Gärten. Zweig ist »honigsüß«, aber die Melodien, die über die Pianos gleiten, sind Walzer (»Valsa da dor« [Walzer des Schmerzes], »Valsa de esquina« [Eckwalzer],»Valsas surburbanas« [Vorstadtwalzer]) oder sentimentale *modinhas*. Der Wegbereiter des Walzers in Wien hatte einige Zeit in Brasilien gelebt und ließ ihn auf den hiesigen Pianos, Mandolinen, Geigen, in den Flöten und sogar Blechblaskapellen zurück.[721]

---

logie und Akkulturation der afrobrasilianischen Bevölkerung. 1938 kam er als Nachfolger von Claude Lévi-Strauss mit der zweiten Welle französischer Professoren nach Brasilien, die an der *Universidade de São Paulo* lehrten. Das erste »brasilianische« Buch war »Psicanálise do cafuné e estudos da sociologia estética brasileira« (Die Psychoanalyse der cafuné und Studien der ästhetischen brasilianischen Soziologie). Edição Guaira. São Paulo 1941. Sein brasilianisches Werk umfasst 32 Titel. Die Bezeichnung »avô« (Opa) der brasilianischen Soziologie beruht auf der Tatsache, dass er der Professor von Florestan Fernandes gewesen war, und Fernandes wiederum die Generation von Soziologen unterrichtete, zu der auch der frühere Staatspräsident Fernando Henrique Cardoso (1995–2002) gehört.

[720] *Lévi-Strauss*, S. 39/40.
[721] Sigismund Ritter von Neukomm (1778–1858), ein Haydn-Schüler, führte den Walzer am Wiener Hof ein und lebte von 1816–1821 im Dienst des portugiesischen Königs Dom João VI. in Brasilien. *Modinha* ist eine beliebte brasilianische und portugiesische Liedform zum Thema Liebe.

Zur Musikalität des Volkes machte Zweig nur wenige Ausführungen, aber er fing die musikalischen Schwingungen ein. Man wird nie erfahren, ob er irgendwann einmal den Salontango *O despertar da montanha* (das Erwachen des Berges), einen der größten Erfolge der ersten Jahrzehnte des 20. Jahrhunderts, den großartigen Auftakt der *Alvorada* (Morgendämmerung) aus der Oper *Lo schiavo* von Carlos Gomes oder das berührende *Rasga coração* (Herzzerreißen) vernommen hat. Aber in irgendeiner Form haben sie ihn erreicht. Der Nostalgiker war in gewisser Weise berührt von dem leisen Ton der *serestas,* der *choros, chorinhos,* der Traurige hörte die zu Herzen gehenden *Cellos* von Villa-Lobos, die Träumerei der gezupften Saiten. Zweig wusste nicht, was ein *samba-canção* ist, aber er wusste, was ein Lied ist – er fand sie beide miteinander vermischt in den Gassen und Winkeln der Stadt. Er hat sich in das liebenswerte Land verliebt, es ist nicht seine Schuld.[722]

Auf dem Gebiet der Politik scheiterte er, weil er die Vargas-Diktatur als etwas Irrelevantes, als ein geringes Übel einschätzte. Er ignorierte die atavistische Last der Repression und Passivität, die zu dem aggressiven Aufschwung des *Estado Novo* führte. Vom Regierungsapparat vereinnahmt, vermochte er während seiner zwei kurzzeitigen Aufenthalte vor der Veröffentlichung des Buches nicht zu erkennen, was vor sich ging; bei seinem dritten war es zu spät – für ihn und für seine Lobeshymne.

Es hatte ihm an Informationen und Informanten gefehlt, die imstande gewesen wären, ihn auf die Tücken hinzuweisen, die mehr als ein halbes Jahrhundert später noch immer die Historiker verwirren. Die Gruppe, die mit ihren Liebenswürdigkeiten einen der berühmtesten Autoren des vorherigen Jahrzehnts nun in Schwierigkeit brachte, wollte sich mit ihm in ihren Kreisen schmücken. In diesem Punkt erwies sich der brasilianische Verleger Koogan dem Deutschen Kippenberg ähnlicher als dem Amerikaner Huebsch oder dem Portugiesen Fraga Lamares. Er wusste ihn nicht zu beschützen oder beschützte ihn zu sehr.

Die Nachsicht mit der Diktatur kann nicht Zweig allein angelastet werden. Keiner seiner Kritiker wagte es, ihn für seine Unterschätzung des politischen Regimes zu verurteilen – einige waren im Exil, andere untergetaucht. Die Mehrheit jedoch genoss die Privilegien der milden

---

[722] *Serestas,* von der italienischen Serenade abstammend, war in den 40er Jahren an den Straßenecken zu hören. *Choro,* eine Musik sentimentalen Charakters, wurde von populären Gruppen gespielt. *Chorinho* ist eine vereinfachte Form davon (die Villa-Lobos in seine klassische Kompositionen aufgenommen hat). *Samba-canção* war in den 30er und 40er Jahren sehr in Mode, er ist weniger synkopisch, melodisch als der eigentliche Samba, die Texte sind sehr gefühlvoll.

Diktatur. 1938 hatte Rolland Zweig im Zusammenhang mit dessen Portugal-Reise in seinem Tagebuch mit Leonardo da Vinci verglichen, der die Atmosphäre des intelligenten Tyrannen gebraucht hätte, um die eigene Freiheit zu schätzen.[723] Das Gegenteil war der Fall: In dem durch den Autoritarismus gebändigten Brasilien verausgabte sich Zweig, innerlich zerrissen.

> (H)ier liebt man das nicht, was wir lieben, die weise Ruhe und Hingabe ans Leben, die Güte und Toleranz, man ist stolz auf die Hochbauten, die Organisation; sie wissen noch nicht, wohin das führt, und wir wissen es. Mein Gott, wie würden Sie das einfache Volk hier lieben: höflich, voll innerer Cultur [sic] und Güte bei zerflickten Hosen und barfuß.

Er schreibt dies seinem lieben Freund Berthold Viertel auf dem Höhepunkt der Abrechnung seitens der Presse.[724] Wenn er die zerflickten Hosen und Barfüßigkeit in seinem Buch erwähnt hätte, hätte es denjenigen missfallen, die ihn »verpflichtet« hatten, es zu schreiben. Das Unglück von Visionären ist ein Zweifaches: Den Zeitgenossen missfallen sie, und die Nachkommen sind ihrer überdrüssig.

Zur gleichen Zeit beendet Georges Bernanos in seinem Refugium in Barbacena die *Lettre aux anglais*, einen Ruf der Solidarität und des Ansporns an die Engländer, die allein die deutschen Angriffe durchstehen. In seiner an die Brasilianer gerichteten Einleitung wiederholt der energische Franzose die Ansichten des melancholischen Wieners, jedoch mit anderer Intonisation:

> Nach drei Jahren habe ich übrigens nur wenige Eurer Intellektuellen kennen gelernt, da ich immer unter Euren Bauern gelebt habe. Es sind Eure Bauern, durch die ich Eure Intellektuellen verstehen gelernt habe – dies ist die Wahrheit. Ich habe verstanden, dass sich Eure Intellektuellen unserer Kultur gegen einen bestimmten Lebensentwurf bedienen, den Euer Volk aus Instinkt zurückweist [...]. Eure Intellektuellen bedienen sich unserer Kultur, da sie für sie das geeignetste Mittel zur allgemeinen Verteidigung ist; aber es ist dem Volk eigen, dass es ein fast physisches Gefühl für die laufende Gefahr, den Willen, diese zu besiegen, besitzt. [...] Euer Volk weiß, dass es von Übermenschen nichts Gutes zu erwarten hat, noch weniger von einer von Übermenschen geschaffenen Gesellschaft. Euer Volk misstraut Übermenschen, aber die Übermenschen misstrauen nicht weniger Eurem Volk [...] Sie wissen sehr genau, dass wir mit der Weigerung, gemäß des Rhythmus zu leben, den sie

---

[723] Tagebucheintragung im Januar 1938 zit. nach: *Rolland 5*, S. 31/32.
[724] *Briefe SZ-Freunde*, 28.10.1941.

dem menschlichen Streben aufzuerlegen beabsichtigen, früher oder später all ihre Vorhaben gefährden. Denn ihre hysterische Aktivität kann weder abgewendet noch verlangsamt werden [...]. Die Organisation der Welt, die sie uns vorschlagen, ist nur eine große Spekulation über fiktive Werte, ein Bluff; sie verschlingt die Arbeit des Menschen, bevor sie ihn selbst verschlingt. [...] Ihr seid im Begriff einen reellen Wert in die Welt einzuführen [...] nämlich die Gesetze des Lebens zu respektieren. Oh! Dies ist keine plumpe Schmeichelei: Ich behaupte nicht, dass Euer Volk genau den Wert dessen, was es geschaffen hat, kennt oder gar, dass es ein Bewusstsein für das Geschaffene hat. Wenn ihm dieses Bewusstsein – klar und deutlich – gekommen sein wird, wird es den besten Teil, den schwersten Teil seines Schicksals gefunden haben. [...] Euer Volk wächst wie ein Baum [...]. Euer Volk wird größer, ohne es zu wissen – wie wir selbst einst größer wurden – es ist die beste Art, sich normal zu entwickeln, ohne Gefahr zu laufen, die ursprünglichen Proportionen zu verlieren, früher oder später der Kopf eines Riesen auf dem Körper eines Zwergs zu sein. [...] Hört auf mich: [...] Bevor Ihr den Hunger, den Durst und das Fieber besiegt haben werdet, werdet Ihr sehr viel eher der Welt einen Schatz gegeben haben, tausendfach wertvoller als die Weiden und Obstgärten, Ihr werdet ihr ein freies, ein von der Freiheit geformtes Volk gegeben haben.[725]

Als das Buch von Bernanos Anfang 1942 erscheint, prangert es die brasilianische Linke als Hymne an die Resignation an. Die Intellektuellen rümpfen die Nase, vor allem diejenigen, die sich den Katholiken widersetzen, die Bernanos Schutz gewährt haben. Im Ausland findet *Lettre aux anglais* aufgrund der kämpferischen Haltung dieses chauvinistischen Monarchisten, der schon in Nachbarschaft des Faschismus gelebt hat und nun mit seiner Trompete den Widerstandsgeist gegen den Faschismus wachruft, eine größere Resonanz. Kritik oder Applaus – durch nichts lässt sich der Streitbare aus Barbacena beirren.

Auch Bernanos lässt die Diktatur des *Estado Novo* außen vor, missbraucht aber das Wort »Freiheit«. Die Prognose für das Brasilien dieses stimm- und wortgewaltigen Autors weist die falsche Vorstellung eines

---

[725] Bernanos, Georges: *Lettre aux anglais*. Atlantica Editora. Rio de Janeiro 1942, S. VII–XI. Obwohl das Buch an die Engländer gerichtet war, wandte sich Bernanos in einigen Abschnitten des Vorwortes an die Brasilianer. Der offene Brief, den er im Januar 1942, also nach dem Erscheinen von Zweigs Buch, fertig stellte, enthält unter anderem auch Texte, die er im Dezember 1940, kurz nach der französischen Kapitulation, zu schreiben begonnen hatte. Das Buch hatte eine Auflage von 6.000 Exemplaren und war für ein frankophiles Leserpublikum in der freien Welt gedacht.

schnellen Fortschritts zurück. Darin gleicht sie der Eloge, die Zweig auf das rustikale und sanfte Land anstimmt.[726]

Die Streiche des urbrasilianischen Monteiro Lobato, eine Mischung aus Empörung, Quijotismus, Satire und Traum, waren auch nicht geglückter. Er wäre in der Verbannung geendet, wären da nicht die unzähligen Kinderbücher, die ihn zu dem größten Bestseller-Autoren seiner Zeit und geistigen Vater von Generationen von Brasilianern werden ließen. Lobato, eine seltene Mischung aus Soziologe, Fazendeiro, Gesundheitsexperte, Journalist, Marketing-Mann, Schriftsteller, Verleger, Unternehmer, Aktivist, Utopist, Visionär und politischer Agitator, erzürnte Sekten und Parteien, Avantgardisten und Konservative. Während er in der Ästhetik eine konservative Haltung vertrat, war er hinsichtlich eines geistigen und sozialen Fortschritts des Landes auf der Seite der Modernisten.

Seine miteinander in Konflikt stehenden, aber immer zornigen Kreuzzüge hatten mit der Erfindung der Figur des *Jeca Tatu* begonnen, die zum Sinnbild des unwissenden und wehrlosen *caboclo* wurde, und in der Folge die Gestalt des *Saci Pererê*, des einbeinigen Schlauen – der Archetyp des Gauners – populär gemacht. Lobato ging von einem uneingeschränkten Lob des Kapitalismus Henry Fords zur leidenschaftlichen Verteidigung des nationalen Erdöls über. Er flirtete mit dem Amerikanismus und dem Kommunismus, war patriotisch und anglophil – der Prototyp des brasilianischen Kontrasts. Zweig hatte den Schriftsteller 1936 in São Paulo nicht getroffen, obwohl sein Gastgeber, der damalige Außenminister José Carlos de Macedo Soares, ein Freund und ehemaliger Geschäftspartner von Lobato war. Auch als er 1940 São Paulo erneut besuchte, kam es zu keiner Begegnung zwischen den beiden. Lobato wurde nicht in die *Academia Brasileira de Letras* gewählt und dürfte dem Kreis von Ärzten, Literaten und Mitgliedern der *Academia*, der Zweig seit dessen Ankunft in Beschlag nahm, nicht zugesagt haben.

Fabelhaft wäre ein Dialog zwischen dem Zweigschen *Land der Zukunft*, herzlich und heiter, und dem Entwurf Lobatos, sarkastisch und

---

[726] Auch Bernanos wurde zur Zielscheibe der Beleidigungen des Wieners Otto Maria Carpeaux. In diesem Fall jedoch handelte es sich um eine rechtmäßige Verteidigung. Bernanos, schlecht informiert, bezichtigte Carpeaux, Sympathien für die Nationalsozialisten zu hegen, und rief damit eine heftige in den Zeitungen geführte Debatte hervor. Vgl. *Carpeaux 1*, S. 17. Vor seiner Emigration hatte Carpeaux in Wien mit Dollfuß und dessen Politik sympathisiert. Vgl. *Carpeaux 2*, S. 26.

aufrüttelnd, gewesen. Die beiden hätten sich treffen müssen, sie hätten einander helfen können.[727]

Eine ähnliche Enttäuschung wie Zweig erlebte auch Blaise Cendrars, der modernistische, französisch-schweizerische Dichter, der so viel zur Erneuerung der brasilianischen Kunst in den 20er Jahren beitrug. Die glücklose Erfahrung mit Brasilien verletzte seine Seele und beeinflusste sein Werk. Nach einer Begegnung mit dem Modernistenehepaar Tarsila do Amaral und Oswald de Andrade 1923 öffnete Cendrars den beiden die Türen zu der Pariser Avantgarde. Im Gegenzug lud Oswald de Andrade den Gönner ein, Brasilien kennen zu lernen. Cendrars nahm das Angebot an und wurde in den modernistischen Kreisen von Rio de Janeiro, vor allem von den Jüngeren, gefeiert. In Santos jedoch war der Empfang beinahe aggressiv gewesen. Die Behörden hatten ihm aufgrund seiner Kriegsverletzung (er hatte seine rechte Hand verloren) Schwierigkeiten bei der Einreise gemacht; er beschwerte sich darüber. Aus nationalistischem Übereifer schloss sich Mario de Andrade den Bedenken der Polizei an. Letztlich durfte Cendrars doch einreisen. Die Demütigung aber vergaß der Franzose nie. Er verbrachte in São Paulo ein halbes Jahr, nahm dort an den modernistischen Happenings teil und setzte sich nach seiner Rückkehr nach Paris weiterhin für die brasilianischen Avantgardisten ein. Zweimal noch kam er, immer in Begleitung von Oswald de Andrade, der ihn in einer Wortspielerei »*Blaise du Blesil*« nannte, nach Brasilien, wo er auch einige Gedichtbände verfasste. Als Oswald de Andrade ihn plötzlich in einem Wutausbruch als »Pirat« und »Clown der Bourgeoisie« zu bezeichnen begann, erkannte Cendrars, dass er nur als Werkzeug zur Verwirklichung der literarischen Ambitionen des jungen Dichters gedient hatte. In seinen Memoiren beklagte er, dass die modernistische Bewegung Brasiliens ein Propaganda-Geschäft gewesen sei, tyrannisch, verschlossen, zum Skandal verkom-

---

[727] Jeca (abwertende Variante von Zeca, der Verniedlichung von José) Tatu (Gürteltier) wurde zum Symbol des hinterwäldlerischen Brasilianers. Saci Pererê, ein ausgelassener Kobold, ist eine von den brasilianischen Ureinwohnern geschaffene Figur. Er hat nur ein Bein, raucht eine kleine Pfeife, und als er von den afrikanischen Sklaven in ihre Volkserzählungen aufgenommen wurde, wurde er farbig und erhielt eine rote Mütze. Lobato holte diese Figur aus dem Volksgut und machte sie berühmt. José Bento Monteiro Lobato (1882–1948) arbeitete neben seinen zahlreichen Projekten, Kreuzzügen und seiner Faszination für Kinderbücher unermüdlich an Übersetzungen englischsprachiger Autoren. Seine *Companhia Editora Nacional*, das größte brasilianische Verlagsunternehmen der ersten Hälfte des 20. Jahrhunderts, war die Nachfolgerin der *Companhia-Gráfico-Editorial Monteiro Lobato*, deren Teilhaber José Carlos de Machado Soares gewesen war.

men. Aus Rache erklärte der »Menschenfresser« Oswald de Andrade, dass seine eigenen Verse Europa zu einer Verbeugung vor Brasilien veranlassen würden, aber dieses, weniger gelehrig als vermutet, nähme das Land nur durch die Verse Cendrars zur Kenntnis.»*Utopialand*, das Land, das niemandem gehört«, lautet der Titel des brasilianischen Abschnitts von Cendrars' Memoiren. Zweig würde ihn verstanden haben.[728]

Cendrars war die treibende Kraft für die Annäherung des Architekten Le Corbusier an Brasilien. Doch dieser machte eine ebenso aufwühlende wie enttäuschende Erfahrung – es scheint ansteckend zu sein. Als Tarsila do Amaral, Oswald de Andrade und der Mäzen Paulo Prado in Paris waren, stellte Cendrars ihnen Fernand Leger und *Corbu* [sier] vor.

1929 lud Prado den Architekten zu einer Vortragsreihe nach Brasilien ein, aber dieser träumte davon, zur Planung der neuen brasilianischen Hauptstadt in der zentralen Hochebene eingeladen zu werden. So begannen die Fehleinschätzungen und Verhängnisse. Le Corbusier stand auf der falschen Seite: Der aus einer alteingesessenen Familie aus São Paulo stammende Paulo Prado war eng verbunden mit dem damaligen Bürgermeister der Stadt, Julio Prestes, und dem damaligen Staatspräsidenten, Washington Luís, beide mit der Umsiedlung der Hauptstadt von Rio de Janeiro ins Landesinnere betraut. Alles wäre gut gegangen, wenn der Präsident und Gönner von Corbusier nicht im Jahr darauf von Getúlio Vargas gestürzt worden wäre.

Das Projekt einer neuen Hauptstadt im Landesinneren wurde zurückgestellt. Erst 1936 kam Le Corbusier wieder nach Brasilien, diesmal als Gast der Siegerseite der Revolution von 1930, als Gast des Bildungs- und Gesundheitsministers Gustavo Capanema, einem der wichtigsten Mitarbeiter von Vargas. Auf Vorschlag des Architekten und Städtebauers Lúcio Costa stellte der Franzose eine Gruppe von Leuten zusammen, die an einer Planung des neuen Ministeriums in Rio de Janeiro teilnehmen sollten. Er fertigte die Skizzen an und kehrte in seine Heimat zurück, während eine Gruppe von jungen brasilianischen Architekten un-

---

[728] Vgl. Cendrars, Blaise: *Trop c'est trop*. Éditions Denoël. Paris 1957, S. 61–95. Die Wiederversöhnung von Cendrars (1887–1961) und Mario de Andrade fand während einer Zugfahrt nach Ouro Preto statt, als dieser das Gedicht »Noturno de Belo Horizonte« (Nocturne von Belo Horizonte) verfasste. Oswald de Andrades Meinungsänderung vollzog sich 1953 in der neuen Auflage seines Gedichtbandes *Pau-Brasil* (Brasilienholz) von 1925. Vgl. Eulálio, Alexandre: *A aventura brasileira de Blaise Cendrars* (Das brasilianische Abenteuer von Blaise Cendrars). Edusp. São Paulo 2001; Wenzel White, Erdmute: *Oswald de Andrade et la révolution des lettres au Brésil, 1922–1930*. Doktorarbeit. University of Austin Texas 1972.

ter Leitung von Lúcio Costa und Oscar Niemeyer, sich seiner Entwürfe bedienend, eines der Bauwerke plante und konstruierte, die die moderne brasilianische Architektur begründen sollten.
Alles in Ordnung? Nichts in Ordnung: Das Bauwerk wurde während des Krieges fertig, und als Le Corbusier 1946 den Kontakt zu dem brasilianischen Architekten wieder aufnahm und Fotos des Gebäudes erhielt, war er schockiert: Dies war seine Handschrift! Empört strengte er einen Zivilprozess an, in dem er die Urheberschaft des Entwurfs und die entsprechende Vergütung zuerkannt bekam.
Lúcio Costa stritt nie ab, dass die Skizzen des Franzosen dem eleganten Gebäude seine Züge verliehen hatten. Er versicherte jedoch, dass die Planung und Betreuung von den Brasilianern durchgeführt worden waren. Alles schien gelöst, als man Anfang der 60er Jahre mit dem Aufbau von Brasília begann: Lúcio Costa schlug vor, Le Corbusier den Entwurf für die französische Botschaft machen zu lassen, aber die Regierung in Paris fand dies zu teuer und lehnte ab. Trotz seiner 40-jährigen Beziehung zu dem Land steht Le Corbusiers einziges brasilianisches Gebäude im Ausland: das *Maison du Brésil* in der *Université du Paris*.[729]
Der Schriftsteller, der, ohne das Land zu betreten, die beste literarische Beziehung zu Brasilien erlangte, ist ein Freund von Zweig: Alfred Döblin, der eine Amazonas-Trilogie verfasste, die zu seinen weniger beachteten Werken zählt. Nach der Machtübernahme der Nationalsozialisten sah Döblin sich als jüdischer und politisch links stehender Schriftsteller gezwungen, ins Exil zu gehen. Wie so viele ging Döblin nach Paris, wo er auf Einladung von Jean Girandoux für die Regierung zu arbeiten begann. In der *Bibliothèque Nationale* von Paris entdeckte er den Amazonas: »Ich vertiefte mich in seinen Charakter, dieses Wunderwesen Strommeer, ein urzeitliches Ding.« Seine Romantrilogie (1937–1948), bestehend aus den Werken *Das Land ohne Tod*, *Der blaue Tiger* und *Der neue Urwald*, handelt von dem Fluss und Urwald in Amazonien, den europäischen Eroberungen des südamerikanischen Kontinents sowie den Versuchen der Jesuiten, am Fluss Paraná eine christliche Republik zu gründen. Im letzten Teil macht er den Sprung nach Europa und schildert die Aufruhrstimmung im vor-nationalsozialistischen Deutschland.[730]

---

[729] Vgl. Rodrigues dos Santos, Cecília et.al. (Hg.): *Le Corbusier e o Brasil* (Le Corbusier und Brasilien). Tessala-Projetos Editorais. São Paulo 1987.
[730] Döblin, Alfred: »Epilog« in: idem: *Aufsätze zur Literatur*. Walter-Verlag. Olten/Freiburg im Breisgau 1963, S. 383–399, S. 393.

Auf seiner Flucht durch Europa traf Döblin bei verschiedenen Gelegenheiten (auch in der Verteidigung des territorialistischen Standpunkts) mit Zweig zusammen. Trotz seiner schwierigen Flüchtlingssituation und seines Interesses für Brasilien dachte er niemals daran, sein Glück dort zu versuchen. Ein Land ohne Tod ist eine Versuchung – Döblin wollte es nicht kennen lernen.

Im Fall von Vilém Flusser ist alles gut gegangen – er flüchtete nach Brasilien, integrierte sich, vertiefte sein Wissen über das Land und wurde dafür stets von den Brasilianern anerkannt und gelobt. Es ist einer der seltenen Fälle, in denen die Liebe erwidert wurde. Flusser wurde in der Zeit von Zweigs Aufstieg geboren. Das Habsburger Kaiserreich lernte er nicht kennen, aber er war ein Produkt seiner Kultur. Er floh aus der Tschechoslowakei, als die Deutschen 1939 in das Land einmarschierten. Zunächst suchte er in England Zuflucht und gelangte schließlich 1940 nach Rio de Janeiro. Es wird erzählt, dass er sich, des Portugiesischen nicht mächtig und verloren durch die Straßen laufend, an den lateinischen Ursprung dieser Sprache erinnerte und fragte:» *Ubi est?*« Dies ist ein Land, in dem sich keiner verirren kann und wenige sich treffen.

Nach einigen Jahren im Land beherrschte er fließend Portugiesisch und so begann er, Anfang der 60er Jahre regelmäßig Artikel im *Estado de São Paulo,* damals der Zirkel der brasilianischen Intelligenz, zu veröffentlichen. Ohne abgeschlossenes Hochschulstudium wurde er dennoch eingeladen, Philosophie der Wissenschaft an der wichtigsten brasilianischen Universität, der *Universidade de São Paulo,* zu unterrichten. Der Jude, der sich innerlich mit dem Glauben verbunden fühlte, die Gebote nicht einhielt, sie aber kannte; der Europäer, dem der Boden unter den Füßen weggezogen worden war (*Bodenlos* nannte er seine Autobiografie); der Philosoph von Natur aus, der Freigeist; der geborene Kritiker bildete einige Generationen von brasilianischen Denkern aus, überwarf sich mit den radikalen Linken, begehrte gegen das Militärregime auf und beschloss, nach Europa zurückzugehen, als man dazu überging, seine Artikel in der *Folha de São Paulo* zu zensieren. Er litt unter dem Abschied. Einst war er gezwungen gewesen, aus Europa zu fliehen, nach drei Jahrzehnten aber erkannte er, dass es Zeit für die Rückkehr wurde. Ob er *Brasilien. Ein Land der Zukunft* gelesen hat, ist nicht bekannt. Aber sein *Brasilien oder die Suche nach dem neuen Menschen* ist eine Steigerung, durchdrungen von der lyrischen Wahrnehmung des quasi Landsmannes Stefan Zweig. Ihre unterschiedlichen Erfahrungen im Land hängen mit der Art und Weise zusammen, mit der sie sich hier eingewöhnten und den Leuten, die sie sich als Umgang wählten.[731]

Klagen nützt nichts, das Buch ist in den Buchhandlungen – persönliches Desaster und Erfolg in den Buchläden. Das Gefühl, abgelehnt zu werden, belastet Zweig am meisten – ein weiterer Erfolg mit bitterem Beigeschmack. Es sind viele in letzter Zeit.

Er mietet sich am Strand von Flamengo im Hotel Central ein, das er schon kennt. Beim letzten Mal hat er sich dort wohl gefühlt, und so wird er sich auch jetzt wohl fühlen. Das noble kosmopolitische Viertel, in dem die Mehrheit der ausländischen Botschaften, Konsulate und komfortable Hotels ansässig sind, ist nicht weit von den hocheleganten Apartments von Koogan und de Souza entfernt. Es ist bequem: Die Straßenbahn, die er so schätzt, fährt vor der Tür, in 15 Minuten ist man am *Tabuleiro da Baiana*, und von dort gelangt man nach einem kurzen Fußweg zur *Livraria Guanabara* in der Rua do Ouvidor, bei der er immer vorbeischaut, wenn er ins Zentrum geht.

Noch am Abend der Ankunft findet der unausweichliche Empfang *chez* Claudio de Souza statt. Bei dem Gastgeber beklagt er sich: »Wer eine Heimat, ein Dach [...] hat, kann sich nicht das Leid der Exilanten vorstellen, die um Asyl bittend von Land zu Land irren [...] Ich brauche Frieden, ein bisschen Ruhe. Ich wünsche mir ein bescheidenes Häuschen als Rückzugsort, in dem ich mit meiner Frau und den wenigen Büchern, die ich erwerben konnte, leben und meine Arbeit fortsetzen kann.«[732]

Es ist unwahrscheinlich, dass Zweig nicht auch seine Kränkung über die Aufnahme seines Buches zum Ausdruck bringt, aber der Gastgeber hält diesbezüglich nichts fest, er möchte sich nicht damit belasten, sich nicht schuldig fühlen.

Im Hotel wohnt auch Max Fischer, der französische Verleger. Typisch Brasilien: Der ehemalige, literarische Direktor der prestigeträchtigen *Éditions Flammarion* aus Paris flüchtete vor dem Nationalsozialismus und wurde in Brasilien von dem Bewunderer des Faschismus, Lourival Fontes, aufgenommen, um den *Americ-Edit* Verlag zu gründen, der sich auf

---

[731] Vgl. Flusser, Vilém: *Brasilien oder die Suche nach dem neuen Menschen. Für eine Phänomenologie der Unterentwicklung.* Bd. 5 der Schriften (9 Bde.) Bollmann Verlag. Köln 1994. Zu Flusser und Brasilien vgl. Krause, Gustavo B. (Hg.): *Fenomenologia do brasileiro* (Phänomenologie des Brasilianers) Eduerj. Rio de Janeiro 1998 und Krause, Gustavo B.; Mendes, Ricardo (Hg.): *Vilém Flusser no Brasil* (Vilém Flusser in Brasilien) Relume-Dumará. Rio de Janeiro 2000.

[732] *Souza,* S. 34/35.

französische Ausgaben spezialisierte, um den Wegfall von in Europa gedruckten Büchern auszugleichen.»(I)ch fühlte die Angst, die der so sensible Mann vor dem Alleinsein hatte [...]. Oftmals rief er mich sehr früh an [...] kam in mein Zimmer oder suchte mich in der Hotelhalle auf [...] Vom ersten Tag an, als ich ihn sah, war Stefan Zweig niedergeschlagen. Sein Gesichtsausdruck war traurig, melancholisch, und all seine Traurigkeit und Melancholie schienen sich in seinen Augen auszudrücken.« Augen, die vormals aufgrund ihrer Lebhaftigkeit immer alle Aufmerksamkeit auf sich gezogen haben.[733] Im selben Hotel wird ihn das Treffen mit einem alten Berliner und späteren Pariser Freund trösten, Ernst Feder, der frühere leitende Redakteur des innenpolitischen Teils des *Berliner Tageblatts*, der ebenfalls zum Freundes- und Bekanntenkreis von Walther Rathenau gehört hat, sein einzig wahrer Gesprächspartner in Brasilien.

Der Schriftsteller folgt einer Einladung zu einem Treffen mit Antonio Ferro, der sich gerade in Brasilien aufhält; es gehört sich, ihm alle Anerkennung zu erweisen. Er möchte dem starken Mann Salazars danken, der geholfen hat, Friderike zu retten. Der Krieg dauert bereits zwei Jahre, vielleicht könnte er ihn noch einmal brauchen, man weiß nie.[734]

Um sich aufzumuntern, versucht er, die Reise von 1936 zu wiederholen, sieht diejenigen wieder, die ihn damals auf seinem Triumphzug begleitet haben. Jetzt, da alles so weit weg erscheint, tut es gut, sich daran zu erinnern. Deshalb nimmt er die Einladung zu einem Abendessen im Haus des ehemaligen Betreuers, des Diplomaten Jimmy Chermont (Rua Francisco Otaviano, Copacabana), an. Der Arzt und Schriftsteller Pedro Nava erzählt von diesem Abend:

> Selbstverständlich konzentrierte sich die Aufmerksamkeit aller auf den Schriftsteller, der wie immer strahlte. Neben mir saß seine Gattin, mit der ich mich unterhielt – eine sehr hübsche, elegante Frau. Ich bemerkte, dass sie schwer atmete, so fragte ich sie, ob sie Hilfe bräuchte, doch sie lehnte ab. Sie wollte keine Aufmerksamkeit erregen oder ihren Gatten nicht beunruhigen. Eine sehr kontrollierte Person. Aber der jungen Frau ging es zunehmend schlechter und ich fing an, mir Sorgen zu machen. Sie bekam einen nicht zu übersehenden, schweren Asthmaanfall mit geröteten Lippen. Ich brachte sie in ein Zimmer und ließ eine Adrenalinspritze holen, die ich ihr gab. Sofort

---

[733] Fischer, Max: »Depoimento« (Aussage) in: *Azevedo*, S. 61/62.
[734] Die Begegnung mit Antonio Ferro (begleitet vom Staatssekretär Pereira de Lavalho) ist in einem Brief von Zweig an Friderike erwähnt – ein Beweis der engen Verbindung der ehemaligen Ehepartner in allem, was Friderikes Aufenthalt in Lissabon auf ihrer Flucht anbelangte. Vgl. *Briefe SZ-FZ*, 17.9.1941.

ging es ihr besser. Sie ging in das Esszimmer zurück und setzte das Abendessen fort. Zweig hatte den Vorfall kaum wahrgenommen.[735] Ein solch starker Asthmaanfall ist keine vereinzelte Erscheinung. Die jüngsten Attacken in New York und Ossining haben emotionale Gründe gehabt. Die Ursache für diesen hier kann dieselbe sein.

> Ich lernte Zweig im Haus meines Schwagers und Freundes Jaime [Jimmy] Chermont kennen [...] Im Gegensatz zu Bernanos, der sich in Pirapora oder Barbacena abzukapseln suchte, um in der einsamen Weite seinen Zorn, seine Verachtung und seine Hoffnungen zu überdenken, versuchte sich Zweig, im gesellschaftlichen Leben von Rio de Janeiro, so mittelmäßig hinsichtlich des intellektuellen Aspekts es auch war, zu betäuben, vielleicht in der Absicht, hier den Nachhall eines Ambientes zu entdecken, das er für immer verloren glaubte. Vielleicht, weil er keine Ablenkung für seine unterdrückten Leiden fand, unfähig war, sie in flammende Beiträge münden zu lassen wie Bernanos, ließ Zweig, dessen Diskretion wie bei so vielen Juden nur die gewaltige Kraft der Gefühle verdeckte, sich von diesen bis zur Selbstzerstörung durchdringen. Die Kraft der Schüchternen, der Beherrschten ist, die potentielle Aggressivität, die sie gegen andere nicht zu richten wagen, gegen sich selbst zu richten. Ich habe Stefan Zweig und seine Gattin, die mich wirklich verstanden, manchmal auf gesellschaftlichen Ereignissen, halb mondänen, halb literarischen, getroffen. Nie habe ich irgendein Symptom der Verzweiflung durchschimmern sehen, nicht zu verleugnen jedoch war, das einer fortschreitenden Niedergeschlagenheit.[736]

Ein seriöser Intellektueller und doch ist dies eine leichtfertige Einschätzung von ihm. Keineswegs aus Traurigkeit, Erschöpfung oder Überdruss versucht sich Zweig, im gesellschaftlichen Leben zu betäuben. Er möchte lediglich aus Höflichkeit einigen Verpflichtungen nachkommen, weil er nicht »nein« sagen kann. In New York hat er dem Krieg mit Hilfe der Autobiografie die Stirn geboten. In Brasilien bemüht sich der Schriftsteller, die Arbeit wieder aufzunehmen, damit sich der Krieg nicht seiner bemächtigt. Außerdem kann er damit die durch die Rezeption des Brasilienbuchs entstandenen offenen Wunden heilen, die er im ersten Brief an Friderike offenbart:

---

[735] Pedro Nava, Aussage gegenüber dem Autor, 25.7.1980. Pedro Nava konnte nicht mehr genau sagen, ob das Abendessen 1940 oder 1941 stattgefunden hat. Alles spricht dafür, dass es sich während Zweigs letztem Brasilienaufenthalt zugetragen hat.
[736] *Arinos*, S. 385/386. Afonso Arinos de Melo Franco, Aussage gegenüber dem Autor, 19.5.1980.

> Inzwischen hast Du wohl das Brasilienbuch bekommen, das wohl zu Deinem Verwundern den Leuten hier nicht enthusiastisch genug war – sie lieben im Lande gerade das nicht, was wir lieben und sind auf ihre Fabriken und Kinos viel mehr stolz als auf die wunderbare Farbigkeit und Natürlichkeit des Lebens. Wenn man hier eine amerikanische Bibliothek von den hundert drüben hätte, wäre es das Paradies [...] Mein Buch hat hier viel Aufsehen gemacht, auch Diskussionen hervorgerufen, einige glaubten, es sei von der hiesigen Propaganda bestellt und bezahlt.

Auch gegenüber Alfredo Cahn in Argentinien spricht er dieses Thema an:

> Das Brasilienbuch ist inzwischen hier erschienen und sehr gut aufgenommen worden. Geärgert hat mich dabei nur, daß einige Zeitungen, weil es ihren [sic] Supernationalismus immer noch nicht enthusiastisch genug war, Ausstellungen machten, sondern daß hier ein dummes Gerede umging, als ob ich dieses Buch im Auftrag oder sogar mit besonders guter Bezahlung der Regierung geschrieben hätte. Gegen solche Dinge kann man sich aber nicht wehren, wie einem ja überhaupt mit der Zeit eine dicke Eselshaut anwächst.

Am Ende die schmerzliche Klage des reuigen Kosmopoliten:

> Ich leide ja ganz besonders unter meiner unnatürlichen Situation [...] deutscher Schriftsteller ohne Bücher, Engländer ohne wirklich Engländer zu sein, und dazu noch das Gefühl, daß ich nie mehr in eine richtige Ordnung und Stabilität kommen werde.[737]

Die Kränkung wird noch deutlicher in einem Bericht, in dem Cahn Friderike einige Jahre später von Zweigs Argentinienreisen und seinen letzten Monaten in Brasilien erzählte und auf diese Weise das Zusammenspiel verschiedener Gründe erläuterte, die zur Entscheidung für den Selbstmord geführt haben. Denn auch darin kommt die Aufregung um das Buch zur Sprache:

> Und dann kam das Unglück mit dem Brasilienbuch. Die Brasilianer fanden es schlecht, eine Zeitung schrieb sogar wortwörtlich »Man könnte glauben, ein Feind Brasiliens habe dieses Buch geschrieben«; im Ausland dagegen murmelte man, er habe sicherlich eine Unterstützung der brasilianischen Regierung für diese Arbeit erhalten. Tatsache ist, dass die Kreise, die ihm anfangs über die Maassen [sic] huldigten, plötzlich ganz von ihm abfielen.

---

[737] *Briefe SZ-FZ*, 10.9.1941; 17.9.1941. *Briefe 1932–1942*, 19.9.1941.

Selbst kluge und weitgersiste [sic] Menschen, wie der Dichter und Diplomat Ribeiro Couto sind im [sic] untreu geworden. Das wurmte tief in ihm [...].⁷³⁸ Auch Afonso Arinos bemerkt das Abseits, in das der Autor geraten ist. Zweigs Verbindung zu den Salonliteraten wie Claudio de Souza verwandelt die einstige Bewunderung in Verachtung. Afonso Arinos führt namentlich den Modernisten Ribeiro Couto als einen derjenigen an, die ihm den Rücken zugekehrt haben, und bestätigt den Bericht von Cahn, dessen Quelle nur Zweig selbst gewesen sein kann. Zwei Zeugen weisen, zu verschiedenen Zeitpunkten und in verschiedenen Ländern, den Dichter als Hauptgrund für Zweigs schlechtes Befinden aus. Es besteht eine merkwürdige Diskrepanz: Ribeiro Couto prägte den Ausdruck des »herzlichen Menschen« und Zweig war der größte Propagandist der brasilianischen Herzlichkeit. Im Land des weiten Herzens macht die Galle Beschwerden. Etwas Grausames hat der Dichter gemacht oder geschrieben, etwas Bösartiges muss der Schriftsteller getan haben.

Augenfällig oder nicht – es gibt zwischen ihnen eine Meinungsverschiedenheit in der Immigrantenfrage. Nach Ansicht Zweigs sollte sich Brasilien für alle öffnen, während Ribeiro Couto es wichtig findet, »die morphologischen Charaktereigenschaften des brasilianischen Volkes zu verteidigen« und auszuwählen, der Immigrant darf nicht nur als ein Paar Hände angesehen werden, sondern vielmehr »als Bestandteil der Rassenzusammensetzung«.⁷³⁹

---

⁷³⁸ Brief von Alfredo Cahn an Friderike Zweig, 6.5.1944 in: *Nachlass Alfredo Cahn. Deutsche Nationalbibliothek, Deutsches Exilarchiv 1933–1945*, Frankfurt am Main, EB 2001/066. Prater, der Cahns Bericht von Friderike selbst bekommen hatte, überließ diesen dem Autor in den 80er Jahren mit dem Vermerk »??1946, bevor sie [Friderike] ihr Buch [die Zweig-Biografie] schrieb??«. Dazu vgl. auch S. 506 Fußnote 804 in Kapitel 9.
⁷³⁹ Vgl. Couto, Ribeiro: »O problema da nacionalização« (Das Problem der Einbürgerung) in: *Revista da Imigração e Colonização*. Jg. 1, Nr. 2. April 1940. Ribeiro Couto (1896–1963), Dichter und Diplomat, prägte die Bezeichnung des »herzlichen Menschen« im alltäglichen Sinne, ohne die anthropologische Dimension, die ihm später Sergio Buarque de Holanda verlieh (der in der »Herzlichkeit« eine Neigung sah, die zwischenmenschliche Beziehung auf eine persönliche, nicht institutionelle Ebene zu verlagern). Couto nahm an der *Semana de Arte Moderna* 1922 teil, aber seine leise, melancholische Poesie passte nicht zu den lärmenden Modernisten. Der Vater von Afonso Arinos, Afrânio de Melo Franco, brachte ihn zum diplomatischen Dienst, in dessen Rahmen Couto in Marseille und Den Haag tätig war. Obwohl er vielen exilierten Intellektuellen half, vertrat er in der Einwanderungsfrage eine von rassistischen Ideen beeinflusste Haltung, vor allem hinsichtlich der asiatischen Immigranten (Japaner), denn er glaubte, dass diese die nationalen, ethnischen Charakteristika aufweichen könnten. 1934 wurde er in die *Academia Brasileira de Letras* gewählt, gehörte jedoch nie zur Gruppe um Claudio de Souza.

Die Schuld für den Unmut trägt größtenteils Claudio de Souza, dessen Ruf äußerst schlecht ist: Er brüstet sich damit, der Schirmherr der »Wahl« von Vargas in der *Academia Brasileira de Letras* gewesen zu sein, und rühmt sich hemmungslos der Kontakte zur Diktatur. Zweig, eine der respektiertesten Persönlichkeiten im Internationalen PEN-Club, ist jetzt Tischgenosse der »Pension Souza«, des Ess- und Trinkvereins, in den sich die brasilianische Sektion verwandelt hat. Die Qualität von Claudio de Souzas Werk hilft nicht unbedingt seiner Glaubwürdigkeit. Der Unmut erstreckt sich auf diejenigen, die unter seinen Fittichen stehen, von denen Zweig der Namhafteste ist.[740]

Als junger Mann und Unternehmer ist Abrahão Koogan um das Wachstum seines Verlages bemüht: Er benötigt das Prestige der *Academia*, die Unterstützung der Offiziellen und bemerkt nicht, wie sehr er damit seinem berühmtesten Autor schadet. In Portugal war das Gegenteil geschehen: Trotz eines *Estado Novo*, der noch repressiver als sein brasilianisches Pendant war, umgab Fraga Lamares Zweig während dessen Besuch mit Freunden, die gegen den Salazarismus waren und mit der Zeitschrift *Seara Nova* in Verbindung standen. Auch er wollte ein »portugiesisches« Buch von Zweig (Fernão de Magalhães war »Spanier«). Eine Biografie von Camões wäre ideal gewesen. Er insistierte taktvoll, und der Schriftsteller schob sie höflich hinaus. Auf portugiesischem Boden, einem Stück Europas, wusste Zweig sicher aufzutreten. Im Land des *jeito* aber ist er unbeholfen.[741]

Zweig hatte immer ein Gespür dafür gehabt, mit den richtigen Leuten Kontakt zu pflegen und einen regen Austausch zu führen. Ungeachtet der politischen Konflikte der vergangenen zehn Jahre hat er in Europa unter seinesgleichen verkehrt. Auf den Status einer dekadenten Berühmtheit herabgesetzt, hat er in Brasilien keine Wahl. Er stellt sich vor, in der Wiener Gemeinschaft zu sein, in der die Schärfe der bissigen Bemerkungen von der Höflichkeit in Zaum und Rivalitäten und Überempfindlichkeiten vom Anstand unter Kontrolle gehalten wurden. In

---

[740] Afonso Arinos de Melo Franco, a.a.O. Mit Blick auf einen frei gewordenen Platz in der *Academia* war Oswald de Andrade einer der wenigen, die Claudio de Souza als Befürworter der »Wahl« von Vargas in die *Academia* verteidigten. Vgl. *Martins*, S. 165.

[741] Obwohl er aus einer Familie von Monarchisten stammte, war Américo Fraga Lamares selbst liberal, ebenso wie der Literaturkritiker Câmara Reis der der Opposition des Salazar-Regimes verbunden war. Der vierte Vizegraf von Lagoa (der Schiffsingenieur und Historiker João Antonio de Mascarenhas Judice) stand ebenfalls der *Seara Nova* nahe. Trotz des Adelstitels, oder gerade deswegen, widersetzte er sich dem kleinbürgerlichen Reaktionismus von Salazar.

dieser Gesellschaft war Karl Kraus vielleicht der einzige Unruhestifter, eigensinnige Provokateur, Ruhestörer gewesen. Auf brasilianischem Boden weiß Zweig nicht, wie er sich verhalten soll, die Voraussetzungen, um anerkannt und akzeptiert zu werden, sind ihm unbekannt. Es ist ihm entgangen, dass sich Gruppierungen für eine eventuelle Machterlangung rüsten. Ein Fehler im Kalkül genügt, um in das falsche Getriebe zu geraten, mit irreparablen Folgen – so zeigt sich die Subtilität der »kurzlebigen Herzlichkeit«.

> Eine zahlenmäßig begrenzte Gesellschaft hatte die Rollen unter sich verteilt. [...] Unsere Freunde stellten nicht wirklich Personen dar, sondern eher Funktionen, deren Liste mehr durch ihre Wichtigkeit als durch ihre Disponibilität bestimmt zu sein schien. So gab es den Katholiken, den Liberalen, den Legitimisten, den Kommunisten; oder auf einer anderen Ebene den Gastronomen, den Bibliophilen, den Hunde- oder Pferdeliebhaber, [...] ebenso den Lokalgelehrten, den surrealistischen Dichter, den Musikwissenschaftler, den Maler. Aber am Ursprung dieser Berufungen stand kein wirkliches Interesse, einen Bereich des Wissens zu vertiefen; wenn es sich ergab, daß zwei Individuen, infolge eines Fehlgriffs oder aus Eifersucht, dasselbe oder nahe verwandte Gebiete besetzt hielten, bestand ihre einzige Sorge darin, sich gegenseitig zu vernichten, wobei sie eine bemerkenswerte Ausdauer und Grausamkeit an den Tag legten.

Unterzeichnet: Lévi-Strauss. Ein Porträt der Intelligenz von São Paulo in den 30er Jahren. In der Hauptstadt müsste es noch schlimmer gewesen sein.[742]

Jorge Amado: »*Brasilien. Ein Land der Zukunft* habe ich, wie viele Leute, nicht gelesen, ich verurteilte das Buch, ohne es zu kennen, es war pure Intoleranz. Wir, die brasilianischen Schriftsteller der Linken, glaubten, dass das Buch vom *DIP* bestellt worden war.«
　　Carlos Drummont de Andrade: »Es war bestellt, dies war, was man erzählte.«
　　Rubem Braga: »Es ging das Gerücht, daß es bestellt war.«
　　Joel Silveira: »Es war bestellt.«
　　Samuel Wainer: »Selbstverständlich war es nicht bestellt. Hier bei uns gelten Diffamierung und Spott mehr als die Werke selbst. Zweig brauchte nichts, höchstens ein Visum. Seit Dreyfus erfinden sie

---

[742] *Lévi-Strauss*, S. 92.

für den Juden stets eine schmutzige Geschichte von Gold und Bestechung.«[743]

Die Verleumdung macht Zweig zu schaffen, blinde und verallgemeinernde Diffamierung ist unerträglich. Nur dies erklärt das lange Interview, das er der Wochenzeitung *Vamos Ler!* gibt. Er vergisst die Zurückhaltung und obwohl er eigentlich nicht zu streiten versteht, bricht es energisch aus ihm heraus, es ist fast ein Protest: »In vierzig Jahren literarischen Lebens bin ich stolz darauf, nie ein Buch aus einem anderen Grund als aus künstlerischer Leidenschaft geschrieben zu haben, und niemals habe ich irgendeinen persönlichen Vorteil oder wirtschaftliches Interesse verfolgt.«

Der beharrliche Schnorrer D'Almeida Vítor erweist Zweig mit der getreuen Wiedergabe dessen, was er öffentlich machen muss, diesmal einen Gefallen:

> Es überrascht mich, dass sowohl in den Vereinigten Staaten als auch hier der eine oder andere aufgrund der Tatsache, dass mein Buch ein Ausdruck der Zuneigung zu Brasilien ist, die Hypothese aufstellen kann, dass es mit der Absicht einer Propaganda geschrieben worden sei. Nichts könnte mich mehr schockieren als diese Vorstellung […] Es freut mich, ein Buch verfasst zu haben, das, als Werk der Kunst beabsichtigt, Brasilien von Nutzen sein kann. Ich habe es in absoluter Neutralität, in völliger Unabhängigkeit geschrieben und ihm allein den Enthusiasmus verliehen, der von mir Besitz ergriffen hatte, als ich die Gegenwart und die Zukunft dieses bewundernswerten Landes beobachtete und verstand.

Das letzte Presseinterview ist das aufrichtigste und eindringlichste, zugleich aber auch das, welches am wenigsten Beachtung findet. Es ist der erste Versuch, die Türen aufzustoßen, erneut akzeptiert zu werden. Niemand reagiert, attackiert oder verteidigt Zweig. Er existiert einfach nicht, zählt nicht. Der Reporter hat trotz seines guten Willens keine Aussagekraft, die Zeitung noch weniger.[744]

---

[743] Aussage gegenüber dem Autor: Schriftsteller Jorge Amado, 15.8.1980; Dichter Carlos Drummond de Andrade, 22.8.1980; Journalist Rubem Braga, 14.7.1980, Reporter Joel Silveira, 15.10.1980; Journalist Samuel Wainer, 24.7.1980.
[744] *Vamos Ler!*, 23.10.1941, S. 18/19; 52/53. Das Interview wurde mit einem Monat Verspätung veröffentlicht. Nach den Angaben des Reporters war Zweig zum Zeitpunkt des Interviews im Hotel Central untergebracht, hatte gerade das Manuskript von *Amerigo* eingereicht, arbeitete mit Villa-Lobos und Margarita Wallmann an einem von Debret inspirierten Ballett, schritt mit der Autobiografie voran, die er als sein wichtigstes Werk ansah, und würde anschließend die Arbeit an *Balzac* wieder

»Ich bin mehr Europäer als ich gedacht«, gesteht Zweig Jules Romains fünf Tage nach seiner Ankunft in Brasilien. Er erklärt nicht, wie er zu dieser Schlussfolgerung gekommen ist, aber die harschen Kritiken können dafür entscheidend gewesen sein. Es gelingt ihm nicht, seine große Enttäuschung darüber zu verbergen.[745]

Die brasilianischen Intellektuellen nehmen den Schiffbrüchigen nicht wahr, und dieser weigert sich, gewahr zu werden, an welchem Strand er Zuflucht gesucht hat. Der Europäer Zweig lässt sich von der Karikatur Europas irreleiten: In Wien, Berlin oder Paris ist der Schriftsteller, der im jeweiligen Pendant zur *Academia de Letras* den Vorsitz führt, automatisch ein angesehener Autor. So hat Zweig angenommen, dass dies auch für Brasilien zuträfe. Ein weiterer Irrtum: In der brasilianischen *Academia* gibt es alles – Seriosität, Betrug und vor allem Feierlichkeit. Claudio de Souza war einer der ehemaligen Präsidenten dieser Einrichtung, und Zweig konnte, selbst ohne die Sprache zu beherrschen, die Qualität seines Werkes einschätzen. Auch Afrânio Peixoto, der Verfasser des Vorwortes der brasilianischen Ausgabe von *Brasilien. Ein Land der Zukunft*, hatte der Institution einmal vorgestanden, der Unmut der Kritiker über das Brasilienbuch fing schon mit dessen ersten Seiten an.[746]

Seine Bindung an diese Gruppe schneidet Zweig von den übrigen ab. Er hat keine Kenntnis von der neuen Generation von Schriftstellern, auch nicht von den neuen Wegen, die die brasilianische Literatur beschreitet. Es handelt sich um einen höchst spannenden Moment: Brasilien erwacht, kommt in Bewegung, verändert sich. Michael Golds Roman *Jews Without Money* (*Juden ohne Geld*) stellt das Schlüsselwerk dieser Wandlung dar. Neben diesem gibt Jorge Amado weitere amerikanische Vertreter dieser Stilrichtung des Realismus an – Erskine Caldwell und John Steinbeck.[747] Jorge Amado selbst, Graciliano Ramos und José Lins do Rego fördern ein raues, grausames Land zutage, in dem kein Ort für Illusionen ist.

Zweigs Berühmtheit bringt das Buch einem gebildeten Publikum nahe, das fähig ist, sich über die Konflikte der *conditio humana* Sorgen zu

---

aufnehmen. Die Wochenzeitung mit populärer Ausrichtung gehörte zu der Mediengruppe, die die Regierung Anfang des Krieges verstaatlicht hatte.
[745] Brief vom 2. 9. 1941 in: *Romains*, S. 8.
[746] Zweimal war Claudio de Souza Präsident der *Academia Brasileira de Letras*: 1938 (also in der Zeit, in der er mit Zweig in Verbindung stand) und 1946 (nach dessen Tod). Afrânio Peixoto leitete 1923 die Institution.
[747] *Martins*, S. 82.

machen. Zahlreiche treue, aber unflexible Leser – sie wirken bei den Veränderungen nicht mit.

»Zu Hause und in der Buchhandlung sprach man im Zusammenhang mit Stefan Zweigs Werken in Zahlen von 100.000 Exemplaren. *Brasilien. Ein Land der Zukunft* muss sich noch besser verkauft haben«, erinnert sich der Verleger Simão Waissman, ein Neffe Koogans und Sohn von Nathan Waissman, dem Mitinhaber der *Editora Guanabara*.[748] Die Verachtung von Zweigs wirtschaftlichem Erfolg kann eine der Barrieren zwischen dem berühmten, ausländischen Schriftsteller und den einheimischen Autoren mit ihren knapp bemessenen, zuweilen sogar aus eigenen Mitteln finanzierten Auflagen gewesen sein.

Jahre zuvor war Monteiro Lobato ebenfalls heftig in die Kritik geraten, weil sich seine Bücher gut verkauften.

> Intoleranz ist ein Unglück, führt zu Bosheit und zu Dummheit. Die Diktatur verschärfte die Positionen der Intellektuellen, dies muss zu Zweigs Isolierung beigetragen haben. Vielleicht auch die Tatsache – nur ein Eindruck, der falsch sein kann –, dass er sich mit seinen Kontakten auf die jüdische Gemeinschaft beschränkte. Oder war dies nicht der Fall? Mir scheint es, dass er sich in ein Ghetto einfügte. Dem wegen des unglückseligen Buches verfolgten Schriftsteller wurde kein Vertrauensvorschuss und Verständnis zugestanden. Er hätte der Liebling der Linken sein können, wie er es aufgrund seiner pazifistischen und antifaschistischen Opposition in der Sowjetunion gewesen war. Gorki, der mich mit seiner Liebe zu den Landstreichern sehr beeinflusst hat, war ein Freund Zweigs, der stets die Unterlegenen bevorzugte.[749]

Das Ghetto ist keine Option, es wird einem auferlegt. Verjagte haben keine Wahl. Alles und alle machen Zweig deutlich, dass er ein Fremder ist, und ironischerweise grenzt ihn das Buch, das ihn zu einem ihresgleichen machen könnte, noch mehr aus. Der Makel des Dilettantismus und der Dekadenz ist der schmerzlichste, da Zweig selbst mit der Qualität seiner Arbeit unzufrieden ist. Immer hat er es vermieden, auf solche Attacken zu antworten, aber hier fühlt er sich verletzlicher.

Emeric Marcier (Racz), Maler mit stark religiösem Einfluss, ein zum Christentum übergetretener Jude, von Geburt Rumäne, hatte ebenfalls den Eindruck, dass sich Zweig in einem Ghetto zu schützen suchte. Obwohl Marcier selbst auch ein Freund von Zweigs Freunden (Koogan und Malamud) war, gab er sich mit Leib und Seele Brasilien hin.

---

[748] Simão Waissmann, Aussage gegenüber dem Autor, 29. 4. 1981.
[749] Jorge Amado, Aussage gegenüber dem Autor, 5. 9. 1980 und Brief vom 15. 8. 1980.

Kurz vor Zweigs Ankunft aus Mailand eingetroffen, wo er mit dem Freund und Landsmann Saul Steinberg bildende Kunst studiert hatte, ging er in Rio de Janeiro an Land, ohne hier jemanden zu kennen. Er besaß nur Empfehlungsschreiben. Er war erst 24 Jahre alt, aber schlug den richtigen Weg ein. Schon bald knüpfte er Kontakte, fand Anschluss an das künstlerische Leben der Hauptstadt, wurde zu einem anerkannten Künstler, konvertierte zum Katholizismus und siedelte dank derselben Freunde, die auch Georges Bernanos aufgenommen hatten, wie dieser nach Barbacena über. In seinen letzten Lebensjahren wandte er sich noch einmal biblischen Themen zu, die für seine Entscheidung zum Konvertieren verantwortlich gewesen waren. Inspiration fand er diesmal im Alten Testament, seine besondere Faszination gehörte der Figur Hiob und damit demjenigen, der es gewagt hatte, Gottes Absicht in Frage zu stellen.

Der Rumäne Marcier war jünger als der Ungar Arpad Szenes und der österreichische Graveur Axl Leskoschek und hinterließ im Gegensatz zu diesen keine Schüler. Aber die zur gleichen Zeit in Rio de Janeiro gestrandete Habsburger Triade der plastischen Künstler brachte der modernen brasilianischen Kunst einen Hauch von Erneuerung.[750]

Otto Karpfen, später Otto Maria Carpeaux (1900–1978), ein Anhänger des Austrofaschismus von Dollfuß, floh nach dem Anschluss Österreichs nach Belgien, und da er ein konvertierter Jude war, gehörte er zur Quote jener, die eines der brasilianischen Visa für »nicht-arische« Katholiken erhielten. 1939 traf das Ehepaar in Brasilien ein. Zunächst versuchte er, sich in São Paulo niederzulassen, zog aber schließlich nach Rio de Janeiro, wo er zu einer führenden Persönlichkeit im brasilianischen Geistesleben und einem politisch engagierten Intellektuellen wurde. Mit Vehemenz polemisierte und belehrte er im *Correio da Manhã*: Der schonungslose Nachruf, den er 1944 auf Romain Rolland verfasste, rief eine der heftigsten literarischen Polemiken dieser Jahre hervor und offen-

---

[750] Emeric Marcier (1916–1990) traf im April 1940 in Brasilien ein und hatte bereits im Juli seine erste eigene Ausstellung. Mit seinen katholischen Freunden besuchte er häufig das Kloster São Bento. Obwohl er nach dem Krieg ein Atelier in Paris (wo er starb) unterhielt, war die Achse Rio de Janeiro – Barbacena sein Stützpunkt. Arpad Szenes (1897–1985) kam zusammen mit seiner Frau, der portugiesischen Malerin Maria Helena Vieira da Silva (1908–1992) im Juni 1940 nach Brasilien, weil es ihm nicht gelungen war, die portugiesische Staatsbürgerschaft zu erhalten. Das Ehepaar blieb sieben Jahre, in denen es einen regen Kontakt zu einheimischen Intellektuellen und Künstlern pflegte. Axl Leskoschek (1889–1976) traf 1940 in Brasilien ein, wurde in der Folge ein gefragter Buchillustrator und bildete die erste Generation von brasilianischen Graveuren aus. 1948 kehrte er nach Österreich zurück.

barte ihn darüber hinaus als einen erbitterten Gegner seines Landsmannes Stefan Zweig. Er hatte dieses Recht erobert, er wollte kein Exilant sein, vor allem, weil die meisten von ihnen Juden waren und er keiner mehr. In den 60er Jahren entwickelte er sich zum Guru der brasilianischen Linken. Ein widersprüchlicher Wiener, ein rigoroser Brasilianer.[751]

Paulo Rónai, ungarischer Jude, übersetzte schon 1939 in Budapest eine Anthologie der modernen brasilianischen Poesie und eine Gedichtauswahl von Ribeiro Couto. Dem Diplomaten und Dichter, der sich später mit Zweig überwarf, gelang es, den Philologen Rónai 1941 dank einer Einladung der brasilianischen Regierung zu einem Besuch des Landes aus dem Arbeitslager zu holen, in das er vom faschistischen Regime in Ungarn interniert worden war. Der Lateiner und Balzac-Spezialist konnte sich retten, jedoch nicht seine Verlobte Magda. In Brasilien arbeitete er als Französischlehrer, Literaturkritiker, gab die brasilianische Ausgabe der *Comédie humaine* von Balzac heraus und wurde einer der bekanntesten Übersetzer. Er suchte sich eine Wohnung in Rio de Janeiro, wo Zweig unweit von ihm lebte. Dennoch lernten sich die beiden nicht kennen: Rónai hätte ihm bei den Nachforschungen zu Balzac helfen können.

Ein weiterer der großen Übersetzer der europäischen Literatur war der deutsche Jude Herbert Caro, der über Frankreich nach Brasilien emigrierte, wo er 1935 ankam und als Übersetzer und Lektor für deutsche Literatur Arbeit fand. Später wurde er von dem unermüdlichen Erico Veríssimo eingeladen, an der berühmten *sala dos tradutores* (Übersetzerkreis) der *Editora Globo* teilzunehmen, der dem brasilianischen Leser die bekanntesten Werke der Weltliteratur zugänglich machte. Caro übertrug u. a. Hermann Hesse, Elias Canetti und vor allem Thomas Mann, mit dem er auch korrespondierte, ins Portugiesische und zählt daher zu den wichtigsten Übersetzern der deutschen Sprache in Brasilien.[752]

Anatol Rosenfeld (1912–1973) verließ 1936 Deutschland, nachdem er während der Olympischen Spiele von einem Gestapospitzel bei einem auf Englisch geführten Gespräch mit einem Besucher beobachtet worden war und daraufhin die Aufforderung erhalten hatte, bei der Gestapo vorstellig zu werden. Im Alter von 24 Jahren kam er 1937 nach

---

[751] Vgl. *Milgram 1*; S. 12/13; 49; *Carpeaux 1*, S. 37.
[752] Paulo Rónai (1902–1992) hatte seine Doktorarbeit über die Jugendromane von Balzac geschrieben. Die von ihm herausgegebene Ausgabe der *Comédie humaine* wurde vom *Maison Balzac* als eine der genauesten bewertet. Herbert Moritz Caro (1906–1991) ließ sich 1935 nach seiner Ankunft in Brasilien im Süden des Landes, in Porto Alegre, nieder, wo er bis zu seinem Tod lebte. Vgl. *Kestler*, S. 74.

São Paulo. Seine Promotion an der Berliner Universität, wo er Literatur, Philosophie und Geschichte studiert hatte, hatte er fast abgeschlossen, nun arbeitete er zunächst als Handelsvertreter für Krawatten. Er mietete sich in kleinen, einfachen Pensionen ein und musste des Öfteren finanzielle Engpässe durchstehen. Noch vor Kriegsende fing er an, für brasilianische Zeitungen zu schreiben. Bekannt wurde er vor allem durch seine brillanten Essays über Literatur, Kino und Theater, die er seit 1956 in der renommierten Kulturbeilage des *Estado de São Paulo* veröffentlichte. Ferner unterrichtete er Philosophie und Theater-Ästhetik an der *Escola de Arte Dramática* (Schule für dramatische Kunst), einer privaten Einrichtung. Ein Außenseiter: Streng, sarkastisch, einsam und faszinierend, wandelte sich Rosenfeld zum Mittelpunkt einer wichtigen Intellektuellen- und Künstlergruppe von São Paulo und zum wichtigsten Vermittler zwischen der deutschen und brasilianischen Kultur. Sein Essay über Stefan Zweig ist der beste, der je in der portugiesischen Sprache geschrieben wurde. Ein Fremder in jeder Hinsicht, jedoch fest im brasilianischen Leben integriert.[753]

Zweig ist eigentlich kein Flüchtling, sondern ein Asylant. Es ist ihm gelungen, ein gestempeltes Stück Papier zu erhalten, das ihm einen Unterschlupf gewährt. Aber der Schriftsteller hat keine Lust, Zuflucht zu suchen. Immer auf der Durchreise, möchte er sich von den Koffern befreien, doch er hat vergessen, Wurzeln zu bilden.

Im Gegensatz zu ihm schlug Hermann Görgen in Brasilien während seines Exils Wurzeln, die es ihm ermöglichten, nach seiner Rückkehr nach Deutschland 1954 ein Botschafter der brasilianischen Kultur zu werden, der sowohl in der Heimat als auch im Exilland höchstes Ansehen genoss. Gilberto Freyre bezeichnete ihn in seiner Begeisterung als »das größte Geschenk, das Adolf Hitler Brasilien gemacht hat«. 1941 rettete er eine Gruppe von 45 Flüchtlingen (Juden wie Nichtjuden), bekannt als »Gruppe Görgen«. Er gehörte zur katholischen Opposition und floh zunächst nach Österreich, doch der Anschluss zwang ihn, in die Tschechoslowakei und weiter in die Schweiz zu fliehen. Von dort aus organisierte er die Flucht seiner Gruppe nach Brasilien, beschaffte die nötigen Papiere und half so 45 Menschen, zu überleben. Damit die Gruppenmitglieder ein Visum für Brasilien bekamen, musste das Vorhaben einer Firmengründung als Vorwand dienen. Über Frankreich und Spanien erreichte die Gruppe Portugal, von wo sie mit der

---

[753] Vgl. Rosenfeld, Anatol: »Stefan Zweig«, a.a.O. Guinsburg, J.; Martins, Plínio (Hg.): *Sobre Anatol Rosenfeld* (Über Anatol Rosenfeld). Com Arte/USP. São Paulo 1995.

Cabo de Hornos im April 1941 nach Rio de Janeiro ablegte. Kaum dort angekommen, begab sich die Gruppe nach Juiz da Fora im Staat Minas Gerais, wo man die *Indústrias Tecnicas Ltda.* gründete, als deren Direktor Görgen fungierte. Daneben war er noch als Professor für Wirtschaftswissenschaften an der *Universidade de Juiz da Fora* tätig. Die Gruppe löste sich bald auf, und jeder suchte sich seinen eigenen Weg, um ein neues Leben zu beginnen. Nach einigen Jahren tauschte Görgen die Industrie gegen die Landwirtschaft ein: Er kaufte ein kleines *sítio*, auf dem er Hühner und Kühe hielt und Obstbäume pflanzte.

Görgen vergaß nie das Land, das ihn aufgenommen hatte. Auf seinem Grabstein steht der Ehrentitel: Hermann Görgen, o Amigo do Brasil (Der Freund Brasiliens).[754]

Susi (oder Susanne) Bach (oder Eisenberg-Bach) gehörte der »Gruppe Görgen« an, und ebenso wie ihr Retter vollendete sie das Exil mit ihrer Rückkehr nach Deutschland: Aus der Exilantin wurde die Expertin für Exilliteratur in Brasilien. Nachdem sie 1932 noch in Romanistik an der Universität München promoviert hatte, war sie bald nach der Machtübernahme der Nationalsozialisten nach Paris gegangen. Dort hatte sie als Buchhändlerin, Bibliothekarin und Übersetzerin gearbeitet. Nach der französischen Kapitulation wurde sie in das Lager von Gurs interniert, schließlich aber freigelassen, da sie schwanger war. Der Vater des Kindes blieb zurück.

Erst in Lissabon traf sie auf die anderen Mitglieder der »Gruppe Görgen« und bestieg gemeinsam mit ihnen das Schiff nach Brasilien. Wie alle ging sie zunächst nach Juiz da Fora, kehrte aber bald nach Rio de Janeiro zurück. Nach dem Krieg eröffnete sie in Rio de Janeiro die erste internationale Buchhandlung, die sich auf den Export und Verkauf brasilianischer Bücher an ausländische Universitäten spezialisierte. Anfang der 40er Jahre hatte sie in Petrópolis gewohnt, jedoch war es ihr nicht gelungen, Zweig zu begegnen – dafür blieb keine Zeit – aber sie wurde zur ersten brasilianischen Zweig-Expertin.[755]

---

[754] Vgl. Görgen, Hermann: *Ein Leben gegen Hitler. Geschichte und Rettung der »Gruppe Görgen«. Autobiographische Skizzen.* LIT Verlag. Münster 1997. *Kestler*, S. 260–263. Hermann Matthias Görgen (1908–1994) gilt als einer der wichtigsten Persönlichkeiten des deutschen Exils in Brasilien.

[755] Susanne Lilly Eisenberg-Bach (1909–1997) wurde in München geboren und starb dort. 42 Jahre ihres Lebens verbrachte sie in Brasilien. Als Kennerin der Exilliteratur in Brasilien nahm sie an mehreren internationalen Stefan Zweig-Symposien teil. Ihre Memoiren sind ein Beitrag zur Exilforschung. Vgl. *Im Schatten von Notre Dame.* Heintz Verlag. Worms 1986. *Karussell. Von München nach München.* Frauen in der einen Welt. Nürnberg 1991.

Karl Lieblich schrieb in den letzten Jahren der Weimarer Republik zwei Aufsehen erregende Bücher zur »Judenfrage«, eines davon als öffentliche Frage an Adolf Hitler. Die Antwort ließ nicht lange auf sich warten: Seine Werke wurden im berühmten »Autodafé« von 1933 in der Öffentlichkeit verbrannt. In Brasilien schrieb Lieblich, der deutschen Sprache treu bleibend, Erzählungen und Novellen über seine eigenen Erlebnisse nieder.[756]

Lieblich gehört zur Gruppe von Intellektuellen, die der Hölle der nationalsozialistischen Grausamkeit entkommen konnten – alle gerettet durch die Großzügigkeit eines Mannes, des brasilianischen Botschafters in Vichy, dem Don Quixote in der Finsternis, Luís Martins de Souza Dantas.

Wie in Hollywood oder in New York, in Mexiko-Stadt oder in Buenos Aires begegnen sich in Brasilien Flüchtlinge aller Art und Geisteshaltung, gut Verdienende und Bedürftige, Starke und Schwache, Verzweifelte und Opportunisten. Den Terror zu überleben, genügt nicht. Es gilt zu leben, nach allen Seiten zu sehen. Mit Lotte an seiner Seite kann Zweig sich nicht umschauen, sich mit niemandem austauschen, es sei denn, mit sich selbst. Jene stets elegant gekleidete junge Frau, 27 Jahre jünger als er selbst, hilft ihm, sich unter einer Glasglocke abzuschirmen, ohne die Möglichkeiten, das zu tun, was er kann, nämlich zu vermitteln. In der Zurückgezogenheit kann er nur Fantasmen entwickeln. Etwas lähmt seinen Drang, Annäherung zu fördern und Grenzen zu überschreiten. Seine Schwärmerei für Brasilien bleibt für den privaten Gebrauch, bestenfalls dient sie zur Ausschmückung der Briefe an die Freunde.

Stefan Zweig hat sich verändert. Der Krieg erschreckt ihn, die Kritiken schüchtern ihn ein, die von anderen in den letzten Jahren an ihn

---

[756] Karl Lieblich (1895–1984), Rechtsanwalt, Schriftsteller, Theaterkritiker und Journalist, schrieb am Vorabend der nationalsozialistischen Machtübernahme die Bücher: *Wir junge Juden* (1931), was eine große Diskussion hervorrief, und *Was geschieht mit den Juden? Öffentliche Frage an Adolf Hitler* (1932), (beide erschienen im Zonen Verlag. Stuttgart). 1937 ging Lieblich zunächst allein nach Brasilien. Später gelang es seiner Frau und den drei Töchtern nur dank des Botschafters Souza Dantas, ein Visum zu bekommen. Zuvor hatte der Schriftsteller João Guimarães Rosa, der damalige Konsul in Hamburg, das Gesuch abgelehnt. Mit seiner Familie wurde Lieblich in São Paulo ansässig, wo er erst eine Druckerei betrieb und später in das Import/Exportgeschäft wechselte. 1958 kehrte er nach Deutschland zurück. Die in Brasilien verfassten Novellen und Erzählungen wurden nie veröffentlicht: »Die Mulattenhochzeit«; »30 contos. Eine Geschichte aus Brasilien«; »Denkmal des Brasilianers Antonio Coutinho, des Nichtbettlers«; »Sie kam aus Argentinien. Brasilianische Novelle«. Vgl. *Kestler*, S. 103/104; *Eckl*, S. 35–62.

gestellten Forderungen haben sein Inneres aufgewühlt; so bleibt nur, in dem von Jorge Amado angesprochenen »Ghetto«, Unterschlupf zu suchen. Der kleine Kreis, der ihm Wärme und Geborgenheit gibt und keine Forderungen stellt, besteht aus Koogan und dem gebildeten Malamud, beide jung und in den jüdischen Kreisen engagiert. Nathan Bronstein, der Arzt der Gemeinde, einer der ersten jüdischen, die in Brasilien ausgebildet wurden, verschreibt ihm Schlafmittel und behandelt Lottes Asthmaanfälle. (Er wohnt in der gleichen Straße, der Rua Paissandu, nicht weit von Koogan und dem Hotel Central entfernt.)

Zu Jom Kippur, dem Versöhnungstag und höchsten Feiertag der Juden, lädt ihn Rabbiner Henrique Lemle von der Reformgemeinde deutscher Herkunft ein, in der Synagoge in Botafogo zu sprechen. Höflich lehnt Zweig diese Einladung ab: »(I)ch muß zu meiner Beschämung bekennen, daß ich – wie die meisten Österreicher – sehr lax in Dingen des Glaubens erzogen wurde und ein Unsicherheitsgefühl in einer wahrhaft gläubigen [sic] Versammlung nicht bemeistern könnte.« Die Rechtfertigung, die Einladung des Rabbiners Fritz Pinkuss von der deutsch-jüdischen Gemeinde in São Paulo abzulehnen, wiegt noch schwerer: Er habe keine Kraft mehr.[757] Dennoch bittet er Koogan eine Woche vor Jom Kippur, an Rosch Haschana, dem jüdischen Neujahrsfest, ihn in die große Synagoge (orthodoxer Ausrichtung) mitzunehmen: Er möchte sich behütet fühlen, unter seinesgleichen Anschluss finden. Darin ähnelt er *Jossele* Roth und Soma Morgenstern, die auch in Wien und Berlin nie die galizischen Dörfer und Schtetl vergaßen.

Diese winzige Gruppe von Juden aus Rio de Janeiro ist Zweigs tropisches Schtetl. Wenn es ein Ghetto ist, ist es von Hitler eingerichtet und anschließend durch die Arroganz der Kritiker vervollkommnet worden. In London hat die enge Beziehung zu dem jüdischen Journalisten Leftwich keine Aufmerksamkeit hervorgerufen. In Rio de Janeiro wissen alle alles und dies in mehrdeutiger Weise. Ohne Alternativen und infolge von Missverständnissen isoliert, hat Zweig das Judentum nicht gesucht, er ist hineingedrängt worden. Mehr als einmal bittet er den Verleger und nun auch Nachbarn, ihm typisch jüdische Speisen zu besorgen, die die dienstbeflissene Dona Berta, Koogans Mutter, mit höchstem Vergnügen zubereitet. Die *jidischkejt*, die in London wiedergefundene *conditio*

---

[757] Brief Zweig an Rabbiner Lemle, undatiert, vor 30.9.1941 in: *Briefe 1932–1942*. Stefan Zweigs Erwiderung auf die Einladung von Rabbiner Pinkuss in: Pinkuss, Fritz: *Lernen. Lehren. Helfen. Sechs Jahrzehnte als Rabbiner auf zwei Kontinenten.* Heidelberger Verlagsanstalt. Heidelberg 1990, S. 67.

judaica, beschränkt sich hier auf schmackhafte Platten mit *Gefilltem Fisch* und *Gefilltem Helsel*.[758]

Bei allen Begegnungen mit dem Ehepaar Villa-Lobos, so erzählt Dona Arminda, die Witwe des Komponisten, hätte Zweig die Tragödie erwähnt, die über das europäische Judentum hereingebrochen sei. Er scheint auf die Notwendigkeit fixiert, das Leiden seines Volkes stets in Erinnerung zu rufen. Er möchte gerne irgendeine Art von Verbundenheit schaffen, und sei es, eine des Mitleids.

> Wir als Menschen und vor allem als Juden haben kein Recht, in diesen Tagen glücklich zu sein. Sie können sich nicht vorstellen, was in Europa geschieht. Wir dürfen nicht glauben, dass wir die wenigen Gerechten sind, die aufgrund unserer besonderen Verdienste vor der Zerstörung von Sodom und Gomorrha verschont wurden. Wir sind nicht besser und mehr wert als all die anderen, die drüben in Europa gejagt und vertrieben werden.[759]

Mit diesen Worten wendet er sich während einer Veranstaltung zu Gunsten der Kriegsopfer im Haus des Botafogo Fußball- und Segelclubs an das Publikum. Professor Inácio de Azevedo Amaral, in Begleitung seiner Ehefrau, sitzt dem Tisch mit Stefan Zweig vor und Lotte, diesmal mit schwarzer Kleidung und Hut, nimmt an der Seite ihres Mannes Platz.[760]

Nach den Reden soll Zweig auf Bitten der Organisatoren, in einer Ecke des Saales, abgeschirmt von den anderen, einen der Anwesenden, einen sehr vermögenden Juden elsässischer Herkunft, überzeugen, eine Spende zu geben.

---

[758] Tatsächlich war die Mutter des Verlegers für Zweigs Annäherung an Brasilien verantwortlich. Nach der Lektüre der Novelle *Vierundzwanzig Stunden aus dem Leben einer Frau* (1932), die sie als Fortsetzungsroman in der jiddischsprachigen New Yorker Zeitung *Forward* täglich gelesen hatte, schlug sie ihrem Sohn vor, mit Zweig Kontakt aufzunehmen und sich die Autorenrechte von Zweigs Werken für eine Veröffentlichung in Brasilien zu sichern.

[759] Arminda Villa-Lobos, Aussage gegenüber Norma Couri, 27.10.1981. Stefan Zweig zit. nach: *Leftwich 1*, S. 89.

[760] Inácio de Azevedo Amaral (1883–1950), bekannter Philosemit und Progressist, war Marineoffizier und schlug später die Laufbahn eines Professors für Geometrie und Infinitesimalrechnung ein. Er gehört zur Gruppe derer, die die *Universidade do Distrito Federal*, später in *Universidade do Brasil* umbenannt, gründeten, deren Rektor er 1945–1948 war. Von der jüdischen Gemeinschaft eingeladen, sich an einer Verteidigungsschrift gegen den wachsenden Antisemitismus zu beteiligen, gab er 1937 gemeinsam mit Samuel Wainer den *Almanack israelita* (Israelitischer Almanach) heraus. Ein Jahr darauf lud er Wainer ein, die Wochenzeitung *Diretrizes* zu leiten, die dieser zu einem leidenschaftlich antifaschistischen Organ verwandelte und Wainer zu einem der bekanntesten Journalisten des Landes werden ließ.

Da dieser auf einem Ohr nichts mehr hört, war Zweig gezwungen, laut zu sprechen: »Man muss helfen!« Weil der Herr ihn scheinbar nicht verstehen konnte, gab der Schriftsteller in seiner Verzweiflung die Höflichkeit auf und schrie: »Verstehen Sie nicht? Man muss, man muss unbedingt helfen!« Der Herr versprach zwei Contos zu geben, und für seine Bemühung entschädigt, flüchtete sich Zweig erschöpft auf die Terrasse.[761]

Heimatlose erkennen sich wieder. »Erst im Exil kommt man darauf, zu einem wie wichtigen Teil die Welt schon immer eine Welt von Verbannten war«, stellte Elias Canetti während seines Londoner Exils fest.[762]

Neben dem Maestro Eugen Szenkar enthält das Adressbuch Zweigs Namen weiterer Flüchtlinge, so z.B. Fortunat Strowski, frankophiler Pole, Kenner der französischen Literatur und Montaigne-Spezialist, der Zweig von Afonso Arinos vorgestellt wurde, und Alfred Agache, französischer Städteplaner. Die beiden ersten sind Juden.[763]

Alfred Agache unterscheidet sich von den übrigen ausländischen Freunden durch seinen Beruf. Als Wissenschaftler, Künstler und Soziologe war er der erste, der den Urbanismus als »soziale Philosophie« definierte, und ein Bewunderer Jules Romains', was vielleicht die Verbundenheit mit Zweig erklärt. Er kennt die Städte in der ganzen Welt und liebt Rio de Janeiro, vor allem die Praça Paris, die auf seine Pläne zurückgeht.[764]

---

[761] Neuman, Aron: »Stefan Zweig apela« (Stefan Zweig appelliert) in: *Aonde vamos?*, 19.1.1950. Die Identität des Spenders konnte nicht festgestellt werden.

[762] Canetti, Elias: *Die Provinz des Menschen. Aufzeichnungen 1942–1972*. Carl Hanser Verlag. München 1973, S. 43.

[763] Weitere im Adressbuch aufgeführte, in Brasilien wohnhafte Flüchtlinge sind: Michal Choromanski (Curitiba); Paul Frischauer (Rio de Janeiro); Joseph Geiringer (São Paulo); Levy Mandler (Rio de Janeiro); Fabrice Polderman (Rio de Janeiro), die, mit Ausnahme von Choromanski und Frischauer, keine Spuren hinterlassen haben.

[764] Der französische Architekt Donat Alfred Agache (1875–1959) nahm an den ersten Diskussionen über die Definition des Urbanismus und dem Wiederaufbau diverser im Ersten Weltkrieg zerstörter Städte teil. Er entwarf sowohl Novo Guyaquil in Equador als auch Canberra in Australien. Das erste Mal reiste er 1927 nach Brasilien. 1930 reiste er erneut nach Rio de Janeiro, um an der Umgestaltung der Stadt unter Leitung von Antônio Prado Jr. mitzuwirken. Als Berater städtischer Projekte in Curitiba, São Paulo (Interlagos) und Petrópolis kehrte er 1939 wieder und lebte die folgenden 20 Jahre in Gloria, nahe der berühmten Praça Paris, die er entworfen hatte. Kurz nach seiner Rückkehr nach Paris starb er. Vgl. Bruant, Catherine: »Urbanismo, uma sociologia aplicada« (Urbanismus, eine angewendete Soziologie) und Silva, Lúcia: »A trajetoria de Donat Alfred Agache no Brasil« (Donat Alfred

Einer der Einträge im Adressbuch ist Studenic – fast anonym, genau so, wie der Träger dieses Namens es wünscht. Er ist einer derer, denen Zweig im Hotel Central begegnete. Sofort nach der Ankunft in Brasilien hat Studenic alle Dokumente verbrannt, die seine wahre Identität hätten preisgeben können. Zu groß ist die Furcht vor einer Auslieferung an Deutschland, die sein Schicksal besiegelt hätte.

1940 waren der deutsche Jude Hugo Simon und seine Frau Gertrud in Marseille aus dem Kreis der Lebenden verschwunden, um bald darauf mit tschechischem Namen wieder aufzuerstehen: er als Hubert Studenic, sie als Garina Studenicova. Bis zur Machtübernahme der Nationalsozialisten gehörten die beiden zu den besten Kreisen der Berliner Gesellschaft. Der Unternehmer mit vielseitigem Interesse, einschließlich kulturellem (u.a. war er Aufsichtsratsmitglied des S. Fischer Verlages), agierte vorwiegend im Finanzbereich. Der Mitbegründer und Seniorchef der erfolgreichen Privatbank Carsch, Simon & Co., später Bett, Simon & Co., und Freund von Walther Rathenau und Harry Graf Kessler war von November 1918 bis Januar 1919 Finanzminister im preußischen Kabinett. Auch als Mäzen, Kunstsammler und Förderer vor allem junger avantgardistischer Künstler (er war einer der ersten, die Bilder von Oskar Kokoschka und George Grosz erwarben) machte er sich einen Namen. Sein Haus in der Drakestraße wurde zum Treffpunkt der führenden Vertreter aus Politik, Wissenschaft und Kultur der Weimarer Republik. Dort verkehrten Albert Einstein, Thomas und Heinrich Mann, Paul Cassirer, Jakob Wassermann, René Schickele, Otto Braun, Rudolf Breitscheid, Rudolf Hilferding, um nur einige zu nennen. Auf diese Weise lernte er auch Stefan Zweig kennen.

Der Sozialdemokrat und Pazifist Simon setzte sich während des Ersten Weltkrieges für dessen Beendigung ein und gründete aus diesem Grund u.a. mit Hellmuth von Gerlach den »Bund Neues Vaterland«, der sich gegen die deutsche Kriegspolitik richtete. Schon im März 1933 musste Simon mit seiner Ehefrau unter Zurücklassung eines Teils des Vermögens und der berühmten Kunstsammlung nach Frankreich fliehen, nachdem ihn den Nazi-Kreisen nahe stehende Freunde vor einer drohenden Verhaftung gewarnt hatten. Auch in Paris kamen in seiner Wohnung in der Rue de Grenelle 102 die großen Persönlichkeiten der deutschen Literatur und Politik zusammen, die ebenfalls gezwungen ge-

---

Agaches Werdegang in Brasilien) in: Queiroz Ribeiro, Luiz Cesar de; Pechman, Robert Moses: *Cidade, povo e nação* (Stadt, Volk und Nation). Editora Civilização Brasileira. Rio de Janeiro 1996, S. 167–201; 397–411.

wesen waren, ins Exil zu gehen: Franz Werfel, Ernst Toller, Alfred Döblin, die Brüder Mann, Zweig (wenn er in Paris war), Friderike, Rudolf Hilferding, Willy Münzenberg, George Bernhard, Ernst Feder und viele andere – Kommunisten, Sozialisten, Pazifisten und Liberale, fast alle Juden. Harry Graf Kessler, einer der »Stammgäste«, bemerkt dazu in seinen Tagebüchern mit der ihm eigenen Ironie: »Der ganze Kurfürstendamm ergießt sich über Paris.«[765]

Im französischen Exil nahm Simon seine Arbeit als Bankier bald wieder auf und gründete erneut eine Bank, die ihm die Mittel bereitstellte, um sich auf vielfältige Weise für die Belange der Flüchtlinge zu engagieren und die Hilfsbedürftigen finanziell zu unterstützen. Nach dem Fall von Paris versuchte die Familie Simon, ein Visum für die USA zu bekommen, was ihr auch gelang. Die Ausreise scheiterte jedoch an den französischen Behörden, die sich weigerten, die dafür erforderliche Ausreisegenehmigung auszustellen. Zunächst floh das Ehepaar nach Montauban und von dort nach Marseille. Hier hielten sich auch ihre zwei Töchter, der Schwiegersohn, der Bildhauer Wolf Demeter, der kurze Zeit in einem Lager interniert wurde, sowie der kleine Enkel auf. Während die Töchter und der Schwiegersohn von der französischen *Résistance* mit neuen Papieren versorgt wurden, verhalf der tschechische Konsul dem Ehepaar Simon zu neuen Dokumenten und einer neuen Existenz, da es für Hugo Simon zu gefährlich geworden war, unter seinem eigenen Namen zu leben: Dies war der Moment, als Hugo und Gertrud Simon von der Bildfläche verschwanden und an ihrer Stelle Hubert Studenic und Garina Studenicova in Erscheinung traten, die nun mit den nötigen Papieren ausgestattet waren: Pässe, die französische Ausreiserlaubnis und Touristenvisa für Brasilien. Im spanischen Vigo schifften sie sich im Februar 1941 auf der *Cabo de Hornos* ein und kamen schließlich, kurz vor Zweigs dritter Rückkehr nach Brasilien, am 3. März in Rio de Janeiro an. Der Rest der Familie folgte ihnen bald nach.

Mysterium oder Wunder – Studenic und seine Frau erfuhren Schutz im ehrwürdigen Kloster São Bento, obwohl sie jüdisch waren. Auf Geheiß des Abts Dom Tómas Keller nahm sich Pater Paulus Gordan, ein konvertierter Jude, den die deutschen Benediktiner nach Brasilien gesandt hatten, damit er nicht Opfer der nationalsozialistischen Rassenpolitik würde, der beiden an.

Der Abt und der Mönch waren nicht die einzigen Glaubensträger, die sich um die jüdischen oder ehemals jüdischen Flüchtlinge kümmerten.

---

[765] Tagebucheintragung, 23.6.1933 in: *Kessler 1*.

Auch der brasilianische Benediktiner Inácio Accioly, Sohn des brasilianischen Botschafters im Vatikan Hildebrando Accioly, der die 3.000 Visa für »nicht-arische« Katholiken bereitstellte, gehörte dazu. In dem Land, das sich gegenüber der Verzweiflung der Flüchtlingsmassen unsensibel zeigte, diente das erhabene Kloster mit seinem Goldaltar und seinem gregorianischen Chor als Zuflucht für einige wenige – typisch Brasilien.[766]

Anscheinend kannte Pater Paulus Gordan Simon/Studenic und seine Frau schon aus Berlin und brachte die beiden im Kloster unter, bis sie sich eine eigene Unterkunft leisten konnten. Dort begannen sie, an Hand von Tageszeitungen Portugiesisch zu lernen. Nachdem das Ehepaar zunächst ein Zimmer im Hotel Central gemietet hatte, wohnte es später bei Ernst Feder, einem weiteren Freund aus der Berliner Zeit, in Laranjeiras, bis sich ihre finanzielle Lage gebessert hatte. Wie in Deutschland hatten sie auch in Paris in denselben Kreisen verkehrt, und nun in der neuen brasilianischen Umgebung rückten sie noch näher zusammen.

Hugo Simon hatte sich schon immer für Landwirtschaft interessiert. In Seelow, Brandenburg, hatte er ein Versuchsgut besessen und nun, im Exil, wandelte sein »Nachfolger« Studenic auf seinen Spuren – er wollte sich der Seidenraupenzucht widmen. In einer der Ausgaben des *Correio da Manhã* stieß er auf einen kleinen Bericht über das Institut für Seidenraupenzucht in Minas Gerais. So packte das Ehepaar die wenigen übrig gebliebenen Habseligkeiten zusammen und siedelte nach Barbacena um.[767]

Es sind keine Briefe zwischen Zweig und Studenic erhalten geblieben, der Eintrag im Telefonbuch (42-1265) weist darauf hin, dass die bei-

---

[766] Die Ordensleitung gestattete es Studenic darüber hinaus, über die Adresse des Klosters monatlich eine bescheidene Summe aus seinem Guthaben in den USA und England zu beziehen. Vgl. *Kestler*, S. 118. Der Benediktinerorden etablierte sich 1581 in Brasilien. Fünf Jahre später siedelte er sich in Rio de Janeiro an. Das neue Kloster, eines der schönsten Benediktinerkomplexe ganz Brasiliens, dessen Bau 1633 begonnen und erst 1798 fertig gestellt wurde, diente zwischenzeitlich als Festung, eine der wenigen, die 1711 dem Einfall des französischen Seeräubers Duguay-Truin Widerstand leistete.

[767] Zu Hugo Simon vgl. *Kestler*, S. 114–120; Tollendal, Maria Eugenia: *Uma tríade histórica. Bernanos, Marcier, Studenic* (Eine historische Triade. Bernanos, Marcier, Studenic). Gráfica Editora Mantiqueira. Barbacena 1989. Nach dem Krieg gelang es Hubert Studenic, dank der schriftlichen Erklärungen von Albert Einstein und Thomas Mann, die sich für dessen Angaben zur eigenen Identität verbürgten, seinen alten Namen Hugo Simon wiederzuerlangen. Seine letzten Lebensjahre verbrachte er in Penedo, bis er 1950 an einer Krebserkrankung in São Paulo starb. Pater Paulo Gordan kehrte nach Europa zurück, wo er in hohem Alter starb.

den es vorgezogen, sich dieses Kommunikationsmittels zu bedienen. Die Flucht und die brasilianischen Erfahrungen verarbeitete Simon in einem umfangreichen autobiografischen, unveröffentlichten Roman, der von Zweigs Erinnerungen beeinflusst ist. Zweig taucht in dem Werk sowohl in der Gestalt einer Figur auf, die im Zusammenhang mit den Folgen des Ersten Weltkrieges Selbstmord begeht, als auch unter seinem eigenen Namen.

Studenic kehrte nie nach Deutschland zurück, in ein Land, wie er im Roman schreibt, »wo selbst die Dichter und Denker, geschweige denn die Politiker, mit wenigen Ausnahmen gehorsame Untertanen waren und sind«.[768]

Ebenso wie das Ehepaar Studenic fand auch der deutsche Dichter jüdischer Herkunft Victor Maria Wittkowski, ein weiterer, in Zweigs Adressbuch aufgeführter Flüchtling, Beistand und Hilfe im Kloster São Bento. Einsam und traurig wandelte er durch die Straßen von Rio de Janeiro. Schon 1933 war er in die Schweiz übergesiedelt und von dort nach Italien, wo er oft bittere Armut litt. Bemühungen, nach Norwegen zu gelangen, scheiterten ebenso wie ein Versuch, in die Vereinigten Staaten zu emigrieren. Mit Hilfe des Vatikans erhielt er schließlich eines der brasilianischen Visa für »nicht-arische« Katholiken. Er traf kurz vor Zweig in Brasilien ein und suchte ihn, nachdem er erfahren hatte, dass Zweig im Hotel Central untergebracht war, dort auf. Die beiden hatten schon in Europa miteinander in Briefkontakt gestanden, jetzt lernten sie sich persönlich kennen und Wittkowski klammerte sich an Zweig. Dieser hatte Mitleid mit dem gebildeten, einsamen, armen, jungen Mann. Er versuchte, ihm Türen zu öffnen, und engagierte ihn für die Revision seiner Texte. Nichts half: Der Schützling hatte noch weniger Glück als sein Beschützer. Die sechs Monate ihres Beisammenseins in Brasilien sollten zum Höhepunkt im Leben des jungen Dichters werden.[769]

---

[768] Hugo Simon zit. nach: *Kestler*, S. 209. Die Wissenschaftlerin Izabela Maria Furtado Kestler hat das maschinengeschriebene Manuskript des Romans mit dem Arbeitstitel *Seidenraupen*, den Simon 1941 zu schreiben begonnen hatte, ausfindig gemacht und den Inhalt zusammengefasst. Vgl. *Kestler*, S. 193–210. In Zweigs Adressbuch steht Studenic nur unter einer Anschrift (Rua Aparício Borges 25, Apt. 48, Laranjeiras, Rio). Es ist nicht bekannt, ob dies Ernst Feders Wohnung war, in der die beiden Ehepaare zeitweise zusammen gewohnt haben.

[769] Victor Maria Wittkowski (1909–1960) kam im Juni 1941 in Brasilien an. Im Februar hatte er mit Hilfe des katholischen St. Rafael Vereins von der brasilianischen Botschaft in Rom ein Visum ausgestellt bekommen. Stets in Geldnöten, wohnte er in einem bescheidenen Hotel. In Zweigs Adressbuch ist das Hotel Russel, Praia do Russel 64, angegeben. Vgl. *Milgram 1*, S. 13; 46; *Kestler*, S. 121–125.

Abb. 24 Vor der Entdeckung des Paradieses: Zweig an Bord der *Alcântara* auf dem Weg nach Rio de Janeiro (8.–21. August 1936).

Abb. 25 Nach der Ankunft posiert der Schriftsteller noch auf dem Oberdeck für die Presse. Rechts daneben wartet Jaime (Jimmy) Chermont, der ihm vom brasilianischen Außenministerium zur Seite gestellt wurde.

Abb. 26 Zweig am Kai mit seinem Gastgeber, dem jungen Verleger Abrahão Koogan (rechts neben ihm), Intellektuellen, Autoritäten und herausragenden Mitgliedern der jüdischen Gemeinde Rio de Janeiros.

Abb. 27 Zweig bei dem vom Außenminister Macedo Soares ausgerichteten Mittagessen im Jockey Club in Gávea. Links Alzira Vargas, die Lieblingstochter und Beraterin des Präsidenten, hinter ihm sein späterer Rechtsanwalt und Testamentsvollstrecker Samuel Malamud, daneben der Diplomat Jorge Manoel da Costa Leite und im Vordergrund eine weitere Tochter von Vargas, Jandira.

Abb. 28a Zweig im *Palácio do Catete*, dem Präsidentensitz, nach der Audienz mit Präsident Vargas (links). Zwischen den beiden Jimmy Chermont, rechts neben ihm der Minister Macedo Soares.

Abb. 28b Im Nationalen Musikinstitut in Rio de Janeiro hielt Zweig den Vortrag Die geistige Einheit der Welt. Rechts neben ihm der Außenminister Macedo Soares, dem er einige Tage später das Vortragsmanuskript schenkte.

Abb. 29 Nach der Lesung aus *Der begrabene Leuchter*, die Zweig ausschließlich für die jüdische Gemeinde veranstaltete, traf er sich mit deren Vertretern. Links und rechts neben ihm sitzen Abrahão Koogan und Samuel Malamud.

Abb. 30 Zweig am Bahnhof von São Paulo beim Empfang durch lokale Politiker.

Abb. 31 Als Emil Ludwig auf dem Kongress des PEN-Clubs in Buenos Aires die nationalsozialistische Judenverfolgung anprangerte, bedeckte Zweig aus irgendeinem Grund das Gesicht: Die Zeitungen am nächsten Tag schreiben, er hätte aus Erschütterung geweint.

Abb. 32 Einer der Besuche, die ihn in São Paulo am meisten beeindruckten, war der der Muster-(Straf-)Anstalt, ein Beispiel der brasilianischen Menschlichkeit. Ein halbes Jahrhundert später wurde sie Schauplatz einer blutigen Gefängnisrevolte mit 111 Opfern.

Ein besonderer Freundeskreis: der Autor und seine Verleger

Abb. 33 Mit Anton Kippenberg vom Insel Verlag. Die fruchtbare Zusammenarbeit über fast drei Jahrzehnte fand mit Aufstieg der Nationalsozialisten ein jähes Ende.

Abb. 34 Mit Benjamin Huebsch von der amerikanischen *Viking Press* (ebenfalls Salzburg) verband ihm eine Freundschaft, die über die berufliche Verbindung hinausging und bis zu seinem Tod hielt.

Abb. 35 Mit Abrahão Koogan (links) und dessen Schwager und Teilhaber Nathan Waissman 1936 in deren *Livraria Guanabara*. Dank Koogan lernte Zweig Brasilien kennen und lieben. Dieses Land prägte seine sechs letzten Lebensjahre.

Abb. 36 Beim Abschied in Lissabon (Februar 1938) mit seinem portugiesischen Verleger Américo Fraga Lamares (rechts außen) und dem Vizegraf von Lagoa, einem Schiffahrtshistoriker, der ihm bei den Arbeiten zu *Magellan* half.

Abb. 37 Gottfried Bermann-Fischer veröffentlichte in seinem Exilverlag in Stockholm Zweigs Werke während des Zweiten Weltkrieges.

Abb. 38 Zweig mit Lotte und Alfredo Cahn, seinem engen Freund, Übersetzer und argentinischen Verleger, beim Besuch eines Radiosenders in Buenos Aires (Herbst 1940).

Abb. 39 Während der zweiten Brasilienreise legte Zweig Wert darauf, sich der jüdischen Gemeinde zu nähern. Daher besuchte er mit Lotte am 3. September 1940 die *Jidische-Brazilianer Folkschule Scholem Aleichem*. Der Autor ist durch einen Kreis kenntlich gemacht.

Abb. 40 Zweig mit Lotte in Salvador da Bahia auf seiner Reise durch den brasilianischen Nordosten, auf der er Eindrücke für sein Brasilienbuch sammelte. Der Reporter D'Almeida Vítor (rechts neben Lotte) begleitete ihn im Auftrag der Regierung.

Abb. 41 Das »offizielle« Foto des Ehepaares (Rio de Janeiro, 1940), wahrscheinlich von Wolf Reich aufgenommen. Die Körpersprache ist auffallend: Während er die Arme vor seinem Körper verschränkte, hatte Lotte ihren Arm um ihn gelegt.

Abb. 42 Ende 1941 nahm Zweig als Ehrengast an einer Veranstaltung zugunsten der Opfer des Nationalsozialismus im Fußball- und Segelclub von Botafogo teil. Neben ihm sitzen der Rechtsanwalt Dr. Marcos Constantino, einer der Führer der jüdischen Gemeinde, und der Universitätsdirektor Inácio de Azevedo Amaral. Der Journalist Aron Neuman (stehend) berichtete über diesen Abend in einer jüdischen Zeitung.

Abb. 43 Stefan Zweig Mitte der 30er Jahre, Fotograf und Ort unbekannt.

Abb. 44 Zweig mit Lotte auf dem Flughafen von Rio de Janeiro auf dem Weg nach Argentinien (Oktober/November 1940), wo er Vorträge in verschiedenen Städten hielt.

Abb. 45 Das Passbild für den brasilianischen Personalausweis, dem »modelo 19«, das Zweig nach der Argentinienreise erhielt.

Abb. 46 Ein nur wenigen Flüchtlingen gewährtes Privileg: Die Seite aus Zweigs englischem Pass zeigt die wertvolle, auf dem brasilianischen Konsulat in Buenos Aires ausgestellte Aufenthaltsgenehmigung. Das brasilianische Außenministerium hatte ihn von jeglicher Dokumentation befreit.

Abb. 47 Stefan Zweig vor dem Haus in Ossining, nahe New York (Sommer 1941). Diese Aufnahme stammt von Friderikes Tochter Susanne, einer professionellen Fotografin.

Abb. 48 Der *King John* des visionären Dichters William Blake, der Zweig auf seinem rastlosen Exil durch die Welt begleitete.

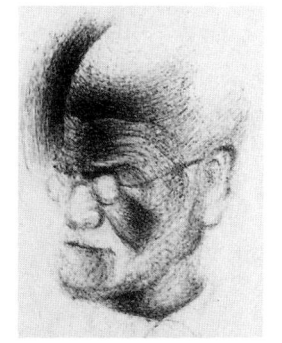

Abb. 49 Die Freud-Skizze, die Salvador Dalí kurz vor dessen Tod (September 1939) gezeichnet hatte. Zweig hatte die beiden mit einander bekannt gemacht.

Abb. 50 Zweig mit Lotte und ihrer Nichte Eva Altmann in Bath im Sommer 1940.

Freundschaften im Paradies

Abb. 51 Der deutsch-jüdische Berliner Journalist Ernst Feder, den Zweig wirklich sehr schätzte und mit dem er in Petrópolis den Abend vor seinem Tod verbrachte.

Abb. 52 Der Bankier, Politiker und Mäzen Hugo Simon (alias Hubert Studenic), den Zweig aus Berlin kannte und sowohl in Paris als auch Rio de Janeiro wiedertraf.

Abb. 53 Der junge, einsame und arme Dichter Victor Maria Wittkowski, dem Zweig zu helfen versuchte und als Verwalter des literarischen Nachlasses auswählte.

Abb. 54 Die große chilenische Dichterin Gabriela Mistral, die als Konsulin ihres Landes in Petrópolis wohnte und bei der Zweig den intellektuellen Austausch suchte.

Abb. 55 der Intellektuelle und spätere Abgeordnete und Außenminister Afonso Arinos de Melo Franco, der Zweig mit seinen Kenntnissen über Montaigne und dessen Werk half.

Abb. 56 der französische katholische Schriftsteller Georges Bernanos, der Zweig einlud, sich ihm in einem Protest gegen die nationalsozialistischen Verbrechen anzuschließen.

Abb. 57 Zweig mit dem Präsidenten des brasilianischen PEN-Clubs Claudio de Souza (ganz rechts außen), der sich eifrig bemühte, ihn in die offiziellen Kreise einzuführen. Hinter ihm Jimmy Chermont, der seit seinen Betreuerdiensten während der ersten Brasilienreise auch zu seinen brasilianischen Freunden zählte. Dieses Foto entstand beim Besuch der Redaktion der mondänen Zeitschrift *Ilustração Brasileira*, 1936.

Abb. 58 Der Bungalow in der Rua Gonçalves Dias 34 im Viertel Valparaíso (Tal des Paradieses), Petrópolis, in den Zweig im September 1941 einzog. Er hatte ihn vor allem wegen seiner großen Veranda ausgewählt. 2005 wurde er von der Gesellschaft *Casa Stefan Zweig* erworben, um dort ein Zweig-Museum einzurichten (Aufnahme aus den 40er Jahren).

Abb. 59 Zweig mit Lotte bei der Arbeit in dem Zimmer, das zur Veranda hin lag und aus diesem Grund den beiden als Büro diente (1941/1942).

Abb. 60 Von Koogan an Zweigs 60. Geburtstag auf dem Ausflug nach Teresópolis aufgenommene Bildfolge: (Von oben nach unten und links nach rechts): Lotte; Zweig; Zweig mit Koogans Ehefrau Paulina, auf dem Arm der Foxterrier Plucky, den er von dem Verleger zum Geburtstag bekommen hatte; Koogan, Zweig mit Hund und Lotte; nochmals Lotte; das Ehepaar Zweig auf der Veranda des Hauses in Petrópolis; Zweig mit Plucky vor Bananenkörbe tragenden Eseln, die er so entzückend fand.

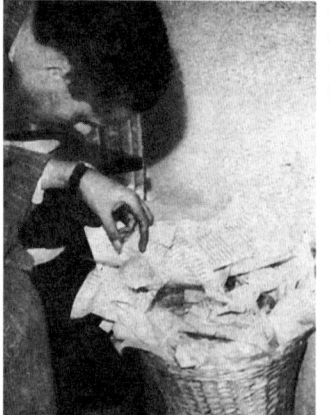

Abb. 61 Reporter fanden diesen Papierkorb voller zerrissener Blätter. Aber keiner machte sich die Mühe herauszufinden, was darauf geschrieben stand.

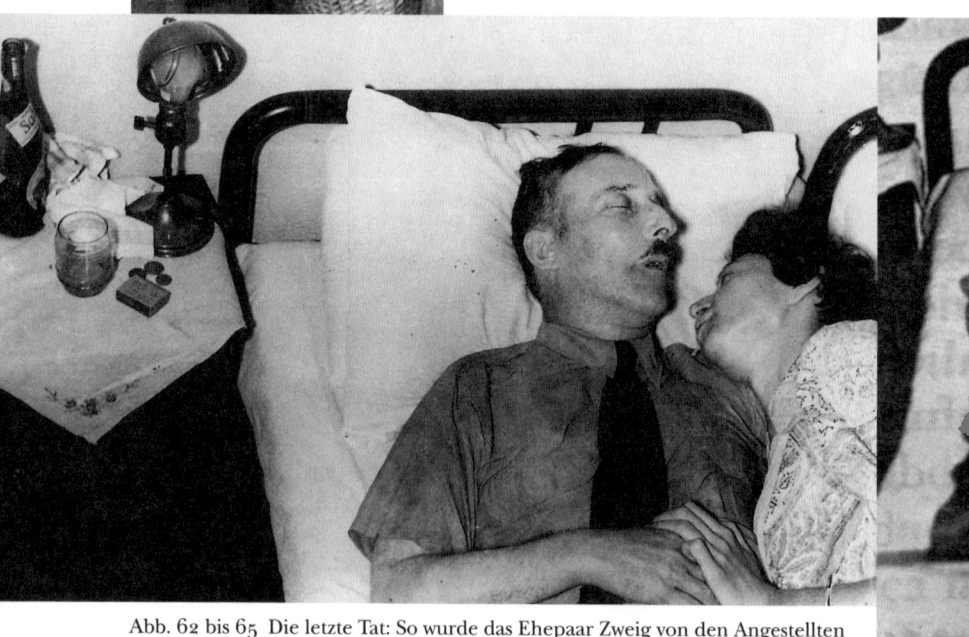

Abb. 62 bis 65 Die letzte Tat: So wurde das Ehepaar Zweig von den Angestellten und später den Polizisten aufgefunden: Zweig hatte sich vor Lotte umgebracht, seine Hände sind über der Brust gefaltet. Lotte wartete, um sich zu vergewissern, dass er nicht mehr atmete; danach nahm sie das Gift und klammerte sich mit beiden Händen an seinen Arm; ihr Bett scheint kaum benutzt worden zu sein, zwischen den Betttüchern sieht man einen Zipfel ihres Morgenrocks. Auf den beiden Nachttischschränkchen steht Wasser der Marke *Salutaris*. Auf seinem, dem linken, liegt außer ein paar Münzen noch eine leere und offene Streichholzschachtel; eine Tatsache, die bei den Verantwortlichen keine Aufmerksamkeit hervorrief. Alles deutet darauf hin, dass das Gift darin aufbewahrt worden war. Auf Lottes entdeckt man noch ein angebissenes Stück Toastbrot. Die unterschiedliche Totenstarre der beiden legt die Vermutung nahe, dass die beiden sich mit verschiedenen Giften umbrachten.

Abb. 64–65 Nachtkästchen

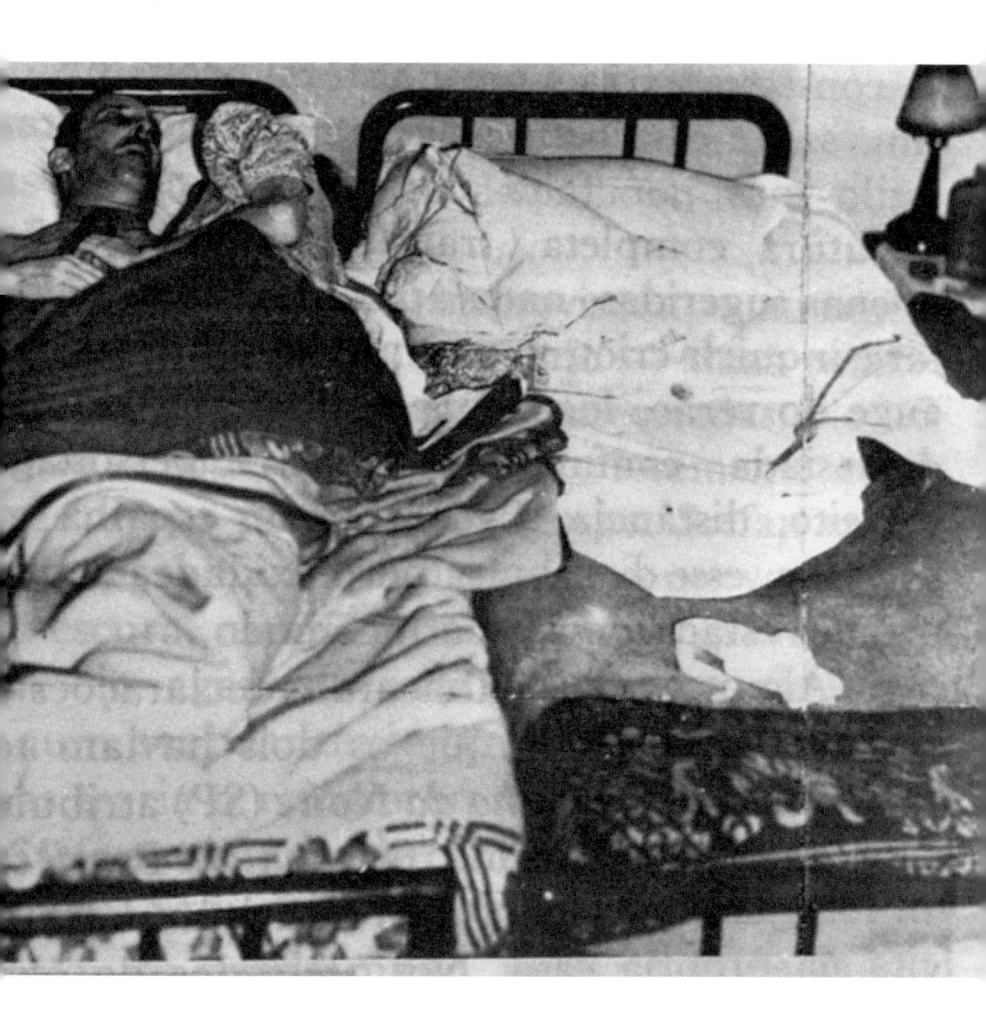

Abb. 66 Rabbiner Mordechai Tzekinovsky der traditionellen Richtung versuchte vergebens die Freigabe der Leichen für ein Begräbnis auf einem jüdischen Friedhof zu erwirken.

Abb. 67 Der Trauerzug beim Verlassen der Trauerhalle. Der Militär vorne links als Vertreter der Regierung des Staates Rio de Janeiro ist Vargas' Schwiegersohn Amaral Peixoto, rechts neben ihm läuft Cardoso de Miranda, der Bürgermeister von Petrópolis, in der zweiten Reihe links Leopold Stern und rechts D'Almeida Vítor. Hinter dem Sarg gehen Abrahão Koogan und Israel Dines als Vertreter der jüdischen Gemeinde von Rio de Janeiro.

Abb. 68 Rabbiner Henrique Lemle von der Reformgemeinde (links) und Kantor Israel Fleischmann (rechts) während der Beerdigung auf dem öffentlichen Friedhof von Petrópolis. Die Blumen auf den Särgen entsprachen nicht den jüdischen Gesetzen. Im Vordergrund links steht Israel Dines.

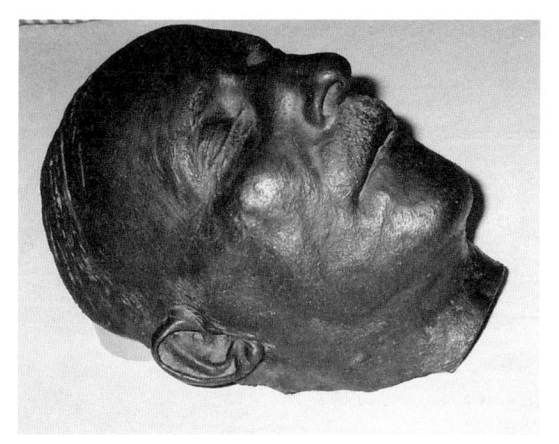

Abb. 69 Einer der beiden Bronze-Abgüsse von Zweigs Totenmaske.

Abb. 70 Das Grab von Lotte und Stefan Zweig in Petrópolis. Seine dunklen Grabplatten und -steine mit der Beschriftung auch in hebräischen Buchstaben stechen von den ihn umgebenen hellen Gräbern ab.

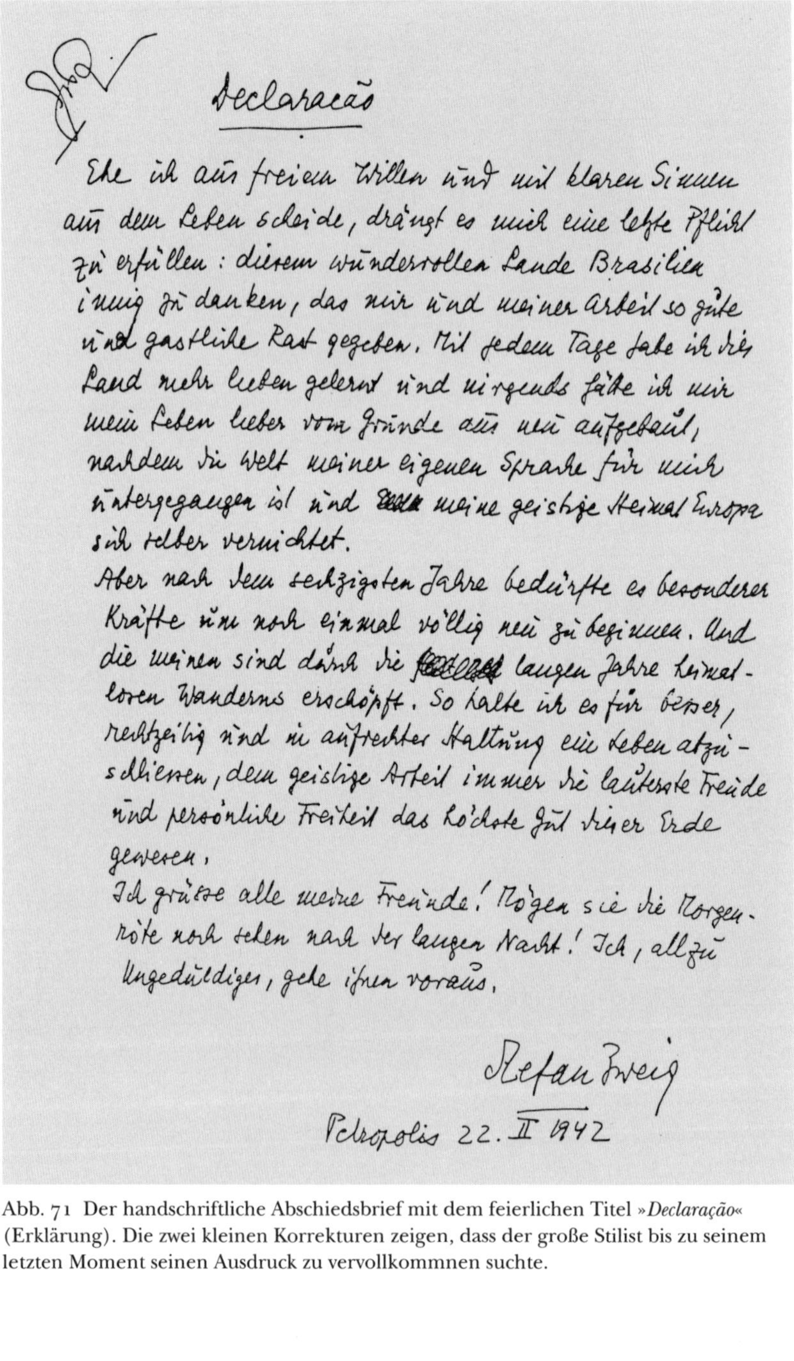

Declaração

Ehe ich aus freiem Willen und mit klaren Sinnen aus dem Leben scheide, drängt es mich eine letzte Pflicht zu erfüllen: diesem wundervollen Lande Brasilien innig zu danken, das mir und meiner Arbeit so gute und gastliche Rast gegeben. Mit jedem Tage habe ich dies Land mehr lieben gelernt und nirgends hätte ich mir mein Leben lieber vom Grunde aus neu aufgebaut, nachdem die Welt meiner eigenen Sprache für mich untergegangen ist und ~~meine~~ meine geistige Heimat Europa sich selber vernichtet.

Aber nach dem sechzigsten Jahre bedürfte es besonderer Kräfte um noch einmal völlig neu zu beginnen. Und die meinen sind durch die ~~langen~~ langen Jahre heimatlosen Wanderns erschöpft. So halte ich es für besser, rechtzeitig und in aufrechter Haltung ein Leben abzuschließen, dem geistige Arbeit immer die lauterste Freude und persönliche Freiheit das höchste Gut dieser Erde gewesen.

Ich grüße alle meine Freunde! Mögen sie die Morgenröte noch sehen nach der langen Nacht! Ich, allzu Ungeduldiger, gehe ihnen voraus.

Stefan Zweig

Petropolis 22. II 1942

Abb. 71 Der handschriftliche Abschiedsbrief mit dem feierlichen Titel »*Declaração*« (Erklärung). Die zwei kleinen Korrekturen zeigen, dass der große Stilist bis zu seinem letzten Moment seinen Ausdruck zu vervollkommnen suchte.

In guter europäischer Manier und als Fremde unter den Einheimischen suchen die Flüchtlinge Kontakt untereinander, sehen sich und besuchen sich gegenseitig zu Hause. Sie treffen sich in Restaurants, aber nicht in den In-Cafés. Sie gehören nicht dazu, stehen abseits, bleiben außen vor. Es versteht sich von selbst, dass Zweig nicht in die Taverna da Glória geht, die von jungen Intellektuellen aus Rio de Janeiro und Mario de Andrade (immer, wenn er in der Hauptstadt ist) aufgesucht wird. Es versteht sich von selbst, dass Zweig nicht die Cabarets in Lapa besucht, in denen sich Künstler unter die Bohemiens mischen. Es versteht sich von selbst, dass Zweig nicht am frühen Abend in der *Livraria José Olympio*, in Nachbarschaft zu Koogans *Livraria Guanabara* gelegen, in der Rua do Ouvidor (dem literarischen Zentrum seit dem vergangenen Jahrhundert) erscheint, in der die Schriftsteller und Dichter der neuen Generation auf ein Plauderstündchen zusammenkommen. Verstimmt über die Reaktion auf das Buch glaubt Zweig, dass auch die anderen seinetwegen verstimmt sind. Was sich nicht von selbst versteht, ist das Fehlen einer sensiblen Seele, die fähig gewesen wäre, dem großen Missverständnis, das den Exilanten in ein noch größeres Exil verbannt, ein Ende zu bereiten.[770]

Mit seiner Behauptung, dass Zweig versucht hätte, sich im gesellschaftlichen Leben zu betäuben, beging Afonso Arinos eine zweifache Ungerechtigkeit: einerseits dem Schriftsteller gegenüber, der selbst in seiner Heimat in den Zeiten des größten Ruhmes immer die Abgeschiedenheit gesucht hat, und andererseits gegenüber dem angesehenen Clan, dem er selbst angehört, den de Melo Francos, die das Ehepaar Zweig sehr familiär aufnahmen. In diesen späteren Äußerungen offenbarte er dieselbe Intoleranz wie jene, die Zweig vorher nicht hatte verstehen können – oder wollen.

Im August 1941 ist auch Louis Jouvet, der berühmte Schauspieler, Regisseur und Animateur des französischen Theaters, einer der Stars der Verfilmung von Zweigs *Volpone*, in Rio de Janeiro angekommen. Die 1939 begonnenen Dreharbeiten zu diesem Film konnten schließlich trotz der kriegsbedingten Komplikationen 1940 beendet werden. Nun wartet der Film auf bessere Zeiten, um verbreitet zu werden. Der Autor und der Schauspieler begegnen einander in Rio de Janeiro nicht, je-

---

[770] Nur einmal ging Stefan Zweig mit Lotte und Wittkowski in die Taverna da Glória, weil sie sich in der Nähe ihres Hotels befand. Es gab keine anderen Lokale in der Umgebung. Sie blieben unter sich. Vgl. *Wittkowski*, S. 77.

mand müsste für Zweig die Zeitungen lesen, jemand müsste wissen, dass er der Verfasser von *Volpone* ist.[771]

Wenn sich Jouvet und seine Frau nicht gerade auf Rundreisen in Argentinien, Uruguay und Chile befinden, um für das französische Theater zu werben, wohnen sie in Castelo, in Rio de Janeiro. Von der Gruppe *Os Comediantes* (Die Komödianten), dem ersten professionellen brasilianischen Tanzensemble, um Rat gebeten, antwortet Jouvet: »Ahmt nicht mehr nach, sucht in der Musik, im Tanz und in der Geschichte Eures Landes selbst die Wahrheit, die Ihr vermitteln müsst [...] Macht brasilianisches Theater für Brasilianer, und es wird universal werden.« Zweig ahnte intuitiv einen Weg für Brasilien – vergebens.

Das Theater ist vielleicht die Kunstform, die am meisten von der Präsenz der Flüchtlinge profitierte:

> Die Ankunft der polnischen Künstler, »die polnische Verstärkung«, wirkte wie eine Sauerstoffflasche. Die Regisseure Zbigniew Ziembinski, Zigmund Turkow und die Schauspielerin Irene Stipinska, besonders die beiden ersten, waren verantwortlich für das Niveau und die Professionalisierung, die das brasilianische Theater gerade zu jener Zeit erforderte. Sie machten in der Folge den Weg frei für die Aufführung von *Vestido de noiva* (Das Brautgewand) von Nelson Rodrigues, der Revolution in der szenischen Kunst. Ein anderer Flüchtling, der antifaschistische Aktivist Willy Keller, schuf das experimentelle Theater der Schwarzen.[772]

---

[771] Louis Jouvet (1887–1951), »*Le Patron*«, lebte und arbeitete mit Unterstützung des Vichy-Regimes von 1941–1945 in Südamerika. Als die Deutschen in Paris einmarschierten, zwangen sie ihn, ein Stück von Kleist aufzuführen. Er weigerte sich und floh in die unbesetzte Zone. Die Pétain-Regierung war der Auffassung, dass Jouvet im Ausland Frankreich nützlicher sein könnte. Nach der Befreiung Frankreichs kehrte er mit Hilfe von de Gaulle in seine Heimat zurück. Die Verfilmung *Volpone* wurde erst 1947 in den Kinos gezeigt.

[772] Barreto Leite, Luiza: *Teatro e Criatividade* (Theater und Kreativität). Ministerio de Educação e Cultura/Serviço Nacional de Teatro. 1975, S. 191. Graça Mello: »Testemunho« (Zeugnis) in: *Dyonisos*, Jg. 24, Nr. 22, S. 35. Zigmund Turkow (1869–1970), polnischer Schauspieler und Regisseur, gründete 1926 mit Rachel und Ida Kaminska das jüdische Theater von Warschau, das Wikt. 1940 floh er aus Polen, und nach der Odyssee durch verschiedene Länder kam er schließlich im Rahmen einer Tournee 1941 nach Brasilien, wo er zunächst in Recife und später in Rio de Janeiro wohnte. 1952 emigrierte er nach Israel. Es gibt keine Hinweise auf eine Begegnung zwischen ihm und Zweig. Willy Keller (1900–1979), Theaterregisseur, Publizist, Übersetzer, floh 1935 nach Brasilien. In den ersten Monaten war er u.a. als Redakteur der deutschsprachigen antifaschistischen Zeitung *Aktion* in Porto Alegre tätig. 1943 gründete er die *Notbücherei deutscher Antifaschisten* in Rio de Janeiro, in der im selben Jahr eine kleine Gedichtsammlung eines anderen Exilanten erschien: *Das Märchen vom Räuber, der Schutzmann wurde* von Ulrich Becher (1910–1990). Außer-

Ein jeder brachte seinen Beitrag mit ein, Zweig hat seinen beigesteuert, es ist schief gelaufen, es ist besser, sich zurückzunehmen, es wäre unangemessen, etwas zu erzwingen. Man muss einen anderen Weg suchen, sich entfernen, weit weggehen. »Weit von wo?« – Entfernung ist für Juden etwas schmerzlich Relatives, alles ist gleich weit entfernt, unerreichbar. Manchmal verloren. In Salzburg auf dem Kapuzinerberg ist Zweig nahe gewesen, wem – Mozart oder Hitler? Das ruhige Bath ist dem Riesen Albion von William Blake nahe, aber auch den Bomben der Luftwaffe. New York ist dem alten Wien oder Berlin näher, obwohl diese untergegangen sind. In diesen Zeiten sind alle unweigerlich Vertriebene, weit entfernt in Raum und vor allem Zeit.[773]

> Das Entscheidende ist der Entschluß, in Petrópolis ein Häuschen zu mieten, dessen Hauptbestandteil (für mich das Entscheidende) eine riesige Veranda ist. Ich hoffe, daß dieser Schatten einer Seßhaftigkeit gut tun wird. [...] Aber jetzt heißt es nur, die Zeit zu überstehen – die Nachrichten aus Frankreich und überhaupt erinnern einen daran, daß Essen und ruhig Schlafen erstaunliche Errungenschaften sind – man muß eben auf das reine Null sich reduzieren, vergessen, wer man war, was man wollte, und sich tief bescheiden. [...] bei aller Primitivität nur endlich *nicht* im Hotel wohnen und vier, fünf Monate keinen Koffer mehr sehen![774]

Die Idee, dem Trubel von Rio zu entgehen und sich an irgendeinem stillen Ort niederzulassen, hat er aus New York mitgebracht. Anfang August hat er Koogan gegenüber verlauten lassen: »(I)ch wäre glücklich, ein kleines Haus mieten zu können, wie Sie es beschreiben.« Und am Vorabend seiner Abfahrt nach Brasilien bittet er den Verleger erneut darum, »ein Apartment oder ein kleines Haus« in Petrópolis für sechs Monate zu finden oder ein Apartment in einem höher gelegenen kühleren Teil

---

dem gab Keller von 1943–1947 die *Briefe der Notgemeinschaft deutscher Antifaschisten* heraus. Für seine Arbeit als Theaterregisseur erhielt Keller zahlreiche brasilianische Auszeichnungen. Vgl. *Kestler,* S. 95–98; 162–168.
[773] Peter Szondi zit. nach: Magris, Claudio: *Weit von wo. Verlorene Welt des Ostjudentums.* Europa Verlag. Wien 1974, S. 10. »Damals erzählte man sich unter den Emigranten die Geschichte von dem Juden, der sich mit der Absicht trug, nach Uruguay auszuwandern, und der, als seine Freunde in Paris sich darüber erstaunten, daß er so weit weg wolle, die Frage stellte: ›Weit von wo?‹«.
[774] *Briefe SZ-FZ,* 10.9.1941. Man beachte den Ausdruck »Schatten einer Seßhaftigkeit«. Die so mühsam erworbene Aufenthaltsgenehmigung war definitiv. Die Verlängerung wurde automatisch erteilt, außer im Fall einer zwischenzeitlich begangenen Straftat. Die erste Verlängerung der Genehmigung wurde ganz normal am 19.11.1941 beantragt. Vgl. *Arquivo Nacional,* Rio de Janeiro, DICON.DIMAG/Niterói, RG: 2697.

von Rio de Janeiro, um dort auch den heißen Sommer verbringen zu können. Er wiederholt, dass er der Hotels müde sei, ausruhen, sich »zu Hause« fühlen möchte. Trotzdem vermag er lediglich vorübergehende Lösungen zu finden.[775]

Hinaufzusteigen bedeutet nicht nur das sich Anpassen an die landschaftlichen Gegebenheiten, es kann auch eine Art sein, den Tiefen einer Depression zu entfliehen. In Salzburg ist Zweig den Kapuzinerberg hinaufgestiegen, in Bath die Anhöhe, und nun ist es die *serra* (Berglandlandschaft um Petrópolis), drei Refugien *au-dessus de la mêlée*. Alle drei geografisch verschieden, aber gleich in ihrer Bedeutung. Die Veranda des Hauses in Petrópolis, die ihn so sehr fasziniert, ist das Sinnbild für den Spalt, durch den er die Tumulte dort unten zu beobachten gedenkt. Ein möbliertes Chalet – er möchte keine neuen Besitztümer ansammeln, keine Wurzeln schlagen, um sie bald darauf wieder herauszureißen.

> (H)eute glücklich übersiedelt. Es ist ein winziges Häuschen, aber mit großer gedeckter Terrasse und wunderbarem Blick, jetzt im Winter reichlich kühl [...]. Aber endlich ein Ruhepunkt für Monate und die Koffer verstaut. Es wird kleine Schwierigkeiten geben, da man sich mit der portugiesisch-braunen Dienerschaft nicht immer wird ganz verständigen können, aber sie sind rührend hilfswillig und ich bezahle für zwei Mädchen und Gärtner, der die Wege macht, 5 Dollar im Monat! [...] Im ganzen kann ich meinen Entschluß, Amerika zu verlassen, nicht genug preisen, man lebt hier näher sich selber und im Herzen der Natur, man hört nichts von Politik und, soviel Egoismus darin sein mag, es ist doch Selbsterhaltung im physischen wie im seelischen Sinn. Wir können nicht ein Leben lang büßen für die Torheiten der Politik, die uns nie etwas gegeben und immer nur genommen hat [...].[776]

Noch am Umzugstag schildert Zweig Friderike diese ersten Eindrücke vom neuen Haus in der Rua Gonçalves Dias 34. Die Gegend ist unter dem Namen *Duas Pontes* bekannt, das Viertel heißt *Valparaíso* – Tal des Paradieses. Doch dieser Name erregt keine Aufmerksamkeit, noch weniger der des romantischen Dichters, nach dem die Straße benannt ist. Von Goethe und dessen berühmten Versen »Kennst Du das Land, wo die Zitronen blühn, /Im dunklen Laub die Goldorangen glühn« inspiriert, verfasste Gonçalves Dias, in Coimbra (Portugal) seine berühmte »Canção do exílio« (Gesang aus dem Exil) mit der bekanntesten Strophe der brasilianischen Poesie: »Minha terra tem palmeiras,/Onde

---

[775] *Briefe SZ-Koogan*, 1.8.1941; 15.8.1941.
[776] *Briefe SZ-FZ*, 17.9.1941.

canta a sabiá;/As aves, que aqui gorjeiam/Não gorjeiam como lá.«[777] Exil und Paradies erfüllen die Straße, und ihr neuer Bewohner nimmt diese Anregung nicht wahr.

Ganz anders Bernanos: Als Freunde Bernanos nach Barbacena brachten und ihm dort ein zum Verkauf stehendes Landgut zeigten, gefiel ihm dies zunächst nicht. Doch nachdem er erfahren hatte, dass es *Cruz das Almas* (Kreuz der Seelen) hieß, erwarb er es.[778]

Die moderne Straße Petrópolis – Rio de Janeiro verläuft 100 m vom Haus entfernt, aber bedingt durch die Rationierung von Benzin wird sie nur wenig von Autos, Omnibussen oder Lastwagen befahren. Waren und Personen kommen mit dem Zug die *serra* hinauf. Der Weg führt durch die von dichtem Tropenwald bedeckten, ruhigen Berge, deren Grün in der Regenzeit so dunkel ist, dass es fast schwarz erscheint.

Der Bungalow gehört der Amerikanerin Margarida Banfield, die mit einem englischen Ingenieur verheiratet ist. Ein verlängerbarer Vertrag wird abgeschlossen. Danach zahlt Zweig fünf contos im Voraus. Ein kleines Vermögen, »weil Petrópolis im Sommer der einzige Ort von Rio aus ist, aber das ganze Leben hier doch paradiesisch bequem«. Neben der großen Veranda besitzt der Bungalow ein Wohnzimmer und zwei weitere Zimmer: das zur Vorderseite gelegene wird zum Arbeitszimmer umgewandelt und das hintere, neben dem Bad befindliche zum Schlafzimmer. Die Angestellten wohnen in einer einfachen Behausung im Hof. Selbstverständlich hätte Zweig ein Recht auf ein bisschen mehr Komfort gehabt. Vielleicht fürchtete er, Reichtum zur Schau zu stellen, um nicht die Mutmaßungen zu nähren, er sei von der brasilianischen Regierung gekauft worden.[779]

---

[777] [Zu Deutsch: In meiner Heimat stehen Palmen,/in denen singt die *sabiá* [Drossel]./Die Vögel, die hier zwitschern,/zwitschern nicht wie da.] Dias, Antônio Gonçalves: *Grandes Poetas Românticos do Brasil* (Die großen romantischen Dichter Brasiliens). Edições LEP. São Paulo 1949, S. 46–47. Antônio Gonçalves Dias (1823–1864) wurde in Maranhão, heute einer der ärmsten Staaten des brasilianischen Nordostens, geboren und starb dort auch. Er arbeitete als Professor in Rio de Janeiro, studierte Jura in Coimbra und bereiste als Gesandter des Kaisers Dom Pedro II. Europa, einschließlich Deutschlands, um sich über die dortige Situation der öffentlichen Erziehung kundig zu machen. Die »Canção do exílio« gehört zu den *Primeiros Cantos* (Erste Cantos) von 1847. Dias' Gesammelte Werke in portugiesischer Sprache wurden jedoch erstmals in Deutschland von F. A. Brockhaus in Leipzig 1857 herausgegeben.
[778] Vgl. França de Lima, Geraldo: »Com Bernanos no Brasil« (Bei Bernanos in Brasilien) in: *Bernanos 1*, S. 105–117. Idem, Aussage gegenüber dem Autor, 1.5.1981.
[779] Der Vertrag wurde über den Zeitraum zwischen 17.9.1941 und 30.4.1942 geschlossen. Jahre später wurde die Veranda verglast und der Bungalow um vier Zimmer, ein kleines Haus für die Bediensteten und eine Garage erweitert.

An der Straßenecke gibt es ein Café, das *Café Elegante*, das trotz des Namens sehr bescheiden ist. Im Brief an Friderike wird deutlich, wie sehr er in den Wiener und Salzburger Paradigmen denkt. Denn er erzählt, dass er »im ländlichen Café einen göttlichen Kaffee getrunken und dafür zwei Cent bezahlt« habe. Zweig möchte nicht viel, er braucht nicht viel, es fehlt ihm nur an Gründen zum Überleben.

Ein paar Schritte weiter liegt die obligatorische Apotheke, Treffpunkt der Frauen, um sich über die eigenen Unpässlichkeiten auszutauschen, und der unvermeidliche Barbier, Treffpunkt der Männer, um über die neuesten Ereignisse zu diskutieren. Ins Stadtzentrum sind es zwei Kilometer, die man zu Fuß gehen kann, oder man nimmt den Omnibus, ein Taxi oder die Straßenbahn.[780]

Es gibt keinerlei Ähnlichkeiten mit der Umgebung des Schlösschens auf dem Kapuzinerberg oder dem anheimelnden Haus in Bath. Brasilien brachte ihn der Armut näher, die er naiv mit Bescheidenheit und Einfachheit verwechselte. In seiner Traurigkeit verlor er den Gefallen am Wohlstand. Während einer früheren Unterhaltung mit dem kürzlich in Brasilien eingetroffenen Wittkowski fragte Zweig ihn, ob er wisse, was eine *favela* sei. Da der junge Dichter nicht die geringste Vorstellung hatte, erklärte er es ihm. Sich an die ebenfalls anwesende Lotte wendend, meinte er, dass er manchmal Lust hätte, eine *favela*-Hütte zu kaufen, die nicht viel kosten könne. »Ich denke es mir schön, darin zu wohnen.« Er vergaß, dass das Elend die *favelas* geschaffen hatte.[781]

Petrópolis, die vornehm-zurückhaltende, imperiale Nische, bildet die Brücke zwischen der Habsburger Beständigkeit und der tropischen Üppigkeit. Rio de Janeiro ist die lärmende, republikanische Bundeshauptstadt. »Nach Petrópolis hinaufzufahren« ist für die distinguierten Kreise Rio de Janeiros eine metaphorische Umschreibung ihrer Absicht, sich etwas Unangenehmem zu entziehen. Von Januar an flieht jeder, der kann, vor der Sonne, dem Schweiß, der Schwüle und der von der Hitze hervorgerufenen Gereiztheit in das Bergstädtchen.

Einige von Zweigs Freunden besitzen außer ihren Wohnungen und Häusern in Rio de Janeiro Dauerwohnsitze in der *serra* – Afonso Arinos, Claudio de Souza, der Arzt Clementino Fraga (auch ein Mitglied der *Academia*), der fast in unmittelbarer Nachbarschaft zu Zweig wohnt, und

---

[780] *Briefe SZ-FZ*, 17. 9. 1941. Aus dem *Café Elegante* wurde später das Lebensmittelgeschäft *Sabor Tropical*. Die damals in der Nachbarschaft vorhandenen Häuser mussten später kleinen Apartmenthäusern weichen.
[781] *Wittkowski*, S. 78.

die Dichterin und chilenische Konsulin Gabriela Mistral. Im Hochsommer mieten sich die weniger wohlhabenden Flüchtlinge für die Sommerfrische kleine Häuser oder ein Zimmer in einem Hotel oder einer Pension, so z.B. Professor Fortunat Strowski, Alfred Agache oder Ernst Feder.

Zweig ist glücklich, als er erfährt, dass der bekannte Berliner Publizist, den er mit Simon/Studenic im Hotel Central wieder getroffen hat, auch in Petrópolis weilt. Er mag Feder, den gleichaltrigen, bekennenden Juden, einen gebildeten, seriösen und vor allem diskreten Journalisten. Im Unterschied zu Zweig hat Feder nur mit großen Schwierigkeiten ein Einreisevisum für Brasilien bekommen. Zwei bemerkenswerte Persönlichkeiten bewahrten ihn letztlich vor der Internierung im besetzten Frankreich – der Amerikaner Varian Fry und der Brasilianer Souza Dantas, ein Beweis für deren enge Zusammenarbeit. Feder hatte zunächst versucht, in die USA zu gelangen; dies scheiterte jedoch, weil sein Name nicht auf der Liste des *Emergency Rescue Committee* stand. Fry schlug ihm daher vor, die brasilianische Botschaft aufzusuchen. Der hilfsbereite Souza Dantas erklärte ihm in einem Brief, dass er zwar eigentlich keine Möglichkeiten mehr habe, ein Visum auszustellen, aber sein Fall sei ein besonderer. Außer einem Visum gab er ihm noch ein Empfehlungsschreiben für die Leitung der Zeitung *A Notícia* in Rio de Janeiro mit. Zweig sieht in Feder einen anderen Freund als diejenigen, die er hinter sich gelassen hat.[782]

Tagsüber strahlt die Sonne vom Himmel, doch gegen vier Uhr nachmittags beginnt sich Petrópolis selbst im Sommer abzukühlen. Das Viertel *Valparaíso* liegt in der Schneise des *ruço*, des dichten, feuchten und für die in Meeresnähe gelegene *serra* typischen Nebels. Niemand hat an die Luftfeuchtigkeit des Tropenwaldes, an die strömenden Regenfälle gedacht, die einem, selbst wenn man sich im Haus aufhält, durch Mark

---

[782] Ernst Feder (1881–1967) war von 1919–1933 leitender Redakteur des innenpolitischen Teils des *Berliner Tageblatt*. Außerdem hatte er eine wöchentliche Kolumne in der Zeitung des *Centralvereins deutscher Staatsbürger jüdischen Glaubens*. Seine Tagebücher, deren Eintragungen er allabendlich seiner Frau diktierte, gelten dank Feders Kontakten zu den Großen aus Politik, Wirtschaft und Kultur als eines der wertvollsten Zeitdokumente über die Weimarer Republik, den Aufstieg der Nationalsozialisten und das Exil. Posthum wurden Auszüge davon unter dem Titel *Heute sprach ich mit ... 1926–1932. Tagebücher eines Berliner Publizisten* (Deutsche Verlagsanstalt. Stuttgart 1971) veröffentlicht. In Brasilien arbeitete Feder regelmäßig für den *Diário de Notícias*, für den er unter dem Pseudonym »Spectator« einen internationalen Kommentar schrieb. Als Souza Dantas 1954 starb, verfasste Feder einen bewegenden Nachruf auf ihn, der am 25.4.1954 im *Jornal do Brasil* erschien. Vgl. *Kestler*, S. 78–81; *Elon*, S. 362/363, 371, 374/375; *Koifman*, S. 426/427. Zum Kontakt zwischen Fry und Souza Dantas vgl. *Koifman*, S. 230.

und Knochen gehen; niemand hat an Lotte und ihre leidenden Bronchien gedacht, nicht einmal sie selbst. Wie ihr Zweig 1935 geschrieben hat, muss sie erst lernen, glücklich zu sein.

»(I)n der Nacht sausen die Grillen und quaken die Frösche«, berichtet er Berthold Viertel.[783] In all seinen Briefen klagt er bei der Schilderung des ländlichen Refugiums über die Langsamkeit der Post, die Bescheidenheit der öffentlichen Bibliothek und den Mangel an menschlichen Kontakten.

Aber er hat Aufgaben, und dies ist der Ansporn, den er braucht. Er muss die in Ossining begonnene Autobiografie abschließen und auf Friderikes Drängen ein weiteres Kapitel über seine Jugendzeit hinzufügen, um den Eindruck zu vermeiden, er und seine Altersgenossen hätten »in einem arkadischen Hain der Künste« gelebt.[784] Friderike hat ein gutes Gespür: Es gilt, sich mehr zu öffnen, persönlicher zu werden. Obwohl selbst keine große Schriftstellerin, ist sie eine exzellente Lektorin, die weiß, was ein gutes Buch auszeichnet. Sie glaubt, dass er einen Bildungsroman schreiben sollte, das wäre interessanter, als nur Erinnerungen Revue passieren zu lassen. Zweig, verborgen in diesem Buch der Offenbarungen ohne Offenbarungen, befolgt ihren Rat und flicht das Kapitel »Eros Matutinus« ein, in dem es ihm gelingt, einen Lichtstrahl auf seine Person zu werfen.

Ohne Materialien, um ein Bild seiner Zeit zeichnen zu können, ohne die Briefe, die seinen Freundeskreis rekonstruieren könnten, wären die Tagebücher hilfreich, aber sie sind in Bath geblieben, und in New York ist ihm nicht der Gedanke gekommen, sie sich schicken zu lassen (seiner Ansicht nach ist das Haus in Bath definitiv verloren). Er ist nicht daran interessiert, ein Geschichtswerk zu schreiben, er möchte lediglich Zeugnis ablegen. Oder einen Nekrolog verfassen.

> Von all meiner Vergangenheit habe ich also nichts mit mir, als was ich hinter der Stirne trage. [...] vielleicht wird der Verlust an der Dokumentierung und Detail diesem meinem Buche sogar zum Gewinn. [...] Alles, was man aus seinem eigenen Leben vergißt, war eigentlich von einem inneren Instinkt längst schon verurteilt gewesen, vergessen zu werden.[785]

---

[783] *Briefe SZ-Freunde*, 28.10.1941.
[784] *Friderike 1*, S. 242.
[785] *Die Welt von Gestern*, S. 13. Der Mangel an Unterlagen und Daten spiegelt sich in der verhältnismäßig geringen Anzahl der erwähnten Namen wider. So ist es eine äußerst bescheidene Bilanz aus 40 Jahren intensiver intellektueller Aktivität in fünf Drehscheiben der kulturellen Welt (Österreich, Deutschland, Schweiz, Frankreich und England).

Er beschließt, die Erinnerungen so bald wie möglich fertig zu stellen, und kann sie schon nach ein paar Wochen seinem Verleger in Schweden zukommen lassen. Niemand legt ihm Verpflichtungen, Obliegenheiten, Fristen auf – er selbst setzt sie sich, eher aus innerer Unruhe als aus Disziplin. In diesem Fall jedoch hat er gute Gründe – die Autobiografie ist ein Markstein, er muss ihn erreichen und danach Vorkehrungen für den Rest treffen.

Die Kraft dieses Werkes beruht auf dem Gefühl des Bruchs, der sich im Titel *Die Welt von Gestern* widerspiegelt, und gewinnt durch die schmerzhafte Bilanz des Verlustes, die das Vorwort beherrscht, an Evidenz. Es ist seine eindringlichste Arbeit, Katharsis pur. Als er sie abschließt, werden auch andere Dinge abgeschlossen sein. Deshalb rennt er dem Schlusspunkt hinterher.

Zweig bittet Wittkowski, die von Lotte getippten Originale auf »Wortwiederholungen, Unstimmigkeiten, Undeutlichkeiten, all dies, was ich selber (ermüdet vom fortwährenden Bessern) nicht sehe«, durchzusehen. Er ist unsicher. »Meine Klarheit kommt, sobald ich die ersten Fahnen habe«. Damit möchte er sagen, dass er etwas Schwarz auf Weiß haben muss. Die Umstände erlauben ihm nicht, zur gewohnten Arbeitsweise zurückzukehren. Die deutsche Ausgabe wird in Stockholm gedruckt. »(B)ei der Insel [seinem früheren deutschen Verlag] konnte ich mir den Luxus leisten, auf den Fahnen noch stilistisch und inhaltlich wie in einem Manuskript zu schalten.« Diese Zeiten sind vorbei. *These days are gone* lautet denn auch ein von Zweig für die englische Fassung ins Auge gefasster Titel.[786]

Schließlich der Schlusspunkt. Wird er aufhören?

Er schafft es nicht. Ein neues weißes Blatt Papier, das er füllen muss. Er vertieft sich in neue Projekte, keines jedoch begeistert ihn wirklich. Eine der Ideen ist eine Folge der Autobiografie, konzipiert während des

---

[786] Brief undatiert, Poststempel 20.10.1941 in: *Wittkowski*, S. 117. In einer von Wittkowski selbst angefertigten Übersetzung sind die Briefe unter dem Titel *Cartas de Petrópolis* (Briefe aus Petrópolis) in portugiesischer Sprache im *Correio da Manhã*, 18.4.1945 und *O Estado de São Paulo*, 21.7.1945 und 2.8.1945 erschienen. Weitere für die Erinnerungen in Erwägung gezogene Titel lauten: *Wir; Geprüfte Generation; Ein Leben für Europa; Vida de un Europeo* (Leben eines Europäers); *Die entschwundene Welt; Die unwiederbringlichen Jahre*. Vgl. Brief an Alfredo Cahn, 19.9.1941 in: *Briefe 1932–1942*. Brief an Alfredo Cahn, 18.10.1941 in: *Nachlass Alfred Cahn. Deutsche Nationalbibliothek, Deutsches Exilarchiv 1933–1945*, Frankfurt am Main, EB 2001/066 (Leihgabe der *Adolf und Luisa Haeuser-Stiftung für Kunst und Kulturpflege*, Frankfurt am Main).

Nachsinnens über das alte Kaiserreich, aber um den »österreichischen Roman« zu vollenden, bedarf es Materialien zur Beleuchtung geschichtlicher Umstände. »Hätte ich nur die amerikanischen Bibliotheken zur Hand! Ich werde allenfalls aber nur in großen Zügen den Grundriß machen und einfügen, sobald mir einmal wieder Gelegenheit geboten ist«, lässt er Friderike im ersten Brief aus Petrópolis wissen.

Bei diesem neuen Projekt handelt es sich um *Clarissa*, die Geschichte einer Frau, oder besser die Geschichte Europas zwischen 1902 und den 30er Jahren, erzählt aus weiblicher Sicht – der Kontrapunkt zur Autobiografie. Schnell skizziert er den ersten Teil, bringt ihn jedoch nicht zu Ende – eine neue Figur tritt aus dem Schatten, schleicht sich ein und erzwingt Einlass in seine Galerie von Typen und Vorbildern.[787]

Die Begegnung mit Montaigne ergibt sich zufällig oder besser gesagt, so möchte es Zweig festgehalten wissen. Denn er glaubt an Zufälle und in dieser Lebensphase noch mehr, als ob die Willkür nicht zählte und das Schicksal einen eigenen Willen besäße. Nach eigener Aussage habe er im Keller des Hauses in Petrópolis eine verstaubte Ausgabe der berühmten *Essais* gefunden. Montaigne selbst warnt: »Mancher Vorfall ist das Erzeugnis einer starken Einbildungskraft.«[788]

Plötzlich mit 59 Jahren entdeckt Zweig ein neues Alter Ego, eine neue biografische Therapie nach Jeremias, Erasmus, Castellio und Fernão de Magalhães, eine neue Figur, um sich zu spiegeln. *Montaigne, c'est moi*. Man teilte ihm nicht mit, dass der Essayist eine gefährliche Medizin ist, die nur in geringen Dosen und richtigen Momenten einzunehmen ist.

Wenn ihn der Freund Afonso Arinos de Melo Franco auch nicht dazu inspirierte, so lieferte er ihm zumindest die nötige Bestärkung:

---

[787] *Clarissa*, posthum 1990 so erschienen, wie Zweig den Roman hinterließ. Die Ausgabe enthält eine kurz vor seinem Selbstmord geschriebene Anmerkung von 10 Zeilen, in der er u. a. erklärt, dass er den Roman wegen der Arbeit an Montaigne unterbrochen habe. Vgl. *Clarissa*, S. 189.

[788] Montaigne, Michel de: *Essais*. Eichborn Verlag. Frankfurt am Main 1993, S. 52. In seiner Biografie beruft sich Donald Prater auf eine Aussage von René Fülöp-Miller, dem Zweig von dem »Fund« erzählt hätte. Vgl. *Prater*, S. 433/434. Doch dies ergibt keinen Sinn, denn weder besaß das Haus in Petrópolis einen Keller noch hatten die Besitzer dort Eigentum zurückgelassen, noch waren sie solcher Art von Lektüre zugetan. Etwas Zufälliges könnte sich zugetragen haben, und in seinem Glauben an Schicksalsmächte übertrieb Zweig seine Darstellung. Sicher ist, dass es Feder gelungen war, bei seiner Flucht aus Paris eine vollständige Ausgabe von Montaignes *Essais* mitzunehmen, die er dem Freund auslieh.

Er war beschäftigt, sich mit der Zusammenstellung eines Buches über Montaigne abzulenken. Da er mein Werk *O índio brasileiro e a Revolução Francesa* [Der brasilianische Indianer und die Französische Revolution] gelesen hatte, begannen die gelegentlichen Unterhaltungen zwischen uns nur noch von dem Meister der *Essais* zu handeln. Eines Tages erschien Stefan Zweig in meinem Haus in der Rua Anita Garibaldi und verbrachte fast den ganzen Morgen damit, mich um Meinungen und Eindrücke bittend, über Montaigne zu sprechen. Ich gab ihm alles, was ich zu diesem Thema hatte, einschließlich einiger Bücher aus meiner Bibliothek, darunter eines von Fortunat Strowski mit einer persönlichen Widmung.[789]

Afonso Arinos stellt ihm auch Fortunat Strowski vor, Professor für französische Literatur an der *Universidade do Brasil* und einer der weltweit Maßstäbe setzenden Montaigne-Kenner.[790]

Ohne Vorankündigung betritt währenddessen Balzac wieder die Szene. Wie, warum, wann, weiß man nicht. Doch plötzlich ist der melancholische Montaigne nicht mehr dienlich. Oder er reicht nicht aus. Zum Ausgleich zieht Balzac Zweig in seinen Bann: Er ist übermächtig. Zweig ist bereit, ihm erneut gegenüberzutreten: Er fordert die in Bath befindlichen Aufzeichnungen zu Balzac an, und so streiten sich die zwei Franzosen vier Monate – Zweigs letzte – um dessen Gunst, erfüllen ihn mit neuen Zweifeln und rufen eine innere Zerrissenheit hervor. Sie sind keine Seelenverwandten, sondern Gegenpole. Mehr noch als eine Option für neue literarische Projekte erweisen sie sich als Optionen für das Leben oder für den Tod.

Verschwunden sind zwei seiner früheren Geisteshelden: Verhaeren und Freud, und getrennt durch den Ozean, die deutsche Besatzung und den bitteren Nachgeschmack ihrer politischen Meinungsverschiedenheit, geht der dritte, Rolland, in der unüberwindbaren Distanz verloren. Angesichts der Leere greift Zweig auf die Vergangenheit zurück und sieht sich unversehens mit zwei faszinierenden Persönlichkeiten konfrontiert.

In der einen Ecke des Rings steht Michel Eyquem Seigneur de Montaigne, der Skeptiker, der das Motto *Que sais-je?* prägte, der Stoiker, der behauptete: »Philosophieren heißt sterben lernen«, der gelassene

---

[789] Arinos, S. 386. *O índio brasileiro e a Revolução Francesa* wurde 1932 geschrieben, 1937 veröffentlicht und 1976 wieder aufgelegt (José Olympio. Rio de Janeiro). Dazu vgl. auch Rouanet, Sérgio Paulo: »O índio e a Revolução« (Der Indio und die Revolution) in: idem: *Ideias* (Vorstellungen). Unimarco Editora. São Paulo 2003, S. 57.

[790] In Strowskis Gesamtwerk ragt die Standardedition der *Essais* (fünfbändig, ausführlich kommentiert, in Zusammenarbeit mit P. Villey verfasst) besonders heraus.

Mensch, der zu sagen vermochte: »*Je ne fais rien sans gaïete*« – der erste europäische Intellektuelle von Format, der nur ein halbes Jahrhundert nach der Entdeckung Brasiliens dank dessen, was er über die *tupinambás* hörte, ein Modell des Naturalismus entwarf, das Rousseau beeinflusste und die revolutionären Ideale inspirierte.[791]

In der anderen Ecke befindet sich Honoré de Balzac, der außergewöhnlich fruchtbare Schöpfer der *comédie humaine*, dem größten literarischen Programm, das je von einem Schriftsteller konzipiert wurde. Er hinterließ 85 Werke unter seinem Namen und ein Dutzend anderer, kommerzieller, unter einem Pseudonym. Das Hervorbringen zahlreicher neuer Werke hinderte ihn nicht daran, seine Arbeiten durch mehrmalige Überprüfungen sorgfältig zum Abschluss zu bringen. Der Begründer des soziologischen Realismus im Roman, einer der schärfsten Beobachter (und Nutznießer) der Bourgeoisie des 19. Jahrhunderts, der Napoleon der Literatur (»Was er [Napoleon] mit dem Degen begann, werde ich mit der Feder vollenden«) – ein staatsmännischer Schriftsteller, so umfassend war das Bild, das er von der Gesellschaft zeichnete –, der »Bücherfabrikant« war bei den Kritikern unbeliebt und wurde vom Publikum verehrt. Balzac betätigte sich als Verleger, Drucker, Journalist und gescheiterter Unternehmer, führte einen großspurigen, verschwenderischen und unsteten Lebenswandel, wechselte die Häuser wie die Geliebten – jeden Alters, mehrheitlich älter als er (»Die Frau von vierzig Jahren wird alles für dich tun – die Frau von zwanzig nichts«). Er reiste viel, vertraute auf seine strotzende Energie und Langlebigkeit und wurde doch kaum älter als 50 Jahre.[792]

---

[791] Michel Eyquem Seigneur de Montaigne (1533–1592), mütterlicherseits von iberischen Juden abstammend, wurde in den ersten Lebensjahren von einem deutschen Gelehrten ausschließlich in lateinischer Sprache erzogen. Dank des Reichtums und des Prestiges des Vaters wählte man ihn schon in jungen Jahren in den Parlamentsrat von Bordeaux. 1571 im Alter von 38 Jahren beschloss er, sich aus dem öffentlichen Leben zur Lektüre, Meditation und schriftstellerischen Arbeit in sein Turmzimmer im Schloss Montaigne zurückzuziehen. In dieser Zeit entstanden die zwei ersten Bände der *Essais*. Nach neun Jahren unternahm er wieder Reisen ins europäische Ausland und amtierte drei Jahre als Bürgermeister von Bordeaux. Ab 1585 ergänzte und vollendete er, erneut in Einsamkeit, die *Essais*.

[792] Honoré de Balzac zit nach: *Balzac*, S. 124; 93. Honoré de Balzac (1799–1850) begann ein Jurastudium, das er nicht beendete. 1821 fing er an, unter einem Pseudonym Kolportageromane zu schreiben. Neben seiner produktiven literarischen Tätigkeit war er ein augenfälliger Liebhaber. Von der Mutter vernachlässigt, fand der 23-Jährige in der 22 Jahre älteren Mme. de Berny lange Zeit eine mütterliche Geliebte, eine Art Mentorin. Gegen Ende seines Lebens heiratete er die polnische Gräfin Eveline Hanska.

Zur Verführungskraft der außergewöhnlichen Figur Balzacs kommen drei besondere Gemeinsamkeiten mit dem Franzosen hinzu: dieselbe Sucht nach der anregenden Wirkung des Kaffees (die Balzacs Tod beschleunigte), die transzendentale Vision des literarischen Werkes und dieselbe unverhohlene Verehrung des Voluntarismus, den Balzac mal als eine »Chemie des Willens« bezeichnete, mal vor die »Abhandlung über den Willen« oder die »Theorie des Willens« stellt. Die Vergötterung der Determination kann nicht unbemerkt bleiben.[793]

Eine Rolle mag auch Balzacs »brasilianische« Seite gespielt haben, die in verschiedenen Momenten seines Lebens sichtbar wurde, vor allem in einem Brief an Gräfin Hanska, seine spätere Ehefrau:

> Ich bin am Ende meiner Resignation angelangt. Ich glaube, dass ich Frankreich verlassen und meine Knochen in einem verrückten Unternehmen nach Brasilien tragen werde, für das ich mich wegen seiner Verrücktheit entschieden habe. Ich möchte nicht mehr das Leben ertragen, das ich führe. Genug der unnützen Arbeit. [...] Meine Arbeit begleicht nicht meine Schuld [...]. Ich habe nicht mehr als zehn Jahre wirklicher Energie, und wenn ich diese nicht nutze, bin ich ein verlorener Mann.[794]

Im Duell, das in der Seele des gepeinigten Schriftstellers ausgetragen wird, repräsentiert Balzac die Vitalität, wohingegen sein Rivale, abgeschieden auf seinem Schloss, sich auf das Ende vorbereitend, die egoistische Botschaft darstellt. Der Verschleiß der Existenz versus die Gelassenheit des sich Zurückziehens. Balzac ist der Antrieb, der ihm fehlt, Montaigne die Stimme, die Zweig gerne besäße. Sie wettstreiten, debattieren, kämpfen erbittert, um die Vorherrschaft zu erlangen und von einem unentschlossenen Biografen Besitz zu ergreifen, der weder Balzac noch Montaigne war, sondern nur der verwirrte, verstörte und verlorene Stefan Zweig, aus den Gärten Wiens vertrieben und im Tropenwald Brasiliens ausgesetzt.

Im Hintergrund, ein Streit unter Frauen: Friderike, die Aktivistin, die vor positiven Ermutigungen überschäumt, reicht ihm den gelassenen Montaigne dar. Lotte, unterwürfig und melancholisch, offeriert ihm den fesselnden Balzac. Vertauschte Rollen, sich überschneidende Bot-

---

[793] Zu Zweigs Faszination von Balzacs eisernem Willen vgl. *Balzac*, S. 9–33; 56–73.
[794] Brief vom 3.7.1840 in: Balzac, Honoré de: *Lettres à Madame Hanska* Bd. 1. Éditions du Delta. Paris 1967, S. 682. In seiner Studie *Balzac e a Comédia Humana* (Balzac und Die menschliche Komödie) widmet Paulo Rónai das 4.Kapitel dem Thema »Brasilien im Leben und Werk Balzacs«. Vgl. Rónai, Paulo: *Balzac e a Comédia Humana*. Editora Globo, Porto Alegre 1957, S. 153–165.

schaften, jede der beiden Frauen bietet ihm ihre Medizin an. Als die Ex-Frau in New York von seinem Interesse erfährt, beeilt sie sich, eine vollständige Liste zur Montaigne-Literatur zusammenzustellen im Bestreben, ihn zu einer neuen Herausforderung zu animieren, egal welche Figur oder welches Thema es sei. Sie weiß, dass Zweig der Versuchung einer Biografie nicht widersteht, dies ist die Hormonspritze, die ihn wieder aufrichten kann. Sie ist begeistert, den Namen von Fortunat Strowski, dem neuen Freund des Ex-Mannes, als den angesehensten lebenden Kenner der Materie zu entdecken. In ihrem Zwang, ihm zu helfen, erinnert sie sich nicht an das Kapitel »Ein Brauch auf der Insel Keos« im zweiten Buch der *Essais,* das von der Erhabenheit des Selbstmordes handelt.

Zweig verkündet Romains die neue Leitfigur: »(G)ewisse Autoren offenbaren sich nur in gewissem Alter und in besonderen Augenblicken.« Friderike lässt er wissen: »(E)in anderer (besserer) Erasmus, ganz ein tröstlicher Geist.« Ein idealer Gefährte für denjenigen, der »Rückzug und Abseitigkeit« gewählt hat. »Montaigne spricht von der Klasse Menschen, die das Mitleiden in der Phantasie besitzen, mit innigem Bedauern [...]. Ein paar Prozent Egoismus und Phantasielosigkeit hätten mir im Leben viel geholfen; jetzt ändert man sich nicht mehr.«[795]

Der französische Essayist ist der meist zitierte Schriftsteller in der Korrespondenz des Ehemannes in dessen drei letzten Lebensmonaten, ein Bürge seiner Isolation. »Rückzug« ist das allgegenwärtige Wort in diesen Briefen.

Leopold Stern schreibt später dazu: »Eines Tages fragte ich ihn zu seiner Meinung über das in den *Essais* enthaltene Kapitel zu Brasilien [...] er fand Gefallen an der Art, mit der Montaigne dieses Land beschrieb, ohne je einen Fuß darauf gesetzt zu haben.« Bei dieser Gelegenheit zitierte Zweig Montaigne ein weiteres Mal: »Der Tod ist daher weniger zu fürchten als nichts (wenn etwas weniger als nichts sein könnte).«[796]

Am gefürchteten 60. Geburtstag, dem 28. November 1941, treffen einige Geschenke in Petrópolis ein. Mit Hilfe von Victor Wittkowski hat Lotte in einem Buchantiquariat eine schöne französische Werkausgabe

---

[795] Brief vom 28.10.1941 in: *Romains,* S. 12. *Briefe SZ-FZ,* 27.10.1941.
[796] *Stern,* S. 35/36. Montaigne, Michel de, a.a.O., S. 51. Die Informationen zu Brasilien erhielt Montaigne von einem Hausangestellten, einem ehemaligen Seemann, der ihm von seinen Begegnungen mit den Ureinwohnern Brasiliens kurze Zeit nach der Entdeckung des Landes erzählte. Später ergänzten drei an den französischen Hof gebrachte brasilianische Eingeborene seine Kenntnisse.

von Balzac erstanden. Per Post kommt nach einigen Tagen Friderikes Paket: Montaigne.

Sie wird es bereuen, sie glaubt, dass ihr Interesse für die Neue Welt den Ex-Ehemann animieren könnte. Aber sie hat die bleibenden Narben der Alten Welt vergessen. So wie es stets geschehen war, wenn Zweig Material anforderte, tauchte sie fasziniert in die Welt Montaignes und die seines Freundes La Boétie. Es bekam ihr nicht schlecht, im Gegenteil. Es war unmöglich, die Schäden zu erahnen, die sie damit verursachen würde.

Seltsame Konstellation: Friderike-Montaigne überlebt. Lotte-Balzac bringt sich um. Zum Ausgleich bleibt das Buch über Montaigne ein Entwurf, unausgereift, unvollendet, während die Aufzeichnungen zu Balzac – weiter fortgeschritten – später als abgeschlossenes Werk veröffentlicht werden. Wittkowski gegenüber beschreibt er das Duell als »Abwechslung«. »(M)an muss in dieser Einsamkeit des Lebens Abwechslung erschaffen.«

Montaigne trotzt jeglicher Definition, lässt keine Einordnung zu. Jeder Wissenschaftler sieht ihn unter einem anderen Blickwinkel. – vielseitig und widersprüchlich, gläubig und ungläubig, ein Stilist, jedoch unfähig, sich ausschließlich in einem einzigen langen Text auszubreiten. Humanist und Skeptiker, Stoiker und Epikureer, Mann von Welt und Misanthrop, politischer Aktivist und Eremit, Reformer und Bewahrer. In seinen Notizen behauptet Zweig: »So hat Montaigne eigentlich nicht das, was man eine Biographie nennt.« Er beabsichtigt nicht, sich an ihm festzuhalten: Es fehlt ihm an Überzeugung, um sich in irgendjemand zu spiegeln.[797]

Sie haben einige Dinge gemeinsam, die jüdische Abstammung, die höhere Bildung, die Wohlhabenheit, den Kosmopolitismus, die jüngeren Freundinnen. Hier hört die Ähnlichkeit aber schon auf: Montaigne nutzte seine Melancholie, um Wissen zu erlangen, und in der Zurückgezogenheit fand er den Impuls zum Schreiben. Zweig nutzt seine Depressionen, um sein Wissen zu begraben. Montaigne hatte 59 Jahre ein erfülltes Leben und hätte auch noch so weitermachen können. Zweig lässt sechzigjährig alle Anzeichen einer Lebensmüdigkeit erkennen.

Die Hefte, in denen er das Material für das Montaigne-Porträt auswertet, belegen seine Absicht, sein Wissen von der Vergangenheit mit seinen Beobachtungen der Gegenwart, einschließlich Brasiliens und der Brasilianer, zu verbinden. Lose Sätze, verschlüsselte Gedächtnisstützen,

---

[797] Brief vom 28.11 1941 in: *Wittkowski*, S. 119. Zweig, Stefan: »Montaigne [Fragment]« in: *Zeiten und Schicksale*, S. 468–556, S. 478.

Titelvorschläge für Kapitel, ein Arrangement von Akkorden, die eines Tages eine Melodie werden bilden können:

> Weltbeziehung, Beobachtung [...] Brasilianer [...] Menschen ohne Vorurteile, mein Vorurteil, Menschenfresserei [...] Wahrheit eine individuelle Angelegenheit [...] Evangelium der Freiheit Urmenschen sucht [sic] wie Goethe die Urpflanze. Wir durch Gesetze, Meinungen, Sitten, Cultur [sic] verirrt. Der freie Mensch, der von allem [sic] dem frei ist. Brasilianer Einfache Leute besser sind. [...] Glaubt nicht an die Ubermittelbarkeit [sic] von Wahrheiten [...] Beginnt gelegentlich, ›I take the first that chance offers me a fly will serve‹. Erst sich kennen. Dann sich zeigen als der er ist [...] Jagd nach dem Ich [...] Enttäuschung an der Welt. Enttäuschung an der Einsamkeit [...] Auch die Ehe ist eine Monotonie.[798]

Er achtet nicht auf das denkwürdige Datum: In dem Jahr, das gerade beginnt, 1942, jährt sich der Todestag der erst kürzlich in seine Galerie aufgenommenen Figur zum 350. Mal. Nach Ansicht Montaignes war alles schon geschrieben worden, und da er glaubte, für längere Gattungen nicht begabt zu sein, zog er es vor, Fragmente zu verfassen, ein »Mischmasch« – und schuf ein literarisches Genre.[799] Zweig weiß das literarische Dilemma nicht zu bewältigen: Er glaubt nicht, dass die augenblickliche Tragödie mittels der Fiktion adäquat widergespiegelt werden könnte, und vertraut nicht seiner Kraft als Schriftsteller.

Es ist ihm nicht bewusst, dass Katastrophen miniaturisiert werden können, um in jegliche Geschichte zu passen, sogar in seinen Lieblingszeitvertreib aus der Salzburger Zeit: das Schach. Im kürzlich erschienenen *Brasilien. Ein Land der Zukunft* hat er darüber geschrieben: »Aber

---

[798] Die 15-seitigen handgeschriebenen Arbeitsnotizen sind überwiegend in Deutsch verfasst mit Zusätzen in Englisch und Französisch (wahrscheinlich handelt es sich dabei um Auszüge aus den von ihm konsultierten Werken). Es ist weniger ein Entwurf als vielmehr eine Materialsammlung ohne Einheit oder Struktur. Afonso Arinos bat Catarina Cannabrava um eine Übersetzung ins Portugiesische, die im August 1944 abgeschlossen wurde (das Manuskript befindet sich im Besitz der *Academia Brasileira de Letras*. Rio de Janeiro). Ein vorläufiger Text über Montaigne blieb in den Händen von Koogan, der ihn Wittkowski weitergereicht haben müsste. Letztlich wurde er aber den Erben übergeben. Erstmals wurde das Textfragment 1960 in der Sammlung *Europäisches Erbe* (Fischer Verlag. Frankfurt am Main) veröffentlicht. 1990 nahm man es in die Aufsatzsammlung *Zeiten und Schicksale* auf. Vgl. »Montaigne [Fragment]«, a.a.O.

[799] Montaigne verwendete den Begriff *essai* im Sinne von Versuch, Probe. Erst später wurde der Begriff zur Bezeichnung einer literarischen Gattung, einer in knapper und anspruchsvoller Form gehaltenen Abhandlung, die eine literarische oder wissenschaftliche Frage in subjektiver Weise erörtert.

wenn beim Schachspiel auch keine Partie der anderen gleicht, so bleibt dieses Spiel doch immer Schach.«[800] Die Konfrontation zwischen Balzac und Montaigne kann als eine Auseinandersetzung am schwarz-weißen Brett angesehen werden.

Die *Schachnovelle,* seine bekannteste Novelle, ist kein Triumph des Zufalls, sondern die Frucht des langen Nachsinnens eines Erzählers eindringlicher Geschichten, der keine Energie hat, um eine transzendentale Erzählung zu verfassen und sich mit etwas anderem, kleinerem abfindet, in das jedoch sein Protest gegen die Entmenschlichung der Menschheit vollständig hineinpasst. Damit bereitet er das Schachmatt vor. Ein Zug fehlt noch, aber es gibt kein Zurück.

---

[800] *Brasilien,* S. 152.

DECLARAÇÃO

… dem geistige Arbeit immer die lauterste Freude und persönliche Freiheit das höchste Gut dieser Erde gewesen.

Eine Schachpartie

»(D)enn je mehr sich einer begrenzt, um so mehr ist er anderseits [sic] dem Unendlichen nah«.

»[...] ein Denken, das zu nichts führt, eine Mathematik, die nichts errechnet, eine Kunst ohne Werke, eine Architektur ohne Substanz«.

»*Für Schach ist nun, wie für die Liebe, ein Partner unentbehrlich*«.
»Schachnovelle« in: Buchmendel, S. 248–314; 256–258; 260

Kapitel 9

Zuerst verteilt man zwei »Heere«, ein jedes mit 16 Steinen, auf die 64 Felder des Brettes. Dann wird ein Stein nach dem anderen geschlagen. Ganz einfach, wenn die Chancen für den Gegner nicht die gleichen wären. Einer von beiden wird einen tödlichen Fehler begehen und der andere wird ihn ausnutzen. Noch weiß man nicht, welcher der beiden. Aber eins ist sicher, es gibt kein Zurück. Das Kriegsspiel, in Stunden des Friedens gespielt, wirkt nicht wie eine Frage auf Leben und Tod.

Zweig nahm jene kleine Arbeit nicht sehr ernst. Während er eine erste Fassung beendete, gestand er Jules Romains, dass er eine kleine Erzählung fast abgeschlossen habe, »aber nicht für das große Publikum, vielmehr für die Schachliebhaber und -fanatiker«. Er täuschte sich. Dem Verleger Huebsch, seinem literarischen Berater, gegenüber war er präziser und offener: »Ich habe den ersten Entwurf einer anderen kleinen Arbeit beendet, eine der Erzählungen in meiner üblichen, unglücklichen Länge, zu kurz für eine Novelle, zu lang für eine Zeitschrift.« In Wahrheit wollte Zweig die Zustimmung des Verlegers zu einer »kleinen Untreue« gegenüber *Viking Press* – er wollte die Erzählung in einer limitierten Luxusausgabe in einem anderen Verlag veröffentlichen, weil das Schachspiel, seiner Meinung nach, kein großes Publikum interessieren würde. »Das Thema ist eine Geschichte um das Schachbrett, ich glaube die erste, die jemals zu diesem Thema geschrieben wurde. Und da Schach viele Freunde und Anhänger hat und sogar eine Anzahl von Sammlern aller Bücher über Schach existiert, denke ich, dass eine limitierte Luxusausgabe gute Chancen haben dürfte. [...] es ist ein wirkliches Vergnügen für mich, zu versuchen, eine kurze Geschichte auf diesem jungfräulichen Gebiet zu schreiben und den Verlauf eines Schachspiels in das Dramatische zu erheben.«[801]

---

[801] Brief an Jules Romains vom 29.9.1941 in *Romains*, S. 9. Brief an Ben Huebsch, undatiert, vermutlich Anfang September 1941 (in Englisch geschrieben) in: Berlin, Jeffrey b., a.a.O., S. 268.

In Salzburg hatte er sich immer am Ende des Nachmittags, wenn er das tägliche Schreibpensum absolviert hatte, beim Schachspiel entspannt; in London pflegte er Kontakt zu Martin Beheim-Schwarzbach, einem internationalen Experten dieses Spiels. Und nun, in Petrópolis, studiert er, um die freien Stunden auszufüllen und die Anspannung zu lösen, ein Handbuch mit Meisterpartien und spielt diese ohne Partner nach. Manchmal auch mit Lotte, die strikt dem Spielverlauf zu folgen hat. Sie ist es so gewohnt. Zweig möchte keine Überraschungen, hat jedoch auch keine zu erwarten. Schach ist eine mentale Übung und Stimulans, aber auch ein Sinnbild für eine Lebensart.

Er hat verkündet, dass er Einsamkeit bräuchte. Nun ist er allein. Er hat entschieden, dass es an der Zeit wäre, die unvollendeten Arbeiten zum Abschluss zu bringen; jetzt hindert ihn nichts daran. Er gedenkt, sich aus dem Trubel und den Leidenschaften herauszuhalten, und wirklich – er hat sich in die *serra* hinaufbegeben, nach Petrópolis, im Staat Rio de Janeiro, Brasilien, jenseits der weltweiten Kriegswirren gelegen. Willensfreiheit: Er wollte Herr seines Schicksals sein, es ist ihm gelungen – er hat nichts zu beklagen, eine schlimmere Strafe kann es nicht geben.

Im letzten Jahrzehnt des 19. Jahrhunderts hat der Dichter Ludwig Jacobowski die Wiener Künstlerkreise mit dem Vers »Das Leben hetzt mich durch das Leben« angesteckt.[802] Und nun wird Zweig von der Notwendigkeit angetrieben, alles abzuschließen. Die Autobiografie zu beenden, diese endlose Schachpartie zu beenden, die Ungeduld der Seele zu beenden. Während nichts zu einem Schluss kommt; wandert er mit seinem Kummer durch das ländliche Petrópolis und findet Zerstreuung in der Beobachtung junger, schwanzwedelnder Esel.

Während er die Landschaft betrachtet, versammeln sich in den Vereinigten Staaten die Intellektuellen von Wien, Berlin, Frankfurt, Prag, Budapest, Paris, Amsterdam, Warschau, Rom, Mailand, Triest, Madrid und Barcelona. Er hat den Schützengraben verlassen und leckt nun seine Wunden.

»Sie liefen in Cinelândia umher, alleine, verwirrt.« João Condé, dem Archivar des literarischen Lebens von Rio de Janeiro, ist das Bild von Stefan und Lotte Zweig im Gedächtnis geblieben, wie sie, an ihrer europäi-

---

[802] Jacobowski, Ludwig: *Gesammelte Werke in einem Band.* Herausgegeben von Alexander Müller und Michael M. Schardt. Igel Verlag Literatur. Oldenburg 2000, S. 714. Ludwig Jacobowski (1868–1900), Journalist, Dichter, bekennender Jude, bekämpfte den Antisemitismus und förderte die deutsch-jüdische Symbiose. Von Karl Kraus, mit dem er in Briefwechsel stand, wurde er respektiert.

schen Kleidung leicht als Flüchtlinge identifizierbar, verloren durch das Zentrum der Hauptstadt irren. Niemand erkennt die beiden wieder. Rubem Braga, Dichter und Kolumnenschreiber, ertappt sie ebenfalls zu dieser Zeit in der Rua Barata Ribeiro in Copacabana, alleine, den bewaldeten, grünen Hügel betrachtend. Dieses Bild der Hilflosigkeit hat sich ihm eingeprägt.[803]

Sie verbringen ganze Tage abgeschottet in ihrem kleinen Bungalow, ohne Besuch zu bekommen, mit sich selbst beschäftigt, gefangen in der eigenen Traurigkeit. Selten sind Unterbrechungen im Protokoll der Einsamkeit. Und einige davon sind nicht einmal willkommen. Unablässig beschwert er sich über den Mangel an Post, guten Büchern und Menschen vergleichbaren Niveaus, mit denen er Umgang pflegen könnte. Eine dieser Klagen hat die lange Zeitspanne überstanden und klingt wie eine schmerzliche Anklage, die stärkste, die der Meister der Höflichkeit verbreitet haben würde.

Die chilenische Konsulin und Dichterin Gabriele [sic] Mistral, Ernst Feder und seine Frau, hie und da den Arzt und Schriftsteller Afranio Peixoto [sic] und den nicht eben genialen Verleger Koogan. Ein paar Auchliteraten und Kotaumacher wie Leopold Stern und der gute Witkowsky [sic]. Summa summarum, ein Minimum von Anregung für einen Menschen, der die Besten seiner Zeit um sich geschart hatte.

Ein Ausbruch Zweigs gegenüber dem Freund Cahn, der Friderike später davon berichtete. Diese wiederum leitete Cahns Schilderung an Donald Prater weiter, in dessen Biografie die Adjektive sich verflüchtigten und der Sinn abgemildert wurde (es hätte nicht anders sein können: Prater war Diplomat und Engländer). Dieses von Zweig geäußerte Klagelied nahm seinen Weg über zwei Vertraute und drei Biografen, um letztendlich über 60 Jahre später mit all seiner Vehemenz wiedergegeben zu werden. Zweig hatte Cahn sicher in der ersten Person geschrieben und von Cahn erreichte es die anderen in der dritten Person. Mit möglicherweise leicht verändertem Wortlaut im Original, doch mit derselben Aus-

---

[803] Rubem Braga, Aussage gegenüber dem Autor, 14. 7. 1980. João Condé, Aussage gegenüber dem Autor, 7. 8. 1980. João Condé (1912–1996), Journalist und Schriftsteller, brachte zusammen mit seinen Brüdern Elysio und José die langlebigste monatliche Literaturzeitung Brasiliens *Jornal de Letras* heraus. Er war der Begründer des »Arquivos implacaveis« (Unerbittliche Archive), einer Kolumne in der Wochenzeitschrift *O Cruzeiro*, in der er alte Fotos, Briefe und Erinnerungen großer literarischer Persönlichkeiten veröffentlichte. Das Cinelândia umfasste an einem der elegantesten Orte des Zentrums von Rio de Janeiro, nahe des majestätischen *Teatro Municipal* und anderen Theatern, in zwei Häuserblocks einen Komplex luxuriöser Kinos.

sage und denselben Schlüsselwörtern. Wäre dieses Klagelied in jenen Tagen ausgesprochen worden, hätte es einen großen Unterschied gemacht, aber die Höflichkeit erlaubte es nicht.[804]

In einem Interview mit dem *Jornal do Brasil* hält Zweig fest: »Nirgendwo ist es leichter, Material zu sammeln als in den Bibliotheken Nordamerikas. Aber wie beruhigend ist es, danach nach Brasilien zurückzukehren.« Ohne Bücher und ohne gute Freunde erweist sich die Ruhe jedoch als noch schmerzlicher.[805]

In der Bibliothek von Petrópolis, die nur dürftig mit portugiesischsprachiger Literatur ausgestattet ist, ganz zu schweigen von französischsprachiger, entdeckt er einige interessante Bücher. Da sie im Rathaus untergebracht ist, informiert ein aufgeregter Angestellter bei einem von Zweigs Besuchen den Bürgermeister Mário Aluízio Cardoso de Miranda: »Stefan Zweig ist draußen!«

Der Schriftsteller wird zum Büro des Stadtoberhauptes gebracht, er wünscht Miranda zu sehen, um ihm zu einem im *Correio da Manhã* veröffentlichten Artikel zu gratulieren: »As implicações políticas do freudianismo« (Die politischen Implikationen des Freudianismus). In Wahrheit möchte er einige Punkte mit ihm diskutieren, aber auf Höflichkeit verzichtet er dabei nicht. Von da an besucht er den Bürgermeister regelmäßig zu einem kurzen Gespräch, stets achtet er darauf, sich zuvor zu vergewissern, dass er ihn auch nicht belästige.[806]

Während des Frühlings regnet es viel in der Region. Noch sind es nicht die sintflutartigen Wolkenbrüche des Sommers, die sich für mehrere Tage vom Himmel ergießen. Dieser Winter außerhalb der Zeit ist weniger kalt, dafür sehr feucht. Zweig erwähnt es gegenüber Friderikes

---

[804] Brief von Alfredo Cahn an Friderike Zweig, 6.5.1944 in: *Nachlass Alfredo Cahn. Deutsche Nationalbibliothek, Deutsches Exilarchiv 1933–1945*, Frankfurt am Main, EB 2001/066. Die Cahn vermutlich 1941 anvertraute Klage findet sich nicht in dessen Nachlass im Exilarchiv. Die sehr persönlichen Details lassen jedoch darauf schließen, dass Cahn sie nicht von Dritten oder von Zweig durch das Telefon oder ein Telegramm erfahren haben kann. Cahn und Friderike selbst kannten oder besaßen nicht solch subtile, genaue, einschlägige Informationen über ein ihnen entferntes Milieu, die sechs namentlich erwähnten Personen und eine siebte, den Dichter Ribeiro Couto, der mit Zweig nach der Veröffentlichung von dessen Brasilienbuch gebrochen hatte. Zu Zweig und Couto vgl. S. 463 Fußnote 738 in Kapitel 8.

[805] Das anscheinend nicht veröffentlichte Interview wurde geschrieben, als Zweig nach Brasilien zurückkehrte: Das französische Manuskript verblieb beim Schriftsteller und kam schließlich in den Besitz von Friderike, die Donald Prater eine Kopie davon gab. Dieser wiederum stellte dem Autor das Material zur Verfügung. 1987 tauchte das Manuskript in einem deutschen Autografen-Katalog auf.

[806] Cardoso Miranda, Aussage gegenüber dem Autor, 12.11.1980.

Bruder Siegfried Burger, der in Rio de Janeiro wohnt: Es ist paradox, dass er sich in Brasilien nach ein paar Sonnentagen sehnt.

Die Burgers sieht er wenig, die von dem ehemaligen Verwandten abgegebene offizielle Erklärung dafür ist die eingeschränkte Bewegungsfreiheit – als Ausländer würden sie einen *salvo-conduto*, einen Passierschein, benötigen, um die Bundeshauptstadt verlassen zu dürfen. Ferdinand Burger, Siegfrieds Sohn, vermittelte den Eindruck, dass die Familie wenig Kontakt mit Lotte haben wollte.[807] Friderike hat sich schon damit abgefunden und akzeptiert die Rivalin. Sie hat sogar schon einen liebenswürdigen Brief von Lotte erhalten, in dem diese sich für die Fürsorge bedankt, die Friderike ihrer Nichte Eva Altmann hat zukommen lassen.[808]

> Du kannst Dir nicht vorstellen, wie farbig und gleichzeitig beschwichtigend das Leben hier ist. Nichts hat Eile, auch nicht die Post, aber die Menschen sind rührend; trotz ihrer Blutarmut (keiner hat eine ganze Hose), wird hier nichts gestohlen, es ist eine Art Urzustand und Großvaterzeit. Wie wohl fühlt man sich aber in jeder, die nicht an die heutige erinnert. [...] Die englische Ausgabe des Brasilbuches habe ich noch nicht gesehen. Einigen Leuten hier ist es nicht zustimmend genug, da ihnen wichtiger, was an Maschinen und Neubauten geleistet wird, und ihres Pittoresken schämen sie sich eher – das wird erst die nächste Generation entdecken, so wie man bei uns das alte Burgtheater und Beethovens Sterbehaus umlegte, um nachher zu trauern. Aber Du würdest hier stündlich bezaubert sein, die Straße ist ein Schauspiel und die kleinen Farbigen wie süße Tiere, die man in den Arm nehmen möchte.
> [Zwei Monate später berichtet Zweig] Hier ist unerhörte Konjunktur, das Land wird reich – zu rasch für mein Gefühl! – und selbstbewußt, aber es ist für ruhige Menschen jetzt ein Paradies (hätte es nur noch Bücher!).[809]

Sehnsüchtig wartet Zweig auf den Postboten, doch der hält nicht an der Nr. 34 in der Rua Gonçalves Dias. Er ist verbittert über das Ausbleiben der Briefe; er, der sich einst einer umfangreicheren Korrespondenz als die Goethes rühmte. In der Welt draußen haben die Flüchtlinge des Nationalsozialismus mit dem eigenen Überlebenskampf schon genug Probleme zu bewältigen, und in der raren freien Zeit versuchen sie, dem

---

[807] Ferdinand Burger, Aussage gegenüber dem Autor, 30.5.1979. Einige Flüchtlinge bestreiten die Notwendigkeit eines Passierscheins. Im Adressbuch sind der Schwager und dessen Sohn Ferdinand als wohnhaft in Copacabana bzw. Jardim Botanico, beides Viertel der wohlhabenden Schicht, aufgeführt.
[808] *Briefe 1932–1942*, 27.10.1941. Lotte schrieb einen kleinen Zusatz in Zweigs an Friderike gerichteten Brief, der nicht in *Briefe SZ-FZ* aufgenommen wurde.
[809] Briefe an Friderike, 29.9.1941; 24.11.1941 in: *Briefe SZ-FZ*.

Feind die Stirn zu bieten. Da bleibt wenig Zeit für Briefe, bei allen sind sie spärlicher geworden.

Bernanos nahm dank der wöchentlichen kämpferischen Artikel in der Zeitung *O Jornal* (die so viele Male vom *DIP* zensiert wurden) die Einsamkeit von *Cruz das Almas* in Barbacena in Kauf, ohne sie hätte er die Abgelegenheit nicht ausgehalten.

Die Dichterin Gabriela Mistral ist anders: Von der chilenischen Regierung zur Konsulin und Kulturattachée in Rio de Janeiro ernannt, wohnt sie de facto in Petrópolis und vermag so, Ruhe und Betriebsamkeit harmonisch zu vereinen. Ihr Refugium (vom chilenischen Staat erworben) ist äußerst komfortabel, fast großzügig: So ist es leicht, das Haus für bedeutende Schriftsteller, unbekannte Dichter, Journalisten, Gelehrte, Alt und Jung offen zu halten, die zwei Stunden die *serra* hinauffahren, um sie zu besuchen.

Zweig, ein wenig älter, aber dieselbe Generation, trifft sich einige Male mit Gabriela Mistral in Petrópolis. Groß, stattlich, 52 Jahre alt, mit kurzen, leicht ergrauten Haaren ist sie eine der populärsten Persönlichkeiten ihres Landes, was ihr enorme Sicherheit verleiht und ihren Charme erhöht. Die Zweig-Leserin ist hocherfreut, ihn kennen zu lernen; er noch mehr, bedenkt man, wie armselig sein Freundeskreis geworden ist. Lotte, stets unsicher, sieht in der faszinierenden Frau mit indianischen Zügen eine neue Bedrohung. Die Dichterin ist attraktiv und mehr noch, sie vermittelt Kraft – und dies ist das Gefährliche.[810]

Die Eifersucht ist unbegründet: Die Verbindung beschränkt sich auf die gesellschaftliche Ebene und Gespräche über Literatur. Bei einer der Gelegenheiten, bei der er mit der Dichterin allein ist, möchte Zweig ihre Meinung zu einer Frage wissen, die ihm Sorgen bereitet: Besteht die Möglichkeit einer Invasion der Nationalsozialisten in Südamerika? Gabriela Mistral antwortet überzeugt mit Ja. Auch Feder stellt er eine ähnliche Frage und erhält eine ebenso beunruhigende Antwort.[811]

---

[810] Gabriela Mistral, eigentlich Lucila Gordoy Alcayaga (1889–1957), Lehrerin und Dichterin, lebte seit 1922 außerhalb Chiles, zunächst in Mexiko, wo sie an der Schulreform mitwirkte. Ab 1932 war sie als chilenische Konsulin in verschiedenen Ländern Europas und Amerikas tätig. 1940 kam sie von Spanien nach Brasilien. Zunächst ließ sie sich in Niteroi nieder, das in dieser Zeit viele Ausländer anzog. Später zog sie nach Petrópolis. Als sie Zweig kennen lernte, war sie noch keine Nobelpreisträgerin. Dieser wurde ihr als erster lateinamerikanischen Schriftstellerin erst 1945 verliehen. Vgl. Hernandez, Frances: »The Zweigs and Gabriela Mistral in Petrópolis« in *Sonnenfeld*, S. 282–288, S. 287.

[811] *Feder 2*, S. 178.

Zweig ist nicht in der Lage, etwas anderes als die über ihm einstürzende Welt zu sehen. In Wahrheit möchte er nur die alten Freunde zurück, die Rückkehr der alten Zeiten. Er sucht ein unbestimmtes, süßes Lebensgefühl, für das er verschiedene Bezeichnungen hat: »das goldene Zeitalter der Sicherheit« (in den Erinnerungen) oder »eine Art Urzustand und Großvaterzeit« (in den Briefen an Friderike). Er flieht vor der Katastrophe, verausgabt sich jedoch beim erneuten Durchleben der Zerstörung der alten Welt. In der Vergangenheit gefangen, ist sein einziger Blick in die Zukunft die unglückliche Prophezeiung für Brasilien mit einem fremden Titel gewesen.

Mitte November teilt er Huebsch mit, dass das vollständige Manuskript der abgeschlossenen Autobiografie mit dem nächsten Schiff an ihn abginge. Das Balzac-Manuskript habe er vorläufig nicht wieder gelesen. Er beklagt sich nicht, der Rest läuft gut: »(I)ch schreibe jedenfalls vorwärts und es geht scharf von der Hand. – Ich sehe immer wieder, wie leicht und wie gern ich arbeite, wenn ich nur ein bischen [sic] Ruhe und Abseitigkeit habe. In den sechs Wochen Ossining habe ich mit der Hand die ganze Selbstbiographie in ihrer ersten Fassung geschrieben, und hier in zwei Monaten in Petropolis sie ganz umgearbeitet, jene Schachnovelle entworfen, fast hundert Seiten an einem Roman geschrieben.« Eine herrliche Landschaft, ein ordentliches Haus, wunderbare Spaziergänge, aber er hat keine Gesprächspartner.[812]

An Aufgaben fehlt es nicht, es mangelt an Missionen, Vorsätzen, Sinn und Zweck. Es fehlt ein Seelenverwandter, um sich in ihm zu spiegeln und wieder zu finden. Der »Seelenjäger« hat noch nicht die nächste Beute ausgewählt.

Früher schrieb er einen Text, ließ ihn tippen, sandte ihn dem Verlag zum Lektorieren zu. Das Abschließen der Arbeit verlief in mehreren Durchgängen, die Druckfahnen wurden mehrmals durchgesehen, korrigiert und überarbeitet. Unter den gegenwärtigen Umständen ist dies nicht praktikabel: Zweig muss den Schlusspunkt setzen, bevor der Text seinem Gefühl nach wirklich fertig ist. Auf diese Weise vorzeitig beendet, stellt die Schöpfung ihren Schöpfer nicht zufrieden.

Schlimmer noch ist die Distanz, die ihn von seinen Lesern trennt. Er hat sich an die Warmherzigkeit des Publikums gewöhnt, jenes Publikums, das früher täglich seinen Briefkasten mit Dutzenden von Briefen füllte und ihm auf der Straße, im Café, bei den Konzerten Zuneigung und Achtung zuteil werden ließ. Er fürchtet sich vor einem Versäumnis,

---

[812] *Briefe 1932–1942*, 16.11.1941.

das noch nicht eingetreten ist. Der meist übersetzte Schriftsteller seiner Zeit hat keine Kontrolle mehr über das eigene Werk, das nun in verschiedene Fassungen und Übersetzungen aufgeteilt ist, deren Qualität er einzuschätzen keine Möglichkeit hat.

Dem ebenfalls geflohenen französischen Verleger Max Fischer gesteht er: »Ihre Sprache ist Französisch. Sie können in Französisch denken. Ich bin gezwungen, in Deutsch zu denken ... in Deutsch ... wie ...«[813]

In Deutsch wie Hitler: Zweig möchte nicht hassen, aber er möchte auch nicht die eigenen Worte in derselben Sprache hören, in der der Diktator seine wutschäumenden Ansprachen hält. Den jungen und verloren wirkenden Wittkowski ermunternd, versucht er, sich selbst zu ermuntern:

> Ich finde es rührend, daß Sie, während wir uns, was wir schreiben, entdeutschen müssen, um gelesen zu werden, noch mit alter Treue ausländische Dichtung ins Deutsche übertragen. Sie sind fast der Einzige außer unserem Felix Braun, der auf diese Weise die Zeit bewußt negiert [...] Er hätte dieses Land hier besonders geliebt, weil hier etwas Österreichisches in den Menschen ist, und hier in Petropolis sogar in der Landschaft.[814]

Jules Romains gegenüber bedient er sich einer Formulierung von John Keats, um auszudrücken, dass seine Werke »*written in water*«, vorübergehend und fließend sind: »Meine innere Krise besteht darin, dass ich mich nicht mit meinem Ich des Passes, des Exils, des Ich-weiß-nicht-wo, des Schriftstellers ohne Publikum identifizieren kann.« Für Augenblicke diagnostiziert er mit absoluter Klarheit seine Angst – es ist besser, sie zu ignorieren.

Neben den Widrigkeiten, den kleinen und großen, gibt es Lotte. Die Feuchtigkeit der *serra* in der Regenzeit lässt ihr Asthma wieder ausbrechen. Es können auch die Pollen der Blumen sein, die nun im Frühling zu blühen beginnen. Oder es ist der Gefühlszustand, der die Krankheit verschlimmert. Wenn sie nach Rio hinunterfahren, suchen sie Dr. Nathan Bronstein auf oder dieser kommt, begleitet von seiner Frau, nach Petrópolis hinauf, um Lotte zu untersuchen.[815]

---

[813] Fischer, Max, a.a.O., S. 61.
[814] Brief vom 21.11.1941 in: *Wittkowski*, S. 118.
[815] Brief vom 28.10.1941 in: *Romains*, S. 12. Rachel Bronstein, Aussage gegenüber dem Autor, 15.11.1980. Neben dem Telefonapparat in Petrópolis befand sich eine Liste mit den Nummern der am meisten kontaktierten Personen. Der Arzt stand an erster Stelle.

Im Drehbuch des Paradieses ist dieser Umstand nicht vorgesehen. Für den, der sich ohnehin schon schlaflos im Bett wälzt, ist das pfeifende Atmen der Gefährtin keine Beruhigung. Asthma und Allergien setzen sich auf den Grund der Seele fest; es genügt nicht, Medikamente zu nehmen, man muss den Ursachen der Krankheit nachgehen. Die üppige Natur ist verschwenderisch an Verfall, Feuchtigkeit, Schimmel. Lotte ist nicht das einzige Opfer dieses Übermaßes.[816]

Erneut klagt er gegenüber Berthold Viertel: Er fühle sich außerstande, sich auf die Arbeit zu konzentrieren, schrecklich einsam. Gewissenhaft schildert er das idyllische Leben und die Ruhe, offenbart die neue Inspirationsquelle Montaigne, den »Meister und Lehrer der Resignation«, erzählt von der Köchin, die des Kochens unfähig sei – so arm, dass ihr Kartoffeln als Luxus erscheinen, wie sollte sie wissen, wie man sie kocht? – und verkündet dem Cineasten, dass er, »(p)er Spaß« und »ohne an Realisierung zu denken«, zusammen mit Paul Frischauer eine Skizze zu einem brasilianischen Film gemacht hätte. Die Synopse sei schon fertig. Der Film hat die Liebesbeziehung des Kaisers Dom Pedro I. mit der Marquise von Santos vor dem Hintergrund des Kampfes um die brasilianische Unabhängigkeit zum Thema. Trotz der Reaktionen auf das Brasilienbuch beharrt er darauf, sich an das Gastgeberland zu binden.[817]

Ein »Abenteurer der Literatur« – Frischauer betritt die Bühne.[818] Er hat unter anderem mäßige Biografien über den Revolutionär Giuseppe

---

[816] Die amerikanische Dichterin Elizabeth Bishop (1911–1979), seit der Kindheit Allergikerin, kam 1951 nach Brasilien und lebte hier zwei Jahrzehnte, größtenteils in Petrópolis. Den ersten allergischen Anfall hatte sie bald nach ihrer Ankunft in Rio de Janeiro, nachdem sie Cashewnüsse gegessen hatte. Die heftigen Attacken wiederholten sich in Petrópolis. Vgl. Bishop, Elizabeth: *Poemas do Brasil* (Brasilianische Gedichte), Companhia das Letras, São Paulo 1999, S. 235–237.

[817] *Briefe SZ-Freunde*, 28.10.1941. Das Manuskript blieb bei Paul Frischauer, der es verkaufte. 1971 erwarb es der Schriftsteller Leandro Tocantins in Lissabon auf dem Flohmarkt. Später verkaufte er es an einen fachkundigen Sammler weiter. Die vereinfachte Handlung ist auf 18 maschinengeschriebenen Seiten skizziert. Das Typoskript wird von einem Brief von Zweig an Frischauer vom 8.10.1941 begleitet. Frischauers Mitwirkung am Film war sekundärer Art. Seine Aufgabe war es, Zweigs Ideen aufzuschreiben und zu entwickeln. Der erhalten gebliebene Entwurf ist mit vielen Korrekturen in Zweigs Schrift versehen und der ihm beigefügte Brief hat den Charakter eines Leitfadens für Frischauer.

[818] Prutsch, Ursula; Zeyringer, Klaus: *Die Welten des Paul Frischauer. Ein »literarischer Abenteurer« im historischen Kontext*. Wien-London-Rio-New York-Wien. Böhlau Verlag. Wien/Köln/Weimar 1997, S. 151. Der Ausdruck »Abenteurer der Literatur« (»aventurier de la littérature«) wurde von Zweigs Verleger Koogan zur Bezeichnung von Frischauer, den er sehr gut kannte, verwandt. Es ist unerlässlich darauf hinzuweisen, dass Koogan, immer sehr präzise in seinen Einschätzungen, nicht »aventurier littéraire« gesagt hat, was als Lob hätte verstanden werden können.

Garibaldi und über Beaumarchais geschrieben, und mit ihnen versucht er, die Tore der Macht zu öffnen. Er verheimlicht nicht, dass er »Amerika erobern« möchte. In den von Intellektuellen besuchten Cafés von Rio de Janeiro zeigt er seinen Opportunismus. Oft geht er zum weithin sichtbaren Gebäude der *Associação de Imprensa Brasileira*, wo er sich dessen Präsidenten Herbert Moses, einem der Besitzer der Zeitung *O Globo*, nähert. Es gelingt ihm, guten Kontakt zu Lourival Fontes zu bekommen und durch ihn an Vargas selbst heranzutreten. Frischauer möchte ein Interview mit ihm für ein Buch über den Diktator, eine scheinbar unmögliche Aufgabe. Doch Frischauer schaffte es. *Presidente Vargas,* das anmaßend als »Biografie« bezeichnet wird (in der französischen Ausgabe heißt der Untertitel »un portrait sans retouches«), ist eine schamlose Schmeichelei, ohne zu verbergen, dass sie vom *DIP* bestellt wurde.

Zweig kennt keine Bosheit, vertraut den anderen; höflich und wehrlos lässt er sich einwickeln. Frischauer und er kennen sich schon seit langem. Zwei Tage nach Frischauers Ankunft in Brasilien, im Dezember 1940, hat Zweig ihn getroffen und Robert Neumann nach London von der Art berichtet, wie sich Frischauer in Rio de Janeiro mit Visitenkarten als »chairman of United Correspondents« präsentiert hätte und »mir so viele Lügen erzählte, dass ich angeekelt war. Er behält hier zweifellos sein Verhalten bei, und ich habe keine Lust ihn irgendwo vorzustellen, aber er schreibt, soviel ich weiß, an einem Buch über den Präsidenten«.[819]

Obwohl Zweig ihn in seinem Telefonbuch aufführt, wird Frischauer in der Beschreibung des dürftigen Freundeskreises gegenüber Cahn nicht erwähnt. Aber Zweig durchschaut ihn: »Selbst hier versteht er es nicht nur Geld zu machen, sondern sich auch eine Position zu verschaffen, er weiß so gut die Schwächen von Menschen, besonders denen in hohen Stellungen, auszunutzen. Er hat eine schnelle Auffassungsgabe für die tatsächlichen Begebenheiten und das Gespür, daraus Vorteil zu

---

[819] Vgl. Frischauer, Paul: *Presidente Vargas.* Companhia Editora Nacional. São Paulo 1944 (Übersetzung von Mário de Silva und Brutus Pedreira). Brief von Zweig aus New York an Robert Neumann, 7.6.1941 (in Englisch geschrieben) in: Prutsch, Ursula; Zeyringer, Klaus, a.a.O., S. 238. Die kleine Agentur »United Correspondents« wurde in England gegründet und ließ sich leicht mit der amerikanischen Nachrichtenagentur *United Press* (UP, später UPI) verwechseln, damals eine der größten der Welt.

ziehen. Ich wünschte, ich könnte ihn in einem Buch porträtieren, so wie es Balzac mit einigen seinesgleichen gemacht hat.«[820]

Zweig blieb dieses Werk über jene, die sich in den Trümmern des Krieges bereichern, schuldig. Doch obgleich er Frischauer kennt, lässt er sich in dessen Projekte verwickeln, vor allem wenn es um Bücher geht. In Zweig verbirgt sich auch ein Verleger, er weiß, welches Werk eine Veröffentlichung wert ist. Außerdem ist er großzügig, er mag (oder braucht) das Gefühl zu helfen. Deshalb nimmt er Frischauers Vorschlag an, Monteiro Lobatos Werke auf dem amerikanischen Buchmarkt bekannt zu machen. Er erkennt die Qualitäten dieses Autors, der die Kinderliteratur in Brasilien begründete und dank ihr zu einem Erzieher von Generationen von Kindern wurde. So schickt Zweig Huebsch vier von Lobatos Büchern und einen langen Brief, in dem er ihn dem amerikanischen Verleger ausführlich vorstellt. Freimütig offenbart er, dass die Verhandlungen mit Lobato von Frischauer initiiert worden sind.[821]

Huebsch missfällt die Zusammenarbeit mit Frischauer: »(D)as einzige, was mich stört, ist Ihre Erwähnung, dass Frischauer seine Hände im Spiel hat. Mir behagt die Vorstellung einer geschäftlichen Verbindung mit ihm nicht.« Wie immer in guter Absicht erwidert Zweig: »Sie werden mit Frischauer kaum in Kontakt kommen, es wird nur nötig sein, sich auf einen gewissen Betrag oder Tantiemen für das Recht, die Vorschläge verwenden zu dürfen, zu einigen. Frischauers Cleverness hat sich hier in erstaunlichem Ausmaß entwickelt. Er ist zum Hofhistoriografen geworden und hat dabei ein vergleichsweise besseres Geschäft gemacht, als Ludwig vor einigen Jahren mit seiner Biografie.«[822] Frischauer war interessiert, an der Vermittlung Geld zu verdienen, deshalb suchte er Lobato auf und bot ihm Zweigs Prestige nebst dem der Viking Press an. Zweig wiederum war daran interessiert, eine Brücke zwischen der amerikanischen und der brasilianischen Literatur zu schlagen. Er scheiterte erneut.[823]

---

[820] Brief von Zweig an Robert Neumann, 6.1.1942 (in Englisch geschrieben) in: Prutsch, Ursula; Zeyringer, Klaus, a.a.O., S. 241.
[821] *Briefe 1932–1942*, 8.12.1941. Diesem Brief ging ein Brief Lobatos an Zweig und Frischauer vom 13.11.1941 voraus. Darin beauftragte der brasilianische Autor die beiden mit der Vermittlung einige seiner Bücher und bot ihnen im Gegenzug 25% der Tantiemen an. Dieser Brief befindet sich in der *Coleção Stefan Zweig, Biblioteca Nacional*, Rio de Janeiro.
[822] Brief von Huebsch an Zweig, 9.1.1942. Antwortbrief von Zweig, 16.1.1942 (beide in Englisch geschrieben) in: Prutsch, Ursula; Zeyringer, Klaus, a.a.O.; S. 240/241.
[823] Die Idee war nicht zu verwirklichen, die Bücher hätten gänzlich dem amerikanischen Milieu angepasst werden müssen, da Lobato Arithmetik, Geografie und Geschichte in einer brasilianischen Umwelt und mit brasilianischen Figuren lehrte. Fri-

Álvaro Lins, Literaturkritiker und wichtigster Leitartikel-Schreiber des *Correio da Manhã*, zielte sicherlich auf Paul Frischauer und Leopold Stern ab, aber in seiner sonntäglichen literarischen Kolumne schloß er auch Zweig in diese Gruppe mit ein:

> Nun ist Amerika momentan voll Sub-Ludwigs. Ist überfüllt [...] mit in ihren Heimatländern zweitrangigen Schriftstellern, die meinen, aufgrund des magischen Effekts der Zurschaustellung eines europäischen Namens die Bewunderung der amerikanischen Bevölkerung erlangen zu können. Ich respektiere die Fremden, die sich heute im Exil befinden, glaube aber, dass ein solches Gefühl im Verhältnis zu den Beispielen stehen sollte, die sie selbst uns liefern. Und wie soll man diese Geschäftsleute achten, die mit großem Geschick ihr Vermögen auf amerikanische Banken überweisen und hier fortfahren, Prosperität und Gewinnsucht an den Tag zu legen, als ob die Welt nicht gerade dabei wäre, an einem Übermaß an Kapitalismus und wirtschaftlicher Privatisierung zusammenzubrechen? Oder diese mittelmäßigen Literaten, die am Stammtisch des PEN-Clubs ihre Unzulänglichkeit und Verantwortungslosigkeit offenbaren? Wir haben schon zur Genüge unsere Claudio de Souzas [...] Warum sollten wir noch neue Elemente dieser seltsamen Fauna importieren?

Der Artikel zeugt von einer kuriosen Aneignung des nationalsozialistischen Diskurses über die »Gewinnsucht« und das »Übermaß des Kapitalismus« dieser jüdischen Flüchtlinge von Seiten eines Liberalen.[824]

Im Brief an Viertel taucht als gewöhnliches Substantiv eine *Schachnovelle* »mit einer eingebauten Philosophie des Schachs« auf. Zweig bemerkt nicht, dass sich das allgemeine Nomen allmählich zu jenem

---

schauers letzter Coup hatte etwas Verrücktes an sich. Schon zum Ende des Krieges hin schrieb er einen Brief an den Präsidenten Vargas, in dem er diesem die Möglichkeit anbot, Industriegüter und Medikamente mittels langfristiger Raten in den USA zu erwerben. Vgl. Brief vom 21.4.1945 in: Prutsch, Ursula; Zeyringer, Klaus, a.a.O., S. 259; 338 (Das Original befindet sich im *Arquivo Nacional*. Rio de Janeiro).

[824] Lins, Álvaro: »Bernanos, o Brasil e a Inglaterra. A presença de Bernanos e a dos sub-Ludwigs.« (Bernanos, Brasilien und England. Die Präsenz von Bernanos und die der sub-Ludwigs) in: idem: *A glória de César e o punhal de Brutus. Idéias políticas – situações historicas – questões do nosso tempo. Ensaios e estudos 1939–1959*. (Cäsars Ruhm und Brutus' Schwert. Politische Ideen – historische Situationen – Fragen unserer Zeit. Aufsätze und Studien 1939–1959.) Editora Civilização Brasileira. Rio de Janeiro 1962, S. 117–125, S. 117/118. Obwohl der Kritiker mit Bernanos nicht übereinstimmte, ließ er seine Bewunderung ihm gegenüber erkennen. Da der Artikel relativ kurz nach Zweigs Tod im Mai 1942 veröffentlicht wurde, vermied Lins es aus Respekt, ihn anzuführen, aber er verwandte den Plural »sub-Ludwigs« zu einem Zeitpunkt, an dem Frischauers Sternstunde begann.

Eigennamen verwandelt, der einmal zum Titel einer seiner besten Schöpfungen werden wird. Die Idee ist in ihm entflammt. Die Handlung spielt sich »(a)uf dem großen Passagierdampfer, der mitternachts von New York nach Buenos Aires abgehen sollte«, ab. Dies ist auch die Route der *Uruguay*, die ihn im August nach Brasilien gebracht hat.[825]

Die kontinuierliche Korrespondenz mit Viertel gibt Auskunft über Verhandlungen zur Verfilmung seiner Werke. Die Zusammenarbeit der beiden in New York im Sommer 1940 ist sehr angenehm gewesen, sie möchten dies wiederholen. Der Dichter und Regisseur möchte Zweig aus dem ländlichen brasilianischen Garten Eden holen und Zweig möchte einen Garten Eden mit etwas mehr Erfüllung.

Zweig versucht auch, den Kontakt zu Margarita Wallmann wieder aufzunehmen. Nach einem tragischen Unfall während einer Probe arbeitet die österreichische Tänzerin nun als Choreografin und Regisseurin an Opernhäusern. Er nennt sie Margarete – sie gehört zu jener Gruppe internationaler Künstler, die ihn einst in seinem Haus auf dem Kapuzinerberg besuchten oder mit denen er sich in Paris, an der Côte d'Azur oder in den europäischen Badeorten traf.

Als er 1940 Material für das Brasilienbuch sammelte, kam ihm die Idee zu einem Ballett nach Jean-Baptiste Debrets *Voyage pittoresque e historique au Brésil*. Zu dieser Zeit war Zweig hingerissen von der Brasilienerfahrung, noch nicht ernüchtert von den Auswirkungen. Im Rahmen seiner zweiten Argentinien-Reise traf sich Zweig mit Margarita Wallmann in Buenos Aires und schilderte ihr seine Idee. Er schrieb einen Entwurf der Geschichte, für die Heitor Villa-Lobos, den Zweig als das Genie der klassischen brasilianischen Musik betrachtete, die musikalische Grundlage lieferte. Es war der italienisch-jüdische Dirigent Renzo Massarani, der Musikkritiker des *Jornal do Brasil*, der den Schriftsteller mit dem Komponisten bekannt machte. Zweig wollte in Brasilien akzeptiert werden und Villa-Lobos brauchte Anerkennung in den Vereinigten Staaten – eine adäquate und kluge Partnerschaft.

Nun gilt es, dieses Projekt wieder aufzugreifen, es ist Teil der unvollendeten Arbeiten, die abgeschlossen werden müssen. Die schöpferische Arbeit ist geleistet, das Ballett braucht keinen Text, die Handlung wird durch die Musik und die Choreografie erzählt. Daher besteht Zweig auf Margarita Wallmann. Dieser gelingt es schließlich, sich aus ihrem Engagement am *Teatro Colón* in Buenos Aires zu lösen, um nach Brasilien zu kommen und das Ehepaar Zweig in Petrópolis zu besuchen.

---

[825] *Briefe SZ-Freunde*, 28.10.1941. »Schachnovelle«, a.a.O., S. 248.

Ich fand die junge Frau an fürchterlichen Asthmaanfällen leidend vor. Den einzigen geliebten Menschen, den er an seiner Seite hatte, in diesem Zustand zu sehen, verfinsterte zweifellos Stefans Horizont und drängte ihn zu den schlimmsten Entschlüssen.

Es war kein konventionelles Ballett, um als Einzelveranstaltung in das Programm aufgenommen zu werden, sondern ein szenisches Gedicht, wie man sie heute macht, fast eine Oper in drei Akten mit Sängern, Chor und Ballettensemble – ein Gemälde. Die Schlussszene, wunderschön, veranschaulichte Stefans humanitäre Sorge: die Sklavenbefreiung, eine visuelle Apotheose mit einer offenkundig politischen Bedeutung.[826]

»Villa-Lobos wollte das Ballett sehr gerne aufführen, er fand es schade, dass es nicht voranschritt«, erinnert sich die Witwe des Musikers. Die drei treffen sich, um das Projekt auszuarbeiten und Einzelheiten zu besprechen. Der Wiener Freundin gesteht Zweig, dass die Brasilianer ihn als Eindringling ansehen. Trotz der Entfremdung spürt sie beim Freund seine große Bereitschaft zur Integration.

Zweig war in einer sehr heiklen Lage. Nach seinem wunderbaren *Brasilien. Ein Land der Zukunft* sahen ihn die Generäle nicht gerne. Sie rümpften die Nase über den Schriftsteller, der ihrer Ansicht nach bei einer einfachen Straßenbahnfahrt so viele Dinge zu entdecken, das feenhafte Mangue zu beschreiben und obendrein zu sagen vermochte, dass Carlos Gomes ein italienischer Komponist sei. Die Militärs waren erbost.

Heute erscheint es mir absolut unverständlich, dass ich, um dem Appell eines so lieben Freundes nachzukommen, nicht gewagt habe, meine Arbeit für ein paar Tage im Stich zu lassen […] Ich teilte Zweig mit, dass ich mir vorgenommen hätte, an Ostern zu kommen.[827]

Zweig erlebte die Fastenzeit nicht mehr.

Die Suche nach nonverbalen Ausdrucksweisen (Kino und Ballett) deutet auf einen Überdruss am Schreiben hin. Und auch auf eine gewisse Ungeduld. Er zieht es vor, das Schreiben umzusetzen. Nachdem er alles, einschließlich der Sprache, verloren hat, gerät der Exilant über das eigene Metier in Verwirrung. Er ist der Prosa, seinem letzten persönlichen Merkmal, müde geworden. Er bemüht sich, zum Brasilienthema zurückzukehren, weil er sich bewusst ist, dass die Literatur unzurei-

---

[826] *Wallmann*, S. 226. Margarita Wallmann, a.a.O.
[827] Arminda Villa-Lobos, a.a.O. *Wallmann*, S. 227.

chend ist. Dieses Mal aber schützt sich der »Gringo« mit zwei berühmten Einheimischen – beim Film greift er auf Afonso Arinos zurück[828]; beim Ballett auf Villa-Lobos. Er möchte die Erfahrung, der negativen Kritik alleine ausgesetzt zu sein, nicht noch einmal machen.

Wenn er Maler, Graveur oder Bildhauer gewesen wäre, hätte es nicht so viel Verdruss für ihn gegeben. Das Problem der Schriftsteller ist, dass sie Worte benutzen, um Ansichten zu äußern, die, selbst wenn sie lobender Art sind, nicht immer verstanden werden.

Er ist fasziniert von der Idee, Montaigne neu zu erfinden, weil dieser bald nach der Entdeckung des Landes ein idyllisches Brasilien voraussah, dessen Wesen sich nicht viel von jenem unterscheidet, das er in seinem Buch präsentierte. Der Dialog mit dem neuen Meister beginnt mit einem Selbstgespräch. Die Apologie des *homme libre* und die Hingabe zum *rester soi-même* sind eine Symbiose von Zweig-Montaigne. Der Vorschlag, »vernünftig zu sein für sich selbst, menschlich in einer Zeit der Unmenschlichkeit, frei innerhalb des Rottenwahns«, ist Zweig pur – die Erfahrung von 1917, verarbeitet 1941/1942.[829]

Balzacs Anziehungskraft auf Zweig hat auch mit dessen Verbindung zu Brasilien zu tun:

> Balzacs Brasilien existiert [...] in dem Maß, in dem in jedem von uns die immer wiederkehrenden Träume, die Wunder existieren, die uns während des Lebens begleiten und manchmal Trost in den Ängsten der Gegenwart spenden. Im spezifischen Fall von Balzac vermischt sich das Bild von Brasilien mit dem Bestreben, reich zu werden, dieser Obsession des Geldes, dem Leitmotiv seiner Existenz.

Paulo Rónai lokalisiert in Balzacs Werk unzählige Bezüge zu dem südamerikanischen Eldorado, von dem man reich zurückkommt, dem Land des schnellen Glücks, und zu dem einzigen brasilianischen Protagonisten, dem Baron Henrique de Montejanos:

> Der wahrhaftige brasilianische Millionär [...], durch das äquatoriale Klima mit der Physis und dem Teint ausgestattet, die wir dem Othello des Theaters verleihen, ruft aufgrund seiner finsteren Erscheinung Schrecken hervor, ein rein äußerlicher Effekt. Denn sein Charakter voller Sanftmut und Zärtlichkeit prädestiniert ihn, Opfer der Ausbeutung zu werden, die die Starken durch die schwachen Frauen erleiden [...] Er kleidet sich mit der vollendets-

---

[828] Melo Franco, Afonso Arinos de: »Revelações de Stefan Zweig« (Erkenntnisse über Stefan Zweig) in: *Azevedo*, S. 112–116, S. 113.
[829] Zweig, Stefan: »Montaigne [Fragment]«, a.a.O., S. 478.

ten Pariser Eleganz [...] bewegt sich mit größter Natürlichkeit in den Salons von Paris, nur vermag er nicht immer, seine Gefühle so gut zu beherrschen wie die Pariser, und wir sehen ihn entweder mit Tränen in den Augen oder vor Wut schäumend.[830]

In Zweigs Manuskript von *Balzac* gibt es keinen Verweis auf dessen »Brasilianophilie«. Der Name Brasilien taucht lediglich sporadisch auf (so im Fall des ersten Druckes seiner Typografie – ein irreführender Beipackzettel des fantastischen Balsams *Mixture Brésilienne de Lepère, pharmacien*). Diese erste Skizze wurde hauptsächlich in Bath zwischen der ersten und zweiten Brasilienreise entworfen.

Es blieb Zweig keine Zeit, die Verbindung zwischen dem von Balzac wahrgenommenen Land des schnellen Reichtums und dem Land der Gutmütigkeit, das er zu genießen versuchte, zu erforschen. Das magische, reiche, rustikale, unverfälschte und musikalische Brasilien streift das Werk Balzacs, Montaignes, Bernanos' und sogar die Kindheitserinnerungen Thomas Manns. Es ist schwer zu sagen, wie Balzac in Brasilien behandelt worden wäre, wenn er seinen verrückten Plan verwirklicht hätte, sich in diesem Land niederzulassen, wie er seiner zukünftigen Gattin Eveline Hanska schrieb. Bestenfalls hätte er den üblichen Kreislauf Triumph – Gleichgültigkeit – Geringschätzung durchlaufen. Er wäre nicht der einzige Entdecker gewesen, der von der Verachtung der Entdeckten vertrieben worden wäre.

Trotz der Schwierigkeiten mit dem Schreiben kehrt Zweig in Anbetracht des herannahenden 60. Geburtstags zu den Reimen und Versen zurück und verfasst sein letztes Gedicht, ein kleines lyrisches verzweifeltes Werk, der Versuch einer Versöhnung mit der Sprache. Wittkowski erklärt er die Rückkehr: »Sie fragten mich nach Gedichten. Und hier ist die Stille so rein, daß ich wieder eines seit Jahren aus innerster Stimmung schrieb.«[831] Fast ein halbes Jahrhundert nach seiner Premiere als Dichter meldet er sich mit einer anderen Art von Lyrismus zurück – durchdrungen von Montaigne, voller Verzicht.

---

[830] Rónai, Paulo: *Balzac e a Comédia Humana* (Balzac und Die menschliche Komödie). Editora Globo. Porto Alegre 1957, S. 153; 163/164.
[831] Brief (mit beigefügtem Gedicht) undatiert, Poststempel 20.10.1941 in: *Wittkowski*, S. 117. Sein Geburtstag war erst am 28.11. Die Vorwegnahme entsprang seinem Wunsch, etwas Zuwendung von außen, einschließlich Friderike, zu erhalten.

> Linder schwebt der Stunden Reigen
> Über schon ergrautem Haar,
> Denn erst an des Bechers Neige
> Wird der Grund, der goldne, klar.
>
> Vorgefühl des nahen Nachtens,
> Es verstört nicht – es entschwert!
> Reine Lust des Weltbetrachtens
> Kennt nur, wer nichts mehr begehrt,
>
> Nicht mehr fragt, was er erreichte,
> Nicht mehr klagt, was er gemißt,
> Und dem Altern nur der leichte
> Anfang eines Abschieds ist.
>
> Niemals glänzt der Ausblick freier
> Als im Glast des Scheidelichts,
> Nie liebt man das Leben treuer
> Als im Schatten des Verzichts.[832]

»Der Sechzigjährige dankt« ist ein vorweggenommenes Erlebnis, noch ist der Tag des Geburtstages nicht gekommen und schon leidet er unter ihm. Noch ist er nicht ergraut, aber er stellt sich sein Altern schon vor. Er mag keine Feste, erinnert jedoch die Freunde mit einiger Beharrlichkeit an das Herannahen dieses ominösen Datums, das er mal als »black day«, mal als »der düstere Tag« bezeichnet. Das »Weltbetrachten« und der »Verzicht« werden ihm von Montaigne dargereicht. Noch sind sie nicht beunruhigend. Vorläufig jedenfalls nicht.[833]

Die Sorge um das Alter ist nicht neu, sie geht mit den ersten Anzeichen der Melancholie einher. In New York hat er eine Hormonbehandlung begonnen, die aus Mangel an Medikamenten in Brasilien abgebrochen wurde. Das Wort »Impotenz« taucht, selbst in übertragener Bedeutung, in seinen Klagen nicht auf, es wäre jedoch nicht abwegig, die Abnahme der sexuellen Lust bei seinen Kümmernissen mit anzuführen. Lottes Asthmaanfälle können, wenn nicht die Ursache, so doch die Wirkung gewesen sein. Der Macho freut sich nicht, da die Eroberung einer jüngeren Frau schon sieben Jahre zurückliegt.

---

[832] Zweig, Stefan: »Der Sechzigjährige dankt« in: *Silberne Saiten*, S. 232. Das Gedicht wurde u.a. noch an Friderike und Paul Zech geschickt. Ein Original davon befindet sich in der *Coleção Stefan Zweig, Biblioteca Nacional*, Rio de Janeiro.
[833] Brief von Zweig an Huebsch, 27.11.1941 in: *Briefe 1932–1942*. Brief an Friderike, 29.11.1941 in: *Briefe SZ-FZ*.

Prater beobachtete, dass sich Zweig in bestimmten Passagen seiner in diesen Monaten fertig gestellten Autobiografie älter darstellt, als er in Wirklichkeit zum Zeitpunkt des Geschehens war. Auch in den letzten Erzählungen scheinen die Figuren, wie er selbst, vorzeitig gealtert zu sein und mit allem abgeschlossen zu haben.[834] Die Nervosität angesichts des Geburtstages ist nicht neu. An seinem 50. Geburtstag, der auf dem Höhepunkt des Ruhmes und der Sicherheit begangen wurde, ist er von der gleichen inneren Aufregung beherrscht gewesen. Victor Fleischer schrieb er 1931: »[...] im Haus, wo ich das Gefühl habe, alles ins Leere zu bauen und zu sammeln [...] nur von dem Kranksein, dem Altwerden oder Bitterwerden fürchte ich mich.« Um den Feierlichkeiten zu entgehen, fuhr er allein mit Zuckmayer nach München, um bei Schwarz, einem kleinen, nur von Kennern besuchten jüdischen Restaurant, Mittag zu essen. Man genoss »den blauen Karpfen, die gedämpfte Gänsekeule« und andere Köstlichkeiten aus der mitteleuropäischen Küche. Doch zum Schluss beim Schnaps sprach er anstelle eines Toastes eine Klage aus: »Eigentlich hätte man jetzt genug vom Leben. Was noch kommen kann, ist doch nichts als Abstieg.« Zehn Jahre später ist er unten angelangt. Mit dem Stoiker Montaigne im Hintergrund lernt er, dass Philosophieren sterben lernen heißt.[835]

Koogan, Friderike und Lotte erhalten strikte Anweisungen, jegliches Aufheben um den Festtag zu vermeiden. Erneut werden sie genauestens befolgt, erneut führt der Gehorsam der anderen zur Verbitterung seinerseits: Er glaubt, man hätte ihn vergessen.

An Koogan richtet er in diesen Tagen einen aufschlussreichen Brief:

> Ich habe gerade mit Schrecken über all das gelesen, was den Juden in Deutschland angetan wird, und die Vorstellung, dass sich das Ganze in Europa abspielt, ist unfassbar. Nie habe ich eine größere innere Abneigung dagegen gespürt, hier gefeiert zu werden, ich, der dem entkommen bin, was England und die anderen Länder noch erwartet. Ich bitte Sie daher, mein guter und werter Freund, soweit es in Ihrer Macht und Möglichkeit steht, alles zu unterbinden, was in Verbindung mit meinem Geburtstag geplant ist, etc., etc. Wir Juden haben die Pflicht zur Solidarität, und ich würde gerne jede Dis-

---

[834] In *Die spät bezahlte Schuld* ist der 56-jährige Hofschauspieler Stuzenbacher ein alter gebrochener Mann. Betsy, die Erzählerin in *War er es?*, Frau eines Regierungsbeamten, wirkt passiv.
[835] *Briefe 1920–1931*, 22.11.1931. Zuckmayer, Carl: *Als wär's ein Stück von mir.* Horen der Freundschaft, a.a.O., S. 63.

kussion vermeiden. [...] für Juden gibt es in diesen Zeiten keine Ehre mehr, es ist genug, wenn sie überleben können.[836]

Friderike und die Mädchen schicken zum Festtag ein Telegramm und bald darauf treffen auch die Montaigne-Bücher ein. Jules Romains sendet eine kleine Festschrift zu seinen Ehren, von Freunden (vor allem Ben Huebsch) finanziert, in zweisprachiger Ausgabe (Englisch und Französisch) und in aufwendiger Ausstattung. Lotte schenkt ihm eine Balzac-Gesamtausgabe, Victor Wittkowski einen Essay von Taine über Balzac, eine Erinnerung an seine Doktorandenzeit, die zugleich mit seinem neuen Projekt verbunden ist. Zweig schätzte den neuen Freund, der verlorener war als er; in sechs Monaten sandte er ihm 13 Briefe. Darüber hinaus bekommt er ein einzelnes Telegramm des treuen Gastgebers von 1936, dem Ex-Außenminister Macedo Soares, dem einzigen Brasilianer, der sich an das Ereignis erinnert zu haben scheint.[837]

Der anfängliche Plan für den »Ehrentag« hatte einen Ausflug mit Koogan nach Nova Friburgo vorgesehen, um die von Schweizern gegründete Stadt kennen zu lernen. Die Regenfälle jedoch haben die Straße unpassierbar gemacht, daher fahren sie nach Teresópolis. Die Koogans nehmen reichliche Mengen an Leberpastete nach jüdischem Rezept mit und überreichen dem Schriftsteller Plucky, einen Drahthaar-Foxterrier mit einem hervorragenden Stammbaum aus der Zucht der Familie des Barons Rio Branco, des berühmten brasilianischen Politikers und Diplomaten. Koogan filmt alles mit seiner 8-mm-Kamera und macht auch Fotos; Plucky steht im Mittelpunkt der Aufmerksamkeit. Eine ausgezeichnete Idee, der Hund heitert Zweig auf.[838]

---

[836] *Briefe SZ-Koogan*, undatiert, vermutlich November 1941. Die »Endlösung« wurde noch nicht organisiert ausgeführt, aber die grausame Vorgehensweise der Deutschen in den besetzten Gebieten war schon bekannt.

[837] Das Original des Telegramms vom 29.11.1941 befindet sich in der *Coleção Stefan Zweig, Biblioteca Nacional*, Rio de Janeiro. Der ehemalige Außenminister J. C. de Macedo Soares war, ohne eigentlich Philosemit zu sein, nicht nur Zweig während dessen Brasilienreise herzlich zugetan, sondern spielte später auch eine herausragende Rolle bei dem »Import« des angesehenen italienisch-jüdischen Statistikers Giorgio Mortara, der 1938 infolge der rassistischen Gesetzgebung Mussolinis vom Posten des Herausgebers einer prestigeträchtigen Wirtschafts- und Statistik-Zeitschrift entlassen wurde. Vgl. *Lesser 2*, S. 233.

[838] Koogan überließ dem Autor diesen Film, der in ein Filmlabor nach Hollywood geschickt wurde, um wiederhergestellt zu werden. Es wurde ein vergeblicher Versuch gemacht, ihn einzufetten, aber er war vollkommen spröde und brüchig geworden. Koogan erhielt den Film zurück, er befindet sich jedoch nicht im Bestand, den der Verleger der *Biblioteca Nacional* stiftete. Die auf einem 35-mm-Film aufgenomme-

In dem Brief, den er an Friderike am folgenden Tag aufsetzt, wirkt er trotz offenkundiger innerer Erregung gefasst. Er beschreibt ihr den kleinen Hund als »sehr lieb, sehr gut erzogen, freilich ohne die Intelligenz und gewalttätige Zudringlichkeit Kaspars – er hat sich an einem Tag schon eingewöhnt und es gibt dem Häuschen erst das richtige Gefühl von Heim.« Lotte ist nicht genug, um aus dem Haus ein Heim zu machen.

Gerührt von der von Jules Romains zusammengestellten Hommage, verleiht er seinen Gefühlen in einem Brief Ausdruck: »Mein Herz hat ein gutes Gedächtnis, ein besseres sogar als mein Gehirn. Unser ganzes Leben besteht in Wahrheit aus einer sehr geringen Anzahl von Augenblicken von Glück und Verzweiflung, und Sie haben mir einen dieser raren Augenblicke geschenkt, die man nicht vergisst. Danke von ganzem Herzen.« Am Ende bittet er den Freund um Erlaubnis, nach 30-jähriger Freundschaft vom »Sie« zum »Du« überwechseln zu dürfen. Ein gutes Zeichen – Romains' Liebenswürdigkeit zum Geburtstag überwindet Zweigs Zurückhaltung, er wird menschlicher.[839]

Tage vor dem Geburtstag hat er sich schon überraschend Alma und Franz Werfel gegenüber geöffnet: »Tolstoi hat ja dringlich gemahnt, jeder Mann solle mit sechzig Jahren sich wie die alten Tiere im Dickicht zu verstecken anfangen.« Es hat vorher keine enge Vertrautheit zu dem Ehepaar gegeben, aber jetzt sucht er sie. Er braucht Menschen, mehr Menschen, und so beschreibt er ausführlich, wie es ihm in der Zwischenzeit ergangen ist, Brasilien und sein ruhiges Leben:

> Es ist ein wunderbares Land und für uns ergreifend […] die Menschen friedlich, freundlich, wie unsere Österreicher angenehm lax und eine zauberische Natur, eine wahre Orgie von Farben und Anmut. Ich atme hier auf. […] Wir sehen niemanden, wir sammeln nur die zerstäubte [sic] Kraft und ich arbeite wie in jugendlichen Tagen ohne deutliches Ziel […] für den Sommer weiß ich nichts besseres [als Ihr kommt vom] April an auf einige Monate her. Es ist fast das letzte Land für dichterische Anregung […].

Huebsch gegenüber ist Zweig weniger pastoral, inniger. Er dankt für die von Jules Romains zusammengestellte Festschrift und warmherzige Freundschaft des langjährigen Freundes: »Ich hoffe, wir werden in den nächsten Jahren so gut zusammenarbeiten wie in den letzten, denn

---

nen Fotografien, die Koogan von diesem Ausflug machte, wurden erstmals 1981 in der ersten Auflage von *Morte no paraíso* veröffentlicht. Vgl. Dines, Alberto: *Morte no paraíso. A tragédia de Stefan Zweig*. Editora Nova Fronteira. Rio de Janeiro 1981, S. 347.

[839] *Briefe SZ-FZ*, 29.11.1941. Brief vom 28.11.1941 in: *Romains*, S. 14.

ich könnte mir keine bessere geistige und menschliche Partnerschaft vorstellen. [...] Und ich hoffe, dass nach dem sechzigsten [Geburtstag] ›das Licht nicht erloschen sein wird‹ – Sie sind der beste lebende Beweis dafür.«[840]

Ritual am Ende einer überwundenen Phase – er scheint unversehrt entkommen zu sein. Doch er hat nicht mit den Japanern gerechnet. Der Bombenangriff auf Pearl Harbor trifft ihn bis ins Mark – ein weiteres Mal sieht er sich als bevorzugtes Angriffsziel des Unglücks der Welt. Er hat die unvermeidliche Entwicklung des amerikanischen Kriegsverlaufs vorausgesehen, gleichwohl leidet er jetzt, als ob es überraschend gekommen wäre. Vorahnungen entstehen für gewöhnlich in Folge eines Verteidigungsinstinkts, in seinem Fall macht die Wahrnehmung der Tragik die Tragödie noch schlimmer.

Schockiert von der Nachricht über die Ausbreitung des Krieges, vergisst er dennoch nicht seine literarischen Verpflichtungen und schreibt resigniert am nächsten Tag seinem Verleger Huebsch: »Das Leben muß trotz allem weitergehen.« Detailliert führt er das Projekt mit Monteiro Lobato aus und beendet den Brief mit Neuigkeiten von seiner Arbeit über Montaigne und dem glücklichen Treffen mit Fortunat Strowski in Rio de Janeiro. Die Welt brennt, aber er verabschiedet sich mit der Sorge um die Bewahrung der »innere(n) Freiheit«.[841]

Eine Woche nach der Katastrophe von Pearl Harbor sieht er in einem Brief an Friderike (aus Angst, Probleme mit der amerikanischen Zensur zu bekommen, in Englisch geschrieben) der Dimension der Ereignisse ins Auge:

> Lass uns nicht zu sehr an die kommenden Jahre denken, sie werden so viele Dinge vernichten, nach denen wir uns sehnen – ein ruhiges Leben und eine gewisse Sicherheit – und auch nach der endgültigen Vernichtung Hitlers wird die Welt ihre Probleme haben, einen neuen Weg zu finden [...] Hier ist alles noch ruhig, nicht die geringste Aufregung, aber eines Tages wird auch dieses Land [in den Krieg] involviert werden; mein Traum wäre es, irgendwo in Ruhe zu leben, aber die Häuserpreise sind fantastisch gestiegen, und man müsste ins Landesinnere gehen, wo man gänzlich von Büchern und Freunden abgeschnitten wäre. Auf alle Fälle habe ich einen Mietvertrag bis Ende April, aber ach, die Zeit vergeht so beängstigend schnell. [...] Es wird nun lange dauern, bis wir uns wiedersehen (wenn überhaupt) [...] Petropolis [sic]

---

[840] Brief an Alma und Franz Werfel, 20.11.1941. Brief an Huebsch, 27.11.1941 (in Englisch geschrieben); beide in: *Briefe 1932–1942*.
[841] *Briefe 1932–1942*, 8.12.1941.

wird in den nächsten zwei Monaten seine Abgeschiedenheit verlieren, und ich fürchte mich ziemlich bei dem Gedanken, wieder mit Leuten zusammenzutreffen – ich möchte jetzt nicht sprechen, weil niemand unsere Lage verstehen kann. Man muss die Dinge am eigenen Leib erfahren haben. Jetzt werden sie besser verstehen, was wir seit Jahren gelitten haben, und dass man mit seinem Heim mehr verliert, als man sich vorstellen kann. Herzliche Grüße an alle und ruhige Weihnachten. (Ich wage nicht zu sagen: glückliche Weihnachten.) In Liebe *Stefan*

In der letzten Zeit hat er sich immer mit »Alles Gute« oder »Herzlichst« verabschiedet. Doch angesichts des herannahenden Weihnachtsfestes und der Gewissheit der verheerenden Zerstörung in der Welt lässt er die alte, glühende und innige Liebe anklingen.

Ungeachtet der eigenen Angst zeigt sich der Beobachter in den persönlichen Schriften scharfsinnig und der Historiker begreift die Bedeutung des Geschehens. Zu Beginn des Krieges hat er in England festgehalten, dass er gerne in einer Zeitung schreiben würde. Wäre ihm dies gelungen, hätten die objektiven Einschätzungen der verzerrten Wahrnehmung eines gequälten Gemüts keinen Raum gelassen. Während viele an der Möglichkeit des Sieges der Alliierten zweifeln, ist Zweig sicher, dass Hitler letztlich den Krieg verlieren wird.[842]

Das Paradies ist in den Briefen allgegenwärtig, aber die Organisation des täglichen Lebens ist mühsam. Auf dem Kapuzinerberg zog sich Zweig in sein Arbeitszimmer zurück, während Friderike und ihre Mannschaft sich um alles kümmerten. Um sich vom Schreiben zu entspannen, beteiligte er sich das eine oder andere Mal an der Hausarbeit. In Bath hatte er Angestellte und vor allem Mr. Miller, den Gärtner. Danach kamen 15 Monate Hotels und Restaurants, mit einer kurzen Unterbrechung in Ossining (wo das Ehepaar von einer Aushilfskraft versorgt wurde), ohne größere Probleme außer der Begleichung der Rechung am Monatsende.

In Petrópolis ist der Alltag trotz des kleinen Hauses erheblich erschwert: Ohne die Annehmlichkeiten von Rio de Janeiro ist die Kommunikation mit den Einheimischen auf Portugiesisch noch schwieriger. Lotte, die Schwache, lässt sich nicht unterkriegen. In einem Brief an die Romains' schreibt sie:

> Für mich ist das Leben im Moment ein bisschen schwierig, weil ich in meinem schwachen Portugiesisch einer Bediensteten, die nichts vom Kochen versteht,

---

[842] *Briefe SZ-FZ*, 15.12.1941 (in Englisch geschrieben).

das wenige erklären muss, was ich davon verstehe. [...] der enorme Unterschied zwischen einem Haushalt in den Vereinigten Staaten und einem hiesigen ist sehr amüsant. Die Bedienstete in Ossining wusste nicht, ohne Dosen zu kochen, und die hiesige hat jetzt zum ersten Mal eine gesehen; die von Ossining fuhr nur mit dem Auto, und die hiesige zieht vor Betreten eines Raumes die Holzpantinen aus und bringt mir Blumen mit. Trotz dieser Ausführungen zum Haushalt beschäftige ich mich wenig damit, ich arbeite für Stefan [...].

Lottes Bescheidenheit verbietet es ihr, sich als literarische Assistentin des Ehemannes zu präsentieren. Zweig selbst hat ihr diese Zurücknahme der eigenen Person auferlegt. Niemals hat er öffentlich die Mitarbeit Friderikes oder gar des Freundes Erwin Rieger – im Fall der Nachforschungen zu Marie Antoinette – anerkannt. Die beiden werden nicht einmal in der Autobiografie erwähnt.

In Bezug auf Lotte ist er noch rigoroser. Bei einer der ersten Begegnungen mit dem Ehepaar Zweig am Strand von Flamengo (vor dem Umzug nach Petrópolis) hat der junge Wittkowski Lotte in der Annahme, dass sie die Autorin der Louis Pasteur-Biografie sei, ein Kompliment über dieses Werk gemacht. Nach einer kurzen verlegenen Pause lächelte Zweig und erklärte: »Das Buch über Pasteur hat meine erste Frau geschrieben. Meine zweite Frau hat durchaus keine literarischen Ambitionen.«[843]

Da sie sich um alles kümmerte, konnte sich Friderike Zweigs Schriften nicht mit derselben Aufmerksamkeit widmen wie die Rivalin, die sich in die Texte vertiefte, die sie stenografierte oder auf der Maschine schrieb. Friderike machte ihre Anmerkungen erst nachträglich, anhand des fertigen Textes – die erste und maßgebliche Kritik. Richard Friedenthal, der die unvollständigen Manuskripte erhielt, um sie für die posthume Veröffentlichung durchzusehen, versichert, dass Lottes Anmerkungen vernünftig gewesen seien:

> [...] gemeinsam mit seiner Frau, deren Tätigkeit sich keineswegs auf die mechanische Arbeit des Abschreibens beschränkte. Ihre klaren und sachlichen Fragen und Randbemerkungen bildeten sehr oft eine wohltätige Korrektur für die lyrisch schweifende Phantasie des Dichters, der sich durch das lockende Thema zuweilen verleiten ließ, eine ›Arie‹ zu singen, wie er das nannte.[844]

---

[843] Brief vom 29.9.1941 in: *Romains*, S. 10. *Wittkowski*, S. 76.
[844] Friedenthal, Richard: »Nachwort des Herausgebers« in: *Balzac*, S. 535–541, S. 539. Jedoch sollte die Aussage von Friedenthal mit Vorbehalt betrachtet werden. Zu dem Zeitpunkt, in dem er Lotte lobte, stand er als Verwalter von Zweigs literarischem

Dezember ist der Monat der obligatorischen Freuden: Diesmal fällt es schwer, Fröhlichkeit vorzuspielen. Der Pessimismus verdirbt alles, macht alles schlecht, selbst das, was gut erscheint. Die Außenministerkonferenz amerikanischer Staaten, angesetzt für Januar 1942 in Rio de Janeiro, ist eine Vorankündigung, dass Hitler ungeachtet der militärischen Siege letztlich isoliert sein wird. Indes zieht es Zweig vor, sich der Angst hinzugeben, dass der Krieg, nachdem er Nordamerika erreicht hat, auch Südamerika nicht außen vor lassen wird.

Daher lehnt er Claudio de Souzas Einladung zur Weihnachtsfeier der Schriftsteller ab, die der PEN-Club jährlich ausrichtet:

> Was das Abendessen des PEN-Clubs anbetrifft, sage ich Ihnen offen, dass es mir unmöglich ist, in dieser Zeit, in der alle meine Freunde und Landsleute in Europa so schrecklich leiden, an irgendeiner Veranstaltung teilzunehmen, die in einem fröhlichen und luxuriösen Rahmen stattfindet; es ist eine Gewissensfrage. Ich fühle mich glücklich, das Privileg zu haben, in diesem Land, das mit Schönheit und Frieden zweifach gesegnet ist, leben und arbeiten zu können. Ich möchte jedoch – vor mir selbst – alles meiden, das einen Charakter von Vergnügen, von Freude, von Genuss besitzt: ohne einen Verwandten verloren zu haben, bin ich *in Trauer*.
>
> In Trauer um Europa, um die Menschheit, und so mögen Sie mir mein Fernbleiben als das einer Person, die alles verloren hat, was ihr im Leben am teuersten war, verzeihen.[845]

Um sich der Behelligungen zu entledigen, benutzt er das Leiden als Schutzschild, der andere bemerkt es nicht einmal – Zweig ist sich bewusst, dass er zu dem allgegenwärtigen Claudio de Souza und allem, was er repräsentiert, Abstand gewinnen muss, aber weiß nicht, wie er ihn auf Distanz halten soll. Ein Vorfall, der sich noch vor dem Umzug nach Petrópolis im Hotel Central zugetragen hat, bezeugt einmal mehr seinen Drang, das Leiden zum Ausdruck zu bringen: Die friedliche Guanabara-Bucht im Hintergrund frühstückt das Ehepaar mit dem Historiker

---

Nachlass unter Vertrag ihres Bruders Manfred Altmann. Dank dieses Schutzes gelang es Friedenthal, Victor Wittkowski auszustechen, den Zweig in seinem Abschiedsbrief damit betraut hatte, die hinterlassenen Manuskripte zu sichten. Richard Friedenthal (1896–1979), geboren in München, stand seit 1924 mit Zweig in Kontakt. Schon früh wurde er von Zweig aufgefordert, dessen Arbeiten kritisch durchzusehen. Friedenthal ist vor allem als Biograf bekannt geworden. Unter anderem schrieb er eine Biografie über Goethe und Leonardo da Vinci.

[845] *Souza*, S. 36/37.

Luís Edmundo im Hotelrestaurant, als der Bote Zweig einen Brief überreicht. Er möchte ihn sofort lesen. Lotte versucht, dies zu verhindern: »Laß doch bis nachher. Du weißt ja, was darin steht.«

Aber eigensinnig öffnet er den Brief, liest ihn und verlässt daraufhin erregt den Tisch. Lotte erklärt dem Gast, dass bei einer Versenkung eines transatlantischen Dampfers Zweigs beide Neffen – die Söhne von Alfred – gerettet worden wären. »Wir sind durch ein Telegramm darüber informiert und haben schriftliche Bestätigung erbeten. Die ist jetzt da. Aber nun freut sich Stefan nicht über die Rettung seiner Verwandten, sondern ihn peinigt die Vorstellung der vielen anderen, die in der Katastrophe umgekommen sind.«

Bereits in New York haben ihn die Ängste der anderen geängstigt, hier in Brasilien muss er seinen Kummer hinausschreien, um sich des oberflächlichen Bekannten- und Freundeskreises entledigen zu können, in den er hineingezogen worden ist: »Eine Woche oder zwei habe ich den Schreck in meiner Arbeit gespürt durch eine unheilbare Zerstreutheit und Abgelenktheit, aber ich hoffe mich allmählich wieder zurechtzufinden.«[846]

Die *Schachnovelle* ist beendet. Zweig weiß jedoch nicht, wer gewonnen hat: In seinem Schmerz versunken, entgeht ihm, dass er eines seiner besten Werke hervorgebracht hat, das einzige, das in der Gegenwart spielt, ohne Nostalgie. Von Aktualität durchdrungen, ist dies seine Teilnahme am Kampf gegen den Nationalsozialismus. Er ist zu ungeduldig, sogar, um sich selbst zu beurteilen. Er erinnert sich nicht an das Motto des geschätzten Romain Rolland (»Schaffen heißt den Tod besiegen«) und den Ausruf des Rollandschen Protagonisten Jean Christophe: »Ich suche nicht den Frieden, ich suche das Leben.«

Zweigs Text über den Impetus von Balzac und die Art, mit der dieser sich an die Literatur heranwagt, liegt in der verschlossenen Schublade. »Alle Arbeit der Welt kann einem nicht ein Körnchen Genie ersetzen.« Sein Körnchen Genie wird von Morbidität beherrscht.[847]

Zweig möchte kämpfen, aber er verabscheut den Kampf. Er sträubt sich, als wäre er ein Zweckmensch, der Bedeutsamkeit der Ereignisse möchte er etwas Großes entgegensetzen. Er weiß, dass er gerade Zeuge einer Sternstunde wird, und vermag nicht, sich einzubringen. Auch

---

[846] Feder 2, S. 183. Brief an Friderike, 28.12.1941 in: *Briefe SZ-FZ*.
[847] Rolland 2 Bd. 1, S. 431. Rolland 2 Bd. 3, S. 374. Honoré de Balzac zit. nach: *Balzac*, S. 50.

in New York, näher am Zentrum der Geschehnisse, würde ihm dies nicht gelingen. Wo immer es auch sei, er fügt sich nicht ein, bleibt außen vor.

Unser monotones Einerlei wurde heute durch ein freudiges Ereignis unterbrochen: die Gärtnersfrau hat einen Sohn zur Welt gebracht. Manfred hätte als Arzt viel lernen können – hier geschehen Dinge auf primitive Art, die in unserer Welt so verkompliziert werden [...] Trotz des fehlenden Komforts, Lichts und fließenden Wassers ist ein stilles Negerkind geboren, das bis jetzt noch nicht geschrieen hat [...] Lotte war sehr aufgeregt, im Gegensatz zum Gärtner. Denn bald nach der Geburt hat sich der Vater heimlich ins Café an der Ecke davongestohlen [...] Angesichts der Armut können wir mit Schrecken feststellen, wie viele Dinge überflüssig sind.[848]

Wittkowski gesteht er: »(D)ie Sorglosen üben auf mich eine noch depressivere Wirkung als die Deprimierten [aus], die doch wenigstens durch ihre Bedrücktheit erweisen, daß sie Phantasie und Mitgefühl in sich noch nicht ertötet [sic] haben.«

Ernst Feder vertraut er in einem Gespräch über den Kriegsverlauf an: »Wissen Sie, ich kann da nicht mitmachen, wenn da jemand triumphierend sagt: Berlin ist aber tüchtig bombardiert worden.« Der ehemalige Pazifist versucht, seine frühere Haltung wieder einzunehmen. Aber alles hat sich geändert, nichts ist, wie es war. Vom Frieden zu sprechen, ist jetzt ein Verrat. Der Humanist sucht Halt in der Menschheit, aber die Menschheit ist eine andere. Zweig möchte seine Gegner vergessen, aber die Gegner lassen ihn nicht, sie möchten gehasst werden. Jeremias, der Prophet des Debakels, blickt ihm täglich aus den Zeitungen entgegen, er ist sich der Herausforderungen bewusst, aber der Kampf gegen den Dämon scheint verloren.[849]

Der Schriftsteller nimmt hin, dass man ihn anklagt, mittelmäßig, dilettantisch, kommerzialistisch, überflüssig zu sein – er diskutiert nicht, schlägt nicht zurück. Er hält sich am Schmerz fest, da nur dieser an seiner statt antworten kann. Einige nehmen vage wahr, was vor sich geht, aber niemand hilft ihm, unter anderem auch, weil sich im Sommer zur dominierenden Fröhlichkeit die zwangsläufige Ermattung gesellt. Die Freude könnte ihn retten – doch wo, wie, wann, warum, mit wem?

---

[848] Brief an Manfred und Hannah Altmann (Bruder und Schwägerin von Lotte), Datum nicht bekannt zit. nach dem Journalisten Murilo Marroquim in: *Diário da Noite*. Rio de Janeiro 1.7.1944.
[849] Brief undatiert, vermutlich Mitte Januar 1942 in: *Wittkowski*, S. 122. Feder 2, S. 183.

»Dieser Mann wird an Traurigkeit sterben«, kommentiert Lasar Segall gegenüber Murilo und Ieda Miranda. Der jüdische Künstler Segall ist vom selben Wirbelsturm, der die ganze Welt erfasst hat, mitgerissen worden, ergibt sich ihm aber nicht. Es ist Sommer, der Maler sitzt mit dem Leiter der *Revista Acadêmica* und dessen Frau im Innenhof des Copacabana Palace. Sie treffen Zweig im Vorübergehen, Segall stellt das Ehepaar vor, nach einer kurzen Unterhaltung verabschieden sie sich. Wie Dalí bei Freud erkennt auch der Maler bei Zweig die Schatten. »Im Blick dieses Mannes sehe ich eine tiefe Traurigkeit«, wiederholt Villa-Lobos gegenüber seiner Frau.

Mit dem Städteplaner Alfred Agache und dem Journalisten Brício de Abreu spricht das Ehepaar Zweig im Hotel Natal über den Krieg, über Europa. Der einstige Plauderer äußert sich lediglich in kurzen Sätzen, und in einer der Pausen schaltet sich die schüchterne Lotte ein: »Glücklicherweise sind meine Verwandten an einem sicheren Ort. Unlängst erhielt ich von ihnen Nachricht.«[850] Sie, der zerbrechliche Flüchtling, wirkt sicher; ihr Gefährte, ein Mann von Welt, hingegen zerbricht an den Ereignissen.

Petrópolis ist entzückend, die Dinge jedoch werden in Rio entschieden. Man muss hinunterfahren, um Probleme zu lösen, der Realität zu begegnen. Für den Weihnachtsabend verabredet er sich mit Wittkowski im Restaurant Commercio (im ersten Stock des Gebäudes des *Jornal do Commercio* in der Avenida Rio Branco, »das einzige richtige deutsche Restaurant, wo man h e i m a t l i c h essen kann«). Die beiden verpassen sich: Stefan und Lotte warten am Eingang, der junge Mann taucht nicht auf: Das Telegramm mit der Einladung ist nicht rechtzeitig eingetroffen. Später erklärt Zweig Wittkowski:

> Die Menschen werden nicht gewahr, daß dieser Krieg mit seiner Ausdehnung – der erste W e l t krieg auf Erden – die größte Katastrophe der Geschichte darstellt und nach seinem Ende aus seiner Leiche noch alle geistigen und physischen Pestilenzen sich erheben werden. Wenn ich lese, daß uns im Dezember 1941 der Sieg für 1943 und 1944 versprochen wird, zittert mir die Hand vor Grauen, die das Zeitungsblatt hält.[851]

---

[850] Ieda Miranda, Aussage gegenüber dem Autor, 15.7.1980. Arminda Villa-Lobos, a.a.O. Brício de Abreu in: *Dom Casmurro*, 28.2.1942.
[851] Brief undatiert, Poststempel 31.12.1941 in: *Wittkowski*, S. 121. Das Treffen mit Wittkowski war per Telegramm für Mittwoch, den 24.12. um 18.30 Uhr vereinbart worden. Am Vortag aufgegeben, kam es beim Empfänger nicht an. In dem oben zitierten Brief schreibt Zweig die Verspätung der Unzuverlässigkeit der Post »zur Neujahrszeit« zu.

Obwohl er sich niedergeschmettert fühlt – oder vielleicht gerade deshalb –, vermag er, die Dimension der Lage einzuschätzen. An Silvester besucht er Ernst Feder. Mit dem erfahrenen Journalisten spricht er über die Bedeutsamkeit der japanischen Erfolge, bezieht sich auf seine Reise in den fernen Osten 1909 und gibt sich den Anschein eines Experten: »Ich kenne die Gegend ganz genau.«[852]

Zur Sommerfrische kommen auch andere Freunde die *serra* hinauf. Professor Strowski tauscht sein Apartment in der eleganten Avenida Atlântica gegen ein Zimmer im Palace Hotel von Petrópolis, dem nobelsten der Stadt. Claudio de Souza macht es sich auf seinem Sommersitz bequem, wie es alle Reichen und Berühmten in dieser Jahreszeit tun. Ein kurzzeitig vergrößerter Freundeskreis, der trotzdem nicht das Gefühl des Verlustes verringert.

In der Rua Gonçalves Dias öffnet der renommierte Arzt Clementino Fraga, wie er es alljährlich zu tun pflegt, sein herrschaftliches Sommerhaus für gesellige Zusammenkünfte, die bekannt und gut besucht sind. Vor allem sonntags, wenn die Elite, die in Rio geblieben ist, in die *serra* hinauffährt, um Abkühlung zu suchen. Auch das Ehepaar Zweig ist herzlich eingeladen, lehnt jedoch höflich ab. Aber die Gastfreundschaft der Fragas beschränkt sich nicht allein auf das Empfangen von Freunden. Um die Einfachheit, in der ihre europäischen Nachbarn leben, abzumildern, schicken sie brasilianische Häppchen und Süßigkeiten. In einer Karte schreibt Zweig dem Professor: »Nach dem 2. Januar sind wir ein paar Mal an Ihrem Haus vorbeigegangen, in der Hoffnung, Sie willkommen zu heißen und Ihnen von ganzem Herzen für das köstliche Geschenk danken zu können.« In einer weiteren Karte bedankt er sich erneut für die Sendung eines leckeren Geschenks, das er mit für die nächsten Tage zu erwartenden Freunden aus New York zu teilen verspricht.

Er geht weiterhin in die öffentliche Bibliothek von Petrópolis. Trotz der Bescheidenheit ihres Bestandes gibt sie ihm die Möglichkeit, allein zu sein, nahe bei Büchern, auf dem halben Weg zu den Zufällen. Da er es hasst, sich zu rasieren, sucht er auch häufig den wenige Meter vom Haus entfernten Salão Duas Pontes auf. Adelino José Teobaldo, sein bevorzugter Barbier, erinnert sich an mehr als nur das Gesicht dieses Kunden.

---

[852] *Feder 2*, S. 182.

Ein Typ voller Sorgen, voller Leid, ich kenne das. Er kam immer mit einem grauen Hündchen, das er vor der Tür festband und mit dem er in einer fremden Sprache redete. Mit mir selbst sprach er wenig. Er setzte sich, ließ sich den Bart schneiden (nicht zu dünn, nicht zu dick), lehnte Rasierwasser ab, gestattete nur Alkohol. Er bezahlte zwei Milreis, nicht mehr, nicht weniger. Ein außerordentlich großer Mann, von dem man annehmen würde, dass er berühmt sei.[853]

Um sich für die Besuche in Rio de Janeiro zu revanchieren, kommt Afonso Arinos zu den Zweigs hinauf nach Petrópolis:

> Diesmal war es am Nachmittag. Wir drei, er, seine Frau und ich, verweilten lange auf der Veranda. Er fragte mich, ob ich nicht ein Stück laufen möge, ob es nicht Wege in der Umgebung von Petrópolis gäbe, auf denen wir wandern und dabei in irgendeiner Herberge Rast machen könnten, um uns bei Bier und Käse zu unterhalten. Ich lachte über diesen alpinen Traum, diese Tiroler Illusion. Er lachte auch, aber traurig. ›Ich habe meine schwarze Leber‹, sagte er mir auf Deutsch.

Die Einladung an Afonso Arinos bringt den Zwang der Wiederholungen zurück. In Petrópolis möchte Zweig Salzburg wieder aufleben lassen. Auf dem Kapuzinerberg spürte er, damals in den 40ern, dass er seine körperliche Konstitution verbessern müsste, und begann, Hermann Bahr auf dessen Bergtouren zu begleiten. Jetzt, mit 60 Jahren, fühlt er, zwischenzeitlich etwas schwerfällig geworden, die Notwendigkeit, diese stimulierenden Ausflüge zu wiederholen. Er glaubt, dass Bahr durch den Intellektuellen aus Minas Gerais zu ersetzen sei – es ist nicht möglich.

»Als ein feiner, durchschnittlicher, aber äußerst kultivierter Mann hatte Zweig vielleicht die stärkeren Gefühle als Bernanos. Gleichwohl war seine seelische Verfassung schwächer.«[854] Bernanos und Zweig, zwei Vorstellungen, zwei Lebensmodelle, entgegengesetzte Pole. Eine Gegenüberstellung ist unerlässlich: beides Europäer, tief verletzt von der gleichen Barbarei, Flüchtlinge in Brasilien, in einer relativ kurzen Distanz zum anderen ansässig – der eine in Barbacena, der andere in Petrópolis. Beide versuchen, Abstand zu dem Geschehen zu halten, aber es gelingt ihnen nicht – Bernanos wegen seiner Militanz, Zweig wegen seiner Nicht-Militanz.

---

[853] Maria Olívia Fraga, Aussage gegenüber dem Autor, 30. 8. 1980. Adelino José Teobaldo, Aussage gegenüber dem Autor, 5. 12. 1980.
[854] *Arinos*, S. 386.

Bernanos ist Monarchist, übersteigerter Nationalist, fundamentaler antiklerikaler Christ, Polemiker, Antikosmopolit, Invalide, stets auf dem Rücken des Pferdes, das er von dem Außenminister Oswaldo Aranha bekommen hat. Umgeben von seinen Kindern, im Gefolge von treuen Freunden, alles fromme Katholiken, lebt er unter schwierigen finanziellen Bedingungen. Von der französischen Rechten her kommend, hat er die Gefahr vorausgesehen, die der Sieg Francos in Spanien darstellte. Ungeachtet dessen verurteilte er die von den Franco-Gegnern während des Bürgerkrieges ausgeübte Gewalt gegen die Religiösen. Extremistisch und widersprüchlich, unvernünftig und absurd. Fromm und aufbrausend:

> Wenn man Sie eines Tages fragt, wer ich bin, antworten Sie, dass ich ein Antifaschist bin, dass ich die Mittelmäßigkeit, die falsche Bescheidenheit, die vorgetäuschte und einstudierte Tugend, die Lüge und die Oberflächlichkeit hasse. Ich bin ein Antifaschist und es interessiert mich wenig, dass es in Italien, in Deutschland, in Spanien, in Portugal, in Frankreich oder in den Vereinigten Staaten Faschismus gibt. Antworten Sie, dass ich ein Mann bin, der an Gott glaubt und daran, dass der Mensch von Gott geschaffen wurde, um zu lieben und geliebt und respektiert zu werden. Aber momentan [...] *je suis simplement un Français écrasé par la défaite de mon pays*.

Zweig ist das Gegenteil: sanft, taktvoll, ohne Heimat, Wurzeln, Nationalität und nun ohne die Muttersprache. Vor allem ohne Mission. Losgelöst im Raum, sich an die Zeit klammernd. Er hat keine Partei, keine Gewissheiten, sucht den Grund in allen möglichen Gründen, versteht es nicht zu brüllen wie der streitbare Franzose. Die stärksten Gefühle – von Afonso Arinos erahnt – werden in der gewaltsamen Art, das eigene Leben aufzugeben, zutage treten.

Zweig und Bernanos begegneten sich ein einziges Mal – ein ergreifender Augenblick, als die beiden aufeinander trafen und sich wieder erkannten. Der Horror vor Stupidität eint diese zwei überlegenen und ungleichen Geister. Bernanos verkörpert mit seinem heiligen Zorn einen Kreuzfahrer, eine Unversöhnlichkeit, die sich auf die kürzlich Konvertierten erstreckt, die er mit sichtbarer Verachtung behandelt.

> Niemals zuvor hatte ich Bernanos Gäste so herzlich empfangen, so bewegt und brüderlich aufnehmen sehen, wie er Stefan Zweig empfing. Zweig sah mitgenommen aus: traurig, niedergeschlagen, ohne Hoffnung, voller düsterer Gedanken. Bernanos munterte ihn auf, unterhielt sich behutsam mit ihm. Er wollte, dass Zweig einige Tage auf seinem *sítio* bliebe. Bernanos lud

ihn ein, sich ihm bei einem Protest gegen die Grausamkeiten, die Hitler gegen die Juden ausübte und die er wütend als Verbrechen gegen die Menschheit bezeichnete, anzuschließen. Er legte Wert darauf, mit Zweig in die Stadt zurückzufahren: Er brachte ihn zum Rathaus, stellte ihn Dr. Bias Fortes vor, was Zweig zum offiziellen Besucher der Stadt werden ließ.

Von dem Treffen des erschrockenen Juden mit dem erbitterten Christen erzählt Geraldo França de Lima aus Minas Gerais, Professor, Romanschriftsteller, Freund und informeller Sekretär von Bernanos in Barbacena.[855]

Als Zweig, von »Teixeirão« (João Gomes Teixeira, Ministerialbeamter des Sekretärs Cristiano Machado) geleitet, in der Stadt erschien, wagte es zunächst niemand, ihn zu Bernanos zu bringen, da man um die jähzornige Veranlagung und die Empfindlichkeiten des Franzosen wusste. Geraldo França de Lima – der einzige Zeuge des Zusammentreffens – führte den Besucher nach *Cruz das Almas*, Bernanos' *sítio* in der Umgebung von Barbacena. »Ich redigierte die Skizze eines Schreibens, das die nationalsozialistischen Verbrechen verurteilte. Am Nachmittag gingen wir in die Konditorei A Brasileira. Zweig fühlte sich angesichts der üppigen Tafel unwohl, dachte er doch an das Leid seiner Schriftstellerfreunde in Europa.« Er übernachtete im Grand Hotel; am nächsten Tag fuhr er mit dem Zug, mit dem er gekommen war, nach Petrópolis zurück. Lotte hatte ihn begleitet, wurde jedoch nicht erwähnt, sie machte sich unsichtbar, wie es ihrem Wesen entsprach.

Der Initiator des Besuches muss der Berliner Freund, Bankier und Mäzen Hugo Simon (alias Hubert Studenic) gewesen sein, der nun mit seiner Frau Gertrud (alias Garina) in Barbacena, in der Rua Olinto Magalhães 57 wohnte. Ungeachtet der Fürsorge und Solidarität würde Bernanos wenige Wochen später unerbittlich mit dem Gast sein. Es könnte nicht anders sein.[856]

An diesem Jahresbeginn 1942 ist der Brief von Roger Martin du Gard, den Zweig am 8. Januar erhält, das vielversprechendste und von

---

[855] França de Lima, Geraldo: »Com Bernanos no Brasil«, a.a.O., S. 106/107, 113/114.
[856] Geraldo França de Lima, Aussage gegenüber dem Autor, 1.5.1981. Es ist nicht möglich, das genaue Datum des Treffens näher zu bestimmen. França de Lima, der einzige Zeuge der Begegnung, ordnete es kurz vor Zweigs Tod ein, der Bernanos sehr schockierte. In seinem letzten Brief an Roger Martin du Gard vom 9.2.1942 erzählt Zweig von Bernanos und dessen zurückgezogenem Leben. Dies ist der einzige präzisere Hinweis. Das Treffen müsste also kurz vorher, Ende Januar oder Anfang Februar, stattgefunden haben. Vgl. *Dumont 1*, S. 327.

ihm am meisten kommentierte Ereignis. In den vorangegangenen Jahren hat er den Kontakt des Autors des *Jean Barois* gesucht, vielleicht um einen Ersatz für Romain Rolland zu finden. Er betrachtet *Les Thibault* als ein literarisches Denkmal, eine Fortführung des *Jean Christophe* und Martin du Gard als einen Mann seiner geistigen Welt: agnostisch, diskret, über Leidenschaften, Verehrungen, Parteien und Streitereien stehend. Seine Romane bringen Ideen und Überzeugungen zum Ausdruck, aber keine Debatten. In den Briefen an Rolland erwähnte Zweig, »schöne Bücher von Martin du Gard« gelesen zu haben, und als 1936 der vorletzte Band von *Les Thibault, L'été 1914*, erschien, bevor Martin du Gard im Jahr darauf der Nobelpreis verliehen wurde, schrieb Zweig enthusiastische Kritiken und erklärte gegenüber Rolland: »Welch wunderbarer Hymnus auf den freien Menschen, welch ein Sänger der moralischen Unabhängigkeit!!«[857]

Durch die Entfremdung von Rolland ist eine große Lücke entstanden, und um das Gefühl des Verlassenseins zu überwinden, begibt sich Zweig auf die Suche nach neuen Meistern, Leitfiguren, Seelenverwandten oder dem Vater. Die beiden Franzosen haben außer dem Nobelpreis noch viel gemeinsam, ihre bekanntesten Werke sind umfangreiche Romanzyklen. Im Gegensatz dazu fasst sich Zweig kurz, selbst in seinem einzigen Roman *Ungeduld des Herzens*.

Aus der Entfernung, ohne die Beharrlichkeit von Rolland, aber mit demselben moralischen Empfinden erfüllt Martin du Gard die Rolle einer Referenz. Daher also die niederschmetternde Wirkung seiner Worte in einem scheinbar ruhigen Brief. Von ihm stammt die Botschaft, auf die Zweig gehofft hat:

> Ich habe einen sehr schönen Brief von Roger Martin du Gard erhalten, den besten Brief, den ich seit Jahren gelesen, der das ausdrückt, was auch ich fühle, dass wir in unserem Alter im großen Schauspiel (oder besser Tragödie) nur die Aufgabe eines Zuschauers haben, während die andern, die Jüngeren ihre Rolle spielen müssen. Unsere ist lediglich, still und würdig abzutreten.

---

[857] *Briefe SZ-Rolland*, 20.5.1931; 5.12.1936. Die Werke von Roger Martin du Gard (1881–1958), Archivar und studierter Archäologe, sind gewissenhaft recherchiert und von großen Ereignissen seiner Zeit inspiriert: der Dreyfus-Affäre (*Jean Barois*), den Kämpfen in Marokko während des Ersten Weltkrieges (*Les Thibault*) und dem Zweiten Weltkrieg (*Le Lieutnant-Colonel de Maumort*). Es gibt sichtbare Parallelen zwischen *Les Thibault* und Rollands *Jean Christophe*. In Zweigs Telefonbuch ist die Adresse von Romain Rolland nicht aufgeführt, wohl aber die von Roger Martin du Gard (Grand Palais 22, Boulevard de Cimiez, Nice).

In seinem Haus in Nizza, in der nicht besetzten Zone Frankreichs, sieht Martin du Gard »*un Nouvel Ordre*«, eine neue Ordnung nach dem Krieg, voraus. »Der Brief des von ihm hochgeschätzten Freundes ist mir als ein Verhängnis erschienen«, kommentierte Friderike später. Der französische Schriftsteller lebt nicht auf Rosen gebettet. Deshalb lädt ihn sein brasilianischer Verleger Henrique Bertaso aus Porto Alegre (auf Vorschlag seines wichtigsten Mitarbeiters Erico Veríssimo) ein, mit einem von den Autorenrechten unabhängigen Monatsstipendium Brasilien kennen zu lernen. Martin du Gard bedankt sich gerührt, lehnt aber das großzügige Angebot ab. Er zieht es vor, von den Nationalsozialisten eingekreist zu leben und sich nicht in der Ferne auf Abenteuer zu stürzen.[858]

Am Abend des 8. Januar, an dem Zweig Martin du Gards Brief erhalten hat, trifft er sich mit Ernst Feder, auch um über die *Schachnovelle* zu sprechen. Der ehemalige innenpolitische Redakteur des *Berliner Tageblatts* ist nicht nur ein guter Schachspieler, sondern auch ein verständiger Intellektueller, dessen Meinung Zweig wichtig ist. Aber der erhaltene Brief löst so viele Gefühle aus, dass er zunächst das Gespräch der beiden beherrscht. Zweig ist ganz erfüllt von Martin du Gard – letztlich hat er seine Bestätigung bekommen.

Erst nachdem sie sich eingehend über das große Ereignis des Tages unterhalten haben, sprechen sie über das literarische Schaffen. Bei diesem Thema ist Ernst Feder enthusiastisch. Er ist nicht leichtsinnig, als er versichert, dass die *Schachnovelle* seinen besten Werken in nichts nachstehe – die Arbeit eines Schriftstellers auf dem Gipfel seiner Karriere und mit vollendeter Beherrschung der Kunst des Erzählens.

Zweig hört dem Freund schweigend zu, schüttelt den Kopf und bemerkt: »Ja, früher war doch in dem, was ich schrieb, ein gewisser Glanz.«[859]

Im Schmerz versunken und schon von einem geheimen Zeitplan in Anspruch genommen, hegt er keinen Zweifel daran, dass die jüngste

---

[858] Brief an Friderike, 20.1.1942 (in Englisch geschrieben) in: *Briefe SZ-FZ. Feder 2*, S. 178. *Friderike 1*, S. 252. Das Original des Briefes ist verloren gegangen. Nur Zweigs Reaktion darauf ist bekannt. Vgl. *Dumont 1*, S. 324–327. Der Briefwechsel zwischen den beiden Schriftstellern begann 1931. Von Zweig an Martin du Gard sind lediglich 22 Briefe erhalten geblieben, umgekehrt sind es 26. Vgl. *Klawiter 1*, S. 520. Die Bemühungen um einen Brasilienbesuch Martin du Gards begannen 1941, als der erste Verlag, die *Editora Globo* aus Porto Alegre, über die Rechte seiner Werke verhandelte, die bald darauf erschienen (1943). Vgl. Veríssimo Erico: »Breve crônica de um editora de província« (Kurze Chronik eines Provinzverlages). Editora da Universidade de Santa Maria (Rio Grande do Sul). o.J. S. 23/24.

[859] *Feder 2*, S. 179.

Novelle einen neuen Weg darstellen kann. Er hat gerade die antinationalsozialistische Uniform übergezogen, und doch gelingt es ihm nicht, sich in ihr zu erkennen. Er vermag nicht, sich über sich selbst zu erheben, um gewahr zu werden, dass die *Schachnovelle* viel mehr als eine Novelle und das Schach viel mehr als ein Spiel ist.

Ein von der Gestapo verhafteter Wiener Rechtsanwalt stiehlt seinen Peinigern ein Schachlehrbuch, eine Sammlung von 150 Meisterpartien, und lernt es vollständig auswendig. Um der psychologischen Folter nicht zu unterliegen, spielt er die Partien im Geiste nach. Nur so gelingt es ihm, zu widerstehen und später mit Hilfe eines Arztes der Haft zu entkommen. Auf dem Weg ins Exil, an Bord des Schiffes auf der Route New York – Buenos Aires, wird Dr. B. gebeten, am Schachbrett gegen einen anderen Reisenden anzutreten. Mirko Czentowicz, eine wahre Rechenmaschine, ist unmenschlich, stumpfsinnig, ungebildet, fantasielos, stupid, und dennoch trägt er den Titel des Weltmeisters im Spiel der Könige.

Die Handlung läuft auf die Konfrontation zwischen der Sensibilität des Dr. B. und der geistigen Beschränktheit von Czentowicz zu, eine Neuauflage des Kampfes Castellio gegen Calvin, Erasmus gegen die Intoleranz, Jeremias gegen den Krieg in einem anderen Format – eine verdichtete und aktualisierte Überarbeitung des Großteils seines Werkes. Zweig nutzt die Gelegenheit, den Anteil der Aggression, die sich in den unschuldigsten Aktivitäten, vor allem in Wettkämpfen, versteckt, anzuprangern.

Mit der Parabel über das Spiel der Spiele überdenkt der Schriftsteller alles, was ihn am Krieg mit Schrecken und Grauen erfüllt. Hitler ist kein Einzelfall des Wahnsinns, der Nationalsozialismus ist ein auf Bestialität basierendes politisches Projekt, Czentowicz ist keine Einzelperson, sondern steht für eine Wesensart. Noch kennt man keine Roboter, aber Zweig vermag es, diese in der Figur des Meisters ohne Innenleben, des Menschen ohne Menschlichkeit, zu verkörpern.

Leidgeprüft, kultiviert und dilettantisch spielt Dr. B. die erste Partie aus Lust am Spiel und ist, zur Verblüffung aller, einschließlich des Gegners, siegreich. Inmitten der zweiten, ebenso aussichtsreich begonnen wie die vorherige, spürt er die Grausamkeit des Gegners in der Luft und nimmt seinen unterbewussten Hang zur Aggressivität wahr. Er möchte an dem Irrsinn nicht teilhaben, gibt das Spiel auf – er kapituliert. Der Autor verstand sich durch seine Figuren, bewertete das Schicksal derjenigen, die sich vom Hass mitreißen lassen, um den Hass zu besiegen. Dr. B. lehrt seinen Schöpfer, warum es notwendig ist, zu kapitulieren. Er ist einer der wenigen Figuren, die autorisiert sind, zu verkünden: *Stefan Zweig, c'est moi ...*

In *Vierundzwanzig Stunden aus dem Leben einer Frau* (das Freud so sehr gefiel) thematisiert Zweig auch Spiele, in diesem Fall jedoch Glücksspiele, den Zwang, das Leben zu beherrschen, den Versuch, den Tod mit Hilfe von Spielkarten oder der weißen Kugel im Roulette zu verhöhnen. Schach ist eine Konfrontation von Willen. Die zweite Partie gegen Czentowicz hätte ebenso wie die erste gewonnen werden können. Aber das Gestapo-Opfer mag sich nicht noch einmal mit der Gestapo konfrontiert sehen – auch nicht, um sie zu besiegen.

Der Zeuge des Aufstiegs von Hitler und Kenner der List des politischen Spiels, Ernst Feder, der die Bedeutung des Kunstwerks erkennt und dem Autor so nahe steht, hat keine Möglichkeiten, die Abläufe zu begreifen, die zur Aufgabe der Schachpartie der Figur in der Novelle geführt haben. Er ist ein privilegierter Leser, kein Psychoanalytiker.

Gabriela Mistral besucht das Ehepaar Zweig in diesen Tagen. Noch immer aufgewühlt, zeigt er ihr den magischen Brief von Martin du Gard, den Passierschein, um vom Schauplatz abzutreten. Die Botschaft entspricht der Entscheidung des Dr. B.

»Er las und wiederholte Satz für Satz und vermittelte mir das Gefühl des vollkommenen, reinen Geistes jener anderen so geprüften Seele. Wir verließen die Veranda, während wir uns über die Menschen unterhielten, die eine Tragödie ertragen, ohne einen Hauch an Anstand und Würde in ihrem Verhalten einzubüßen.« Anstand ist das Schlüsselwort.

Zweig und Mistral verabreden, den in Kürze zu erwartenden, amerikanischen Schriftsteller Waldo Frank gemeinsam zu empfangen. Von Lateinamerika fasziniert, folgt dieser einer Einladung des *State Department*. Der New Yorker Jude und Sozialist Frank verfügt über gute Kontakte zu der örtlichen Intelligenz. Als Frauenheld und Partylöwe würde er Zweig aus der Isolation herausholen können, ein leichter Anstoß sollte genügen. Deshalb möchte die Dichterin den Kontakt der beiden fördern. Wie auch immer, alle Anzeichen deuten auf eine Erholung hin: Der Brief von Martin du Gard hat ihm eine Bereitschaft geliefert (man weiß nicht wofür) und Frank würde ihm eine Spritze Leben verabreichen können.[860]

---

[860] Mistral, Gabriela: »Depoimentos sobre Stefan Zweig« (Ausführungen über Stefan Zweig) in: *Azevedo*, S. 91–93, S. 92. Waldo David Frank (1889–1967) kam erst am 23.4.1942 nach Brasilien – zu spät. Mistral empfing ihn alleine. Frank schrieb Romane, Novellen und Essays mit zeitgeschichtlicher Thematik, wie *The Re-discovery of America* von 1929. Er war mehrere Male in Brasilien. So wie Zweig glaubte er, dass der amerikanische Kontinent ein humanistisches und idealistisches Bollwerk bilden könnte. Sein Betreuer in Brasilien war der damals beim *DIP* tätige junge Dichter Vinicius de Morais.

Die Realität holt Zweig ein: Ein langer Artikel von Osório Borba auf der Titelseite der literarischen Beilage des *Diário de Notícias* von Rio de Janeiro, einer der wichtigsten Zeitungen des Landes. Abrahão Koogan, Claudio de Souza und Ernst Feder haben ihn nicht übersehen können, sie hätten das überschwängliche Lob aus der Feder eines bedeutsamen politischen Journalisten, Double eines Literaturkritikers, an Zweig weitergeben müssen.

Borba weist das Gerede, dass *Brasilien. Ein Land der Zukunft* ein bestelltes Werk sei, zurück und stellt Zweig ein Attest der Ehrenhaftigkeit aus. Er untersucht die Reiseliteratur und die Auswirkung eines vom Beobachter eventuell falsch angewandten Wortes auf die Empfindungen des Beobachteten:

> Senhor Stefan Zweig muss durch einige brasilianische Kommentatoren ernüchtert gewesen sein. Sein Buch über Brasilien ist in einem fast unveränderlich dithyrambischen Stil gehalten, ohne dass dabei die informative Gründlichkeit und Genauigkeit Schaden genommen haben. Ein permanenter Ton der Übersteigerung, der dem Leser den Einruck einer bestellten und vergüteten Arbeit vermitteln würde, wenn das Vorwort von Senhor Afrânio Peixoto, durch andere Informationen und Hinweise bestätigt, nicht im Voraus die Spontaneität und Uneigennützigkeit der Unternehmung versicherte. Wäre es »bezahlte Ware«, hätte die lediglich vage und implizite Sympathie für gewisse Dinge und Personen eine gewohnheitsmäßige Lobpreisung mittels der Übertreibung sein müssen. [Es ist jedoch] ein Werk, erdacht und geschrieben mit großer Zuneigung für die Leute und das Land, in dessen Schoß ein leidgeprüfter Europäer unserer Tage dank der Distanz des Krieges die erholsamsten Landschaften vorfindet. Und ein Buch, das sogar die bestimmte Kategorie anspruchsvollster Leser mit der Literatur des Senhor Zweig versöhnt. Der Abriss über die brasilianische Geschichte ist beispielsweise zweifellos eine Ausnahmeerscheinung an Synthese, Schärfe und Klarheit. Dennoch fanden einige brasilianische Kritiker in diesem so intelligenten, herzlichen und liebevollen Buch über Brasilien Gründe zur Beschwerde und sogar Beleidigung des Autors.

Borba zitiert kleine Übertreibungen (erneut den Fall der nationalen Leidenschaft für Lotterien und die Hingabe zum »*jogo do bicho*«) und dann kommt gegen Ende die Pfeilspitze:

> Und wie es bei uns häufig ist, wurde der Schriftsteller für einen unwichtigen Lapsus oder eine Sprachungenauigkeit kritisiert und nicht für das, was an ihm als Schriftsteller oder als Mensch wirklich weniger sympathisch ist: seine

Literatur für die *jeunes filles,* sein kaufmännischer *Popularismus;* seine Haltung angesichts der Probleme der Intelligenz in Europa und der Welt von heute; die Flucht dieses österreichisch-jüdischen Intellektuellen vor seinen Pflichten als Schriftsteller; die Bequemlichkeit dieses Exilanten, der es meidet, ein Wort gegen den Nationalsozialismus zu sagen; seine Toleranz gegenüber anderen Formen des totalitären Despotismus in dieser weiten Welt.

Erst kürzlich im Land angekommen und unter einer Art Glasglocke gehalten, hat Zweig keinerlei Möglichkeit, die Zeitung und den Journalisten in ihrer Bedeutung richtig einzuschätzen, noch weniger, jene kühne Verurteilung seiner Nachsicht gegenüber der repressiven Vargas-Diktatur zu beurteilen. Borba hätte für das, was er so deutlich sagte, eine Vergeltungsmaßnahme erleiden können.

Dem vollkommen im brasilianischen Leben integrierten Verleger Koogan dürfte der Seitenhieb, der auch ihn trifft, nicht entgangen sein. Der Autor hätte ein Buchprojekt wie *Brasilien. Ein Land der Zukunft* nicht alleine ohne das Bemühen des Verlages ausdenken, erarbeiten und verwirklichen können.

Im Gegensatz zu Costa Rego und Carpeaux macht Borba sein Opfer nicht nieder. Er beendet den Text in dem gleichen milden und sympathischen Ton, mit dem er begonnen hat:

> Für zwei oder drei kleine Sünden eines Reisenden hätte er etwas weniger Einwände vom brasilianischen Leser erwarten können. Sehr, sehr wenige Fremde werden mit einer so glühenden und uneingeschränkten Zuneigung für das Land und die Brasilianer schreiben und dabei eine solche Fähigkeit zum Verständnis und zur Integration in das brasilianische Umfeld an den Tag legen. Wir dürfen glauben, dass wir Zweig, wenn er hier bleibt, wenn er sich so perfekt assimiliert wie jener Engländer Henry Koster, der als Herr der Zuckermühlen im Nordosten Henrique Costa oder »Costinha« endete, vielleicht auch dazu bringen werden, seinen Namen ins Portugiesische zu übersetzen. Dann wäre er Dr. Estêvão Ramos, wie ihn ein humorvoller Freund von mir schon nennt.[861]

---

[861] Borba, Osório a.a.O. Osório Borba (1900–1960), Journalist und Politiker aus Pernambuco, war 1934 bei der Ausarbeitung der Verfassung beteiligt und von 1935–1937 Bundesabgeordneter. Er gehörte zu den kämpferischsten Journalisten in der Opposition zum Regime Vargas. Nach 1945 half er bei der Gründung der *Esquerda Democrática* (Demokratische Linke), die später zur *Partido Socialista Brasileira* (Brasilianische Sozialistische Partei) wurde. Der Kritiker übersetzte außerdem Klassiker der französischen Literatur. Maurice Dekobra, eigentlich Ernest Maurice Tessier, (1885–1973) war einer der bekanntesten französischen Autoren in den 20er und 30er Jahren des 20. Jahrhunderts, und auch in Brasilien waren seine

Zu diesem Zeitpunkt vermag Zweig schon nicht mehr, sich über die Schelte zu grämen, die er bekommt, noch sich über den jungen Verleger zu beklagen, der ihn mit den besten Absichten mit der Vargas-Diktatur in Kontakt und damit in Schwierigkeiten gebracht hat. Estêvão Ramos ist keine Kritik, es wäre die Lösung. Zweig weist sie zurück:

> Die Meisten versuchen sich an das Amerikanische anzupassen, während in mir eine Entschlossenheit ist, mich nicht mehr zu verändern, sondern alles einzusetzen, um der zu bleiben, der man war, wenn auch alles um einen zu Staub und Schutt zerfallen ist; genau so zu denken, obwohl unsere Gedanken die denkbar unaktuellsten sind, und den Wenigen treu zu bleiben, die sich selber treu geblieben sind.[862]

Der Krieg rückt immer näher: Ganz ohne Trommeln oder patriotische Märsche bildet die Außenministerkonferenz amerikanischer Staaten den Anfang der Entwicklung hin zu einer Haltung gegen den nationalsozialistischen Terror. Es war nicht der Zufall, der die Vereinigten Staaten dazu veranlasste, Rio de Janeiro als Austragungsort zu wählen: Brasilien hat die pragmatische Neutralität gegen eine pragmatische Zusammenarbeit mit den Alliierten eingetauscht. Hitlers Strategen bleibt der Richtungswechsel nicht unbemerkt, die deutsche Kriegsmaschinerie braucht Lateinamerika. Sie wird Vergeltung üben und Zweig weiß dies.

Der Druck aus der Bevölkerung lässt Vargas' Positionen eindeutiger werden. Die Invasion von Russland ist dabei ausschlaggebend gewesen: Von ihrer Treue zum deutsch-sowjetischen Nichtangriffspakt befreit, bringen die nun mit den Liberalen verbündeten Kommunisten auf der Straße ihre Fähigkeit zu mobilisieren ein. Das Ist-mir-egal von vorher wird jetzt im selben Land, in dem bis vor wenigen Jahren der faschistische Einfluss sehr stark gewesen ist, durch das patriotische und antifaschistische Fieber ersetzt.

Eine gewaltige Überredungs- und Propagandamaschine wird von den Vereinigten Staaten aufgebaut, um im feudalen und apathischen Latein-

---

Werke weit verbreitet. Für den Artikel nutzte Borba die kürzliche Veröffentlichung des Werkes *Com amor e ironia* (Mit Liebe und Ironie) (Editora Irmãos Pengetti. Rio de Janeiro 1941) von Yutang Lin. Darin schildert Lin einen Vorfall zwischen Dekobra und der weiblichen chinesischen Leserschaft infolge eines als Unverschämtheit aufgefassten Lobes. Das Gleiche wäre Zweig auch in Brasilien geschehen.

[862] Brief an Paul Zech, 25.12.1941 in: Zweig, Stefan, Zech, Paul: *Briefe 1910–1912*. Herausgegeben von Donald G. Daviau. Fischer Taschenbuch Verlag. Frankfurt am Main 1986.

amerika ein Klima von Zugehörigkeit und Idealismus zu schaffen. Frankreichs Niederlage und Englands einsamer Kampf haben die von den europäischen Wurzeln abgeschnittenen Länder des Kontinents dem Einfluss der Achsenmächte ausgeliefert. Nun setzen die wirtschaftlichen Interessen, verknüpft mit dem politischen Liberalismus der Regierung Roosevelt, die große amerikanische Invasion in Gang, die das intellektuelle, politische und wirtschaftliche Panorama Lateinamerikas verändern sollte.

Plötzlich verwandelt sich jene Erweiterung der Iberischen Halbinsel, ein von Europa eroberter Markt, in einen Fortsatz der Vereinigten Staaten. Im Auftrag des *Office of the Coordinator of Inter-American Affairs* leitet der Geschäftsmann Nelson Rockefeller die groß angelegte Operation der *Good Neighbor Policy*, die die Aufnahme von Carmen Miranda in Hollywood, das Erschaffen der Figur Zé Carioca durch Walt Disney und die hastige Entsendung von Orson Welles, um ein lateinamerikanisches Epos mit brasilianischen Teilen zu filmen, mit einschließt. Scharen von amerikanischen Journalisten und Intellektuellen reisen durch das lateinamerikanische Paradies, um die Demokratie zu feiern. Waldo Frank ist einer davon. Ein Etat von 35 Millionen Dollar ist für dieses Jahr 1942 vorgesehen, um Brasilien für den Block der Alliierten zu gewinnen und die Achsenmächte zu isolieren.

Das sympathische Wesen von Roosevelt und der fortschrittliche Geist des *New Deal* sind der öffentlichen lateinamerikanischen Meinung gut zu verkaufen. Französisch, die zweite Sprache der gebildeten Brasilianer, die man den elfjährigen Kindern ab dem fünften Schuljahr im Gymnasium unterrichtet, wird schnell durch Englisch ersetzt. Die Nachrichten vom Krieg werden in den wichtigsten Städten in einer neuen, von der *Standard Oil Company* gesponserten Radiosendung hinausposaunt. Auf den Kinoleinwänden zeigen die *movietones* reale Schlachten, den heroischen englischen Widerstand, die Kriegsanstrengungen. Man sieht kein Blut, nur Siege. Die nationalsozialistischen Grausamkeiten geschehen, aber sie erscheinen noch nicht auf der Leinwand.

Der *Diário de Notícias* veröffentlicht eine tägliche Serie »News in English«, die sich an die unzähligen Amerikaner, vor allem Seeleute richtet, die allmählich in Brasilien eintreffen. An der Copacabana füllen blonde Hünen in weißer Uniform die Bars, die Patrouillen der *Military Police* sind sichtbarer als die brasilianische Polizei.

Die Außenministerkonferenz ist ein Erfolg, in dem antinationalsozialistischen Lager ragen Oswaldo Aranha und der mexikanische Außenminister Luis Padilla Nervo heraus. Argentinien mit seiner deutschen

Militärtradition, das von einem den nationalsozialistischen Ideen nahe stehenden Nationalismus durchdrungen ist, versucht mit allen Mitteln, die Verabschiedung der Resolution, die den Abbruch der diplomatischen Beziehungen mit den Achsenmächten empfiehlt, zu verhindern.[863] Am 28. Januar 1942 verkünden dieselben Zeitungen, die den Sieg Francos in Spanien begrüßt haben, lautstark den Abbruch der diplomatischen Beziehungen mit den Achsenmächten.

> Neuigkeiten gibt es keine außer den Zeitungsnachrichten, die keineswegs beruhigend sind [...] Immer mehr wächst in mir die Gewissheit, dass ich mein Haus nie mehr sehen werde und ich überall nur ein Gast auf der Durchreise bleibe; glücklich jene, die irgendwo ein neues Leben beginnen konnten. [...] Ich habe Deinen Bruder Siegfried gesehen [...] Brasilien gefällt ihm, aber wir sind alle zu alt, um uns noch ganz an fremde Sprachen und Länder zu gewöhnen. [...] alles hermetisch abgeschlossen, und Gott weiß wie lang. Wenigstens haben wir prächtiges Wetter, und mein einziges Vergnügen, die langen Spaziergänge, bieten immer neue Abwechslung.

Ohne Ersatz für Hermann Bahr gefunden zu haben, macht Zweig alleine Spaziergänge, aber es bereitet ihm kein wirkliches Vergnügen. Primitiv sind die Bedingungen, unter denen sie leben:

> Alle Dinge aus den Zeiten meines Vaters und Großvaters tauchen hier wieder auf. Ein Bad heißt, daß man zunächst einen Kessel mit heißem Wasser vorbereitet, abgesehen davon, daß der Ofen den ganzen Morgen geheizt werden muß. Der Küchenherd wird mit Holz geheizt und die Glut muß ständig angeblasen werden. Das Brot wird von einem achtjährigen Jungen gebracht. Die Post wird nur an schönen Tagen ausgetragen und bleibt im Postamt, wenn es regnet. Aber auch die natürlichen Lebensformen jener alten Zeit sind verblieben [...] Fremde, die nur die gepflegten Straßen und internationalen Hotels von Rio und São Paulo gesehen haben, haben keine Ahnung von Brasilien, und selbst die Brasilianer in diesen Städten, ganz besessen von ihren Wolkenkratzern, kennen es nicht. Ich habe hier eine Menge gelernt.[864]

Ungeachtet der Schatten in der Seele ist der Himmel blau und die Sonne strahlt – zuviel gleißendes Licht, niemand nützt so viel Helligkeit. Im Verlauf des Nachmittags dann Ermattung und Schläfrigkeit. Am

---

[863] Vgl. Lvovitch, David: *Nacionalismo y antisemitismo en Argentina* (Nationalismus und Antisemitismus in Argentinien). Editora Vergara. Buenos Aires 2003.
[864] Brief an Friderike, 20.1.1942 (in Englisch geschrieben) in: *Briefe SZ-FZ*. Brief an Richard Friedenthal, 15.1.1942 (in Englisch geschrieben) in: *Briefe SZ-Freunde*.

Ende des Tages ergießen sich aus schwarzen Wolken kurze sintflutartige Regenfälle. Erde und Seele atmen auf, der nächste Tag beginnt wieder mit Hitze und Sonnenschein.

Von der Hitze hat Zweig in diversen Passagen in *Brasilien. Ein Land der Zukunft* gesprochen, aber die klimatische Wirklichkeit hatte er bis dahin noch nicht selbst erlebt. Denn dies ist sein erster Sommer, den er vollständig im Land verbringt. In den Briefen wird die gewöhnliche Begeisterung über das Paradies von dem Wort Hitze begleitet. In *Der Amokläufer* gehen Hitze und Fieber in einen Abglanz von Liebe ineinander über.

Ein Ausflug mit dem Ehepaar de Souza führt in die Umgebung von Petrópolis: Zweig hat von neuen Arbeiten für die Wasserversorgung der Stadt gehört und möchte sie sehen, plötzlich möchte er am Leben teilhaben. Auf der holprigen Straße fahren sie mit dem Auto bis nach Caxambu. Am Ende des Weges finden sie lediglich einen riesigen Graben, in dem Bauarbeiter dicke Rohre verlegt haben. Während der Fahrt zeigt sich Zweig trotz der Unwegsamkeit der Straße gut gelaunt, ermutigt die Frauen, die sich über das Ruckeln des Wagens beklagen; später steigt er aus, um die Arbeit näher zu betrachten, als ob er von der Materie etwas verstünde oder man dort etwas Transzendentales errichten würde.[865]

Die Züge auf dem Schachbrett erscheinen irrelevant, wiegen aber schwer. René Fülöp-Miller (mit dem er sich in Ossining so viel über den Tod und die Toten unterhalten hat) sendet er die Passagen von Montaigne, die sich mit der Frage des Selbstmords befassen. Sie haben schon darüber diskutiert.

Der 20. Januar vergeht sorglos, frei von Vorahnungen. Nichts, kein Zeichen oder eine Warnung, dass dieses Datum zu einem düsteren Schicksalstag werden wird. Das Unheil, das ihn bedrückt, geschieht und er weiß es nicht. Seelenruhig erklärt er Friderike, weshalb er nichts hat von sich hören lassen: »(I)ch habe all diese Tage nicht geschrieben, weil es nichts zu erzählen gab, das Leben geht ruhig und fast monoton weiter; lesen, schreiben, spazieren gehen, ohne Ablenkung durch Konzerte, Theater oder Gesellschaft. [...] im Gegenteil müssen wir uns darauf einstellen, dass dieser Krieg lang und erschöpfend sein wird.«[866]

Er hätte noch hinzufügen müssen, dass der Krieg darüber hinaus auch noch Ausmaße einer Katastrophe annehmen würde. Denn am selben Tag findet in Wannsee, einem schönen Berliner Vorort, in dem

---

[865] *Souza*, S. 43.
[866] *Briefe SZ-FZ*, 20.1.1942 (in Englisch geschrieben).

einige führende Köpfe des Reiches wohnen, in einer aristokratischen Villa eine geheim gehaltene Konferenz statt, zu der 15 hochrangige Vertreter des Nazi-Regimes geladen sind. Gastgeber ist Reinhard Heydrich, ein hervorragender Fechter, Kampfpilot, passabler Geiger, der allmächtige Chef des Reichssicherheitshauptamtes, dem mächtigen Sicherheitsapparat des nationalsozialistischen Staats, der die Gestapo, die SS, den Sicherheitsdienst und die Kriminalpolizei vereinigt. Der tatsächliche Organisator der Konferenz ist Adolf Eichmann, der von der SS ausgebildete und in einen »Spezialisten« in »Judenangelegenheiten« verwandelte Bürokrat, der damit beauftragt ist, die Beschlüsse umzusetzen. Der Ruf der Durchschnittlichkeit ist nicht gerechtfertigt, denn von nun an wird Eichmann sein organisatorisches Talent in einer makabren Unternehmung unter Beweis stellen. Ursprünglich für den 9. Dezember angesetzt, ist die Wannsee-Konferenz wegen des japanischen Angriffs auf Pearl Harbor verschoben worden, der Kriegseintritt der Vereinigten Staaten kann die Planung beeinflusst, die Rückschläge an der Ostfront sie beschleunigt haben.

Heiße Sonne in Petrópolis, starker Schneesturm in Wannsee. Während Zweig in der *serra* an einer diffusen Melancholie leidet, schicken sich in der Nähe von Berlin die 15 Geladenen, jung, motiviert (die Hälfte davon nicht einmal 40 Jahre alt) und gut ausgebildet (²/₃ Doktoren, größtenteils Juristen), an, seiner Trauer konkrete Gründe zu geben. Der jüdische Schriftsteller wird niemals hören, was in der streng geheimen Konferenz beraten wurde. Die Anwesenden, Spezialisten in »Judenangelegenheiten« der verschiedenen Ministerien und besetzten Gebiete, erfahren bald das einzige Thema der Konferenz: die »Endlösung der Judenfrage«. Auf den ersten Blick klingt es aufgrund des Titels nach einem positiven Vorhaben: Lösungen sind immer willkommen.

Die Wannseekonferenz ist in Verbindung mit einer schon getroffenen Entscheidung einberufen worden: die vollständige Vernichtung der Juden in Europa. Man plant, auf diese Weise Europa und die Sowjetunion von allen Spuren der »minderwertigen Rasse«, der Juden, zu säubern.

Diese Herren in ihren schwarzen Uniformen und dunklen, gut sitzenden Anzügen prüfen die beste Form der Umsetzung des Plans, die Weise, wie man am schnellsten das »Judenproblem« lösen könnte. Sie haben Zielvorstellungen, Zeitplanungen, Strategien – dies ist eine Industrie wie jede andere. Sie werden ihre Vorgaben nicht vollständig erfüllen, aber ihr Ziel zum Teil erreicht haben – 6 Millionen Juden und fast 5 Millionen anderer »minderwertiger« Menschen (Slawen, Zigeuner, Homosexuelle, Behinderte und Linke) werden ermordet werden.

Stefan Zweig, in der deutschen Sprache verwurzelt, ist aufgebracht über den Gebrauch, der sie zu einer Maschinerie des Hasses werden lässt. In dieser Besprechung verwendet das nationalsozialistische System jedoch ein eigenes Idiom, die *Lingua Tertii Imperii* (*LTI*), die Sprache des Dritten Reichs, ein Code von verschlüsselten und abgemilderten Worten, um nicht zu erschrecken oder Aufmerksamkeit zu erregen. Man vermeidet Worte wie »ausrotten«, es gibt andere, harmlosere mit der gleichen tödlichen Aussage.[867]

Eine kurze, gut vorbereitete Konferenz, durchgeführt mit Strenge und Sachverstand: Einmütigkeit zu erzielen, ist unerlässlich. Es gibt formale Divergenzen: Einige befürworten die Sterilisation der Juden, stoßen aber auf die Entschlossenheit der Gastgeber – Tote vermehren sich nicht, die »Endlösung« setzt Dringlichkeit voraus. Das Problem der Undurchführbarkeit der Eliminierung aller wird mit der Faszination der nationalsozialistischen Führungsspitze für eine technologische Neuheit gelöst werden: den Gaskammern.

Am 20. Januar 1942 wird die »Lösung« in ihren technischen und organisatorischen Auswirkungen besprochen. Aber das »Problem« ist schon vorher zutage getreten, am 22.6.1941, als die Wehrmacht in die Sowjetunion einmarschierte und die organisatorischen Einheiten der SS, des SD und der Gestapo, die den Truppen folgten, feststellten, dass keine logistischen Möglichkeiten vorhanden waren, die Gefangenen zu bewachen oder die unerwünschten Subjekte in Russland zu isolieren. Die Antwort des Führers: Tötet alle.

1938 sorgte sich Zweig in Portugal um das Schicksal tausender von Flüchtlingen, die nach dem Verlassen Deutschlands in Polen und Rumänien Zuflucht suchten. Er ahnte das Ausmaß einer nur angedeuteten Tragödie, wollte helfen, etwas unternehmen. Vier Jahre später ahnt er nichts, abgesehen von jenem vagen und unergründlichen Gefühl der Tragödie, die sich im Verborgenen abspielt. Der 20. Januar ist ein Tag wie jeder andere, ohne Neuigkeiten von irgendeiner Front, nichts Außergewöhnliches passiert.

Vielleicht gibt er vor, Estêvão Ramos zu sein, wie der Kritiker Osório Borba gerade vorgeschlagen hat, und vergisst, dass er Stefan Zweig ist.

---

[867] Vgl. Klemperer, Victor: *LTI: Notizbuch eines Philologen*. Reclam Verlag. Leipzig 2001. Auch die Inquisition auf der Iberischen Halbinsel schuf eine verschlüsselte Sprache, um die Grausamkeit der Vorgehensweise zu verbergen. Vgl. Lipiner, Elias: *Santa Inquisição: terror e linguagem* (Heilige Inquisition: Terror und Sprache). Editora Documentário. Rio de Janeiro 1977.

Zwei Tage später schreibt er Jules Romains ruhig von den Restaurants in New Orleans und lobt die Entscheidung des Freundes, New York zu verlassen. Sein Antiamerikanismus ist nicht politisch; im Gegenteil, so wie einige französische Freunde erträgt er den *american way of life* nicht.

»Es tut mir gut, meinen Montaigne zu studieren und zu erforschen. Die Ähnlichkeit seiner Epoche und seines persönlichen Standpunktes mit der unseren ist frappierend: Ich schreibe keine ›Biografie‹, es ist nichts anderes als sein Kampf für die innere Freiheit, den ich als Beispiel darzustellen gedenke.« Abermals kommt er auf Martin du Gards Brief zu sprechen und bewundert ihn für seine innere Stärke, an einem großen Werk zu arbeiten, ohne an dessen Veröffentlichung zu denken.[868]

Er hat Zeit und Lust, den kolumbianischen Schriftsteller Germán Arciniegas zu seiner Ernennung zum Erziehungsminister zu beglückwünschen. Gabriela Mistral, mit der er am Vortag zusammen war, hat ihm die Nachricht übermittelt. »(I)ch hoffe, dass der Tag kommen wird, an dem ich Ihnen einen Besuch abstatten und Ihr Land anders und besser als durch Bücher kennen lernen kann.« Auch hier bezieht er sich wieder auf Montaigne, »um zu zeigen, dass die innere Freiheit in Zeiten des Fanatismus, der Kriege und grausamen Ideologien möglich ist, sofern wir die Kraft und den Willen haben, uns selbst zu verteidigen.« Er beklagt die Einsamkeit, nur die Briefe bieten die Wohltat der Freundschaft. Trotz seines Lamentierens regt er sich, hat Pläne, hält zum Glück seine Beziehungen aufrecht.[869]

Ein Funken Energie: Bruno Kreitner, einem geflohenen, deutschen Intellektuellen in Rio de Janeiro, schlägt er vor, ein Jahrbuch der Emigration herauszugeben. Eine neue Version seines Projekts einer jüdischen Monatszeitung, das ihn seit dem Aufstieg des Nationalsozialismus verfolgt. 1935 hat er es in New York vorgestellt, jetzt passt er es der ver-

---

[868] Brief vom 22.1.1942 in: *Romains*, S. 17. Schon ein Jahrzehnt zuvor störte sich der gemeinsame Freund Georges Duhamel in seinem Werk *Scènes de la vie future* von 1930 an der amerikanischen Mentalität: »Dieses Amerika stellt also für uns die Zukunft vor. Möchte doch in diesem Augenblick des Widerstreites jeder von uns Abendländern loyal angeben, was er Amerikanisches in seinem Haus, in seiner Kleidung, in seiner Seele entdeckt!« Vgl. Duhamel, Georges: *Spiegel der Zukunft*. S. Fischer Verlag. Berlin 1931, S. 18.
[869] Brief vom 22.1.1942 in: *Arciniegas 2*, S. 273. Der kolumbianische Humanist und Utopist Germán Arciniegas (1900–1999) hat ein umfangreiches essayistisches Werk geschaffen, in dem er sich vor allem mit bestimmten Ereignissen der lateinamerikanischen Geschichte auseinandergesetzt hat.

änderten Realität an.[870] Am selben Tag schreibt er Wittkowski: »(A)ch, Bücher, Bücher, hätte man diese nicht, man wäre verloren.« Im Postskriptum erwähnt er das Glück, Fortunat Strowski jetzt in Petrópolis zu haben und als zweiten Zufall Ernst Feder mit seiner kompletten Montaigne-Ausgabe: »(I)st dies nicht ein Wink der Ermutigung von oben?«[871]

Zufälle, Zeichen, Vorboten – ob als Estêvão Ramos oder Stefan Zweig, er verehrt weiterhin die göttliche Vorsehung. Am 30. Januar setzt er ein langes Schreiben an den Cineasten Berthold Viertel auf. Er erscheint maßvoll, zumindest in diesem Moment. Sein Pazifismus wirkt gezügelt: »(D)ie Hoffnung, Hitler niedergeworfen zu sehen, ist der einzige Lohn, den diese Welt uns noch geben kann und das einzige Ereignis, das ich noch ersehne.«

Voller Ideen gibt er dem Impuls zu vermitteln nach und schlägt dem Freund die Lektüre von Jacinto Benaventes Stück *La malquerida* vor, um es in einen Film zu verwandeln: »Es hat etwas von den großen Linien und dem Ungestüm des griechischen Dramas, und ist auch Freud vor Freud; Sie sollten versuchen, sich ein Exemplar durch irgendeinen Theateragenten zu beschaffen. Es würde ein erstaunlicher Erfolg werden.«[872]

Ferner setzt er den Freund über seine neuesten Arbeiten in Kenntnis, lässt sich über Montaigne, »den ›homme libre‹«, aus, und bald geht die Mäßigung verloren:

> Aber alles, was ich tue, geschieht ohne ›pep‹ – ich arbeite nur, um nicht melancholisch oder irrsinnig zu werden. Mein Unglück in diesen Zeiten besteht in dem, was früher meine Stärke war: klar und sehr weit voraus zu sehen, nicht mich selbst zu belügen und mich und andere durch Illusionen und Phrasen zu betrügen. [...] [Er greift Martin du Gards Brief auf:] (W)ir haben keine Macht, den Gang der Ereignisse zu beeinflussen, und kein Recht, der

---

[870] Brief an Bruno Kreitner, 29.1.1942 in: *Briefe 1932–1942*. Zweig dürfte Kreitner noch nicht lange gekannt haben. In seinem Adressbuch ist er nur mit seiner Telefonnummer (25–0148) vermerkt. Es sollten verschiedene Ausgaben des Jahrbuchs erscheinen, eine deutsche, österreichische, französische und spanische. Doch das Projekt wurde nie verwirklicht. Kreitner veröffentlichte noch im selben Jahr unter dem Pseudonym Bruno Arcade in Zusammenarbeit mit seinem Freund Miécio Askanasy das Buch *Depois de Hitler ... o que?* (Nach Hitler ... was dann?), für das Ernst Feder ein Vorwort schrieb.
[871] Brief an Victor Wittkowski, undatiert, Poststempel 29.1.1942 in: *Wittkowski*, S. 123.
[872] Zweig hatte den richtigen Spürsinn. Tatsächlich wurde *La malquerida* (Die Ungeliebte) 1949 vom mexikanischen Cineasten-Duo Emilio Fernandez und Gabriel Figueroa verfilmt.

nächsten Generation Ratschläge zu geben, nachdem wir in der unsern [sic] versagt haben. [...] alles, was jetzt geschieht wird vielleicht für den Rest der übernächsten Generation von Hilfe sein, nicht aber mehr für die unsere, und diejenigen von uns, die still ein Ende machten, waren vielleicht die weisesten; sie hatten ein abgerundetes Leben, während wir noch an dem Schatten unserer selbst weiter hängen. [Er gibt die Defizite zu:] In der Kunst spielen Mut und Glauben eine enorm wichtige Rolle; diejenigen die nicht vor Überzeugung brennen haben nicht die Macht, andere zu begeistern. Sie können ausgezeichnete Kritiker und weise Betrachter sein, sie mögen vielleicht wertvolle Anmerkungen an den Rand des Lebensbuches schreiben – das wahre Buch wird von Andern [sic] geschrieben. [...] aber wer kann volles Maß geben, während seine Gedanken von Singapur nach Libyen und Rußland wandern? [Er irrt sich nicht über Brasilien:] Und, lieber Freund, bedenken Sie, daß ich nicht lebe wie Sie, mit der Nahrung von Gesprächen und freundschaftlichen Diskussionen, daß Briefe in einem brasilianischen Dorfe noch etwas bedeuten, wo das Erscheinen des Postboten ›das Ereignis des Tages‹ ist. [...] Wir beide lieben es, und es gibt kein angenehmeres Land als Brasilien. Was uns fehlt, sind Bücher, Freunde unseres geistigen Kalibers, ein Konzert und der Kontakt mit den Ereignissen der Literatur. [...] [Über den Erfolg von Viertels Sohn Peter in Hollywood:] Sie haben wenigstens die Befriedigung, in ihrem [sic] eignen Fleisch und Blut weiterzuleben, und nicht das Gefühl wie ich, daß eigentlich nichts mich hier zurückhält als Unentschlossenheit und ›laisser aller‹. In einem gewissen Alter muß man zahlen für den Luxus, keine Kinder gehabt zu haben – und meine anderen Kinder, die Bücher, wo sind sie nun? Manche sind schon vor mir gestorben, andere sind unzugänglich und sprechen eine andere Sprache als ich. Und nun habe ich drei Seiten geschrieben (was mir früher eine ganze Menge Geld eingetragen hätte) [...].[873]

Es gibt kein Anzeichen von Verzweiflung, aber das kurze Geständnis über das Fehlen von Konzerten darf nicht unbemerkt übergangen werden. Der musikalische Entzug trägt bei einem so mit der Musik und den Musikern verbundenen Künstler wie Stefan Zweig sicherlich mit zu dem Gefühl des Verlorenseins bei. Der Mangel entgeht der Freundin und feinsinnigen Musikerin Gisella Selden-Goth nicht: »Ein Kammermusik-Konzert bei ihm zu Hause oder die Möglichkeit ab und zu ein von seinen Meisterdirigenten-Freunden geleitetes Orchester zu hören, hätte

---

[873] *Briefe SZ-Freunde*, 30.1.1942. Peter Viertel, Autor, Drehbuchschreiber und Journalist, war mit Deborah Kerr verheiratet.

die Anspannung seines gequälten Geistes, der stets über die eigene düstere Zukunft und die Menschheitsvision in Agonie grübelte, gelöst.«[874]

Ohne Musik um sich herum verliert Zweig einen seiner Sinne, die Folge ist eine Art Taubheit. Als er sich in den 20er Jahren in Nietzsches Seele hineinversetzte, schrieb er: »Musik, helle, erlösende, leichte Musik, wird von nun an das geliebteste Labsal des tödlich Aufgeregten. ›Das Leben ohne Musik ist einfach eine Strapaze, ein Irrtum.‹« Jetzt erinnert er sich nicht mehr daran, und deshalb hört er nicht das Solo des Violoncello, in dem sein Befinden zum Ausdruck kommt – wehklagend, leiderfüllt, einsam.[875]

Dabei ist Heitor Villa-Lobos zur Hand, ebenso wie Eugen Szenkar. In einem guten Geschäft in Rio de Janeiro könnte er ein Grammofon und Schallplatten mit klassischer Musik kaufen. Es ist teuer, aber sein Problem ist nicht das Geld, sein Problem ist das des Leidenden, der sich ein Ende des Leidens nicht zugesteht.

Freud könnte ihm helfen, aber Freud ist keine Person – er ist eine Erfahrung wie so viele andere. Der Einsame, der das Fehlen seiner Freunde beklagt, nutzt nicht die Kraft aus der Erinnerung an jene, die sein Leben mit so guten Augenblicken erfüllt haben. Die Briefe sind nicht verfügbar, aber sie sind gelesen, verinnerlicht worden, sie haben sich nicht in nichts aufgelöst. Er müsste sein Gedächtnis vollständig verloren haben, um die schriftliche Begegnung mit Freud – dessen letzten Brief aus der Berggasse 19 – vergessen zu haben.

Zweig an Freud:

> Ich vermag Ihnen nicht zu sagen, wiesehr [sic] ich an der Zeit leide, mir hat ein schlimmer Gott die Gabe zugetan, vieles vorauszusehen und was jetzt hereinbricht, spüre ich in den Nerven seit vier Jahren [...] Wenn ich an Wien denke und düster werde, denke ich an Sie! Von Jahr zu Jahr wird mir Ihre dunkle Strenge vorbildlicher [...].

Freud an Zweig:

> Ich leide an der Zeit wie Sie und wie Sie finde ich den einen Trost an dem Gefühl der Zusamengehörigkeit [sic] mit wenigen Anderen [sic], finde es in der

---

[874] Gisella Selden-Goth zit. nach: Zohn, Harry: »Stefan Zweig's Last Years: Some Unpublished Letters (1935–1941)« in: Sonntag, Jacob (Hg.): *Caravan. A Jewish Quarterly Omnibus*. Thomas Yoseloff Publisher. New York 1962. S. 214–220, S. 219. Die Korrespondenz der beiden umfasst 63 Briefe zwischen 1935 und 1941. Die in die USA geflohene Musikschriftstellerin und Komponistin Selden-Goth plante sogar mit Zweig ein Buch über Beethoven.

[875] *Der Kampf mit dem Dämon*, S. 267/268.

> Sicherheit, daß uns dieselben Dinge theuer [sic] geblieben sind, dieselben Werte unstreitbar scheinen. [...] Ich selbst bin nicht so sicher, von der Forschung ist ja der Zweifel unablösbar [...]. Die nächste Zukunft sieht trübe aus auch für meine Psychoanalyse. Jedenfalls in den Wochen oder Monaten, die ich noch zu leben habe, werde ich nichts Erfreuliches erleben. Ganz gegen meine Absicht bin ich in's Klagen gekomen [sic]. Ich meine, ich wollte mich Ihnen menschlich annähern, wollte nicht als der Fels im Meere gefeiert werden, gegen den die Brandung vergeblich anstürmt. Aber wenn mein Trotz auch stumm bleibt, er bleibt doch Trotz [...]. Ich hoffe, Sie lassen mich nicht zu lange auf die Lektüre Ihrer nächsten schönen und tapferen Bücher warten.

Freud wollte Zweig animieren, ihm ähnlicher werden, wollte ihm eine Portion Eigensinn einimpfen. Er ahnte die Spuren der Depression, die den ausgefeilten Schreibstil durchziehen. Freud wusste, dass ihm wenig Zeit bleiben würde, und wollte sie mit den lieben Freunden teilen. Der Einsame lehnt die Einsamkeit ab, der Fels möchte sich dem Meer gegenüber behaupten, das ihn geißelt.

Als Zweig den Brief von Freud erhielt, wusste er ihn nicht so zu lesen, wie er nun die Zeilen von Martin du Gard studiert. Die Botschaften stehen nicht miteinander in Konflikt, ihre Zeiten sind vertauscht. 1937 hätte der Brief des Franzosen wie eine weitere Vorahnung am Vorabend des Krieges geklungen. Aber zu Beginn des Jahres 1942 wären Freuds Worte die Rettung.[876]

Bei Friderike beschwert er sich, er vermisse ihre Briefe. Er selbst liefert die Erklärung dafür – die Außenministerkonferenz in Petrópolis muss alle *Clipper* besetzt haben:

> Es gibt nicht viel zu erzählen. Ich bin ziemlich bedrückt von der Perspektive, dass die wirkliche Entscheidung und der Endsieg in diesem Jahr nicht mehr kommen werden und dass für unsere Generation der größte Teil ihrer besten Jahre in diesen zwei großen Welt-Erschütterungen vergangen ist. Nach diesem Krieg wird alles anders sein [...] ich fürchte, unsere alten Tage werden nicht ohne Sorgen und Schwierigkeiten sein – es gibt in unserem Zeitalter nicht mehr Sicherheit als zur Zeit der Reformation oder des Untergangs von Rom. [...] Ich genieße jetzt den schönen Sommer, und während die Hitze Rio zu einem Glutofen macht, erfreuen wir uns kühler Nächte und prächtiger Tage; physisch gesehen könnte es nicht besser sein. Es ist jetzt Saison in

---

[876] Brief von Zweig (schon aus London), 15.11.1937. Brief von Freud, 17.11.1937 (noch aus Wien) in: *Briefe SZ-Freud; Schnitzler.* Monate später (6.6.1938) emigrierte Freud mit Frau Martha und Tochter Anna nach London, wo die beiden den persönlichen Kontakt wieder aufnahmen.

unserem Ischl, aber ich lebe nicht weniger zurückgezogen als vorher, lese, arbeite und gehe mit dem kleinen Hund spazieren, der sehr süß ist, nicht so intelligent wie Kaspar war, aber sehr anhänglich, als ob ich ihn schon seit Jahren hätte. Briefe werden immer spärlicher, jeder hat seine eigenen Sorgen, und man schreibt nicht gern, wenn man nichts Wichtiges zu sagen hat – und was in unserem kleinen und eingeschränkten Leben ist noch wichtig, verglichen mit den Weltereignissen. [...] ich schrieb am Montaigne, aber all dies ohne richtige Intensität – wenn man nicht wie einst die Antwort inmitten des Kanonendonners verspürt, fehlt einem die rechte Leidenschaft. [...] Die meisten Leute, denen wir begegnen, verstehen nicht, was vorgeht und kommen wird, sie glauben, der künftige Friede werde nur eine Fortsetzung der Friedenszeit sein; man muss gewisse Dinge durchlebt haben, um sie zu verstehen [...] Das Land selbst ist noch unberührt vom Krieg, nur für die Angehörigen der Achsenmächte bestehen einige Beschränkungen, so ist es verboten, in der Öffentlichkeit Italienisch oder Deutsch zu sprechen oder Drucksachen in diesen Sprachen mit sich zu tragen. [...] Ich weiß noch nicht, ob ich den Bungalow noch länger als bis zum April mieten kann [...].[877]

Am selben Tag muss er, sich schutzlos fühlend, in einem weiteren Brief Alarmsignale aussenden. Paul Zech schickt er eine Kopie seines letzten Gedichts »Der Sechzigjährige dankt« und teilt die Beendigung der Autobiografie mit. Er glaubt, »ein Dokument zu hinterlassen, womit aufgezeigt werden soll, was wir gewollt, versucht und mitgemacht haben, wir, die vielleicht schicksalbeladenste Schriftstellergeneration seit Jahrhunderten und seit Jahrhunderten«.

Düstere Töne künden das kommende Geschehen an: »Welche weiteren Verpflichtungen ich mir nun auferlegt habe, davon wirst Du bald hören, vielleicht direkt, vielleicht aber auch auf jenem Umwege, den ich sonst gehaßt habe.« Er bezieht sich auf das Radio. Die Entscheidung ist getroffen, er sagt voraus, dass es viel Widerhall geben wird. Estêvão Ramos hat keine Chance.[878]

Plötzlich trifft der erwartete Brief von *Rickchen* (einer der Kosenamen, den die Freunde Friderike gaben) ein. Ausführlich, heiter, ungezwungen, warmherzig, selbstsicher – und vielleicht deshalb gefährlich. Sie gibt Nachricht von Lottes Nichte Eva, ihren Töchtern, ihrer Schwester (die einige Tage bei ihr in New York verbringt), den Freunden. Sie

---

[877] *Briefe SZ-FZ*, 4.2.1942 (in Englisch geschrieben).
[878] Brief vom 4.2.1942 zit. nach: *Prater*, S. 439. Da jeglicher Bezug auf ein konkretes Ereignis oder Vorkommnis fehlt und der Brief darüber hinaus einen unmissverständlichen Wortlaut besitzt, scheint es, als ob am 4.2. alles schon beschlossen war.

erzählt von einem Konzert der deutschen Sängerin Lotte Lehmann, das sie besucht hat (»ein bisschen unheimlich«): bekannte deutsche Lieder von Gustav Mahler, Richard Strauss und Johannes Brahms. »Natürlich kann ich dies nicht so genießen, wie ich es früher getan habe. Es fehlt etwas.« Für die innere Ruhe fehlt ihr nichts. Sie schickt drei Bücher über Montaigne, eines davon von Gide und ein weiteres von Ralph Emerson mit. Sie selbst ist gerade mit der Lektüre einer Anthologie seiner Essays beschäftigt. »Was sagst Du zu La Boéties Worten zu Montaigne: ›Wenn an der Schwelle unseres Jahrhunderts eine neue Welt aus den Wogen erstand, so war es, weil die Götter sie bestimmten als ein Refugium, wo die Menschen frei unter einem besseren Himmel ihr Feld bestellen sollten, indes das grausame Schwert und eine <u>schmachvolle Plage</u> [mit Tinte unterstrichen] Europa zum Untergang verdammt.‹ Geschrieben um 1560 herum!«[879]

»Jeder freie französische Dichter unserer Tage hätte dies schreiben können. Ich hoffe, <u>der Zensor wird mir meine Eloquenz heute verzeihen. Es wird nicht immer vorkommen.</u> [Mit rosafarbenem Buntstift unterstrichen.]«

Auf diesen eineinhalb Seiten ist die alte Friderike wieder zurück – stark, aktiv, wortgewandt, eins mit sich. Sie verbreitet ein Klima von Normalität und Vertrauen. »Ich fühle wieder, dass Leben lebenswert ist und man neue Kräfte für eine bessere Zukunft sammeln sollte.« In Bezug auf die Krankheit ihrer Schwester sagt sie, dass deren Glaube »mit jedem Tag stärker wird«. Sie lässt Zweig wissen, dass sie sich beim Roten Kreuz als Freiwillige gemeldet habe, spricht über das Buch, an dem sie gerade schreibt, beklagt, dass sie das neue Kapitel über Francis Bacon nicht schicken könne, sie hätte gerne Zweigs Meinung dazu gehört, fürchtet aber, dass die Zensur das Päckchen einbehalten könnte. Vielleicht könnte es ja Alfredo Cahn, »unser Übersetzer in Buenos Aires«, nach Brasilien schicken.[880]

Intimität zwischen einstigen Liebenden, die sich mit der Trennung abgefunden haben, oder nur ein Kaffeeplausch zwischen Schriftsteller-

---

[879] Etienne de La Boétie zit. nach: Zweig, Stefan: »Montaigne [Fragment]«, a.a.O., S. 475. Etienne de La Boétie (1530–1563), Dichter und humanistischer Schriftsteller, schrieb im Alter von 18 Jahren den *Discours de la servitude volontaire*, ein Manifest gegen die Tyrannei. Montaigne und er lernten sich bei der Arbeit im Parlamentsrat von Bordeaux kennen. La Boéties Denken und Tod hatte großen Einfluss auf Montaigne.

[880] Bei dem angesprochenen Buch handelt es sich um *Wunder und Zeichen*, eine Sammlung biografischer Essays über große Figuren des Hochmittelalters, die Friderike noch in Frankreich zu schreiben begonnen hatte.

freunden über die jüngsten Ereignisse so, als ob man nur wenige Kilometer oder Stunden voneinander entfernt wäre: »Hast Du schon Gelegenheit gehabt, die Ansprache des Präsidenten [Franklin Roosevelt] zu hören? Ich bin sicher, sie wird einen gewaltigen Eindruck in Deutschland und Frankreich machen [...] Ich hoffe, das Unwetter in Rio hat Deinen Bungalow nicht erreicht.« Sie möchte wissen, wie es Lotte geht, und dankt den beiden, dass sie ihren Bruder Siegfried und die Schwägerin Clarissa eingeladen haben, bei ihnen in Petrópolis zu wohnen – eine Familie, der alte erweiterte »Betrieb«. Wie in Ossining – unerträglich.[881]

Am Samstag, den 7. Februar, geht Zweig überraschend mit Lotte zu dem Empfang, den der Bürgermeister von Petrópolis für die örtliche Gesellschaft gibt. »Wir gehen gewöhnlich nicht aus«, hat Zweig noch dem Bürgermeister Cardoso de Miranda geantwortet, als dieser ihn auf dem Gang der Bibliothek einlud. »Sie werden das Fest zu einem Erfolg machen.«

Das Fest ist wirklich ein Erfolg. »Sie blieben im Treppenhaus, versuchten sich vor den übrigen Gästen zu verstecken. Aber es gelang ihnen nicht, alle Aufmerksamkeit war auf sie gerichtet. Liebenswürdig wandten sie sich jedem zu, sprachen mit jedem. Sie strahlten Ruhe und Wohlbefinden aus.« Glücklicherweise ist Gabriela Mistral ebenfalls zugegen, um jenes intensive Rampenlicht zu teilen. Die drei ziehen sich allein auf die Veranda zurück, unterhalten sich, er spricht über die Blumen. Diese Stunden der Banalität dienen dazu, Entscheidungen zu erleichtern oder zu erschweren.[882]

Am Tag darauf, einem Sonntag, fühlt er sich bereit, Roger Martin du Gard zu antworten. Er hat sich Zeit gelassen, es riskiert, als unhöflich zu gelten. Er wollte die Botschaft wirken lassen, ihr alle Bedeutungen und Schlussfolgerungen entnehmen. Schließlich ergeht er sich in einem langen Brief, überladen mit den gleichen Schilderungen, die er schon in seiner anderen Korrespondenz ausgeführt hat. Es scheint die ewig gleiche Litanei zu sein, in solchen Zeiten ist niemand verpflichtet, originell

---

[881] Brief vom 8.1.1942 in: *Coleção Stefan Zweig, Biblioteca Nacional*, Rio de Janeiro. Auf der Rückseite der ersten Seite befindet sich ein Satz in einer anderen verschmierten unleserlichen Handschrift: »Meine Schwester und ... senden unsere Grüsse.« Er muss von einer der Töchter stammen. Alles spricht dafür, dass dieser Brief nach Zweigs Beschwerde über die fehlende Post (4.2.1942) und vor Zweigs vorletztem Brief an Friderike vom 18.2.1942 ankam, in dem er auf diesen Brief antwortete.
[882] Cardoso Miranda, a.a.O. Gabriela Mistral, Aussage gegenüber Santiago del Campo für *Catholic Digest* zit. nach: *El País* (Montevideo), 4.2.1954.

zu sein: »Um mich herum gibt es endlose Wogen von Urwald. [...] Ich begehe immer die Dummheit, immer an eine Rückkehr zu denken, ohne zu wissen, wann, und ohne zu wissen, wohin.« Er endet mit dem Wunsch, der Freund möge bald sein Tagebuch zur Veröffentlichung geben. »Ich denke an Ihr Tagebuch, es wird noch wertvoller als das von Gide sein, das von unmittelbaren Eindrücken bestimmt ist; ich würde gerne noch 30 Jahre leben, nur um es zu lesen [...] die Vorstellung, Sie eines Tages wiederzusehen, bleibt einer der raren Wünsche, die ich mir noch erlaube.«

Er lügt: Er hat gerade geschrieben, dass er gerne noch 30 Jahre leben würde, und weiß doch, dass ihm lediglich 14 Tage verbleiben. Über die Reaktion auf den Erhalt des Briefes seitens Martin du Gards ist nichts bekannt.[883]

In den vorherigen Briefen erwähnte Zweig stets Antoine Thibault, der leidet und sich zugleich beim Leiden beobachtet. Nur so kann dieser sich über die Qualen hinwegsetzen. Auch Zweig scheint sich zu beobachten, lässt aber außer Acht, was passieren kann.

In einem Brief an Wittkowski spricht er über die Korrekturen an der Autobiografie und dankt für das Angebot, Kunstobjekte für sich zu erwerben. Ohne Anstellung oder sonstige Geldquellen ist der junge Mann auf die Kommission irgendeines Antiquars oder Händlers angewiesen: Zweig lehnt höflich ab, »weil wir doch keinen Platz haben, keinen Sinn für Besitz, nur eine unermessliche Sehnsucht nach Ruhe [...] ich flüchte in die Arbeit [...]. Wird sie mir es nicht unfreundlich entgelten, daß ich sie statt Nektars als Opium und Haschisch nutze?« Das Postskriptum ist wie immer aufschlussreicher: Er würde gerne über eine Zeitung oder ein Publikum, zu dem er sprechen könnte, verfügen. Wie zu Kriegsbeginn in England möchte er Gesprächspartner haben, benötigt er den Austausch mit dem Publikum. Bernanos rettete sich mit seinen Artikeln. Aber welche brasilianische Zeitung hätte ihre Seiten einem Schriftsteller, der einst gefeiert wurde und jetzt so in die Kritik geraten ist, zur Verfügung gestellt?[884]

Die Woche, die dem Karneval vorausgeht, verläuft ohne Ereignisse – in dem kleinen Kreis in Petrópolis bleibt ein Platz leer. Der einzige abgesandte Brief geht an die Witwe des kürzlich verstorbenen Dichters

---

[883] Brief vom 9. 2. 1942 in: *Dumont 1*, S. 327. Es ist merkwürdig, dass Zweig den Brief nicht aufbewahrt hat, der ihn so sehr bewegte. Die wenig sympathische Bemerkung bezüglich Gides beruht auf einer wechselseitigen Antipathie, die jedoch von der Höflichkeit gegenüber dem anderen gemäßigt wurde.

[884] Brief undatiert, vermutlich Februar 1942 in: *Wittkowski*, S. 124.

Max Hermann-Neisse. Er ist eine bittere Klage, fast eine Anklage, eine vertrauliche Abbitte für den mondänen Empfang im Rathaus, und voller Schuldgefühle:

> Sie können sich nicht vorstellen, wie isoliert wir hier leben in einem kleinen Ort mitten in den Bergen. Ich bin kein Misanthrop geworden, aber ich kann größere Gesellschaften nicht mehr ertragen und leichtes Geschwätz – wir können sorglose Vergnügungen nicht mehr mit ansehen ohne eine Art von innerem Schamgefühl, und der Überfluß an allem erinnert uns grausam an die Lebensmittelnot in Europa. [...] Und lassen Sie uns träumen von einem Tag, wo wir wieder in Frieden zusammenkommen [...].[885]

Thomas Manns Verachtung für Lübeck brachte die *Buddenbrooks*, Zweig jedoch hat nicht den Mut, sich über seine brasilianische Utopie aufzuregen. Er hält sich mit Wohlerzogenheit, Höflichkeit, guten Sitten auf. Das Taktgefühl vereitelt jegliche Möglichkeit, »es reicht« zu sagen oder den Nervensägen und Parasiten eine Abfuhr zu erteilen. Die Dankbarkeit jenen gegenüber, die ihm Schutz gewährt haben, verhindert, dass sich der Verfechter der geistigen Freiheit tatsächlich frei fühlt, zu sagen, was er denkt, zumindest verstehen zu geben, dass er sich getäuscht hat. – Die Adresse des Paradieses ist eine andere. Der Fluch, sich immer angemessen zu verhalten, die Grenzen nicht zu überschreiten, nicht die Regeln zu brechen, ist der wahre Grund für die »schwarze Leber«. *Pour delicatesse j'ai perdu ma vie*, schrieb Rimbaud, einer seiner Porträtierten, im Sinne einer Grabschrift. Aufgrund mangelnder Aggressivität wirft Zweig sein Leben weg.

Antonina Vallentin erinnert sich, dass Zweig fortwährend: »Störe ich?«, fragte, selbst wenn er sicher sein konnte, dass er mit Freude empfangen werden würde: »Ein Mann, der in seinem Leben nie hat eine Schlacht schlagen müssen [...] in dem Chaos unserer Zeit war er benachteiligt, unbewaffnet in einer Ära der Brutalität.« Vallentin war eine Expertin in Sachen Stefan Zweig.[886]

Während die Realität in Petrópolis wie eine Siesta erscheint, wird von den Zeitungen eine andere, aggressivere Wirklichkeit verbreitet. Voller Vorzeichen ist die letzte Ausgabe des *O Globo* am Samstag, den 7. Februar: Die Titelseite des Abendblattes, im Allgemeinen den lokalen Themen gewidmet, enthält ein Bulletin zum Krieg. Die Bedeutsamkeit der Ein-

---

[885] *Briefe SZ-Freunde*, 13.2.1942.
[886] *Vallentin* S. 49/50. In dem Porträt, das sie von ihrem Freund Stefan Zweig schrieb, lässt Vallentin eine große Sensibilität erkennen.

nahme Singapurs durch die Japaner ist nicht die beunruhigendste Neuigkeit, vielmehr zeigen andere Nachrichten, dass der Krieg in der Nachbarschaft des Paradieses angekommen ist: die Verlautbarung erster Luftabwehralarm-Übungen in Rio de Janeiro.

Erschreckend ist die Hauptschlagzeile in acht Spalten: »Nazi-Spionage in Brasilien – Die fünfte Kolonne streckt ihre Tentakeln über das ganze Land aus.« Der optimistische Leser ist froh über die Zerschlagung eines vom deutschen Handelsattaché angeführten Spionagerings. Der realistische Leser weiß, dass vor ein bisschen mehr als fünf Jahren die Integralisten in den Straßen ihre Begeisterung für Hitler und Mussolini zur Schau stellten. Doch für niedergedrückte Menschen wie Zweig hat das Wissen, dass in der Rua Paissandu 93, 3. Stock (Sitz der deutschen Botschaft, wenige Meter von dem Hotel entfernt, in dem er vor seinem Umzug gewohnt hat) eine nationalsozialistische Zelle aktiv ist, die Wirkung einer tödlichen Dosis Angst.

Gleichwohl ist der Schriftsteller tätig, handelt, trifft Vorkehrungen. In welche Richtung oder mit welcher Absicht weiß man nicht, noch nicht einmal er selbst. In einer Notiz für Koogan dankt er für alles, was der junge Freund für seine Ehefrau und für »unseren Sohn« (das Hündchen) schon gemacht hat, im Folgenden erörtert er in fünf nummerierten Punkten »Geschäftliches«: 1) Er enthebt ihn der Verpflichtung, eine Gesamtausgabe von Montaigne zu kaufen, da er schon eine für 50 Milreis erworben habe; 2) er teilt mit, dass der portugiesische Verleger zwei contos de reis auf sein Konto hinterlegt habe; 3) für die Erinnerungen akzeptiert er den Titel *Le monde tel que je l'ai vu* »oder etwas ähnliches, Sie wissen besser, ob dies in Portugiesisch gut klingt«; 4) er bittet den Verleger, »Guaraná« (das brasilianische Erfrischungsgetränk aus koffeinhaltigen Beeren aus dem Amazonasgebiet) für seine Frau zu schicken, weil die Hitze angefangen habe und 5) bezüglich der Einkommensteuer von 1941 würde er gerne mit dem Rechtsanwalt Dr. Malamud sprechen, denn er glaube nicht, dass er, der nur sechs Monate im Land ohne festen Wohnsitz verbracht habe, Abgaben an den Fiskus zu leisten habe. Malamud werde es besser wissen. Zweig schließt mit der Verabredung eines Treffens in Rio de Janeiro während des Karnevals, um sich über all dies zu unterhalten. Gesetzt den Fall, ergänzt er, die Hitze (und er hoffe auch die Freundschaft) brächte den Freund nicht doch noch nach Petrópolis – ein Bett stehe immer bereit, vielleicht zwei. Nach Art des Postskriptums verkündet er euphorisch: »Ich habe den Montaigne begonnen!« Zweig verstellt sich sehr gut oder die versteckte Drohung im Brief an Paul Zech hatte vielleicht nichts zu bedeuten. Wenn er schon einmal den Montaigne zu schreiben begonnen hat, kann es sein, dass er, sich an ihn klammernd, vermag, bis zum Ende zu gehen.[887]

Einen Anfang zu finden ist nicht schwer, das Problem ist, Montaigne in seiner Gänze entgegenzutreten, das Lebensende anzupassen. Montaigne, der Entsager, lebte bis zum Schluss, während Zweig zu verzichten scheint, bevor er alle Phasen der Entsagung durchlaufen hat. Er weiß, dass er etwas Größeres als ein Porträt schreiben muss, und gerät daher ins Stocken. Er möchte der herrschenden Barbarei etwas Stärkeres entgegensetzen – dies ist nicht möglich. 1937 hat er Freud offen gestanden: »Das eigentliche Buch, das man schreiben müsste, wäre die Tragödie des Judentums, aber ich fürchte, die Realität wird, indes man es zu grössten [sic] Intensitäten steigerte, unsere verwegenste Phantasie übertreffen.«[888]

Das Gefühl der Ausweglosigkeit wird durch Lottes angegriffene Gesundheit verstärkt. Er hat geglaubt, sie wäre eine Stütze, und nun stellt er fest, dass sie noch schwächer ist als er. 1932, während einer seiner Fluchten nach Paris, hat er bei Friderike über das Fehlen einer Sekretärin während seiner Reisen geklagt, deshalb hätte er immer Lust, zum Kapuzinerberg zurückzukehren. Friderike widersprach damals dem Ehemann: »Seitdem Du mit mir bist, Lieber, ist in *ununterbrochener* Kette Deine Arbeit *gewachsen*, und ich habe Dir, wenn auch keine Stenotypistin, doch wirklich alles gegeben, was an Umwelt der Ungestörtheit ein Künstler braucht. Von allein kommt das nicht. Unterschätze das nicht, indem Du etwa dafür aus mir eine Stenotypistin machen möchtest und schon gar jetzt noch, mit beginnenden weißen Haaren.«[889]

Jetzt verfügt er über eine Vollzeit-Stenotypistin, kann diktieren, was ihm gerade in den Kopf kommt oder hat in Minuten einen Text mit Kopien. Es fehlt ihm jedoch etwas Essenzielles. Die schöne Landschaft um ihn herum genügt nicht. Verwöhnt durch die Ruhe, fühlt er sich verloren. In seinem amerikanischen Exil notierte Thomas Mann gerade mal zwei Wochen nach dem Beginn des Krieges seine Formel, wie die Er-

---

[887] Notiz an Koogan, undatiert in: *Coleção Stefan Zweig, Biblioteca Nacional,* Rio de Janeiro. Die Repräsentanten des portugiesischen Verlags in Rio de Janeiro, Livros de Portugal, wickelten am 5. 2. 1942 die Auszahlung von Zweigs Einnahmen in Petrópolis ab. Derselbe Überbringer dürfte Koogan diese Notiz gebracht haben, da sich die beiden Buchhandlungen in der gleichen Straße, der Rua do Ouvidor, befanden.
[888] *Briefe SZ-Freud; Schnitzler,* 15.11.1937. Fünf Jahre später ließ Zweig sich, ohne das ganze Ausmaß des Holocausts zu kennen, von seinen Vorahnungen in den Tod reißen.
[889] *Briefe SZ-FZ,* Januar 1932.

schütterung der Ereignisse zu ertragen seien: »Viel gelitten, aber, bei guten Mahlzeiten und unterstütztem Schlaf Phlegma und Vertrauen in das eigene Schicksal aufrecht erhalten – bei zunehmender Einsicht in die zeitliche und inhaltliche Unabsehbarkeit des begonnenen Prozesses, dessen Ende zu erleben ich nicht gewiß sein kann.«[890]

Der Gigant weiß, dass er sich schützen muss. Die Vorhersagen interessieren ihn nicht, er hat die Pflicht, bis zum Ende zu gehen. Zweig dagegen sieht nur die Vorzeichen. Und in dieser Stimmung bereitet er sich vor, dem größten Volksfest der Welt beizuwohnen.

Karneval ist Auszeit und Wehklage, es ist nicht ohne Sinn und Verstand, dass die Ausgelassenen auf der Straße mit zum Himmel gestreckten Armen Samba tanzen. Er ist eine Pause, um sich beklagen, weinen, verspotten, manchmal – selten – beschweren zu können. Dieser Karneval von 1942 ist auch eine große Debatte. Da nun einmal die Politik nicht existiert, findet die Konfrontation auf anderen Ebenen statt. *Nós, os carecas* (wir, die Glatzen) wettstreiten mit *Os cabeleiras* (den Langhaarigen), die tadellose *Emília* liefert sich ein Gefecht mit der resignierten *Amélia*, die *Mulher do padeiro* (die Bäckersfrau) stellt sich der *Nega do cabelo duro* (Schwarzen mit dem Kraushaar).[891]

Wie der Zirkus birgt auch der Karneval traurige Noten: Man besingt die Sehnsucht, Herz reimt sich auf Schmerz, Pierrots weinen, man überdeckt die Verluste. Arglose Kunst eines arglosen Volkes – die einzige Gelegenheit, der Misere zu entfliehen, sich zu erheben, aufzusteigen, zu vergessen. In den Karneval passt alles hinein, Opernarien, italienische Chansonetten, Wiener Walzer, Menuette und natürlich viel Samba – das Fest der *malandros*, wenn sie die Furchtlosigkeit eintauschen, um sich der Verführung der Mulattinnen zuzuwenden.[892]

---

[890] Tagebucheintragung, 19. 9. 1939 in: *Mann 2*.
[891] Das Lied *Nós, os carecas* stammt von Arlindo Marques und R. Roberti; *Os cabeleiras* von Benedito Lacerda; *Emília* von Walson Batista und Haraldo Lobo; *Amélia* von Ataulfo Alves und Mario Lago. *Mulher do padeiro* von J. Piedade und Nicola Bruni. Diese Lieder wurden von allen gesungen und oftmals von einer Karnevalssaison in die andere »weitervererbt«. Karneval, das bedeutet ein Fest auf den Straßen, aber auch in den Salons. In jener Zeit waren die Sambaschulen klein, noch nicht die mächtigen Unternehmen, die heutzutage das Bild des Karnevals in Rio de Janeiro bestimmen.
[892] Der *malandro* ist eine Figur aus Rio de Janeiro, der im 19. Jahrhundert einen am Rand der Gesellschaft stehenden Wichtigtuer repräsentierte, später wandelte er sich zu einem schlauen, redegewandten und sinnlichen Bohemien. Dazu vgl. DaMatta, Roberto: *Carnavais. Malandros e herois* (Karnevale, Schurken und Helden). Editora Zahar. Rio de Janeiro 1979.

Zweig hat über den Karneval geschrieben, ohne ihn gesehen zu haben, »vom Hörensagen« laut Claudio de Souza. Er hat nicht gelogen, er hat sich ihn nur vorgestellt. Und seine Vorstellung war richtig: »(E)s ist, als sei die ganze Stadt von einer riesigen Tarantel gestochen. [...] Jeder soziale Unterschied ist aufgehoben, Fremde wandern Arm in Arm mit Fremden [...] es ist wie eines jener Tropengewitter des Sommers. Und nachher wieder das alte stille Gebaren.«[893]

Für Montag ist die Fahrt mit dem Auto nach Rio de Janeiro geplant, um mit den Ehepaaren Koogan und Feder die Feiern des Karnevalsdienstag mitzuerleben und am Aschermittwoch nach Petrópolis zurückzufahren. Alles kommt anders und das Volksfest, das jene bedrückte Seele aufmuntern hätte können, wird zu einem makabren Stoß in die entgegengesetzte Richtung. Noch einer. Es hilft nichts, etwas erzwingen zu wollen, Stefan Zweig ist stärker als Estêvão Ramos.

Schon am Sonntag, am Vortag der Fahrt nach Rio, wird er durch einen perfiden Artikel im Innersten getroffen. Ein konkreter Verdruss, anders als der unpräzise Weltschmerz, der ihn in jedem Augenblick quält. Gemäß der Zeitungsnotiz

> erwuchs in [Zweig] der Wunsch, ein Buch über Santos Dumont und seinen Ruhm zu schreiben. Dies erzählte er verschiedenen brasilianischen Freunden. In der Folge schien er, eingehender über das Thema nachdenkend, [...] von der schönen Idee abzurücken, was seine Bewunderer unter uns zutiefst betrübte. Zweig fährt häufig in die Vereinigten Staaten. Es ist eine Art von adoptierter Heimat. In der großen und mächtigen Demokratie, der größten der Welt, hat es ihm nicht an Ehrungen, Hommagen und Dollars gefehlt. Und dies in einer solchen Weise, dass sich der berühmte österreichische Dichter, Romanschriftsteller und Biograf in Schwierigkeiten sah, verlegen wurde, als die Nordamerikaner entschiedene Bemühungen machten, nachzuweisen, dass die Flugfähigkeit eines Objektes, das schwerer als Luft ist, das erste Mal von den Gebrüdern Wright demonstriert wurde [...] die *Academia Brasileira* [*de Letras*], die Santos Dumont zu ihren Mitgliedern zählte, könnte von ihrem unbestreitbaren Prestige Gebrauch machen, um von Zweig das Buch zu bekommen, von dem er nicht weiß, ob er es schreiben soll.

Der Beitrag erschien auf der Titelseite der literarischen Beilage des *Correio da Manhã* in der Klatschspalte, ohne Unterschrift. Ernst Feder, der erste, der davon berichtete, nennt die Zeitung nicht beim Namen. Auch Claudio de Souza, nachlässig wie immer, erwähnte sie nicht, obwohl er

---

[893] *Souza*, S. 53. *Brasilien*, S. 237/238.

den ganzen Nachmittag des Karnevalsonntags mit Zweig damit verbrachte, eine Antwort auf die boshafte Meldung vorzubereiten.

Zweifach in die Perfidität verwickelt, als Freund Zweigs und als Ex-Präsident der *Academia*, zog es Claudio de Souza vor, die Fakten zu verschleiern, anstatt eine Verleumdung mit deutlich antisemitischem Wortlaut anzuklagen. Seine Version ist zynisch: »[Zweig] brachte den Entwurf eines Briefes in Französisch über ein literarisches Thema und bat mich, dass ich ihn für das Presseorgan [ins Portugiesische] übertrage.«

In der Antwort, die Zweig vorbereitete, führte er, nach Aussage Ernst Feders, an, dass er nicht die technischen Kenntnisse besäße, um zu entscheiden, wer der legitime Pionier der Luftfahrt sei, und er hoffe, dass der künftige Biograf an Santos Dumonts Briefe an die *Academia Brasileira de Letras* erinnere, in denen dieser gegen den Gebrauch der Flugzeuge als Instrument der Zerstörung protestierte.

Ganz offensichtlich informierte Claudio de Souza Zweig über einige Erlebnisse des Erfinders, ließ aber andere, einschließlich des, gelinde gesagt, unhöflichen Verhaltens seiner geliebten *Academia* gegenüber Santos Dumont, weg. Der in der Zeitungsnotiz erwähnte »Traum, die Biografie über Santos Dumont zu schreiben« wurde nie geträumt. In den Briefen aus jener Zeit bezieht Zweig sich nicht ein einziges Mal auf das von der Zeitung beschriebene Projekt.

Der einzige verbliebene Hinweis ist die maßgebliche Behauptung von Gilberto Freyre: Es war der Traum von Lourival Fontes. Der Propagandachef von Vargas beabsichtigte, dem geflohenen Schriftsteller das Versprechen einer Biografie über den Erfinder und Luftfahrtpionier abzuringen. Dies gelang ihm nicht, so musste er sich mit *Brasilien. Ein Land der Zukunft* zufrieden geben. Angesichts des herannahenden zehnten Todestages von Santos Dumont und dem weltweiten Erfolg von Zweigs Brasilienbuch muss der Leiter des *DIP* daran gedacht haben, das Vorhaben noch einmal anzugehen. Er wandte die übliche Vorgehensweise an: Jemand leitete die Meldung unter der Hand an den Redakteur der Spalte, um auf diese Weise den Schriftsteller vor seinem Publikum offen unter Druck zu setzen.[894]

---

[894] »Santos Dumont e Zweig« (Santos Dumont und Zweig) in: *Correio da Manhã*, 15. 2. 1942 (in der Literaturbeilage). Der Autor des Artikels ist unbekannt. In seinen Aussagen gegenüber Prater und dem Autor erwähnte Zweigs Verleger Koogan diesen Vorfall nicht. Prater stieß erst bei der Lektüre von Ernst Feders Text darauf, der mehr als zehn Jahre nach dem Tod des Schriftstellers in Deutsch erschien. Darin wird die Zeitung, die die Intrige schürte, lediglich als »vielgelesenes Rio-Blatt« iden-

Zu seiner Unkenntnis der komplexen Materie kommt hinzu, dass Zweig völlig von der Beendigung der Erinnerungen und anschließend dem Dilemma Balzac-Montaigne in Anspruch genommen wurde. In *Brasilien. Ein Land der Zukunft* hat er Wert darauf gelegt, Santos Dumont eine entscheidende Rolle in der Geschichte der Luftfahrt zuzuschreiben, und die humanitäre Geste des Brasilianers, vom Völkerbund ein Verbot der Verwendung von Flugzeugen »zum Bombenabwurf und anderen kriegerischen Grausamkeiten« zu fordern, gelobt. Der Pazifist salutierte damit dem anderen Pazifisten. Die Regierung jedoch wollte mehr.[895]

In der offiziellen Geschichtsschreibung eines Landes, das es verabscheut, den Wahrheiten ins Auge zu schauen, und zudem in jenen Jahren von der Zensur zum Schweigen gebracht wurde, heißt es lediglich, dass der »Vater der Luftfahrt« in dem luxuriösen Hotel La Plage in Guarujá, an der Küste des Staates São Paulo gelegen, in den Anfangstagen der *Revolução Constitutional* (der Konstitutionellen Revolution, in der sich der Staat São Paulo gegen die immer größer werdende politische Einflussnahme der Bundesregierungen auf die Politik der einzelnen Bundesstaaten auflehnte) am 23.7.1932 an Herzversagen starb. Die Wahrheit wurde der Öffentlichkeit mehrere Jahrzehnte lang verschwiegen: Deprimiert über den bis dahin ungekannten Einsatz von Flugzeugen in einem Bürgerkrieg, erhängte sich Santos Dumont mit einer Krawatte in der Dusche seines Hotelzimmers.

Um ihn zum Patron der brasilianischen Luftwaffe wählen zu können, war es notwendig, das traurige Ende dieses exotischen, psychisch instabilen, Multiple-Sklerose-kranken Künstlers und Wissenschaftlers, der neun Tage vor seinem Selbstmord seine Landsleute gebeten hatte, ihre Divergenzen, »in einem Bild der Eintracht« zu lösen, geheim zu halten. Der Brief, den er hinterließ, wurde erst ein halbes Jahrhundert später veröffentlicht: »Meine Verrücktheit steht jener diametral entgegen, die

---

tifiziert. Vgl. *Feder 2*, S. 180. In seinen Aussagen und Texten, die Feder in Brasilien veröffentlichte, war er darauf bedacht, diese unangenehme Geschichte nicht anzusprechen. Dieses Schweigen ist verständlich: Feder war Mitarbeiter des *Diário de Notícias*, hatte Verbindungen zu anderen Presseorganen und war nicht daran interessiert, eine mächtige Zeitung zu verprellen. Mit der Presse ist nicht zu spaßen. Claudio de Souza ließ die Episode ganz weg. Vgl. *Souza*, S. 48. Drei Freunde von Zweig zogen es, aus jeweils verschiedenen Gründen, vor, seine letzte ihm in Brasilien zugefügte Kränkung zu vergessen.

[895] *Brasilien*, S. 184.

in diesem Salon voller Hyänen, in den sich Brasilien und die Welt verwandelt haben, herrscht.«[896]

Zweig und Santos Dumont sind Teil des Plans, für das Land auf dem internationalen Parkett zu werben. Durch den Abbruch der Beziehungen mit den Achsenmächten nach dem Angriff auf Pearl Harbor hat sich Brasilien klar auf die Seite der Alliierten gestellt. Die Regierung möchte der Welt ein aufstrebendes, technologisch fortgeschrittenes Land zeigen. Die *música popular* und der Karneval, beides von Hollywood entdeckt, genügen nicht. Mittels eines seiner jüngsten Helden beabsichtigen die offiziellen Propagandisten, den Exotismus durch Modernität zu ersetzen. Mit Zweig als Gewährsmann. Man rechnet mit der Zustimmung des Schriftstellers, aber vergisst, dass für ihn, als er 1940 die Lobeshymne gegen die Aufenthaltsgenehmigung eintauschte, Brasilien ein Traum war, jetzt 1942 hat es etwas von einem Albtraum.

Aus der Sicht der Regierung darf die Gelegenheit, Santos Dumonts an seinem zehnten Todestag zu gedenken, nicht vergeudet werden. Vor allem, weil gerade in Brasilien eine unbequeme Biografie erschienen ist, die keine Zweifel über seinen Tod lässt. Ein Selbstmord ist keine gute Propaganda, eine Tragödie ist nicht verkaufsfördernd. Doch die Regierung wird weiter insistieren.[897]

---

[896] Brief vom 14.7.1932 zit. nach: Senna, Orlando: *Santos Dumont*. Editora Brasiliense. São Paulo 1984, S. 89. Die Behörden verzichteten auf eine Autopsie, und die unwahre Version trat an die Stelle der Wahrheit. Die Regierung des Staates São Paulo nutzte das tragische Ende des Erfinders (obwohl er aus dem Nachbarstaat Minas Gerais kam) politisch aus, indem sie es auf dessen Verbitterung über die Erkenntnis, dass die Bundesregierung Flugzeuge einsetzte, um die Rebellen zu bombardieren, zurückführte. Alberto Santos Dumont (1873–1932), Enkel eines französischen Juweliers, Sohn eines Ingenieurs, kam in einer reichen Familie von Landgutbesitzern zur Welt. »Le petit bresilien« (er war nur 1,50 m groß und versuchte stets sein Gewicht von 50 kg zu halten) verbrachte einen Teil seines Lebens in Paris. Er war eine Mischung aus Sportler, Wissenschaftler, Denker und Okkultismus-Forscher. Stets unterschrieb er mit Santos = Dumont, um seine französisch-brasilianische Identität zu bekräftigen. 1901 fuhr er mit einem lenkbaren Ballon um den Eiffelturm. Im September 1906 war er der Erste, der einen öffentlichen Flug mit einem Motorflugzeug unternahm, eine von amerikanischen Forschern bestrittene Leistung, die diese den Gebrüdern Wright zuerkennen. Santos Dumont lehnte den Titel eines *imortal* nach seiner Wahl in die *Academia Brasileira de Letras* ab. Als Begründung gab er an, er sähe sich als der Ehrung nicht würdig an. Die *Academia* wählte daraufhin jemand anderen. Das Geheimnis, das um seinen Tod gemacht wurde, ist teilweise auch seiner Familie zuzuschreiben, die, um sein Privatleben zu schützen (er war homosexuell), seine Tagebücher und Aufzeichnungen erst Jahrzehnte später freigab.
[897] Zwei Jahre vor diesem Ränkespiel gegen Zweig veröffentlichte der umtriebige Journalist und Historiker Godin da Fonseca (1899–1977) die erste, umfassende Biografie über den Erfinder mit allen Einzelheiten über dessen Depressionen, früheren

Das Vorhaben, am Montag nach Rio de Janeiro hinunterzufahren, erspart Zweig die Bestürzung, die von der Rua Gonçalves Dias Besitz ergreift: Der Gärtner eines Nachbarhauses (Nr. 385) hat Ameisengift geschluckt und ist gestorben. Arme leiden nicht an Depression, ergeben sich nicht der Trauer, sondern behandeln die Melancholie, wie Roth, mit *cachaça*. Zweig hat nicht die Bekanntschaft dieses einheimischen Mr. Miller gemacht, sie hätten einander helfen können: Selbstmord ist lediglich für die Philosophen ein philosophisches Problem.

Sie fahren im Auto mit dem Ehepaar Feder in die Stadt hinunter. Die Freunde unterhalten sich darüber, wie der Verunglimpfung seitens der Zeitung im Zusammenhang einer Santos Dumont-Biografie angemessen zu begegnen sei. »Ich riet ihm zu erwidern.« Es ist nicht schwer zu erraten, wer den Impuls zur Verteidigung und das Selbstwertgefühl gezügelt hat. Ein Mann, der seine Ehre verteidigt, ist fähig, sein Leben zu verteidigen, eine Antwort an die Zeitung hätte alles ändern können – Pech, ein weiteres in der Aufeinanderfolge von schlechten Omen, die Santos Dumont begleiten.[898]

Die beiden sprechen noch über andere Themen, auf Feder wirkt Zweig lebhaft und neugierig, den Karneval kennen zu lernen. »Während der Fahrt [...] erzählte er mir von einer Aufforderung des ›Reader's Digest‹. Die Zeitschrift [...] lud ihn ein, den Inhalt irgendeiner bekannten Novelle der Weltliteratur in kurzer Darstellung so zu erzählen, daß der Ursprung verwischt und der Leser vor ein Rätsel gestellt würde. Der Vorschlag reizte ihn.« Natürlich zieht er dafür auch Balzac in Betracht, jedoch mit einem seiner weniger bekannten Werke *Le Colonel Chabert*, der Geschichte eines Helden, der, im Kampf als tot geglaubt,

---

Selbstmordversuch und tragisches Ende. Vgl. Fonseca, Godin da: *Santos Dumont.* Editora Vecchi. Rio de Janeiro 1940. Trotz des brisanten Inhalts gab es kein Echo darauf. Sie wurde nie wieder neu aufgelegt oder gar in andere Sprachen übersetzt. Frühere Biografien umschrieben die Todesursache stets euphemistisch. Sein Herz hätte der Traurigkeit nicht standgehalten. Nach der Ablehnung von Zweig gelang es der Regierung, eine neue, zweisprachige (Portugiesisch und Spanisch) Biografie zu veröffentlichen. Mit einem Diplomaten als Autor und in einer staatlichen Druckerei gedruckt, enthielt sie keinen einzigen Hinweis auf den Selbstmord, nur die Melancholie und das Leiden infolge des Kampfes unter Landsleuten wurden erwähnt. Sie wurde zur offiziellen Santos Dumont-Biografie. Vgl. Napeleão Aluízio: *Santos Dumont e a conquista do ar/Santos Dumont e la conquista del aire* (Santos Dumont und die Eroberung der Lüfte). Imprensa Nacional. Rio de Janeiro 1943.

[898] *Feder 2*, S. 180. Der Entwurf des Briefes, den Zweig Claudio de Souza zum Übersetzen gab, ist verschwunden. Er befand sich nicht unter den von Zweig hinterlassenen Papieren. Santos Dumont war äußerst abergläubisch. Lange Zeit klopften seine Landsleute bei der Erwähnung seines Namens auf Holz.

nach einer langen Odyssee nach Paris zurückkehrt und vergeblich versucht, seine Identität zu beweisen. Niemand glaubt ihm, noch nicht einmal seine untreue Ehefrau. Schließlich begeht er einen »Selbstmord« vor dem Gesetz – er willigt ein, als Oberst Chabert totgesagt zu bleiben.[899]

Das Gesprächsthema ist nicht neu, vor Wochen hat Feder die Behauptung, Goethes *Werther* hätte eine Selbstmordwelle hervorgerufen, zur Sprache gebracht. Eine »fable convenue«. Da Zweig gut aufgelegt ist, empfiehlt Feder ihm, eine Untersuchung über den Ursprung der Legende als Thema einer akademischen Arbeit vorzuschlagen. Zweig findet Gefallen daran, weist neue Ideen nicht zurück, alles fasziniert und interessiert ihn. Er ist aufgeschlossen, möchte teilnehmen, akzeptiert sein – er lebt.

Schon an der Peripherie von Rio de Janeiro fühlt man die karnevaleske Vibration, das große Trommeln hat von der ganzen Stadt Besitz ergriffen. Fasziniert lauscht Zweig dem gewaltigen musikalischen Spektakel, vergessen ist die einstige Aversion gegen den Lärm. Sie setzen die Feders in Laranjeiras ab und fahren weiter zu Koogans Wohnung in der eleganten Rua Paissandu in Flamengo, die sie schon so gut kennen.

Gemeinsam mit Koogan und dessen Frau gehen sie später zur Praça Onze, dem Epizentrum der Ausgelassenheit. Auch wenn man begonnen hatte, das alte Viertel im Herzen der Stadt abzureißen, um den Durchgang für die monumentale Avenida Presidente Vargas freizumachen, ist dies der Ort, wo der Karneval des Volkes pulsiert, unweit des jüdischen und des Prostituierten-Viertels von Mangue, in dem Zweig 1936 spazieren gegangen ist.

Am frühen Abend defilieren die Sambaschulen, heute sind die *ranchos* an der Reihe, der Höhepunkt findet morgen, am Karnevalsdienstag, mit dem reichen Defilee der großen Vereinigungen und ihrer mit bissigem Spott dekorierten Wagen statt.[900] Zweig macht interessiert und aufmerksam Notizen. Der Journalist Silva Reille trifft die Gruppe auf der Praça Onze inmitten der Narren. Man spricht über das Fest und

---

[899] *Feder 2*, S. 181. Zweigs Verbindungen zum *Reader's Digest* bestanden seit seinem ersten Beitrag aus dem Jahr 1932. Vgl. *Klawiter 1*, S. 214. In Brasilien kam die erste Ausgabe des *Reader's Digest* Anfang 1942 auf den Markt, daher wahrscheinlich das Angebot an Zweig.

[900] *Rancho* bezeichnet eine im Allgemeinen organisierte (Folklore)Gruppe, die auf Volksfesten (vor allem Dreikönigsfest oder auch Karneval) tanzt und singt. Früher gab es neben dem Defilee für die Sambaschulen auch ein Defilee für die *ranchos*, die kleiner und ärmer als die Sambaschulen waren.

die Kontrolle der Regierung über die Karnevalslieder. Dem Journalisten sagt Zweig: »Wenn das Volk in einer Diktatur schon ein so hohes Maß an Freiheit genießt, was wird erst passieren, wenn ihm die vollen Rechte, seine Gefühle auszuleben, zugestanden werden?«[901] Er verspricht, den Karneval unter dem Titel »Elixier der Freude« zu beschreiben, vielleicht inspiriert von Beethoven, der auf dem Höhepunkt seiner Taubheit Schillers »Ode an die Freude« in seine Neunte Sinfonie mit aufnahm.

»In Tirol singt man nur so, lero-leruuuu, lero-leruuu ... Unser lero-lero klingt anders, das Klima hier ist sehr heiß und, um die Sorgen zu vergessen, singen die Leute, singen bis zum Sonnenaufgang.« Die Musikerin Selden-Goth hat Recht, wenn sie sagt, dass die Depression des Freundes mit hohen Dosen an Musik hätte geheilt werden können – in der Hölle wie im Paradies: Das Heilmittel heißt singen.

Allmählich lässt der Übermut nach, die Feiernden beginnen, sich zurückzuziehen: »Das gibt es nur heute, morgen schon ist es vorbei!« Einige jammern: »Wer geht, nimmt die Sehnsucht von jemandem mit, der vor Schmerz weinend zurückbleibt ... es kommt die Stunde.«

Es ist beschlossen: Sie werden nicht zum Galaball des *Teatro Municipal* gehen. Die Fröhlichkeit des Volkes ist nicht unangenehm, im Gegenteil sogar inspirierend, aber die festlich geschmückte Verrücktheit deprimiert. Sie werden die Gelegenheit verpassen, Orson Welles kennen zu lernen, den Star des diesjährigen Karnevals, das junge Kinogenie, das kurz vorher mit dem Flugzeug direkt aus Hollywood angekommen ist. Als eine Art außergewöhnlicher Werbebotschafter für die Annäherung zwischen den Vereinigten Staaten und Lateinamerika ist der faszinierende Welles fasziniert von dem Fest. Er hat einen Film unvollendet gelassen, um den legendären Karneval in Rio de Janeiro nicht zu versäumen und den luxuriösen, nur den Betuchten offen stehenden Ballabend mit seiner Kamera festzuhalten. Er möchte diese Aufnahmen in dem Film über Brasilien verwenden – ein weiteres Opfer des Zaubers dieses Landes.

Zweig und Lotte hätten ins *Teatro Municipal* gehen sollen. Wenn schon nicht, um Vitalität und Erotismus zu erleben, so zumindest um Welles, den Freund von Salka Viertel, der Ex-Frau des Freundes Berthold, zu treffen. Der Cineast möchte Zweig kennen lernen, betrachtet

---

[901] *Correio da Manhã*, 23. 2. 1950. Der Journalist M. Silva Reille war der verantwortliche Redakteur der Zeitung *Jidische Presse,* die von Koogan finanziell unterstützt wurde. Dieses erklärt die Unterhaltung bei der zufälligen Begegnung auf der Praça Onze.

ihn als »erhaben«.⁹⁰² Der Zufall hat nicht geholfen. Dabei wäre es für beide gut gewesen – sowohl für den bedrückten Zweig als auch für den lebenslustigen Welles, dessen Brasilienaufenthalt ihm eine seiner bittersten Erfahrungen einbrachte.⁹⁰³

Der Cineast erobert Rio de Janeiro im Sturm: In einem von Motorrädern der gefürchteten *Polícia Especial* (Spezialpolizei) eskortierten Kabriolett fährt er durch die Stadt, besucht alle Feste, selten ist er dabei nüchtern. Den Galaball filmt er nicht nur, er gehört auch zu der Jury, die die besten Kostüme auszuwählen hat.

Am nächsten Morgen beim Frühstück schockiert die Schlagzeile: »Singapur fiel, als Widerstand nicht mehr möglich war.« Der *Correio de Manhã* bringt auf der ersten Seite die Telegramme über die Kapitulation der wichtigen britischen Basis angesichts der japanischen »Dampfwalze«. Während die Tore im Indischen Ozean niedergerissen werden, schlagen die deutschen und italienischen Truppen in Nordafrika eine Bresche in die englischen Linien, um bis zum Suezkanal und von dort nach Indien vordringen zu können. Die Achsenmächte möchten sich zu einem großen besetzten Gebiet vereinen. Das Britische Empire beginnt zusammenzubrechen und mit ihm einer seiner jüngsten Staatsbürger.

Nun erscheint die Gelöstheit vom Vorabend absurd, es ist ein Horror, unter so ausgelassenen Menschen zu leben. Erneut befällt Zweig tiefe Trauer; das Fest wird abgebrochen, die Neugierde aufgegeben. Lotte und er werden sich nicht das Defilee mit den Karnevalswagen anschauen, sondern sofort nach Petrópolis zurückfahren. Koogan weiß, dass der Schriftsteller zu abrupten Reaktionen neigt, der Fall Singapurs muss sein inneres Gleichgewicht erschüttert haben. Nur weiß der Verleger nicht, dass seit einiger Zeit ein Plan in Gang ist, auch vernimmt er nicht das Ticken der Uhr, das lediglich Zweig hören kann.⁹⁰⁴

---

⁹⁰² »[Zweig] war erhaben. Ich hatte vor, ihn jetzt bei meinem Besuch von Petrópolis kennen zu lernen«, erklärte Welles dem Reporter Celestino Silveira. Vgl. *Correio da Noite* (Rio de Janeiro), 27.2.1942.
⁹⁰³ Obwohl Welles noch nicht den Film *Der Glanz des Hauses Amberson* beendet hatte, nahm er den *Clipper* der *Pan-American*, um rechtzeitig zum Beginn des Karnevals in Rio de Janeiro zu sein. (Robert Wise stellte den Film fertig.) Zu Welles' Aufsehen erregenden Brasilienbesuch und der Geschichte des unvollendeten Films *It's All True* vgl. Bogdanovich, Peter, a.a.O., S. 257–281.
⁹⁰⁴ Prater gibt in seiner Biografie irrtümlicherweise an, dass das Ehepaar Zweig in Claudio de Souzas Wohnung übernachtet hätte. Vgl. *Prater*, S. 444. Die Aussage von de Souza ist unmissverständlich: Am Sonntag besuchten die Zweigs das Ehepaar de Souza in dessen Haus in Petrópolis. Vgl. *Souza*, S. 48; 53. In Rio verbrachten sie die Zeit mit Koogan und dessen Familie.

Lotte und Stefan Zweig begleiten die Koogans noch bis zum Eingang des *Teatro Municipal*, in dem die Tochter Genita am Kinderfest teilnehmen wird. Sie verabschieden sich am Treppenaufgang und gehen zu Fuß weiter über die Avenida Rio Branco zur Praça Mauá, von wo aus sie den Omnibus zurück nach Petrópolis nehmen. Sie zwängen sich durch den Korso – dem Defilee der Wagen, bei dem die Reichen ihre Kostüme zur Schau stellen – und werden dabei von den Gruppen der *sujos* umringt.[905] Verblüfft beobachten sie die Maskierten, die die augenblicklichen Dämonen dem Spott preisgeben: Hitler, Mussolini, Hirohito. Doch das Hakenkreuz, auch wenn es lächerlich gemacht wird, bleibt immer das schreckliche Hakenkreuz, die Ikone der Unmenschlichkeit. Von Traurigkeit vergiftet, tut Zweig nichts gut, nicht einmal die Späße jenes Volkes, das ihn so fasziniert.

Das Fest ist vorbei: »Wer geht, nimmt die Sehnsucht von jemandem mit, der vor Schmerz weinend zurückbleibt.« Es kommt die Stunde. Die Nachricht, die Zech im Radio hören wird, ist im Entstehen begriffen. Eins ist sicher: Das Vorhaben kommt von Zweig, er ist gebrochen. Wie alle Kranken möchte Lotte leben, sie ist die geborene Überlebende. Der Ehemann bietet zwei Alternativen an, beide gleichermaßen beklemmend: ihn zu begleiten oder von Schuldgefühlen – ihm und den anderen gegenüber – gequält zu überleben. Dieser Todespakt ist eine Zweigsche Schöpfung. Zweimal schlug er Friderike den gemeinschaftlichen Selbstmord vor, zweimal lehnte diese die tödliche Partnerschaft ab. Ohne sie verzichtete er darauf.

Wenn Lotte »nein«, »vielleicht« oder irgendetwas anderes sagen würde, könnte sie sich und ihn retten. Sie schweigt jedoch und gibt damit Sir Morosus, dem Protagonisten aus *Die schweigsame Frau* Recht: »Eine schweigsame Frau, die findet Er nur auf Kirchhöfen unter dem steinernen Kreuz!«[906]

Am Aschermittwoch erscheinen die Schlagzeilen in großen Lettern, die ihn niederschmettern: »Torpedierung der *Buarque*.« Es ist das erste von deutschen U-Booten versenkte brasilianische Schiff. Entgegen der Schifffahrts- und Kriegsgesetzgebung hat das deutsche U-Boot 432 vor der nordamerikanischen Küste ohne Vorankündigung das wehrlose bra-

---

[905] Die Gruppen der *sujos* (wörtlich übersetzt: schmutzig) waren Karnevalsgruppen, gebildet aus Freunden, Nachbarn, Mitglieder desselben Freizeitclubs oder Arbeitskollegen, die anstelle prächtiger Kostüme improvisierte Verkleidungen trugen. Im Allgemeinen waren es als Frauen verkleidete Männer (jedoch keine Trans- oder Homosexuellen). Außerdem bemalte man sich mit Kohle, daher der Name.
[906] Zweig, Stefan: »Die schweigsame Frau« in: *Ben Jonson*, S. 393–478, S. 403.

silianische Handelsschiff beschossen. Es gab nur einen Toten, der Rest der Mannschaft entging der Katastrophe – aber dennoch bedeutet es eine Erschütterung im Land der Ruhe.[907]

Zweig flieht vor dem Krieg, doch dieser kommt ihm unerbittlich näher. Er überquert Ozeane und der Krieg mit ihm. 1914 hat er ihn besiegt, 1939 ist er schändlich vor ihm geflohen, und jetzt ist der Krieg hier, um den Schriftsteller erneut zu fassen. Als Zweig am Vortag in Rio die Meldung von dem Fall Singapurs gelesen hat, haben die anderen seine Verstörung wahrgenommen. Heute registriert nur Lotte, dass Singapur jetzt hier ist. Der Kreis schließt sich – unweigerlich.[908]

Um sich für die gesandten Köstlichkeiten erkenntlich zu zeigen, ist es ungeachtet aller schlechten Nachrichten nötig, den Nachbarn Clementino Fraga aufzusuchen. Unvermeidliches Gesprächsthema ist der Karneval: »*Très érotique, très érotique*«, kommentiert Zweig. Es ist das Brasilien, das er erahnt, aber unterdrückt hat und eine seiner letzten Feststellungen bezüglich des Paradieses. Später sagt der Arzt zu seiner Familie: »Zweig ist aufgewacht.«[909]

Er täuscht es lediglich vor. Fraga spürte einen Funken Leben in dem zufälligen Kommentar über den Karneval. Aber der Freund von Sigmund Freud ist sich nicht bewusst, wie viel Eros ihm fehlt. Während der glanzvollen Begegnung mit Brasilien 1936 ist er nicht müde geworden, die verwirrende Schönheit der Frauen zu loben. Die Mulattinnen faszinierten ihn. Auf den danach folgenden Reisen aber gab es eine Barriere zwischen Zweig und den brasilianischen Frauen: Lotte.

Das Schachmatt ist in Vorbereitung. Es fehlen die sekundären Züge. An diesem Aschermittwoch schreibt er Friderike, niedergeschlagen wie immer, ohne jedoch etwas Besonderes zu offenbaren. Ein unleserliches Wort zeigt, dass sich der Arzt Clementino Fraga in der Diagnose geirrt hat:

---

[907] Das Verschwinden der brasilianischen Schiffe begann ein knappes Jahr zuvor, im März 1941, mit der »Annahme der Torpedierung« der Schiffe *Taubaté* und *Cabedelo*. Die Versenkung der *Buarque* am 18.2.1942 war der erste bestätigte Angriff eines deutschen U-Bootes.

[908] Die Hypothese, dass die Niederlage Singapurs den Gemütszustand des Schriftstellers verändert hätte, wurde von seinem Gastgeber Koogan übertrieben. Die Kapitulation wurde seit Wochen erwartet. Irgendeine andere Nachricht hätte dasselbe Ergebnis hervorgerufen. Ernst Feder deutet dies in seinen Texten an. Vgl. *Feder 1*, S. 202. *Feder 2*, S. 182/183.

[909] Maria Olívia Fraga, a.a.O.

(I)ch habe Dir nichts anderes zu schreiben als liebste Gedanken. Jetzt gerade war der fantastische Karneval in Rio, aber mir ist nicht nach Festlichkeiten zumute, und ich bin bedrückter denn je. Nie mehr werden all die vergangenen Dinge wiederkommen, und was uns erwartet, kann uns niemals das geben, was uns jene Zeiten zu bieten hatten. Ich fahre mit meiner Arbeit fort, aber nur mit einem Viertel meiner Kraft; es ist eher ein Fortfahren einer alten Gewohnheit, ohne wirklich schöpferisch tätig zu sein. Man muß überzeugt sein, um zu überzeugen, Enthusiasmus haben, um andere mitzureißen, und wie soll man dies heute finden! All meine besten Gedanken sind bei Dir, und ich hoffe, Deine Kinder finden gute Arbeitsmöglichkeit und kommen vorwärts; sie werden noch die bessere Welt nach dieser sehen. Ich hoffe, dass Du recht guten Mutes und ganz gesund bist und dass New York mit seiner Vielfalt Dir wenigstens gelegentlich von seinem künstlerischen Reichtum schenkt – hier *habe* [*hatte?*] ich nur die Natur und Bücher, gute, alte Bücher, die ich lese und wieder lese.   Immer Dein *Stefan*[910]

Habe oder hatte – das ist hier die Frage. Bei dem undeutlich geschriebenen Wort im letzten Satz irrt sich der Stylist in den Zeiten. Oder verwechselt sie. Die Abschiedszeremonie hat begonnen. Geschrieben in Englisch (weniger korrekt und flüssig als sein ebenfalls nicht perfektes Französisch) legt der Brief offen, dass die Formvollendung verloren gegangen ist, Zweig entledigt sich der Pflicht, sich klar auszudrücken. Vielmehr muss er sich der einzigen Person in der Welt mitteilen, die ihn versteht. Er wartet auf Zufälle. Dies ist stets seine Strategie gewesen.

Lotte taucht nicht auf, sie ist verschwunden. Wie sie selbst in dem Postskriptum einer der letzten Briefe an Berthold Viertel sagte: »Stefan hat mir wenig Platz gelassen.« Sie wollte damit sagen, dass der Ehemann schon alles berichtet hatte, und in Wahrheit verriet sie, dass der Ehemann ihr den Platz genommen hatte.[911] Sie kann Widerstand leisten. Von dem wenigen, das sie von der Kunst des Schachspielens weiß, ist ihr bekannt, dass die Ausschaltung des Königs nur dann passiert, wenn die Königin geschlagen ist.

Bei einem Abendessen in diesen letzten Tagen steht Lotte, was selten vorkommt, im Mittelpunkt. Leopold Stern erzählt, dass die Zweigs vier Tage vor dem Selbstmord in seinem Haus in Petrópolis zu Abend geges-

---

[910] *Briefe SZ-FZ*, 18.2.1942 (in Englisch geschrieben). [Hervorhebung durch den Autor.]
[911] *Briefe SZ-Freunde*, 28.10.1941.

sen haben: »Wir sprachen über verschiedene Themen und plötzlich, ich weiß nicht, warum, ging Zweig dazu über, seine Frau sehr zu loben und beklagte, keine Kinder von Lotte zu haben.«

Handelt es sich um ein posthumes Ammenmärchen von Stern oder ein spätes Eingeständnis, dass Kinder ihn retten könnten? Als die Gärtnersfrau ihr Kind bekam, war Lotte sehr aufgeregt. Das von Stern erwähnte Abendessen kann das gleiche gewesen sein, auf das sich der Journalist Raimundo Callado bezieht, als hätte es zehn oder zwölf Tage vor ihrem Tod stattgefunden: »Elizabeth [sic] Zweig öffnete sich [...] überraschend meiner Frau gegenüber. Sie erzählte, dass sie Kinder abgöttisch liebe, dass [meine Frau] unsere Kinder mitbringen solle, wenn wir [zu ihnen] kämen. Wir machten einen Gang durch den Garten. Beim Abschied beharrte Zweig sehr auffällig darauf, dass ich ihn anrufen solle, dass ich ihn besuchen solle ...«[912]

Donnerstag, den 19. Februar: ein neuerlicher Überfall des Reporters D'Almeida Vítor, des einstigen Fremdenführers auf der Reise in den Nordosten 1940. Er erscheint häufig, ohne vorher Bescheid zu geben, immer um etwas bittend. Aber diesmal verbirgt Zweig nicht, ja zeigt offen seine schlechte Stimmung.

> Ich fuhr nach Petrópolis, um mitzuteilen, dass ich sie die folgende Woche nicht sehen könnte, da ich einige Tage in Pindamonhangaba verbrächte. Als ich ihn über die Meldungen aus der Presse unterrichtete, stieß ich auf ein Telegramm mit der Information, dass ein japanisches U-Boot auf einen kalifornischen Küstenabschnitt geschossen hätte. [...] Wir erörterten die Sicherheit der brasilianischen Küste [...] Dabei begann er, sich zu beunruhigen und wurde sichtlich nervös.

Zweig schützt vor, Gabriela Mistral noch einen Besuch abstatten zu müssen, und führt den Journalisten, offenbar in Eile, zum Tor. »Er bat mich, Koogan auszurichten, dass er morgen in die Buchhandlung käme, um ihn zu sehen.« Aber Zweig besucht die Dichterin nicht – es ist ein Vorwand – die Aufdringlichkeit des Journalisten muss ihm lästig gefallen sein. Hätte er die Höflichkeit beiseite gelassen und die Verärgerung überhand gewinnen können, hätte sich sein Verteidigungsinstinkt gerührt. Ein bisschen mehr Wut, und er wäre am Leben geblie-

---

[912] Leopold Stern, Interview gegenüber der *Revista da Semana* zit. nach: *Azevedo*, S. 59. Callado, Raimundo: »Elizabeth Zweig [sic]« in: *Azevedo*, S. 139–142, S. 139. Dazu vgl. auch *Stern*, S. 72.

ben. D'Almeidas Vítors Schuld ist es, ihn nicht genügend aufgebracht zu haben.[913]

Am selben Tag schreibt Zweig noch einen langen Brief an den alten Freund Jules Romains, den das Exil ihm wieder näher gebracht hat. Er befindet sich in Mexiko-Stadt, näher bei ihm. Vielleicht versteht er die Bilanz:

> Es sind nun schon fast zehn Jahre, dass ich dieses Leben des Von-einem-Provisorium-zum-anderen führe, des Von-einer-Unsicherheit-zur-anderen, und es fehlt nicht an Depressionen, vor allem, da ich keinerlei Chance sehe, dass mir die nächsten Jahre eine Stabilisierung gestatten. Ich habe versucht, einen Roman größeren Umfangs zu beginnen, aber es fehlt mir hier die Dokumentation und der Montaigne schreitet langsamer voran, als ich gehofft hatte. Ich bin einige Jahre älter als Du, und da die vergangenen Jahre so sorgenvoll waren, frage ich mich oft, wo ich den Jungbrunnen finden soll. Alles, was ich geben konnte, war dank eines gewissen inneren Elans möglich, ich konnte nehmen, weil ich selbst eingenommen war, und dies stellte eine kommunikative Wärme her. Ohne Glauben, ohne Enthusiasmus, nur mit Hilfe meines Gehirns gehe ich wie auf Krücken. [...] ich möchte Euch sagen, wie glücklich ich bin, Euch in Mexiko zu wissen. Nach allem, was ich weiß, gibt es dort ein aktives und sogar begieriges intellektuelles Leben; und Ihr kennt mein Vertrauen in eine latino-spanische Regeneration [...]. Was Eure Reise nach Brasilien anbelangt, so glaube ich, dass sich eine Möglichkeit finden wird [...] ich beneide Dich um Deine unerschöpfliche Energie; ich selbst weiche jedem Windstoß aus; und meine einzige Stärke, mich aufrecht zu erhalten, bestand darin, mich in mich zurückzuziehen. Ein Baum ohne Wurzeln ist eine ziemlich schwankende Sache, mein Freund [...]. Unser lieber Roger Martin du Gard hat seine Arbeit wieder aufgenommen, von allen anderen weiß ich so gut wie nichts. Seltsam, man schreibt nicht gerne, wenn man weiß, dass die Briefe durch Dauer der Wegstrecke erkaltet ankommen – und hier fühle ich mich ganz und gar isoliert, es gibt Wochen, in denen ich keine einzige Post erhalte. Und ich denke an Dein schönes Jugendgedicht ›Aujourd'hui je n'ai pas

---

[913] D'Almeida Vítor, a.a.O. Schlimmer als die unangemessenen, stets auf den eigenen Vorteil bedachten Besuche ist der selbstgefällige Text, den der Journalist über seine Beziehung zu den Zweigs, einschließlich dieser letzten Begegnung, hinterließ. Der berühmte Vorfall mit dem japanischen U-Boot an der kalifornischen Küste trug sich Tage nach dem Selbstmord zu. Ferner gab der Journalist fälschlicherweise an, das Ehepaar auf Bitten des Schriftstellers eine Woche zuvor zum jüdischen Friedhof von Petrópolis geführt zu haben. Dort, wo die beiden 15 Tage später beerdigt werden sollten, hätten sie auf einer Anhöhe innegehalten. Es gibt keinen jüdischen Friedhof in Petrópolis.

reçu de lettre‹ [Heute habe ich keinen Brief erhalten] – Du hast es erahnt, wie immer der Dichter! Der Karneval in Rio war fantastisch – unglücklicherweise konnte ich mich nicht von der Welle an Frohsinn und Trunkenheit mitreißen lassen; und wie sehr hätte man es früher genossen, eine ganze Stadt vier Tage lang tanzen, umherziehen, singen zu sehen, ohne Polizei, ohne Zeitungen, ohne Kommerz – eine Menschenmenge, vereint allein durch die Freude![914]

Zweig bringt diesen Brief zur Post im Zentrum von Petrópolis. Dabei kommt er an der Schneiderei Brasil (Avenida Quinze de Novembro, 1075) von Henrique Nussenbaum, dem Leiter der kleinen örtlichen jüdischen Gemeinde, vorbei. Sie kennen einander nicht, doch gemäß des Protokolls einer Kleinstadt grüßt Nussenbaum den Schriftsteller, und dieser erwidert den Gruß liebenswürdig mit einem Kopfnicken. Bekleidet mit einem khakifarbenen Blouson, ohne Jackett, läuft er gemächlich die Straße entlang. In einigen Tagen sollten sich ihre Wege erneut kreuzen.[915]

Freitag, den 20. Februar, fährt er mit Lotte nach Rio hinunter, um sich mit Koogan und dem Rechtsanwalt Malamud zu treffen. Bei Letzterem hinterlegt er eine Kopie des Testaments, das er 1941 in New York in der Kanzlei Hofmann & Hofmann aufgesetzt hat. Dem Verleger übergibt er einen Umschlag zur Aufbewahrung im Safe. Zweigs Vorkehrungen befremden die beiden Freunde nicht, für eine gewissenhafte Person wie den Schriftsteller ist so etwas normal. Zweig und Lotte gehen mit Koogan zum Mittagessen. Auf der Avenida Rio Branco läuft ihnen Victor Wittkowski über den Weg, der Zweig nach seinem Befinden fragt:

»Es geht mir nicht gut. Ich habe sehr schlechte Nachrichten aus Europa erhalten.«
»Schlechte Nachrichten erhalten wir ja mehr oder weniger alle, Herr Zweig.« […]
»Ich bin so unglücklich, so unglücklich!« […]
»Es wird nicht immer so bleiben Herr Zweig […] Geduld!«

Da Wittkowski sieht, dass die drei es eilig haben, verabschiedet er sich:

»Ich werde Sie bald wieder einmal in Petrópolis besuchen; dann werden wir ausführlicher über all diese Dinge sprechen können. Heute will ich Sie nicht länger aufhalten […].«

---

[914] Brief vom 19. 2. 1942 in: *Romains*, S. 19/20.
[915] Henrique Nussenbaum, Aussage gegenüber dem Autor, 11. 1. 1981.

»Ja, gewiß, kommen Sie bald [...].«[916]

»Kommen Sie bald«, um zu helfen oder bevor es zu spät ist? Das ist nicht wichtig, nicht alles muss Sinn machen. Aus welchem Grund hat er nicht am Karnevalsdienstag in Rio de Janeiro übernachtet und Malamud am Aschermittwoch aufgesucht? Vielleicht musste er Lotte überzeugen, vielleicht war er selbst noch nicht überzeugt. Die Versenkung der *Buarque* hat ihn in seiner Entscheidung bestärkt.

Die drei essen in dem traditionellen portugiesischen Restaurant A Minhota (eines der ersten klimatisierten in der Stadt in der Rua São José). Man spricht über alles, auch über den Krieg. Als Zweig seine Betroffenheit angesichts der Nachrichten über die Verfolgung der Juden zum Ausdruck bringt, schmiedet der junge Verleger seine These: »Ihr deutschen und österreichischen Juden leidet mehr, weil ihr seit Jahrhunderten keine Verfolgung kennt. Wir, die wir aus Russland, Polen, Rumänien kommen, wissen, was Pogrome, Massaker, Terror bedeuten.« Ein großer Trost. Sie trinken einen gut gekühlten *chope*, das brasilianische Fassbier, das Zweig so mag; auch die toten Lebenden haben noch Vorlieben und Vergnügen.[917]

Samstag, den 21. Februar: So viel ist zu machen, aber etwas drängt ihn, die Zeitung zu lesen. Er muss wissen, was geschieht. Er hätte es nicht sollen, eine weitere Torpedierung, diesmal die der *Olinda*, die vor der brasilianischen Küste von deutschen U-Booten versenkt worden ist. Der Krieg nähert sich, er erkennt ihn wieder. Wenn er sich in den nächsten Tagen weiterhin an die Zeitungen klammert, wird er keine Zweifel mehr haben. Hitler ist entschlossen, Brasilien zu isolieren. Vor Tagen hat Zweig Leopold Stern gegenüber anvertraut: »Ich bin am Ende. Jetzt kann der kleinste Tropfen das Fass zum Überlaufen bringen.«[918] Es ist besser, sich abzuwenden, um diesem Tropfen nichts ins Auge sehen zu müssen.[919]

In derselben Ausgabe des *Correio da Manhã* versucht ein Kommentar von Drew Middleton der *Associated Press*, den Lesern in der ganzen Welt Hoffnung einzuflößen: Die Alliierten sind zunächst daran interessiert, den nationalsozialistischen Eroberungszug aufzuhalten, danach zum

---

[916] *Wittkowski*, S. 111/112.
[917] Abrahão Koogan, a.a.O.
[918] *Stern*, S. 77.
[919] Im März versenkten die U-Boote der deutschen Wehrmacht fünf Schiffe und bis Oktober 1943 brachten sie insgesamt 34 brasilianische Wasserfahrzeuge, darunter einfache Fischerboote, zum Sinken. Der Befehl des deutschen Oberkommandos war unmissverständlich: mit aller Kraft verhindern, dass die amerikanischen Alliierten den europäischen Verbündeten Hilfe schicken könnten.

Gegenangriff überzugehen. Antonio Callado, erst kürzlich in London als Korrespondent des *Correio da Manhã* eingetroffen, berichtet in einem Schreiben an die Redaktion, er hätte den Krieg noch nicht gesehen.

Das Leben geht weiter: In Cinelândia, im Zentrum Rios, wird *Mayerling* mit Charles Boyer und Danielle Darrieux und *König der Toreros* mit Tyrone Power und der heißblütigen Rita Hayworth gezeigt, und sogar Dick und Doof bleiben vom Klima des Krieges nicht unberührt, wie ihr Film *Schrecken der Kompanie* beweist. Um vom Besuch Orson Welles' zu profitieren, hat das Plaza den kontroversen *Citizen Kane* in sein Programm aufgenommen. Auf der Bühne gibt Procópio Ferreira für eine Mittelklasse, die sich zu bilden sucht, den *Bürger als Edelmann* von Molière. Im Casino von Urca wird das Spektakel *A grande valsa* (Der große Walzer) von Madeleine Rosay (eigentlich Rosenzwaig) über Wien aufgeführt – das Wien von früher ist untergegangen, niemand zweifelt daran. Nur Zweig, deshalb geht er mit ihm unter.

Briefe, Briefe und noch mehr Briefe. Zweig hat immer mit ihnen gelebt, unmöglich, gerade jetzt auf sie zu verzichten. Daneben gibt es die Stapel Papiere: Manuskripte, die geordnet; andere, die verbrannt werden müssen. Es herrscht eine seltsame Geschäftigkeit; das Ehepaar ist eifrig bemüht, so viele unnütze Vorkehrungen zu treffen. Lotte macht Einkäufe, aber dieses Mal bringt sie ein Übermaß an Nahrungsmitteln mit nach Hause – damit die Bediensteten für einige Tage genug zu essen haben. Den Gärtner bittet sie, den Garten sorgfältig zu pflegen, die Blumen dürfen nicht eingehen.[920]

Domenico Braga, den Zweig in Paris kennen gelernt hat und der jetzt in Petrópolis wohnt, ruft an: Er wolle die beiden am morgigen Sonntag besuchen:

»Morgen habe ich zu tun.«
»Und in der nächsten Woche?«
»In der nächsten Woche werden wir nicht hier sein.«

Da Braga gehört hat, dass sie beabsichtigen, nach Minas Gerais (wo sie schon einmal waren) zu fahren, glaubt er, dass sie verreist sein werden. Damit der Freund nicht durch eine eventuelle Barschheit seinerseits verstimmt zurückbleibt, verabschiedet sich der ewige Gentleman Zweig zuvorkommend: »Ich freue mich, Sie zu hören.«[921]

---

[920] Margarida Banfield, Aussage gegenüber dem Autor, 1. und 15.9.1980.
[921] *Feder 2*, S. 183/184. Domenico Braga war Brasilianer, lebte aber längere Zeit in Paris, wo er als Leiter des Institutes für internationale Zusammenarbeit des Völkerbundes

Auch mit Claudio de Souza telefoniert Zweig noch einmal. Er legt Wert darauf, den Anruf des übereifrigen Gastgebers, den er während ihres Aufenthaltes in Rio erhalten hat, zu erwidern. Er hat nichts Wichtiges zu sagen, aber er muss sich bedanken, sich erkenntlich zeigen:

> (E)r [Zweig] empfahl mir, nicht so viel zu arbeiten, denn er sei überzeugt, dass »im Leben alles [...] flüchtig sei«. Seine Stimme war fest. Er schien mir zu lächeln, wie er es immer tat, wenn er eine dieser Überlegungen äußerte, um sie abzuschwächen. Ich teilte ihm mit, dass ich ihn an jenem Tag nicht besuchen könne, und lud ihn für den nächsten Tag, den Sonntag, ein, mit Freunden, die aus Rio kämen, bei uns zusammen Tee zu trinken. Er bedankte sich für die Einladung, ohne sie indessen anzunehmen. So schlug ich einen Ausflug für Montag vor. Er antwortete mir, dass wir dies im Auge behalten sollten und dass er noch ein Mal seiner Dankbarkeit für alle Freundschaftsbeweise, die wir ihm erwiesen hätten, Ausdruck verleihen wolle. Mit einem kurzen Lebwohl beendete er die Unterhaltung. Seine letzten Worte befremdeten mich nicht, weil wir uns wiederholt in dieser Weise unterhalten hatten.[922]

Mit dem Ehepaar Feder ist es etwas anderes: Zweig wünscht sie zu sehen, nicht, um sich zu zerstreuen, vielmehr, um jenen, die sich von der kleinen, ihn umgebenden Gruppe abheben, eine Ehrerbietung zuteil werden zu lassen. Hommage eines Exilanten an einen anderen, dem einzig Auserwählten für den kapriziösen Abschied, bei dem lediglich einer Lebwohl sagt:

> Schon am Sonnabendmorgen hatte er [Zweig] seine Frau veranlaßt, bei meiner Frau anzurufen. Frau Lotte fragte:
> »Wie hat denn Ihrem Mann der Karneval gefallen?«
> »Darüber wollten wir mit Ihnen sprechen!«
> »Wir wollten Sie zu uns einladen. Kommen Sie doch heute abend.«
> »Wollen Sie nicht zu uns kommen?«
> »Wir haben noch zu arbeiten. Kommen Sie doch zu uns.«
> »Also, wie immer um halb neun?«
> »Nein, kommen Sie doch lieber schon um acht.«
> Als ich um diese Stunde mit meiner Frau in der Rua Gonçalves Dias eintraf, empfing uns Frau Lotte auf der Veranda des Häuschens. Sie schien bedrückt

---

tätig war. In den Artikeln zu Zweigs Selbstmord wurde er nur mit dem Nachnamen genannt, was viele dazu verleitete, ihn mit dem anderen Braga, nämlich dem berühmten Kolumnenschreiber Rubem, zu verwechseln.
[922] *Souza*, S. 56/57.

und sagte, sie fühle sich nicht wohl. Er selbst saß schreibend am Tisch seines Arbeitszimmers, dessen Fenster auf die Veranda hinausging. Ich war überrascht. Abends pflegte er nie zu arbeiten.
»Wir stören Sie? Wir kommen zu früh?«
»Nein, gar nicht!«
Mit einer gewissen Befangenheit, die mir auffiel, erhob er sich und kam zu uns. Vier Stunden waren wir an diesem Abend zusammen. (I)ch habe nie mit Stefan Zweig gelacht. An jenem Abend aber gab es kaum ein Lächeln. Wohl fühlte ich, daß tiefere Schatten auf ihm lagen als früher, ahnte jedoch nichts. Erst später erschloss sich mir der wahre Sinn seiner Worte und Gesten.
Wie entschuldigend begann er:
»Ich habe in den letzten Nächten wenig geschlafen. Ich habe viel gelesen.«
Er sprach von seiner letzten Lektüre, Bainvilles ›Napoleon‹, erzählte Einzelheiten der Darstellung und zog Vergleiche zwischen der großen französischen Revolution und den Umwälzungen unserer Zeit.
»Wollen Sie das Buch haben?«
Ich sah, daß der Band zum großen Teil noch nicht aufgeschnitten war und erwiderte:
»Sie haben es ja noch nicht zu Ende gelesen.«
»Ich lese es nicht mehr«, bemerkte er und zwang mich, das Werk anzunehmen, da er wußte, daß ich neue Dokumente über die französische Revolution aufgefunden hatte und mit deren Prüfung beschäftigt war. Interessiert und teilnahmsvoll, wie er es immer gewesen war, erkundigte er sich nach dem Fortschritt meiner Arbeiten. Ich hatte ihm einen kleinen Essay von mir namens *Treffen in Weimar* mitgebracht, den er vor der Publikation lesen wollte. Er sah ihn genau durch und machte, sich entschuldigend, einige feine Einwendungen.
Ich fragte ihn nach dem Roman aus der Inflationszeit, von dem er mir erzählt hatte. Er hatte ihn vor einiger Zeit zur Seite gelegt, da er genaue Daten und intime Einzelheiten dieser leidvollen Zeit nicht nachprüfen konnte. Er sprach über Österreich. Dann redeten wir über seine letzte Arbeit, die *Schachnovelle*, er schien froh zu sein, die Lösung für das ursprüngliche und schwierige psychologische Problem, das er sich gestellt hatte, gefunden zu haben.
Die vier Bände meines Montaigne, die er entliehen hatte, gab er mir zurück.
»Haben Sie denn jetzt eine vollständige Ausgabe?«
»Ja«, murmelte er unsicher, er habe schon zwei Kapitel geschrieben.
In dem Band, den er mir zurückgab, hatten ihn nach einigen Merkmalen zwei Stellen der Vorrede gefesselt, die eine, wie Montaigne beschreibt, daß er am Hofe, ›in der Menge verloren, seine Beobachtungen anstellt‹, eine an-

dere, wo er selbst, zwischen dem Bürgermeister von Bordeaux und dem Menschen Montaigne unterscheidend, sagt: ›Meine Meinung geht dahin, daß man sich anderen leihen, aber nur sich selbst schenken soll.‹
Den Balzac hatte er aufgegeben. Oft hatten wir von diesem Gegenstand gesprochen. Auch jetzt kam er darauf zurück. »Es gibt keine große Balzac-Biographie. Die sich damit befaßten, sind alle gestorben, ehe sie das Werk vollenden konnten. Ich sprach in Paris mit Bouteron. Auch er wird sie nicht schreiben. Auch für mich ist das vorbei.«[923]
Immer wenn ich ihm sagte, nach dem Siege würde er alles wiedersehen und die Arbeit fortsetzen, schüttelte er den Kopf. Als ich jetzt eine ähnliche Bemerkung machte, fragte er überrascht:
»Glauben Sie wirklich, daß wir nach Europa werden zurückgehen können?«
[...] »So gewiß wie wir hier an Ihrem Tische in Petropolis sitzen, und wir vielleicht mit Ihnen.« Er sagte nichts. Aber er schien nicht überzeugt.
Ich versuchte, ihn abzulenken, indem ich ihm eine unserer häufigen Schachpartien vorschlug. Damals wußte ich nicht, [...] warum seine Frau, als er meinen Vorschlag zu einer Schachpartie akzeptierte, ihm einen langen erstaunten Blick zuwarf. [...] An sich war es kein Vergnügen, sein Gegner am schwarz-weißen Brett zu sein. Ich bin ein schwacher Spieler, aber seine Kenntnis dieser Kunst war so gering, daß es mich Mühe kostete ihn gelegentlich eine Partie gewinnen zu lassen.
Ich sah, daß es mir nicht gelungen war, seine Depression zu verbannen. Wir begannen wieder über das künstlerische Schaffen zu sprechen.
Vergebens bemühte ich mich, durch den Hinweis auf seine unverminderte Schaffenskraft diese Stimmung zu verscheuchen. Er meinte:
»Wenn ich früher etwas schrieb, war etwas Freude und Glanz darin. Kann ich dies auch noch in diesen Tagen? Ich pflegte, meine [deutschen] Bücher während des Druckes zu überprüfen. Ich würde sie fünf- oder sechsmal Korrektur lesen. Jetzt habe ich nur die Übersetzungen. Sie sind meine Stiefkinder, und ich liebe sie selbstverständlich, aber sie sind doch nicht so wie Kinder meines eigenen Bluts.«
Er sagte mir, daß in diesen Tagen das *Jornal do Brasil* ein Kapitel seiner Autobiographie veröffentlichen würde. Er begann erneut über den Krieg zu sprechen, ein Thema, was ich gewöhnlich in seiner Anwesenheit vermied, weil es ihn so schrecklich deprimierte. Er sagte nie ein Wort, das einen Zweifel an unseren letztlichen Sieg implizierte. Aber er war sicher, daß der Krieg lang und verheerend sein würde, und die Welle des Hasses, die er über der Welt zusam-

---

[923] Marcel Bouteron war einer der größten Balzac-Kenner, Forscher und Herausgeber einer umfassenden Balzac-Bibliografie.

menbrechen fühlte, bestürzte ihn. Ab und zu gebrauchte er den Ausdruck »an Krieg sterben«, so wie man an einer Krankheit stirbt.
Es war fast Mitternacht. Bedrückt von seiner Schwermut, gegen die wir kein Heilmittel fanden, gingen wir. Wie üblich begleiteten uns Stefan Zweig und seine Frau nach Haus. Unterwegs erzählte er mir, daß der Unterrichtsminister von Columbien [sic], ein ihm befreundeter Schriftsteller, ihn nach Bogotá eingeladen habe.
»Fahren Sie doch«, riet ich, um ihn auf andere Gedanken zu bringen.
»Nein, die Reise mache ich nicht«, sagte er mit leisem Lächeln.
In diesem Augenblick kamen unsere Frauen heran. Ich sagte zu Frau Lotte: »Wir haben soeben beschlossen, eine Fahrt nach Columbien zu machen.«
Sie lächelte traurig. Meine Frau meinte, eine solche Reise im Krieg sei nicht ganz ungefährlich. Frau Lotte widersprach: bei ihrer Abfahrt aus England war die Sache doch auch sehr ungemütlich.[924]
Zweig reichte mir lächelnd noch einmal die Hand zum Abschied.
Stefan Zweig fühlte, wie seine trübe Stimmung auf uns lastete.
»Also entschuldigen Sie meine schwarze Leber!«
Mit diesen Worten und einem tieftraurigen Blick verschwand er im Dunkel der zauberhaften Sommernacht [...].[925]

Am nächsten Tag, am Sonntag, den 22. Februar, haben die Angestellten frei, die Arbeit kann ungestört fortgesetzt werden. An alles ist gedacht: Selbstmord ist eine komplexe Angelegenheit, er erfordert Effizienz. Es ist kein Platz für Ablenkungen, Abschweifungen, Schwanken; nicht einmal für Verzweiflung. Neben dem Schreiben der Abschiedsbriefe erweist er noch eine Höflichkeit: die persönliche Verabschiedung von

---

[924] Von einem von Feders Berichten inspiriert, kursierte 20 Jahre nach Zweigs Tod ein Artikel von Arciniegas selbst: Laut dem Kolumbianer soll Lotte, während sie mit Feder und dessen Frau wartete, bis Zweig mit dem Schreiben fertig war, den Freunden zugeflüstert haben, sie mögen den Ehemann ermuntern, die Einladung nach Kolumbien anzunehmen: »Es gibt nur einen Ausweg. [...] Wenn er sie annähme, würde seine Entscheidung zumindest verschoben werden ...« Der Bericht von Arciniegas aus zweiter Hand über diesen Abend, der so dargestellt ist, als wäre er selbst dabei gewesen, mangelt an dokumentarischem Belegmaterial, zumal neben anderen Fehlern Feder als amerikanischer Professor präsentiert wird. Vgl. *Arciniegas 1*, S. 11.

[925] Feders Bericht ist eine Zusammenstellung seiner verschiedenen Texte über den letzten Abend mit Zweig. Vgl. *Feder 1*, S. 202–208. *Feder 2*, S. 184–186. *Feder 3*, S. 4–8 sowie Feder, Ernst: »Recordações Pessoais« (Persönliche Erinnerungen) in: *Azevedo*, S. 128/129. Feder, Ernst: »Recordando Stefan Zweig« (Erinnerungen an Stefan Zweig) in: *Azevedo*, S. 132–134.

Fortunat Strowski in dessen Hotel in Petrópolis. Dem strikten, akademischen Protokoll gemäß sucht er den emeritierten Professor auf.

Alceu Amoroso Lima (Tristão de Ataide) verbringt in diesen Tagen auch die Sommerfrische in Petrópolis:

> [Es war] genau am Vortag des Selbstmordes in der Nähe des Hauses, in dem ich als Kind die Sommer verbrachte. An diesem Nachmittag fuhr ich mit dem Omnibus nach Rio. Als ich durch Duas Pontes fuhr, sah ich das Ehepaar Zweig an der Straße, in der sie wohnten. Wahrscheinlich warteten sie auf ein Verkehrsmittel. Ich kannte sie nur vom Sehen und hatte ein paar seiner Werke gelesen. Aber der Anblick jenes berühmten Ehepaars ist mir wegen seiner besonders traurigen Ausstrahlung für immer haften geblieben. In dieser Nacht brachten sich die beiden um. Dies hat sich in mein Gedächtnis eingebrannt.

Sie sind auf dem Weg zu Strowskis Hotel. (Er trifft den Professor nicht an, es ist besser so.) Von dort gehen sie zur unweit gelegenen Post. Hier wird Zweig sein Dasein in Briefen beenden, fast genauso extensiv, sicherlich aber genauso intensiv wie seine Biografie. Schon im Kindesalter ist er das erste Mal mit Briefmarken in Berührung gekommen. Jetzt am Vorabend seines Todes klebt er sie ein letztes Mal auf die großen Umschläge, in die er die Typoskripte der *Schachnovelle* mit handschriftlichen Anweisungen an Ben Huebsch, Alfredo Cahn und Gottfried Bermann Fischer, seinem Verleger in Stockholm, gesteckt hat. Der Mensch Stefan Zweig ist fast tot, aber die Pflicht lebt. Ein Reporter des *Globo* brachte in Erfahrung, dass sie am Sonntagnachmittag in einer Konditorei in der Stadt einen Imbiss zu sich nehmend gesehen wurden.[926]

Dies ist der letzte öffentliche Auftritt, der Rest wird sich hinter den Wänden des Bungalows abspielen. Haben sie Hunger oder möchten sie nur gesehen werden, damit niemand Verdacht schöpft? Ist es nötig zu essen, bevor man sich umbringt? Welche Bedeutung haben das unangenehme Gefühl eines leeren Magens, das Frösteln, der Kopfschmerz oder die Asthmaanfälle, wenn alles bald vorbei sein wird? Wie ist der Abschied? Irgendeine letzte Fürsorge? Was ist das letzte gewechselte Wort? Küsst man sich? Liebt man sich? Haben sie sich geliebt?

---

[926] Alceu Amoroso Lima, schriftliche Aussage gegenüber dem Autor, 3.5.1980. In der Hochsaison hatte die Post auch sonntags geöffnet – Information von Susan Eisenberg-Bach, die zu jener Zeit in Petrópolis wohnte.

In seinen Erzählungen hielt Zweig die Spannung des Schlusses nicht aus. Sein eigenes Ende war entspannt, ruhig und gelungen. Dank Lotte. Diensttagebuch des Polizeikommissariats von Petrópolis: Der Kriminalbeamte Barcelos de Souza, der seine 24 Stunden-Schicht um Mitternacht begann, hinterlässt folgende Eintragungen:

Diebstahl eines LKWs um 12.15 Uhr

Verkehrsunfall mit Zeugen um 16.30 Uhr

Selbstmordversuch um 16.40 Uhr: Ivone Pereira, 15 Jahre, zündete ihre Kleider an. Im Verlauf der Untersuchungen fand ich heraus, dass Streitereien mit der Mutter über unschickliche Liebschaften das Motiv für diese verwirrte Tat gewesen waren.

Selbstmord: Um 16.45 Uhr des 23. Februars wurde diesem Kommissariat durch Sérgio Ferreira Dias mitgeteilt, dass man ein Ehepaar, das sich selbst umgebracht hatte, im Haus Nr. 34 in der Rua Gonçalves Dias in dieser Stadt entdeckt hätte. Die Ermittler Luís Autran und Dihel Monteiro erschienen am Tatort und bestätigten, dass der berühmte Schriftsteller Stefan Zweig und seine Frau Elisabeth tot auf dem Bett lagen. Zumindest wurden Gläser zur Einnahme von Gift, diverse geschriebene Erklärungen und Geld gefunden, alles ordentlich aufgelistet. Während der Untersuchung des Vorfalls befanden sich die dort wohnhaften Angestellten Ana [sic] de Oliveira Alvarenga, Antônio Morais und Dulce Morais im Haus.

Ein Überfall um 20.30 Uhr

Es gelangte nichts mehr zu meiner Kenntnis, was einer Eintragung würdig gewesen wäre.[927]

---

[927] Diensttagebuch des Polizeikommissariats Petrópolis. Abschrift des Autors, Februar 1981.

DECLARAÇÃO

Ich grüsse alle meine Freunde!
Mögen sie die Morgenröte noch sehen nach der langen Nacht!
Ich, allzu Ungeduldiger, gehe ihnen voraus.

Der begrabene Leuchter

»*So gehöre ich nirgends mehr hin, überall Fremder und bestenfalls Gast.*«
Die Welt von Gestern, S. 8

»*Geborgen aber durch Geheimnis, wartet und wacht noch immer der ewige Leuchter [...] Wie immer Gottes Geheimnis, ruht er im Dunkeln der Gezeiten, und niemand weiß: wird er ewig so ruhen, verborgen und seinem Volke verloren, das noch immer friedlos umhergewandert von Fremde zu Fremde, oder wird endlich einer ihn finden an dem Tag, da sein Volk sich wieder findet, und er abermals dem befriedeten leuchten [sic] im Tempel des Friedens.*«
»Der begrabene Leuchter« in: Rahel, S. 74–191; S. 190/191

Kapitel 10

Dulce befremdet die Stille. Gegen Mittag tritt die Hausangestellte daher an die Schlafzimmertür; es scheint, als ob jemand tief seufzt, schläft. Manchmal stehen die Herrschaften spät auf. Nach dem Mittagessen ruft Claudio de Souza wie versprochen an, um den Ausflug mit dem Auto zu vereinbaren. Auch er wundert sich nicht, als Dulce ihm mitteilt, dass sie noch schlafen.

Es ist 16 Uhr, als der Ehemann von der Arbeit kommt und seine Frau ihm sagt, dass die Herrschaften nicht aufgestanden seien; die Hausangestellten sind alarmiert – man muss etwas tun.

Antônio denkt daran, auf das Dach zu steigen, einen Ziegel aus der Verkleidung zu entfernen und ins Zimmer zu schauen. Dulce versucht das näher Liegende, sie öffnet die Tür. Diese ist unverschlossen (Selbstmörder denken an alles): Sie späht durch den Türspalt und ist die erste, die das schreckliche Bild sieht, das zur Nachricht verwandelt um die Welt ging: Stefan und Lotte umschlungen, bleich und starr. Obwohl von einfachem Gemüt und Analphabetin versteht Dulce alles.

Zusammen mit ihrem Mann ruft sie die Polizei. Als der übereifrige Claudio de Souza erneut anruft, um nach dem Ausflug zu fragen, erhält er die Information, dass es keinen Ausflug mehr geben wird.

In diesem Augenblick fahren Alfred Agache und seine Frau mit dem Auto nach Rio hinunter und halten an der Ecke der Rua Gonçalves Dias an, um sich von den Zweigs zu verabschieden. Sie steigen die Treppe, die vom Garten zum Hauseingang führt, hoch, als sie eine fremde Gestalt erblicken.

Der Polizeibeamte erzählt ihnen alles. Agache ruft Claudio de Souza an, der Leopold Stern schon ausfindig gemacht hat, der seinerseits Paul Frischauer verständigt hat. Unterdessen benachrichtigt die Polizei Koogan und Malamud, so wie es auf einem der von Zweig geschriebenen Zettel angeordnet steht – in Portugiesisch, präzise und höflich wie immer:

Bitte seien Sie so nett, Herrn Abrahão Koogan – Editora Guanabara – 133, Rua do Ouvidor, Rio, Tel.: 22–7231 – und Dr. Samuel Malamud, Rua 1° de Março, 39, Rio – zu informieren. – Vielen Dank! Stefan Zweig.

Zweigs Umfeld ist wiederhergestellt. Es fehlt die Regierung; hier tritt Claudio de Souza in Aktion: die Regierung ist seine Sache. Telefonisch leitet er die Nachricht an den *Palácio Rio Negro* weiter, in dem der Präsident Getúlio Vargas zur Sommerfrische weilt. Sofort erhält er die Erlaubnis für ein Staatsbegräbnis mit allen Ehren. Vom *Chefe da Casa Militar* (eine Art oberster Militärberater) General Francisco José Pinto bekommt er polizeiliche Unterstützung zur Beschleunigung der Formalitäten: Der Polizeikommissar José de Morais Rattes höchst persönlich wird mit dem Fall betraut und der Leiter des städtischen Amtes für öffentliche Gesundheitspflege, Dr. Mario Pinheiro, ein Hygieniker, zum zuständigen Rechtsmediziner ernannt. Eine Untersuchung der Todesursachen wird nie gemacht. Es ist nicht wichtig, es gibt keine Verdachtsmomente, das Ganze ist eine reine Formalität.[928]

Koogan und Malamud versuchen so schnell wie möglich zu kommen, aber sie schaffen es nur in den üblichen zwei Stunden, die man über die moderne, sich durch das Gebirge schlängelnde Corniche benötigt. In der Eile vergessen sie die versiegelten Umschläge, die Zweig ihnen drei Tage zuvor in Rio de Janeiro übergeben hat. In einem von ihnen ist genau festgelegt, wie er bestattet werden möchte.

Selbstmord – es gibt keine andere Erklärung. Zweig hat sich vorgestellt, dass die unsinnigsten Sachen gesagt werden würden, aber das macht nichts, in den letzten Jahren hat er gelernt, sich mit Verurteilungen abzufinden. Sein letztes Bestreben ist es, keine Zweifel über das Geschehen zu hinterlassen. Deshalb hat er ein bis ins kleinste Detail ausgearbeitetes Ritual festgelegt, damit die Geste nicht als Unfall interpretiert werden würde. Er möchte vollständig verstanden werden. Jene, die von ihm stets eine kämpferischere Haltung gefordert haben, sehen sich nun mit seinem dezidierten Engagement konfrontiert.

So viele Abschiedsbriefe, so viele gewissenhafte Instruktionen, so viele Bücher, die mit einem höflichen Wort des Dankes an die jeweiligen

---

[928] Die Totenscheine (Nr. 2176 und 2177), lagen über fast vier Jahrzehnte unveröffentlicht im öffentlichen Archiv von Petrópolis, bis sie vom Autor sichergestellt und später der *Biblioteca Nacional* in Rio de Janeiro gestiftet wurden. Der aus einer wichtigen Familie bekannter örtlicher Politiker stammende José de Morais Rattes hatte wenig Erfahrung als Polizist.

Besitzer zurückgegeben werden sollen, und vor allem jene »*Declaração*«, für jedermann sichtbar auf die Kommode gelegt, lassen keinen Raum für Zweifel. In Deutsch verfasst, aber mit portugiesischem Titel versehen, ist sie ein Beweis, dass der Tote etwas zu seinem eigenen Tod zu erklären hat. Doch so viel Formvollendung und Sorgfalt werden nicht verhindern, dass die Botschaft entstellend verkürzt wird.

»*Pas toucher*«[929] – hat Zweig in großen Buchstaben auf einen der Stöße maschinengeschriebener Originale geschrieben. Die Behörden gehorchen, sie rühren nichts an. Sie hatten nichts begriffen: Ein Fall wie dieser kann nicht durch einen Befehl von oben zum Abschluss gebracht werden. Es könnte keine größere Respekterweisung geben, als dass die Freunde, Behörden und Freunde in den Behörden ein bisschen mehr Willen zur Aufklärung der genauen Umstände an den Tag legen würden.

Die als erste eintreffenden Reporter aus Petrópolis haben den Vorteil der geografischen Nähe und den Nachteil, gewisse Vorgehensweisen der großen Presse nicht zu kennen. Nach ihnen finden sich die Journalisten aus der Bundeshauptstadt zusammen mit dem Reporter der *Agência Nacional*, der nicht fehlen darf, am Ort des Geschehens ein. An der Tür werden sie abgewiesen: Der Zutritt zum Haus ist untersagt. Sie können die Leichen erst nach dem Abschluss der Ermittlungen sehen.

Die verstörten Hausangestellten wissen nicht, was sie sagen sollen. Die ungeschickten Freunde Claudio de Souza und Leopold Stern jedoch, nun zu Berühmtheiten geworden, haben viel zu erzählen.

Der Kommissar Rattes entdeckt bald die »*Declaração*«, und da es seine Aufgabe ist, den Selbstmord zu bestätigen und andere Hypothesen auszuschließen, wendet er sich für die sofortige Übersetzung des Textes an die anwesenden Freunde des Opfers.

Leopold Stern spricht gut Deutsch und Französisch, aber zeigt Lücken im Portugiesischen. Claudio de Souza, fließend Französisch sprechend, hat wenige Deutsch-Kenntnisse. Die beiden Schwächen vereinen sich, und das Ergebnis lässt ein großes Unverständnis gegenüber dem ausgefeiltesten Text des berühmten Schriftstellers erkennen:

---

[929] Der vollständige, von Zweig in französischer Sprache geschriebene Text lautete: »Nicht berühren! All diese Manuskripte (größtenteils unvollendet) sind Herrn Abrão Koogan [sic] *Editora Guanabara* zu übergeben, den ich gebeten habe, sie aufzubewahren und von Herrn Victor Wittkowski Hotel Russel Praia Russel durchsehen zu lassen. Stefan Zweig.« Vgl. *Coleção Stefan Zweig, Biblioteca Nacional*, Rio de Janeiro.

Stern verlas laut seine Übersetzung [aus dem Deutschen], die mit Bleistift von einer dritten Person auf Papier aufgeschrieben wurde. Diese leitete sie mir ohne nochmaliges Durchlesen nur zu meinem Gebrauch weiter und ich übertrug sie dann [vom Französischen] ins Portugiesische, während Stern mit seiner Übersetzung fortfuhr, ohne dass die eine Arbeit die andere begleitet hätte. Auf der letzten Seite, die man mir reichte, stand ein Adieu des Schriftstellers an seine Freunde, der Rest der Seite und die Rückseite waren leer. Ich wie alle anderen, die sich Notizen für Zeitungen machten, verstanden es so, als ob der Text an dieser Stelle endete und wir alle hörten an diesem Punkt auf. In jenem Moment fragten mich Mitarbeiter des *DIP* per Ferngespräch, ob ich ihnen sagen könnte, was in der Erklärung stand. Ich antwortete, dass sie lang und [die Übersetzung] gerade eilig fertig gestellt worden sei. Die Person, die mit mir sprach, sagte, dass das *DIP*, wenn die *Hora do Brasil* (Brasiliens Stunde) [im Radio] begänne, seinen Hörern eine erste Nachricht mitzuteilen wünsche, für die die wichtigsten Abschnitte genügten. Unter diesen Umständen diktierte ich ihnen die Notizen, die ich eben in so tiefer Betroffenheit angefertigt hatte, ohne für diese in Anspruch genommen zu haben, dass sie eine perfekte und gründliche Übersetzung seien.[930]

Eine dürftige Entschuldigung von Claudio de Souza. Laut seinen Aussagen hätten auch Elmano Cardim, der Leiter des *Jornal do Commercio* und ein weiteres Mitglied der *Academia*, und der Schriftsteller Paul Frischauer die Übersetzung gelesen, ohne das Weglassen des Schlusses zu bemerken. Cardim hat nicht das Format eines nachforschenden Journalisten, und Frischauer scheint in diesem Fall nicht an der Wahrheit interessiert gewesen zu sein.

Nach dem Satz »Ich grüsse alle meine Freunde!« fehlt der Schlusssatz, die Darlegung des wahren Grundes, die Manifestation der Hoffnung: »Mögen sie die Morgenröte noch sehen nach der langen Nacht! Ich, allzu Ungeduldiger, gehe ihnen voraus.«

Das Schlimmste von allem ist, dass Claudio de Souza, der nun Herr des Geschehens und darauf bedacht ist, viele Interviews zu geben, an-

---

[930] *Azevedo*, S. 49/50. Claudio de Souza gab diese Erklärung mehr als 14 Tage später (14.3.1942) Reportern des *Globo*. Die Zeitungen des folgenden Tages (24.2.1942) veröffentlichten die unvollständige Fassung, eine mit einer Abbildung des Originals. Niemand machte sich die Mühe zu überprüfen, wie wortgetreu die Übersetzung war. Erst am 28.2. wurde das Weglassung des Schlusssatzes bekannt gegeben. Die dritte Person, an die Leopold Stern die französische Übersetzung weitergab, war der Journalist Nestor Pimentel vom *Jornal de Petrópolis*, der den unvollständigen, vom Französischen ins Portugiesische übertragene Text an die Kollegen in der Hauptstadt, einschließlich des Redakteurs der *Agência Nacional*, verteilte.

statt die Verkürzung zu korrigieren, den Text aus seiner Sichtweise zu interpretieren versucht. Unfähig, Mut und Größe zu erkennen, verstärkt der Literat den negativen Eindruck, der dem Selbstmord zugrunde liegt. Seine Lesart der »*Declaração*« ist dieselbe wie die der Leser der Tageszeitungen am nächsten Tag: Glaubensverlust, kein Vertrauen in die moralische Kraft, um dem nationalsozialistischen Dämon die Stirn zu bieten.

Die unvollständige Version wird auch an die internationalen Agenturen verteilt, und so erreicht Stefan Zweig in den folgenden Stunden seine Leser in allen Ecken der Welt mit dem Bild des Unterlegenen, Pessimisten und Feiglings, der selbst in der Stunde des Opfers unfähig war, zu protestieren. Dies verdankt er den übereifrigen Übersetzern.

Umsichtige Freunde werden zusammengerufen, um zu erledigen, was zu tun ist: Papiere besorgen, die Beerdigung vorbereiten, sich um Särge, Totenwache, Grabsteine, Trauerfeier, Testament, Zeremonie, Ehrungen kümmern. Andere Freunde bleiben still und ruhig. Von Schmerz überwältigt, sind sie unfähig zu agieren. Zweig hat sich stets von Freundschaften genährt, dank der Wärme von Seelenverwandten am Leben gehalten, sich denjenigen hingegeben, die in seiner Nähe waren, und verzweifelt versucht, sich jenen anzunähern, die sich entfernt hielten. In diesem in der *serra* gelegenen Paradies wird er, als er nicht mehr am Leben ist, zum Gegenstand von Formalitäten. Keine Träne ist zu sehen, kein Schmerz erkennbar. Dies gilt jedoch nicht für Ernst Feder, dem Zweig seine letzte gesellschaftliche Zusammenkunft gewidmet hat. Jetzt verhält sich der Freund bedeckt, diskret. In die Hektik um das Begräbnis schleicht sich eine Spur schlechten Gewissens ein. Der Meister des Requiems ist Claudio de Souza.

Nach fünf Jahren formaler Zensur hat die Presse ihre Aufgabe, genau zu recherchieren und zu berichten, verlernt. Die Zeitungen des folgenden Tages sind daher nicht imstande, über die verstümmelte »*Declaração*« hinaus eine detaillierte Darstellung des Selbstmords zu liefern. Welche Mittel waren es, wie haben die beiden sie erworben, wie haben sie sie eingenommen, wer hat sie zuerst genommen, zu welcher Uhrzeit – wer, wann, wo, wie, warum?

Neugier hat hier nichts Krankhaftes, denn die Bedeutsamkeit dieses tragischen Moments erfordert es, dass man die Einzelheiten der Tragödie kennt. Die Suche nach Gefühl muss mit der Suche nach Wahrheit einhergehen. Nur so lässt sich Überflüssiges vermeiden. Unpräzise Berichte, Widersprüche, fragmentarische Informationen nähren die Vermutungen, wenigen wird nachgegangen. Aus Angst zu fragen entsteht ein Vakuum der Antworten und daraus erwächst der falsche Eindruck eines Mysteriums.

Die voneinander abweichenden Versionen über die eingenommenen Drogen zeigen eine Presse im Schlepptau der Erklärungen inkompetenter Behörden. Einige Zeitungen geben die Erklärungen von Dr. Mario Pinheiro bezüglich einer Überdosis Veronal wieder, aber die *Folha da Noite* (São Paulo) schreibt ihm die Behauptung zu, dass das Gift ein Ameisengift gewesen sei. Auch das *Jornal do Brasil* erwähnt Ameisengift und berichtet außerdem von einer improvisierten, im Bungalow selbst durchgeführten Autopsie. Niemand erinnerte sich, dass Zweig in seiner Schilderung von Nietzsche und dessen schrecklichen Schmerzen und schlaflosen Nächten ebenfalls den Missbrauch von Chloral und Veronal erwähnt hatte.[931] Niemand stellte die Hypothese auf, es habe sich um Morphium gehandelt.[932]

In die Totenscheine schrieb der Arzt, die Verstorbenen seien um 12.30 Uhr am Montag verschieden, und gab als Grund die Einnahme einer giftigen Substanz an. Er hatte dabei der Aussage der Angestellten vertraut, dass sie, angesichts des langen Schlafes der Herrschaften besorgt, gegen Mittag an der Zimmertür gelauscht hatte.

Details ändern die beklemmende Gewissheit nicht, aber es gibt keinen, der die vollständige Aufklärung verlangt. Genauso wie zehn Jahre zuvor, als sich der Flugpionier Santos Dumont in Guarujá umbrachte. Was zählt, ist das unterschriebene und gestempelte Dokument.

Bei der ohnehin schon aus dem Rahmen fallenden Tragödie kommt erschwerend hinzu, dass sie sich am Höhepunkt des Sommers, kurz nach dem Karneval, in der Provinz fernab der Hauptstadt zugetragen hat. Die grauenvolle Szene im Schlafzimmer erfordert einen Erzähler,

---

[931] *Der Kampf mit dem Dämon*, S. 210–216. Zweig beging einen entlarvenden Fehler: Der Philosoph starb 1900 und Veronal (Barbital) kam erst zwei Jahre später auf den Markt. Zweig benutzte in seinen letzten Monaten sicherlich Veronal als Schlafmittel, und da er die tödliche Droge mit Bedacht gewählt hatte, dürfte es ihm bekannt gewesen sein, dass der Tod bei einem Gewohnheitskonsumenten erst nach einiger Zeit einsetzen würde.

[932] Die Hypothese von Veronal wurde vom allgegenwärtigen D'Almeida Vítor verbreitet, der bald in Petrópolis erschien und den Kollegen erzählte, dass Zweig Tage vor dem Selbstmord seinen Nachbarn Clementino Fraga nach der höchsten Dosis des Medikamentes, die man ohne Risiko einnehmen könnte, gefragt hätte. Der Arzt hätte ihm am Tag der Beerdigung von Koogan von diesem Gespräch mit dem Schriftsteller erzählt. Ein Ammenmärchen: Zweig war mit Fraga nicht so vertraut, als dass er ihn um eine solche Information gebeten hätte. Die erfundene Geschichte des Veronals veröffentlichte D'Almeida Vítor fünf Jahre nach Zweigs Tod. Vgl. *Jornal do Commercio*, Recife, 31.8.1947.

der jenes Bild des umschlungenen Ehepaares zu deuten vermag. Es kann auch eine Erzählerin sein:

> Ich betrat das Schlafzimmer und verharrte dort, ich weiß nicht, wie lange, ohne den Kopf zu heben. Ich konnte oder wollte es nicht sehen. In den zwei zusammengeschobenen bescheidenen Betten lag der Meister mit seinem schönen, nur durch die Blässe veränderten Gesicht. Der gewaltsame Tod hatte keine Spuren von Gewalt hinterlassen, er entschlief ohne sein ewiges Lächeln, aber mit einer großen Sanftheit und einer noch größeren Friedlichkeit. Es scheint, als sei er vor ihr gestorben. Seine Frau, die dieses Lebensende mit angesehen haben muss, hielt den Körper [ihres Mannes] mit dem rechten Arm fest und ihr Kopf lag an dem seinen. Und selbst nach der Trennung der Leichen blieben der Arm und die Hand angewinkelt und steif. Man brauchte viel Kraft, um jenen zerbrechlichen kleinen Körper in den Sarg zu legen. Ihre Gesichtszüge waren stark verzerrt. Es gibt nichts, was mich diesen Anblick vergessen lässt.

Gabriela Mistral in der Funktion einer Reporterin, als das lyrische Sprachrohr des Todes; die Dichterin versteht etwas von Sonetten und Selbstmorden. Sie ist die einzige, die sich mit den Details des Geschehenen beschäftigt. Sie möchte verstehen, findet sich nicht mit dem ab, was sie sieht, möchte Kenntnis haben über das, was nicht zu sehen ist.[933]

Der Tod ist ein Geheimnis, der Selbstmord ein noch größeres; der Zweierpakt ein schreckliches Rätsel, fordert eine Rekonstruktion der Vorgänge. Einsame Selbstmörder sprechen nicht, sterben schweigend, weinen – leise oder laut –, haben niemanden, dem sie sich offenbaren können. Mit einem Partner verlangt die höchste Geste Dialoge, Aktionen und Reaktionen, Schwankungen, Befehle, vielleicht sogar irgendeine Gewalttat. »Der freiwillige Tod ist der schönste. Das Leben hängt von fremdem Willen ab, der Tod von unserm.« Dies ist nicht Zweig, dies ist Montaigne, in den letzten Lebensmonaten waren sie fast identisch.[934]

Gabriela Mistral kommt am frühen Abend zum Bungalow, sobald sich die Nachricht herumgesprochen hat, aber die beschriebene Szene trägt sich spät in der Nacht zu, als man mit der Umbettung der Leichen in die

---

[933] Mistral, Gabriela: »Depoimentos sobre Stefan Zweig«, a.a.O., S. 91. Mistral wurde in Chile durch die *Sonetos de la muerte* (Todessonette), ursprünglich 1914 veröffentlicht, bekannt. Zwei Selbstmorde prägten ihr Leben: der ewige Geliebte Romelio Ureta brachte sich 1909 im Alter von 26 Jahren um; in seiner Tasche fand man einen Zettel mit dem Namen der Liebsten. Der Adoptivsohn Juan Miguel (in Wahrheit ihr Neffe) nahm sich 1943 mit 17 Jahren des Leben. Das Werk der Dichterin ist von der Thematik des Leidens gekennzeichnet.
[934] Montaigne, Michel de, a.a.O., S. 175.

Särge beginnt, nachdem die Formalitäten erledigt sind und Zweigs Totenmaske abgenommen ist.

»Es scheint, als sei er vor ihr gestorben. [...] man brauchte viel Kraft, um jenen zerbrechlichen, kleinen Körper in den Sarg zu legen. Ihre Gesichtszüge waren stark verzerrt.«

Sie liegen zusammen, sind aber zu verschiedenen Zeiten gestorben, dies kann erklären, warum Lottes Körper sehr steif ist und seiner weniger, warum Zweigs Physiognomie entspannt und die ihre verändert, entstellt ist. Ganz so, als ob außer der Todesstunde auch die Gifte, die sie töteten, unterschiedlich gewesen sind. Oder der jeweils dahinter stehende Wille. Was dieser sensiblen und scharfsichtigen Dichterin ins Auge springt, ist die Diskrepanz – vereinte Leichname, ungleiches Sterben. Er ruhig, weil er sich dafür entschieden hatte; sie verkrampft, weil sie von der Entscheidung des anderen mitgerissen wurde.

»Es scheint, als sei er vor ihr gestorben. [...] man brauchte viel Kraft, um jenen zerbrechlichen, kleinen Körper in den Sarg zu legen. Ihre Gesichtszüge waren stark verzerrt.«

Im Morgengrauen des Sonntags legte Lotte für einen kurzen Augenblick – vielleicht wenige Minuten – die Rolle der Gehilfin ab, um die der Protagonistin zu übernehmen. In jenem Moment, als Zweig in seinen letzten Schlaf eintauchte und sie sich darauf vorbereitete, um den ihren zu beginnen, glichen sie einander. Auch wenn sie nicht zögerte, wurde sie doch von einigem Zweifel beherrscht: War seine Dosis ausreichend? Würde ihre genügen? Das Schicksal versteht nichts von Pharmakologie, der Plan kann fehlschlagen wie der von Romeo und Julia.

Neben den Leichnamen ist auch das Mobiliar augenfällig: falsche Ärmlichkeit, düsterer als die wirkliche. Das improvisierte, karge Ehebett – das genaue Abbild dieser Beziehung. Zwei zusammengeschobene Einzelbetten (einer zu jener Zeit sehr beliebten Marke, *Faixa Azul*). Eine Gütergemeinschaft, aber nicht zum gemeinsamen Ausruhen. In den frühen Stunden von Petrópolis müssen die beiden, wenn sie sich aufgrund der Kälte einmummeln oder das Herzklopfen vereinen möchten, auf ein kompliziertes Manöver mit den Decken zurückgreifen. Zusammen schlafen bedeutet mehr als nebeneinander zu liegen. In der Einsamkeit erprobt, sieht Gabriela Mistral in den getrennten Schlafstätten eine unübersehbare Distanz zwischen den Ehepartnern.

Auf Lottes leerem Bett sind die Decken leicht zerwühlt – ein Zeichen dafür, dass sie sich für sehr, sehr kurze Zeit hingelegt hat. Zweig ist vollständig bekleidet – dunkelbraune Hose, hellbraunes kurzärmliges Hemd, schwarze Krawatte; Ton in Ton, fast wie für eine Trauerfeier, aber korrekt, die Schuhe respektvoll unter der Decke versteckt. Die einzige Nachlässigkeit: Er ist unrasiert.[935]

Zu ihrem Ehemann gewandt, klammerte sie sich an seinen Arm in einer Besitz beanspruchenden Geste, die letzte, die sie sich erlaubte. Ihr Kopf ruht auf seiner Brust, erschöpft. Sie trägt einen einfachen, geblümten Morgenmantel und eine Armbanduhr. Sie musste die Zeit überprüfen. Das Drehbuch ließ keine Verzögerung zu.

Auf Zweigs Nachtisch steht eine kleine, billige Stehlampe mit beweglichem Arm, eine von denen, die in jeder Eisenwarenhandlung verkauft werden; eine Flasche Mineralwasser der beliebten Marke *Salutaris*, ein Glas, 800 Reis in Münzen (vielleicht das Wechselgeld vom Omnibus), ein Bleistift für irgendeine letzte Notiz, eine Schachtel Streichhölzer – es ist nicht bekannt, ob leer oder voll. Es ist kein Aschenbecher, keine Asche oder Zigarren darauf zu finden. Die Streichholzschachtel muss eine andere Funktion gehabt haben, vielleicht um Tabletten darin aufzubewahren. Auf dem Waschbecken daneben zwei gebrauchte Taschentücher. Wenn Tränen geflossen sind, müssen sie abgetrocknet worden sein.

Auf Lottes Nachtschränkchen befindet sich eine noch bescheidenere Stehlampe aus Holz. Außer *Salutaris* noch eine weitere Wasserflasche (eine von denen, die man in Kühlschränken benutzt), ein Glas mit einem Rest Wasser, das mit einer nicht identifizierten Substanz vermischt war, und eine Scheibe Toastbrot – sie ist angebissen, nicht aus Hunger.[936]

Im angrenzenden Badezimmer gibt es ein wichtiges Detail festzuhalten: Lottes Unterwäsche, über den Boden verstreut, als hätte sie in Eile die Kleider gewechselt, im Gegensatz zu ihrem perfekt angezogenen Mann. Bekleidet mit einem Tageskleid wäre sie ihm ebenbürtig gewesen. Sie musste sich als seine Gehilfin, als ihm untergeordnet darstellen.[937] (Laut Claudio de Souza schlief der Schriftsteller beim Zerreißen

---

[935] *Azevedo*, S. 66.
[936] Der Autor bediente sich der von den Journalisten gemachten Fotografien. Die einzigen Originalfotos, die gefunden wurden, wurden in den Archiven der Zeitung *O Jornal*, heute zum *Jornal do Commercio* (Rio de Janeiro) gehörend, aufbewahrt. Donald Prater war während seiner kurzen Forschungsreise nach Rio de Janeiro nicht daran interessiert, sie auszuwerten oder abzubilden (lediglich in seiner Fotobiografie verwandte er das vom Autor zur Verfügung gestellte Material). Einige der Originalfotos weisen noch Teile der Aufnahmen auf, die man damals für die Ablichtungen der Zeitungen durch Umknicken entfernt hat. Um eine größere Wirkung zu erzielen, wurde die Mehrzahl der Fotos ohne die Nachttische, mit dem Fokus auf die Leichen veröffentlicht.
[937] Margarida Banfield, a.a.O. Obwohl sie in Rio de Janeiro lebte, sprach sie mit den Angestellten, die ihr Informationen weitergaben, die von der Presse nicht verbreitet wurden. Lottes Armbanduhr ist auf den Fotos zu sehen.

von Papieren ein, eine der törichten Bemerkungen des Literaten – die Papierkörbe im Zimmer waren voller zerrissener Blätter und zerstochener Fotos.)

Zweig umarmt Lotte nicht, sie ist es, die ihn in einer letzten Geste beim Einschlafen umklammert hat, denn seine Arme ruhen auf seiner Brust. Sein Kopfkissen ist leicht angehoben, um den Kopf beim Einschlafen bequem anlehnen zu können, das ihre nicht einmal benutzt. Als ihre Zeit kam, schlüpfte Lotte unter die Decke des Ehemannes – ein letztes Anschmiegen.

»Es scheint, als sei er vor ihr gestorben. […] man brauchte viel Kraft, um jenen zerbrechlichen, kleinen Körper in den Sarg zu legen. Ihre Gesichtszüge waren stark verzerrt.«

Vierzig Jahre danach erwähnte Kommissar Rattes ein anderes Schlafmittel, Adalina, das nie in den Nachrichten aufgetaucht ist. »Ich fand es seltsam, es klang wie ein Frauenname, ich habe es nie vergessen.« Er war sehr nachdrücklich: Als er zum Ort des Geschehens kam, war Lottes Körper noch warm. Selbst der Polizist verstand nichts davon.

> Es war uns verboten, eine Autopsie zu machen. Befehl des *Palacio*. Wir fanden lediglich ein Röhrchen Adalina neben dem Bett, ein leichtes, zu jener Zeit sehr gebräuchliches Schlafmittel, zu schwach, um einen Menschen zu töten, noch viel weniger zwei. Wir durchsuchten das ganze Haus, wühlten in den Papierkörben, aber wir fanden nichts. Ameisengift? Nein. Diesen unverwechselbaren Geruch hätten wir bald wahrgenommen. Ich habe keinen Unterschied im Zustand der Leichen bemerkt. Ich erinnere auch nicht, Gabriela Mistral gesehen zu haben […] Ich erinnere mich an den Bildhauer, der die Totenmaske abgenommen hat, weiß aber nicht, welches Ende es mit ihr genommen hat. Da die Regierung ihn nicht bezahlte, behielt er sie schließlich.

Die Aussage von Dr. Mario Pinheiro, gleichermaßen dürftig.

Niemand sprach von Morphium, das in jenen Jahren auf ärztliches Rezept und nur mit anderen Substanzen vermischt in den hiesigen Apotheken verkauft wurde. Rein gab es Morphium nur in den Krankenhäusern. Illegal erworben wurde es hier, im Gegensatz zu Europa, lediglich von reichen Drogensüchtigen konsumiert, nicht aber von Selbstmördern. Die tödliche Dosis für einen Konsumenten ohne Toleranzgrenze, der nicht an den Gebrauch gewohnt ist, sind ungefähr zwei Gramm. Gesetzt den Fall, Lotte würde es auch eingenommen haben, hätten vier Gramm gut in eine unschuldige brasilianische Streichholzschachtel gepasst, wenn man sie aus einem Fläschchen entnommen hätte. Vielleicht jenem, das Zweig im Mai 1940 während eines ersten Anfalls von Angst angesichts der Niederlage Frankreichs jederzeit bereit zu halten versprochen hatte. Die Verantwortlichen öffneten die Streichholzschachtel nicht, wunderten sich nicht einmal, dass sie dort lag, so ohne Nutzen. Niemand war daran interessiert, das zum Tod führende Mittel herauszufinden, dabei hätten einige Unregelmäßigkeiten ans Licht kommen können.[938]

In seinen letzten Lebensmonaten machte Zweig in hohem Maße von Schlaf- und Beruhigungsmitteln Gebrauch, deren Verkauf nicht unter Kontrolle stand; ihr Preis allein diente schon zur Einschränkung. Neben Nathan Bronstein, der Lotte behandelte, hatte Zweig noch mehrere Freunde, die Ärzte waren (Afrânio Peixoto, Claudio de Souza).[939]

Der Zahnarzt Aníbal Monteiro, ein Hobby-Bildhauer, wurde vom Bürgermeister zur Anfertigung der Totenmaske zu Zweigs Haus bestellt:

> Als ich ankam, sah ich die Leichen auf dem Bett. Sie lag auf der Seite und hatte ihren Arm auf seiner Brust. Er lag zufrieden da, war angezogen, als ginge er auf der Straße spazieren. Mit ausgestrecktem Arm hielt er ein Manuskript fest. Wir drehten Lottes Leiche von der Stefan Zweigs weg und ich begann mit der Arbeit.[940]

Die Totenstarre, die die Dichterin so sehr beeindruckte, liefert eine Spur für das, was in der Nacht von Sonntag auf Montag geschehen ist und aus den Totenscheinen nicht hervorgeht. Die Totenstarre, bei Lotte viel ausgeprägter, kann auf substanzielle Unterschiede bezüglich der Todesstunde oder -ursache hinweisen. Die Pathologen sind die letzte medizinische Instanz, sie retten keine Leben, aber können eine Geschichte erzählen und die Wahrheit wiederherstellen – eine Art, Gerechtigkeit zu

---

[938] Aussage gegenüber dem Autor: José de Morais Rattes, 14. 12. 1980; Mario de Medeiros Pinheiro, 11. 6. 1981. Der mit diesem Fall betraute Kommissar und der Rechtsmediziner haben in den vielen Interviews, die sie in jenen Tagen gaben, nie das Schlafmittel Adalina genannt. Erst vier Jahrzehnte später erwähnten sie es. Nachträgliches Erinnerungsvermögen kommt vor, zeigt aber auch die große Nachlässigkeit der Presse bei der Suche nach den Einzelheiten.
[939] Rachel Bronstein, a.a.O. Sie bestätigte den Gebrauch von Beruhigungsmitteln, wusste jedoch nicht die Namen der Präparate.
[940] Aníbal Monteiro, Aussage gegenüber Sylvio Back zit. nach: *Back*. Der Gipsabdruck blieb in Besitz des Zahnarztes und befindet sich heute im Sitz des *Instituto Histórico e Geográfico Brasileiro* (Brasilianisches Historisches und Geografisches Institut), Rio de Janeiro. Zwei Abgüsse aus Metall sind in Händen von Sammlern. Diese Aussage von Monteiro widerspricht einer anderen von 1983, in welcher er verneinte, dass es ein Todespakt war – Lotte wäre von Zweigs Handlung überrascht gewesen. Vgl. *Diário de Petrópolis*, 14. 12. 1983. Die Information, dass Zweig ein Manuskript in der Hand hielt, ist ebenfalls falsch.

üben oder den Hinterbliebenen zu helfen. In diesem Fall sind sie abwesend. Diktaturen verabscheuen Autopsien. Selbstmorde ebenfalls.

Olga Carauta de Souza, die Ehefrau des Präsidenten der *Academia de Letras* von Petrópolis, in deren Räumen die beiden aufgebahrt wurden, bestätigt die Umbettung der Leichname in die Särge: »Sie mussten [bei Lottes Leiche] Kraft aufwenden. Sie war sehr steif.«[941]

Lotte, der nun zu einer Statue erstarrte Schatten Zweigs, rief die Aufmerksamkeit der beiden Frauen hervor. Die Gifte, mit Sicherheit unterschiedliche, sind ein weiteres Rätsel. So penibel wie Zweig in seinen Vorkehrungen war, müsste er an einen ordentlichen Vorrat von Medikamenten gedacht haben, um die Ausführung des Paktes zu gewährleisten. Das Beseitigen der Spuren, mit denen man die Gifte hätte nachweisen können, lässt auf einen eisernen Willen schließen, Nachforschungen zu verhindern. Die beiden nahmen alle Tabletten oder die ganze Ration ein, ohne Spuren zu hinterlassen. In ausreichender Dosis, um Überraschungen zu vermeiden.

Lotte schwankte nicht, wurde auch nicht überrascht. Ihr Abschiedsbrief an die Familie wurde zusammen mit den intimsten von Zweig geschriebenen Briefen bis zum Schluss aufgespart. Wenn sie Zweifel hatte, war es früher, viel früher.

Die einzige Gewissheit ist der assistierte Tod, fast Euthanasie. Er stirbt und sie hilft dabei. Sie hofft, dass er tief einschläft oder zu atmen aufhört, und erst danach trifft sie Vorkehrungen für ihr eigenes Ende – schnell, zum ersten Mal ungeduldig. Die Überprüfung, dass der Ehe-

---

[941] Olga Carauta de Souza, Aussage gegenüber dem Autor, 11.1.1980. Der Autor zog es vor, sich der Erläuterungen einer Autorität der Rechtsmedizin zu bedienen, die darüber hinaus mit dem brasilianischen Umfeld und den Umständen von Zweigs Leben und Tod vertraut war. In mehreren Interviews 1980 erläuterte der erfahrene Pathologe und Professor für Rechtsmedizin Moisés Feldman auf Grundlage von brasilianischen Abhandlungen zu dieser Thematik: »Die Totenstarre setzt bald nach der ersten Stunde ein und generalisiert sich in ein bis zwei Stunden, maximal aber wird sie nach fünf bis acht Stunden eingetreten sein.« Vgl. Favero, Flamínio: *Medicina legal*. (Rechtsmedizin) Editora Itatiana. São Paulo 1980, S. 100; Vasconcelos, Gerardo: *Lições de medicina legal*. (Lektionen der Rechtsmedizin) Forense Universitari. Rio de Janeiro 1976, S. 324. »Die Starre kann in bestimmten Fällen abrupt einsetzen [...] und lässt den Körper manchmal in der Haltung erstarren, in der er sich befand: die emotionale Anspannung spiegelt sich unter anderem in der äußeren Erscheinung wider.« Vgl. Veiga de Carvalho, Hilário; Bruno, Antônio Miguel Leão; Serge, Marcos: *Lições de medicina legal*. (Lektionen der Rechtsmedizin). Editora Saraiva. São Paulo 1965, S. 164. Die Autoren bestätigen, dass der Prozess der Erstarrung je nach der Todesursache (in diesem Fall Gift), der physischen Konstitution der Person und den klimatischen Faktoren variiert.

mann auch wirklich tot ist, ist die letzte Aufgabe der perfekten Sekretärin. Jetzt ist sie ihm ebenbürtig.
Die 20 Abschiedsbriefe sind von Zweig unterschrieben.[942] Darunter befinden sich die an die Altmanns gerichteten Briefe, die Lotte mit unterzeichnet hat (einer geschrieben von Lotte an die Schwägerin Hannah, einer von Zweig an Hannah und Manfred sowie ein weiterer gemeinsamer an die Nichte Eva):

> Liebste Hannah, jetzt, da wir auf diese Weise aus dem Leben scheiden, ist es mein einziger Wunsch, dass Du mir glaubst, dass es das Beste für Stefan ist, so wie er all diese Jahre mit denen mit gelitten hat, die unter der Nazi-Herrschaft leiden, und für mich, die immer asthmakrank war. Ich wünschte, wir hätten mehr für Eva tun, sie immer bei uns haben können, aber auf der anderen Seite ist es meine aufrichtige Überzeugung, dass es für Eva besser war, bei Frau Schaeffer zu bleiben, deren Verständnis, Liebe und Art der Erziehung der Deinen so ähnlich ist. Wäre sie bei uns gewesen, hätte sie unsere [bedrückten] Stimmungen gespürt, wäre wahrscheinlich einsam gewesen und hätte zweifelsohne große Schwierigkeiten gehabt, sich in einer solch gänzlich anderen Umgebung einzugewöhnen. [...] Meine Schwägerin [die Frau von Alfred Zweig] wird ebenfalls nach Eva sehen und vielleicht sogar anbieten, sie zu sich zu nehmen oder Eva woanders hinzuschicken. [...] Hoffen wir, dass es nicht mehr allzu lange dauern wird, bis Ihr sie wieder zu Euch nehmen könnt. Vielen, vielen Dank für alles, was Du für mich gewesen bist, und verzeihe mir den Schmerz, den ich Dir und Manfred bereite. Glaube mir, so wie wir jetzt handeln, ist es das Beste. Lotte

Mehr besorgt um die Nichte Eva als um den Rest der Familie, einschließlich sich selbst, weist Lottes einziger Abschiedsbrief auf Gefasstheit hin, oder auf Resignation. »(S)o wie wir handeln, ist es das Beste«, lässt auf ein Ende schließen, das als unvermeidbar angesehen wurde. Merkwürdig, dass der Brief an die Schwägerin und nicht an den Bruder, den Universalerben von Zweig, gerichtet ist.

---

[942] Der Autor hat Abschiedsbriefe an folgende Personen ausfindig gemacht: Adalbert Schaeffer, Manfred und Hannah Altmann, Eva Altmann, Friderike Zweig, Victor Wittkowski, Alfred Zweig, Ferdinand Burger, Margarida Banfield, Fortunat Strowski, Afonso Arinos de Melo Franco, José Kopke Fróes, (*Biblioteca Pública de Petrópolis*), Rodolfo Garcia (*Biblioteca Nacional*), Mário Aluízio Cardoso de Miranda, Abrahão Koogan (drei), Alfredo Cahn, Ben Huebsch und Gottfried Bermann Fischer. Lotte schrieb nur einen an Hannah Altmann. Es ist nicht bekannt, wer die Anweisungen bezüglich der Nichte für das Ehepaar Schaeffer unterschrieben hat. Dies gilt ebenfalls für den Wortlaut der an Eva gerichteten Abschiedsbotschaften.

Zweig wendet sich an beide Altmanns:

> Liebe Hannah und lieber Manfred, Ihr würdet uns besser verstehen, hättet Ihr gesehen, wie Lotte in den letzten Monaten unter ihrem Asthma litt und ich meinerseits infolge unseres Nomadenlebens, das mir es nicht erlaubt, meiner Arbeit effizient nachzugehen, tief bedrückt war. Wir mochten dieses Land wirklich sehr, aber es war immer ein provisorisches Leben, so fern von unserem Heim und unseren Freunden. Und für mich mit 60 Jahren wurde die Vorstellung unerträglich, noch Jahre dieser schrecklichen Zeit abwarten zu müssen. Wäre Lottes Gesundheit besser gewesen und hätten wir Eva bei uns gehabt, hätte es einen Sinn gehabt, weiterzuleben. Aber stets in Gedanken bei den anderen, die fern von uns sind, und ohne Hoffnung, das ruhige Leben führen zu können, nach dem ich mich sehnte, und Lottes Gesundheit wiederhergestellt zu sehen (die lange Injektionskur hat überhaupt nicht geholfen), haben wir uns entschieden, in Liebe verbunden einander nicht zu verlassen. Ich fühle mich für Euch und Lottes Mutter verantwortlich, aber andererseits wisst Ihr, wie gut wir diese Jahre zusammengelebt haben und dass es keinen Augenblick Uneinigkeit zwischen uns gab. [...] Ich habe meinem Bruder geschrieben und bin mir sicher, sie werden für sie [Eva] alles tun, was sie können. Unser treuer Freund, mein Verleger Abrao [sic] Koogan wird Euch eines Tages von unseren letzten Stunden erzählen und dass unsere Gedanken immer bei Euch waren. Stefan[943]

Seltsame Schuldzuweisung: Lotte verweist auf den Gemütszustand ihres Mannes und Zweig auf den gesundheitlichen Zustand seiner Frau. Seine Worte an die Schwägerin und den Schwager klingen wie eine Bitte um Verständnis, geben eine Vorstellung von der Last der Sorgen um die kranke Emigrantin, derer er sich angenommen hat und die er jetzt mit in den Tod nimmt. Für Lottes Tod bietet Zweig den Altmanns die Gewissheit an, dass die Zukunft der Familie gesichert ist.

Ihnen gegenüber muss er sich rechtfertigen, warum er Lotte mit sich reißt und diese, stets passiv, bietet sich als Rechtfertigung an. In beiden Briefen wird das Asthma hervorgehoben. Es ist auch das erste, was Lotte am Samstagabend erwähnte, als sie das Ehepaar Feder empfing. Im Sommer ist das Klima trotz der Regengüsse trockener als im Winter, das Asthma wird dann gewöhnlich besser. Oder schlimmer, wenn das seelische Leid den Organismus beherrscht. Die Tatsache, dass Lottes Mutter,

---

[943] Brief, undatiert, Poststempel 26.2.1942. Das Original dieses Briefes befindet sich im *Stefan Zweig Estate*, London. Eine Kopie wurde dem Autor von Donald A. Prater zur Verfügung gestellt.

Frau Altmann, zu diesem Zeitpunkt noch lebt, ist neu. Die Tochter verabschiedet sich weder von ihr noch von ihrem Bruder, der sich für sie verantwortlich fühlte, noch von ihren anderen Brüdern – diese Altmanns sind eine problematische Familie.

Die »*Declaração*«, in der ersten Person Singular verfasst, ist ein persönlicher Akt, das literarische Werk, das der Schriftsteller der Welt schuldet. Lotte kommt in dem schönen Text nicht vor, der Plural wird im Zusammenhang mit der innigen Aufnahme, die Brasilien ihm und seinem Werk hat zuteil werden lassen, angewandt. Kleist tötete sich nach Zweigs eigener Erzählung zusammen mit Henriette Vogel, um jemanden zu haben, der »ihn erlöst von der Einsamkeit der letzten Sekunde des Sturzes«. Er wählte eine hässliche und todkranke (sie litt an Krebs) Frau, um ihn bei seiner letzten Tat zu begleiten – »herrlicher als Kleist ist keiner gestorben«. Lotte wird aus dem letzten Werk dieses anderen Dichters ausgeschlossen, so wie auch Henriette weder in der »Todeslitanei« noch in den übrigen Abschiedsbriefen von Kleist erscheint.

Ebenso wie Friderike aus *Die Welt von Gestern* herausgehalten wurde, wird Lotte aus der »*Declaração*« ausgeklammert. Im allerletzten Moment seines Lebens befreit sich Zweig von Mitleid und Einsamkeit.

> Nun ist Ordnung geschaffen, der Friedlose befriedet; unvergleichlichstes, unwahrscheinlichstes Geschehen, Kleist, der Zerrissene, fühlt sich in Verbundenheit mit der Welt. Der Dämon hat keine Macht mehr, ihn zu treiben; was er von seinem Opfer wollte, ist erreicht.[944]

So beschreibt Zweig Kleist, aber es kann auch Zweig sein, der Zweig beschreibt. In die Vorbereitung für seinen Tod steckte er all seine Entschlossenheit und seinen Perfektionismus, die nun wieder geweckt waren. Alles kalkulierte er ein und sah so viel voraus, dass er schließlich von den Wiederholungen und Einzelheiten ermüdete.

Bei Koogan hatte Zweig (während des Treffens am Freitag) wertvolle Autografen seiner Manuskriptsammlung und einen Abschiedsbrief, datiert auf den 18. Februar, Aschermittwoch vor seiner letzten Fahrt nach Rio, gelassen. Das Datum untermauert Ernst Feders Vermutung, dass die endgültige Entscheidung an diesem Tag getroffen wurde, im Anschluss an den missglückten Ausflug in die Welt des Karnevals und nicht während dessen. Feder ist sehr kategorisch in seiner Behauptung, dass der Fall Singapurs für Zweigs Entschluss nicht ausschlaggebend gewesen sei:

---

[944] *Der Kampf mit dem Dämon*, S. 195; 197; 199.

Der Versuch, mit den Fröhlichen fröhlich zu sein, war gescheitert und die Gedankenlosigkeit, die zwischen den Karnevalsbildern und Kriegskatastrophen gleitet, mochte er nicht länger mitmachen. Man muß aber nicht glauben, daß es zu seiner Aufheiterung beigetragen hätte, wenn jene Morgenzeitung des 17. Februar 1942 nicht die furchtbare englische Niederlage, sondern die Vernichtung der gesamten japanischen Luftflotte gemeldet hätte. [945]

Die Zerrissenheit hatte ein Ende genommen. Ob es nun ein gebrochenes Herz oder die »schwarze Leber« war – er wollte wieder mit sich ins Reine kommen:

> Mein lieber Freund, zunächst habe ich Ihnen für all die Güte zu danken, die Sie mir während meines Lebens zuteil werden ließen, und Sie um Verzeihung zu bitten für all die Mühen und Unannehmlichkeiten, die ich Ihnen durch meinen Tod bereite. Sie wissen, wie sehr ich des Lebens müde war, nachdem ich meine Heimat Österreich verloren hatte und nicht mehr das wahre Leben in meiner Arbeit wieder finden konnte, seitdem ich wie ein Nomade lebte und mich mehr an inneren Leiden altern sah denn an Jahren. Dr. Malamud habe ich eine Kopie meines Testamentes hinterlassen, das ich während meines New York-Aufenthaltes dort deponiert habe, und gebe Ihnen nun noch einige persönliche Instruktionen. Ich möchte auf dem Friedhof in Rio de Janeiro in bescheidenster und diskretester Form beerdigt werden. Ich gebe Ihnen auf jeden Fall die Adressen meines Bruders Alfred […] in New York und des Bruders meiner Frau Dr. Manfred Altmann […]. Was die deutschen Manuskripte anbelangt, die man vorfinden wird, ist keines, außer einer kleinen Novelle [*Schachnovelle*], abgeschlossen. Der Balzac, der Montaigne, ein angefangener Roman sind im Zustand des ersten Entwurfes. Lassen Sie auf jeden Fall Victor Wittkowski […] alles gegen Honorar noch einmal durchsehen. Ein Maschinen geschriebenes Originalexemplar meiner Autobiografie ist mir geblieben. Nehmen Sie es an sich – vielleicht könnte es für eine Originalausgabe oder Übersetzung dienlich sein: es ist das letzte und ich bin nicht sicher, ob die anderen nicht verloren gegangen sind.

Er vergisst wirklich nichts und niemanden, seine Kleider sind an den Mann, der im Haus geholfen hat, und an Flüchtlinge zu verteilen: »Ich bin glücklich, eine grausam und verrückt gewordene Welt verlassen zu können. Bewahren Sie mich in guter Erinnerung.« Außer diesem Brief vom 18. Februar, den er persönlich dem Verleger in Rio de Janeiro über-

---

[945] *Feder 2*, S. 182/183.

geben hat, hinterlässt er im Arbeitszimmer in Petrópolis drei weitere Botschaften für ihn, alle in Französisch verfasst.[946]

Zwei auf den Samstag, den 21. Februar datiert; eine dritte vertraulicher, privater, d.h. informeller Natur, ohne Datum, in der er bestimmt, dass Friderike den wertvollen Mozart-Autografen des Liedes *Das Veilchen* erhält, jedoch nicht gleich nach seinem Ableben. Im Postskriptum sorgt er sich neuerlich um Friderike und beauftragt Koogan, Cahn Instruktionen für eine Einigung »mit meiner Frau« bezüglich seiner Rechte in Argentinien zu geben. Er ist sich sicher, dass Hitler nicht den Krieg gewinnen wird, und besteht darauf, dass all diese Anweisungen erst nach dem Krieg ausgeführt werden, vorläufig wünscht er keine Kontaktaufnahme. Er ist bestimmt: Koogan soll das Offizielle vom Rest trennen. Er möchte Friderike vor dem Fiskus schützen.

Voller Verbesserungen, mit zwei verschiedenen Füllfederhaltern und Schriften geschrieben, enthält der Anhang in der letzten Zeile eine lakonische und verschlüsselte Instruktion: »Das Buch der Israeliten meiner Frau, das Ihnen beigefügt wurde, ist zerstört worden, das andere aufgehoben, Sie verstehen.« Es ist unmöglich, dies zu verstehen. Wie in seinen Tagebüchern vergaß er, einen Punkt zu setzen. Berühmt für die Klarheit seiner Ausdrucksweise, vermochte der Stilist nicht, sich in einer seiner letzten Botschaften verständlich zu machen.

Ein weiteres PS., nun klar und präzise, beinhaltet Instruktionen über die Verwendung von 70 Milreis für die Bezahlung der im Zusammenhang mit dem Haus anfallenden Ausgaben.

Für Koogan bestimmt Zweig eine Kostbarkeit, *le grand dessin*, die große Zeichnung, die »nicht all die Freundschaft zurückzahlen kann, die Sie mir erwiesen haben«. Alles weist darauf hin, dass es sich um den 1906 in England erstandenen *King John* von William Blake handelt. (Ferner hinterlässt er dem jungen Freund ein Schreibset der Marke *Swan*, bestehend aus einem goldenen Füllfederhalter und dem dazugehörigen Bleistift.)[947]

In den letzten Stunden möchte er alles regeln, gerecht sein, mit einem ruhigen Gewissen sterben, zumindest in Hinsicht auf Friderike. Es ist nicht möglich: Die Flut von Anweisungen an Koogan im Verlauf von zwei Tagen, und vor allem diese vertraulichen, deuten auf die Rückkehr

---

[946] *Briefe SZ-Koogan*, 18.2.1942.
[947] *Briefe SZ-Koogan*, 21.2.1942. Ein weiterer Füllfederhalter befindet sich heute im Besitz des PEN-Clubs in Rio de Janeiro. Für die Liste der vom Richter aufgenommenen Besitzgegenstände der Verstorbenen vgl. Azevedo, S. 55./56.

der alten Unrast und der Mehrdeutigkeiten hin. In dem Übermaß an Details lässt Zweig erkennen, dass er die Ungeduld noch nicht besänftigt hat. Trotz der langen Vorbereitung ist er noch nicht fertig..[948]

Als Beweggrund für die Tat fügt er im zweiten Schreiben die Krankheit seiner Frau hinzu. Er bittet erneut um ein bescheidenes Begräbnis, obwohl er nicht mehr den Friedhof in Rio de Janeiro erwähnt. Ferner informiert er, dass sich die testamentarischen Verfügungen in einer verschlossenen Schublade in seinem Arbeitszimmer befänden, und beauftragt Malamud mit den juristischen Angelegenheiten:

> In meinem Testament (und ebenfalls dem meiner Frau) habe ich ihm [Malamud] und Ihnen die Befugnis übertragen, damit Sie als meine Testamentsvollstrecker für alle meine Angelegenheiten in Brasilien handeln können. Ich bitte Sie, die Briefe sobald wie möglich per Luftpost (besser eingeschrieben) zu versenden. [...] Ihr Freund bis zur letzten Stunde.

Einer der Koogan zum Versenden übergebenen Briefe war der an Friderike gerichtete (die beiden anderen waren für die Altmanns und das Ehepaar Schaeffer, das sich um Lottes Nichte Eva kümmerte); alle geschrieben an dem Sonntagabend, nachdem sie aus der Stadt zurückgekommen waren.

Die dritte Botschaft ähnelt einem Vertragsparagrafen: »Ich bestätige Ihnen unsere Unterhaltung und Übereinkunft, dass das Haus Guanabara das Recht hat, meine Autobiografie, meinen Vespucci und meine kleinen Erzählungen zu denselben Bedingungen zu veröffentlichen wie das Buch *Brasilien*.« Zweig denkt an alles, er möchte seinen Verleger nicht ohne formale Grundlage für das posthume Werk zurücklassen. Da er nicht mit der Veröffentlichung des *Balzac* rechnet, schließt er ihn nicht mit ein.[949] Ebenso sorgsam hat er die Typoskripte der *Schachnovelle* mit einer entsprechenden Erklärung an seine anderen Verleger Ben Huebsch, Alfredo Cahn und Gottfried Bermann Fischer versandt. Sich an das Werk klammernd, möchte er nur noch den Autor zerstören. Hätte er diesen Widerspruch erkannt, wäre er gerettet gewesen.

In Englisch bittet er Margarida Banfield, die Besitzerin des Hauses, um Entschuldigung für die verursachten Unannehmlichkeiten; er bleibt

---

[948] 1937 teilte Zweig Friderike ohne Angabe von Gründen von London aus mit, dass ihr der Freund Emil Fuchs (der Schachpartner aus Salzburg) im Falle seines Todes einen geschlossenen Brief von ihm übergeben würde, der gewisse Verfügungen und Absicherungen für sie enthalte, »die ich anderweitig nicht verlautbaren will«. Vgl. *Briefe SZ-FZ*, 7.7.1937.

[949] *Briefe SZ-Koogan*, 18.2.1942; 21.2.1942.

ein Gentleman bis zum Schluss. In diesem Brief verwendet er endlich den Plural: »Wir haben uns anders entschieden und werden Ihr reizendes Haus nicht wieder mieten.« Er wiederholt den Wunsch, die Kleider den Bediensteten zukommen zu lassen und das Geld für die Begleichung der Strom- und Telefonrechnung sowie der ausstehenden Löhne verwendet zu wissen. Auch Plucky wird nicht vergessen: Sie kann den Foxterrier, der ihre Kinder so entzückt hat, behalten.

Für Friderikes Neffen Ferdinand Burger hat er eine liebenswürdige Botschaft, Zeugnis seines außergewöhnlichen Taktgefühls: »Ich hatte das Gefühl, dass Ihr aus Beengtheit nicht heraufgekommen seid.«[950] Er weiß, dass sich die Burgers in Lottes Anwesenheit nicht wohl gefühlt haben. Für Ferdinand sieht er etwas Geld und kleine persönliche Andenken vor: seine Armbanduhr (aus Gold, Marke »Ancle«), den Goldring mit einem Brillanten, den er stets am kleinen Finger zu tragen pflegte, die Krawattennadel mit Perle, Hemd- und Manschettenknöpfe mit roten und weißen Steinen.

In der verschlossenen Schublade befinden sich zwei Dokumente in Deutsch mit portugiesischem Titel: »*Disposições acerca de meu testamento*« (Verfügung zu meinem Testament), eines von Zweig, eines von Lotte, handschriftlich und auf Samstag, den 21. Februar datiert, in denen die beiden die Anordnungen der vorhandenen Testamente bestätigen und einige weitere u. a. bezüglich der Geschenke an Abrahão Koogan und Ferdinand Burger hinzufügen. In den deutschen Text wurde die juristische Redewendung aufgenommen: »*Dando por abonnado en juizo y fora dela*« (Lotte schrieb richtigerweise »dele«). Unter der Unterschrift der Hinweis in lateinischer Sprache »*manu propria*« (eigenhändig geschrieben).

In derselben Schublade liegt ein Schatz: das auf den Namen Charlotte Elisabeth Zweig ausgestellte Scheckbuch der *Banco do Brasil*, Filiale Petrópolis, mit dem beachtlichen Guthaben von 52 contos; ein Umschlag mit 17 contos in Scheinen; ein Schlüssel für den Safe der *Banco di Crédito Mercantil*, Nr. 440; ein Sparbuch der *Banco Israelita* (Rua Primeiro de Março, Rio de Janeiro) mit ein bisschen mehr als 13 contos. Gesamtguthaben: 82 contos, ein kleines Vermögen, das irgendeinem eine sorgenfreie Zukunft garantieren kann. Eine überzeugende Widerlegung derjenigen, die das intrigante Gerücht verbreiteten, Zweig wäre vom *DIP* für das Schreiben eines Buches über Brasilien bezahlt worden.

---

[950] Margarida Banfield, a.a.O. Ferdinand Burger, a.a.O. Plucky blieb bei der Hausbesitzerin, bis er fast 10 Jahre später starb.

Zu diesem Thema fügte auch der diskrete Afrânio Peixoto seine Dosis an Unkenntnis hinzu: »Jene, die über alles schreiben und nichts wissen, waren damit beschäftigt zu sagen, dass Zweig sich umbrachte, weil er arm, bettelarm gewesen sei [...] Verleumdungen. [Er war] ein reicher Mann mit großem Vermögen, Häusern, Ländereien, Kunstwerken, viel Geld auf den Banken [...]. Noch Tage vor seinem Tod wollte ihm sein brasilianischer Verleger einen angesammelten Betrag auszahlen und er lehnte ab [...]: ›Für was brauche ich Geld?‹«[951]

Kleist ordnete seine Schriften, bevor er starb: »Auch der Stachel des Ehrgeizes dringt nicht mehr in die gepanzerte Brust, achtlos verbrennt er seine Manuskripte [...] zu klein scheint ihm der kärgliche Nachruhm.«[952] Sein Biograf verhielt sich anders. Manuskripte und maschinengeschriebene Kopien wurden sorgsam in einer Ecke auf einen Stoß von 50 cm Höhe mit Mappen, Kladden aufgestapelt und mit der Warnung »*Pas toucher*« versehen.

Wittkowski hinterlässt Zweig in einem in Französisch verfassten Abschiedsbrief (die gemeinsame Muttersprache Deutsch hätte den Zorn der Behörden erregen können) Anweisungen die Manuskripte, vor allem das einzige Typoskript der Erinnerungen, betreffend.

> Es ist das letzte [Exemplar] und ich habe Angst, dass jenes, das nach Schweden geschickt wurde, um es im Original drucken zu lassen, verloren gegangen ist. Die anderen Sachen sind zum Teil im Zustand des ersten Entwurfes. (Leider der Montaigne) und zweimal leider der Balzac, der nur das Gerippe eines großen Buches ist, das ich geschrieben hätte, wenn der Krieg mir dies nicht verwehrt hätte (es war der erste von zwei großen Bänden). Wenn Sie etwas finden, das Koogan aufbewahren könnte, lassen Sie es ihn aufbewahren – vernichten Sie das andere. Ich werde Koogan bitten, Ihnen aus meinen Einnahmen eine Vergütung während Ihrer Klassifizierungsarbeit zu geben; ich glaube nicht an eine große Fortwirkung dieser Sachen, es ist nur der Aufbewahrungsinstinkt, eine Sentimentalität. [...] Ich fühle mich seit meinem Entschluß sehr glücklich – das erste Mal, seit diesem Tag im September, der meine Welt zerstörte. Mut! Sie sind jung! Sie werden noch mit ansehen, wie sich die Welle wieder aufrichtet.[953]

---

[951] Afrânio Peixoto zit. nach: Azevedo, Raul de: »Vida e morte de Stefan Zweig« (Leben und Tod von Stefan Zweig) in: *Azevedo*, S. 7–31, S. 27. Peixoto mag sich diese Begebenheit ausgedacht haben, denn es gibt keinerlei Hinweise, dass diese Unterhaltung auch tatsächlich stattgefunden hat.
[952] *Der Kampf mit dem Dämon*, S. 199.
[953] Brief undatiert, vermutlich 22.2.1942 in: *Wittkowski*, S. 126.

Der Schlusssatz enthält die gleiche Spur von Hoffnung, die die Übersetzer der »*Declaração*« weggelassen haben. Der kurz vor dem Selbstmord Stehende spricht von »Aufbewahrungsinstinkt«, der Mann, der die Liebe zum Leben verloren hat, findet darin noch einen Grund für Sentimentalität. Noch einige so unbedarfte Briefe und Botschaften wie diese mehr, und er hätte vielleicht Gründe zu leben gefunden.

In einer der Kladden für Wittkowski sind die Originale von *Clarissa* mit einer kleinen handschriftlichen Erklärung:

> Roman im ersten Entwurf begonnen, die Welt von 1902 bis zum Ausbruch des Krieges vom Erlebnis einer Frau gesehen. Nur erster Teil scizziert [sic], der Anfang der Tragödie, dann für die Arbeit am Montaigne unterbrochen, gestört durch die Ereignisse und die Unfreiheit meiner Existenz. Stefan Zweig November 41 bis Februar 42.

Schwer zu verstehen, was sich hinter der angeführten »Unfreiheit«, einer nie zuvor geäußerten Klage, verbirgt. Aber auch in diesen letzten Momenten bleibt Zweig weiterhin Schriftsteller, eifrig, diszipliniert und bereit, der Nachwelt alle Erklärungen zu liefern.[954]

An den Bürgermeister Cardoso de Miranda wendet er sich mit dem Worten: »Mein allerletzter Blick aus meinem Fenster erfasst noch einmal die unvergleichliche Schönheit der Landschaft.« Dem Direktor der öffentlichen Bibliothek von Petrópolis, José Kopke Fróes, wünscht er: »Möge sich Ihre Bibliothek immer weiter entwickeln und anderen die Freude schenken, die sie mir zuteil werden ließ.« Der kurzen Botschaft an den Direktor der *Biblioteca Nacional* in Rio de Janeiro, Rodolfo Garcia, mit dem er sich oft über das Leben der brasilianischen Indianer unterhalten hat, ist ein Manuskript von Balzac befügt, das von seiner Sammlung von Autografen übrig geblieben ist.

Für Afonso Arínos de Melo Franco desepariert er ein Paket der Bücher, die er von ihm ausgeliehen hat. Außer einem kurzen Brief legt er ihm ein Heft mit handschriftlichen, einleitenden Aufzeichnungen zu Montaigne als Geschenk bei.

Friderike gehören seine letzten Momente, seine zutiefst empfundenen Worte. Er hat keine Anweisungen oder Aufgaben zu vermitteln. Er schreibt ihr erst am Sonntagabend, als alles andere vorbereitet und geordnet ist. Er muss sich vergewissern, dass der Schlusspunkt gesetzt ist, es nichts mehr zu sichten, zu überarbeiten oder zu verändern gibt. Bis

---

[954] *Clarissa*, S. 189.

zum letzten Augenblick fürchtet er, seine Meinung zu ändern. Aus diesem Grund kann er den Brief nicht persönlich abschicken.

Endlich ist er zur Ruhe gekommen, hat seine Unrast ein Ende gefunden. Der Abschiedsbrief ist nur deshalb nicht länger und erschöpfender, weil er ihn auf Englisch schreibt. Die geliehene Sprache zwingt den Schriftsteller dazu, sich kurz zu fassen. Auch Lottes Anwesenheit, die sich nebenan für die Opferung vorbereitet, verlangt eine strikte Treue:

> Liebe Friderike, wenn Du diesen Brief erhältst, werde ich mich viel besser fühlen als zuvor. Du hast mich in Ossining gesehen, und nach einer guten und ruhigen Phase wurde meine Depression wieder akuter – ich litt so sehr, dass ich mich nicht mehr konzentrieren konnte. Und dann war die Gewissheit – die einzige, die wir hatten –, dass dieser Krieg noch Jahre dauern wird, dass es noch eine Ewigkeit brauchen wird, bevor wir – in unserer besonderen Lage – in unser Haus zurückkehren können, zu bedrückend. Petrópolis gefiel mir wirklich sehr, aber mir fehlten hier die Bücher, die ich brauchte, und die Einsamkeit, die anfangs eine so beruhigende Wirkung hatte, begann erdrückend zu werden – die Vorstellung, dass mein Hauptwerk, der Balzac, ohne zwei Jahre ruhigen Lebens nie fertig gestellt werden könnte, und all die anderen Bücher war unerträglich und dann dieser Krieg, dieser nicht enden wollende Krieg, der noch längst nicht an seinem Höhepunkt angelangt ist. Ich war all dessen so leid und müde (und die arme Lette [sic] hatte es sicher nicht leicht mit mir, vor allem weil ihre Gesundheit nicht die beste war). Du hast Deine Kinder und damit die Pflicht, weiterzuleben. Du hast vielfältige Interessen und eine ungebrochene Tatkraft. Ich bin sicher, dass Du noch bessere Zeiten sehen und mir Recht geben wirst, dass ich mit meiner ›schwarzen Leber‹ nicht länger gewartet habe. Ich schreibe Dir diese Zeilen in meinen letzten Stunden. Du kannst Dir nicht vorstellen, wie glücklich ich bin, seit ich diesen Entschluss gefasst habe. Grüße Deine Kinder lieb von mir und trauer' nicht um mich – denke immer an den guten Joseph Roth und an [Erwin] Rieger, wie froh ich immer für sie war, dass sie diese Qualen nicht haben erleiden müssen.
> In Liebe und Freundschaft, und sei guten Mutes, weißt Du mich doch jetzt ruhig und glücklich.   Stefan

Er schreibt *quiet*, will sagen ruhig, beruhigt, friedlich, still – in irgendeiner dieser Bedeutungen liegt die Wahrheit; mit *happy* scheint es, als ob er sich wieder vom Stil mitreißen ließ. Wichtig ist, dass er in seiner letzten Stunde wieder zu Roth findet. Schließlich erweisen sich beide doch in ihrem Ende als einander gleich. Es ist weder die Zeit, Höflichkeit vorzutäuschen, noch vor Tatsachen zu fliehen: Sehr diskret ist das Lob über

Petrópolis, offen das Geständnis, dass die Einsamkeit zu erdrückend wurde, und unmissverständlich die Feststellung, dass die Arbeit infolge des Mangels an Büchern nicht voranschritt. Auf jene, die mit ihm und für ihn stirbt, bezieht er sich mit »arme Lotte«, er fürchtete »liebe Lotte« zu sagen, Friderike wäre verletzt gewesen und die letzte Stunde ist nicht die Stunde der Wahrheit: Noch immer zieht er Mitleid vor.[955]

Sein letzter Text, die »*Declaração*«, ist eine majestätische Wiederbegegnung mit dem einstigen Wohlklang, die letztliche Versöhnung mit der Sprache, die er feindlich und verloren geglaubt hat. Ohne die Eleganz und Feinheit wäre es ein nüchterner Text. Ohne Höhenflüge, mit den Füßen auf der Erde, beherrschtem Gefühl, sicherer klarer Schönschrift, ohne Spielraum für Fehler. Sie wird als Faksimile reproduziert werden, deshalb ist alles auf eine einzige Seite gefasst.

Alles ist darin enthalten, ohne Abschweifungen oder überflüssige Worte, so wie es immer sein innigster Wunsch war. Er fertigte mindestens zwei Versionen an, und noch in der letzten tauchen zwei Korrekturen auf, der Stilist ist bis zum Schluss lebendig, vollkommen und sich der Pflicht bewusst, einen verbindlichen Text mit angemessenen Worten hinterlassen zu müssen. Überwundene Ungeduld, letztendlich erlangte Formvollendung. Der dem Tod Entgegengehende schließt sein Werk mit einem goldenen Schlüssel ab. Beschädigt allein durch die Unachtsamkeit der Freunde, wie es ihm mit vielem in Brasilien ergangen ist.[956]

In den Papierkörben fanden die Reporter auch einen maschinengeschriebenen Text in Deutsch mit den Namen Hitler und Goebbels. Die Zeitung *A Noite* hält fest, dass die Polizei diesen in der anfänglichen Vermutung, dass Zweig von integralistischen und pro-nationalsozialistischen Gruppen bedroht worden wäre, zur Untersuchung an sich genommen hätte. In einem anderen Fragment ist ein Abschnitt aus den Erinnerungen nachzulesen: »Diese ungeheure Armee der Prostitution war – ebenso wie die wirkliche Armee in einzelne Heeresteile, Kavallerie, Infanterie, Festungsartillerie – in einzelne Gattungen aufgeteilt.« Es handelt sich dabei um das in Petrópolis hinzugefügte Kapitel »Eros Matutinus«, dem freimütigsten Kapitel und daher fundamental für das Verständnis der Entwicklung des jungen Zweig in dem von einer sexuel-

---

[955] *Briefe 1932–1942*, 22. 2. 1942. In den von ihr herausgegebenen *Briefe SZ-FZ* ließ Friderike bei diesem Brief den Satz zu Lotte und deren Gesundheit weg.
[956] Wie es aussieht, wurde eine der Versionen von einem Polizeibeamten oder Journalisten gefunden und später an einen Sammler verkauft.

len Doppelmoral beherrschten Wien. Zerrissen und verlassen, stehen sich Eros und Thanatos, Gott der Liebe und Gott des Todes, einander in dem bescheidenen Alkoven in Petrópolis gegenüber.

Auf einem Stenoblock wurden Aufzeichnungen von Lotte entdeckt, die zu entziffern niemandem in den Sinn kam. Auf einem zerrissenen Stück Papier war der makellose, vollständige Satz nachzulesen: »Heute bin ich, zum ersten Mal seit der Krieg begonnen hat, glücklich.« Eine im Brief an Wittkowski eifrig aufgegriffene Idee – der Schriftsteller vergeudet seine Einfälle nicht.

Für die Bibliothek des Gebirgsstädtchens in der Person ihres Leiters José Kopke Fróes bestimmt er seine kleine Bibliothek, um die hundert Bücher, darunter die Gesammelten Werke von Goethe, Shakespeare und, schließlich miteinander versöhnt, die drei von Friderike gesandten Bände von Montaigne und Lottes Geschenk, die 24 Bände von Balzacs *Comédie humaine*.

Deutsch-portugiesische Wörterbücher, viele Bände von Zweigs eigenen Werken in verschiedenen Sprachen (darunter das nie wieder aufgelegte Buch *Gesammelte Gedichte* sowie neun Exemplare des unseligen *Brasilien. Ein Land der Zukunft* auf Portugiesisch, die er aufbewahrte, um sie Besuchern überreichen zu können), verschiedene Werke seiner Schriftstellerfreunde (Franz Werfel, Berthold Viertel, Paul Zech, Gabriela Mistral, Luís Edmundo, Historiker aus Rio de Janeiro, und José de Macedo Soares, sein Gastgeber von 1936), ein Handbuch über Medizin und ein anderes über Schach – die Inspirationsquelle seiner letzten Novelle, *Die hypermoderne Schachpartie* des Großmeisters Savelij G. Tartakower (Wien, 1925).[957]

Die Möbel gehören Margarida Banfield. Außer diesen listete der Richter des Amtsbezirks Petrópolis Maurity Filho, der die juristischen Vorgänge begleitete, in 35 Punkten die dem Ehepaar gehörenden Gegenstände auf. Die wichtigsten: eine tragbare Schreibmaschine der Marke »Royal«, ein tragbares Radio der Marke »Philco«, zwei Stempel, einen Regenschirm, fünf Paar Schuhleisten, eine Mappe aus gelbem Leder, gebrauchte Tintenfässer und Füllfederhalter, ein Kästchen mit Schachfiguren, vier leere Koffer, einen weiteren mit Büchern. Dies ist die Bestands-

---

[957] *Azevedo*, S. 56/57. Vom zuständigen Richter wurden 93 Werke in 113 Bänden aufgelistet, darunter Werke von Autoren wie Hugo von Hofmannsthal, August Strindberg, Charles Dickens, André Gide (ausgerechnet dessen *Essais sur Montaigne*). Samuel Pepys und Jacinto Benaventes' *La malquerida* (das Zweig Berthold Viertel für eine Verfilmung empfohlen hatte).

aufnahme vom Besitz des sehr vermögenden Schriftstellers, eines Mannes von Welt, der von der Welt so entsetzt war, eines Schachspielers, der schlecht Schach spielte; das Gepäck des Reisenden, der des Reisens müde war.

Die immer elegante Lotte hinterlässt noch weniger: Sechs Handtaschen, drei Sonnenbrillen aus Kunststoff, einen Sonnenschirm, eine Kiste mit Schreibmaschinenpapier, eine Silberschatulle.

Gegenstand Nr. 25: ein gerahmtes Bild mit den Versen von Camões in Originalsprache:

> Onde pode acolher-se um fraco humano,
> Onde terá segura a curta vida,
> Que não se arme e se indigne o céu sereno
> Contra um bicho-da-terra tão pequeno?

> Verhaßt Geschäft! Ach, daß nur eine Falte
> Des Weltballs für den Menschen sicher wäre,
> Sein bisschen Dasein friedlich durchzuhalten,
> Indes die Himmel wetteifern im Sturm.
> Und gegen wen? Den schwachen Erdenwurm!

Alles sauber, arrangiert und vorbereitet. Ordnungseifer kann auf den Wunsch, das eigene Leben ordnen zu wollen, auf die Anhänglichkeit zu den Dingen hinweisen. Hier besitzt er eine entgegengesetzte Funktion.

> Papiere, Briefe und Dokumente waren geordnet, um dem Durcheinander keinen Spielraum zu lassen.[...] Man fand einen großen gelben Umschlag, auf dem der Betrag von 700 Milreis stand und darunter die Information, dass dieses Geld zur Bezahlung der Bediensteten und kleinerer Ausgaben bestimmt war. Ein weiterer verschlossener [Umschlag] trug nur die Aufschrift ›Dinheiro‹ (Geld).[958]

Im Esszimmer auf dem Gläserschrank steht ein Krug mit Hortensien, die Blume der *serra*, die so sehr die Kälte mag. Auf der Anrichte sind tropische Pflanzen: eine Bananenstaude mit vier Früchten. Am Fenster befindet sich das Glück in Form eines vierblättrigen Kleeblattes in einem Väschen, ein Geschenk von Gabriela Mistral.

Auf der Veranda warten die untröstlichen Freunde: Feder, Agache, Mistral, Strowski, Koogan, Malamud. Andere bestehen auf der Sensa-

---

[958] *Wittkowski*, S. 95. *Azevedo*, S. 66/67.

tionsmache, mit der Narren den großen Augenblicken begegnen. So versichert Stern einem Reporter der *Revista da Semana*, dass zu Zweigs Plänen eine Biografie über Santos Dumont gezählt hätte, genau die gleiche perfide Information, die dem beweinten Freund eine Woche zuvor so viel Kummer bereitet hat. Er könnte der Informant für die boshafte Meldung des vorigen Sonntags gewesen sein.

Gegenüber der Zeitung *O Jornal* prahlt Stern, dass er beabsichtige, das Schlusskapitel der Autobiografie des Toten zu schreiben. Er hat sie nicht gelesen, Zweig hat sie beendet, wie er sie wollte, und sich nicht einmal von dem Wichtigtuer verabschiedet. Claudio de Souza setzt das Sich-in-Szene-Setzen fort, indem er zusammen mit den Behörden Vorkehrungen trifft.

Zu jenem Zeitpunkt hat das Doppel Souza-Stern schon die eilig angefertigte Übersetzung der »*Declaração*« zustande gebracht, die dem letzten und wichtigsten Paragrafen der letzten und wichtigsten Seite im Werk des Schriftstellers Schaden zufügte.

Wie er es jeden Montag machte, ist Henrique Nussenbaum auch an diesem Montag nach Rio de Janeiro gefahren, um Stoffe und Nähutensilien einzukaufen. Bei seiner Rückkehr um 17.00 Uhr findet er einen seltsamen Aufruhr in seinem Geschäft vor. Eine Gruppe von Freunden und Kunden erwartet aufgeregt seine Ankunft, um ihm die Neuigkeit mitzuteilen. Als Leiter der kleinen jüdischen Gemeinde von Petrópolis fühlt er sich verpflichtet, etwas für den Glaubensbruder zu tun. Er überlegt nicht lange und geht direkt zur Rua Gonçalves Dias – der Zutritt zum Haus ist untersagt. Doch der tollkühne Jude bietet dem Polizeibeamten die Stirn: »Ich knöpfte ihn mir vor und sagte ihm: ›Hören Sie, Wachtmeister, wer gemäß der Religion des Verstorbenen nicht hier sein darf, sind Sie!‹«

Man lässt ihn eintreten, alle kennen ihn in der Stadt. Später bei der Totenwache in der *Academia de Letras* von Petrópolis (untergebracht in dem *Grupo Escolar Pedro II.*, auf der Avenida Quinze de Novembro) stellt Nussenbaum eine weitere Forderung auf: Das jüdische Ritual soll respektiert werden – Blumen und Kränze sollen in einem anderen Saal abgelegt werden und die Särge geschlossen bleiben. Wer möchte, kann sie öffnen.[959]

---

[959] Henrique Nussenbaum, a.a.O. Während der letzten Ehrerweisung ließ sich die Mehrheit der Leute Zweigs Sarg öffnen, um von dem Schriftsteller Abschied zu nehmen. Wenige taten dies auch bei Lotte. Dies erklärt eine der Versionen in den Zeitungen, nach der Lottes Sarg aufgrund des starken Verwesungsgeruchs versiegelt worden war.

Die Morgenstunden in Petrópolis sind kalt in diesen Tagen; auf den von der *Tribuna de Petrópolis* veröffentlichten Fotos ist die Gruppe von Unbekannten, die die Toten bewachen, sehr dick angezogen. Ein Hauch europäischen Winters im tropischen Paradies.

Am Dienstag, den 24. Februar, erwacht das Land mit der Tragödie. Die Morgenblätter halten unerschütterlich an der strengen Praxis fest, auf der ersten Seite lediglich über die internationalen Ereignisse zu berichten. Der Krieg hat hier, im eigenen Land, ein Opfer gefordert, aber der Selbstmord wird auf die Innenseiten verlegt, wenn auch dort mit der entsprechenden Akzentuierung.

Die Abendzeitungen bringen emotionale Schlagzeilen als Aufmacher. Formal wird der Sommer erst am 20. März vorbei sein, aber die Tragödie hat das Ende der Jahreszeit der Freude verfügt. Schlechtes Gewissen sickert durch die Meldungen, und plötzlich bemerkt man, dass der Schriftsteller, der das Land neu erfunden hat, einsam gestorben ist.

Die Versenkung zweier einheimischer Frachter durch deutsche U-Boote und die patriotische Reaktion darauf treten zu der Nachricht über den im Kampf gegen die Nationalsozialisten gefallenen Dichter hinzu. Von Zweig, dem Mann des Friedens, mitgebracht, ist der Krieg nun endgültig im Land angekommen. Die weltweite Katastrophe reißt die Tore Brasiliens von hinten ein, durch diesen Selbstmord im ruhigen Petrópolis.

Bis vor kurzem sind Nationalsozialismus und Faschismus nachahmenswerte Beispiele, Vorbilder gewesen – in diesem Moment verwandeln sie sich in die für das Opfer des berühmten Schriftstellers Verantwortlichen. Jeder Selbstmord zieht Schuldgefühle nach sich, der Pakt Lotte-Stefan ruft Verstörung hervor.

Die Nachricht von der Beisetzung in Petrópolis um 16.00 Uhr führt seit den frühen Stunden viele Leute zum Busbahnhof an der Praça Mauá, bald bilden sich Auto- und Omnibuskorsos. Paulo Rónai, Repräsentant des ungarischen PEN-Clubs, erinnert sich, gesehen zu haben, wie sich die Leute, die Zweig die letzte Ehre erweisen wollten, um die Taxis stritten.

Der Rechtsanwalt Alfred Gartenberg, der von dem Schriftsteller ein Jahr zuvor in der *Associação Brasileira de Imprensa* eine Stellungnahme zur Judenverfolgung eingeklagt hat, geht auch zur Praça Mauá: »Ich kehrte um, ich hatte nicht den Mut, mein Gewissen plagte mich wegen jener Forderung von damals.«[960]

---

[960] Paulo Rónai, Aussage gegenüber dem Autor, Oktober 1980. Alfred Gartenberg, a.a.O.

In einer der Gruppen, die sich zum Aufstieg in die *serra* bereit macht, lenkt eine asketische, ernste Gestalt mit langem Bart, Kaftan und schwarzem Hut die Aufmerksamkeit auf sich. Mordechai Tzekinovsky, der Oberrabbiner von Rio de Janeiro der traditionellen Ausrichtung, steht der kleinen Delegation der jüdischen Gemeinde vor, zu der auch der Präsident der *Chewra Kaddischa*, der Beerdigungsbrüderschaft, gehört.

Von der Nachricht alarmiert, hat deren Leitung noch am Morgen eine außerordentliche Versammlung (in ihrem Sitz an der Praça Onze, im Herzen des jüdischen Viertels) einberufen, um die Frage des Todes und der Beerdigung des Schriftstellers zu diskutieren. Eine schwierige Frage, die theologische Vorurteile und politische Verwicklungen mit einschließt. Der Holocaust, noch ohne Bezeichnung, ist da.

Trotz der Strenge des jüdischen Gesetzes hinsichtlich der Beerdigung von Selbstmördern – die an sehr entfernter Stelle, nahe der Friedhofsmauer, begraben werden müssen – spricht sich Rabbiner Tzekinovsky zugunsten einer Überführung der Leichname von Stefan und Lotte Zweig zum Friedhof von Vila Rosali in der Nachbarstadt von Rio de Janeiro, São João de Meriti (RJ), aus, damit die beiden bei ihren Glaubensbrüdern blieben. Als ihresgleichen, ohne Unterschied.

Adonai natan, Adonai lakach, Der Herr gibt, der Herr nimmt – das Gesetz ist eindeutig, Selbstmord ist zu verurteilen und die Beerdigungsbrüderschaft ist sehr rigoros, was die Kriterien anbelangt, wer gemäß der jüdischen Vorschriften begraben werden darf. Aber der Rabbiner, die höchste religiöse Autorität der Gemeinde, liefert eine andere Auslegung auf der Basis einer strengen, klaren Logik:

> Es ging nicht nur um die Todesumstände [von Zweig], sondern hauptsächlich um seine Lebensumstände. Während seines Lebens hatten wir nicht durch irgendeine Thematik [in seinem Werk] die Nähe zu seinem Volk kennen gelernt, indessen durften wir ihm nicht ein jüdisches Begräbnis verwehren. Meine Haltung war wahrscheinlich von der Bewunderung für den Schriftsteller beeinflusst. Seine Worte, seine Werke, vor allem seine *Menorah* [damit bezog er sich auf die Novelle *Der begrabene Leuchter*] haben mich tief beeindruckt. Ich konnte mich nicht mit der Vorstellung abfinden, dass dieser Mann ganz zurückgewiesen und seine Seele für immer aus seinem Volk verbannt sein würde.

Es gibt keine Zeit zu verlieren: Die Leitung beschließt, eine kleine Delegation, angeführt von Tzekinovsky, nach Petrópolis zu schicken, »um im Namen der jüdischen Gemeinde die Aushändigung des Leichnams zu fordern, damit er gemäß der Vorschriften der jüdischen Religion beerdigt werden könnte.«

Der magere, blasse Rabbiner mit dunklen, ausdrucksvollen, gütigen Augen spricht wenig, seine Worte sind sanft und präzise. Er vermittelt ein Bild von Zerbrechlichkeit, Weisheit und innerer Stärke. Wer ihn kennt, würde ihn nicht mit dem Wortwechsel, der sich innerhalb von Stunden in Petrópolis zutragen wird, in Verbindung bringen können.

Er ist der Erzähler:

> Die für die Beerdigung Verantwortlichen waren die Oberen von Petrópolis. Ich erinnere nicht, wer wer war. Aber wenn mein Gedächtnis mich nicht im Stich lässt, wandten wir uns an den Bürgermeister der Stadt. Ich erinnere nicht, wer zu der Delegation gehörte, auf jeden Fall der Präsident der Chewra Kaddischa, ein weiteres prominentes Mitglied der Gemeinde und ich, der Endesunterzeichnende.
>
> Wir wurden höflich und respektvoll empfangen, wie es die Wohlerzogenen in Brasilien taten. Als dem Stadtoberhaupt bewusst wurde, um was es sich bei unserem Gesuch handelte, änderte sich sein freundlicher Gesichtsausdruck.
>
> Er sagte:
>
> »Er [Stefan Zweig] hinterließ ein detailliertes Testament, und dennoch hat er nichts davon gesagt, dass er auf einem jüdischen Friedhof beerdigt zu werden wünscht.«
>
> Wir antworteten:
>
> »Gab es im Testament eine Erwähnung bezüglich seines Wunsches, auf einem nichtjüdischen Friedhof begraben zu werden? Irgendeine allgemeine Anmerkung über seine Beerdigung? Wir sind der Auffassung, dass eine Person nicht erwähnen muss, was unanzweifelbar ist: Er wusste, dass er beerdigt werden würde, er wusste auch, dass er inmitten seines Volkes beerdigt werden würde, auf einem jüdischen Friedhof, und folglich brauchte er dieses Thema nicht in seinem Testament anzusprechen.«
>
> »Aber zu Lebzeiten hat er sein Judentum nicht gezeigt«, wandte die Obrigkeit ein.
>
> Ein subtiler und zutreffender Kommentar bezüglich der Lebenskriterien des bedeutenden Schriftstellers, der deutlich machte, dass Zweigs Beerdigung inmitten seines Volkes in den Augen von Fremden nicht notwendigerweise feststand. Ich versuchte den von diesem Kommentar hervorgerufenen Schmerz zu überwinden, er hatte meine wunde Stelle getroffen.
>
> Dann entgegnete ich:
>
> »Exzellenz, ob der Schriftsteller sein Judentum ausdrückte oder nicht, dies zu entscheiden, müssen wir dem obersten Richter überlassen. Niemand unter

uns kennt die Geheimnisse seiner Seele und keiner von uns ist daher berechtigt, ihn von dem Zusammensein mit dem Volk Israel auszuschließen. Es ist eine menschliche Pflicht, dem Toten seine Ruhe im Schoß der Seinen, des Volkes, in das er hineingeboren wurde, zu gestatten.«

»Die Stadt Petrópolis ist jedoch sehr stolz auf diesen Toten und wünscht, ihn gemäß seines Verdienstes und der Größe dieser Stadt zu Grabe zu tragen. Es wäre eine Ehrbeleidigung dieser Stadt, wenn Sie ihn uns entziehen.«

Erneut widersprach ich:

»Exzellenz, wo beabsichtigen Sie, ihn zu beerdigen, in einem öffentlichen Park? Wenn dem so ist, sind wir verpflichtet, anzuerkennen, dass die Ehre der Stadt entscheidend ist. Wenn Sie jedoch beabsichtigen, ihn auf dem städtischen Friedhof zu begraben, ersuchen wir Sie, die Tatsache zu berücksichtigen, dass der Friedhof seines Volkes und seiner Religion Priorität haben muss.«

An dieser Stelle veränderte das Stadtoberhaupt seinen Ton und erwiderte: »Nun gut, wenn die Herren auf diesem Standpunkt beharren, bleibt mir nichts anderes übrig, als ihn zu übergeben. Indessen möchte ich, dass Sie wissen, dass die Bevölkerung der Stadt sehr enttäuscht sein wird, was große Entrüstung und großen Zorn zur Folge haben wird. Ich kann die Reaktionen nicht voraussehen. Wie auch immer, die Verantwortung für diese wahrscheinlichen Reaktionen wird auf die Herren zurückfallen: Ich meinerseits weise jede Verantwortung zurück!«

Nicht mehr, nicht weniger: Eine offene Drohung gegen die Juden, die – Gott bewahre uns – alle Konsequenzen dieser Tat erleiden könnten. Angesichts einer solchen Befürchtung gab es nichts mehr, was hinzuzufügen gewesen wäre.

Tief betrübt und verzweifelt zogen wir uns zurück.

Später erfuhren wir, dass jemand nach Petrópolis gefahren war, um einen [jüdischen] »Gottesdienst« auf dem städtischen Friedhof von Petrópolis abzuhalten. Wir missbilligten dies.[961]

---

[961] Brief an den Autor, 1980. In den früheren, brasilianischen Ausgaben von *Morte no paraíso* (1980/1981) wurde dieser Wortwechsel in der dritten Person Singular nacherzählt. Von dem Autor aufgefordert, schilderte der Protagonist Rabbiner Tzekinovsky seinen Kindern und deren Ehepartnern in einem in Hebräisch verfassten Brief diese Geschichte und genehmigte deren Verbreitung, sofern er nicht als Quelle genannt würde. – Er konnte sich nicht als rabbinische Instanz in der Entscheidung zur Frage bezüglich des Begräbnisses zweier Selbstmörder zu erkennen geben, die in gewisser Weise eine Übertretung der jüdischen Gesetze mit einschloss. Nach seinem Tod im Alter von 91 Jahren in Israel gab seine Tochter Hanna Raicher, sich der Bedeutsamkeit seiner Haltung bewusst, die Erlaubnis zur Nennung seines Namens. Sie übersetzte den Brief, der oben getreu und vollständig wiedergegeben ist (Das

Während Hitler Krematorien der KZ in Betrieb nimmt, diskutiert man im beschaulichen Petrópolis über die ehrenvollste Form, ein Opfer des Nationalsozialismus zu Grabe zu tragen, und eine Amtsperson entfesselt die Schreckgespenster der Pogrome.

Rabbiner Tzekinovsky wusste nicht, dass in der ersten detaillierten Anweisung (datiert auf den 18. Februar), die Zweig Koogan hinterließ, ausdrücklich steht: »Ich möchte auf dem Friedhof von Rio de Janeiro in bescheidenster und diskretester Form bestattet werden.« In der zweiten Anweisung vom 21. 2. wiederholte er seine Bitte, »mein Begräbnis so bescheiden und privat wie möglich zu halten« – was als Entscheidung für den jüdischen Ritus im Gegensatz zu irgendeiner prunkvollen Beerdigung interpretiert werden kann.[962]

Bestürzt von der Tragödie, erinnerte sich der Verleger nicht an die Instruktionen, vor allem, weil ihm der dienstbeflissene Claudio de Souza bei seiner Ankunft in Petrópolis schon zuvorgekommen war und Vorkehrungen für ein aufwendiges Begräbnis auf Staatskosten getroffen hatte.

Es hatte ihm damals nichts ausgemacht, als sie ihm sagten, dass das Ehepaar offizielle Trauerfeiern in Petrópolis erhalten würde. Für ihn war die Ehrerbietung der brasilianischen Regierung an einen bekanntermaßen jüdischen Schriftsteller in jenem Augenblick eine politische Geste von großer Bedeutung. Es wäre auch von großer Bedeutung gewesen, wenn der Selbstmörder durch ein Begräbnis unter seinesgleichen ohne Diskriminierung infolge seiner Todesart, als einer der Gefallenen im Kampf gegen den Nationalsozialismus angesehen worden wäre.

Später kreuzten sich die Wege von Koogan und Tzekinovsky, und von dem Rabbiner hörte der junge Verleger ein Wort des Trostes: »Es spielt keine Rolle. Wo immer ein Jude begraben liegt, wird die Stätte zu heiliger Erde.« Diese Vorstellung stammt von Zweig selbst, aus dem *begrabenen Leuchter* – es ist nicht wichtig, wo das Überbleibsel des Zweiten Tempels begraben ist: Wo er liegt, wird seine Botschaft sein.

Einer der Journalisten der jüdischen Gemeinde Aron Neumann (ebenfalls deutscher Flüchtling) berichtete in scharfen Worten von den Verhandlungen:

Original des Schreibens befindet sich in ihrem Besitz). Rabbiner Tzekinovsky war der erste Rabbiner traditioneller Ausrichtung in der jüdischen Gemeinde der einstigen Bundeshauptstadt, erwähnt seit 1929, von 1932–1950 offiziell im Amt.
[962] *Briefe SZ-Koogan*, 18.2.1942; 21.2.1942. Obwohl Zweig fließend Französisch sprach, war seine geschriebene Sprache manchmal unpräzise. Dies gilt jedoch nicht für die beiden Anweisungen zu seiner Beerdigung.

Bei keiner anderen Gelegenheit zeigte sich der offizielle Antisemitismus, der mit aller Macht verhindern wollte, dass man Zweig ein jüdisches Begräbnis ausrichtete, so schonungslos wie bei dieser [...] Der Schriftsteller Claudio de Souza war durch unser Ersuchen sichtbar gereizt. [...] Es war der einzige Anlass, bei dem ich die jüdische Vertretung sich ohne Unterwürfigkeit, in einer würdigen Haltung vor der Arroganz der Offiziellen präsentieren sah.

Da der Journalist ebenfalls ein Anhänger der traditionellen Linie war, kommentierte er, als er den Reform-Rabbiner in einem Talar kommen sah, der sich nicht viel von denen christlicher Priester unterschied, in Jiddisch: »Di Galochim senen schojn gekumen.«[963]

Die religiösen Juden traditioneller Ausrichtung verurteilten Dr. Henrique Lemle, den Reform-Rabbiner, weil er die Aufgabe, das Begräbnis eines Juden auf einem nichtjüdischen Friedhof zu leiten, angenommen hatte.[964]

Henrique Nussenbaum sieht die zwei Rabbiner im *Grupo Escolar*, Tzekinovsky geht hinaus, Lemle hinein. Nichts zu machen. Am Morgen hat der Schneider auf seine Weise versucht, den »Leuchter« zu retten: Er hat Claudio de Souza gebeten, ihn zum *Palácio Rio Negro* zu bringen, damit er mit dem Präsidenten Vargas sprechen könnte. Der Ex-Präsident der *Academia Brasileira de Letras* erklärt mit Nachdruck: »Die Regierung möchte nicht.«

Nussenbaum fleht ihn an, Claudio de Souza gibt nach und Vargas empfängt ihn stehend zwischen zwei Audienzen. Der Schneider wendet ein:

»Herr Präsident, er gehört uns ....«
Claudio de Souza warnte mich, ich würde schließlich mit dem Präsidenten der Republik sprechen. Vargas machte sich nichts aus meinem Wagemut und antwortete ruhig:

---

[963] [Zu Deutsch: Die Priester sind schon da]. Neumann, Aron: »Notas e Notinhas de um diário« (Notizen und Randnotizen eines Tagebuches) in: *Aonde vamos?* (Rio de Janeiro), 19.1.1950.

[964] Der Unterschied der Positionen der beiden Rabbiner betrifft nicht nur den Ritus. Vielmehr spiegelt er die Uneinigkeit wider, die in den 30er Jahren im europäischen Judentum vorherrschte. Traditionalisten wie Rabbiner Tzekinovsky sahen das Judentum in einer Sphäre außerhalb der Religion angesiedelt und vertraten die Vorstellung eines Volkes, einer Geschichte und im weiteren Sinne eines Territoriums; die Orthodoxen akzeptierten infolge der strikten Auslegung der Schriften lediglich eine vom Messias geführte Rückkehr nach Israel. Die Reformanhänger wie Rabbiner Lemle betrachteten das Judentum unter einem humanistischen Blickwinkel als Religion und Kultur.

»Es sind die Einwohner von Petrópolis, die ihn hier haben möchten.«[965]

Um 15.50 Uhr hält Francisco Carauta de Souza vor den Särgen im Namen der *Academia de Letras* von Petrópolis eine Rede. Bei der Totenwache stellt sich die Ehrengarde der Feuerwehr auf: Die schwarzen Särge mit dunklen Griffen werden zu den Leichenwagen gebracht. Zweigs Sarg wird von folgenden Personen getragen: Ein Militär als Vertreter des *interventor* des Staates Rio de Janeiro, Kommandant Amaral Peixoto, der Schwiegersohn des Präsidenten; Bürgermeister Cardoso de Miranda; Schriftsteller Leopold Stern; Journalist und »Fremdenführer« D'Almeida Vítor; Professor Clementino Fraga im Namen der *Academia Brasileira de Letras*; Abrahão Koogan und Israel Dines als Gesandter der jüdischen Vereinigungen von Rio de Janeiro. Kein brasilianischer Schriftsteller ist zur Totenwache oder Beerdigung gekommen.[966]

Die Kirchenglocken läuten, die Geschäfte schließen die Türen, und an den öffentlichen Gebäuden hängt die brasilianische Fahne auf halbmast. 5.000 Leute schließen sich dem Trauerzug an, andere nehmen von den Gehsteigen und Balkonen aus Abschied von dem Erfinder des Landes der Zukunft.

Auf dem städtischen Friedhof werden die Särge, dem jüdischen Ritual gehorchend, auf Holzplanken gelegt, so dass diese nicht die Erde berühren, während Rabbiner Lemle einen Abschnitt aus Zweigs *Jeremias* liest. Eine passende Wahl, der Prophet war die erste seiner Figuren, deren Niederlage einen moralischen Triumph enthält. Ein zutiefst pazifistisches Theaterstück in Versform, sein erster internationaler Erfolg wäh-

---

[965] Die Zeitungen vom 25. Februar 1942 registrierten die Anwesenheit der Rabbiner vor der Beerdigung. In seiner Aussage gegenüber dem Autor stritt Cardoso Miranda seine Teilnahme an dem Gespräch ab, führte an, dass er nicht einmal bei dem Begräbnis dabei gewesen sei. Dies ist nicht wahr: Auf den Fotos ist der Bürgermeister beim Tragen des Sarges zu sehen. Obwohl es nicht möglich ist, die Person zu identifizieren, die die Delegation der *Chewra Kaddischa* empfing und die versteckte Drohung aussprach, hat sich dies tatsächlich zugetragen, wie die detaillierten Aussagen des Rabbiners Tzekinovsky und des Journalisten Neuman sowie der persönliche Einsatz des Schneiders Nussenbaum bestätigen. Bei den beiden Letzten erscheint Claudio de Souza auf deutlichste Weise als Repräsentant der Regierung. Alles lässt darauf schließen, dass er Tzekinovskys Gesprächspartner gewesen war. Das kleinmütige Ende der Verhandlung stimmt mit seiner Persönlichkeit überein.
[966] Laut der Zeitung vom 26. Februar 1942 müsste Kommandant Amaral Peixoto die Bundesregierung repräsentiert haben, aber da er verhindert war, ließ er sich durch einen nicht zu identifizierenden Militär vertreten. Bei der Totenwache erschien der oberste Militärberater General Francisco José Pinto. Getúlio Vargas kam trotz seines Sommeraufenthaltes in Petrópolis und der vom Staat ausgerichteten Trauerfeierlichkeiten nicht, da es ihm das Protokoll nicht gestattete.

rend des Ersten Weltkrieges – es ist gut, an ihn zu erinnern. Kantor Israel Fleischmann stimmt in Hebräisch ein Stück aus den Psalmen und das jüdische Gebet der Trauernden, das *Kaddisch*, an. In einem Meter Entfernung befindet sich die Gruft der kaiserlichen Familie mit Prinzen und Prinzessinnen des brasilianischen Zweigs der Habsburger. Wien ist hier.

Im Bungalow fand ein Reporter in einem der von zerrissenen Blättern überquellenden Papierkörbe, die er auf der Suche nach dem Gift durchwühlte, ein Fragment, in dem »Zweig das elende Leben der Juden in Deutschland, die versklavt, gefoltert und ermordet wurden, beschrieb und bekräftigte, dass ihm nichts von der Aufmerksamkeit bekannt sei, die sie ihm auf dem Obersalzberg schenkten, wo er als der gefährlichste intellektuelle Feind des Nationalsozialismus angesehen wurde. ›Indessen‹, sagte er, ›haben Thomas und Heinrich Mann einen höheren Stellenwert als ich.‹«[967]

> Ich kann nicht viel über die Reaktion der nationalsozialistischen Regierung auf den Selbstmord von Stefan Zweig sagen. Alles, an was ich mich erinnere, ist, dass sein Tod mit großer Freude begrüßt wurde und die Partei ihn als wohl verdientes Ende dieses Feindes des Nationalsozialismus ansah.
>
> Albert Speer[968]

---

[967] *Azevedo*, S. 73.
[968] Brief an den Autor, 30. 10. 1980 (in Englisch verfasst). Speer beantwortete einen Brief des Autors, in dem dieser ihn nach seinen Erinnerungen bezüglich Zweigs Tod gefragt hatte. Das Original befindet sich im Besitz eines Sammlers.

DECLARAÇÃO

Ehe ich aus freiem Willen und mit klaren Sinnen aus dem Leben scheide, drängt es mich eine letzte Pflicht zu erfüllen: diesem wundervollen Lande Brasilien innig zu danken, das mir und meiner Arbeit so gute und gastliche Rast gegeben. Mit jedem Tage habe ich dies Land mehr lieben gelernt und nirgends hätte ich mir mein Leben lieber vom Grunde aus neu aufgebaut, nachdem die Welt meiner eigenen Sprache für mich untergegangen ist und meine geistige Heimat Europa sich selber vernichtet.
Aber nach dem sechzigsten Jahre bedürfte es besonderer Kräfte nun noch einmal völlig neu zu beginnen.
Und die meinen sind durch die langen Jahre heimatlosen Wanderns erschöpft. So halte ich es für besser, rechtzeitig und in aufrechter Haltung ein Leben abzuschliessen, dem geistige Arbeit immer die lauterste Freude und persönliche Freiheit das höchste Gut dieser Erde gewesen.
Ich grüsse alle meine Freunde! Mögen sie die Morgenröte noch sehen nach der langen Nacht! Ich, allzu Ungeduldiger, gehe ihnen voraus.

Stefan Zweig
Petrópolis, 22.II.1942

»Armer Stefan ...«

Wie ich heimschritt, bemerkte ich mit einemmal [sic] *vor mir meinen eigenen Schatten, so wie ich den Schatten des anderen Krieges hinter dem jetzigen sah. Er ist durch all diese Zeit nicht mehr von mir gewichen, dieser Schatten, er überhing jeden meiner Gedanken bei Tag und bei Nacht; vielleicht liegt sein dunkler Umriß auch auf manchen Blättern dieses Buches. Aber jeder Schatten ist im letzten doch auch Kind des Lichts, und nur wer Helles und Dunkles, Krieg und Frieden, Aufstieg und Niedergang erfahren, nur der hat wahrhaft gelebt.*

Die Welt von Gestern, S. 494/495

Epilog

Er brachte sich um, um Ruhe zu finden, und verursachte großes Aufsehen. Er wollte Seelenfrieden und bekam Drangsal. Er schrieb sinnlich und starb sachlich. Er entdeckte ein Paradies, man isolierte ihn in einer Hölle. Er bat um Anerkennung, man bot Verachtung. Er träumte von Sicherheit, lebte unter Observation. Er sehnte sich nach Entsagung, aber es mangelte ihm an Voraussetzungen, um eine Randerscheinung zu sein.

Es gelang ihm nicht, sich an das Exil zu gewöhnen, und die Exilanten verurteilten seine Kapitulation. Erst spät entdeckte er die *jidischkejt*, und man beerdigte ihn fernab von den Seinen. Er brachte sich um, weil er Respekt wünschte, doch erzeugte damit nur oberflächliche Lobeshymnen, leere Worte, liebenswürdige Lobreden, einschließlich einiger Gemeinheiten. Er bekannte sich zu seiner Ungeduld, man bestattete ihn eilig. Dieses so kapriziöse Ende missglückte, war ein Drama für sich, das den Klageweibern entging.

Sein Leben lang glaubte Stefan Zweig, dass er Unvorhersehbares vermeiden und das Leben mittels Wiederholungen und Zufälle bestimmen könnte – er wurde von Unwägbarkeiten überrascht. Die wohlklingenden feierlichen Sätze der »*Declaração*« ließen ihn wie einen Weisen erscheinen. Indessen wusste er nichts von der Banalität, die sogar Idioten, und die besonders verstehen – das Leben zu leben. Man muss bis zum Ende gehen, denn hinter der vorletzten Ecke wartet eine Überraschung, und wenn nicht dort, dann hinter der nächsten. Der Tod ist kein schöpferischer Akt, der bis zur Vollkommenheit ausgearbeitet werden sollte. Es ist unmöglich, sauber daraus hervorzugehen. Besser ist es, ihn zum Thema zu machen.

Der feinsinnige Lebenskünstler hatte ein unvollkommenes, unfertiges Ende: Alles war schwierig – wahre Freunde zu finden, sich mit Talenten zu umringen, sich vor Unannehmlichkeiten zu schützen, Bücher zu bekommen, Briefe zu erhalten, Anregungen zu geben, sich mit dem Minimum an Komfort zu umgeben, auf das er ein Recht hatte. Selbst zu essen, wie er es mochte, war ihm verwehrt – in stiller Trauer erlaubte er sich keine Freude.

Alles verkehrte sich ins Gegenteil in diesem Leben wie in einem Roman, das in den harmonischen, österreichischen Gärten seinen Anfang nahm und am Fuß des dichten *mata atlântica,* des Atlantischen Tropenwalds, endete. Als wienerisches Element blieb lediglich die Ironie der Missverständnisse. Mit der Wahl des Todes als Lösung verhedderte er sich in so komplizierten Vorbereitungen, dass er mit Sicherheit, gepeinigt von einigen unvollendeten Vorkehrungen, starb, ohne die ersehnte letzte Ruhe genießen zu können. Es folgte eine umstrittene Beerdigung, die gleiche Odyssee wie die seines begrabenen Leuchters.

Die Reaktionen auf seinen Selbstmord waren eine Qual für sich: Man machte aus ihm einen Helden und Feigling, einen Märtyrer und Überläufer und ließ außer Acht, dass der Mann in jenen unruhigen Zeiten gerade durch die Spaltung der Welt in zwei sich unversöhnlich gegenüber stehende Lager niedergestreckt wurde. Die Weltpresse verwandelte den Tod des Pazifisten in ein Aufsehen erregendes Ereignis, um die Herzen und Gemüter für den antifaschistischen Krieg zu mobilisieren. Das nationalsozialistische Regime frohlockte, aber der Selbstmord fügte der Sache der Achsenmächte Schaden zu, wie auch den Flüchtlingen – Zweig erschütterte viele, die auf Widerstand setzten, und anderen entzog er die Hoffnung auf eine Anpassung an die neuen Verhältnisse.

In New York, Kalifornien, England, Lissabon, Palästina, Argentinien, Brasilien, Paraguay, Bolivien, Kuba, Shanghai, Marokko, Ägypten, Persien – wo immer sich ein Hitler-Flüchtling aufhielt, wirkte die Meldung des Todespaktes wie ein Schlag: Für Millionen Angehöriger der großen Zweigschen Gemeinde war es ein Schock, erkennen zu müssen, dass jene leidenschaftliche Seele und ihre sanfte Prosa von der Angst erstickt worden waren. Die *»Declaração«,* der letzte Text der Gesammelten Werke, verleiht den früheren Schriften eine Dimension, die sie vorher nicht besaßen.

Seit dem 23. Februar 1942 gibt es zwei Lesarten für Zweig: eine der geschriebenen Texte und eine weitere des letzten, keine Ruhe lassenden Hypertextes. Diese Kombination erklärt die Langlebigkeit eines Autors, der von vielen als »klein«, dazu verdammt, schnell in Vergessenheit zu geraten, angesehen wurde. Zu den gängigen Formaten der Biografien, zu denen die Optionen »Leben und Zeit eines Autors« oder »Leben und Werk« gehören, fügte dieser Biograf, der Selbstmord beging, ein weiteres hinzu: »Leben und Tod«. Diese Art, einen Lebensweg zu beenden, kann in der Ära der Willensfreiheit nicht mehr unbeachtet bleiben.

Im Vichy-Frankreich erhielt Romain Rolland durch das Radio (sicher durch *France Libre*, das durch die BBC aus London ausgestrahlt wurde) Kenntnis von der Nachricht und schrieb darauf André Jouvet über das, was mit »unserem« Stefan Zweig geschehen war. Das Possessivpronomen kam zu spät. Einige Wochen zuvor hätte es ihn retten können:

> Das wäre das letzte Unglück, das ich vorhergesehen hätte. Er schien so robust, so selbstsicher und zu wissen, allen Gefahren auszuweichen. Er ging bis ans Ende der Welt, um Zuflucht zu suchen [...] und dort wartete der Tod auf ihn [...] Armer Stefan![969]

Der Meister Rolland starb 1944 gelassen im Alter von 78 Jahren. Armer Stefan: Auch Thomas Mann missbilligte den Selbstmord. Der Doyen der deutschsprachigen Exilliteratur akzeptierte keine Ausflüchte oder Schwächen. Der Zauberer, der einzige Schriftsteller deutscher Sprache, den Zweig offen beneidete, erwiderte die Bewunderung mit Distanziertheit – eine weitere in der Reihe der enttäuschenden Verehrungen, die nicht einmal das letzte Opfer zu korrigieren vermochte.

In der Stefan Zweig gewidmeten Ausgabe des *Aufbau*, der 1934 in New York gegründeten deutsch-jüdischen Wochenzeitung, die ein wichtiges Forum für die deutschsprachigen Exilanten war, stellte Thomas Mann lakonisch fest: »Der Tod Stefan Zweigs reißt eine schmerzliche Lücke in die Reihen der europäischen literarischen Emigration.« Er lobte die Menschlichkeit und Güte des Verstorbenen, »die Vielen zu leben geholfen hat« (wahrscheinlich bezog er sich damit auf die Unterstützung, die Zweig auch seinem Sohn Klaus gegeben hatte), sah aber die größere Tragik in der Tatsache, dass »sie [die Güte] selbst nicht robust genug war, die Finsternis zu überleben und den Tag zu sehen«. Zu diesem Zeitpunkt kannte der Autor des *Zauberbergs* noch nicht die vollständige Version der »*Declaração*«.[970]

Im Vertraulichen beurteilte Mann den Akt als Feigheit, egoistische Geste, Flucht vor der Verpflichtung, Geringschätzung des Einflusses, den Zweig auf jene hätte ausüben können, die noch immer hofften, der Hölle zu entrinnen. Die ewig kämpferische Friderike erhielt durch Erika Mann Kenntnis von der Kritik des Vaters. Mann wiederum erfuhr von

---

[969] Brief vom 25.2.1942 zit. nach: *Dumont 1*, S. 136.
[970] *Aufbau*, 27.2.1942. Der Vorwurf der Weglassung des letzten Satzes erschien erst am nächsten Tag im *Correio da Manhã*.

seiner Tochter, dass Friderike sich darüber beklagte, und schrieb ihr aus Kalifornien:

> (M)eine Tochter hat mir von dem Brief erzählt, den Sie vor einigen Tagen an sie richteten. Es ist mir sehr schmerzlich, zu erfahren, daß Sie den Eindruck gewonnen haben, als hätte ich bei dem Tode Stefan Zweigs nicht die Haltung gezeigt, die dem schweren Verlust entspricht, welchen die gebildete Welt durch den Tod dieses hervorragenden Mannes erlitten hat. [...] Er wollte in keinem kriegsführenden Lande leben, verließ, als britischer Bürger, England und ging in die Vereinigten Staaten, ging von hier nach Brasilien, wo er aufs höchste geehrt wurde. Und als sich zeigte, daß auch dieses Land in den Krieg gezogen werden würde, ging er aus dem Leben. [...] Man kann nicht mehr tun, als seine Natur und Überzeugung mit dem Tode besiegeln. Der Tod ist ein Argument, das jede Widerrede niederschlägt; es gibt darauf nur ehrfürchtiges Verstummen. [...] Sie berichten (was ich nicht wußte), seine Gattin habe an einer unheilbaren Krankheit gelitten [...]. Warum hat er es nicht gesagt, statt zu hinterlassen, das Motiv seiner Tat sei Verzweiflung an Zeit und Zukunft gewesen? War er sich keiner Verpflichtung bewußt gegen die Hunderttausende, unter denen sein Name groß war, und auf die seine Abdankung tief deprimierend wirken mußte? Gegen die vielen Schicksalsgenossen in aller Welt, denen das Brot des Exils ungleich härter ist, als es ihm, dem Gefeierten und materiell Sorgenlosen war? Betrachtete er sein Leben als reine Privatsache und sagte einfach: ›Ich leide zu sehr. Sehet ihr zu. Ich gehe‹? Durfte er dem Erzfeinde den Ruhm gönnen, daß wieder einmal Einer [sic] von uns vor seiner ›gewaltigen Welterneuerung‹ die Segel gestrichen, Bankerott [sic] erklärt und sich umgebracht habe? [...] Glauben Sie mir, sehr verehrte Frau, daß ich um den außerordentlichen Mann, dessen Namen Sie tragen, so aufrichtig trauere [...]. Ich habe alle diese Lobeserhebungen mit wahrer Genugtuung gelesen und mich, in allem Kummer, gefreut an den demonstrativen staatlichen Ehrungen, die dem Toten von dem Lande seines letzten Asyls erwiesen wurden. Er ruhe in Frieden [...].[971]

Sieben Jahre später würde sich Klaus, der Sohn des Schriftstellers, in Europa umbringen – und der Vater nicht einmal zur Beerdigung gehen.

Noch vor der Stellungnahme der Flüchtlinge in New York war von der anderen Seite der Welt aus dem fernen Palästina eine Botschaft von Ar-

---

[971] Brief vom 15.9.1942 aus Pacific Palisades in: Mann, Thomas: *Briefe 1937–1947*. Herausgegeben von Erika Mann. S. Fischer Verlag. Frankfurt am Main 1963. Ohne die Einzelheiten oder die Aussagen der Brasilianer zu kennen, hatte Thomas Mann die richtige Intuition, als er eine Verbindung zwischen dem Selbstmord und der Ankunft des Krieges in Brasilien herstellte.

nold Zweig gekommen: Die öffentliche und sensible Versöhnung mit demjenigen, mit dem er hinter den Kulissen stets um die Gunst des gemeinsamen »Vaters« Sigmund Freud konkurriert hatte. Als linker Zionist, der sich aus Überzeugung in Palästina niedergelassen hatte, wusste Arnold Zweig, dass Stefan Zweig kein Nationalist war, sondern ein Jude, der sich wieder gefunden hatte. Er erinnerte an Zweigs Freude, als *Jeremias* vom Ohel Theater in Jerusalem aufgeführt wurde, und konnte selbstverständlich den Meister, das Verbindungsglied des Dreiecks von Verehrung und Zuneigung, nicht übergehen: »Als er [Stefan] im September 1939 am Sarg von Freud sprach, hatte niemand geglaubt, dass er selbst in so kurzer Zeit als eines von unzähligen Hitleropfern ebenfalls von der Bühne abtreten würde.« Die beiden Zweigs wetteiferten elegant um das Recht, eine Biografie über den Meister schreiben zu dürfen, Arnold jedoch hatte den Vorrang beim Nachruf auf den Kontrahenten.[972]

Die *New York Times* hob sich von der übrigen internationalen Presse ab. Schon am Tag der Beerdigung veröffentlichte sie eine Meldung auf der ersten Seite und am nächsten Tag den bewegenden Artikel »One of the Dispossessed«:

> Stefan Zweig [...] war ein Mann ohne eine Heimat. [...] Kein freundliches Wort kann ihn mehr erreichen, keine Anerkennung mehr ermutigen, keine Hand mehr vom Abgrund wegziehen. Doch möge uns sein Tod um unseres Gewissens Willen die Probleme des Exils etwas persönlicher verstehen lassen. Solche Männer sind das Salz unserer Erde.[973]

---

[972] *The Palestine Post* (heute *Jerusalem Post*) 25.2.1942. Die telegrafische Nachricht, die den Nachruf einleitete, informierte, dass Stefan und Lotte Zweig das Gift in einem Weinglas eingenommen hätten. Obwohl selbst ein bekannter Schriftsteller, bezeichnete sich Arnold Zweig nur als »Freund und Zeitgenosse«. Im Herbst 1938 hatten sich Arnold und Stefan Zweig in London getroffen und ihre politischen und literarischen Differenzen bereinigt. Von da ab wurde ihre Korrespondenz intensiver und freundschaftlicher. Vgl. Berlin, Jeffrey B.: »The Austrian Catastrophe: Political Reflections in the Unpublished Correspondence of Stefan and Arnold Zweig«, a.a.O.

[973] *New York Times*, 25.2.1942. In dieser Ausgabe veröffentlichte die Zeitung außer diesem Artikel noch einen Bericht des Korrespondenten aus Rio de Janeiro und im Verlauf der folgenden Woche weitere Würdigungen des Schriftstellers. Die am 24.2.1942 auf der ersten Seite abgedruckte Meldung von Zweigs Selbstmord stammt von der *United Press* und wurde auf der Seite 23 ausführlich, einschließlich eines Fotos des Ehepaares Zweig, fortgesetzt.

Trotz der manipulierten »*Declaração*« und der Tatsache, dass Zweig zu den politischen Gruppierungen der Flüchtlinge Distanz gehalten hatte, reagierten seine politisch links stehenden Landsleute sofort. Die offizielle Note des *Comitê dos Austríacos Livres* (Komitees Freier Österreicher) von Rio de Janeiro enthielt feierlich das Versprechen, zu kämpfen »bis zum siegreichen Ende, um die Erinnerung an den großen Toten zu ehren«.[974]

Kaum hatte Friderike von Zweigs Tod erfahren, telegrafierte sie Koogan, um ihn zu bitten, in ihrem Namen Blumen auf das Grab ihres Mannes zu legen. In einem weiteren Telegramm verlangte sie die Versendung des Abschiedsbriefes (dieser kam einige Tage danach an). In den ersten Märztagen schrieb sie dem brasilianischen Verleger in fehlerhaftem Englisch einen emotionalen, konfusen Brief mit Zusätzen auf allen Rändern des Blattes. Friderike wirkte wie eine Waise, die so viel zu sagen hat, oder eine Mutter, die nicht über den Verlust ihres Kindes zu weinen vermag. In drei Jahrzehnten der Korrespondenz ist dieser in einer fremden Sprache, an einen unbekannten Adressaten geschriebene Brief ihr vielleicht verstörtester. Und bewegendster:

> Ich wollte Ihnen eigentlich sofort schreiben, war jedoch zu erschüttert gewesen. Das letzte Mal, daß er [Zweig] Sie als seinen Freund bezeichnete, war an seinem Geburtstag, als er Ihre Gesellschaft genossen hatte, und ich glaube, Sie haben ihn mit dem kleinen Hund eine große Freude bereitet. Ich danke Ihnen für all dies, verehrter Herr Koogan. Ich sandte Ihnen ein Telegramm, in dem ich Sie bat, in meinem Namen Blumen [auf das Grab] zu legen, und sollte meine Bitte früh genug eingetroffen sein, daß Sie sie erfüllen konnten, dann schreiben Sie mir doch bitte, wie viel ich Ihnen dafür schulde und vielen Dank für Ihre Mühe. […] Sie können sich vorstellen, wie sehnlichst ich seinen Brief erwarte* [*aber würde ihn nicht gerne [vom Zensor] geöffnet haben wollen]. Der letzte [Brief], den ich erhielt, war vom 18. Februar und

---

[974] *Azevedo*, S. 53. Dieses Komitee war eine der zwei 1942 in Brasilien von österreichischen Exilanten gegründeten Organisationen; beide wurden von der Vargas-Regierung verboten. Die eine war ein Ableger der *Austrian Action* in New York und linker Ausrichtung. Sie bezeichnete sich als radikal-demokratisch und republikanisch. Die zweite, *Áustria Livre* (Freies Österreich), stand der Frei-Österreich-Bewegung in New York und Toronto nahe, die als legitimistisch (monarchistisch) anzusehen ist. 1943 unternahm diese nach dem Verbot der *Áustria Livre* in Brasilien einen zweiten Versuch und gründete das *Comitê de Proteção dos Interesses Austríacos* (Komitee zum Schutz der österreichischen Interessen), das von der brasilianischen Regierung als Interessenvertretung der Österreicher anerkannt wurde und als inoffizielle Botschaft eines nicht existierenden Landes fungieren durfte. Vgl. *Kestler*, S. 153–156.

voller Liebe und zärtlicher Gedanken, melancholisch wie seit Jahren fast alle seine Briefe. Bitte schreiben Sie mir, wenn es Ihre Zeit erlaubt. Jedes noch so kleine Detail ist mir wichtig zu wissen. Obwohl ich ein wenig jünger bin als er, war er mehr als 25 Jahre auch mein Sohn. War Lottes Gesundheit schlecht? Es tut mir leid, dass Montaigne zu seinem Gemütszustand beigetragen hat. Hat er schon angefangen, das Buch zu schreiben, oder ist es in einem Vorbereitungsstadium? Im November oder früher sandte ich ihm eine Bibliografie der [hiesigen] öffentlichen Bibliothek. Bitte schreiben Sie mir, ob sie im letzten Augenblick gelitten haben und ob auf seinem Gesicht ein Ausdruck des Schmerzes lag. Ich drücke Ihre Hand, verehrter Herr Koogan.

In Dankbarkeit   Ihre Friderike

In einem der Zusätze bittet Friderike Koogan, keine wertlosen Dinge wegzuwerfen, die Zweig benutzt hatte, wie Bleistifte etc., »alles, was er berührt hat, ist wertvoll für mich«. Sie schien sich für ihre Anregung für das Montaigne-Projekt, vor allem für die Eloquenz, mit der sie den Pessimismus von La Boétie in ihrem letzten Brief an Zweig wiedergegeben hatte, Vorwürfe zu machen. Dem armen *Stefzi* so sehr zugetan, hat *Fritzi* doch alle Rennen verloren, abgesehen von dem letzten.[975]

In Brasilien waren die Schuldgefühle am stärksten, die, die ihn hier in die Verbannung geschickt hatten, waren diejenigen, die ihn nach dem Begräbnis eiligst auf das Podest eines Märtyrers hoben. In dieser plötzlichen Metamorphose stach sechs Monate nach der heftigen Kampagne, die man gegen *Brasilien. Ein Land der Zukunft* und seinen Autor gestartet hatte, der *Correio da Manhã* heraus.

Am 26. Februar 1942 widmete ihm die einst boshafte und jetzt großzügige Morgenzeitung einen beachtenswerten Leitartikel, gefolgt zwei Tage später von einem dem Anlass angemessen ergreifenden Nachruf voller Lob mit dem Titel »O acidente« (Der Unfall), den der Chefredakteur Costa Rego höchstpersönlich verfasst hatte. Am 3. März gab der mächtige Journalist demselben Thema – eine Seltenheit – erneut Raum in seiner Kolumne, indem er einen Brief von Ernst Feder aufgriff, der seinen Leitartikel lobte. Auf diese Weise versuchte er, sich von den kleinen und großen Gemeinheiten gegen Zweig freizukaufen, die in der Intrige von einer Biografie über Santos Dumont kulminiert waren.

[975] Brief vom 5.3.1942 in: *Coleção Stefan Zweig, Biblioteca Nacional.* Rio de Janeiro. Außer diesem Brief sind noch vier weitere von Friderike an Koogan erhalten geblieben (22.10.1946; 3.12.1946; 19.4.1948; 19.7.1948), jedoch nicht die zwei erwähnten Telegramme (das zweite wurde nach Friderikes Angaben am 4.3.1942 geschickt).

Die Reinwaschung der einflussreichen Zeitung von ihren Sünden wurde am 28. Februar vollendet, als sie sich die Mühe machte, das Faksimile der »*Declaração*« mit der verhängnisvollen Übersetzung des Doppels Stern-de Souza zu vergleichen. Der *Correio da Manhã* konstatierte die Weglassung des letzten Absatzes und verurteilte sie in großem Stil, ferner feuerte er eine Salve gegen die mächtige *Agência Nacional* ab, die die Zensur der Regierung Vargas verkörperte. In der Sonntagsausgabe am folgenden Tag thematisierte die große Zeitung die Verkürzung von neuem mit besonderem Nachdruck und attackierte offen sowohl die »Unverantwortlichkeit der *Agência Nacional*« als auch Claudio de Souza, der in allen späteren Aussagen zu den Anschuldigungen die Zensur- und Propagandamaschine von jeglicher Schuld freizusprechen suchte, als spräche er in deren Namen.[976]

Wiener Ironie: Die Wiederherstellung von Zweigs letztem Text war nur dank der Hilfe eines anderen österreichischen Flüchtlings möglich, Otto Maria Carpeaux, einer derjenigen in der Redaktion, die den Schriftsteller am meisten gering schätzten. Der Ex-Jude und Ex-Sympathisant des faschistischen Antinationalsozialisten Dollfuß, Otto Maria Carpeaux, der der Suche nach der Wahrheit verpflichtet war, rettete die Unversehrtheit der Botschaft des Landsmannes, den er so verachtete.[977]

Die edelmütige Richtigstellung des Textes erschien in einem Artikel mit dem Titel »Um suicídio e um equivoco« (Ein Selbstmord und ein Missverständnis), dessen Autor sich lediglich durch zwei Initialen zu erkennen gab. Er begann mit einem überraschenden Tadel an die Presse: »Den Journalisten obliegt es, sich ihrer Macht bewusst zu sein, um diese als Faktor der moralischen Unterweisung des Volkes einzusetzen und nicht als Instrument zur Wahrheitsverfälschung.« Anschließend zeigte er, dass Zweigs Geste nicht als Apologie des Selbstmordes, als Negation

---

[976] Neben seinem Image als unterwürfiger Freund der Diktatur herrschte in den journalistischen Kreisen von Rio de Janeiro der Eindruck, dass Claudio de Souza enge Verbindungen zum Integralismus und Japan unterhielt. Der Reporter Joel Silveira nannte ihn aufgrund einer Japanreise und seiner Verbindungen zu Japan einen »Samurai des PEN-Clubs«. Vgl. *Diretrizes*, 3.1.1942. In einem der Theaterstücke von Claudio de Souza, »Teatro ligeiro« (Unterhaltungstheater), trug eine Figur eine Apologie des Integralismus vor. Infolge staatlicher Intervention versuchte der *Estado do São Paulo* (3.3.1942) ebenfalls, die offiziellen Agenturen von der Beteiligung an der Manipulation des letzten Textes zu entlasten.

[977] Die Vorwürfe gegen die Übersetzung wurden oben auf der letzten, der wichtigsten Nachrichtenseite, (die erste war für internationale Nachrichten reserviert), veröffentlicht: »Zweigs Erklärung vor dem Selbstmord – in der Übersetzung wurde ein wesentlicher Teil unterdrückt.« Carpeaux verwickelte sich in viele Polemiken, war jedoch bekannt für seinen Unwillen gegenüber Zweig.

der Hoffnung, als heroischer Protest oder Opfer für die universale Sache gesehen werden dürfte. In Europa nahmen Hunderte von Personen ebenfalls Zuflucht im Tod, als sie »den Zerfall der moralischen Kräfte« spürten.

Für den sensiblen Artikelschreiber »war Zweig ein Geist des 19. Jahrhunderts und seine Welt, so vielseitig sie war, bestand in den Grenzen des Verstandes, und als er diese bedroht sah [...] nutzte er das Recht zu sterben als höchste Bekräftigung seiner individuellen Freiheit«. Er schloss damit, dass er Zweig mit dem Spieler verglich, »der enttäuscht von der Partie das Spielfeld verlässt«.

Wer wäre mit den Ungerechtigkeiten, die die brasilianische Presse gegen Zweig begangen hat, so vertraut gewesen? Wer hätte sich auf jene beziehen können, die in Europa ebenso handelten wie der Schriftsteller? Wer hätte das noch unveröffentlichte Manuskript der *Schachnovelle* gelesen haben können, in der der Spieler die Partie abbricht? Wer hätte den Einfluss der Gedanken von Montaigne auf Zweigs letzte Entscheidung einzuschätzen gewusst? Wer hätte der Autor dieser feinfühligen Hommage inmitten so viel anderen gedruckten Unsinns sein können? Es gibt drei Möglichkeiten: Victor Wittkowski, Ernst Feder oder beide gemeinsam, vierhändig und mit den Anfangsbuchstaben der jeweiligen Initialen das in der Zeitung veröffentlichte Autorenkürzel W.F. bildend.[978]

Die aus Respekt gewährte Schonfrist hielt nicht lange an. Drei Monate nach der Heldentat, Zweigs »*Declaração*« richtig gestellt und vervollständigt zu haben, fiel der unbeugsame Kritiker Álvaro Lins anlässlich der Veröffentlichung von Bernanos' *Lettre aux Anglais* Zweig erneut in den Rücken, jedoch ohne ihn namentlich zu nennen, um die Trauernden nicht zu verletzen. In seinem Artikel bezog sich Lins auf »die Reisenden, die auf der Durchreise einige Tage durch unser Land eilen, in Luxushotels und Kasinos übernachten und anschließend dicke Bücher über unseren Charakter, unsere Bräuche, unser Leben, unsere Zukunft schreiben«.[979]

---

[978] *Correio da Manhã*, 8. 3. 1942. Der Wortlaut des Textes lässt keine Zweifel aufkommen: Der Autor kann nur ein Flüchtling gewesen sein, der Zweig nahe stand und Zugang zu den Manuskripten der beiden letzten Arbeiten gehabt hatte. Wittkowski und Feder sind die einzigen, die diese Anforderung erfüllen.
[979] Lins, Álvaro, a.a.O., S. 124. Nach Meinung des Kritikers war das Verhalten von Bernanos anders, weil »er darauf aufmerksam macht, dass er Brasilien noch nicht kennt, es heute noch weniger kennt als vor drei Jahren [bei seiner Ankunft], aber schon beginnt, es zu verstehen«.

Bernanos' Brief an die englischen Verbündeten und das darin enthaltene Loblied auf die brasilianischen Gastgeber geriet mit der Zeit in Vergessenheit, der Bericht des eiligen Reisenden wurde ironischerweise jedoch zu einer Referenz. Afonso Arinos de Melo Franco sah sich genötigt, sich an den lobenden Würdigungen mit einem Artikel in der Zeitung *A Manhã* zu beteiligen, in dem er betonte, dass er »keiner der Schriftsteller war, die sich Stefan Zweig genähert hatten«. Er erklärte seine Distanzierung »mit der hysterischen Heftigkeit von Zweigs Ruhm bei uns und vor allem dem ausgesprochen mondänen Charakter, den eben dieser Ruhm annahm«, und erzählte von den diversen Begegnungen während der sechs Jahre, in denen sich Zweig mit Brasilien vertraut machte, vor allem der letzten im Sommer in Petrópolis, bei der Afonso Arinos »den Menschen hinter dem weltberühmten Schriftsteller« entdeckt hatte. Bei diesem Treffen hatte Zweig ihm den schönen und zugleich verhängnisvollen Brief von Roger Martin du Gard gezeigt, der ihn so sehr beeindruckte.

Ferner erging sich Afonso Arinos über das gemeinsame Interesse, die Ideen Montaignes, und beendete den Artikel, sich der Größe der letzten Tat unterwerfend: »In Zweigs Fall vollendet der Tod nicht nur sein Werk, sondern übertrifft es, indem er all seinen Werken und jeder einzelnen seiner Botschaften, die er vermittelt, eine ungeheure Kraft an Wahrheit und Ernsthaftigkeit verleiht.« Feder, der unermüdliche Hüter der Erinnerung des Freundes, sandte Afonso Arinos tief gerührt einen Brief.[980]

Das *Jornal do Brasil* behielt die bisherige respektvolle Behandlung bei: Außer der Nachricht vom Selbstmord veröffentlichte es in seiner Ausgabe vom 24. Februar den Wortlaut des Vorwortes der *Welt von Gestern*, das die Zeitung noch von Zweig persönlich bekommen hatte, wie aus dessen letztem Gespräch mit Feder hervorgeht. Der Chefredakteur Benjamin Constallat verfasste diverse lobende Artikel über den Verstorbenen und zog in einem sich auf die materielle Armut, in der der Schriftsteller seiner Annahme nach lebte, beziehend, gegen denjenigen zu Felde, der sich als Zweigs »Beschützer« präsentierte.

»Die konstanten Besuche von Claudio de Souza waren für die Verbesserung von Stefan Zweigs finanzieller Situation ebenso vergebens wie die nächtliche Wache des begüterten Mitglieds der *Academia* beim Leichnam des Schriftstellers für dessen Wiederauferstehung.« In einem

---

[980] *A Manhã*, 1.3.1942. Der Autor verwechselte den Progressisten Roger Martin du Gard mit Pierre Drieu la Rochelle, einem unbeugsamen Rechten, der sich ebenfalls umbrachte. In seinem Brief erwähnte Feder den Fehler aus Höflichkeit nicht.

weiteren Abschnitt hielt Constallat an der unwahren These der wirtschaftlichen Schwierigkeiten fest: »Wäre er reich, wäre es nicht nötig gewesen, die Gefährtin mit sich zu nehmen.«[981] Am 26. Februar veröffentlichte die Zeitung Feders Artikel »Recordando Zweig« (Erinnerungen an Zweig), der erste, wenn auch gekürzte, Bericht des letzten Gesprächs von Samstagabend. Das Morgenblatt, damals unter Herausgeberschaft von Aníbal Freire, der Zweig in Recife kennen gelernt hatte, war das einzige Presseorgan, das einen Vertreter, Joaquim Thomas, und einen Kranz zur Trauerfeier geschickt hatte. Nelson Carneiro, ständiger Mitarbeiter der Zeitung (später Senator der Republik), widmete ihm ebenfalls würdige Abschiedsworte.

Dieselbe Wertschätzung zeigte das *Jornal do Commercio*, die zweitälteste brasilianische Tageszeitung, von der Zweig stets mit Ehrerbietung behandelt worden war. Darin wurde er als Mitarbeiter präsentiert (tatsächlich hatte die Zeitung 1936 nur den Wortlaut seiner Rede im *Instituto Nacional de Música Die geistige Einheit der Welt* und später die *Kleine Reise nach Brasilien*, den Bericht der ersten Reise, publiziert). Elmano Cardim, der Herausgeber dieser Zeitung, der gute Beziehungen zu Zweig unterhalten hatte, war einer der ersten, die am Haus in der Rua Gonçalves Dias eintrafen, und wurde unfreiwilligerweise in die Angelegenheit mit der Übersetzung der »*Declaração*« verstrickt. Sowohl die Zeitung *Jornal do Brasil* als auch das *Jornal do Commercio* waren mit der *Academia Brasileira de Letras* verbunden.

---

[981] Anscheinend bediente sich das »begüterte Mitglied der *Academia*« Zweigs, um für die eigenen literarischen Ambitionen Nutzen zu ziehen: In dem Teil von Zweigs Nachlass, der im Besitz von Koogan blieb, gibt es eine handgeschriebene Postkarte von Zweig an den berühmten Schauspieler Procópio Ferreira, den Zweig darin als »Meister« bezeichnet. Sie beginnt in Portugiesisch mit einer Bitte um Entschuldigung, dass er die Sprache nicht beherrsche. Danach lässt er sich über die Dominanz des Kinos, das er verabscheue, über das Theater aus. Erst zum Schluss erfährt man den Beweggrund der Karte: die Bitte, der Schauspieler möge den »Figaro« in Claudio de Souzas Theaterstück spielen – »als ich es las, dachte ich sofort an Sie«. Vgl. Postkarte mit dem Stempel der Adresse in Petrópolis, undatiert in: *Coleção Stefan Zweig, Biblioteca Nacional*. Rio de Janeiro. Einen weiteren Gefallen, den Zweig Claudio de Souza tat, brachte ihm September 1940 schwere »Prügel« des Literaturkritikers des *Correio da Manhã*, Álvaro Lins, ein. De Souza hatte Zweig um eine Rezension seines Buches *Impressões do Japão* (Eindrücke aus Japan) gebeten, das Zweig mit unangebrachter Großzügigkeit als Meisterwerk bezeichnete, während der Kritiker es als reine Propaganda der japanischen Regierung ansah. »Ich bin sicher, dass Herr Claudio de Souza zwischen der Meinung des Herrn Stefan Zweig und der meinen nicht schwanken würde.« Vgl. Lins, Álvaro: »Viajantes: *o globetrotter* Claudio de Souza« (Reisende: der *Globetrotter* Claudio de Souza) in: idem: *O relógio e o quadrante* (Die Uhr und das Zifferblatt). Editora Civilização Brasileira. Rio de Janeiro 1964, S. 243–249.

Der *Globo* führte die Nachrichtenübermittlung an, war aber keine Diskussions- und Meinungsplattform. Stefan Zweig hatte Roberto Marinho, den Leiter des *Globo*, 1940 bei dem protokollarischen Besuch der Redaktion getroffen. Der Literaturkritiker E.P. (Elói Pontes) jedoch ließ sich nicht von der Tragödie beirren, er prügelte weiterhin auf Zweig ein, wie er es seit 1936 gemacht hatte. Als die Autobiografie drei Monate nach dem Tod erschien, nahm er sie mit sichtlicher Unlust auf. Im November übte er unzufrieden erneut Kritik an Zweig, diesmal richtete sie sich gegen den Akt des Selbstmordes.[982]

Das *Jornal*, das mit dem *Correio da Manhã* um den größeren Einfluss stritt, veröffentlichte einige Lobreden, eine dieser war von Lindolfo Collor, dem Begründer des Arbeitsministeriums und ersten Amtsinhaber, der wegen seiner liberalen Haltung von Getúlio Vargas verfolgt wurde. Collor, selbst erst kürzlich aus dem Exil zurückgekehrt, verstand den Exilanten und verfasste den einzigen beachtenswerten politischen Artikel, da er nicht nur Hitler, sondern auch »die offenen und verborgenen Faschismen« attackierte:

> Wenn sich die ganze Welt im Krieg befindet, wird seine Kriegsangst ihn aus dem Leben reißen […] Die Tragödie Stefan Zweigs entspricht einem der Symptome dieses schmerzlichen Widerspruchs unserer Zeit: dem Hang des Menschen zu moralischen, in seinem Bewusstsein festgesetzten Werten und dem Unvermögen, sie gegen die Angriffe zu verteidigen, die die außerhalb des Gesetzes und der Moral Stehenden vornehmen, um sie zu zerstören […].[983]

In demselben *Jornal* erschien ein niederschmetternder und tiefgründiger, respektvoller und unerbittlicher Text. Der einzige, der fähig war, die Liebe zur Gerechtigkeit und das Feingefühl der Seele mit gleicher Meisterschaft zu verfechten, hieß Georges Bernanos:

> Léon Bloy schrieb einmal, daß wir den Toten die Wahrheit schuldig sind. […] Aber an dem Ort des Friedens […], von dem aus Stefan Zweig nun die Welt betrachten darf, sieht er die Wahrheit deutlicher als wir. Ich bin auch gewiß, daß er das Schweigen überschwenglichen Verherrlichungen seiner Verzweiflungstat vorgezogen hätte. […] Vielleicht erwartet er auch von unserer

---

[982] *O Globo*, 8.5.1942; 11.11.1942.
[983] *O Jornal*, 26.2.1942. Lindolfo Collor (1890–1942), der aus Rio Grande do Sul stammende Politiker, Journalist, Schriftsteller und Großvater von Fernando Collor de Melo, dem späteren Präsidenten Brasiliens (1989–1992), war zunächst Mitarbeiter, später dann erbitterter Gegner von Vargas. Ende 1941 kehrte er aus dem Exil zurück und starb kurz darauf im September 1942.

Freundschaft einen letzten Dienst, daß wir nämlich in seinem Namen zu den Unglücklichen sprechen, die ebenfalls von der Verzweiflung versucht werden, die zur Stunde bereit sind, sich fallen zu lassen, sich selbst aufzugeben, wie er es tat [...] warum sollten wir uns dann den Verstorbenen gegenüber jeder Verpflichtung enthoben glauben, sobald wir sie mit ein paar plumpen Schmeicheleien bedacht haben, die sie nicht einmal mehr zurückweisen können, selbst wenn sie ihre Schatten beleidigen oder aufs tiefste betrüben? ... Stefan Zweigs Selbstmord ist übrigens keine private Tragödie. [...] die Menschheit kann ohne Stefan Zweig auskommen, wie übrigens ohne jeden anderen Schriftsteller; sie kann aber nicht ohne tiefe Beklemmung zusehen, wie die Zahl der unscheinbaren, namenlosen Menschen zusammenschrumpft, denen die Ehren und Vorteile des Ruhms nie zuteil wurden, die sich weigern, ins Unrecht einzuwilligen und vor dem einzigen Gut leben, das ihnen noch verblieb: einer bescheidenen und glühenden Hoffnung. Wer an dieses geheiligte Gut rührt und ein noch so kleines Teilchen zu verlieren droht, schwächt das Weltgewissen und beraubt die Unglücklichen. Ich empfinde große Achtung für Stefan Zweigs Talent; aber im Augenblick gibt es für einen Schriftsteller noch andere Pflichten [...] Es stimmt, daß im Verlauf der letzten Jahre große Anstrengungen unternommen wurden, um die Aufgabe des Schriftstellers ins Lächerliche zu ziehen.

Vom hintersten Winkel, von Barbacena aus nahm Bernanos die Anklage einiger Kirchenführer vorweg, die die Augen schlossen und mit den Mächten des Bösen paktierten:

Die Kirche beschränkt sich jetzt auf ihre wesentlichen, unerlässlichen Aufgaben. Sie lehrt Moral und Theologie, sie spendet die Sakramente und verhandelt über Abkommen und Konkordate. Sie kompromittiert sich möglichst wenig mit den armen Sündern. Sie bemüht sich geflissentlich, den Regierungen nicht in die Quere zu kommen. [...] alle ihre untadeligen Definitionen, die die Philosophen begeistern, bringen den Unterdrückten nur geringen Trost; denn die Kirche vermeidet es fast immer, die Unterdrücker bei Namen zu nennen. [...] Welches Gewicht kann meiner einsamen Stimme im allgemeinen Aufruhr schon zukommen? So glaube ich denn wohl sagen zu dürfen, daß ich am Grab des großen Schriftstellers zutiefst das Ausmaß unseres Verlusts empfinde, daß ich mich aber weigere, zumindest ohne die notwendigen Vorbehalte, auch die Sache, der zu dienen ich mich bemühe, und die Tradition meines Landes in diese Trauer einzubeziehen.[984]

---

[984] Bernanos, Georges: »Stefan Zweigs Selbstmord« in: idem: *Gefährliche Wahrheiten*. Verlag Die Brigg. Augsburg/Basel 1953, S. 99–102. Der Artikel erschien am 6.3.1942

Die großzügige Seele, die Wochen zuvor Zweig in *Cruz das Almas* aufgenommen hatte, schleuderte ihre Empörung auf das frische Grab des Schriftstellers. Zehn Tage nach der Beerdigung wurde Bernanos' Text als Bosheit, als ungerechtfertigte Wut gegen jenen angesehen, der Solidarität oder zumindest Mitleid verdient gehabt hätte. Der Verfasser, *l'homme vrai*, nonkonformistisch, unnachgiebig, streitlustig, sagte, was er fühlte, schrieb genau das, was er dachte. Im Land von Milch und Honig, der Verzauberung, der süßen Umarmungen, der Tränen ohne Salz klang die Aggressivität dieses Landpfarrers gegen den berühmten Toten wie ein Sakrileg oder ein Anfall von Wahnsinn. Im heiteren Paradies sind Zornesausbrüche schwer nachzuvollziehen.

Niemand verstand den Vorwurf dieses Katholiken, der für einen Rechten gehalten wurde, gegen die reaktionäre, mit dem Nazifaschismus nachsichtige Kirche. Ebenso wenig die Aufgebrachtheit des Monarchisten, der in den Unterdrückten das Volk Gottes ausmachte. Niemand wusste von dem bewegenden Empfang, den der vermeintliche Antisemit dem getriebenen und gebrochenen Juden wenige Wochen zuvor auf seinem *sítio* in Barbacena bereitet hatte.

Bernanos' Aufschrei hatte mit einem der wiederkehrenden Themen seines Werkes zu tun, dem Kampf gegen den Satan, dem Inspirator der Selbstmorde. Am Vorabend der weltweiten Katastrophe hatte er geschrieben: »Aber die Welt [...] ist vom Wahn besessen, sich selber zu vernichten. Eilig trägt sie von einem Ende des Planeten zum andern alles zu diesem gigantischen Unternehmen Notwendige zusammen.«

Bernanos' Artikel hatte einen provokanten Titel »Apologias do suicído« (Apologien des Selbstmordes). Er starb einige Jahre später in seinem geliebten Frankreich. Ihm blieb der Schmerz um den Verlust seines erstgeborenen Sohnes Michel, ebenfalls Schriftsteller, erspart, der sich im Alter von 40 Jahren umbrachte.[985] Emil Ludwig ließ sich keine Chance entgehen, in Erscheinung zu treten. Für die Stefan Zweig gewid-

---

unter dem Titel »Apologias do suicído« (Apologien des Selbstmords), der erst in den Gesammelten Werken abgemildert wurde. Bernanos' Artikel wurden stets einen Tag früher geschrieben, da sie von Barbacena mit dem Omnibus in einer Tagesreise nach Rio de Janeiro gebracht und noch ins Portugiesische übertragen werden mussten. Bernanos' Kritik an der Kirche, die über Abkommen und Konkordate verhandelte, kann als vorweggenommener Vorwurf gegen Pius XII., genannt »Hitler-Papst«, angesehen werden.

[985] Bernanos, Georges: *Die großen Friedhöfe unter dem Mond. Mallorca und der spanische Bürgerkrieg. Ein Augenzeuge berichtet.* Arche Verlag. Zürich 1983, S. 240. Bernanos starb 1948, sein Sohn Michel brachte sich 1963 in den Gärten von Fontainebleau um.

mete Ausgabe des Aufbaus schrieb der Rivale als Antwort auf die »*Declaração*« in seinem verfänglichen und bösartigen Stil einen offenen Brief an Zweig. Darin erinnerte er an das Jahr 1940, als er London verließ, da er sicher war, dass die Deutschen bald die Insel erreichen würden, und Zweig ihm einen Brief mit einem leisen Vorwurf auf das Schiff schickte:

> »Ich bleibe hier [...] denn einige müssen doch die Dinge, die kommen werden, mit eigenen Augen sehen, um es später aufzuschreiben«. [...] Warum hielten Sie sich nicht an das Beispiel unseres Meisters, der, während der Feind in seinem Lande stand, ja bis an sein Haus vordrang, Geologie von China studierte? [...] Das eine aber darf ich [...] gestehen: dass in allen Ihren glänzenden Werken, die ein so großes Monument Ihres Lebens hinterlassen, mich nichts so sehr ergriffen hat, wie Ihr Tod.[986]

In einer seiner Memoiren, die wenige Jahre später verfasst wurde, findet sich jedoch eine unterschwellige Perfidität von Ludwig, die zugleich auch seinen Groll gegen Freud offen legt:

> Als ich hörte, dass mein Rivale, mit dessen Werk, von außen gesehen, das meinige oft parallel ging, ein großes Vermögen hinterlassen hat, während ich, der ich dieselben Auflagen und Sprachen habe, nichts hinterlasse als Haus und Garten, da dachte ich: er hinterließ keine Frau, kein Haus, keinen Garten, keine Kinder, keine Tiere und nahm am Ende ohne die geringste Nötigung, ohne Krankheit, ohne Verfolgung, ohne Enttäuschung inmitten eines friedlichen Lebens Gift. Allerdings, er war Schüler und Patient von Freud.[987]

Jules Romains konnte Zweigs Gefühl der Isolation nicht nachvollziehen:

> Man wird mir sagen: ›Aber wie konnte ihn in diesem Land, in dem er, wie Sie sagen, berühmt war [...], eine solch große Isolation heimsuchen [...]? Und selbst wenn dieses Gefühl der Isolation teilweise subjektiv und eingebildet war [...], war es die Sache der Post sicherlich nicht. Was! Nicht ein Brief in der Woche! Und wenn er zufällig einen bekam, musste er von einem Freund aus dem Ausland [...] kommen. Zeigen die Brasilianer wirklich so wenig ihre Zuneigung [...]?‹ [...] Ich habe Jahre in Mexiko[-Stadt] unter ähnlichen Bedingungen verbracht, wie sie Zweig in Brasilien vorfand, ich habe oft unter den

---

[986] *Aufbau*, 27.2.1942. Neben Emil Ludwig und Thomas Mann waren auch Franz Werfel, Alfred Polgar, Berthold Viertel und Hermann Kesten mit einem Beitrag in dieser Ausgabe vertreten.
[987] Ludwig, Emil: *Memoiren, Geschenke des Alters oder Vor Sonnenuntergang*, a.a.O, S. 103. Das Buch enthält noch weitere Spitzen gegen Zweig. So betrachtet Ludwig Zweigs Stil an einer Stelle als eine reine Fortführung des biografischen Stils, den Strachey und er begründet hätten. Vgl. S. 384.

Nachrichten gelitten, die mich aus Frankreich und Europa nur verzögert und immer seltener erreichten, aber ich kann nicht sagen, dass ich auch nur eine Sekunde das Gefühl von Isolation kennen gelernt habe.

Romains verstand, warum Zweig zwei Exemplare der Festschrift, die ihm der Freund zum 60. Geburtstag zusammengestellt hatte, neben den Dokumenten und Manuskripten gut sichtbar auf dem Tisch hinterließ. »Angesichts der minutiösen, überlegten Ordnung [...] beweist uns dieses winzige Detail, dass unsere Geste der Freundschaft nicht gänzlich vergebens gewesen war.« Aus der Distanz begriff Romains Zusammenhänge, die viele Leute aus der Nähe nicht erörtern wollten.[988]

Für die überaus aktive Friderike war jene Abgeschiedenheit in Petrópolis inakzeptabel. Zweig wich immer schneller den Depressionen aus, was auch immer der Vorwand oder das Projekt war.

> Was Sie über Stefans Vereinsamung sagen, hat mich sehr erschüttert. Erst viel später als anderen hat er es mir geklagt; zuerst sogar immer betont wie gut Lotte die Einsamkeit verträgt. [...] Einsamkeit war das Böseste für diese Verfassung.[989]

Hannah Arendt schloss sich der posthumen Verurteilung an. Die junge deutsche Exilantin, die später aufgrund ihrer intellektuellen Kühnheit berühmt werden sollte, verfasste eine empörte Kritik über Zweigs Autobiografie, die kurz nach seinem Tod in den USA erschienen war. Arendt, die nach ihrer Flucht nach New York 1940 mittlerweile dort Fuß gefasst hatte, reihte sich in den Chor derer ein, die den Selbstmord missbilligten. Sie verzieh den in Apathie umgeschlagenen Pazifismus nicht, war unerbittlich in der Kritik der bürgerlichen Eliten des europäischen Judentums, die, um ihre Etablierung besorgt, die Realität um sich vergaßen. Unsensibel gegenüber der Tragödie des Schriftstellers stellte sie fest: »Schande und Ehre sind politische Begriffe, Kategorien des öffentlichen Lebens. In der Welt der Bildung des Kulturbetriebes, der rein privaten Existenz kann man mit ihnen so wenig anfangen wie im Geschäftsleben. [...] eine Schande, aus der es keinen individuellen Ausweg mehr in internationalen Ruhm gibt – sondern nur noch in politische Gesin-

---

[988] *Romains*, S. 21–23. Bei den Büchern handelte es sich um die von Jules Romains zusammengestellte Festschrift zu Zweigs 60. Geburtstag mit dem Titel *Stefan Zweig, le grande européen/Stefan Zweig, The Great European*.
[989] Brief von Friderike an Alfredo Cahn, 2.9.1942 in: *Nachlass Alfredo Cahn. Deutsche Nationalbibliothek, Deutsches Exilarchiv 1933–1945*, Frankfurt am Main, EB 2001/066.

nung und Kampf für die Ehre des ganzen Volkes.« Ihr Blick richtete sich auf eine Seite, die andere sah sie nicht – die moralische Bedeutung des Selbstmordes in Petrópolis.

Ohne es zu bemerken, attestierte ihm die radikale junge Frau posthum Größe: »(A)nstatt die Nazis zu hassen, hoffte er sie zu ärgern.« Inmitten des Krieges setzte sie dem kürzlich Verstorbenen zu, weil er nicht zu Ressentiments fähig gewesen war, zwei Jahrzehnte später, inzwischen zu einer moralischen Instanz gegen den Totalitarismus geworden, gestand sie jedoch: »*I somehow don't fit.*« Sie wusste nicht, wie sie ihr Werk in den Kanon der linken oder rechten Parteigänger einfügen sollte. Zweig hatte auch nichts anderes gemacht, als sich aus dem Getümmel herausgehalten.[990]

Arendt ging mit Zweigs Verbindung zu Richard Strauss scharf ins Gericht. Indessen wurde die intellektuelle Welt Jahrzehnte später von der Offenlegung ihrer Liebesbeziehung zu ihrem Philosophieprofessor Martin Heidegger, einem Nazi-Sympathisanten, erschüttert. Würde sie noch leben, würde sie die zeitgenössischen Richter bitten, weniger streng zu sein.

In São Paulo reagierte die Presse nicht mit den Emotionen, die die Hauptstadtzeitungen gezeigt hatten. Von der Zensur entmachtet, gaben die lokalen Blätter lediglich den Blick auf die kleine Welt um sie herum frei. Infolge der Anti-Vargas-Haltung, die seit der Niederlage der Revolution von 1932 in der Stadt immer stärker geworden war, beäugte man die Handlungen der Regierung, einschließlich ihrer Entscheidung für die demokratische Sache und gegen den Nationalsozialismus, misstrauisch. Deshalb erreichte der Krieg Rio früher und auf unmittelbarere Weise.[991]

Hinzu kam, dass die Intellektuellen von São Paulo in jenem Moment damit beschäftigt waren, den 20. Jahrestag der *Semana de Arte Moderna*, die Woche der Modernen Kunst, zu begehen. Im Enthusiasmus für die Moderne war kein Platz, um an die Tragödien der Verstorbenen und die alten Werte zu erinnern. Der unter Staatsaufsicht stehende *Estado de São Paulo*, der ungeachtet dessen namhafte Mitarbeiter (Sergio Milliet, Mario de Andrade, Nelson Werneck Sodré, Afonso Schmidt, Otto Maria

---

[990] Arendt, S. 113; 127; 114. Hill, Melvyn A. (Hg.): *Hannah Arendt. The Recovery of the Public World*. St. Martin's Press. New York 1979, S. 336.
[991] Die *Gazeta* war die Zeitung in São Paulo, die der Meldung des Selbstmordes die größte Aufmerksamkeit zukommen ließ. Vgl. *Gazeta*, 24. 2. 1942 und in den folgenden Tagen. Dabei nutzte sie die Fotos von dem Vortrag, den Zweig am 21. 9. 1940 im Auditorium der Zeitung gehalten hatte, als Bildmaterial.

Carpeaux) besaß, gedachte Zweigs Tod nicht. Die *Folha de Manhã* veröffentlichte neben den täglichen, telegrafisch übermittelten Nachrichten aus Rio de Janeiro Mitte März Zweigs Vorwort zu seinen Memoiren.[992]

Eine wichtige Stellungnahme kam seitens des Literaturkritikers Sergio Milliet in seiner Beurteilung der polemischen Reaktion des Modernisten Mario de Andrade, der über Zweigs Selbstmord sagte:

> Harmloser Akt, pure Romantik. Wenn sich der Schriftsteller gelassenen Mutes fühlt, um dem Leben ein Ende zu setzen, warum nutzt er nicht den Tod, um zumindest einen dieser Verfluchten mit sich zu nehmen, die aus der Welt das gemacht haben, was wir gerade erleben.

Der Mentor der kulturellen Revolution von São Paulo schlug ein Selbstmordattentat vor, also zu sterben und dabei andere mit in den Tod zu reißen. Sein Kommentar entbehrte keineswegs zynischer, fremdenfeindlicher Anklänge, die der Kritiker Milliet aufzudecken wusste:

> Auf den ersten Blick hat mein Freund [Mario de Andrade] Recht. Aber das Attentat, der Mord, die direkte Aktion sind nicht in der Welt des intellektuellen Diskurses anzutreffen [...] das Problem für den Intellektuellen befindet sich folglich auf anderem Gebiet, nicht dem der Beseitigung des Führers, sondern auf dem Gebiet der Einflussnahme auf das Denken der Massen [...] wenn die Intellektuellen sich vom politischen und sozialen Kampf entfernten, so taten sie dies nicht aus Verrat [...] sie taten es, weil sie die Aufrechterhaltung des vor dem Krieg herrschenden Status quo nicht interessierte [...] Zweigs Tod kam zumindest der Verdienst zu, unsere Ruhe erschüttert zu haben. Er berührte mich seltsamerweise, selbst wenn ich nie den Schriftsteller in diesem von nationalsozialistischem Hass verfolgten Juden bewundert habe. Aber ich kannte den Menschen und schätzte ihn wegen seiner hohen Moralität in mehr als einer Beziehung [...]. Zweig blieb den moralischen Werten treu. Der hysterischen Mehrheit tritt man jedoch nicht ungestraft gegenüber [...] Die Intellektuellen selbst straucheln in den Kanälen geheimer Absprachen. Die Position des besonnenen und wahrheitsliebenden Richters kann für lange Zeit nicht besetzt werden. Man muss zwischen Demütigung und Verschwinden wählen. Zwischen Aufgeben und Selbstmord. Auf jeden Fall den Tod. Zweig wählte und seine Geste war ein Akt des Mutes. Der Mut

---

[992] *Folha da Manhã*, 7.3.1942. Das Vorwort erschien auf der Titelseite der Literaturbeilage unter dem Titel: »Panorama de uma geração« (Panorama einer Generation). Der *Estado do São Paulo* brachte zu diesem Zeitpunkt eine Serie von Mario de Andrade zur *Semana de Arte Moderna* von 1922.

eines feierlichen, unwiderruflichen, unumkehrbaren Protestes, gegen den die Zensur und Gestapo nichts machen konnten.[993]

Mario de Andrade starb drei Jahre später, es ist nicht bekannt, ob er dem Kritiker darauf antwortete. Was aber klar zu sein scheint, ist, dass in dem Winkel der Erde, in dem die nativistische Anthropophagie, die »Menschenfresserei«, entstanden war, der Kosmopolit Stefan Zweig eines ihrer Opfer wurde.

Die »*Declaração*«, von der die Welt direkt nach Zweigs Tod erfuhr, war die anfängliche, unvollständige Version, die auch an die internationalen Nachrichtenagenturen verteilt worden war. Erst eine Woche später war der wahre Geist seines letzten Textes wiederhergestellt. Zu diesem Zeitpunkt war es jedoch nicht mehr möglich, den ersten defätistischen Eindruck des Wortlauts rückgängig zu machen.

Die Pflichterfüllung des *Correio da Manhã* durch die posthume Verteidigung Zweigs stellte nicht nur eine humanitäre oder journalistische Tat dar, sondern auch einen Akt des politischen Mutes: Am 3. März wurde eine Zeitung aus Vitória vom *DIP* eingestellt, weil sie im Gegensatz zu dessen Ausrichtung stand. Rar waren diejenigen, die es wagten, die Existenz des Informationsüberwachungsapparates zu entlarven – die Effizienz der Zensur setzt die Geheimhaltung ihrer Existenz voraus.[994]

Unter dem Titel »Vale a pena viver?« (Ist es wert zu leben?) veranstaltete die von Samuel Wainer geführte, aufrüttelnde Wochenzeitung anlässlich des Selbstmords von Zweig eine Umfrage unter Schriftstellern und Künstlern. Die Dichterin Cecília Meireles, deren erster Ehemann sich ebenfalls getötet hatte, war kategorisch: »Das Leben *muss* gelebt werden.« Augusto Frederico Schmidt, Unternehmer und Dichter: »Die Menschlichkeit behauptet sich im Menschen proportional zu dem Widerstand, den er dem Leben leistet.« Auch Orson Welles, der noch im-

---

[993] Tagebucheintragung vom 30.3.1942 in: Milliet, Sergio: *Diário crítico* (Kritisches Tagebuch), 10 Bände. Edusp. São Paulo 1981. Dieser Text war ursprünglich im *Estado do São Paulo* vom 29.3.1942 erschienen. Sergio Milliet (1898–1966), Schriftsteller, Dichter, Kritiker, Soziologe und Maler, studierte während des Ersten Weltkrieges in der Schweiz und kam dort mit den Pazifistenkreisen in Kontakt, zu denen auch Romain Rolland und Stefan Zweig gehörten. Er schrieb in Französisch und Portugiesisch und war einer der Gründer der *Partido Socialista Brasileiro* (PSB/Sozialistische Partei Brasiliens).

[994] Strafen gegenüber Zeitungen und Journalisten kamen häufig vor. Im September 1940 suspendierte der *Conselho Nacional de Imprensa* (Nationale Presserat), das Regierungsgremium, in dem die Zeitungsbesitzer und -herausgeber einen Sitz hatten, trotz dessen öffentlichen Entschuldigungen den Journalisten Bruno de Martino, »da er die nationale Armee beleidigt habe«. Vgl. *Folha da Manhã*, 19.9.1940.

mer für Furore in den Intellektuellenkreisen Rio de Janeiros sorgte, äußerte sich:

> Es ist klar, dass das Leben lebenswert ist. An den Tagen, die jetzt vergehen, kann man die geistige Kapitulation einer Einheit nicht von der militärischen Kapitulation einer Zitadelle unterscheiden. Zweigs Selbstmord ist wie die Kapitulation von Singapur [...] wenn Hitler gewinnt, werde ich ein Agitator, ein Guerillero.[995]

Jorge Amado schrieb:

> Als sich Zweig umbrachte, war ich in Uruguay im Exil. Ich schrieb einen Artikel, in dem ich den Selbstmord verurteilte, ich war der Ansicht, dass Zweig angesichts des Nationalsozialismus die Perspektive verloren hatte und die bürgerliche Kultur, die er repräsentierte, zu einem Ende gekommen war. In der neuen Welt gab es keinen Platz mehr für Schriftsteller wie ihn – so der Inhalt des Artikels. Kleindenkend, klar. Das ganze menschliche Drama des Schriftstellers und seiner Frau entging meiner Sichtweise, die auf die Eventualitäten der Zeit beschränkt war.[996]

Padre Álvaro Negromonte, prominente Figur des Klerus aus Minas Gerais, der mit einem Fuß in der lokalen Politik stand, veröffentlichte in der Presse von Belo Horizonte einen bösartigen Beitrag über Zweigs Selbstmord. »Zweig e Mojica« (Zweig und Mojica) war ein von Vorurteilen strotzender Vergleich zwischen dem Aufgeben des Schriftstellers und der Haltung des berühmten mexikanischen Bolerosängers José Mojica, der auf dem Höhepunkt seiner Karriere dem Reichtum entsagte, um sich in einen Konvent zurückzuziehen:

> Der Jude, [der] das Leben damit verbrachte, mit leichten und durchschnittlichen Büchern Geld zu verdienen, eine unbeschwerte Existenz zu genießen, sich von einer [Frau] scheiden zu lassen und eine andere zu heiraten, beendete sein Leben durch die Einnahme von Gift. [...] Der Nationalsozialismus konfiszierte ihm seinen Besitz, aber es ist nicht ohne Grund, dass der Nationalsozialismus existiert [...] Da verlor der Mann den Lebensmut [...] Da offenbarte sich auch die Durchschnittlichkeit seines Lebens.

---

[995] *Diretrizes*, 12.3.1942. Dies ist die einzige dokumentierte, wenn auch posthume, »Begegnung« von Orson Welles und Stefan Zweig. Indem er einen Zusammenhang zwischen der Kapitulation Singapurs und der Aufgabe Zweigs herstellte, wiederholte Welles Koogans irrtümliche Einschätzung, die bald nach dem Selbstmord von der brasilianischen Presse verbreitet worden war.

[996] Jorge Amado, a.a.O.

Über diese Respektlosigkeit empört, antwortete der junge Journalist und Schriftsteller Rubem Braga in der *Revista Acadêmica*:

> Voller Sympathie hier aufgenommen, zahlte [Zweig] Brasilien die Gastfreundschaft, die es besaß, königlich. Der letzte Text, den er schrieb, [die *Declaração*] ist keine leichte und durchschnittliche Literatur, er ist eines der erhabensten und schmerzlichsten Schriftstücke der letzten Zeit und eine gewaltige Anklageschrift gegen den unterdrückerischen Nationalsozialismus [...] diejenigen, die um seinen Tod weinten, sind keine Anhänger des Selbstmordes. Alle fühlten, dass die Desertion dieses Mannes einem flammenden Protest gegen die Stupidität gleichkam [...] Dies ist keine Religion, sondern eine gefühllose Beleidigung der Toten, eine armselige Attacke gegen die Besiegten. [...] Diese Aggression gegen den toten Zweig kommt nur dem Nationalsozialismus zu Gute. [...] [dieser] Antisemitismus dient der Kirche nicht, da die Kirche ihn öffentlich verurteilt. Antisemitismus, von dem einzig der Nationalsozialismus profitiert, ist keine Art, die christliche Moral zu predigen. Es ist so wie einem Toten, den Hitler auf dem Gewissen hat, noch etwas ins Grab nachzuwerfen. Stefan Zweig war ein Freund Brasiliens, ein Freund der Menschen. Respekt ihm und seiner Gefährtin!

Auch *Clima*, die Monatszeitschrift der progressiven Intelligenz von São Paulo, druckte die liebenswürdige Verteidigung von Rubem Braga mit einer nicht minder wütenden Einleitung von Antonio Candido de Mello e Souza, damals für die Literaturseite verantwortlich. Er solidarisierte sich mit dem Gedenken, das durch die Hetzrede des inquisitorischen Padre entwürdigt wurde: »Zweigs Tod bedeutete nicht nur sein Ableben, sondern war wie ein Symbol des Leidens, das die Welt heimsucht.«[997]

Inmitten der Tragödie durfte der Spott nicht fehlen. In den Redaktionen der Zeitungen und in den literarischen Kreisen von Rio de Janeiro erfand irgendeiner die Geschichte, dass Zweig als Opfer der systematischen Anbettelei eines Journalisten starb, der keine Chance ausließ, ihn um Geld zu bitten. Der Schnorrer, der ihn belästigt hatte, war D'Almeida Vítor. Doch was ihn eher umgebracht hatte, das Gespött.

Von allen Seiten wurden Gedenkfeiern für den Schriftsteller abgehalten. Die erste kam von der jüdischen Gemeinde von Petrópolis, es war die traditionelle *Haskara*, das Gedenken der 30 Tage, das in Anwesenheit Gabriela Mistrals und lokaler Persönlichkeiten in ihrem Sitz, einem kleinen 2-stöckigen Haus, stattfand. Am Ende des Sommers, in den letzten Märztagen, nahm die *Academia Brasileira de Letras* ihre Ar-

---

[997] *Revista Acadêmica*, Mai 1942. *Clima 10*, Juni 1942.

beit auf und die erste Sitzung sollte Zweig gewidmet werden. Die Mitglieder, die *imortais*, zogen es jedoch vor, sie zur Wiedergutmachung Claudio de Souza, dem Ex-Präsidenten des Hauses, zu widmen, da er zuletzt durch die Beschuldigungen im Zusammenhang mit der Übersetzung der »*Declaração*« gelitten hatte.

Tage später war der PEN-Club, ebenfalls in den Räumlichkeiten der *Academia*, an der Reihe, unter Vorsitz von Elmano Cardim mit Ansprachen des unermüdlichen Claudio de Souza, des Bürgermeisters Cardoso de Miranda und des Freundes Ernst Feder eine Gedenkstunde für Zweig abzuhalten. Afonso Arinos nahm eine Würdigung des Verstorbenen vor, in der er neuerlich die Distanz unterstrich, die ihn von Zweig getrennt hatte.

Claudio de Souzas Rede verwandelte sich schnell in zwei Büchlein (in Portugiesisch und Französisch), die im Bestreben, sein Image (vor allem im internationalen PEN-Club) zu verbessern, vom Autor selbst verlegt wurden. Auch Leopold Stern nutzte die Tragödie, um etwas Bekanntheit zu erlangen, und verfasste einen auf eigene Kosten veröffentlichten Bericht.

Der Wettstreit um die erste Veröffentlichung zu Zweigs Tod wurde offenkundig von Raul de Azevedo gewonnen, der nur zwei Monate nach dem Selbstmord im April eine Spezialausgabe seiner Zeitschrift *Aspectos* mit Reportagen, Kolumnen und Aussagen von Freunden und Bekannten in einer unsystematischen Zusammenstellung herausbrachte und damit die erste dokumentarische Quelle zum Tod des Schriftstellers vorlegte.

D'Almeida Vítor zeigte sich empört über diese kommerzielle Ausbeutung des Verstorbenen und behauptete, die Veröffentlichungen beruhten auf Vermutungen. Niemand in Brasilien hätte Zweig so gut gekannt wie er, da »ich sein Privatsekretär sein durfte«. Er versprach, sobald der Krieg zu Ende sei, nach Europa zu fahren, um die nötigen Materialien für eine würdige Hommage »des Genies, dessen Vertrauen immer ein Grund des Stolzes für mich sein wird«, zu sammeln.[998]

In New York wurde die erste Hommage von der Gruppe von Exilanten organisiert, die zuvor schon im *Aufbau* dazu Stellung genommen hatte. Es sprachen Klaus Mann, Berthold Viertel und Emil Ludwig. Die Trauerfeier des englischen PEN-Clubs in London fand erst im Juli 1942 statt. Antônio Callado schrieb für den *Correio da Manhã* darüber einen

---

[998] D'Almeida Vítor: »Eu e a memória de Zweig« (Ich und die Erinnerung an Zweig) in: *Aonde vamos?* 15.7.1943.

Bericht, für den er sich des in der englischen Presse erschienenen Materials bediente. Nach Callados Darstellung bewegte der Vortrag von Robert Neumann, einem ebenfalls geflohenen österreichischen Schriftsteller, die Anwesenden am meisten. Im Februar hätte Neumann nach Petrópolis geschrieben, und »während der Brief dorthin unterwegs war, schied der Mann, der ein schönes Porträt von Brasilien verfasst hatte, aus dem Leben«. Der Brief wäre später wieder zu ihm zurückgekommen mit einer sorgfältigen handschriftlichen Bemerkung »Empfänger unbekannt verzogen«.[999]

Die stille Lotte blieb trotz der Bemühungen einiger im Schatten. Maria Eugenia Celso bezeichnete sie als »A última heroína de Zweig« (Zweigs letzte Heldin). Der Journalist Takis Politis bekannte in seinem Artikel »Madame Zweig«, dass er es vorziehe, anstatt Tränen über jenen Sarg zu vergießen, in dem der Ruhm gebettet war, den anderen zu beweinen, mit dem das erhabene Opfer und die große Liebe begraben wurde. Raimundo Callado, ein anderer Journalist, der noch wenige Tage vor dem Selbstmord mit dem Ehepaar zu Abend gegessen hatte, schrieb in seinem Beitrag »Elizabeth Zweig [sic]« über Lotte: »Von den beiden, die auf diese Weise gestorben sind, war jene, die kein Wort hinterließ, die einzige, die dort eine Seite von düsterer und intensiver Schönheit schrieb. Sie war eine [Schreib]Maschine – eine Maschine mit Herz. [...] Er starb für sich selbst, sie für ihn.« Afonso Arinos fügte diesen Feststellungen hinzu: »Ich weiß nicht, bis zu welchem Punkt das Leiden jener verängstigten und nicht anpassungsfähigen Frau zu der Verzweiflungstat der beiden beigetragen hat.«[1000]

Niemand rechnete nach, niemand machte sich bewusst, dass Lotte 27 Jahre jünger war als Zweig. Am 5. Mai 1942 wäre sie 34 Jahre alt geworden. Groß und schlank, kleidete sie sich wie eine Dame, um älter zu wirken. Die infolge von Asthmaanfällen und Allergien fast immer gezeichneten Gesichtszüge und die geschwollenen Augen trugen dazu bei, sie älter aussehen zu lassen. Unübersehbar war ihr Bemühen, nicht wie

---

[999] *Correio da Manhã*, 12.8.1942. Der Schriftsteller, Dichter und Satiriker Robert Neumann (1897–1975) stammte ebenfalls aus Wien. Auf seinem Weg ins Exil nach England im Februar 1934 traf er Stefan Zweig, der ihm voller Bitterkeit von der Hausdurchsuchung erzählte. In London nahm er ihre Freundschaft wieder auf und bezog auch Lotte mit ein. Von Neumann eingeladen, nahm Zweig 1935 das Angebot an, gemeinsam ein Drehbuch für *Manon Lescaut* (das nie verfilmt wurde) zu verfassen. Vgl. *Prater*, S. 310; 343.

[1000] Celso, Maria Eugenia: »A ultima heroína de Zweig«; Politis, Takis: »Madame Zweig«; Callado, Raimundo: »Elizabeth Zweig [sic]«; alle drei in: *Azevedo*, S. 146–148; 136/137; 139–142. *Arinos*, S. 387.

die »junge Sekretärin« zu erscheinen, sondern wie die erfahrene Gefährtin. Der Verleger Alfredo Cahn hat sie verstanden: »Für Lotte hatte Leben oder Sterben mit Stefan Zweig fast dieselbe sentimentale romantische Anziehungskraft.« Niemand war dies aufgefallen.[1001]

Auch Friderike machte sich nicht klar, dass die Gefährtin das Alter ihrer Töchter hatte. Vielmehr forderte sie von ihr eine Reife, die nur sie selbst besaß. Das letzte Wort blieb ihr:

> Lotte war schwach und selbst wieder oft krank, sie hatte gar keine Erfahrung, den oft erschreckenden, hartnäckigen Depressionen Herr zu werden [...]. Sie ist mit eingeknickt [...]. Da er so oft klagte, habe ich nicht gefürchtet, daß seine doch immer wiederkehrenden Anspielungen auf Verschwinden und Versagen der Hoffnung so tief ernst waren.

> Ich sehe immer deutlicher und hörte es auch von einem Arzt, daß das unglückliche Wesen viel kränker war, als es ihre Verwandten (Bruder u. [sic] Schwägerin beide Ärzte) noch heute wahr haben wollen.[1002]

Zweigs alte Freunde und Weggefährten schlossen sich zusammen, um eine Gedenkschrift als bleibende und würdige Hommage für den Verstorbenen zu verfassen. Einer davon war Richard Friedenthal, der durch die Nähe zu Manfred Altmann zu einem Vertrauten der Familie geworden war. Der arme Wittkowski, nach Zweigs letztem Willen der Verwalter des literarischen Nachlasses, wagte es ebenfalls, ein *Liber amicorum* mit Beiträgen aus Brasilien und dem Ausland vorzuschlagen. Friderike wollte nur ein einziges, mit Sorgfalt und Bedacht vorbereitetes Gedenkbuch. Der erfahrene Ben Huebsch gab zu bedenken: »(S)olch ein Buch bringt selten das Beste von den Beitragenden zum Vorschein, und [...] Zweig wird am besten durch sein eigenes Werk gewürdigt.«[1003]

Huebsch behielt Recht: Mehr als eine Sammlung von formalen, nicht immer aufrichtigen Lobeshymnen würden die posthum veröffentlich-

---

[1001] *Cahn*, S. 126. Cahn hatte 1940 während Zweigs Argentinienreise die Gelegenheit gehabt, Lotte etwas näher kennen zu lernen.
[1002] Briefe von Friderike an Alfredo Cahn, 15.3.1942; 2.9.1942 in: *Nachlass Alfredo Cahn.* Deutsche Nationalbibliothek, Deutsches Exilarchiv *1933–1945*, Frankfurt am Main, EB 2001/066.
[1003] Brief von Ben Huebsch an Berthold Viertel, 8.4.1943 in: Berlin, Jeffrey B.: »Briefe aus Brasilien: *Schachnovelle* von Stefan Zweig« in: *Schwamborn*, S. 245–264; S. 246. Vgl. auch Brief von Friderike an Alfred Cahn, 30.7.1942 in: *Nachlass Alfredo Cahn. Deutsche Nationalbibliothek, Deutsches Exilarchiv 1933–1945*, Frankfurt am Main, EB 2001/066.

ten Werke und Schriften Zweigs seinen Lesern viel zu sagen haben. Vor allem die Autobiografie.

Er brachte sich um und er stand zugleich wieder auf, um die Welt von Gestern noch einmal wieder erstehen zu lassen, die mit ihm verschwunden war. Es war sein letzter und perfektester literarischer und verlegerischer Coup. Huebsch hatte nicht nur das nötige Fingerspitzengefühl, er kannte zudem seinen Autor gut. Koogan indessen war schneller: Am 10. April, weniger als zwei Monate nach dem Selbstmord, als die Zeitungen und Zeitschriften noch darüber berichteten, erschienen Zweigs Erinnerungen in den brasilianischen Buchhandlungen als Taschenbuch und mit einem von Zweig gebilligten, konventionellen Titel, der jedoch genügte, um ihn zum Leben zu erwecken – *O Mundo que eu vi. Minhas memórias.* (Die Welt, die ich sah. Meine Erinnerungen.)[1004]

Im September jenes verhängnisvollen Jahres 1942 veröffentlichte Koogan außerdem die *Schachnovelle* zusammen mit zwei anderen Novellen von minderem literarischen Wert in einer Sammlung, deren Titel wahrscheinlich von Zweig kam oder zumindest von ihm akzeptiert worden war: *Três paixões* (Drei Leidenschaften) – er besaß eine besondere Vorliebe für Triptychen (oder Dreiecke), was *Der Kampf mit dem Dämon, Drei Dichter ihres Lebens, Die Heilung durch den Geist* und *Drei Meister* belegen, die alle dreiteilig sind.[1005]

Eine dieser Novellen, *War er es?*, wurde Wittkowski zusammen mit der *Schachnovelle* von Zweig zur Revision hinterlassen. Trotz ihrer Mittelmäßigkeit stellt diese Novelle vielleicht das einzige Mysterium in seinem umfangreichen Werk dar: Es gibt zwei Fassungen mit unterschiedlichen Enden. Die portugiesische Fassung, die auf dem von Zweig hinterlassenen deutschen Original basiert, hat einen tragischen Schluss: Der Hund Ponto stößt, getrieben von Hass auf das Baby, den Kinderwagen in den

---

[1004] Im selben Jahr erschienen die deutsche Originalausgabe im Bermann-Fischer Verlag, Stockholm, und die argentinische Ausgabe in der Übersetzung von Alfredo Cahn, im Jahr darauf die englische, übersetzt von Ben Huebsch und Helmut Rapperger, und die schwedische. Europa nahm die Erinnerungen dieses Europäers erst nach dem Krieg zur Kenntnis. Vgl. *Klawiter 1*, S. 288; 303; 299/300; 304.

[1005] Huebsch bezweifelte, dass dieses Triptychon Zweigs Idee gewesen war. »(W)enn er sie [die beiden anderen Novellen] zu veröffentlichen gewünscht hätte, hätte er sie für die englische Übersetzung geordnet.« Vgl. Brief von Ben Huebsch an Berthold Viertel, 8.4.1943, a.a.O. Prater bestätigte, dass diese Erzählungen Koogan von Zweig selbst übergeben wurden. Vgl. *Prater*, S. 431. Sicherlich ließ Zweig sie Huebsch gegenüber unerwähnt, weil er spürte, dass sie nicht an die *Schachnovelle* heranreichten.

Kanal. In der aus dem Englischen zurückübersetzten deutschen Fassung namens »Jupiter« rettet der Hund Jupiter das Kind aus dem Kanal. Diese zweite Fassung enthält eine implizite Frage: War Zweig selbst der Urheber der beiden Ausgänge, um mit ihnen einen konventionellen Text in eine faszinierende, narrative »harte Nuss« zu verwandeln? Wenn dieselbe Handlung positiv und negativ sein kann, lohnt das Leben dann nicht, gelebt zu werden? Von Anfang an lässt der Erzähler der Novelle erkennen, dass er die vollständige Erklärung schuldig bleiben muss: »Persönlich bin ich soviel wie gewiß, daß er der Mörder gewesen ist, aber mir fehlt der letzte, der unumstößliche Beweis.«[1006]

Kaum war der Krieg zu Ende, kehrte der »dekadente« und »überholte« Schriftsteller mit drei Werken höchster Güte in sein in rauchenden Trümmern liegendes Europa zurück: »*Declaração*«, *Schachnovelle* und *Die Welt von Gestern*. Ein posthumer Höhepunkt seiner Karriere.[1007]

Auch von Freunden verfasste Porträts erschienen: Antonia Vallentin wirkte, ihre einstigen politischen Forderungen an Zweig vergessend, verliebt:

> Von dem hellen Rosa [des Teints] stachen von weitem die samtbraunen Augen ab. In ihrem Blick überwog die Neugierde. Die Neugierde eines Reisenden, unaufhörliche Achtsamkeit eines Bilderjägers, stetes und waches Interesse eines Sammlers. Eine Neugierde so jung, dass sie jeden Moment bereit war, sich in Bewunderung zu verwandeln, und die fast bis zu seinem Lebensende ihre verborgene jugendliche Ausstrahlung bewahrte.

Hermann Kesten erlaubte sich eine psychologische Einschätzung:

> Ein Leser der Autobiographie Zweigs könnte auf die Vermutung kommen, Zweig sei ein farbloser Mensch gewesen. Im Gegenteil: er war ein kurioser und

---

[1006] Zweig, Stefan: »War er es?« in: *Brennendes Geheimnis*, S. 272–312; S. 272. Diese Novelle wurde am 3.7.1943 in der amerikanischen Zeitschrift *Colliers Magazine* veröffentlicht und später von Ute Hamann vom Englischen ins Deutsche rückübersetzt. Diese Fassung wurde 1973 in die Anthologie *Die klassischen und modernen Hundegeschichten* (Diogenes Verlag. Zürich 1973) aufgenommen.
Im *Stefan Zweig Estate*, London befindet sich das mit handschriftlichen Verbesserungen versehene, deutsche Originalmanuskript mit dem Titel »War er es?«. Die zweite Novelle war *Die spät bezahlte Schuld*, die schon am 29.6.1941 als »The Debt« in der *Chicago Sunday Tribune* erschienen war. Vgl. *Klawiter 1*, S. 100; 106; 134.
[1007] Die deutsche Erstausgabe der *Schachnovelle* erschien 1942 in der Übersetzung von Alfredo Cahn in Buenos Aires (250 mit arabischen Zahlen nummerierte Exemplare bei Pigmalion; 50 mit römischen Zahlen nummerierte bei Kramer). Vgl. *Klawiter 1*, S. 118.

komplizierter Mensch, vertrackt und interessant, neugierig und listig, bedenklich und sentimental, hilfreich und kühl, amüsant und voller Widersprüche, ein Großbürger in seiner Manier, und unbürgerlich in seinen Äußerungen, komödiantisch und fleißig, immer geistig angeregt und voller psychologischer Finessen, leicht erregt und schnell ermüdet, von einer weiblichen Sensibilität und knabenhaften Lüsternheit. Er war gesprächig und ein ergebener Freund und auf den Erfolg eingeschworen. Er war eine Fundgrube von Literaturanekdoten. Er war ein heiterer Pessimist, und ein todeslüsterner Optimist.

Ben Huebsch betrachtete ihn mit dem Blick eines Verlegers:

> (E)r war stets voller Ideen für neue Veröffentlichungen, von denen, wie die Erfahrung gezeigt hat, einige sehr gut waren. Meistens zielten sie darauf ab, anderen Autoren eine Chance zu geben. Wie sehr sich Zweig [in Brasilien] nach menschlicher Gesellschaft sehnte, wird, glaube ich, durch die Erwähnung einer Arbeit verdeutlicht, die er zusammen mit [Paul] Frischauer machte; ich bin überzeugt, dass einzig die [örtliche] Nähe eine solche Zusammenarbeit notwendig gemacht hat.[1008]

Der von Koogan in Auftrag gegebene Grabstein mit der Inschrift der Namen und der Geburts- und Sterbedaten in lateinischen und hebräischen Buchstaben wurde gemäß der jüdischen Tradition ein Jahr nach der Beerdigung gesetzt. Das Grab ist bis heute unverändert. Die Friedhofsangestellten kennen nicht den Namen der berühmten Personen, die nahe dem kaiserlichen Mausoleum begraben sind, sie werden lediglich als »jener Schriftsteller, der sich mit der Frau umbrachte« identifiziert. Niemand bringt Blumen an seinem Geburts- oder Todestag. Im Jahr seines 100. Geburtstages stellte eine mildtätige Seele einige Pflanzen hin, den beliebten Christusdorn, der, obwohl widerstandsfähig, bald verwelkte.

Raul de Azevedo war der erste, der die Idee 1942 aussprach, das Haus in der Rua Gonçalves Dias in ein Museum zu verwandeln. Alle waren begeistert, doch niemand rührte sich.[1009] Im Februar 1943 wandte sich Manfred Altmann mit Hilfe der brasilianischen Botschaft in London an die brasilianische Regierung, um sich für deren großzügiges Verhalten gegenüber dem Ehepaar Zweig zu bedanken, und bot zum Zeichen ihrer Erkenntlichkeit den Nachlass des Schriftstellers (unveröffentlichte Manuskripte, Tagebücher, Briefe, Bilder, Autogrammkarten und 500 Exemplare von Zweigs Werken in allen Sprachen) für den Bestand eines zu-

---

[1008] *Vallentin*, S. 48. Kesten, Hermann, a.a.O., S. 139. Brief von Ben Huebsch an Berthold Viertel, 8.4.1943, a.a.O., S. 247.
[1009] *Correio da Manhã*, 27.3.1942.

künftigen Zweig-Museums, mit Präferenz in dem Haus, in dem die beiden gelebt hatten, an. Die Regierung war hoch erfreut, doch es blieb beim Briefwechsel. 1944 stellte der Diplomat Pascoal Carlos Magno, der in London in Kontakt mit Manfred und Hannah Altmann stand, ihnen den aufgeweckten Reporter der *Diários Associados* Murilo Marroquim vor. Seine Reportage darüber erschien in einer der Abendzeitungen São Paulos aus der großen Verlagsgruppe von Assis Chateaubriand. Die Idee kam aber nicht voran. Alle zwanzig Jahre versuchte irgendjemand von neuem, sie zu realisieren, nie geschah etwas.[1010]

Die im Mai 1942 veröffentlichte »psychiatrische Autopsie« des Arztes und forensischen Gutachters Claudio de Araújo Lima lieferte Argumente, um die absurden Hypothesen, die schon zu diesem Zeitpunkt über die »Mysterien« von Zweigs Tod im Umlauf waren, zu entkräften. Methodisch und knapp weist der Psychiater, dem das Umfeld und die persönlichen Umstände von Zweig bekannt waren, auf Grundlage der noch frischen Nachrichten und der kurz zuvor erschienenen Autobiografie die Hypothese der »politischen Geste« zurück und schreibt diese Hypothese den Defätisten zu, die die antifaschistischen Reihen zu schwächen wünschten, indem sie Massenselbstmorde als Kriegswaffe vorschlugen. Für ihn ist Selbstmord kein Heroismus, sondern eine Krankheit.

> Zyklothym [...] manisch-depressiv [...] Stefan Zweig brachte sich um, so wie ein Tuberkulosekranker plötzlich einer Haemothysis unterliegen kann. So wie ein Hypertoniker manchmal von einem heftigen Herzanfall überrascht wird. [...] Ein einfacher Unfall, der vielleicht hätte verhindert werden können, wäre in seiner Nähe jemand gewesen, der seinen krankhaften Gemütszustand weniger poetisch zu interpretieren in der Lage gewesen wäre. [...] Ein Selbstmord eines Melancholikers, eines Opfers einer klimakterischen Depression, die von äußeren reaktiven Faktoren größter psychologischer Bedeutung verschlimmert wurde. Ein Selbstmord, der sogar durch die Verstrickung der Gefährtin einen Grund liefert, der als ergänzendes Element der Diagnose gelten kann.[1011]

[1010] *Diário da Noite* (São Paulo), 1.7.1944. Die Reportage von Murilo Marroquim wurde zusammen mit bis dahin unveröffentlichten Briefen von Stefan und Lotte Zweig veröffentlicht. Die Korrespondenz über die Schenkung der Altmanns an das brasilianische Volk befindet sich im *Arquivo Histórico do Hamaraty*, Rio de Janeiro, RJ-104/2/10.

[1011] *Araújo Lima*, S. 50/51; 165–168. Ein informelles, jedoch wertvolles Urteil: Es verbindet die Sichtweise eines politisch interessierten Intellektuellen mit der Einschätzung eines modernen Psychiaters. Karl Weissmann, ein nach Rio de Janeiro geflohener Wiener Psychoanalytiker, mit dem Zweig in Briefkontakt gestanden hatte,

Antidepressiva waren noch nicht in Mode und ihre Wirkung noch dürftig. Zweig nahm in Sorge um seine Schlaflosigkeit Schlafmittel im Übermaß, die anscheinend seine Fähigkeit, auf die Melancholie zu reagieren, verringerten. »In den letzten Wochen war die Droge, die ihm Beruhigung und Schlaf verschaffen sollte und doch nur die Oberfläche der Haut berührte, die Hauptnahrung dieses gequälten Menschen.« Paul Zech befand sich damals in Buenos Aires, aber ihm gegenüber öffnete sich der Freund. Es war Zech, dem Zweig Anfang Februar mitteilte, dass er bald aus dem Radio Nachrichten von ihm bekäme.[1012]

Die Notizen zu Montaigne machen seine Aversion gegen medizinische Behandlungen deutlich: »Ärzte [sic] gehasst, auch Recepte [sic] für die Seele.«[1013] Es war kein Zufall, dass er das Triptychon *Hölderlin-Kleist-Nietzsche* schrieb. Indem er es Freud widmete, erkannte er, wenn auch intuitiv, einen Weg zur Heilung der Seelenqualen. Der Meister antwortete einfach: »Ueber [sic] das Grundproblem, den Kampf mit dem Dämon, wäre vieles zu sagen, was zu schreiben allzu weitläufig ist. Unsere nüchterne Art, mit dem Dämon zu kämpfen, ist ja die, dass wir ihn als fassbares Objekt der Wissenschaft beschreiben.« Der Dämon existiert, aber er ist nicht unbesiegbar, behauptete einer seiner erfahrensten Herausforderer. Der Angesprochene passte – wie immer – nicht auf.[1014]

Als sich Zweig am Vorabend des letzten Aktes bei Feder für die »schwarze Leber« entschuldigte, wusste er, dass er keinen Euphemismus oder keine Rhetorik verwandte. Im Oktober 1941, schon in Petrópolis, hatte er in einem Brief an Romains zugegeben, dass er in Ossining einen »breakdown«, wie er es nannte, erlitten hatte. Huebsch gegenüber hatte er ebenfalls die Depression erwähnt, in ihr allerdings eine Gelegenheit gesehen, sich in die Arbeit zu stürzen. Sein Zustand war ihm vage bewusst, aber er war kein Arzt, sondern der Kranke. Es gehört zur Krankheit, dass man sie nicht anerkennt. In seinen Schlussmomenten jedoch, in den letzten menschlichen Kontakten außerhalb des Bannkreises des Todes, gestand er ein, krank zu sein, angesteckt von der ur-

---

machte einen oberflächlichen Vergleich zwischen den Selbstmorden von Hitler und Zweig und fand dabei nur eine Gemeinsamkeit: beide hatten keine Kinder. Vgl. Weissmann, Karl: *Ensaios e experiências* (Versuche und Erfahrungen). Livraria Freitas Bastos. Rio de Janeiro 1967, S. 19–25. Der Psychiater Odilon Galloti, der Übersetzer von *Brasilien. Ein Land der Zukunft* und Autor eines umfangreichen Werkes über psychische Störungen, zog es trotz der Bekanntschaft mit Zweig vor, sich dazu nicht zu äußern.

[1012] Zech, Paul, a.a.O., S. 39.
[1013] Arbeitsnotizen zu Montaigne, a.a.O.
[1014] Briefe SZ-Freud; Schnitzler, 14. 4. 1925.

alten Seelenkrankheit, die Ärzte und Philosophen seit alters her vor Rätsel stellt.[1015]

Melancholia (griech.), die Krankheit der schwarzen Galle, *atra bilis*, morbide Traurigkeit, schwermütiger Gemütszustand, Depression, sind Stadien jener selben Krankheit, die sich wenige Jahre zuvor in Salzburg in Form von Exaltiertheit, Wut, Manie, Gereiztheit äußerten.

Die Melancholie ist von jeher die Krankheit der Dichter und Künstler gewesen, sie ist nicht bösartig, sie öffnet vielmehr die Augen, füllt das Herz und bringt es zum Überlaufen. Einige von Zweigs frühen Gedichten sind von dieser zarten Melancholie, dieser sanften, harmlosen Traurigkeit durchdrungen. Die Morbidität kam erst später. Montaigne überwand seine Melancholie, als er, von der Ruhe enttäuscht, seine Essays schuf.[1016]

Zweig und der Selbstmord hatten sich schon einmal, Jahre vor dem Kauf des Morphiums, ins Angesicht gesehen, als er dem Pazifismus noch fern stand.

> (S)o habe ich mir [...] aus Sicherheitsgründen ein Waffenpatent besorgen müssen. Ich bin staatlich beglaubigter Besitzer eines neuen, netten, handlichen Browning, der jetzt auch in der Stadt dicht neben meinem Bett, in meiner Nachttischschublade, schläft. Du ahnst nicht, [...] welche Freiheit der Entschlüsse [...] ein solch stummer, treuer, anspruchsloser Mitbettgeher verleiht. Man hat vor nichts ... vor gar nichts mehr Angst.

Der Jugendfreund Hans Müller-Einigen hatte ihn nie zuvor so offen über dieses Thema sprechen hören. Sie waren gerade auf dem Rückweg von der Beerdigung von Maximilian Hufnagel, einem gemeinsamen Freund, der erst mit Alkoholexzessen einen Selbstmord auf Raten begangen und sich schließlich erhängt hatte. Zweig verbarg seinen tiefen Schmerz nicht. »Nie vordem und auch nie nachher wieder habe ich ihn so verworren umhertreten, so wirr und gepreßt sich wegwenden, so hilflos, so verborgen und bitterlich aufschluchzen gesehen. Was ihn schüttelte, mußte, man sah es, über die Trauer um den gewesenen Freund hinausreichen.« Später, als Zweig sich wieder gefasst hatte, fragte er den Jugendfreund:

> Hast du noch nie den Wunsch empfunden, dich deines Lebens zu entledigen? [...] Wahrscheinlich irrst du dich in fast allem, was du über den Freitod denkst! [...] Es ist nur eine billige Redensart, die von der ›Feigheit‹ der

---

[1015] Brief an Jules Romains, 28. 10. 1941 in: *Romains*, S. 12. Brief an Ben Huebsch, Ende Juli 1941 in: *Briefe 1932–1942*.
[1016] Als Beispiele mögen die Gedichte »Der Dichter« und »Sinnende Stunde« dienen, beide in: *Silberne Saiten*, S. 18/19; 134.

Selbstmörder. In Wahrheit gehört eine ganz anständige Portion persönlichen Mutes dazu! Und was mich betrifft – so würde ich diesen Mut erforderlichenfalls aufbringen. [...] Menschenwürde leidet unter Menschenerniedrigung. Diese gibt ein schwärendes Beispiel, übler und giftiger als körperlicher Aussatz. Wer auf Sauberkeit der Beispiele hält, verleumdet also den Freitod nicht als Fahnenflucht, sondern, im Gegenteil, erkennt in ihm die soldatischeste Treue zum Fahnenschwur.[1017]

Vier Jahrzehnte später, in Petrópolis, schien er diese »soldatischeste Treue« nicht vergessen zu haben. Der freiwillige Tod ist mindestens in sieben seiner Werke, gerade den bekanntesten, zu finden. Zweig hatte sich schon auf den Selbstmord als literarisches Element bezogen, als er Müller-Einigen sagte, dass es falsches Samaritertum wäre, »(e)inen Gezeichneten aber, einen vom Leben dem Tod Übergebenen halten, zurückholen, einfangen, gewaltsam ›retten‹ [zu] wollen«. Die Wiederholung dieser Art des Endes in seinen Novellen mag wie die Eile des Schriftstellers wirken, den Schlusspunkt zu setzen. Oder wie das begrenzte Repertoire der Optionen. Außerdem erschien ein solcher – falscher oder wahrer – Samariter nicht; er war es überdrüssig, müde, Stefan Zweig zu sein.[1018]

Einige Aussagen der »*Declaração*« erregen noch immer Aufmerksamkeit, weil sie noch unentschlüsselt sind. Es scheint, als ob Zweig nicht alles gesagt hätte: »Aber nach dem sechzigsten Jahr bedürfte es besonderer Kräfte, um noch einmal völlig neu zu beginnen.« In Brasilien begann alles von neuem, und tatsächlich hätte er dieser »besonderen Kräfte« bedurft, um weiterzuleben.

In Petrópolis täuschte er sich in der ländlichen Idylle – vor allem in den Briefen an die Freunde im Ausland –, aber in seinem Innersten war er sich der Schwierigkeiten dieses Lebens bewusst. Alles war schwierig, einschließlich des Weges hinunter nach Rio. Als er Wittkowski einmal erklärte, warum er erst in zwölf Tagen wieder in die Stadt käme, war er ge-

---

[1017] Hans Müller-Einigen, a.a.O., S. 419–422. Dieses Gespräch trug sich in Zweigs Studienjahren zu.
[1018] Stern war der Erste, der die Werke aufführte, in denen der Selbstmord als Ausweg für die Figuren repräsentiert wird: *Der Amokläufer, Brief einer Unbekannten, Die Mondscheingasse, Ungeduld des Herzens, Die Gouvernante, Leporella* und *Vierundzwanzig Stunden aus dem Leben einer Frau.* Vgl. *Stern*, S. 108/109. Danach folgten zu diesem Thema Arthur Stern mit seinem Essay »Stefan Zweig und sein Freitod« (in: *Archiv der Internationalen Stefan Zweig Gesellschaft. Nr. 2. 1968,* S. 1–14) und Thomas Haenel mit seiner Studie »Das Suizidproblem bei Stefan Zweig« (in: *M.A.L.,* S. 337–355) sowie Rosi Cohen mit ihrer Dissertation *Das Problem des Selbstmordes in Stefan Zweigs Leben und Werk* (Peter Lang Verlag. Bern/Frankfurt am Main 1982).

zwungen, sich einzugestehen: »(I)ch verliere so ungern Zeit, je ärger sie wird, und hasse den Omnibus, in dem man nicht lesen, nicht sprechen und nicht denken kann.«[1019]

In Amerika wäre es leichter gewesen, »die Morgenröte [...] nach der langen Nacht« zu erwarten. Die vier Tage vor dem Selbstmord bewilligte Verlängerung der Aufenthaltsgenehmigung für Brasilien hätte eine problemlose Ausreise gewährleistet und den Visumsantrag für die USA erleichtert.[1020]

Bleibt die Frage, ob Lotte, die von Krankheit und Unsicherheit gezeichnete junge Frau, mit Friderikes ruhiger Vitalität zu konkurrieren verstanden hätte. Friderikes letzter Brief vom 8.1.1942, der noch so viel zu sagen hatte, brauchte, wie man weiß, lange, bis er ankam. Aber man weiß nicht, warum er der einzige der letzten Briefe ist, der der Vernichtung entkam. Er ist kein Rätsel, vielmehr ein Blatt Papier mit Eigenleben, das Fragen aufwirft. Es ist seltsam, dass Zweig, der so an Briefen und Schriftstücken hing, die letzten Briefe von Friderike vernichtete, und noch seltsamer, dass ihr allerletzter erhalten geblieben ist. Hatte er ihm etwas Besonderes zu sagen gehabt, irgendeine außergewöhnliche Reaktion in ihm hervorgerufen oder wurde er einfach in dem unberührten Stapel mit dem Hinweis »*Pas toucher*« vergessen? Eins ist sicher – er gelangte schon geöffnet in die Hände von Koogan.[1021]

Friderike scheute sich nicht, zuzugeben, dass sie in ihrem Briefband die Rolle einer Zensorin übernommen hatte: »Aus der Korrespondenz dieser Jahre [1937] schalte ich Briefe polemischer Natur, wie Stefan sie oft in diesen Zeiten der äußeren und persönlichen Spannung schrieb, aus.«[1022]

[1019] Brief undatiert, Poststempel 13.12.1941 in: *Wittkowski*, S. 120.
[1020] Zweigs Gesuch an den *Chefe de Serviço de Estrangeiros* (Leiter der Ausländerbehörde), in dem er die Erneuerung seiner auf den 14.11.1941 datierten Aufenthaltsgenehmigung beantragte, wurde schließlich am 13.2.1942 bewilligt und sechs Tage später bekannt gegeben. Seine Akte wurde bis zum 28. April desselben Jahres normal fortgeführt und dann archiviert. Vgl. *Arquivo Nacional*, Rio de Janeiro, DICON. DIMAG/Niterói, RG: 2697.
[1021] Der letzte Brief von Friderike an Zweig, der in *Briefe SZ-FZ* veröffentlicht wurde, stammt vom 29.9.1936 und ist an das Schiff *Almanzora* adressiert, mit dem Zweig von Buenos Aires nach London zurückfuhr.
[1022] *Briefe SZ-FZ*, S. 305. Friderike verhinderte lediglich die Publikation der Briefe aus der schwierigen Zeit, vernichtete sie jedoch nicht. Für sein Buch sichtete Gert Kerschbaumer die Korrespondenz dieser Jahre, veröffentlichte sie in Auszügen und interpretierte sie. Vgl. *Kerschbaumer*, S. 347–387. Auch in *Briefe 1932–1942* wurden einige Briefe, die zuvor unveröffentlicht und unvollständig wiedergeben wurden, aufgenommen. Vgl. *Briefe 1932–1942*, S. 180–192.

»*Armer Stefan* ...« 655

Die Briefe von *Fritzi* an *Stefzi* der letzten Lebensjahre tauchten in Zweigs Hinterlassenschaften nicht auf. Das »Überleben« von Friderikes letztem nach Petrópolis gesandten Brief wirft zwangsläufig eine Frage auf – und wo sind die anderen geblieben? Dieselbe Hand, die sicherlich den Brief von Roger Martin du Gard zerriss, ließ diesen letzten unbeschädigt. Die ruhige Friderike blieb allein mit der Botschaft von La Boétie über die Neue Welt zurück.

Ein zarter, jedoch unmissverständlicher Überlebenswillen trat in den letzten Stunden zum Vorschein, als er mit überraschendem Eifer und nach eigener Aussage aus »Sentimentalität« die unveröffentlichten Arbeiten ordnete. Das richtige Wort wäre Professionalität gewesen. Die fieberhaften Vorkehrungen diesbezüglich weisen darauf hin, dass der Mensch Qualen litt, der Schriftsteller jedoch bis zum Schluss lebendig war. Zweig wollte bewahren, sich bewahren. Im obsessiven Ordnen seiner Schriften wird ein Impuls zu überleben sichtbar, eine lebendige Verbindung zu den zukünftigen Lesern. Er vermochte die makabre Dynamik nicht anzuhalten, weil die Gefährtin nebenan, auf passive Weise aktiv, vor seinem eisernen Entschluss, den Plan bis zum Ende durchzuführen, kapitulierte – doppelte Ansteckung, kein Entrinnen möglich.

Im ersten Kapitel der Erinnerungen öffnet er sich in einer seiner raren persönlichen Bekenntnisse und offenbart die Suche nach dem Vater, einer zurückhaltenden, selbstsicheren Person, im eigenen Wesen. »Jener Wesenszug zum Privaten, zum Anonymen der Lebenshaltung beginnt sich in mir jetzt von Jahr zu Jahr stärker zu entwickeln [...] Aber es ist mein Vater in mir und sein heimlicher Stolz, der mich zurückzwingt.«[1023]

Zurückzwingen bedeutet, sich zu schützen. Die Trauer war stärker, er gab sich ihr hin, der Tod verstand die Botschaft und kam, um ihn zu holen. Man weiß nicht, ob er Veronal, Adalina oder Morphium nahm, sicher ist, dass er nicht den netten Browning benutzte. Er vergiftete sich selbst. Oder wie sein geliebter Camões gesagt haben würde:

Anda sempre unido
o meu tormento comigo
que eu mesmo sou o perigo.[1024]

[1023] *Die Welt von Gestern*, S. 22/23. Die Beschreibung der Mutter in den folgenden Abschnitten ist weniger ausführlich und tiefgehend.
[1024] [Zu Deutsch: Mit mir immer vereint/geht meine Seelenqual/ ich selbst bin die Gefahr] Camões, Luís Vas de: *Obra completa* (Gesammeltes Werk). Companhia Editora. Rio de Janeiro 1963, S. 457.

Der renommierte deutsch-jüdische Chirurg Paul Rosenstein, der 1940 nach Brasilien kam und mit Ernst Feder befreundet war, traf das Ehepaar Zweig einige Male in den letzten Lebensmonaten: »Ich fand Zweig stets etwas bedrückt, aber doch immer interessiert an allen Dingen, die in der Welt vorgingen.«

Die Vorgänge in der Welt waren das Gift, das er konsumierte. In einem Brief an Rolland während der Ereignisse, die schließlich in den Anschluss Österreichs an das Deutsche Reich mündeten, schien er angesichts des Verlustes des Vaterlandes resigniert: »Wenn ich traurig bin, so nicht aus Sentimentalität oder Egoismus [...] Ich leide (wie mein Jeremias) unter den Dingen mehr, wenn ich ganz allein sie voraussehe, als wenn sie dann wirklich geschehen; die Einbildung entnervt, der Widerstand stärkt.« Er war der Prophet, der seine Prophezeiungen nicht aushielt.[1025]

William Styron, Erfolgsschriftsteller, der selbst unter Depressionen litt, befreite sich mit Hilfe der Veröffentlichung eines ergreifenden Zeugnisses von der Versuchung, sich umzubringen, und bewies damit, dass dieses Übel geheilt werden kann. Er entschloss sich, dieses Werk zu schreiben, um einen anderen berühmten Schriftsteller, Primo Levi, zu verteidigen. Levi, der den Holocaust überlebt hatte, wurde nach seinem Selbstmord 1987 moralische Schwäche vorgeworfen. Styron entkam dank seines Einsatzes für Levi.[1026]

In der umfangreichen, langen Geschichte des Selbstmordes nehmen Künstler, Schriftsteller und Denker einen herausragenden Platz ein. Schwächer oder stärker, ärmer oder edler bringen sie ihre Figuren an den Rand des Abgrundes oder stürzen sich vorher selbst hinunter. Die Frage »Warum leben?« (oder wie die Zeitschrift *Diretrizes* ihre Umfrage nannte »Ist es wert zu leben?«) schien schon immer absurd. Indes faszinierte und tötete »der grausame Gott« über die Jahrhunderte die sensibelsten Seelen.

»Fast jeder hat eine eigene Ansicht über den Selbstmord«, stellt Alfred Alvarez in seinem Klassiker zu diesem Thema fest. Epikureer und

---

[1025] Rosenstein, Paul: *Narben bleiben zurück. Die Lebenserinnerungen des großen jüdischen Chirurgen*. Kindler und Schiermeyer Verlag. Bad Wörishofen 1954, S. 300. Brief vom 16.2.1938 in: *Briefe SZ-Rolland*.
[1026] Vgl. Styron, William: *Sturz in die Nacht. Die Geschichte einer Depression*. Verlag Kiepenheuer & Witsch. Köln 1991. William Styron (geb. 1925) hat als Redakteur in New York gearbeitet und ist der Verfasser breit angelegter, in der literarischen Tradition der Südstaaten der USA verankerter Romane. Primo Levi (1919-1987), italienischer Jude, wurde mit seinem Werk *Ist das ein Mensch?*, in dem er seine Erlebnisse im Vernichtungslager Auschwitz schildert, weltberühmt. Letztlich vermochte er jedoch nicht, mit dieser Erfahrung weiterzuleben.

Stoiker verfolgten dasselbe Ziel aus diametral entgegengesetzten Gründen. Von den vielen zur menschlichen Existenz gehörenden Mysterien ist der Selbstmord das rätselhafteste. Ein Funken Ungeduld und man verzichtet auf die Unsterblichkeit – und abrupt abgeschnitten ist die seltsame Energiezufuhr, die aus dem Menschen einen Gegenspieler Gottes macht. Norman Mailer betrachtete die Thematik unter einem politischen Gesichtspunkt: »Der private Terror des freien Geistes ist ausnahmslos Selbstmord, nicht Mord.« Che Guevara stimmte ihm zu: »Es ist die Pflicht der Intellektuellen, als eine Klasse Selbstmord zu begehen.«[1027]

In Kriegszeiten rufen Selbstmorde wenig Aufmerksamkeit hervor, weil der Tod ohnehin allgegenwärtig ist. Getötet werden oder sich selbst töten macht keinen Unterschied, das Ergebnis ist das gleiche. Auch der auf die Bombardements der Luftwaffe auf London zurückzuführende Selbstmord der Schriftstellerin Virginia Woolf, die sich in einem Fluss ertränkte, stand mit dem Krieg in Zusammenhang.

Die unbeugsame und leidenschaftliche russische Dichterin Marina Cvetaeva erhängte sich 1941, nachdem ihr Mann und ihre Tochter unter Stalin unter dem Verdacht der Spionage verhaftet und sie und ihr Sohn in die Tatarische Autonome Republik verbannt worden waren. Wie Zweig war sie der Ansicht, dass es die Pflicht des Dichters sei, auf Seiten der Besiegten zu stehen. Sie schied mit ihnen aus dem Leben. Im Pariser Exil hatte sie einmal gesagt: »Hier bin ich unnütz, dort [Russland] bin ich nicht akzeptiert« – und erweist sich damit als Seelenverwandte von Zweig.[1028]

Zweig erregte Aufsehen. Jahrzehnte bevor der Filmemacher Claude Lanzmann behauptete, dass der Holocaust der Tod der Seele war und der Philosoph Adorno erklärte, dass nach Auschwitz ein Gedicht zu schreiben barbarisch sei, strafte Zweig jene Lügen, die glaubten, dass dieser ein »normaler« Krieg wie andere gewesen wäre. Jahre später zeigten Primo Levi, Bruno Bettelheim, Paul Celan und Jean Améry, dass es neben dem Blutvergießen des kriegerischen Konflikts eine Endlösung, einen Horror gab, von dessen Ausmaß die Menschheit nichts ahnte.

Lotte trug zu dem Wirbel bei, denn in Friedenszeiten wäre der Todespakt in der Privatsphäre der wechselseitigen Hingabe geblieben wie im

---

[1027] Alvarez, Alfred, a.a.O., S. 13; 299.
[1028] Marina Cvetaeva zit. nach: Troyat, Henri: *Marina Tsvetaeva. L'eternelle insurgée*. Éditions Grasset & Fasquelle. Paris 2001, S. 240. Marina Cvetaeva (1892–1941), aus einer großbürgerlichen russischen Familie stammend, emigrierte 1922, lebte in Prag, Berlin und ab 1925 in Paris. Die Freundin von Vladimir Majakowsky, Ossip Mandelstam und Boris Pasternak lehnte für sich die Bezeichnung »Dichterin« ab. 1939, zu Beginn des Zweiten Weltkrieges, kehrte sie mit ihrer Familie in die Sowjetunion zurück.

Fall des quasi Landsmannes Arthur Koestler und seiner Frau Cynthia, die 41 Jahre später gemeinsam in London Selbstmord begingen. Im Gegensatz zu 1940, als Koestler in Lissabon die Morphium-Tabletten erbrach, war er diesmal besser vorbereitet, außerdem hatte er nicht mehr lange zu leben. Das Ehepaar gehörte *Exit* an, einer Sterbehilfeorganisation, die das Recht auf einen würdigen Tod verteidigt – dieses nahm es sich. In seinen letzten Jahren beschäftigte sich Koestler mit einer Frage, die auch Zweig berührte: »Ist es für den Schriftsteller besser, vergessen zu sein, bevor er stirbt, oder zu sterben, bevor er vergessen ist?«[1029]

Dies war nicht die Sorge des Wieners Hanns Maier, alias Jean Améry, der sich nicht nur für den freiwilligen Tod entschied, sondern sich auch den Studien über ihn widmete. Er trennte ihn von soziologischen, psychoanalytischen oder psychiatrischen Abhandlungen und, da dieser Tod freiwillig war, nannte er ihn Freitod anstelle von Selbstmord. Nach Gestapohaft und Folter hatte Améry zwei Jahre Konzentrationslager überlebt und begann nach dem Krieg, über seine Erfahrungen in diesen Extremsituationen, den Genozid, die *conditio judaica,* den Antisemitismus, das Altern und den Selbstmord zu schreiben. Zwei Jahre nach Veröffentlichung seines Diskurses über den Freitod *Hand an sich legen* nahm er sich das Leben, nicht jedoch ohne zuvor zu warnen, dass sich hinter der Fahne des Antizionismus manchmal der alte Dämon verberge, den man seit 1945 ausgelöscht glaubte. Améry wollte weder mit dem Kampf fortfahren noch sich retten.[1030]

[1029] Arthur Koestler zit. nach: Barnes, Julian: »The Afterlife of Arthur Koestler« in: *The New York Review of Books,* 10.2.2002, S. 23–25. Arthur Koestler (1905–1983) Schriftsteller, Journalist und Essayist, verfolgte die ersten Konflikte in Palästina, den Spanischen Bürgerkrieg und die deutsche Invasion in Frankreich. Als einer der Ersten verurteilte er die Schrecken des Stalinismus (so in seinem Roman *Sonnenfinsternis,* den er in Englisch verfasste). Seine 22 Jahre jüngere Frau Cynthia Jefferies, war seine Sekretärin und spätere Mitarbeiterin. Im Alter von 77 Jahren brachte sich der an Leukämie und Parkinson im fortgeschrittenen Stadium leidende Koestler gemeinsam mit seiner Frau nach 9 Monaten Vorbereitung mit großen Dosen von Barbiturat mit Honig um.

[1030] Jean Améry (1912–1978) wurde als Hanns Maier in Wien geboren. Sein jüdischer Vater starb im Ersten Weltkrieg. Er erhielt eine katholische Erziehung, absolvierte eine Buchhändlerlehre und studierte Literatur und Philosophie. Nach dem Anschluss Österreichs floh er nach Belgien. Er schloss sich dem Widerstand an und wurde 1943 von den Nationalsozialisten verhaftet und gefoltert. Nur knapp entging er dem Tod im Konzentrationslager. Das französische Pseudonym nahm er während seiner journalistischen Tätigkeit für Schweizer Zeitungen an. In der Neuen Linken fand er aufgrund des Antizionismus und der Befürwortung des Terrorismus keine Heimat. 1978 brachte er sich in Salzburg um.

Zweig hätte sich retten können. In verschiedenen Augenblicken seiner letzten Monate gab es Möglichkeiten, dem Abgrund zu entrinnen. Die Treffen mit Gabriela Mistral, die den Tod mit Poesie besiegte, und Georges Bernanos, der aus dem Kampf eine Lebensform entwickelte, waren intensiv, energiegeladen und fähig, den freien Fall zu stoppen. Er verweigerte sich ihnen; die beiden waren anders als er, er suchte die Bestätigung durch Ähnlichkeiten. Dennoch verstand er es nicht, auf andere Flüchtlinge, abgesehen von Feder und Wittkowski, zuzugehen, geschweige denn, mit ihnen einen Widerstandskreis zu bilden.

Nur ein einziges Mal in ihrem Leben dachte Lotte an sich selbst: Als sie sich an ihren Chef klammerte und um ihn kämpfte, wie sie es nie zuvor getan hatte. Zweig rechnete mit dieser Anhänglichkeit. Lotte erinnerte sich nicht mehr an den Brief, den er ihr geschickt hatte, nachdem sie beide von Friderike ertappt worden waren:

> Manchmal habe ich das Gefühl, als ob Ihnen Ihr eigenes Glück nicht wichtig genug wäre, als ob Sie nur nehmen wollten, was Ihnen zufällt, ohne ihm einen Schritt entgegenzugehen, als ob Sie nicht genug *Mut* hätten, glücklich sein zu wollen.[1031]

Arme Lotte: Wenn sie versucht hätte, glücklich zu sein, hätte sie es als Witwe sein müssen. Armer Stefan: Er hatte kein Recht auf ein persönliches Unglück, sein Schmerz war der Weltschmerz, der Zustand der Menschheit, die besagten, vom Psychiater Lima angeführten »äußeren reaktiven Faktoren«.

Die Torpedierung der brasilianischen Schiffe rief die physische Angst wieder in Erinnerung, die er schon in Bath gefühlt hatte, und brachte die Furcht vor einem moralischen Dilemma, mit dem er nicht umgehen konnte: Der Krieg im Land der Zukunft hätte seine Teilnahme gefordert, was für ihn unerträglich gewesen wäre.

»Die Nazis sollen mich niemals lebend bekommen«, wiederholte er gegenüber Freunden und Bekannten. Der portugiesische Exilant Armando Cortesão, der mit Zweig 1940, wenige Tage vor seiner Abreise in die Vereinigten Staaten, sprach, war einer davon. Ebenso Victor Fleischer, dem er nach seiner Flucht nach England das Gleiche schrieb: »(L)ebend sollen mich die Nazis nicht finden!« Es ist ihnen nicht gelungen.[1032]

[1031] *Briefe SZ-Freunde*, undatiert, vermutlich Anfang 1935.
[1032] *Gil*, S. 52; 54. Brief an Victor Fleischer undatiert zit. nach: *Prater*, S. 388. Armando Cortesão (1891–1977), Landwirtschaftsingenieur, Kartograf und Exilant in London, lernte Zweig durch Vermittlung des Verlegers Fraga Lamares oder des Vizegrafs von Lagoa nach der Portugalreise 1938 kennen.

Thomas Mann war kein Pazifist, weder im Ersten noch im Zweiten Weltkrieg. Er schlug viele Schlachten, ohne jemals vom Podest herabzusteigen. Trotz der Schwierigkeiten mit seinen Kindern starb er in Frieden. Ein Held, der sich wie ein Held fühlte, von allen bejubelt. Einzig auf seine Kunst fixiert, wusste sich Mann zu entziehen.

Vielleicht wegen Zweig beschloss er, in seinem Vorhaben, das Geburtsland seiner Mutter kennen zu lernen, voranzukommen. Die Figur Julia da Silva Bruhns war von großer Bedeutung im Leben der Brüder Mann. Einst hat sie die beiden mit Liedern in den Schlaf gewiegt, die sie von den Sklavinnen der väterlichen Fazenda gelernt hatte. Daher äußerte sich der frischgebackene Nobelpreisträger 1930 in einem Interview, das er einem jungen, sich in Deutschland aufhaltenden brasilianischen Journalisten gab, sehr nachdrücklich: »(I)ch halte das Wissen über unsere brasilianische Herkunft für das Verständnis unserer [seiner und seines Bruders Heinrich] so unterschiedlichen Werke für essentiell. [...] Eines unfernen Tages werde ich dieses Land besuchen.«

1943 schrieb der Zauberer an Karl Lustig von Prean, einem nach Brasilien geflohenen österreichischen Publizisten: »Der Verlust meines Vaterlandes sollte ein Grund mehr für mich sein, mein Mutterland kennen zu lernen. Ich hoffe, die Stunde dafür wird kommen.« Lustig von Prean übermittelte Gilberto Freyre diese Information, der sofort tätig wurde: Er versuchte, die Regierung dafür zu interessieren, danach die *Academia Brasileira de Letras* und schließlich Assis Chateaubriand, den mächtigen Besitzer des einzigen journalistischen Imperiums Brasiliens. Dieser war begeistert, doch als er vom Desinteresse staatlicherseits erfuhr, ließ sein Enthusiasmus nach. Laut Gilberto Freyre verdächtigte die brasilianische Regierung Thomas Mann, ein Kommunist zu sein wie sein Bruder Heinrich.[1033]

[1033] *O Jornal* (Rio de Janeiro), 16. 2. 1930. Brief vom 8. 4. 1943 in: Mann, Thomas: *Briefe 1937–1947*, a.a.O. Gilberto Freyre, a.a.O. Der brasilianische Journalist, der Mann interviewte, wurde später zu einem berühmten Intellektuellen. Es war Sergio Buarque de Holanda, der Vater des bekannten Musikers und Schriftstellers Chico Buarque. Vgl. Buarque de Holanda, Sergio: *O espírito e a letra. Estudos de crítica literária* (Der Geist und der Buchstabe. Studien zur Literaturkritik). Companhia das Letras. São Paulo 1996, S. 251–256. Karl Lustig von Prean, ein dem katholisch-konservativen Lager angehörender Publizist, kam 1937 nach Brasilien, wo er zunächst als Redakteur arbeitete und später mit mäßigem Erfolg eine Druckerei betrieb. 1948 kehrte er wieder nach Österreich zurück. Vgl. *Kestler*, S. 109/110; 141/142; 162/163.

Festgesetzt in Vézelay, hatte Romain Rolland nach der deutschen Besetzung 1940 keine Möglichkeit mehr, zu handeln, sich zu bewegen oder zu äußern. Der Vater des Pazifismus im Ersten Weltkrieg verurteilte stets den Triumphalismus oder Defätismus, weil sie den folgenden Krieg hervorgebracht hätten. Von den Nazis, Kollaborateuren und gleichgültigen Landsleuten belagert, war ihm vieles untersagt, so dass er sich gezwungen sah, mit der Kapitulation leben zu müssen. Aber niemand konnte ihm verbieten, zu denken, Tagebuch zu schreiben, mit der Biografie über Charles Péguy voranzuschreiten, Klavier zu spielen und das Werk seines Lehrmeisters Beethoven zu studieren. Anfang des Ersten Weltkrieges hatte er in seinem Tagebuch notiert: »Ich bin niedergeschlagen. Ich möchte tot sein. Es ist schrecklich, inmitten dieser wahnsinnigen Menschheit zu leben und ohnmächtig den Zusammenbruch der Zivilisation mit anzusehen.« Jahre später, während eines noch schrecklicheren Unheils und gegen seinen Willen zum Nichtstun verurteilt, hatte er jedoch Vertrauen und Hoffnung.[1034]

Die Fiktion versuchte sich mit Hilfe von *Paixão dos homens* (Leidenschaft der Männer) die Realität anzueignen. Ein Jahr nach Zweigs Tod kam diese die Tragödie von Petrópolis hochstilisierende Novelle der Journalistin, Schriftstellerin und Suffragette Jenny Pimentel Borba in die Buchhandlungen. Eine feministische Karikatur, die beabsichtigte, Lotte aus der sekundären Rolle herauszuholen: In dieser Geschichte stirbt das Ehepaar bei einem wollüstigen Kuss.[1035]

Ganz anders dagegen ist der Fall von Alfredo Bauer, dem österreichisch-argentinischen Arzt, militanten Antifaschisten und Autor eines auf umfassenden Nachforschungen basierenden biografischen Romans

---

[1034] Tagebucheintragung vom 3.8.1914 zit. nach: *Rolland 5*, S. 12.
[1035] Vgl. Pimentel Borba, Jenny: *Paixão dos homens*. Borba Editora. Rio de Janeiro 1943. Jenny Pimentel Borba (1906–1984), gebürtig aus dem Staat São Paulo, gründete 1934, die Einführung des Frauenwahlrechts in der im selben Jahr verabschiedeten Staatsverfassung nutzend, die Zeitschrift *Walkyrias*. Diese war eine der langlebigsten in der Geschichte der feministischen Presseorgane in Brasilien. In Rio de Janeiro machte sie einen fulminanten sozialen und beruflichen Aufstieg. So schrieb sie vier Romane, von denen *Paixão dos homens* der letzte war. Sie starb vergessen und arm in einem Altersheim in Nova Friburgo (Rio de Janeiro). Kurz nach Zweigs Portugalreise 1938 erschien dort eine kriminalpsychologische Hochstapelei: *Stefan Zweig, o homem e o crime* (Stefan Zweig, der Mann und das Verbrechen), geschrieben in drei Tagen in einer afrikanischen Kolonie, wie der Autor, der unbekannte Hugo de Mendonça, gestand; es war eine plumpe Version der Novelle *Brief einer Unbekannten*. Vgl. *Gil*, S. 59–69.

über Zweig, der ihm in der Folge den Stoff für eine Oper über den Schriftsteller lieferte.[1036]

Die »revisionistischen« Biografien hatten keinen Erfolg, denn in der unmittelbaren Nachkriegszeit und während der darauf folgenden Jahrzehnte wurde das umfangreiche Zweigsche Werk intensiv für das Kino, Theater, Radio, Fernsehen, Ballett und die Oper genutzt. Zweig ließ keinen Raum für Hypothesen über Zweig.

Er selbst entkam den Versuchungen Hollywoods, sein Werk jedoch fand im Kino das adäquate Medium, die untergegangene Welt von Gestern darzustellen. Europäische Cineasten, wie der Deutsche Max Ophüls und der Italiener Roberto Rossellini, verstanden es, die Bilder einzufangen, die Zweig in seiner Prosa nur angedeutet gelassen hatte. Seine Subtilitäten waren durch das Charisma der Amerikanerin Joan Fontaine, der Schwedin Ingrid Bergman, der Mexikanerin Maria Felix, der Franzosen Louis Jourdan, Michel Piccoli und Danielle Darrieux, der Engländer Cedric Hardwick und Claire Bloom, der Deutschen Oskar Werner, Curd Jürgens und Lili Palmer leicht zu verstehen.

Brief einer Unbekannten wird mehr als ein halbes Jahrhundert nach der Verfilmung noch immer als Quintessenz des romantischen Kinos angesehen, er ist ein Hit der schlaflosen Morgenstunden in den Kanälen des bezahlten Fernsehens. Ophüls ersetzte den Schriftsteller des Originals durch einen Pianisten, baute Liszt ein, um das musikalische Ambiente des Wiens der Jahrhundertwende zu schaffen, und ließ in der Schlussszene eine Militärkapelle den Radetzkymarsch spielen. In einer Anwandlung von Inspiration vereinte er im selben Werk die beiden Freunde Stefan Zweig und Joseph Roth.

Während die legitimen Adaptionen seiner Werke gegen dichterische Freiheiten präventiv wirkten, rüsteten sich die amerikanischen und europäischen Akademiekreise, um biografische Übertreibung zu vermeiden. Dies konnte jedoch nicht die Verbreitung einer Scharlatanerie in Brasilien verhindern, nach der Zweig nicht Selbstmord begangen hätte, sondern von der Gestapo ermordet worden wäre. Friderike hatte Recht,

---

[1036] Vgl. Bauer, Alfredo: *Der Mann von Gestern und die Welt. Ein biografischer Roman um Stefan Zweig*. Edition Atelier. Wien 1993. Alfredo Bauer wurde 1924 in Wien geboren. Nach dem Anschluss Österreichs floh er mit seinen Eltern nach Argentinien, wo er ein Medizinstudium absolvierte und sich früh in der kommunistischen Partei des Landes engagierte. Er ist Autor zahlreicher Bücher, u.a. *Kritische Geschichte der Juden* (2005). Die Oper namens *Aus allen Blüten Bitternis. Oper über Stefan Zweigs Weg in die Emigration* mit der Musik von Christoph Cech wurde am 3.11.1996 an der Wiener Kammeroper uraufgeführt.

als sie in einem Brief an ihren Mann 1930 erwähnte, dass einmal die hohlsten, blödsinnigsten Sachen über ihn geschrieben werden würden.[1037]

Der Bungalow in der Rua Gonçalves Dias gewann den Ruf eines Geisterhauses. In den kleinen Städten des brasilianischen Landesinneren assoziiert man Selbstmorde der Hausbewohner immer mit deren gequälten Seelen. Die Familie Banfield verkaufte es bald.

Gegenüber dem Haus schrieb ein scheußliches Apartmenthaus ebenfalls Geschichte: als *Edifício Stefan Zweig* vorgestellt, wechselte es in der Bauphase mehrmals den Namen und die Besitzer und konnte erst beendet werden, als es auf den Ursprungsnamen zurückgetauft wurde. In den 80er Jahren versicherten die ältesten der Taxifahrer an der Haltestelle in der Rua Gonçalves Dias, dass es die Rache des Geistes des Schriftstellers gewesen sei.

In Rio de Janeiro gibt es eine Rua Stefan Zweig im Viertel Laranjeras, aber die meisten Anwohner wissen nichts über den Namensgeber. In Porto Alegre trägt im Viertel Cavalhada eine kleine Straße seinen Namen. In Salvador da Bahia ließ der Gouverneur Ernesto Simões Filho, mit dem Zweig während der verrückten Rundreise 1940 bekannt gemacht worden war, ein Bronze-Basrelief von Stefan Zweig mit einer langen Inschrift, fast einem Lexikonartikel, die kürzlich um das Zeichen der *»Capital da Alegria«* (Hauptstadt der Freude) ergänzt wurde, vor dem von der Sonne erleuchteten Meer aufstellen. Der Pazifismus gehört der Vergangenheit an, das Denkmal aber befindet sich bis heute gegenüber dem *Hospital dos Espanhois*. Der *B'nai B'rith Orden* (Söhne des Bundes), ein von deutschstämmigen Juden 1843 in New York gegründeter, auf dem Gebiet des Sozialdienstes, der Menschenliebe und Wohlfahrt tätiger Orden, hatte in Penha, einem Viertel von Rio de Janeiro, eine nach dem Schriftsteller benannte Loge, die sich bald auflöste.

[1037] Eine auf 1940 datierte »Anzeige« gegen Zweig wurde in den Archiven der politischen Polizei von Rio de Janeiro entdeckt. Diese war, laut dem Agenten »D-19«, von einer seltsamen Person namens Dr. Moses Rabinovitch an die Polizei weitergegeben worden. Danach wäre Zweig von einer jüdischen Organisation aus New York beauftragt worden, in Brasilien eine Summe von einer Million Dollar für die Rettung von aus Europa nach New York geflohenen Kindern zu sammeln. Der als bolschewistischer Agent angesehene Rabinovitch hielt sich seit 1925 in Rio de Janeiro auf und wird in Polizeiakten der 40er Jahre als Informant aufgeführt. Vgl. Samet, Henrique; Falbel, Nachman: »Moses Rabinovitch. Um tipo singular« (Moses Rabinovitch. Ein sonderbarer Typ) in: *Boletim informativo do Arquivo Histórico Judaico Brasileiro*. 7.Jg., Nr. 28, 2003, S. 32–39, S. 36.

Im von ihm geliebten Petrópolis war es schwierig, den Namen Zweigs für öffentliche Plätze oder Straßen akzeptabel zu machen. Ende 1949 erhielt der Justizausschuss der Stadtverordnetenversammlung den Vorschlag des PEN-Clubs, einer Straße der Stadt den Namen des Schriftstellers zu geben. Mit zwei Stimmen gegen eine lehnten die Stadträte die Hommage ab, denn der Schriftsteller hätte »beklagenswerte Beispiele von Egoismus und moralischem Verfall« geliefert. Die Presse aber setzte sich dafür ein, der Beschluss wurde aufgehoben und im Viertel Mosela schließlich die Rua Stefan Zweig geschaffen.[1038]

Die Erben stritten unter sich. Manfred Altmann kam den Forderungen von Friderike nicht nach und führte auf diese Weise einen scharfen Briefwechsel herbei. Es war nicht die einzige Auseinandersetzung, er verstand sich jedoch ausgezeichnet mit Koogan, dem er mindestens drei sehr herzliche, fast brüderliche Briefe schrieb. Der brasilianische Verleger erzählte, als er sich endlich nach Kriegsende mit Lottes Bruder auf dem Invalidenbahnhof in Paris (um 21 Uhr am 31.10.1947) getroffen habe, hätte dieser ihn, kaum sei er aus dem Zug ausgestiegen gewesen, als Erstes nach den »Rembrandt-Zeichnungen« gefragt. Koogan erwähnte gegen Ende seines Lebens in verschiedenen Berichten und Aussagen zu Zweig eben diese Rembrandt-Zeichungen.

In einem der Briefe an Koogan zeigte sich Manfred Altmann offen und entgegenkommend: »Wir erwarten mit großem Interesse Ihre Entscheidung hinsichtlich der Zeichnung« – im Singular, wie es auch Zweig geschrieben hatte. Allerdings verwandte Lottes Bruder weder das Adjektiv »groß«, noch nannte er den Maler.[1039]

[1038] *A Noite* (Rio de Janeiro), 3.1.1950.
[1039] Brief vom 23.9.1947 in: *Coleção Stefan Zweig, Biblioteca Nacional.* Rio de Janeiro. In seinen Aussagen gegenüber dem Autor (1980/1981) erwähnte Koogan erstmals diese Rembrandt-Zeichnungen und wiederholte dies in seinem 1992 auf dem Internationalen Stefan Zweig Kongress in Salzburg gehaltenen Vortrag. Vgl. Koogan, Abrahão: »Über die letzten Monate mit Stefan und Lotte Zweig« in: *Gelber-Zelewitz,* S. 327–331, S. 329. Sicher ist, dass Zweig Koogan eine große Zeichnung vermacht hatte und Manfred Altmann diese gerne von dem Verleger bekommen hätte. Vielleicht beabsichtigte er sogar, sie gegen die definitive Überlassung der Rechte für Stefan Zweigs Werke in Brasilien einzutauschen. (Auch die Hypothese einer Gedächtnislücke, die Koogan Blake und Rembrandt verwechseln ließ, darf nicht ausgeschlossen werden.) Die Verhaltensweise von Manfred Altmann war wenig großzügig. In der Korrespondenz zwischen Friderike und Koogan und Friderike und Zweigs portugiesischem Verleger Fraga Lamares gibt es wiederholt Hinweise auf Meinungsverschiedenheiten mit Lottes Bruder. Vgl. *Coleção Stefan Zweig, Biblioteca Nacional.* Rio de Janeiro und Archiv des Autors.

Eva Altmann, Lottes Nichte, war damals noch sehr jung, aber sie erinnert sich: »Die kleine Rembrandt-Zeichnung (vielleicht auch zwei) und die zwei Zeichnungen von Blake aus Zweigs Besitz in Bath sind mir sehr gegenwärtig. Eine der Zeichnungen [von Blake] stellte den Kopf des King John dar und war das Lieblingsbild. Nach dem Krieg ist sie an Friderike gegangen. Die andere war größer und stammte aus der Hiob-Serie [die Illustrationen zum Buch Hiob von 1824] und ich habe sie schließlich mit dem Rembrandt verkauft, da ich glaubte, sie nicht so aufbewahren zu können, wie ich sollte. Ich glaube, die [im Brief] erwähnte Zeichnung ist der *King John*.«[1040]

Noch während der komplizierten Vorbereitungen für den Selbstmord vergaß Zweig den armen Wittkowski nicht, er wollte dem Dichter, der unter miserablen finanziellen Umständen lebte, helfen. Daher wählte er ihn als literarischen Nachlassverwalter für die unveröffentlichten Arbeiten. Es ist nicht gelungen: Manfred Altmann zog Richard Friedenthal vor, der in London lebte und in seiner Reichweite war.

Wittkowski und Lottes Bruder verstrickten sich in eine unangenehme öffentliche Diskussion, ohne dass Koogan jenem Beistand geleistet hätte, den Zweig selbst für diese Aufgabe bestimmt hatte. Der Verleger konnte der Familie Altmann, den Universalerben, nicht die Stirn bieten. Vor allem, weil er beabsichtigte, sich die endgültige Überlassung der Rechte für Brasilien zu sichern. Friedenthal ging daher aus dieser Angelegenheit als Sieger hervor.[1041]

Victor Maria Wittkowski verlor in jeder Hinsicht. Inmitten des Krieges, im Dezember 1942, sandte er, erschrocken über die im Volk verbreiteten Ressentiments gegen die Deutschen, ein Memorandum an Präsident Vargas. Darin forderte er, dass die mit Hilfe des Heiligen Stuhls nach Brasilien geflohenen »nicht-arischen« Katholiken einen Sonderstatus erhalten sollten: In ihren Pässen sollte der Eintrag der Nationalität »deutsch« durch die Anmerkung »staatenlos – unter dem Schutz des

---

[1040] Eva Alberman, schriftliche Aussage (E-Mails in englischer Sprache) gegenüber dem Autor, 18.10.2005; 19.10.2005. Eva Alberman zufolge hat sich das Ehepaar Koogan mit dem Ehepaar Altmann in London getroffen und man war gemeinsam im Theater gewesen.
[1041] Die Auseinandersetzung zwischen Victor Wittkowski und Manfred Altmann wurde zum Teil in der Öffentlichkeit ausgetragen. Vgl. *Aufbau*, 28.5.1943. Wittkowski erhielt am 9.4.1941 offensichtlich infolge eines gerichtlichen Verfahrens einen vom Richter festgesetzten Betrag von 60 Milreis von Koogan, wie man auch aus dem 14.1.1944 datierten Empfangsquittung für die Originale der Autobiografie entnehmen kann. Die Quittung befindet sich in der *Coleção Stefan Zweig, Biblioteca Nacional*. Rio de Janeiro.

Heiligen Stuhls stehend« ersetzt werden. Das an das Außenministerium weitergeleitete Memorandum bekam ein langes und vernichtendes Gutachten als Antwort.[1042]

Wittkowski blieb einige Jahre in Rio de Janeiro und kehrte Ende der 50er Jahre nach Rom zurück, wo er ein kleines Buch mit Essays, Erinnerungen an sechs große Persönlichkeiten, die er gekannt hatte, verfasste. Das durch die Flucht- und Exilerfahrungen verursachte Gemütsleiden verschlimmerte sich, schließlich beging er nach Veröffentlichung dieses Buches Selbstmord. Alles weist darauf hin, dass er sich kurz nach der Veröffentlichung seiner Erinnerungen umbrachte – so wie Zweig.

Dessen »private Anweisungen« an Koogan wurden strikt befolgt: Die wertvolle Originalpartitur des Mozartliedes »Das Veilchen« wurde Ferdinand Burger, Friderikes Neffen, übergeben, damit dieser sie seiner Tante zukommen lassen konnte. Der vertrauliche Charakter der Quittung und die Aushändigung über Dritte legen die Vermutung nahe, dass man diese Vorgehensweise wählte, damit die Schenkung nicht der Familie Altmann zur Kenntnis gelangte. Zweig ahnte voraus, dass es Dispute geben würde. Nur stellte er sich nicht vor, dass es so viele und so erbitterte sein würden.[1043]

Vom 15. Januar 1951 an, fast zehn Jahre nach dem Selbstmord, begann die Ex-Frau den im Testament des Ex-Mannes vorgesehenen Unterhalt auf Lebenszeit zu erhalten: 6.418 Schweizer Franken jährlich, mit denen sie in relativem Komfort in ihrem Haus in Stamford, Connecticut, lebte. Dem Verleger Koogan und dem Rechtsanwalt Malamud gelang es, sich aus den Reibereien zwischen den Erben des literarischen Nachlasses und Nutznießern herauszuhalten und den letzten Willen des Verstorbenen gewissenhaft zu erfüllen, alles wurde mit Quittungen und Bescheinigungen dokumentiert.[1044]

[1042] *Milgram 1*, S. 163–169. In seinem langen aggressiven und deutlich antisemitischen Gutachten schrieb der Diplomat Ernâni Reis: »(D)en alteingesessenen Deutschen verdanken wir unvergleichlich mehr als den deutschen Flüchtlingen von heute. Diesen verdanken wir gar nichts: Sie sind es, die uns alles verdanken, und gerade weil sie uns alles verdanken, gestehen wir ihnen nicht das Recht zu, neue Probleme in unserem Land zu schaffen.« Vgl. S. 168.

[1043] Ferdinand Burger erhielt die Partitur gemäß den Anweisungen nach dem Krieg am 11.11.1946 und stellte Koogan eine Quittung aus, in der er bestätigte, dass das aus zwei Blättern bestehende Autograf für Friderike bestimmt war, wie es eine von ihr am 22.10. ausgestellte Genehmigung besagte. Diese Quittung befindet sich in der *Coleção Stefan Zweig, Biblioteca Nacional*, Rio de Janeiro.

[1044] Das am 6.5.1941 in der Kanzlei der Rechtsanwälte Hofman & Hofman aufgesetzte Testament wurde am 25.8.1943 ins öffentliche Archiv der Stadt (*Hall of Records*) eingetragen. Unter den Koogan hinterlassenen Papieren befindet sich ein Finanz-

Über die Auflösung der Ehe schmerzerfüllt und materiell durch die Scheidung und das Testament benachteiligt, wurde Friderike durch den Respekt und die Liebenswürdigkeit, die ihr von Germanistenkreisen in den Vereinigten Staaten und Europa entgegengebracht wurden, entschädigt. Sie wurde als legitime Erbin und Hüterin des Gedenkens ihres Ex-Mannes gefeiert. Neben anderen Büchern, wie z. B. der Pasteur-Biografie, die in verschiedene Sprachen übersetzt wurde, schrieb sie zwei Werke, in denen sie gewissenhaft und grundlegend Zweig würdigte; zwei weitere gab sie heraus. In allen stößt man auf eine Botschaft: Mit ihr an seiner Seite wäre *Stefzi* den Zeitumständen nicht erlegen. Sie starb zu Hause im Alter von 89 Jahren, in jenem Jahr 1971 hätte der ungeduldige Zweig seinen 90. Geburtstag begangen.[1045]

Wie krank war Lotte wirklich? Die Nichte Eva, eine pensionierte Medizinforscherin, liefert ein differenzierteres Bild der kranken Tante: »Die meiste Zeit litt Lotte nicht übermäßig an ihrem Asthma, obwohl sie nachts den Inhalator benutzte. Wie die meisten Asthmatiker [...] hatte sie gelernt, normal damit zu leben. Es ist wahr, dass es [das Asthma] sich in New York verschlimmerte. Teils glaube ich, weil es für Asthmatiker [...] keine gute Umgebung, besonders in den Hotels, gewesen war, und teils glaube ich, weil sie in dieser Zeit (1941) sehr gestresst war, da es ihnen schwer fiel, sich zu entscheiden, ob sie bleiben oder zurück nach Südamerika gehen sollten. Leider [...] entschied man sich, dass sie eine neue Therapie durchführen sollte, die regelmäßige Injektionen von, wie ich annehme, Antigenen beinhaltete [...], diese ließen sie sich krank fühlen. [...] Ich frage mich, ob das Klima in Petrópolis gut für sie war. Wie auch immer bin ich ziemlich sicher, dass die Rolle, die ihr Asthma spielte, nicht so wichtig gewesen war, wie man ihr zuschrieb.«

Über Zweig schreibt sie: »Seine Depressionen waren wahrnehmbar, und als mein Cousin und ich mit ihnen in Bath lebten, hielten wir uns fern, wenn er deprimiert war. Dennoch war es auf der anderen Seite

---

plan mit der Überschrift: »Was mit den Wertsachen von Stefan Zweig geschehen soll«, Vgl. *Coleção Stefan Zweig, Biblioteca Nacional*, Rio de Janeiro.

[1045] Außer den von ihr verfassten Erinnerungsbüchern *Friderike 1* und *Friderike 2* und der von ihr herausgegebenen Korrespondenz *Briefe SZ-FZ* hat Friderike noch eine Bildbiografie von Stefan Zweig zusammengestellt. Vgl. Zweig, Friderike: *Stefan Zweig. Eine Bildbiografie*. Kindler Verlag. München 1961. Zu ihrem 70. Geburtstag (4.12.1952), zehn Jahre nach dem Tod ihres früheren Mannes, wurde sie mit einer Festschrift namens *Liber Amicorum Friderike Maria Zweig* geehrt, bei der unter anderem Ernst Feder, Lee van Dovski, Georges Duhamel, Jules Romains und Pierre Jouve mitwirkten. Vgl. Zohn, Harry (Hg.): *Liber Amicorum Friderike Maria Zweig*, a.a.O.

eine Freude, mit ihm zusammen zu sein. 1938 nahm er mich zu einer großen Opernaufführung nach London mit. [...] Er pflegte uns spät abends in ein Café in Bath auf eine heiße Schokolade mitzunehmen, und wir genossen es immer, mit ihm zusammen zu sein, wie ich es auch in New York tat [...] Ich habe es gehasst, als sie an meinem zwölften Geburtstag nach Brasilien aufbrachen. Aber ich durfte mit ihnen an Bord gehen und mich dort verabschieden«.[1046]

Manfred Altmann war es nicht gegeben, das geerbte Vermögen lange Zeit genießen zu können. Wie der Schwager und die Schwester sechs Jahre zuvor in Brasilien, starben er und seine Frau Hannah gemeinsam 1948 bei einem Verkehrsunfall in der Schweiz.

Ihre Tochter Eva, Lottes geliebte Nichte, die in deren einzigem Abschiedsbrief so viel Raum eingenommen hatte, war nun die Universalerbin. Durch Heirat mit einem englischen Chemiker wurde sie zu Mrs. Eva Alberman. Sie hat vier Kinder und neun Enkelkinder und lebt, umgeben von Bildern, Büchern und Möbeln der Zweigs, zurückgezogen in London. Nie hat sie sich zu der Tragödie von Stefan und Lotte Zweig geäußert und hält die Abschiedsbotschaften, die ihr die beiden sandten, in Ehren. Die »Mädchen« von Winternitz ließen sich in den Vereinigten Staaten nieder, wo sie bis zu ihrem Tod lebten: Alix (Mrs. Alexia Elisabeth Störk) 1986 in Stamford, Connecticut, wo ihre Mutter gewohnt hatte, Suse (Mrs. Susanne Benediktine Höller) 1998 in Florida. Alfred Zweig, der zurückhaltende Bruder von Zweig, starb 1977 mit 97 Jahren in New York, wo er seit seiner Flucht aus Wien gelebt hatte. Eine Familie von Langlebenden, wenn ihnen die Ungeduld nicht Einhalt gebietet. Friderikes Neffe überlebte alle: Er verstarb 2001 in Rio de Janeiro.

Das Haus in Bath wurde bald nach dem Krieg verkauft. Das Jagdschlösschen auf dem Kapuzinerberg in Salzburg gehörte noch immer der Familie, die es 1937 erworben hatte. Auf einem der Salzburger Hügel zeigt ein Schild in gotischen Buchstaben den *Stefan-Zweig-Weg* an, eine ironische Hommage an den ehemaligen Mitbürger, der sich verirrte. Schräg gegenüber dem Jagdschlösschen befindet sich an der Mauer des Kapuzinerklosters eine Plakette und davor eine Porträtbüste des Schriftstellers mit Blick auf dessen einstige Villa.

Das Haus in Petrópolis wurde, bevor man es unter Denkmalschutz stellte, stark verändert, vor allem die riesige Veranda, die Zweig so sehr

---

[1046] Eva Alberman, a.a.O. Eva und ihr Cousin, der Sohn eines Bruders von Hannah, wohnten während des ersten Kriegsjahres (September 1939 bis Juni 1940), als man alle Londoner Kinder evakuierte, bei Stefan und Lotte Zweig.

fasziniert und für dieses Haus eingenommen hatte. Sie wurde nun verkleinert und modern verglast. Das Haus blieb weiterhin anonym, schlecht unterhalten und war lediglich durch ein kleines Schild am Eingang identifizierbar und fast immer von Efeu bedeckt, bis Ende 2005 eine Gruppe von Brasilianern beschloss, es zu kaufen, um dort das *Casa Stefan Zweig* einzurichten mit dem Bestreben, an die Bindeglieder zwischen dem Exil und dem Paradies zu erinnern.[1047]

Brasilien trat im August jenes Jahres 1942 in den Krieg ein. Die wiederholten Torpedierungen nationaler Schiffe und der Druck der Straße verwandelten das Land in eine große Plattform für die demokratische Sache. Ein Jahr nach der Aufsehen erregenden und unglückseligen Veröffentlichung begann man *Brasilien. Ein Land der Zukunft* mit anderen Augen zu betrachten.

Kurz bevor der Krieg zu Ende ging, starben zwei seiner Urheber. Hauptmann Karl Mayr, der Organisator antibolschewistischer Kurse und einer von Hitlers Gönnern, der einen ersten Anstoß für Hitlers steile politische Karriere gegeben hatte, wurde in der Folge sein Feind. Er trat in den Reichsbanner, die paramilitärische Organisation der Sozialdemokraten, ein, floh nach Frankreich und wurde dort von den Nationalsozialisten gefangen genommen und ins KZ Buchenwald gebracht, wo er im Februar 1945 zu Tode kam. Sein ehemaliger Protegé folgte ihm im Mai. Im Bunker der Reichskanzlei in Berlin beging er Selbstmord.[1048]

Wenn nicht die Eile gewesen wäre, hätte Zweig andere Geschichten zu erzählen gehabt. Er hätte nicht nur das Ende des blutigen Krieges sowie den sofortigen Beginn des Kalten Krieges, den er schon 1941 hatte kommen sehen, miterlebt. In seiner Eigenschaft als Erfinder des Paradieses wäre er Zeuge der Geburt eines neuen Zyklus von Goldenen Jahren geworden. Nicht in Wien, sondern in Brasilien: Von 1945–1960 – mittendrin der Selbstmord von Getúlio Vargas, seinem Gastgeber von 1936 – erlebte Brasilien seinen »humanistischen Augenblick«. Es fand seine von Stefan Zweig vorausgeahnte Berufung und begann, sich auf dem Gebiet der Literatur, Musik, Malerei, Architektur, des Films und im Fußball – was dem Propheten, der sportliche Wettkämpfe verabscheut hatte, sicherlich missfallen hätte – einen Namen zu machen.

[1047] Der Denkmalschutz des Hauses wurde am 24.6.1981 verfügt. Vgl. *Diário de Petrópolis*, 27.6.1981. Der Hauskauf wurde am 15.12.2005 in Rio de Janeiro vollzogen. Damit verwirklichte sich ein Projekt, das schon seit dem Selbstmord 1942 im Gespräch gewesen war.
[1048] *Kershaw*, S. 166.

In jenen Jahren schrieben auch zwei andere deutschsprachige Flüchtlinge, beide jüdischer Herkunft, über Brasilien und sahen in ihm die Lösung. Einer davon war der Freund Hugo Simon (alias Hubert Studenic), der in seinem langen, autobiografischen Roman im Stil des klassischen, deutschen Bildungsromans des 19. Jahrhunderts ein idyllisches, ländliches Land beschreibt, die letzte Zuflucht, um dem deutschen Unglück zu entkommen: »Ich denke so etwa an ein Land wie Brasilien, da könnte man leben. Brasilien ist groß, es ist leer. Es braucht Menschen, die die Lust haben, etwas zu schaffen, und es läßt solchen Leuten alle persönlichen Freiheiten.«

Richard Katz, ein international bekannter Journalist und Reiseschriftsteller, kam 1941 nach Brasilien. Die tropische Natur und das friedliche Zusammenleben der verschiedenen Rassen und Völker begeisterten ihn (wenngleich er realistischer war als Zweig). Er schrieb zahlreiche Bücher über Brasilien und sah das Land als positives Modell.[1049]

Die Parole der »50 anos em 5« (50 Jahre in 5), die der Präsident Juscelino Kubitschek de Oliveira, Nachkomme tschechischer Einwanderer, den Brasilianern anbot, hatte ihren Ursprung im Land der Zukunft des Mitteleuropäers Stefan Zweig alias Estevão Ramos. Als die von Romain Rolland in Paris gegründete Zeitschrift *Europe* ihren 80. Geburtstags feierte, verwirklichte sich die Zweigsche Vision eines Europas ohne Grenzen, nur ein halbes Jahrhundert nach seinem Tod. Die blaue Fahne mit 12 gelben Sternen der Europäischen Union weht an den Masten der 25 Mitgliedsländer, die einzige auf einem Friedensprojekt begründete, überstaatliche Supermacht. Unter ihrem Dach vereinigen sich die Überbleibsel der österreich-ungarischen, russischen, ottomanischen und römischen Imperien.

»Nach dem nächsten europäischen Kriege wird man mich verstehen«, sagt Nietzsche durch die Stimme von Zweig. Zu Beginn des absoluten Krieges, in dem Fanatismus die Hauptrolle spielt, fängt Zweig mit seiner

---

[1049] Hugo Simon zit. nach *Kestler*, S. 209. Simons unveröffentlichter Roman hat eine starke politische Komponente, seine Sicht von Brasilien ist geprägt von seinen Erfahrungen in der Weimarer Republik und der Anfangszeit des Nationalsozialismus. Richard Katz (1888–1968), geboren in Prag, suchte schon 1931 in der Schweiz Zuflucht vor den Nationalsozialisten. Zehn Jahre später kam er nach Brasilien, wo er unter anderem auf der Ilha do Governador und in Teresópolis (Rio de Janeiro) wohnte. Er lebte zurückgezogen, züchtete Orchideen und begann, Edelsteine zu sammeln. Er freundete sich mit dem Soziologen Arthur Ramos und der Schriftstellerin Rachel de Queiroz an. Dieser Kontakt verhalf ihm zu einer kritischeren Wahrnehmung von Brasilien, als man sie bei Zweig findet. 1954 kehrte er in die Schweiz zurück. Vgl. *Kestler*, S. 92–95.

Nostalgie und Ungeduld an, Sinn zu machen.[1050] Angesichts der ungehemmten Globalisierung und der Entmenschlichung der Menschheit klingt das Paradigma der »geistigen Einheit der Welt«, sein einziger niemals in Europa und Nordamerika veröffentlichter Text, wie eine späte und vergebliche Jeremiade.

Der Verkauf seiner Bücher brach nicht ab, der Tod verstärkte ihn sogar. Die wenige Monate später erschienene Autobiografie wurde heftig von jenen diskutiert, die in die Privatsphäre des verehrten und tragisch gestorbenen Autors einzudringen beabsichtigten. Sie wurden enttäuscht. Aber jene, die die Katastrophe vorausgeahnt hatten, erhielten mit dem Werk das Wissen, um sie in ihrem ganzen Ausmaß begreifen zu können. Und jene, die Jahrzehnte später in der Lage sind, den neuen Konflikten gegenüber wachsam zu sein, entdecken in der Autobiografie die Lösungen, um diese zu verhindern.

Durch die zeitliche Abstimmung seines Todes mit der Veröffentlichung seines Lebensberichtes offenbarte Zweig mehr als nur eine verlegerische Strategie, nämlich den Impuls, den er stets seinem Werk gegeben hatte. Von *Jeremias* bis zur *Schachnovelle*, über *Marie Antoinette* und *Brasilien. Ein Land der Zukunft* besaß jeder Titel einen Sinn und erfüllte seine Vorstellung einer »politischen«, jedoch nicht an die Politik gebundenen Literatur.

In Brasilien wurde die Veröffentlichung der Gesammelten Werke von Stefan Zweig, die die *Editora Guanabara* 1938 begonnen hatte, 1941 mit insgesamt 15 aufwendig gebundenen Bänden beendet. Bis 1943 wurde diese Ausgabe auf 20 Bände erweitert und die nächsten zehn Jahre verkauft. Schließlich wagte Koogan die Veröffentlichung des *Erasmus* und vereinte ihn in einem seltenen Diptychon unter dem suggestiven Titel *Os caminhos da verdade* (Die Wege der Wahrheit). Er schloss die Gesammelten Werke mit dem *Jeremias* ab, den er für eine eigene Buchveröffentlichung als ungeeignet betrachtet hatte.[1051]

[1050] Friedrich Nietzsche zit. nach: *Der Kampf mit dem Dämon*, S. 282.
[1051] Die Zeitungen vom Tag nach dem Begräbnis erwähnten die Verlesung eines Abschnittes aus *Visões do profeta* (Visionen des Propheten), Titel einer allem Anschein nach illegalen Ausgabe des *Jeremias*, durch Rabbiner Lemle. Vgl. Zweig, Stefan: *Visões do profeta*. Flores & Mano Editores. Rio de Janeiro o.J. Vor seiner ersten Reise nach Brasilien verkaufte Zweig die Rechte für den *Erasmus* an den zerstreuten Agenten, Übersetzer und Verleger Zoran Ninitch, die dieser an die *Livraria do Globo* in Porto Alegre weitergab. Aber er zahlte Zweig das dafür erhaltene Geld nicht aus. Als Koogan 1938 begann, die Gesammelten Werke von Stefan Zweig zusammenzustellen, konnte er sich nicht dazu durchringen, dieses wichtige Werk mit aufzunehmen. Wäre der *Erasmus* vor *Brasilien. Ein Land der Zukunft* in diese Gesam-

Koogan brachte drei weitere Ausgaben der Gesammelten Werke mit verschiedenen Einbänden und in mehreren Auflagen heraus. In den 60er Jahren gab es zwei Versionen in 10 Bänden – die Leser hatten schon nicht mehr soviel Platz in ihren Regalen zur Verfügung[1052]
Der 100. Geburtstag des Schriftstellers, die Veröffentlichung der ersten Biografien, die Entdeckung unveröffentlichter Arbeiten, das Erscheinen der Tagebücher und Briefe und die aufeinander folgenden internationalen Revivals, die merkwürdigerweise nicht die USA einschlossen, haben ein unvergleichliches Ergebnis hervorgebracht: Sieben Jahrzehnte lang war Zweig in den brasilianischen Buchhandlungen fast ununterbrochen präsent, und in den Unterbrechungen war er ein Bestseller in den Buchantiquariaten. Eine Treue, die einem Weltkrieg, zwei langen Diktaturen, mindestens fünf politischen Umbrüchen, unzähligen Wirtschaftskrisen und der langsamen Verwandlung des Landes der Verheißung in ein Land der Enttäuschung standgehalten hat.

64 Jahre nach dem Selbstmord in Petrópolis hat das Land der Zukunft aufgehört, ein schlafender Riese zu sein. Das »Erwachen des Berges« hat begonnen, ist aber noch immer weit entfernt von der Botschaft jenes Propheten, der die eigenen Weissagungen nicht ertrug. Die Gemeinschaft der großen von William Blake erdachten Inselländer könnte heute als G 20 + 12 bezeichnet werden, wenn sie denn zusammen eine Föderation der Utopien bilden würden. Stefan Zweig hat letzten Endes bewiesen, dass nicht die Staatsmänner die Baumeister der Welt sind, sondern vielmehr die Dichter. Die Dichter jedoch werden bei diesen Themen nicht ernst genommen. Vielleicht wird gerade deshalb *Brasilien. Ein Land der Zukunft* nicht so häufig in dem Land wieder neu aufgelegt, das es hervorgebracht hat. Die letzte brasilianische Ausgabe stammt von 1981, im benachbarten Argentinien dagegen erschien es zum letzten Mal 1999, in Frankreich 1998, in Deutschland 2003.

---

melten Werke mit aufgenommen worden, hätte ein Teil des Unwillens der linken Intellektuellen verhindert werden können. Koogan veröffentlichte es erst posthum, nachdem er die Rechte von der *Livraria do Globo,* in der es 1936 und 1939 erschienen war, erworben hatte. Es war nicht sein einziges Manöver, um eine Konfrontation mit der Diktatur des *Estado Novo* zu umgehen. So stellt Prater in den gegenüber dem Autor gemachten Anmerkungen bezüglich eines im Juni 1969 in Rio de Janeiro mit dem Verleger geführten Interviews fest: »Auf Bitten von Koogan milderte er [Zweig] bestimmte Passagen über den Tod von Cicero [für die *Sternstunden*] ab.« Vgl. Brief an den Autor, 1980/1981.
[1052] *Klawiter 1*, S. 11–15.

Ungerecht, fast feindlich Zweig gegenüber waren jene, die Wien als kulturelle Disziplin wieder entdeckten, sich seiner bemächtigten und die »Wienologie« schufen. 1940, als der Krieg kaum begonnen hatte und Hitlers Einmarsch in die österreichische Hauptstadt nur zwei Jahre zurücklag, hielt Zweig einen Vortrag über das Wien von Gestern. In den Memoiren bekräftigte er anschließend die Voraussage über Wiens Ende, indem er die Stadt zur Protagonistin einiger Kapitel und zum Hintergrund anderer machte.

London wurde bombardiert, Paris besetzt, Berlin geteilt, aber Zweig verstand es, das alte Wien zu erblicken, als es unwiederbringlich verloren war. Er ist einer seiner authentischsten Erben, der einzige, der dessen Totenschein vorwegnahm. Schnitzler und Broch beschrieben Wiens Niedergang in literarischen Begriffen, Zweig fing es lebendig, als Phänomen, in dem Moment ein, in dem es im Untergang begriffen war. Dennoch zitiert ihn Carl Schorske in seinem grundlegenden Werk lediglich ein einziges Mal. Claudio Magris und Elias Canetti waren in ihrem Urteil noch strenger. Insbesondere Canetti ließ keine Gelegenheit aus, seine Geringschätzung kundzutun: »Es gibt Autoren aus der Zeit, die auch heute noch als ›literarisch‹ gelten, von denen ich überhaupt nichts halte. Stefan Zweig ist einer. Das war der schlechteste. Werfel war begabter als Zweig. Er war vielleicht der sentimentalste von den Autoren, die man zu Österreich rechnen würde.«[1053]

1986, auf dem Höhepunkt des »amerikanischen Jahrhunderts«, wurden in einer nostalgischen, etwas Zweigschen Anwandlung auf beiden Seiten des Atlantiks große Ausstellungen über das »Wiener Jahrhundert« organisiert. Zweig jedoch wurde nur marginal erwähnt und die Wiener Kultur selbst schien von der visuellen Kunst beherrscht. Das lokale Aushängeschild war Gustav Klimt mit seinen goldenen und fantastischen Frauen und nicht sein Inspirator Sigmund Freud.[1054]

Gerechter und heilsamer war die Wiederherstellung Zweigs mittels der Biografien: Fern einer hagiografischen Versuchung zeichneten Friderikes Erinnerungsbücher ein reines, warmherziges und menschliches Bild des Ex-Ehemannes. Biografin wie Zweig selbst wusste sie, dass Schwächen und Fehler nicht desillusionieren, und dies kam den Porträtierten zugute. Ihr folgte Donald Prater mit seinem Werk zum Autor, mit dem

---

[1053] Elias Canetti zit. nach: Durzak, Manfred: *Gespräche über den Roman. Formbestimmungen und Analysen.* Suhrkamp Verlag. Frankfurt am Main 1976, S. 88/89.
[1054] *Schorske 1*, S. 161. Zu den Ausstellungen vgl. *Vienna 1900* und *Vienna 1880–1938*.

er Zweig 1972 just in dem Augenblick wieder in Erinnerung rief, in dem er in Vergessenheit zu geraten schien. Prater verband die Gewandtheit des englischen Biografismus mit der deutschen Gründlichkeit und legte damit das Fundament, auf dem alle späteren biografischen Arbeiten zu Zweig aufbauten. Einschließlich dieser.[1055]

In solchen Porträts gespiegelt und so gezeigt, wie er seine Figuren darstellen wollte – fehlbar und zweifelnd –, vermochte Zweig, sich ausreichend vor »revisionistischen« Angriffen und dichterischen Freiheiten zu schützen, die die Berühmtheiten geißeln. Die jüngsten Andeutungen über eine mögliche Bisexualität Zweigs – für die Einschätzung der Person und des Werkes völlig irrelevant – sind Teil des Trends der »literarischen« Biografien, nach der lediglich jene authentisch sind, die Offenbarungen über die sexuellen Vorlieben der Autoren enthalten. Trotz der Novelle *Verwirrung der Gefühle* und der Verlegenheit, die ihm jene unbedarfte Frage des Cineasten Sergej Eisenstein bereitete, übte Zweig in den Memoiren heftige Kritik an der sexuellen Zügellosigkeit, die im Deutschland vor der Hitlerzeit herrschte.

In seinen Erinnerungen versuchte Erich Ebermayer, einen homoerotischen Zug anzudeuten, aber kapitulierte mit der Bezeichnung Zweigs als »ein(es) ›homme de femme‹ ersten Ranges«.[1056]

[1055] Donald Arthur Prater (1918–2001), englischer Soldat, Diplomat, Schriftsteller und Musiker, diente im Zweiten Weltkrieg in Singapur und danach in Deutschland und Österreich. Er ließ sich in der Schweiz nieder, wo er in verschiedenen internationalen Organisationen tätig war. Außer *Stefan Zweig. Das Leben eines Ungeduldigen* schrieb er noch eine Biografie über Rainer Maria Rilke (*Ein klingendes Glas. Das Leben Rainer Maria Rilkes*) und Thomas Mann (*Thomas Mann. Deutscher und Weltbürger*).

[1056] *Die Welt von Gestern*, S. 358–360. *Ebermayer*, S. 235; 280. Der Filmregisseur Sylvio Back ließ in der Dokumentation *Stefan Zweig. Der inszenierte Tod* neben wichtigen Zeitzeugen auch eine merkwürdige Figur, den Deutschen Gerhard Metsch, als »Kunstsammler« vorgestellt, zu Wort kommen, der in der Umgebung von Petrópolis lebte und sich später als Schwindler erwies. Im Film behauptete Metsch, Zweig hätte sich ihm in Brasilien angeblich auf nicht normale Weise genähert, und ging so weit, von einer nicht verwirklichten »Homophilie« [sic] zu sprechen. In Zweigs Adressbuch findet sich kein Eintrag zu Metsch und er wurde auch nicht in seinen letzten Briefen oder Aussagen gegenüber anderen erwähnt. Metsch wurde von der Wissenschaftlerin Ingrid Schwamborn ausfindig gemacht, die ihn ebenfalls in ihr Buch als Zeitzeugen aufnahm und ihn ausführlich zu Wort kommen ließ. Vgl. *Schwamborn*, S. 51–66. In diesem Beitrag räumte Metsch ein, Zweig in Brasilien nur zweimal gesehen zu haben, einmal davon gemeinsam mit Lotte. Metsch, unbedeutend und verrückt, wurde bald darauf ermordet. In Zweigs Tagebüchern gibt es Passagen, die als homosexuelle Neigung interpretiert werden könnten, würden sie nicht durch die Beschreibung seiner sexuellen »Triumphe« mit Frauen (vor allem Marcelle, seiner Pariser Geliebten) und des Beginns der Romanze mit Friderike entkräftet. Vgl. *Tagebücher*, 24. [23.] 9. 1912.

Im Film *Lost Zweig* war sich der Cineast Sylvio Back vollkommen bewusst, dass er sich auf dem Gebiet der Fiktion befand, und erlaubte sich, die Tatsachen zu verändern, Situationen und Figuren zu schaffen (die sexuelle Sphäre eingeschlossen), um die Geschichte zu dramatisieren.[1057]

Friderikes Beitrag selbst liefert Anhaltspunkte für jegliche Art zukünftiger Anfechtungen. Ihr Beharren auf dem Bild der kranken Lotte und der Krankheit als für den Ausgang des Todespaktes ausschlaggebendes Moment könnte sich gegen sie richten. Es ist selbstverständlich, dass sie, die das letzte Wort hatte, irgendwann ebenfalls selbst infrage gestellt wird. Aber dies wird nichts an dem tragischen Ende ändern, für das alle eine gewisse Schuld tragen – einschließlich Brasilien.

In dieser Sammlung von Fakten und Porträts einer so ausweichenden und subtilen Figur fehlt ein Detail: Trotz der Komödie *Volpone* und des Librettos der Opera buffa *Die Schweigsame Frau* verstand Zweig es nicht zu lachen. Nicht einmal zu scherzen: Den letzten Brief an Strauss unterschrieb er mit dem Namen des Protagonisten – Morosus, was im Lateinischen mürrisch, launisch bedeutet.

Im März 1981, zu Beginn der Gedenkfeierlichkeiten zum 100. Geburtstag von Stefan Zweig, nahm ich an der *State University of New York* (Fredonia) an einem Symposium teil. Es ging über vier Tage, in denen 40 Arbeiten vorgestellt wurden – Zweig für alle Geschmäcker, unter allen Blickwinkeln, in allen Stilrichtungen. Zum Abschluss trug ich »Death in Paradise«, eine Zusammenfassung des Buches vor, das Monate später erscheinen sollte.

Je weiter ich in meinem Vortrag über das Unglück des kultivierten Wieners im brasilianischen Eden voranschritt, desto mehr bemerkte ich in der ernsten deutsch-amerikanischen Hörerschaft, dass einige lächelten, später schlecht verborgen lachten und letztlich lauthals in Gelächter ausbrachen. Nach dem Vortrag wunderte ich mich über diese Ungeniertheit: Schließlich waren dies nicht die Abenteuer von *Candide* in Südamerika gewesen.

[1057] Die Originalversion von *Morto no paraíso* wurde zweimal frei verfilmt. Für das Kino in der internationalen Co-Produktion *Lost Zweig* mit Rüdiger Vogler, Ruth Rieser und Renato Borghi in den Hauptrollen unter der Regie von Sylvio Back nach dem Drehbuch von Sylvio Back und Nicolas O'Neill (2003). Für das Fernsehen in einem von TV Globo in der Serie *Quarta Nobre* inszenierten Teledrama mit Rubens Corrêa, Renata Sorrah und Carlos Kreber in den Hauptrollen unter der Regie von Ademar Guerra nach dem Drehbuch von Doc Comparato und Joaquim de Assis.

»Es war pathetisch«, tröstete mich jemand.
»Wir haben über das Absurde gelacht«, erklärte ein anderer.
»Es gibt immer einen Brasilianer, der das Ganze in anderer Weise sieht«, ergänzte eine *brazilianista*.

Nun war es an mir, die Fähigkeit dieses Paradieses witzig zu finden, die imstande ist, für jegliche Geschichte ein glückliches Ende hervorzubringen, einschließlich dieser. Armer Stefan.

Mit Estêvão Ramos wäre es anders gekommen.

Gedenken und Danken

Das Ritual des sich erkenntlich Zeigens, Anerkennung-Zollens in Sachbüchern erfüllt neben anderen Aufgaben die Pflicht, Vorläufer und Weggefährten namentlich festzuhalten. Ferner auch die Notwendigkeit, das Netz der Solidarität zu entflechten, das den einsamen Akt des Schreibens umgibt. Bei einem Werk, dessen Ausarbeitung sich über zwei Jahrzehnte erstreckte, kommt dem Leser, zusammen mit der obligatorischen *Tabula gratulatoria*, die Geschichte der Geschichte mit ihren Konvergenzen und Überlagerungen mehr entgegen.

Im Falle dieses Buches begünstigten die Vorgehensweise, die sich infolge des langen Zeitraums herausgebildet hatte, und die Aufeinanderfolge der Auflagen kapriziöse Entwicklungen, unter anderem die Einbeziehung einiger Quellen in die Geschichte, die dieselbe wiederum geprägt haben: von den Fußnoten in den Text mit Empfehlungen des Schicksals.

Als ich Ende der 70er Jahre beschloss, Zweigs Weg in dem Paradies, das er erfunden hatte, (der Titel ging dieser Entscheidung nur Minuten voraus) nachzuvollziehen, war meine erste Handlung, den Verleger Abrahão Koogan und den Rechtsanwalt Samuel Malamud, Zweigs Gastgeber und Beschützer während dessen Aufenthalt in dem brasilianischen Idyll, aufzusuchen.

Koogan öffnete mir den Safe und das Archiv seines Verlages, bot alle verfügbaren Materialien an und erklärte sich bereit, mir diese für die Zeit, für die ich sie bräuchte, zu überlassen. Malamuds hervorragendes Gedächtnis brachte mich in eine privilegierte Ausgangslage. Eine der ersten von Zweigs Hinterlassenschaften, die ich als erfahrener Journalist eifrig ergriff, war dessen Adress- und Telefonbuch. Mit diesem rekonstruierte ich einige Kontakte seiner letzten Lebensjahre sowie einige seiner Schritte in Brasilien. Es war die erste einer Serie bewegender Erfahrungen: in einem Stück Papier den Puls des Lebens zu spüren – ein Privileg der Biografen.

Malamud, Zweigs Anwalt und Testamentsvollstrecker, hatte weniger Zeit mit dem Schriftsteller verbracht als Koogan und lieferte, vielleicht gerade, weil er weniger in dessen Alltag involviert gewesen war, solidere Beobachtungen.

Die beiden waren Landsleute (aus Bessarabien stammend), engste Freunde und zugleich Gegenpole: Koogan (1912–2000), der kreative und sehr erfolgreiche Unternehmer, der die Kühnheit besaß, 1933 die portugiesische Ausgabe der Gesammelten Werke von Sigmund Freud herauszubringen, ließ keine Widersprüche zu, das letzte Wort gehörte stets ihm: Er beharrte darauf, dass der Entschluss zum Selbstmord bei ihm zu Hause in Rio de Janeiro an jenem Karnevalsdienstag getroffen worden sei, an dem Zweig in den Zeitungen die Schlagzeilen des Falls von Singapur gelesen hatte. Seine Meinung änderte der Verleger nie, selbst dann nicht, als ich ihn auf spätere Anzeichen des unvermeidlichen Herannahens des Krieges aufmerksam machte. Koogans Sicht der Dinge wurde nach der Tragödie an die Zeitungen weitergeleitet und Jahre später von Donald Prater aufgegriffen. Sie wurde zur offiziellen Version und war, wie all diese, suspekt.

Der feinfühligere, politischere Samuel Malamud (1908–2000), der erste Konsul Israels in Brasilien (ehrenhalber), der in seinen Erinnerungsbüchern gewissenhaft die Geschichte und Entwicklung der jüdischen Gemeinde von Rio de Janeiro festgehalten hat, wusste die heiklen Situationen zu erahnen, die der Exilant Zweig im Exil erlebte. In seinen jungen Jahren, als Jura-Student, war Malamud Assistent meines Vaters, des damaligen Verwaltungssekretärs des Jüdischen Hilfsvereins und Immigrantenschutzes in Rio, gewesen. Er engagierte sich in der kleinen jüdischen Gemeinde der damaligen Hauptstadt und war einer ihrer prominenten Vertreter, während Koogan zu ihren Mäzenen und Sprechern gehörte.

Diese Wiederbegegnung mit den jüngeren Gefährten meines Vaters nach dessen Ableben ist nur eines der persönlichen Erlebnisse, die in dieses Werk mit einflossen. Es gibt keine Biografie, die nicht auch ein stark autobiografisches Moment enthält. Vielleicht kann ich deshalb sagen, dass ich, anders als diejenigen, die sich außerhalb der deutschsprachigen Welt für Zweig interessieren, kein Germanist bin, sondern ein aus einem tropischen Land stammender Jiddist.

Mit Antônio Houaiss, dem renommierten brasilianischen Philologen und Autor des bekannten einsprachigen Wörterbuchs, kam ich in Kontakt, weil er zu jener Zeit für Koogan die Enzyklopädie Delta-Larousse (eine der ersten, die sich vom portugiesischen Muster entfernte) herausgab. Ich nahm an, dass Houaiss, der außerdem noch ein bekannter Essayist und Literaturkritiker war, mir helfen könnte, in die Geheimnisse der Kunst der Biografik einzudringen. Während der kultivierte »Gourmet« die Appetizer für ein Mittagessen in einem traditionsreichen Restaurant im alten Zentrum von Rio de Janeiro zusammenstellte, referierte er über die großen Biografien und verwandelte diesen Nachmittag in ein doppeltes Vergnügen, ein sinnliches und ein intellektuelles. Er wies mich auf verschiedene Werke hin, hob dabei die Napoleon-Biografie von Eugène Tarlé (die ich nie gelesen habe) hervor, und war rigoros mit seinem Vorschlag, den Journalismus der Biografie anzunähern, um die letztere von dem ihr anhaftenden akademischen Schimmel zu befreien (ein von mir mit Enthusiasmus befolgter Vorschlag – damals war Houaiss noch nicht in die *Academia Brasileira de Letras* aufgenommen worden).

Ich hatte das große Glück, Donald Arthur Prater, Engländer von Geburt und Europäer aus Berufung, als Vorgänger gehabt zu haben, der aus diesem Grund zu meinem Tutor wurde. Seine Zweig-Biografie, die erste überhaupt, gilt bis heute als fundamentales Standardwerk. Während der zwei Jahre, in denen ich *Morte no paraíso* verfasste und er an einer Fotobiografie von Zweig arbeitete (beide 1981 zum Gedenken des 100. Geburtstages des Schriftstellers zur Veröffentlichung vorgesehen), standen wir in regem Austausch miteinander. Ich brauchte Erklärungen und er Aufnahmen aus Zweigs Zeit in Brasilien. Die Erläuterungen und Materialien, die er mir großzügig überließ – einige davon wurden nicht verwertet –, waren sehr wertvoll, auch für die Ausarbeitung dieser neuen Ausgabe.

Später lernten wir uns persönlich kennen, und als er erfuhr, dass ich das Buch neu schreiben wolle, bot er mir neben Ansporn alle Informationen an, die ich über das Verhältnis zwischen Zweig und Thomas Mann, der zum Gegenstand von Praters neuer Biografie geworden war, erbat. Dabei klagte er mir diskret sein Leid über den Kummer eines Biografen, dessen neue Figur ihre Verachtung für die alte nicht verborgen hatte.

Susanne Eisenberg-Bach, Susan Bach oder einfach nur Susi, war eine weitere ergebene Beraterin, die mich auf meinem langen Weg begleitete. Erst von Rio und später von München aus gab mir diese Expertin für die Exilliteratur in Brasilien, Buchhändlerin und Antiquarin kritische Anregungen, machte seltene Werke ausfindig und setzte so das Motto ihrer Buchhandlung in die Praxis um – *Amor librorum nos unit* (die Liebe zu Büchern eint uns). Als die beiden ersten Auflagen (1981/ 1982) erschienen waren, übernahm sie die Rolle meiner Literaturagentin in Europa. Bei diesem Unternehmen zeigte sich ihre brasilianische

Seite auf quijoteske Weise angesichts der, wie es ihr erschien, Geringschätzung der deutschen Verlage bezüglich der von Zweig in Brasilien verlebten Zeit. Sie freute sich, als ich ihr erzählte, dass ich beabsichtige, »unser« Buch nochmals aufzugreifen. Leider sollte sie die Fertigstellung des neuen Werkes nicht mehr erleben.

Marlen Eckl jedoch machte die deutsche Ausgabe möglich. Diese junge Doktorandin, ebenfalls Kennerin der Exilliteratur in Brasilien, fiel buchstäblich vom Himmel. Nicht mittels eines Feuerwagens, sondern einer in Portugiesisch geschriebenen E-Mail (sie hat einen Teil ihrer Kindheit in Brasilien verbracht), in der sie mich um ein Interview bat, wenn sie das nächste Mal nach Brasilien käme. Und tatsächlich trafen wir uns. Drei Jahre und 940 E-Mails später kann ich sagen, dass *Morte no paraíso* sich in *Tod im Paradies* verwandelt hat. Nicht nur weil Marlen den Text mit Sensibilität und Kompetenz (unter Mitwirkung von Marita Buderus-Joisten) übersetzt, sondern auch weil sie ein für eine brasilianische Leserschaft gedachtes und geschriebenes Buch in ein brasilianisches Werk für ein deutschsprachiges Publikum verwandelt hat. Dabei überprüfte sie Angaben, fand die bibliografischen Äquivalenzen und, als ob dies nicht genügte, stellte sie zusätzliche wertvolle Forschungen an, die diesem in steter Ausarbeitung begriffenen Werk die nötige Vollendung gaben. Ein interkontinentales *meschugas* (Verrücktheit), verwirklicht mit Hilfe ihres hingebungsvollen familiären »Betriebs«: ihren Eltern.

In die Entstehungsgeschichte dieses Werkes gehört auch ein von dem Enfant terrible Franz Paul Heilborn (in Brasilien besser bekannt als Paulo Francis) ausgesprochener Satz. Dieser deutschstämmige, in Petrópolis aufgewachsene Theaterkritiker und -regisseur, Romancier und radikale Journalist, eine Art brasilianischer Karl Kraus, lieferte mir Anfang 1979, als er von diesem Projekt erfuhr, den entscheidenden Ansporn: »Das ist das Buch, das ich gerne schreiben würde.«

Professor Randolph J. Klawiter von der *University of Notre Dame* (Indiana, USA) lernte ich 1981 auf dem ersten Internationalen Stefan Zweig Symposium in Fredonia (New York, USA) kennen, als ich dieses Buch gerade abgeschlossen hatte. Nach dessen Erscheinen im November 1981 wurde Randolph zu *Randy*. Seine monumentale Bibliografie, die später um ein Addendum (ein zweites ist gerade im Druck) erweitert wurde, war ein unschätzbares Arbeitsinstrument. Vor allem aber die Freude, mit der Randy meinen beharrlichen Informationsanfragen nachkam, als das Internet noch nicht zugänglich war, und später, als es schon alltäglich geworden war, vermittelte mir das angenehme Gefühl, nicht allein zu sein. Zudem gaben mir seine Bitten nach Angaben zu den brasilianischen Zweigausgaben für die Auflistung der brasilianischen *Zweiguiana* die Möglichkeit, die noch immer unvollständigen Daten über die außergewöhnliche, über sieben Jahrzehnte anhaltende Stefan Zweig-Rezeption in Brasilien zu rekonstruieren.

Zweig hätte es sicherlich gefallen, den Journalisten und Schriftsteller Otto Lara Resende kennen zu lernen, den eifrigsten meiner Korrespondenzpartner in einem Land, in dem keiner Briefe schreibt. Wir arbeiteten im selben Gebäude, sahen uns ständig, und nichtsdestoweniger sandte er mir lange Ausführungen per Post. Als ich mich später für eineinhalb Jahre zurückzog, um das Buch zu schreiben, versorgte mich der unermüdliche Prosaist mit derart vielen detaillierten Erläuterungen über das brasilianische Literaturleben, das er so gut kannte, dass ich ihm nicht wenige Male sagte, er sollte das Buch schreiben.

In den Danksagungen der ersten beiden brasilianischen Ausgaben war ich gezwungen gewesen, den Namen des Rabbiners Mordechai Tzekinovsky unerwähnt zu lassen. Seine durch seine Kinder in Israel vermittelten Anweisungen untersagten es mir, ihn als Quelle des Gesprächs anzugeben, das sich vor Zweigs und Lottes Beerdigung in Petrópolis zugetragen hatte und bei dem er der Protagonist gewesen war. Hier kann ich ihn nennen und damit desjenigen gebührend gedenken, der diese Information überhaupt erst ermöglichte, Tzekinovskys Schwiegersohn, Benjamin Raicher.

Und ich tue Buße für einen Lapsus, der, obwohl nur in den Fußnoten jener Ausgaben (Seite 420) begangen, nicht ohne die angemessene Beachtung bleiben darf: Bei der Erwähnung des Namens des Rabbiners teilte ich zugleich mit, dass »er noch lebe und in Israel wohne«. Tzekinovsky erhielt das Buch (er konnte perfekt Portugiesisch lesen und verstehen), als er um die 80 Jahre alt war, und er störte sich an diesem »noch«. Zur Freude seiner Familie, Schüler und des Autors, der so ungeschickt die Adverbien setzte, lebte er weitere zehn Jahre.

Seine Tochter Hanna Raicher genehmigte nun die vollständige Veröffentlichung und übersetzte den in Hebräisch verfassten, besonnenen und bewegenden Bericht eines Rabbiners, der zu Beginn des Holocaust keinen Unterschied gemacht hatte zwischen dem Selbstmörder Zweig und den im Widerstand gegen den Nationalsozialismus Gefallenen.

Eine wichtige Begebenheit in Zweigs letzten Tagen, die Begegnung mit Georges Bernanos, wurde von dem französischen Journalisten und Schriftsteller Jean-Jacques Lafaye entdeckt. Durch ihn machte ich die

Bekanntschaft des einzigen Zeugen dieses Treffens, des Professors und Romanciers Geraldo França de Lima.

Ich wiederhole die schon früher gezollte Anerkennung, die für manche in der Zwischenzeit lediglich eine posthume Ehrerweisung sein kann: den Historikern Hélio Silva, Egon und Frieda Wolff, den Professoren Vamireh Chacon, Robert Levine (USA) und Afonso Romano de Sant'Anna; Sîlvia Goluboff (Buenos Aires), Roel Jensen (Holland), Robert Anderson (England); dem Schriftsteller Franklin de Oliveira, den Journalisten Fernando Gasparian, Roberto Marinho, Warren Hodge, João Condé, José Chamilete, Maria Costa Pinto, Yan Michalsky, Leneide Duarte, Samuel Dirceu und Caio Túlio Costa; den Freunden Maria Lúcia Veiga de Almeida, Maria Helena Karabtchevsky, Paulo Frederico de Souza Borges, Manasche e Hilda Krzepciki, Maurício Segal und dem Quasi-Bruder José Reznick.

Meine Cousine Mejta Diament hat das Foto, auf dem der Biograf und dessen Protagonist Zweig – trotz des Altersunterschiedes von 50 Jahren – zusammen zu sehen sind, ausgegraben. Ein Beweis dafür, dass eine persönliche Memorabilie zu einer dokumentarischen Quelle werden kann.

Ferner bin ich verpflichtet, an jene zu erinnern, die im Mai 1980 im umgekehrten Sinne verdienstvoll handelten, indem sie eine der raren Unterbrechungen in meiner langjährigen journalistischen Tätigkeit erzwangen. Brasilien stand noch unter der Diktatur der Militärs und die Presse unter Selbstkontrolle, als ich wegen eines Protestes gegen die rigorose Unterdrückung des ersten großen Streiks im Land, den der bis dahin unbekannte Führer der Metallgewerkschaft Lula Inácio da Silva organisiert hatte, entlassen wurde. Ohne diese Zwangspause wäre die für das Schreiben des Buches notwendige Einarbeitung in das Thema nie möglich gewesen. Ich möchte jedoch auch jene erwähnen, die zur rechten Zeit diesem erzwungenen Sabbatjahr ein Ende bereiteten: Rodolfo Konder, Fátima Ali, Ziraldo Alves Pinto und Sérgio Jaguaribe (der Cartoonist Jaguar).

Marion Sonnenfeld (USA), Klaus Zelewitz (Österreich) und Mark H. Gelber (Israel) hatten 1981 und 1992 die Großzügigkeit und den Wagemut, mich in den akademischen Kreis von Stefan Zweig-Forschern einzuladen. Und auf diese Weise öffneten sie auf den Kongressen und Symposien, die sie organisierten, die Tür für die Diskussion von Zweigs »brasilianischer Erfahrung«.

An zwei noch 1981, kurz nach Erscheinen des Buches, gestellte Forderungen soll erinnert werden: Wilson Martins, der Patriarch der brasilianischen Literaturkritik, verlangte mehr Beweise für die Tatsache, dass

Stefan Zweig *Brasilien. Ein Land der Zukunft* im Tausch gegen eine brasilianische Aufenthaltsgenehmigung geschrieben hatte. Für mich war dieser Sachverhalt bis dahin unbestreitbar, und die Zeit bestätigte dies, wenn nicht mit unumstößlichen Beweisen, so doch mit noch stichhaltigeren Tatsachen. In seiner Besprechung der dritten Auflage zeigte sich der Meister allem Anschein nach zufrieden.

Meine gute Freundin, die Journalistin und Feministin Ana Arruda Callado, wollte Lotte Zweigs Rolle stärker umrissen sehen, und sei es nur als sekundäre Figur. Einige Briefe, die Geburtsurkunde, weitere erhellende Kenntnisse und erneut der Zeitfaktor erlaubten mir, Charlotte Elisabeth Zweig in einem anderen Licht zu sehen. Hierfür war auch die Aussage von ihrer lieben Nichte Eva Alberman von essenzieller Bedeutung. Es war jedoch allen voran die Rekonstruktion ihrer letzten Momente, die mich Lotte in ihrer tragischen Dimension erkennen ließen – zum ersten Mal und nur für wenige Augenblicke war sie Herrin ihres eigenen Schicksals.

Ich danke den Weggefährten, Ermunterern und Mitarbeitern: Mira und David Perlov (Israel), Deonísio Silva, Marisa Lajolo, Nachman Falbel, Lúcia Guerra, João Ubaldo Ribeiro, Afonso Arinos Filho, Jacó Guinsburg, Eva Blay, Silviano Santiago, André Matoso Maia Amado, Cláudio Lacerda, Júlio Moreno, Tato Taborda, Judith Patarra (und der ganze Lieblich-Clan), Dinah Flusser, Laura und Cora Ronai, Matias Marcier, Cláudio Giordano, Marcos Chusyd, Luis Orlando Carneiro, D. Luciano de Almeida Prado OSB, Jacob Klintowitz, José Almino, Marisa Wildner, Rafael Cardoso Denis, Samy Katz (Paris-Belo Horizonte), Tobias Cepelowicz, Luis Paulo Horta, Mário Hélio Gomes de Lima(Recife), Francisco Moreno de Carvalho, Yvonne Stern, Nahum Sirotsky (Israel), Maria Eugenia Tollendal (Barbacena), Fredy Friedlander und Sérgio Danese (Buenos Aires), Sonia Dobbins (London), José Mario Pereira, Cláudio Marcondes, Kristina Michahelles und Tereza Maria Souza e Castro.

In Portugal bin ich dem Diplomaten Jorge Preto, dem Professor João Medina, den Journalisten Dinis de Abreu, Antônio Valdemar, Dora Ribeiro, Esther Mucznick, Paula Ribeiro, Jorge Colaço, José Santos Alves, José Guilherme Victorino und dem Verleger Pedro Moura Bessa von der *Livraria Civilização* (Porto), bis vor kurzem Zweigs einziger Verlag im Land, dankbar. Ich füge den nachträglichen Beitrag zu diesem Werk von Maria de Fátima Gil hinzu, die mir außer ihrem Buch, das sie über Zweigs Präsenz geschrieben hatte, viele wichtige Ergänzungen gab.

Jonathan Beard, der damalige Bibliothekar der *School of Jornalism* der *Columbia University* (New York, USA), versorgte mich zu einer Zeit, als

Computer noch selten und Kopien spärlich waren, kontinuierlich mit dem reichen Material der amerikanischen Bibliotheken und verhinderte auf diese Weise, dass der Biograf das gleiche Schicksal wie seine Figur erlitt – fern von den nötigen Informationsquellen zu leben.

In der *Biblioteca Nacional* in Rio de Janeiro, deren Direktor Rodolfo Garcia schon vor über 60 Jahren Zweig gegenüber sehr offen gewesen war, wurde dessen Biograf ebenso herzlich aufgenommen. Die 1992 von dem Leiter Afonso Romano de Sant'Anna organisierte Ausstellung erlaubte die Ordnung und Präsentation eines der besten Materialbestände der Welt von und über Zweig. Sein Nachfolger, Pedro Correa do Lago, bemühte sich, diesen Bestand aus den Schubladen zu holen und bekannt zu machen – eine Elmer Barbosa, Verônica Lessa und Monique Sochaczewski-Goldberg übertragene Aufgabe. Auch der amtierende Bibliotheksdirektor Muniz Sondré setzt dieses Bemühen fort. In der *Coleção Stefan Zweig*, der Handschriftenabteilung, die Vera Faillace mit viel Sorgfalt betreut, fand ich nicht nur Zweigs Gefährten, die in diesem Buch auftauchen, wieder auferstanden vor, sondern auch die »Biografie« von *Brasilien. Ein Land der Zukunft*. In derselben Bibliothek sind Catarina Amaral und Raquel Martins Borges vom Programm zur Unterstützung von Übersetzungen darauf bedacht, und wie in diesem Fall geschehen, die Verbreitung brasilianischer Werke im Ausland zu fördern.

In der *Deutschen Nationalbibliothek, Exilarchiv 1933–1945* in Frankfurt am Main war die Hilfe von Britta Eckert und Silvia Asmus sowie im *Deutschen Literaturarchiv* in Marbach die von Viktoria Fuchs sehr wertvoll. Ebenso wie die von Franciska Safran in der *Reed Library* der *State University of New York* (Fredonia, USA).

Für die Wissenschaftlerin und Journalistin Lilia Martins gab es keine Aufgabe, die ihr zu erfüllen nicht möglich war, für die Sekretärin Maritza Aparecida de Carvalho keinen Auftrag, dem sie nicht nachkommen konnte.

Über ihre fundamentalen Werke hinaus waren Izabela Furtado-Kestler, Avraham Milgram, Jeffrey Lesser und Fábio Koifman großzügige Lieferanten von Informationen.

Die unbekannte Leserin Fátima Penteado erwarb dieses Buch nach dessen Veröffentlichung 1981 in São Paulo. Jahre später kaufte ich ihr Exemplar in einem Buch-Antiquariat zurück. Ihre aufmerksamen Anmerkungen fungierten wie ein Leitfaden, als es darum ging, Akzente zu setzen. Ein Privileg, das lediglich den obsessiven und rückfällig gewordenen Biografen zuteil wird.

In den Dank eingeschlossen sind selbstverständlich jene, die in den Fußnoten oder der Bibliografie genannt werden: die Zeitzeugen, Korrespondenzpartner, Autoren, Herausgeber und Wissenschaftler. Ob eine lobende oder tadelnde Erwähnung, sie erfüllten alle ihre Rolle.

Wenn man von den Kühnheiten spricht, die im Zusammenhang mit diesem Buch begangen wurden, ist es unerlässlich, den verstorbenen Verleger Sérgio Lacerda der *Editora Nova Fronteira* anzuführen, der mir einen Vertrag für ein lediglich skizziertes Buch mit einem festgelegten Veröffentlichungsdatum anbot. Pedro Paulo Sena Madureira, sein damaliger Programmdirektor, der mir die »Zunge« löste und mich das Buch »reden« ließ, hatte ihn dazu animiert. Paulo Roberto Rocco, der Verleger der dritten Auflage (*Editora Rocco*), blieb nicht hinter ihm zurück, als er ein Tabu brach und die Herausforderung einer Neuauflage dieses Werkes annahm.

Schon Stefan Zweig wusste, dass jeder Autor eines guten Verlegers bedarf. Petra Wägenbaur, Lektorin, und Mario Früh, Verleger der *Büchergilde*, sind Beispiele für rigorose und unerlässliche Verleger, die die Autoren leiden lassen ebenso wie sie die Leser erfreuen. Die Erfahrung von Katrin Jacobsen als Herstellungsleiterin vereinigte in diesen Seiten all diese Bemühungen und Hingabe.

Die Psychoanalytikerinnen Inês Besouchet und Léa Nuss Bigliani gaben mir den Schlüssel, um die Tragödie dieses Mannes zu verstehen, der es mochte, zu mögen.

Der Gedanke an meine Kinder Arnaldo, Liana, Débora und Alexandre und die Erinnerung an meine Kindheit und Jugend gaben mir den Ansporn, diese »Brücke« zu schreiben, in deren Zentrum ein Brückenbauer steht. Nun registriere ich glücklich ihren Anteil daran.

Ich danke meinem Bruder Efraim, weil er ein wirklicher Bruder ist.

Meiner Frau Norma Couri danke ich für die Exkursionen in Petrópolis, Lissabon und Salzburg auf den Spuren von Stefan Zweig, für die Interviews und zusätzlichen Forschungen, für die Erstlektüre und Vorschläge. Vor allem für ihre endlose Geduld beim Warten, bis mein obsessives Interesse an Stefan Zweig befriedigt war.

Den Lesern, die bis hierher gekommen sind,
gilt meine Dankbarkeit.

São Paulo, März 2006 A. D.

Bibliografie

[Anm. d. Ü.]: Diese Bibliografie erhebt keinen Anspruch auf Vollständigkeit. Für die deutschsprachige Ausgabe wurde sie um die wichtigsten deutschsprachigen Publikationen zum Thema »Stefan Zweig und Brasilien« und um die Werke ergänzt, die für die Bearbeitung der Zitate für die deutsche Ausgabe verwandt wurden. Bezüglich der Sekundärliteratur ist die bibliografisch feststellbare deutsche Übersetzung aufgeführt. In den Fällen, in denen keine deutsche Ausgabe nachgewiesen werden konnte, wurde auf englische und französische Übersetzungen zurückgegriffen. Die Abkürzung »GW« bedeutet, dass diese Werke zu denen im S. Fischer Verlag, Frankfurt am Main, erschienenen und von Knut Beck herausgegebenen Gesammelten Werken in Einzelbänden gehören. Die kursiv gesetzten Bezeichnungen am Anfang stellen die in den Fußnoten für das Werk verwandten Abkürzungen dar.

Stefan Zweigs Werke

Auf Reisen, Zweig, Stefan: *Auf Reisen. Feuilletons und Berichte.* S. Fischer Verlag. Frankfurt am Main 1987 (GW)
Balzac, Zweig, Stefan: *Balzac.* S. Fischer Verlag. Frankfurt am Main 1990 (GW)
Begegnungen mit Büchern, Zweig, Stefan: *Begegnungen mit Büchern. Aufsätze und Einleitungen aus den Jahren 1902–1939.* S. Fischer Verlag. Frankfurt am Main 1983 (GW)
Begegnungen, Zweig, Stefan: *Begegnungen mit Menschen, Büchern, Städten.* S. Fischer Verlag. Frankfurt am Main 1956
Ben Jonson, Zweig, Stefan: *Ben Jonson's »Volpone« und andere Nachdichtungen und Übertragungen für das Theater.* S. Fischer Verlag. Frankfurt am Main 1987 (GW)
Brasilien, Zweig, Stefan: *Brasilien. Ein Land der Zukunft.* S. Fischer Verlag. Frankfurt am Main 1990 (GW)
Brennendes Geheimnis, Zweig, Stefan: *Brennendes Geheimnis. Erzählungen.* S. Fischer Verlag. Frankfurt am Main 1987 (GW)
Buchmendel, Zweig, Stefan: *Buchmendel. Erzählungen.* S. Fischer Verlag. Frankfurt am Main 1990 (GW)

Castellio, Zweig, Stefan: *Castellio gegen Calvin oder Ein Gewissen gegen die Gewalt.* S. Fischer Verlag. Frankfurt am Main 1987 (GW)
Clarissa, Zweig, Stefan: *Clarissa. Ein Romanentwurf.* S. Fischer Verlag. Frankfurt am Main 1990 (GW)
Das Geheimnis, Zweig, Stefan: *Das Geheimnis des künstlerischen Schaffens. Essays.* S. Fischer Verlag. Frankfurt am Main 1984 (GW)
Das Lamm der Armen, Zweig, Stefan: *Das Lamm der Armen. Dramen.* S. Fischer Verlag. Frankfurt am Main 1984 (GW)
Der Amokläufer, Zweig, Stefan: *Der Amokläufer. Erzählungen.* S. Fischer Verlag. Frankfurt am Main 1994 (GW)
Der Kampf mit dem Dämon, Zweig, Stefan: *Der Kampf mit dem Dämon. Hölderlin, Kleist, Nietzsche.* S. Fischer Verlag. Frankfurt am Main 1982 (GW)
Die Heilung durch den Geist, Zweig, Stefan: *Die Heilung durch den Geist. Mesmer, Mary Baker-Eddy, Freud.* S. Fischer Verlag. Frankfurt am Main 1986 (GW)
Die schlaflose Welt, Zweig, Stefan: *Die schlaflose Welt. Aufsätze und Vorträge aus den Jahren 1909–1941.* S. Fischer Verlag. Frankfurt am Main 1983 (GW)
Die Welt von Gestern, Zweig, Stefan: *Die Welt von Gestern. Erinnerungen eines Europäers.* S. Fischer Verlag. Frankfurt am Main 1990 (GW)
Drei Dichter, Zweig, Stefan: *Drei Dichter ihres Lebens. Casanova, Stendhal, Tolstoi.* S. Fischer Verlag. Frankfurt am Main 1982 (GW)
Drei Meister, Zweig, Stefan: *Drei Meister. Balzac, Dickens, Dostojewski.* S. Fischer Verlag. Frankfurt am Main 1982 (GW)
Emile Verhaeren, Zweig, Stefan: *Emile Verhaeren.* S. Fischer Verlag. Frankfurt am Main 1984 (GW)
Erasmus, Zweig, Stefan: *Triumph und Tragik des Erasmus von Rotterdam.* S. Fischer Verlag. Frankfurt am Main 1982 (GW)
Fouché, Zweig, Stefan: *Joseph Fouché. Bildnis eines politischen Menschen.* S. Fischer Verlag. Frankfurt am Main 1997 (GW)
Magellan, Zweig, Stefan: *Magellan. Der Mann und seine Tat.* S. Fischer Verlag. Frankfurt am Main 2000 (GW)
Marie Antoinette, Zweig, Stefan: *Marie Antoinette. Bildnis eines mittleren Charakters.* S. Fischer Verlag. Frankfurt am Main 1990 (GW)
Maria Stuart, Zweig, Stefan: *Maria Stuart.* S. Fischer Verlag. Frankfurt am Main 1996 (GW)
Länder, Städte, Landschaften, Zweig, Stefan: *Länder, Städte, Landschaften.* S. Fischer Taschenbuch Verlag. Frankfurt am Main 1992
Phantastische Nacht, Zweig, Stefan: *Phantastische Nacht. Erzählungen.* S. Fischer Verlag. Frankfurt am Main 1983 (GW)
Rahel, Zweig, Stefan: *Rahel rechtet mit Gott. Legenden.* S. Fischer Verlag. Frankfurt am Main 2002 (GW)
Rausch, Zweig, Stefan: *Rausch der Verwandlung. Roman aus dem Nachlaß.* S. Fischer Verlag. Frankfurt am Main 1983 (GW)

Rhythmen, Zweig, Stefan: *Rhythmen. Nachdichtungen ausgewählter Lyrik von Emile Verhaeren, Charles Baudelaire und Paul Verlaine.* S. Fischer Verlag. Frankfurt am Main 1983 (GW)
Romain Rolland, Zweig, Stefan: *Romain Rolland.* S. Fischer Verlag. Frankfurt am Main 1987 (GW)
Silberne Saiten, Zweig, Stefan: *Silberne Saiten.* Gedichte. S. Fischer Verlag. Frankfurt am Main 1982 (GW)
Sternstunden, Zweig, Stefan: *Sternstunden der Menschheit. Zwölf historische Miniaturen.* S. Fischer Verlag. Frankfurt am Main 1998 (GW)
Tagebücher, Zweig Stefan: *Tagebücher.* S. Fischer Verlag. Frankfurt am Main 1984 (GW)
Tersites, Zweig, Stefan: *Tersites. Jeremias. Zwei Dramen.* S. Fischer Verlag. Frankfurt am Main 1983 (GW)
Über Freud, Zweig, Stefan: *Über Sigmund Freud. Porträt, Briefwechsel, Gedenkworte.* Fischer Taschenbuch Verlag. Frankfurt am Main 1989
Ungeduld, Zweig, Stefan: *Ungeduld des Herzens.* S. Fischer Verlag. Frankfurt am Main 1997 (GW)
Verwirrung, Zweig, Stefan: *Verwirrung der Gefühle. Erzählungen.* S. Fischer Verlag. Frankfurt am Main 1997 (GW)
Zeit und Welt, Zweig, Stefan: *Zeit und Welt. Gesammelte Aufsätze und Vorträge 1904–1940.* Bermann-Fischer Verlag. Stockholm 1946
Zeiten und Schicksale, Zweig, Stefan: *Zeiten und Schicksale. Aufsätze und Vorträge aus den Jahren 1902–1942.* S. Fischer Verlag. Frankfurt am Main 1990 (GW)

Literatur und Filme zu Stefan Zweig

Allday, Allday, Elizabeth: *Stefan Zweig. A Critical Biography.* J. Philip O'Hara, Inc. Chicago 1972
Araújo Lima, Araújo Lima, Claudio de: *Ascenção e queda de Stefan Zweig.* Editora José Olympio. Rio de Janeiro o.J. [1942]
Arendt, Arendt, Hannah: »Juden in der Welt von Gestern« in: idem: *Sechs Essays.* o.V. Heidelberg 1948, S. 112–127
Back 1, Stefan Zweig – Der inszenierte Tod. Regie: Silvio Back. Beratung und Übersetzung ins Deutsche: Ingrid Schwamborn. Goethe Institut/Rio de Janeiro; 3sat 1995
Back 2, Back, Silvio: *Zweig. A morte em cena.* (Booklet zum oben angeführten Film) Usyna de Kyno. Rio de Janeiro 1995
Bona, Bona, Dominique: *Stefan Zweig. L'ami blessé.* Liberaire Plon. Paris 1996
Cohen, Cohen, Rosi: *Das Problem des Selbstmordes in Stefan Zweigs Leben und Werk.* Peter Lang Verlag. Bern/Frankfurt am Main/New York 1982
Dumont 1, Dumont, Robert: *Stefan Zweig et la France.* Librairie Marcel Didier. Paris 1968

Dumont 2, Dumont, Robert: *Le théatre de Stefan Zweig.* Presses Universitaires de France. Paris 1976
Friderike 1, Zweig, Friderike: *Stefan Zweig. Wie ich ihn erlebte.* F.A. Herbig Verlagsbuchhandlung. Berlin 1948
Friderike 2, Zweig, Friderike Maria: *Spiegelungen des Lebens.* Fischer Taschenbuchverlag. Frankfurt am Main 1985
Kerschbaumer, Kerschbaumer, Gert: *Stefan Zweig. Der fliegende Salzburger.* Residenz Verlag. Salzburg/Wien 2003
Kießling, Kießling, Wolfgang: »Der Weg nach Petrópolis: Stefan Zweig« in: Sinn und Form. Jg.35. Heft 1–6. 1983, S. 376–392
Lafaye, Lafaye, Jean-Jaques: *L'avenir de la nostalgie. Une vie de Stefan Zweig.* Éditions du Félin. Paris 1989
Niémetz, Niémetz, Serge: *Stefan Zweig. Le voyageur et ses mondes.* Éditions Belfond. Paris 1996
Prater, Prater, Donald A.: *Stefan Zweig. Das Leben eines Ungeduldigen.* Carl Hanser Verlag. München/Wien 1981
Schwamborn, Schwamborn, Ingrid (Hg.): *Die letzte Partie. Stefan Zweigs Leben und Werk in Brasilien (1932–1942).* Aisthesis Verlag. Bielefeld 1999
Spitzer, Spitzer, Leo: *Lives in Between. Assimilation and Marginality in Austria, Brazil, West Africa 1780–1945.* Cambridge University Press. Cambridge/New York/Melbourne 1989
Steiman, Steiman, Lionel Bradley: *Stefan Zweig: The Education of an Aesthete and his Response to War and Politics.* Doktorarbeit University of Pennsylvania 1970. University Microfilm. Ann Arbor Michigan 1975
Thimann, Thimann, Susanne: *Brasilien als Rezipient deutschsprachiger Prosa des 20. Jahrhunderts. Bestandsaufnahme und Darstellung am Beispiel der Rezeption Thomas Manns, Stefan Zweigs und Hermann Hesses.* Peter Lang Verlag. Bern/Frankfurt am Main/New York 1989
Zelewitz, Zelewitz, Klaus: *Stefan Zweig, Schriftsteller. Geboren 1881 in Wien (Österreich-Ungarn), gestorben 1942 in Petrópolis (Brasilien).* Habilitationsschrift. Universität Salzburg 1984

Bibliografien

Klawiter 1, Klawiter, Randolph J.: *Stefan Zweig, An International Bibliography.* Adriadne Press. Riverside 1991
Klawiter 2, Klawiter, Randolph J.: *Stefan Zweig, An Internaional Bibliography. Addendum 1.* Ariadne Press. Riverside 1999

Briefwechsel

Briefe 1897–1914, Zweig, Stefan: *Briefe 1897–1914*. Herausgegeben von Knut Beck, Jeffrey B. Berlin und Natascha Weschenbach-Feggeler. S. Fischer Verlag. Frankfurt am Main 1995
Briefe 1914–1919, Zweig, Stefan: *Briefe 1914–1919*. Herausgegeben von Knut Beck, Jeffrey B. Berlin und Natascha Weschenbach-Feggeler. S. Fischer Verlag. Frankfurt am Main 1998
Briefe 1920–1931, Zweig, Stefan: *Briefe 1920–1931*. Herausgegeben von Knut Beck und Jeffrey B. Berlin. S. Fischer Verlag. Frankfurt am Main 2000
Briefe 1932–1942, Zweig, Stefan: *Briefe 1932–1942*. Herausgegeben von Knut Beck und Jeffrey B. Berlin. S. Fischer Verlag. Frankfurt am Main 2005
Briefe SZ-Freunde, Zweig, Stefan: *Briefe an Freunde*. Herausgegeben von Richard Friedenthal. S. Fischer Verlag. Frankfurt am Main 1978
Briefe SZ-FZ, Zweig, Stefan; Zweig, Friderike: *Briefwechsel 1912–1942*. Herausgegeben von Friderike Zweig. Alfred Scherz Verlag. Bern 1951
Briefe SZ-Rolland, Rolland, Romain; Zweig, Stefan: *Briefwechsel 1910–1940*. 2 Bände. Herausgegeben von Waltraud Schwarze. Rütten & Loening Verlag. Berlin 1987
Briefe SZ-Freud; Schnitzler, Zweig, Stefan: *Briefwechsel mit Hermann Bahr, Sigmund Freud, Rainer Maria Rilke und Arthur Schnitzler*. Herausgegeben von Jeffrey B. Berlin, Hans-Ulrich Lindken und Donald A. Prater. S. Fischer Verlag. Frankfurt am Main 1987
Briefe SZ-Richard Strauss, Strauss, Richard; Zweig, Stefan: *Briefwechsel*. Herausgegeben von Willi Schuh. S. Fischer Verlag. Frankfurt am Main 1957
Briefe SZ-Koogan, Coleção Stefan Zweig. Biblioteca Nacional. Rio de Janeiro. Aus diesem Briefwechsel sind folgende neun Briefe in *Briefe 1932–1942* aufgenommen worden: 22.7.1940; undatiert, vermutlich 20.9.1940; 3.11.1940; 31.1.1941; 11.2.1941; 1.8.1941; undatiert, vermutlich vor 15.8.1941; 18.2.1942; 21.2.1942
Blum, Brunhild: *Stefan Zweigs Briefe an seinen brasilianischen Verleger Abrahão Koogan von 1932 bis 1942. Vollständiger Abdruck mit Anmerkungen und einem Exkurs über das Brasilienbild des Autors.* Magisterarbeit. Universität Innsbruck 1988 [Entgegen der Angabe handelt es sich nicht um den vollständigen Abdruck des Briefwechsels. Es wurden sowohl einige Briefe nicht aufgenommen als auch andere nur teilweise wiedergegeben. Daher wurde dieses Werk nicht als Grundlage genommen, Anm.d.Ü.]
Briefe SZ-Lamares, Kopie der vollständigen Korrespondenz in den Händen des Autors. Originale liegen bei der Editora Civilização. Lissabon (unvollständig).
Roth-Briefe, Roth, Joseph: *Briefe 1911–1939*. Herausgegeben von Hermann Kesten. Verlag Kiepenheuer & Witsch. Köln/Berlin 1970
Briefe Freud-Arnold Zweig, Freud, Sigmund; Zweig, Arnold: *Briefwechsel*. Herausgegeben von Ernst L. Freud. S. Fischer Verlag. Frankfurt am Main 1969

Erinnerungsbücher und -schriften

Arciniegas 1, Arciniegas, Germán: »Recuerdos y cartas de Zweig« in: *Correo de los Andes*. Jg. 14., März/April 1982, S. 9–12

Arciniegas 2, Arciniegas, Germán: »Correspondance entre Stefan Zweig et Germán Arciniegas. 25. novembre 1940 – 22. janvier 1942« in: idem: *Le Chevalier d'el Dorado*. Éditions Espaces 34. Montpellier 1995, S. 251–273

Arens, Arens, Hanns (Hg.): *Stefan Zweig. Im Zeugnis seiner Freunde*. Langen Müller Verlag. München/Wien 1968

Arinos, Melo Franco, Afonso Arinos de: *A alma do tempo. Memórias, formação e mocidade*. Editora José Olympio. Rio de Janeiro 1961

Azevedo, Azevedo, Raul de: *Vida e morte de Stefan Zweig*. Sonderausgabe der Zeitschrift *Aspectos*. Rio de Janeiro 1942

Bernanos 1, Sarrazin, Hubert (Hg.): *Bernanos no Brasil*. Editora Vozes. Petrópolis 1968

Bernanos 2, Lapaque, Sébastien: *Sous le soleil de l'exil. Georges Bernanos au Brésil 1938–1945*. Éditions Grasset & Fasquelle. Paris 2003

Cahn, Cahn, Alfredo: »Stefan Zweig, Amigo y Autor« in: *Revista de la Universidad Nacional de Córdoba*, Jg. 7, Nr. 1–3, März–August 1966, S. 109–127

Ebermayer, Ebermayer, Erich: »Stefan Zweig« in: idem: *Eh' ich's vergesse ... Erinnerungen an Gerhart Hauptmann, Thomas Mann, Klaus Mann, Gustaf Gründgens, Emil Jannings und Stefan Zweig*. Herausgegeben von Dirk Heißerer. Langen Müller Verlag. München 2005, S. 235–286.

Feder 1, Feder, Ernst: »Die letzten Tage Stefan Zweigs« in: idem: *Begegnungen. Die Großen der Welt im Zwiegespräch*. Bechtle Verlag. Esslingen 1950, S. 197–210

Feder 2, Feder; Ernst: »Stefan Zweigs letzte Tage« in: *Arens*, S. 174–186

Feder 3, Feder, Ernst: »My Last Conversations with Stefan Zweig« in: *Books Abroad*. Jg. 17, Nr. 1, Januar 1943, S. 3–9

Leftwich 1, Leftwich, Joseph: »Stefan Zweig and the World of Yesterday« in: *Leo Baeck Institute Year Book* III. New York 1958, S. 81–100

Romains, Romains, Jules: »Derniers mois et dernières lettres de Stefan Zweig« in: *Revue de Paris*. Februar 1955, S. 3–23

Souza, Souza, Claudio de: *Os ultimos dias de Stefan Zweig*. Editora Zelio Valverde. Rio de Janeiro o.J. [1942]

Stern, Stern, Leopold: *A morte de Stefan Zweig*. Editora Civilização Brasileira. Rio de Janeiro 1942

Vallentin, Vallentin, Antonia: »Stefan Zweig« in: *Europe, Revue littéraire mensuelle*, Jg. 25, Nr. 22, Oktober 1947, S. 48–67

Wittkowski, Wittkowski, Victor: »Erinnerungen an Stefan Zweig in Brasilien« in: idem: *Ewige Erinnerung*. Selbstverlag. Rom 1960, S. 59–126.

Zech, Zech, Paul: *Stefan Zweig. Eine Gedenk-Schrift*. Quadriga Verlag. Buenos Aires 1943

Anthologien und Symposien

Austriaca, Stefan Zweig. Austriaca, Cahiers universitaires d'information sur l'Autriche. Nr. 34.Juni 1992
Boletin, Stefan Zweig y la literatura de exilio. Boletin de Literatura Comparada. Universidad Nacional del Cuyo. Número especial año XIX. 1994
Chiappini, Chiappini, Ligia; Zilly, Berthold (Hg.): *Brasilien, Land der Vergangenheit?* TFM Verlag. Frankfurt am Main 2000
Europe, Stefan Zweig. Europe, Revue littéraire mensuelle, Jg. 73. Nr. 794–795. 1995
Festschrift Daviau, Berlin, Jeffrey B.; Johns, Jorun B.; Lawson Richard H. (Hg.): *Turn-of-the-Century Vienna and its Legacy. Essays in Honor of Donald G. Daviau.* Edition Atelier. New York/ Wien 1993
Festschrift Zohn, Colin, Amy; Strenger, Elisabeth (Hg.): *Brücken über dem Abgrund. Auseinandersetzungen mit jüdischer Leidenserfahrung, Antisemitismus und Exil. Festschrift für Harry Zohn.* Wilhelm Fink Verlag. München 1994
Gelber, Gelber, Mark H. (Hg.): *Stefan Zweig heute.* Peter Lang Verlag. Bern/Frankfurt am Main/New York 1987
Gelber-Zelewitz, Gelber, Mark H.; Zelewitz, Klaus (Hg.): *Stefan Zweig. Exil und Suche nach dem Weltfrieden.* Ariadne Press. Riverside 1995
M.A.L., Special Stefan Zweig Issue. Modern Austrian Literature. Vol. 14, Nr. 3/4. 1981
Schmid-Bortenschlager, Schmid-Bortenschlager, Sigrid; Riemer, Werner (Hg.): *Stefan Zweig lebt.* Verlag Hans-Dieter Heinz Akademischer Verlag. Stuttgart 1999
Sonnenfeld, Sonnenfeld, Marion (Hg.): *Stefan Zweig. The World of Yesterday's Humanist Today. Proceedings of the Stefan Zweig Symposium.* State University of New York Press. Albany 1983
Zirkular, Stefan Zweig, *1881–1981. Aufsätze und Dokumente.* Zirkular. Sondernr. 2. Oktober 1981

Kataloge und Ausstellungen

Expo-Rio, Geiger, Paulo (Hg.): *Stefan Zweig no país do futuro.* Fundação Biblioteca Nacional. Rio de Janeiro 1992
Expo-Salzburg, Renoldner, Klemens; Holl, Hildemar; Karlhuber, Peter (Hg.): *Für ein Europa des Geistes.* SPOT. Salzburg 1992

Bildbiografien

Friderike 3, Zweig, Friderike (Hg.): *Stefan Zweig. Eine Bildbiografie.* Kindler Verlag. München 1961
Prater-Michels, Prater, Donald A. und Michels, Volker (Hg.): *Stefan Zweig, Leben und Werk im Bild.* Insel Verlag. Frankfurt am Main 1981

Renoldner, Renoldner, Klemens; Holl, Hildemar; Karlhuber, Peter (Hg.): *Stefan Zweig. Bilder, Texte, Dokumente.* Residenz Verlag. Salzburg/Wien 1993

Freunde, Bekannte und Briefpartner

Bernanos 3, Bernanos, Georges: *Lettre aux anglais.* Editora Atlantica. Rio de Janeiro 1942
Eisenstein, Eisenstein, Sergej M.: YO. *Ich selbst Memoiren.* Herausgegeben von Naum Klejman und Walentina Korschunowa. Henschelverlag Kunst und Gesellschaft. Berlin 1987
Freud 1, Jones, Ernest: *Das Leben und Werk von Sigmund Freud.* 3 Bände. Verlag Hans Huber, Bern/Stuttgart/Wien 1982
Freud 2, Gay, Peter: *Freud. Eine Biographie für unsere Zeit.* Fischer Taschenbuch Verlag. Frankfurt am Main 1995
Freud 3, Schur, Max: *Sigmund Freud. Leben und Sterben.* Suhrkamp Verlag. Frankfurt am Main 1982
Freud 4, Freud, Sigmund; Bullitt, William: *Thomas Woodrow Wilson. A Psychological Study.* Avon Books. New York 1968
Freud 5, Freud, Sigmund: *Gesammelte Werke.* 18 Bände. Herausgegeben von Anna Freud, Marie Bonaparte, E. Bibring, W. Hoffer, E. Kris und O. Osakower. S. Fischer Verlag. Frankfurt am Main 19xx
Kessler 1, Kessler, Graf Harry: *Tagebücher 1918–1937.* Herausgegeben von Wolfgang Pfeiffer-Belli. Insel Verlag. Frankfurt am Main 1996
Kessler 2, McLeod Easton, Laird: *The Red Count. The Life and Times of Harry Kessler.* University of California Press. Berkeley/Los Angeles/London 2002
Leftwich 2, Leftwich, Joseph: *What will happen to the Jews?* (mit einem Vorwort von Stefan Zweig). P.S. King & Son. London 1936
Mahler 1, Mahler, Alma: *Mein Leben.* S. Fischer Verlag. Frankfurt am Main 1990
Mahler 2, Giraud, Françoise: *Alma Mahler oder die Kunst, geliebt zu werden.* Zsolnay Verlag. Wien 1990
Mann 1, Prater, Donald A.: *Thomas Mann. Deutscher und Weltbürger.* Eine Biographie. Carl Hanser Verlag. München/Wien 1995
Mann 2, Mann, Thomas: *Tagebücher 1933–1934.* Herausgegeben von Peter de Mendelssohn. S. Fischer Verlag. Frankfurt am Main 1977
Mann, Thomas: *Tagebücher 1937–1939.* Herausgegeben von Peter de Mendelssohn. S. Fischer Verlag. Frankfurt am Main 1980.
Rolland 1, Rolland, Romain: *Der freie Geist. Über dem Getümmel, die Vorboten.* Verlag Rütten & Loening. Berlin 1966
Rolland 2, Rolland, Romain: *Johann Christof.* 3 Bände. Verlag Rütten & Loening. Berlin 1985

Rolland 3, Rolland, Romain: *Clerambault. Geschichte eines freien Gewissens im Kriege.* Verlag Rütten & Loening. Berlin 1989
Rolland 4, Rolland, Romain: *Das Gewissen Europas. Tagebuch der Kriegsjahre 1914–1919.* 3 Bände. Verlag Rütten & Loening. Berlin 1983
Rolland 5, Zweig, Stefan: *Romain Rolland* (mit einer Einführung Serge Niémetz). Éditions Belfond. Paris 2000
Roth 1, Morgenstern, Soma: *Joseph Roths Flucht und Ende. Erinnerungen.* Dietrich zu Klampen Verlag. Lüneburg 1994
Roth 2, Roth, Joseph: *Werke.* 6 Bände. Herausgegeben von Klaus Westermann und Fritz Hackert. Verlag Kiepenheuer & Witsch. Köln 1989–1991
Roth 3, Bronsen, David: *Joseph Roth. Eine Biographie.* Verlag Kiepenheuer & Witsch. Köln 1974
Wallmann, Wallmann, Margarita: *Les balcons du ciel.* Éditions Robert Laffont. Paris 1976

Brasilien, Antisemitismus, Flüchtlinge, Immigration

Eckl, Eckl, Marlen (Hg.): *»... auf brasilianischem Boden fand ich eine neue Heimat«. Autobiographische Texte deutscher Flüchtlinge des Nationalsozialismus 1933–1945.* Gardez! Verlag. Remscheid 2005
Koifman, Koifman, Fábio: *Quixote nas trevas – o embaixador Souza Dantas e os refugiados do nazismo.* Editora Record. Rio de Janeiro 2002
Lesser 1, Lesser, Jeffrey: *Welcoming the Undesirables. Brazil and the Jewish Question.* University of California Press. Berkeley/Los Angeles/London 1995
Lesser 2, Lesser, Jeffrey: »Jewish Refugee Academics and the Brazilian State, 1935–1945« in: *Ibero-Amerikanisches Archiv.* Jg. 21, Heft 1–2, 1995, S. 223–239.
Milgram 1, Milgram, Avraham: *Os judeus do Vaticano. A tentativa de salvação de católicos não-arianos da Alemanha ao Brasil através do Vaticano 1939–1942.* Editora Imago. Rio de Janeiro 1994
Milgram 2, Milgram, Avraham (Hg.): *Entre la aceptación y el rechazo. América Latina y los refugiados judíos del nazismo.* Yad Vashem. Jerusalem 2003
Morris, Morris, Katherine (Hg.): *Odyssey of Exile. Jewish Women Fleet the Nazis for Brazil.* Wayne State University Press. Detroit 1996
Tucci, Tucci Carneiro, Maria Luiza: *O anti-semitismo na era Vargas. Fantasmas de uma geração 1930–1945.* Editora Perspectiva. São Paulo 2001

Brasilien, Estado Novo, Vargas

Bastide, Bastide, Roger: *Brésil, terre des contrastes.* Librairie Hachette. Paris 1957
Holanda, Buarque de Holanda, Sergio: *Visão do paraíso.* Editora Brasiliense. São Paulo 2002
Carone, Carone, Edgard: *O Estado Novo 1937–1945.* Editora Difel. Rio de Janeiro 1976
Hilton, Hilton, Stanley E.: *Hitler's Secret War in South America 1939–1945. German Military Espionage and Counterespionage in Brazil.* Louisana State University Press. Baton Rouge 1981
Levine, Levine, Robert M.: *Father of the poor? Vargas and his era.* Cambridge University Press. Cambridge/New York/Melbourne 1998
Lévi-Strauss, Lévi-Strauss, Claude: *Traurige Tropen.* Suhrkamp Taschenbuch Verlag. Frankfurt am Main 1996
Martins, Martins, Wilson: *História da inteligência brasileira. Band 7: 1933–1960.* Editora T.A. Queiroz. São Paulo 1996
Prado, Prado, Paulo: *Retrato do Brasil. Ensaio sobre a tristeza brasileira.* Editora José Olympio. Rio de Janeiro 1962
Vargas, Vargas do Amaral Peixoto, Alzira: *Getúlio Vargas, meu pai.* Editora Globo. Rio de Janeiro/Porto Alegre/São Paulo 1960

Hitler, Nationalsozialismus, Holocaust

Bulock, Bullock, Alan: *Hitler. Eine Studie über Tyrannei.* Droste Verlag. Düsseldorf 1989
Gay, Gay, Peter: *Die Republik der Außenseiter. Geist und Kultur in der Weimarer Zeit 1918–1933.* S. Fischer Verlag. Frankfurt am Main 1970
Hamann, Hamann, Brigitte: *Hitlers Wien. Lehrjahre eines Diktators.* Piper Verlag. München 1996
Kershaw 1, Kershaw, Ian: *Hitler 1889–1936.* Deutsche Verlags-Anstalt. Stuttgart 1998
Kershaw 2, Kershaw, Ian: *Hitler 1936–1945.* Deutsche Verlags-Anstalt. Stuttgart 2000
Klemperer, Klemperer, Victor: *Ich will Zeugnis ablegen bis zum letzten Tag. Tagebücher 1933–1945.* 2 Bände. Aufbau Verlag. Berlin 1995
Roseman, Roseman, Mark: *Die Wannsee-Konferenz. Wie die NS-Bürokratie den Holocaust organisierte.* Propyläen Verlag. Berlin 2002
Rosenbaum, Rosenbaum, Ron: *Die Hitler-Debatte. Auf der Suche nach dem Ursprung des Bösen.* Europa Verlag. München/Wien 1999

Juden in Deutschland und Österreich, Antisemitismus

Elon, Elon, Amos: *Zu einer anderen Zeit. Porträt der jüdisch-deutschen Epoche 1743–1933.* Carl Hanser Verlag. München/Wien 2003
Wistrich 1, Wistrich, Robert S.: *Der antisemitische Wahn. Von Hitler bis zum Heiligen Krieg gegen Israel.* Verlag Max Hueber. Ismaning bei München 1987
Wistrich 2, Wistrich, Robert S.: *Die Juden Wiens im Zeitalter Kaiser Franz Josephs.* Böhlau Verlag. Wien/Köln/Weimar 1999

Wien, Österreich-Ungarisches Kaiserreich

Bettelheim, Bettelheim, Bruno: *Themen meines Lebens. Essays über Psychoanalyse, Kindererziehung und das jüdische Schicksal.* Deutsche Verlags-Anstalt. Stuttgart 1990
Canetti, Canetti, Elias: *Die Fackel im Ohr. Lebensgeschichte 1921–1931.* Carl Hanser Verlag. München/Wien 1993
Wien 1880–1938, Clair, Jean (Hg.): *Vienne 1880–1938. L'apocalypse joyeuse.* Éditions du Centre Pompidou. Paris 1986
Grunfeld, Grunfeld, Frederic V.: *Prophets Without Honour. Freud, Kafka, Einstein and their World.* Kodansha International. New York/Tokyo/London 1996
Hobsbawn, Hobsbawn, Eric: *Gefährliche Zeiten. Ein Leben im 20. Jahrhundert.* Carl Hanser Verlag. München/Wien 2003
Wittgenstein, Janik, Allan; Toulmin, Stephen: *Wittgensteins Wien.* Carl Hanser Verlag. München/Wien 1984
Johnston, Johnston, William M.: *Österreichische Kultur- und Geistesgeschichte. Gesellschaft und Ideen im Donauraum 1848–1938.* Böhlau Verlag. Wien/Köln/Weimar 1992
Magris, Magris, Claudio: *Donau. Biographie eines Flusses.* Zsolnay Verlag. Wien 1996
Schorske 1, Schorske, Carl E.: *Wien. Geist und Gesellschaft im Fin de Siècle.* S. Fischer Verlag. Frankfurt am Main 1982
Schorske 2, Schorske, Carl E.: *Mit Geschichte denken. Übergänge in die Moderne.* Löcker Verlag. Wien 2004
Strachan, Strachan, Hew: *Der erste Weltkrieg. Eine neue illustrierte Geschichte.* C. Bertelsmann Verlag. München 2004
Tuchman, Tuchman, Barbara W.: *Der stolze Turm. Ein Porträt der Welt vor dem Ersten Weltkrieg 1890–1914.* Droemer Knaur Verlag. München/Zürich 1969
Wien, Varnedoe, Kirk (Hg.): *Wien 1900. Kunst, Architektur und Design.* Benedikt Taschen Verlag. Köln 1993
Kraus 1, Kraus, Karl: *Die letzten Tage der Menschheit. Tragödie in 5 Akten mit Vorspiel und Epilog.* Suhrkamp Taschenbuch Verlag. Frankfurt am Main 1986
Kraus 2, Zohn, Harry (Hg.): *In These Great Times. A Karl Kraus Reader.* The University of Chicago Press. Chicago 1990

Portugal, Angola-Frage, Flüchtlinge

Abecassis, Abecassis, José Maria: *Genealogia hebraica.* 5 Bände. Livraria Ferin. Lissabon 1990/1991

Antunes, Antunes, José Freire: *Judeus em Portugal. O testemunho de 50 homens e mulheres.* Edeline Multimedia. Versaille 2002

Correia, Assunção Pinto Correia, Maria: »Lisboa 1940, escritores em trânsito« in: *O judaísmo na cultura ocidental.* Acarte/Fundação Gulbenkian, Lissabon 1993

Gil, Fátima Gil, Maria de: *Stefan Zweig em periódicos portugueses dos anos 30 e 40 do Século XX.* Centro Interuniversitário de Estudos Germanísticos. Coimbra 2002

Milgram 3, Milgram, Avraham: »The Bounds of Neutrality: Portugal and the Repatriation of its Jewish Nationals« in: *Yad Vashem Studies* 31. 2003, S: 201–244

Milgram 4, Milgram, Avraham: »Portugal, the Consuls and the Jewish Refugees 1938–1941« in: *Yad Vashem Studies* 27. 1999, S. 123–155

Mühlen, zur Mühlen, Patrik von: *Fluchtweg Spanien-Portugal. Die deutsche Emigration und der Exodus aus Europa, 1933–1945.* Verlag J.H.W. Dietz. Bonn 1992

Souza Mendes, Afonso, Rui: *Injustiça, o caso Souza Mendes.* Caminho. Lissabon 1990

Exilliteratur

Bach, Eisenberg-Bach, Susan: »French and German Writers in Brazil: Reception and Translation« in: Hans-Bernhard Moeller (Hg.): *Latin America and the Literature of Exile. A Comparative View of the 20th-Century European Refugee Writers in the New World.* Carl Winter Universitätsverlag. Heidelberg 1983, S. 293–307

Kestler, Furtado Kestler, Izabela Maria: *Die Exilliteratur und das Exil der deutschsprachigen Schriftsteller und Publizisten in Brasilien.* Peter Lang Verlag. Bern/Frankfurt am Main/New York 1992

Exil USA, Hollywood

Heilbut, Heilbut, Anthony: *Exiled in Paradise. German Refugee Artists and Intellectuals in America from the 1930s to the Present.* University of California Press. Berkeley/Los Angeles/London 1997

Gabler, Gabler, Neal: *Ein eigenes Reich. Wie jüdische Emigranten »Hollywood« erfanden.* Berlin Verlag. Berlin 2004

Namensverzeichnis

Die *kursiv* gesetzten Ziffern verweisen auf Erwähnungen in den Fußnoten der jeweiligen Seite.

Abreu, Brício de 529
Accioly, Hildebrando 310, *365*, 479
Accioly, Inácio 479
Adenauer, Konrad *383*
Adler, Alfred 98, 211
Adler, Max 111
Adler, Victor 111
Adorno, Theodor W. *198*, 657
Agache, Alfred 22, *383*, 476, 487, 529, 585, 609
Alberman, Eva 401, 417, 421, 507, 551, 597, 602, 665, 667, 668, 683
Allday, Elizabeth *338*, *449*
Almeida, Guilherme de 40, 73, *383*, *446*
Altenberg, Peter (eigtl. Richard Engländer) 88, 200, 245
Altmann, Charlotte Elisabeth (Lotte) s. Zweig
Altmann, Eva s. Alberman

Altmann, Hannah 274, *287*, 401, 402, *528*, 597, 598, 602, 646, 650, 666, 668
Altmann, Hans 272, 599
Altmann, Joseph Georg 272
Altmann, Manfred 272, 274, *287*, 401, 402, *526*, *528*, 597, 598, 599, 600, 602, 646, 649, 650, 664, 665, 666, 668
Altmann, Richard 272, 599
Altmann, Therese 272, 598, 599
Alvarez, Alfred *100*, 656, *657*
Alvez, Helena 73
Amado, Jorge 465, *466*, 467, *468*, 474, 642
Amaral, Ricardo *434*
Amaral, Tarsila do 455, 456
Améry, Jean (eigtl. Hanns Maier) 657, 658
Amzalak, Moses Bensabat 301, 302, 303

Andrade, Carlos Drummond de 385, 465, *466*
Andrade, Mario de 56, 75, 455, *456*, 481, 639, 640, 641
Andrade, Oswald de 441, 455, 456, *464*
Andrade, Rodrigo Melo Franco de 385
Andrade de Leão, Múcio 39, *383*
Angell, Norman *146*
Antunes, José Freire *351*
Aranha, Oswaldo 310, 359, 360, 364, *365*, 427, 532, 541
Araújo Lima, Claudio de 650, 659
Arciniegas, Germán *381*, 546, *578*
Arcos, René 167
Arendt, Hannah 90, 233, 345, 638, 639
Asch, Nathan 280
Asch, Scholem 184, 275, 279, 280, 299, 355, 405

Askanasy, Miécio 547
Asser, Tobias 167
Auerbach, (Vorname unbekannt), Dr. 240
Austen, Jane 369
Austregésilo, Antônio 41
Autran, Luís 580
Azevedo, Raul de 367, 372, 460, 517, 570, 578, 588, 593, 601, 604, 609, 628, 644, 645, 649
Azevedo Amaral, Inácio de 66, 475

Babel, Isaak 203, 205
Bach, Susanne (oder Susan) 26, 472, 579, 679, 680
Back, Sylvio 70, 595, 674, 675
Bacon, Francis 552
Bahr, Hermann 88, 110, 155, 158, 182, 184, 185, 200, 531, 542
Bainville, Jacques 576
Baker-Eddy, Mary 212, 215
Balzac, Honoré de 27, 28, 144, 145, 180, 181, 210, 225, 314, 337, 381, 406, 470, 491, 492, 493, 494, 495, 497, 509, 513, 517, 518, 521, 527, 561, 563, 577, 606, 608
Banfield, Margarida 485, 574, 593, 597, 602, 603, 608, 663
Barbosa, Rui 387

Barbusse, Henri 167
Barrès, Maurice 132
Barroso, Gustavo 66, 67
Bartók, Béla 111, 383
Baruch, Bernhard 303
Bastide, Roger 449, 450
Bastista, Fulgencio 19
Baudelaire, Charles 181
Baudouin, Charles 211
Bauer, Alfredo 661, 662
Bauer, Arnold 215
Bauer, Otto 111
Bazalgette, Léon 128, 131, 134, 142
Beaumarchais, Pierre Augustin Caron de 512
Becher, Ulrich 22, 482
Beer-Hofmann, Richard 88, 99, 162, 184, 200, 201, 224
Beethoven, Ludwig van 92, 96, 101, 147, 187, 243, 250, 287, 288, 507, 549, 565, 661
Beheim-Schwarzbach, Martin 504
Bell, Quentin 336
Benario, Olga 43, 63
Benarus, Adolfo 302
Benavente, Jacinto 547, 608
Benedikt, Ernst 186
Benedikt, Moritz 106
Benjamin, Walter 104, 198, 239, 347, 348
Berbert de Castro, Ramiro 397
Berg, Alban 100, 111, 184
Berger, Alfred 131

Bergman, Aron 56, 58, 386
Bergmann, Hugo 287
Bergmann, Ingrid 662
Bergson, Henri 281
Bermann Fischer, Gottfried 579, 597, 602
Bernanos, Georges 22, 452, 453, 454, 461, 469, 485, 508, 514, 518, 531, 532, 533, 554, 631, 632, 634, 635, 636, 659, 681
Bernanos, Michel 636
Bernard, Charles de 444
Bernadez, Manoel 444
Bernhard, George 478
Bertaso, Henrique 535
Bettelheim, Bruno 94, 98, 657
Bianco, Francesco 444
Bishop, Elizabeth 511
Bismarck, Otto von 76, 198
Blake, William 128, 129, 287, 337, 448, 483, 601, 664, 665, 672
Blay, Eva 59, 683
Bloom, Claire 662
Bloy, Léon 634
Boétie, Etienne de la 495, 552, 629, 655
Bolívar, Simón 79
Boltzmann, Ludwig 99, 100
Bonsels, Waldemar 87
Borba, Osório 32, 33, 538, 539, 540, 545
Borges, Jorge Luis 432
Borghi, Ricardo 675
Bouteron, Marcel 577
Boyer, Charles 574

Braga, Domenico 574, 575
Braga, Newton 433, *434*
Braga, Rubem 465, *466*, 505, 575, 643
Brahms, Johannes 552
Brainin, Reuben *283*
Brainin, Joseph 282, *283*
Braun, Felix 177, 186, 324
Braun, Otto 477
Bréal, Michel *143*
Brecht, Bertolt 199, *407*
Breitscheid, Rudolf 477
Breton, André 345
Brettauer, Herz Lämle 119
Brettauer, Ida s. Zweig
Brettauer, Joseph 278
Brettauer, Joseph (Zweigs Großvater) 119
Brieger, Friederich Gustav 46
Broch, Hermann 97, 111, *228*, *407*, 414, 673
Broczyner, Eduard 330, 331, 332
Brod, Max *246*, 289, 315
Bronstein. Nathan *383*, 474, 510, 595
Bronstein, Rachel 510, 595
Bruckner, Anton 347
Buarque, Chico (eigtl. Francisco) *660*
Buarque de Holanda, Sergio 384, *463*, *660*

Buber, Martin 30, 111, 161, 163, 164, 194, 282, 287, 293, 353
Bucharin, Nikolai 209
Buck, Pearl S. 356, 440
Bullitt, William 222
Burger, Clarissa 552
Burger, Ferdinand *383*, *428*, 507, 597, 603, 666, 668
Burger, Siegfried 370, 507, 542, 553
Byron, George Gordon, Lord 440

Cahn, Alfredo 78, 79, 80, 227, 376, 378, 462, 463, *489*, 505, *506*, 512, 552, 579, 597, 601, 602, *638*, 646, *648*
Cain, Julien 304, 315
Caldwell, Erskine 467
Callado, Antônio 429, 570, 574, 644, 645
Callado, Raimundo 570, 645
Calmon, Jorge 397
Calvin, Johannes 268, 289, 536
Camões, Luís Vaz de 297, 304, 389, 390, 464, 609, 655
Campos, Francisco 357, 361, 362
Camus, Albert 26, 27
Candido de Mello e Souza, Antonio 23, 48, *49*, 643
Canetti, Elias 470, 476, 673

Capanema, Gustavo 385, 456
Carauta de Souza, Francisco 617
Carauta de Souza, Olga 596
Cardim, Elmano *431*, 588, 633, 644
Cardoso, Fernando Henrique *450*
Cardoso de Miranda, Mário Aluízio 506, 553, 595, 597, 605, 617, 644
Carnaxide, Vizegraf von (Antonio Batista de Souza Pedroso) 341, 372, *383*, 402, 403
Carneiro, Nelson 633
Caro, Herbert Moritz 22, 470
Carpeaux, Helene 365
Carpeaux (urspr. Karpfen), Otto Maria 22, 98, 365, *454*, 469, *470*, 539, 630, 639
Carvalho, Eronides de 397
Carvalho, Horácio de 41, 45
Casanova, Giacomo Girolamo 193, 268
Cassirer, Paul 477
Castello, Sebastian 45, 268, *289*, 490, 536
Castro, Fidel 19
Catá, Afonso Hernandez 379, *383*
Cech, Christoph *662*
Celan, Paul (eigtl. Paul Anczel) 657

Celso, Afonso, Graf 54, 62, 69
Celso, Maria Eugenia 645
Cendrars, Blaise (eigtl. Frédéric Sauser-Hall) 455, 456
Chagall, Marc 345
Chamberlain, Arthur Neville 324
Chamberlain, Houston Stewart 49, 101, 408
Chaplin, Charlie 60, 69, 230
Chateaubriand, Assis 67, 650, 660
Che Guevara (eigtl. Ernesto Rafael Guevara de la Serna) 657
Chénier, André 316
Chermont, Jaime (Jimmy) 41, 47, 54, 60, 63, 71, 72, 79, 309, 310, 355, 382, 383, 396, 460, 461
Chesterton, Gilbert Keith 107
Choromanski, Michal 383, 476
Cicero 337, 672
Clair, René 416
Clemenceau, Georges 132, 168
Coelho Lisboa Larragoiti, Rosalina 52
Collor, Lindolfo 634
Collor de Melo, Fernando 634
Comte, Auguste 61
Condé, João 504, 505, 682

Constallat, Benjamin 632, 633
Le Corbusier (eigtl. Charles Edouard Jeanneret) 456, 457
Cortesão, Armando 304, 659
Cortez, Hernando 253
Costa, Lúcio 456, 457
Costa Rego, Pedro da 429, 430, 431, 437, 539, 629
Couri, Norma 475, 685
Coutinho, Piedade 42
Couto, Ribeiro 463, 470, 506
Croce, Benedetto 155
Croiset, Beaumont 81
Cunha, Euclides da 435
Cvetaeva, Marina 657

Dalí, Gala 352, 353
Dalí, Salvador 333, 352, 353, 529
Darrieux, Danielle 574, 662
Daudet, Léon 132
Davidoff, Yvette 301
Davidovich, Elias 443
Debret, Jean-Baptiste 466, 515
Dehmel, Richard 125, 142, 151, 154, 164
Dekobra, Maurice (eigtl. Ernest-Maurice Tessier) 539, 540
Demeter, Wolf 478
Desbordes-Valmore, Marceline 181
Descartes, René 449
Deutscher, Isaac 105

Dias, Antônio Gonçalves 484, 485
Dickens, Charles 180, 181, 608
Dimitrov, Georgi 235
Dines, Israel 31, 362, 617
Dines, Rachel 31
Disney, Walt 541
Disraeli, Benjamin 293
Döblin, Alfred 87, 193, 243, 299, 300, 304, 374, 375, 414, 457, 458, 478
Dollfuß, Engelbert 109, 241, 271, 283, 454, 469, 630
Dostojewski, Fedor 144, 145, 147, 159, 180, 181, 192, 204, 208, 221, 272
Dovski, Lee van (eigtl. Herbert Lewandowski) 315, 316, 667
Dreyfus, Alfred 96, 105, 131, 132, 133, 143, 144, 167, 465, 534
Drieu la Rochelle, Pierre 632
Duchamp, Marcel 345
Duhamel, Georges 76, 77, 312, 315, 342, 445, 446, 546, 667
Dumont, Robert 135, 162, 168, 240, 281, 533, 535, 554, 625
Durkheim, Émile 98
Durtain, Luc (eigtl. André Nepveu) 430, 445, 446
Dutra, Eurico Gaspar 61

Duvivier, Julien 416

Ebermayer, Erich 674, 675
Eckl, Marlen *473*, 680
Edmundo, Luís *383*, 384, 527, 608
Ehrenstein, Albert 158
Eichendorff, Joseph von 254
Eichmann, Adolf 544
Einstein, Albert *30*, 99, 187, 242, 246, *248*, 281, *287*, 311, 477, *479*
Eisenberg-Bach, Susanne s. Bach, Susanne
Eisenstein, Sergej 203, 204, 205, 209, 674
Eisner, Kurt 164, 196
Elisabeth I., Königin von England 271
Emerson, Ralph 552
Erasmus von Rotterdam, Desiderius (urspr. Geert Geertsen) 45, 63, 252, 268, 269, 490, 492, 536
Erzberger, Matthias 196
Esaguy, Augusto (Aiush) Isaac 301, 302, 303, 374
Ewert, Arthur Ernst 63
Ewert, Elisa 63

Falbel, Nachman *663*, 683
Fátima Gil, Maria de *296, 303, 304, 659, 661,* 683
Faulhaber, Michael von 365

Feder, Erna *362*, 563, 575, 578, 598
Feder, Ernst 21, *362*, *383*, 460, 478, 479, *480*, 487, *490*, 505, 508, *527*, 528, 530, 535, 537, 538, 547, 559, 560, *561*, 563, 564, *568*, *574*, 575, 577, 578, 589, 598, 599, *600*, 609, 629, 631, 632, 633, 644, 651, 655, 659, *667*
Feigl, Fritz *362*
Feigl, Regine *362*
Feldman, Moises *596*
Felix, Maria 662
Ferenczi, Sándor 108
Ferrnandes, Florestan *450*
Ferreira, Procópio 574, *633*
Ferreira, Sérgio 580
Ferro, Antonio 340, 341, *342, 344, 345,* 348, 351, 373, 386, 460
Feuchtwanger, Lion 242, *246,* 415
Fichte, Johann Gottlieb 194
Fischer, Max *362*, 386, 459, 510
Fittko, Lisa 347
Flaubert, Gustave 99, 226, 295
Fleischer, Victor 178, 182, *223*, 229, 338, 369, 412, 421, 520, 659
Fleischmann, Israel 618
Flower, Desmond 337

Flusser, Vilém 22, 458, *459*
Fontaine, Joane 662
Fontes, Lourival 341, 386, 387, 388, 434, 459, 512, 560
Ford, Henry 454
Fouché, Joseph 208, 209, 210, 211, 386
Fraga, Clementino 486, 530, 568, *590*, 617, *664*
Fraga, Maria Olívia *531*, *568*
Fraga Lamares, Américo 296, 297, *303*, 304, 356, 357, 373, 374, 376, *390*, 451, 464, *659*, 664
França de Lima, Geraldo *485*, 532, 533, 682
France, Anatole (eigtl. Jacques François Antole Thibault) 151
Franco y Bahamonde, Francisco 22, 42, 44, 53, *236*, 326, 345, 532, 542
Frank, Bruno 416
Frank, Waldo David 537, 541
Frankfurter, David 76
Franz I., Kaiser von Österreich 92
Franz Ferdinand, Erzherzog und Kronprinz von Österreich und Ungarn 148
Franz Joseph I., Kaiser von Österreich 93, 94, 95
Franzos, Karl Emil *126*

Frass, Wilfried *354*
Freire, Aníbal 398, 633
Freire Ribeiro, J. 398
Freitas, Mauro de 60
Freitas Vale, Ciro de 364, *365*
Freud, Anna 550
Freud, Martha 288, 333, *550*
Freud, Sigmund 17, 20, *30*, 48, 76, 94, 95, 96, 98, 99, 100, *101, 103*, 104, *105*, 108, 111, 127, 130, 132, *147*, 169, 175, 180, 181, 186, 187, 189, 190, 191, 192, 193, *197*, 204, 210, 211, 212, 213, 214, 215, 216, 217, 218, 219, 220, 221, 222, 224, 225, 226, 242, 281, *287*, 295, *296*, 317, 318, 325, 326, 332, 333, 334, 352, *353*, *443*, 491, 529, 537, 547, 549, 550, 557, 568, 627, 637, 651, 673, 678
Freyre, Gilberto 384, 388, 471, 560, 660
Freytag, Gustav 107
Fried, Alfred Hermann 167
Friedell (eigtl. Friedmann), Egon 100
Friedenthal, Richard *162*, 276, 525, 526, *542*, 646, 665
Frischauer, Paul 79, *383*, *476*, 511, 512, 513, 514, 585, 588, 649

Fromm, Erich *198*
Fry, Varian M. 343, 344, 345, 347, 415, 487
Fuchs, Emil 183, 231, 232, *602*
Fülöp-Miller, René 420, 490, 543
Furtado Kestler, Izabela Maria *470, 472, 473, 479, 480, 482, 483, 487, 628, 660, 670*, 684
Furtwängler, Wilhelm 249

Galloti, Odilon *437*, 442, 443, *651*
Gandhi, Mahatma (eigtl. Mohandas Karamchand) 152, 187
Garcia, Rodolfo *597*, 605, 684
Gareis, Karl 196
Garibaldi, Guiseppe 511
Garfunkel, Paul 76
Gartenberg, Alfred 370, 371, 611
Geibel, Emanuel 389
Geiger, Benno *215*, *224*
Geiringer, Joseph *383*, *476*
Geitner, Hugo 197
Gelber, Mark H. *282*, *290, 293, 296, 664*, 682
Georg V., König von England 144
Gerlach, Hellmuth von 477
Germani, Guiseppe 241
Gide, André 202, 205, 242, 552, 554, *608*

Gieseking, Walter 249
Gil, Gilberto 19
Ginzkey, Franz Karl *133*
Giovanetti, L.V. 445
Girandoux, Jean 457
Girardi, Alexander 136, 137, 138
Gleizer, Genny (Schendla) 59
Gleizer, Motel 59
Gobineau, Joseph Arthur Comte de 49, 407, 408, 443
Goebbels, Joseph 55, 57, 231, 233, 235, 236, 242, 243, 245, 251, 252, 255, 256, 257, 258, 282, 288, 607
Görgen, Hermann 471, 472
Goethe, Johann Wolfgang von 76, 104, 129, 152, *187*, 191, 197, 210, 243, 431, 440, 441, 484, 507, 526, 564, 608
Góis Monteiro, Pedro Aurelio da 61
Gold, Michael (eigtl. Irving Granich) 467
Gomes, Carlos 43, 432, 451, 516
Gomes, Guimarães 41, *383*
Gomes Teixeira, João 533
Gordan, Paulus, Pater 478, 479
Gorki, Maxim (eigtl. Alexej Maximowitsch

Peschkow) 147, 155, 187, 202, *287*
Goya y Lucientes, Francisco José de 167, 346
Gramsci, Antonio 111
Grasmayr, Magda *305*
Gregor, Joseph 254
Grillparzer, Franz 252
Grimani, Faccioli 41, 51, 60
Grosz, George 477
Günther, Hans F.K. 242
Guilbeaux, Henri 167, 183, 317
Guinle, Guilherme 359
Gustloff, Wilhelm 76

Hambloch, Ernest *58*
Hanska, Eveline, Gräfin *492*, 493, 518
Hardwick, Cedric 662
Hasenclever, Walter 420
Hauptmann, Gerhart 155, *287*
Havel, Vaclav 91
Haydn, Joseph 92, 211
Hayworth, Rita 574
Hearn, Lafcadio 88, 440
Heidegger, Martin 107, 234, 639
Heine, Heinrich 30, 87, 107, 152, 242, 243, 293, *331*, 440
Hermann-Neisse, Max (eigtl. Max Hermann) 555
Herzl, Theodor 30, 52, 80, 96, 97, *103*, 106, 123, 124, 130, 132, 200, 247, 282, *287*, 294

Hesse, Hermann 87, 128, 153, 166, 167, 184, 187, 470
Heydrich, Reinhard 544
Hilferding, Rudolf 477, 478
Himmler, Heinrich 345, 346, *347*
Hindenburg, Paul von 196, 234
Hiob (biblische Gestalt) 469, 665
Hirsch, Samson Raphael 272
Hirohito, Kaiser von Japan 567
Hitler, Adolf 24, 29, 31, 51, 55, 57, 61, *76*, 89, 91, 95, 100, 101, 102, 103, 104, 108, 109, 110, 111, 120, 149, 175, 176, 180, 193, 194, 195, 196, 199, 208, 209, 211, 223, 230, 231, 232, 234, 235, 237, 243, 245, 249, 252, 255, 256, 267, 268, 270, 273, 282, 283, 288, 291, 292, 293, 294, 300, 315, *316*, 324, 327, 334, 344, 345, 357, 358, 359, 364, 387, 388, 412, 415, 435, 471, 473, 474, *483*, 510, 523, 524, 526, 533, 536, 537, 540, 547, 556, 567, 573, 601, 607, 615, 634, 642, 669, 673
Hobsbawn, Eric 14, 111, *112*, 232, *233*

Hofmannsthal, Franz von 100
Hofmannsthal, Hugo von 88, 99, 100, *103*, 130, 151, *177*, 184, 186, 187, 224, *228*, 249, 250, 257, *258*, *608*
Hölderlin, Johann Christian Friedrich 189, 651
Höller, Susanne Benedictine (Suse) geb. von Winternitz 121, 137, 139, 142, 157, 176, 182, 191, 286, 304, *306*, 307, 339, 341, 342, 344, 345, 346, 348, 372, 374, 400, 418, 521, 551, 606, 646, 668
Höller, Carl (Charles) 304, 339, 341, 342, 343, 344, 345, 346, 348, 351, 372, 374, 418
Holroyd, Michael 28, 29, 32
Horkheimer, Max *198*
Huebsch, Benjamin W. 278, 280, 283, 284, 311, 401, *403*, 405, 407, 418, 451, 503, 509, 513, *519*, 521, 522, 523, 579, *597*, 602, 646, 647, 649, 651, *652*
Hufnagel, Maximilian 652
Hugo, Victor *128*, 244, 433

Husserl, Edmund 111, 281

Jacobowski, Ludwig 504
Jacob, Berthold *349*
Janès, Jean *331*
Janet, Pierre *101*
Jaurès, Jean 132, 135, 152, 158, 164
Jefferies, Cynthia 658
Jeremias (Prophet) 45, 63, 160, 161, 162, 163, 490, 528, 536, 656
João VI., König von Portugal *450*
Jones, Ernest 216, 219, 222, 332
Jonson, Ben 189, 250, 256
Joseph II., Kaiser des Heiligen Römischen Reiches 92, 119
Joseph (Nachname unbekannt) (Diener) 157
Jourdan, Louis 662
Jouve, Pierre-Jean 167, 445, *667*
Jouvet, André 625
Jouvet, Louis 22, 481, 482
Joyce, James 167, 184, 287
Jung, Carl 88, 117
Junger, Josefine *305*
Jürgens, Curd 662
Justo, Augustín 79

Kafka, Franz 95, 149, 289, *407*

Kahn, Fritz 345
Kainz, Joseph 130, 131
Kamenew (urspr. Rosenfeld), Lew Borissowitsch 42
Kandinsky, Wassily 201
Kant, Immanuel 104
Karl V., Deutscher König und Kaiser *91*
Katz, Richard 22, 670
Keats, John 510
Keller, Helen 242
Keller, Tómas 478
Keller, Willy 482, *483*
Kennedy, Joseph Patrick 411
Kerr, Deborah *548*
Kerschbaumer, Gert 277, 306, 313, 654
Kertész, Imre 91
Kessler, Harry, Graf 165, *194*, *197*, 234, 477, 478
Kesten, Hermann 226, 246, 274, 344, 421, 637, 648, *649*
Keun, Irmgard 39, *40*
Key, Ellen 128, 155
Keyserling, Hermann, Graf 87
Kieslowsky, Krysztof *188*
Kingdon, Frank 410
Kippenberg, Anton 155, 179, *180*, 238, 244, 250, 269, 451
Klabin (Familie) 67
Klawiter, Randolph J. 65, *161*, *188*, *210*, *215*, *227*, *228*, *279*, *290*, *314*, *414*, *448*, *535*, *564*, *647*, *648*, *671*, 680

Kleist, Heinrich von 27, 189, 190, 191, 220, 254, *482*, *599*, *604*, 651
Klemperer, Otto 278, 416
Klemperer, Victor *544*
Klimt, Gustav 96, 111, 125, 673
Koestler, Arthur 95, *96*, 348, 658
Koifman, Fábio 42, *362*, *365*, *487*, 684
Kokoschka, Oskar 111, 477
Kolumbus, Christoph 88, 404
Konrad, György 91
Koogan, Abrahão 29, 41, *42*, 47, *48*, 50, 51, 53, 54, *58*, 59, 68, 70, 75, 34¹, 354, 355, 369, 372, 373, *383*, *384*, 400, 402, 403, *405*, 406, 407, 408, 419, 427, 442, 443, 451, 459, 464, 468, 474, 475, 481, *483*, 496, 505, *511*, 520, 521, 538, 539, 556, 557, 559, *560*, 564, 565, 566, 567, *568*, 570, 572, 573, *585*, 586, *587*, *590*, 597, 598, 599, 600, 601, 602, 603, 604, 609, 615, 617, 628, 629, 633, *642*, 647, 649, 654, 664, 665, 666, 671, 672, 677, 678
Koogan, Berta 474, 475
Koogan, Genita 567

Namensverzeichnis 707

Kopke Fróes, José 597, 605, 608
Kracauer, Siegfried 246
Kraus, Karl 14, 101, 105, 106, 107, 108, 109, 123, 126, 130, 132, 133, 148, 152, 155, *162*, 200, 218, 219, 465, *504*, 680
Kreitner, Bruno *383*, 546, *547*
Kretschmer, Ernst 75
Kubitschek de Oliveira, Juscelino 670
Kudaschewa, Maria 317
Kun, Béla *358*
Kundera, Milan 91

Lacerda, Carlos 56, 57
Lacerda, Cláudio 57, 683
Lafaye, Jean-Jacques 681
Lafer, Horácio 53, 67
Lagoa, Vizegraf von (João Antonio de Mascarenhas Judice) *303*, *304, 383, 659*
Landauer, Gustav 164, 196
Landauer, Walter 379
Landowska, Wanda 345
Landsberg, Otto 194
Landshoff, Fritz 379
Langer, Lawrence 416
Lanzmann, Claude 657
Latzko, Andreas 167
Laval, Pierre 283
Lazare, Bernhard 132
Le Bon, Gustave *49*

Leftwich, Joseph 51, 270, 281, *283*, 286, 290, 291, 293, *294*, 298, 299, *300*, 301, *309, 315, 333*, 474, *475*
Leger, Fernand 456
Lehar, Franz 60
Lehmann, Lotte 552
Leitchic, Marc *361, 362*
Leivick, Halpern 77, 81
Leme, Sebastião 362
Lemle, Henrique 474, 616, 617, *671*
Lenin (eigtl. Wladimir Iljitsch Uljanow) 153, 167, *208*
Leskoschek, Axl (eigtl. Albert von Leskoschek) 22, 469
Lesser, Jeffrey *49*, *521*, 684
Lessing, Theodor *105*
Leuuw, N.R. de 443
Levi, Primo 188, 656, 657
Lévi-Strauss, Claude *53*, 75, 87, 361, 362, 450, 465
Levy, Henry W. 281, 282, 283
Lewinsohn, Richard *362*
Lichtenberger, André 77
Liebknecht, Karl 164, 193, 196
Lieblich, Karl 473
Lima, Alceu Amoroso 579
Lins, Álvaro 514, 631, 633

Lins e Barros, João Alberto 67
Lipchitz, Jacques 345
Lipiner, Elias *365, 545*
Lissauer, Ernst 215, *270*
List, Guido von 109
Liszt, Franz 105, 662
Lobato, José Bento Monteiro 454, *455*, 468, 513, 523
Löffner, Siegfried 110
London, Jack (eigtl. John Griffith London) 242
Loon, Hendrik Willem van 184, 406
Loyola, Ignacio de 440
Lubbe, Marinus van der 235
Lubitsch, Ernst *417*
Luchaire, Julien *237*
Ludendorff, Erich 196
Ludwig XIV., König von Frankreich 436
Ludwig XVI., König von Frankreich 212, 265
Ludwig, Emil (urspr. Emil Ludwig Cohn) 68, 76, 77, 78, 79, *108*, 197, *215*, 216, 241, 415, 445, 513, *514*, 636, 637, 644
Lueger, Karl 95, 102, 109, 120, 200
Luís, Washington 456
Lukacs, György 111
Lunatscharski, Anatoli Wasiljewitsch 202
Lustig von Prean, Karl 660
Luther, Martin 268

Luxemburg, Rosa 164, 193, 196
Maass, Joachim 420, 421
Machado, Cristano 533
Machado de Assis, Joaquim Maria 29
Magalhães, Agamenon 398
Magalhães, Fernão de 45, 295, 296, *303*, *341*, 464, 490
Magalhães, Raimundo Jr. 388, *434*
Magno, Pascoal Carlos 650
Magris, Claudio *483*, 673
Mahler-Werfel, Alma Maria 105, 216, 346, 347, 348, 374, 375, 522, *523*
Mahler, Gustav 104, 111, 201, 216, 258, 346, 347, 552
Mailer, Norman 657
Majakovsky, Wladimir 19, 208, *657*
Malamud, Anita *70*
Malamud, Samuel 51, 53, *56*, 58, *65*, 70, 382, 468, 474, 556, 572, 573, *585*, *586*, 600, 602, 609, 666, 677, 678
Malcher, José 398
Mandelstam, Ossip *657*
Mandler, Levy *383*, *476*
Mandsley, Cecil 46
Mann, Erika 344, 347, 410, 625, 626

Mann, Golo 346, 347, 375
Mann, Heinrich 230, 233, 242, 274, 346, 347, 374, 375, 477, 478, 618, 660
Mann, Klaus 26, 183, 230, 243, 244, 268, 270, 411, 412, 414, 625, 626, 644
Mann, Nelly 346
Mann, Thomas 20, 87, 125, 144, 151, 156, 164, 183, 187, 233, 242, 243, 268, 311, 346, 352, 375, 415, 416, 470, 477, 478, *479*, 518, 555, 557, 558, 618, 625, *626*, *637*, 660, *674*, 679
Mannheim, Karl *198*
Marcelle (Nachname unbekannt) 121, 141, 142, 143, *674*
Marcier, Emeric 22, 468, *469*
Marcuse, Herbert *198*
Maria Stuart, Königin von Schottland 271, 272, 273, 275
Maria Theresia, Kaiserin von Österreich 92
Marie Antoinette, Königin von Frankreich 19, 212, 224, 225, 226, 265, 525
Marie Leopoldina, Kaiserin von Brasilien 92
Marinetti, Fillipo Tommaso 431

Marinho, Roberto 634, 682
Marlowe, Christopher 189
Marr, Wilhelm 109
Marroquim, Murilo *82*, *528*, 650
Martin du Gard, Roger 20, 187, 533, 534, 535, 537, 546, 547, 550, 553, 554, 571, 632, 655
Martino, Bruno de *641*
Martins, Wilson 432, *466*, 682
Marx, Magdeleine 167
Masereel, Frans 167, 381, 445
Massarani, Renzo 515
Matkowsky, Adalbert 130
Matteotti, Giacomo 241
Maugham, William Somerset 410
Maúl, Carlos 431, 432, 433
Maupertius, Pierre-Louis 109
Maurity Filho, Joaquim Antonio Cordovil 608
Maurois, André 274
Maurras, Charles 132, 345
Mauthner, Fritz 87
Maximilian (Ferdinand Maximilian), Kaiser von Mexiko 93
May, Karl 87
Maylan, Charles 215
Mayr, Karl 175, 669
Medeiros Pinheiro, Mario de 586, 590, 594, *595*

Medici, Lorenzo de *405*
Meingast, Anna 276
Meireles, Cecília 641
Melo Franco, Afonso
 Arinos de 25, 47, *310*,
 382, *383*, 461, 463,
 476, 481, 486, 490,
 491, *496*, 517, 531,
 532, *597*, 605, 632,
 644, 645
Melo Franco, Afrânio
 de *463*
Melo Franco, Caio 47,
 355, *383*, 384
Melo Franco, Yolanda
 369
Mendonça, Hugo de
 661
Mendonça, Otávio 399
Mendel, Gregor 46
Mendelssohn, Moses
 109, 243
Mesmer, Franz Anton
 211, 212, *215*, 221,
 225
Mesquita, Alfredo 72
Metsch, Gerhart *674*
Metternich, Klemens
 von 92
Meyerbeer, Giacomo
 (eigtl. Jakob Liebmann
 Meyer Beer) 432
Michelangelo 28
Middleton, Drew 573
Milgram, Avraham *310*,
 351, *365*, *470*, *480*,
 666, 684
Miller, Edward Leopold
 334, 335, 338, 524,
 563
Milliet, Sergio 639, 640,
 641

Miranda, Carmen 541
Miranda, Ieda 529
Miranda, Murilo 529
Mishima, Yukio (eigtl.
 Hiraoka Kimitake)
 19
Mistral, Gabriela
 (eigtl. Lucila Godoy
 Alcayaga) 379, *383*,
 487, 505, 508, 537,
 546, 553, 570, 591,
 592, 594, 595, 608,
 609, 643, 659
Mojica, José 642
Molinaro, Eduardo *188*
Molnar, Ference 416
Montagne, (Vorname
 unbekannt), Inge-
 nieur 46
Montagu, Lionel 295
Montaigne, Michel
 Eyquem Seigneur de
 441, 476, 490, 491,
 492, 493, 494, 495,
 496, 497, 511, 517,
 518, 519, 520, 521,
 523, 543, 546, 547,
 552, 556, 557, 561,
 571, 576, 577, 591,
 605, 608, 629, 631,
 632, 651, 652
Monteiro, Aníbal 594,
 595
Monteiro, Dihel 580
Morais, Antônio 580,
 585, 590, *593*
Morais, Dulce 580, 585,
 590, *593*
Morais, Raimundo de
 399
Morais, Vinicius de *537*
More, Thomas 24, 405

Morgenstern, Soma
 103, *105*, 217, 239,
 240, *331*, 474
Moses (biblische Gestalt)
 19, 218, 221
Moses, Herbert 53, 370,
 512
Moses, Siegfried 299
Mosley, Oswald Sir 334,
 337
Moura Campos,
 Cantídio 72
Mozart, Leopold 98,
 211
Mozart, Wolfgang Ama-
 deus 92, 98, 211, 255,
 483, 601, 666
Müller, Filinto Strubling
 64, 357, 360, 361,
 362, *387*
Müller-Einigen, Hans
 123, *182*, 652, 653
Münzenberg, Willy 478
Muniz, João Carlos 363
Mullner, Laurenz 335
Musil, Robert 96, 101,
 111, *195*, 414, 415
Mussolini, Benito *16*,
 58, 61, *67*, 89, 101,
 193, 206, 209, 241,
 267, 283, 357, 358,
 359, 366, 386, 387,
 521, 556, 567

Nabuco, Maurício de
 359
Napoléon Bonaparte,
 Kaiser der Franzosen
 76, 80, 208, *209*, *316*,
 492
Nascentes, Antenor
 372, 373, *383*, 384

Nascentes, Olavo Anibal 373
Nava, Pedro 460, 461
Negromonte, Álvaro, Padre 642
Neukomm, Sigismund, Ritter von 450
Neumann, Aron 615, 616, 617
Neumann, Franz 409
Neumann, Joseph 110
Neumann, Robert 512, 645
Niémetz, Serge 25, 164, 185, 226, 233, 238, 239, 270, 288, 303, 312, 317
Niemeyer, Oscar 457
Niesser, (Vorname unbekannt), Dr. 72
Nietzsche, Friedrich 122, 128, 189, 190, 250, 417, 549, 590, 651, 670
Ninitich, Zoran 48, 671
Nussenbaum, Henrique 572, 610, 616, 617
Nussenblatt, Tullo 294

O'Neill, Nicolas 675
Oliveira Viana, Francisco José de 49
Oliveira Alvarenga, Aurea de 383, 580, 593
Ophüls, Max 188, 662
Ortega y Gasset, José 77
Oswald, Maria 383

Queiroz Matoso, (Vorname unbekannt) 72

Paasche, Hans 196
Paassen, Pierre van 445
Padilla Nervo, Luis 541
Paiva Leite, Cleantho 82
Palmer, Lili 662
Pannwitz, Rudolf 281
Papen, Franz von 234
Pasternak, Boris 658
Pasteur, Louis 525, 667
Pedro I., Kaiser von Brasilien 92, 511
Pedro II., Kaiser von Brasilien 55, 92, 93, 94, 366, 387, 407, 437, 485
Pedrosa, Paul 383
Péguy, Charles 155, 156, 661
Peixoto, Afrânio 50, 77, 383, 402, 427, 428, 434, 442, 443, 467, 505, 538, 595, 604, 617
Peixoto, Amaral 617
Pepys, Samuel 608
Pereira, Ivone 580
Pessoa, Fernando 341
Pétain, Henri 482
Petrowitz (oder Petrowicz), Moses Josef 118, 119
Piccoli, Michel 662
Pick, Otto 100
Pilsudski, Josef 357
Pimentel, Nestor 588
Pimentel Borba, Jenny 661
Pinkuss, Fritz 474
Pinto, Francisco José 586, 617
Pius XII., Papst 365, 636
Plutarch 118, 180

Polderman, Fabrice 383, 476
Polgar, Alfred 246, 637
Politis, Takis 645
Polo, Marco 88
Pombal, Marquis von (Sebastião José de Carvalho e Melo) 92
Pondé, Lafayette 397
Pontes, Elói 55, 634
Popper, Karl 111
Power, Tyrone 574
Prado, Paulo 75, 456
Prater, Donald Arthur 25, 41, 77, 126, 135, 136, 137, 158, 164, 178, 183, 211, 215, 224, 232, 241, 277, 281, 283, 289, 296, 312, 313, 314, 316, 338, 369, 405, 406, 412, 419, 420, 421, 428, 463, 490, 505, 506, 520, 551, 560, 566, 593, 598, 645, 647, 659, 672, 673, 674, 678, 679
Preminger, Otto 417
Prestes, Julio 456
Prestes, Luís Carlos 43, 63
Preuß, Hugo 193, 194, 242
Princip, Gavrilo 148
Proença, Edgard 398, 399
Prokesch Graf von Osten, Anton 407, 408, 443, 448
Proust, Marcel 72, 132, 134, 242

Queiroz, Rachel de 670
Quiroz, Cesareo Bernaldo de 46

Rabinovitch, Moses 663
Raffalovich, Isaías 444
Raicher, Hanna 614, 681
Ramos, Arthur 670
Ramos, Graciliano 58, 467
Ramos, Paulo 398
Rapperger, Helmut 647
Rathenau, Mathilde 197
Rathenau, Walther 87, 125, 152, 153, 155, 164, 165, 194, 195, 196, 197, 198, 242, 255, 315, 460, 477
Rattes, José de Morais 586, 587, 594, 595
Ravel, Maurice 169, 184
Reger, Max 123
Rego, José Lins do 467
Reich, Wolf 13, 68
Reichner, Herbert 244
Reifenberg, Benno 106, 196
Reik, Theodor 147
Reinhardt, Max 185, 414, 417
Reis, Câmara 303, 464
Reis, Ernâni 666
Relgis, Eugen 381
Remarque, Erich Maria (eigtl. Erich Paul Remark) 183, 242
Rembrandt (eigtl. Rembrandt Harmenszoon van Rijn) 664, 665
Renan, Ernest 135, 162
Renoir, Auguste 128

Revuelta, Naty 19
Ribeiro, Campos 398
Ribeiro, Leonídio 77
Richet, Charles 153
Riefenstahl, Leni 447
Rieger, Erwin 100, 183, 185, 186, 224, 226, 409, 525, 606
Rieser, Ruth 675
Rilke, Rainer Maria 122, 128, 142, 151, 159, 163, 164, 177, 201, 305, 316, 674
Rimbaud, Jean 127, 555
Rio Branco, Baron (José Maria da Silva Paranhos Júnior) 521
Robespierre, Maximilien de 208, 209, 316
Rocha Lima, Oswaldo da 383
Rockefeller, Nelson 541
Rodin, Auguste 96, 128
Rodrigues, Nelson 482
Rolland, Madeleine 185
Rolland, Romain 17, 18, 19, 20, 25, 40, 56, 87, 127, 131, 132, 133, 134, 135, 136, 141, 142, 143, 153, 154, 155, 156, 157, 158, 161, 162, 163, 164, 165, 166, 167, 168, 175, 180, 184, 185, 186, 187, 190, 193, 200, 202, 205, 206, 208, 210, 214, 226, 228, 229, 232, 233, 236, 238, 239, 240, 241, 244, 248, 250, 259, 267, 269, 270, 273, 281, 288, 296,

303, 305, 308, 310, 311, 312, 316, 317, 334, 367, 381, 385, 452, 469, 491, 527, 534, 625, 641, 656, 661, 670
Romains, Jules (eigtl. Louis Farigoule) 21, 76, 77, 189, 191, 274, 288, 315, 342, 410, 418, 419, 420, 421, 445, 446, 467, 476, 494, 503, 510, 521, 522, 524, 525, 546, 571, 572, 637, 638, 651, 652, 667
Rónai, Paulo 22, 386, 470, 493, 517, 611
Roosevelt, Eleanor 343
Roosevelt, Franklin Delano 67, 79, 222, 282, 291, 292, 303, 359, 387, 541, 553
Rosa, João Guimarães 473
Rosay (eigtl. Rosenzwaig), Madeleine 574
Rosen, Lily 141
Rosenberg, Arthur 198
Rosenfeld, Anatol 20, 22, 470, 471
Rosenstein, Paul 656
Rosselini, Roberto 188, 662
Rossini, Gioacchino 432
Roth, Friederike (Friedl) 40, 217, 224, 228
Roth, Joseph 17, 40, 89, 99, 100, 103, 106, 132, 183, 196, 197, 207, 217, 224, 226, 228, 229, 237, 239,

240, 242, *243*, 244,
245, 246, 247, 248,
267, 273, 274, *289*,
298, 307, 308, 314,
325, 326, 327, 328,
329, 330, 331, 332,
334, 354, 379, 409,
474, 563, 606, 662
Rothschild, Anthony de
294, 295, *303*
Rousseau, Jean-Jacques
283, 441, 492
Rudolf, Erzherzog und Kronprinz von Österreich und Ungarn 93
Russell, Archibald *448*

Saar, Ferdinand 99
Sachs, Hanns 95, *96*
Saião, Bidu 43
Sales Oliveira, Armando de 72
Salazar, Antônio de Oliveira *16*, 30, 292, 300, 301, 302, 303, 341, 349, 350, 351, *359*, *366*, 375, 402, 460, 464
Salgado, Plínio 52, 66, 67
Salomon, Tómas 359
Salten, Felix 200, *248*
Sanceau, Elaine 357
San Martin, José de 79, 80
Santos, Marquise von (Domitília de Castro e Canto Melo) 511
Santos Dumont, Alberto 388, 559, 560, 561, 562, 563, 590, 610, 629

Schaeffer, Adalbert 597, 602
Scherlag, Marek 103
Schickele, René 167, 243, 274, 477
Schiff, Otto 294
Schiller, Friedrich von 122, *134*, 152, 565
Schmidt, Afonso 639
Schmidt, Augusto Frederico 641
Schnitzler, Arthur 88, 95, 99, 100, *103*, 107, 110, 111, 128, 130, 184, 185, 186, 187, 200, 210, 218, *224*, 242, 673
Schnitzler, Lili 100
Scholem, Gershom 198, *239*, *293*
Schönberg, Arnold 103, 111, 201
Schönerer, Georg von 102, 109, 110, 120
Schopenhauer, Arthur 103
Schorske, Carl 89, *90*, 99, *120*, 169, *201*, 673
Schröder, Kurt von 234
Schüler, Heinrich 444
Schur, Max 332
Schwadron, Abraham 162
Schwamborn, Ingrid *646*, *674*
Schwartz, Morris 294
Schubert, Franz 87, 96, 98, 99
Schumann, Robert 389, 390
Segall, Lasar 75, 389, 529

Seifert, Jaroslav 91
Selden-Goth, Gisella 312, *390*, *414*, 548, *549*, 565
Seruya, Salomão *302*
Servaes, Franz 158
Shakespeare, William 17, *167*, 608
Shaw, George Bernard 28, 29, 155, 187, 202
Shelley, Mary 14
Sienkiewicz, Henryk 155
Silva, Hélio *358*, *364*, 682
Silva, Luís Inácio (Lula) da 682
Silva, Maria Helena Vieira da *469*
Silva Bruhns, Julia da 660
Silva Dias, Luis da 373, 374
Silva Prado, Fábio da 72
Silva Reille, M. 564, *565*
Silveira, Joel 465, *466*, *630*
Simões de Freitas Filho, Ernesto 663
Simon, Gertrud 477, 478, 479, 480, 533
Simon, Hugo *383*, 477, 478, 479, 480, 487, 533, 670
Simonsen, Roberto 53, 67, 382, *383*, 437
Sinclair, Upton 242
Singer, Isaac Beshevis 279, *280*
Singer, Israel Joshua 279

Sinowjew, Grigori Jewsejewitsch 42
Siodmak, Robert *188*, *240*, *417*
Škvorecký, Josef 91
Slota, Karl 72
Soares, José Carlos de Macedo 41, 49, 52, 60, 61, 69, 71, 73, 77, 310, 454, *455*, 521, 608
Soares, José Eduardo de Macedo 41, *431*
Soares, Mario *350*
Sodré, Nelson Werneck 639
Sonnenfeld, Marion *33*, *508*, 682
Soubirous, Bernadette 347
Souza, Barcelos de 580
Souza, Claudio de 41, 49, 50, 54, 69, 77, 370, *383*, 427, 434, 459, 463, 464, 467, 486, 514, 526, 530, 538, 543, 559, 560, *561*, *563*, *566*, 575, 585, 586, 587, 588, 589, 593, 595, 610, 615, 616, *617*, 630, 632, *633*, 644
Souza Dantas, Luís Martins de 361, 362, 473, 487
Souza Mendes, Aristides 349, 350, 362
Speer, Albert 618
Spinoza, Baruch 194
Spitzer, Lelka 119
Spitzer, Leo *118*

Stadler, Ernst 156
Stalin (eigtl. Jossif Wissarionowitsch Dschugaschwili) 76, 208, 209, 243, 283, 317, 657
Stappen, Charles-Pierre van der *127*
Stefan, Paul (eigtl. Paul Stefan Grünfeld) 186, 340
Steiman, Lionel Bradley 122, 123, 126, 127, *133*, *135*, *154*, *270*
Stein, Franz 109
Stein, Gertrude *81*
Steinbeck, John 467
Steinberg, Saul 350, 469
Stephen, Adrian 336
Stern, James 407
Stern, Leopold 20, *359*, 383, 494, 505, 514, 569, 570, 573, 585, 587, 588, 610, 617, 630, 644, *653*
Stifter, Adalbert 99, 334
Stinnes, Hugo 196
Stipinska, Irene 482
St. James, Andrew s. Stern, James
Störk, Alexia Elisabeth (Alix) geb. von Winternitz 121, 136, 137, 139, 157, 176, 182, 191, 286, 304, 305, *306*, 307, 339, 341, 342, 344, 345, 346, 348, 372, 374, 406, 418, 521, 551, 606, 646, 668
Störk, Herbert Carl 304, 339, 341, 342, 343,

344, 345, 346, 348, 372, 374
Storfer, Adolf Josef *215*
Stone, J. F. 107
Storni, Alfredo 71
Strachey, Lytton 28, 221, *637*
Straucher, Benno *231*
Straus Quixano Henriques, Henry 301
Strauss, Leo 195, *196*
Strauss, Levi *303*
Strauss, Richard 57, 62, 121, 186, 187, *224*, 249, 250, 251, 252, 253, 254, 255, 256, 257, 258, 259, 268, 270, 282, *287*, 294, 552, 639, 639, 675
Stravinsky, Igor 47, 274
Streicher, Julius 248, 255, 258
Strindberg, August 101, 122, *608*
Strowski, Fortunat 22, *362*, *383*, 476, 487, 491, 494, 523, 530, 547, 579, 597, 609
Studenic, Hubert s. Simon, Hugo
Studenicova, Garina s. Simon, Gertrud
Styron, William 656
Suter, Johann August *337*
Svevo, Italo (eigtl. Ettore Schmitz) 101
Szenes, Arpad 469
Szenkar, Eugen 383, *433*, 476, 549
Szondi, Peter *483*

Tabak, Peissach 13
Tagore (eigtl. Thakur),
    Rabindranath 183,
    187, 325
Taine, Hippolyte *19*,
    125, 126, 144, 521
Tartakower, Savelij G.
    608
Tchernichovsky, Saul
    77
Teffé, Tetrá de *69*, 372
Teobaldo, Adelino José
    530, *531*
Tocqueville, Alexis de
    408, 440
Thomas, Joaquim 633
Thompson, Dorothy
    410
Thyssen, August 209
Tocantins, Leandro 511
Toklas, Alice *81*
Toller, Ernst *100*, 311,
    326, 330, 478
Tolstoi, Lew Nikolaje-
    witsch Graf 135, *162*,
    193, 202, 204, 522
Tönnies, Ferdinand 95
Toscanini, Arturo *169*,
    184, *250*, 252, 255,
    275
Trotzki (eigtl. Lew Dawi-
    dowitsch Bronstein)
    42, 97, 153, 206,
    209
Tucci Carneiro, Maria
    Luiza 59, *365*
Tuchman, Barbara 90,
    250
Tucholsky, Kurt 242
Turjansky, Victor *188*
Turkow, Mark 22
Turkow, Zigmund 482

Tzekinovsky, Mordechai
    30, 612, 613, *614*,
    615, 616, *617*, 681

Ullmann, Hermann
    446, 447
Unamuno, Miguel de
    348
Undset, Sigrid 411

Vainer, Nelson 75, 81
Valéry, Paul 128, 134,
    184, *287*, 341
Vallentin, Antonina
    237, 268, 269, 281,
    555, 648, *649*
Vargas, Alzira 52, 53, 60,
    79
Vargas, Getúlio *16*, 23,
    24, 31, 32, *49*, *53*, 57,
    60, 61, 62, 67, 79, 357,
    358, 359, 360, 363,
    364, 365, 367, 368,
    384, 386, 387, 432,
    433, 437, 439, 442,
    445, 447, 451, 456,
    464, 512, *514*, 539,
    540, 560, 564, 586,
    616, *617*, 630, 634,
    639, 665, 669
Vaz de Caminha, Pero
    443
Verhaeren, Émile 102,
    126, 127, 128, 129,
    130, 131, 132, 134,
    137, 138, 142, 146,
    147, 148, 151, 154,
    155, 169, 175, 181,
    190, 200, 214, *287*,
    385, 441, 491
Veríssimo, Erico 470,
    535

Verlaine, Paul 102, 127,
    181
Vespucci, Amerigo 37,
    404, *405*, 443
Vetsera, Mary, Baronesse
    93
Victoria, Königin von
    England 93
Vieira, Antônio, Padre
    440
Viertel, Berthold *313*,
    353, 354, 371, *384*,
    414, 420, 452, *488*,
    511, 514, 515, 547,
    565, 569, 608, *637*,
    644, *647*, *649*
Viertel, Peter 548
Viertel, Salka (eigtl.
    Salomé Steuermann)
    565
Villa-Lobos, Arminda
    474, 516, 529
Villa-Lobos, Heitor 432,
    451, *466*, 474, 475,
    515, 516, 517, 529,
    549
Vinci, Leonardo da 221,
    452, *526*
Vítor, Edgar Bahiense
    D'Almeida e Brito
    388, 395, 396, *398*,
    402, 403, 413, 427,
    440, 466, 570, 571,
    590, 617, 643, 644
Vogel, Henriette
    599
Vogler, Rüdiger 675

Wagner, Cosima 105
Wagner, Richard 102,
    105, 135, 187, *408*,
    432

Namensverzeichnis 715

Wainer, Samuel 66, 465, 466, 475, 641
Waissman, Nathan 48, 468
Waissman, Simão 468
Wallmann, Margarita 169, 184, 232, 275, 278, 287, 376, 466, 515, 516
Walter, Bruno 184, 216, 255, 258, 278
Wassermann, Jakob 151, 184, 242, 477
Webern, Anton 111
Weininger, Otto 100, 101, 102, 103, 105, 126
Weiss, Ernst 100, 379, 420
Weissmann, Karl 650, 651
Weizmann, Chaim 30
Welles, Orson 15, 26, 541, 565, 566, 574, 641, 642
Wells, Herbert George 155, 184, 187, 242, 274, 309
Werfel, Franz 151, 158, 184, 346, 347, 375, 414, 416, 478, 522, 523, 608, 637, 673
Werner, Oskar 662
Wilhelm II., Kaiser von Deutschland 255
Whitman, Walt 19, 128
Wilder, Billy (Samuel) 107
Wilder, Thornton 405
Wilson, Thomas Woodrow 164, 221, 222, 337

Winternitz, Alexia Elisabeth (Alix) von s. Störk
Winternitz, Felix von 136, 151
Winternitz, Friderike Maria von s. Zweig
Winternitz, Jakob von (Hofrat) 156
Winternitz, Susanne Benedictine (Suse) von s. Höller
Wittgenstein, Ludwig 101, 111
Wittkowski, Victor Maria 365, 383, 390, 480, 481, 486, 489, 494, 495, 496, 505, 510, 518, 521, 525, 526, 528, 529, 547, 554, 572, 587, 597, 600, 604, 605, 608, 609, 631, 646, 647, 653, 654, 659, 665, 666
Wiznitzer, Arnold 350
Wolf, Alfred 290
Wolf, Hugo 100
Wolfe, Humbert 309
Wolff, Egon 365, 682
Wolff, Frieda 365, 682
Wolff, Kurt 281
Woolf, Leonard 336
Woolf, Virginia 14, 26, 336, 657
Wright, Orville und Wilbur 388, 562

Xanthakay, Isidoro 383

Zangwill, Israel 51, 52, 291, 301
Zech, Paul 78, 81, 376, 390, 420, 519, 540, 551, 556, 567, 608, 651
Zelewitz, Klaus 296, 664, 682
Ziembinski, Zbigniew 22, 362, 482
Zohn, Harry 20, 33, 316, 549, 667
Zola, Émile 132, 242
Zuckmayer, Carl 375, 412, 414, 416, 520
Zuckmayer, Lizzi 375
zur Mühlen, Patrik von 351
Zweig, Alfred 120, 122, 159, 179, 311, 401, 527, 597, 600, 668
Zweig, Arnold 17, 218, 219, 220, 221, 230, 242, 245, 247, 251, 333, 627
Zweig, Charlotte Elisabeth (Lotte), geb. Altmann 13, 21, 27, 40, 41, 66, 82, 121, 259, 265, 266, 271, 272, 273, 274, 275, 276, 277, 278, 280, 284, 285, 286, 287, 290, 295, 297, 303, 304, 307, 308, 311, 312, 313, 324, 333, 337, 338, 342, 353, 355, 359, 362, 365, 366, 367, 368, 369, 371, 372, 373, 375, 378, 381, 395, 399, 400, 401, 405, 406, 407, 409, 411, 413, 414, 417, 418, 419, 420, 421, 460, 461, 473,

474, 475, *481*, 486, 488, 489, 493, 494, 495, 504, 507, 508, 510, 511, 515, 516, 519, 520, 521, 522, 524, 525, 527, 528, 529, 533, 551, 553, 556, 557, 565, 566, 567, 568, 569, 570, 572, 574, 575, 577, 578, 579, 580, 585, 591, 592, 593, 594, 595, 596, 597, 598, 599, 600, 602, 603, 606, 607, 608, 609, *610*, 611, 612, *627*, 629, 633, 638, 643, 645, 646, *650*, 654, 655, 657, 659, 664, 665, 667, 668, 675, 681, 683

Zweig, Elkan (später Eduard) 119

Zweig, Friderike Maria, geb. Burger, gesch. von Winternitz 20, *44*, 45, *46*, 50, *51*, 60, 61, 64, 66, 68, 73, 74, 76, 81, 82, 118, 120, 121, 122, *135*, 136, 137, 138, 139, 140, 141, 142, 143, 144, 147, 149, 151, 156, 157, 159, 163, 164, 165, 176, 177, 178, 179, 180, 181, 182, 183, 191, 201, 205, 211, 214, 223, 224, 226, 227, 228, 229, 230, 231, 232, 237, *240*, 257, 259, 265, 266, 267, 271, 272, 274, 275, 277, 280, 285, 286, 287, 288, 289, 295, 297, 298, 302, 304, 305, *306*, 307, 308, 309, 311, 312, 313, 314, *315*, 316, 317, 327, *330*, 331, 337, 338, 339, 340, 342, 343, 344, 345, 346, 348, 351, 354, 355, 356, 357, 368, 370, 372, 373, 374, 375, 376, 378, 379, 381, 382, 383, 390, 399, 400, 401, 402, 404, 405, 406, 409, 410, 411, 413, 414, 417, 418, 419, 421, 422, *427*, 445, *448*, 460, 461, 462, *463*, 478, 484, 486, 488, 490, 493, 494, 495, 506, 507, 509, *518*, *519*, 520, 521, 522, 523, 524, 525, *527*, 535, *542*, 543, 550, 551, 552, 557, 567, 568, 569, *597*, 599, 601, 602, 603, 605, 606, 607, 608, 625, 626, 628, 629, 638, 646, 654, 659, 662, 664, 665, 666, 667, 673, *674*, 675

Zweig, Ida, geb. Brettauer 40, 120, 121, 122, 124, 177, 286, 305, 307, *655*

Zweig, Moritz 120, 121, 122, 124, 177, 655

Ortsregister

Die *kursiv* gesetzten Ziffern verweisen auf Erwähnungen in den Fußnoten der jeweiligen Seite.

Agadir 134
Amsterdam 233, 351, 504
Ancona 119
Antwerpen *365*
Aracaju 398

Baden (bei Wien) 147, 148, 151
Bahia (Bundesstaat) 398, *402*, 442
Barbacena 452, 453, 461, 469, 479, 485, 508, 531, 533, 635, 636
Barcelona 344, 346, 504
Basel *349*
Bath 21, *143*, 312, 323, 332, 333, 338, 368, 369, 380, 381, 421, 483, 484, 486, 488, 491, 518, 524, 659, 665, 667, 668
Bayreuth 255
Belém 395, 398, *408*
Belo Horizonte *456*, 642
Berlin 27, 42, *65*, 98, *108*, 124, 125, 126, 127, 129, 130, 136, 140, *196*, 198, 230, 242, 243, 253, *344*, 345, 354, 364, 381, 414, 415, 467, 474, 447, 479, 483, 504, 528, 543, 544, *657*, 669, 673
Birmingham 72, 317
Bogotá 578
Bordeaux 349, *492*, 552, 577
Boston 402
Brasília *46*, 457
Braunau 103
Brocoió 64
Brügge *108*
Brüssel 127
Budapest 415, 470, 504
Buenos Aires 45, 54, 60, 76, 77, 80, 81, *106*, 373, 376, 377, 378, 380, 381, 420, 473, 515, 536, 552, *648*, 651, *654*, 682

Campinas *46*, 73
Cap d'Antibes 213, 224
Caravales 397
Casablanca *240*
Caxambu 543
Cebère 334, 346
Chicago *196*, 199
Coimbra 301, 356, 484, *485*
Congonhas 372
Copacabana 505
Córdoba 377
Croissy 327, 339
Curitiba *476*

Den Haag *463*
Dijon 201
Dresden 255, 256

Elba 80
Estoril 32, 296, *298*, 313, 356, 374
Evian-les-Bains 291

Figuera 346
Florenz 133
Frankfurt am Main 178, 272, 504
Fredonia (New York) 675, 680

Gars 137
Genf 94, 155, 167, *447*

Guarujá 561, 590
Guernsey 244
Gurs 472

Hamburg 140, *473*
Hohenems 119
Hollywood 15, 26, 107, *188*, 203, 354, 414, 415, 416, 417, 445, 473, *521*, 541, 548, 562, 565, 662

Ilha Grande 58
Isla de los Pinos 19

Jerusalem 30, 287, 290, *293*, 627
Juiz da Fora 472

Kattowitz 272, 325
Köln *383*

Le Coq 148
Le Perthus/El Perthús 345
Leipzig 196, *485*
Linz 102
Lissabon 30, 32, 44, 47, *240*, 292, 296, 297, 298, 300, 301, *302*, *303*, 304, 340, 341, 344, 346, 347, 348, 349, *351*, 356, 357, *360*, 373, 374, 390, *435*, 472, 624, 658, 685
London 30, 40, 42, 45, 51, 52, 53, 58, *68*, 76, 81, 82, *218*, 222, 252, 267, 269, 270, 271, 273, 281, 285, 286, 287, 290, 293, 294, 297, 301, 302, 304, 308, 309, 310, 312, *313*, 332, 333, 334, 352, 368, 389, 401, 402, 409, 417, 448, 474, 504, 512, *550*, 574, *602*, *627*, *637*, 644, *645*, 649, *654*, 657, 658, 665, 668, 673
Lourdes 347
Lübeck 555

Madrid *202*, 326, 344, 346, 347, 504
Mailand 469, 504
Manchester 72
Maranhão (Bundesstaat) *485*
Mariana 372
Marienbad 122, 240, 289
Marseille 189, *296*, 304, 340, 342, 343, 344, 345, 347, 348, 410, *463*, 477, 478
Mattsee 201
Mexiko-Stadt 111, 421, 473, 571
Miami 395, 400
Minas Gerais (Bundesstaat) 48, 371, 382, *442*, 472, 479, 531, 533, *562*, 574, 642
Montauban 339, 340, 478
Montevideo *76*, 380
Montreux 288, 316
Moskau 42, 147, 202, 205, *235*, 317, 411

München 149, 175, 176, 196, 230, 472, 520, 679

Neapel 385
New Hampshire *212*
New Haven 402, 405, 406, *407*
New Orleans 312, 546
New York 42, 55, 65, 107, *196*, 199, *240*, 253, 274, 275, *277*, 278, 279, 284, *285*, 290, 311, 312, 326, 336, 338, 339, 340, 341, 342, 343, *344*, 352, *354*, *355*, 356, 357, *362*, 373, 374, 375, 376, 381, 395, 400, 401, 405, 406, 408, *409*, 414, 415, 417, 418, 419, 420, *421*, *427*, 461, 473, 483, 488, 494, 515, 519, 527, 528, 530, 536, 546, 551, 569, 572, 600, 624, 625, 626, *628*, 638, 644, 651, *656*, 663, 667, 668, 675
Niterói *508*
Nizza 259, 265, 274, 277, *421*, 535
Nonntal (bei Salzburg) 305
Nova Friburgo 521, *661*

Obersalzberg/Berchtesgaden 618
Olinda 398

Ortsregister 719

Ossining 417, 418, 419,
    420, 421, 461, 488,
    524, 543, 553, 606
Ostende 39, 40, 148,
    149, *151*
Ouro Preto 372, *456*

Paquetá 64
Pará (Bundesstaat) 395,
    408
Paris 47, *64*, 68, 96,
    100, 121, 128, 134,
    141, 142, 143, 144,
    189, *196*, 211, 237,
    245, 248, 269, 271,
    281, *298*, 300, 304,
    308, 309, 311, 314,
    315, 316, 317, 318,
    327, *331*, 337, 339,
    340, *344*, 370, 414,
    444, 445, 455, 457,
    459, 467, *469*, 472,
    476, 477, 478, 479,
    490, 504, 515, 518,
    557, *562*, 564, 574,
    577, *657*, 664, 670,
    673
Pearl Harbor 523, 544,
    562
Penedo 479
Peredelkino 203
Pernambuco (Bundes-
    staat) *384*, *539*
Perpignan 345
Petrópolis 15, 16, 21,
    25, 28, 30, 31, 51, 118,
    266, 390, 419, 472,
    476, 483, 484, 485,
    486, 487, 490, 494,
    504, 506, 508, 509,
    510, *511*, 515, 523,
    524, 525, 526, 529,

530, 531, 533, 543,
    544, 547, 550, 553,
    554, 555, 556, *557*,
    558, 559, 566, 567,
    569, 570, *571*, 572,
    574, 577, 579, 587,
    590, 592, 601, 603,
    605, 606, 607, 608,
    610, 611, 612, 613,
    614, 615, 617, 632,
    633, 638, 639, 643,
    645, 651, 653, 654,
    661, 664, 667, 668,
    672, *674*, 680, 681,
    685
Philadelphia 402
Pindamonhangaba 570
Pirapora 461
Piricicaba *46*
Poços de Caldas 48
Portbou 344, 346, 347
Porto Alegre *470*, *482*,
    535, 663, *671*
Prag 289, 415, 504,
    657, *670*
Princeton 352
Prostejov (Prossnitz)
    118

Recife 81, *384*, 395,
    398, 482, 633
Rio de Janeiro 13, 15,
    18, 26, 30, 32, 33, 39,
    42, 44, 46, 50, *54*, 56,
    58, 59, 60, 63, 64, 67,
    68, 70, 72, 77, 73, 75,
    77, 79, *92*, *257*, 340,
    341, 357, 360, 361,
    362, 366, 367, 369,
    370, 372, 373, 375,
    377, 379, 380, 381,
    382, 384, 389, 395,

397, *399*, 402, 403,
    427, *430*, 434, 437,
    441, 444, *445*, 450,
    455, 456, 458, 461,
    465, 469, 470, 472,
    474, 476, 478, *479*,
    480, 481, 482, 483,
    484, 485, 486, 487,
    504, 505, 507, 508,
    510, *511*, 512, 523,
    524, 526, 529, 530,
    531, 538, 540, 542,
    546, 549, 550, 553,
    556, *557*, *558*, 559,
    563, 564, 565, 566,
    568, 569, 572, 573,
    574, 575, 579, 585,
    586, 587, *588*, *593*,
    599, 600, 602, 603,
    610, 612, 615, 617,
    627, 628, *636*, 639,
    640, 642, 643, *650*,
    653, *661*, 663, 666,
    668, *669*, 678, 679,
    684
Rio de Janeiro (Bundes-
    staat) 58, 504, 612,
    617, *661*, *670*
Rio Grande do Sul (Bun-
    desstaat) *535*, *634*
Rom 213, 365, *480*,
    504, 550, 666
Rosário 377, 378
Rotterdam 268, *296*
Rovno 31

Sabará 372
Salvador da Bahia 395,
    396, 397, 398, 663
Salzburg 21, 30, 32, 39,
    73, 176, 178, 179,
    181, 182, 183, 185,

Ortsregister

199, 201, *207*, 228,
232, 241, 267, 271,
273, 286, 305, 307,
312, 314, 339, 346,
414, 415, 483, 484,
486, 496, 504, 524,
531, *602*, *664*, 652,
658, 668, 685
San Francisco 336, *414*
Santa Fé 377, 379
Santos 59, 75, *76*, 455
São João de Meriti 612
São Luís 395, 398
São Paulo 20, 33, 46, 59,
66, 71, 72, 74, 75, 81,
361, 370, 379, 382,
384, 396, 445, 454,
455, 456, 465, 469,
471, *473*, 474, *476*,
479, 542, 590, 639,
640, 643, 650, 684,
685
São Paulo (Bundesstaat)
300, 561, *562*, *661*
Seelow 479
Shanghai 624
Sierra Maestra 19
Sintra 298, 356

Southampton 44, 82
Stamford (Connecticut)
666, 668
Stanislawow (Stanislau)
68
Stockholm 314, 489,
579

Tanger 304
Taquaral 73, 74
Teresópolis 373, 521,
670
Toronto 312
Toulouse 339
Trás-os-Montes 298
Travemünde 140
Triest 504
Tummersbach 230

Versailles 176, 197, 225,
265
Vézelay 185, 661
Vichy 361, 473, 625
Vigo 44, 82, 344, 349,
445, 478
Villefranche 275, *285*
Villeneuve 238, 316
Vitória 641

Warschau 279, 482, 504
Washington 400
Weimar 194, 195, 198
Wien 16, 40, 60, 80, 89,
92, 94, 95, 96, 97, 98,
100, 101, 102, 103,
105, 106, 107, *108*,
109, 110, 111, 112,
122, 123, 124, 125,
129, 130, 133, 136,
137, 140, 142, 147,
149, 151, 157, *162*,
163, 176, 177, *185*,
186, 196, 201, 204,
205, 211, 214, 217,
222, 225, 230, 239,
256, 268, 279, 286,
293, *298*, 305, 307,
315, 318, 346, *354*,
381, 383, 414, 415,
454, 464, 467, 474,
483, 486, 493, 504,
550, 574, 608, *645*,
658, 662, 668, 669,
673

Zürich 165, 167, *185*,
255, 307

Werkregister

Die *kursiv* gesetzten Ziffern verweisen auf Erwähnungen in den Fußnoten der jeweiligen Seite.

Abschied von Rilke 202
Amerigo. Die Geschichte eines historischen Irrtums *31*, 37, *296*, 404, 411, 428, *466*, 602
An die Freunde im Fremdland 154, *155*
Angst 395

Ballade von einem Traum 137, *139*
Balzac 225, *296*, 314, *466*, *492*, *493*, 509, 518, *525*, 527, 577, 600, 602, 604, 605, 606
Balzac (Essay) s. Drei Meister. Balzac, Dickens, Dostojewski
Baumeister der Welt. Versuch einer Typologie des Geistes 146, 180, *181*, 193
Begegnungen mit Menschen, Büchern, Städten *128*, 202, *215*, 297
Bibliotheca Mundi 179

Brasilien. Ein Land der Zukunft 13, 15, 23, 29, 30, 31, 32, 50, 62, 70, 74, 368, 370, 371, 382, 384, 385, 389, 393, 396, 401, 402, 403, 404, 405, 406, 407, 408, *409*, 412, 413, 419, 428, *432*, 433, 434, *437*, *439*, 440, 442, 443, 444, 454, 458, 461, 462, 465, 467, 468, 481, 496, *497*, *506*, 515, 516, 537, 538, 539, 543, *559*, 560, 561, 602, 603, 608, 629, *650*, 669, 671, 672, 682, 683
Brasil. País de futuro (Brasilianische Ausgabe von *Brasilien. Ein Land der Zukunft*) 442
Brazil. Land of the future (Amerikanische Ausgabe von *Brasilien. Ein Land der Zukunft*) 434
Brennendes Geheimnis *33*, 187, 240

Brief einer Unbekannten 81, 188, 138, *414*, *653*, *661*, 662

Castellio gegen Calvin oder Ein Gewissen gegen die Gewalt 289, 329
Cicero s. Sternstunden der Menschheit
Clarissa. Ein Romanentwurf 490, 571, 576, 600, 605
Clérambault (Übersetzung/Rolland) 166, 184, 200

Dank an Brasilien 62, *63*, 441
Das gestohlene Jahr s. Postfräuleingeschichte
Das Haus am Meer 89, 131, 138, 139, 188
Das Haus der tausend Schicksale. Geschrieben zum 50. Jahrestag des »Shelter« in London 295
Das Japanbuch (Hg.) *88*

Das Wien von Gestern 318, 370, 673
Declaração 9, 20, 35, 83, 113, 171, 246, 261, 319, 391, 423, 499, 581, 587, 589, 599, 605, 607, 610, 619, 623, 624, 625, 628, 630, 631, 633, 637, 641, 643, 644, 648, 653
Der Amokläufer 39, 88, 187, 188, 203, 543, 653
Der Angler an der Seine 405
Der begrabene Leuchter 65, 80, 289, 290, 583, 612, 615
Der Dichter 652
Der Kampf mit dem Dämon. Hölderlin, Kleist, Nietzsche 27, 181, 189, 190, 604, 647, 651, 671
Kleist 27, 190, 599
Nietzsche 417, 549, 590
Der Sechzigjährige dankt 518, 519, 551
Der verwandelte Komödiant 131
Die Augen des ewigen Bruders 88, 290
Die Entdeckung Eldorados s. Sternstunden der Menschheit
Die frühen Kränze 123
Die geistige Einheit der Welt 15, 69, 71, 74, 370, 633
Die gesammelten Gedichte 608
Die Geschichte als Dichterin 263, 314
Die gleich-ungleichen Schwestern 290
Die Gouvernante 653
Die Heilung durch den Geist. Mesmer, Mary Baker-Eddy, Freud 204, 211, 212, 214, 215, 220, 222, 647
Mesmer 212
Mary Baker-Eddy 212
Freud 212, 213, 215
Die Legende der dritten Taube 160, 290
Die Liebe der Erika Ewald 128
Die Mondscheingasse 653
Die Monotonisierung der Welt 199
Die schlaflose Welt (Essay) 153
Die schweigsame Frau. Eine heitere Oper (nach einem Motiv von Ben Jonson) für Richard Strauss 56, 249, 253, 254, 256, 259, 567, 675
Die spät bezahlte Schuld 520, 648
Die visionäre Kunstphilosophie des William Blake (Übersetzung/ Archibald Russell) 448
Die Welt von Gestern. Erinnerungen eines Europäers 11, 14, 29, 37, 44, 85, 91, 94, 101, 108, 115, 117, 118, 122, 123, 124, 125, 126, 127, 130, 132, 134, 135, 145, 147, 149, 155, 160, 161, 162, 165, 167, 169, 173, 175, 188, 195, 197, 202, 203, 205, 209, 227, 240, 258, 269, 282, 307, 308, 316, 321, 336, 337, 338, 353, 367, 403, 404, 406, 411, 414, 417, 418, 428, 461, 466, 480, 488, 489, 504, 509, 520, 554, 556, 583, 599, 600, 603, 610, 621, 632, 635, 638, 647, 648, 655, 665, 671, 674
Dostojewski s. Drei Meister. Balzac, Dickens, Dostojewski
Drei Dichter ihres Lebens. Tolstoi, Casanova, Stendhal 181, 192, 647
Drei Meister. Balzac, Dickens, Dostojewski 27, 145, 181, 208, 647
Balzac 27, 145
Dostojewski 147, 157, 159, 160, 202, 204, 208

Ein Wort zu Deutschland 150
Eine Ansprache 81
Einige Grundlagen zu einem kollektiv auszu-

arbeitenden Manifest 246
Emile Verhaeren *128*, 215
Erinnerungen an Emile Verhaeren *128, 215, 335*
Erstes Erlebnis 131

Freud s. Die Heilung durch den Geist. Mesmer, Mary Baker-Eddy, Freud

Heimfahrt nach Österreich *150*
Hymnen an das Leben (Übersetzung/ Verhaeren) 137

Im Schnee 160, 282
In dieser dunklen Stunde *411*

Jeremias 30, 65, 102, 160, 162, 163, 164, 165, 167, 168, 176, 184, 201, 243, 290, 294, 305, 311, 312, 617, 627, 671
Joseph Fouché. Bildnis eines politischen Menschen 19, *209*, 210, 211
Joseph Roth 1939 332

Kleine Reise nach Brasilien 89, 334, *408, 633*
Kleist s. Der Kampf mit dem Dämon. Hölderlin, Kleist, Nietzsche

Leporella *653*
Liber Amicorum Romain Rolland (Hg.) 186

Magellan. Der Mann und seine Tat 295, 296, 297, 303, 341, 351
Manon Lescaut *354, 645*
Marceline Desbordes-Valmore. Das Lebensbild einer Dichterin 181
Maria Stuart 173, 266, 271, 272, 273, 274, 275, 279, 284
Marie Antoinette. Bildnis eines mittleren Charakters 11, 56, 57, 78, 224, 225, 226, 263, 278, 414, 671
Mary Baker-Eddy s. Die Heilung durch den Geist. Mesmer, Mary Baker Eddy, Freud
Mesmer s. Die Heilung durch den Geist. Mesmer, Mary Baker-Eddy, Freud
Montaigne 296, 490, 495, *496, 517*, 551, 556, 557, 571, 600, 604, 605

Nächstenliebe, Feindeshaß (Übersetzung/ Rolland) 163
Nietzsche s. Der Kampf mit dem Dämon. Hölderlin, Kleist, Nietzsche

O momento supremo (Brasilianische Ausgabe der *Sternstunden der Menschheit*) 427
Os caminhos da verdade (Die Wege der Wahrheit) (nie in Deutschland erschienen, Amerigo und Erasmus in einem Band) 31, 671

Postfräuleingeschichte 313, 354

Rahel rechtet mit Gott 290
Rausch der Verwandlung. Roman aus dem Nachlaß *354*
Reise nach Russland 203
Revolte gegen die Langsamkeit 230
Romain Rolland. Der Mann und das Werk 56, 184, 279

Schachnovelle 188, 497, 501, 514, *515*, 527, 535, 536, 576, 579, 600, 602, 631, *646*, 647, 648, 671
Silberne Saiten 123, 125
Sinnende Stunde 652
Spinoza 160, 282
Sternstunden der Menschheit 325, 337, 672
Cicero 325, 337, 672

Wilson versagt 337
Die Entdeckung Eldorados 337

Tagebücher 44, 45, 46, 47, 49, 50, 51, 53, 54, 61, 63, 64, 65, 66, 70, 72, 73, 75, 89, 108, 136, 138, 139, 140, 141, 142, 143, 150, 151, 157, 159, 160, 164, 166, 200, 218, 224, 277, 278, 279, 280, 281, 284, 285, 323, 324, 325, 326, 327, 333, 335, 336, 337, 338, 339, 420, 674
Tersites 130, 131, 162
Triumph und Tragik des Erasmus von Rotterdam 19, 31, 243, 252, 267, 268, 270, 288, 328, 329, 671

Thomas Mann, »Lotte in Weimar« 352
Três paixões (Drei Leidenschaften) (nie in Deutschland erschienen, *Schachnovelle, War er es?* und *Die spät gezahlte Schuld* in einem Band) 647

Ungeduld des Herzens 45, 266, 298, 303, 313, 314, 317, 318, 354, 534, 653
Untergang eines Herzens 191

Verwirrung der Gefühle (Novellensammlung) 191, 211
Verwirrung der Gefühle. Private Aufzeichnungen des Geheimrates R.v.D. 191, 204, 674

Vierundzwanzig Stunden aus dem Leben einer Frau 147, 188, 191, 192, 378, 537, 653
Volpone. Eine lieblose Komödie in drei Akten 189, 250, 481, 482, 675

War er es? 520, 647, 648
Wilson versagt s. Sternstunden der Menschheit
Worte am Sarge Sigmund Freuds 332

Zum Andenken Walther Rathenau: Am Jahrestag seiner Ermordung 24. 6. 1922 197

Bildnachweis

Der Bildteil folgt der brasilianischen Ausgabe der Editora Rocco, Rio de Janeiro:

Salzburger Literaturarchiv, Salzburg
Williams Verlag AG, London/Zürich
Stefan Zweig Archiv, Wien
Österreichische Nationalbibliothek, Wien
Deutsches Literaturarchiv, Marbach
Privatbesitz, London
Nachlass Friderike Zweig, Stanford, Ct.
Nachlass Alfredo Cahn, Deutsche Nationalbibliothek,
Deutsches Exilarchiv 1933–1945, Frankfurt am Main
Coleção Stefan Zweig, Biblioteca Nacional, Rio de Janeiro
Acervo Israel Dines, Casa Stefan Zweig, Petrópolis
Acervo Eugen Relgis, Casa Stefan Zweig, Petrópolis
Acervo Mejta Diament, Casa Stefan Zweig, Petrópolis
Acervo Manasche Krzepciki, Casa Stefan Zweig, Petrópolis
Acervo Abrahão Koogan, Casa Stefan Zweig, Petrópolis
Acervo Imprensa, Casa Stefan Zweig, Petrópolis
Acervo Samuel Malamud, Arquivo da Cidade de Rio de Janeiro
Acervo Egon + Frieda Wolff, Arquivo Histórico Judaico Brasileiro, São Paulo
O Globo, Rio de Janeiro
Folha de São Paulo, São Paulo
A Tarde, Salvador
Diário de Notícias, Lissabon
Afonso Arinos de Melo Franco Filho, Rio de Janeiro
Rafael Cardoso Denis, Rio de Janeiro
Nachman Falbel, São Paulo
Marlen Eckl, Hofheim